To Benjamino Ocasio

Paolis' wife was right.

Yours is the closest voice to her husband's.

Con grande afetto,

su hermano

Francesco Ré

James M. Capps
Sept. 2002

A.M.D.G.

ANTONIO PAOLI
"EL LEON DE PONCE"

JESUS M. LOPEZ

LA VIDA DEL CELEBRE TENOR

BIOGRAFIA ANALITICA, ANECDOTICA,
CRITICA, CRONOLOGICA, HISTORICA,
ILUSTRADA Y DOCUMENTADA

CONSTA DE UN PROLOGO ESCRITO
POR EL GRAN TENOR
GIACOMO LAURI - VOLPI

PREAMBULO
CATORCE CAPITULOS Y EPILOGO
CON CATORCE APENDICES

ADEMAS DE UN INDICE DETALLADO
DE ARTISTAS Y PERSONAS MENCIONADAS EN EL LIBRO
Y 425 FOTOGRAFIAS Y DOCUMENTOS

Antonio Paoli, en el año 1910, época de su debut en el Teatro Alla Scala
"EL CABALLERO DE LA ELEGANTE FIGURA"

Primera edición
© 1997 - Jesús M. López
Copyright - Derechos Reservados
I.S.B.N. - 0-9653433-0-8
Depósito Legal 1992

Publicado por:
Jesús M. López
Ediciones Líricas Puertorriqueñas
14 Pine St.,
Waterbury, CT. USA 06710-2128

Composición y diagramación:
Compugraf, c. por a.

Impresión:
Editora Corripio, c. por a.

Impreso en la República Dominicana
Printed in the Dominican Republic

A la memoria del más grande tenor dramático
de todos los tiempos:
EL COMENDADOR ANTONIO PAOLI

+

AD MAIOREM DEI GLORIAM

Jesús M. López

Santurce, P. R.
1 de noviembre de 1976

Al pueblo de Puerto Rico:
Yo, Adelaide Paoli certifico que he dado permiso pleno al Sr. Jesús M. López para que escriba
y publique una biografía en un libro sobre la vida de mi ilustre esposo Antonio Paoli.
El conoce muy a fondo los triunfos, glorias y alegrías como también los fracasos y dolores de
la vida de Antonio.
Es para mi un inmenso honor de haber sido la esposa de tan grande artista Gloria de Puerto
Rico.

Sinceramente,
Adelaide Paoli

PATROCINADORES

1.-Sr. Danny Rivera (cantante puertorriqueño) y Sra.

2.-Prof. Ramonita Meléndez (soprano)

3.-Sr. Pedro Gómez (barítono)

4.-Dr. Modesto Fontanez y Sra.

5.-Sra. Eugenia Josefina Santiago (periodista)

6.-Sr. Blas Sánchez Guillén

7.-Lcda. Edy Pabey Torres (Waterbury, Ct.)

8.-Lcdo. Juan M. Cassé Ballesteros y Sra.

9.-Lcdo. Cristóbal Díaz Ayala y Sra. (Musicalia)

10.-Sr. Sadó Correa Jiménez y Sra. (Vega Alta, P.R.)

11.-Sr. Héctor D. Correa Jiménez y Sra. (Boca Ratón, Fla.)

12.-Sr. Luis A. Correa Jiménez y Sra. (Vega Alta, P.R.)

13.-Sra. Noemí Correa Jiménez (Vega Alta, P.R.)

14.- Sr. Harry Vicente y Sra. (Río Piedras)

15.-Sra. Lolín Rivera Vda. de Rabainne (San Juan, P.R)

16.-Sr. Luis Landrón Náter y Sra. (San Juan, P.R.)

17.-Sr. Efraín León Carbó y Sra. (Miami, Fla.

18.-Sr. Angel M. González Guzmán (Waterbury, Ct.)

19.- Sr. Tomás Rodríguez (Waterbury, Ct.)

20.-Sra. Ruth Díaz Vda. de Riboldi (San Juan, P.R.)

21.-Sr. Jésus M. López Rivera y Sra. (Washington, Ct.)

22.-Sr. Luis R. López Jiménez (Waterbury, Ct.)

23.-Sra. María López Correa (Stamford, Ct.)

24.-Sra. Minerva (Minnie) Correa de López (Waterbury, Ct.)

25.-Sociedad de Andaluces Unidos, Inc. (San Juan, P.R.)

INDICE

Prólogo de Giacomo Lauri-Volpi..pag.15
Agradecimientos...21
Advertencias...27

Preámbulo...31
Capítulo I - 1871-1899...37
Capítulo II- 1900-1903...65
Capítulo III - 1904-1905..103
Sección de Fotografías..139

Capítulo IV -1905...181
Capítulo V - 1906-1907..215
Capítulo VI - 1907..255
Sección de Fotografías..279

Capítulo VII - 1908-1910..319
Capítulo VIII - 1910-1911...349
Capítulo IX - 1911-1913...385
Sección de Fotografías III..417

Capítulo X -1914-1919...465
Capítulo XI - 1919-1921...497
Capítulo XII - 1921-1922..539
Sección de Fotografías IV

Capítulo XIII -1922-1928..623
Capítulo XIV - 1929-1946..671
Epílogo...715

APENDICES

I.- Repertorio del Tenor Antonio Paoli...721

II.- Cronología de Don Antonio Paoli...723

III.- Lugares en los que residió Don Antonio Paoli...............................771

IV.- Condecoraciones y Títulos a Antonio Paoli...................................773

V.- Ultimo pasaporte de Don Antonio Paoli...775

VI.- Grabaciones de Don Antonio Paoli...779

VII.- El Centenario del Natalicio del Gran Ternor Don Antonio Paoli.............789

VIII.- Testimonios sobre Antonio Paoli...829

IX.- Centro de Bellas Artes de San Juan, Puerto Rico.........................853

X.- Los más grandes intérpretes del Otello de Verdi...........................861

XI.- Listado de cantantes líricos puertorriqueños.................................863

XII. Cartas de presentación del autor..869

XIII.- Casa Paoli, Inc., y Monumento a Don Antonio Paoli, Ponce, Puerto Rico......883

XIV.- Bibliografía Paolina: Libros, periódicos y revistas consultados...............899

Indice de nombres...911

PROLOGO

Por Giacomo Lauri-Volpi, Tenor
(Traducción de Don Juan Dzazopoulos E.)

Jesús M. López me invita a evocar la figura y la voz de su coterráneo, Antonio Paoli, a quien tuve la ventura de escuchar en el Constanzi de Roma cuando yo estudiaba canto en el Conservatorio de Santa Cecilia. Tenía yo entonces veintidós años. Paoli interpretaba a *Sansón* y tenía a su lado una poderosa y fascinante *Dalila*, que era la mezzo-soprano romana Gabriella Besanzoni, una de las voces más extraordinarias de este siglo. Rivalizaban las dos soberbias voces para conquistar el favor del público. La impresión de esa velada ha permanecido en mi memoria, como una de las más profundas y duraderas; tanto así que también menciono en mis *Voces Paralelas*, analizando las virtudes canoras del gran tenor de Puerto Rico.

Se ha hablado tanto de voces que han conquistado una desmesurada popularidad y que subsisten en recientes homenajes. Puedo afirmar que ninguna de esas voces glorificadas poseían en mayor grado la calidad que tenía la de Antonio Paoli.

Pero casi nadie lo ha recordado en 1971, año del centenario de su nacimiento, con honores como los que se prodigaron a otros que carecían de su extensión vocal, brillantísimo timbre tenoril, amplitud de repertorio y homogeneidad de estilo de canto. Y yo, desde éstas líneas, quiero protestar contra esa evidente injusticia de recordar voces engoladas y cortas y otras, endebles y penosas en el registro agudo y falseantes en los "adagi" que deben ser ejecutados con auténtica "mezza voce". Voces a las que se han tributado honores soberanos.

La masa se deja engañar por la publicidad y por escándalos familiares que contribuyen a la difusión de la fama de valores bastante discutibles o, en todo caso, exagerados. Mediante ese sistema se contribuye a la confusión de las ideas en la mente de los estudiantes de canto que, atraídos por la propaganda discográfica y críticas de comentaristas superficiales, no saben distinguir lo verdadero de lo falso, dedicándose a imitar la fonación de los falsos ídolos de la historia lírica.

Aún se habla, con una especie de veneración, de un Giacomo Rubini. Y bien, Ricardo Wagner quien lo escuchó en París en una ópera de su repertorio, escribió palabras fogosas contra los abusos y arbitrios de esa voz famosísima. Igualmente severo se manifestó Boito respecto al modo de cantar de un Mario de Gandia.

¿Cuántos ídolos falsos han quedado en la memoria y en los libros que se refieren a artistas no del todo merecedores del renombre que aún les circunda? Nadie sabe hoy, en este mundo injusto y superficial, que existió una voz como la bellísima, dúctil, segura, homogénea, agresiva y poderosa de Antonio Paoli quien, sin embargo, no vaciló en interpretar incluso *Rigoletto* y *Lucia* con un triunfo indiscutible.

Tengo un disco con un recital de Antonio Paoli, que me fue enviado recientemente desde Puerto Rico. Se escucha una voz de un esmalte, de un vigor, de una igualdad en todo el registro de los que ningún tenor, de los escuchado por mí en cincuenta años de carrera, podría jactarse.

La suerte ha sido injusta con Paoli. Y yo, con estas pocas líneas pretendo, dentro de mis limitaciones, protestar contra tal injusticia, invitando a los estudiantes que buscan un modelo de ejemplo a escuchar con seria meditación este recital maravilloso que me ha conmovido profundamente, despertando fuertes sensaciones y genuina admiración en mí, un artista de larga y combativa experiencia profesional y teatral.

Siento que los huesos de Antonio Paoli temblarán de alegría cuando aparezca su biografía, tan esperada y deseada, con este prólogo del colega veterano, quien no teme inclinarse, inferior aunque afortunado, ante la comparación con el magnífico cantante portorriqueño, hijo de un corso y de una venezolana.

Giacomo Lauri - Volpi
Valencia, octubre 1975

G.Lauri-Volpi

PROLOGO
alla
Biografia di Antonio Paoli

Jesus M. LOPEZ m'invita ad evocare la figura e la voce del suo conterraneo Antonio Paoli ch'io ebbi la ventura di ascoltare al Costanzi di Roma quando studiavo il canto al Conservatorio di Santa Cecilia. Contavo allora 22 anni. Paoli eseguiva il Sansone ed aveva accanto una poderosa ed affascinante Dalila, quale era la mezzo-soprano Romana Gabriella Besanzoni, una delle più straordinarie voci di questo secolo. Facevano a gara, le due superbe voci, nel conquistare il favore del pubblico. L'impressione di quella "SOIRÉE" mi è rimasta nella memoria come una delle più profonde e durature, sì che ne feci menzione in "Voci Parallele" analizzando le virtù canore del grandissimo tenore di Puerto Rico. Si è tanto parlato di voci conquistatrici di smisurata popolarità, che sussiste in commemorazioni recenti. Posso affermare che nessuna delle voci glorificate possedeva in maggior grado le qualità di Antonio Paoli. Nessuno lo ha ricordato nel 1971, anno del centenario della sua nascita, con gli onori che sono stati prodigati ad altri che non avevano la sua estensione vocale, il suo timbro schiettamente

(2)

tenorile, la vastità del suo repertorio, l'omogeneità della sua tessitura. Ed io, da queste colonne, oso protestare ~~per~~ contro la patente ingiustizia, ricordando voci ingolate e corte, ed altre stentate e sottili nelle note acute, nonché falsetistiche negli "adagi", che vanno esse giti con autentiche mille-voci: voci alle quali sono stati concessi onori sovrani. La massa si lascia ingannare dalla pubblicità e dagli scandali familiari che giovano alla diffusione della fama di valori assai discutibili o, comunque, esagerati. Per tal sistema si contribuisce alla confusione delle idee nella mente degli studenti di canto che, attratti dalla propaganda discografica e dalle critiche di ~~recensori~~ superficiali, non sanno distinguere il vero dal falso e si dedicano ad imitare la fonazione dei bugiardi idoli della storia lirica.

Si parla ancora di un Giacomo Rubini con una specie di venerazione. Ebbene, Ricardo Wagner, che l'udì a Parigi in un'opera di repertorio, scrisse ~~parole~~ di fuoco contro gli abusi e gli arbitrii di quella voce ~~famosissima~~. Altrettanto severamente, si espresse il Boito rispetto al modo di cantare di un Mario de Candia. Quanti falsi idoli sono rimasti nella memoria e nei libri che si riferiscono ad artisti non del tutto meritevoli della rinomanza che tuttora li circonda!

Nessuno oggi sa, in questo recondito iui queo, superficiale, che è esistita una voce quale la bellissima, duttile, sicura, omogenea, aggressiva, e strapotente di un Paoli che però, non osò a interpretare pure "Rigoletto" e "Lucia" con indiscusso trionfo. V'è un disco con un 'recital' di Antonio Paoli, inviatomi da Porto Rico recentemente. S'ode una voce di uno smalto, di un vigore, di una compostezza che nessun tenore, tra quanti ho udito in cinquanta anni di carriera, può vantare con Paoli. La sorte è stata ingiusta. Ed io, con questo poco riglio, intendo, nei miei limiti protestare contro tale ingiustizia, invitando gli studenti, che vanno in cerca di modelli esemplari, ad ascoltare con seria meditazione quel "recital" meraviglioso, che mi ha colpito profondamente, destando forti sensazioni e schietta ammirazione, in un artista della mia lunga e combattuta esperienza professionale e teatrale. Sento che le ossa di Antonio Paoli fremeranno di gioia quando apparirà la sua biografia tanto attesa e desiderata, con questo prologo del collega veterano, il quale non teme di dichiararsi inferiore, benché fortunato, nel raffronto con il magnifico cantore portoricano, figlio di un corso e di una veneziana, l'alma. Giacomo Lauri-Volpi

Valencia, Mar. 1975

AGRADECIMIENTO

La confección de esta detallada y analítica obra ha sido lograda gracias a la cooperación de varias personas sin cuya ayuda no se hubiese podido realizar. Muchas de esas personas me ayudaron unas veces supliéndome material informativo y otras alentándome contínuamente a seguir adelante a pesar de los escollos y obstáculos encontrados en esta encomienda y desafío personal. El abnegado apoyo de mi querida, comprensiva y dedicada esposa, Minerva (Minnie) Correa, fue vital para el logro de este gran empeño. Ella con mucha conformidad y entusiasmo me concedió la oportunidad de ausentarme de nuestro hogar infinidad de veces, quedándose ella sola a cargo de todo el trabajo y cuidado del negocio, el hogar, y de nuestros hijos; mientras yo me sumía entre polvorientos volúmenes de periódicos, revistas, libros y archivos en distintas partes del mundo, desenterrando del olvido la excitante y extraordinaria vida de uno de los cantantes lírico - dramáticos más grandes e ilustres de todos los tiempos: el célebre tenor Don Antonio Paoli. Además, su aporte económico fue muy significativo cubriendo la mayor parte de los gastos para la publicación de este libro.

En esta vena tengo que evocar un recuerdo muy especial a la digna memoria de la distinguida Doña Adina Bonini Vda. de Paoli, a quien todos cariñosamente llamábamos "Nana", y quien casi a diario visitaba nuestro hogar en el pueblo de Vega Alta, Puerto Rico. Debo resaltar que nuestra relación fue una muy estrecha y que durante los últimos doce años de su vida se convirtió en parte íntegra de nuestra familia. El legado de esta impactante y muy querida relación fue de un imborrable y rico recuerdo y acervo el cual incluye anécdotas y experiencias acuñadas durante el espacio de veinticuatro interesantísimos e inolvidables años que vivió junto al gran e ilustre tenor.

Después de destacar el vital aporte de estas dos queridas y distinguidas damas, debo llevar al distinguido lector por una ligera gira a través de los distintos lugares donde encontré el apoyo de varios individuos a quienes creo conveniente mencionar con cierta especialidad. Debo comenzar en Puerto Rico, lugar que es el punto de partida y destino último de nuestro personaje especial. Me ayudó en mi quehacer el gran investigador, escritor e inolvidable amigo Don Emilio Passarell, quien compartió recuerdos con nosotros y quien nos infundió gran ánimo en nuestro empeño. Muy gratos y útiles momentos fueron los que compartimos con el periodista y amigo Don José Romeu y en los cuales nos narró las interesantísimas conversaciones que sostuvo con Don Antonio Paoli. Fue muy valioso el aporte del profesor de canto puertorriqueño, Don Ramón Fonseca, quien a su vez fue estudiante del célebre tenor y con el cual convivió por muchos años. El Padre Castellanos fue de gran ayuda al igual que el gran compositor y amigo Noel Estrada. Este último también fungió como Secretario de Estado de Puerto Rico y tuvo a bien el facilitarme cartas de representación las cuales facilitaron el introducirme y abrirme las puertas en los gobiernos de los distintos países que tuve que visitar y acudir en busca de información vital y pertinente para la materialización de esta obra. Debo destacar que la colaboración de la querida e inolvidable Doña Blanca Paoli de Fernández de poner su valioso archivo personal a mi disposición y facilitarme su digna colección de fotografías, recuerdos familiares y recortes periodísticos fue de suma importancia y de gran valor en este empeño.

Cabe mencionar al querido amigo Don Angel M. Armada, quien aportó datos de gran importancia y valor sobre el impactante debut de Don Antonio Paoli en París, Francia en abril del 1899.

El tenor ponceño Don Virgilio Rabainne (Raben), discípulos de los hermanos Paoli, quien nos contó muchas anécdotas de la vida de Don Antonio Paoli.

Deseo mencionar a un amigo que puedo llamar hermano, Dr. Modesto Fontánez, por la ayuda y asesoramiento que me dio y por la corrección de algún material aquí incluído y quien además está actualmente traduciendo esta biografía al idioma inglés.

Desde mis tiempos de estudiante tenía sumo interés en la labor investigativa y tuve la dicha de contar con el gran estímulo del inolvidable amigo y escritor Ponceño Don Mariano Vidal Armstrong y cuya memoria es sumamente grata.

Fui objeto del apoyo y la inspiración del gran amigo Walter Murray Chiesa cuyo ejemplo y tesón fueron de gran importancia en mi inspiración de seguir investigando y superándome contínuamente en mi quehacer tal y como el hacia en su lucha en pro de las artes nativas y los artesanos de Puerto Rico. Este digno amigo, junto al Licenciado Félix López Pintado, revisaron con gran cuidado y esmero los primeros capítulos de este libro corrigiendo errores incurridos por virtud de carencia de experiencia literaria.

En este listado va también el nieto de Don Antonio Paoli, el Señor Joseph L. Paoli, quien tuvo a bien suplirme una serie de raras y selectas fotografías de su abuelo y su familia. Debo destacar que éste fue el único de los descendientes directo de Don Antonio Paoli en tenderme la mano y cooperar conmigo en este digno empeño.

Un gran recuerdo va también al egregio escritor e historiador Don Modesto Gotay quien compartió conmigo muchísimas anécdotas que le fueron narradas por el mismo Don Antonio Paoli, de quien era gran amigo.

El Licenciado Don Roberto Beascochea-Lota me brindó un gran apoyo moral en esta encomienda y la querida e inolvidable maestra Doña Amalia Maldonado - Santaella (Doña Chimba), quien también fue la bibliotecaria de la Escuela Superior de Ponce en la calle Cristina, tuvo la amabilidad de permitirme buscar entre sus archivos hasta dar con una colección de periódicos que tienen sendos artículos sobre la carrera lírica del gran tenor.

De gratísima memoria es el Licenciado Pedro Perea Roselló, amigo y profesor de historia, quien me animaba a seguir mis inquietudes de investigación en mis años de estudiante en la Universidad Católica de Ponce.

Especial mención va al gran amigo y compañero de estudios de canto, el Dr. Abner José Fornaris, ya que fue el primero en hablarme de Don Antonio Paoli y en dejarme escuchar en su casa un disco; inspirándome así a buscar datos y rescatar del olvido la tan mancillada memoria de este insigne artista lírico. Siempre le estaré agradecido por haberme dado la importante oportunidad de haber escuchado en la voz de Don Antonio Paoli el aria de *Non pagliaccio Non*

Son de la ópera *I Pagliacci* de Ruggiero Leoncavallo. El fraseo musical y la seguridad vocal de este gran tenor dejaron tan tremendo impacto en mí que nunca la he podido olvidar.

Seguimos por Argentina y debo resaltar que en el país de las pampas tengo un grupo de amigos a quienes agradezco de todo corazón la ayuda prestada. Entre ellos esta Don Ennio Bendinelli, quien es hijo del gran tenor Angelo Bendinelli y quien fue la primera persona en suplirme datos y fotos de la actividad artística de Don Antonio Paoli en ese país en el año 1908. Y, dentro de ese selecto grupo de amigos, también vale mencionar al Dr. Gustavo Bigourdan, al Profesor Arnosi, a Don Saverio (Cachito) Aragona, al inolvidable tenor Tino Folgar y muy en especial a los archivistas del Teatro Colón de Buenos Aires.

En Brasil agradezco la gran ayuda prestada por el Señor Edgardo de Brito Chavez y los encargados del archivo y museo del Teatro Nacional. Estos cooperaron mucho conmigo en mi búsqueda investigativa .

En Colombia quiero rendir agradecimiento al archivista del Teatro Colón de Bogotá, al igual que a la Sra. Beatriz Angel de Ramírez, quien, con marcada paciencia, nos facilitó copia del libro sobre la ópera en la República de Colombia.

Agradezco en Chile al inolvidable amigo Don Alfonso Cahán Brener quien fue fundador del museo y del archivo del hermoso Teatro Municipal de Santiago. Este famoso teatro fue la cuna y la sede de grandes triunfos para Don Antonio Paoli. Va también mi sincero agradecimiento a mis amigos Doña Amelia Urzua Urrutia y Don Benjamín Cabieses Courretier. Ambos son actuales directores del museo y con gran amabilidad me permitieron escudriñar todos sus archivos. Entre los amigos chilenos también destaco al inolvidable Don Enrique Gómez Tejera, el cual me introdujo a varios contactos importantes en Chile; al gran amigo Juan Dzasopoulos Elgueta, quien tuvo a bien facilitarme una magnífica y detallada relación de la actividad artística de Don Antonio Paoli en Chile en 1906 y también corrigiendo varios errores de obras y fechas.

Pasando a la madre patria, España, tengo que resaltar la figura de Don Florentino Hernández Girbal quien es el autor de las biografías de las vidas gloriosas e ilustres de Don Julian Gayarre, Don Amadeo Vives, y Ms. Adelina Patti. Don Hernández Girbal tuvo la gran gentileza de proveerme sendas cartas de recomendación las cuales fueron sumamente útiles para obtener acceso a importantes archivos privados de museos, teatros, periódicos y coleccionistas particulares. No conforme con esta magnífica ayuda, también me facilitó entrevistas a personalidades importantes como el gran tenor Hipólito Lázaro, el gran tenor Giacomo Lauri-Volpi, Don José Subirá, Don Eugenio Gara y a las distinguidas familias Huarte, en Pamplona, y Ugarte, en Barcelona. Y como si todo esto fuera, poco Don Hernández Girbal me facilitó acceso al archivo del gran Teatro del Liceo de Barcelona, España, y a su distinguido director Don Juan A. Pamias. Don José Subirá me obsequió con sus narraciones sobre la vida de Don Antonio Paoli en su juventud. También va un gran reconocimiento al distinguido español el Dr. José Ma. Colomer Pujols quien tuvo a bien escarbar en sus archivos hasta encontrar la participación de Don Antonio Paoli en el Teatro del Liceo de Barcelona; particularmente en la ópera *Aïda*, de Giusseppe Verdi. Vale mencionar a la Sra. Montserrat Queralt-Negré quien tuvo la gentileza y la voluntad desinteresada de facilitarme una relación grabada del interesante debut de Don Antonio Paoli en Valencia, España, en el año 1897, al igual que varias críticas del Teatro Principal de dicha localidad con Don Antonio Paoli en el año 1904.

Debo tomar esta oportunidad para manifestar mi agradecimiento de todo corazón a los distinguidos archivistas de la Hemoroteca Nacional de Madrid, España y quienes se desvivieron en buscarme importantes informaciones tomo tras tomo y que a la vez gozaban conmigo con las magníficas y extraordinarias críticas que encontrábamos.

En Austria tengo una deuda de gratitud con el venerable amigo el Barón Gustav Otto Horgenfloren. A pesar de su avanzada edad de noventa y siete años sacó energía para mostrarme sus archivos privados y mostrando una abnegada y entusiasmada cooperación para con mi empeño. Siempre me maravillaré de su nitidez y firmeza mental a pesar de su mencionada edad. Fue éste un caballero de gran sutileza y dulzura y poseedor en su castillo de Graz, Austria de la más grande colección de fonógrafos del mundo y una hemeroteca y archivo únicos. Hoy día dichos tesoros están en custodia del gobierno austríaco.

Pasando por Italia debo decir que siento un especial agradecimiento por el gran amigo y colaborador Don John Gualiani de gratísima memoria sin cuya valiosísima ayuda no se hubiese podido escribir ni una cuarta parte de la vida de Don Antonio Paoli. El Sr. Gualiani pasó horas enteras traduciendo al inglés varias críticas de países de habla tedesca y otros idiomas y revisó del "Alfa" a la "Omega" todos los archivos públicos y privados que encontró en su camino.

Agradezco también a la hija del célebre bajo italiano Don Amletto Galli, Madame Gigliola Galli quien ayudó a traducir muchísimas críticas del idioma francés. También al Padre Vittorio Bosca, mi profesor de italiano, romano de nacimiento y quien me hizo varias entrevistas en Roma, Italia, donde también recibí la muy agradecida ayuda del escritor milanés Don Eugenio Gara; persona de la cual tengo muy grata memoria y quien me permitió buscar en todos sus archivos, gavetas y efectos repletos de programas, recortes periodísticos y memorabilia de otra época de gloria.

Se le otorga merecido reconocimiento a la ayuda y cooperación que me brindaron los archivistas y empleados de la Librería-Archivo Brera de Milán, Italia, los cuales me trataron con mucha deferencia al igual que al amigo Giorgio Gualerzi de Torino, Italia quien tuvo a bien corregirme algunas fechas y datos. También en Trieste, Italia el museo Civico Teatrale de la fundación Carlo Schmidz tuvo muy a bien suministrarme información valiosa.

Pasando por Rusia, en la ciudad de Kiev doy mérito al amigo Vladislav Mariek quien me suministró información importantísima tocante a la actividad operática de Don Antonio Paoli con los gloriosos barítonos de todos los tiempos Don Tita Ruffo y Don Mattia Battistini al igual que otros artistas en ese Legendario país donde desfilaron todas las grandes figuras líricas tanto del siglo pasado como de este siglo. El amigo Vladislav Mariek completó, en el proceso, aún más la cronología del libro de la vida del egregio y afamado barítono Tita Ruffo la cual fue publicada por su hijo en el año 1977.

En México debo mencionar con agradecimiento al amigo Licenciado José de Jesús Ledesma el cual a pesar de su tan ocupado tiempo pudo apartar algunas horas para investigar la visita de Don Antonio Paoli al país azteca al principio de este siglo.

En Venezuela debo mencionar al Sr. Eduardo Feo-Casa y a los archivistas del Teatro Municipal y del Teatro Nacional de Caracas, ciudad capital de dicho país.

Mis más expresivas gracias y reconocimiento van a los archivistas y empleados que prestaron ayuda y cooperación en los siguientes teatros: en España: Teatro Principal de Valencia, Liceo de Barcelona, Teatro Real de Madrid, San Fernando de Sevilla, Arriaga de Bilbao y Campo Amor de Oviedo. En Italia: La Scala de Milán, La Opera de Roma, San Carlo de Nápoles, Alla Fenice de Venecia, Teatro Massimo de Palermo. En Austria: Stadt Theater de Graz. En Portugal: Sao Carlos de Lisboa. En Francia: La Opera de París.

xxiv

Aprovecho también esta oportunidad para agradecer al amigo Thomas Kaufman de New Jersey en E. U. A. por facilitarme su cronología sobre la tormentosa gira de Don Pietro Mascagni, gran compositor Italiano, por los Estados Unidos, en el año 1902, al igual que otros datos cronológicos. También en los Estados Unidos va mi agradecimiento a los archivistas y empleados de la New York Historical Society, la New York Public Library y la Performing Arts Library del Lincoln Center Of The Performing Arts de la ciudad de Nueva York .

Finalmente, debo otorgar reconocimiento y gratitud a Don Nicolo y Doña Nicolina Bollella, dueños de la empresa "The Photo Shoppe" de Waterbury, Connecticut por casi todo el trabajo fotográfico que contiene este libro, hecho con tanta profesionalidad y esmero. También va un agradecimiento muy especial a mi querido amigo Carlos Quiles por el precioso trabajo de arte realizado en este libro.

A mis padres Jésus y Rosa López, quienes desde niño me enseñaron a apreciar las cosas bellas de la vida y en especial el arte lírico, la música y la pintura, al igual que a mi abuelo Manolo Jiménez y Arana.

Va una mención muy especial a mis queridos amigos de la República Dominicana, los padres Jesuitas de Manresa Loyola a través del padre Bartolomé Malvarez Gil, S.J. y el Hermano Aguilino Gutiérrez, S.J. por su hospitalidad; también al Sr. Víctor Sánchez por sus servicios.

Si alguien se me ha quedado le pido mis sinceras disculpas. Sería interminable listar la cantidad de personas que han tenido tantos parabienes para conmigo y quienes han manifestado tanto apoyo moral en este empeño que no ha sido nada fácil y que ha precisado responsabilidad, paciencia y dedicación.

Le doy las gracias al amable lector que emprenda la paciente lectura de esta detallada obra y le pido disculpas por cualquier carencia de dote literaria pues este servidor es esencialmente un eterno y apasionado enamorado del arte lírico y canoro, un gran admirador del ilustre tenor Don Antonio Paoli y ha sido esta gran y ferviente admiración la que me ha motivado en forma emprendedora a escribir esta biografía. Esta obra va escrita por amor a lo que creo y hago y con el sincero anhelo de hacerle justicia y honor a quien tanto se lo merece ¡Este elemento mótriz espero que subsane la carencia de título de escritor y poeta!

Mis sinceras gracias a todos,

Jesús M. López

ADVERTENCIAS

Los biógrafos de figuras célebres, por lo general, suelen basar sus escritos y premisas en críticas de periódicos y revistas dejándose llevar por lo que en ellas leen, y más al tratarse de los cantantes de ópera. Muchas veces buscar un sólo periódico y eso les basta sin importar si la reseña milite a favor o en contra del artista. Lo cierto es que lo que reza en escritura estará matizado muchas veces por el humor e interés del crítico de aquellas épocas pasadas quien al igual que en nuestros tiempos o son cantantes, músicos, compositores, directores, etc., etc. frustrados y nadie lo hace bien ni sabe más que ellos. Por otra parte pueden ser de esos que cobran buena plata para que se hable bien del cantante siempre, por peor que cante o actue el artista. Un muy conocido tenor de hoy día ha acuñado la frase: *"Crítico pagado, éxito asegurado"* y esto ha acarreado el que dicho tenor invierta anualmente la cantidad de $250,000 (un cuarto millón de dolares) en publicidad para que siempre se hable bien de él. Hemos estado presentes en varias funciones operísticas cantadas por ese tenor el cual emitió varios sonados y sonoros alaridos, gallos. Al día siguiente al leer las críticas no había mención alguna sobre el impactante incidente de los gallos y todo lo contrario todo había salido a la perfección; meridianamente claro que el crítico estuvo muy bien pagado.

Y en esto de críticos tenemos los que carecen de acervo cultural e histórico para comentar y discutir lo que en forma muy atrevida escriben pero cabe mencionar también que hay críticos más conscientes, desafortunadamente los menos, que dicen con verdadera sinceridad sobre lo que ven y escuchan, por lo cual escriben de acuerdo a lo que sienten y les dicta la conciencia.

Por desgracia estos, por lo general, escriben para rotativos de menor circulación, los lee la gente más sencilla y por ende más sensible. No obstante, estos son los menos que buscan y estudian. Esos sensatos críticos hablan a cabalidad sobre el artista y tratan de destacar que sí se incurrió en alguna falla de parte del cantante este tiene otros atractivos y dotes que les hacen grande.

El cantante es un ser humano, de carne, hueso y de un sensible conjunto de emociones y esto lo hace susceptible a fallas atribuibles a fenómenos naturales tales como cambios atmosféricos surgidos a tenor con los reveses de la naturaleza y de las temperaturas; geográficos inherentes a los distintos países, a las distintas costumbres culturales y a los efectos de las distintas comidas y bebidas que pueden desembocar en indigestiones, congestiones y otros fenómenos alérgicos. El aparato vocal humano no es un instrumento musical más, al cual se pueden templar las cuerdas y afinarse en el tono requerido mecánicamente. La voz humana es fiel indicadora del estado anímico por lo cual sujetado a una situación dada empero a una escuela de canto refinada y una abundante experiencia canora el artista en un momento dado puede encontrarse sin control alguno de su aparato vocal o en una situación de no poder obtener un rendimiento óptimo de su utilización.

Es por esas razones, aquí cifradas que entendemos que el biógrafo de un cantante obligatoriamente debe ser investigador consciente y responsable. Necesariamente debe prevalecer el entendido de que una biografía debe escudriñar lo más profundo que pueda para el feliz hallazgo de datos, hechos fehacientes, éxitos, fracasos, glorias, honores, historias, leyendas, conducentes a una percepción lo más correcta posible de la figura sobre la cual se escribe. Esto acarrea la búsqueda de fuentes de información más allá de periódicos y revistas y he aquí la suma importancia de la celebración de entrevistas a individuos de la época que vivieron aquellos momentos maravillosos en el interior de un teatro escuchando aquellas voces privilegiadas de aquel entonces. Es de vital importancia el hacerse entrevistas a cantantes que cantaron junto al biografíado; a directores de orquesta; a músicos, a particinos; miembros del coro; maquinistas; tramoyistas, etc., etc.

Este empeño conlleva la responsabilidad de escudriñar también los archivos de los teatros, archivos privados, programas de funciones y recitales al igual que todo material que de luz y que verse sobre el artista y su época. Esto hace que nos trasladamos a aquellos tiempos de tal modo que los vivamos al máximo tanto en nuestras mentes, nuestras imaginaciones y nuestros corazones. Uno de los problemas inherentes a las críticas es que muchas veces pueden basarse en la primera función de una ópera e ignoran las subsiguientes funciones del mismo título. Por lo cual si el cantante lo hizo mal o en forma sub-óptima la primera vez entonces queda registrado para la posteridad como una mala función. No obstante, si luego se reivindicó queda olvidado y con sólo los testigos que estuvieron presentes en el teatro para poder dar fé de la calidad del artista. Es por esto que es esencial entrevistar a la mayor cantidad de personas que se pueda para poder aclarar una situación como ésta. También se da que muchos de los periódicos de menor circulación cubren el evento de funciones posteriores a la primera y esto hace muy necesario el que se investigue periódicos de distintas fechas y no copiar al pie de la letra lo primero que se encuentra y peca aún darle entera fe y crédito de entrada y en forma absoluta.

Hay que señalar, desafortunadamente, que hoy día hay muy pocos biógrafos serios. Digno ejemplo de un biógrafo serio y de gran altura lo es Don Florentino Hernández-Girbal el cual es merecedor de toda credibilidad. Se trata de un escritor español consciente y minucioso el cual agota todos los medios hasta lograr la consecución de un dato por más sencillo que sea en la vida de un artista y es por eso que ha logrado obras importantes y gloriosas como: La vida de Julián Gayarre, Madrid, 1970; La vida de Adelina Patti, Madrid, 1971 y la vida de Amadeo Vives, Madrid, 1971. Estas son obras repletas de verdadero sabor y detalles de las interesantísimas vidas de esos grandes artistas por lo que fueron libros de gran éxito de la Editora Lyra. Dentro del conjunto de grandes y serios biógrafos están los siguientes: Clara Leisar, en su biografía sobre *Jean de Reszke*, N. Y., 1934; Mario Corsi, en su biografía sobre *Francesco Tamagno*, Milán, 1937; Godfrey Pearse y Frank Hird, en su obra sobre *La Vida de Mario de Gandia, The Romance of A Great Singer*, Londres, 1910, Julio Enciso, en su libro *Memorias De Julian Gayarre*, Pamplona, 1955; Maxim Gorky, con su obra *Chaliapin*, New York, 1967. Las biografías aquí mencionadas son dignas de toda credibilidad, pues tienen altos dotes de veracidad y poseen un verdadero matiz histórico.

Tenemos por otro lado, biografías que no se acercan ni se asemejan a la altura de las arribas mencionadas. Ejemplos de estas son: *Caruso* por Stanley Jackson, New York, 1972 la cual está cuajada de errores crasos y la cual hace acopios *ad verbatim* de autores y la cual a su vez carece de una investigación seria y concienzuda; *Caruso - Storia Di Un Emigrante* de Eugenio Gara, Milan, 1943, la cual es una copia exacta traducida al italiano de la obra de Pierre V. R. Key y Bruno Zirato: *Caruso*, New York, 1922. Aquí o allá utilizó los mismos errores que escribieron Key y Zirato, sin investigar nada e incurriendo en distorsiones de la vida del célebre cantante napolitano. Sería imposible enumerar aquí todas las biografías buenas y malas de grandes artistas ya que son miles y como ya dijimos las hay muy buenas, dignas de toda credibilidad y las hay malas, malísimas en verdad.

Examinemos pues ahora las autobiografías. Aquí también las hay muy buenas pero no obstante el investigador no debe de concretarse a lo que ellas dicen pues pueden ser ciertos los hechos, pero muchas veces el autor cambia fechas y datos ya sea por conveniencia o fallas de memoria. El otro problema que traen las autobiografías es que por lo general el autobiografista es un tanto egoísta, siempre habla en primera persona, se olvida de mencionar nombres de otros artistas y esto se puede deber a celo profesional u olvido voluntario. Quiere ser el héroe sin sombra y surgen así autobiografías como la del admirado tenor Hipolito Lazaro, *El Libro de mi vida*, Madrid, 1968, quien ignora muchos nombres importantes y ataca despiadamente a otros. En esta misma vera estan las autobiografías de Tita Ruffo, barítono y del tenor Francisco Viñas, al igual que Lauri Volpi. Desde luego los autobiografistas sólo mencionan los éxitos, las glorias y los triunfos, pero por lo general nunca las derrotas y fracasos de los cuales nadie está exento.

Otras importantes y útiles fuentes de información en estos menesteres lo son las *Cronologías de Los Grandes Teatros*. Estas se suponen que están escritas a conciencia y de acuerdo a los archivos y programas de los teatros con todas sus fechas, obras y cantantes. Por lo cual, contienen hechos y datos de gran valor histórico, pero desafortunadamente, muchas veces ignoran nombres de cantantes ya sea por omisión voluntaria o por no considerarlos importantes. Ejemplos de estas son las que se enumeran a continuación:

• *Cronología del Corvent Garden de Londres*, H. Rosenthal, Londres, 1959. Aunque pone el nombre de la obra ignora los artistas y tampoco marca los reemplazos de personajes y solo reseña las primeras funciones.

• *Cronología del Metropolitan Opera*, I. Kolodin, N. Y. Desafortunadamente esta cronología ignora la participación de todos los artistas que cantaron allí fuera de la temporada oficial del teatro.

• *El Libro del Gran Teatro Del Liceo*, Barcelona, 1950. Desafortunadamente esta cronología ignora la participación de varios artistas importantes como la soprano Gubern y el tenor Paoli en la función de la opera *Aida* de Giusseppe Verdi en el año 1911.

• *La Cronología del Teatro de La Opera de Roma*. Esta es una de las más completas que hemos visto pero aún así tiene algunos errores.

• *La Cronología del Teatro San Carlo de Nápoles*. Esta sólo pone los estrenos.

• *La Cronología del Teatro Real de Madrid*, de Don José Subirá y la cual aún está inédita. Desafortunadamente ignora el nombre de Antonio Paoli en varias de las temporadas que cantó allí.

• *La Cronología del Teatro Garnier de Monte Carlo*, Paris, 1979. Esta cita los nombres de óperas sin citar los nombres de los artistas que cantaron.

Surge de este pequeño ejemplo algunas cronologías que el investigador serio y responsable no puede depender en gran medida de ellas debido a que son incompletas. Debido a todo lo anterior el investigador está obligado a recurrir a archivos privados, cartas personales, entrevistas y a una entrega profunda y total a su empeño investigativo. Esto inclusive acarrea el recibir insultos e improperios de personas egoístas las cuales a veces se odian hasta ellas mismas. En todo esto hemos incurrido para así poder desenterrar del olvido y el polvo de los años la extraordinaria y legendaria figura de un hombre, todo un caballero, que movió multitudes y exaltó a los públicos más exigentes del mundo, Don Antonio Paoli. En efecto, durante los primeros cinco lustros del siglo veinte y cabe señalar en forma contundente que aún no ha sido sustituído.

Espero dar al distinguido lector una idea del inmenso y abnegado trabajo y sacrificios incurridos por espacio de cuarenta y dos años recibiendo a veces desprecios, palabras fuertes y desengaños pero también grandes satisfacciones que jamás podrán ser igualados ni superados.

En nuestras investigaciones conocimos gente de gran valía en distintas partes del globo terráqueo como Alemania, Argentina, Bélgica, Austria, Brasil, Colombia, Chile, España, Uruguay, Venezuela, México, Costa Rica, Cuba, Santo Domingo, Curacao, Haití, Francia, Inglaterra, Suiza, Italia, Portugal, Rusia, Egipto, Luxemburgo, Turquía, Hungría, Paraguay, Bolivia, Perú, Ecuador, los Estados Unidos y otros países, que harían la enumeración más extensa.

Muchas de las críticas publicadas en esta biografía se copiaron tal como aparecieron en los diarios y revistas de la época en que se escribieron. Algunas tienen marcados errores que se dejaron tal como se escribieron para evitar contrariedades.

Esta biografía es la materialización y el producto de una ardua investigación siguiendo los parámetros y las exigencias y los niveles de calidad arriba descritos y fue realizada también siguiendo los sabios y experimentados consejos de mi querido y apreciado amigo, el digno escritor Don Florentino Hernández Girbal y su acertada premisa *"Todo dato por menor que sea, tiene importancia."* Gracias querido lector por leer estas líneas con tanta paciencia.

Respetuosamente,

Jesús M. López
Waterbury, Ct , diciembre de 1996

PREAMBULO

El siglo XIX fue uno de grandes inmigraciones al nuevo mundo. Estas inmigraciones vinieron a enriquecer el patrimonio de recursos humanos de los nuevos países. Muchos de los inmigrantes eran de linajes importantes e interesantes. Entre los tantos que inmigraron, allá para el año 1848, estaba un distinguido joven corso descendiente por línea directa del gran patriota y libertador de Córcega, Don Pasquale Paoli (1725-1807). Este joven se llamaba Domenico Paoli Marcantetti y Ramolino y fue a dar a América del Sur, a Venezuela. Se estableció en su ciudad capital, Caracas.y se dedicó al negocio de comestibles y productos importados. La suerte en éstas empresas comerciales le fue muy propicia. Como parte de los empeños relacionados a ellas, solía viajar con frecuencia fuera de Caracas. De esta forma podía comprar y adquirir mercancía que fuese del agrado de sus clientes. Fue precisamente en uno de esos viajes de negocios como llegó a la ciudad de Asunción, en Isla Margarita, pequeña y preciosa isla tropical enclavada cerca de las costas de Venezuela. Estableció allí relaciones comerciales con Don José Marcano e Iturregui, un importante y rico importador de finos vinos españoles, jamones y otras tantas delicias para el paladar.

Don José Marcano e Iturregui, provenía de una familia de gran abolengo y rancias costumbres españolas y era orgulloso de su apellido y linaje. Tenía una preciosa y apuesta hija criada con la sutileza y esmero propios de su categoría social y correspondiente alcurnia. Quiso el destino que se diera la coincidencia de que un día que Domenico fue a hacer negocios con Don José, su preciosa hija estuviera de paso con su madre por el establecimiento. Surgió pues el histórico encuentro entre Domenico y Amalia Marcano e Intriago, que dejó a Domenico totalmente prendado de ella. Amalia también quedó muy bien impresionada pues Domenico poseía una magnífica figura: alto, elegante, de ojos azules y ademanes muy finos. Por su parte, Amalia era una doncella de cuerpo menudo y exquisitamente proporcionado con unos ojos verdes y un agraciado rostro el cual semejaba la cara de uno de los angeles que rodean *La Purísima*, de Murillo.

Este interesante encuentro dio lugar a un amor a primera vista que desafortunadamente, desencadenó en un drama análogo al de Romeo y Julieta en el sentido de que los padres de la pobre Amalia se opusieron tenazmente a esos amores, lo cual causó grandes dolores. Los padres de Amalia opinaron que Domenico, después de todo, era un corso desconocido. Domenico, ni corto ni perezoso, insistió con avidez en la materialización de su amor por lo cual visitaba Isla Margarita frecuentemente con el propósito de visitar a su amada. Esto indujo a los padres de Amalia a enviarla a España y, de esta forma, alejarla de su corso enamorado. Todo esto con la esperanza de que la distancia condujera al olvido.

No obstante para el amor no hay imposibles y nuestro Domenico se valió de un amigo para obtener la dirección de su amada en la península Ibérica y de esta forma logra escribirle sendas cartas apasionadas a las cuales ella, desde luego corresponde con gran amor y afecto. Así las cosas, quizo el destino que la madre de Amalia enfermase y como era hija única del matrimonio, le correspondió regresar de España para así darle el cuidado de rigor a su madre. Pese al cuidado y esmero de Amalia, Doña Ana Isabel falleció al poco tiempo de la llegada de su hija. Fueron momentos en que Amalia precisó del cariño y el respaldo de Domenico, y para disipar el hondo dolor que le produjo la muerte de su madre comienza a verse en secreto con Domenico, a quien le obsequió un retrato que se había hecho en Madrid durante el invierno que pasó allí.

Durante el tiempo que Domenico residió en Venezuela, cambió su nombre por el de Domingo. Continuó insistiendo en cultivar su amor por Amalia y como parte de este afán, volvió a visitar al padre de su amada en Isla Margarita donde formalmente pidió su mano y fue rechazado nuevamente. Así las cosas no le quedó más remedio que continuar viéndola en secreto, y ante la imposibilidad de lograr que Don José cambiaba de parecer en cuanto a sus amores con su hija, ésta decide marcharse con él a Caracas. Esta acción conduce a que Amalia sea repudiada y desheredada por su padre y su familia. Por otra parte, al no ir bien los negocios de Domingo para el año 1853, decide venderlos y trasladarse con su Amalia a la bellísima Isla de Puerto Rico, la cual se conocía en Venezuela como "La Joya del Caribe". Dicho traslado se efectúa y Domingo y Amalia llegan llenos de ilusiones, sueños y esperanzas. Se instalan por varios meses en el pueblo de Yauco, al sur de la isla, que llegó a ser el lugar donde se aglutinaron los corsos que emigraron a Puerto Rico. Vivieron en la casa de Don Fernando Luchetti, en Yauco, y más tarde de ahí pasaron a vivir en Ponce. En esta ciudad, la cual también está situada en el sur de la isla, Domingo estableció un negocio de comestibles en la Calle Mayor esquina con la calle Comercio y comienza a progresar económicamente. Su progreso está pautado por ser él un hombre muy emprendedor, trabajador y muy simpático por lo cual sabía cómo ganarse el favor del público.

La entrada de dinero es muy buena y decide comprar una finca muy hermosa que estaba en aquel entonces localizada en la carretera entre la ciudad de Ponce y el pueblo de Juana Díaz. En esta finca se dedica a la siembra de la caña de azúcar. También edifica una espaciosa y cómoda casona con grandes y anchos balcones rodeada de bellísimos jardines . Estaba pintaba de blanco y parecía resplandecer al ser tocada por la mágica luz del sol del trópico en medio del intenso verdor que la rodeaba.

En aquella época lamentablemente aún existía la esclavitud en Puerto Rico. Era costumbre entre hombres libres y adinerados, blancos, negros o mulatos de la época, edificar en sus fincas una espaciosa área donde se ubicaban los cuarteles para los esclavos, los cuales quedaban a unos metros de la vivienda principal. La familia Paoli no fue ajena a esta costumbre. Y, a propósito de esclavos, Don Domingo adquirió por compra varios esclavos con el propósito de que estos realizaran las labores del campo y el cuidado de las labores domésticas de la casa. Así advino a una negrita muy dulce, risueña y cariñosa a quien llamaban Lalá quien llegó a ser muy importante para la familia. Entre los otros esclavos estaban Eladio quien sirvió de cochero, Lala, quien estaba encargada de la cocina, Pilaruca la cual estaba encargada de la limpieza; Pancho quien estaba encargado de la jardinería; Pilar quien estaba encargada de la comida de los esclavos; Eduardo, era el caporal de la Hacienda y por su honradez fue hombre de confianza de Don Domingo; Inés y Cleófe quienes eran dos mulatas muy guapas, muy admiradas y deseadas por todos los hombres, y Sixto quien era de la raza mandinga y procreaba hijos sanos y fuertes.

Don Domingo era un hombre de profundas convicciones religiosas, por lo cual decide darle por nombre a la finca "Hacienda La Fe". Dicha hacienda fue tomando auge y en poco tiempo la producción de caña de azúcar era muy notable y comenzaba a venderse a varios ingenios para producir azúcar y el refrescante guarapo de caña. Tanto Domingo como Amalia tenían además inquietudes muy interesantes los cuales abarcaban las actividades sociales, culturales y religiosas, por lo cual participaban en las mismas en la ciudad. Desde luego, esto hizo que ellos fueran muy respetados y apreciados en la comunidad ponceña. LLegaron a contar con una situación financiera cómoda y desahogada y habiendo logrado solvencia y acomodo comenzaron a procrear una interesante familia.

El matrimonio produjo ocho hijos de los cuales Olivia fue la primogénita nacida el día 5 de octubre de 1855. Le siguió María Josefa de la Trinidad, el 25 de mayo de 1857; Carlos Antonio, el 20 de octubre de 1858, Amalia de la Concepción (Amalita), el 30 de enero de 1861, y Domingo, el 14 de agosto de 1862. Todos nacieron en la "Hacienda La Fe".

Debido a las circunstancias antes mencionadas, Don Domingo y Doña Amalia no habían tenido la dicha de un casamiento cristiano de rigor. No obstante, la dicha se logró el 18 de julio de 1864, fecha en la cual la distinguida pareja recibió la bendición nupcial en la Iglesia de La Guadalupe. Esta iglesia estaba enclavada en el mismo centro de la Plaza de las Delicias, en la ciudad sureña de Ponce. De esta forma podían recibir los sacramentos de la iglesia, bautizar a sus hijos y concederles la situación de reconocimiento legal a tenor con el ordenamiento jurídico civilista que imperaba para aquel entonces.

Doña Amalia tenía una tía materna llamada Doña Teresa Intriago la cual vivía en Ponce, Puerto Rico hacía muchísimos años y como regalo nupcial les obsequió una casa en la Calle Mayor número 14 en aquella ciudad. Esto propicia que ellos se trasladen a vivir en la misma para septiembre del año 1864 y el 23 de diciembre de ese año, Olivia, Josefita, Carlos, Amalita y Domingo reciben las aguas bautismales de manos del Padre Don José Balbino, párroco de la Iglesia de La Guadalupe en aquel momento. Era una casa solariega, amplia y cómoda y debido a esto traen con ellos a Lalá como niñera; a Cleófe e Inés para el trabajo doméstico, y a Eladio como cochero y jardinero.

La familia continúa creciendo y nace ~~FRANCISCO NACE EN 1865~~ el 10 de octubre de 1864, Rosario, resultó ser ~~NACE en 1864 y~~ una niña muy débil, frágil y delicada de salud. Le sigue en orden de nacimiento Antonio Emilio el cual nace el 14 de abril de 1871, y luego, en 1873, nació María Hortensia. Este nacimiento coincide felizmente con la abolición de la esclavitud en Puerto Rico; abolición que, como indicamos anteriormente, ocurre en forma pacífica y sosegada. No obstante, el alumbramiento de María Hortensia fue muy difícil, por lo cual la madre quedó muy delicada de salud. Todos los vástagos antes mencionados fueron bautizados también en la Iglesia de la Guadalupe.

Durante los veranos toda la familia se trasladaba a la Hacienda pues allí la casa era aún más amplia y más fresca que en la ciudad de Ponce. Por las noches, después de realizar las labores de campo, amos, niños y sirvientes se reunían en el gran balcón frontal de la casa para rezar el Santo Rosario, el cual era siempre presidido por Doña Amalia. Se daba las gracias al buen Dios por todos los beneficios recibidos durante el día y acto seguido se contaban cuentos y leyendas de otras tierras, otras épocas y otras costumbres, hasta que llegaba la hora de irse a la cama para el descanso nocturno.

Los domingos, como sería de esperarse, la familia se trasladaba a la parroquia de La Guadalupe para asistir a la misa mayor de las diez de la mañana y este empeño precisaba el que se utilizaran tres coches para llevar a la enorme familia a la catedral. Cantaba allí todos los domingos una voluminosa soprano española llamada Doña Teresa Iturmendi. En algunas ocasiones especiales, cantaba una gran soprano ponceña, de padres ingleses, que había estudiado canto en Italia con el gran y afamado Lamperti y quien luego se estableció en la ciudad de Ponce. Esta se llamaba Lizzie Spence Graham. Además de ser una magnífica soprano, era maestra de canto y de piano. Al regresar de la misa, después del almuerzo, Amalita reunía a sus hermanos y les cantaba imitando a las mencionadas sopranos. Demostró así su vocación y talento por el canto y al cumplir los quince años sus padres le costearon los estudios con la soprano Lizzie Graham. Este noble gesto de sus padres sentó las bases para los importantes sucesos que luego fueron ocurrirían en las vidas de los hermanos. ¡He aquí la tremenda importancia que tal acción y tal visión de parte de los padres puede tener no solo en sus hijos, sino también en el patrimonio universal del arte! Producto de aquella enseñanza, Doña Amalia hija pudo así internalizar e incorporar una magnífica técnica de respiración diafragmática y media voz que le permitía expeler el aliento sin hacer titilar la luz de una vela encendida frente a ella.

Cabe notar que para esa época, Ponce era un faro de la cultura criolla de Puerto Rico. Era éste un lugar donde se celebraban tertulias literarias, veladas musicales y poéticas en las casas de familias muy conocidas. Y ,como es de imaginar, una de esas casas era precisamente la de Don Domingo Paoli. En muchas de esas reuniones tomaban parte figuras muy distinguidas y de renombre tales como Don Román Baldorioty De Castro, Don Juan Morel Campos, Don Luis Muñoz Rivera, Don Manuel Gregorio Tavarez, Don Ramón Marín, Doña Lizzie Graham, Don José Gautier Benitez, Don José De Diego, Don Mario Braschi, Don José Poventud y otros.

Ponce también era visitada con frecuencia por compañías de ópera, opereta, zarzuela y teatro en prosa. Muchas de esas compañías venían directamente de Europa y si lograban triunfar en Ponce entonces proseguían su gira por otros pueblos de la Isla al igual que por otros países caribeños y centroamericanos. Si, por otra parte, fracasaban en Ponce allí mismo se disolvían. Entonces algunos artistas se marchaban de regreso a Europa, pero otros permanecían en Puerto Rico.

Parte importante de la actividad literaria de Ponce era la publicación de varios periódicos con noticias, trabajos literarios y poesía. Se vivía el arte en toda su plenitud y se disfrutaba mucho del arte de pintores como Don José Campeche y otros.

Se trataba de un ambiente de gran serenidad, de profunda espiritualidad y donde abundaba la fraternidad entre los seres humanos. El aire ponceño era fresco y perfumado por las plantas de la hermosa campiña borincana e inundaba los pulmones haciendo que los hombres pusiesen sus pensamientos en cosas puras y bellas.

Cabe destacar que en este dulce, apacible y suave ambiente, repleto de arte y cultura y de una gran ética de trabajo y convivencia, se desarrollaron los primeros años de la vida de Don Antonio Paoli y sus hermanos.

Como puede ver el lector, ha sido mi propósito en este preámbulo el reconstruir en cierta medida la historia de la familia Paoli-Marcano desde que arribó a las cálidas playas de nuestra adorada isla, también conocida como Perla del Caribe. Fue ahí donde procrearon una preciosa familia llena de amor, de justicia, de caridad, sensibilidad, laboriosidad y algunos de cuyos miembros llegaron a deslumbrar al mundo con su arte.

De tal modo que es así como da comienzo a esta interesante y excitante historia. Historia que muy bien puede considerarse como un capítulo entero en la historia del arte canoro y del fascinante género musical conocido como la ópera.

GENEAOLOGIA DE ANTONIO PAOLI

PADRE

PASQUALE PAOLI
LETICIA RAMOLINO

CARLO ANTONIO PAOLI
MARIA ANTONIA MARCANTETTI

DOMENICO PAOLI

MADRE

CARLOS JOSE MARCANO CORTINES
MARIA ISABEL ITURREGUI

JOSE MARCANO ITURREGUI
ISABEL INTRIAGO ITURMENDI

AMALIA MARCANO INTRIAGO

ANTONIO EMILIO PAOLI MARCANO

ANTONIO PAOLI

CAPITULO I
1871-1899

En un hogar colmado de música, arte y poesía, nació el día 14 de abril del 1871, a las dos de la tarde, un niño rubio y hermoso, que un día habría de recorrer triunfalmente los grandes teatros del mundo como primer tenor dramático absoluto, sin sustituto aún en nuestros días, y que cantaría los papeles más difíciles que se han compuesto para la voz heroica. Aparece registrado en el acta de bautismo de la parroquia de la Guadalupe, fechada el día 6 de septiembre de 1871, con el nombre de Antonio Emilio Paoli Marcano.

Lalá, la niñera que crió a todos los hijos del matrimonio Paoli, corría apresurada buscando tinas con agua caliente, mientras Doña Amansa, la comadrona, daba órdenes a todo el mundo. Don Domingo se encontraba en el balcón frontal de la casa junto a su amigo Marichi, otro corso que había emigrado con él y se había establecido hacía tiempo en Ponce. Este quería que Don Domingo lo hiciera su socio para convertir la hacienda en un trapiche para elaborar la caña y producir azúcar ellos mismos, sin necesidad de vender el melao a otras centrales de la zona para convertirlo en azúcar.

Los niños, entre los que se encontraba Amalita, quien también habría de ser una destacada artista, habían sido trasladados a la hacienda con su hermana Josefita para mantenerlos alejados de la casa mientras se realizaba el parto. La única de las hembras que estaban presentes en la casa junto al padre era Olivia, quien ya contaba con dieciseis años de edad. De los varones, se encontraba Carlos.

Eran exactamente las dos de la tarde cuando nació el niño. La comadrona, muy exaltada comentó que aquel era el niño más hermoso que había visto nacer en su vida. Tenía pelo rubio, ojos azules, tez rosada y hermosas facciones. Gritaba con fuerza preparándose tal vez para el futuro, forjándose un par de buenos pulmones y un buen diafragma. Al rato de nacer, cuando ya había pasado el estupor del parto, el padre y luego Olivia entraron a la alcoba. Carlos, acompañado del esclavo Eladio, había partido hacia la hacienda para avisar al resto de sus hermanos sobre el nacimiento de Antonio. Estos estaban siendo bañados para que se presentaran limpios y olorosos ante su madre y su nuevo hermano. Uno a uno fueron desfilando y daban un beso a la madre como prueba de aceptación y agradecimiento por el nuevo vástago. Mientras tanto, Don Domingo, junto a varios vecinos celebraba el acontecimiento con un buen vaso de vino español del mejor y más añejo que vendía en su tienda de la Calle Mayor.

Antonio Emilio fue bautizado por el Padre Juan Pedrós en la Parroquia de la Guadalupe el día 6 de septiembre del 1871. Fueron sus padrinos Don Vicente Valdivieso y Doña Juana Mirall.

Antonio fue creciendo sano y fuerte, pero también travieso y andariego.

PARROQUIA CATEDRAL
(PADRES PAULES)
VILLA 119 · TEL. 842-0134
PONCE, PUERTO RICO 00731

PARTIDA DE BAUTISMO

Antonio
Emilio
Paoli

En la Parroquial de N. S. de Guadalupe de Ponce, Diócesis de Pto. Rico; á seis de setiembre de mil ochocientos setenta y uno: el Presbítero Coadjutor de ella: D. Juan Pedrós: bautizó solemnemente á Antonio Emilio Paoli, hijo legítimo de D. Domingo, y de Da. Amalia Marcano que nació el catorce de abril último: abuelos paternos D. Carlos Antonio y Da. María Antonia Marcantelly: maternos se ignoran: padrinos D. Vicente Valdiviezo y Da. Juana Mirall, y para que conste lo anoto y firmo:

Félix Barsoty

Esta Partida de Bautismo se encuentra en el libro 18 Folio 67(vuelto) y número 370.

Dada hoy en Ponce, P. R. á 16 de junio de 1975

Francisco Nieva

370
Antonio
Emilio
Paoli

En la parroquial de N. S. de Guadalupe de Ponce Diocesis de Pto Rico, á seis de Setiembre de mil ochocientos setenta y uno el Presbítero Coadjutor de ella D. Juan Pedrós bautizó solemnemente á Antonio Emilio Paoli, hijo legmo de D. Domingo, y de Da Amalia Marcano que nació el catorce de Abril último abuelos paternos D. Carlos Antonio y Da María Antonia Marcantelly: maternos se ignoran padrinos D. Vicente Valdiviezo y Da Juana Mirall, y para que conste lo anoto y firmo.

Dr. Félix Barsoty

EL LEON DE PONCE

La familia era muy feliz. Los niños estudiaban todos en la escuela Museo de la Juventud, que dirigía Don Ramón Marín.

Antonio estaba siempre acompañado de Dito, el hijo del esclavo Eduardo, con el cual correteaba por los cañaverales, y aprendió a comer las pomarrosas y los cundeamores que eran comida de pájaros. Le encantaba bañarse desnudo con sus hermanos en un charco que había cerca de la ceiba milenaria del río Portugués, y zambullirse en el zanjón de Serrallés. Correteaba a pie por el Monte del Vigía, para desde allí extasiarse admirando la belleza del Mar Caribe y forjándose sueños de cómo cruzar aquel profundo y ancho mar para visitar esas tierras de maravilla de que hablaban sus mayores en las tertulias familiares nocturnas.

Asistía desde muy chico a las jugadas de gallos que hacían los trabajadores de la hacienda a escondidas de Don Domingo. Pancho, el encargado de los potreros, llevaba al niño a presenciar esas jugadas de gallos montado en un caballo blanco muy hermoso, que era el orgullo de Don Domingo. El pretexto usado era el de darle una vuelta al nene. Otras veces era cargado en hombros de Sixto el padrote, quien lo llevaba frecuentemente a bañarse al río.

A Antonio le encantaba comer guayabas silvestres, fresas, quenepas y pomarrosas. Había cerca de la casa un gigantesco árbol de pulposas y dulces quenépas con semillas pequeñas. Antonio gustaba de subirse al árbol a comer de ellas por montones. Un domingo muy de mañana, después de haberse bañado y vestido para ir a la misa, se le acercó su inseparable amigo Dito y le convidó a comer quenepas, pues, según él, estaban más dulces que nunca. Se encaminó pues, con su buen amigo y compinche hacia el árbol; se encaramaron en lo más alto de éste y comenzaron a comer frutillas a tutiplén. Para limpiar las manos no había sino el borde de la blanca camisa y el pantalón y, para la boca, las mangas de la camisa tal y como lo hacía su amigo Dito, a diferencia de que este último estaba vestido con pantalón negro y camisa azul marino en lo que no se notaban las manchas de ese fruto. Cuando quedaron saciados y con la boca cortada por el ácido de la fruta, descendieron del enorme árbol. Ya todos se aprestaban a salir de la casa para montar en los coches que los llevarían a la misa, se presenta Antonio, con su flu blanco nuevo completamente manchado de color marrón por las mangas de la camisa y los pantalones. El castigo fue muy severo: No iría ni una sola tarde para las fiestas patronales a la plaza que rodea la Parroquia de la Guadalupe. Esa plaza estaba muy cerca de su casa de la Calle Mayor y para esa celebración se llenaba de luz, de mucha gente con música y gran algazara. Venían compañías de teatro con payasos y animales de otras partes del mundo, además de un magnífico espectáculo de marionetas. La orquesta de la ciudad ofrecía conciertos todas las noches y era dirigida por Don Juan Morel Campos. A esos conciertos les llamaban retretas musicales, y en ellas se tocaban danzas y otras piezas clásicas. Ese era el peor castigo que podían darle, pues esperaba ansioso todo un año por esas fiestas para divertirse a gusto y gana.

Todos se fueron para las fiestas y Antonio quedó sólo en casa con Lalá, la niñera, quien le quería mucho y le perdonaba todas sus travesuras. Buscó la forma de convencerla para que lo dejase salir sólo un ratito con la promesa de que no se dejaría ver por nadie de la familia. Le decía contínuamente — "Lalá de mi corazón, te quiero mucho, déjame ir" — y la llenaba de besos, Lalá le dijo: —"¡Ay niño Toño... que vamos a tener problemas"... — "No Lalá. Verás, nadie me va a ver". Y la dulce negrita que tanto lo quería, cedió ante la insistencia, pues él le prometió además que le llevaría dulce de coco rayado. Es así como Totico, como según todos sus hermanos, le llamaban, se salió con la suya y se fue a las fiestas.

Lo primero que avistó al llegar a la plaza fue a su hermana Olivia, medio apestillada con un

39

joven de Juana Díaz, llamado Mario Braschi. Le reconoció al instante pues lo había visto una que otra vez en su casa cuando hacían tertulias literarias, y, además, lo había visto pasar de seguido en varias ocasiones por frente a la casa. Comprendió enseguida que más que interés por la Literatura, lo de Braschi era interés por Olivia, a quien todos llamaban Nené. Se les acercó a hurtadillas y les sorprendió. "¡Ajá!... Nené... te atrapé enamorá... si le dices a papá que me viste... le digo que yo te ví con éste". Olivia, quien también tenía su geniecito, le agarró por un brazo. Antonio, comenzó a gritar y a ella no le quedó más remedio que soltarlo para no llamar la atención. Así que salió disparado a esconderse en una calle muy corta cercana al lugar donde estaba Olivia con Mario Braschi y que todos conocían con el nombre del "Callejón del Amor". Allí se escondió bajo una caleza y al rato corrió hacia la plaza hasta llegar al teatro de marionetas que estaba localizado casi esquina de la Calle Reina. Antes que nada, Antonio se detuvo a admirar a Juan Bocú, un fornido negro liberto que rompía ladrillos contra su dura cabeza para ganar algunas perras.

Antonio gozó el espectáculo completo, hasta que lo descubrió un vecino que se llamaba José Luis Mattei; éste era de su misma edad y sabía que Antonio había sido castigado. Al verse descubierto se hechó a correr y Mattei se le fue detrás gritándole. Antonio encolerizó, lo enfrentó y se enfrascaron en una tremenda contienda, puño a puño, arrastrándose por el empolvado piso y llamando la atención de muchos de los concurrentes a la feria, que reían a carcajadas. En eso llegó el Padre Don José Balbino, y separó a los contrincantes. Carlos fue el primero que se enteró de lo que pasaba, corrió a avisar a Doña Amalia, quien estaba en una muy animada tertulia con varias amigas rodeada por sus otros hijos.

Corrieron todos al lugar y encontraron al Padre Balbino, agarrando a los dos chicos uno en cada brazo y aún así se tiraban cachetadas uno al otro. La madre dio órdenes a Carlos de sujetar a Antonio y así terminó la contienda callejera frente a la misma puerta de la Iglesia de Guadalupe. Al llegar a la casa, Antonio fue hincado de castigo por espacio de dos horas en una esquina del comedor. Cuando fueron a verlo estaba profundamente dormido con sus rodillas en el piso y la cabeza apoyada en la esquina de las paredes.

A Lalá se le regañó severamente por ceder tan fácilmente a los requiebros del rapaz y pensar tanto en el coco rayado, que era su pasión.

Un amigo corso tenía una gran finca en Coamo, en la carretera que va de Coamo a Orocovis. Esta estaba localizada en un bellísimo paraje un poco más allá de los llamados Farayones de Coamo, que para entonces era un tortuoso camino real que había sido picado en la roca viva a pico y pala. Este señor invitó pues a toda la familia a celebrar la fiesta de Reyes en su casa. Salieron muy de mañana el día de la víspera de Reyes, para el entonces largo viaje, llegaron a eso de las dos de la tarde. Fueron muy bien recibidos en la gran casona de Don Juan Berlingieri y su familia. La cena fue extraordinaria y en la noche hubo cánticos, himnos y cuentos. Les llegó luego una trulla de jíbaros que trabajaban en la inmensa finca. Venían con guitarra, cuatros y güícharos para cantar aguinaldos, la fiesta fue muy animada.

Al otro día los niños se levantaron muy de mañana para buscar sus regalos de Reyes, pues en la noche habían puesto sus cajitas llenas de yerba de Santa María, que era, según contaban los mayores, la que más les gustaba a los camellos. Estaban todos muy contentos con sus regalos, cuando se dieron cuenta de que Antonio no estaba allí y la cajita estaba sin tocar con su regalo adentro. Todos se preocuparon, pues también encontraron sin tocar, el regalo de Reyes de Miguelón, uno de los hijos del matrimonio Berlingieri. Comenzó la búsqueda de los chicos y a eso de las diez de la mañana los encontraron dormidos bajo un enorme árbol de algarrobas. Al despertárseles contaron su aventura. La noche anterior, el hijo de uno de los jíbaros que había ido en la parranda les contó que cerca del árbol de algarrobas salían fantasmas en las noches que no había luna y que se veían transparentes en forma de nubecillas. Ellos se levantaron a eso de las tres de la mañana para ir a ver los fantasmas del cuento. Estuvieron esperando sin ver nada hasta que amaneció, Don Juan, explicó después a todos lo que pasaba. Era que se había muerto un caballo y lo habían enterrado cerca del algarrobo y en las noches oscuras los vapores del calor del sol hacían salir de la tierra nubecillas que se llaman fuegos fatuos y que son ocasionadas por la descomposición del calcio de los huesos del caballo. Aprendió Antonio una buena lección pues agarró un catarro por la prolongada exposición a la humedad de la noche, que lo mantuvo en cama por varios días. También aprendió a hacer gallitos con la semilla de la algarroba con los cuales se entretenía jugando por horas.

Antonio, Totico, como le llamaban sus hermanos, era amigo de hacer travesuras a todos menos a Lalá, la niñera a quien tanto quería. Era un amor ciego lo que sentía por ella y un día, al encontrarla llorando, se armó de un afilado cuchillo para buscar al ofensor de su protegida y arreglar cuentas, ya fuese uno de sus hermanos o alguien de afuera. Lo que en realidad le sucedía a Lalá era que lloraba de pena por la triste situación financiera de la familia, cuando Don Domingo aceptó la oferta de su amigo Marichi, se tiró el lazo al cuello, pues confiando ciegamente en su amigo, le firmó unos poderes y papeles sin leerlos. Es así como perdió la hacienda, pues el tal fulano se había asociado a la vez con otra persona sin escrúpulos. Entre los papeles firmados por Don Domingo, había uno por el cual le hacía entrega de la hacienda a Marichi por una cantidad de dinero que jamás vio y esto lo llevó a la ruina.

Don Domingo había liberado a sus esclavos tan pronto salió el edicto de su liberación en 1873, pero la mayoría de ellos no quisieron irse de su lado y permanecían aún junto a él a pesar de la precaria situación. Sólo les quedaba la casa de la Calle Mayor y fue allí donde pasaron momentos muy tristes, mientras Marichi y su nuevo socio gozaban de la propiedad mal adquirida. Esto le causó una gran pena a Don Domingo quien enfermó del corazón. Años después, aquel socio de Marichi, que usó a éste para eliminar la competencia de otro ingenio en el lugar, despojó también a Marichi de todo, dejándolo en la más desolada de las miserias. Murió arrastrándose por las calles de Ponce pidiendo limosna, todo cubierto de llagas y mal oliente. Así no los contó Doña Adini Bonini Paoli; a quien su esposo le había narrado esta triste historia.

Pasaban Don Domingo y Doña Amalia largas temporadas en los baños de Coamo, buscando la salud. Cuando ya no había plata para los gastos de su estadía allí, acudían a los baños de Quintana, localizados en Ponce en la carretera a Río Chiquito.

Amalita había estudiado piano con un profesor catalán que se había establecido en Ponce y se llamaba Don Juan Font. Como ya sabemos, había estudiado canto con Lizzie Graham. Marchóse luego a San Juan a estudiar bajo la tutela del profesor Don Genaro de Aranzamendi. Después de algún tiempo regresó a Ponce, donde se perfeccionó aún más con Lizzie Graham. Todos le aconsejaban que se dedicase al canto. Carlos, su hermano mayor, había ingresado en el ejército y pensaba hacer carrera militar. Doña Amalia, había quedado también muy precaria de salud después del parto de María Hortensia.

Lalá, la niñera, Genaro y Cleofe, seguían al lado de los Paoli, al igual que Pilaruca, la cocinera. Olivia, la mayor de las hijas se casó con su pretendiente Mario Braschi en 1875. Un año después Don Domingo sufrió un ataque al corazón y falleció el 21 de marzo de 1876, después de haberse confesado y recibido la comunión y la extremaunción. Doña Amalia quedó desolada. Se sentía abandonada, triste y enferma. Sus hijos, que eran su única alegría, trataban de mimarla y complacerla en todo.

Amalita, mientras, comienza a dar clases de piano ya en su casa y a domicilio, y a presentarse en recitales de canto y piano por toda la isla. Así logra gran éxito artístico y monetario, con lo cual ayudaba a su madre en los gastos de la casa. A pesar de ser aún tan joven, estaba determinada a triunfar. En uno de sus recitales en Arecibo, conoce a una joven que habría de convertirse en su ángel guardián y su hermana espiritual inseparable por el resto de su vida. Tenían muchas cosas en común. Era también pianista y le encantaba escribir poesías, como su padre. Su nombre era Trina Padilla, hija del poeta Don José Gualberto Padilla, a quien llamaban "El Caribe". Doña Trina Padilla se convirtió en una gran poetisa además de excelente pianista. Luego se le conoció como "La hija del Caribe".

Amalita cobra fama de gran cantante y actriz. Gana bastante dinero y comienza a pagar los gastos de educación de sus hermanos menores. En tanto, Antonio seguía creciendo y aprendiendo mucho con Don Ramón Marín, su profesor y director del Colegio Museo de la Juventud. A pesar de ser un chico travieso, era muy aplicado en el salón de clases. El maestro, de carácter jovial y simpático, era muy estricto con sus discípulos; les exigía mucho, pero ésa era la única forma de educar correctamente y aprovechar el tiempo al máximo. Antonio llegó a ganar una carta de honor por sus méritos como estudiante bien aprovechado.

El 18 de octubre de 1878, Doña Amalia sufre una embolia pulmonar. Son llamados los mejores médicos de la villa, pero su condición era muy delicada. El día 19 de octubre se le aplica la extremaunción y el 20 de octubre a eso de las diez de la mañana, dio el último hálito de vida para unirse nuevamente con su amado en la gloria eterna. Fue sepultada en el cementerio católico, junto a Don Domingo, el día 21 de octubre.

Antonio, Rosarito y María Hortensia, no podían comprender por qué su madre les dejaba siendo tan chicos. Pero los tres tuvieron la inmensa suerte de tener tres hermanas mayores a quienes la madre, con su ejemplo extraordinario de abnegación y sacrificio, les había enseñado a amar entregándose por entero a esa noble tarea para con los demás. Les quedaba además Lalá, la negrita dulce y buena que hacía también las veces de madre con todos, mayores y chicos. Cuando entró al servicio de los Paoli, allá por el año 1855, era ya bastante mayor, pero siempre se mantuvo igual, saludable y fuerte, sin aparente envejecimiento, hasta el fin de sus días, cuando ya muy anciana se dedicaba a criar también los hijos de Olivia y Mario Braschi, en la misma casa de la Calle Mayor de Ponce donde había servido por tantos años.

Al fallecer Doña Amalia, la familia comienza a dispersarse por distintas partes de la isla. Domingo se establece en San Juan; Francisco se marcha a Lares, donde se estableció. Cada cual forjó su propia familia. Hoy día descienden de ellos poetas, escritores, actores, empresarios, etc... La semilla del arte estaba y está aún en las venas de sus descendientes.

Llega el año 1880, Amalita contaba entonces con diez y nueve años de edad. Se había convertido en una mujer muy hermosa y graciosa, con grandes y expresivos ojos y baja estatura como la madre. Su voz era de gran calidad sonora. Ese mismo año debuta en la ópera *Marina*, del Maestro Arrieta, en el teatro La Perla de Ponce con el tenor Eduardo Cuevas, la soprano Elisa Canales y el barítono Eduardo Capó. El éxito alcanzado fue extraordinario. Al camerino fue a felicitarla su maestra Lizzie Graham acompañada del pianista Don Antonio Egipciaco, quien le auguró un gran porvenir. Este era un músico diletante gran conocedor de voces.

Presenta en 1882 otro ciclo de recitales por varios pueblos de la isla para recaudar fondos para un proyectado viaje a España. Lleva consigo un libro de autógrafos, logrando reunir algunas dedicatorias muy importantes en verso y prosa. Entre los autografiados están Don José Gualberto Padilla (El Caribe), Don Ramón Marín, Don Manuel Fernández Juncos, Don Manuel Elzaburú, Don José Julian Acosta, el Dr. Manuel Zeno Gandía, Don Luis Muñoz Rivera, Don Manuel Corchado, Don José de Diego, quien estaba locamente prendado de ella, y otros tantos nombres ilustres de nuestra historia. Ese libro de autógrafos se conserva aún hoy día en El Museo Histórico de Puerto Rico.

Cuando Antonio contaba ocho años de edad le permitieron asistir al teatro La Perla a ver la ópera *Il Trovatore*, de Verdi. Amalia cantaba en el coro y Antonio entraba gratis. Esa ópera, la cual ya conocía en su argumento por el libro *"El Trovador"* de los hermanos García Gutiérrez, le causó gran impresión, especialmente la voz del tenor Pietro Baccei. Este se daba por completo a su papel de Manrico y se excedía tanto complaciendo al público que en la tercera representación quedó sin voz. Vio también la ópera *Norma,* de Bellini, siendo éstas las primeras obras líricas que vió en su vida.

Amalita, prosigue su ciclo de recitales por toda la isla y era frecuentemente acompañada por su amiga Trini Padilla. Reúne así una gran cantidad de dinero y toma la firme y sólida determinación de marcharse a España con sus hermanos menores Manuel, Antonio y Rosarito. María Hortensia, la menor, quedaría en manos de Olivia. Carlos, quien ya hacía algún tiempo se había enlistado en la milicia, consiguió su traslado a España. Amalita, quiere presentarse en un gran concierto de gala en el Teatro Municipal de San Juan. Hace contacto con varias personas importantes de la capital entre los que estaban el señor Roberto H. Todd, quien en 1942 narró lo siguiente en el periódico El Mundo: "Se había establecido en San Juan el Profesor de música, Don Ramón Sarriera. Su academia de música estaban localizada en la calle de San Francisco No. 93, donde luego estuvo localizada por muchos años La Imprenta Baldrich.

Eramos entonces aficionados al canto y tomábamos lecciones del referido profesor Sarriera y precisamente Amalita, como todos la llamábamos, venía donde éste para que le arreglara lo necesario para un concierto en el teatro de San Juan.

Sarriera, muy aficionado a todo lo que fuese arte musical y con idea de tomar parte como la tomó, pues tenía una hermosa voz de tenor, se prestó inmediatamente a secundar y ayudar a Amalita y citó para la noche siguiente a un sin número de personas amigas para que concurrieran a su casa a sugerir la preparación del concierto.

Recordamos que en el mismo tomaron parte varios aficionados, así como el violín concertino de José Andino y el gran flautista Manuel Gómez.

De todos los que asistimos a esa reunión, que además tomamos parte en el concierto, el único superviviente es el que esto narra. El concierto fue un éxito completo, pues no solamente se llenó la sala produciendo una buena entrada, sino que la artista fue ovacionada por la inmensa multitud.

Este primer triunfo dió ánimo a los amigos de Amalita y así siguieron en las distintas poblaciones que ella visitó. Por fin pudo salir para España llevando consigo a sus dos hermanitos. Iba con ellos su hermano el teniente del Ejército Español Carlos Paoli".

Al enterarse de que se marchaba a España con Amalia, Antonio trató de escaparse para no ir con ellos, pensaba que le quitarían la libertad de que gozaba en Ponce. Mario Braschi fue en su busca y con palabras enérgicas y autoritarias le hizo comprender que era lo mejor para él. Es así como, en 1883, cuando ya Antonio contaba con doce años de edad, se marchan a España, llenos de esperanzas e ilusiones.

Amalita llevaba consigo varias cartas de presentación de Doña Trina Padilla, a la Duquesa de Bailén y al patriarca de las Indias Don José Augusto Sanz, tío de su esposo, Don Angel Sanz y Amoroz, quien también al igual que su esposa era gran amigo y admirador de Amalita. Esas misivas le abrieron las puertas del Palacio Real de Madrid. A través de la Duquesa de Bailén, consiguió una audición privada con la infanta Doña Isabel de Borbón, Princesa de Asturias, Infanta de España y hermana del Rey Don Alfonso XII. Esta fue una gran dama, que vivió una larga vida dedicada al arte, a las obras de caridad y protectora de nóveles artistas. Tomó gran interés por Amalia y la envió a perfeccionar su voz con el gran maestro Don Napoleón Verger. Consiguió además que su cuñada, la Reina de España, Doña María Cristina De Hasburgo, la nombrara Cantante de Cámara. Carlos ocupó su plaza de Teniente en la Milicia española; Manuel comenzó a trabajar en una tienda que se dedicaba a la venta de libros; Antonio fue pensionado para terminar sus estudios en la Real Academia de los Padres Agustinos en el Real Monasterio del Escorial. Rosarito fue educada en el Colegio de Niñas de Legánes donde falleció a los diez años de edad en 1886 de causas desconocidas. Tenían un apartamento montado en Madrid en la calle de Serrano No. 5. A los pocos meses de estar residiendo allí recibió la visita de su querida amiga Trini y de Don Angel Sanz, quienes se habían trasladado a residir en Madrid por algún tiempo.

Antonio, era un chico muy listo y se distinguía en todo. Era el primero de la clase. La base de estudios que había adquirido de Don Ramón Marín fue muy sólida. Era muy bueno en historia, ciencia, gramática, geografía, lectura y deportes. Su ortografía era perfecta. Tomaba además parte activa en la escolanía del colegio de la cual era solista. Como era becado especial de la reina, cuando ella visitaba, la Casa Real de Descanso y Retiro del Palacio Escorial, tocaba siempre a él abrirle la puerta para recibirla. Con gran volumen de bien entonada voz, decía la siguiente frase, al traspasar la reina y sus acompañantes el umbral: —"¡Bienvenida Majestad, con su corte Real a esta humilde Casa de Retiro y Oración! ¡Bienvenida!"—. La reina le miraba muy impresionada y le preguntaba a la Infanta Doña Isabel: — ¿Quién es ese joven tan apuesto, valiente y dispuesto?"—. A lo cual la infanta le contestaba: — "Su becado de Puerto Rico, majestad"—. Y proseguía la reina su marcha, después de recibir tan sonada bienvenida y aplausos contínuos a su paso entre los demás estudiantes y sacerdotes.

Antonio servía de monaguillo en las misas de a diario, a las seis de la mañana, excepto los domingos y fiestas especiales, en las cuales tenía que cantar con la escolanía en la misa mayor a las diez de la mañana. Muchas veces él y otro estudiante de apellido Castellanos, al terminar la misa se desaparecían con el vino sobrante de la consagración y se lo bebían gustosos en una de las azoteas del Escorial. A veces lo hacían a escondidas en el campanario, mientras los padres, los buscaban por todas partes. Muchos años después, ya en la senectud y enfermo el padre Castellanos nos narraba estos hechos riéndose a carcajadas en la Iglesia de la Monserrate, en Santurce. Contaba él que aquel vino le gustaba tanto que decidió hacerse cura para beberlo todos los días. Castellanos era mucho más joven que Antonio, pero le admiraba mucho y le seguía siempre. Todos los jueves en la mañana los estudiantes acostumbraban dar paseos a pie por los alrededores del poblado admirando la campiña y la naturaleza bella que rodea el lugar. En las tardes, luego del almuerzo, se retiraban a dormir la siesta y a eso de las dos y media de la tarde jugaban a la pelota vasca. Ese día, al igual que los domingos, era día de asueto. En la tarde se bañaban, luego cenaban, y en la noche había hora y media de estudios y un rato de tertulia hasta que llegaba la hora de dormir. Los domingos después de la Misa mayor, se reunían en grupos a tertuliar o hacer música. Antonio se marchaba casi siempre solo al Panteón de Los Reyes, donde vocalizaba y cantaba con el solo propósito de escuchar el eco de su voz retumbar por todo el ámbito, pues era un lugar muy cerrado con una pequeña cúpula redonda que devolvía el sonido amplificado. Así transcurrieron varios años en la vida de Antonio. Los veranos se marchaba a Madrid de vacaciones con su hermana Amalita; o a la casa de algún compañero de estudios en Alcalá de Henares, Avila, o al norte, a Navarra, al pueblo de Cirauquí, donde vivía su amigo Carlos Guevara, compañero de estudios en el Escorial y luego en la Academia Militar de Toledo.

En el año 1885, Amalita regresa a Puerto Rico a presentarse en otro ciclo de recitales. Estos fueron en San Juan, Arecibo, Mayagüez y Ponce. Conoce en Mayagüez a la gran poetisa Lola Rodríguez de Tió, quien le dio su autógrafo con una bellísima dedicatoria. Luego se marcha a Santo Domingo y Cuba donde también presenta varios recitales. Regresa a España en 1886, justo a tiempo para el nacimiento del Rey Don Alfonso XIII. Este fue bautizado en El Escorial con gran pompa. Canta allí Amalita en la misa de Bautismo del Rey, junto a la escolanía del colegio, acompañada al órgano por el padre Goicoechea, gran músico y compositor español. Alfonso XIII, nació siendo Rey, ya que unos meses antes de su nacimiento, su padre Alfonso XII había fallecido prematuramente . Su Madre Doña María Cristina de Hasburgo, Archiduquesa de Austria, fue Reina regente de España de 1885 hasta 1902, cuando entregó a su hijo las riendas del reino.

El maestro Verger aconsejó a Amalita que se fuera a Italia a seguir estudios y aprender el Italiano y habiendo obtenido la admiración, amistad y protección de la Reina y de la Infanta Isabel obtuvo no solo una pensión para ir a Italia sino que le organizaron un gran concierto en el Teatro Real al cual asistió toda la familia Real y toda la alta aristocracia española incluyendo a la Duquesa de Alba. Para esa ocasión la Reina le regaló un bellísimo vestido y joyas valiosísimas. Tomaron parte varias celebridades entre los que estaba el famoso músico compositor Issac Albéniz. Esa velada produjo en limpio unos $50,000.00 pesos que le sirvieron para sus gastos en Milán. Ya en 1887, Amalita se encuentra en Italia probando suerte y consigue debutar en Castel Franco, cantando el papel de Paolina en la bellísima ópera *Poliuto*, de Bellini. el éxito fue extraordinario.

En 1888, termina Antonio sus estudios en El Escorial. Contaba ya con diez y siete años de edad. Sus notas fueron sobresalientes en todas las materias, en especial música y deportes, además del Latín, Griego y Francés. Ese mismo año se le otorga una nueva beca y es pensionado por la Reina, para estudiar la carrera militar. Quería seguir los pasos de su hermano Carlos, quien ya entonces era teniente mayor de ejército español en el cuartel de San Gil en Madrid. Ingresa pues en la Academia Militar de Toledo, para proseguir sus estudios militares y convertirse en oficial de alto rango del ejército español.

Conoce allí compañeros de armas de todas las regiones de España y sus posesiones. Toma parte activa en todas las actividades militares, culturales y sociales de la Academia. Es miembro activo y solista del coro. Durante los veranos se marcha con sus compañeros al norte de España, y en especial, a Navarra. Era muy popular entre sus compañeros y le gustaba mucho dar serenatas a las guapas chicas de la comarca. Allí las había muy bellas y con los pies pequeños, que según él, la mujer perfecta tenía que tener el pie pequeño para así tener más gracia.

Antonio y varios compañeros deciden formar un orfeón de aficionados al que le ponen por nombre *Orfeón Voces de España*. Cantan con gran éxito en varias fiestas pueblerinas y gustan tanto que les llevan a cantar a Bilbao, San Sebastián e Irún. Aprende el idioma Euskera, de los vascos, y también muchas canciones vascas, entre ellas la preferida de su ídolo, el gran tenor roncalés, Julián Gayarre, a quien había escuchado varias veces en el Teatro Real de Madrid. Esa canción es *Guernikako Arbola*, la cual es como un canto regional y simbólico de los vascos. Todos los conciertos que presentaron fueron de gran éxito, especialmente si terminaban su actuación con ese cántico tan significativo para los vascos.

Corría el año 1889, la voz de Antonio sonaba entonces lírica muy lírica, como la del tenor Tito Schipa. Contaba entonces 18 años de edad. El Orfeón comenzó a tomar nombre entre los pueblos del norte de España y deciden recorrer también el sur del país. Visitan pues Málaga, Granada, Sevilla, Cádiz, además de Vizcaya, Santander, Avila, Barcelona, Islas Canarias y las Baleares. El éxito fue rotundo económica y artísticamente, logrando llenar sus bolsillos con gran cantidad de monedas de plata. Esas actividades artísticas eran repetidas todos los veranos.

Antonio tenía una figura Hercúlea. Alto y elegante, de gran contextura física y de rostro hermoso con brillantes ojos azules. El cabello lo tenía castaño rubio, espeso y ensortijado.

En 1890 canta en la iglesia de los Padres Paúles en Alicante, una misa del Padre Goicoechea y también la hermosa pieza musical *Incarnatus Est* del Maestro compositor Rafael Pastor; canta además *Magnificat* del compositor Brunet Recaens. El domingo siguiente cantó la *Misa en la Bemol* del Maestro Pastor, además de *La Salve* y *Las Letanías a la Virgen* del mismo compositor. A este le agradó tanto la voz de Antonio que compuso un *Padre Nuestro* y un hermoso *Ave María* exclusivamente para él. Esas piezas fueron cantadas por Antonio infinidad de veces en distintas partes del mundo cuando ya era cantante célebre y era invitado a participar en actividades religiosas.

Toda esa actividad musical fue realizada por Antonio acompañado por el orfeón Voces de España. Los otros miembros del orfeón eran: Luis Portocarrero (tenor), Carlos Guevara (tenor), Higinio Bascarán (barítono), Manuel Iruleghi (barítono), Vicente Martin (bajo) Pedro de la Mata (bajo) y Felipe Corts (bajo cantante) y tío del tenor Antonio Cortis. Eran todos estudiantes de la Academia Militar de Toledo. El director musical era Rómulo Goicoechea (sobrino del célebre compositor). Antonio, era el tenor solista. Luego, perteneció también por algún tiempo al Orfeón Donostierra, con los cuales hizo veinticinco conciertos en Pamplona, Zaragoza, Andorra, Valencia, Salamanca y Oviedo.

De la Catedral de Toledo, lo invitaban a cantar en ocasiones especiales mayormente cuando venía alguna visita de la realeza española, o cuando la academia era visitada por la Reina. Se celebraban allí conciertos, recitales y obras de Teatro como *La Vida es Sueño* del gran dramaturgo Don Pedro Calderón de la Barca. Cuando esa obra se presentó, gustó tanto a la Reina que les pidió la representaran en Madrid de la cual se hicieron diez funciones a teatro lleno en el Teatro Español. Antonio hacía el papel de Segismundo. En Toledo, todas esas actividades eran presentadas en el patio central de la Academia. Se ejecutaban además, durante el día, ejercicios de marcha de gran precisión y concentración.

En la primavera de 1890 conoce a una bella joven llamada Sofía Portocarrero, prima de su amigo y compañero Luis, de quien se enamora perdidamente. Le escribía cartas semanalmente las cuales ella contestaba correspondiéndole su amor.

Mientras tanto, Amalita triunfa en Francia, tal como lo había hecho en Italia con la ópera *Aïda*, de Verdi. Dato curioso es que muchas divas tenían una reputación dudosa en cuanto a su moral. Amalita, para que no hubiese nunca alguna duda de ella, ponía a sus hermanos como

EL LEON DE PONCE

guardianes a la puerta de su camerino. Evitaba así que muchos admiradores vivarachos tratasen de admirar algo más que la belleza de su voz y su arte.

Hacía algún tiempo que ella recibía flores y cartas de un admirador que la había escuchado en uno de sus recitales en el Palacio Real de Madrid. Ese admirador era el Barón Don Pedro Alcalá y Zamora. Pertenecía a una honorable y aristocrática familia de nobles españoles y era además, poeta y escritor. Fue también el primer traductor del diccionario francés Larousse al idioma castellano. Aparte de todo eso, Zamora era muy aficionado a la fotografía. Se llegó a formalizar un compromiso amoroso entre ellos. El le escribía cartas a diario, adondequiera que ella estuviera, dentro o fuera en otras regiones de España, en el mismo Madrid o Francia, Italia, Inglaterra, Austria, Cuba, Santo Domingo, Puerto Rico, Venezuela y otros países. Esas cartas están llenas de amor, de ternura, de poesía, metáforas, alegrías y tristezas, dolores, sueños y esperanzas que nunca se realizaron y que hoy día las conserva aún el autor de estas líneas.

En 1889, Amalita canta con gran éxito las óperas, *Mefistófele*, de Boito, *Los Hugonotes*, "de Meyerbeer y el *Lohengrin*, de Wagner en el Teatro Principal de Valencia, junto al gran tenor español wagneriano Francisco Viñas. Canta luego *Lohengrin* en el Teatro Calderón de Valladolid, siendo muy admirada y aplaudida. Este mismo éxito lo repite con la misma ópera en el Teatro Principal de Barcelona.

El 23 de febrero de 1891 hace su esperado debut con la ópera *Aïda* de Verdi en el Teatro Real de Madrid ante la presencia de la Reina y su familia. El éxito fue extraordinario; le llenaron el escenario y el camerino de flores. Este soñado debut debió ser en el año 1890 con la ópera *Mefistófele*, junto al célebre tenor Julián Gayarre, la gloria más grande que ha dado España al mundo de la lírica y, quien murió prematuramente en Madrid, el 2 de enero de 1890 víctima de una pulmonía. Antes de su muerte, había repasado al piano, con Amalita, la partitura de esa ópera y se la prestó a Amalia para que la estudiase más. Una de las primeras coronas para el sepelio del gran tenor fue la de Amalia y Antonio Paoli. Esas coronas aún se conservan con sus flores ya secas y las cintas con sus dedicatorias en uno de los salones de la escuela que Gayarre mandó a construir en su pueblo del Roncal, en Navarra. Se conservan también allí su coche de membrillo, su bicicleta, una enorme figura suya en Arcilla y otras cosas. El sepelio fue conmovedor todo el pueblo de Madrid se volcó a las calles por donde habría de pasar el cortejo fúnebre hasta la estación del tren, desde donde se trasladó a Navarra, a su querido pueblo del Roncal, donde hoy día se levanta en su tumba un bello monumento, hecho por el gran escultor Navarro Mariano Benlliure, como prueba de admiración del pueblo español al más grande tenor lírico de todos los tiempos.

Amalita, regresa a Puerto Rico, tras su exitoso debut en el teatro Real y se presenta en varios recitales en San Juan y Ponce.

Para el año 1892 Antonio termina con altos honores sus estudios militares en la Academia Militar de Toledo, lo cual complació mucho a la Reina. Es asignado al Palacio Real como cadete especial a la orden de la Reina, y compañía y custodio personal del niño Rey Don Alfonso XIII. Le acompaña a todas partes. Para esa época el Rey contaba con siete años de edad. Entre sus tareas estaba la de que el niño fuera aprendiendo nociones de números y letras. En una ocasión, cuando se estaba realizando una limpieza general en el palacio, escucha Antonio el pregón de un vendedor de helados por una ventana entreabierta en el saloncito en el cual el Rey jugaba tranquilamente. El calor del verano era sofocante. Antonio, casi dormitaba sentado en una silla pues era la hora de la siesta y el niño no quería dormir. Sudaba copiosamente soñando tal vez con las frescas aguas de su charco del río Portugués, allá en el Lar Nativo allende el mar. Al escuchar el pregón del heladero corre hacia la ventana que daba a la calle frente a la Plaza de Oriente, en cuyo fondo se encuentra el Teatro Real. Tras miles de peripecias logra tirar desde la alta ventana una canasta de membrillo atada a una larga cuerda para así obtener uno de aquellos frescos y deliciosos helados de fresa. El Rey se da cuenta y se queda mirando a Antonio, y le pide que le consiga uno para él también. Antonio, le da el suyo que aun no había probado y compra otro para él. Invita al heladero para que regrese al día siguiente a la misma hora. Esta situación se repite con bastante frecuencia hasta que un buen día un militar de alto rango se da cuenta de lo que estaba pasando y se pone en guardia, atrapando al mismo Rey sentado en un sofá al lado de Antonio, saboreando los suculentos helados tras carcajadas de gozo como si el Rey hubiera sido un chiquillo común.

Para ese entonces, Antonio tenía ya veintiún años de edad. Se había hecho planes de pasar el resto de ese verano con la familia real en San Sebastián, en el palacio veraniego de Miramar, para así poder ver y charlar con los muchos amigos que tenía por esos lares y visitar a su novia Sofía Portocarrero. Más la situación presentada trastornó todo. La familia real se iría a San Sebastián, pero él, Antonio, recibiría un castigo muy severo, no, por el hecho de comer helados con el Rey faltando así al protocolo real, sino porque esto pudo haber tenido consecuencias nefastas si alguien hubiese deseado atentar contra la vida del Rey poniendo veneno en el helado.

Al Rey, con todo y ser Rey, se le castigó muy severamente y se le exigió no tener más contacto ni amistad con el soldado suplidor de helados. Antonio fue castigado con dos meses sin paga, lavando platos y los retretes del cuartel del destacamento militar en palacio. Se le retiró el permiso para salir del cuartel por dos meses lo cual terminó también su noviazgo con Sofía, pues ésta se quedó plantada esperándolo en San Sebastián, cosa que no perdonó. Esta joven se convirtió luego en una notable actriz dramática y actuó en muchos países de habla hispana alrededor del mundo.

Transcurrido ese tiempo, fue trasladado a Barcelona, para seguir allí como guardia militar del Puerto. Al cabo de algunos meses pidió permiso para vivir fuera del cuartel militar, lo que le fue concedido pues el comandante del destacamento militar del puerto era un gran diletante y admiraba mucho la voz de Antonio. Era, además, amigo del Maestro Dabán, un conocidísimo maestro de canto con el cual recomienda a Paoli. Establece pues amistad con este profesor quien tan pronto escuchó cantar a Antonio, lo recomendó al director del Orfeón Catalá; para que tomase parte en éste.

En Barcelona vive en la calle frente a La Rambla de las Flores, en casa de la familia Colorado, quienes eran oriundos de Madrid donde habían hecho gran amistad con Amalita y Antonio. Se habían trasladado a Barcelona hacia dos años. Su apartamento, era comodísimo y estaba localizado cerca de el Teatro del Liceo y el Teatro Principal. Pasa allí dos años, aprende a hablar el idioma Catalán y toma parte activa en el Orfeón Catalá. Este era considerado el mejor coro de España, compuesto solo por hombres; cantaba por todas las regiones de España y gozaba de gran renombre por el profesionalismo, musicalidad y disciplina de sus miembros.

Presentaban conciertos todos los domingos por la tarde, en distintas partes de la ciudad y pueblos vecinos. Estos conciertos consistían en canciones regionales folklóricas de varias regiones españolas, además de algunas piezas religiosas. Cantan en Sabadell en el Teatro de los Reyes Católicos, donde Antonio entona al final del concierto el *Guernikakó Arbola* que causó furor. Cantan además en la Catedral de Barcelona, donde en varias ocasiones, interpretaron el

EL LEON DE PONCE

Ave María de Vittoria. En algunas noches libres, asiste a funciones de ópera en el gran Teatro del Liceo. donde escucha la *Aïda*, de Verdi, y *El Barbero de Sevilla* de Rossini, por los tenores Viñas y Anselmi. Mientras tanto, allá en Madrid, Amalita había adquirido un magnífico piso en la calle Costanilla de los Angeles No. 8.

Para el año 1893, Carlos, su hermano, es designado coronel del ejército español y nombrado vice gobernador militar de las Islas Filipinas. Le hacen una gran fiesta de despedida en el nuevo y cómodo apartamento de Amalita, donde hace acto de presencia su gran amigo de la infancia y compañero de estudio Don Federico Degetau, quien también se despedía de Madrid para regresar a Puerto Rico. Entre otros concurrentes a esa fiesta estaban los maestros Pablo Luna y José Serrano acompañados del gran pianista Enrique Granados; éstos eran grandes amigos de Amalita y la habían acompañado en varios recitales en el Palacio Real de Madrid. Ese mismo año, Amalita se marcha a Italia donde había sido contratada para cantar la ópera *La Favorita* , de Donizetti, en el Teatro Manzoni de Milán, junto al célebre barítono Mattia Battistini. Obtuvo un éxito extraordinario. Como siempre, su hermano Manuel la acompañaba dondequiera que cantaba.

En 1895, Paoli es trasladado a Cuba junto a varios compañeros militares. Había allí indicios de un levantamiento contra el régimen español. Es acuartelado en la ciudad de la Habana donde hace muchas amistades. Surge en el interior de la Isla la Guerra llamada de la Manigua. Es una lucha a muerte. Paoli tiene que luchar a balloneta calada, con el sable y el puñal en encuentros cuerpo a cuerpo. En una de esas refriegas es herido en la cara cerca del mentón, pero aparte de eso salió ileso de la guerra. En medio de la lucha, cuando trataba de dormir un poco oculto, en la selva, le picó un mosquito, lo cual por poco le causa la muerte. Había contraído la malaria. Es atendido con gran esmero por una noble familia de Camagüey de apellido Cortina de Varona, a quienes había conocido antes en la Habana y quienes le ofrecieron su hospitalidad incondicionalmente.

A fines del año 1896, es trasladado a España, por su delicado estado de salud. La malaria le producía una tremenda fiebre y gran malestar en todo el cuerpo. Al poco tiempo de estar en Madrid, pide su retiro del ejército, el cual le es concedido honorablemente. Fue condecorado con la Cruz de la Victoria. Se marcha luego a Barcelona, donde se une de nuevo al Orfeón Catalá. Pasó allí momentos muy tristes, pues la plata que llevó se le acabó muy pronto y no contaba con dinero hasta que comenzase el ciclo de concierto del Orfeón. Su orgullo no le permitía recurrir a nadie por ayuda, así que se las vio negras. Por seis meses viajó por el Mediterráneo como marino mercante; tan pronto regresó a España comenzó la gira artística y mejoró aún más la situación económica. Hace una gira de concierto por Irún, Andorra, Pamplona, Madrid y Valencia. Para esa época se deja crecer una frondosa barba a lo Julián Gayarre. De ese modo oculta la fea cicatriz de la herida sufrida en la guerra. Al terminar esa gira va a Madrid a visitar a Amalita, quien se había marchado a Italia, pero va a ver al Maestro Napoleón Verger, quien le escucha cantar y queda muy impresionado de su voz. El Maestro Verger le escribe inmediatamente una carta a Amalita, a Italia, para enterarla de su gran descubrimiento.

En Madrid también conoce al tenor italiano Beraldi, quien era considerado en aquella época un gran intérprete de la ópera *Otello*, de Verdi. Este se encontraba visitando al maestro Verger con quien vocalizaba para ejercitar su voz. Beraldi hace gran amistad con Paoli, y le enseñó varias arias de la ópera *Otello*. Le comunica a Paoli que su voz es muy lírica aún, pero que con el tiempo podría cantar esa difícil partitura.

ANTONIO PAOLI

Al regresar a Barcelona, Paoli pide una audición para entrar a la escuela de canto del gran Teatro de Liceo; que para ser aprobado tenía que cantar ante una junta muy severa. Va al estudio del Maestro Blanch, a repasar las arias que habría de cantar en la audición. La junta exigía que el aplicante cantase arias de los géneros dramático, spinto y lírico, para apreciar más la verdadera calidad de la voz que éste poseía. Paoli preparó arias del *Otello* las cuales ya conocía; además el aria *Celeste Aïda* de la ópera *Aïda*; el *O Paradise* de *La Africana*, de Meyerbeer, *El Sueño* de la ópera *Manon* de Massenet y el aria *Ah, non mi Ridestar*, de la ópera Werther del mismo compositor. Esto hoy día se considera erróneo, pues una voz humana debe dedicarse a cantar lo que mejor se le adapte y no estar cantando todos los géneros ya que eso ha arruinado muchísimas voces en poco tiempo. Pero eso no les importa un bledo los empresarios.

El día de la prueba y para gran sorpresa suya, se encuentra allí con el tenor Beraldi. Este le informa que había sido contratado por la empresa del Liceo para cantar el papel de *Otello*, de lo cual Paoli se alegró mucho. Beraldi le pide que se niegue a cantar las arias de *Otello*, las cuales ya habían sido registradas en el programa de audición ante la junta examinadora. Beraldi quería causar sensación en la temporada y temía que Paoli, le opacase su actuación. Paoli accede gustoso a la petición de su amigo por la estrecha amistad que les unía. En la audición, Paoli cantó magistralmente el aria *O Paradiso*, a igual que *Celeste Aïda*, la cual cantó tal como la compuso Verdi, emitiendo el agudo final suave, sin gritarlo. Al terminar de cantar fue aceptado al instante a unanimidad; pero, al pedírsele que cantara algunas de las arias de *Otello*, Paoli se negó rotundamente, pues no podía romper el compromiso y su palabra de caballero empeñada con su amigo. Allí presentes se encontraban varios estudiantes puertorriqueños que estudiaban medicina en Barcelona; ellos fueron el Dr. Roses Artau, Don Rafael Ferrán, Don Libertad Torres Grau y el Lcdo. Don José Coll Cuchi. Esa negativa se consideró como rebelde y le costó que se le revocase el contrato. Beraldi al enterarse lo ocurrido a Paoli, canceló su contrato y se marcho a Italia.

En muchas ocasiones Paoli había tenido oportunidad de asistir al Teatro Real como escolta especial de la Reina Doña María Cristina y la Infanta Doña Isabel. Vio allí la ópera *Lohengrin*, de Wagner, cantada por el gran tenor wagneriano catalán Francisco Viñas. La impresión que recibió lo decidió a convertirse en cantante de ópera. Esto lo había pensado antes, cuando en 1889 escuchó junto a su hermana Amalita en los ensayos preliminares del *Mefistófele*, de Boito al legendario tenor Julián Gayarre, y más aún cuando éste cantó su última función de la ópera *Los pescadores de Perlas*, del inmortal compositor francés Georges Bizet. Fue en esa histórica función que se le rompió la nota aguda del aria *Mi par du dire Ancor* al tenor Roncales y quien volteándose al público señalándo su garganta dijo aquella frase dolorosa, hiriente y célebre, "¡Señores! esto... se acabó". Apenas unos días después fallecía en Madrid víctima de una pulmonía.

Allí, Paoli escuchó a grandes figuras de la lírica como el gran tenor dramático Francesco Tamagno, en su creación de la inmortal ópera *Otello*, de Verdi, y al célebre tenor Roberto Stagno. En Madrid sigue estudiando con el Maestro Verger.

Corría el año 1896 y se encontraba allí el famoso director Luigi Mancinelli. El Maestro Verger, de quien era amigo, consiguió que este le concediera una audición a Paoli, a lo cual Mancinelli accede gustoso. Paoli le cantó el aria *O Paradiso* de *La Africana* . Después de escucharle y con esa visión futura que poseen los grandes genios, escatimó todo elogio y tan sólo dijo: "Es una voz rara; debe irse a Italia cuanto antes. Que se deje de carrera de clase alguna y se vaya a Italia. Su futuro lo tiene en su garganta". Esas fueron sus palabras exactas.

EL LEON DE PONCE

Amalita le consigue una audición con la infanta Doña Isabel. Esta, luego de admirar su voz, le aconseja que se prepare bien y que ese verano vaya a San Sebastián, al Palacio de Miramar, donde estaba veraneando la Reina. Allí se presentaría en un recital acompañado al piano por Amalita, a ver si la Reina le concedía una beca de estudios. Pero cambiaron los planes y el 12 de agosto de 1896 se presenta Paoli ante la Reina Madre, su corte y en la presencia del Rey Alfonso XIII, quien reconoció a Paoli inmediatamente. Fue acompañado al piano por el gran compositor y pianista español Don José Serrano en vez de Amalita. La Reina le concede una nueva beca de estudios, pues el éxito del recital fue extraordinario.

El recital de Paoli, ante la Reina María Cristina de Hasburgo y su corte en el Palacio de Miramar en San Sebastián, España, fue así:

PROGRAMA DEL RECITAL
Palacio de Miramar
San Sebastián, España

Antonio Paoli
Tenor
Amalia Paoli
Soprano
José Serrano
Piano

-Antonio Paoli-
Caro Mio Ben......Donaudi
Spirito Gentil......La Favorita-Donizetti
Che Faro......Euridice-Monteverdi

Intermedio
-Amalita Paoli-
O don Fatale......Don Carlo-Verdi

Intermedio
-Antonio Paoli-
Una Vergine......La Favorita-Donizetti
O del Mio Amato Ben......Canción Italiana
Tu Che A Dio......Lucia-Donizetti

Intermedio
-Amalia Paoli-
O Patria Mia......Aïda-Verdi

-Antonio y Amalia-
Dúo......La Africana

Así lo recordaba Don José Subirá:

> "La Reina, quien era gran protectora de las artes y una conocedora diletante, se sorprendió muchísimo de que uno de sus ex cadetes poseyera tan extraordinaria y excepcional voz. El monto de la beca concedida era de quinientas pesetas mensuales, y se le pagarían además, los

gastos del viaje a Italia, como regalo de la Infanta Doña Isabel. Coincidió Paoli en ese entonces con un joven catalán de gran talento, quien también había ido a San Sebastián para presentar a la Reina un recital de violoncelo, instrumento en que pensaba especializarse si se le concedía la beca. Su nombre era Pau Casals Defilló y por una pura coincidencia era hijo de una puertorriqueña oriunda de Mayagüez, Puerto Rico. Luego habría de convertirse en el cellista concertista más grande del mundo".

Tras el éxito obtenido en el palacio de Miramar, inicia una serie de recitales junto a Amalita. Les acompañó también el bajo y pianista italiano Antonio Baldelli, quien desde el primer momento en que escuchó al novel tenor, reconoció su gran talento. Los recitales, los llevaron por varias ciudades del norte de España, tales como Irún, Pamplona, Bilbao, Oviedo, Gijón, Zaragoza y terminó en San Sebastián. Estos conciertos le merecieron grandes elogios de parte del público. El éxito tanto artístico como económico fue rotundo, especialmente ese último celebrado el Gran Casino de San Sebastián. Cantó allí con gran maestría las más difíciles arias de ópera, romanzas, de zarzuelas, además de canciones españolas. Terminó con *Guernikako Arbola* con la cual puso al público de pie a aplaudirle en forma desaforada. Esta última pieza la dedicó "a la memoria del gran tenor Julián Gayarre" y la cantó en el idioma de los vascos que ellos llaman Euskera.

El bajo Baldelli quería que Paoli, se fuese a estudiar a París, pero él ya había decidido irse a Italia. Tan pronto tuvo todos los papeles en regla, salió en vapor desde Barcelona rumbo a Génova, de allí partió en tren hacia Milán. Al llegar a la Meca de la Opera, suelta sus baúles en la pensión Bonini, la cual estaba localizada frente a la enorme Plaza de Duomo de Milán, imponente catedral con centenares de bellísimas estatuas en el tope de sus innumerables torres góticas. Al otro lado de la plaza se encuentra el Palacio Real de Milán y franqueada al lado izquierdo por la Galería Vittorio Emmanuelle, cuyo pasillo principal lleva al caminante hasta las mismas puertas del templo sagrado de la ópera, El Teatro Alla Scala. Paoli dio vueltas y más vueltas hasta cansarse. Esa noche no pudo dormir de la emoción. Al otro día, muy temprano, se marcha a caminar de nuevo y llega hasta el Castillo Sforcesco, enclavado casi al centro de la ciudad, rodeado de altísimas murallas de piedras rojas. Luego llega hasta el Teatro Dal Verme y de regreso a la pensión, pasa frente al Teatro Lírico y al Carcano. Revolotean en su mente miles de imágenes y sueños que algún día habrían de realizarse. Estaba tan embelesado que se había olvidado hasta de comer. El lunes en la mañana, ingresa en el Conservatorio del Teatro Alla Scala. Comienza sus estudios de canto muy seriamente con el maestro Montanaro, quien clasifica su voz como de tenor lírico. Pasa gran parte del día en el Conservatorio donde también estudia clases de piano y solfeo. Las reglas eran muy estrictas. No se podía cantar nada fuera del salón de clases. Cualquier estudiante que rompiese esa norma, entre otras, sería expulsado del Conservatorio sin miramiento alguno. Se les prohibía cantar hasta en la iglesia. En las tardes, después de las lecciones de música, piano, vocalizos e historia, se marchaba a la Biblioteca-Archivo y Galería Brera. Este es un imponente edificio repleto de documentos históricos, manuscritos de grandes obras literarias y una extraordinaria pinacoteca. Allí Paoli leía libros sobre las vidas de los compositores, cantantes y letrados del pasado además de revisar libretos de ópera y sus historias. Le fascinaba *El Anillo de los Nibelungos*, de Ricardo Wagner, por el gran misterio que rodeaba esa música y por las controversias surgidas en torno a ella y a su autor. Algunas noches asistía al teatro para admirar a Francesco Tamago, a De Negri, a Cardiralli y otras grandes figuras de la época.

EL LEON DE PONCE

Logró ver allí al gran compositor Giuseppe Verdi. Conoció a los egregios compositores Puccini, Cilea, Giordano, Leoncavallo, Mascagni, y a otros músicos célebres. Comenzó a estudiar varias óperas de Leoncavallo y Mascagni con los cuales hizo gran amistad; entre esas óperas estaban *Cavalleria Rusticana* y *Los Payasos*. Estudió también el papel de Edgardo de la ópera *Lucia di Lammermoor*, de Donizeti, y del Duque de Mantua en la ópera *Rigoletto*, de Verdi. Estudió también el *Des Griex* de la ópera *Manon*, de Massenet, papel sumamente lírico. Fueron estas las cinco primeras óperas de su repertorio de tenor lírico. Era muy responsable y quería llegar a la cúspide. Ya no era un niño. Contaba ya veinticinco años y se había forjado una meta la cual quería alcanzar y sobrepasar. Triunfar era su sueño y estaba dispuesto a lograrlo.

Tras su primer año de estudios regresa a España. Inicia allí una nueva gira de recitales por el país. Se presenta de nuevo ante la Reina para demostrarle el aprovechamiento de sus estudios en Italia. Esta quedó muy complacida con lo que escuchó y le renovó la beca por otro año.

Se marcha luego con Amalita a Valencia, donde había sido contratada por la empresa del Teatro Principal. Aquí era conocida y admirada pues el año anterior había cantado la ópera *Mefistófele*, de Boito, y que había sido llevada a escena dieciocho noches consecutivas con llenos absolutos. Esta ópera fue seguida de su noche benéfica, la cual fue paraAmalia una noche de gratos recuerdos, en la que fue colmada no sólo de aplausos y paga extraordinarias, sino también de flores y regalos al hacer gala de su arte en los tres actos de distinto carácter que interpretó en esa ocasión: el acto de la prisión de *Mefistófele*, el tercero del *Fausto*, de Gounod y el cuarto acto de *Los Hugonotes*, de Meyerbeer. El éxito fue apoteósico, único. Se comprende así el porque Amalita era tan apreciada por el público de Valencia.

Amalita no está de acuerdo con el matiz tan lírico que la voz de Paoli iba tomando e insiste en que no era su voz natural. El 13 de noviembre de 1897; Amalita se presenta con gran éxito en un recital en el Teatro Principal de Valencia. Es muy elogiada por la prensa y aplaudida por el exigente público valenciano.

El diario Las Provincias de Valencia dice:

EL CONCIERTO DE AMALIA PAOLI - "La empresa, que como la de este teatro cuenta con el favor del público debe procurar hacerse dignas de ese favor respondiendo a las peticiones que impongan. La empresa del Principal puede ahora procurar al público una excelente artista como la que actuó ayer y quien tiene aquí muchas simpatías y que dejó buenísima impresión cuando aquí fue oída. Nos referimos a Amalia Paoli, la aplaudida tiple quien con el señor Vignas cantó en Valencia el *Lohengrin* con éxito, y que en el *Mefistófeles*, era objeto de calurosas ovaciones al cantar el acto de la cárcel. La señorita Paoli ha seguido progresando y este verano ha oído muchos aplausos en los conciertos logrados en *El Gran Casino* de San Sebastián y en el Palacio de Miramar, residencia veraniega de la Reina. Con Amalia Paoli ha venido su hermano Antonio quien, según los que le han oído, es un tenor de hermosa voz y depurada escuela. Con estos dos grandiosos elementos la empresa podría organizar algunas funciones de ópera, que bien podrían ser *Cavalleria Rusticana* e *I Pagliacci*. Creemos que la empresa atenderá esta indicación que hacemos en nombre de muchos abonados y los concurrentes al Teatro Principal". (15 de noviembre de 1897).

Decidadamente la empresa ha combinado con el Sr. Paoli, una representación de la ópera *Lucia de Lammermoor*, cantando dicho artista la parte del tenor. Esperamos que la empresa haga lo posible por que oigamos también a la Srta. Amalia Paoli". (16 de noviembre de 1897).

ANTONIO PAOLI

Mientras tanto Paoli, se está preparando para su debut, el cual estaba ya anunciado para efectuarse el día 23 de noviembre con la ópera *Lucia, de Lammermoor*, de Donizetti, con el siguiente reparto:

TEATRO PRINCIPAL
Valencia, España
23 de noviembre de 1897

DEBUT DE PAOLI

LUCIA DE LAMMERMOOR
Donizetti

Lucia......Bianca Saroya
Edgardo......Antonio Paoli (debut)
Enrico......Francesco Bravi
Arturo......Manuel Mantilla
Raimondo......Aristides Masiero
Director: Ricardo Vilá

Paoli cantó muy bien el papel de Edgardo y la Lucia fue cantada con gran maestría por la célebre soprano española Bianca Saroya, una eminente cantante que había hecho una gran carrera internacional logrando cantar junto al gran Julián Gayarre. Se cantó cuatro veces en esa temporada con este reparto. El público valenciano supo aquilatar la gran calidad de la voz del debutante, pero los críticos de los periódicos fueron muy severos con él como demuestran estas crónicas que siguen a continuación, publicadas por el diario Las Provincias de Valencia:

"EL DEBUT DEL TENOR ANTONIO PAOLI EN EL TEATRO PRINCIPAL" - Estaba el teatro completamente lleno. En la sala se colocaron sillas porque el pedido de butacas fue extraordinario. En las alturas el público de aficionados de Valencia a quien no se le puede negar su inteligencia, pero hay que reconocer también su excesivo rigor en especial con los debutantes. Recientemente esta el caso de la srta. Obión, con quien no se estuvo todo lo expresivo que merecía la simpática artista. Cuando se juzga a un cantante hay que tener presente el precio del espectáculo y las condiciones que concurren en el artista.
Anoche debutó Antonio Paoli, tenor novel, quién se presentó ante nuestro público cantando la parte de Edgardo en *Lucia di Lammermoor*. Antonio Paoli es muy joven, tiene arrogante figura y su aspecto es simpático. Hace poco tiempo que estudia, pues sólo lleva diez y ocho meses dedicado a la música, pensionado por su majestad la Reina regente y su alteza la Infanta Isabel. No ha cantado ninguna ópera en otros teatros. Anoche fue la primera vez que se presentó ante el público. Hasta ahora sólo ha cantado en conciertos organizados por Baldelli, durante el último verano, entre algunas poblaciones del norte, entre ellas San Sebastián y en el Palacio de Miramar, residencia veraniega de la Corte, para que lo oyera su augusta protectora. Con estos antecedentes fácil será comprender la pausa sentida por el Señor Paoli. Temor que sienten todos los artistas al presentarse ante un público numeroso y cuanto más, cuando por primera vez se pisa la escena. El Sr. Paoli tiene una hermosa voz, pero le falta la formación artística que ha de completar la impostación y le ha de dar el completo dominio sobre sí mismo, para poder modular los distintos registros de su garganta dando al canto los distintos matices que impresionen al auditorio. Todas estas razones no pueden formar un juicio definitivo del Sr. Paoli. Es un artista que comienza bien y que llegará a ser un buen tenor. Tiene algo escuchable que es la voz, lo demás lo puede conseguir con el estudio".

Esta fue la impresión que Paoli provocó en el crítico de ese diario. Cantó luego tres funciones más de *Lucia*. El 18 de diciembre presenta un recital con Amalita tras el cual se marchan a las Islas Canarias. Se presenta allí en Santa Cruz de Tenerife en dos recitales con Amalita que son repetidos en Palma. De aquí marcha Antonio a Barcelona a mediado de enero de 1898 para de allí salir de nuevo hacia Génova y Milán.

Comienza un nuevo ciclo de estudios, en el cual se compenetra mucho con su profesión. Empieza a formar un repertorio de más peso vocal con el maestro Abad. Se aprende el papel de Manrico de la ópera *El Trovador*, de Verdi. En esos días se anuncia una visita del venerable Maestro Giuseppe Verdi al Conservatorio. Se hace un escogido de los mejores estudiantes para honrar al gran compositor con un recital. Antonio, es escogido entre ellos para cantar el aria *Ah, si Ben Mio* de la ópera *El Trovador*. Cuando llega el egregio maestro el enorme Salón de Actos del Conservatorio, es recibido con los acordes solemnes de *La Marcha Triunfal*, de su ópera *Aïda*, hasta que llega a su poltrona la cual había sido colocada sobre una bellísima alfombra persa rodeada de cómodos cojines de terciopelo rojo. Comienza el recital con el coro del Conservatorio cantando el coro *Va Pensiero*, de su ópera *Nabucco*. Cantó luego un barítono la romanza *Di Provenza* de *La Traviata*. Vino después una soprano que cantó *O Patria Mia*, de *Aída*. Paoli, fue el tercero de los solistas.

Verdi, quien por lo general permanecía cabizbajo cuando cantaban los artistas, tal vez dormitando o quizás con el pensamiento puesto en grandes glorias líricas del pasado, mientras escuchaba a estos aficionados levantó su faz para mirar a Paoli, cuando este comenzó a entonar a media voz las primeras frases de la bella romanza *Ah, Si Ben Mio*, de la ópera *El Trovador*, de Verdi comenzó a mover su cabeza en ademán de aceptación a lo cual Paoli correspondió aumentando el volumen de voz. El maestro, levantó más aún su cabeza y lo miró fijamente. Se volteó y le comentó algo a una bellísima mujer que le acompañaba y estaba sentada a su lado derecho; luego siguió mirando a Paoli fijamente, sin despegarle los ojos, y al terminar de cantar le aplaudió. Esto no lo había hecho el maestro con ninguno de los otros jóvenes artistas. Para Paoli, aquello fue su consagración total como artista lírico, pues el mismísimo Verdi le había dado su aprobación con tan singular homenaje.

El día 19 de marzo, fiesta de San José, día venerado por todos los milaneses como el día de Verdi, se organiza un gran concierto al aire libre frente al Hotel Milán, donde vivía Verdi. Este gran acontecimiento fue organizado por el maestro Arturo Toscanini.

En dicho concierto Paoli cantó el aria *La Pira*, del *Trovador* y la romanza *O Tu che In Seno Agli angeli*, de la ópera *La Forza del Destino*. El maestro permaneció en el balcón del hotel, por largo rato con una frasada sobre su espalda y, al terminar Paoli su participación se retiró al interior del aposento. Contaba entonces el venerado músico ochenta y cinco años de edad.

Días más tarde, en Milán, Paoli conoce a una bellísima joven austriaca llamada Josefina Vetiska, quien estaba de paso hacia París donde representaría a su país en un certamen de belleza y talento. Mientras ésta estuvo en Milán, Paoli se convirtió en su sombra. La acompañaba al teatro, a la galería, a la catedral y a todas partes. Ella correspondía a sus atenciones y galanteos muy coquetamente pero siempre manteniéndose en el pedestal de la digna dama y señorita que era. Años más tarde se convertiría en su esposa.

Antonio, prosigue sus estudios con gran interés. Canta en varios pueblos cercanos a Milán la ópera *Rigoletto*. Para esta aventura se había juntado con otros compañeros de estudio para hacerse de unos cuartos extras, pues ya casi no le alcanzaba lo que le enviaban de España. Para

Cantar usaba una mezcla de nombres de sus amigos y compañeros de estudios y orfeones de España como Iruleghi, Bascarán, Guevara y Portocarrero y otros. Sabía de sobra que si le atrapaban en el Conservatorio sería expulsado del mismo, ya que si cantaba mal se pondría en entredicho la calidad de los profesores. Entre los pueblos que cantaron figuran: Brescia, Novara, Arsizio, Rho, Como, Bergamo, Caravagno, Po, Verceli, Varese, Monza, Cremona, Vicenza y Piacenza. El reparto era así:

RIGOLETTO
Verdi

Gilda......María Gallo (María Galvani)
Duque......Iruleghi Bascarán (Antonio Paoli)
Rigoleto......Eugenio Gissi (Eugenio Giraldoni)
Sparafucile......Andrés Pérez (Andrés Perelló)
Montavo......Carlo Segura (Segura Tallién)
Director: Veneziani

Una mañana de un día lunes al llegar los estudiantes a clase el Maestro Montanaro, se puso de pie muy serio. Miró fijamente a los estudiantes y les comunicó lo siguiente: "En la noche del sábado asistí a insistencia de un amigo al poblado de Monza a una función de la ópera *Rigoletto* de Verdi. Se decía que un grupo de estudiantes de este Conservatorio había tenido la osadía de llevar a cabo una gira artística los fines de semana por varias poblaciones cercanas a Milán. En realidad no se de donde sacaron esa conclusión, pues entre los nombres de los artistas no había ninguno registrado en esta ilustre institución ni tan siquiera reconocí a ninguno de ustedes. Así que todo fue un falso rumor. Ahora bien... si acaso algunos de ustedes conoce a algunos de esos artistas aficionados, díganles que no exageren tanto sus movimientos escénicos, que se muevan con más naturalidad por el escenario y así quedarán mejor. En lo tocante a las voces, estuvieron muy bien, cantaron todos con gran gusto y se dieron de lleno a sus papeles especialmente el barítono y el tenor. Los agudos muy buenos, pero sostenidos demasiado tiempo. La soprano, un poco tímida pero cantó con gran gusto. El Sparafucile me hizo recordar a uno de ustedes, pues hizo allí algo que siempre le corrijo a Andrés Perelló, no debe dejar que le tiemble la voz, pues eso afecta mucho las cuerdas vocales. Si conocen a algunos de ellos, por favo,r le dan estos consejos". Terminada la clase fueron saliendo uno a uno y cuando Antonio pasó por su lado el maestro le dijo: "¡Bravo!, Paoli! " Es así como siguieron cantando *Rigoleto* en los pueblos circunvecinos a Milán.

Mientras esto ocurría, Amalita seguía cosechando triunfos por varias ciudades y teatros de España e Italia. De regreso a España sufrió una gran pena al llegar a Madrid y enterarse de que su prometido, Don Pedro Alcalá y Zamora, estaba a punto de ser desterrado de España ya que la Baronesa Doña Sofía Zamora de Salvarey lo acusaba de haberse apropiado un dinero que ella le había prestado para montar un negocio de imprimir libros en Madrid. Lo que en realidad sucedió es que un tercer socio llamado Martín Torres, arrancó con el dinero y se desapareció; pero como Don Pedro, fue el que firmó el recibo, era el único responsable. El castigo fue muy severo pues le desterraron al poblado y puerto de Mahón, en la Isla de Menorca, a trabajar de inspector de sanidad del puerto de la ciudadela con un salario mucho más bajo de lo mínimo que ganaba cualquier otro inspector, pues el resto del salario sería pagado a la Baronesa hasta reponer el

EL LEON DE PONCE

último centavo adeudado. Esto le tomaría una cantidad no determinada de tiempo. No se le permitía salir de Menorca sin un permiso escrito por el tribunal real. Se le dio este castigo por pertenecer a la nobleza española y por tener en limpio su nombre y linaje. A cualquier persona común se le hubiese castigado con la cárcel. Don Pedro y Amalita habían hecho planes para casarse ese año y todo se echó a perder, pues no se le permitía llevar esposa al destierro.

En 1898, Antonio termina un año más de estudios, en Milán y se marcha a España a descansar con Amalita y Manuel. De allí va a Córdova y el 18 de junio se presenta en El Gran Teatro en la ópera *Rigoletto* usando el nombre de Iruleghi Bascarán. La Gilda fue una soprano que más tarde se convertiría en una célebre diva española, María Barrientos. El Rigoletto fue interpretado por el barítono Emilio Cabello. El director fue el Maestro Viñas. El éxito fue muy bueno. Se cantó cuatro veces con el mismo reparto y luego Paoli, se marchó a París, pues Amalita insistía en que no estaba cantando con su voz natural.

En París prosigue sus estudios de perfeccionamiento escénico con el Maestro Baldelli, quien se había radicado para enseñar allí hacía dos años. Después de conseguir a través de Baldelli una audición con Pedro Gailhard, director de la Opera de París y maestro de canto para estudiar perfeccionamiento vocal con este último, comienza a estudiar también el idioma francés a cabalidad, pues cuando niño lo había estudiado en El Escorial y tenía alguna noción del lenguaje, pero necesitaba mejorar su pronunciación. El maestro Antonio Baldelli estaba muy bien relacionado en París. Tiene magníficos discípulos entre los que estaba un joven judío venezolano llamado Reynaldo Hahn, quien estudiaba música con el célebre compositor francés Camille Saint-Saens. Hahn tenía una bellísima voz de tenor lírico ligero y se hizo muy amigo de Paoli, máxime cuando se entero de que su madre era venezolana y de la ilustre familia que procedía. Algún tiempo más tarde hizo arreglos para llevar a Paoli al estudio de Saint Saens y presentarlo al egregio maestro. El gran músico necesitaba un tenor spinto para su nueva ópera, por lo que acepta escuchar su voz la cual le agradó mucho. En realidad, Paoli era un desconocido. Apenas había cantado y aun le faltaba técnica y experiencia, pero su voz gustó tanto a Saint-Saenz que decidió probarlo. Así que, con ciertas reservas le comenzó a enseñar el papel de Hércules de su ópera *Dejanire*, la cual sería estrenada en las arenas de Beziers, el 28 de agosto de 1898. El estreno fue colosal, pero Antonio no cantó en esa ocasión, sino que estaba de suplente, pues el maestro temía que por su falta de experiencia le echara a perder el estreno. En su lugar la cantó el tenor Darmel. Paoli tomo esto como una gran humillación y enfrió su amistad con el maestro.

Con el Profesor Gailhard, Antonio se dedica a estudiar de lleno la técnica de canto francesa, la cual no era muy de su agrado, pues tendía a impostar la voz en la nariz y ya él tenía formada una base solida con la antigua técnica de canto italiana, con impostación natural en la cabeza, la cual era más musical. En realidad estudiaba la técnica francesa para adquirir más dominio del idioma francés cantado. Estudia además el idioma alemán con su amigo Reynaldo Hahn, pues le interesaba mucho cantar las difíciles óperas de Wagner, que tanto le llamaban la atención.

Algunas veces se daba sus escapaditas acompañado de Reynaldo Hahn, al Barrio de Montmartre, a pasar ratos de solaz y esparcimiento espiritual cantando y disfrutando su juventud a plenitud, viviendo a fondo la alegría de la vida bohemia, tan en boga en París en esos días. Tenía allí algunos amigos y era admirado y apreciado por todos. Gailhard, le recomienda para una audición con la junta de audiciones del Palais Garnier en honor al gran arquitecto que la erigió como un monumento inmortal a la lírica en el mismo corazón de París. A la junta le agradó mucho su voz y le aceptaron de inmediato.

Comenzaron pues los preparativos para su debut oficial en el gran teatro. La ópera escogida para su debut fue el *Guillermo Tell* de Rossini; ejecutando el difícil papel de Arnold. A principios del mes de abril de 1899, aparece su nombre en la cartelera del histórico teatro. El debut se llevaría a cabo el día 26 de abril. El se encuentra ya completamente preparado para hacer su entrada triunfal al difícil mundo de la lírica. Cuenta solo con sus propios méritos en un país desconocido. Seguía así los sabios consejos del maestro Baldelli, quien le decía: "Si debutas en España entre amigos y conocidos al igual que en Italia, donde también te conocen, tus amigos te aplaudirán hasta el delirio y te podrían crear un éxito tal vez ficticio. Si lo haces donde no te conozca nadie sino unos pocos y triunfas, entonces eres un verdadero escogido". Tanto la Reina Doña María Cristina como la Infanta Isabel opinaban lo mismo que Baldelli y le ayudan económicamente para que pueda subsistir en Francia. Residía en París con Amalita, en la Rue Lafayette número 54, muy cerca del teatro. Comienzan pues los ensayos todos los días, cosa que él tomaba muy en serio. Una tarde se interrumpe el ensayo, pues llegó el gran compositor Jules Massenet, con los artistas escogidos para el estreno de su ópera *Cendrillon*. Le impresionó mucho lo que escuchó en el ensayo de esa bella obra y acudió al teatro con Amalita la noche del estreno, el día 24 de mayo, días después de su debut. El éxito fue extraordinario y el maestro recibió aplausos interminables al terminar la ópera, junto a los intérpretes principales, entre los que se encontraba el tenor Lucien Fugére y la soprano Julie Guiraudon. Paoli felicitó al egregio compositor al terminar el ensayo y comenzó así una bella amistad pues fue el mismo Gailhard quien les presentó. Massenet era un hombre muy sencillo y afable a pesar de su gran fama y nombre. En uno de los ensayos Paoli invitó al Maestro Massenet para que asistiera a su debut y este le promete estar allí esa noche.

Llega el soñado día. En la mañana, Paoli amaneció con fiebre, escalofríos y dolores por todo el cuerpo. Esto era tal vez la residiva de la malaria adquirida en Cuba años atrás, o tal vez ataque de nervios, por la inmensa responsabilidad que sentía llevar pesadamente sobre sus hombros. Pensaba en todo el dinero que la Reina y la Infanta habían invertido en su carrera porque en realidad confiaban en él. Lo único que lo animó fue que algunos de sus amigos compañeros de estudios en España, se habían trasladado a París para su debut. Fueron a visitarle y le infundieron valor para la prueba. Lo que más preocupaba a Paoli era que los franceses eran muy celosos de sus tradiciones y no les agradaba que en su teatro más importante cantase alguien que no fuese francés. El tenor de moda en esos días en Francia era el gran tenor francés Agustarello Affré, a quien llamaban el Tamango Francés. Era a éste a quien Antonio sustituiría en el dificilísimo papel de Arnold. Poseía Affré una poderosa voz de tenor dramático; sus agudos eran sonoros y estentóreos. Tenía, además, gran musicalidad y mucha seguridad en si mismo.

Paoli, tuvo la inmensa suerte de estar presente en el teatro varias noches cuando Affré, cantaba el rol de Arnold. Pudo así estudiar los movimientos escénicos y la forma de emitir la voz del afamado tenor, notando el tremendo esfuerzo físico que este hacía al emitir sus sonoros agudos. Se le ocurrió entonces a Paoli que era más fácil emitir los agudos con la antigua técnica de canto italiana que era de impostación directa a la máscara (la cabeza) sin demostrar fatiga ni esfuerzo físico alguno al público al respirar y al emitir las notas altas. La técnica francesa era de resonancia pectoral apoyada en la garganta y tendía a tener impostación nasal. Paoli, sabía que así podría sobrepasar al tenor Affré. Contaba también Paoli, con la meritoria ayuda de Baldelli, quién con mucha paciencia y aprecio le dió a conocer muchas nociones y secretos del arte canoro que había adquirido de otros cantantes célebres con quienes había cantado durante sus años de gloria. Entre esos cantantes estaba Julián Gayarre y León Escalais.

Baldelli tenía localizado su estudio en Rue Euler VIII No. 6 en París. Recibía allí a sus discípulos nuevos, además de la visitas de grandes figuras de la lírica. Era en su estudio donde comunicaba a Paoli sus conocimientos y secretos. Le enseñó un truco que hacía Gayarre, antes de salir a escena el cual consistía en de lo siguiente: "vocalizar por unos diez minutos antes de salir a escena en forma de murmullo, produciendose una especie de cosquilleo en los labios". Así, al comenzar a emitir los sonidos vocales en escena, sonaba la voz con fuerza extraordinaria pues el ejercicio del murmullo pone la voz "a flor de labios", de acuerdo con la frase usada por muchos cantantes y maestros de arte canoro.

El teatro tenía un lleno extraordinario, había gran expectativa y se hacían muchos comentarios sobre el nuevo tenor. Unos decían que se trataba de un rico noble español; otros que le habían visto caminar por la calle y que parecía más bien un príncipe de esos de cuentos de hadas por su porte y elegancia. En fín, se habían tejido mil historias sobre el novel artista. Llegó, empero a recibir amenazas de muerte si cantaba o pronunciaba mal el francés. Algunos fanáticos entusiastas de la ópera decían que si cantaba italiano lo linchaban. La tensión, pues, era mucha. Esa noche estaban presentes en el teatro varios amigos entre los que se encontraban los célebres escritores Luis de Bonafoux, Anatole France, Hugo Hofmannsthal, Reynaldo Hahn, el escultor Augusto Rodin, quien quería usar a Paoli como modelo para una estatua, el tenor León Escalais, la Infanta Doña Isabel de Borbón, el gran Jules Massenet, su prometida Josefina Vestiska, quién había venido desde Viena para su debut. Estaba además su hermana Amalita,quien estaba en el primer palco al lado izquierdo del escenario y, junto a ella, estaban sus queridos amigos españoles, Luis Portocarrero, Higinio Bascarán, Manuel Iruleghi y Vicente Martín. Se encontraba también el célebre barítono francés Maurice Renaud, acompañado del gran compositor Camille Saint-Saens. Todos venían a presenciar el triunfo glorioso o la derrota y desgracia de su caída. De este debut dependería del rumbo que habría de tomar su vida. Tenía ya veintiocho años de edad y estaba arriesgando el todo por el todo. Se dio cuenta entonces de que dependía de él mismo. Le rezó tres Ave Marias a María Santísima y a Santa Mónica, de quién era devoto, y tras persignarse con la Señal de la Cruz se lanzó al "ruedo".

Este es un detalle del programa que se conserva en el museo de la ópera de París. El director de la orquesta fue el gran Maestro Paul Vidal. El éxito de Paoli fue algo indescriptible. Al otro día todo París hablaba del nuevo tenor. Se comentaba mucho sobre su voz, su imponente personalidad, su arte, su musicalidad, sus incisivos agudos y su figura heroica. Paoli, había causado furor. Los periódicos se hicieron eco de su triunfo. Según estos, había superado con su extraordinaria interpretación a los tenores Affré y Escalais.

El diario Les Temps del 27 de abril dice así:

"Gracias a Dios, *Guillermo Tell* tiene ya su tenor". El "Annual Opera" de París del 30 de Abril dice: " Il Giovine Tenore Paoli" . Guillermo Tell-Antonio Paoli, es sin duda alguna una voz de timbre fuerte y gran brillo, ligada a una personalidad subyugadora. Fue recibido por el público con una estruendosa salva de aplausos, aun antes de abrir su boca para cantar. Solo su presencia, su figura esbelta y elegante, hizo que el público numerosísimo que allí se encontraba lo recibiera así. El triunfo fue aun mayor cuando dejó salir de su garganta aquella voz clara, musical, segura e impactante. Se podría decir que dejó escapar una gama de bellas notas musicales, que salía a raudales de su garganta privilegiada".

El diario Le Figaro dice así:

ANTONIO PAOLI - EL TERNOR DEBUTANTE - "A pesar de algún leve acento en la pronunciación del francés, se le puede dar a Paoli todo el crédito como artista y como cantante excepcional. Muchos tenores franceses hay que pronuncian muy mal su propio idioma y haciendo comparación se podría llamar al nuevo artista 'El tenor de Francia' ya sea por adopción o por ser el mimado de todos los franceses. Fue aceptado por este culto público conocedor profundo del arte lírico y cantantes. Paoli ha sido consagrado tenor, en un escenario histórico y único donde sólo ha cantado lo mejor del arte lírico. Enhorabuena al gran hombre, actor y cantante".

La revista Cahiers du Opera dice así:

ANTONIO PAOLI, LA NOUVELLE SENSATION DE L'OPERA MODERNE. París, 1899. - "Tras su sonado debut canta cinco funciones más de esa ópera con el mismo reparto y un éxito cada vez ascendente. Unos días antes de su debut había cumplido los veintiocho años y tenía su futuro asegurado".

El día 10 de mayo, Anatole France, el célebre dramaturgo y escritor francés , le invita a comer a su casa junto a varios amigos entre los que se encontraban Jules Massenet, Luis de Bonafux, Reinaldo Hahn y Amalita. Terminada la cena y luego de charlar un rato, le piden a Paoli que cante, a lo cual accede gustoso. Mas les dijo: "Estando aquí el Maestro Massenet, no quiero ofenderle cantando en mi mal francés, sus bellas melodías. Así que cantaré el aria *O paradiso* de la ópera *La Africaine*, de Meyerbeer. Le acompañó al piano Amalita. Con su magistral interpretación dejó atónito a su selecto auditorio y de momento se ecuchó una fuerte salva de aplausos procedente de una gran cantidad de público que se había congregado frente al gran ventanal frontal de la casa que daba a la calle y cuyas ventanas estaban abiertas. El salió a la ventana para agradecer tan singular homenaje de la gente sencilla de París que sabía también apreciar su voz heróica. Este detalle habría de producirse varias veces durante su vida.

Antonio y Amalita, tuvieron que cambiar de domicilio, pues la gente no los dejaba tranquilos después de su sonado debut. Así que alquilaron un cómodo y espacioso apartamento en Rue Scribé No. 3 y vivieron allí con más tranquilidad y privacidad. A Paoli le encantaba caminar por las calles de París. Salía elegantemente vestido y llevaba un bastón de ébano con empuñadura de plata. Las mujeres en París, se detenían al verle pasar, pues estaba siempre sin sombrero que era una prenda de moda obligada en aquella época. Pero él no podía cubrir aquella cabeza de friso, rubia y ensortijada con tal vulgar objeto". (Así lo describe la Hija del Caribe).

EL LEON DE PONCE

A principios de junio de 1899, se traslada a Viena, para desposarse con su novia Josefina Vetiska. Al esponsório asistieron algunos de sus amigos que le acompañaron en el viaje. Fue todo celebrado en familia. Inmediatamente despúes de casados regresan a París. Tenía concertado allí una serie de representaciones por el sur de Francia. Massenet, le invita a su villa de Egreville, en las afueras de París donde le ensena el papel de Rodrigo, de su magistral ópera *El Cid.* Esta le encantaba a Antonio, tanto por la belleza de la música como por el emocionante y extrordinario tema tan español. Lo aprende rápidamente y debuta con él en Lyon, el 28 de Junio en el Teatro Municipal, con el siguiente reparto:

EL CID
-Massenet-

Paoli......Rodrigo
Adini......Chimene
Marcy......L' Infante
Lambert......Le Roi
Noté......Gormas
Director: Paul Vidal
Producida y supervisada por - Massenet

Esta se repitió el 30 de junio a teatro lleno, a pesar de que ya había comenzado el verano. El telegrama recibido en París dice:

"El Cid revivido con verdadera cabalgadura española, Paoli, hizo una realidad del mitológico personaje. Junio 29. El éxito fue similar en la función del día 30 de junio".

Representan luego la *Carmen* de Bizet como sigue:

1ro. de Julio de 1899
Teatro Municipal
Lyon, Francia

CARMEN
Musique de Bizet

Delna......Carmen
Paoli......Don José
Renaud......Escamillo
Directeur: Mangrin

Esta ópera se repitió el día 4 de Julio con los mismos artistas. El telegrama dice:

"CARMEN-Lyon-Exito rotundo-especialmente Paoli-Supo como Don José arrancar los aplausos del público con su voz y gran prestancia escénica".

De allí se marchan a Marsella, donde también presentan *Carmen* , en el Teatro Municipal el dia 8 de julio, con el mismo reparto. El éxito fue extraordinario. De allí marchan luego a Orleans donde cantan *Le Cid* el día 12 de julio con el mismo reparto que en Lyon.

61

ANTONIO PAOLI

En agosto se forma en París una nueva compañía de ópera para la temporada otoñal. Paoli y Affré fueron contratados para alternar en los papeles de tenores heroicos. Las óperas a cantarse serían todas del gran compositor alemán Jakob Meyerbeer, conmemorando los treinta y cinco años de su muerte. Esa gira comenzaria en París y recorrería luego varias ciudades importantes de Francia. Los demás artistas eran todos de la Gran Opera de París. El éxito de la temporada estaba asegurado pues tan pronto se anunció ela tournée los boletos de entrada se agotaron rápidamente.

Para esta época tenía por secretario y administrador a su hermano Manuel. La expectativa en París era grande pues no todos habían podido escuchar a Paoli en la Gran Opera, así que querían comprobar si en realidad era tan bueno como decían las crónicas de los diarios. Para ese nuevo acontecimiento se encontraba en Francia la Infanta Doña Isabel de Borbón la cual compartió su palco con Amalita y la esposa de Paoli. El reparto fue el siguiente:

París
12 de octubre de 1899
Theatre Gaite Lyrique

LES HUGUENOTS

Valentine......Jeanne Marcy
Marguerite......Fanny Litvine
Raoul de Nangis......Antonio Paoli
Marcel......Juste Nivette
Conte de Nevers......Marius Chambon
Conte de Saint Bris......Mario Alberti
Chef d' Orchestre: Charles Lamoreaux
Coeur ed Orchestre D'Theatre Lyrique

El éxito fue rotundo, pues con un elenco así no se podía fallar. Esta ópera se cantó también en Nantes, con el mismo reparto el día 20 de octubre; luego en Bordeaux, el 24 de octubre; en Tolouse, el 4 de noviembre; en Bourgogne, el 14 de noviembre y en Orleans, el 18 de noviembre. Amalita escribe a su prometido:

" Si llegas a ver a Totito, en el personaje de Raul, te hubieses maravillado, pues cantó esa ópera (*Hugonotes*) como si la hubiese cantado toda su vida, alternando el papel con Affré, Antonio gusta más al público, pues actúa bien y tiene mejor voz y figura". París, 14 de octubre de 1899.

Esta gira duró dos meses y el éxito artístico y económico fue extraordinario. Paoli se había aprendido también las óperas, *La Africana, Le Prophete* y *Roberto le Diable* y las cantó con el siguiente reparto:

62

EL LEON DE PONCE

París
17 de Octubre 1899
Theatre Gaite Lyrique

LA AFRICAINE

Selika......Fanny Litvine
Ines......Jeanne Marcy
Anna......Gwendoline Mathieu
Vasco......Antonio Paoli
Nelusco......Jean Noté
Don Pedro......Marius Chambon
Don Diego......Fernand Baer
Don Alvar......Mario Alberti
Le Chef d' Orchestre... Charles Lamoreaux

Esta ópera se cantó luego en Nantes, el 22 de octubre; en Tolousse, el 2 de noviembre y en Lyon, el 24 de noviembre. Amalita escribe lo siguiente:

"Antonio triunfó plenamente como Vazco. No comprendo como puede aprender de memoria rápidamente esos personajes tan difíciles de Meyerbeer y además en francés". París, 18 de octubre de 1899.

Esta fue la primera vez que Paoli, cantó esa difícil ópera con la cual años más tarde pondría a sus pies al exigente público del teatro Alla Scalla, en Milán. Su interpretación del legendario Vazco Da Gama fue impactante y le confirmó como tenor spinto dramático absoluto.

Bordeaux
26 de octubre de 1899
Theatre Municipal

LE PROPHETE

Fides......Berthe Soyer
Berthe......Marcelle Delmougeot
Jean......Antonio Paoli
Zacharie......Marius Chambon
Oberthal......Emile Delpouget
Le Chef d' Orchestre: Charles Lamoreaux

Esta ópera se cantó dos veces y se volvió a cantar en Lyon el 26 de noviembre de 1899. Amalita le escribe al Barón Alcalá:

"Esta ópera no me agrada mucho y parece que al público tampoco. Es muy larga y la gente se cansa aunque tiene momentos muy bellos. Totico la aprendió en un trís e hizo una interpretación magistral. De todos los artistas fue el que más aplaudieron". Bordeaux, 28 octubre 1899.

63

ANTONIO PAOLI

6 de noviembre de 1899
Tolouse
Theatre Municipal

ROBERT LE DIABLE

Alice......Jeanne Marcy
Isabelle......Marcelle Delmouget
Helena......Gwendolyne Mathiew
Robert......Antonio Paoli
Raimbaut......Emile Delpouget
Bertram......Marius Chambon
Le Chef d' Orchestre: Charles Lamoreaux

Esta ópera se repitió con los mismos artistas en Bourgogne, el 16 de noviembre y en Orleans, el 21 de noviembre de 1899. Amalita escribe lo siguiente:

"Totico en *Roberto El Diablo*, fue extraordinario. Cantó con una fuerza increíble. Se hizo conseguir un hermoso caballo blanco para cantar la romanza *De Mon Patrie Le Cavalier* logrando un efecto sorprendente... El único problema que tiene es que las mujeres le acosan por dondequiera que va y Josefina es muy celosa y los celos son malos". Tolouse, 7 de nov. 1899.

El éxito fue enorme, Paoli, recibió una gran cantidad de dinero por su participación, Regresa a París al Teatro Dell Opera para cantar las últimas seis funciones de *Guillermo Tell* estipuladas en su contrato. Estas se cantaron con el mismo reparto que en abril, excepto noté que fue sustituido por Renaud para esas últimas funciones. Esto fue el 10 de diciembre de 1899. Al teminar su participación en la ópera, cantó una función especial de *Guillermo Tell* en el Theatre Les Champs Elisée con el mismo reparto. El diario Les Temps dice así:

"Paoli, imponente figura, voz hermosa, este es un verdadero tenor, no una voz abaritonada, sino tenor neto con gran seguridad vocal y musical. Subyugó al público".

Luego, el 15 de enero de 1900, canta a beneficio suyo la ópera *El Cid,* de Massenet, en el Teatro Gayte Lyrique con el mismo reparto que le había hecho en Lyon y Orleans excepto el director que fue el Maestro Lamoreaux. El éxito fue rotundo. Había comenzado un nuevo siglo que se auguraba con un futuro de gran progreso económico y social, como así fue. Paoli, se había convertido en el artista del momento y era muy admirado por toda Francia y muy en especial en París, por las parisinas. Tan es así que cuando se marcha a Italia para su debut en el Teatro Reggio de Parma el diario Le Figaro publicó en forma jocosa el siguiente titular: MARIDOS, SOLTAD A VUESTRAS MUJERES, PAOLI SE HA MARCHADO DE PARIS. El texto decía:

"El conocido tenor Paoli, quien es más conocido en París como el terror de los maridos y la gloria de las mujeres, y quien ha causado furor por todo el país con su voz heróica, va a Italia a cosechar nuevos laureles. Fue contratado allí para cantar la ópera *Aïda* de Verdi en el Teatro Reggio de la ciudad de Parma y según comentarios, con un contrato muy ventajoso en cuanto a paga y acomodo. Deseamos éxito total al gran artista y allá que vigilen a sus mujeres los maridos celosos. Regresará luego a París, donde cantará nuevamente la ópera *El Cid* bajo la batuta de su compositor Massenet. Esperamos ansiosos ese momento". Firma: Le Voici-20 de enero de 1900.

CAPITULO II
1900 - 1903

El día 23 de enero de 1900, Paoli se marcha a Italia. El contrato del Teatro Reggio le era muy ventajoso, aunque el público de Parma era muy estricto y exigente y le habían dado al teatro la mala fama de que eran hasta capaces de asesinar a cualquier cantante que fallase una sola nota. Era este un nuevo y difícil reto para Paoli. Fracasar o vencer, ese sería su objetivo. Vencer, triunfar una vez más para dar honra a la patria y conquistar a aquel público rebelde. Estando allí dispuesto a comenzar los ensayos de la ópera *Aïda* de Verdi, se enfermó el tenor Bieletto, quien debía cantar Manrico en *Il Trovatore*, de Verdi, canceló su contrato, y se marchó. La gerencia llama a Paoli para sustituirlo con paga extraordinaria lo cual este acepta gustoso. Repasa rápidamente la partitura y es así como el día 25 de enero del 1900 debuta oficialmente en Italia usando su nombre propio y cantando su primer Manrico, en el tono original que lo compuso Verdi, cosa que no se hace con frecuencia. Aún hoy día tenores muy famosos suelen bajarlo de tono. El reparto fue así:

Teatro Reggio
Parma, Italia

IL TROVATORE
Verdi

Leonora......Isabel Paoli
Manrico......Antonio Paoli
Conte di Luna......Tita Ruffo
Azucena......Del Prato
Director: Maestro Franzoni

Se cantan ocho funciones de ésta ópera con éxito extraordinario. Conoce y canta allí con el gran barítono italiano Tita Ruffo, quien también era debutante y surgió entre ambos una amistad que duraría toda la vida. Canta luego la ópera *Aïda* con el siguiente reparto:

30 de enero del 1900
Teatro Reggio
Parma, Italia

AÏDA
Verdi

65

ANTONIO PAOLI

Aïda......Antinoras
Radamés......Paoli
Amonasro......Benedetti
Amneris......Del Prato
Director: Franzoni

El éxito fue delirante. La crítica publicada por el diario El Imparcial de Madrid dice así:

EL DEBUT DEL JOVEN TENOR ESPAÑOL PAOLI EN ITALIA - "El Teatro Reggi, se ha vestido de gala varias veces para recibir a grandes figuras de la lírica que cantaron y cantan, hacen nombre y se recuestan en sus laureles después que adquieren fama y aunque siguen cantando sólo se aplaude a su gran nombre cuando cantan, y digo sólo a su nombre pues de voz, ya no queda nada. Gracias a Dios y a la Divina Musa de la música, esa misma Musa que inspiró a compositores como Verdi - Bellini - Donizetti - Wagner - Beethoven y otros tantos; está creando nuevos artistas, sopranos, tenores y barítonos, quienes saben cantar y cantan como Dios manda.
Hemos escuchado en esta temporada dos voces que se han de imponer muy pronto en los grandes escenarios líricos del mundo, por su buena cálida e impostación perfecta. Tita Ruffo, joven barítono italiano, excelente cantante y quien no tiene nada que envidiarle a un Battistini, voz fuerte y compacta, musical y bella, y muy segura además de esbelta figura. Antonio Paoli, tenor español, de voz spinto de gran calidad y agudos impactantes que vislumbra un futuro halagador, posee también una magnífica figura y gran desenvolvimiento escénico. Fue un Manrico magistral y un Radamés conmovedor". Firma Bomarcio-crítico de Parma.

De esa *Aïda* se cantaron cinco funciones siendo esta también la primera vez que Paoli cantó *Aïda*; siendo aplaudidísimo por aquel público tan exigente y entusiasta pero a veces déspota cuando no les gustaba el cantante. El telegrama enviado a Amalita dice:

"Triunfo completo, Paoli, excitante, único". Josefina. Parma, Italia.

A mediados de febrero se marcha a París pues tenía allí un contrato en el Teatro Gayte Lyrique para cantar la ópera *Sigurd*, del compositor francés Ernest Reyer. Comenzaron pues los ensayos dirigidos por el Maestro Vidal y supervisados por el venerable y anciano compositor en persona quien quedó muy complacido por la buena calidad de los artistas escogidos. El reparto de esta ópera fue el siguiente:

15 de marzo del 1900
The Gayte Lyrique Theatre
París, Francia

SIGURD
Reyer

Brunilda......Joanne Hatto (Luego Giulien Mestri)
Hilda......Rosa Bosman
Uta......Consuelo Domenech
Sigurd......Antonio Paoli
Gunther......Maurice Renaud
Hagen......Juste Nivette
Director: Paul Vidal

EL LEON DE PONCE

Esta ópera se cantó ocho veces en París a teatro lleno y se trasladaron luego al Ducado de Luxemburgo donde debutaron el dia 18 de abril y se cantó allí cinco veces. La Brunilda fue cantada por la soprano Giulien Mestri que sustituyó a la Hatto. La crítica dice así:

> SIGURD - TEATRO LIRICO DE PARIS - "Esta es una ópera poco común. Se trata más bien de una especie de Pantomima, más no cómica, de la gigantesca ópera de Wagner en torno al *Anillo de los Nibelungos*. Renaud, estuvo magistral como Gunther y tuvo que repetir su aria *"E Toi, Freiia"* cantada con gran maestría. La cantante Bosman, cantó muy bien la difícil aria *Le Dieux Dans Leur Clemence*, muy musical y muy correcta. Paoli, excitante, cantó el papel titular con gran seguridad vocal y escénica, además de gran musicalidad. Fue aplaudidísimo especialmente en la gran aria de Sigurd *Esprits Gardiens* la cual se vió obligado a repetir tras los insistentes aplausos".

Cuando Paoli estuvo en Italia a principios de ese año firmó un contrato con el empresario Barretini, para cantar en Inglaterra con la Italian Opera Company. Cantarían el ciclo italiano de la temporada oficial del teatro Covent Garden de Londres. El teatro estaba comprometido para otros eventos artísticos de mayo a julio de ese año así que debutarían el 15 de agosto. El empresario del teatro era Maurice Grau quien también era empresario del Teatro Metropolitan Opera House de Nueva York. Este les concedió el teatro pagando una elevada suma de dinero por la concesión, además, el sindicato de músicos de Londres se les tiró encima y a estos tuvieron que pagar también otra fuerte suma de dinero, pues la compañía llevaba sus propios músicos desde Italia y ellos se oponían si no les pagaban al menos una cuarta parte de lo que hubiesen ganado en la temporada. Tras todos esos problemas y reveses debutan en el Convent Garden el 15 de agosto del 1900 para una única función pues la gerencia del teatro tenía planificado hacer unos trabajos en el escenario del teatro. El debut de la compañía fue así:

15 de agosto de 1900
Convent Garden
Londres, Inglaterra

THE HUGUENOTS
Music of Meyerbeer

Raoul......Paoli
Valentine......Tetrazzini
Saint Bris......D' Andrade
Urbain......Scalchi
Marguerite......Antinoras
Nevers......Beneditti
Director: Franzoni

Tras esa única función en el teatro de los flemáticos ingleses se van al His Majestic Theater en la misma ciudad de Londres, pues los trabajos de remodelación del escenario del teatro Convent Garden comenzarían el día 17 de agosto. El dinero pagado a Grau por la concesión del teatro le fue devuelto. Esa actuación única de Paoli en el escenario de ese histórico teatro no aparece en el libro de Harold Rosenthal pero obtuvimos la reseña del diario The Telegraph de Londres.

ANTONIO PAOLI

El día 20 de agosto hacen su redebut en Londres en el Teatro His Majestis Theater. Entre los artistas contratados estaba además de la gran soprano Eva Tetrazzini, el gran barítono Benedetti y el célebre bajo portugés Francisco D'Andrade, quien luego se convirtió en uno de los mejores intérpretes de la ópera *Don Giovanni* de Mozart. El debut fue así:

20 de agosto de 1900
His Majestis Theater
London, England

IL TROVATORE
Verdi

Leonora......Antinoras
De Luna......Benedetti
Manrico......Paoli
Azucena......Scalchi
Ruiz......Ravelli
Ferrando......D' Andrade
Director: Franzoni

Se presentaron cuatro funciones más con el mismo reparto. Luego se cantó *Aïda* como sigue:

22 de agosto de 1900
His Majestis Theater

AÏDA
Verdi

Aïda......Antinoras
Radamés......Paoli
Amonasro......Benedetti
Ramfis......D'Andrade
Amneris......Scalchi

De la ópera se presentaron dos funciones más y luego se cantó *Los Hugonotes*.

25 de agosto de 1900
His Majestic Theater

GLI UGONOTTI
Meyerbeer

Valentina......Tetrazzini (Luego Theodorini)
Raoul......Paoli
Saint Bris......D'Andrade
Marguerite......Antinoras
Never......Benedetti
Director : Franzoni

EL LEON DE PONCE

Esta ópera se cantó una sola vez pues el público se mostró muy apático y muy frío con la música de Meyerbeer. Los críticos ingleses no les dieron crédito. Los encontraban unos intrusos. A pesar de la buena calidad de los artistas. El éxito económico no fue muy grande. La Tetrazzini, se sentía desairada y decidió retirarse del resto de la temporada y fue sustituída por la gran soprano rumana Elena Theodorini, quien se les unió por complacer a la Tetrazzini y éstas fueron las últimas óperas que la Theodorini cantó en su vida pues luego se retiró a Milán donde se convirtió en Maestra de Canto y más tarde fue maestra de la gran Bidú Sayao. La Eva Tetrazzini, también se retiró y no cantó más en su vida pero si se puso a la tutela de su hermana Luisa, quien llegó a ser Diva de Divas.

En Londres, cuando Paoli no cantaba le agradaba caminar por la ciudad. Una tarde estuvo en una exposición de flores exóticas de El Caribe, donde vió y admiró muchas flores que le recordaban su feliz niñez en Puerto Rico. Entre ellas estaba la pavona, la orquídea, la gladiola silvestre, el canario, las gladiolas cultivadas, los claveles y otras tantas, esto le dió nostalgia y deseos de volver a ver el Lar nativo. Esa exposición se llevó a cabo en un bellísimo edificio llamado el Crystal Palace, ubicado en un elegantísimo lugar llamado Hyde Park en Londres.

Una noche en que se va a caminar solo por la ciudad, se encuentra con una bella mujer, que le miraba con insistencia. Luego de hacer amistad ella le invita que la acompañe a su casa a lo cual el accede gustoso Al llegar a un lugar muy obscuro, ella saca de su bolsillo una vela la cual enciende con un cerillo. Caminan por varias callejuelas casi en la penumbra hasta llegar frente a un vetusto y destartalado edificio. La mujer apaga la vela y le invita a entrar a lo cual él, un poco desconfiado responde...¡No! ...tu primero. Saca de su bolsillo una cuchilla sevillana que llevaba siempre consigo. Caminan hacia el interior del edificio. la mujer se para en seco y no daba un paso más. Paoli, escudriñó con la mirada el lugar y captó en la penumbra que había un hoyo abierto en el piso. Le da un empellón a la mujer tirándola de cabeza dentro del hoyo a la vez que gritaba a todo pulmón ¡Dios Sálvame!, impactando con el fuerte sonido de su voz todo el ámbito. Al instante, salió un hombre corriendo y se lanzó por una ventana y huyó. Paoli, trató de darle alcance pero no pudo pués el hombre parecía conocer bien el lugar y se ocultaba en algún sitio cómplice de las sombras. Salió de allí Paoli y después de recorrer varias callejuelas divisó la luz de un farol callejero y se dirigió a el encontrando un policía en el lugar. Le contó lo sucedido y éste le dijo que había tenido mucha suerte, pues esa era gente muy mala que usaban a la hermosa mujer como cebo para atraer a los incautos, quienes confiados, la seguían hasta un lugar llamado El Huerto del Holandés. Allí hacían caer a la víctima en un pozo donde le mataban y le robaban todo. La policía, no sabía donde estaba localizado el lugar y no habían podido atraparlos.

A la mañana siguiente Paoli, se levantó temprano y se marchó a dar gracias a Dios por haberle protegido. Entró al primer templo que encontró sin saber si estaba en una iglesia católica, anglicana o protestante; solo sabía que era el lugar apropiado para agradecer a Dios, el haber conservado su vida. Esa experiencia la recordó toda su vida y se cuidó de no seguir jamás caras bellas por más que lo invitaran. Al salir del templo se dirigió a la estación de la policía y les llevó desde el lugar donde se encontró con la mujer hasta el sitio, donde ella apagó la vela. Con esa pista la policía pudo atrapar días más tarde a los ladrones asesinos y a la bella mujer que les servía de señuelo. Todos fueron condenados a muerte pues habían asaltado y asesinado a más de viente hombres que venían a Londres a hacer negocios y sólo encontraron la muerte. Paoli fue el único sobreviviente de esos asaltantes. Tal vez fue ayudado por el buen Dios, Rey del Universo al invocar su protección en aquel momento tan peligroso.

Mientras, la temporada proseguía en Londres, algunas noches acudía al teatro un acaudalado Lord Inglés quien poseía una preciosa mansión en las afueras de la ciudad, además de una gran tienda de antiguedades. Le ofrece a Paoli, poner todas sus propiedades y títulos a su nombre pues no tenía herederos , si se quedaba a vivir con él en Inglaterra. Paoli, rehusó el extraño ofrecimiento y le comunicó que ya se había casado en Viena y que su esposa le esperaba en París y le hizo saber además que era adicto a las féminas.

La gira prosiguió por varias ciudades de Inglaterra. Cantan dos funciones de *Los Hugonotes*, *El Trovador* y *Aïda* en cada una de las siguientes ciudades y teatros, con el mismo elenco de Londres. El Theatre Royal de Glascow; el Royal Lyceum de Edimburgo; el Theatre Royal de Brighton; terminando la tourné en el teatro Lyceum de Londres donde terminó la agitada tourné.

Regresan todos a Italia excepto Paoli, quien se marcha a París, donde le esperaba Josefina para proseguir viaje a Viena, donde descansa por dos semanas. Una tarde visita con Josefina una divertida feria de gitanos húngaros que se celebraba en un parque en las afueras de la ciudad. Tenían montado un espectáculo de circo con payasos, acróbatas, malabaristas, etc. Había una carpa donde se anunciaba la lectura de la palma de la mano. Josefina, insiste en entrar a lo cual Paoli, se oponía tenazmente, pues no creía en esas tonterías. Josefina, quien tenía caracter muy dominante insistió tanto que le convenció y entraron. Se encontraron allí a una gitana muy anciana, cubierta de collares, pulseras y sortijas y vestida en alegres colores. Al entrar Paoli, la gitana, lo miró fijamente, quedando este impresionado por la penetrante y fuerte mirada de la anciana. Tal vez ésta le recordaba a la Azucena de *El Trovador*. La gitana, les mandó a sentar e inmediatamente tomó la mano de Paoli. Este sintió como una fuerte vibración que le llegó a lo más recondito de su ser. Luego la gitana le dijo "Larga vida tendrás. Tu estrella, augura fulgores de gloria. Tu hijo, que pronto nacerá trae buen hado cuando nazca. Tu, has de deslumbrar al mundo con tu arte. Cuando te halles en plena madurez, tu astro estará en el cenit. Habrás llegado al apogeo de tus triunfos, tendrás una gran fortuna pero luego tu sol declinará. Serás un extraño entre los propios tuyos y quedarás pobre y olvidado. Serás enfundado en el olvido de espaldas al porvenir y como Cyrano, mirarás al pasado y solo se consolará tu angustia en el libro de los recuerdos".

Paoli quedó impresionadísimo con aquellas palabras que nunca olvidaría y que a través de los años se cumplieron tal y como se lo pronosticó la anciana gitana y fue asi olvidado por todos y hasta por sus paisanos. Paoli, se levantó abruptamente de la silla y se marchó de allí dejando atrás a Josefina, entrando solo a la casa de los parientes de Josefina donde se hospedaban. Ella llegó rezagada y muy enojada con Antonio por haberla dejado sola entre los bulliciosos gitanos. Vino luego la reconciliación y ella le pidió que se olvidara de la gitana y que sus palabras se las llevaría el viento. No obstante desde entonces Antonio que iba adquiriendo las supersticiones tan comunes de los artístas líricos confesaba a sus compañeros de escena que siempre que cantaba *El Trovador* o *El Baile de Máscaras* surgía en su mente el rostro y la mirada fija de aquella vieja gitana. A veces algunas noches sufría pesadillas y siempre veía en ellas, que la gitana le hablaba sin cesar y le repetía contínuamentela frase "serás olvidado por todos".

De regreso a Milán, se encuentra en La Galeria con el afamado Maestro Umberto Giordano y este le invita para que se una a una temporada de ópera a celebrarse en las Islas de Córcega y Cerdeña y en la ciudad de Constantinopla. Las óperas a cantarse eran *Andrea Chenier* del mismo Giordano y *El Trovador* de Verdi. El otro tenor contratado para compartir esos papeles con el alternando funciones era el ruso Ivan Erschov en la única gira que realizó éste fuera de Rusia. Este

EL LEON DE PONCE

era un gran tenor dramático que poseía una voz bellísima y de magníficos agudos. Hizo gran amistad con Paoli, y se admiraban mutuamente. Le decía a Paoli, que su voz era ideal para el *Otello* pero Paoli le decía que aún no estaba preparado.

Se marchan a Córcega y debutan allí en la ciudad de Bastia con la ópera *Andrea Chenier*, y el siguiente elenco:

15 de noviembre de 1900
Bastia, Córcega
Teatro Municipal

ANDREA CHERNIER
Giordano

Maddalena......Giuseppina Baldassarre
Andrea......Antonio Paoli - (luego Ivan Erschov)
Gerard......Domenico Viglione
Incredibile......Manfredi Polverosi
Bersi......Luisa Micucci
Madelon......Amalia Paoli
Director: Giuseppe Armani.

Esta ópera se cantó dos veces en Bástia y dos veces en Ajaccio. La crítica dice así:

ANDREA CHENIER EN CORCEGA Y CERDEÑA - "Esa ópera muy apreciada de nuestro público por el intenso drama verídico-histórico que envuelve su trama y que representa la obra magistral del gran compositor Humberto Giordano, quien estuvo presente la primera noche de la ejecución de dicha obra y fue objeto de innumerables muestras de admiración y muy homenajeado junto a los intérpretes, por el culto público que acudió en masa a admirar y aplaudir tan bella obra. Las escenas fueron montadas con muy buen gusto, muy bien adaptadas a la época de la revolución francesa. Los artistas quienes fueron todos escogidos por el mismo compositor fueron recibidos con gran agrado y entusiasmo del público.

La dirección orquestal estuvo a cago del Maestro Armani, hoy por hoy considerado como uno de los mejores directores de orquesta de toda Europa. No hay palabras para elogiar su brillante participación, logrando llevar a la perfección a la orquesta en su ejecución.

La Sra. Baldasarre, quien goza aquí de gran admiración y simpatía por el magnífico historial de triunfos que trae en su carrera; personificó una Maddalena de Coigni, como pocas hemos visto antes. Realizó una gran labor musical y escénica mostrando sus magníficas dotes vocales, logrando efetos maravillosos que el público supo apreciar con sus atronadores aplausos especialmente en su aria *La Mamma Morta*.

El gran barítono Domenico Viglione, estuvo espléndido en su papel de Gerard. Posee este una voz poderosa de marcadas inflecciones dramáticas, musical y segura. Fue muy festejado toda la noche pero especialmente en el tercer acto cuando logró poner de pie al público al terminar su aria *Nemico Della Patria* logrando una extrordinaria ovación que se prolongó unos cuantos minutos, haciendole repetir el aria, la cual volvió a cantar con el mismo ímpetu vocal. Un éxito extraordinario fue logrado por el joven tenor Antonio Paoli. En su debut, siendo este el único Chenier con barba que hemos visto. Este le había prometido a Giordano afeitarse la espesa barba; en lugar de eso usó harina y esparadrapo para ocultársela. La barba comenzó a salir en girones a cada frase de su maravillosa ejecución de *Improviso*, cantando

ANTONIO PAOLI

con gran brio, dio muestras el Paoli, de poseer una voz clara y compacta en todos sus registros, emitiendo unos agudos, sonoros, fuertes y seguros como nunca antes habíamos escuchado por estos lares. Supo arrancar el Paoli grandes aplausos y ovaciones del público que muy entusiasmado le aplaudía.

El Maestro Giordano, quien al principio le dijo algunos improperios a causa de la susodicha barba, se puso de pie para aplaudirle logrando aumentar aún más la admiración del público que le aclamaba delirantemente. Se vió obligado a bisar el aria con el mismo brío y entusiasmo; al terminar el primer acto tuvo que salir doce veces a la ribalta para agradecer los aplausos del público.En el segundo acto mostraba ya su barba por completo, estuvo magistral en todo el sentido de la palabra sabiendo dar un sentido real al histórico personaje que representaba.

En la segunda función, Paoli fue sustituido por el tenor ruso Ivan Erschov con el cual alternaba su papel y quien estuvo a la altura de la gran fama que le precedía, siendo esta suprimer tourné fuera de su patria. Cantó el Erschov con gran brio y desenvoltura, posee una bellisima voz dramática de potentes agudos y su pronunciación del italiano fue perfecta. Posee además una personalidad muy agradable y le aseguramos un gran suceso en su gira por el resto de Europa.

L'incredibile fue cantado por el gran tenor lírico Manfredi Polverosi, este posee una voz muy musical y un bello timbre de verdadero tenor lírico. *La Madelon*, fue cantada por la notable mezzo Amalia Paoli, quien es oriunda de Córcega, a quien no habíamos escuchado antes. Posee una magnífica voz de Mezzo con gran volúmen y peso. Muy bien en su personaje.Los coros muy buenos y bien acoplados a pesar de los pocos ensayos.

Ese éxito se repitió en las diez funciones de esa bella obra magistral hicieron estos nobles artistas en estas Islas Mediterraneas que saben admirar con entusiasmo el verdadero arte lírico". Firma: Derville. Diario L' Enfaint 28 de noviembre del 1900.

Se cantó la misma ópera tres veces en la ciudad de Ajaccio en Córcega con el mismo reparto y luego cinco veces en Cerdeña enla ciudad de Cagliari. Allí se cantó además *El Trovador* como sigue:

30 de noviembre de 1900
Caglieri, Sardinia
Politeama Margherita

IL TROVATORE
Verdi

Leonora……….Luisa Micucci
De Luna……..Domenico Viglione
Manrico……Antonio Paoli
Ruiz……Manfredi Polverosi
Azucena……Amalia Paoli
Ferrando……Luigi Pace
Director: Armani

Esta ópera se cantó cuatro veces. El telegrama dice así:

TROVATORE A SARDINIA "Extraordinario Paoli, repitió serenata y terceto primer acto. Bisó *Ah, Si Ben Mío* y trisó la *Pira* (Stretta), público delirante. Dúo con Azucena único, Paoli, cantante y actor excitante". Firma: Figaro-dic. 3, 1900. Cagliari.

De Córcega la compañía pasó a Constantinopla, cuna del legendario poeta Chenier, quien había nacido allí en 1762. El reparto fue así:

15 de diciembre de 1900
Teatro Municipal
Constantinopla, Turquía

ANDREA CHENIER
Giordano

Maddalena......Virginia Ferni
Andrea......Antonio Paoli
Gerard......Francesco Bonini
L' Incredibile......Manfredi Polverosi
Bersi......Luisa Micucci
Madelon......Amalia Paoli
Director : Armani

Esta ópera se cantó allí cinco veces. El Teatro Municipal de Constantinopla, estaba enclavado en un hermoso predio de terreno localizado en medio de los preciosos jardínes de Tepebasi, un lugar muy apreciado por los turcos en medio de la intricada capital turca. El telegrama enviado desde allí dice así:

"CHENIER, REVIVIDO en todo su esplendor. Opera de difícil ejecución cantada magistralmente. Tenor Paoli logró éxito rotundo". Firma: Elkass, Constantinopla, 16 de diciembre de 1900.

De regreso a Milán, siente nostalgia por ver el lar nativo y hacer un viaje de luna de miel por América. Este resultó ser también una gira artística. Visitarían Cuba, Haití, Santo Domingo, Puerto Rico, Venezuela, Costa Rica y México.

Parten en tren para Génova. Después de descansar allí por dos días salen en vapor rumbo a Barcelona. Visitan allí varios amigos pues tenían que esperar la salida del vapor que les llevaría rumbo a América. Llegan a La Habana, Cuba el día 25 de febrero de 1901: Paoli, se presenta allí en tres recitales con gran éxito los días 28 de febrero; 1ero. y 3 de marzo en el Teatro Tacón. El Teatro estuvo completamente lleno y fue aplaudidísimo. El casino español y sus miembros le rinden un homenaje en un exclusivo club campestre y restaurante, que había en las afueras de La Habana llamado Las Chorreras. Había allí una hermosa caída de agua, localizada en la parte trasera del hermoso predio rodeada de floridos y aromáticos jardines. Fue además muy festejado en varias casas particulares por las muchas amistades que había cultivado allí cuando era militar, pero muy en especial, por la familia de Varona quien era gente muy acaudalada de la Provincia de Camagüey. Estos le habian cuidado con gran esmero y cariño años antes cuando fue herido en el mentón en la guerra de la Manigua. Pasa varios días con ellos en Camagüey y luego se marchan para Haití.

En Haití presenta un recital el 18 de marzo en el Teatro Municipal de Port Au Prince, cantando arias de óperas francesas siendo muy aplaudido. De allí sale rumbo a República Dominicana y canta en dos recitales los días 28 de marzo y 2 de abril en el Teatro Nacional de la ciudad de Santo Domingo. El éxito fue extraordinario.

El 6 de abril llegan a San Juan de Puerto Rico y pasan allí unos días en casa de su hermano Domingo en el sector de Miramar en Santurce que apenas comenzaba a poblarse. Se marcha luego a su amada ciudad de Ponce, a la casa paterna de la Calle Mayor, habitada entonces por su hermana Olivia y sus hijos. Esta había enviudado en diciembre de 1891, pues Mario Braschi, falleció allí mismo después de su fructífera vida dedicada al periodismo. Al momento de morir se encontraba allí otro gran escritor puertorriqueño llamado Don Luis Muñoz Rivera. Vivía pues allí Olivia, llena de recuerdos y sueños de un porvenir halagador para sus hijos.

Al llegar Paoli a Ponce con Josefina, saludó a Olivia y sus sobrinos y luego se marchó a recorrer a pie toda la ciudad recordando otros tiempos, otras épocas. Notó que la ciudad crecía y cambiaba del todo. Nuevas casas, nuevas calles, nueva gente, muchas caras desconocidas y entre ellas una que otra conocida. Pasa un dia entero en el Monte del Vigía, meditando y admirando la belleza del lugar y el plácido Mar Caribe que pronto habría de cruzar. Va a visitar con su gran amigo Fernando Luchetti la casa donde pasó su niñez en la Hacienda La Fe donde lloró, al encontrarla semidestruida; estaba sucia, cubierta de enredaderas. Los cuarteles de los esclavos y los pesebres y las cocheras todos destartalados. Esto le causó gran dolor pues conservaba fresco aún en su memoria, el recuerdo de su padre luchador y emprendedor, trabajando siempre para conservar su hacienda. Sale de allí desesperanzado. Visita luego la tumba de sus progenitores y les manda a hacer una misa en la Iglesia de la Guadalupe. Lalá, la negrita que le crió y a quien tanto quería, había muerto días antes de su llegada.

Recibe luego una invitación de la familia Berlingieri, sus amigos de Coamo en los tiempos de infancia y pasa unos días con ellos . Allí descansa bastante, corre a caballo por los hermosos llanos de Coamo y se baña frecuentemente en las caloríficas y saludables aguas sulfúricas de los baños que allí había. Mientras, en Ponce se le está haciendo una mala propaganda. Pués el hombre aquel que mucho antes despojó a Don Domingo de sus bienes, se enteró de que Antonio había regresado y creyó que venía a reclamar algo suyo y lo calumniaba diciendo por toda la ciudad que se hacía pasar por español y que negaba que era puertorriqueño. Paoli, usaba el pasaporte español, pues esta era la única ciudadanía que tenía. Puerto Rico, había cambiado de soberanía en 1899 y Paoli que en eso estaba en el exterior continuó ostentando la ciudadanía española. Este necesitaba un pasaporte para presentarlo en los países que visitaba y que mejor que el pasaporte y la ciudadanía del país que le había acogido y le había concedido las becas para sus estudios. Era ciudadano español por derecho y no habría de renunciar jamás a su ciudadanía. Este asunto le hizo mucho daño entonces y por el resto de su vida y aún hoy le hace daño a su memoria.

A pesar de estos obstáculos pudo más su vocación artística y celebró en Ponce una serie de conciertos en el Teatro La Perla los días 28-30 y 31 de mayo y el 2 y 21 de junio a teatro lleno para cada concierto. Un palco costaba cuatro pesos y la luneta un peso; cifras extraordinarias para esa época si contamos que para el año 1940 cuatro pesos era el salario semanal de un campesino. Cantó tambien en la Iglesia de La Guadalupe, donde había sido bautizado treinta años atrás. Esto fue para clausurar el mes de la virgen el día 31 de Mayo. Cantó el *Ave María*, de Gounod, el *Panis Angelicus*, de Cesar Franck y el *Ave Verum* de Goycoechea. He aquí como la revista El Ideal Católico describe ese gran acto en su edición de junio de 1901:

EL TENOR SR. PAOLI EN LA IGLESIA DE PONCE - "Para terminar el mes de mayo el día 31, se invitó al tenor Sr. Antonio Paoli, tenor de primera clase e hijo de esta población. Accedió gustosísimo a nuestra humilde oferta y anoche era tal la concurrencia de gente que no cabía un alma en la iglesia En las puertas centrales y laterales llegaba la aglomeración hasta el jardín, paseo de las delicias y calle principal. Durante la petición tuvimos el gusto de oir la voz dulce, sonora y potente del Sr. Paoli, en la preciosa *Ave María*, de Gounod. Fue tanta su amabilidad, que la repitió después del sermón, con más dulzura, con más sonoridad y más brillantez todavía que antes del mismo. El ayudó notablemente en *La Salve* cantándola con orquesta y órgano por las afinadas voces de las Srtas Mercedes Subirá, Anita Monsanto, Emma Preston, Sra. Lizzie Graham y otras, y lo que es más todavía el Sr. Paoli contestó el *Bendicamus Domino* de una manera tan brillante, que fue broche de oro con que cerró la solemne fiesta, que en honor a María celebramos hoy en Ponce.

En nombre de la Asociación de Hijas de María damos las sinceras y afectuosas gracias al Sr. Paoli, por la parte principalísima que ayer tuvo en el coro de la iglesia de Ponce. Así como a su bondadosa Sra. que llevó dos preciosos bouquets de flores para el altar de María Inmaculada. Y al mismo tiempo el Ideal Católico felicita a la Srta. Presidente de Hijas de María, Julia Passarell y a sus dignas cooperadoras porque anoche nos presentaron el Altar Mayor, cuajado materialmente de flores naturales, acompañadas de candelabros y candeleros y adornado como ellas saben hacerlo". (Pág. No. 480, Colección Passarell).

El domingo siguiente cantó en la Misa Mayor el *Panis Angelicus* y el *Ave Verum*. En el concierto del 30 de mayo en el Teatro La Perla, cantó *Oh Paradiso* de *La Africana* con acompañamiento de orquesta; el *Raconto* de *Los Hugonotes* con Arturo Passarell al piano; *Pensee D'Autonomere* y *La Siciliana*, con Passarell al piano; *Vesti la Giubbva*" con orquesta de *Los Payasos*. El 2 de junio cantó *Noel Paien* y *El Brindis de Cavallería* con Passarell; *Esultate* de *Otello* con la orquesta y *Sigurd* con piano. En el del 21 cantó *Celeste Aïda, Spirto Gentil, Siciliana* y *Ridi Pagliaccio*. Estos recitales se repitieron luego los días 5, 8 y 10 de julio en el Teatro Municipal de San Juan. Los días 12 y 15 de julio en el Teatro Oliver de Arecibo, patrocinado por "La Hija del Caribe" quien le acompañó al piano y luego el 20 de julio en Mayagüez en el Teatro Municipal. He aquí como describe ese recital el escritor y crítico Don Pedro Manzano Aviño en el periódico El Día, 1936:

NUESTRO TENOR DON ANTONIO PAOLI - "Nuestro eminente compatriota había querido antes de continuar la ruta emprendida por el nuevo y viejo continente, visitar su isla y hacerla partícipe de las primicias ya entonces gloriosas, de su exquisito arte. Y se anunciaron dos conciertos en nuestro desaparecido Teatro Municipal. Esto produjo inmenso júbilo en todos, y fue grande e inmensa la expectación por oir al cantante puertorriqueño, ya saludado como una estrella del arte lírico.

Toda la sociedad mayagüezana se preparó para rendir tributo de admiración y simpatías al meritísimo compatriota que nos visitaba, precisamente, cuando comenzaba a subir la cumbre de los resonantes éxitos, que más luego, un día y otro, fueron alfombrando de flores el camino recorrido por el creador del *Otello*, Giuseppe Verdi. Por todas partes de la ciudad no se oía hablar de otra cosa sino del magno acontecimiento artístico que nos tocaba tan de cerca, ya que se trataba de uno de los nuestros, acontecimiento que aún después de 35 años transcurridos, Mayagüez lo recuerda como algo inefablemente espiritual.

Y llegó la noche tan ansiada del primer concierto. Nuestra avenida "Mendez Vigo" era y es una de las más concurridas y entonces más que hoy de un caserío espléndido y suntuoso. Pero aquella noche de un cielo sereno y luminosos, el aspecto que dicha calle era sorprendente y de inusitada animación. Los vehículos en gran número después de dejar a las familias que conducían a la entrada del teatro, iban a tomar su turno correpondiente en la interminable fila que fue formándose en el lado opuesto de la amplia avenida. Porque no solamente habían acudido a gozar de las notas metálicas y sonoras de aquella garganta privilegiada, todas nuestras clases sociales mayagüezanas, sino también familias enteras en crecido número, de las poblaciones circunvecinas.

Eran ya dadas las nueve de aquella noche memorable cuando se alzó el telón después de una brillante ejecución orquestal a cargo de una veintena de profesores de la ciudad los cuales se mostraron entusiastas a cooperar al mayor lucimiento del magno festival de arte; no se ha borrado jamás de nuestra memoria y sin duda de ningún mayaguezano que allí estuviera presente, el momento en que el ilustre compatriota apareció en escena vistiendo el traje de Canio del *Pagliacci*, de Ruggiero Leoncavallo. Enseguida, resuenan enla sala del municipal las vibrantes notas de *Vesti la Giubba*. El ya glorioso Paoli puso en su canto el alma dolorida del pobre *Clown* cuyo fraseo y recitado dijo como un maestro y cuyas notas salieron de su garganta poderosa, como si hubiese estado allí cubriendo todo el escenario con su colosal figura, el gran Tamagno.

A este número brillante del regio programa, siguieron otros y otros y tras ellos, sucediéndose, las ovaciones glamorosas de un público llevado al paroxismo. Recordamos este detalle, ocupábamos una butaca. Junto a nosotros, sentábase en otra una agraciada joven compueblana que lloraba al mismo tiempo que reía, en una de las repetidas veces en que la ovación llegaba al delirio. Interrogada por nosotros, solo pudo manifestarnos, brillantes los ojos y llenos de lágrimas: ¡Que hermoso, que bello es esto!

Próxima ya la media noche salíamos del teatro saboreando el deleite espiritual de aquellas horas incomparables, siendo aún mayor nuestra satisfacción al recordar que ellas nos la había proporcionado un compatriota, un puertorriqueño que, de modo tan evidente, empezaba a ofrecer a su país el laurel de aquellas primeras victorias".

Paoli cantó además en la antigua e histórica Catedral de San Juan el día 24 de junio, fecha en que conmemora la festividad del patrón de la capital. A mediados de julio, cantó en la Iglesia de San José en el antiguo San Juan, en acción de gracias al buen Dios por haberle dado el inmenso don de la voz y la vida. Don Arístides Chavier, conocido músico y crítico puertorriqueño de la época lo juzgó como: "Tenor dramático de alto relieve, gloria del arte lírico universal".

Se marcha a Venezuela, pasa allí varios días y visita Isla Margarita, lugar donde había nacido su madre. De regreso a Caracas, presenta tres recitales en el Teatro Nacional los días 20, 22 y 24 de agosto, donde fue muy aplaudido. Marcha luego a Bogotá, Colombia, donde dio dos recitales en el Teatro Colón los días 28 y 30 de agosto. Compra allí dos maletas de cuero que usó toda su vida y toma un barco en Cartagena hacia Costa Rica. En este último país, canta en el Teatro Nacional de San José, dos recitales con gran éxito.

Luego va a México y llega a Vera Cruz a visitar a la familia de un compañero de estudios en España de apellido Maldonado. Descansa allí del ajetreo del viaje y descubre que la prima de José Maldonado, tenía una preciosa voz de soprano de coloratura y aconseja a sus padres que la envien a estudiar a Italia. El nombre de esa joven era Lucia Maldonado y además de su voz poseía una agraciadísima figura. Era muy bella, y simpática. De Vera Cruz, se fue Paoli a Guanajuato, donde se presenta en un recital a teatro lleno y canta veinticinco arias de óperas. De allí fue a Guadalajara donde presenta dos recitales con gran éxito. Va luego a la ciudad de México invitado por un admirador suyo. Paoli estuvo en la Capital Azteca en la segunda parte del año 1901. Era la época llamada del Porfirismo por el largo y benéfico gobierno de Don Porfirio Díaz 1876-1882 y 1886 al 1910. El secretario de Hacienda de entonces, Don Luis Ives Limentour, lo recibió en su casa y ahí cantó acompañado al piano por la preciosa señorita Paz Labastide y Madanaga las siguientes arias: *La Donna e Mobile, O Paradiso, Canción Napolitana, Dio Mi Poteyi, Canción Mexicana.* Intermedio.

Es interesante saber que en ese intermedio llegó el Sr. Presidente Díaz, quién permaneció en la segunda parte del recital muy contento y aplaudió mucho a Paoli. La parte final estuvo así: *Come un Bel Di, Sueño del Profeta, Siciliana de Roberto el Diablo, Canción Mexicana* y para terminar *Di Quella Pira*, con el Do alto de pecho. Este recital fue repetido con gran éxito en el Teatro Arbeu en la cuidad de México. Cantó también en Vera Cruz y en la cuidad de San Luis Potosi antes de volver a salir del país. Estos datos fueron obtenidos por el jurisconsulto, escritor y abogado mexicano Lcdo. José de Jesús Ledesma, en carta fechada el día 2 de octubre de 1988. Una nota de interés es que la preciosa pianista mexicana que acompañó a Paoli en su gira, era miembro de una acaudalada familia mexicana y al poco tiempo de estos recitales se marchó a España donde se retiró a la vida religiosa de monja de clausura en un Convento de Málaga.

Tras ese recorrido por la acogedora y hermosa tierra mexicana regresa a Vera Cruz y parte para la Habana. Presentó allí dos recitales más en el Teatro Tacón los días 20 y 21 de octubre dejando escuchar al entusiasmado público su potente voz cantando canciones, criollas, mexicanas y españolas. A fines de octubre se marcha a España; desembarca en Cádiz y de allí se marcha a Córdova donde presenta un recital el día 25 de noviembre en El Gran Teatro. Pasa luego a Málaga y presenta otro recital el día 29 de noviembre en el Teatro Cervantes. Se marcha luego a Pamplona vía Madrid donde visita varios amigos y luego al hermoso y apacible Valle el Roncal en Navarra a visitar a la tumba monumental de su ídolo Julián Gayarre, recién inaugurada en esos días. de la hechura del escultor Benlliure.

Después de varios días de reposo y descanso respirando el aire puro de los pirineos se marcha a Madrid. Presenta allí un recital privado en el Palacio Real para la familia Real. El niño Rey quien ya contaba con quince años, se le queda mirando y lo reconoce, vino a su mente aquel lejano episodio de sus custodio suplidor de helados e hizo que la Reina le invitase a cenar para compartir con el algunos momentos y le contase como estaba América la cual había visitado en esos días. Paoli, agradeció mucho ese gran honor dispensado y aceptó gustoso pasando una deliciosa tarde acompañando a la Familia Real y compartiendo con ella sus aventuras por tierras americanas. A los pocos días sale para Barcelona rumbo a Italia. Llega a Génova y enseguida toma el tren para Milán. Se encuentra que su secretario Pocholo González, a quien había contratado en Puerto Rico, ya había llegado y le esperaba en la estación del tren junto a su hermano Manuel, quien hasta entonces había sido su secretario y manager. Pocholo había viajado de San Juan a Barcelona y se le adelantó en su llegada por dos semanas.

Mientras Antonio se acomodaba en Milán, su amigo Anatole France escribe una carta desde París al empresario del Teatro Alla Scala, Giulio Gatti-Gazzaza, la cual lee en parte así:

> "Sabe usted que asisto al teatro a diario, he escuchado voces gloriosas, grandes y espectáculares a través de tantos años, no sólo aquí en París, sino en toda Francia y fuera de ella. Pero honestamente le digo, refiriéndose directamente a la voz del tenor Paoli, no hay nadie que se le asemeje. Podría jurarle que canta hasta mejor que Tamagno, pues éste tiene un enorme volumen de voz con apoyo nasal, pero el Paoli, tiene un volumen semejante con apoyo

ANTONIO PAOLI

diafragmal y natural, lo que hace una gran diferencia . Posee una técnica de canto antigua muy distante de la técnica canora francesa. Es secreto profesional según entiendo, pero sé que su hermana es la que lo ha preparado para cantar en esa forma. Escúchele ahí en Milán y verá que tomará una decisión acertada contratándolo. Espero haber cumplido con la presente a su requisición sobre nobeles cantantes en Francia." Suyo afectísimo, Anatole France. París 20 de nov.-1901. (Colección privada Ugarte en Irún, España)

Esta misiva le despertó la curiosidad al empresario y comenzó a indagar sobre el tal Paoli. Manuel, se había enterado por un amigo, de una hermosa villa que estaba a la venta en el Lago Lugano, en Porto Ceresio y allá se encamina Paoli, con su séquito; al verla se enamora de ella al instante y la compra, estableciéndose en ella con Josefina y sus ayudantes. Era esa villa una preciosa propiedad enclavada en la falda de los Apeninos, en la frontera entre Suiza e Italia. Estaba rodeada de bellos y espaciosos jardines y con una amplia entrada de frente a las frescas aguas del Lago Lugano. Poseía pués Antonio ya para esa época tres propiedades incluyendo ésta, las otras estaban localizadas en Milán un lujoso apartamento y un piso en Madrid. Su fama se va extendiendo y su capital aumenta. Comienza a estudiar concienzudamente con su hermana Amalita, ella se había trasladado a Porto Ceresio, pues allí con el aire puro y el silencio de lugar podía hacer los vocalizos sin molestar a nadie. Además comenzó a estudiar nuevos papeles de tenor spinto-dramático, pues su voz había adquirido más peso y fuerza.

El 15 de febrero canta en Niza, la ópera *El Trovador* con la legendaria Diva Luisa Tetrazzini. Permaneciendo allí hasta fines de marzo. El reparto fue así:

15 de febrero de 1902
Teatro Municipal
Niza, Francia

IL TROVATORE
Verdi

Leonora......Luisa Tetrazzini
Manrico......Antonio Paoli
De Luna......Francesco Bonini
Ferrando......Blanca Scalchi
Director: Villa

Esta ópera se cantó diez veces allí y diez veces en Viareggio, Italia con el mismo reparto. El telegrama dice:

"TROVATORE - NIZA - Paoli-Triunfo-Completo-Manrico- Incomparable-Unico". Firma: Lungardi.

Tras el éxito obtenido regresa a Porto Ceresio donde reanuda sus clases con Amalita, quien le ha ido enseñando varios secretos profesionales del gran tenor Gayarre. De vez en cuando a Paoli le gustaba ir a tomar baños en las aguas termales y sulfúricas de Badén, Suiza ; y lo hacía acompañado de Amalita y Josefina. Trataban de ir allí siempre que podían pues la distancia de Porto Ceresio a Badén era relativamente corta.

EL LEON DE PONCE

En abril se marcha a cantar ocho funciones de *El Trovador* a Bologna, con el siguiente reparto:

8 de abril de 1902
Teatro Duse
Bologna, Italia

IL TROVATORE
Verdi

Manrico......Paoli, Antonio
Leonora......Karola, Amelia
Azucena......Maricomini, Emma
De Luna......Dinh, C.
Ferrando......Gresse, A.
Directora: Vidal

Se hicieron allí ocho funciones con el mismo reparto. En mayo se marcha a Roma donde canta *El Trovador* con otro reparto:

10 de mayo de 1902
Teatro Argentina
Roma, Italia

IL TROVATORE
Verdi

Manrico......Paoli
Leonora......Carreras
De Luna......Giraldoni
Azucena......Manfredi
Director: Pietri

Se cantaron allí ocho funciones en total. Se marcha luego a descansar a Porto Ceresio donde permaneció durante todo el mes de junio y a fines de ese mes se fue a su apartamento en Milán. Una tarde del mes de julio, cuando se encontraba en su apartamento de Milán, recibió la visita del Maestro Mascagni, quien le comunicó, que pensaba formar una compañía de ópera, para recorrer los Estados Unidos de América. Paoli, se entusiasmó mucho con el proyecto y aceptó la invitación del maestro para cantar en ella como primer tenor. Días más tarde el día 21 de julio nace en Milán su hijo a quien pone por nombre Arnaldo Antonio Paoli Vetiska. Antonio por él y Arnaldo por ser el papel de su gran éxito en París. El 28 de julio firma contrato con Mascagni, para la aventura americana en las oficinas del Empresario Smith Agency en Milán, quien representaba a Mascagni y su compañía con los Empresarios Americanos Mittenthal y Kronberg, quienes a su vez los representarían en los Estados Unidos. Se hicieron a la vez reservaciones para salir en el Barco de Vapor Nordamérica de Génova el día 19 de septiembre.

El día 18 de agosto recibe en Porto Ceresio una carta de Giulio Gatti-Gazzaza quien le escribía invitándole a unirse a la Temporada de Invierno del Teatro Alla Scala pues Toscanini lo interesaba para cantar *Luisa Miller* de Verdi. Gatti-Gazzaza, le escribe a Toscanini una carta fechada en Milán el 24 de agosto en la cual le dice:

79

ANTONIO PAOLI

"El tenor Paoli se va a América con Mascagni a cantar el *Ratcliff*, esa es la razón por la cual no pudo aceptar cuando lo mandé a buscar para decírcelo, al segundo recibí un telegrama que estaba ya contratado. Debe partir el día quince de septiembre, regresará a fines de noviembre".

Gatti-Gazzaza, le contrató entonces para cantar *Un Ballo in Maschera,* de Verdi, durante la temporada cuaresmal de 1903, que comprendía del 1° de marzo al 5 de abril. Este contrato era extensivo para la temporada invernal de 1903 que comenzaba en diciembre. El director sería el Maestro Arturo Toscanini, quien ya había dirigido a Paoli en los conciertos dedicados al gran Maestro Verdi. Mientras, se hacían los preparativos para el soñado viaje a los Estados Unidos. Los Diarios de Italia publicaban a grandes titulares sobre el gran acontecimiento: "MASCAGNI A LA CONQUISTA DEL OESTE" y otros por el estilo. La compañía quedó formada en el siguiente orden:

MASCAGNI OPERA COMPANY
Repertorio
Cavalleria Rusticana - Gugliemo Ratcliff - Iris - Zanetto
Soprano
Elena Bianchini Capelli, Maria Farnetti, Amelia Pinto
Mezzos
Eugenia Mantelli, Fede Passini
Tenores
Antonio Paoli, Piero Schiavazzi, Carlo Cafetto
Barítonos
V. Bellatti, F. Campagna
Bajos
Francesco navarrini
Direttori D' Orquestra
P. Mascagni, A. Yacchia, Buzzi-Pescia
Ciudades a visitar
New York, Brooklyn, Philadelphia, Boston y Chicago.
Empresarios
Smith Agency of Milán
Mittenthal & Kronberg

New York, U.S.A.

Los periódicos de Italia comentaron así la salida de Paoli para los Estados Unidos:

IL TENORE ANTONIO PAOLI. - "El Paoli, tomará parte importante en la Compañía de Canto, dirigida por el Maestro Pietro Mascagni, en su importante gira por los Estados Unidos. El tenor Paoli es un tenor dramático de espléndidos medios vocales y tiene un contrato con condiciones verdaderamente excepcionales. Ha sido contratado por cinco semanas y cantará solamente las óperas *Guillermo Ratcliff* y *Cavalleria Rusticana* ". (Revista Rassegna Melodramática, 30 de sept. de 1902).

La compañía llegó a Nueva York el 1° de octubre y debutó en el Metrolitan Opera el día 5 de octubre con *Cavalleria Rusticana* y *Zanetto*. La obra programada para el tan sonado debut de la Compañía era *Guillermo Ratcliff*, pero los baúles donde venían los vestuarios y la tramoya para ésta obra no llegaron, causando un gran revés a la temporada. Luego se supo que todo eso había sido robado en el muelle en Nueva York. Todo fue una trampa sucia que le jugaron a Mascagni los músicos americanos; pues la unión no quería que la temporada fuese tocada por músicos italianos, si estos no pagaban una fuerte suma de dinero al Sindicato de músicos de la ciudad. Otra cosa que afectó mucho el ánimo de los americanos fueron las declaraciones que hizo Mascagni a la prensa en Milán antes de salir en que dijo: "Llevo el arte lírico a los salvajes americanos para que se vistan con ropa y se quiten los taparabos". Esto ofendió mucho en su orgullo a los norteamericanos.

Todos estos contratiempos comenzaron a minar el ánimo de los artistas y del afamado maestro. Los empresarios americanos solo se preocupaban por vender boletos y llenar el teatro pero le dieron la espalda a Mascagni y a los artistas, quienes al igual que los músicos estaban muy incómodos con esa situación. Consideraban que aquello era una falta de respeto de parte de los músicos americanos y empresarios, quienes cobraban el importe de los boletos y le abonaban una cantidad mínima al maestro para este pagar algo, a los artistas de la compañía que estaba compuesta por ciento sesenta personas. Los gastos pues eran altísimos y lo que abonaban los empresarios no alanzaba para todos. Se comentaba entre ellos sobre la gran propaganda que les habían hecho en Italia y sin embargo todo resultó distinto en la soñada América. Se repitiría pues la misma historia de cuando ese país fue visitado por el tenor español Manuel García y sus hijas María Malibrán y Pauline Viardot y fueron muy maltratados y humillados por aquel entonces considerado ignorante pueblo norteamericano. Paoli, cantó en varios recitales junto a los otros artistas de la compañía en el Metropolitan Opera House de Nueva York sin levantar gran revuelo. Para esos recitales el teatro estaba siempre lleno pues los emigrantes italianos estaban felices de tener a Mascagni en los Estados Unidos. Los problemas habidos y por haber siguieron adelante pero aún así se anunció la ópera *Iris*, pero ésta no progresaba en los ensayos los que se llevaban a cabo en la Academia de Música de Brooklyn, a veces hasta altas horas de la madrugada pero el maestro no se decidía a presentarla. Por fín, en medio de ese barullo, hizo su debut Paoli como se detalla a continuación:

11 de Octubre de 1902
Mascagni Opera Company
Metropolitan Opera House of New York

CAVALLERIA RUSTICANA
Música de Mascagni

Turridu......Antonio Paoli
Santuzza......Elena Bianchini-Capelli
Alfio......Virgilio Bellatti
Lola......Fede Pasini
Director: P. Mascagni
Coro y orquesta Mascagni Opera Co.

Ese debut fue muy sonado tanto por el público presente en el teatro como por la prensa americana e italiana. En el periódico New York Herald del domingo 12 de octubre de 1902 publicó lo siguiente:

LA TERCERA REPRESENTACION DE "CAVALLERIA" Y "ZANETTO" AYER EN LA TARDE AUMENTARON EL ENTUSIASMO - *Cavalleria Rusticana* y *Zanetto* se presentaron por tercera vez en el Metropolitan ayer en la tarde. La audiencia fue aún menor que la noche del jueves, pero en carácter general susceptibilidad del abundante entusiasmo que permanece lo mismo y ha acompañado al Señor Mascagni, desde su debut. La orquesta correspondió ayer técnicamente en forma admirable y en *La Cavallería* la señora Bianchini-Capelli logró con su trabajo un nivel de gran realidad dramática. El Sr. Schiavazzi fue reemplazado en el papel de Turridu por el señor Antonio Paoli, escuchado aquí por primera vez. La voz del señor Paoli es brillante en color y hermosamente flexible, pero en su uso acostumbra a exagerar el matíz de su voz con exposiciones intencionadas. Sin embargo sabe llegar al público, especialmente en su escena con Santuzza. Pero más parece sobresalir por su convincente forma de actuar que por sus facultades vocales".

El American Art Journal del 14 de octubre de 1902 dice así:

CAVALLERIA RUSTICANA - METROPOLITAN OPERA HOUSE DE NUEVA YORK. - "Con la Compañía de Opera Mascagni, se ha registrado en ese teatro un éxito completo para el artista que cantó la parte de *Turridu*, el señor Antonio Paoli. Para aquellos que tuvieron la inmensa fortuna de estar presentes oyeron una voz de tenor de rara belleza, de gran potencia y de buena impostación. Es un agradable deber para este diario el registrar el éxito tan grande de este artista. El Paoli, es notable en París donde cantó con gran éxito en la Gran Opera. Desde su llegada a esta ciudad y a pesar de haber cantado ya en cinco o seis conciertos en el Metropolitan Opera House, no había tenido la ocasión de dar a conocer la potencia, la pureza, la flexibilidad de su voz, la cual responde admirablemente a su voluntad. El pasado sábado fue una verdadera revelación para el auditorio.

La interpretación de la *Siciliana* (*O Lola*) y el *Brindis* sublevó al público que parecía un huracán de aplausos llevándose por el entusiasmo. El tenor Paoli, fue un héroe en aquel momento y fue justísimo el homenaje del público. Es muy deleitable escuchar un tenor cuya voz suena melodiosa y que penetra en lo más recóndito del alma. Todo el público estaba entusiasmado y con razón; el cantante era amo y dueño absoluto de su voz, con la cual comunica toda clase de emociones. El mismo Mascagni, estaba impresionado y expresó al Sr. Paoli su entusiasmo. De la garganta del cantante salía una cascada de límpidas, vibrantes y bellas notas sin muestra del más minimo esfuerzo. El verdadero puesto de este "superbo" tenor es en la Compañía de Maurice Grau, el director del Metropolitan Opera House".

En Italia la prensa, hace eco de ese triunfo y es así como la (Revista Rassegna Melodrammática) del 24 de noviembre describe ese debut:

IL SUCCESO DEL TENORE PAOLI - "El éxito de este tenor en la *Cavallería Rusticana* en el Metroplitan Opera House de New York, Brooklyn y en Filadelfia, fue triunfal según dicen las noticias en los periódicos. Contactamos que hizo un Turridu completo en voz y acción. En la *Siciliana*, en el *Dúo con Santuzza* y en *El Brindis*, arrancó aplausos unánimes y prolongados. Especialmente *El Brindis* que asume en su voz una grandiosidad notabílisima. En el *Addio Alla Madre* los aplausos fueron interminables. Este fue contratado por el Teatro Alla Scala, así que le veremos en Milán los primeros días de diciembre".

El diario La Lantera de Milano, enero 1903:

EL LEON DE PONCE

ANTONIO PAOLI AL METROPOLITAN HOUSE DI NEW YORK NELLA CAVALLERIA - "Las noticias recibidas de New York y Filadelfia sobre el esplendidísimo triunfo obtenido por el eximio tenor en La Cavalleria, están vibrantes de entusiasmo. Desplegó el más exquisito sentido del arte, el máximo conocimiento escénico, la voz potente rica en sonidos sugestivos llevó al público norteamericano al delirio".

Ese mismo entusiasmo por la squilante y sonora voz de Paoli se suscitó igualmente en Filadelfia, Chicago y Boston. El éxito siempre ascendente le acompañó siempre durante la tourné. En noviembre se hace público que cantaría la ópera *Guglielmo Ratcliff*, la cual se adaptaba mucho a su preciosa calidad vocal. El reparto anunciado fue el siguiente:

Mascagni Opera Co,
Brooklyn Academy of Music

GUGLIELMO RATCLIFF
Música di P. Mascagni

Personaggi
Guglielmo......Antonio Paoli
Maria......Elena Bianchini-Capelli
Marguerita......Eugenia Mantelli
Conte Douglas......Vincenzo Bellatti
Mc. Gregor......Francesco Navarrini
Tom......Francesco Campagna
Coro e Orchestra di Mascagni Opera Co.
diretta da Maestro Pietro Mascagni
(Colección privada Francis Robinson. New York).

Esta ópera se presentaría en el Teatro Academy of Music de Brooklyn el día 18 de octubre de 1902 y en otros teatros pero no fue posible. Trataron de improvisar la música y tocarla de memoria pero no progresó nada, pues como ya sabemos las partituras, junto a los vesturaios y escenografía desaparecieron del muelle de New York y jamás se encontraron.

Se siguieron presentando las óperas *Iris*, *Cavallería* y *Zanetto* acompañadas de conciertos en las cuales tomaban parte todos los artistas de la Compañía, en varios teatros y ciudades como el Academy of Music de Filadelfia; el Ford Grand Opera Theater y el Teatro Music Hall de Baltimore; el Boston Opera House de Boston; el Auditorium de Chicago; el Grays Armory de Cleveland; el Convention Hall de Buffalo; la Arena de Montreal, Canada; el teatro Alhambra de San Francisco y otros tantos teatros y ciudades. Los conciertos seguían un mismo patrón como detallamos a continuación: La primera parte consistía de overturas, preludios e intermezzos de Mascagni y la segunda parte era compuesta por arias de óperas del *Maesttro* cantados por Paoli además de algunos dúos y tercetos. Paoli cantó *Cavallería* con el mismo reparto que en el Metrolitan Opera de Nueva York, en Montreal, Toronto, Syracusa, Cincinati, Springfield, Boston, Búffalo y Pittsburg. Además de varios conciertos donde cantó con gran éxito especialemente en el Auditorium de Chicago en cual estaba sobrevendido y fue aclamadísimo por el entusiasmado público compuesto de italianos en su gran mayoría. El triunfo artístico de esta Compañía fue extrordinario pues el público italiano correspondió muy bien, pero económicamente fue un fracaso ya que los afamados empresarios Mittenthal y Kronberg, alegaban que habían perdido más de noventa mil dólares con Mascagni y su compañía y éste a su vez alegaba que ellos le habían robado todo lo que le correspondía a él y a la compañía. Esos empresarios se desaparecieron en Boston, con todo el dinero dejando a Mascagni sumido en un intrincado enredo legal. Este fue arrestado en su hotel y encarcelado con multas montantes a cuatro mil dólares. Paoli, Amelia Pinto y el baritono Bellatti, pagaron la multa y le sacaron de la cárcel. Le habían acusado de un fraude que él no había cometido.

Después de esa tremenda odisea en la cual muchos de los artistas se regresaron a Italia, Mascagni decidió seguir probando suerte y se marchó a Chicago con los pocos miembros de la Compañía que le quedaban; se presentó allí en un gran concierto en el Auditorium y luego se marcharon a San Francisco al Teatro Alhambra. De allí regresaron a Nueva York, camino a Italia donde llegaron a principios de febrero de 1903, Mascagni, estaba profundamente decepcionado por la terrible experiencia en América y jamás quiso hablar con nadie de la pesadilla vivida en ese continente.

Tan pronto Paoli llegó a Milán se marchó a Porto Ceresio, donde descansó por varios días, luego se despidió de sus amigos y se marchó a Francia a cumplir su compromiso artístico con el gran compositor operístico francés Jules Massenet.

He aquí una relación casi completa y detallada de la gira de Mascagni en los Estados Unidos, lograda gracias a la cooperación del gran amigo y cronologista americano Thomas Kauffman de Nueva Jersey, quien a pesar de su tiempo tan ocupado pudo investigar esto a fondo y junto con mis investigaciones pudimos hacer esta trabajosa cronología. También al amigo John Gualiani de Milán. Una nota interesante es que en esta gran gira por América, Paoli cantó el *Zanetto*, ópera que está escrita originalmente para contralto o mezzo-soprano.

The Mascagni Opera Co.
Empresarios
Smith Agency de Milán y
Mittenthal & Kronberg
New York

SEPTIEMBRE 1902
19: Salen de Génova-vapor "Nordamerica".
20 al 30: Ensayos a bordo del vapor

OCTUBRE 1902
1: LLegan a Nueva York y son recibidos con confeti y Banda Musical.
2 al 4: Ensayos de la ópera Cavallería, en Brooklyn.
5: Debutan en el Metropolitan Opera House con Cavallería con Schiavazzi-
Turidu- Amelia Pinto-Nedda-Virgilio Bellatti-Alfio, dirigido por Mascagni.
6: Concierto Metropolitan Opera-toda la compañía-incluyendo a Paoli
7: Concierto Metropolitan Opera-toda la compañía-incluyendo a Paoli
8 Cavallería y Zanneto
9: Concierto Metropolitan Opera-toda la compañía-incluyendo a Paoli
10: Concierto Metropolitan Opera-toda la compañía-incluyendo a Paoli
11: Cavallería Rusticana - debut de Paoli- causando sensación
12: Concierto con Paoli
13: Filadelfia Academy of Music Cavalleria y Zanneto con Paoli.
14: Filadelfia Academy of Music- Iris y concierto con Paoli.

EL LEON DE PONCE

Cont. OCTUBRE 1902

15: Filadelfia Academy of Music- Zanetto y concierto
16: New York, N.Y. Metropolitan Opera-Iris.
17: Brooklyn, N.Y. - Academy of Music- Cavalleria Paoli.
18: Brooklyn, N.Y.- Academy of Music- Cavalleria
19: Brooklyn, N.Y. - Academy of Music- Concierto- Paoli
20: Washintong, D.C. - National Theater- Concierto
21: Baltimore, MD- Hippodrome Theater-concierto-Paoli-Zanetto,Matinee-Tris-Noche
22: Pittsburg, PA-Duchesne Gardens-Cavalleria.
23: Pittsburg, PA-Duchesne Gardens-concierto-Paoli
24: Cincinatti, Ohio-Music Hall-Cavalleria -Paoli
25: Cleveland-Ohio-Grays Armory -Cavalleria y concierto
26: Viaje a Albany, N.Y.
27: Albany- State Armory-Concierto-Paoli + Pinto
28: Buffalo, N.Y. -Convention Hall-concierto
29: Viaje a Toronto, Canada.
30: Toronto, Canada-Casino Theater - Cavalleria - Paoli
31: Montreal, Canada -Arena- Cavalleria

NOVIEMBRE 1902

1: Montreal, Canada-Arena-Concierto-Paoli
2: Siracusa, N.Y. Astor Theater-Cavalleria
3: Viaje a Boston, Mass.
4: Boston, Mass.- Music Hall- Cavallería -Paoli
5: Boston, Mass.- Music Hall-Concierto Paoli.
6: Boston, Mass.- Music Hall-Cavalleria y Zanetto
7: Boston, Mass.- Music Hall- concierto- Paoli.
8: Boston, Mass.- Music Hall-Iris
9: Boston, Mass.- Music Hall-concierto-Paoli
10: Springfield, Mass..-Municipal Auditorium-concierto-Paoli
11: Springfield, Mass.- Municipal Auditorium-concierto
12: Regresan a Boston.
13: Descanso
14: Descanso
15: Boston, Mass Opera House - Concierto - Paoli
16: Boston, Mass.- Opera House- Cavalleria y Zanneto - Paoli
17: Descanso
18: Boston, Mass.- Opera House-Concierto-Paoli
19: Boston, los empresarios desaparecen
20: Boston-Mascagni es arrestado y encarcelado
21:
22:
23:
24: Paoli, Mantelli, Pinto y Bellatti, pagan la multa sacan a Mascagni de la cárcel
25:
26:
27: La mitad de los artistas regresan a Italia.
28:
29: Mascagni y algunos artistas se marchan a Chicago
30: Vía Rhode Island y Connecticut

DICIEMBRE 1902

1: Llegan a Providence, RI.
2: Providence, RI, State Theater-concierto- Paoli.
3: Viajan a Connecticut.
4: Bridgeport, CT-concierto-Paoli.
5:
6: Descanso
7: Se marchan a New York.
8: N.Y.- descanso.
9: New York - Salen rumbo a Chicago
10:
11: Llegan a Chicago.
12: Contratan el Teatro Auditorium
13: Ensayan en el Auditorium.
14: Ensayan en el Auditorium.
15: Chicago-Auditorium - Gran concierto - Paoli.
16: Chicago-descanso.
17: Chicago-Audirorium-concierto-Paoli.
18: Chicago -descanso
19: Chicago-descanso
20: Chicago-ensayo
21: Chicago-Auditorium-Cavalleria- Paoli
22: Chicago Auditorium Zanetto.
23: Chicago-Auditorium-concierto
24; Chicago-Auditoium-concierto-Paoli
25: Descanso
26: Descanso
27:
28: Chicago-Auditorium-gran concierto-Paoli.
29: Parten rumbo a San Francisco, California.
30
31: Llegan a San Francisco.

ENERO 1903

1: San Francisco
2: San Francisco-Teatro Alhambra-concierto óperas
3: San Francisco-Teatro Alhambra-concierto operístico de toda la compañía
4 Descanso
5 Se marchan a New York
6
7
8 Se embarcan rumbo a Francia e Italia.

Hay algunas fechas en blanco en las cuales no se sabe que ocurrió o que ciudades visitaron, pero esto es lo más concreto que tenemos sobre esa tormentosa tourné de Mascagni a los Estados Unidos, donde jamás volvió. Tan pronto Paoli, llegó a París, se marchó a visitar a su amigo Massenet y le contó sobre sus dos viajes a América y en especial la triste experiencia vivida en los Estados Unidos. Esa tarde comieron juntos y al otro día comenzó a repasar con el maestro la partitura de *El Cid*. Se marchan a Niza, donde son recibidos con gran algaraza por un grupo de admiradores en la estación del tren el cual llegó retrasado y aquellas personas habían esperado sin importarles la inclemencia del frío y ventoso mal tiempo por espacio de dos horas. El Teatro Municipal de Niza, tiene una histórica muy interesante ya que casi todas las grandes compañías líricas que visitaban Monte Carlo se presentan allí también. Los ensayos con la orquesta titular del teatro progresaron rapidamente pues el maestro había enviado las partituras a la orquesta con un mes de antelación y así la habían repasado. Es así con gran espectación se presentó esa gran y hermosa partitura el dia 10 de febrero.

Teatro Municipale
Niza-Francia

LE CID
Massenet

Ximena......Amelia Karola
Moro......Maurice Renaud
Rodrigo......Antonio Paoli
Gormas......Marius Chambon
Don Diego......Mario Delpouget
Director: Jules Massenet-luego Vidal
Choir's et Orchestre Teatre Municipale

Esta ópera se cantó cuatro veces en Niza y cuatro veces en Lyon. El éxito fue extraordinario. Regresa luego a Italia pues tenía contrato para la temporada de Cuaresma en el Teatro Alla Scala de Milán, para cantar las óperas *Un Ballo in Maschera, Luisa Miller* de Verdi y *I Lituani* de Ponchielli. El día 10 de marzo comenzaron los ensayos de *Baile de Mascaras* bajo la dirección de Toscanini. Todo iba saliendo de maravilla, aunque los ensayos eran muy intensos ya que aunque los cantantes eran todos muy buenos Toscanini, les exigía mucho. Con Paoli, todo iba bien, pués conocía bien la partitura la cual había estudiado con Amalia. Dos días antes de la apertura fue el ensayo general con vestuarios y escenografía.

El primer acto salió de maravilla y Toscanini quedó muy contento. Al terminar éste hubo un descanso. Paoli se fue a su camerino y se puso a vocalizar a media voz para calentar o suavizar las cuerdas vocales. Luego comenzó a entonar en forma de murmullo " El aria del Sueño" de la ópera *Manón* de Massenet. Por casualidad pasó Toscanini por frente al camerino de Paoli y se detuvo al escuchar aquella voz angelical tan dulce y lírica. Preguntó quien cantaba, cuando le dijeron que era Paoli, Toscanini no lo podía creer y le mandó a buscar a su camerino. Paoli, pensó que había algún problema y fue enseguida a verle. El maestro, le dijo que le había escuchado cantar a media voz el aria del *Sueño de la Manón* y que le gustó mucho, y le pidió que la cantase allí de nuevo y que el le acompañaría al piano y Paoli aceptó. La cantó y le gustó tanto a Toscanini que le dijo que le gustaba más así su voz, así que cantando a toda voz y que quería que cantase a media voz toda la ópera de Verdi. Según Toscanini le explicó a Paoli, su voz era tan fuerte que sonaba a veces como un cañonazo y así a media voz la podía controlar mejor y sonaba más musical. Lo exigió que cantase así la noche de la apertura a lo cual Paoli ripostó con un sonoro: ¡No!tras varios minutos sumidos en una discusión. Paoli, accedió a seguir el ensayo a media voz. Al cabo de un rato se dió cuenta que era imposible cantar así pue estaba forzando sus cuerdas vocales. Le comunicó al maestro que no podía seguir cantando así, pues no era su voz natural, a lo cual el maestro dejó salir una de sus frecuentes explosiones dictatoriales diciendo a Paoli una serie de improperios y epítetos y rompió la batuta contra el atril, cosa que siempre hacía cuando estaba encolerizado. Formose pues un pandemonium, pues el gran Arturo Toscanini, no quería ceder en su intransigencia, ni Paoli tampoco, pues no podía ceder ya que era imposible cantar toda la ópera como pedía el maestro. El gran director trató a Paoli aún con palabras más fuertes entre las cuales le llamó "figlio di putana", "bellaco-cabrone". Al escuchar esas frases tan ofensivas Paoli, se puso furioso y quería bajar al foso de la orquesta a según él "romperle la cara" al dictador maestro, pero fue retenido por sus compañeros de escena entre los que estaba el gran bajo italiano Oreste Luppi, quien narró este episodio con lujo de detalles a nuestro inolvidable amigo de gratísima memoria el sacerdote italiano Padre Vittorio Bosca. Entonces Paoli, le gritó al maestro, "Mira… músico de pacotilla, mascadura de tabaco, anda al carajo, con todo el Teatro Alla Scala". Toscanini, respondió con otro tremendo batutazo sobre el atril, rompiendo una segunda batuta a lo cual Paoli gritó: "Si sigues rompiendo batutas vas a arruinar la Scala" y se marchó del teatro. Toscanini, pegó un grito fuertísimo y se fue a su camerino. El ensayo quedó cancelado y la apertura de la temporada fue pospuesta, entonces, esa noche se regó como pólvora lo que había sucedido en la tarde en el teatro.

El empresario Gatti-Gazzaza, mandó a buscar a Paoli, y este le mandó a decir que no quería nada con él, Toscanini, ni la Scala. Comenzaron a circular rumores y a decirse que Paoli había casi matado al maestro. Otros decían que se había agarrado a bofetada limpia con sus compañeros de escena lo cual no era cierto y que al maestro reprenderlo se pelearon, se insultaron y él se marchó. Al otro día se hizo público oficiamente que Paoli, no cantaría como estaba anunciado por motivos de salud. Trataron de entrevistar a Toscanini, quien dijo no tener comentarios, que Paoli estaba enfermo y no podía cantar. Al entrevistar a Paoli, éste dijo que no tenía nada que decir, salvo que La Scala no podía pagar los altos honorarios que cobraba por función. Esto fue confirmado muchos años más tarde en una cita del libro *Toscanini Alla Scala* en la cual se critica al maestro por contratar a Paoli a pesar de lo mucho que cobraba.

El periódico La Lanterna del 12 de marzo de 1903 publicó lo siguiente:

ANTONIO PAOLI - "Una improvisada indisposición nos ha privado del placer de escuchar a este valientísimo tenor en la ópera *Un Baile de Máscaras* en la Scala. El "egregio" artista en efecto tuvo que cancelar su contrato que la empresa de La Scala le había concedido de mala gana. La empresa del Teatro La Fenice de Venecia lo contrató ayer para varias funciones extraordinarias de la ópera *Il Trovatore* durante el mes de abril".

Este fue el reparto anunciado para el malogrado debut de Paoli en La Scala ese año:

Teatro Alla Scala
11 de marzo de 1903

UN BALLO IN MASCHERA
Verdi

Amelia......Micucci-Betti
Ulrica......Parsi-Pettinella

Pagio......Bice Silvestri
Ricardo......Antonio Paoli (debut)
reemplazado por Giovanni Zenatello.
Renato......Magini-Coletti
Sam......Oreste Luppi
Tom......Carozzi
Director : A. Toscanini

A la derecha, el volante que circuló por Milán anunciando la temporada de Cuaresma del marzo 11 al abril 5 de 1903, Teatro Alla Scala Milán, Italia.

Se marcha Paoli a Venecia, donde se le hace un gran recibimiento. Tras varios ensayos debuta allí con un éxito extraordinario. El reparto fue el siguiente:

17 de abril de 1903
Teatro la Fenice
Venecia, Italia

IL TROVATORE
Verdi

Leonora......Rosa Caligaris
Conte di Luna......Tita Ruffo
Manrico......Antonio Paoli
Azucena......Margarita Julia
Ferrando......T. Montico

Coro e Orchestra Titular
Teatro La Fenice
Director: Rodolfo Ferrari

Esta ópera se cantó diez veces con este mismo reparto. El éxito fue sensacional. La Gazzetta afirmó que en:

"El aria *Di Quella Pira* había sostenido el agudo por quince segundos, exaltando locamente al aristocrático público allí presente".

Il Gazzettino dijo:

"Grandioso el éxito del tenor Paoli, en su debut en La Fenice.

Cronaca Milanese

TEATRO SCALA
Stagione di Carnevale-Quaresima 1902-903

Si rappresenteranno le seguenti Opere:

LA DANNAZIONE DI FAUST
Leggenda drammatica in 4 parti, di ETTORE BERLIOZ

LUISA MÜLLER
Melodramma tragico in 3 atti di S. Cammarano - Musica di G. VERDI

OCEANA
Comm. fant. in 3 atti di S. Renco
Musica di A. SMAREGLIA

ASRAEL
Leggenda in 4 atti di F. Fontana
Musica di A. FRANCHETTI

I LITUANI
Melodr. in 4 atti di A. Ghislanzoni - Musica di A. PONCHIELLI

UN BALLO IN MASCHER
Melodramma in 4 atti - Musica di G. VERDI

Nel corso della stagione verrà eseguito in concerto l'intero atto terzo del dramma mistico di R. WAGNER: PARSIFAL

BALLI:

ROLLA
L. MANZOTTI (Rinnovato dall'autore)

PORCELLANA DI MEISSEN
(MEISSNER PORZELLAN)
in 2 quadri di G. GOLINELLI, musica di G. HEMELSBERGER

NEL GIAPPONE
in un atto, dalla novella «Dedè» di Ben-suan, Coreogr. di C. COPPI
Musica di A. GANNE (figurini di Comelli)

ELENCO DEGLI ARTISTI PER ORDINE ALFABETICO

Signore : Anna Giacomini - Amelia Karola - Linda Micucci-Betti - Armida Parsi-Pettinella - Oliva Petrella - Elisa Petri - Giannina Russ - Bice Silvestri.

Signori : Rodolfo Angelini-Fornari - Oreste Carozzi - Nestore Della Torre - Oreste Luppi - Antonio Magini-Coletti - Michele Mariacher - Antonio Paoli - Carlo Ragni - Maurizio Renaud - Emilio Sesona - Michele Wigley - Giovanni Zenatello.

Maestro Concert. e Dirett. d'Orchestra: **ARTURO TOSCANINI**
Maestro Sostituto al Direttore: PIETRO SORMANI
Maestro Dirett. del Coro: ARISTIDE VENTURI
Cento Professori d'Orchestra — Cento Coristi d'ambo i sessi — Banda sul Palcoscenico.

Il Giornale di Venezia, La Difensa, La Gazzetta di Venezia, L'Adriatico, todos esos periódicos hablaban maravillas de Paoli. El aria de *La Pira* fue trisada por el delirio del público que no dejaba proseguir el espectáculo. Il Mondo Artístico di Milano se hizo eco de los comentarios de los periódicos venecianos y publicó lo siguiente en su edición del día 29 de abril de 1903:

"El Tenor Paoli" ¿Qué debemos decir del tenor Paoli? Es una verdadera revelación, voz poderosa y al mismo tiempo acariciadora. El aristocrático auditorio compuesto en su mayoría de familias patriarcales de Venecia, cedió ante su canto especialmente en la famosa *Pira*, que no sólo fue bisada sino trisada. Debido a la rara habilidad, a la eficacia del acento, su pronunciación perfecta de la cual su canto, surge vibrante e irresistible y conquista y arrastra a la ovación general". Firma: Vice Cordoveo-Venezia.

La Gazzetta Dei Teatri, de abril de 1903, dice así:

DA VENEZIA -IL TROVATORE- "El tenor Paoli, ha sorprendido por la potencia de su voz, por la óptima escuela, por el canto apasionado y tuvo que trisar *La Pira* tras un huracán de aplausos". Firma: Vice-Zanetto.

Una noche al final del primer acto en la tercera representación en la escena del Duelo, Ruffo, cortó accidentalmente con su espada la parte carnosa superior del dedo pulgar de la mano derecha de Paoli, quedando marcado para toda la vida. A pesar del dolor y la sangre que derramó siguió cantando hasta terminar. Inmediatamente comenzaron las conjeturas, muchos decían que había sido por razón de celos profesionales de Ruffo al ver que el público le aplaudía a Paoli, más que a él. Paoli, no hizo caso de esto y lo consideró un accidente de escena. No surgió ningún tipo de rencor ni enemistad entre los dos titanes del arte lírico. Terminado el acto, Ruffo fue de inmediato al camerino de Paoli, estaba muy preocupado por el accidente y se excusaba contínuamente por lo ocurrido. Paoli, le dijo que no se preocupase que estaba todo bien y ya le habían curado. El éxito de esa noche fue aún mayor que las dos noches anteriores y siguió siendo extraordiario y rotundo en las funciones restantes.

El periódico La Frusta di Milano dice así:

EL TROVADOR EN VENECIA - "El Paoli, gran Manrico, superior a todo elogio, desarrollando facultades verdaderamente grandes"

La Lanterna Teatrale - Milán dice:

"Paoli entusiasmó en toda la ópera. Aclamadísimo en *La Serenata* (*Desserto Sulla Terra*). Bisó el terceto del primer acto con la soprano y el barítono. Potentísimo en los tres *Dos de La Pira* que tuvo que bisar. Bisó, también *El Miserere*. Satisfizo plenamente la expectativa y tuvo que presentarse al proscenio infinidad de veces.
El entusiasmo por el insigne tenor en *La Fenice*, ha dejado a los venecianos con el vivo deseo de volver a oírlo y es por eso que la empresa del Teatro Malibran, con un gran sentido de cortesía al público veneciano ha tenido la admirable oportunidad de contratar al valeroso artista para seis funciones de *El Trovador* para una corta temporada de verano a principios del mes de agosto".

EL LEON DE PONCE

El 25 de mayo aparece el siguiente artículo en el periódico La Lanterna de Milán:

"El clamuroso éxito obtenido en *El Trovador* en La Fenice de Venecia, ha inducido a la empresa del Teatro Dal Verme de Milán a conceder al aclamadísimo tenor Paoli, condiciones excepcionales para hacerlo cantar varias representaciones extraordinarias de *El Trovador* en Milán".

Así pues al llegar Paoli de Venecia, comenzaron inmediatamente los ensayos en el Teatro Dal Verme. Se anuncia allí *El Trovador* con el siguiente reparto:

26 de mayo de 1903
Teatro Dal Verme
Milano, Italia

IL TROVATORE
Música di G. Verdi

Leonora......Celestina Boninsegna
Di Luna......Vicenzo Arditi
Manrico......Antonio Paoli
Azucena......Margarita Julia
Ferrando......B. Conti
Director : R. Moranzoni

El éxito fue extraordinario cantando diez funciones a teatro lleno.

Se encuentra en Milán, el gran escritor y dramaturgo italiano Edmundo De Amicis, quien fue al teatro a escuchar a Paoli. Al terminar la función fue a saludarle y felicitarle, acompañado del escritor Guido de Varona. Paoli agradeció mucho esa visita y se sintió muy honrado con ella. A una de las diez funciones asistió también el gran escritor, músico y libretista Arrigo Boito, quien estaba muy impresionado por lo que decían los periódicos y quiso confirmarlo personalmente. Al terminar la función fue a felicitar a Paoli y le comunicó que quiso comprobar lo que decían los diarios y que los elogios que de él se escribían eran pocos ante la realidad. Le pronosticó que muy pronto estaría cantando *Otello* pues según el poseía la voz y la figura ideal para el personaje. Paoli, agradeció mucho su visita y sus buenos augurios. Todos los periódicos y revistas líricas de Milán dedicaron grandes reportajes a Paoli y su interpretación de Manrico, he aquí algunas de ellas.

La Lanterna - 28 de mayo de 1903:

EL TROVADOR AL DAL VERME - "Paoli, bisó la serenata y el terceto del primer acto. Bisó el aria *Ah, Si Ben Mio* y trisó *La Pira*. El Paoli ha desarrollado una voz potentísima y vibrante. Parece haber sido creada a propósito para cantar *La Pira*. Sus agudos pusieron al público a brincar de gozo y sus tris lo prueba. El éxito fue absoluto".

La Gazzetta dei Teatri - 28 de mayo de 1903, dice así:

TEATRI DI MILANO - EL DAL VERME - IL TROVATORE. "Pocas veces he escuchado por todo el curso de un espectáculo lírico los aplausos huracanados sin fin como los que el público le dió al Paoli, el cual trisó *La Pira*".

La Frusta Teatrale di Milano - 28 de mayo de 1903:

"Antonio Paoli es uno de los artistas que debía cantar en el Teatro Alla Scala y no cantó, es un caso único. ha continuado enloqueciendo al público con *El Trovador*, tanto que la empresa lo ha recontratado para cuatro funciones más de las diez que estaban programadas con la misma ópera".

La Perseveranza -30 de mayo de 1903:

IL TROVATORE AL DAL VERME - "Grandioso el éxito alcanzado por el tenor Paoli".

La Lanterna -19 de junio de 1903:

EL TROVADOR EN EL TEATRO DAL VERME - "El tenor Paoli, escuchado al principio con curiosidad y a la vez con una especie de miedo reservado por el auditorio. Paso mano a mano no sólo la platea, la cual hizo hacer demostraciones delirantes, sino también la galería, donde los espectadores gritaban como despavoridos. El segundo y tercer actos señalaron para él, un verdadero triunfo, con gran delicadeza y gracia vocal indecible murmuró el adagio *Ah, Si Ben Mio* al oído de la Leonora (Celestina Boninsegna), haciendo gran alarde de su bella media voz. Lanzó luego el aria de *La Pira* con notas espléndidas como rayos límpidos, sonantes, estentóreos, entusiasmando al público en forma indescriptible; encontró también efectos dulcísimos y delicadísimos en el dúo del último acto".

El público pedía escucharlo más y más. Gatti-Gazzassa estaba que se halaba los pelos, pues se dió cuenta que había dejado escapar de entre las manos, un cantante y actor de primera que llenaba los teatros no solo con su voz potentísima, sino también con un público que pagaba gustoso el alza en los precios del espectáculo con tal de escuchar a Paoli.

Una noche recibió sorpresivamante en su camerino la visita del gran tenor dramático Francesco Tamagno, poseedor de la voz de tenor dramático más grande del mundo. Este al igual que los demás asistentes al teatro, fue a asegurarse de que eran ciertos los comentarios que se hablaban de Paoli, por todo Milán. Al entrar a su camerino, lo felicitó y abrazó diciéndole "con esa voz tan potente, tu eres el único que puede seguir mis pasos". Esto fue delante de todas las personas que estaban allí presentes entre ellos Pocholo González, Amalita Paoli, Josefina Vetiska y el bajo italiano Oreste Luppi. Paoli, agradeció mucho esa deferencia que el gran Divo tuvo para con él y lo invitó a cenar al día siguiente, lo cual el célebre tenor aceptó gustosamente. Esa tarde estuvieron tertuliando hasta las cuatro de la madrugada. Tamagno le preguntaba sobre su forma de emitir los agudos sin resonancia nasal como apoyo. Discutían además sobre las distintas técnicas canoras llegando al acuerdo final de que la mejor técnica era la del Bel Canto antiguo italiano a la cual tanto provecho le había sacado Antonio por lo que Amalita, le había enseñado pues ella se había convertido en su mentora, su maestrra y su custodia. Tamagno les invitó a que lo visitaran en su Villa de Varesse a lo cual Paoli aceptó gustoso. Esta villa estaba localizada camino a Lugano donde Paoli tenía su Villa así que a los pocos días fue con Josefina a visitar al egregio artista y compartieron una tarde deliciosa cantando y hablando hasta el anochecer cuando Paoli salió para su Villa.

Esto ocurría en el mes de junio y apenas unos días después recibido en Porto Ceresio la noticia de que a Tamagno le había dado un ataque al corazón al que sobrevivió milagrosamente, lo cual le causó gran tristeza y le envió enseguida una nota deseándole su pronta recuperación a lo cual Tamagno, le contestó en otra nota, agraciéndole sus buenos deseos de salud. En Porto Ceresio, Paoli disfrutaba admirando la belleza del lugar y la tranquilidad que allí había además de respirar el aire fresco del lago. Daba largas caminatas junto a su secretario Pocholo y su hermano Manuel recorriendo los bellos montes que rodean el lugar.

A fines del mes de julio, se celebra el bautizo de su hijo a quien puso por nombre Arnaldo Antonio Paoli Vetiska. Antonio, por ser su nombe y Arnaldo por el personaje del mismo nombre de la ópera *Willian Tell,* de Rossini con la cual había triunfado en París. Ese bautismo fue todo un acontecimiento. Se trasladó al niño de Milán a la Villa. La festividad duró tres días y asistieron grandes personalidades como los grandes compositores, Humberto Giordano, Pietro Mascagni, Ruggiero Leoncavallo, Luigi Mancinelli; los escritores Anatole France y Guido de Varona; los barítonos Tita Ruffo, Giusseppe de Luca, Pasquale Amato; las sopranos Amelia Pinto y Celestina Boninsegna; la gran actriz Adelaide Ristori; el empresario Giulio Riccordi y otros nombres célebres del arte lírico y el Teatro de Prosa. La felicidad era completa: fama, dinero, admiración, aceptación; todo lo tenía, no le faltaba nada y ahora el buen Dios, como le llamaba al Creador, lo había premiado con la bendición de aquel hijo, parte de su propio ser.

En Milán solo se hablaba de Paoli, se le comparaba con Gayarre, Marconi, Tamberlick y Tamagno. Se tejían mil leyendas y aventuras sobre su nombre y linaje, su figura y su arte incomparable. Unos días decían que era un príncipe español, que quería ser artista a espaldas de sus padres. Otros decían que era un corso rico a quien le gustaba la aventura y que solo cantaba por placer. Es así como se hacía un mito y una leyenda del artista. Paoli no desmentía ni aclaraba esos rumores pues pensaba que mientras menos el público supiera sobre él, mejor era pues siempre que le hacían alguna pregunta no la contestaba directamente. Seguían pues las conjeturas en especial sobre su nombre pues al principio de su carrera había usado varios nombres para cantar sin ser descubierto. En la Academia de Milán, la gente comenzó a decir que Paoli era su nombre de artista y que su nombre verdadero era Iruleghi Bascarán, con lo cual Paoli reía a carcajadas cuando así le llamaban.

A fines de julio se marcha a Venecia para cumplir con su contrato para la temporada de verano en el Teatro Malibrán.

4 de Agosto de 1903
Teatro Malibrán
Venecia, italia

IL TROVATORE
Verdi

Leonora......Eleonora De Luca
Di Luna......Emilio D' Albore
Manrico......Antonio Paoli
Azucena......Luisa Forlano
Ferrando......Giuseppe Mansueto
Director : D. Acerbi

Esta ópera se presentó diez veces en vez de las cuatro funciones programadas. El éxito fue ascendente y extrordinario y Paoli, fue muy aclamado como lo comprueban las siguientes críticas:

ANTONIO PAOLI

La Lanterna- Cable - 5 de agosto de 1903:

"*El Trovador* en Venecia. Paoli, héroe de la noche triunfo completo. Público enloquecido. Trisó *La Pira*".

La Gazetta -7 de agosto de 1903:

PAOLI - MANRICO - VENECIA - "El gran tenor sigue conquistando públicos espada en mano y con su figura gallarda y su voz estentórea. Bisó *La Serenata* y el terceto del primer acto. Bisó el *Mal Reggendo*. Bisó el *Adagio* y trisó *La Pira* ante un público enardecido. No hay dudas que hoy día no hay mejor Manrico que el Paoli".

A mediados de agosto se marcha a Bologna al Teatro Politeama. Permaneció allí hasta principios de septiembre cantando con gran éxito las óperas *Il Torvatore* y *Un Ballo in Maschera*. El reparto fue el siguiente :

16 de agosto de 1903
Teatro Politeama D'Azeglio
Bologna, Italia

IL TROVATORE
Música di: G. Verdi

Leonora......Emma Bosetti
Conte di Luna......Aristide Anceschi
Manrico......Antonio Paoli
Azucena......Armanda Degli-Abbatti
Ferrando......Bellucci
Ruiz......Montana
Coro e Orchestra Teatro Politeama
Directore: F. Tanara

De esta ópera se cantaron diez funciones con éxito siempre ascendente. El semanario Il Mondo Artistico de Milán del19 de agosto dice:

IL TROVATORE - "El Paoli, que ha repetido bien por tres veces *La Pira* emitiendo seis dos, esquillantes, llenos y potentes que mandaron a brincar de entusiasmo en forma arrolladora al público del Politeama; sigue cosechando triunfos en esta ciudad". Firma: Remo, Corresponsal de Bologna.

La Lanterna del 22 de agosto dice:

EXITO APOTEOSICO PARA PAOLI - "Fue un Manrico con gran éxito, en el cual surgió el Paoli como protagonista de voz espléndida. Fue aclamado con gran entusiasmo, obligándolo a trisar *La Pira*. Admiradísimo en toda la ópera por la riqueza de sus innumerables facultades vocales y arte canoro que demostró especialmente en el aria *Ah, si Ben Mío* en el tercer acto".

La Rivista Teatrale Melodrammattica del 30 de agosto pública esto:

EL LEON DE PONCE

"El Paoli dio rienda suelta a sus bellísimos medios vocales que le procuraon aplausos generales, especialmente después de *La Pira* que tuvo que bisar".

Tras el éxito delirante de Paoli ante el entusiasmo del público veneciano, el egregio tenor fue invitado a cantar la ópera *Un Ballo in Maschera* del inmortal Verdi lo cual aceptó gustoso y se presentó con el siguiente reparto:

3 de septiembre e 1903
Teatro Politeama D' Azeglio
Bologna, Italia

UN BALLO IN MACHESTRA
Música di G. Verdi

Riccardo......Antonio Paoli
Amelia......Emma Bossetti
Renato......Aristide Anceschi
Ulrica......Nella Ponzano
Oscar......Amelia Cremona-Campagnoli
Silvano......O. Carozzi
Samuel......S. Becucci
Tom......G. Lunardi
Coro e Orchestra Titular Teatro Politeama
Directore: F. Tanara

De esta ópera se cantaron cinco funciones con el mismo reparto . La Rivista Teatrale de Milano dice lo siguiente:

UN BALLO IN MASCHERA ALL POLITEAMA D'AZEGLIO IN BOLOGNA - "La repuesta en escena del *Baile de Máscaras* resultó todo un gran suceso. El Paoli triunfó también en esta ópera, libre el campo a los recursos de sus excepcionales medios vocales, los cuales permitieron en los puntos más sobresalientes de su participación que alcanzase efectos considerablemente especiales, en el aria de la salida *La Rivedra Nell Estasi* y en el dúo con Amelia del segundo acto y en el motivo del último acto *Si, Rivederti Amelia Nella Sua Belta* que tuvo que repetir".

De Bologna se marcha a Trieste, Austria, donde había sido contratado por la empresa del aristocrático Teatro Politeama Rossetti para cantar la ópera *El Trovador*. El reparto fue:

12 de septiembre de 1903
Teatro Politeama Rossetti
Trieste, Austria

IL TROVATORE
Verdi

Leonora......Linda Micucci-Betti
Di Luna......Gaetano Rebonato
Manrico......Antonio Paoli

Azucena......Emma Maricomini
Ferrando......Giovanni Gravina
Zingaro......Clemente Ortali
Ines......Rosina Muzzi
Ruiz......Vincenzo Montanari
Direttore: Filipo Deliliers (Luego Eusebio Curelich)

Esta ópera se cantó además los días 13,15, 19, 20, 22,24,26 y 27 de septiembre; el 14 de octubre y el 2 y 4 de noviembre; el director de la orquesta en las últimas funciones fue el Maestro Eusebio Curelich. Se hicieron doce funciones en total y fue otro triunfo para Paoli, según consta en los periódicos que detallamos a continuación.

La Rassegna Melodrammattica, Milán, 13 de septiembre de 1903, dice así:

TRIESTE - TROVATORE - "En la inauguración de la temporada lírica, Paoli, suscitó fanatismo. Tuvo que conceder el bis en el aria del tercer acto y en la famosa *Pira*, en la cual prodigó una voz maravillosa". Firma: Corresponsal Kappa-Trieste, Austria.

El día 16 de septiembre, el mismo periódico publicó lo siguiente:

"Al tenor Paoli le permitieron cantar tres veces *La Pira* con facilidad prodigiosa. Fue un éxito asombroso para el renombrado tenor. Aclamadísimo en *La Serenata*, en *La Pira* y en toda la ópera". Firma: Corresponsal Kappa-Trieste.

La Lanterna del 16 de septiembre de 1903 dice:

IL TROVATORE A TRIESTE - "El tenor Paoli, ha obtenido un éxito extraordinario, fue muy aclamado en *Il Deserto Sulla Terra*. Se insistió en el bis que no fue concedido. Las ovaciones al terceto al final del primer acto y al duo del segundo acto fueron interminables. El éxito en el concertante le ocasionó muchísimas llamadas al Proscenio-verdadero Fanatismo-en el tercer acto transportó el público al delirio con todo su peso. *La Pira* fue bisada tras un huracán de aplausos e infinidad de llamadas a la ribalta. En el último acto se mostró gran actor y cantante. El Paoli suscitó entusiasmo general en todas las partes sobresalientes de la ópera. Tuvo que presentarse a la ribalta innumerables veces al finalizar la ópera. El público se negaba a salir del teatro hasta que Paoli le cantase de nuevo *La Pira*, así que el maestro salió a escena y se colocó allí un piano, comenzó a entonar los acordes briosos de *La Pira*, la cual Paoli, entonó y cantó magistralmente causando una ovación indescriptible jamás antes nunca oída en la sala de este aristocrático teatro. El triunfo de Paoli ha sido completo".

La Gazzetta dei Teatri, Milán - 18 de septiembre de 1903 dice así:

DA TRIESTE-IL TROVATORE. "Con el Paoli la empresa ha hecho una óptima adquisición, porque este dispone de una voz magnífica y el público le corresponde con una admiración histérica".

Paoli había triunfado plenamente, era muy aplaudido y admirado hasta en la calle donde al pasar la gente se paraba le decían "Bravo Divo" y le aplaudían. Conoció allí al tenor Luigi Colazza, quien en esa misma temporada cantaba la ópera *Poliuto* de Donizetti en el Teatro Communal de Triestre. Se hospedaban en el mismo hotel y cenaban juntos casi todos los días haciéndose grandes amigos. Tras el resonante éxito de *El Trovador*, cantó la ópera *Aïda* de Verdi con el siguiente reparto:

14 de octubre
Teatro Politeama Rossetti
Trieste , Austria

AÏDA
Verdi

Aïda......Luisa Micucci-Betti (Luego Elvira Magliulo)
Radamés......Antonio Paoli
Amneris......Emma Maricomini
Amonasro......Gaetano Rebonato (Luego Domenico Dadone)
Ramfis......Giovanni Gravine
Il Re......Carlo Baldi
Messagero......Vincenzo Montanari
Directtore: F. Deliliers

Esta ópera se cantó además los días 15, 17, 18, 20, 24, 25, 27 y 29 de octubre y e 1ro de noviembre ; haciendo un total de diez representaciones.

La revista La Rassegna Melodrammattica del 15 de octubre describe así la participación de Paoli:

"Paoli, Radamés inmenso, el éxito entusiasta comenzó a delinearse ya en la primera aria *Celeste Aïda* cantada exquisitamente por el ya consagrado divo, el tenor Paoli, el cual transmitió tal dulzura y vigor de voz que rompió la primera gran ovación de la noche". Firma: Kappa-Corresponsal de Trieste.

La Rivista Teatrele Melodrammatica de Milán del 20 de octubre dice:

AÏDA- "Exito sin precedente del tenor Paoli, ovaciones imponentes. Paoli cantó *Celeste Aïda* en forma insuperable. En el tercer acto fanatizó al público obteniendo aplausos interminables después de la frase *Sacerdote, Io resto a te*. Transportó al público al delirio el dúo del último acto. El Paoli desplegó una media voz paradisíaca entusiasmando al público. Se mostró también tan excelente actor como espléndido cantante. No se podían contar las llamadas al proscenio al final de cada acto".

La revista Il Teatro de Milán del 21 de octubre dice:

AÏDA A TRIESTE- "Por belleza de voz es encomiable, el método de canto mostrado por el Paoli, quien es un Radamés verdaderamente digno de todo elogio. Aplaudidísimo despúes de la Romanza del primer acto. El Paoli junto a la (Micucci) -Aïda, tuvo que repetir la arieta del dúo del tercer acto". Firma: Boncia-Corresponsal de Trieste.

Se presentó luego una función extraordinaria de *Aïda* con el siguiente elenco a beneficio y homenaje de Paoli:

<blockquote>
4 de noviembre de 1903
Función extrordinaria fuera de abono
en honor al tenor Antonio Paoli en

AÏDA
Música di: G. Verdi

Radamés......Antonio Paoli
Aïda......Elissa Prossnitz
Amneris......Emma Maricomini
Amonasro......Domenico Dadone
Ramfis......Gaetano Gravina
Il Re......Carlo Baldi
Coro e Orchestra Titular
Direttore: Fortunato Cantoni
</blockquote>

En esa función en su honor y beneficio, Paoli cantó arias de *El Trovador* y el dúo del último acto de *Los Hugonotes* con la soprano Luisa Micucci-Betti, siendo aplaudidísimos. Otra soprano que cantó *Aïda* con Paoli en esa temporada en Trieste fue la gran Elvira Magliulo, soprano dramática de gran renombre en aquella época.

El día 7 de noviembre se celebró otra Serata D'Onore a Paoli, pues los austríacos no dejaban de admirarlo y querían volver a escucharlo en *El Trovador*. Esta se cantó de nuevo con el mismo reparto de septiembre. Ese homenaje se describe a continuación tal como se publicó en La Ressegna Melodrammática del 7 de noviembre de 1903.

SERATA D'ONORE DEL TENORE ANTONIO PAOLI - "Se presentó *Il Trovatore* nuevamente con un éxito maravilloso y memorable. Esta función para el tenor Paoli, entusiasmó en forma indescriptible al público. El tenor brilló durante toda la ópera, lo que le produjo grandes ovaciones. En otras palabras el Paoli, cantó en forma insuperable la exuberante romanza *Bianca al par di Neve Alpina*, de *Los Hugonotes* que hizo asombrar al público. Un delirio de aplausos, gritos y aclamaciones que jamás habíamos escuchado de este público, pidiendo más arias y Paoli cantó *L'improvisso*, de Andrea Chenier, luego el *Esultate* del *Otello*. Este último levantó tal fanatismo, tal frenesí que obligó al divo Paoli a repetirla dos veces más. Al milagroso artista se le dieron magníficos regalos entre los que está una corona de oro macizo, un servicio de fumar de plata sólida, un juego de cubiertos de plata, una copa de plata y una sortija de oro con piedras preciosas. Este último fue presentado por la empresa. Hubo un gentío inmenso en esa velada inolvidable". Firma: Kappa- Corresponsal de Trieste.

EL LEON DE PONCE

La Ressegna Melodrammattica del13 de noviembre dice:

"Nos referimos nuevamente a la memorable e inolvidable velada del divo Paoli que suscitó tal entusiasmo como no se recuerda nada igual en nuestro teatro. Refiriéndose así a mi telegrama del tres de noviembre. Ya se marchó el espléndido artista, el cual dejó entre nosostros un recuerdo imborrable. Paoli, cantó *La Pira* tres veces en forma inigualable".
Firma Kappa-Corresponsal de Trieste.

El diario L'Independiente de Trieste del 8 de noviembre publicó lo siguiente:

LA VELADA DE HONOR AL TENOR PAOLI - "Debemos recordar la representación diurna del domingo día 3 de noviembre de la *Aïda* dirigida concienzudamente por el Maestro Fortunato Cantoni y la velada de ayer tarde que era como se anotó a beneficio de la Sociedad de los Amigos de la Infancia, lo cual llevó al teatro un gentío extraordinario. El espectáculo de *ElTrovador* se presentaba en honor al egregio artista Paoli, el cual de hecho fue colmado de regalos y muy festejado y aplaudido.

Por otra parte él con su canto legítimo, llenó de gran exuberancia ya sea en la ópera Verdiana la cual cantó Supervamente sino tambien con la finura y corrección que cantó la delicada romanza de *Los Hugonotes, Bianca al Par*, acompañado con un verdadero sentido de arte por la viola tocada con gran maestría por el violinista Ballarini. Los aplausos suscitados al fin de esta fueron tantos e insistentes que tuvo que conceder un aria fuera de programa de la ópera *Andrea Chenier*. Agradable sorpresa que suscitó un entusiasmo inmenso fue el *Esultate* de *Otello* cantando dos veces más tras interminables ovaciones".

El diario Il Gazzzettino di Trieste del 14 de noviembre dice:

"*Aïda,* es ya un hecho singular en que el intérprete de Manrico, había sabido sacudir al auditorio, tanto con su dulce canto de amor que necesita un gran sentido de dramaticidad y finesa vocal, como por su actuación. Se probó en *El Trovador* con la popular *Pira* llena de sobreagudos potentes y de una resistencia excepcional, demostrando el temperamento del artista. Es así como el tenor Paoli, el cual con su tesoro de voz dulce, brillante y homógenea sabe llevar maravillosamente la nota filada con gusto expresivo y pasional que despertó verdadero entusiasmo. Es así como cantó el *Celeste Aïda* convirtiéndose de Manrico a Radamés, ante un público perplejo y embrujado por la subyugadora voz de ese Divo de Divos".

En noviembre se marcha a Bucarest, Rumania para cantar *El Trovador* como artista invitado, contratado por Tagliaferro. El reparto fue así:

10 de noviembre de 1903
Theatre Nationale

IL TROVATORE
Verdi

Manrico......Paoli
Leonora......Clasenti
De Luna......Dinh
Azucena......Di Angelo
Director: Spetrino

Esta ópera se cantó allí ocho veces. El telegrama de Pocholo dice así:

"Paoli, éxito extrordinario-aplaudido hasta delirio-trizó todas las arias".

Después del rutilante éxito en Bucarest, regresa a Italia a su villa de Porto Ceresio a descansar y a repasar la partitura de *Otello* con Amalita, pues tenía planeado cantarla por primera vez en el teatro *La Pergola* de Florencia ese mismo año.

El día 19 de diciembre de 1903 abre la temporada de ópera Invernal del teatro Verdi de Florencia con la ópera *El Trovador* junto a Tita Ruffo. El éxito estaba asegurado pues el reparto fue algo excepcional.

19 de diciembre de 1903
Teatro Verdi
Firenze, Italia

IL TROVATORE
Música di: G. Verdi

Leonora......Fausta Labia
Conta di Luna......Tita Ruffo
Manrico......Antonio Paoli
Azucena......Emma Maricomini
Ferranda......Luigi Penso
Coro e Orchestra: Teatro Verdi
Direttore: Renato Brogi

Esta ópera se cantó nueve veces más con el mismo reparto haciendo un total de diez funciones. La última función fue a beneficio de Paoli, lo que los italianos llaman Serata D'Onore. El telegrama dice así:

Paoli, Gran Manrico, aplaudido hasta el delirio. Bisó *Deserto Sulla Terra* y *Ah, Si Ben Mio*. Trisó *La Pira*, tras aplausos continuos. Recibió muchos regalos, cantó al final el terceto de *William Tell* con Ruffo y Penso". Firma: Crítico di Firenze.

Del Teatro Verdi pasó a inaugurar la temporada invernal del histórico Teatro La Pergola en la misma ciudad de Florencia; esto fue el 26 de diciembre de 1903. Paoli, con su personalidad y su voz subyugada al público. Su arte canoro era un arma única sin rival. Llegaba al fin el más esperado momento de su carrera, cantar el *Otello* de Verdi, considerada como la obra lírica dramática más difícil del repertorio italiano. La obra en la que tantas personas célebres le habían augurado un triunfo total, incluyendo al mismo Tamagno su creador, quien había regalado a Paoli, el puñal que el usaba en el último acto y que Paoli usó cuantas veces cantó *Otello* y lo conservó toda su vida. Esta ópera se consideraba también la obra maestra del gran compositor Giussepe Verdi, con la cual habían fracasado muchos tenores y a la cual muy pocos se arriesgaban a tratar.

Paoli estaba preparado para el reto tanto vocal como músical y espiritualmente. Es así como debuta con esa ópera en el prestigioso Teatro La Pergola de Florencia. Esa noche se encontraban

EL LEON DE PONCE

en el teatro varios amigos y familiares de Paoli y se colocaron todos en los palcos del escenario. Entre ellos estaba la actriz Adelaide Ristori, el escritor Guido de Varona, el conde Luigi de Biazzi, Amalita y Josefina Paoli y Pocholo González, además del célebre tenor dramático Franco Cardinali. El reparto fue así:

26 de Diciembre de 1903
Teatro Alla Pergola
Firenze, Italia

OTELLO
Música di G. Verdi

Otello......Antonio Paoli
Desdemona......Fausta Labia
Emilia......Ida Bergamasco
Iago......Mario Hediger
Cassio......Luigi Baldrini
Coro e Orchestra Teatro Alla Pergola

Esta ópera se volvió a cantar los días 27, 29 y 30 de diciembre, y luego en enero de 1904. El éxito de Paoli, fue rotundo según lo confirma la siguiente crítica de la Gazzetta dei Teatri del 31 de diciembre de 1903:

OTELLO - AL TEATRO LA PERGOLA DE FIRENZE - "Paoli conquistó el primer aplauso caluroso, lleno, espontáneo al cantar *El Esultate*. Posee una voz poderosísima de una extensión excepcional y de una frescura maravillosa, de vigorosos y retumbantes agudos.

Paoli se acopla muy bien a la media voz y tiene siempre una entonación perfecta. Ayer en la noche se notaba un tanto impresionado más, supo resurgir victorioso de la gran dificultad que ofrece la partitura Verdiana. Su fuerte temperamento artístico se presta óptimamente a la interpretación del terrible personaje.

Paoli es español, fue oficial del ejército español y ha cantado por varios años en los principales teatros en Europa y en los Estados Unidos; ha cantado también en varios idiomas. Cuando haya adquirido mayor seguridad en la pronunciación del italiano, la cual casi es perfecta, no tropezará mucho con ciertas sílabas que le hacen algunas veces una pronunciación desagradable; habrá entonces logrado una mayor homogeneidad en su voz media y en los agudos. se podrá decir entonces que es ¡Perfecto!

El dúo entre Otello y Desdémona, al final del primer acto fue ejecutado por el Paoli y la señora Labia con mucha gracia y eficacia; las voces poderosas de estos dos egregios artistas se unieron de una forma admirable alcanzando máximos efectos. La conmoción emocional que le dominaba al principio fue cediendo poco a poco y fue muy ovacionado al terminar de cantar el *Addio Sante Memorie* con cálidos aplausos. Fue también muy aplaudido en el tercero y cuarto acto donde pudo desplegar mejor sus excepcionales dotes vocales.

En la segunda función, estuvo más seguro aún que en a primera. Tuvo que repetir *El Esultate* y *El Addio* el cual tuvo que cantar tres veces. La tercera representación estuvo aún mejor que las otras dos. El Paoli sentía más seguridad en sí mismo. La cuarta función de la noche del 30 de diciembre fue extrordinaria y sensacional, el Paoli, tuvo que bisar *El Esultante*, trisó el *Addio Sante Memorie* y bisó *El Monólogo* del tercer acto, ante una salva de aplausos interminables".

Esas fueron sus primeras representaciones de *Otello* y se puede ver que triunfó plenamente con la representación de esé personaje desde el primer momento que lo cantó confirmando así la profecía del gran Arrigo Boito y del tenor ruso Ivan Erschov.

La noticia del triunfo de Paoli en la ópera *Otello* en Florencia se regó como pólvora por todo Milán y los aficionados a la ópera que entonces se contaban por miles comenzaron a pedir a los empresarios que trajesen a Paoli, a cantar *Otello* allí.

Un dato importante es que el tenor Cardinalli quedó muy impresionado con la voz y la actuación de Paoli y al día siguiente le fue a visitar y la obsequió todos los broches que el uso en *Otello* y Paoli recibió este regalo con gran entusiasmo y los usó por el resto de su vida en todas las funciones de *Otello* que cantó.

CAPITULO III
1904 - 1905

La interpretación de *Otello* gustó tanto en Florencia que Paoli tuvo que cantarla los días 1, 3, 5, 6,1 2, 14, 16, 17 y 31 de enero, y el 3 de febrero de 1904, con el mismo reparto que el 26 de diciembre , a teatro lleno cada noche, un total de quince funciones.

El día 10 de enero se anunció que Paoli cantaría la ópera *Il Trovatore* el 19 de ese mes, y el abono fue cubierto el mismo día. Todas las localidades del Teatro Alla Pergola fueron vendidas y se pagaban precios fabulosos por cada boleto que apareciera para la venta. El reparto fue así:

19 de enero de 1904
Teatro Alla Pergola
Firenze, Italia

IL TROVATORE
Música di: G. Verdi

Leonora......Fausta Labia
Conte di Luna......Mario Hediger
Manrico......Antonio Paoli
Azucena......Gianina Lucacewska.
Ferrando......Octavio Banti
Coro e Orchestra del Teatro Alla Pergola
Direttore: Gialdino Gialdini

El éxito fue rotundo y se volvió a cantar, con el teatro lleno con el mismo reparto los días 21, 23, 24, 26 y 30 de enero, y el 19 y 21 de febrero haciendo un total de ocho funciones. La crítica que fue muy favorable dice así:

FIRENZE-TEATRO ALLA PERGOLA-TROVATORE - "Nadie puede asombrarse si entre todos los artistas de *Otello*, sobresale por su potencia de medios vocales excepcionales el tenor Paoli, quien se ha convertido en el benjamín favorito del público florentino, el cual ha permanecido asombrado desde la primera representación por la bella, fuerte y excelentísima voz de verdadero timbre tenoril, más robusta en el centro. Esa voz resiste un Do sobreagudo la belleza de quince segundos de minuto, esto es después de bisar *La Pira*. El público insistente quiere el Trís y el Paoli, fresco como una rosa lo complace, haciéndolo entonces ponerse de pie y aplaudir desaforadamente.

Entendamos, amigos, que no se trata de un tenor que posee fuerza en los pulmones y basta; sino de un artista que sabe frasear; que sabe lo que dice; que hace una emisión vocal sin esfuerzo alguno. Sabe pasar de un timbre suave a un timbre más fuerte y brillante sin el menor esfuerzo. Su media voz posee una inflexión tocante, expresiva y pura, que surge limpia de la garganta y nunca acompañada de trinques de la gola, como suele pasar corrientemente con los tenores dramáticos, aún los más célebres buscando resonancias nasales y engolando la voz. Este artista, que en el tercer acto llena de sonoridad la amplia sala de La Pergola, es todo dulzura en el cuarto acto cuando canta el *Riposa o Madre* en forma tan tierna y conmovedora. El Paoli, es un verdadero artista". Firma: Federicus-Corresponsal de Firenze, para La Gazzetta Teatrale. 6 de febrero de 1904.

Da Firenze.

Gazzetta dei Teatri(Milano)
Jan 1904 Correspndente da
Firenze. Firmata. Federico.

Al teatro alla Pergola.

Dopo una sola recita, invero non troppo fortunata, della *Figlia del Reggimento*, l'Impresa affrettò l'andata in scena del *Trovatore*, alla cui prima intervenne un publico affollatissimo.

La principale attrattiva, nella riproduzione del popolare spartito di Verdi, era costituita dal tenore Paoli, che a Firenze ha conquistato le simpatie generali. E l'aspettativa non fu delusa affatto, perchè il Paoli ebbe momenti davvero straordinari per la potenza e resistenza della voce, come pure ebbe momenti in cui la dolcezza del canto sorprese addirittura. Tanto vero che l'adagio *Ah! sì, ben mio, coll'essere* ... fu dovuto bissare. Che dire poi della *pira?*.. Si trissò, ecco tutto. Ed un *tris* alla Pergola acquista una importanza singolare. Che sarebbe successo se il Paoli avesse cantato al Pagliano?

Il *Fieramosca* riporta ieri che uno spettatore si divertì sabato a misurare, coll'orologio alla mano, la durata dei tre *do* acuti che il tenore Paoli emette nel *ter* della *Pira*, ed il risultato è questo:

1ª Minuti secondi 12
2ª " " 15
3ª " " 17

Totale 44

Con che si dimostra che i polmoni del riputato tenore sono invero meravigliosamenti resistenti.

Anche alla Labia non mancarono vivi applausi, ed i maggiori li riscosse dopo l'aria dell'atto primo e dopo l'atto ultimo.

Una *Azucena* intelligentissima ed efficace sempre, risultò la Lucazewska, graditissima conoscenza del nostro publico. Nel duetto col tenore dell'atto secondo, in tutta la scena dell'atto terzo e nell'ultimo atto, la graziosa artista rivestì con somma cura il non facile personaggio. Ebbe molti applausi e ripetute chiamate alla scena. In una parola, un successone.

Anche il bariteno Hediger contribuì al buon successo dell'opera e riscosse applausi dopo la romanza.

Ottimo *Ferrando* il Banti ed ottima pure l'orchestra ed i cori.

E' molto probabile che in settimana abbia luogo la prima rappresentazione della nuova opera *Oblio* del maestro Renato Brogi, per la quale c'è molta aspettativa.

EL LEON DE PONCE

Tras el exuberante éxito en *Otello* y *Trovatore*, Paoli estrena en el mismo teatro la ópera *Oblio* compuesta por su gran amigo el maestro Renato Brogi. Esta se estrenó el 4 de febrero de 1904 con el siguiente reparto:

Teatro Alla Pergola
Firenze, Italia
Premiere Mondiale

OBLIO
Música di: Renato Brogi

Antonio Paoli
Fausta Labia
Gianina Lucacewska
Mario Hediger
Ottavio Banti.
Coro e Orchestra Teatro Alla Pergola
Diretta da: Gialdino Gialdini

Esta ópera, cuyos personajes no tenemos detallados, era de muy difícil ejecución, especialmente para el tenor. Pero aún así, Paoli, tuvo que bisar el aria de tenor ante el aplauso insistente del público. Se cantó también los días 6,7,13 y 14 de febrero con gran éxito. Desde entonces no se ha cantado más hasta nuestros días por no haber un tenor dramático capaz de abordar la ardua y escabrosa parte del tenor. El 5 de febrero el corresponsal Federicus de Florencia escribió el siguiente artículo para el diario Il Correspondente:

ESTRENO-OPERA OBLIO - "El Paoli estuvo extraordinario. El Paoli ha demostrado una fenomenal resistencia de pulmones en aquella parte fatigosa y escabrosa. Hizo gran alarde de medios vocales potentísimos".

Tras el éxito extrordinario obtenido en esa temporada, Paoli se marcha a descansar a Pesaro, pues había sido invitado por el Conde Zanini y su familia a pasar unos días en la villa que tenían en aquel lugar. Este conde era tío del empresario Zanini, de Florencia. Presenta allí un recital en la iglesia de Pesaro a beneficio de los pobres de la Comarca. Fue acompañado al órgano y al piano por el padre Vincenzo Quadri. Todo lo recaudado fue donado a obras de caridad .Envía desde allí una cartulina postal a Josefina, quien se encontraba en el apartamento de Milán en vía della Passarella No.18.

"Paoli es invitado a tomar parte en la 112 conmemoración del natalicio del gran compositor Gioachino Rossini 1792-1868. El éxito fue apoteósico, siendo aplaudidísimo allí este egregio tenor. Esta fue una muy importante ocasión en la carrera del tenor ya que para conmemorar esos aniversarios solo se encontraba a los mejores artistas del momento". Firma: John Gualiani.

29 de febrero de 1904
Pesaro, Italia
10 am

Misa Iglesia Católica de Pesaro
Paoli cantó Cujus Animam con el P.
Angelo Quadri al órgano.

Noche
7:00 Pm
Teatro Rossini

Pesaro, Italia
112 Aniversario Nacimiento de Gioachino
Rosssini
1era. parte

STABAT MATER
Con Paoli, Labia & Hediger

2da. parte
ARIAS DE GUILLERMO TELL

Corriam, corriam
O Muto Asil del Pianto
con Antonio Paoli

Ah Matilde I'o t'amo
con Hediger y Paoli
Coro y orquesta Teatro Rossini di Pesaro
Dir: A. Sostina

Cartulina postal enviada por Antonio a Josefina desde Pesaro.

Este concierto fue repetido el 1ro. de marzo a teatro lleno. Descansa luego unos días en Porto Ceresio, donde repasa con Amalita la partitura de *Lohengrin*, pues había sido contratado para cantar esa bella obra del repertorio wagneriano en Triestre durante el mes de mayo. El 13 de marzo se marcha a Pola (Pula), Yugoslavia donde se presenta en la ópera *El Trovador* con el siguiente reparto:

18 de marzo de 1904
Pula, Yugoslavia
Teatro Ciscutti

IL TROVATORE
Verdi

Leonora......Emma Bosetti
Manrico......Antonio Paoli
De Luna......Mario Hediger
Azucena......Margarita Julia
Director: G. Gialdini

Paoli cantó esta ópera ocho veces. No tenemos detalles del resto de los personajes ni del director, aunque tenemos la idea de que fue Gialdini. (Agradecemos este dato al cronologista Thomas Kaufman, de Nueva Jersey). A fines de marzo se marcha a Florencia, pues estaba contratado allí para abrir la temporada de primavera en el Teatro Alla Pergola. La ópera escogida fue, nuevamente, *Otello*, y se cantó con gran éxito en las doce funciones que se representaron. El elenco fue el siguiente:

1ro. de abril de 1904
Teatro Alla Pergola
Firenze, Italia

OTELLO

Otello......Antonio Paoli
Desdémona......Giuseppina Baldasarre-Tedeschi
Emilia......Maria Catania
Iago......Eugenio Giraldoni
Cassio......Gaetano Pini-Corsi
Coro e Orchestra- Teatro Alla Pergola
Director: Maestro Armani

La ópera fue cantada además los días 3, 4, 6, 8,10, 11, 12, 14, 15, 18 y 21 de abril. La crítica dice :

NOTE FIORENTINE

Otello.

Con na sala zeppa si è riaperto sabato orso il nostro massimo de a Pergola, per la grande stagione cl la solerte impresa Zanini darà a tutto il prossimo aprile.

Giovedì è andato in scena l'*Otello*, altro spettacolo in tutto eccellente, e degno del favore col quale è stato accolto.

Anche in questa opera un lieto successo ha riportato la signora Baldassarre Tedeschi, una *Desdemona* correttissima ed efficace.

Antonio Paoli, sorprese non tanto per la voce robusta, ben timbrata, educata ad ottima scuola, quanto per le qualità di attore significativo, qualità che occorre per un tenore che vuole affrontare una parte come quella di *Otello*, nella quale occorre una voce poderosa, ma al tempo stesso essere padroni della scena.

Il Paoli uscì vittorioso dalla prova ardua.

Benissimo il baritono Giraldoni che dimostrò il suo temperamento artistico nel comporre dal lato del canto e da quello scenico il difficile personaggio di *Jago*.

L'orchestra sotto l'abile e diligente bacchetta del Maestro Armani, che con grande intelligenza ha concertato anche questa opera, riuscì ottima sotto ogni riguardo, e seppe far risaltare le peregrine bellezze dello spartito.

Efficacissimi gli altri tutti, specie il Pini Corsi.

Egregiamente i cori.

Messa in scena ricca, sfarzosa.

Lo Scalza.

Paoli se presentó luego con *El Trovador* en el Teatro Verdi de Florencia, pues la empresa Zanini presentaba las óperas en dos teatros para darle oportunidad al público florentino de poder admirar a los cantantes. El reparto fue así:

19 de abril de 1904
Teatro Verdi
Firenze, Italia

IL TROVATORE
Verdi

Leonora......Giuseppina Baldassarre-Tedeschi
Manrico......Antonio Paoli
Conte di Luna......Eugenio Giraldoni
(luego Pasquale Amato)
Azucena......Emma Maricomini
Coro e Orchestra - Teatro Verdi
Direttore: Renato Brogi

Esta ópera se cantó además los días 23, 27 y 30 de abril, un total de cuatro funciones, y cuatro funciones más en mayo.

ANTONIO PAOLI

El semanario La Lanterna de Milán,1ro. de abril de 1904 - Florencia, comentó:

IL TROVATORE - "El Paoli tuvo un éxito inmenso en la primera representación de *El Trovador*. Fue un verdadero triunfo del tenor Paoli por sus espléndidos medios vocales. Bisó *La Serenata*, el *Ah, Si Ben Mio* y trisó *La Pira*. Paoli excitó al público con el más justificado de los entusiasmos, desde las primeras estrofas de *Deserto Sulla Terra* y en el terceto al final del primer acto, revelándose como algo extrordinario, en el terceto del segundo acto. En el tercer acto emitió notas espléndidas con la gran brillantez y la potencia de su voz con lo que se llevó un veradero triunfo, en el aria *Ah, Si Ben Mio* se hizo sentir y gustar de una media voz delicadísima, llena de suavidad, llegando a los agudos con gran seguridad y limpieza meritoria. Al terminarla tuvo que repetirla, pues había provocado un verdadero huracán de aplausos. *La Pira* fue repetida tres veces sin demostrar ningún signo de cansancio en cada repetición. Siempre que la repetía lo hacia con mayor vigor y eficacia, con entonación siempre perfecta. La aclamación fue universal. Se le llamó insistentemente más y más veces a la ribalta. El éxito fue completo".

El telegrama enviado a Milán dice:

"Paoli tuvo que bisar *Serenata*, el *Adagio* y trisó *La Pira*. Exito rotundo-teatro totalmente lleno". Firma Zanetto-20 de abril de 1904.

A los pocos días recibe allí un telegrama de Amalita en el que le comunicaba que había llegado a Milán la soprano mexicana Lucila Maldonado, quien era de Veracruz y hermana del compañero de estudios de Antonio, en cuya casa él se había quedado unos días durante su estadía en México en el año 1901. Esta vino a Milán a estudiar con Amalita para perfeccionarse en el arte canoro.

Paoli cantaba casi todas las noches pues era la atracción mayor de la temporada. La prueba está en que ese mes que pasó en Florencia intervino en 21 funciones de tres óperas tan fuertes como son *Otello*, *Trovatore* y *Aïda*, sin el menor cansancio y menoscabo de su voz. Se anunció la *Aïda* de Verdi para el día 20 de abril y se cantó con el siguiente elenco:

20 de abril de 1904
Teatro Verdi
Firenze, Italia

AïDA
Musica di G. Verdi

Aïda......Fausta Labia
Radamés......Antonio Paoli
Amneris......Emma Maricomini
Amonasro......Eugenio Giraldoni
Il Re......Carlo Montanari
Coro e Orchestra-Teatro Verdi
Diretta da: Reanato Brogi

Esta ópera fue cantó además los días 21, 22, 24, 25, 28, y 29 de abril y el 1ro. de mayo, un total de ocho funciones. El telegrama recibido en Milán dice así:

AÏDA A FIRENZE - *"Celeste Aïda* fue cantada con gran estilo por el aplaudidísimo divo Paoli, quien demostró gran gusto y musicalidad y gran ternura en su canto, especialmente en el dúo final. Su frase del tercer acto *Sacerdote Io resto a te* valió toda la función cuando caminó de un extremo al otro del escenario sosteniendo una nota aguda de maravillosa musicalidad y brillo hasta caer postrado de rodillas ante el gran Sacerdote". Firma: Zanetto - Firenze. 21-abril, 1904.

El dos de mayo se marcha a Trieste a tiempo para el ensayo general de la ópera *Lohengrin*, lo cual abriría la temporada de primavera del Gran Teatro Politeama Rossetti. El reparto fue :

5 de mayo de 1904
Teatro Politeama Rossetti
Trieste, Austria

LOHENGRIN
Musica de Riccardo Wagner

Lohengrin......Antonio Paoli
Elsa......Aïda Alloro
Gottfried......Maria Grasse
Friedrich......Alessandro Arcangeli
Heinrich......Carlo Walter
Coro e Orchestra Teatro Politeama
Direttore: Giacomo Armani

Esta ópera se repitió los días 7, 8, 10, 12, 14, 15, 17,1 9, y 23 de mayo haciendo un total de diez funciones. El éxito fue absoluto El público aplaudió delirantemente. Repitió *Il Racconto* y la corta romanza *Cigno Gentil*, la cual tuvo que trisar. La crítica le fue muy favorable como se puede constatar a continuación:

Il Giornale Artistico di Milano de 9 de mayo dice así:

"Paoli, fue un Lohengrín extraordinario y tan así que los abonados de la temporada del Teatro Comunale , han abandonado el teatro y han concurrido al Politeama Rossetti, donde se presenta *Lohengrin* por primera vez obteniendo el éxito sin reservas. Antonio Paoli es ciertamente uno de los primeros tenores del mundo de hoy que puede cantar con fáciles agudos y voz potente que surge a raudales. De clara dicción, concisa y acertada". Firma: Boncia, Corresponsal.

Il Teatri Da Trieste del día 8 de mayo de 1904 dice:

LOHENGRIN EN EL POLITEAMA - "El triunfo del tenor Paoli ha sido rotundo al abrir la temporada primaveral en nuestro histórico coliseo, con la obra wagneriana *Lohengrin*. El público, que siempre se había tenido aquí por muy reservado, demostró anoche, que también puede dar prueba de lo que se siente cuando se tiene de frente a un tenor valiente y decidido como Paoli. Esa valentía se debe a su seguridad vocal. Cuando se posee un instrumento vocal perfecto no hay que preocuparse más que por la actuación y esta también estuvo a la altura del más consumado de los actores. La despedida del *Cisne Merce, Merce, Cigno Gentil*, tuvo que ser trisada. Fue cantada a media voz con gran sentimiento. Nunca antes habíamos escuchado algo similar en Trieste. La romanza principal o sea *El Racconto - Da Voi Lontan*, fue bisado y el público aplaudió delirantemente".

La Rivista Teatrale Melodrammattica di Milano del 19 de mayo dice:

TRIESTE LA SEPTIMA FUNCION DE LOHENGRIN- "El teatro continúa completamente lleno a causa de la ternura lírica. El tenor Paoli, es un protagonista verdaderamente perfecto. Después del *Adios al Cisne*, recibió una prolongada ovación llena de calurosísimos aplausos y numerosísimas llamadas al proscenio. Al cantar *El Racconto Da Voi Lontan* fue aclamadísimo. Paoli es un artista escogido y joven aún. Está indudablemente llamado a desarrollar una luminosa carrera". Firma: Corresponsal de Trieste.

Cantó luego *El Trovador* con el siguiente reparto:

13 de mayo de 1904
Teatro Politeama Rossetti
Trieste, Austria

IL TROVATORE
Música di: G. Verdi

Manrico......Antonio Paoli
Leonora......Celestina Boninsegna (luego Aida Alloro)
Azucena......Maria Grasse (luego Luisa Garibaldi)
Conte di Luna......I. Barettini
Ferrando......Nazzareno Franchi
Coro e Orchestra Teatro Politeama
Diretta da: Fortunato Cantoni

Esta ópera fue cantada además los días 18, 21, 22, 25 y 26 de mayo. El éxito fue como siempre rotundo y extraordinario como lo demuestran las siguientes críticas:

Il Giornale Artístico - 14 de mayo de 1904:

PAOLI EN EL TROVADOR - "Esto significó un triunfo absoluto, colosal. La buena fortuna la tuvieron los que abarrotaron el Teatro Politeama Rossetti, aquí en Trieste. Este público aclamó al Paoli toda la noche llegando al delirio, a lo cual el correspondió bisando *La Pira*. El público le hizo salir al proscenio infinidad de veces".

La revista I Teatri di Trieste dice :

IL TROVATORE A TRIESTE - "Fue el protagonista el Paoli, el cual se ha convertido en el ídolo de nuestro público desde el otoño pasado cuando cantó aquí con éxito sonadísimo el *Otello* de Verdi. Su Manrico es inigualable, su figura extraordinaria, y su voz heroica sin límites".

Esos éxitos sin precedentes en Trieste se extendieron durante todo el mes de mayo. Paoli era el ídolo indiscutible de los triestinos. Además de las óperas que cantó allí, presentó varios recitales donde acabó por fanatizar y enloquecer a los austríacos. Tras los éxitos obtenidos en *Longherim* y *El Trovador*, presentó el día 20 de mayo, la difícil partitura del maestro Meyerbeer *Il Profeta* con el siguiente reparto:

EL LEON DE PONCE

20 de mayo de 1904
Teatro Politema Rosetti
Trieste, Austria

IL PROFETA
Música di: G. Meyerbeer

Fides......Mathilde Benger
Bertha......Marguerita Gresser
Jean de Leyden......Antonio Paoli
Zacharie......Alessandro Arcangeli
Oberthal......Carlo Walter
Mathison......Nazzareno Franchi
Coro e orchesta Teatro Politema
Diretta da: Giacomo Armani

Esta ópera sólo se cantó una vez para complacer al exaltado público triestino, que no dejaba de aclamar a Paoli. Il Giornale Artistico di Milano publica lo siguiente en su edición del día 21 de mayo de 1904.

> IL PROFETA - "Otro éxito del tenor Paoli. Aplausos contínuos. Tuvo que bisar el himno *Re del Cielo*. El público no se podía explicar cómo Paoli sostenía la nota final aguda, agudísima, caminando pausadamente de un lado al otro por el amplio escenario. Su seguridad vocal y musical son extraordinariamente únicas".

La ciudad de Trieste era una preciosa ciudad austríaca llena de vida, pues poseía el puerto marítimo más grande del Mar Adriático. Desde el siglo XII se construían allí los mejores barcos de Europa. Habían además magníficos palacios y lugares bellísmos de veraneo a donde acudían miles de personas durante los cálidos meses de calor del verano. Algunso puntos de interés de Trieste, y muy importantes en la historia de Austria son la famosa Catedral de San Giusto y el bellísmo castillo de Miramar.

De Trieste, Paoli se marchó a Graz, segunda ciudad más grande de Austria, después de Viena. Esta ciudad posee ambién una bella catedral gótica y varias iglesias medievales además de cede el Parlamento de la Provincia, un magnífico museo y una muy prestigiosa universidad.

Cantaría allí en el prestigioso teatro del estado llamado Stadt Theater donde se le esperaba con gran entusiasmo pues la fama que le precedía hacía que su nombre se mencionase contínuamente en los periódicos. En las plazas, teatros, parques, y en las reuniones y tertulias se hablaba de su rimbombante éxito en Trieste. Estaba pues muy bien preparado el terreno para otra serie de triunfos, también a parte de los periódicos muchas personas habían ido a Trieste a oirle cantar y al regresar contaban maravillas de lo que habían visto y escuchado. Entre esas personas estaba el Barón austríaco Gustav Otto Horgerfloren, a quien conocimos en 1971, ya en la senectud, y quien nos contó maravillas de nuestro autografiado.

Paoli inauguró la temporada el 1ro. de junio con la ópera *El Trovador* la obra que tanta gloria le había dado y de la cual se le consideraba ya el máximo interprete de toda Europa. El teatro estaba rebozante de público, los boletos se habían agotado una semana antes. El reparto fue así:

111

ANTONIO PAOLI

1ro. de junio de 1904
Stadtheater,
Graz, Austria
Ciclo de Opera Italiana

IL TROVATORE
Verdi

Conte di Luna......Francesco Bonini
Leonora......Aïda Alloro
Azucena......Virginia Guerrini
Manrico......Antonio Paoli
Ferrando......Max Hillmann
Ines......Benja Adalbert
Ruiz......Karl Koss
Zingaro......Friedrich Kracher
Corriere......Josef Smidt
Maestro di Musika: Gaetano Cimini
Direttore scenico: Karl Dibbern

De esta ópera se hicieron diez funciones a teatro lleno. La crítica y el público se enloquecieron con la tremenda voz y personalidad del tenor Paoli. La Rassegna Melodrammattica describe así su debut en Graz:

IL TROVATORE- "Inmenso éxito- Paoli es un Manrico excepcional que acaloriza verdaderamente al público. Había gran expectación por escuchar al gran tenor. Paoli entusiasmó con *La Serenata*, *El Terceto*, *La Romanza* y *La Pira*, la cual tuvo que trisar. Fue llamado a la ribalta quince veces corridas'. Corresponsal de Graz. 7 de junio de 1904.

El diario Grazer Tagepost, del 7 de junio de 1904, dice lo siguiente:

IL TROVATORE, GRANDE EN LA PIRA, la cual fue cantada con mucho vigor por el señor Paoli, quien la repitió tres veces dada la viva insistencia del público. Constituye esto el mayor triunfo de la compañía. Paoli posee un espléndido órgano vocal, metálico, de extraordinaria potencia y dulzura. Es sin lugar a dudas la máxima estrella de la Compañía Italiana."

El diario Morgenpost de Graz, Austria, 10 de junio de 1904 dice:

IL TROVATORE- "Para abrir la temporada del ciclo italiano, se puso en escena *El Trovador*. El éxito fue espléndido. Las voces fenomenales han conquistado al público. Primero, entre todos, el tenor Paoli, (Manrico), que cantó con gran ímpetu toda la ópera, especialmente *La Pira*, suscitando un entusiasmo nunca antes visto en este teatro. El aria de *La Pira* fue trisada. La fuerza y la belleza de su voz es tan buena como el arte de su dicción que es perfecta". Firma: Figaro.

Stadt=Theater.

Direktion: Alfred Cavar.

Freitag den 3. Juni 1904

Zyklus italienischer Opernaufführungen.
(Zweite Vorstellung.)

AïDA

Opera in 4 Atti d. G. Verdi.

Regie: Karl Dibbern. — Maestro di Musica: Gaetano Cimini.

Personaggi:

Il Re . . . . Friedrich Kracher

Amneris, sua figlia . . . . **Virginia Guerrini**

Aïda, schiava etiope . . . . **Aida Alloro**

Rhadames, capitano delle Guardie . . . . . **Antonio Paoli**

Ramfis, capo dei Sacerdoti . . . . Max Gillmann

Amonasro, Re d'Etiopia e padre di Aïda . . **Francesco Bonini**

Un Messaggiero . . . . Karl Koß

Sacerdoti, Sacerdotesse, Ministri, Capitani, Soldati, Funziona, Schiavi e Prigionieri Etiopi, Popolo, Egizio.

Nach dem zweiten Akte findet eine längere Pause statt.

Stadt-Theater.

Direktion: Alfred Cavar.

Dienstag den 7. Juni 1904

Zyklus italienischer Opernaufführungen.
(Vierte Vorstellung.)

Un Ballo in maschera

Melodramma in tre Atti di Giuseppe Verdi.

Regie: Karl Dibbern. — Maestro di Musica: Gaetano Cimini.

Personaggi:

Riccardo, Conte di Warwich, Governatore di Boston	Antonio Paoli
Renato, creolo, suo segretario e sposo di	Francesco Bonini
Amelia	Aida Alloro
Ulrica, indovina di razza nera	Leopold. Ullmann
Oscar, paggio	Lotti Westen
Silvano, marinaio	Gustav Landauer
Samuel, } nemici del Conte	Max Gillmann
Tom,	Friedrich Kracher
Un Giudice	Josef Smidt
Un Servo d'Amelia	Marcel Sponder

Deputati, Uffiziali, Marinai, Guardie, Uomini, Donne e Fanciulli del Popolo, Gentiluomini, Aderenti di Samuel e Tom, Servi, Maschere e Coppie danzanti.

Nach dem zweiten Akte findet eine längere Pause statt.

El diario Grazer Volksblatts del 30 de junio de 1904 dice:

IL TROVATORE - "El primer puesto corresponde al señor Paoli, tenor dramático de la espléndida voz argentina (de plata), que conquistó al público que lo aplaudió rabiosamente toda la noche y lo obligó a repetir tres veces consecutivas la famosa *Pira*".

Tras el triunfo de *El Trovador* se anunció la ópera *Aïda* de Verdi, con un reparto estelar. Los boletos y los abonos se vendieron enseguida y vino gente hasta de Viena a escuchar la bella partitura verdiana y por la curiosidad de escuchar la voz ya tan famosa del tenor Paoli. Esa *Aïda* se presentó cinco veces en esa temporada con ese mismo reparto y gran éxito especialmente de Paoli, al cual la prensa le hizo grandes elogios. El diario Morgenplatz de Graz, Austria, del 6 de junio de 1904, dice así:

AÏDA - "Ovaciones contínuas tras el *Celeste Aïda*, la celebrada aria en la cual han fallado muchos tenores. Esta fue cantada por el tenor Paoli como nunca antes se había escuchado en toda Austria. Una media voz bellísima, llena de sentimiento, la cual nos hizo remontar a épocas legendarias cuando pisaban la escena lírica tenores como Gayarre, Tamberlick y Mario. No hay en el mundo lírico actual otro tenor que pueda expresar tan musical y artísticamente y a la vez con una voz tan potente que puede ser dominada al antojo del Divo sin exageraciones, ni ahogos, ni fatiga vocal. Al finalizar la frase *Un trono vicino al sol*, aquel *sol* era un sonido suave, tenue que fue tomando fuerza y terminó por ensordecer al atónito público que no podía creer lo que escuchaba. El éxito fue rotundo y recibió una salva de aplausos que no cedía y tuvo que repetir la romanza aún mejor que antes le había cantado. ¡Nada!.... que nunca había pisado los escenarios de este noble país un tenor como Paoli, tenor completo de pies a cabeza".

Tras el extrordinario éxito en *El Trovador* y *Aïda* se anunció un nuevo abono para la ópera *Un ballo in maschera*, la cual se cantó siete veces. El teatro estaba repleto de público. Mezcla de clases, ricos y pobres y plebeyos, todos querían escuchar a Paoli y se pagaban precios increíbles por lo boletos. La Rivista Melodrammattica del 14 de junio de 1904 dice así:

UN BALLO IN MASCHERA - NUEVO TRIUNFO DEL TENOR PAOLI. "Fue el héroe indiscutible de la noche. Es inigualable como Riccardo. Podríamos decir que no tiene rival alguno que se le asemeje en este personaje. Tuvo que bisar el aria *Scherzo dei Follia* y la romanza *Ma Se Me Forza Perderti*, seguidas ambas arias por ovaciones inmensas. Paoli fue aclamadísimo durante toda la ópera y tuvo que responder a las innumerables llamadas que le hicieron salir a la ribalta infinidad de veces al final de cada acto".

Paoli era el tema del momento en todo Graz y se le ofrecían invitaciones a cenar en casas particulares, la mayoría de las cuales no podía aceptar pues cantaba casi todas las noches. La ópera, más esperada de la temporada era el *Otello* de Verdi, la cual se anunció para el 16 de junio.

El día 12 de junio se presentó en matinée a las tres de la tarde. Esta velada fue en honor de Paoli, quien recibió una enorme cantidad de regalos de sus compañeros de arte, de la empresa y del público en general.

Stadt-Theater.

Direktion: Alfred Cavar.

Sonntag den 12. Juni 1904

☞ Erste Vorstellung nachmittags 3 Uhr. ☜

Gastspiel des Signore Paoli.

Der Troubadour

(Il Trovatore)

Oper in vier Akten nach dem Italienischen des Camarano von
H. Proch. Musik von G. Verdi.

Spielleiter: Karl Dibbern. — Dirigent: Kapellmeister Paul Ottenhelmer.

Personen:

Graf von Luna	Josef Schwarze
Leonore	Klothilde Wenger
Azucena, eine Zigeunerin	Leopoldine Ullmann
Fernando, Waffenmeister und Vertrauter des Grafen von Luna	Max Gillmann
Manrico	**Paoli als Gast**
Ruiz, Manricos Freund und Kampfgenosse	Karl Koß
Inez, Leonorens Begleiterin	Benja Adalbert
Ein Zigenner	Friedrich Kracher
Ein Bote	Josef Smidt

Gefährtinnen Leonorens, Diener und Krieger des Grafen, Kampfgenossen Manricos, Zigeuner und Zigeunerinnen.

Die Handlung fällt in den Anfang des fünfzehnten Jahrhunderts und spielt teils in Biskaya, teils in Arragonien.

Entre todos esos regalos había uno que conservó con mucho amor y cuidado mientras vivió en Italia. Era una hermosa mata de pelo rubio trenzada que pertenecía a una bella joven austríaca a la cual, días antes, el le había dicho que su pelo era el cabello más bello que había visto en su vida. La joven, al otro día, se recortó el pelo y se lo llevó de regalo a Paoli la noche de su serata de honor. Esto conmovió mucho a Antonio y comentó que de todos éste era el regalo que más le había llegado a lo más profundo de su corazón. Tan pronto llegó a Milán, a principios de julio, mandó a hacer una urna de cristal donde colocó aquella hermosa prueba de admiración de una joven desconocida. A los pocos días de la velada en su honor, se presentó *Otello* con el siguiente reparto:

Donnerstag den 16. Juni 1904

Zyklus italienischer Opernaufführungen.
(Letzte Vorstellung.)

Othello

Opera in 4 Atti di G. Verdi.

Regie: Rudolf Reinecke. — Maestro di Musica: Gaetano Cimini.

Personaggi:

Othello	**Antonio Paoli**
Jago	**Francesco Bonini**
Cassio	Otto Brandes
Rodrigo	Karl Koß
Lodovico	Max Gillmann
Montano	Friedrich Kracher
Messo	Fritz Aigner
Desdemona	Martha Winternitz
Emilia	Leopold Ullmann

Senatori, Soldati, Popolo.

Esta ópera se cantó diez veces.

ANTONIO PAOLI

El diario La Correspondenza da Graz del 20 de junio de 1904 dice así:

> OTELLO, EXITO INMENSO DEL GRAN TENOR PAOLI - "El célebre tenor Paoli, ha obtenido un éxito extraordinario. Paoli, es un protagonista insuperable en el papel de *Otello*. Una imponente demostración y agilidad vocal. Bisó *El Esultate* y el *Addio Sante Memorie*. Entusiasmó también al público como actor dramático de primero línea. Fue grande e inmenso en el último acto. Posee un gran talento, a lo cual el público corresponde calurosamente".

El periódico Zeitzung Graz de 22 de junio le dedicó el siguiente editorial:

> ANTONIO PAOLI - "Indiscutiblemente, el cantante dramático más grande que ha pisado suelo austríaco es el tenor Antonio Paoli. Este se presentó aquí con un éxito nunca antes alcanzado por ningún otro artista lírico. El tenor triunfa plenamente por su voz, su figura, su personalidad, su musicalidad y su histrionismo. Gracias a su valiosa participación, ésta temporada ha sido la mejor temporada lírica que hemos tenido en los últimos veinte años".

Esa temporada se extendió por todo el mes de junio y Paoli fue muy celebrado. Otro célebre tenor español llamado José Palet, gustó también muchísimo en su interpretación del papel de Ferdinando en la bellísima ópera La Favorita de Donizetti. La crítica le fue muy favorable y se le comparó con el ilustre y legendario tenor Julián Gayarre. La revista La Rassegna Melodrammattica del día 24 de junio de 1904, analiza así la participación de Paoli en esa temporada llena de éxitos.

> NOTIZIE VARIE - "Paoli, el tenor que en estos días ha revolucionado al público má selecto de Graz, Austria, con las óperas *Aïda*, *Ballo in Maschera*, *Il Trovatore* y *Otello*, ha firmado dos contratos para la temporada de invierno. Este hecho demuestra, más que cualquier frase elogiosa, el grado de consideración tan grande al extraordinario tenor. Esos contratos cubren del día 15 de diciembre de 1904, al 25 de enero de 1905, en Lisboa, Portugal, y Madrid, España".

El día 30 de junio, Paoli presenta un recital de despedida a teatro lleno. Se pagaron precios fabulosos por los boletos y se llenó tanto el teatro que tuvieron que colocar sillas en los pasillos. El programa fue así:

STADTHEATER
Graz, Austria

Antonio Paoli
Tenor

1.- Esultate......Otello - Verdi
2.- Ora e per sempre......Otello -Verdi
3.- O Paradis......L' Africaine - Meyerbeer

-Descanso-

4.- Il Fior......Carmen-Bizet
5.- Figli Miei......Sansone et Dalila -Saint-Saens
6.- Celeste Aïda......Aïda-Verdi

EL LEON DE PONCE

-Descanso-
7.- Da voi Lontan......Lohengrin -Wagner
8.- Ah, Si Ben Mio......Il Trovatore-Verdi
9.- Di Quella Pira......Il Trovatore-Verdi

-Descanso-
Fausta Labia - Soprano
10.-O Patria Mia......Aïda -Verdi
Francesco Bonini- Barítono
11.-La Estrella del Atardecer- Tanhauser -Wagner

Paoli - Labia - Bonini
12.-Terceto......Il Trovatore -Verdi
Orquesta y Coro: StadTheather
Director: Oppenheimer

Al terminar este gran concierto el público enloqueció de tal manera que tuvieron que sacar a Paoli y los otros artistas por una puerta lateral del teatro custodiados para protegerlos del eufórico público. Esto fue algo insólito pués a este público se le había tenido siempre como reservado, frío y aristocrático y nunca antes ningún otro artista había logrado despertar allí un fanatismo tan extraordinario.

De Austria, se va a descansar unos días en su villa de Porto Ceresio. A los dos días de estar allí se presenta su secretario Pocholo con un telegrama del empresario Tagliafero quien le decía que le necesitaba muy urgentemente para cantar *El Trovador* en el Teatro Nacional de Sofía, Bulgaria. Le decía, además, que él pusiera su paga y sus condiciones. Paoli le contesta que su paga son dos mil francos por función (cantidad no pagada en ese entonces a artista alguno) y le dice, además, que quería descansar por unos días junto a su hijo Tonino y su esposa para disfrutar del verano en su villa. Tagliafero le envía otro telegrama con la oferta de doblar su paga si se presentaba enseguida en Bulgaría así que Paoli, se marchó esa misma noche por tren acompañado de Pocholo. Al enterarse el público búlgaro de que el tenor Bieleto había cancelado su participación, comenzó a devolver sus boletos pués también se anunciaba un aumento en el precio de las entradas. Paoli debutó en un teatro parcialmente lleno, pues una cuarta parte de los suscriptores habían cancelado. Al otro día las críticas de los diarios y el público que había asistido a la función causaron un revuelo y el teatro se vendió en su totalidad por las ocho funciones restantes. Se presentó pués como artista invitado y el reparto fue el siguiente:

8 de julio de 1904
Theater National
Sofia, Bulgaria

IL TROVATORE
Verdi

Leonora......Leonardi
Manrico......Paoli
De Luna......Palombini
Ferrando......Montana
Director: Maestro Capelli

Esta ópera se cantó allí ocho veces con éxito extraordinario, el teatro totalmente vendido y los boletos se pagaban a precios altísimos. Paoli se vió obligado a repetir todas las arias y dúos ante un público que no cedía y pedía más y más en forma eufórica. *La Pira* tuvo que ser trisada en cada función. El telegrama de Pocholo a Amalita dice así:

"*Trovador*, triunfo arrollador, éxito redondo, Paoli, bisó todas las arias. Público loco. Vienen siete funciones más con teatro lleno. Saludos". Pocholo, Sofía, Bulgaria, 10 de julio de 1904.

Tras el clamoroso triunfo en Bulgaria regresa a Porto Ceresio, Italia y a los pocos días se marchan a Modena donde estaba contratado para debutar con el *Otello* el día 2 de agosto. En esta ciudad se le esperaba con un teatro completamente vendido, pues las localidades se agotaron a los dos días de anunciarse su debut. Modena, ciudad ubicada al norte de Italia, era muy importante y rica por su agricultura. Tiene una importante catedral romanesca del siglo XII y un importante museo con riquísimas colecciones de arte. Años más tarde se haría muy famosa por haber sido cuna del célebre tenor Luciano Pavarotti y la soprano Mirella Freni. El reparto fue así:

2 de agosto de 1904
Teatro Comunale
Modena, Italia

OTELLO
Verdi

Otello......Antonio Paoli
Desdémona......Emilia Leonardi
Iago......Francesco Bonini
Cassio......Manfredi Polverosi
Roderigo......Giuseppe Montanari
Director: Tulio Serafín.

Esta ópera se cantó los días 2,4, 5, 6, 8 y 15 de agosto a teatro lleno. El director fue el Maestro Tulio Serafín a principios de su gloriosa carrera en la que llegó a ser uno de los mejores directores de orquesta del mundo, muy respetado y querido por todos los artistas y todos los públicos. El telegrama recibido en Milán dice así:

"Paoli-Otello-Módena. Triunfo completo, éxito sin precedente. Paoli, bisó *Esultate, Sante Memorie* y *Monólogo. Otello* sin rival".

Luego se anunció que cantaría la ópera *Un Ballo in Maschera*. Todas las localidades se vendieron de inmediato. El reparto fue así:

5 de agosto de 1904
Teatro Comunale
Modena, Italia

EL LEON DE PONCE

UN BALLO IN MASCHERA
Verdi

Riccardo......Antonio Paoli
Amelia......Aïda Alloro
Renato......Francesco Ma. Bonini
Oscar......Anna Cremona
Ulrica......Emilia Leonardi
Coro y Orquesta Comunale
Directtore: Tulio Serafín

Esta ópera se cantó los días 5, 9, 11, 13 y 17 de agosto. El telegrama dice:

Modena-Ballo- "Paoli, Riccardo espléndido. Bisó el *Scherzo* y el aria. Fue aplaudidísimo junto a la Alloro en el duo *Teco Io Sto*. Triunfo completo"

Paoli arrastró al público de Modena a raudales, llenando el teatro todas las noches. Este lo aplaudía en forma delirante. Al terminar allí su participación en la temporada de verano, se marcha a descansar a Porto Ceresio donde permanece parte del mes de agosto en completo reposo en el Lago Lugano. A fines de agosto, llegó su secretario Pocholo, con un jugoso contrato para Rusia que acepta y firma de inmediato, pues era un contrato muy ventajoso. Acepta también otro contrato para cantar en Torino con los mismos artistas de Modena en la Compañía de Tulio Serafín, pues el tenor que lo sustituyó al terminar en Modena, fue un fracaso. A principios de septiembre se marcha a Torino, donde debuta el día 4 de septiembre con el siguiente reparto

4 de septiembre de 1904
Teatro Vittorio Emmanuelle
Torino, Italia

IL TROVATORE
Verdi

Manrico......Antonio Paoli
Leonora......Aïda Alloro
De Luna......Francesco Bonini
Ruiz......Manfredi Polverosi
Ferrando......Nazarreno Franchi
Direttore: Tulio Serafin

Esta ópera se cantó además los días 5, 6, 8, 10,1 2 y 15 de septiembre, para un total de siete funciones a teatro lleno. El telegrama a Amalita dice:

"Antonio, triunfo absoluto. Manrico inigualable. Bisó *Serenata* y *El Adagio*, trisó *La Pira*. Público entusiasmadísimo". Firma: Pocholo.

Cantó luego la ópera *Los Hugonotes* de Meyerbeer con el siguiente reparto:

121

9 de septiembre de 1904
Teatro Vittorio Emmanuelle
Torino, Italia

GLI UGONOTTI
Meyerbeer

Margarita......Aïda Alloro
Valentina......Virginia Guerrini
Raul......Antonio Paoli
Nevers......Francesco Bonini
St. Bris......Mateo Bevarri
Direttore: Serafín

Esta ópera se cantó los días 9,11 y 13 de septiembre. El telegrama de Pocholo a Amalita dice:

"Hugonotes éxito en toda la línea. Antonio único. Público frenético, aplaudió hasta el delirio".

El éxito, pués, fue verdaderamente extraordinario en ambas óperas. Tras esta corta temporada de verano se marcha a Milán. Recibe allí noticias de que tenía cubierto el año 1905 en varios teatros de ciudades importantes. Hace arreglos en la embajada española de Milán para un nuevo pasaporte y luego marcha a Porto Ceresio a disfrutar de las gracias y peripecias de su adorado hijo Tonino. Tras dos semanas de un bien merecido descanso se marcha a España pero no sin antes visitar a Amalita en Milán donde se entera de que el gran compositor Giacomo Puccini estaba requeriendo en amores a su amiga la soprano mexicana Lucila Maldonado. Así que Paoli fue a verla y le recomendó que se cuidase de personas como Puccini quien, al igual que Toscanini, era muy mujeriego. Le hacían grandes promesas a jóvenes incautas e inocentes como ella y, luego que tenían relaciones, las dejaban plantadas y destruídas artística y moralmente.

Al volver Puccini a insistir en invitarla a comer, Lucila se hizo acompañar por Paoli quien dijo a Puccini: "Esta muchacha es como mi hermana, si te propasas con ella, te las vas a ver conmmigo". Puccini se molestó mucho y le trató con palabras fuertes a lo que Paoli respondió agarrándole por la correa del pantalón, y levantándolo en vilo, le dijo: "Tú eres un compositor de bodegas y ya sabes que esto es sólo un aviso". Puccini, se marchó muy enojado y Paoli jamás quiso cantar sus óperas. En una ocasión alguien le preguntó por qué no cantaba obras de Puccini, a lo cual contestó: "Ese infelíz!!!... es un buen compositor ...una pena que sea tan bellaco...".

Después de salvar a Lucila de las garras de Puccini, se marchó a España. Tras unos días en Barcelona visitando varios amigos, se marcha a Navarra. Visita en El Roncal la tumba de Julián Gayarre y luego se marcha a Madrid. Las visitas a la tumba de Gayarre se hicieron una especie de rito pues en adelante no hizo una sólo viaje a España sin que visitara primero la tumba de su héroe, el tenor de tenores, Julián Gayarre. En Madrid se instala en su piso en la calle de San Bernardo No. 38. Tras unos días allí, se marcha a Cádiz donde estaba contratado para cantar *Otello* en el Teatro Municipal. También cantaría allí Los Hugonotes. Tras varios días de ensayo se presenta el día 15 de octubre. El reparto fue el siguiente:

EL LEON DE PONCE

15 de octubre de 1904
El Gran Teatro
Cádiz, España

OTELLO

Otello......Antonio Paoli
Desdemona......Maria Clausens
Iago......Lorenzo Bellagamba
Cassio......Virgilio Plinio
Roderigo......Vittorio Montana
Director: Luis Villa

Esta ópera se cantó cuatro veces en Cádiz. El telegrama a Amalita dice así:

"*Otello* - Público entusiasmadísimo - Antonio aplaudido Bisó todas las arias principales y dúos. *Otello* glorioso". Pocholo.

Se presenta luego en Los Hugonotes con el siguiente elenco:

18 de octubre de 1904
El Gran Teatro
Cádiz, España

LOS HUGONOTES
Meyerbeer

Margarita......María Clausens
Valentina......Ana Torreta
Nevers......Antonio Vidal
Raul......Antonio Paoli
Marcelo......Luis Verdaguer
St. Bris......José Mardones
Director: Maestro Villa

Esta ópera se cantó tres veces en Cádiz. El telegrama de Pocholo a Amalita dice:

"*Hugonotes* - Antonio - Raul genial - muy aplaudido en especial *Bianca al Par* - Bisado. Teatro lleno - Exito rotundo. Mardones, extraordinario". Pocholo.

Al terminar esta corta temporada se marcha a Madrid. El día 30 de octubre ofrece un recital privado para la familia Real en el Palacio de Oriente. Este recital fue en honor a la Infanta Doña Isabel de Borbón y asistieron algunos invitados especiales. Paoli había hecho un compromiso verbal con la Reina de que siempre que fuese a cantar a Madrid, presentaría cada vez un recital para ella y su familia en prueba del inmenso agradecimiento que llevaba siempre en lo más recóndito de su ser por haberle ayudado tanto. En ese recital ofreció primero *El Himmo a la Virgen* con la música de la Marcha Real cantando a todo pulmón. Cantó luego varias composiciones como sigue:

123

ANTONIO PAOLI

30 de octubre de 1904
Palacio de Oriente
Madrid, España

Recital Privado
Antonio Paoli

1. Himmo a la Virgen Maria
2. Improviso......Andrea Chenier (Giordano)
3. Ora e Per Sempre......Otello (Verdi)

- Descanso -

4. Ah, Si Ben Mio......Il Trovatore (Verdi)
5. Celeste Aïda......Aïda (Verdi)
6. Bianca al Par......Los Hugonotes (Meyerbeer)

- Descanso -

7. La Jota......La Bruja (Chapi)
8. Romanza......La Tempestad (Chapi)
9. Jota......La Dolores (Bretón)

Al piano: Pablo Luna

Terminado el recital, la Reina le prendió en el pecho la Gran Cruz de Isabel la Católica y le hizo Cantante de Cámara. Fue éste el primer galardón que recibió Paoli de los muchos que otros poderosos monarcas habrían de otorgarle.

Una tarde recibe en su casa la visita del gran dibujante español Don Marcelino Unceta y López, quien le hizo un dibujo a lápiz, vestido de Turridu, tal como apareció ataviado en Nueva York en 1902 en *Cavalleria Rusticana*, cosa que Paoli agradeció mucho.

Después de unos días de descanso en su piso de Madrid se marcha a Valencia para la apertura de la temporada de ópera invernal en el Teatro Principal, lugar en que había cantado por primera vez una ópera completa siete años atrás.

El diario Las Provincias de Valencia publica la siguiente nota en su edición del día 22 de noviembre de 1904:

TEATRO PRINCIPAL- "Funciones fuera de abono que serán cantadas por los señores Biel y Paoli del 20 al 30 de noviembre. Biel en *Africana*, *Aïda* y *Carmen*. Paoli cantará *Otello* nuevamente como despedida del 1 al 10 de diciembre".

Al tenor Julián Biel, junto a Paoli, se les consideraba los mejores intérpretes de la ópera *El Trovador* de Verdi. Era un tenor muy admirado en toda Europa. Había estudiado con el célebre barítono Antonio Cotogni.

El entusiasmo era extraordinario y los abonos fueron cubiertos al anunciarse la participación de estos magníficos tenores. Los valencianos tuvieron la oportunidad de juzgar a los dos tenores del momento más demandados por toda Europa. La empresa quería que se cantase la ópera *El*

124

EL LEON DE PONCE

Trovador, pero cada uno de los afamados tenores se opusieron al unisono ya que eran grandes amigos y se admiraban mutuamente. Paoli asistió el 20 de noviembre al debut de Biel en *La Africana*, al igual que Biel asistió al debut de Paoli en *Otello* el día 4 de diciembre. El 2 de diciembre el diario Las Provincias publicó lo siguiente:

> "El tenor Paoli debutará muy breve en la ópera Otello. Este artista que viene precedido de gran fama es español y su carrera ha sido aprovechada. Ha cantado también en la Opera de París y la temporada italiana del Covent Garden de Londres. Desde aquí marchará a Lisboa y a Madrid y luego cantará en Rusia".

El 4 de diciembre Las Provincias publica este artículo:

> "Hoy, como hemos anunciado hará su presentación al respetable público valenciano el notable tenor, señor Paoli, en la grandiosa ópera en cuatro actos del Maestro Verdi Otello. Es tal la expectación que existe por los deseos de conocer a tan excelente artista que se augura un lleno. El pedido tan extraordinario en demanda de localidades hace presumir que no quede una sola de éstas. Muchos celebraríamos confirmar los rumores altamente ventajosos para tan distinguido tenor".

El lleno del teatro fue tan extraordinario que se tuvieron que colocar sillas en medio de los pasillos. El reparto fue el siguiente:

4 de diciembre de 1904
Teatro Principal
Valencia, España

OTELLO
Verdi

Desdémona......Maria Santaoliva
Iago......Lorenzo Bellagamba
Otello......Antonio Paoli
Ludovico......Sr. Saludas
Montano......Sr. Bordasio
Teatro y Coro: Teatro Principal
Director: Maestro Petri

Esta ópera se cantó seis veces con el mismo reparto y teatro lleno en cada función donde Paoli obtuvo un éxito extraordinario. El día 5 de diciembre el diario Las Provincias publicó:

OTELLO - TEATRO PRINCIPAL - ANTONIO PAOLI - TENOR- "Mucho éxito tuvo en la función del sábado este excelente artista, debido en gran parte al deseo que tiene nuestro público de oír algo que no sea la eterna mediocridad a la que nos vemos condenados. El teatro ofrecía bonito aspecto por lo concurrido que se hallaba. En rigor, no es este tenor una celebridad, pero si es un buen tenor. Tiene una voz muy intensa de timbre especial por su impostación muy atenorado. Posee una buena escuela, matiza al cantar y sabe sostener las notas agudas con decisión, briosamente, lo cual no hay que decir que se basta para arrebatar a nuestros abonados y diletantes que miden el arte por la resistencia de su tiempo auditivo.

ANTONIO PAOLI

El arrecio musical lo posee el tenor Paoli en buenas condiciones. La pronunciación es clara y el acento justo. Procurábase más de cantar que de representar, lo cual no es muy bueno para los públicos de tenores, pero sabe cómo hacerlo para obras en la interpretación del *Otello*. Esto no obstante sería injusto no reconocerlo, que el señor Paoli tuvo momentos expresivos y frases dichas con excelente intención dramática, que prueba que también puede interpretar apropiadamente los tipos teatrales cuando se lo proponga. La frase de salida, la cantó brillantemente y el público, sin más, le obligó a repetirla. El mismo artista debió quedar sorprendido al ver esto. La repetición fue mucho mejor que la primera. Así se mantuvo el artista toda la noche, unas veces, haciendo recordar a otros intérpretes de *Otello*, otras haciendo pruebas de que su labor satisfacía enteramente al público. Tuvo momentos felices y debe señalarse como algo sobresaliente del artista, todo el monólogo del acto tercero, después de la escena con Desdémona, en donde el señor Paoli, manifestó emoción y verdad en el estado del personaje, mostrando real talento para expresar las diferentes gradaciones de exaltación porque pasa el alma de *Otello*. Fue éste el momento en que vimos más completo al señor Paoli, pues otras veces dedicaba preferente atención a subrayar tan sólo las líneas generales de su papel, ya de suyo bien acentuado. Hace incisivos sólo los rasgos salientes, dejando en la sombra los matices y los detalles de ciertas situaciones. Recordamos las primeras frases de las escenas con Yago, acto segundo, y con Desdémona, acto tercero, que requieren flexibilidad y sutileza de interpretación. En resumen, gustó el tenor Paoli. Sus arranques expresivos, sus notas agudas y claras entusiasmaron como era de presumir. Sus detalles fueron buenos. Los apreciaron los que entienden de estas cosas y en general fue muy aplaudido singularmente al terminar los actos tercero y cuarto en los cuales mostró con más relieve sus buenas condiciones de artista. Poco podemos decir de los demás intérpretes. La Srta. Santaoliva, domina poco la obra. La defendió discretamente y merece elogios en los momentos dramáticos del acto tercero, escena con *Otello*, y en el segundo acto. Los demás artistas fueron enteramente suficientes. La orquesta trabajó con fe, haciendo todo cuanto pudo, dado que casi ha debido improvisar la obra. Cada día se nota más la falta de instrumentos de cuerda. Hay momentos en que no se oye nada".

Paoli se molestó muchísimo con esta crítica llena de contrariedades y visitó la redacción del periódico donde dejó oír su descontento. El día 5 de diciembre, cantó *Aïda* como detallamos a continuación:

5 de Diciembre de 1904
Valencia, España
Teatro Principal

AÏDA
Verdi

Aïda......María Santaoliva (después Srta. Villani)
Radamés......Antonio Paoli
Amonasro......Lorenzo Bellagamba
Amneris......Srta. García Rubio
Director: Maestro Petri

Esta ópera se repitió con el mismo reparto excepto *Aïda* , que fue la Villani, el día 10 de diciembre. La crítica del 6 de diciembre dice así:

EL LEON DE PONCE

AÏDA- VERDI- TEATRO PRINCIPAL- VALENCIA - "Anoche *Aïda*, valió nuevo triunfo al tenor Paoli. Más amplia esta obra desde el punto de vista de la interpretación dramática permitió al tenor lucir más intensamente sus condiciones de cantante, como las facultades se prestan a los efectos de media voz, ayer también la empleó con fortuna y la romanza *Celeste Aïda*. Fue ocasión para que fuese sumamente aplaudido. En realidad la cantó con dulzura y delicadeza. Pero, en el tercer acto fue donde la obra llegó a su momento, al dar agudos. Sin duda de que gusta la mayoría de los aficionados de por acá, hizo un verdadero derroche de facultades. Como tiene voz poderosa aquello resultaba ensordecedor con gran contentamiento de los oyentes. ¡Que calderones! ¡Que notas vibrantes! Sostenidos y esforzados durmiéndose en lo fuerte como dicen los aficionados y cada uno de estos acordes que sin recursos de ningún género produjo el artista, era recibido con una formidable salva de aplausos. No se le aplaudió pues con preferencia a talento, ni tuvo que poner el Sr. Paoli, emoción ni convencimiento, ni pasión, ni intenciones, ya lo conocía el muy bien. Dejó a un lado los detalles de artista, que no hubieran sido apreciados y triunfó por la fuerza, por la imposición de sonoridad, como se triunfa aquí siempre. Sería injusto no reconocer que también tuvo momentos delicados, singularmente en el acto cuarto, donde el dúo al final le dió ocasión para hacer detalles de puro efecto pero no por lo mismo también de aplauso. Los demás artistas estaban justamente fatigados. La Srta. Santaoliva hizo una muerte muy artística esto no era lo de otras veces. Nuestro aplauso a la Srta. Santaoliva". Diario Las Provincias - Valencia.

El día siete se hizo a Paoli un ágape en la residencia de la familia Cordero Rua, en las afueras de la ciudad de Valencia. A esa fiesta asistieron, Antonio, Julian Biel, Lorenzo Bellagamba, la Santaoliva, la Villani, la García Rubio y el Maestro Petri. Cantaron arias y dúos de óperas, se les preparó una magnífica paella valenciana y se les obsequió con los mejores vinos de la comarca. Allí mismo se hicieron planes para presentar la ópera *Lohengrin*, de Wagner, fuera de abono, como una cosa especial para la temporada.

8 de diciembre de 1904
Teatro Principal
Valencia, España

LOS HUGONOTES
Meyerbeer

Margarita......María Santaoliva
Valentina......Srta. García Rubio
Nevers......Sr. Vidal
Raul......Antonio Paoli
Marcelo......Sr. Orsi
Director: Petri

El 9 de diciembre sale la siguiente crítica en El Diario Las Provincias:

LOS HUGONOTES - TEATRO PRINCIPAL- VALENCIA - "Anoche como hace ya tiempo siempre que se representa aquí *Los Hugonotes*, resulta la cosa con tal propiedad que verdaderamente es la de San Batierers, la que aquí se representa. Todos los Hugonotes de ayer pueden reducirse al racconto de salida de Raul y al dúo del cuarto acto. En el primero, el señor Paoli demostró su escuela de canto manejando hábilmente los efectos de voz y cantando con gusto exquisito. En el dúo tuvo momentos pasionales de positivo valor y frases dramáticas

127

dichas con afecto justo ¡Oh! terrible momento, en donde el artista llegó a hacer sentir de
veras con notas brillantes que tantos aplausos le valen de parte de los aficionados al género.
La ópera de Meyerbeer pareció descocida, llevándose a trozos y tan sólo podemos señalar a
la Srta. García Rubio en el acto segundo por su discreta labor, y a la Sra. Santaolivia en el
cuarto acto. La artista supo dar impresión dramática y auxilió al Sr. Paoli, quien debió
terriblemente sentirse desorientado al ver la indecisión que por todas partes le rodeaba. Fue
aplaudidísimo".

Al público, sin embargo, le gustó la actuación de Paoli, lo que en realidad le molestaba a los
españoles era el tema tan escabroso del asunto de religión. El día once se presenta *Lohengrin* pero
improvisadamente pués no se hicieron ensayos y resultó así:

11 de Diciembre de 1904
Teatro Principal
Valencia, España

LOHENGRIN
Wagner

Elsa......Srta. Alabán
Telramund......Lorenzo Bellagamba
Lohengrin......Antonio Paoli
Ortrud......Srta. Nabon
El Rey......Sr. Vidal
Director: Petri

Las Provincias del 12 de diciembre publica una crítica muy severa:

TEATRO PRINCIPAL-LOHENGRIN - "El sábado, presenciamos una de las más desdichadas
ejecuciones de *Lohengrín*, sin preparación ni ensayo. El Sr. Paoli no pudo enterarse de los
cortes que hay que hacer, ni de los movimientos de los personajes, hecho que resultó una cosa
desbaratada como pocas. Había ganas de ver a Paoli, de quien se había anunciado grandes
novedades y excelencias. Evidentemente el notable artista como siempre ocurre, los amigos
le perjudican más que otra cosa. El sábado no pudo demostrar que hace un *Lohengrin* propio,
único, waneriano, etc... como se había dicho. Obra esta de conjunto no puede improvisarse
y lo del sábado fue una improvisación en cierto modo. El Sr. Paoli, hizo lo que las circunstancias le permitieron y en su labor hay que distinguir tres momentos. Cuando quiso hacer
un buen arte y no pudo, cuando pudo no lo hizo y cuando pudo y lo hizo realmente.
Recordamos a muchos y excelentes Lohengrins. Aquí vistos, de Marchi, Garrolli, Viñas y
aunque esto no quiere decir que el sr. Paoli estuviera inferior ni con mucho a aquellos artistas,
es lo cierto que a tales nombres van obtenidos los recuerdos de representaciones ya pasadas.
El falsete de que el señor Paoli, hace halago, hace que muchos prefieran la media voz. Por
más que el lo use con maestría, seguramente que de otro modo hubiese gustado más. La
despedida del Cisne, en la cual también pudo observarse poca emoción y más cuidado por
el artificio de la voz, que por el sentimiento. En cambio todas las frases siguientes. Salve o
sovran etc... nos demostraron que el sr. Paoli, conoce *Lohengrin* y que puede hacer de él obra
de verdadero artista. Todas las condiciones necesarias para estas frases tuvieron un estilo
propio, fueron admirablemente puestas al relieve y si se notó cierta tendencia de lentitud,
no era achacable al cantante. Lo diremos aquí, en las palabras que dirige al Rey y a Elsa.

EL LEON DE PONCE

En el último acto es donde Paoli se mostró digno de los mejores elogios desde el punto de vista de la comprensión y ejecución de la obra de Wagner. Fue la voz seria y valiosa. No volvemos a encontrar nada notable hasta el acto tercero, en la gran escena con Elsa, no vimos al artista en tensión verdaderamente dramática. Había allí inseguridad e indecisión. Podemos señalar detalles aislados tales pero muy buenos. Las frases *D'Incauto arcano* como lo hecho, dadas con notable espresión de exactitud y afecto. ¡Ojo! emocionar, con acuerdo a las intenciones del libro. Los momentos del final *Ah, che bel Regno* fueron asimismo interpretadas a conciencia. En el *Racconto* empezó también cierta indecisión pero pronto se fue animando el artista y le dio calor e intención a la frase. Mucha nobleza y poco lirismo. En una palabra realizó obra digna de aplauso. También queremos recordar otros detalles de la representación, en donde si no pudo romper el Sr. Paoli contradicciones veneradas, por no haber ensayado, señaló que sabe lo que debe hacer.

El final del acto segundo, en donde hubo menos cuadro de figuras de cera, que aquí hace siempre y el cortejo se metió en la iglesia como es debido, el cantante se vió en duda situación y hasta se comió algunas frases, efecto sin duda de no haberse puesto de acuerdo parta los cortes. Hubo sus trozos conferidos a la galería y cierta monotonía de apoyar la voz antes de dar la nota, ejemplo *Dire velar L'Arcano perche nobil mio*, el público aplaudió al Sr. Paoli y aunque de lo mucho bueno que hizo, no se hizo gran elogio. En cambio cuando cantaba a toda presión a diletante, emitiendo sus notas claras, sostenidas y vibrantes cuando decía *Eccelsa Io t'amo*, la ovación era grande al terminar y también entusiasta y atronadora. Por otra parte creemos que el Sr. Paoli, puede hacer un notable *Lohengrin*. El sábado sólo nos dió un boceto poco preciso de él. La Srta. Nabón estuvo más feliz que nunca. Seguramente que el Sr. Paoli habrá cantado *Lohengrin*, con muchas Elsas eminentes, pero si su temperamento de artista siente todos los matices del espíritu podría ver anoche que tenía ante sí, cosa muy distinta a la Elsa de teatro experimentada y por tanto siempre fingida, anoche cantaba con la ingenuidad de veras, con la sencillez de la joven Doncella de Brabante, la Sra. Alaban. Además de la estudiosa y afinada labor que constantemente realizó como lo hizo. En el dúo con *Lohengrin*, tuvo detalles muy sentidos, cantando con expresión y con mucho gusto, y dando a su voz inflecciones delicadas o brillantes según la situación lo requería. El público la aplaudió muy expresivamente compartiendo con Paoli, los aplausos. De lo demás de *Lohengrin*, vale más no hablar".

El 13 de diciembre se canta *Otello* como despedida de Paoli, pues tenía un contrato que cumplir. Este se cantó con el mismo reparto del día 4 de diciembre. El diario Las Provincias publicó el 24 de diciembre el siguiente artículo:

OTELLO, DESPEDIDA DE PAOLI - "El tenor Paoli, quiso marchar dejando un buen recuerdo y cantó la ópera de Verdi mejor que ninguna noche. La frase de salida la hubo de repetir entre grandes aplausos, los cuales como en la primera noche, se repitieron en el transcurso de la obra. Merece mención especial el monólogo del acto tercero, porque en él realiza el Sr. Paoli, la voz notable del todo y anoche singularmente se mostró expresivo, dramático, justiciado en la interpretación y dando al gesto y a la voz las inflexiones de los momentos pasionales. Fue la voz meritísima que le valió una justa ovación. Por lo demás, confirma el Sr. Paoli la impresión primera que nos hizo la primera noche. Parece ser que este tenor cree que en las noticias tiene intervención contraria. Nuestras crónicas demuestran que sólo la justicia inspira nuestros actos. Nos resultó contraproducente la lluvia de papelitos al finalizar la ópera, como si fuera aquello las trullas del sábado de gloria".

En Milán, los periódicos se hacen eco del triunfo de Antonio en Valencia. Es así como lo resume La Rivista Rassegna Melodrammattica del 20 de diciembre de 1904:

129

ANTONIO PAOLI

"El tenor Paoli, debuta con el *Otello*, levantando un entusiasmo inmenso. Después de *Otello*, cantó *Los Hugonotes* y *Lohengrin* en las cuales el éxito del célebre tenor ha tenido una confirmación extraordinariamente espléndida. Rara vez el público valenciano se entrega a demostraciones como aquella de que fue objeto en estos días el tenor, de la espléndida y estupenda voz. Tuvo que repetir las arias principales tras ovaciones indescribibles. Luego cantó *Aïda* con el mismo éxito. Junto a él cantaron la soprano Maria Santaoliva como Aïda y luego la Srta. Villani". Firma: El corresponsal de Valencia.

El periódico La Lanterna del 24 de diciembre de 1904, dice:

AÏDA EN VALENCIA - TEATRO PRINCIPAL - "No tenemos los nombres de los otros artistas que cantaron con el tenor Paoli en esta temporada. Sabemos que Paoli cantó cuatro óperas que fueron *Aïda*, *Los Hugonotes*, *Lohengrin* y *Otello*, lo cual fue un triunfo colosal para el célebre tenor. Fue estupendo su Raul en *Los Hugonotes* en la cual se vió obligado a repetir la romanza *Bianca al Par* y el dúo final *Dirlo Ancor che m'ami*, tras ovaciones imponentes. Fue muy aclamado al finalizar *El Settimino* (siete voces al unísono). El éxito ha sido atronador, como no se había visto nunca antes en Valencia". Firma: Corresponsal Valencial.

El día catorce Paoli parte en tren para Lisboa vía Madrid. Llega a Lisboa el día quince y se reporta inmediatamente al Teatro Real de San Carlos.

En esa temporada tomaban parte varios artistas célebres entre los que estaban la gran soprano dramática italiana Elena Bianchini-Capelli, la gran diva norteamericana Eleonora de Cisneros, quien era una excelente contralto. Entre los tenores estaba el gran tenor wagneriano Giuseppe Borgatti, el conocidísimo tenor Edoardo Garbin, quien era famosísimo por sus agudos certeros. También el famoso tenor catalán Francisco Vignas, quien era también conocidísimo por sus interpretaciones wagnerianas. El famosísimo barítono Mario Ancona conocido en todo el mundo como uno de los mejores barítonos de su época, además de otros artistas notables. Había gran entusiasmo en Lisboa por escuchar y ver actuar al Tenor de Moda como le llamaban los diarios del país. Inaugura Paoli la temporada invernal del Teatro San Carlos el 18 de diciembre, con un teatro repleto de público ansioso de escuchar algo nuevo, algo que les excitara, no querían escuchar nada mediocre. El elenco escogido era estupendo y aquí lo detallamos:

18 de Diciembre de 1904
Teatro San Carlos
Lisboa, Portugal

OTELLO

Desdémona......Aïda Alloro
Emilia......Margarita Manfredi
Otello......Antonio Paoli
Yago......Giuseppe Kaschmann (luego Mario Ancona)
Cassio......Dante Zucchi
Ludovico......Rodolfo de Falco
Montano......Edoardo Medosi
Roderigo......Guzmano Barbieri
Director: Vincenzo Lombardi

–33a–

LISBOA

Real Theatro de San Carlos

Empreza JOSÉ PACINI — *Época de 1904-1905*

Companhia de Opera Lyrica

ELENCO
Directores de orchestra
Acerbi Domenico — Lombardi Vincenzo

Substituto	*Mestre de coros*	*Director de scena*
Moro Romualdo	Codivilla Francesco	Cecchetti Giuseppe

Sopranos e meios sopranos
Alloro Aida, *até fim de Janeiro* — Almansi Margherita
Bianchini Cappelli Elena, *de 1 de Fevereiro a Março* — Boyer Maria, *Fevereiro*
Calligaris Marti Rosa, *até fim de Janeiro* — Canovas Enrica
Cisneros Eleonora — Dehlander Concetta — Giachetti Rina, *Fevereiro e Março*
Leonardi Emma — Palermi Lery Adriana — Pucci Esmeralda

Primeiros tenores
Borgatti Giuseppe, *Fevereiro e Março* — Garbin Eduardo, *15 de Fevereiro a Março*
Mariacher Michele, *até 20 de Janeiro* — Paoli Antonio *até fim de Janeiro*
Sansó Paolo — Schiavazzi Piero, *Fevereiro e Março*
Signorini Francesco, *Fevereiro* — Vignas Francesco, *até 5 de Fevereiro*

Primeiros baritonos
Ancona Mario, *de 22 de Janeiro a Março* — Arcangeli Alessandro *até fim de Fevereiro*
Bouvet Max, *até fim de Janeiro* — D'Albore Emilio
Kaschmann Giuseppe, *até 20 de Janeiro*

Outro primeiro baritono
Mentasti Virgilio

Primeiros baixos
De Falco Rodolfo — De Grazia Giuseppe — Mariani Alfonso — Spoto Mario

Outro primeiro baixo e generico
Medosi Eduardo

Comprimarias
Manfredi Margherita — Giussani Marcella

Tenores comprimarios	*Baixo comprimario*
Barbieri Gusmano — Zucchi Dante	Stagni Terzi Colombo

72 professores de orchestra — 72 corista — 30 professores de Banda

---

CORPO DE BAILE

Maestro coreographo	*Director de orchestra*
Cecchetti Giuseppe	Fabi Gualtierio
Primeira bailarina genero Francez	*Primeira bailarina genero Italiano*
Bossi Ernestina	Castaldi Anneta
Travesti	*Primeira mimica*
Cerri Laura	Mantovani Ada

Solistas
De Mauri Ercolina — Villa Eugenia — Massa Gina — Vanni Elvira
Morandi Eleonora — Rossini Erminia — Cecchi Annina — Rosa Margherita

24 bailarinas para os bailados das operas e 36 para o Baile

REPORTORIO
Operas novas:

CABRERA, do maestro **Dupont.**

GRISELIDIS, do maestro **Massenet,**

MANOEL MENENDEZ, do maestro **Filiasi.**

THAIS, do maestro **Massenet.**

Esta se repitió los días 19, 21 y 30 de diciembre 1904 y el 6, 7, 12 y 20 de enero de 1905 para un total de ocho funciones. El diario O Día de Lisboa, del día 19 de diciembre, dice así:

OTELLO - "El personaje protagonista se presenta por primera vez en el San Carlos. Es el tenor Señor Paoli. Este posee para esa parte todas las condiciones necesarias sin llegar a la vulgaridad. Tiene voz suficiente y se roba el espectáculo, ya que es un tenor que emite sonidos sobrehumanos cantados. Paoli nos parece un artista completo, con el cual se puede contar siempre. Su pronunciación es perfecta y su figura complementa a la voz que oímos. Su *Otello* fue muy cuidadoso en la pronunciación y su figura lo completa o ayuda".

El diario L'Intranjent de Lisboa del 20 de diciembre dice así:

OTELLO - TEATRO SAN CARLOS - PAOLI, VERDADERO TENOR DRAMATICO - "El *Otello* de Verdi fue cantado por el tenor Paoli como hace mucho tiempo no se escuchaba una voz así en nuestro primer teatro. De magnífica figura, elegante y con una frondosa y bien cuidada barba que lo hace aparecer como un dios mitológico. Su voz es esquilante, penetrante, y a la vez hermosa, de bello timbre y color poco común en los tenores dramáticos, además de muy musical. *El Esultate*, resultó algo increíble y tuvo que repetirlo dos veces más bajo una salva de estruendosos aplausos. No podríamos decir cuando la cantó mejor pues las repeticiones resultaban más bellas cada vez que la cantaba. Lo mismo ocurrió con el *Ora e per sempre addio*, el cual tuvo que bisar y el monólogo del tercer acto *Dio mi potevi*, el cual tuvo que repetir tres veces. Esto es algo increíble pues nunca habíamos escuchado a un tenor tan seguro de sí mismo y de su voz, que sabía que podría repetir las romanzas sin menoscabo de su voz. Lo mismo resulta en el cuarto acto el monólogo de la muerte de *Otello*, nos tenía a todos con los cabellos erizados. Estuvo muy afortunado también en los dúos con Desdémona. La Srta. Alloro y Yago el barítono Kaschmann, resultaron extraordinarios. Cuando se trata de artistas de primer orden y cartel todo sale bien y eso ocurrió con esta inolvidable función de *Otello* que esperamos se vuelva a repetir más adelante en esta temporada con el mismo éxito. Estamos ansiosos de escuchar nuevamente al celebrado tenor en las próximas reposiciones a venir en este noble teatro".

Llegan las noticias a Italia y se se publican varios artículos. La revista La frustra Teatrale de Milano 10 de enero 1905 dice:

TEATRO SAN CARLOS - LISBOA - PORTUGAL -OTELLO- "La inauguración de la temporada fue con el *Otello* de Verdi. El Paoli no ha desmentido la fama que lo ha precedido. Es un gran artista con toda la fuerza de la palabra. En *El Esultate* y en el *Addio Sante Memorie* hace exaltar al público. En el cuarto acto fue inmenso". Firma: Don Alvaro- Corresponsal.

La Gazzetta Teatrale Italiana - Milán, 30 de diciembre de 1904 dice:

OTELLO EN LISBOA -"Paoli, se reveló como un artista de gran mérito. Posee una voz voluminosa, vibrante, de buen timbre, de emisión segura, sostenida en el registro agudo, enérgica y brillante como la escuchamos en el dúo al final del segundo acto (*Si pel ciel*) y dulce y tocante como en el dúo de amor al final del primer acto. Pronuncia bien y acentúa las situaciones dramáticas con medida justa". Firma: Corresponsal de Lisboa.

La Rassegna Melodramática de Milán del 31 de diciembre de 1904 dice:

LISBOA - TEATRO SAN CARLOS - OTELLO - "Ya fue inaugurada la importante temporada de ópera con el *Otello*. Protagonista el tenor Paoli. Nuevo para este público. Su éxito fue espléndido, es un artista que posee cualidades dignas para representar la parte del Moro, en un teatro de primera categoría como lo es el Teatro San Carlos. ¡Que soberbia voz! Sus efectos son hasta de dulzura y esto se vió a prueba en el difícil dúo, al finalizar el primer acto. Fue algo único. Exito rotundo". Firma: Corresponsal de Lisboa.

Todas las funciones de *Otello* fueron cantadas con gran éxito ante un público enloquecido. A la función del día 21 de diciembre asistió el Príncipe Don Carlos de Braganza, el cual aplaudió a Paoli hasta el cansancio y, al finalizar la ópera, visitó su camerino y lo invitó a presentar un recital privado en el Palacio el día 1ro. de enero de 1905. Por lo cual Antonio presentó su recital en Palacio donde cantó arias de óperas y dos canciones portuguesas acompañado al piano del Maestro Acerbi. Recibió contínuos aplausos del Príncipe y sus invitados. Al finalizar el recital el Príncipe le hizo el honor de nombrarlo Cantante de Cámara del Reino y le hizo Caballero Comendador del Cristo de Portugal, honor que Antonio agradeció muchísimo. Era este el segundo monarca en honrarlo con tanta deferencia. Las últimas funciones de *Otello* las hizo con el barítono Mario Ancona. Canta luego *Aïda* con el siguiente reparto:

28 de Diciembre 1904
Teatro San Carlos
Lisboa, Portugal

AÏDA
Verdi

Aïda......Aida Alloro (luego Rosa Galligaris-Marti)
Amneris......Emma Leonardi
Radamés......Antonio Paoli
Ramfis......Mario Spoto
Amonasro......Emilio D'Albore
El Rey......Eduardo Medosi
Mensagero......Dante Zucchi
Director: Vicenzo Lombardi

Esta *Aïda* se presentó además a teatro lleno los días 30 de diciembre y 9 y 14 de enero de 1905. El diario L'Intranjent del 29 de diciembre de 1904 dice:

AÏDA EN EL SAN CARLOS - "Cuando se escuchan obras maestras como todas las que compuso el gran genio italiano Giuseppe Verdi, cantadas por artistas como los de anoche en nuestro histórico coliseo, se puede uno morir félizmente llevándose el recuerdo de una cosa que fue algo así como un cuento de hadas, que sólo existe en las historias de Omar Khayan y en Las Mil y Una Noches. El tenor Paoli, quien en *Otello* desplegó una voz gigantesca, inmensa, voluminosa, nos dejó extasiados y atónitos anoche al cantar aquel *Celeste Aïda* a media voz sonó algo así, si cabe la comparación matizado en seda de la China. No podíamos comprender como este eminente Divo puede contener su poderoso torrente de voz y dejarnos oír apenas un hálito, recitado a los oídos atentos de la preciosa *Aïda*, (personificada por la gran soprano Alloro) y a nuestros oídos también atentos a cada poética frase que a *Aïda* él decía. Al finalizar *Un trono vicino* dicha con suavidad, pero al llegar *All Sol* aquel hilo de suave voz se fue abriendo hasta convertirse en una soberbia cascada de voz que llegó a ensordecer al público para luego recogerla de nuevo hasta quedar hecha un hilillo de oro puro, hasta quedar apagada por una estruendosa ovación llena de Bravos y Vivas. Gritos que salían de lo más recóndito de nuestras almas. Tenemos ante nosotros un artista completo en todo el sentido de la palabra. Es muy raro poder juntar en un ser humano cualidades de cantante y actor netos a la vez y eso es lo que es Paoli, un verdadero tenor dramático como hay pocos en el mundo. Hubo de repetir el *Celeste Aïda* con más brío aún, que la vez primera.

En los dúos tuvo la misma acogida especialmente al finalizar la ópera en el dúo con *Aïda*, cantado con gran sentimiento y gusto. Pero, cuando estalló la verdadera batalla fue al finalizar el tercer acto. Aquella frase *Sacerdote, Io resto a te* fue pronunciada con tal vigor y fuerza, que el sumo sacerdote dio varios pasos para atrás. Luego de terminada la función, el Sr. Spoto (Ramfis), confirmó a este redactor que había quedado completamente sordo con la atronadora voz de Paoli y comentó, que en sus años de carrera nunca había escuchado nada igual. El triunfo fue definitivo."

En Milán La Gazzetta Teatrale de 10 de enero de 1905 dice así:

AÏDA EN LISBOA - "Paoli fue Radamés, se ha mostrado el mismo apreciable artista del Otello, desarrollando su voz voluminosa y brillante que resalta en las arias y escenas de mayor fuerza. Fue muy aplaudido en la romanza del primer acto (*Se quel guerriero io fossi*) y en el dúo de amor del tercer acto y en otras escenas culminantes de la ópera". Firma: Leandro de Millo.

La Frustra Teatrale di Milano dice en esa misma fecha lo siguiente:

AÏDA- "El tenor Paoli personificó con verdadero ardor al atrevido y arrogante guerrero y la sentimental pasión de un enamorado, los cuales demostró con la belleza y extraordinaria fuerza y extensión de su voz". Firma: Corresponsal de Lisboa.

Las dos últimas funciones fueron cantadas por la gran soprano Rosa Gualligaris-Marti. El Príncipe, Don Carlos de Braganza, asistió fuertemente custodiado a todas las funciones que cantó Paoli, pues había sido amenazado de muerte y se temía por su vida. Tras el éxito extraordinario de las obras presentadas, el 5 de enero de 1905 se presenta la bella partitura del Maestro Jules Massenet *Il Re di Lahore* con el siguiente reparto:

5 de Enero 1905
Teatro San Carlos
Lisboa, Portugal

IL RE DI LAHORE
Massenet

Alim......Antonio Paoli
Sita......Esmeralda Pucci
Kaled......Emma Leonardi
Scindia......Giuseppe Kaschmann (luego Mario Ancona)
Timour...... Giovanni de Grazia
Indra......Rodolfo del Falco
Dir: V. Lombardi (Luego D. Acerbi)

EL LEON DE PONCE

Esta se representó además con el mismo reparto los días 7 y 13 de enero, con un éxito sin precedente, pues esta ópera casi no se cantaba por su difícil ejecución. El periódico portugués L'Intranjent del 7 de enero de 1905 dice:

> IL RE DI LAHORE - "Con gran éxito se llevó a cabo la re-exhumación en Portugal de la ópera de Massenet *El Rey de Lahore*, tan largamente olvidada en nuestra tierra. Los cantantes estuvieron todos a la altura de sus nombres y el prestigio que les acompaña. Hasta el presente ésta ha sido una temporada llena de emoción y verdadero arte lírico. En esta ópera se destaca principalmente el tenor Paoli, por su imponente figura y su voz tan espléndida, extraordinaria y espontánea. Fue muy aplaudido durante la entera ejecución protagonística. Fue sin lugar a duda alguna el héroe indiscutible de la noche. Apesar de ser una obra desconocida, el público, pudo aquilatar y comprender que se trata de una verdadera obra maestra de gran estilo y musicalidad tal vez olvidada porque no había cantantes capaces de entregarse a tan ardua empresa. Pensamos que esta genial ópera tiene su futuro asegurado mientras exista un Alim como Paoli, decidido y arriesgado, arrojado y valeroso. Tuvo que repetir escenas culminantes como el dúo del segundo acto y el dúo del cuarto acto, *Es un Dios que lo inspira* el cual cantaron Alim y Scindia."

En Italia se publican las siguientes noticias. La Ressegna Melodrammattica de Milán 14 de enero 1905:

> EL REY DE LAHORE EN LISBOA - "El protagonista fue el tenor Paoli, el tenor ágil e inteligente de la voz dispuesta y segura en la difícil ejecución de la parte de Alim. El éxito fue seguro". Firma: Corresponsal de Lisboa.

La Gazzetta Teatrale Italiana - Milán, 17 de enero de 1905, dice:

> NOTICIAS DE LISBOA - "Se subió a escena el pasado día 5 de enero en el Teatro San Carlos de Lisboa, la ópera de Massenet *Il Re Di Lahore*. El tenor Paoli derramó una vez más los recursos de su voz potente, vibrante y fenomenal a la vez que llena de suavidad y ternura especialmente en el dúo del segundo acto y al final del tercer acto". Firma: Leandro de Millo.

El diario O Día de Lisboa publica también lo siguiente el día 7 de enero de 1905:

> "El señor Paoli, tiene a su favor para su parte los vibrantes agudos que brillaron repetidas veces en escena".

El diario Le Figaro de París del 10 de enero de 1905, dice así:
> LE ROI DU LAHORE A LISBOA - "Triunfo completo del Divo tenor Paoli, quien triunfó plenamente en el papel de Alim, venciendo los grandes escollos y la difícil ejecución del personaje". Firma: Corresponsal de Lisboa.

El día 10 de enero de 1905, recibe Paoli en el Teatro San Carlos un telegrama que dice así:

> "Antonio te felicito de todo corazón por tu triunfo, con mi ópera *Le Roi de Lahore*. Deséote grandes augurios. Sinceramente, Jules Massenet, París, Francia."

ANTONIO PAOLI

Luego del triunfo en esa gloriosa temporada se enfrenta a otro reto. Cantar nuevamente el papel de Arnold en la ópera *Guillermo Tell* de Rossini que canta con el siguiente reparto:

11 de Enero de 1905
Teatro San Carlos
Lisboa, Portugal

GUGLIERMO TELL
Rossini

Arnold......Antonio Paoli (tenor)
Matilde......Adriana Palermi Lery (soprano)
Eduviges......Margharita Almansi (Soprano)
Gemmy......Margharitta Manfredi (mezzo)
Guglielmo......Max Bouvet (barítono)
Walter......Alfonso Mariani (barítono)
Rodolfo......Dante Zucchi (tenor)
Gessler......Virgilio Mentasti (bajo)
Leutoldo......Colombo Stagni-Terzi (bajo)
Pescador......Guzmano Barbieri (tenor)
Dir: Domenico Acerbi

Esta ópera se cantó además los días 15, 17 y 21 de enero de 1905. El diario O Día de Lisboa dice el 12 de enero 1905:

GUILLERMO TELL - "Al tenor debemos los peores y los mejores momentos de la función de ayer. El dúo del primer acto no fue de nuestro agrado y notamos que su trabajo fue perjudicado por la falta de pastocidad en la voz. El Sr. Paoli pagó cara su temeridad de querer sobresalir en el andante y dúo con la soprano en el dúo del segundo acto, más después del recitativo que precede el famoso terceto, dijo con toda el alma las decididas frases y les imprimió tal vigor de acentuación dramática que le merecieron fuertes aplausos. De ahí en adelante fue realmente Arnold y nos hizo vivir los instantes más felices de *Guillermo Tell*".

El periódico L'Intranjent del 12 de enero 1905 dice:

EL GUILLERMO TELL DE ROSSINI, ALGO INDESCRIPTIBLE - "El éxito fue aún más grande que en las representaciones anteriores, pues al *Guillermo Tell*, se le conoce como la ópera troncha tenores, pero al toparse con la voz de Paoli, se puede decir que el tenor Paoli, es el que destroncha la mala fama dada al personaje y con toda su difícil ejecutoria lo convierte en algo real. Aunque en el primer acto el tenor no se dio por completo a su labor, parece se estaba guardando para lo que vendría después. En el segundo acto aunque un poco reserrvado tuvo más soltura y de ahí en adelante se convirtió en el tenor que conocemos y para quien todas las notas agudas que tiene el papel de Arnold parecen caramelos de azúcar, pues los canta y los suelta al tono que están escritos y se queda lo más fresco como si nada. Prueba aquí una vez más el señor Paoli, que el título de Comendador que le honró la Realeza Portuguesa está muy bien ganado, pues es un verdadero héroe en escena y una de las más grandes voces que han pasado por las tablas del histórico Teatro San Carlos. El público estaba enloquecido. Nunca antes ningún otro artista había sido tan aplaudido y vitoreado como este consagrado tenor que repite las romanzas por más difíciles que sean para complacer al público que lo aplaude y conoce la calidad del artista que tiene delante. Las arias, los dúos, los tercetos, los cuartetos en los que interviene Paoli, todos tuvieron que ser repetidos, pues el público no se cansa de oír a tan excelente artista. En horabuena al consagrado Divo."

El Milán La rassegna Melodrammattica del 12 de enero dice así:

PAOLI, UN ARNOLD INARRABILE - "La parte de Arnold, la cual, por su tesitura, es un gran escollo para los más celebrados tenores, ha encontrado en Paoli, al artista que tiene las cualidades indispensables para afrontarla. Al final de la frase *Matilda, Io t'amo,* recibió una salva de aplausos y asímismo fue aplaudidísimo en el sublime terceto y en la romanza *O, muto assil del pianto,* además de la cabaletta *Corriam, Corriam* del tercer acto". Firma: Di Millo. Corresponsal de Lisboa.

Paoli, cantó en esa temporada un total de dieciocho representaciones y la última fue el *Lohengrin* de Wagner que se cantó el 23 de enero a petición del Príncipe de Braganza. El reparto fue el siguiente:

23 de enero dde 1905
Función Privada
Teatro San Carlos
Lisboa, Portugal

LOHENGRIN
Wagner

Lohengrin......Antonio Paoli
Elsa......Rosa Galligaris-Marti
Ortrud......Eleonora de Cisneros
Telramund......Mario Ancona
Heraldo......Maxc Bouvet
Enrique I......Mario Spoto
Godofredo......Guzmano Barbieri
Director: Domenico Acerbi

El éxito fue extraordinario. El Príncipe de Braganza estaba muy agradecido y le regaló a Antonio un calzador en plata sólida de mango largo y todo tallado a mano.

La Rassegna Melodrammattica, Milán, 26 de enero 1905, dice así:

LOHENGRIN - LISBOA - "Función extraordinaria fuera de serie. Este se montó de improviso como petición especial del Príncipe de Braganza. Fue algo extraordinario en especial *La Despedida de Cisne* cantada a media voz por el tenor Paoli, la cual tuvo que repetir. *El Racconto* fue algo único en el tercer acto al igual que el dúo con Elsa". Firma: De Millo - Corresponsal de Lisboa.

Tras este último triunfo, Paoli se marcha de Lisboa rumbo a Madrid. Le había prometido al Príncipe Carlos de Braganza que volvería pronto. El Príncipe fue asesinado algunos años más tarde y cuando Antonio volvió a Portugal, ya el hecho era historia. Paoli dejó un recuerdo imborrable en las mentes y los corazones de aquel público tan culto y entusiasta.

SECCION DE FOTOGRAFIAS

SECCION DE FOTOGRAFIAS

Fortes Adjuvat Fortuna

Paoli, apellido patronímico derivado del nombre original Paolo.
Lleva el escudo la espada que simboliza al apóstol San Pablo y la Cruz de Jerusalén
que significa que fueron a defender la Tierra Santa de manos de los musulmanes
en la segunda cruzada. Este apellido es oriundo de Florencia y por eso este escudo
lleva la flor de lis emblema de Florencia.

Esta es la bellísima y señorial ciudad de Ponce, llamada la Perla del Sur. Es aquí donde comienza y termina nuestra historia. El símbolo de la ciudad es el león bravío y es el símbolo de un león, pero esta vez el León de Venecia, el que Antonio Paoli encarnó e hizo suyo al interpretar tan magistralmente la ópera Otello del inmórtal Verdi.
(Foto cortesía del Sr. Félix Garmendía Santos).

Esta es la casa de la familia Paoli en la calle Mayor de Ponce, donde nació Antonio en el año 1871. Fue esta casa un regalo de bodas a Don Domingo y Doña Amalia Paoli, que les hiciera Doña Teresa Intriago al estos casarse por la iglesia en el año 1864. Fue restaurada y es actualmente sede de estudio e investigación a la vez que de museo. Allí se guarda y exhibe memorabilia del tenor Paoli y su familia. (Fotografía Marta Cooper - Cortesía: Casa Paoli).

Don Domingo Paoli Mercantetti y Ramollino, foto de 1860, padre de Antonio Paoli. (Cortesía: José Luis Paoli)

Doña Amalia Marcano Intriago, madre de Antonio Paoli, foto de 1854, Madrid. (Cortesía Carlos Paoli)

Antonio Emilio Paoli Marcano, a los seis años de edad. Este es el famoso flus nuevo del cuento de quenepas. Un mes antes de esta foto le tuvieron que cortar su cabello ensortijado debido a que por mirar a unas chicas que se bañaban en el río, le picaron las avispas en la cabeza y para poder curarlo le tuvieron que raspar la cabeza.
(Cortesía: Adina Paoli)

AMALIA PAOLI

Foto de sus años juveniles cuando se aprestaba a presentar recitales de canto por toda la isla de Puerto Rico para reunir dinero para llevarse a sus hermanos menores a estudiar en España. (Cortesía de Casa Paoli).

Pietro Bacei, tenor italiano, primer tenor que Paoli escuchó cantando Trovador y Norma en el Teatro La Perla de Ponce en el año 1879. (Cortesía: Emilio Pasarell).

La Infanta de España, Doña Isabel de Borbón, hermana del Rey de España Don Alfonso XII y protectora de Amalia y Antonio Paoli. (Cortesía: Adina Paoli).

Aïda fue la ópera con que Amalita debutó en Madrid y en la cual obtuvo un éxito clamoroso. Gustó muchísimo.
Aquí aparece retratada con el vestuario que le fue regalado por la infanta Doña Isabel de Borbón. (Cortesía Emilio Pasarell).

*Don Carlos Paoli Marcano - Vice Gobernador Militar de las Islas Filipinas. Foto de 1895.
(Cortesía: Casa Paoli)*

Mario Braschi, escritor, esposo de Olivia Paoli. Foto de 1895.
(Cortesía: Casa Paoli).

Amalia Paoli, vestida con el traje y las alhajas que le regaló la Duquesa de Bailén para su recital en el Teatro Real de Madrid, en 1885. (Cortesía: José Luis Paoli).

*El Barón Don Pedro Alcalá y Zamora, novio de Amalita, antes de salir del exilio.
(Cortesía: Adina Paoli).*

Carta dirigida al Barón en 1899. Nótese el título nobiliario.

Antonio Paoli, en 1897. Foto hecha al retirarse del ejército español y para sacar su pasaporte. (Foto cortesía Don José Gordian).

Antonio Paoli, Madrid 1897. (Foto cortesía Don José Subirá).

Amalia Paoli en foto tomada en Madrid en 1890. (Cortesía: Adina Paoli).

Giuliano Gayarre, artista considerado como el más grande tenor de todos los tiempos. Cantaba tanto papeles líricos como los dramáticos. Paoli le escuchó infinidad de veces en el Teatro Real de Madrid, y le admiraba tanto que siempre que visitaba España, pasaba por el pueblo del Roncal, en Navarra, con el sólo propósito de visitar su tumba. (Cortesía: Don José Subirá).

Monumento a Julian Gayarre, en el parque de La Taconera en Pamplona, Navarra. Lugar visitado por Paoli con mucha frecuencia durante sus años de estudiante y cuando era ya un cantante famosos.

Este monumento es admirado y visitado por cientos de personas cada año, para admirar sus bellas formas y venerar y recordar al gran roncalés.

Esta foto del Palacio Real de Madrid que da a la Plaza de Oriente se señala con un círculo la ventana por la cual Paoli deslizaba una canasta atada a una cuerda para comprar helados para él y para el niño Rey don Alfonso XIII. (Cortesía: Adina Paoli).

Así aparecía el joven tenor Paoli cuando cantaba por toda Francia en la ópera La Africana de Meyeerbeer. Además de La Africana, cantó Los Hugonotes, Roberto el Diablo y otras óperas que le dieron la experiencia para dominar el escenario y el público pues cantaba bajo la tutela del bajo Baldelli, quien le corregía constantemente y le enseñaba a actuar. (Cortesía: Lcdo. Agustín Rodríguez).

Paoli como el duque, en la ópera Rigoletto de Verdi que cantó por varias poblaciones cercanas a Milán, cuando estuvo allí en 1898.

*Palais Garnier o el Gran Teatro de la Opera de París,
para la época del debut de Paoli en 1899.
(Cortesía: Archivo Opera de Paris)*

*Copia del programa del debut de Paoli en la Gran Opera de París en 1899.
(Cortesía: Angel Armada)*

Afiche de la Gran Opera de París, anunciando el debut de Paoli en 1899.
(Cortesía: Miriam Fuentes - Solaris Communications)

Tito Schipa, célebre tenor lírico italiano,
considerado por muchos conocedores como el más grande tenor lírico de todos los tiempos.
(Cortesía: Tito Schipa)

Una escena de la ópera Carmen de Bizet, con Paoli como Don José, hecha en Francia después de su debut en La Opera.
(Cortesía: Archivo Nacional de París, Francia)

Aïda, Teatro Reggio, Torino, Italia.
Antinoras (Aïda), Benedetti (Amonsaro), Paoli (Radamés),
Del Prato (Amneris), No identificado (Ramfis)

*Paoli como Vasco de Gama en La Africana,
ópera que cantó en Italia, Francia y Rusia con gran éxito.
(Cortesía: José Luis Paoli)*

Foto de Paoli en 1899, tomada para su pasaporte para marcharse a Viena a casarse con Josefina.
(Cortesía: José Luis Paoli)

Antonio Paoli en 1899.
Esta fue la tarjeta de navidad que envió a sus amistades después del triunfal debut en la Opera de París
(Cortesía: José Luis Paoli)

Antonio Paoli en el año 1900.
Foto tomada en París para la promoción de su debut en Parma en la ópera Aïda.

Doña Josefina Vetiska, bellísima dama austríaca, primera esposa de Paoli.
Foto de 1899 hecha para anunciar su noviazgo con Antonio Paoli.
(Cortesía: José Luis Paoli)

El Teatro Municipal TAPIA, de San Juan, Puerto Rico.
(Fotografía de El Mundo)

Así lucía El Teatro Municipal de San Juan, teatro capitalino de
Puerto Rico en el año 1922, fecha en que Paoli cantó con gran éxito.
(Cortesía: Emilio Pasarell)

El Nuevo Teatro de Mayagüez, donde cantó Paoli en el año 1901 obteniendo un gran éxito.
Fue muy admirado y aplaudido hasta el delirio por todos los mayagüezanos.
(Cortesía: Emilio Pasarell).

Así lucía el histórico coliseo ponceño a principios de siglo. Paoli presentó allí una serie de exitosos recitales en 1901, siendo muy admirado y aplaudido por todos. En este teatro debutó Amalita en la ópera Marina, y presentó también varios recitales a través de su vida. (Cortesía: Emilio Pasarell).

Aquí debutó Paoli en el año 1901, ciclo italiano y luego recorrió otros teatros de Inglaterra. (Cortesía: Francis Robinson)

Tal como vió a Paoli el gran dibujante español Unceta López en el Metropolitan Opera en 1902, con Pietro Mascagni y su campañía de Opera, con la cual recorrieron infinidad de ciudades, llegando hasta San Francisco.
(Cortesía: Luis Unceta)

Así apareció en los diarios de Italia en 1902,
el triunfo de Paoli obtenido en 1902 en el Metropolitan Opera.
(Cortesía: John Gualiani)

*Así lucía el Metropolitan Opera House
cuando el debut de Paoli en 1902, con la Mascagni Opera Co.
(Foto cortesía de Francis Robinson)*

*Metropolitan Opera House de Filadelfia.
Paoli cantó allí con gran éxito en 1902 y 1922.*

Boston Opera House
Paoli cantó allí con gran éxito en varias temporadas de ópera.

Así lucía El Teatro Real de Madrid para el debut de Paoli en el 1905.
(Cortesía: Florentino Hernández Girbal)

Franco Cardinalli, otro gran tenor dramático del siglo pasado. Gran Otello después de Tamagno y amigo de Paoli, a quien regaló todos los broches que aparecen en esta foto para su vestuario de Otello. Paoli usó estos broches en las 575 funciones que hizo de la ópera de Otello. (Foto colección Jesús M. López

José Mardones, célebre bajo español considerado por muchos como el mejor bajo de su época. Cantó varias veces con Paoli en Gibraltar y Africa.
(Cortesía: Frances Robinson)

*Alessandro Bonci, célebre tenor italiano gran amigo de Paoli.
Cantaron en varias temporadas de óperas como tenores principales.
(Cortesía: Francis Robinson)*

*Amedeo Bassi, gran tenor italiano quien compartió con Paoli
varias óperas en, Florencia, Génova y Milán
(Cortesía: Francis Robinson)*

Giuseppe Verdi, el egregio compositor de óperas italiano quien compuso las óperas Otello y El Trovador, las óperas que más cantó Paoli en su vida. (Cortesía: Francis Robinson)

Pietro Mascagni, el compositor de las óperas Guglielmo Ratcliff y Cavalleria Rusticana. Contrató a Paoli para recorrer los Estados Unidos en gira artística en 1901 y luego para revivir su ópera Ratcliff. (Cortesía: Francis Robinson)

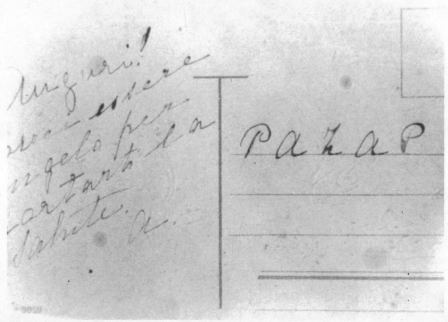

Cartulina postal enviada por Paoli a Josefina en la navidad de 1907, cuando ya comenzaba a mostrar los rasgos de su maligna enfermedad. Le dice así: "Quisiera ser un angel para devolverte la salud". A. (Colección: Jesús M. López)

Este es el Gran Teatro de Cádiz, escenario de grandes éxitos de Paoli en 1898 y 1906.
(Cortesía: Adina Paoli)

Vista de la exposición de Valencia donde cantó al aire libre en 1909.
(Cortesía: Adina Paoli)

Antonio Paoli. Foto hecha para promoción en 1905. (Colección: Jesús M. López).

Doña María Cristina de Hasburgo, Reina de España, gran protectora de las artes y muy en especial de Antonio Paoli. (Cortesía: Padre Ignacio Martín, S.J.)

Antonio Paoli. Foto tomada en Milán en el 1908. (Cortesía: Jesús M. López).

De izquierda a derecha,
HIPOLITO LAZARO   ENRICO CARUSO   TITTA RUFFO

Esta interesante fotografía se hizo en el camerino de Enrico Caruso en el
Teatro Colón de Buenos Aires, la noche en que quiso cantar
El Prólogo de la ópera Los Payasos de Leoncavallo.
Lázaro salió ante el público para anunciar ese evento.
Esto ocurrió en la gran temporada de ópera que se celebró allí en el año 1915.
Por lo general, esta foto se publica eliminando al gran tenor español Hipólito Lázaro
y ésta es la primera vez que se publica entera.
Tanto Ruffo como Lazaro eran grandes amigos de Antonio Paoli.
(Cortesía:Don Hipólito Lázaro).

Raul, ópera Los Hogonotes de Meyerbeer. (Cortesía: Srta. Selenia del Toro).

CAPITULO IV
1905

Paoli llega a Madrid el día 26 de enero de 1905, cansado y cargado de baúles pesadísimos. Los baúles contenían los vestuarios y afeites de las óperas *Otello* y *El Trovador* con los cuales se llena su piso de Madrid. Los demás baúles con vestuarios de otras óperas fueron llevados por Pocholo a Milán, vía marítima, para luego regresar a Madrid con Amalita. Paoli se marchó a descansar unos días en Alcalá de Henares en casa de su amigo y pariente José Cortines Intriago, pues el ruido de bullicio de Madrid eran tremendos. Después de un merecido descanso, regresó a Madrid donde marchaba muy bien la temporada de ópera (ciclo italiano) presentada por el respetable y prestigioso empresario Don José Arana.

Los éxitos de la temporada han sido contínuos y el gran entusiasmo que había por escuchar a Paoli era extraordinario. Todos esperaban con ansias su debut programado para el día 5 de febrero. La prensa madrileña se hace eco de los grandes éxitos obtenidos por el divo en Francia, América, Austria, Italia y Portugal, además de los comentarios hechos por aquellos que le habían escuchado en Valencia, Cádiz y Lisboa. Los boletos de entrada estaban ya agotados cinco días antes de su debut y se ofrecían grandes cantidades de plata por conseguir un lugar en el teatro. Hasta los mismos compañeros artistas querían estar presentes en el teatro la noche del debut y hacían lo indecible para conseguir pases de la empresa o comprar boletos a sobreprecio.

Amalita llegó con Pocholo a tiempo para el ensayo final y quedó muy complacida con lo que escuchó y vió. Antonio estaba muy bien de voz. Algunas tardes después de finalizados los ensayos en el Teatro Real, se marchaba con algunos amigos a caminar por las calles de Madrid y siempre terminaban en La Tasca del Toro Rojo en La Plaza Mayor donde disfrutaban su amistad, charlando y haciendo chistes, de los cuales se reían a carcajadas, tomando vino acompañado de bocadillitos de jamón serrano y quesos variados. A Paoli, le gustaba mucho pulsear y raras veces era vencido, dada su contextura física. Así que allí hacía gala de su fuerza muscular y todo terminaba a carcajadas. Una tarde Amalita, invitó a comer en su casa de la calle de San Bernardo no. 38 al gran compositor Amadeo Vives, quien había compuesto magníficas zarzuelas y canciones. Ahí estaba Paoli compartiendo momentos felicísimos de amena conversación y narraciones de sus correrías por América y otras partes.

La noche del debut el Teatro estaba completamente lleno. En el Palco Real se encontraba la Infanta Doña Isabel de Borbón y junto a ella, la Marquesa de Bailén, la Duquesa de Nájera, además de Amalita Paoli y varias personas más invitadas de la Infanta entre las cuales estaba el célebre compositor español Don Tomas Bretón, quien al terminar la función fue con Amalita a felicitar a Paoli.

TEATRO REAL DI MADRID

Temporada de 1904 á 1905

Grand Compania de Ópera Italiana que ha de actuar en dicha temporada

Bajo la Dirección del célebre maestro

Edoardo Mascheroni

Sopranos

BARRIENTOS, María — GITTI-LIPPI, Inés — DARCLÉE, Hariclée
D'ARNEIRO, Maria — DE LERMA, Matilde — LOPETEGUI, Anna

Otra soprano: HOMS, Angelina

Mezzo-Sopranos Contraltos

CUCINI, Alice — TORRETTA, Annita

Tenores

CONSTANTINO, Florencio — GENNARI, Oreste — LONGOBARDI, Luigi
MARIACHER, Michele — PAOLI, Antonio — VIÑAS, Francesco

Baritonos

ANCONA, Mario — DE PADOVA, Michele — PÁCINI, Giuseppe

Bajos

PERELLÓ DE SEGUROLA — ROSSATO Luigi — VERDAGUER Martino
VIDAL Antonio

Bajo Comico

CARBONETTI, Federico

Segundas Partes

L. MARÀN, Eloisa — LUCCI, Elena — ROMAGUERA, Amparo — FUSTER, Josè
MASIERO, Aristide — TANCI, Josè

Directores de Orquesta

Mascheroni, Edoardo - Tolosa, Josè

Director de escena: FLEURIOT, Eduardo

Maestros concertadores

ARNEDO, Luis — CORVINO, Jesus — PLA, Leandro

Maestros de coros: ALMIÑANA Joaquin.   —   Organista: ARIN, Valentin

Una Primera Bailarina

Profesores de O questa, 80 — Coristas, 80 — Bailarinas, 32

BANDA MILITAR

Pintores escenógrafos: AMORÓS Y BLANCAS — *Maestro de bailó:* ESTRELLA, Angel
Archivo y copistería: VIDAL LLIMONA y BOCETA
Sastreria y zapateria: Casa PERIS, hermanos — *Armería:* BARRAGÁN, Ignacio
Atrezzo y guardaroppia: TUBILLA, Josè
Peluqueria: Viuda ó hijos de RAFART — *Maquinaria:* BELINCHÓN Macario
Alumbrado: SOCIEDAD DE ELECTRICIDAD DEL MEDIODIA

REPERTORIO

Lohengrin, Fausto, Ebrea, Don Giovanni, Barbero de Sevilla
Tannhäuser, Aida, Fra Diavolo
Roberto él Diablo, Hugonotes, Gioconda, Forza del Destino
Otello, Profeta
Gulliermo Tell, Africana, Trovador, Dinorah
Reprise de la ópera de *Verdi,* MACBETH.

EL LEON DE PONCE

Es con esta notable expectación que Paoli hace su debut en Madrid, con la ópera *Otello* y el siguiente elenco:

5 de febrero de 1905
Teatro Real
Madrid, España

OTELLO
Verdi

Otello......Antonio Paoli (debut)
Desdémona......María D' Arneiro
Emilia......Elena Lucci
Iago......Ramón Blanchart (debut)
Cassio......Arístide Masiero
Montano......Antonio Vidal
Director: Edoardo Mascheroni

Esta ópera se volvió a cantar con el mismo elenco los días 6, 8, 20, 22 y 23 de febrero con un lleno total y el público entusiasmadísimo. Las críticas fueron las siguientes:

El periódico El Imparcial, Madrid, 7 de febrero de 1905:

ANTONIO PAOLI EN OTELLO EN EL REAL - "El *Otello* de Verdi, recorre victorioso todos los Teatros del mundo y fue la ópera que dio fama y fortuna al tenor Tamagno; él estrenó esta ópera en la Scala y luego la cantó triunfalmente en todos los escenarios del mundo. En Madrid, la recordamos aún. Ayer en la noche ese recuerdo fue revivido en la persona, de otro tenor, el cual es español, Antonio Paoli, quien suscitó igual entusiasmo que Tamagno. En las primeras frases recogió huracanes de aplausos.

La voz es poderosa, fina, robusta, como las vibraciones de un clarín de guerra. Hizo una gran impresión. Ayer noche Paoli, se presentó como un vencedor, en el primer Palco Escénico de su patria. El éxito fue siempre creciendo de acto en acto. En el aria *Addio Sante Memorie* obtuvo una gran ovación al igual que en *El Monólogo* y otras escenas. El público como hipnotizado no se cansaba de aplaudirlo y por todas partes se sentía gritar: "Al fin tenemos un tenor".

Esa frase ofendió muchísimo al tenor catalán Francisco Viñas, quien dijo "Al fin tenemos un tenor" dicen los madrileños y yo, ¿que soy?... ¿chino?... Viñas o Vignas como se le conocía en Italia era indiscutiblemente el mejor tenor wagneriano de su tiempo y le molestaba mucho que los españoles le ignoraran y dijesen que con Paoli, ya tenían su tenor. Luego se consolaba diciendo: "En fin tal vez tengan razón pues yo soy catalán, más catalán que español". Como se puede ver el entusiasmo era inmenso y los españoles se sentían muy orgullosos de tener un compatriota tan extraordinario como el insigne tenor Paoli.

El periódico El Globo Madrid, 8 de febrero de 1905 dice así:

ANTONIO PAOLI OTELLO - "Nuestro compatriota el tenor Paoli, en la frase de salida fue signo de una ovación estrepitosa, que de mucho tiempo no se recordaba en El Teatro Real. A cada momento se interrumpe la representación a causa del entusiasmo delirante del público. Con cada nota aguda que emitía el tenor se suscitaba el mismo entusiasmo. Después de todo, este no es el mayor mérito de nuestro gran cantante, pues también se admira en él, su dicción exquisita y su moderna técnica de canto, basada en la declamación y en el modo de interpretar el personaje. Este es el tenor que la Empresa Arana, necesitaba hace rato".

El diario La Publicidad Madrid 9 febrero de 1905 dice:

OTELLO - "Ayer en la noche se representó el *Otello* de Verdi y fue un verdadero acontecimiento teatral, debutando a su vez dos artistas españoles el tenor Antonio Paoli y el barítono Ramón Blanchart. Había gran expectativa por escuchar al tenor Paoli. Su debut fue un verdadero y completo triunfo, al escuchar *El Esultate*, el público inmediatamente se convenció de que la fama de la cual estaba precedido no podía ser más justificada y estaba además convencido que tenían un tenor digno de llevar triunfalmente la bandera española por todos los teatros del mundo artístico. Voz robusta, de bellísimo timbre y potente en los agudos, Paoli, es además un magnífico actor y le aseguramos en futuro de triunfos y glorias. En la frase *Addio Sante Memorie* dicha con gran expresión y sentimiento obtuvo una estruendosa ovación. Estas ovaciones se prolongaron durante toda la ópera y los aplausos y llamadas al proscenio completaron el bautismo glorioso del tenor".

El diario Universal Madrid, 8 de febrero de 1905 dice:

EL TENOR PAOLI - "Este tenor posee una magnífica voz y el público que lo escuchaba quedó sojuzgado, apenas atacó la frase de salida, rompió en una imponente ovación aclamando al tenor victorioso. Las ovaciones fueron contínuas en todas la arias y dúos y en escenas dramáticas. Al terminar la función, una enorme cantidad de público se había arremolinado a la entrada de calle del escenario, formando una enorme algazara en la cual tuvo que interferir la Guardia Civil, para tratar de despejar la calle y la entrada al teatro. Este entusiasmo por artista alguno, jamás se había visto en Madrid".

El Correo Militar, Madrid, 8 de febrero de 1905:

OTELLO DE PAOLI - "La gran expectativa por oír al tenor Paoli, era tan extraordinaria como la fama que le precedía en esta ópera. El teatro estaba completamente lleno, y apenas Paoli terminó de cantar con su voz potente *El Esultate*, rompió con una entusiasta ovación que duró varios minutos. El gran tenor triunfó. Fue también muy aplaudido en el dúo *Gia nella notte densa* con Desdémona y en la famosa interpretación *Ora e per sempre addio*, donde hizo gala de notas potentísimas que dominaban los instrumentos orquestales. Tanto en *El Monólogo* como en el concertante del tercer acto, como en el grandioso final de la ópera, el tenor Paoli fue ovacionado entusiasmadamente como en el primer acto".

El Liberal - Madrid, 6 de febrero de 1905:

PAOLI-OTELLO- "Había gran deseo por escuchar al tenor Paoli, porque decían que estaba dotado de medios vocales extraordinarios y porque la crítica extranjera le comparaba con el gran Tamagno. El público que llenaba ayer noche nuestro regio coliseo, permanece enteramente satisfecho con el debutante. Verdaderamente Paoli posee una voz de potencia extraordinaria, vibrante, extensa, penetrante y de bello timbre. Canta con arte y expresión y dice con verdadera intención y exquisito sentimiento dramático. Desde su salida en la primera escena gana toda la simpatía del público que lo aplaude con gran entusiasmo. Las

EL LEON DE PONCE

llamadas al proscenio fueron innumerables y fueron grandes las ovaciones que el público le tributó al joven artista."

El Heraldo de Madrid, 9 de febrero de 1905:

OTELLO EN EL REAL-"Tenemos poco espacio para dar un detalle completo de la representación del *Otello* ayer en la noche. El tenor Paoli, entusiasmó al público ya desde el principio en *El Esultate* y fue ovacionado durante toda la ópera.

Otello de ayer en la noche es la mejor ópera de la temporada por la interpretación y la calidad de los artistas que la cantaron".

La Correspondencia de España, Madrid, 6 de febrero de 1905

EL TENOR ANTONIO PAOLI-"Este, hace años que no venía a Madrid, fue escuchado ayer en la noche con huracanes de aplausos en *El Esultate*, dicho con potencia de voz extraordinaria. Fue calurosamente ovacionado durante toda la representación. Ya Paoli, recibió el bautismo de nuestro público, no como uno de los primeros tenores del arte lírico, sino el primero."

El País - Madrid, 6 de febrero de 1905:

OTELLO EN EL REAL - "Ayer en la noche tuvo lugar una de las representaciones más interesantes de la temporada. La reposición de *Otello* y el debut del tenor Antonio Paoli y del barítono Ramón Blanchart, motivo por el cual el teatro estaba completamente lleno.

Paoli, es español, viene a Madrid con una gran reputación hecha en los principales teatros del mundo. Su debut lo hizo en La Gran Opera de París. Ha cantado además en Francia bajo la dirección del Maestro Massenet. Luego se fue a América, viene actualmente de Lisboa y del Real de Madrid se irá a San Petersburgo. Debutó ayer en el Real con *Otello*, una de las óperas que canta mejor y que más se adapta a sus poderosos medios vocales. El triunfo fue rápido y decisivo. En la famosa frase *Esultate* dicha con fiato y vigor verdaderamente prodigioso, se llevó un huracán de aplausos que se repitieron luego en el *Addio Sante Memorie*. Tenor Habemus decían los inteligentes y por toda la sala se escuchaba la siguiente exclamación ¡Así se canta!, ¡Ya era tiempo!, ¡Bravo por los artistas españoles! Eran estas manifestaciones de entusiasmo espontáneo en mérito a sus excepcionales facultades vocales y a la interpretación espléndida del personaje.

El *Otello* de Paoli ha traído mucho interés a la Empresa y el nombre del tenor Paoli, quedará desde ayer en la noche, como uno de los grandes artistas predilectos del público madrileño, siempre listo a rendir justicia al mérito verdadero y real."

El diario El Correo, Madrid, 6 de febrero de 1905:

ANTONIO PAOLI - "Este es un gran tenor español, su voz es bellísima, de buena calidad, extensa y de timbre magnífico, especialmente en los agudos; es un tenor de fuerza, excelente actor, que domina su voz en la escena y además tiene buen gusto para la declamación clara, interpretando espléndidamente el personaje, sin el uso exagerado de efectos tan en boga hoy día. Ayer en la noche cantó e interpretó el *Otello* admirablemente y del principio al fin de la ópera tuvo muchas y merecidas ovaciones".

En Italia, desde donde se seguía con gran interés la carrera de Paoli, se reciben noticias las cuales fueron publicadas en diarios y revistas como sigue.

La Lanterna de Milán, 7 de febrero de 1905:

OTELLO A MADRID - "El Paoli posee una voz que puede llamarse colosal y en la salida *Esultate*, levantó gran entusiasmo. Aplausos contínuos lo consagraron como primer tenor de España". Firma: Corresponsal de Madrid.

La misma revista publicó el 9 de febrero el siguiente artículo:

TRIUNFO DE OTELLO MADRID TEATRO REAL - "El fenomenal Paoli, superó la expectativa que había por escucharle. Posee sorprendentes medios vocales, potentes y extraordinarios; fanatizó al público durante la ópera. El público entusiasmado le tributó ovaciones interminables haciéndole repetir el *Esultate* y el *Ora e per sempre addio*. Fue muy aclamado en el dúo *Si pel ciel*, donde hizo gala de su espléndida voz y en el último acto se reveló como actor de relieve. Es un cantante de primer orden. Al final de cada acto hubo de presentarse infinidad de veces al proscenio. La prensa de Madrid unánimemente le ha dedicado espléndidos artículos". Firma: Corresponsal de Madrid.

Al cantar *Otello* el día 5 de febrero, la aglomeración de público era tal a la salida del escenario a la calle, que Paoli junto a otros artistas tuvo que ser sacado del teatro por una puerta lateral de la sala y en la prisa por abandonar el teatro, Paoli se olvidó de abrochar su sobretodo y atrapó un resfriado que al otro día lo tenía postrado en cama. Ese resfriado se convirtió en una peligrosa influenza lo que le comenzó a causar problemas con su voz. Enfermo como estaba, cantó *Otello* el día 8 de febrero. Antes de comenzar las función, el empresario Don José Arana salió al proscenio a pedir las indulgencias del público por el resfriado tenor. A esa función asistió la Reina Doña María Cristina con el joven Rey Don Alfonso XIII. El día 7 de febrero estaba programado para cantar *El Trovador* pero debido a su estado de salud se cantó la ópera *Macbeth* con otros artistas. He aquí la crítica que recibió del *Otello* del día 8 de febrero.

La revista La Lanterna Milán, 12 de febrero de 1905:

LA SEGUNDA REPRESENTACION DE OTELLO TEATRO REAL MADRID - "Paoli hizo anunciar que se sentía indispuesto, pero cantó genialmente mostrando su escuela y técnica únicas".

Para el día 10 de febrero se canceló *El Trovador* y se volvió a presentar *Macbeth*. Paoli, seguía muy delicado de salud, se cancelaron pues varias funciones de *Otello*, *Trovador* y *Sansón y Dalila*, la cual se tenía programada con Paoli para el día 15 de febrero. Pero el día 22 de febrero se presentó *Otello*, el cual se repitió el día 23 con Paoli, completamente recuperado de su influenza. La revista La Lanterna de Milán del 27 de febrero dice así:

PAOLI EN MADRID - "Representando de nuevo *Otello* y restablecido ya el tenor Paoli de su salud obtuvo un triunfo colosal en todo el sentido de la palabra. Según nos enteramos el triunfo del tenor Paoli en el Teatro Real de Madrid fue tal, que hasta esa ciudad se han llegado varios empresarios a ofrecerle sustanciosos contratos al consagrado tenor y entre

EL LEON DE PONCE

estos una estupenda oferta para la gran temporada lírica de la Casa E. Sonzogno en el Teatro Lírico de Milán para cantar la ópera *La Helene* de Saint-Saens y la ópera *Emmanuelle Menendez* del Maestro Filiasi, pero a pesar de la exorbitante cantidad de dinero que se le ofreció, no pudo aceptarla debido a compromisos previos.

En estos días hemos conversado con personas que vinieron de Trieste, quienes narran con mucho entusiasmo de los éxitos de Paoli, allí en las óperas *Lohengrin, Il Trovatore* y *El Profeta*. Cuentan que esta última tuvo que bisar *El Himno* y fue muy aplaudido toda la noche, con un éxito verdaderamente extraordinario. Cuentan también que en las últimas tres funciones de *Il Trovatore*, tuvo que bisar y trisar *La Pira*. Dicen que cantó *Lohengrin* con voz fresca y brillante". Firma: Corresponsal de Madrid.

Tras el *Otello* del día 23 de febrero tuvo un amago de recaída y canceló la función de *Sansón*. El día 1ro. de marzo se presentó la última ópera de la temporada a beneficio de la soprano Matilde de Lerma y para la despedida de Paoli se cantó *El Trovador* como sigue:

1ro. de marzo de 1905
Teatro Real
Madrid España

IL TROVATORE
Verdi

Leonora......Matilde de Lerma
Azucena......Alicia Cucini
De Luna......Giusseppe Pacini
Manrico......Antonio Paoli
Ferrando......Luigi Verdager
Ruiz......José Masiero
Director: Maestro Villa

Al terminar esa última función, entró al camerino Amalita, en compañía del gran compositor Español Don Manuel de Falla, quien era un gran admirador suyo. Este vino a felicitar a Paoli por su magnífica actuación y a invitarle a una función privada de partes de su obra *"La vida breve"* que se presentaría al otro día en la Academia de Música de Madrid. Paoli, aceptó gustoso la invitación del Maestro y se quedó un día más en Madrid para asistir a esa función privada con Amalita a pesar de que allí tenía que emprender un largo viaje a Rusia donde tenía programado debutar el día 5 de marzo. La obra fue muy de su agrado y así se lo dejó saber al gran compositor. Esa obra fue estrenada oficialmente en Niza en abril de 1913 después de ser revisada, donde obtuvo un éxito extraordinario. Recibió allí también una carta del gran literato y venerable hombre de letra español Don Jacinto Benavente, que lee así:

Madrid, España 1ro. de marzo de 1905

"Admirado Comendador Paoli: Hace años mis ojos no vieron, ni mis oídos escucharon artista alguno como usted, tan seguro de sí mismo y con esa voz tan maravillosa. Es un verdadero orgullo para nosotros los españoles el contar con un tenor como usted en el Real y en el mundo de la lírica. Enhorabuena. Afectuosamente, Jacinto Benavente".

Las críticas del *El Trovador* fueron como sigue.
El diario El País, Madrid, 2 de marzo de 1905:

IL TROVATORE EN EL REAL. PAOLI - MANRICO -"Hace apenas un mes se presentó esta ópera aquí en Madrid con el tenor Longobardi, el cual fue muy aplaudido por su voz lírica y su buen actuar, pero ahora para despedida del tenor Paoli y para cerrar esta temporada se cantó nuevamente, como protagonista el célebre tenor Paoli. Esta vez oímos un *Trovatore* de verdad, genuino, castizo y español de voz fuerte y agudos seguros como demanda la partitura verdíana. Longobardi, da pena decirlo así, es un niño de pecho al lado del tenor Paoli. Este tuvo que bisar *La Serenata* y el *Ah, Si ben mio* pero cuando ocurrió el verdadero pandemónium fue cuando cantó *La Pira* enloqueciendo al público en tal forma, que tuvo que cantarla tres veces con el mismo aplomo, seguridad vocal y gran musicalidad. Habría que remontarse a los buenos tiempos de Tamberlick, para encontrar algo semejante a Paoli".

En Italia La Lanterna publicó el 2 de marzo de 1905 lo siguiente:

IL TROVATORE ALL TEATRO REALE DI MADRID - "Noche de despedida del célebre tenor Paoli, éxito extraordinario. El público entusiasta. El gran artista hubo de repetir el aria *Ah, si ben Mío* y tuvo que trisar *La Pira*, con éxito delirante. El Paoli recibió espléndidos regalos y también una oferta extraordinaria de la Empresa Arana, que lo reconfirmó para la temporada invernal. Este gran tenor dejó recuerdos inolvidables". Firma: Corresponsal de Madrid.

En el libro de Don José Bilbao, página 91, Madrid, 1936, Teatro Real, "Recuerdos", encontramos:

"Los artistas más aplaudidos y de mayor reputación de la temporada fueron: La Sra. Darclee, las Srtas. de Lerma y Barrientos y los señores Viñas, Bassi, Paoli, Mariacher y Ancona".

En esa temporada Paoli fue admirado mucho por el gran tenor bilbaíno Florencio Constantino, quien al enterarse de que venía se quedó en Madrid para escucharle en *Otello*. Le agradó mucho su actuación y forma de emitir la voz y su seguridad musical, permaneciendo tras bastidores durante toda la ópera y los felicitó, alo cual Paoli agradeció mucho, pues esos elogios venían nada menos que de Constantino, el tenor considerado por muchos como el más grande de su época. Paoli, le abrazó y le invitó a comer al día siguiente cuando compartieron gratísimos momentos y experiencias de ambos vividas en el difícil mundo de la lírica. Termina así la participación de Paoli en esa magnífica temporada del Real en la cual a pesar de enfermarse fue un triunfo total.

Sale el día 2 de marzo por la noche, después, de asistir a la función privada de *La Vida Breve* del Maestro de Falla, rumbo a Rusia vía Milán. Le esperaban en Rusia una serie de éxitos sin precedente jamás antes vividos por cantante alguno.

Se embarca en Barcelona rumbo a Génova para seguir viaje en tren a Milán y proseguir su viaje a Odessa, donde se encontraba ya en todo su apogeo la temporada de ópera-ciclo Italiano-la cual había comenzado el día 8 de enero. Paoli llegó allí a las cinco de la madrugada sin descanso alguno tras el agotador y agitado viaje, se fue inmediatamente al hotel, se dio un baño, desayunó y luego se marchó al Teatro Municipal, donde lo esperaba el Maestro Esposito, repasó con el la partitura al piano y luego se marchó al hotel a dormir hasta el otro día 6 de marzo cuando hizo allí su debut causando un clamor extraordinario, aún sin haber hecho un ensayo con los otros artistas.

6 de marzo de 1905
Teatro Municipal
Odessa, Rusia

IL TROVATORE
Verdi

Leonora......Teresa Chelotti
Manrico......Antonio Paoli
Azucena......Eleonora de Cisneros
De Luna......Antonio Sabéllico
Director: Maestro Esposito

Este *Trovador* se cantó ocho veces con el mismo reparto. Los periódicos hablaban maravillas de Paoli, y de la fama que venía precedido haciendo mención a las condecoraciones recibidas por la Realeza en España y Portugal. Esto en particular le interesó mucho al Czar de todas las Rusias, pues pensaba que para haber sido condecorado así, por obligación tenía que ser muy bueno. El telegrama a Milán dice:

Paoli Manrico - Unico bisó *Adagio*, trisó *Pira*, muchos aplausos público delirante". Corresponsal de Odessa.

El éxito fue extraordinario y el público aplaudía como loco; tras ocho excitantes funciones se marchan a Petrogrado (San Petersburgo) abriendo la temporada en el Teatro "Nuevo Conservatorio" y donde se le unió el célebre barítono Tita Ruffo. Esta fue la temporada de inauguración de ese teatro. El reparto fue así:

18 de marzo de 1905
Teatro Nuovo Conservatorio
San Petersburgo, Rusia

IL TROVATORE
Verdi

Leonora......Teresa Chelotti
Manrico......Antonio Paoli
Azucena......Eleonora de Cisneros
De Luna......Tita Ruffo
Ferrando......Luigi Ferraioli
Director: Esposito

Se cantaron allí diez funciones de esta ópera con el mismo reparto y a teatro lleno cada noche, sin importarle al público el estado de sitio en que estaba la ciudad debido a una revolución iniciada por las clases pobres en busca de mejores oportunidades de trabajo y mejor medio de vida. El éxito fue rotundo y muy celebrado, tanto que el Czar, se interesó aún más por los comentarios y elogios de las prensa y el público que decidió asistir a una de esas funciones, donde fue bien custodiado pues se temía por su vida. Esto fue el día 22 de marzo, quedando impresionadísimo por las voces heróicas de los valerosos artistas Paoli y Ruffo, quienes se convertían en dos titanes de la escena. Les declaró visitantes distinguidos y les dio el título de Cammer Sanger a cada uno. Paoli fue luego invitado a presentar un recital en el Palacio de Invierno del Czar, para este, su familia y algunos invitados especiales. Cantó allí arias de varias óperas como sigue:

20 de marzo de 1905
Palacio de Invierno
San Petersburgo, Rusia

Recital Privado
Antonio Paoli
Tenor Dramático
Maestro E. Esposito
Pianista

Programa
1. Improvisso......Andrea Chenier Giordano
2. Celeste Aïda......Aïda Verdi
3. Re del Cielo......El Profeta Meyerbeer
4. Ah, Si Ben Mio......Il Trovatore Verdi
5. Mal Reggendo......Il Trovatore Verdi
6. Esultate......Otello Verdi
7. Ora E Per Sempre......Otello Verdi
8. Morte D'Otello......Otello Verdi
Encore
9. Di Quella Pira......Il Trovatore Verdi

Paoli fue aplaudidísimo y el Czar muy emocionado le concedió La Cruz de San Mauricio, alto honor de la corona rusa sólo concedido a grandes figuras y personalidades de la época. La prensa rusa se desborda en magníficos elogios en favor del joven tenor. El diario Kavkaz del 19 de marzo dice así:

"No se recuerda otra voz en *El Trovador* como la del tenor Paoli, con tanto brio, squillo y agilidad espantosa. Solo nos trae a la mente a la legendaria voz y figura de Tamberlick, quien cantó por última vez en San Petersburgo en el año 1883 a la edad de sesenta y cinco años,

EL LEON DE PONCE

dejándonos un recuerdo imborrable que solo ha sido sobrepasado por el Paoli y su voz extraordinaria. Tuvo que bisar *La Serenata*, el andante *Ah, Si Ben Mio* y trisar la intrincante *Pira* en forma increíble". Firma: Sherkov .

La revista La Voix del 22 de marzo de 1905 dice:

TROVATORE - DEBUT DEL DIVO PAOLI - "Un éxito fenomenal resultó el debut del afamado tenor en el Teatro Nuovo Conservatorio. El público muy entusiasta quedó sorprendidísimo por la potente resonancia de su voz. Fue un Manrico, excepcional y extraordinario. El público le rindió importantes ovaciones durante toda la ejecución de la ópera. Pedían el bis a gritos en todas las arias, dúos y tercetos en que intervenía el genial cantante. Tuvo que trisar *La Pira* tras ovaciones delirantes y gritos de Bravo. Fue llamado a palco escénico infinidad de veces al final de cada acto".

Los telegramas que se recibían en Milán, eran todos muy encomiosos. He aquí por ejemplo el que publicó La Lanterna el 20 de marzo de 1905:

"San Petersburgo. Trovatore Paoli Manrico excelente, superbo, óptimo, único, inigualable, triunfo completo". Firma: Corresponsal Especial.

El éxito ha sido tan extraordinario que el público quería escucharlo en otras óperas. Es así como se presenta luego en *Los Hugonotes* como sigue:

23 de marzo de 1905
Grand Theatre Do Conservatoire
San Petersburgo, Rusia

LOS HUGONOTES
Meyerbeer

Valentine......T. Chelotti
Marguerite......Van der Brandt
Urbano......E. de Cisneros
Marcell......A. Sabellico
Raoul......A. Paoli
Nevers......Sibiriakoff
Director: Esposito

Esta ópera se cantó cuatro veces con el mismo reparto a teatro completamente lleno. No tenemos críticas de esta ni telegramas. Cantó luego *Aïda* como sigue:

29 de marzo de 1905
Teatro Nuovo Conservatorio
San Petersburgo, Rusia

AÏDA
Verdi

Radamés......Antonio Paoli

ANTONIO PAOLI

Aïda......Teresa Chelotti
Amneris......Eleonora de Cisneros
Amonasro......Tita Ruffo
Ramfis......Antonio Sabellico
Il Re......Luigi Ferraioli
Messagiero......Arístide Masiero
Director: Maestro Esposito

De esta ópera se cantaron seis funciones a teatro lleno. El diario Kavkaz del 30 de marzo dice:

AÏDA - "El tenor Paoli ha impresionado sobremanera al público en su tierno personaje como Radamés. Cantó el *Celeste Aïda* en forma impecable, a media voz, llena de musicalidad y exquisitez lírica. Fue muy aplaudido en toda la ópera. En el tercer acto causó tumulto con la frase *Io resto a te*. El dúo final fue como bordado encaje de oro y plata sobre fina seda china por su delicadeza con la soprano Chelotti".

En Milán La Lanterna del 30 de marzo dice así:

AÏDA - TRIUNFO PARA EL DIVO PAOLI - "Fue un Radamés indescriptible. Fue ovacionado interminablemente en toda la ópera. Bisó varias arias y dúos como *Celeste Aïda*, cantada con gran dulzura y el dúo final con la Chelotti. Este tenor es considerado como cantante de medios excepcionales y de actuación impecable. Fue llamado al palco escénico infinidad de veces y en especial al terminar la ópera y nota muy cordial salió siempre con la Chelotti". Firma: Corresponsal de Petersburgo.

El día primero de abril canta *La Lucia* como sigue:

Gran Teatro Nuovo Conservatorio
San Petersburgo, Rusia

Lucia Di Lammermoor
Donizetti

Lucia......E. Trombon
Enrico......G. Polese
Edgardo......A. Paoli
Raimondo......A. Sabellico
Arturo......A. Masiero
Director: Maestro E. Esposito

Esta ópera se cantó seis veces con el éxito acostumbrado, levantando más aún la admiración del público el egregio tenor. Tenemos que recordar que ese ya histórico teatro tenía cuatro mil localidades y no era fácil llenarlo, más siempre que Paoli, cantaba el lleno era total. El Corresponsal de La Lanterna envió a Milán la siguiente nota fechada el 2 de abril de 1905"

"*Lucía Di Lammermoor*, otro gran triunfo para el célebre tenor Paoli, quien fue un Edgardo indescriptible. Fue objeto de contínuos e imponentes ovaciones de parte del público que llena la sala todas las noches. Ha tenido que bisar arias, dúos y en el terceto ha tenido que trisar la romanza final *Tu che a Dio*".

EL LEON DE PONCE

La empresa, le ha ofrecido la cantidad exorbitante de 1,500 reales de oro por función para que se quede algún tiempo más. Esto es algo nunca ofrecido antes a ningún artista en este país. El eminente tenor aceptó estar unos días más pero rehusó la oferta del Empresario el Príncipe Aleksej Ceretelli, la cual fue aceptada por el barítono Tita Ruffo, quien se quedará aquí algún tiempo más. Paoli tiene compromisos previos que atender en España e Italia. La prensa de San Petersburgo le ha dedicado varios artículos de admiración. Se le compara con grandes tenores del pasado, especialmente Enrico Tamberlick. Se anuncia que Paoli cantaría *Otello* el día 11 de abril y los boletos se agotaron de inmediato. Los artistas habían gustado mucho, muy en especial la soprano dramática Teresa Chelotti, el barítono Tita Ruffo y Antonio Paoli. Otro gran barítono con quien cantaba la Compañía era Giovanni Polese. El elenco anunciado fue así la noche del primer *Otello*.

11 de abril de 1905
Gran Teatro Nuovo Conservatorio
San Petersburgo, Rusia

OTELLO
Verdi

Otello......Antonio Paoli
Desdemona......Teresa Chelotti
Iago......Giovanni Polese (luego Tita Ruffo) abr. 15
Emilia......B. Sardgevi
Lodovico......A. Sabellico
Roderigo......A. Masiero
Director: Maestro Esposito

Esta ópera se cantó ocho veces con el mismo reparto excepto el día 15 de abril en que Iago fue cantado por Tita Ruffo. El éxito fue apoteósico. La gerencia del teatro había prohibido que se diese el bis (repetición de arias y dúos), no importaba cuanto el público lo pidiera ya que se estaba saliendo del teatro muy entrada la madrugada cada noche. Así que en la ópera *Otello* que era de más larga duración no se concedería el bis. Esa noche el teatro estaba como de costumbre, rebosante de público, el cual insiste en el bis con aplausos frenéticos en cada aria cantada, a lo cual el director se niega. Prosiguió la ópera a pesar del descontento del público y al terminar la función vino *La Venganza Rusa*. Se amotinan los espectadores en las puertas del teatro y frente al escenario. La policía se vio obligada a acudir al teatro e intervenir para proteger a los artistas y los saca del teatro por un túnel secreto construido para sacar al Czar de algún atentado contra su vida. Se salvaron así de una tremenda tunda al no querer bisar las arias y dúos por culpa de la Empresa. Al otro día temprano el Príncipe Ceretelli, se marchó a Moscú, pues le amenazaron de muerte al oponerse al bis, entonces la Empresa Scharkof, la cual originalmente fue la que contrató a Paoli, se hizo cargo del resto de la temporada. La crítica dice así:

El diario Kavkaz 16 de abril 1905 San Petersburgo.

OTELLO DE PAOLI - PRIMERA FUNCION - "Estos serán nombres sinónimos en Rusia, desde ayer noche. El Paoli resultó aún más extraordinario que en las demás pruebas de su arte que nos había dado. Se vio obligado por la Empresa a no bisar las arias principales ni los dúos

ANTONIO PAOLI

pero aún así fue muy aplaudido, con escándalo interminable al final del primer acto, en cada aria y en especial en su dúo con Yago en el segundo acto. Figura noble y fiera a la vez, voz imponente, fuerte, poderosa, Paoli es, sin lugar a dudas, el *Otello* perfecto; tal vez, el que Verdi soñó".

La Revista Teatrale di Milano, en su edición del 22 de abril dice:

OTELLO DE PAOLI - EXCELENTE UNICO - SEGUNDA FUNCION - SAN PIETROBURGO, RUSIA - "El Paoli tuvo que bisar *El Esultate* , lo cantó tres veces con el mismo brío. Todas las arias principales fueron repetidas complaciendo así a un público entusiasta que aplaudía calurosamente. Se le ha vuelto a comparar con el tenor romano Enrico Tamberlick 1820-1886, quien fue un fenómeno canoro del pasado. Esta comparación se debe a la potencia de la voz de Paoli y a su squillo". Firma: Corresponsal de San Pietroburgo, Rusia.

La Revista Teatrale di Milano 25 de abril de 1905 dice así:

PAOLI - OTELLO - UNICO - "Paoli-Otello, nombres sinónimos que irán juntos a través de la historia, al igual que Paoli-Manrico. No puede haber una verdadera ejecución de estas óperas verdianas si no se tiene una figura como el tenor Paoli de intérprete; no hay actualmente en el mundo otro tenor que cante las arias de las óperas a tono, excepto Paoli.... En estas tierras se han escuchado a muchos tenores, pero ninguno ha despertado el entusiasmo del público como lo ha hecho Paoli, con tanta seguridad vocal, musical y su actuación impecable. En otras palabras Paoli, es un tenor completo". Corresponsal de San Pietroburgo, Rusia.

La Empresa Scharkof, estaba encantada con los artistas y con los teatros llenos en especial con Paoli, a quien ofrecieron un contrato para la temporada invernal de 1906. Se presentaría en San Petersburgo, Kharkov, Kiev y Odessa con paga extraordinaria, a lo cual Paoli, les contestó que su secretario Pocholo se comunicaría con ellos desde Milán para confirmarlo, dependiendo de los contratos que tenía pendiente. Se marcha pues Paoli de Rusia, dejando una estela de triunfos envidiables. Llega a Milán, pasa a ver a Josefina y a Tonino y se marcha a España. Llega a Sevilla el día 28 de abril. Es recibido allí con gran algazara y pompa. Según la prensa sevillana, se le hizo recibimiento de Rey. La prensa andaluza le llama "El Rey de la Lírica" y "Tenor de Reyes". Se habían ya enterado del título concedido por el Czar de Rusia.

El día 5 de mayo se presenta en el Teatro San Fernando con *Otello* y el siguiente reparto:

Teatro San Fernando
Sevilla, España

OTELLO
Verdi

Desdémona......Rosa de Vila
Yago......Ramon Blanchart
Otello......Antonio Paoli
Lodovico......Luigi Rossato
Cassio......Arístide Masiero

192

EL LEON DE PONCE

Emilia......García Rubio
Montano......M. Bensaude
Director: Ricardo Tolosa

Esta ópera se presentó seis veces con el mismo elenco y a teatro lleno. El diario Noticiero Sevillano 6 de mayo de 1905 dice:

"Teatro San Fernando - Otello - Completo - Público Delirante - Paoli - Tenor Universal. Unico interprete de *Otello* sobre el orbe terrestre, sucesor absoluto del grande e inimitable Tamagno. Fue un triunfo único en esta ciudad como lo ha sido en Italia, Austria, Portugal, Francia, Inglaterra, América, Rusia y donde quiera que ha cantado este insigne artista español, gloria auténtica de España y de todos los españoles.
Tuvo que bisar *El Esultate* y *El Monólogo* sin el menor esfuerzo ni menoscabo de su voz inigualable. Triunfó también por su personalidad y su porte de artista y gran señor de la escena haciéndonos vivir momentos que dudamos volvamos a sentir por otros artistas que vengan después de él."

En Milán, La Revista Teatrale Melodrammattica en su edición del día 6 de mayo de 1905 dice:

SEVILLA - OTELLO - PAOLI - "El tenor Paoli, dueño de medios vocales excepcionales, ha confirmado una vez más su gran fama. Tuvo que trisar *El Esultate* y bisó el aria *Ora e Per Sempre Addio*. Exito rotundo, público enloquecido, aplausos interminables". Firma: Corresponsal de Sevilla.

La Lanterna de Milán del día 5 de mayo, dice así:

SEVILLA - OTELLO - "El teatro estaba completamente lleno. Había gran expectativa por escuchar al tenor Paoli en *Otello*. Este superó todos los escollos suscitando gran entusiasmo durante toda la ópera. Fueron ovaciones contínuas. El público estaba delirante. Paoli posee medios vocales fenomenales. El eximio artista tuvo que trisar *Esultate* y bisó *Ora e Per Sempre*, tras aclamaciones y sin fin de gritos de ¡Bravo! se mostró como un consumado actor cantante. Al finalizar el último acto se vio obligado a presentarse infinidad de veces al proscenio a recibir los aplausos y vítores del entusiasmado público. Esto también se repitió al finalizar cada acto. La soprano de Vila, el barítono Blanchart, el bajo Rossato y el Maestro Tolosa estaban felices por el éxito obtenido. Ellos también estuvieron a la altura del valeroso Divo Paoli".

Esos éxitos se repitieron en las seis funciones que se cantaron de esta ópera.
Otro éxito de esa temporada fue la presentación de la ópera *Los Hugonotes* de Meyerbeer, programada para presentarse el día 7 de mayo. Obra poco conocida en España, pues las pocas veces que se había presentado en ese país no había gustado. Los boletos se vendieron enseguida y se auguraba un gran éxito como ocurrió. He aquí el elenco:

7 de mayo de 1905
Teatro San Fernando
Sevilla, España

ANTONIO PAOLI

LOS HUGONOTES
Meyerbeer

Margarita......Aida Alloro
Valentina......Rosa de Vila (luego García Rubio)
Nevers......Ramon Blanchart (luego M. Bensaude)
Raul......Antonio Paoli
Marcello......Luigi Rossato
Urbain......Concepción Dahlander
St. Bris......L. Vidal (luego Dubois)
Director: José Tolosa

Esta ópera se presentó tres veces y logró un éxito notable. El periódico El Noticiero Sevillano, 8 de mayo de 1905, dice así:

LOS HUGONETES Y EL RAUL DE PAOLI - "Esta ópera no había gustado mucho nunca en Sevilla, hasta que se presentó anoche en el Teatro San Fernando, con un reparto que envidiarían los teatros más afamados del mundo. Cuando se trata de artistas de primer orden, se puede encontrar la belleza escondida entre los pliegues del pentagrama. Eso pasó anoche al escuchar la garganta privilegiada del eminente tenor Paoli, al cantar el Raul. Se trató más bien del redescubrimiento de una joya preciosa. Paoli, tuvo que bisar el aria de salida, al igual que el settimino y los dúos. Fue apoteósico el éxito de anoche".

En Italia La Lanterna del 10 de mayo dice así:

LOS HUGONETES - SEVILLA - "Otro triunfo colosal para el genial Divo Paoli. Insuperable como Raúl. Desarrolló voz fenomenal, cantó maravillosamente bien. Bisó la romanza tras imponentes ovaciones. Fue aclamado delirantemente en el settimino. Impresionó con los agudos extraordinarios. Es un consumado artista y actor cantante. En el cuarto acto transportó al público al paroxismo del entusiasmo. Fue llamado infinidad de veces al proscenio, a agradecer los aplausos del eufórico público". Firma: Corresponsal de Sevilla.

El 9 de mayo se presenta en *El Trovador* causando un verdadero tumulto en Sevilla.

9 de mayo de 1905
Teatro San Fernando
Sevilla, España

EL TROVATORE
Verdi

Leonora......A. Alloro
Manrico......A. Paoli
De Luna......R. Blanchard
Azucena......García
Ruiz......Masiero
Lodovico......Rossato
Director: Tolosa

EL LEON DE PONCE

Esta ópera se cantó cuatro veces, el público deliraba de entusiasmo. El telegrama a Milán dice:

PAOLI, MANRICO - SEVILLA - TRIUNFO COMPLETO - Bisó *Serenata*, *Terceto* y *Adagio*. Trisó la *Stretta* ante aplausos contínuos". Firma: El Clarín -Corresponsal Especial.

Tras el triunfo tan extraordinario de Sevilla, se marcha a Málaga donde le esperaban con gran entusiasmo pues se habían enterado del gran éxito en Sevilla. El reparto de Málaga fue así:

21 de mayo de 1905
Teatro Cervantes
Málaga, España

OTELLO
Verdi

Desdémona......Aida Alloro
Otello......Antonio Paoli
Iago......Ramon Blanchart
Lodovico......Luigi Rossato
Cassio......Arístide Masiero
Emilia...García Rubio
Director: Maestro Tolosa

Esta ópera se presentó tres veces con el mismo reparto y con lleno total. Paoli, fue aclamadísimo por los ardientes espectadores que no le dejaban proseguir la función hasta que cantó *El Esultate* cuatro veces. Esto es algo único pues los tenores cantaban esa aria una sola vez y si acaso la bisaban pues aunque corta es una arieta muy difícil de interpretar sin embargo Paoli, siempre la trisaba y hasta la repetía cuatro veces, como aquí comprobamos. El corresponsal de Málaga escribe el siguiente telegrama para La Lanterna:

Málaga - Otello - Paoli - triunfo total. Cantó *Esultate* cuatro veces. Exito delirante - público enloquecido".

Canta luego *El Trovador* con lleno total.

23 de mayo de 1905
Teatro Cervantes
Málaga, España

IL TROVATORE
Verdi

Leonora......Josefina Huguet
Manrico......Antonio Paoli
De Luna......Ramon Blanchart
Ferrando......Luigi Rossato
Ruiz......Arístide Masiero
Azucena......María Duchene
Director: Maestro Tolosa

195

ANTONIO PAOLI

Esta ópera se cantó tres veces. El telegrama dice:

Paoli - Trovatore- éxito atronador- Paoli, trisó *Pira*.

De Málaga se marchan a Córdova donde se presenta en *El Trovador*.

28 de mayo de 1905
Teatro Del Gran Capitán
Córdova, España

IL TROVATORE
Verdi

Leonora......Josefina Huguet
Manrico......Antonio Paoli
De Luna......R. Blanchart
Azucena......M. Duchene
Ruiz......A. Masiero
Ferrando......L. Rossato
Director: Tolosa

Esta ópera se cantó tres veces. La soprano fue la gran Diva catalana Josefina Huguet y la Azucena la famosa Contralto Francesa María Duchene. El éxito fue extraordinario.

El telegrama enviado a Milán dice:

Trovatore - Córdova - Paoli, Manrico único - arrollador. Trisó *Pira*.

Tras el estruendoso éxito en Córdova se marcha a Italia. Esta vez se dirige a Florencia, donde seguiría cosechando triunfos interminables. La cartelera anunciaba su participación en la apertura de la temporada de ópera de verano del Teatro Politeama Florentino.

16 de junio de 1905
Teatro Politeama Florentino
Florencia, Italia

IL TROVATORE
Verdi

Leonora......María Giudice
Azucena......Elisa Bruno
Di Luna......Pasquale Amato
Ferrando......Luigi Lucenti
Manrico......Antonio Paoli
Ruiz......Manfredi Polverosi
Director: F. Deliliers

Esta ópera se cantó diez veces con el mismo reparto y éxito contínuo.

EL LEON DE PONCE

La Gazzetta Teatrale publicó lo siguiente el día 27 de junio:

"Señalamos aquí el bello éxito obtenido por el tenor Paoli, en *El Trovador* de Verdi. Fue esta la primera ópera cantada en la esperada temporada de verano. Antes de nada, queremos atestiguar el triunfo del tenor Paoli (Manrico) quien cantó toda la ópera con gran ímpetu especialmente *La Pira*, suscitando un entusiasmo jamás visto en este teatro. Esta aria fue trisada. Es tan extraordinaria la fuerza y la belleza de su voz como el arte de su dicción. La fuerza fenomenal de su voz sobrepasó en su potencia al huracán de aplausos del entusiasmo del público allí enloquecido con aquella voz extraordinaria". Corresponsal.

La Lanterna del 18 de junio dice:

TROVATORE ALL POLITEAMA FLORENTINO - "Queridísimos: Es un Trovador sin rival el que se está presentando actualmente en el Politeama. Su protagonista es Antonio Paoli, quien es un querido y admirado artista del público florentino que aún recuerda su *Otello* y *Trovatore* que cantó tan extraordinariamente en el teatro *La Pérgola* y recuerda también su Do maravilloso". Firma: Corresponsal da Firenze.

El 30 de junio el periódico La Nazione de Florencia publicó el siguiente artículo:

ANOCHE FUE LA VELADA DE DESPEDIDA DEL TENOR PAOLI - "El vastísimo Teatro Politeama estaba repleto de espectadores y no era por otra cosa que escuchar *El Trovador* del tenor de la voz maravillosa Antonio Paoli. Al finalizar la ópera cantó el terceto de la ópera *Guillermo Tell* de Rossini, junto al barítono Pasquale Amato y el bajo Luigi Lucenti. El éxito fue tal que se puede decir que el tenor tiene una garganta de bronce y una gran facilidad y agilidad vocal especialmente en el registro agudo que atordece a los espectadores.

De aquí el Paoli marchará a su villa en Porto Ceresio a descansar por el resto del verano para prepararse para el otoño y el invierno ya que tiene varios contratos importantes. Entre estos acaba de reconfirmar para el Teatro Real de Madrid para diez representaciones que le serán pagadas al doble de lo que la Empresa le pagó la temporada pasada. Estamos seguros que para el mes de febrero tendremos noticias de otros grandes éxitos de este gran tenor. Hay además rumores de que regresará a Rusia con un contrato muy ventajoso".

La Gazzetta Teatrale del 30 de junio de 1905 dice así:

TROVATORE - "El jueves fue la despedida y velada de honor dedicada al tenor Paoli. El Politeama estaba abarrotado de público, cuatro mil personas llenaban el Gran Coliseo. Llovían los aplausos contínuos requiriendo repeticiones de arias y dúos, en los cuales participaba el homenajeado. El cual por sus medios vocales ha sembrado en el público el deseo ardiente de escucharle una vez y otra vez, por la potencia de su voz, lo que hace el bis inevitable y obligado especialmente en la cabaletta *La Pira*, en el cual el Paoli fue aplaudido entusiasmadamente hasta tener que cantarla tres veces.

Esos aplausos ocurrieron durante toda la ópera, fue muy aplaudido tanto en el aria de la salida del primer acto como en el dúo *Miserere*. Al finalizar la función cantó el terceto de la ópera *Guillermo Tell*, de Rossini, con el barítono, Pasquale Amato y el bajo Luigi Lucenti. La orquesta fue dirigida por el Maestro Deliliers. Aquello fue apoteósico y el homenajeado recibió magníficos regalos de parte de sus compañeros artistas de la empresa y del público".

ANTONIO PAOLI

El 3 de agosto, La Lanterna de Milán publica el siguiente artículo:

ANTONIO PAOLI - "El eminente tenor, siempre asediado por los grandes empresarios y grandes teatros del mundo, ha dado la noticia que reconfirmó para el Teatro Real de Madrid hasta fines de enero de 1906 y al San Carlo de Nápoles durante el mes de febrero para la temporada de carnaval. Paoli está de paso por Milán después de haber estado gozando de la brisa fresca y la tranquilidad de su villa de Porto Ceresio junto a su familia".

El día 1ro. de septiembre publica la prensa, la triste noticia del fallecimiento del insigne tenor dramático Francesco Tamagno, de un ataque cardíaco, en su villa de Varese. Dos días después se celebra una Misa de difuntos por el alma del célebre cantante en la gran y majestuosa Catedral de Milán. Cantan allí varios cantantes y entre ellos Paoli canta el *Ave María* de Shubert, acompañado por la orquesta del Teatro Alla Scala, dirigida por Luigi Mancinelli. Tita Ruffo, cantó el *Agnus Dei*, de Bizet y el gran tenor Alessandro Bonci cantó el *Ingemisco* de *La Misa de Requiem* de Verdi. La noche siguiente asiste al Teatro Lírico a admirar a su amigo Ruffo, cantando la ópera *Zaza* de Leoncavallo, en el palco del célebre compositor. El próximo día se marcha a Torino donde estaba contratado para cantar *El Trovador* durante los días del 8 al 20 de septiembre. El reparto fue el siguiente:

8 de septiembre de 1905
Teatro Vittorio Emmanuelle
Torino, Italia

IL TROVATORE
Verdi

Leonora......María Farnetti
Manrico......Antonio Paoli
Ferrando......Perelló de Segurola
De Luna......Oreste Villani
Azucena......Amalia Paoli
Ruiz......Manfredi Polverosi (luego Giusseppe Sala)
Director: Luigi Mancinelli

Esta ópera se cantó diez veces a teatro lleno. El Corresponsal de La Lanterna de Torino escribió lo siguiente el día 10 de septiembre de 1905

TROVATORE-TORINO - Unico el Paoli como intérprete de Manrico. Voz fuerte, rica y musical. Bisó *La Serenata* y el *Adagio*. Trisó *La Pira*, público aplaudió desaforadamente".

Tras el éxito extraordinario de Torino se marcha a Viena con Josefina y Tonino a visitar la familia de Josefina. Hace allí contacto con el Maestro Mancinelli, quien dirigía la Temporada Otoñal del Teatro Imperial como invitado especial. Asiste a una función de *Otello* cantada por Leo Slezak. Terminada la velada fue a su camerino a felicitarle, surgiendo así una amistad y admiración mutua que perduró por muchos años.

Es invitado por Mancinelli a cantar *Lohengrin* de Wagner en el Palacio Imperial de Viena, en una función única privada para el Emperador Francisco José y su numerosa familia. Envía un

EL LEON DE PONCE

telegrama a Pocholo en Milán para que le lleve inmediatamente los vestuarios de *Lohengrin* y *Otello*. Se presenta pues ante el poderoso Monarca con el *Lohengrin* como sigue:

5 de octubre de 1905
-Función Privada-
Palacio Imperial
Gran Salón de Bailes y Recepciones
Viena, Austria

LOHENGRIN
Wagner

Elsa......Marguerite Carré
Ortrud......María Campagna
Telramund......Francesco Cigada
Lohengrin......Antonio Paoli
Henry......Vittorio Goetzen
Director: Luigi Mancinelli

Cantó luego *Otello* como sigue:

8 de octubre de 1905
-Función Privada-
Palacio Imperial
Gran Salón de Bailes y Recepciones
Viena, Austria

OTELLO
Verdi

Desdémona......Emma Carelli
Otello......Antonio Paoli
Yago......Vittorio Goetzen
Emilia......María Campagna
Director: Luigi Mancinelli

Esta fue también función única privada para el Emperador, su familia y varios invitados especiales como la Infanta de España Doña Isabel de Borbón y la futura Reina de España la Princesa anglo austríaca Ena de Battenberg, quien estaba de visita en Viena, todos quedaron muy impresionados con la voz y actuación de Paoli. Hizo pues, las delicias del Emperador y su corte quien quedó muy complacido y le otorgó el título honorífico de Cammersanger siguiendo así la ya tradición de otros Reyes Europeos. Se le pagó enormes sumas de dinero por esas funciones y en reciprocidad presenta un recital privado para la familia Real acompañado al piano por el Maestro Mancinelli.

El diario Morgenpost de Viena de 18 de octubre dice así:

199

"El famoso tenor español, Antonio Paoli, estuvo de paso por Viena visitando varios parientes y amigos y cantó según nos enteramos en el Gran Salón del Palacio Imperial. Esperamos que la Empresa del Teatro Imperial le contrate pronto para poder así aquilatar los méritos por el alcanzados en toda Europa y aquí en Austria en las ciudades de Graz y Trieste.

Cantó según nos enteramos un bello recital junto a la notable y bella soprano austriaca Burger-Raindenger, con la cual cantará muy pronto en Trieste, donde están contratados por la sociedad Filarmónico Dramática de esa ciudad."

De Viena se marchó a Venecia donde había sido contratado para un gran concierto de apertura del Gran Congreso Comercial Europeo constituyendo esta la parte artística del mismo. El programa fue así:

6 de noviembre de 1905
Teatro Alla Fenice
Venezia, Italia

Grande Concerto Apertura
CONGRESSO COMMERCIALE EUROPEO
Antonio Paoli
Tenore Drammattico

Programa
O Paradiso......L'Africana
Improvisso......Andrea Chenier

-Intermedio-
Esultate......Otello

-Intermedio -
L'Inno......Il Profeta
Finale......Il Profeta
La Pira......Il Trovatore

Coro del Teatro
Orquesta Teatro La Fenice
Direttore: Antonio Acerbi
El Pianista Maestro Walter

A ese concierto asistieron importantísimas personalidades de todos los países Europeos y algunos de América. El 7 de noviembre La Rassegna Melodrammattica publica lo siguiente:

IL TENORE PAOLI ALLA FENICE DI VENEZIA NEL GRANDE CONCERTO ORGANIZZATO LA OCAZIONE DEL CONGRESSO COMMERCIALE - "Fue este un triunfo que merece largos comentarios, más no sabríamos decir con las palabras más elocuentes sobre ese acontecimiento a este propósito transcribimos de los diarios venecianos; así los lectores apreciaran sobre el entusiasmo que desató el célebre tenor, siguiendo el desarrollo del programa y por las insistentes requisiciones del bis. Cantó nada menos que la romanza de *La Africana* donde fue aplaudidísimo.

El improvisso de *Andrea Chenier* aclamadísimo. *El Esultate* de *Otello* en el cual tuvo que repetir tras la insistencia del delirante público. El himno y final del tercer acto de *El Profeta* donde fue muy aplaudido. Pero cuando levantó en vilo al público fue cuando cantó *La Pira* del *Trovador* la cual tuvo que ser trisada ante aquel público eufórico, fanatizado, enloquecido. Fue un suceso único y extraordinario".

Il Gazzettino di Trieste del 7 de noviembre de 1905 dice así:

"El éxito de la velada fue el fanatismo creado por la voz potente y tamagnogigante de Paoli. Al salir al proscenio fue saludado con una calurosa ovación. Comenzó enseguida a electrizar al público con la romanza del cuarto acto de *La Africana* de Meyerbeer y luego el *Improvisso* del *Andrea Chenier* de Giordano, al fin del cual el público tributó de pie una ovación interminable al insigne tenor invitándolo a cantar fuera de programa *El Ensultate* de *Otello*. El Paoli entonó aquella célebre frase haciendo al público andar en entusiasmo más de lo que era posible y se obstinó a pedir el bis. Salió el Paoli por diez veces al proscenio a agradecer los aplausos viéndose obligado a repetir la fatigosa aria, ya que la insistencia del público fue tal que se vió forzando a concederla y así repitió el *Esultate*, llevando aún más al público a un delirio incalculable. Entonó luego *El Himno* del tercer acto del *Profeta*, donde sobrepasó con su potente y esquilante voz el sonido de la orquesta y el coro dirigidos por el Maestro Acerbi.

Le fueron ofrecidas a Paoli dos coronas de hojuelas de laurel en oro, mientras el público puesto de pie le aclamaba pidiéndole escuchar la famosa cabaletta del *Trovador - Di Quella Pira* y el Paoli también esta vez contentó al público haciendo temblar el teatro con un poderoso Do al final, haciendo enloquecer al público. La tuvo que repetir tres veces logrando una verdadera e inolvidable velada de honor".

El diario *L'Adriatico* de 7 de noviembre de 1905 dice:

"El gran tenor Paoli tuvo un triunfo completo con su voz poderosa esquilante haciendo recordar al Tamagno. Electrizó al público especialmente con sus agudos suscitando un entusiasmo indescriptible. Cantó la romanza de *La Africana*, luego el *Improvisso* de *Andrea Chenier*. El público vencido, lo aclamó pidiendo el bis y Paoli en su lugar cantó *El Esultate* de *Otello*. Fue un delirio que tuvo que repetir tras aplausos entusiastas y las más que aplaudían eran las señoras. Cantó luego el *Himno* y el final del tercer acto de *El Profeta*. Rogado insistentemente cantó *Di quella Pira*, suscitando una ovación interminable. Mientras los aplausos crecían le fueron ofrecidas dos coronas de laureles de oro al ilustre artista y otra al egregio director de la orquesta el Maestro Acerbi. El entretenimiento de ayer tarde será ciertamente un recuerdo inolvidable para los congresistas que tuvieron la fortuna de asistir al mismo".

La Gazzetta di Venezia del 7 de noviembre dice así:

"Paoli, el valiente tenor que ha dejado tantos recuerdos agradables, es saludado con vivísima simpatía. Hizo alarde real de sus agudos potentes en *La Africana*, en el *Chenier*, en *El Profeta*. Todos querían imponer la repetición y el Paoli, entonó dos veces soberbiamente *El Esultate*, arrancó del auditorio aplausos insólitos, impetuosos y ensordecedores. El Paoli, emocionado, da las gracias y regala al público acompañado al piano por el Maestro Walter, otra serie de agudos portentosos en la popular *Pira* verdiana. Repetida tres veces, la velada se cierra

ANTONIO PAOLI

brillantemente con el maravilloso artista, quien procura nuevos aplausos al director de la orquesta Maestro Acerbi y al pianista Walter. Todos los congresistas saliendo del teatro, felicitaban a los miembros del comité organizador por la bellísima y emocionante velada que abre tan dignamente el programa de las atractivas festividades".

Il Giornale di Venezia, 7 de noviembre de 1905, dice así:

IL GRANDE TENORE PAOLI - "Unánimes y prolongados aplausos recogió el caballero Antonio Paoli, el tenor de la voz potente, exquisitamente educada, de agudos brillantes y entonadísimos. Cantó la romanza del cuarto acto de *La Africana* y el *Improvisso* del *Andrea Chenier*, donde emitió agudos interminables que hizo que el público explotara en una imponente ovación en la cual pedían el bis insistentemente, haciéndole entonar con otra frase que no se podía adaptar mejor, *El Esultate* de *Otello*, el cual tuvo que repetir y finalmente junto al coro, interpretó con gran amor el caballero Antonio Acerbi, los acordes sonoros del himno de *El Profeta*, cuyo éxito le costó al tenor Paoli, tener que cantar fuera del programa el *Di quella Pira* del *Trovador*, con la repetición de aquel *Do* potente y ensordecedor que hace dos años hizo maravillarse al público de La Fenice. El Comité del Congreso les obsequió a él y al Maestro espléndidas coronas de oro".

Tras ese histórico concierto se marcha apresuradamente a Génova para la premiere mundial de la ópera *Madamemoiselle de Belle Isle* de su amigo el compositor griego Spiero Samara.

La primer función fue cantada por su amigo el gran tenor Amedeo Bassi, ya que Paoli no estuvo a tiempo para los ensayos, pero las tres funciones restantes fueron hecha por Paoli, ya que Bassi, encontró que esa ópera no era buena para su garganta. El reparto fue como sigue:

Teatro Carlo Felice
Génova, Italia
Premiere Mondiale

MADAMEMOISELLE DE BELLE ISLE
Música di S. Samara

Chevalier D' Aubigny......A. Bassi (luego A. Paoli)
Madamemoiselle......A. Pinto
Duc Richelieu......G. Bari
Marquise de Pri......A. Blassi
Director: S. Samara

Esta ópera se cantó cuatro veces (tres con Paoli) no tenemos los nombres de los personajes pero si los intérpretes. Esta ópera fue revisada por el compositor quien corrigió la parte escabrosa del tenor y luego en 1906 se hizo nueva premiere en le idioma francés en Monte Carlo con Bassi y la gran soprano Lina Cavallieri. De Génova se marcha a descansar unos días a Porto Ceresio, desde donde hace frecuentes viajes a Milán con su hijo Tonino, su secretario Pocholo y su perro Ursu, el cual había comprado cuando cantó en Inglaterra en el año 1900. Lo llevó a Italia siendo un cachorro y lo crió y entrenó a su manera. Era de la raza Bull Dog y muchos le conocían como el perro más feo que había en Italia, pero era el orgullo de Paoli.

A principios de diciembre se marcha a Trieste para cumplir con un compromiso de honor a un gran amigo compositor y director de orquesta, quien había compuesto una ópera para su voz.

EL LEON DE PONCE

Se reune allí con la soprano austríaca Burge Randegger y el barítono Vittorio de Goetzen para la premiere mundial absoluta en Austria de la ópera *Il Notte de Natale* del Maestro Fortunato Cantoni. Este compositor era triestino y director de orquesta, gran amigo y admirador de Paoli, a quien había dirigido en la temporada de 1903 y le había prometido escribir una ópera para su voz y a quien Paoli, le propuso: "Si la compones te la canto gratuitamente", y cumplió su promesa. La premiere fue patrocinada por La Societá Filarmonica Drammattica di Trieste y subió a escena como sigue:

6 de diciembre de 1905
Filarmónico Hall
Trieste, Austria

IL NOTTE DI NATALE
Fortunato Cantoni

Michele......Antonio Paoli
Soprano......Burge Randegger
Baritono......Vittorio de Goetzen
Director: F. Cantoni

Se presentó esta ópera dos veces. La crítica de la Rassegna Melodrammattica, Milán, 7 de diciembre 1905, dice así:

"La Sociedad Filarmónico Dramática está presentando la ópera *Il Notte di Natale* del Maestro Fortunato Cantoni. Este compositor es triestino y director de orquesta además de gran amigo del célebre tenor Paoli, para el cual dirigió la orquesta en 1903 aquí en Trieste en varias óperas. Su ópera consta de un epílogo y un acto al estilo moderno. Fue cantada por la soprano Burge Randegger y el gran tenor Antonio Paoli, quien fue escuchado con gran júbilo por nuestro público y ha sido festejado y celebrado grandemente. Paoli, tuvo que bisar la difícil romanza de Michelle y el dúo con la soprano".

La ópera fue dirigida por su autor. (No se hace mención a la actuación del barítono Goetzen ni a ningún otro artista, tampoco se saben los nombres de los otros personajes de la ópera).

La Lanterna del 14 de diciembre de 1905 dice así:

PAOLI EN TRIESTE - IL NOTTE DI NATALE - "Con el ímpetu de un corazón generoso el tenor de la voz de diamante, aceptó venir a Trieste, donde sólo su nombre es como anuncio de gran éxito para cantar gratuitamente en dos representaciones de la nueva ópera en un acto y epílogo *Il Notte di Natale* del Maestro Cantoni, lo cual resultó en un gran éxito".

Il Piccolo di Trieste, 7 de diciembre de 1905, dice:

LA PREMIERE DE IL NOTTE DI NATALE - "El tenor Paoli plasmó la parte de Michelle como gran artista que es y tuvo que bisar la romanza tras un huracán de calurosos y ensordecedores aplausos. También fue repetido el dúo con la soprano Burge Randegger.

El auditorio puesto de pie aclamaba delirantemente a Paoli. Esta es una ópera de muy difícil

ANTONIO PAOLI

ejecución, lo cual la hace extremadamente difícil de que pueda presentarse en teatros con alguna regularidad a menos que se trate de un tenor tan capacitado como lo es el tenor Paoli, quien desplegó toda la gamma de su garganta de oro, para plasmarla en una verdadera obra de arte canoro. Tenores así tan completos como el Paoli, no abundan y no son fáciles de conseguir. ¡Gracias, Paoli !

El día 10 de diciembre parte rumbo a Milán, pues allí le estaban esperando para marchar nuevamente a España. Al llegar a Milán se encuentra con la noticia de que su esposa Josefina, está muy enferma. Parte pues rumbo a Porto Ceresio. Hace ya algún tiempo que ella está padeciendo de un mal que le afecta los intestinos. Llaman inmediatamente a un médico milanés, quien le aplica unos medicamentos que la alivian y es así como salen retrasadísimos para Madrid, donde la temporada invernal está en todo su apogeo.

Paoli estaba programado para cantar el 30 de diciembre. Emprenden pues el viaje en tren ya que en barco se afecta más Josefina. Hay varios problemas de atrasos de trenes y llegan a Madrid en la tarde del día 29 de diciembre. Se presenta pues ante el público madrileño el día 30 a cantar *Los Hugonotes* de Meyerbeer sin ensayo alguno. El reparto fue el siguiente:

30 de diciembre de 1905
Teatro Real
Madrid, España

LOS HUGONOTES
Meyerbeer

Valentina......M. García-Rubio
Margarita......M. D'Arneiro
Paggio......A. Torreta
Nevers......R. Blanchart
Raul......A. Paoli
St. Bris......G. Mansueto (luego L. Verdaguer)
Marcelo......L. Rossatto (luego G. Manseto)
Director: Ricardo Villa

Esta ópera se volvió a cantar el 31 de diciembre de 1905 y el 2 de enero de 1906, con lleno total cada noche a pesar de que no gustaba mucho en Madrid ni en el resto de España, bien sea por el contexto del tema del protestantismo o porque existía algún tipo de apatía hacia el autor Meyerbeer. La cuestión es que Paoli la presentó y causó sensación; aunque la primera noche hubo algunos desacuerdos ya que se cantó casi improvisadamente sin ensayos. Paoli fue muy aplaudido en todas las arias y dúos. Al otro día hizo la siguiente declaración a la prensa madrileña: "Esta ópera *Los Hugonotes* es una bella obra de un compositor tedesco y el público debe aprender a apreciarla; así pues la seguiré cantando aquí en Madrid hasta que aprecien la bella joya que es y la pueden saborear en su totalidad". El público esa noche salió silbando las arias *Bianca al Par* y *Qui soto il ciel* y haciendo grandes elogios de todos los cantantes.

El diario El Imparcial de Madrid del 30 de diciembre de 1905, dice así:

EL LEON DE PONCE

LOS HUGONOTES - TEATRO REAL - "Esta vez aunque no había gran simpatía por la ópera presentada, se llenó el teatro porque el público sentía gran atracción por el debut del tenor Paoli, el cual dió una grande impresión el año pasado. La elegante sala estaba completamente llena y brillantísima por lo más escogido de la nobleza y alta sociedad de Madrid. Paoli se hizo aplaudir calurosamente y con justicia al terminar el racconto *Bianca al Par* en el primer acto. Un bello aplauso se le dio tras el dúo con la Reina y durante el *Settimino*, el cual cantó con mucho brio y con voz firme y bien timbrada atacando las notas agudas con una seguridad verdaderamente sorprende en el gran dúo del cuarto acto; dijo las frases con viva pasión, sentimiento y justo color artístico llegando a la frase *O, Terribile Momento*, sin que se notase en su voz el más pequeño síntoma de cansancio. Las ovaciones fueron estrepitosas en cada arias, frase y dúo y al terminar la ópera las llamadas al proscenio fueron incalculables. La victoria de Paoli tiene mucha importancia en este público para el cual tienen mucha fuerza las tradiciones y recuerdos y en encuentros de religión. Si, hubo algunas fallas en cuanto a algunos cortes y movimientos de escena pero en general el triunfo fue total".

La Gazzetta dei Teatri de Milán del 7 de enero de 1906 dice:

LOS HUGONOTES - MADRID -TEATRO REAL - "Paoli, triunfo total. Aplaudido hasta el delirio. Fue un debut sensacional". Firma: Hans Sachs - Corresponsal de Madrid.

La Lanterna, Milán, 5 de enero de 1905:

LOS HUGONOTES - TEATRO REAL - "Exitazo del tenor Paoli, Raul extraordinario, por fulgor, voz potente, expresión de acento elegante. Aplausos infinitos público entusiasmado". Firma: Luigi Medini Corresponsal de Madrid.

El diario El Liberal de Madrid dice en su edición del 31 de diciembre de 1905:

LOS HUGONOTES - TEATRO REAL - "Se afirman una vez más las facultades vocales de Paoli, quien mantuvo efectos extraordinarios todo el tiempo en el público. Dice deliciosamente la romanza del primer acto, haciendo excelente uso de la medía voz y emitiendo notas agudas soberbiamente sostenidas con potencia y una facilidad verdaderamente asombrosa. Fue estrepitosamente aplaudido; también en el dúo con la Reina y en el famoso Settimino, terror de todos los tenores. Toda clase de dificultades fueron por él vencidas con suma facilidad. En el gran dúo tuvo momentos felices, dicho con pasión y con gran lujo de facultades vocales".

El diario El País, Madrid, 1ro. de enero de 1906:

LOS HOGONOTES DEL 31 DE DICIEMBRE - SEGUNDA REPRESENTACION - "El éxito fue aún mayor que el primero para el grandísimo Divo Paoli. El célebre tenor arrancó aplausos inmensos de un elegantísimo gentío compacto que llenaba la sala y extasiaba con su canto, al dejar el eminente tenor salir de su garganta una voz, pastosa y brillante que sonaba como una campana de oro. Fue un Raúl, extraordinario".

La Rassegna Melodrammattica del 10 de enero de 1906 dice así:

ANTONIO PAOLI

MADRID - TEATRO REAL - LOS HUGONOTES - "Teatro repleto - vivísimo entusiasmo - Raul excepcional - Paoli- impresionó grandemente al público por la potencia de su voz. Aplaudidísimo en el racconto *Bianca al Par*, que cantó con mucha corrección, sentimiento y expresión. Emitió en el dúo con el Reina y en el Settimino notas agudas de sorprendente belleza y colorido. Levantó el fanatismo del público en el gran dúo dramático del cuarto acto". Firma: Luigi Medini Corresponsal especial de Madrid enviado de Italia.

Para la segunda reprensentación se envió la siguiente nota a La Rassegna Melodrammattica:

LA SEGUNDA DE LOS HUGONOTES - "Gran éxito para Paoli, voz incomparable - Gran fulgor de voz - potencia - Expresión - Elegancia - Aplausos infinitos. Muchas llamadas al proscenio". Firma: Luigi Medini - Corresponsal Especial.

El día 2 de enero se repite la ópera *Los Hugonotes* por tercera vez en el Teatro Real, que estaba completamente lleno y el triunfo fue delirante. Paoli, pues, logró su propósito de que se apreciara plenamente la hermosa ópera de Meyerbeer. El éxito fue extraordinario.

El Imparcial - Madrid - 2 de enero de 1906 dice así:

"Antonio Paoli, el tenor que el año pasado tuvo el poder de sublevantar de grandísimo entusiasmo con *El Trovador* y *Otello*, ha regresado este año al máximo escenario madrileño. Ha sido muy saludado con verdadera y afectuosa expansión. Sus representaciones del año pasado se efectuaron siempre a teatro lleno. Sus éxitos fueron clamoroso y definitivos. Cuando se habla de Paoli, siempre se evoca el recuerdo de Tamagno.

Paoli ha regresado a su público esta vez con la ópera *Los Hugonotes* y en el *Racconto*, que dice con emoción y con acentos de esperanza y misterio. Escuchó los primeros aplausos que se repitieron en el dúo con la Reina y luego en el *Settimino*. Esas piezas fueron ejecutadas con ímpetu y con brio e hicieron presagiar que el Divo tendría un éxito formidable. Hasta los músicos de la orquesta se pusieron de pie, para rendir al gran tenor una prueba de homenaje aplaudiéndole".

El Liberal - Madrid - 3 de enero de 1906 - dice:

ANTONIO PAOLI - "Las prodigiosas facultades vocales de Paoli, se mantienen con todo su vigor y producen siempre en el público efectos extraordinarios y sensacionales. Dice deliciosamente la romanza del primer acto, haciendo excelente uso de la media voz y emitiendo notas agudas sostenidas eficazmente con una potencia y una facilidad verdaderamente asombrosas. Fue también estrepitosamente aplaudido en el dúo con la Reina y en el famoso *Settimino*. El gran dúo tuvo momentos bellísimos cantado con gran pasión y con gran despliegue de grandes facultades vocales".

El País, Madrid, 7 de enero de 1906:

MADRID - REAL - HUGONOTES - "Antonio Paoli es un tenor poseedor de grandes medios vocales. Su aparición en Madrid produjo el año pasado una gran admiración. Sus creaciones de *Otello* y *Trovador* le procuraron verdaderos triunfos. Paoli, ha regresado ahora con todo el apogeo de sus facultades vocales, despertando una verdadera locura en el primer acto. En la romanza que le valió una calurosa ovación. En el dúo con la Reina del segundo

EL LEON DE PONCE

acto, sacó tremendo partido a su medía voz con gran entonación y seguridad. Desató una gran valentía en el *Settimino* y gran pasión en el dúo final. Vio cumplido su triunfo. Su contribución al desarrollo de la temporada de este año en el Teatro Real, se ve, es muy importante".

Para el seis de enero se anunció la ópera *El Trovador* y las localidades se agotaron en su totalidad tres días antes de la función. El elenco fue así:

6 de enero de 1906
Teatro Real
Madrid, España

IL TROVATORE
Verdi

Leonora......Celestina Boninsegna
Manrico......Antonio Paoli
Conde de Luna......Giusseppe Pacini (luego Ramón Blanchart)
Azucena......Concepción Dahlander
Ferrando......Luigi Verdaguer
Ruiz......Giusseppe Tanci
Director: Ricardo Villa

Esta ópera se volvió a cantar los días 7, 10, 11, 20 y 21 de enero con el mismo reparto y a teatro lleno. EL 11 de enero se enfermó Pacini y fue sustituido por Ramón Blanchart en el papel del Conde de Luna. La crítica, le fue muy favorable y el público se desbordó en entusiasmo. Todo Madrid comentaba sobre la vida, la voz, la leyenda y el misterio que rodeaba la figura de Paoli. He aquí algunas críticas.

El Heraldo de Madrid, 7 de enero de 1906, dice:

EL TROVADOR EN EL REAL - "Paoli, escuchó también los aplausos y aclamaciones del triunfador, en la trova y especialmente en *La Pira* famosa. Se manifestó vivamente el entusiasmo del público exaltado por el poder de los vibrantes agudos que posee el celebrado tenor. El aria fue repetida entre atronadoras salvas de aplausos".

El País, Madrid, 7 de enero de 1906:

"Paoli es el héroe de la artística jornada hallándose al presente en completo apogeo de sus hermosas facultades. Realiza en *El Trovador* un trabajo perfecto que le vale infinitas ovaciones. No son para el espectador inteligente y de depurado gusto artístico los momentos en que el afamado tenor Paoli, levanta mayores tempestades de aplausos, aquellos en que se deleita su animo y son objeto de muda admiración y callado entusiasmo, al lado de la valiente *Pira* y la robusta trova de espléndidas sonoridades y atrevidos agudos, ellos admiran las filigranas de dicción y exquisita delicadeza del andante, que dice Paoli de manera inimitable. Este pezzo sentidísmo, que no sabe apreciar *La Galería*, piafando impaciente por llegar al latiguillo de un Do de pecho, aún siendo oro de ley las notas vibrantes de la trova y de la cavatina alarmante de *La Pira*. El espectador inteligente, la crítica, paran admirados al andante modelo de dicción, delicadeza y buen gusto capaz de acreditar a un artista de la talla de Antonio Paoli. Felicitamos al egregio artista por triunfo tan legítimo como el obtenido en *El Trovador*. Rogándole persevere en el buen camino de hacer arte aunque no siempre se lo premien ruidosamente con sus aplausos los señores de la galería que no son precisamente todos los que van a ella".

El diario Universal - Madrid - 7 de enero de 1906:

"Paoli, aprovechando los momentos en que la ópera le permitió lanzar el torrente de su voz y dar gusto al público. Logró imponerse y oyó estruendosas ovaciones que le obligaron a repetir *La Pira* famosa y a presentarse en escena repetidas veces".

El Imparcial - Madrid - 7 de enero de 1906:

"Paoli cerró la temporada anterior con esta ópera y con un suceso clamoroso. El público, no me cansaré de repetirlo, le aguardaba en el *Do* de pecho y la nota vibrante, poderosa, limpia y firme llegó y despertó tempestades de aplausos. Paoli, libre de precauciones, dueño de sus facultades de cantante que seducen y asombran, volvió en *El Trovador* como había vuelto desde la segunda noche de *Los Hugonotes* a ser el tenor que el año último se acogió como a vencedor del público del Real. Ni un solo momento sintió el ánimo sobrecogido por la actitud fría o reservada del auditorio. Esta vez enterado y convencido de la trova en que escuchó las primeras palmadas, que le acompañaron cada vez más calurosas en toda la velada, pero donde el entusiasmo llegó a los mayores extremos fue en el aria *La Pira*. Los señores de la trinchera enloquecidos por aquellas notas poderosas; el *Do* de pecho, que decían nuestros abuelos sin saber lo que decían, aclamaron al artista español con un frenesí difícil de reflejar y de nuevo se alzó el telón y de nuevo surgió el famoso *Do*, más potente, más vibrante, más sostenido, aún como clarín de guerra que llama a la pelea.... Paoli, había cantado con igual fortuna que el año anterior toda la obra; pero, como la llave del éxito esta ahí, ...ahí fueron las grandes alabanzas y los más ruidosos aplausos.... Lo mismo hace treinta años!

El Liberal - Madrid - 8 de enero de 1906:

ANTONIO PAOLI - EL TROVADOR - "El tenor Paoli, dio nuevas pruebas de sus maravillosas facultades. La nota aguda que emitió en el terceto con singular valentía le proporcionó una espléndida y decisiva victoria. *La Pira* fue aplaudida hasta el delirio y tuvo que ser repetida con gran ímpetu y mejor que la primera. ¡Viva Paoli!"

Esa noche Paoli, fue visitado en su camerino por varias e importantes personalidades entre los que estaba el famoso Maestro Enrique Granados, considerado como uno de los más grandes compositores de España, autor entre otras de *Goyescas, Los Majos Enamorados, Tonadillas* y varias óperas serias de gran valor y lirismo. Este felicitó a Paoli, calurosamente y Paoli agradeció mucho aquella especial deferencia de tan gran personaje. Granados, era muy amigo de Amalita Paoli. En Italia, los periódicos y revistas publican lo siguiente:
La Rassegna Melodrammattica:

IL TROVATORE A MADRID - REAL - "Paoli, Manrico - estupenda combinación. Repitió *Ah, Si Ben Mio*, trisó *La Pira*; fanatizó desde *Il Desserto Sulla Terra, Terzeto, Miserere* y cuarto acto. Fue algo único". Firma: Luigi Medini. Corresponsal Especial enviado de Italia.

EL LEON DE PONCE

La Lanterna:

MADRID - TROVATORE - "Triunfo colosal de Paoli, colmado de ovaciones. Repitió *Ah, Si Ben Mio* y *La Pira*. Fue llamado a la ribalta muchas veces. Entusiasmo inmenso. Telegrama 8 de enero de 1906.

La Gazzetta dei Teatri - Milán - Telegrama - 16 de enero del1906:

TROVATORE - "Paoli, renovó éxito del año pasado en la misma ópera. Fue muy aplaudido y tuvo que repetir la famosa *Pira*." Firma: Bolognese de Madrid.

La Rivista Teatrale Melodrammattica - Milán - 16 de enero del 1906:

MADRID - REAL - TROVATORE - "Nuevo triunfo para el célebre tenor Paoli, público embriagado. Insuperable Manrico, potencia, dulzura y medios vocales. Depertó entusiasmo infrenable, más aún que la primera vez. Tuvo que repetir, el Divo, las romanzas del tercer acto y fue le punto culminante de la velada. Imponentes las conmovedoras demostraciones del público". Firma: Corresponsal de Madrid.

Tras las extraordinarias representaciones de *Los Hugonotes* y *El Trovador* se anuncia *Aïda* de Verdi, con el siguiente reparto:

18 de enero de 1906
Teatro Real
Madrid, España

AÏDA
Verdi

Aïda......Celestina Boninsegna
Amneris......Concepción Dahlander
Radamés......Antonio Paoli
Amonasro......Giusseppe Pacini
Sacerdote......Claudio Mansueto
Rey......Luigi Verdaguer
Director: Maestro Vitale

Esta ópera se repitió el día 24 de enero con el mismo reparto como velada y despedida de Paoli. Fue muy celebrada pues lo madrileños querían oír más y más a Paoli, en todo su repertorio. La crítica le fue muy favorable y el público enloqueció y se fanatizó más aun con la voz excepcional del tenor. El diario Ejército y Armada del 20 de enero de 1906, dice así:

AÏDA- "El portentoso tenor Paoli, cantó muy discretamente el primer acto; mucho mejor el segundo; en el tercero estuvo admirable, desplegando con gran fortuna sus colosales facultades; y en el último acto, supo soportar con habilidad los escollos del dúo con *Aïda*. El triunfo del simpático tenor fue completo y las ovaciones muy espontáneas. Lo único que falta para redondear el suceso es que Paoli no se marche de Madrid sin cantar un *Otello*. Con esto además de dar una prueba de sensatez, nos dejará una impresión inmensurable. Todos saldríamos gananciosos, él y el público. ¿No lo cree usted, Sr. Paoli?"

209

El Heraldo de Madrid -19 de enero de 1906:

AÏDA EN EL REAL -"Completamente de acuerdo estamos todos, tengo la seguridad de haber escuchado bien anoche y los aplausos fueron aplausos, aclamaciones y muy merecido el éxito de Paoli. Los acentos vigorosos, los arranques varoniles, el alarde de facultades poderosísimas, encajan admirablemente en la representación de Radamés y son cualidades que posee el celebrado tenor Paoli. Fue un triunfo el concertante y el acto de los dúos para el artista, que consiguió los honores del proscenio repetidas veces. El dúo que pone término a la obra exige dominio de la *Mezza Voce*, lo cual también le proporcionó a Radamés, nutridas salvas de aplausos".

El Correo Militar - Madrid- 19 de enero de 1906:

AÏDA. "Cantóse anoche la ópera *Aïda*, para que el tenor Paoli, vistiera la reluciente coraza y salvase el suelo egipcio ante la invasión etíope, capitaneada por Amonasro. Paoli, hizo alarde una vez más de su potente voz, consiguiendo realizar efectos únicos en el concertante del acto segundo y en todo el acto tercero, que le sirvió para conquistar unánimes y frecuentes aplausos. La frase *Io sono disonorato* debió oírse en El Campo del Moro. También dijo muy bien el dúo final de la ópera, que tuvo anoche una interpretación de las que figurarán en el Libro de Oro de nuestro primer teatro lírico".

El Liberal -Madrid - 19 de enero de 1906:

"Anoche cantó Paoli la parte de Radamés que le valió muy ruidosos y entusiastas aplausos. El artista estuvo de voz mejor que nunca. Dijo muy bien la romanza del primer acto y el dúo del tercero, en el que fue calurosamente ovacionado en unión a la Boninsegna. La cortina se levantó infinidad de veces en honor a estos dos cantantes".

El Imparcial - Madrid - 19 de enero de 1906:

AÏDA. "Cantose anoche la popular ópera de Verdi con la novedad de estar la parte de Radamés a cargo del tenor Paoli, cuyas portentosas facultades encontraron ocasión de lucimiento en el final del acto segundo y en todo el acto tercero, pero muy especialmente en la frase *Io sono disonorato*, que produjo gran entusiasmo en las alturas. También dijo muy bien el dúo con que termina la ópera, levantándose el telón varias veces como sucede con los espectáculos que resultan completos".

El Globo - Madrid - 19 de enero de 1906:

PAOLI EN AÏDA - "Había gran curiosidad por oirle en *Aïda*, esa es ópera que la va bien. Imposible es que haya día un tenor que cante bien esta ópera la suprema valentía de Paoli. Caminó de ovación en ovación, se fue animando progresivamente su briosa intervención. Quiso el público demostrarle su entusiasmo antes del final. Cuando terminó el acto sonaron aun más ruidosas. Este acto se cantó anoche superiormente y por parte de Paoli con un fuego y pasión arrebatadores. Tiple, tenor y barítono apretaron bien y ya en ese terreno del entusiasmo, Paoli, llegó a una altura colosal".

El País- Madrid - 19 de enero de 1906:

EL LEON DE PONCE

AÏDA - "Esta es una de las óperas más hermosas del repertorio moderno. Ha recibido un buen refuerzo con la valiosa cooperación de Antonio Paoli. La representación de anoche revistió excepcional importancia. Las esplendidas facultades del nuevo Radamés se aunaron con las no menos exuberantes de la Boninsegna, la Dahlander, de Pacini y Mansueto, formando un conjunto brillantísimo y excepcional que el público agradeció con la espontánea manifestación de sus aplausos. La romanza *Celeste Aïda*, escollo de todos los tenores de limitados recursos vocales, más limitados aún por la situación de Gola Fredda en que aquella se haya colocada en los comienzos de la ópera, encuentra en Paoli, una interpretación afortunada, libre de aquellos inconvenientes que para el famoso artista no deben existir, por lo visto, este fue el primer momento feliz.

En el concertado al final del segundo acto asombró a los inteligentes, desplegando los grandiosos recursos de su voz privilegiada y atacando las notas agudas de la cadencia con un solo aliento y deteniéndose en el más puro, sonoro, limpio y redondo Do de pecho (sin mistificaciones) que se ha oído de mucho tiempo a esta parte sobre aquella escena. En el tercer acto continúa la acertada labor de Paoli, la salida *Io, Ti Riveggo* fue dicha con una valentía arrebatadora, sosteniéndose en las siguientes dramáticas escenas con igual interés hasta la frase *Io, sono disonorato* expresada con un sentimiento exquisito. Por último en el último acto, después del dúo con la contralto, la frase *O, Terra Addio*, pone digno remate con su delicado portamento a la labor de Paoli, en *Aïda*, uno de sus mayores triunfos en la presente temporada".

La Rassegna Melodrammattica - Milán - 28 de enero de 1906 - dice así:

AÏDA - TEATRO REAL - MADRID - "El célebre tenor Paoli cantó Aïda obteniendo un éxito colosal. Desde la primera romanza hasta el dúo del último acto fue un contínuo triunfo para el gran tenor. Entusiasmó al público con la potencia de su voz especialmente en la parte del concertante final del segundo acto, donde la fuerza de sus notas agudas brillaron sobre la gran masa de voces y orquesta. El dúo con *Aïda* en el tercer acto y en el terceto que sigue provocaron entusiastas ovaciones que el, compartió con la Boninsegna". Firma: Equis, Corresponsal de Madrid.

Ese mismo corresponsal había enviado el siguiente telegrama a La Rassegna el 19 de enero:

"AÏDA - éxito inmenso para Paoli, Radamés grande, insuperable, frenéticamente aplaudido. Este es el tercer triunfo de Paoli en esta temporada. Se decretó al artista de la voz estupenda máximos honores". Firma: Equis.

Esa *Aïda* como vemos fue muy celebrada, pues los madrileños querían oír más y más a Paoli en todo su repertorio. La crítica fue muy favorable y el público se fanatizó aún más por la voz del genial tenor. En el libro Memorias del Teatro Real dice: "En esta temporada de 1906 los señores Bonci, Bassi y Paoli, confirmaron sus éxitos de temporadas anteriores".

Se comentaba por todo Madrid que Paoli regresaría a Madrid a fines de la primavera para cantar el *Otello* en la función de Gala Real con motivo de la boda del Rey Don Alfonso XIII con la Princesa anglo austríaca Doña Ena de Battenberg programada para celebrarse el día 3 de junio de 1906. La revista La Rassegna de Milán dice así al respecto el 22 de febrero de 1906:

"El Paoli ha obtenido un éxito extraordinario en Madrid. Después de *Los Hugonotes* y *El Trovador*, el tenor de la magnífica voz, triunfó en *Aïda* circundado de la corona de un éxito extraordinario debido a un esplendor de medios avasallantes... a un acento supremamente eficaz y a una acción dignísima y correctísima. También a una figura que es ideal para los personajes heróicos. Lo siguieron aplausos entusiastas toda la noche. Paoli, tuvo momentos en los cuales arrancó del numeroso público gritos verdaderos llenos de emoción y admiración. Sus agudos, su fiato, la ardiente expresión en las frases vigorosas. Todos afirman que es una maravilla y nosotros encontramos la cosa naturalmente extraordinaria.

Muy pronto el celebrado tenor llegará a Nápoles y sabrá renovar así su gran triunfo. En los próximos números publicaremos con detalles los artículos de los diarios madrileños, que narran sus éxitos sucesivos en *Trovador* y *Aïda*. Se dice que seguido a la viva insistencia de los señores abonados el célebre tenor será probablemente reconfirmado en la primavera en Madrid para la boda del Rey Don Alfonso XIII. Se representará el *Otello* ópera que el Paoli canta y representa con máxima valentía. El tenor ha salido victorioso. Ya imaginamos la impresión profunda que despertará esa voz portentosa y heróica figura. Es propio que se felicite a la Empresa Arana que complace al público. Esta insiste en reconfirmarlo para una tercera vez". Firma: Equis, Corresponsal Especial de Madrid.

Al terminar la ruidosa y exitosa participación suya en la temporada de Madrid se marcha a Valencia donde reina un grande y entusiasta sentimiento que muy pocos artistas han logrado despertar en ese público. Se presenta allí en la ópera *Otello* en el Teatro Principal a beneficio del Hospital de Niños. El éxito obtenido fue inmenso y además no cobró nada por cantar esa función y dio un enorme donativo como aportación suya y de su familia para la construcción de ese hospital. El reparto fue el siguiente:

30 de enero de 1906
Teatro Principal
Valencia, España
A beneficio Hospital de Niños de Valencia

OTELLO
Verdi

Desdémona......Amparo Alabán
Otello......Antonio Paoli
Yago......Ignacio Tabuyo
Cassio......Giusseppe Tanci
Lodovico......Arístide Masiero
Director: Maestro Urrutia

Esta fue función única, a teatro lleno. Se tuvieron que colocar sillas en los pasillos. Se convirtió esto en un acontecimiento extraordinario en Valencia.

El diario El Valenciano del 1ro. de febrero de 1906 dice así:

OTELLO DE PAOLI - "Delirante el público aplaudió hasta el cansancio desde el *Esultate* salida del tenor, hasta el final *La Muerte de Otello*. Paoli, triunfó plenamente por su voz, su figura y su arte único que nos hizo estremecer a todos".

De aquí Paoli se marchó a Nápoles donde le esperaba otra serie de grandes triunfos sin precedentes en la historia de cantante alguno.

CAPITULO V
1906 - 1907

Antonio Paoli era considerado en su época el artista lírico mejor pagado de Europa. Era el tenor que más dinero se le pagaba por sus interpretaciones. Siempre que cantaba subían los precios de las localidades. Aún así tenía muchísimas ofertas de varios países y empresarios. Se le ofrecían contratos en Londres, Nueva York, Buenos Aires, Santiago, Moscú, Berlín, entre otros. Antes del año 1906 había cantado ya en países como Francia, Inglaterra, Italia, Colombia, Estado Unidos, Canadá, Costa Rica, Austria, España, Portugal, Rusia, Córcega y Turquía. Ese mismo año de 1906 se le abrían nuevos campos, nuevos teatros, nuevas tierras, nuevos públicos, y se le ofrecían sumas de dinero extraordinarias. Se marcha pues a Nápoles, al sur de Italia, y después se marcha a Chile para luego regresar a Nápoles y cosechar nuevos triunfos, todo esto con pagas exorbitantes de acuerdo a varios contratos encontrados con varias agencias en Milán. Muchos empresarios no podían pagar sus honorarios; pero otros, sabiendo asegurado el éxito, le contrataban aceptando todas sus exigencias y condiciones.

Tamagno cantó el *Otello* durante dos décadas, pero ya para la temporada de 1890-1900 fue disminuyendo sus interpretaciones. Lo cantó con gran éxito en Monte Carlo, en 1901 y en el Covent Garden de Londres. Después y, por última vez, en Roma, en el Teatro Argentina, en 1903, en honor del Kaiser de Alemania quien estaba de visita en Italia. Esta fue una función de gala.

Quedaban, pues, a principios de siglo, muy pocos tenores que pudieran cantar los papeles dramáticos dignamente, en especial el *Otello*. Entre esos pocos tenores estaba, Angelo Angioletti, tenor español de Sabadell, cuyo nombre verdadero era Jaime Bosch. Estaban además los italianos Michele Mariacher y Giovanni Batista de Negri, quienes cantaron activamente hasta 1905. El gran Francesco Tamagno falleció en 1905 y Franco Cardinali estaba ya también finalizando su carrera. El portugués Eugenio Durot estaba casi en las postrimerías de su carrera. Había cantado muchas veces en Italia y el resto de Europa. Valentín Duc era otro tenor dramático que compartía honores en los grandes escenarios del mundo con Tamagno. Italia, contaba también con Eugenio Galli considerado también un gran *Otello*. De todos los tenores mencionados, exceptuando a Tamagno, hubo uno que se distinguió más que los otros. Fue De Negri, quien poseía una voz grande y monumental al estilo de Tamagno, pero este se retiró de la escena en 1899.

Vemos pues que cuando Paoli comenzó a cantar *Otello* estaba prácticamente solo en el campo lírico dramático y es esa la razón por la cual era tan altamente cotizado. Se lo contrataba bajo las insistencias y exigencias del público que lo pedía. Cuando se anunciaba su nombre en la cartelera de los teatros, los boletos se vendían rápidamente y los teatros se llenaban sobre sus límites. Paoli era, para 1905, el único tenor heróico dramático que se atrevía a cantar el *Otello* cumpliendo con todas las exigencias tanto vocales como histriónicas que conlleva el difícil personaje, si se canta tal como el gran Verdi lo concibió. Contaba además con una voz poderosísima y segura y con gran porte y figura que lo convertían en un personaje imponente en escena. Su extraordinario repertorio lírico dramático incluía: *Otello, Sanson y Dalila, Guillermo Tell, El Trovador , Aïda , Africana, Profeta , Lucia de Lammermoor , "Poliuto" , Hugonotes , Carmen, Hebrea , Roberto el Diablo, Don Carlo, Luisa Miller, Ballo in Maschera , Rigoletto, Cavalleria Rusticana, Rey de Lahore, Lohengrin, Oblio, Pagliacci, Masnadieri, Gioconda, Maestri Cantori, Tanhauser, Walkirias , Guillermo Ratcliff, Iris, Zanetto, Cid , Herodiades, Madamemoiselle de Belle Isle, Sigurd, Andrea Chenier, Dejanire , Fausto, Norma y Thais.*

Así aparece detallado en la revista I Teatri di Milano del 21 de octubre de 1906. Era el único tenor que contaba con tan extenso repertorio dramático. No tenía pues ningún rival que se le igualara. Esta es la razón por la cual Paoli acumuló una fortuna tan cuantiosa en tan poco tiempo. Podía vivir como un príncipe y disfrutar de las cuatro villas que tenía en Porto Ceresio, además de su villa de retiro y estudio en Ticino, Suiza, y sus lujosos apartamentos de Madrid y Milán.

Al llegar a Nápoles, el recibimiento fue grandioso. La estación del tren estaba repleta de público que quería verle, aunque fuera de lejos por si acaso no alcanzaba a oírle en el teatro, cuya boletería estaba sin localidades una semana antes del esperado debut. Su debut se consideraba un evento muy importante y desde España y Francia, se enviaron corresponsales especialmente para cubrir tan magno acontecimiento. Entre los corresponsales enviados estaba la prestigiosa escritora y diletante española Cecilia Coronado. El elenco fue como sigue a continuación:

14 de febrero de 1906
Teatro San Carlo
Napoli, Italia

OTELLO
Verdi

Desdémona......María Farnetti (luego Isabella Orbellini, y Gilda Longari)
Otello......Antonio Paoli - debut
Yago......Mario Ancona (luego Mario Sammarco y Angelo Scandiani)
Cassio......Angelo Bada
Lodovico......Nicola Niola
Roderigo......Tisci-Rubini
Director: Ettore Panizza

Esta ópera fue cantada doce veces a teatro lleno y en las siguientes fechas: febrero 17 y 20 con Isabella Orbellini, febrero 22 con Gilda Longari, febrero 25 y 28 con el mismo reparto del día 14; marzo 3 con María Farnetti y Ancona; marzo 5 con Isabella Orbellini y Sammarco; el 8 y 10 de marzo con Gilda Longari y el barítono Angelo Scandiani; y el 13 de marzo, función de gala despedida de Paoli con el reparto inicial. La prensa napolitana se desborda en elogios como se comprueba con las siguientes críticas.

EL LEON DE PONCE

El diario Roma - Nápoles - 16 de febrero de 1906:

OTELLO. "El tenor Paoli, ha sabido representar en la escena el Moro de Venecia. Paoli ha sobrepasado la célebre frase de Rossini "Voz, voz y más voz". ¿Les parece poco eso? Mas Paoli no sólo tiene voz sino también la inteligencia y el estudio necesarios para interpretar muy dignamente la caracterización de *Otello*. Todos los momentos culminantes del drama de Shakespeare, descansaban en el tenor Paoli. Varía pues su actuación de la ternura al ímpetu feroz, cuando la naturaleza del descendiente del Rey de los africanos se arrastra por la fuerza de la pasión y el deseo de vengar su honor mancillado.

Paoli agradó al público desde su salida a escena con *El Esultate*, el cual tuvo que bisar con una bella... justamente bella voz y excelente dicción. En el segundo acto en el *Ora e per sempre addio*... el público permaneció perplejo por lo que hizo, ya que lo que sucedió no fue culpa del artista. ¡No!... esa pieza debe ser "Cantato Largo" tal como esta escrito en la partitura, Larga Frase. Pero hay que culpar a la orquesta, y en específico a su director que alargó demasiado las medidas de los compases. Pero Paoli salió airoso. No fue su culpa; aquello fue un verdadero Tour de Force para el Paoli que pudo resistirlo y triunfar. El público conocedor que se dio cuenta de lo sucedido, premió su esfuerzo con un calurosísimo y elocuente aplauso. En el tercer acto bisó *El Monólogo*. En el cuarto acto se mostró como lo que verdaderamente es un cantante-actor-consagrado".

El diario Il Giorno- 15 de febrero de 1906 dice así:

OTELLO - "Paoli, quien venía precedido de una óptima fama, se ha revelado verdaderamente como tenor de primera. En él la voz es potente y generosa, al estilo del gran Tamagno, y arriba a los agudos con un crescendo de volumen y colorido impresionantes. Bellísimas las notas medias y vigoroso en el pase de la voz, la cual tiene toda la riqueza de un pentagrama musical, que él sabe desplegar en todo su esplendor con una enorme facilidad. Bisó el aria *Esultate* en el primer acto y cantó la segunda aun mejor que la primera. Cantó muy bien la escena del tercer acto y salió airoso al entonar el *Ora e per sempre addio*, cantado a un tiempo demasiado lento pero que él supo superar. Del éxito reportado por el óptimo artista, nosotros, como napolitanos debemos estar alegres y orgullosos, ya que no debemos olvidar el hecho de que Paoli fue en su juventud, al principio de su carrera, discípulo de nuestro querido y valeroso Maestro Vincenzo Montanaro, a quien por la muestra que ha dado su discípulo, podemos llamarlo el mejor Maestro".

El diario Il Mattino de Nápoles - 15 de febrero de 1906 :

OTELLO ALL SAN CARLO - "El tenor Paoli posee una fuerte y esquilante voz que le permite cantar *Otello* con gran ardor. Muchas veces, cuando usa de la robustez de su canto, logra efectos inmediatos de eficacia explosiva. Con *El Esultate* famoso, provocó un calurosísimo aplauso y fue obligado a dar el bis. Repitió también *El Monólogo* del tercer acto. El cuarto acto estuvo lleno de fanatismo".

El diario Il Pungolo - Nápoles - 15 de febrero de 1906:

OTELLO - "El papel protagonista encontró en el tenor Antonio Paoli, al intérprete ideal por el sonido, el ímpetu y la fuerza de su formidable voz. Al entonar *El Esultate*, el cual tuvo que bisar, la voz se reveló amplia, sonora, dúctil; esto es, en bella forma y de atrevido aspecto.

ANTONIO PAOLI

Posee Paoli el tipo y la figura de un magnífico tenor dramático, que el público le conoce y aplaude entusiasta. Reveló también un innato sentimiento en *El Monólogo* del tercer acto repetido ante la insistencia unánime del público. En dos o tres palabras, Paoli dice expresivamente las últimas frases dolorosas del *Nium mi tema* y marcó con acento e ímpetu excelentes que dejó grabados en el público cuando dijo *Non ha piu fulmini*. Paoli es único en su género".

En Milán los periódicos y revistas reproducen en sus páginas los grandes éxitos y críticas sobre el triunfo de Paoli en Nápoles. La Lanterna del 20 de febrero de 1906 dice así:

D'ORA IN ORA ANTONIO PAOLI - OTELLO ALL SAN CARLO DE NAPOLI - "La expectativa era grandísima. Se había hablado tanto de este nuevo *Otello* y se decía que, después de Tamagno, el intérprete más poderoso y más adaptado al drama del Moro de Venecia era Paoli. En el extranjero ha sido aclamadísimo y se ha arriesgado en la más difíciles empresas. Cuando Paoli cantó *El Esultate*, el público del San Carlo comprendió que la fama no mentía y que su gran reputación encontraba fundamento en la posesión de unas cualidades vocales verdaderamente extraordinarias; en un fraseo de escultor y en una interpretación dramática llena de vibración y calor. Tuvo que repetir la frase de salida famosa tras un prolongado aplauso. La ovación al *Addio Sante Memorie* fue inmensa aunque fue tocada fuera de tiempo. *El Monólogo* fue también bisado y las frases principales del último acto dieron ocasión de admirarle como extraordinario cantante y actor. El sonido impetuoso, la fuerza de sus notas, fueron formidables".

He aquí reproducidas las críticas de varios diarios napolitanos. Il Pungolo dice:

"Qué tanta fuerza se mostró, sin desligarse de una ductilidad clara y maravillosa. Fue un éxito magnífico. El exigente público del San Carlo reconoció oficialmente que se trataba de un tenor dramático de primer orden".

Don Marzio dice:

"La voz copiosa de Paoli llega a las más altas alturas con el sonido fuerte y resistente a los ímpetus, a las cadenzas, a los vigorosos golpes, donde se revela la furia y el sufrimiento de *Otello*. Junto a esa fuerza se reveló también la eficacia de un canto modulado, dulce y con sentimiento."

Como vemos, la prensa napolitana, alegre del triunfo de Paoli, ha puesto alrededor de su nombre una flamante aureola de celebridad.

La Rassegna Melodrammattica del 25 de febrero dice así:

NAPOLI - SAN CARLO - OTELLO - "La gran expectativa fue superada por Paoli, protagonista único. Entusiasmó con su voz poderosa, modulada, esquilante e inteligente. Triunfó totalmente en toda la ópera. Fue festejadísimo y llamado infinidad de veces a la ribalta. Conquistó a la entrada con *El Esultate* el cual bisó. También el Sante Memorie y El Monólogo el cual fue trisado". Firma: Rosario Placa, corresponsal especial.

La Rivista Teatrale Melodrammattica 24 de febrero de 1906, dice:

NAPOLI - OTELLO - "El tenor Paoli, poseedor de indiscutibles medios vocales puede vanagloriarse por la buena facilidad de emisión especialmente en el registro agudo. Paoli, según nos comunicó, está ligeramente preocupado por no poder dar a conocer todo su talento vocal por consideración a sus compañeros de escena. Este gran tenor es muy fácil de convencer para complacer al público. El teatro estaba totalmente lleno". Firma: Riccardo Falcomenco.

La Gazzetta dei Teatri - Milano - 24 de febrero de 1906, dice así:

OTELLO - NAPOLI - "El tenor Paoli ha causado óptima impresión. En *El Esultate* su voz se reveló fuerte y brillante. El público le pide la repetición de la salida la cual concede y le hace también repetir *El Monólogo, Dio mi Potevi* del tercer acto. ¡Grande Tenore!" Firma: Gennarino.

La Rassegna Melodrammattica - Milano - 18 de febrero de 1906, dice:

"La segunda de Otello, triunfo indescriptible para Paoli, justo protagonista festejado todo el tiempo. Bisó *El Esultate, Addio Sante Memorie* y *El Monólogo*, desarrollando una admirable voz llena de potencia y a la vez de dulzura, gran interpretación. Público entusiasmado enormemente desde las butacas de la platea hasta los bancos de la galería obligó al gran intérprete a presentarse infinidad de veces a la ribalta al final de cada acto. Farnetti fue una Desdémona estupenda; Ancona valeroso Yago, y completaron el éxito del espectáculo que se puede contar entre los mejores". Firma: La Placa.

La Rassegna Melodrammattica 19 de febrero de 1906 - Milán, dice:

OTELLO DE PAOLI. "Exito aún mayor que la noche inaugural. Este gran tenor cada día se crece más. Bisó *Esultate, El Monólogo,* y el *Sancte Memorie.* Su voz resplandeciente entusiasmó durante toda la velada. Teatro lleno completamente, fue llamado muchísimas veces al escenario". Firma: Rosario Placa. (Telegrama).

La Gazzetta dei Teatri - Milán - 28 de febrero de 1906:

"*Otello* fue un gran éxito. Un legítimo suceso especialmente para Paoli quien en la parte del protagonista se reveló como artista eficaz y cantante excepcional de gran valor". Firma: Corresponsal de Nápoles.

La Rassegna Melodrammattica,14 de marzo de 1906:

OTELLO - FUNCION DE HONOR A PAOLI - "Grande incomparable Serata D'Onore a Paoli. Triunfador indiscutible de la ópera. Bisó *Esultate,* trisó *Sancte Memorie.* Entusiasmó indescriptiblemente al público en su totalidad, lo festejan a cada rato que aparece y a cada frase que pronuncia. Infinitos aplausos. Recibió regalos de gran valor". Firma: Rosario Placa (Telegrama).

La Rivista Teatrale Melodrammattica, 14 de marzo de 1906:

OTELLO - NAPOLI- "Ayer noche en el San Carlo fue la función de honor y despedida del tenor Paoli. Recibió grandes aplausos por las vigorosas emisiones vocales del fiero *Otello* y a la sentimental voz de la Longari y a la sólida voz del buen barítono Scandia". Firma: Corresponsal de Nápoles.

ANTONIO PAOLI

El éxito delirante de Paoli es recogido detalladamente por la célebre cronista española Cecilia Coronado. Esta cubría el evento para la prensa española como sigue:

El periódico El Pueblo - Valencia - 23 de febrero de 1906:

LAS ACTUACIONES DE PAOLI EN NAPOLES - "El debut del eminente tenor Paoli en el Teatro San Carlo de Nápoles ha sido un verdadero éxito. Represéntose en *Otello*. Paoli fue ovacionado durante toda la representación, pero muy especialmente en la frase de salida y en *El Monólogo* del tercer acto cuyos Dos de pecho tuvo que bisar. Tenemos sumo placer en publicar estas satisfactorias noticias seguros de que lo agradecerán las numerosas amistades con que cuenta en Valencia el celebrado tenor español".

El Pueblo - 26 de marzo de 1906 :

ARTISTAS ESPAÑOLES - "El tenor Paoli continúa ganando fama por sus triunfos en Italia. Hemos dado ya algunas noticias a nuestros lectores. Hace pocos días en el Teatro San Carlo de Nápoles ha celebrado su Serata D'Onore. El público que llenaba la sala festejó de manera extraordinaria con las ovaciones solo reservadas para los grandes éxitos. Fue un beneficio de veras que le valió al celebrado tenor multitud de valiosos regalos, entre ellos varios objetos preciosos de oro y plata que la prensa napolitana detalla. Esos periódicos hablan con entusiasmo del arte de Paoli, de su voz poderosa y de sus agudos vibrantes que le permitieron cantar con esplendoroso brío aquella noche como en todas las anteriores, dos veces la frase de salida *Esultate* y tres veces el *Ora e per sempre addio*. Vaya nuestra enhorabuena al renombrado compatriota".

El País - Madrid - 20 de marzo de 1906:

ANTONIO PAOLI - NAPOLES - OTELLO - "El tenor Paoli, ha triunfado plenamente en su debut en Nápoles cantando *Otello* con un ímpetu y una fuerza que nos hacen recordar al gran tenor Tamagno en sus mejores tiempos. Paoli, posee voz fuerte, potente, vibrante y a la vez dulce y sentimental. Su actuación impecable, figura imponente, lo hacen dueño, amo y señor de su arte. Cantante sin igual. Muchos más adjetivos se le podrían dar a este compatriota que recorre el mundo triunfalmente, empuñando con gran honor y poniendo muy en alto la bandera española símbolo de la raza hispana, fuerte, sana y gloriosa. Ha renovado Paoli las glorias que hace diez y nueve años logró el gran Julian Gayarre, con *Africana* y *Hugonotes*.

Paoli ha firmado un contrato para la gran temporada de ópera en Chile. Recorrerá la ciudades de Santiago, Viña del Mar y Valparaíso. Esa tan importante temporada tendrá cuatro meses de duración. Estas noticias fueron divulgadas a la prensa por el Maestro Arturo Padovani. Este le ha concedido a Paoli condiciones tales como nunca antes se le había ofrecido a artista alguno en el Teatro Municipal de Santiago. Las exigencias de egregio artista eran grandísimas pero el empresario estaba tan excitado por el colosal triunfo de Paoli en el Teatro San Carlo en el *Otello*, que aceptó gustoso todo lo que el tenor le propuso. Así pues, nuestro Paoli se irá a Chile". Firma: Cecilia Coronado.

Para esos días se encontraba descansando en Nápoles, antes de comenzar allí su temporada de teatro, el famoso actor italiano Zaccani. Acudió una noche al teatro a ver el *Otello* de Paoli para observar sus movimientos escénicos de que tanto había oído hablar. Al terminar la función,

EL LEON DE PONCE

el célebre actor lo fue a felicitar a su camerino y le dijo: "Comendador, le felicito por su *Otello*, y le aseguro que no sé cómo admirarlo más si como cantante o como actor, pues hizo un *Otello* perfecto... es usted único..." Paoli le agradeció el comentario y le dijo: ¿Sabe? Los movimientos escénicos los aprendí de un gran actor italiano que vi actuar en Milán, en el *Otello* de Shakespeare, hace años. Su nombre era Zaccani, sí señor, un gran actor..." y se le quedó mirando fijamente. Zaccani notó que Paoli le había reconocido y los dos se confundieron en un fuerte abrazo pues se admiraban mutuamente.

El día 16 de marzo se marcha Paoli rumbo a Milán donde le esperaban para proseguir viaje a Rusia. Allí habían concedido un contrato ventajosísimo. Esta vez le acompañan su secretario Pocholo y su gran amigo y compañero de escena el tenor lírico Manfredi Polverosi. Este era romano y poseía una bellísima voz. Allí en Rusia la expectativa era grande pues perduraba aun fresco en la memoria de los rusos el recuerdo que había dejado allí Paoli, el año anterior. Todos querían escuchar a Paoli. Los boletos, se habían agotado dos semanas antes del día de su anunciado debut. El reparto fue el siguiente:

25 de marzo de 1906
Teatro Nuovo Conservatorio
San Petersburgo, Rusia

OTELLO
Verdi
Desdémona......Emma Carelli
Otello......Antonio Paoli
Yago......Tita Ruffo
Cassio......Manfredi Polverosi
Lodovico......Giveov
Montano......Seghievic
Director: Golisciani

Esta ópera se volvió a cantar los días 27, 29, 30, y 31 de marzo y el 1ro. de abril. Se hicieron seis funciones. El telegrama dice:

"*Otello*, éxito rotundo - Paoli, trisó frase salida *Esultate* - bisó *Sante Memorie* - Monólogo, fue sublime cuarto acto. Mostró ser buen cantante y excelente actor". Firma: Faustus - Corresponsal St. Petersburgo.

Canta luego la ópera *Los Payasos*, de Leoncavallo, con un reparto extraordinario que detallamos a continuación:

28 de marzo de 1906
San Petersburgo, Rusia
Teatro Nuovo Conservatorio

I PAGLIACCI
Leoncavallo

Nedda - (Colombina)......María Galvany
Canio - (Pagliaccio)......Antonio Paoli

Tonio - (Tadeo)......Tita Ruffo
Beppe - (Arlequino)......Manfredi Polverosi
Director: Maestro Gino Golisciani

Esta ópera se cantó además el día 30 de marzo y el 1ro. de abril, total de tres funciones.El telegrama dice:

"*I Pagliacci* - Teatro abarrotado público - Paoli, Ruffo aplaudidísimos. Paoli, primer Canio con barba. Estuvo maravilloso como el traicionado clown. Bisó aria salida y *La Giubba*, grandes aplausos". Firma: Faustus - San Petersburgo.

De allí la compañía se marcha a Kharkov y debutan allí como sigue:

5 de abril de 1906
Teatro Municipal
Kharkov, Rusia

LA GIOCONDA
Ponchielli

Gioconda......Emma Carelli
Laura......Guerrina Fabbri
Enzo......Antonio Paoli
Barnaba......Tita Ruffo
Alvise......Seghievic
Cieca......Dobronskaia
Director: Bernardi

Esta ópera se repitió los días 9 y 12 de abril a teatro lleno con el mismo elenco. El telegrama dice:

"*Gioconda* - Lucido espectáculo - Paoli - Enzo único. Bisó *Cielo e Mar* y dúo con barnaba. Aplausos continuos. Dúo con Laura - bellísimo - aplaudidísimo. Firma: Celeste - Kharkov, Rusia - 6 - abril - 1906.

18 de abril de 1906
Teatro Municipal
Kharkov, Rusia

IL TROVATORE
Verdi

Leonora......Korolewics
Ruiz......Polverosi
Manrico......Paoli
Di Luna......Ruffo
Ferrando......Seghievick
Azucena......Dobronskaia
Director: Maestro Bernardi

EL LEON DE PONCE

Esta ópera se repitió los días 20, 21, y 23 de abril, como siempre con gran éxito ante un público delirante de entusiasmo. El telegrama dice:

"*Trovatore* - espectáculo completo. Público aplaudió delirantemente al Paoli. Bisó *Serenata* y *Adagio* tercer acto. Repitió *La Pira* tres veces - público fanatizado - loco - con su potente y escalofriante voz". Firma: Celeste - Kharkov, Rusia.

24 de abril de 1906
Teatro Municipal
Kharkov, Rusia

RIGOLETTO
Verdi

Rigoletto......T. Ruffo
Duque......A. Paoli
Gida......C. Gasparini
Montano......Seghievic
Director: Bernardi

Al enfermarse el tenor Polverosi, quien estaba programado para cantar esta ópera, le sustituyó Paoli. Polverosi no pudo seguir la gira por su estado de salud y regresó a Italia. Se cantó una sola vez con Paoli ante un público delirante. El telegrama dice:

"*Rigoletto* - Ruffo supervo, inigualable. Paoli, único como Duque. Bisó salida - trisó *La Donna* - aplausos eufóricos. Firma: Pocholo.

De allí se marchan a Kiev, donde les hacen un gran recibimiento en la estación del tren. Debutan con gran éxito:

26 de abril de 1906
Teatro Solovsov
Kiev - Rusia

IL TROVATORE
Verdi

Leonora......Korolewics
Manrico......Paoli
Ruiz......Alessandrini
De Luna......Ruffo
Ferrando......Seghievic
Azucena......Dobronskaia
Director: Maestro Margulin

Esta ópera se repitió los días 28 de abril y 1ro. y 5 de mayo, y Paoli levantó al público, el cual estaba como enloquecido por su voz. El telegrama de Pocholo a Amalita dice así:

ANTONIO PAOLI

"TROVATORE - Antonio - triunfo completo - bisó *Serenata* y *Adagio* y trisó *Pira* - público enloquecido. Crónicas estupendas". Kiev - 28 de abril - 1906.

Cantó luego otra gran joya verdiana *Ernani* como sigue:

16 de mayo de 1906
Teatro Solovsov
Kiev - Rusia

ERNANI
Verdi

Ernani......Antonio Paoli
Elvira......María Galvany
De Silva......V. Coppola (luego Seghievic)
Don Carlo......Tita Ruffo
Director: Maestro Margulin

Esta ópera se volvió a cantar los días 18 y 22 de mayo con el mismo reparto, excepto el día 22, en que el papel de Da Silva fue cantado por el célebre bajo ruso Seghievic. El éxito fue extraordinario como ya se había hecho costumbre en todas las óperas presentadas en esa gira por Rusia. El telegrama a Amalita dice así:

"ERNANI - éxito extraordinario - Antonio repitió romanza 1er. acto - trisó Cavatina - aplaudidísimo". Pocholo - Kiev 17 - mayo - 1906.

Los rusos estaban tan entusiasmados con los artistas italianos que quisieron honrarles a la manera bárbara con una de sus famosas fiestas de bacanales y orgía. Les invitaron pues a visitar un bellísimo palacio que estaba enclavado en una alta colina, en las afueras de la ciudad, con una vista panorámica de Kiev, que era imponente. Era ésta la residencia de verano de un duque ruso, quien era un hombre muy acaudalado. De los artistas sólo fueron invitados los del género masculino, entre los que se encontraban Paoli, Coppola, Ruffo, Alessandrini y Beraldi. Al llegar al hermoso palacio, era ya el atardecer y se podía observar desde allí una imponente puesta de sol de primavera pintando el firmamento de los más caprichosos y bellos colores, contrastando el horizonte con la cúpula azul celeste.

A eso de las siete de la noche, cada uno fue colocado en un lujoso aposento donde cada cual tomó un delicioso baño de agua tibia perfumada y descansaron un poco. Al llegar la hora de la fiesta cada uno de ellos fue recogido en su cuarto por bellas doncellas cuyos cuerpos desnudos estaban sólo cubiertos por tules y sedas transparentes de suaves colores que dejaban entrever las partes íntimas de las jóvenes y la belleza de sus bien delineadas formas. Fueron todos llevados a un gran salón cuyas paredes estaban cubiertas de cortinajes de damasco rojo y, en medio de cada cortina unos espejos gigantescos. Frente a cada uno de esos espejos en la parte alta había colocada una enorme lámpara pendiente del bien ornado techo. Estas estaban llenas de velas encendidas que se reflejaban en los espejos y daban claridad al lugar causando un sorprendente efecto de luces y colorido. En medio del enorme salón había una gran fuente de mármol blanco con varios pedestales en el centro. Les extraño a los invitados especiales que esa fuente no tenía agua.

222

EL LEON DE PONCE

Comenzaron pues los agasajos, todos estaban contentos y alegres. Se pasaban bandejas de plata llenas con las más exóticas golosinas, entre las que había una cuantiosa variedad de caviar ruso, chino y siberiano, fresas rellenas con anchoas, quesos italianos con aceitunas de Palestina, jamones y embutidos alemanes y otras cosas.

En el apogeo de la fiesta, la orquesta de cuerdas que allí tocaba, comenzó a entonar una bellísima pieza folklórica ucraniana, y de entre los gruesos pliegues de las cortinas, salieron cuatro enormes negros desnudos de muy bien formados cuerpos hercúleos, quienes se colocaron sobre cada uno de los pedestales que había en la fuente. Al rato salieron unos cuantos jóvenes blancos cargando en sus hombros unas cajas recubiertas de planchas de plata y se colocaron al lado de los negros, esos jóvenes también estaban desnudos. Cada vez que esas personas salían caminando rumbo a la fuente todos aplaudían. De momento salieron seis bellas doncellas cubiertas con sedas semejantes a las que les recogieron en sus habitaciones. Al llegar a la fuente dejaron caer los tules y sedas que vestían los jóvenes dejando sus bellos cuerpos virginales completamente desnudos. Se colocaron dentro de la fuente y los jóvenes blancos comenzaron a sacar botellas de champán francés de las cajas, las destapaban y las entregaban a los negros quienes las iban derramando sobre las cabezas de las doncellas, sobre sus cuerpos y sobre los cuerpos de los jóvenes varones blancos. Los invitados a la fiesta se acercaban a la fuerte para libar con sus labios el fino y espumante líquido que bajaba a raudales por aquellos preciosos cuerpos. Todos libaban el embriagante líquido y los invitados de honor fueron invitados a hacer lo mismo. Podían escoger a su gusto entre las doncellas, los jóvenes y los negros, bañados por el exquisito champán. Luego de escoger su pareja entre aquellos, se podían marchar a su aposento. Para ellos, los ucranianos era ésa la mejor forma de agasajar a la personas que fuesen de su agrado. Ruffo, quien para asunto de intimidad era medio tímido, decidió no tomar nada, ni tener relaciones con nadie alegando que no se sentía bien. Los demás cada cual tomó su pareja y se marchó a su aposento. Paoli escogió a una rubia bellísima y se retiró con ella a su habitación. La joven estaba locamente prendada del tenor. Al este preguntarle su nombre, ella le contestó que se llamaba Tania Seghievic, resultando ser la hija del bajo ruso que había cantado allí con Paoli en esos días. Paoli, entonces, no pudo, por respeto a su compañero de escena, tener relaciones con ella, ya que respetaba y admiraba mucho al gran artista ruso. Ella quien estaba muy motivada insistía en la relación y le explicaba a Paoli que esa era una costumbre de ellos los ucranianos y que sus padres lo sabían y estaban de acuerdo. Pero Paoli no pudo hacer nada y ahí quedó su participación en la bacanal. Al cabo de un rato se reintegraron a la fiesta la cual estaba en todo su apogeo. Todos le preguntaban si había disfrutado su pareja, a lo cual el contestaba afirmativamente mordiéndose el labio por dentro. La fiesta duró hasta muy entrada la mañana del próximo día en que salía toda la Compañía rumbo a la ciudad de Odessa.

Fue esta una experiencia que Paoli jamás olvidó en su vida y así lo narró con lujo de detalles a Don José Romeu, quien nos lo contó como está aquí narrado.

Debutan en Odessa como detallamos a continuación:

25 de mayo de 1906
Teatro Municipal
Odessa, Rusia

IL TROVATORE
Verdi

ANTONIO PAOLI

Leonora......M. Galvany
De Luna......T. Ruffo
Manrico......A. Paoli
Ruiz......Alessandrini
Azucena......Kovielskova
Ferrando......Nejdiekov
Director: Maestro Pribick

Esta ópera se volvió a cantar los días 26, 27 y 29 de mayo. Esta última fue la despedida de Paoli, el cual causó allí furor como Manrico. La crítica local fue extraordinaria, según fragmentos de periódicos encontrados en Rusia por nuestro gran amigo y colaborador ucraniano Vladislav Mariek, de la ciudad de Kiev, quien nos suplió toda esta información cronológica la cual le tomó tres años recopilarla y nos la envió sin cargo alguno, sólo con el fin de que se supiera de los triunfos de Paoli en ese legendario y exótico país.

El diario Kavkaz del 30 de mayo de 1906, hace una relación de las óperas cantadas por Ruffo y Paoli en San Petersburgo, Kharkov, Kiev y Odessa.

"La gran temporada italiana de ópera, este año volvió a incluir a dos figuras ilustres en el firmamento de la lírica y esperadas con anhelo en nuestra tierra. Nos referimos al célebre barítono italiano Tita Ruffo y al gran tenor español Antonio Paoli. Estuvieron éstos acompañados de un soberbio elenco con las sopranos Emma Carelli y María Galvany, los tenores Polverosi, Alessandrini y Clementiev, los bajos Gasparini y Coppola y los directores Bernardi, Golisciani y Margolin.

El éxito fue completo y contaron además con la colaboración de varios eminentes artistas rusos entre los que se encontraban los bajos Giveov, Seghievic y Nejdiekov y las mezzo sopranos y contraltos Kovielkova y Dobronskaia, además de la gran soprano lírico dramática Korolewics. Estos tomaron parte activa en toda la temporada y ayudaron al éxito de los espectáculos.Las óperas cantadas fueron: *Otello*, *Payasos*, *Gioconda*, *Trovador*, *Rigoletto*, *Demon*, *Ernani*, *Barbero de Sevilla* y *Traviata*" Además de varios conciertos de beneficio del tenor Paoli y Ruffo para levantar fondos para construir el Orfanatorio en Odessa.

El éxito fue delirante. El público aplaudía de pie, eufóricamente a los egregios artistas especialmente cuando tenían ante ellos a dos titanes como Ruffo y Paoli. Se vivieron allí momentos inolvidables escuchando sus voces poderosas y su actuación tan particular junto al resto del elenco.

Los directores de orquesta fueron todos muy competentes, al igual que los artistas particinos y los coros. Los decorados estuvieron muy buenos aunque hubo algunas variaciones de acuerdo al tamaño de los escenarios de los teatros en que se presentaron. Los vestuarios, fabulosos, para los artistas todos hechos por manos ucranianas excepto los de Ruffo y Paoli, que son de su propiedad y son verdaderas joyas hechos casi todos en Viena". Firma: Voedljev - Corresponsal Especial del diario Kavkaz, que acompañó a la compañía por todas las ciudades en que se presentó, escribiendo crónicas para ese diario".

Tras ese sensacional triunfo, Paoli, parte rumbo a Milán para tratar de descansar unos días en Porto Ceresio y prepararse para su viaje a Chile, en el cual llevaría a toda la familia, pues en el contrato aparecía así estipulado. Allá en España, se hacían los preparativos para la boda del ey Don Alfonso XIII con Doña Ena de Battenberg. Cuando avisaron a Antonio para pedirle que cantara la función de gala en el Teatro Real, ya este estaba programado para salir rumbo a

EL LEON DE PONCE

Chile y no pudo aceptar ese honor. Todo por negligencia de la gerencia del Teatro. En Porto Ceresio estaban todos agitados preparándose para el largo viaje. Tenían listos los vestuarios colocados en sus respectivos baúles. Tomaron cinco coches para transportar todo aquel cargamento hasta la estación del tren en Milán para allí ser transportados al Puerto de Génova, desde donde saldría toda la troupe rumbo a Chile.

El 1ro. de junio de 1906 el diario El Mercurio de Santiago publicó la siguiente nota:

LA OPERA EN EL MUNICIPAL " Según anuncios de la Empresa Padovani la próxima temporada lírica en el Municipal se verá honrada con una de las figuras más relevantes en el mundo de la ópera. Este es el bien aplaudido y afamado tenor Antonio Paoli quien viene a Santiago precedido de una gran fama por su caracterización del *Otello* de Verdi. Según noticias recibidas de Europa, éste ha tenido grandes éxitos en las cortes de los Reyes europeos y los más grandes teatros. Su actuación en Otello es ya legendaria, pues según las críticas no tiene rival. Esperamos ansiosos el próximo 5 de julio para poder apreciar esa magnífica voz en toda su plenitud. Felicitamos al señor Padovani por traernos tan grande artista".

Entre los artistas contratados para la temporada de Chile estaban entre otros el eminente bajo-barítono Nazzareno de Angelis, el gran barítono Nicoletti Kormann, el gran tenor Amedeo Bassi, y las grandes sopranos Amelia Pinto, María Clasens, Amalia Agostinelli y María Alessandrovich. Venia también el joven barítono italiano Enrico Nani, quien ya era muy conocido en Santiago pero que esta vez cantaría el rol de Yago, el cual no conocía pero Paoli, se comprometió con el a enseñárselo durante la travesía por Alta Mar y así lo hizo.

En las tardes, Paoli se subía al balcón alto del barco a respirar el aire puro del mar lleno de yodo y a vocalizar. A veces se inspiraba y dejaba escapar de su garganta arias como *Cielo e Mar* y el *O Paradiso* de *La Africana* para deleite de todos los que allí viajaban. En varias ocasiones se fue a los pisos bajos del barco con la soprano Amelia Pinto y el barítono Nani, a cantar dúos de óperas y canciones a los emigrantes italianos y españoles, que marchaban a Uruguay, Argentina y Chile, en busca de mejor fortuna. El barco tocaría puerto en Barcelona y Cádiz y al llegar a América haría escala en los países mencionados.

El recibimiento en Chile fue extraordinario. Les esperaban en el puerto un nutrido grupo de personas con gran alborozo y alegría. Pernoctaron en Valparaíso y al otro día salieron rumbo a Santiago, la céntrica capital Chilena, situada exactamente en la falda de la imponente Cordillera de los Andes, con sus picos siempre nevados, haciendo un hermoso contraste entre el verdor de la espesa vegetación, el color grisáceo de las rocas y el blanquizar de las nieves con el azul virginal del cielo suramericano.

Al bajar del tren, Paoli se quedó pasmado observando la imponente belleza del lugar. Le esperaba allí una serie de triunfos quizás de los más grandes que tuvo en su vida. Había allí una banda municipal que tocaba los himnos de España, Italia y Chile. Acabando de llegar a Santiago, recibió un cablegrama de Milán en que se le comunicaba que el Teatro Real de Madrid no podía aceptar las condiciones de su contrato para la temporada invernal de ese año. Así que Paoli le avisó al Empresario Padovani que podría permanecer en Chile hasta enero de 1907 cuando debía marcharse a Milán para cubrir compromisos con el Teatro San Carlo. Quería además gozar de la cordialidad y hospitalidad de lo chilenos que tan buena acogida le habían dado y le hacían sentirse como en su propio país.

225

Se inaugura pues la temporada en el Teatro Municipal como sigue:
7 de julio de 1906

Esta ópera se cantó, además, los días 8 y 10 de julio y el 20 de septiembre de 1906.

El libro La Opera en Chile, página 178, dice así: "El *Otello*, de Verdi, servía para presentar al público al tenor dramático Antonio Paoli. Bastaron las cortas frases con que Paoli se presentó a escena para que el público comprendiera la calidad de artista que se le ofrecía y, con sus contínuas ovaciones obligó a la repetición de casi todos los pasajes culminantes de la obra". (Mario Canepa Guzmán).

He aquí una carta escrita desde Santiago al Sr. Deliliers, Director de la revista La Rassegna Melodrammattica, la cual publicó integra como sigue:

Santiago, 10 de julio de 1906

Queridísimo Sr. Deliliers::
Dos letras rápidas para alcanzar a tiempo la salida del correo. El amigo Paoli, como usted sabrá, debutó en *Otello*. El éxito fue TRIUNFAL para él especialmente, pues no se recuerda en Santiago nada igual. Es con una verdadera satisfacción que le doy esta noticia. El amigo Genaro, le habrá enviado seguramente todos los diarios de Santiago.
Verá ahí el entusiasmo que levantó. Vamos para la tercera representación con teatro rebosante. El amigo Padovani, está contentísimo con él y con todos los reportes. Luego se presentará en *El Trovador* y en *Aïda*. Serán seguramente nuevos triunfos. Un sincero apretón de manos de su afectísimo, Zanini.

El diario El Ferrocarril - Santiago - julio - 1906:

OTELLO - "Tres notables artistas protagonizaron los roles de Desdémona, Yago y Otello; la soprano Amelia Pinto, el barítono Enrico Nani y el tenor Antonio Paoli. Este último demostró que la fama de que venía precedido, se ajustaba ampliamente a la verdad. Es un gran artista. Si bien toda su actuación rayó a gran altura, debemos destacar la escena del último acto, interpretada con vigor extraordinario. Sus condiciones de voz y de físico le permiten una expresión correcta en la caracterización del personaje. Tiene pasión en ese papel difícil. Su actuación es de primer orden. Sabe dar una emoción creciente al doloroso papel de Otello. La escena con Yago en el acto segundo y al final, fueron culminantes. El Sr. Paoli, por su hermosa voz, es digno de figurar entre los mejores tenores que han visitado este país".

EL LEON DE PONCE

El diario El Mercurio de Santiago - 8 de julio -1906 :

OTELLO - "Con la representación de Otello, efectuada anoche, hacia su debut el tenor Paoli. Otello es una de esas piezas, que parecen escritas para poner a prueba a un artista. Esto hizo que la función de anoche fuese esperada con mucho interés. Bastaron las cortas frases con que el señor Paoli se presentó en escena, para que el público pudiera apreciar la calidad del artista que se le ofrecía. ¿Para qué vamos a decir que los aplausos del público, motivaron la repetición de casi todas las partes culminantes de la obra? Es el Sr. Paoli un tenor realmente admirable. Posee una voz hermosísima y potente. Su registro es completo. Se decía anoche que jamás había pasado por el escenario del Teatro Municipal un tenor dramático comparable al señor Paoli. Esto podrán atestiguarlo los abonados clásicos. Nosotros sólo podemos asegurar que si en todo su repertorio se mantiene a la altura que se coloca en *Otello*, el señor Paoli es un artista que se queda fuera de todo elogio. Porque no es tan sólo la potencia y la hermosura de su voz lo que hay que admirar en el Sr. Paoli; él es además un artista de temperamento, que interpreta concienzudamente sus papeles y que se mide en la escena con una finura admirable... ¡Como nos alegramos de que la Empresa Padovani nos haya traído este año al señor Paoli!

El diario La Leí - Santiago - julio de 1906, dice así:

OTELLO - "La magistral ópera de Verdi, alcanzó anoche ante un lleno completo, un desempeño de primer orden, como había el derecho de esperarlo de la actual Compañía. El cuadro de artistas encargado de su ejecución es realmente notable. El tenor Paoli hace un Otello brillantísimo. Su estreno ante el público de Santiago ha sido feliz. Ha quedado confirmada la sólida reputación de que venía acompañado este distinguido artista. Su buena figura, su perfecta posesión de la escena, su voz fresca, sonora y bien timbrada lo colocan en primera línea entre los grandes tenores que nuestro público ha conocido".

El diario El Popular - Santiago - 8 de julio de 1906:

OTELLO - "Anoche se llevó a cabo a teatro lleno, la primera representación de *Otello* que ha sido un verdadero éxito para la Compañía. Hacía muchos años que no se veía en Chile un tenor dramático de la talla del Señor Paoli, en el papel de *Otello* ha demostrado, que es un artista de méritos sobresalientes. Su voz poderosa y agradable su perfecto dominio de la escena le reservan muchas ovaciones como las que recibió anoche al aparecer por primera vez ante el público Santiaguino".

El Diario Ilustrado, Santiago - 8 de julio de 1906 -

OTELLO - "Anoche todo el público iba ya con el ánimo resuelto a escuchar un *Otello* soberbio; por los magníficos antecedentes de que venían precedidos el tenor Paoli y la señora Pinto. Esta vez las esperanzas no sólo se cumplieron, sino que podemos decir sin exageración que el Otello de anoche ha sido tal vez el mejor que se haya escuchado en nuestro primer coliseo desde ha muchos años a esta parte.

El señor Paoli, además de reunir las cualidades de un magnífico tenor, voz poderosa, fresca y de escuela correctísima, es todo un actor. Sus gestos, sus movimientos, las inflexiones de su voz revelan a primera vista el profundo conocimiento que tiene del inmortal personaje de Shakespeare. Desde las vigorosas frases del primer acto, *Esultate* ya conquistó al público. Se le aplaudió con entusiasmo y hubo de bisarla. En el amoroso y delicado dúo con Desdémona

ANTONIO PAOLI

Gia Nella Notte Densa, nos extasió con su media voz, compartiendo con la señora Pinto la ovación que el público le tributara. El ardiente beso de *Otello* encuentra un eco bellísimo en la orquesta. La voz robusta y simpática del Sr. Paoli, llena el escenario. Las últimas palabras del dúo *Vien, Venere Splende*, se pierden en los acordes de la orquesta y cae el telón en medio de los aplausos frenéticos de unos y el entusiasmo de otros que aclaman a tan grandes artistas como el Sr. Paoli y la Sra. Pinto.

La maldad de Yago triunfó en el corazón de *Otello*. La duda de que Desdémona le sea infiel lo martiriza y la voz de Paoli, domina completamente la orquesta cuando exclama: *Pel cielo, tu sei L'eco...* En la última y grandiosa escena del juramento, Paoli toma proporciones gigantescas, dentro del verdadero arte, que le provocan una ovación delirante. La presencia de *Otello* arranca a las cuerdas una frase nerviosa. Toda aquella dificilísima escena de la muerte, resulta soberbia hecha por Paoli, quien consigue uno de los triunfos más legítimos y sinceros que se recuerdan en nuestro teatro. Nuestros aplausos al gran tenor".

El diario El Chileno - Santiago - 9 de julio de 1906 -

OTELLO - "Lo que no dicen los cronistas es que el *Otello* se va haciendo cada día más difícil de cantar y acaso llegue uno en que no se pueda presentar por falta de tenor. Porque el papel de Otello tiene un doble y completo carácter: exige un cantante de gran voz y un artista dramático consumado. La voz debe ser amplia, vigorosa, de extenso registro, y al mismo tiempo, dócil suave y melodiosa. Tiene frases, interjecciones, apóstrofes que deben subir al último disparo de la voz humana que deben ser sobreagudos, y tiene trozos delicadísimos de una dulzura infinita. Palabras apenas moduladas que deben oírse como el tenue susurrar del viento entre las ramas. Por lo que hace a la acción dramática, nada más fuerte, más potente, más impresionante que las situaciones. Porque para el personaje de Shakespeare, el artista debe juntar pues la voz de un Tamagno a la escuela dramática de un Vico o de un Novelli.

Todo eso nos dio en *Otello* el tenor Paoli. Plumas más competentes que la mía hablarán de la calidad específica de su voz, de sus notas graves, melodiosas y flexibles; de sus registros bajos tan puros y de sus agudos extraordinarios.

Yo sólo sé decir, que jamás había oído voz tan poderosa, tan rica en matices de emisión, tan nítida, de duración tan prolongada; voz, en fin, tan completa. Jamás había visto artista tan consumado, de tan vigorosa y relevante acción. Confieso que nada tiene de sorprendente mi testimonio, ya que viejos abonados del Municipal que asisten allí casi desde que fue construido, decían antenoche, sencillamente, que no ha venido a Chile artista tan completo. Se recordaban nombres célebres y, a despecho de aquella socorrida estrofa de que "cualquier tiempo pasado fue mejor", en este caso se daba la palma al presente.

Desde *El Esultate*, que es la barrera en que encallan muchos y que Paoli salvó dos veces con admirable frescura hasta la romanza final *Como sei tu*, que son verdaderos gemidos de moribundo, en todo momento, así en las frases como en los trozos, en los apóstrofes como en los dúos, se nos reveló el artista poderoso y triunfador. Haciendo comparaciones, un nombre surgía inmediatamente Tamagno. Esto ahorra toda demostración.

¡Que Hugonotes nos espera! Decían unos. ¡Que *Aïda*! Otros. Un distinguido caballero llegado hace poco de Buenos Aires, contaba que allá le habían dicho "Paoli va a cantar en Santiago... ¡Aprovéchenlo!... Acaso no lo volverán a ver". Y otro joven aficionado exclamado en el colmo del entusiasmo: "Al fin hemos sabido lo que era Otello... Más tarde, cuando pasen los años y nos hablen de grandes artistas, podremos decir que en el Municipal cantó Paoli".

EL LEON DE PONCE

El diario El Ferrocarril - Santiago - 10 de julio de 1906:

OTELLO - "Este es un papel concebido y elaborado por el autor teniendo en vista las facultades orgánicas de Francesco Tamagno, que es cuanto se puede ponderar en punto de extensión, sonoridad e intensidad de voz. Desde el punto inicial hasta el postrero, hasta la muerte del Moro, ha recorrido Paoli un sendero de triunfos continuados, sin una sola fatiga, sin un ataque esquivo a su potencia vocal, a la eficacia de su mímica, fiel interpretadora de los sentimientos desarrollados en el poema. Porque Paoli, contrariamente a lo que se verifica y hemos notado en el mayor número de los cantantes españoles, no solamente acciona su papel con verdad y corrección sino que "sabe escuchar" digamos así, o, como dicen en el teatro italiano, hace la contra escena del modo más favorable al efecto dramático. Volviendo a los dominios vocales, anotamos con gran agrado y no pequeña admiración, que ese órgano potentísimo que parecería exclusivamente apto para los brillantes efectos de sonoridad, se presta con no menos docilidad a una "mezza voce", suave, dulce e insinuante, como la de un tenor lírico. En cuanto a figura y aderezo, no le debemos sino manifestaciones de agrado y satisfacción. En resumen, tenemos en el tenor Paoli, un artista de primer orden. Tenemos este año el repertorio dramático en condiciones de una superioridad inmensurable sobre lo que se nos ha ofrecido desde los primeros tiempos de Balterini. La satisfacción del público es completa y entusiasta".

El Chileno, Santiago de Chile, 20 de julio de 1906.

ANTONIO PAOLI. "Hacía dos años que veníamos deseando para el Teatro Municipal de Santiago, a este eminente tenor dramático español, a quien queríamos oír. Cuando se trataba de cosas de arte teníamos que hablar de este nombre que nos sonaba grato al oído. Leíamos con predilección todo lo que con él se relacionaba. Le veíamos figurar en los grandes elencos del Teatro Real de Madrid, del Covent Garden de Londres, del Imperial de San Petersburgo, Del San Carlo de Lisboa, de la Pérgola de Florencia, del San Carlo de Nápoles, del Metropolitan de New York. Cada vez que teníamos oportunidad, insinuábamos al Maestro Padovani el nombre de tan aplaudido rival de Francesco Tamagno, para que nos lo trajera.

Conocedores del Movimiento Artístico de Italia, el anuncio de la venida de Paoli y de Bassi nos hizo concebir la esperanza de ver realizadas las aspiraciones tan nobles como sinceras, de que nuestro público apreciase las cualidades insignes del llamado en Italia, España y Francia, digno sucesor de Tamagno. Por manera que las expectativas que teníamos cifradas en el debut de Paoli, nos preocupaban hasta el extremo de creer que de esto dependía la firmeza y la estabilidad de la Empresa Padovani. Paoli, con aparecer y cantar, venció. El teatro no estaba lleno aún, cuando se destacó la potencialidad de su voz y con el calor de su primera frase, pareció derrumbarse la sala al estallido de un solo grito humano: ¡Bravo! Y a las palmadas con que el auditorio entusiasmado saludó la esplendidez del artista y la belleza de su voz de oro, por decirlo así. No fue sorpresa para nosotros la favorables acogida que el público de Santiago, ha hecho al insigne actor cantante.

Habíamos devorado las críticas madrileñas y saboreado las de los severos escritores napolitanos; así es que nos figurábamos el mérito real del cumplido artista. No conservamos memoria de un tenor dramático que siquiera se asemeje al señor Paoli, que haya actuado en nuestro teatro. Paoli se impone con su figura, con el aplomo de su dominio escénico y por la corrección de sus modales. Altivo en la mirada e incisivo en la claridad de su fraseo. Sus "mordentes" se graban en el oído del oyente y por los más insignificantes detalles en la interpretación de su parte. El público se percató de que esta delante de un actor respetuoso del verismo escénico y que ha estudiado con talento el personaje que encarna. Además tiene detalles, como ciertos movimientos instintivos en las manos. Hijos de un profundo estudio, detalles que no pierde un Novelli o un Zacconi y que ya, en el primero, tuvimos aquí ocasión de hacer constar. En cuanto a cantante, revive cualidades que le ponen a cubierto de toda discusión y muy por encima de todo elogio. Voz fuerte y vigorosa en todo el registro con agudos realmente insinuantes y con gran amplitud en la respiración. Tuvo que repetir las frases principales de la obra y con razón, pues frasea con claridad asombrosa, es cuadrado como cantante y su media voz, apacible, dulce y serena. Tiene muchos del suave frou-frou de la seda, si se nos permite la expresión. Canta sin esfuerzo, no grita, ni gesticula en las situaciones dominantes. La acentuación de sus frases coronan el cúmulo de magníficas cualidades de gran tenor y en las peripecias finales, supo conmovernos íntimamente. ¡Como se han realizado nuestras profecías! Bien por la compañía lírica, por el alza de sus abonos y por la cultura artística de nuestro público".

Página Española - Santiago - 10 de julio de 1906 dice:

ANTONIO PAOLI EN SANTIAGO DE CHILE EN EL OTELLO - "Sírvame, pues, de introducción, lo que dejo dicho, e indique lo que pienso de Paoli como actor dramático, después de haberlo escuchado y visto, durante tres noches, en el "Otello" de Verdi. Sobre un libreto muy malo de Boito.... Mucha era la fama de que venía precedido el tenor Paoli; se hablaba de sus triunfos en París, Madrid, Londres, y además grandes ciudades. Se comentaban sus caprichos y originalidades y se le proclamaba un gran cantante.... A mí juicio todo eso ha quedado corto, porque nada se decía de sus condiciones dramáticas, tan admirables, como que yo no he visto en la escena lírica nada que se le asemeje.

Paoli no solamente es gran tenor, sino lo que se llama un artista, así, sin adjetivos, que resultan ridículos cuando no alcanza a sintetizar las cualidades... En general la partitura de Verdi, su última nota dramática, ha sido muy bien tratada por los artistas del Municipal, y aunque a nuestro público, de gustos infantiles, no le place esa música, que no se queda en el oído, hubo aplausos cariñosos para Paoli, Nani y la Srta. Pinto. Pero el héroe de la jornada, como que sobre sus hombros descansaba todo el éxito de la formidable partitura, fue Paoli, que ha hecho una creación de Otello, y de cuyo admirable trabajo quedará luminosa memoria en las crónicas de las temporadas líricas...

Desde que apareció en la escena Paoli, su traje y su figura se impuso al público, que el escuchar las primeras notas de *El Esultate* comprendió que tenía delante un artista superior; y no pudo contener sus aplausos al escuchar aquellas notas claras, fuertes, como un clarín de guerra, que resonaban en el ámbito de la sala, halagando, por la hermosura en su timbre, los oídos de todos y al finalizar el primer acto, la admiración subió de tono. Parecía imposible que aquel *Otello* de la voz vibrante del principio, fuera el que cantaba ese dúo de amor, con una media voz, suave, blanca y que hacía el efecto de una caricia; el tenor dramático se había transformado en lírico; ¿Aquello era obra de magia o el poder del arte, ayudado por la naturaleza?

En el segundo acto, la admiración del público se manifestó en una verdadera ovación, al escuchar las notas argentinas del *Addio, Santa Memorie*... Andante que Paoli repitió con admirable seguridad... Yo, al escucharle la frase *Canti di Amor e di Battaglia*, no pude contenerme y aplaudí... ¡Que hacía tiempos que no aplaudía! ¡Recordé a Don Antonio Vico!... Hace usted bien en aplaudir, me dijo un amigo mio, que a pesar de haber sido diplomático, es hombre de letras y de buen gusto artístico. He oído yo a de Negri y a Tamagno, y le declaro que no cantaban mejor este trozo... Y así continuaron las ovaciones, tanto en el juramento como en el tercer acto, hasta llegar al final, en donde Paoli, arrancó a su público el sublime, aquel aplauso, no puede darlo la claque, el de las lágrimas... Si, cuando Paoli cantó *Desdémona, Morta* su voz semejó un sollozo desgarrador. Era el quejido profundo del alma amante de *Otello*, que llora su desgracia sin remedio; fue una nota de esas que no pueden escribirse en la partitura porque es el corazón quien las entona. Tal es mi impresión, vagamente condensada, de la parte lírica de *Otello* yo no recuerdo haber oído un tenor de voz dramática más poderosa, mejor timbrada, de más claro fraseo y al mismo tiempo una voz de tenor lírico, una media voz blanca, calida, de una suavidad admirable.

En cuanto a la parte dramática, a la interpretación del carácter de *Otello*, no haré la ridiculez de comparar a Paoli con Novelli, por lo que dije al principio. Afirmaré que si Paoli mañana perdiera su voz extraordinaria, tendría en el drama un campo fecundo para su gloria. Más que hijo del estudio, la interpretación magnífica de *Otello* es obra de su talento, de su intuición artística. Digo esto porque el artista formado por el estudio es siempre igual y en las tres veces que he visto a Paoli, le he visto detalles distintos en las diversas situaciones del drama, y aun hasta en la muerte que es admirablemente sorprendente, digna de ser estudiada y merecedora de todos los aplausos que arranca del público que le contempla con emoción intensa.
Es Paoli el primer artista de ópera que yo veo que no esta pendiente de la batuta del maestro, para entregarse por completo a los detalles del personaje que interpreta. Es sin duda esta conciencia artística de donde saca la unción, por decirlo así, que imprime a su canto porque en Paoli, la frase sale del corazón, pasa por el cerebro y toma una forma musical en su privilegiada garganta. Y es ahí en donde está el secreto de sus triunfos. Es por eso que domina y conmueve a sus oyentes porque sabe vivir su personaje. ¡Que admirable es su *Otello*! Enamorado, noble, generoso al principio; duda, vacila, tiembla ante la insidia malvada de Yago, y se rinde por fin a la evidencia, y entonces ruge, es el león del desierto y sueña en castigo de su honra vilipendiada, para matarse él mismo después, en medio de la más honda y terrible desesperación, cuando reconoce su error y la inocencia de su amada".

Llegan a Milán varios telegramas que leen así:

La Rivista Teatrale Melodrammattica - Julio 1906 - Milán.

OTELLO - SANTIAGO - TEATRO MUNICIPAL - "Finalmente, Otello se ha dado la ocasión de juzgar al célebre tenor Antonio Paoli, que venía precedido de inmensa fama. Sucede casi siempre que cuando la expectativa es enorme, el artista, no tiene el éxito ique se esperaba. Más en este caso concreto, se ha verificado precisamente lo contrario. La expectativa era viva, más Paoli supo superarla, recogiendo uno de esos sucesos que por sí solo establecen en forma indiscutible la fama del artista. No ha sido un éxito sino un triunfo el que ha logrado aquel tenor excepcional, el cual posee no sólo una voz de trueno para el papel, más también una figura y un temperamento dramático en grado eminente. Las aclamaciones contínuas y festejos inolvidables le rodean. La prensa le ha llamado merecidamente El émulo de Tamagno". Firma: Sansone, Santiago de Chile.

La Gazzetta Teatrale di Milano - SANTIAGO -

OTELLO - PAOLI - "Llegan noticias del debut afortunadísimo de este eminente tenor en *Otello*. Para clasificar el éxito bastan estas particularidades: que Paoli, tuvo que repetir estas tres piezas, *El Esultate*, *L' Addio e Per Sempre* y *El Monólogo*. Las extraordinarias cualidades vocales y dramáticas que adornan a este valientísimo tenor, correspondieron perfectamente a la gran expectativa del público y de la Empresa, la cual, como ya hemos anunciado, concedió al artista tales condiciones como nunca antes se le había concedido a ningún otro tenor en Chile". Firma: Corresponsal de Chile - 30 de julio de 1906.

ANTONIO PAOLI

La Gazzetta dei Teatri - Milano:

SANTIAGO - OTELLO - "Con *Otello*, el coloso del talento musical de papá Verdi, se presentó el tenor Paoli, que, a decir verdad fue uno de los mejores Otellos que aquí se han escuchado hasta ahora. Tuvo que repetir *Esultate* en el cual desencadenó de sus pulmones de acero, un verdadero huracán de voz. *El Addio Sancte Memorie*, le dio la gloria a Otello (Paoli)". Firma: Pancho - Santiago - 23 agosto 1906.

La revista La Ressagna Melodrammattica de 3 de agosto de 1906 publicó el siguiente artículo:

ANTONIO PAOLI EN OTELLO EN SANTIAGO DE CHILE TEATRO MUNICIPAL - "Finalmente fue satisfecha la expectativa creada por el tenor Paoli, quien había sido anunciado con gran reclamo. Ha debutado. La curiosidad por escucharle era grandísima. Por eso el teatro estaba completamente lleno y la expectación era inmensa. Todos esperaban grandes cosas y yo pensaba, con recelo, sobre la enorme responsabilidad que dependía del célebre artista. Les digo de inmediato que el triunfo fue tal que superó toda expectativa. Paoli, despertó tal entusiasmo como nadie lo había hecho en este escenario. El, simplemente maravilló al público y al final del primer acto se había afirmado de tal modo que la corriente entusiasta formada. La potencia demostrada en el *Esultate* y la suavidad prodigada en el dúo de amor, su fuerte acento, su adaptadísima figura, su dicción, y su distinción escénica produjeron tal impresión que todos gritaban por el triunfo. Esto se suscitó durante toda la ópera y uno solo fue el juicio unánime 'Que un tenor dramático así de valiente no ha pisado jamás el escenario del Municipal'. ¡Era como un delirio de alegría! Todos pensaban a las veladas magníficas que se harían con un tenor semejante adaptado para las partes del gran repertorio.

Paoli bisó *El Esultate"*, *Addio, Sancte Memorie* y *El Monólogo*. En el último acto su ejecución como actor ascendió a un grado de excelencia insuperable. Hemos ciertamente escuchado a Paoli y descubierto su habilidad de conducir la voz y emitir aquellos pianísimos que forman un vivo contraste con la potencia de sus medios vocales. Esto es un regalo, que ha dejado en nosotros una apreciación entusiasta y nos parece verdaderamente admirable que patrocine un órgano tan poderoso vocalmente. En conclusión ha sido un éxito insuperable e inmensurable y una victoria que no puede volverse a encontrar. Todos están locos por el nuevo tenor, quien es propiamente el héroe del diá como lo clasifican los diarios y el público". Firma: Escamillo, Chile.

Tras el glamoroso éxito de *Otello*, la cartelera del Teatro Municipal anuncia la ópera *El Trovador* para el dia 14 de julio. Los abonos fueron cubiertos al instante. Los boletos se agotaron rápidamente y es con el siguiente elenco que subió a escena:

14 de julio de 1906
Teatro Municipal
Santiago de Chile

IL TROVATORE
Verdi

Leonora......Amelia Pinto
Manrico......Antonio Paoli
Conte di Luna......Enrico Nani

EL LEON DE PONCE

Ruiz......Carlo Rossini
Ferrando......Nazareno de Angelis
Azucena......María Clausens
Director: Maestro Padovani - Luego G. Armani

Esta ópera se volvió a cantar los días 15 y 22 de julio; 4 y 12 de agosto, y el 2 y 18 de septiembre de 1906. Además se cantó en el el Teatro de la Victoria de Valparaíso, el 28 de julio, a teatro lleno, con el mismo elenco. La crítica dice así:

El Imparcial - Santiago de Chile - 15 de julio de 1906:

IL TROVATORE - "Un nuevo triunfo alcanzó anoche el tenor Paoli en *El Trovador*. El Do de pecho, ese Do tan famoso que ha sido el punto que marcaba las aptitudes cantoras, de un tenor, ha sido salvado por Paoli de la manera más magistral. Al repetirlo, lo hizo con tanto arte y tanta fuerza que el público tuvo que estallar en una estruendosa ovación."

El Diario Ilustrado, Santiago de Chile,15 de julio de 1906:

EL TROVADOR - "El éxito alcanzado por el cuadro dramático fue óptimo y sincero y prueba de ella fueron los aplausos, las ovaciones que tributo el público a Paoli, a Nani, y al señora Pinto. Después del triunfo alcanzado por Paoli en el *Otello* no podía esperarse otro acontecimiento artístico como el de anoche. El Manrico que nos presentó el distinguido tenor, difícilmente creemos sea superado tanto por su acción desenvuelta e intención que sabe imprimir a cada palabra del libreto, como por su voz primorosa y de escuela irreprochable. En el primer acto fueron sólo los aplausos entusiastas. Más al terminar la preciosa romanza *Ah, Si Ben Mio*, que cantó exquisitamente, fue tal la ovación que recibió el señor Paoli, que hubo de repetirla, como así mismo la famosa romanza en que termina el tercer acto di *Quella Pira*".

Página Española - Santiago de Chile - 20 de julio de 1906:

ANTONIO PAOLI - EL TROVADOR - "Esta sociedad ha comprendido el mérito de las dotes artísticas del celebrado tenor Paoli. Le ha aplaudido sin reservas y la crítica -la que ha sido inteligente y entendida- ha debido parafrasear para decir al cantante lo que merece y lo que en realidad significa para la Empresa del Municipal el enorme triunfo. La decadencia de las razas se ha dejado sentir hasta en el arte y manifestado doblemente entre los cantantes italianos. Por eso pueden contarse con los dedos los tenores dramáticos del día, y esto causa una terrible pesadilla a todos los empresarios del mundo. De aquí el decaimiento general, que entristece a los que reflexionan sobre el porvenir que espera a las obras del gran repertorio dramático y que suele arrancar amargas quejas a editores y empresarios, sobre todo en Italia, esa madre solicita y desconsolada de las tradiciones de gloria que dieron esplendor al arte mundial y reputación a los maestros y cantantes en todo el siglo pasado.
Con la desaparición de Tamagno se creyeron muertas muchas obras, pero hoy se las ve resucitar en su émulo y sucesor: Antonio Paoli. Hay personas que en sus visitas a Buenos Aires y Europa oyeron a Tamagno, y que reconocen en Paoli, condiciones de supremacía sobre aquel, con respecto a posesión escénica, a la belleza y dulzura de la media voz y a la exacta comprensión de sus papeles, deben tener razón. Después de oirle en el Otello, comprendí que todo lo que de el sabía era pálido ante la realidad. Ahora que le he aclamado el *El Trovador*, que ha hecho renacer esas viejas páginas con la esplendidez de su voz y de su arte, me figuro

que sera difícil reemplazarle, acaso imposible, en las futuras temporadas y que tendremos que contentarnos con los cuadros líricos, y tal vez sin un tenor de la talla de Bassi, o de sus merecimientos por la escasez de tenores que hay en Italia y por el aumento de los teatros de ópera en ambos mundos. Las melodías verdianas en labios de Paoli, con los acentos tiernos de su voz y en las vibraciones de sus notas, parecen rejuvenecer, adquirir un brillo nuevo, hasta producir arranques de delirio en las aclamaciones de la aristocrática concurrencia que ha asistido a las memorables noches de *El Trovador*".

El Heraldo - Santiago de Chile, 15 de julio de 1906 -

EL TROVADOR - "El Maestro Padovani, puede sentirse orgulloso del cuadro dramático de su compañía. Es un conjunto delicioso en que sobresale en primer lugar un artista eminente, el señor Paoli, sin disputa el mejor tenor dramático que nos ha visitado desde los tiempos de Arambúru. Con el éxito alcanzado en Santiago por este artista, estaba de sobre justificada la ansiedad del público por escuchar *El Trovador*; y así no fue extraño que llegara a pagarse setenta pesos por una luneta que vale seis, y que no menos de mil personas tuvieron que resignarse a aguardar mejor ocasión para oírlo. Cantó como un gran señor obteniendo un éxito completo. En el *Deserto Sulla Terra* dio a conocer la potencia extraordinaria de su bellísima voz y cautivó al público, luego que hubo terminado esa romanza. Después fue de triunfo en triunfo hasta el *Ah, Si Ben Mio* y luego cantó el *Di Quella Pira* con aquel Do, terror de los tenores actuales. El señor Paoli dio un agudo límpido, duro, sosteniéndolo por varios segundos. El público prorrumpió en una de estas ovaciones extraordinarias que suelen distinguirse de los metódicos y no siempre bien recibidos aplausos de la claque. Después de diez minutos de palmadas y gritos y bravos, el señor Paoli, repitió ese trozo con mayores bríos. Emitió la difícil nota con más brillo aun que la primera vez. En el último acto, en la escena del Miserere nos hizo impresionar con la dulzura de su media voz".

El Diario El Mercurio, 15 de julio de 1906:

IL TROVATORE DE PAOLI - "Con los elementos conocidos ya por todos que nos presentaba la Compañía Padovani, era de esperarse lo mucho bueno. Sólo el tenor nos tenía ansiosos y con gran expectativa. Al entrar al teatro se presentó un espectáculo exitoso. Pues, Padovani en persona, dirigía la orquesta cosa que solo hace en las grandes ocasiones.
Las primeras frases pasaron por alto y sólo se sentía la impaciencia por oir al tenor español, señor Paoli, que de tanta fama venía precedido. Desde los primeros acordes del arpa que preludian la frase *Deserto Sulla Terra*, la atención del público era extrema y se escuchaba con el más religioso silencio ese hermoso pasaje y se podía apreciar la dulzura, la potencia y el agradabilísimo color de la voz de Paoli. El triunfo estaba asegurado para la representación completa, puede decirse, fue una velada ininterrumpida de aplausos a Paoli, en el terceto al final del primer acto, en el dúo con Azucena del segundo acto y en el concertante del mismo. Pero cuando el entusiasmo fue mayor, fue en el adagio del tercer acto *Ah, SI Ben Mio* y se convirtió en la más colosal de las manifestaciones en la cabaletta *Di Quella Pira*. No habíamos oído jamás aplaudir a un artista como anoche se hizo con Paoli; seis o siete veces fue llamado a escena y tuvo que repetir el Do famoso, complaciendo el entusiasmo delirante de la concurrencia. En el dúo del cuarto acto lució una vez más la dulzura de su voz el dúo final, el digno remate de tan entusiasta velada".

El Mercurio - Santiago de Chile ,15 de julio de 1906:

EL LEON DE PONCE

EL TROVADOR - "¿Cómo hubiera podido pasar el señor Paoli, por la escena del Teatro Municipal, sin que la gente le hubiera oído dar un Do largo, bien largo, sin orquesta, y un Do, esto es lo principal, que todo el mundo sepa que es Do? Más bien, que todo el mundo crea que es Do, porque... ¡cuantas veces sucederá que no lo es! ... félizmente *El Trovador* de anoche ha sido admirable. El señor Paoli, que ya se nos había demostrado un artista notabilísimo, nos ha parecido anoche realmente colosal. Tal vez nunca se ha sentido en el Teatro Municipal, una ovación semejante a la que recibió anoche, tras las últimas frases del andante que el señor Paoli cantó en el tercer acto. Ni tampoco una ovación más justiciera. El famoso Do de pecho, la nota que todo el mundo espera impaciente, cuando se canta esta vieja y popular partitura de Verdi. Ese famoso Do de pecho dado por el señor Paoli, vale toda una función. fue cuando este artista admirable cantó por segunda vez el *Madre Infelice* cuando mucho más que colosal, nos pareció realmente monstruoso. Cuando se oyen tenores como Paoli, se comprende como *El Trovador* ha podido en otras épocas despertar un entusiasmo loco".

El Ferrocarril - 17 de julio de 1906 - Santiago de Chile :

EL TROVADOR - "El tenor Antonio Paoli, caracterizó magistralmente su rol, siendo frenéticamente aplaudido, especialmente en el tercer acto, donde logró electrizar a la concurrencia, con el famoso Do de pecho. Su voz potente y melodiosa, entusiasma cada vez más, al público que concurre a la temporada lírica."

El Ferrocarril, 23 de julio 1906:

EL TROVADOR - SANTIAGO. - "Del tenor Paoli, no podemos decir otra cosa, sino lo de un principio; y es que en raras ocasiones habíamos tenido un tenor de su talla. Con artista de voz tan Poderosa, bien timbrada y agradable como la del señor Paoli, el Maestro Padovani, puede estar satisfecho. *Amor Sublime* y *Di Quella Pira*, estuvieron soberbias como también los aplausos que recibió."

El Mercurio - Santiago - 3 de septiembre de 1906:

EL TROVADOR - "El señor Paoli conquistó nuevamente anoche, cantando el tercer acto de "El Trovador", una de las ovaciones más estruendosas que se han sentido en el Municipal. Un aficionado, que ha tenido la curiosidad de tomar el tiempo que Paoli, sostiene el Do de pecho, nos decía que anoche, el aplaudido artista, había dado el "Record" en la segunda vez que cantó esas frases, sosteniendo la nota alta durante doce segundos. Eran pues motivados aplausos del público que esta vez, no se contentó con un solo bis como de costumbre, sino que exigió un tercero".

La Rassegna Melodrammattica de Milán, en agosto de 1906, publicó lo siguiente:

PAOLI EN CHILE: - "A propósito del enorme éxito que este célebre tenor ha obtenido en Santiago de Chile y Valparaíso en *El Trovador*, despúes del triunfo colosal reportado en el *Otello*; queremos extender un artículo que de una idea aproximada de la grandeza, de la fuerza del entusiasmo por él suscitado, sosteniendo la romántica parte de Manrico. Al escribir queremos comunicar a los lectores cómo se refuerza la fama que Antonio Paoli ha alcanzado con fuerza increíble. Lo más que vale en nuestra prosa son los comentarios de admiradores lejanos, los cuales han causado una impresión con los escritos que nos han llegado y que hemos de publicar poco a poco, sobre el arte del ilustre artista que ha despertado en nuestros corazones un fuego de admiración. En el próximo numero publicaré varios artículos más llegados de Chile. Hoy solo se publicará un artículo de La Prensa de Valparaíso. El cual da las proporciones del éxito, sobre el fanatismo que ha sabido despertar el tenor Paoli en El Trovador. Nadie, fuera de Valparaíso, en aquella decena de teatros donde se pavonean los bigotitos y las barbitas juveniles y donde se maduran de cualquier impresión, tendrán jamás un entusiasmo igual. En verdad no queremos ofender a los divos del pasado, ni del futuro, pero creemos firmemente que aquí se han dado las más justas ovaciones que se pueden dar a un artista.

El tenor Paoli, no puede ser clasificado ni entre los grandes, ni entre los divos. Este es UNA EXCEPCION, UN FENOMENO. En el se han unido las múltiples cualidades del artista y el cantante. Una sola de estas basta para darle fama y colocarlo en el firmamento más alto que nadie. Se ha constatado y medido por unánime consentimiento y es inútil tratar de analizar aquella vivificante impresión que se siente en cada escena, en cada romanza, a la entrada, al final, poniendo al público en el más profundo estupor.

El órgano vocal de Paoli que asciende de los grados de la voz al susurro y al gemido de un ruiseñor, resurge venciendo el trágico grito de al tempestad sin esfuerzo y conmoción. Aquel su Do de *La Pira*, soberbiamente modulado y sostenido, alargado con tal potencialidad como al estallido de una granada, que produce en los tímpanos el efecto de una explosión sobre un vidrio, esto fue una cosa sobrenatural.

Algunos músicos de la orquesta no pudieron contener su admiración y también rompieron a darle un formidable aplauso lo cual avivó más en Paoli la nota aguda la cual sostuvo por unos segundos más con más fuerza lo que causó casi una catástrofe entre el público. PAOLI, ES INDISCUTIBLEMENTE EL PRIMER TENOR DRAMATICO DEL MUNDO, así simplemente creemos debe ser el juicio unánime. Tenemos más tarde en el tiempo, la alegría inmensa de fotograbar esta impresión y el orgullo de haberlo dicho.

Más, tenemos una reprobación que debe llegar al artista. Persona muy querida por él y con la cual comparte su estadía en Chile, nos habló de la suma indiferencia y de las presiones que se le imponen al artista para tirar los preciosos dones que la naturaleza le ha prodigado. Paoli, ni puede, ni debe ser fatalista, si no por el interés de entregarse a la tiranía que conlleva el arte que lo reclama. Para él, la vieja, potente, inmortal inspiración que condenó todos sus triunfos en aquel repertorio que se llama antiguo y que se rejuvenece y le da valor cuando él lo revive. Por él, el despreciado e ignominioso *Otello* del genio verdiano ha obtenido un nuevo deslumbramiento. Nosotros, por su arte, por la gloria del teatro, por la inspiración de compositores jóvenes que en el cimiento se fortifican auguramos sea escuchada nuestra afectuosa plegaria y la de los amantes de lo bello. La gran interpretación del protagonista se debió en parte a la eficaz colaboración de la señorita Pinto y de Nani, una eficacia superada. Es un error que un grande artista para poder sobresalir sea engañado por astros opacos sin brillo".

La Rassegna Melodrammattica - Milán - 29 de julio 1906:

ANTONIO PAOLI EN CHILE - "Hemos hablado difusamente del enorme éxito obtenido por este célebre tenor en Santiago, y en Valparaíso, en el *Otello*, y en *El Trovador*. Hoy seguimos publicando los artículos periodísticos que hablan de su éxito colosal. Que juzguen los lectores por lo más que puedan decir tras leer estos artículos.

La Unión - Santiago - dice:

"Es una garganta privilegiada la de Paoli. Sus cuerdas vocales reproducen la fuerza, la riqueza y la delicadeza de sus vibraciones a perfección. El adagio *Ah, Si Ben Mio*, pieza que muchas veces pasa desapercibida, fue ejecutada por Paoli, con tal finura de media voz, que solo puede ser comparada a aquella que Bassi, pudo cantar en el último acto de *Mefistófeles*. Sonó Paoli, con una riqueza y una inflexión tal que parecía un sueño, en un tenor de tan potente voz. La cabaletta de *La Pira*, era esperada ansiosamente por el auditorio. El señor Paoli la cantó con gran seguridad y la coronó con un agudo, vibrante y largo sostenido con gran brio. El público rompió en un aplauso tal que el bis, fue necesario. A la repetición el incomparable tenor cantó la cabaleta un tono más alto emitiendo el agudo a media fuerza y creciendo vigoroso y límpido por algunos segundos. Lo amplió hasta producir una poderosísima vibración, que retumbó por todo el teatro repercutiéndose tintinatamente en los oídos de todos los presentes. Luego, aún sosteniéndolo, lo bajó a media voz. El público se mostró entonces en un aplauso unánime, compacto, loco, delirante, entre el cual se escuchaban las aclamaciones "¡Viva, Paoli!" , ¡Bravo, Paoli! etc... Los aplausos se prolongaron por varios minutos (unos quince) porque en realidad aquello era una locura, un delirio. No habíamos jamás escuchado, ni esperamos oír en el futuro, un tenor de facultades tan seguras con un método tan refinado y que meta los agudos y los domine con tanta maestría como Paoli. Solo por un caso eventual se pueden escuchar en Chile notabilidades de su valor. ¡Gracias Padovani!"

El libro Los Primeros Teatros de Valparaíso de Roberto Hernández, página 514, Valparaíso - 1928, dice así:

"El 20 de julio se cantó el *Trovador* en la cual se estrenó Antonio Paoli. Hubo entonces un terceto incomparable de Paoli, Nani y la Pinto. Con Paoli la naturaleza había sido bastante pródiga. No hemos oído ni esperamos volver a oir un tenor tan seguro de sus facultades, tan afinado y que emitiera los agudos y los dominara con tanta maestría como Paoli. Aquel fue un terceto incomparable repetimos, como digna despedida del elegante coliseo que en muy poco más quedaría convertido en un montón de ruinas. La ovación que se tributó a Paoli en la noche del 28 de julio en el *Trovador*, fue extraordinaria, sobre todo después del famoso Do agudo, que lo sostuvo vigoroso y límpido por algunos segundos. Lo amplió enseguida con una poderosísima vibración que llenaba todo el teatro y lo disminuyó por fin hasta llevarlo a media voz. El público se reveló entonces con un aplauso colosal, delirante, en que resonaban estruendosas aclamaciones de ¡Viva Paoli! Estos aplausos se prolongaron por muchos minutos, porque era aquello una verdadera locura. fue esta la última noche de ópera en el Teatro de la Victoria. La Empresa Padovani anunció que la segunda gira se iniciaría el 20 de agosto pero ya se sabe que cuatro días antes, el Teatro de la Victoria quedó arrasado hasta sus cimientos por el terremoto. La gente de Valparaíso comentaba luego del terremoto que echó el teatro al piso, que fue que este se había agrietado con las vibraciones de la voz de Paoli, y se cayó completamente a la primera sacudida del terrible terremoto, que arrasó la ciudad en agosto de 1906. Claro, eso a pesar de la tragedia, lo decían en son de broma". Dr. Paolantonio, Santiago de Chile, 1982.

Surgió un problema entre el empresario Padovani y la Municipalidad de Santiago en relación a una subvención económica para ayudar a pagar a los artistas. Esta nota de Juan Dzasopoulos aclara la situación referente a la huelga de cantantes en Chile en 1906:

"La verdad es que fue un conflicto entre la Empresa que había contratado a los artistas (Don Arturo Padovani) y la Municipalidad de Santiago, encabezada por su Alcalde Don Rogelio Ugarte. El producto de los remates de los palcos, balcones y sillones de orquesta, según contrato, sería distribuido como sigue: El 30% destinado a mejorar y conservar el teatro (Municipalidad) y el 70% al pago de la subvención (empresario). Como esta disposición no se cumpliera y la empresa sufriera continuos ataques de ciertos sectores de la prensa principalmente de El Diario Ilustrado), el Sr. Padovani hizo declaraciones públicas invocando la justicia de sus peticiones y advirtiendo que los artistas impagos se negarían a cantar. Esto desató una ola de críticas, a favor y en contra de Padovani. Incluso Lorenzo Lalloni ex-barítono italiano radicado en Chile, y que había cantado por última vez en 1890, y en 1892 había sido socio de Padovani, hizo una declaración pública, ofreciendo "hacerse cargo de la compañía lírica sin subvención alguna".

Esto motivó una respuesta en la prensa, firmada por los artistas líricos, quienes manifestaron que si el señor Lalloni se hacía cargo de la empresa, ellos tomarían el primer barco de regreso a Italia. Esta solidaridad con Padovani, hizo que a la larga el conflicto se solucionara satisfactoriamente a favor del empresario y los artistas.

"En todo caso, como dato ilustrativo, te informo que la Compañía lírica comenzó su temporada el 26 de junio y se desempeño normalmente hasta el 21 de julio. Entre el 23 y 29 de julio, ya con el problema de subvención encima, la compañía se presentó en Valparaíso, regresando a Santiago el 29 de julio (se cantó *Iris*). Entre el 31 de julio y el 16 de agosto, debido al conflicto ya detallado, sólo se hicieron 9 funciones y de ellas, Paoli cantó en seis, cuatro veces en *Aïda* y dos en el *Il Trovatore*; Bassi cantó las otras tres, una en *Tosca* y dos en *Mefistófele*. Esto habla muy alto del tenor, ya que no obstante estar impago, seguía siendo fiel a su empresario cantando con la mayor frecuencia que era posible, a fin de llenar el teatro (su sólo nombre llenaba la sala) y ayudar a los problemas económicos de toda la compañía. El día 16 de agosto estaba programada *Tosca*, pero el terremoto que azotó el país, impidió la representación".

Tras el colosal triunfo en *Otello* y *Trovador*, se monta en escena Aïda como sigue:

7 de agosto de 1906
Teatro Municipal
Santiago de Chile

AÏDA
Verdi

Aïda......Adelina Agostinelli
Radamés......Antonio Paoli
Amneris......María Clausens
Amonasro......Enrico Nani
Il Re......Santaella - (luego Del Ry)
Ramfis......Nicoletti Korman
Director: Armani

Esta ópera se presentó además los días 8, 11, 15 y 30 de agosto; el 30 de septiembre, y el 7 y 30 de octubre, con un total de ocho funciones en Santiago.

El diario El Mercurio -Santiago - 8 de agosto de 1906 dice:

EL LEON DE PONCE

AÏDA - "El elenco que anoche interpretó *Aïda*, la grandiosa producción de Verdi, bajo la dirección del gran Maestro Armani, fue en líneas generales, espléndido. Paoli hizo un soberbio Radamés y no se podía esperar menos después de haberle admirado, cantar sin reservas en *Otello* y *Trovador*. El señor Paoli cantó el *Celeste Aïda* en forma que se hizo acreedor a la estruendosa ovación que le tributó el público, al igual que en el tercer acto. Ya nada podemos agregar a los elogios que se han hecho de Paoli. Este es entonces nuestro mejor elogio".

El Ferrocarril - 8 de agosto de 1906:

AÏDA - "La representación de Aïda, puede considerarse, en conjunto, como una de las más memorables versiones de esta producción verdiana, que se haya hecho en el escenario del Teatro Municipal. Adelina Agostinelli, Antonio Paoli, Enrico Nani y Nicoletti Korman, se hicieron ovacionar en forma delirante por el público que repletaba la sala. Ya nos faltan palabras para referirnos a Paoli, gran señor del escenario y considerado con justicia, como uno de los más grandes cantantes de su cuerda en la época actual. La *Celeste Aïda* fue cantada en forma impecable, como desde hace muchos años no la habíamos oído en Santiago".

Página Española - Santiago - 8 de agosto de 1906:

AÏDA - "Paoli, el tenor por excelencia, el artista sin rival, en *Aïda*, ha enloquecido con las magníficas notas de su canto a todo su auditorio que le rinde el homenaje propio a los grandes vencedores del arte... Desde la romanza del primer andante, ya Paoli, es el señor de la escena y cuando Radamés retorna vencedor del enemigo de la patria, ya el tenor ha vencido con su arte y su voz y el público lo aclama como tal..."

El Porvenir, Santiago - 8 de agosto de 1906 :

AÏDA - "Que cante Paoli, y ya el público sabe que tiene que aplaudir. Celeste Aïda fue todo un triunfo. El agudo final fue una nota que valió una ovación. En el *Morir Si Pura e Bella*, Paoli triunfó con su deliciosa media voz".

El Diario Ilustrado - Santiago - 8 de agosto de 1906 :

AÏDA - "Con una numerosa concurrencia se estrenó en la presente temporada la *Aïda* de Verdi. El primer acto fue un triunfo para el señor Paoli, que cantó con verdadero sentimiento la romanza *Celeste Aïda*.

El Chileno, Santiago - 8 de agosto de 1906 :

AÏDA - "Principia la orquesta con los acordes guerreros, sigue el dúo de introducción y empieza la romanza *Celeste Aïda*, en medio de un silencio religioso. Termina, y el señor Paoli, recibe una salva de aplausos, sinceros, frenéticos, como los que esta acostumbrado a recibir el distinguido tenor. Estos aplausos se repiten en los demás actos".

ANTONIO PAOLI

La Rassegna Melodrammattica de Milán, Santiago - 8 de agosto de 1906:

"Ayer en la noche se presentó la primera función de *Aïda* en el Teatro Municipal. La curiosidad por oír al tenor Paoli en esta otra ópera era inmensa e inmenso se puede decir fue el público que llegó al teatro llenándolo de bote a bote. La empresa presentó sin reparo esta ópera sabiendo que el triunfo sería inmenso y completo y de hecho lo fue. ¡Paoli ha deleitado, ha robado, ha electrizado! Fue un Radamés como ninguno y digo esto sabiendo que digo netamente la verdad. Un tenor como él, que disminuyen la romanza que le da gran valor con su sonido insuperable, que es al mismo tiempo tenor lírico refinado y tenor dramático potentísimo, no sabría donde encontrarlo. ¡Como ha cantado la frase del tercer acto y el terceto!, ¡Como ha cincelado el dúo *O Terra Addio*. El si bemol de la frase *Volanno al Raggio* fue atacado con dulzura inefable y con una facilidad asombrosa. ¿Y qué debemos decir del gran final del segundo acto?... El Do de Paoli ha resonado por encima de todas las voces, toda la masa coral y la orquesta. ¡Que maravilloso cantante! El adorado del público, que revuelve un gentío cada vez que la cartelera anuncia su nombre. Lo festejado inmensamente que fue Radamés no puede ser descrito porque ciertas cosas no pueden ser descritas con suficiente elocuencia. Había que ver cómo estos chilenos aplaudían y gritaban, locos de entusiasmo. Yo me encuentro en esta ciudad por espacio de varios años y les aseguro y digo que jamás había asistido al teatro y ver demostraciones de esa índole.

Aïda, era la Agostinelli, bella, valiente, inteligentísima, brava, que sostuvo con dignidad toda la parte de la protagonista. fue muy aplaudida en las romanzas y en los dúos. Mereció en toda la ópera el ferviente favor que el público le demostró. Una bella, imponente y aplaudidísima Amneris, María Clausens, bella voz y de figura se hizo valer por su fraseo. En el dúo con Aïda y en la escena del juicio el aplauso fue unánime y compensó su inteligente y valiosa participación. Grande el Amonasro de Nani, soberbio cantante de voz amplia y poderosa, no puede tener rival alguno en esta ópera que canta y dice con valentía insuperable. Su declamación en el acto segundo, arrancó aplausos; y también en las grandes y armoniosas frases del dúo con *Aïda*, entusiasmaron. Fue un intérprete de rarísimo valor y, como tal, el público le ha juzgado y le ha festejado. En la frase *Non Sei Mia Figlia*, el aplauso fue arrollador".
Firma: Escamillo - Santiago.

La Rivista Teatrale Melodrammattica de Milán - 1ro. sept. Telegrama:

AÏDA EN SANTIAGO - "Gran entusiasmo ha desatado el tenor Paoli, después del memorable éxito en *Otello*, había gran expectativa por escucharlo en una ópera de cantó más suave, cantó luego *Trovador* y en *Aïda*, superó las exigencias del público y la crítica exigente".
Firma: Chileno. Santiago.

El día 31 de agosto se presentó el segundo acto de Aïda con Agostinelli, Paoli, Badini, Nicoletti, Kormann, Armani y N. Viola (bajo), en el papel del Rey. También se presentó el tercer acto de *Tosca* con Bassi, la Pinto y Armani, a beneficio de los damnificados por el terremoto. Los artistas no cobraron nada, como aportación a la noble causa; nueva muestra del carácter generoso y desprendido de Paoli y sus compañeros. El éxito fue rotundo. Paoli, era muy festejado y celebrado en todos los lugares que frecuentaba. Era invitado a cenar con su familia en las casas de varias familias de Santiago y, al terminar la cena, les obsequiaba con una o dos arias de ópera. Todos querían tener el inmenso honor de tener al gran divo a cenar en su casa y las invitaciones eran tantas que no podía aceptarlas todas. Acostumbrada visitar mucho a su gran amigo Don Alberto Maturana, rico hacendado, que se dedicaba a la crianza de caballos de raza

EL LEON DE PONCE

fina. Este poseía una enorme hacienda cerca de Puerto Mont, al sur de Chile y en la región de los lagos, la cual uso Paoli, para descansar cuando tenia tiempo disponible. Además, por lo general los domingos era invitado a comer con su familia en la casa de este rico hacendado chileno. Este había escuchado a Paoli, antes, en España donde había hecho gran amistad con él. Le había escuchado también en Milán, en 1903.

Análisis de los artistas de la presente temporada (1906):

"La leyenda apologista del tenor Paoli, con relación a excentricidades y caprichos, ha resultado fabulosa cuanto ninguna y tal es su excelente disposición, que ha cantado aquí y en Valparaíso bajo un golpe de aire haumatísimo, y que a las hiperbólicas aclamaciones de ser "el primer tenor del mundo" ha respondido amén (así sea)..." El Ferrocarril - 5 agosto 1906 (Sin Firma)

Para el seis de septiembre se anuncia la puesta en escena del *Lohengrin* de Wagner con el siguiente reparto:

6 de septiembre de 1906
Teatro Municipal
Santiago de Chile

LOHENGRIN
Wagner

Elsa......Adelina Agostinelli
Lohengrin......Antonio Paoli
Ortrud......María Clausens
Telramund......Ernesto Badini
Enrico......Nazareno de Angelis
Araldo......P. Tortorici - (luego Santaella)
Director: G. Armani

Esta se presentó además los días 9 y 28 de septiembre y 23 de octubre de 1906.

El Diario El Ferrocarril, 7 de septiembre 1906 - Santiago

LOHENGRIN - "En esta ópera la atención del auditorio ha estado toda reconcentrada en Paoli. Desde luego, viste elegantemente y ha hecho lucir precioso traje, regalo de un Príncipe y Cortesano de Viena, y con sus ademanes altivos y la mesura de sus movimientos escénicos, ha predispuesto en su cuadratura musical, completaron el éxito favorable, la admiración incondicional que produce en esta obra el eminente tenor. Cantar la música de Wagner y sentirla es tener el privilegio de los grandes cantantes y con tal patente se puede entrar sin obstáculos en los clásicos dominios de los Virtuosos del Arte. Paoli, es un cumplido artista, pasar del *Otello* al *Trovador* y de la *Aïda* a *Lohengrin*, con el temperamento que él tiene y con la asimilación que manifiesta, es como rugir en las tempestades de los celos, al mismo tiempo que sonreír amorosamente ante la simbólica heroína de la leyenda... Prodigioso don, habilidades de arte solo plausibles en los temperamentos realmente superiores. Paoli, es un artista que se ha impuesto a la admiración de los abonados y entendidos y que ha sabido conquistarse el corazón de los chilenos. Debido a su potencia dramática excepcional evoca recuerdos de Bulterini y Aramburu. Paoli, es un tenor admirable, grande como cantante y como actor, magnífico intérprete, que a cada interpretación da un nuevo renovar, una marcha distinta, marca de fuego escénico. Se le puede clasificar como un tenor sin rival, que sabe comunicar al público impresiones extraordinarias hasta rendirlo "fanático".

La Lanterna - Milán - 19 de noviembre de 1906:

"Antonio Paoli, el célebre tenor de la voz excepcional por potencia, belleza y extensión, el intérprete tan festejado sobre la escena de los más importantes teatros en óperas eminentemente dramáticas como *Otello, Trovador* y *Aïda*, ha reportado un nuevo y triunfal éxito en el Municipal de Santiago en el *Lohengrin*, dando prueba de una versatilidad verdaderamente excepcional. No fue el suyo un simple Tour de Force felizmente superado, ni suscitó el solito entusiasmo por la bella fama que goza o por la fuerte impresión insuperable que dio a las óperas que le precedieron, sino al mítico personaje wagneriano el cual resucitó con inefable sentimiento estético lleno de vaporosa suavidad; su canto fue apasionado, dulcísimo, persuasivo. Premiado por las fragorosas ovaciones de que fue objeto y los aplausos insistentes que tuvo después del *Racconto*, y el cual tuvo que conceder el bis, han encontrado eco en los largos y laudables artículos que le dedicó la prensa chilena". Firma: Corresponsal de Chile.

La Rassegna Melodrammattica Milán, 7 noviembre de 1906:

PAOLI - LOHENGRIN - "En Santiago de Chile fue un nuevo éxito y un nuevo delirio. fue una nueva demostración de la intelectualidad, de la belleza y morbidez de los medios vocales de este gran tenor que se complace de probarse a sí mismo para cimentarse sólidamente. Paoli es un cantante especialísimo por esta razón y por eso es extraordinario - Por ejemplo - hoy como Manrico en *El Trovador* y mañana será también extraordinario si le place cantar *El Sueño de Des Grieux* de la Manon de Massenet. Esta es una grandísima facultad innegable y esto ha contribuido en Chile enormemente en su inmenso éxito. Ahora en el *Lohengrin*, era vivamente esperado y todos quedaron extasiados con su media voz paradísiaca y su canto lleno de casticidad y de nobleza, de su fraseo incisivo, de su estilo... ¿Quien no lo haya escuchado anteriormente lo podrá suponer como reproductor de *Otello*, el gran Radamés, el gran Manrico?... ¡Nadie! Su ejecución parece eminentemente alemana, y fue este el mérito especial, que le hizo obtener otro triunfo inaudito. Las ovaciones que obtuvo no se pueden describir. *El Racconto* fue bisado por él tras una fiesta de aplausos y ovaciones de corrección conmovente. Firma: Escamillo. Santiago.

Los telegramas recibidos en Milán decían así:

"Tenor Paoli obtiene éxito inmenso. Nadie imaginaba que podría presentar una interpretación tan exquisita del personaje tan diverso del repertorio dramático adjudicado cantante actor de estilo, severo, correctísimo, imponente en *El Racconto* y el *Adios Al Cisne*". Firma: Escamillo. Santiago.

La Rivista Teatrale Melodrammattica di Milano - 10 - septiembre de 1906:

LONHENGRIN - SANTIAGO - "El protagonista fue el tenor Paoli, después de sus triunfos en *Otello, Trovador* y *Aïda*. Había gran expectación para juzgarle bajo la argentina y reluciente armadura del caballero de Graal. Me atrevo a afirmar que la expectativa del público un tanto sospechosa fue vencida por el actor - Cantante en forma ¿Por qué no decirlo?... Inesperada" Firma: Chileno - Santiago.

EL LEON DE PONCE

Para el día 13 de septiembre se anuncia otra ópera lírica, *Lucía*, y el público no podía creer que aquella voz de trueno podría cantar el papel de Edgardo que era para un tenor como Bassi o Bonci, de la cuerda lírica no dramática. El abono fue cubierto de inmediato y se llegaron a pagar cien pesos por la luneta que costaba seis, como en funciones anteriores. También se anunció que la Lucia, (protagonista), sería el debut de la gran soprano coloratura rusa María Alessandrovich, mujer de bellísima figura y voz de ángel. El público estaba entusiasmadísimo con todo lo bueno que se había presentado esa temporada, pero asistió al teatro incrédulo de lo que iba a escuchar.

13 de Septiembre de 1906
Teatro Municipal
Santiago

LUCIA DI LAMMERMOOR
Donizetti

Lucia......María Alessandrovich - debut -
Edgardo......Antonio Paoli
Enrico......Enrico Nani
Raimondo......Nazareno de Angelis
Director: G. Armani

Esta ópera se cantó además los días 14, 17 y 24 de septiembre y 30 de octubre. El 20 de octubre se cantó el último acto con los mismos artistas junto a la ópera *Amica* de Mascagni con Amedeo Bassi, a beneficio de los damnificados del terremoto. El éxito fue contínuo, como podemos ver:

El Ferrocarril - Santiago, 14 de septiembre 1906:

LUCIA - Santiago. "Paoli que ha conquistado las generales famas de la sociedad por la esplendidez de sus facultades, nos hizo recordar los años de Aramburu, cuando deleitaba en esos tiempos de recuerdos, con las interpretaciones del heroico Edgardo de Ravenswood, del popular romancero inglés que Donizetti supo esculpir en el eterno granito de sus melodías. El distinguido tenor estuvo admirable, grande como actor y cantante, y a cada una de sus interpretaciones dio la potencia dramática que lo caracteriza. Fue un Edgardo, gallardo, tierno y galante. Controló su voz en forma indescriptible, dejando atrás el trueno celoso de la voz quejosa del Moro celoso para convertirse en Edgardo, sencillamente Edgardo."

El Porvenir, Santiago, 14 de septiembre de 1906.

LUCIA - "El señor Paoli, en *Lucia*, en el papel de Edgardo, estuvo como de costumbre. Llenó la sala con su voz tan poderosa hábilmente manejada. En el segundo acto, en la escena que sigue al contrato matrimonial de *Lucia* y en el final de la ópera, estuvo irreprochable, siendo aplaudido con verdadero entusiasmo".

El Diario Ilustrado - Santiago - 14 de septiembre de 1906.

"El señor Paoli, nos hizo un Edgardo envidiable por voz, por figura y por acción. La romanza final fue un éxito sincero y bien merecido".

ANTONIO PAOLI

Telegrama: La Rivista Teatrale Melodrammattica:

PAOLI - EDGARDO - LUCIA - "Gran entusiasmo ha desatado el tenor Paoli después del memorable éxito que obtuvo en *Otello*, después de una ópera belcantista como *Trovador*, ahora viene con la *Lucia*. Paoli, se mantiene en toda la ópera a la altura de su propio valor, de modo que fue un Edgardo, lleno de pasión y de dramatismo. Fue aplaudidísimo junto a la soprano Alessandrovich en el dúo del primer acto. Poniendo al público en pié. *La Maldición* fue bisada. "Exito Completo". Firma: Chileno. Santiago.

Se hizo luego el anuncio de *Los Hugonotes* y se estrenó como velada de honor a Paoli.

6 de octubre de 1906
Teatro Municipal
Santiago

LOS HUGONOTES
Meyerbeer

Raúl......Antonio Paoli
Margarita......María Alessandrovich
Urbano......María Clausens
Nevers......Ernesto Badini
St. Bris......Nicoletti Korman
Valentina......Amalia Pinto
Marcelo......Nazareno de Angelis
Director: A. Padovani

Esta ópera se volvió a cantar los días 12, 15, 21 y 26 de octubre. La función del 6 fue Serata de Honor de Paoli y recibió magníficos regalos como sigue:

El Mercurio - Santiago - 7 de octubre de 1906:

LOS HUGONOTES - "La Representación de *Los Hugonotes*, efectuada anoche en El Municipal, a beneficio del señor tenor Paoli, ha sido brillante en todos los aspectos. El público de Santiago, que siempre ha tenido para este artista especiales muestras de admiración y simpatía, le aplaudió anoche con entusiasmo delirante, al finalizar el tercer acto. El señor Paoli, es por los demás muy digno de estos aplausos. Cantó esta ópera de Meyerbeer, admirablemente bien. En el dúo del segundo acto, con la soprano Amelia Pinto, su actuación es sublime. Esas inspiradas frases del músico judío, dichas por el señor Paoli, electrizan al público.

LOS REGALOS A PAOLI - "Las manifestación que anoche se le tributó al eminente tenor, fue hermosísima y muy merecida. La asistencia, que era enorme, aplaudió frenéticamente al beneficiado y lo hizo aparecer en escena repetidas veces. Al final del tercer acto, el señor Paoli, fuera de los valiosos obsequios que le hiciera la sociedad de Santiago y de los cuales ya fueron impuestos nuestros lectores, tuvo la honda emoción de recibir de sus compañeros de arte los siguientes regalos: del tenor Amedeo Bassi, un reloj de oro; del bajo Nicoletti Korman, una cigarrera de plata; de la soprano Amelia Pinto, un fumoir de plaqué; del barítono Enrico Nani, una cartera de cuero; del Maestro Armani, una bandeja con un

EL LEON DE PONCE

termómetro de plaqué y un bastón con puño de plata; del empresario Padovani, un par de gemelos de oro con brillantes y de un grupo de españoles, un precioso prendedor de oro, de subido valor. La Sociedad Unión Teatral le envió un diploma nombrándolo miembro honorario. Una nota simpática y graciosa, fue el obsequio de un caballo chileno que le hizo Don Alberto Maturana al hijo del beneficiado, Tonino Paoli. El chico Tonino, vestido de huaso, se presentó en la escena y el público lo aplaudió cariñosamente. La sorpresa que le causó al señor Paoli fue muy grande, al ver al pequeño jinete en un local como el proscenio. La Empresa accediendo a los deseos y aficiones del artista le obsequió una pareja de caballos chilenos, los que llevaría a Europa, como un valioso ejemplar de nuestra raza caballar".

El Ferrocarril, Santiago - 5 de agosto de 1906:

BENEFICIO A PAOLI - "Tan pronto se dio noticias de la gran función extraordinaria a beneficio y honor del tenor Antonio Paoli, el gran artista hizo circular en la sociedad de Santiago las siguientes líneas:

Señores:
Creo mi deber, próximo a finalizar la temporada lírica, dedicar la función de mi beneficio a las distinguidas damas que son el ornamento de la ciudad de Santiago, que tan afectuosa ha sido conmigo. El artista y el hombre, guardarán siempre un recuerdo imperecedero de las manifestaciones que ha recibido en este Chile, que le ha hecho recordar con cariño, las montañas y el cielo de la patria ausente. Por eso, la noche de la función que la empresa organiza en su honor, el artista, al cantar *Los Hugonotes* quiere condensar por decirlo así, todos sus esfuerzos y ofrecerlos a las damas que lo han mimado con sus aplausos, tan delicados como entusiastas.

Afectuosamente,
Antonio Paoli

La Lanterna - 10 de Oct. 1906 - Milán, dice:

"Apoteósica resultó anoche la manifestación que se dio al gran tenor Paoli, al terminar la función de *Los Hugonotes*, en honor al divo, en el Municipal. Al salir del teatro, había una gran multitud aguardándole y junto a su hijo Tonino, fue cargado en hombros por algunas calles de Santiago, hasta la Plazoleta de Recreo frente a la Iglesia de San Francisco donde el tenor profundamente emocionado dijo: "Hablar no puedo, solo cantar" y se oyó de pronto salir de la garganta de oro del gran tenor las notas sonoras de *La Canción Guerrera* de Giordano. Llenando con su potente voz todo el ámbito, acallando las voces de la multitud. Al terminar, el público reunido gritó de nuevo "Viva Paoli". Nunca habíamos visto nada igual en Santiago. Creemos este gran tenor se despide de Chile y se lleva los más gratos recuerdos de los santiaguinos, como nosotros nos quedamos con los gratos recuerdos de ese gran hombre y artista que es Antonio Paoli, gloria de la lírica."

La Rassegna Melodrammattica - Milán - 13 - octubre de 1906. Telegrama:

PAOLI A SANTIAGO EN GLI UGONETTI - "Paoli sorprendió, despertó entusiasmo incomparable. *La Romanza* fue bisada. En el *Settimino*, en el dúo con la Reina, y en aquel con Valentina, levantó un fanatismo indescriptible, ovaciones enormes, interminables' hubo demostraciones también a la salida del teatro, el entusiasmo fue general". Firma: T. - Santiago.

ANTONIO PAOLI

La Lanterna - Milán, 16 octubre de 1906.

"Nuevo éxito, en Los Hugonotes, Paoli, renovó un éxito enorme, electrizando al público delirante". Firma: Sueloo - Santiago.

La revista Zig - Zag - Santiago de Chile - octubre de 1906:

BALANCE DE LA TEMPORADA LIRICA ANTONIO PAOLI - "Esta temporada lírica, que ha tenido altas y bajas, dejará un recuerdo inolvidable, especialmente por dos motivos: La presencia frente a la batuta, del notable director Giacomo Armani y la actuación del tenor Antonio Paoli. Y decimos Antonio Paoli, a secas, porque los adjetivos, notable, aplaudido, eminente, etc... Están ya demasiado trillados; han sido usados con exceso. Para elogiar al tenor Paoli, basta con decir que sus interpretación de *Otello*, *Trovador*, *Aïda* y *Los Hugonotes*, han sido soberbias, especialmente la primera y la segunda. Voz generosa, bellamente timbrada, potente y manejada con soltura extraordinaria y gran musicalidad. Apostura y presencia escénica impecable. Cada personaje que interpreta, cobra vida y se adentra hondamente en el auditorio, que esta pendiente de cada uno de sus movimientos. La Empresa Padovani, concesionaria de nuestro Teatro Municipal, es acreedora a nuestro aplauso. Nos ha brindado la oportunidad de escuchar a uno de los más grandes cantantes de su cuerda en la época actual: el tenor Antonio Paoli."

La Rivista Teatrale Melodrammattica, noviembre 1906.

"El 6 de octubre fue la velada a beneficio del tenor Paoli, en el Municipal tras la primera función de "Los Hugonotes". El homenajeado fue objeto de fiesta clamorosa y entusiasta. Al aparecer en escena fue saludado con una ovación interminable. Esas ovaciones se repitieron frecuentemente durante toda la ópera." Firma: Chileno.

La Rassegana Melodrammattica - Milán - 30 de noviembre de 1906.

PAOLI E LA SUA SERATA D'ONORE EN SANTIAGO DE CHILE - "Vino luego, la grandiosa velada con *Los Hugonotes*. El teatro llenísimo, todo vendido, no había ni un solo puesto disponible. En una semana se habían agotado todas las localidades. Los revendedores subieron mucho los precios de los boletos; que ya eran altos. La velada tuvo todo el carácter de un gran acontecimiento en la ciudad. Nadie quería faltar a la fiesta de arte del célebre y amadísimo tenor, cuyo éxito constante ha sido enorme y permanecerá inolvidable. Cuando Paoli se presentó al fondo del escenario en el primer acto, para saludar a los caballeros amigos de Nevers, la ovación rompió inmensa y se mantuvo largamente. La orquesta tuvo que parar el espectáculo pues no podía seguir tocando con la interrupción, mientras caía una lluvia de flores alrededor del homenajeado. Luego, prosiguió el espectáculo y el tenor atacó el aria en forma maravillosa. Su voz admirable, puede dar potencia y dulzura. Cantó el suave Racconto *Bianca Al Par di Neve Alpina* con maravillosa habilidad, logrando efectos extraordinarios. La cadenza libre de dificultad, con el Do largamente sostenido, ha producido un efecto inmenso y el aplauso fue largamente reprimido, pero al final explotó imponente e interminable. En el dúo con la Reina, nueva fiesta y así en el *Settimino* en el cual se oye un Do de insuperable belleza y así en el gran dúo de amor, con el que se cerró la velada. ¡Cómo siente Paoli esas páginas divinas! dicen los diarios. No es posible explicarlo. Aquella estupefaciente fuerza y gracia que se encuentran juntas en su voz lo hace una vez más asombrar al público. Al final fue un delirio; el público no quería dejar el teatro y las llamadas al proscenio se contaban en

EL LEON DE PONCE

décadas. Paoli, ve el escenario todo lleno de palmas de flores y recibió innumerables regalos de oro, y plata con brillantes, objetos preciosos de por si, para su esposa, para el pequeño Tonino, aquello fue como una gran gala para los abonados presentar al diletísimo artista bellísimos regalos.

Se afirma que Paoli regresará a Chile el próximo año. No tenemos la seguridad aún. Más es sin lugar a dudas que cuando él quiera regresar a este público las puertas del Teatro Municipal se abrirán para él, como que es un triunfador, como a un amigo, y la Empresa le concederá todas las condiciones que él imponga. Su nombre significa simplemente éxito del arte y la especulación".

La Rassegna Melodrammattica, Milán, 7 de diciembre de 1906:

PAOLI Y SU SERATA EN SANTIAGO. Hemos hablado largamente de la velada de honor a este célebre tenor en el máximo Teatro de la Capital Chilena. Aún hay más. Entre los regalos que recibió hay un caballo de mucho valor que le presentaron en escena. Sobre él estaba su hijo Tonino, vestido con rico disfraz de Torero. ¡Figurense los aplausos! Tonino Paoli, en Santiago es tan popular como su papá, el de la voz de oro".

El día 5 de noviembre de 1906, luego de terminada la temporada de ópera en Santiago el 31 de octubre, se presentó Paoli en una función concierto a beneficio de la Sociedad Unión Teatral que tuvo lugar en El Teatro Santiago. Cantó acompañado al piano por el el Maestro Armani el aria O *Paradiso* de *La Africana*. *La Partida* de Alvarez; y *El Improvisso* de Andrea Chenier. El público le aplaudió hasta el delirio. Tras este acontecimiento, Paoli se marchó a descansar a Valparaíso por algunos días y recibió allí la visita del Maestro Alfredo Padovani, quien le invitó a unirse a una nueva compañía de ópera que había organizado para recorrer varias ciudades de Chile. Paoli acepta gustosísimo pues disponía del tiempo ya que su próximo contrato era para cantar en Nápoles a fines de febrero de 1907, y el contrato con el Real de Madrid había quedado cancelado. El diario El Sur de Concepción, Chile, publicó el 13 de noviembre de 1906 el siguiente telegrama:

"Vuelta a Santiago de veraneo, me comunican todo arreglado gira artística Concepción. Seré feliz cantar en esa y haré todo empeño para satisfacer público penquista y tener motivos de mayor cariño a Chile, que tanto quiero ya". Antonio Paoli

Esta nueva y pequeña Compañía Lírica contaba con Paoli, como primera figura; las sopranos eran Juanita (Giovannina) Capella y Bice Corsini; la mezzo E. Mazzi; el baritono G. Milli y los tenores Nunzio Bari y Pietro Navia y el bajo de Watt. El debut fue como sigue:

17 de noviembre de 1906
Teatro Concepción
Concepción, Chile

IL TROVATORE
Verdi

Leonora......G. Capella
Manrico......A. Paoli

ANTONIO PAOLÍ

Conte di Luna......G. Milli
Ruiz......N. Bari
Azucena......E. Mazzi
Ferrando......V. de Watt
Director: Padovani

La crítica dijo al día siguiente: Diario El Sur, Concepción Chile, 10 noviembre de 1906:

EL TROVADOR - ¡Paoli, soberbio! Desde los primeros momentos se ganó la simpatía del público. Es además de un eximio cantante, un actor notable, de manera que las salvas de aplausos de anoche, las muestras de entusiasmo delirante de la concurrencia, han sido un justo homenaje tributado al mérito.

La segunda representación tuvo lugar el 21 de noviembre como sigue:

Teatro Concepción
Concepción, Chile

AÏDA
Verdi

Aïda......G. Capella
Amneris......E. Mazzi
Amonasro......G. Milli
Radamés......A. Paoli
Ramfis......V. de Watt
Director: Padovani

Diario El Sur, Concepción, 22 de noviembre de 1906:

AÏDA - "La participación de Paoli, fue como siempre, extraordinaria. Fue un Radamés, altivo y elegante, el *Celeste Aïda* fue cantada en forma impecable y la tuvo que repetir. Aplausos interminables al final de la ópera".

El 28 de noviembre canta su tercera y última ópera en Concepción así:

Teatro Concepción
Concepción, Chile

OTELLO
Verdi

Desdémona......G. Capella
Otello......A. Paoli
Yago......G. Milli
Cassio......C. Rossini
Lodovico......V. de Watt
Director: Padovani

EL LEON DE PONCE

Esta ópera fue estreno absoluto para Concepción. El diario El Sur dijo:

"Crítica de Otello" - "Sin contar con que los artistas trabajaron correctamente, Paoli solo cantó y trabajó anoche. Bastaría para hacer olvidar esos pequeños lunares que pudieron notarse en una representación. No hay que decir, si fue aplaudido. Se le aplaudió a rabiar, haciéndole salir al palco escénico, después de cada acto en medio de palmas y bravos".

Al terminar esa triunfal temporada en Concepción, la Compañía Lírica se embarcó rumbo al norte para realizar una corta temporada en el Teatro Municipal de Iquique. Debutaron allí el día seis de diciembre a teatro lleno, como sigue:

Teatro Municipal
Iquique, Chile

IL TROVATORE
Verdi

Leonora......G. Capella
Manrico......A. Paoli
Conde de Luna......Polimeni
Azucena......E. Mazzi
Ferrando......V. de Watt
Ruiz......C. Rossini
Director: Padovani

El éxito como ya era de costumbre, fue rotundo; el teatro rebosante de público ávido de escuchar al glorioso tenor.

10 de diciembre 1906
Teatro Municipal
Iquique, Chile

OTELLO
Verdi

Desdémona......G. Capella
Yago......Polimeni
Otello......A. Paoli
Lodovico......V. de Watt
Cassio......C. Rossini
Director: Padovani

"Esta fue también obra de estreno absoluto en Iquique y el éxito fue extraordinario, teniendo que salir varias veces al palco escénico el reputado tenor, a recibir el aplauso y aprecio del público." Diario La Patria - Iquique, Chile - 11 de diciembre de 1906:

15 de diciembre de 1906
Teatro Municipal
Iquique, Chile

ANTONIO PAOLI

AÏDA
Verdi

Aïda......G. Capella
Amneris......E. Mazzi
Amonasro......G. Milli
Radamés......A. Paoli
Ramfis......V. de Watt
Director: Padovani

Este fue otro éxito resonante y la temporada allí terminó como detallamos:

21 de diciembre de 1906
Teatro Municipal
Iquique, Chile

"FEDORA"
Giordano

Fedora......Bice Corsini
Loris......A. Paoli
De Siriex......G. Milli
Olga......De Angelis
Director: Padovani

"Esta fue la primera vez que Paoli cantó esa bella obra de Giordano. El aplauso fue unánime. Hubo de bisar el aria *Amor ti Vieta* bajo la insistencia del entusiasmado público". La Lanterna, 25 - Dic. - 1906 - Milán - Corresponsal de Chile.

La Compañía se dirigió luego a la ciudad de Antofagasta, para una corta temporada de ocho funciones en el Teatro Nacional. Como de costumbre, Paoli inauguró la temporada el 24 de diciembre como sigue:

Teatro Nacional
Antofagasta, Chile

IL TROVADORE
Verdi

Leonora......G. Capella
Manrico......A. Paoli
Conde de Luna......Polimeni
Azucena......E. Mazzi
Ferrando......V. de Watt
Director: Padovani

Triunfo rotundo.

250

EL LEON DE PONCE

27 de diciembre de 1906
Teatro Nacional
Antofagasta, Chile

AÏDA
Verdi

Aïda......G. Capella
Amneris......E. Mazzi
Radamés......A. Paoli
Amonasro......G. Milli
Ramfis......V. de Watt
Director: Padovani

Paoli no se sentía bien pero aun así cantó su papel de Radamés muy dignamente. El Diario El Mercurio de Antofagasta dice así:

"Paoli, cantó muy bien el *Celeste Aïda*, pero luego mostró cierto desgano para lucir sus potentes facultades. Aunque cantó muy bien, no desplegó la potente gama de su voz extraordinaria".

30 de diciembre de 1906
Teatro Nacional
Antofagasta, Chile

OTELLO
Verdi

Desdémona......G. Capella
Yago......Polimeni
Otello......A. Paoli
Lodovico......V. de Watt
Cassio......C. Rossini
Director: Padovani

Esta función fue un éxito total.

"El público, asistió al teatro indeciso, más la sorpresa fue extraordinaria, cuando el célebre tenor, rompió con las notas excitantes del *Esultate*, logrando una conmoción general en escena y en la sala". Fue de triunfo en triunfo tras cada romanza y dúos". La Lanterna, Milán, enero de 1907.

El éxito fue tan extraordinario que el público pedía más funciones cantadas por Paoli y fue complacido.

5 de enero de 1907
Teatro Nacional
Antofagasta, Chile

251

FEDORA
Giordano

Fedora......Bice Corsini
Loris......A. Paoli
De Siriex......G. Milli
Olga......De Angelis
Director: Padovani

Los aplausos fueron delirantes y al igual que en Iquique se vio obligado a bisar la romanza *Amor ti Vieta*. El periódico *El Coquimbo*, de la ciudad de La Serena, anunció la apertura de una corta temporada de ópera a mediados de enero. Sin embargo, esto no pudo realizarse ya que el abono no fue cubierto por el público. Se comentaba que Paoli sólo cantaría una ópera y esto hizo decaer el interés del público. Antes esta situación, la compañía se embarcó en el vapor Panamá el día 7 de enero, para regresar directamente a Valparaíso, puerto al que llegaron el 11 de enero. El diario El Mercurio de Valparaíso, publicó la siguiente declaración de Paoli:

"Pueden ustedes asegurar que deseo vivamente cantar en este hermoso Puerto del que guardo muy gratos recuerdos, y si se solicita mi concurso para algún concierto, me trasladaré inmediatamente a aquel para tomar parte en él".

Paoli se dirigió el día 12 a Santiago, y de allí, por tren, se fue directamente a Concepción. Llego allí el día 13 y el 15 se presentó en un concierto único de beneficencia para los huérfanos. Este se realizó en el Teatro Concepción, junto a varios artistas locales. El programa de Paoli fue:

Concierto Beneficencia
Teatro Concepción

Antonio Paoli
Tenor

¡O Paradiso! - La Africana
Dúo Final - Aïda con (Corina Vinet)
Amor Ti Vieta - Fedora
La Partida - Alvarez

Al día siguiente, Paoli regresó a Santiago. La prensa santiaguina señaló que:

"El tenor Paoli y otros artistas habían solicitado el Teatro del Cerro de Santa Lucia para una serie de representaciones... Pero ese proyecto no prosperó".

Posteriormente el diario El Mercurio de Santiago anunció:

"El jueves 17 de enero, en el pueblo de Paico, se verificará un gran concierto benéfico de la Parroquia, tan afectada por el terremoto. En este concierto tomarán parte varias señoritas que veranean actualmente en el Villorio y tomará parte destacada el tenor Paoli, que actualmente se haya en Santiago".

EL LEON DE PONCE

17 de enero de 1907
Teatro Municipal
Paico, Chile

Concierto Pro Iglesia Paico
Antonio Paoli
tTenor

O Paradiso - L'Africana
Cielo e Mar - La Gioconda
Amor ti Vieta - Fedora
Di Quella Pira - Trovador
La Partida - Alvarez

El día 20 de enero Paoli, Josefina y Tonino Partieron de Valparaíso rumbo a Europa. El 25 de febrero la revista Cosmorama de Milán publica esto:

"Antonio Paoli, apenas regresó de su triunfal temporada en Chile, la cual duró seis meses de completa satisfacción, salió ya para el San Carlo de Nápoles."

Mientras Paoli cantaba en Chile, la revista Rassegna Melodrammattica, publica lo siguiente a fines de diciembre de 1906:

ANTONIO PAOLI - "Decididamente, la tercera reconfirmación del célebre artista al Teatro Real de Madrid no fue posible pues no pudieron equiparar sus exigencias con la oferta de la empresa Arana (Empresarios del Teatro Real) las cuales eran muy conspicuas. Todo se ha ido al monte del olvido. La conclusión de aquel contrato se presentaba importantísimo bajo todos los aspectos.

Avisamos pues a los grandes empresarios que el magnífico tenor, ahora triunfante en Chile, esta libre de contratos desde diciembre hasta principios de febrero, y luego hasta el 23 de marzo. El tenor tiene oferta es San Petersburgo (reconfirmada), en Trieste (reconfirmada), en Alexandría, Egipto (reconfirmada) y para Roma aún en tratos, sin tener conclusión alguna."

El 28 de febrero de 1907 - La Rassegna Melodrammattica dice:

"Cuando finalizó la temporada en Santiago, el ilustre tenor Paoli, recibió invitación para unas funciones extraordinarias en Concepción, Antofagasta e Iquique. Ya que se le reconocían las condiciones de un Tamagno revivido, él aceptó y cantó en aquellos teatros sus óperas predilectas del repertorio dramático, como *Otello*, *Aïda*, *Trovadore*, *Hugonotes*, además de *Lucia* y *Lohengrin* y también para satisfacer un capricho personal, cantó la *Fedora* de Giordano con la soprano Bice Corsini, (Fedora) dirigida por Padovani. Cantó el repertorio dramático con Juanita Capella (Giovanina, en los repartos), quien también cantaba en esa estación con los artistas que formaban parte de la Compañía con Paoli en Santiago y Valparaíso. Cuando cantó *Fedora* levantó un entusiasmo indescriptible. Su ejecución como cantante y actor es como un milagro de valentía, es por eso que el éxito obtenido es piramidal. Es bueno anotar que en Paoli, se juntan o se acoplan dos casas, la voz y el arte de canto. Una voz poderosa y dulce en un talentoso y notabilísimo actor".

En Buenos Aires el diario La Prensa del 25 de enero de 1907 dice:

EL NUEVO COLON - "Para el Nuevo Colón el empresario señor Beccario, ha firmado un convenio con el tenor dramático señor Paoli, para el estreno de aquel coliseo, que se efectuará el próximo año. Se inaugurará el teatro muy probablemente con el *Otello* de Verdi. El señor Paoli, ha estado en esta ciudad unos días y se embarca hoy en el Vapor Prinz Adalbert para Italia. Cantará este año en el San Carlo de Nápoles y en el Teatro Imperial de Moscú. Sus óperas predilectas son *Otello*, *Hugonotes*, *Guillermo Tell*, y *Sansón y Dalila*. Acaba de obtener un verdadero éxito en Chile, donde actuó con la Compañía Lírica del Maestro Padovani. El señor Paoli, a pesar de llevar un nombre italiano es español. Su voz es extensa y poderosa, armonizándose perfectamente con la persona, para caracterizar los personajes de sus óperas favoritas".

La Rassegna Melodrammattica de Milán - 28 de febrero de 1907 dice:

"El famoso tenor Antonio Paoli ha regresado a Milán, después de varios meses de ausencia. Estuvo en Milán, apenas unas horas porque ha proseguido viaje súbitamente para Nápoles, donde la empresa del San Carlo lo espera impaciente, para dar comienzo a los ensayos y a las representaciones extraordinarias. Por su nombre y suprema valentía, será una gran atracción de infinito esplendor. Permanecerá en Nápoles hasta fines de marzo, cuando marchará a Moscú, donde solo presentará unas pocas funciones, faltándole el tiempo para proseguir con la fuerte temporada lírica organizada por la Empresa Adelheim, concesionarios del Teatro Solodowinikoff.

Hablaré ahora de sus éxitos en Chile. No es inútil decirlo ya que este periódico ha publicado a tiempo las noticias que venían de Santiago. Eran noticias de triunfos indescriptibles, que han dejado en la historia de aquel Teatro Municipal, páginas de oro, sobre las cuales el olvido no podrá descender jamás, por muchos tiempo. Solo aseguramos que Paoli, dejo allí un recuerdo tan intenso de sí, por su voz portentosa, que los tenores dramáticos que enfrenten a ese público sostendrán un confrontamiento excepcionalmente peligroso. Pensamos que Antonio Paoli, regresará a Chile si la Empresa está dispuesta a aceptar sus términos, que son inmensos, para así complacer a todos los que quieren volver a escuchar su voz".

Mientras tanto en Italia, la Rassegna Meloddrammatica publica el siguiente artículo:

1907

Il teatro Colon di Buenos Aires. — La *Patria degli italiani* del 19 luglio, annunzia per l'indomani, 20 luglio, la firma del contratto di appalto del nuovo teatro Colon, per cinque anni, fra il Municipio di Buenos Aires e l'impresario **Giuseppe Beccario**. E con lui vivamente si congratula, e ne espone in linea generale il grandioso programma, ed assicura che il **Beccario** avrà, quasi sicuramente, i tenori **Caruso** e **Paoli**, la **Storchio**, la **Cucini**, il baritono **Titta Ruffo**, il maestro direttore **Mancinelli** o **Mugnone**, un' orchestra di *140* professori, *120* coriste, *36* ballerine del corpo di ballo, 2 prime ballerine, il direttore **Sonnino**, la nuova opera *Mosè* di **Oreflce** e l'altra nuovissima, *Aurora*, scritta espressamente dal maestro **Panizza** su libretto dei signori **Quesada** e **Illica**.

Un programmone per varietà e promesse, non solo bello, ma bellissimo !....

Come va però che nè il 20 luglio, nè in seguito, il contratto è stato firmato, e che l'impresa venne invece aggiudicata al signor **Cesare Ciacchi** ?....

Come mai l'autorevole giornale bonearense ha potuto essere stato tratto in errore ?....

Per la cronaca aggiungiamo che il *Riachuelo* del *28* luglio annunzia che il Colon è stato aggiudicato al Beccario, e che la *Prensa* dello stesso giorno annunzia che è indetto l'appalto. Poco bene informati, per Dio, i giornali bonearensi !...

CAPITULO VI
1907

Al llegar a Milán, Paoli se encontró con que Amalita había recibido una invitación para dar una serie de conciertos y hacer teatro en Puerto Rico. Así pues al arribo de Antonio, sale Amalita rumbo a América, donde presenta varios exitosos conciertos en Cuba, Santo Domingo y Puerto Rico. Aquí se presenta en las obras dramáticas *El Flechazo* y *Robo en Despoblado* en el Teatro Municipal de San Juan y luego en el Teatro La Perla de Ponce. El éxito artístico y económico fue extraordinario siendo muy aplaudida por el público.

En Nápoles, esperaban a Paoli ansiosamente para los ensayos de la ópera *El Trovador* la cual cantó como sigue:

5 de marzo de 1907
Teatro San Carlo
Nápoles, Italia

IL TROVATORE
Verdi

Leonora......Matilde de Lerma
Azucena......B. Lavin de Casas (luego T. di Angelo)
Conte di Luna......Mario Rapisardi
Manrico......Antonio Paoli
Ferrando......Giuseppe Tisci-Rubini
Director: Leopordo Mugnone (luego Maestro Marín)

De esta ópera se hicieron ocho funciones a teatro lleno y público delirante. El éxito fue extraordinario según lo confirman los siguientes diarios y revistas.

El diario Roma - Nápoles, 6 de Marzo de 1907- dice así:

"Antonio Paoli, fue aplaudidísimo. Su voz voluminosa, extensa, de puro metal ha triunfado y ayer en la noche, el tenor de la voz potente y magnífica tuvo que conceder el bis, en el primer acto con el *Deserto Sulla Terra* y luego en la famosa cabaletta *Di Quella Pira*, cantada por él con tales medios vocales que verdaderamente pocos artistas poseen. También el *Adagio* fue muy bien cantado y por lo tanto muy aplaudido".

Il Mattino - Nápoles - 6 de marzo de 1907:

"El tenor Paoli, mayormente en posesión de una voz amplia y brillante, fascinó al público arrancándole aplausos calurosos en *Deserto Sulla Terra* y en *La Pira*, dos piezas que requirieron el bis ante la viva insistencia".

Il Giorno - Nápoles - 6 de marzo de 1907:

"Un diario como este que no muestra tendencias de favoritismo, ha tenido que consentir que el Fiato excepcional del célebre artista Paoli, le permite hacer prodigios con su voz y tuvo que conceder el bis entre ensordecedores aplausos".

La Lanterna Teatrale - Milán - 6 de marzo de 1907:

"Grande el triunfo del célebre tenor Paoli Demostróse un intérprete superbo, labora eficazmente la parte de Manrico, mostrando un excepcional tesoro de voz. El público le correspondió con ovaciones incesantes, en los puntos culminantes de la obra haciéndole trisar *La Pira*.

La Gazzetta de I Teatri - Milán - 14 de marzo de 1907:

TROVATORE-SAN CARLO-NAPOLI - "El tenor Paoli, ha estado en eso que es "voz felicísima", especialmente en el registro agudo. Estuvo obligado a repetir el aria de *La Pira* tres veces, dada la viva insistencia del público". Firma: Gennarino.

La revista Arte Melodrammattico di Milano - 27 de marzo de 1907, dice:

Teatro San Carlo-El Trovador-éxito completo. El Paoli, subleva las masas con su potente voz y sus agudos brillantes". Firma: Corresponsal de Nápoles.

La Rivista Teatrale di Milano - marzo de 1907:

NAPOLES - "El celebradísimo tenor Paoli, se encuentra ahora en Nápoles. En el Teatro San Carlo, en el cual el año pasado cantando *Otello* se convirtió en rey de la escena lírica. Debutará en El Trovador una ópera que él canta en forma electrizante, conquistando al público más exigente. Me parece ahora escucharlo aquí en Milán (1903. Teatro Dal Verme) en el *Deserto Sulla Terra*, y en el terceto en el cual sus si bemol sonaba como una trompeta de plata. También en el Andante *Ah, Si ben Mio*, el cual canta en forma insuperable, y en la cabaletta *La Pira*, con un vigor que

He aquí el anuncio de la temporada del Teatro San Carlo de Nápoles publicado en la revista La Lanterna en Milán en febrero de 1907.

para nosotros no tiene rival. Escuchamos ahora el eco de su voz fascinante proromper en las frases del terceto final. Una turbina de sonidos que recordaba el sonido fuerte de una cascada o torrente de agua, que se sucedía con el sonido de su voz en el canto patético con Azucena: :Riposa o Madre" dicho con infinita dulzura, como las palabras de un hijo tratando de dar conformidad y resignación a la vieja y abandonada madre, que soñaba con libertad y paz".

El 6 de marzo escribe la célebre crítica napolitana Rosario Placa para esa misma revista lo siguiente:

TEATRO SAN CARLO - IL TROVATORE - EL DEBUT DE PAOLI - "Redebut el tenor Paoli, teatro completamente lleno. Estaba todo vendido ocho días antes de la función. El éxito indescriptible, triunfal. Un Manrico extraordinario, por potencia de voz, canto fascinante. Acogido con largas ovaciones. Obtuvo aplausos inmensos en el aria *Ah, Si Ben Mio*. Electrizó en *La Pira* que trisó en el tercer acto. Asombró a todos durante toda la ópera. Los precios fueron doblados pero valió la pena".

Canta luego *Aïda* con el siguiente reparto:

10 de marzo de 1907
Teatro San Carlo
Napoli, Italia

AÏDA
Verdi

Aïda......Emma Hoffmann (luego M. de Lerma y Amelia Karola)
Amneris......B. Lanin de Casas (luego Tina di Angelo)
Amonsaro......Giusuppe de Luca (luego Nunzio Rapisardi y Enrico Mores)
Ramfis......Giovanni di Grazia (luego Carlos Walter y Giuseppe Tisci-Rubini)
Radamés......Antonio Paoli (luego A. de Franceschini)
Il Re......Paolo Wulmann
Director: Leopordo Mugnone (luego G. Marin)

Se cantaron 18 funciones de *Aïda* y de las cuales Paoli cantó doce funciones. Alternaría el rol de Radamés con el tenor A. Franceschini. El éxito fue delirante. El público pedía a Paoli, insistentemente según indica la revista La Rassegna Melodrammattica de Milán.

AÏDA-TEATRO SAN CARLO - "Estando programado para hoy el primer matinee con *Aïda* en el San Carlo y habiéndose enfermado el tenor franceschini y encontrándose Paoli, en el teatro, la Empresa le rogó que salvara la situación, porque de esa matiné dependían varios miles de liras ya en caja. Paoli, accedió después de mucha insistencia. Su éxito fue piramidal. Cantó divinamente, con voz divina, con fuerza y dulzura. Ha dejado maravillados a sus más fanáticos admiradores. Fue grande en la romanza, en el concertante, en el gran final y el gran dúo. Sumo en el *Io Son Disonorato*. Dice la frase *Sacerdote, Io resto a te* como nunca antes la habíamos escuchado. En el último acto desplegó una soberana dulzura, alcanzando un éxito inmenso e insuperable". Firma: R. La Placa.

El éxito con esta *Aïda* fue tan grande que el tenor Arturo Franceschini, tan pronto se repuso, canceló su contrato y se marchó de Nápoles, pues sabía muy bien que no podía competir con Paoli, teniendo éste que cantar las doce funciones restantes alternando con *Trovador*, *Sansón* y *Otello*. La Rassegna Melodrammattica del 14 de marzo de 1907 dice así:

COLUMNA D'ORA IN ORA PAOLI EN TROVADOR Y AÏDA - "El Divo ha hecho su reaparición en el Teatro San Carlo, de Nápoles con *El Trovador*. Hacer un análisis de su ejecución resultaría inútil. Ya hemos dicho muchas, muchas veces, la clase de Manrico que es; de la voz refulgente, de inflamados agudos y hechizante dulzura, aun en los momentos más impetuosos. No haremos aquí una crónica de la función y solo nos limitamos a decir que el San Carlo estaba repleto, porque el nombre de Paoli es suficiente para hacer correr al público en masa al máximo teatro.

Los aplausos unánimes duraron desde *La Serenata* hasta el terceto final de la ópera. El andante *Ah, Si Ben Mío* y la cabaleta siguiente constituyeron como era natural el *Clou* de la noche. Su fuerza vocal, su arte y su potencia le ganaron el éxito con el público es cosa evidente que es capaz de conquistar los aplausos de los auditorios más exigentes y apáticos. En la segunda función el éxito de Paoli, fue aún mayor. La presencia de Paoli en Nápoles ha despertado un vivísimo deseo de volver a oír el célebre tenor en el *Otello*, ópera con la cual se reveló en el San Carlo, el año pasado desatando un éxito de fanatismo. El caballero Augusto Lagana, hizo rápidamente arreglos para obtener el consentimiento del bien amado artista y Paoli, y éste al fin ha consentido. Tanto por voluntad del pueblo, como por la insistencia de la Empresa, el ilustre tenor cantará dentro de pocos días el *Otello*. Ya se han mandado a imprimir los cartelones para el deseadísimo acontecimiento.

PAOLI EN AÏDA -"Habíamos apenas preparado la publicación del artículo del *Trovador*, cuando llegan las nuevas de su inmenso triunfo en *Aïda*. Ha obtenido un éxito enorme, en el verdadero sentido de la palabra. Los que asistieron aseguran, que la ejecución de Paoli como Radamés, no podía surgir más inponente en todos los aspectos aunque se hizo saber al público que el Divo no estaba preparado para cantar esa función y se le rogó casi improvisadamente a proseguir la presentación.

El telegrama dice: Paoli causó asombró inmenso en el auditorio y tuvo un éxito que permanecerá, especialmente en el terceto *Io Sono Disonorato* y al final del acto, el sonido de su voz parece cosa divina. En el dúo al final de la ópera, se complació en dar toda la dulzura de su voz, además de haber dado la fuerza de su voz en los actos precedentes. El público, salió del teatro inmerso en un verdadero entusiasmo".

El diario Roma del 11 de marzo de 1907 dice así:

AÏDA. "Paoli, como Radamés, sustituyó al tenor anunciado el cual había enfermado. Sorprendió y maravilló al entusiasmado público, emitiendo una bellísima bien timbrada media voz en el *Celeste Aïda*, cantado con gusto y refinamiento exquisito. Supo dar toda la potencia de su voz en los momentos dramáticos requeridos y supo también dar toda la dulzura de su media voz cuando lo demandaba la partitura. Su *Sacerdote io resto a te* valió toda una función sosteniendo el agudo seguro y potente, caminando de un lado al otro del escenario, hasta caer arrodillado ante el Sacerdote Ramfis. El dúo final fue una gamma de belleza y ternura junto a la soprano Emma Hoffmann, ganando ambos artistas prolongadísimas ovaciones".

EL LEON DE PONCE

Tras ese triunfo colosal se presenta en seis funciones de *Otello* fuera de programa causando un éxito extraordinario.

15 de marzo de 1907
Teatro San Carlo
Nápoles, Italia

OTELLO

Desdémona......Matilde de Lerma
Otello......Antonio Paoli
Yago......Giuseppe de Luca
Lodovico......Paolo Wulmann
Montano......Giovanni di Grazia
Director: Leopoldo Mugnone

El diario Il Giorno - Nápoles - 16 de marzo de 1907:

OTELLO-PAOLI- FUNCION FUERA DE SERIE - A PETICION DEL PUBLICO -
"Volvió el célebre tenor a confirmar los éxitos anteriores y a reafirmarse como el indiscutible máximo intérprete del Otello de Verdi de la actualidad. Dudamos la fama de este gran tenor sea opacada en el futuro, como no puede ser tampoco opacada la fama del célebre Tamagno. Paoli, probó una vez más que no tiene rival en la ejecución del repertorio dramático. *"El Esultate"* sonó con la potencia de un clarín de guerra. Las romanzas de más envergadura tuvieron que ser bisadas por el tenor de los pulmones de acero y la voz de oro, con la misma o mejor ejecución que el año pasado. Fue un *Otello* difícil de superar".

ANTONIO PAOLI

"Otello" al Teatro San Carlo di Napoli

LA SUA SERATA D'ONORE

Así describe la Revista Rassegna Melodrammatica el triunfo de Paoli. (Cortesía Librería ARchivo Brera, Milán).

EL LEON DE PONCE

1ro. de abril de 1907
Teatro San Carlo
Nápoles, Italia

SANSONE E DALILA
Saint Saens

Sansone......Antonio Paoli
Dalila......Bianca Lavin de Casas
Sacerdote......Enrico Moreo
Abimelech......Gennaro Berenzoni
Vecchio Ebreo...... G. Tisci-Rubini
Director: Leopoldo Mugnone

Esta ópera se cantó ocho veces con éxito delirante. La revista Rassegna Melodrammattica del 2 de abril decía así:

SANSONE E DALILA EN EL TEATRO SAN CARLO- "Después de tantos años, sería escuchada por primera vez esta ópera en el Teatro San Carlo. Ya habíamos tenido el placer de escuchar sus bellas melodías en el Teatro Mercadante de Nápoles. Ahora hemos tenido el placer de apreciarla y gustar aun más la melódica música en nuestro San Carlo; como una ejecución maravillosa e incomparable con ninguna otra. Este público dio una impresión de entusiasmo y lo expresó con señales clamorosas que era acompañado solo por su viva complacencia.
El carácter fiero y victorioso, el alma devota y reconfortada que invoca y espera; fueron en el tenor Paoli, expresiones de verdadera realidad. Con gran sentimiento, con voz dulce aterciopelada y esquilante, éstas y sus dotes excepcionales constituyeron los hechos del gran éxito,que permanecerá inolvidable en nuestras mentes y corazones. Se asemeja este éxito al que tuvo con *Otello*. Desde su salida a escena en el primer acto, a la última frase de la ópera tras derrumbar las columnas. fue algo simplemente extraordinario y el público lo festejó frenéticamente". Firma: Rosario La Placa. Nápoles.

La Gazzetta Teatrale, Milán, 7 de abril de 1907:

NAPOLES SAN CARL0 - SANSONE E DALILA - "Este es el último montaje que el tenor Paoli, como hemos notado ha cumplido espléndidamente de las obras presentadas por él este año. Paoli, de quien se esperaba hiciera sacudir el templo pagano, dio un empellón formidable a las dos columnas centrales y a la misma vez emitió un agudo soberbio como aquel que emite en la famosa *Pira* del viejo *Trovador*. Emitió la nota con gran fuerza, mientras hacía caer el respetable templo de los dioses paganos y lo sostuvo con gran fuerza pulmonar. El Paoli ha logrado un éxito extraordinario". Firma: Corresponsal de Nápoles.

La revista Arte Melodrammattico, publicó este telegrama:

Paoli, Sansón indescriptible. Firma : Corresponsal

Otros telegramas decían así:

La Lanterna, Milán 10 de abril:

"Célebre tenor Paoli ha obtenido otro triunfo en *Sansón y Dalila*. Su voz brillante con extraordinaria resistencia, canto apasionado, hasta su figura le ayuda para hacer de eficacia la acción escénica y contribuye a rendirlo como intérprete superbo y admirable".

La Gazzetta dei Teatri- 11 de abril dice:

TRIUNFAL EXITO DE SANSON - "El Célebre Paoli, admiradísimo por la excepcional potencia de su voz, nítida e impecable dicción, lleno de dramatismo. Estas cosas constituyeron al objeto de ovaciones unánimes. El éxito alcanzado con *Sansón y Dalila* ha sido tal, especialmente con este último espectáculo, que se le ha pedido a la Empresa que presente un mayor número de funciones con el tenor Paoli ".

Desde Francia, Paoli, recibió un telegrama de felicitación, que le alentó mucho pues hasta allá habían llegado las noticias de su éxito con Sansón. El telegrama decía así:

"Muchas felicitaciones al tenor Paoli, por su éxito alcanzado con Sansón". Su admirador Camille Saint-Saens., París, Francia, 10 de abril de 1907.

El público estaba entusiasmadísimo con Paoli. Dondequiera se hablaba de Paoli, en las galerías, las barberías, los teatros, las calles, etc. Decían por opinión unánime que Paoli poseía "la voz más extraordinaria que se había escuchado en Nápoles". Cuando Paoli se presentaba en *Sansón y Dalila*, salía vestido con una larga túnica blanca y su cabeza cubierta en el primer acto. En el segundo acto salía con el pecho semidescubierto y en los últimos dos actos, con el pecho totalmente al aire, sólo llevaba un cincho de cuero a la cintura para sostener una especie de faldeta. En fin quedaban al descubierto, sus brazos, sus piernas y su pecho, mostrando una musculosa, magnífica y atlética figura. Comprendieron pues los napolitanos, al ver el porte físico de Paoli, como era que podía tomar a Desdémona entre sus brazos, cargarla hasta el lecho y tirarla allí con gran brio y fuerza. Al cargar entre sus brazos a Desdémonas como María Farneti, Gilda Longonari y Matilde de Lerma, mujeres de frágiles figuras y poco peso no asombraba a nadie, pero lo que si asombró en la temporada de 1906, fue cuando Paoli cargó a la soprano Isabella Orbellini, una de sus Desdémonas ese año la cual era bastante voluminosa, gordita y por consiguiente muy pesada. Al lanzarla en el lecho, los soportes de madera se rompieron y sólo quedaron a la vista los pies de Desdémona. La Diva, estaba furiosa, sumida en medio del colchón de plumas, hubo carcajadas en medio de la función y ella le dijo a Paoli, que lo que le había hecho era una afrenta y que su marido lavaría con sangre esa ofensa tan grande. Al terminar la ópera, el público aplaudió delirantemente y tuvieron que salir infinidad de veces al escenario a agradecer los aplausos y los bravos. Luego todo era expectativa entre los miembros del coro y los demás artistas a parte de otras personas allí presentes.

Del camerino de la Orbellini, salió el marido con paso firme y seguro y se dirigió hacia el camerino de Paoli, llevaba sus guantes blancos apretados en la mano izquierda, todos se acercaron, pensaban que iba a retar a Paoli a un duelo. Toco a la puerta del tenor la cual abrió su secretario Pocholo, ¿Qué desea?... Le preguntó... ¡Ver a Paoli, inmediatamente!... Le contestó en forma muy enérgica. Se oyó de pronto la voz de Paoli... ¡Pase, usted!... El hombre entró y

EL LEON DE PONCE

la puerta se cerró. Todos, se acercaron aun más a la puerta del camerino a tratar de escuchar lo que allí se hablaba. De momento se escucharon unas bien sonadas y sonoras carcajadas. Se abrió la puerta del camerino y el hombre salió a carcajada limpia. En la puerta le dio la mano a Paoli, y los dos rompieron a reir a carcajadas nuevamente. Dicho sea de paso, aquel hombre, era de muy baja estatura y parecía mas bien un enano al lado de la enorme figura de Paoli,se retiró con paso firme hacia el camerino de su ofendida esposa. Al llegar frente a la puerta, se paró, se arregló un poco la corbata, quitó su sonrisa y entró muy serio y solemnemente en el camerino.

¡Mientras!... todos se acercaron a Paoli, a preguntarle, ¿qué había pasado? Este reía aun a carcajadas y les dijo: ¡Que les cuente Pocholo! Y así pues, el secretario les contó... "Al hombre llegar a ver a Paoli, le preguntó ¡Paoli!... Como pudiste levantar ese tonel de tocino del piso, cargarlo y tirarlo, como si fuese un saco de patatas? Y ahí rompieron los dos a reir a carcajadas. Luego, el hombre ripostó "Siempre quise hacer algo así, pues es muy mandona y posesiva". ¡Gracias, Paoli! La Diva, quedó muy complacida con lo que el marido le contó. Dios sólo sabrá, que fue lo que le dijo, pero ninguno tuvo la indiscreción de decirle la verdad. Paoli, le comentó luego a Pocholo "que temía le retaría a un duelo, pues, en esas materias estoy fuera de práctica".

En Nápoles, querían que Paoli, se quedase más tiempo, pues querían seguir disfrutando su arte, pero no podía, pues ya le estaban esperando en Rusia. Al llegar a Milán, se enteró que la gran actriz Eleonora Duse se presentaría esa noche en el Teatro Cárcano en la obra *"Fedra"*. Por pura coincidencia solo encontró asiento de palco de escenario, al lado izquierdo del proscenio. Había allí sentado un caballero muy elegantemente vestido más en la penumbra no pudo ver su rostro. Al finalizar el primer acto y luego de una imponente salva de aplausos a la eximia actriz, el caballero se le acercó y le preguntó: ¿es usted por casualidad el comendador Paoli? A Paoli, le sorprendió la pregunta pero contestó afirmativamente... al mirar el rostro del caballero le reconoció inmediatamente, se trataba del gran escritor y dramaturgo italiano Gabriele D'Anunzio. Este le comunicó que le había admirado mucho en su *Otello* y *Sansón y Dalila* en Nápoles. Le dijo que jamás había escuchado un tenor con tan gran impacto dramático como él. A esto Paoli, contestó muy cortésmente que así mismo el admiraba su producción literaria y tenia muchos de sus libros en su villa de Porto Ceresio. Le comentó también que había oído hablar tanto de la Duse, que quiso admirarla en persona y resultó ser mejor actriz de lo que le habían contado.Al terminar la función, fue invitado a visitar el camerino de la gran actriz, a lo que accedió gustoso. Luego de conocer a la célebre artista, les invitó a cenar al Caffe Biffi en la Galera Vittorio Emmanuelle. Al llegar allí fueron muy aplaudidos. Antonio, invitó a la Duse y a D'Anunzio a pasar unos días en su Villa en Porto Ceresio, lo cual ellos aceptaron gustosos para cuando terminase la temporada de teatro en Milán. A los pocos días de estar en Porto Ceresio, llegaron los distinguidos visitantes y pasaron cuatro días de descanso en la villa, gozando del paisaje y del hermoso lago,mientras...Paoli, hacia el equipaje para su viaje a Rusia.

En Moscú fue muy bien recibido. Las óperas que estaban ya programadas para ser cantadas por él en esa temporada eran: *Aïda, Otello, Hugonotes* y *Trovador*. Su debut en Moscú, sería el día 22 de abril con *Otello*. Los boletos estaban completamente agotados cinco días antes de la función, pues todos querían escuchar a Paoli.

22 de abril de 1907
Teatro Imperial de Moscú

OTELLO
Verdi

Desdémona......Olimpia Boronat
Yago......Giuseppe Tansini
Otello......Antonio Paoli
Emilia......Ladislava Hotkouska
Cassio......Umberto Colombini
Montano......Giuseppe Bosse
Director: Plotnikou

La crítica de el diario Kavkaliv dice:

OTELLO - TEATRO IMPERIAL - PAOLI- *"Otello* incomparable, enérgico, único, en su interpretación. Dio muestra de energía vocal, como pocos tenores en el mundo. Tuvo momentos brillantísimos con la Boronat. Bisó el *Esultate"* y las arias y dúos principales, sin muestra alguna de fatiga vocal, como hemos visto en muchos tenores. Afirmó una vez más su fama adquirida en varias ciudades del país en temporadas anteriores y ahora hemos comprobado en Moscú". 23 de abril de 1907-Moscú.

Esta obra se cantó diez veces en esa temporada, con el mismo éxito a teatro lleno. Se cantó luego *El Trovador* con el siguiente reparto:

28 de abril de 1907
Teatro Imperial
de Moscú

IL TROVATORE
-Verdi-
Leonora......Hariclee Darcleé
Inés......Carmen Pagnoni
Azucena......María Bastia Pagnoni
De Luna......Mattia Battistini-(luego Titta Ruffo)
Manrico......Antonio Paoli
Ruiz......Umberto Colombini
Director: Plotnikov

En mayo, De Luna fue cantado por Tita Ruffo. De esta se hicieron también seis funciones a teatro lleno y éxito delirante. El diario Kavkaliv dice así:

IL TROVATORE - "Paoli, extraordinario intérprete, fogoso y ardiente en su ejecución como pocos Manricos hemos visto antes. Tal vez es el Paoli, el único tenor que hasta el presente ha podido cantar Manrico, con la dignidad que merece, emitiendo un verdadero Do de pecho, Do sobreagudo de gran intensidad y color que lo obligó a repetir *La Pira.* Cantó el *Ah, Si, Ben Mio* con mucha ternura, todo a media voz, que hizo enternecer al más duro corazón. Fue extraordinario su encuentro con el siniestro Conde encarnizado por el célebre

EL LEON DE PONCE

barítono Mattia Battistini, quien emitió notas bellísimas y sonoras con gran maestría y elegancia. Su Conde es elegante y suave pero con voz firme, bella y segura. No es un barítono fogoso como el Ruffo pero si más elegante. Ruffo, llegará a principios del mes de mayo a tomar parte en esta ya gloriosa temporada lírica. Le hemos de escuchar en esta ópera junto a Paoli y la Darcleé". 29 de abril de 1907.

7 de mayo de 1907
Teatro Imperial de Moscú
RIGOLETTO
Verdi

Gilda......M. Alessandrovich
Maddalena......L. Hotkouska
Duque......A. Paoli-(sustituyendo a G. Anselmi)
Rigoletto......T. Ruffo
Monterone......G. Bossé
Director: Plotnikov

Al enfermarse el tenor Anselmi, no tenían sustituto y rogaron a Paoli, que cantase esa función; el aceptó gustoso, pues hacía tiempo que no la cantaba y quería refrescar su memoria. El diario Kavkaliv dice:

RIGOLETTO-"Por enfermedad del tenor Anselmi, Paoli quiso hacer el Duque para mantenerse en forma. El eminente artista considera esta obra como un juego de niños comparada con *Otello* y *Trovador*. Tal vez lo que quería era que lo escuchásemos en un papel lírico, para mostrarnos su dominio de la técnica canora. El aria *Questa o Quella* sonó como nunca antes la habíamos escuchado. Musical y bella, pero a pesar de que trataba de contenerse le dio demasiada voz".

El dúo con Gilda, estuvo fabuloso vocalizándolo el Paoli a media voz para arremeter al final con un Re sobreagudo, que no se escuchó más que su voz ya que cubrió soprano, orquesta concertante y todo. *La Donna e Mobile* fue cantada con gran brío y dio muestras de una agilidad vocal extraordinaria. Cubriendo con un sólo fiato (respiración) varias frases que todos los tenores cortan una a una sin darle el sentido y destreza que Paoli. Tuvo que repetirla tres veces ante la insistencia del público, y cada vez la cantó mejor.

Rigoletto fue cantado por el inigualable Tita Ruffo. Indiscutiblemente esta es su ópera. Es un gran maestro en escena y dueño y señor del personaje tanto vocal como artísticamente. Su voz sonó segura y compacta en todos los registros. *El Cortigiani* fue bisado al igual que *Quel Vechio Maledivami*. Desplegó toda su voz en forma estupenda.

La Alessandrovich, posee una bella voz de coloratura con matices de soprano lírica, la hace muy particular para roles como Gilda, Lucia, Anina y otras obras para coloratura. Esta cantó con mucho éxito en Chile el año pasado junto a Paoli en Lucia y fue aplaudidísima. En fin fue un Rigoletto extraordinario. Esperamos el tenor Anselmi, se reponga pronto para así poder disfrutar de su arte canoro suave y lírico, sin la fogosidad dramática de Paoli ni su gran torrente de voz pero si la voz ideal para el Duque de Mantova". 8 de mayo de 1907.

El clima estaba muy malo, había mucha lluvia y humedad y frío y esto hacía que los artistas se enfermasen con frecuencia. Marconi, por ejemplo al igual que Anselmi, también se enfermó. Paoli, que solo cantaría un Aïda como estaba programado tuvo que cantar tres hasta que aquel se repuso.

265

ANTONIO PAOLI

12 de mayo de 1907
Teatro Imperial de Moscú.

AÏDA
Verdi

Aïda......Olimpia Boronat
Amneris......María Bastia Pagnoni
Radamés......Antono Paoli (luego Francesco Marconi)
Amonasro......Mattia Battistini
Messegero......Umberto Colombini
Ramfis......Giuseppe Tansini
El Re......G. Bossé
Director: Plotnikov

El diario Kavkaliv dice así:

AÏDA - Teatro Imperial - "Cuando se cuenta con primerísimas figuras se logra un espectáculo primerísimo también. Así resultó en la *Aïda* - ópera monumental del gran Verdi. Olimpia Boronat, posee una voz compacta y bella. No es una voz del todo dramática que requiere el personaje, pero, es una *Aïda* de calidad, elegante y tierna. Resultó bien ejecutada tanto escénica como vocalmente.

Amneris, fue cantada por la María Pagnoni, voz robusta, y fuerte. La mezzosoprano por excelencia, ademas de una figura esbelta y de gran atractivo físico al cual supo sacarle provecho en escena. Estuvo excelente en su papel como en todos los demás que ha cantado para nosotros. Amonasro, fue el célebre y ya legendario barítono italiano Mattia Battistini, veterano ya en el papel de Amonasro que ha interpretado ya más de cuatrocientos veces, con las más grandes Divas del mundo lírico. Su voz es pastosa y musical de gran belleza sonora que se adapta fácilmente a cualquier personaje. Su técnica es de perfección vocal en todo el sentido de la palabra, por eso al emitir su voz lo hace con un sonido muy particular e inconfundible. Su Amonasro es perfecto tanto vocal como artísticamente.

Hemos dejado por último a Radamés. Hemos escuchado a Paoli, en *Trovador, Otello y Rigoletto* y ahora en *Aïda*. Lo que nos preguntamos no solo nosotros sino mucha gente es ¿Cómo un tenor de una voz tan poderosa, puede emitir sonidos de tenor lírico ligero tan fácilmente... sin menoscabo de su voz?... ¿Qué hace para controlar su enorme torrente?... ¿Cómo puede cantarse un *Celeste Aïda* casi susurrado al oído de la esclava amada en forma tan poética, diciéndole tantas cosas bellas, todo a media voz para luego estallar en un Do sobreagudo que fue creciendo hasta ensordecer a los espéctadores y luego fue desapareciendo suave, paulatinamente hasta quedar casi inaudible.

Al final del concertante del segundo acto, terminada la marcha triunfal y el ballet volvió a emitir otro sonoro Do sobreagudo que se puede clasificar de apoteósico, pues, sobresalió sobre todos los demás cantantes, el nutrido coro y los acordes de la orquesta. En el tercer acto después del dúo con *Aïda* y *Amonasro*, cuando cantó el *Sacerdote, io resto a te*, lo hizo emitiendo el agudo mientras caminaba a entregar la espada al Sacerdote. Aquí el público se enloqueció. Ya al final fue más suave, más tierno desplegando una voz que podría clasificarse como una filigrana de oro puro, por la forma envidiable para otros tenores que cantan *La Fatal Pietra* y el *O, terra Addio*, todo a media voz. Espectáculos como este no se repiten a menudo, y dudamos se vuelva a escuchar otra *Aïda* como esta en todas las Rusias". 13 de mayo de 1907.

EL LEON DE PONCE

18 de mayo de 1907
Teatro Imperial de Moscú

ANDREA CHENIER
Giordano
Función única Fuera de Serie

Maddalena......Haricleé Darcleé
Contessa......L. Hotkouska
Andrea......Antonio Paoli
Gerard......Mattia Battistini
L'Incredibile......Umberto Colombini
Madelón......Carmen Pagnoni
Director: V. Pribick

El diario Kavkaliv dice así:

ANDREA CHENIER - TEATRO IMPERIAL - "Bellísima ópera basada en la historia del gran poeta de la revolución francesa, que fue asesinado en la Guillotina por Robespierre, sin saber este último que habría de correr la misma suerte apenas unos días después de la muerte de Chenier. La música es de gran belleza, rica en bellas melodías, coros, arias y dúos. El Paoli, más bien parecía un poeta de porte más ruso que francés por su frondosa y bien cuidada barba, los franceses o son carilampiños o tienen barbitas de apariencia afeminada. Dicen que en Francia, los poetas se afeitan aunque se estén muriendo de hambre. Los que se las dejan es más bien por vagancia. Aquí en Rusia lo poetas se dejan crecer las barbas varoniles según escriben de poesías. Pero, con todo y barba francesa o Rusa, Paoli, fue un Chenier muy convincente tanto por su portento de voz como por su actuación. Nos hizo vivir momentos inolvidables de la vida del gran poeta. Tuvo que repetir el Improvisso del primer acto, al igual que el dúo del segundo acto con la Darcleé, el *Si Fu Soldato* y el *Come un Bel Di*, y el dúo final. Tuvo momentos bellísimos.

Nos parecía estar en la Francia de la época, viviendo ese momento culminante en la vida del gran poeta. Ni el mismo Chenier lo hubiese podido hacer mejor. La Darcleé, mostró una vez más sus cualidades de gran cantante y gran señora de la escena, haciendo al público aplaudir hasta el delirio en su *Mama Morta* la cual tuvo que repetir. La Pagnoni, hizo un corto pero bellísimo papel como la vieja Madelón, arrancando también una gran ovación. El Gerard que fue cantado por Mattia Battistini, fue único. Su voz sonora y bella se dejó escuchar con gran aplomo y musicalidad, especialmente en el aria *Nemico Della Patria*, la cual tuvo que bisar, ante el público insistente. En conjunto fue un espectáculo completo del cual quedamos muy complacidos. Fue una verdadera noche de arte lírico".

A fines de mayo al terminar la temporada se marcha a Kiev, a instancias de Battistini, presentan allí un recital de arias y dúos en el Teatro Solovzov.

ANTONIO PAOLI

27 de mayo de 1907
Teatro Solovzov
Kiev, Ukrania

Recital en Conjunto

Antonio Paoli
tenor
Mattia Battistini
barítono
Orquesta Titular Teatro
Director: A. Margulian

El diario Kavkaz dice: 28 de mayo de 1907:

> Paoli - Battistini - Lúcido recital de estas dos grandes figuras de la lírica que resultó en un verdadero acontecimiento artístico. Arias y dúos de óperas como *Otello - Si Pel Ciel, Gioconda, Enzo Grimaldo Príncipe di Santa Fior, Forza del Destino - Solemne in Quest'ora, Pescatori di perle - Mi Par D'udir - Dio Mi Potevi, Creo in un Dio Crudel.* Paoli y Battistini de Otello. Ah, Si Ben Mio y *Tarda e La Notte de Trovatore. Celeste Aïda de Aïda* y *Nemico Della Patria* de Chenier. El público aplaudió como loco".

De aquí se marchan a Crimea y allí en la ciudad de Yalta, presentan el 30 de mayo el mismo recital en el Teatro Municipal, con gran afluencia de público. El 31 de mayo toman un barco para Génova donde llegan el día 4 de junio, e inmediatamente Paoli, sale rumbo a Milán. Pues tenía un compromiso ineludible para grabar unos discos.

El día 5 de junio se presenta ante el Sr. Fred Gaisberg en su estudio de Milán. Este señor, era el ingeniero de sonido a cargo de las grabaciones en Milán de la Compañía Gramophone, de Londres. Ese día se grabó el terceto del final del primer acto de la ópera *El Trovador, Di Geloso Amor* con la soprano Clara Johanna y el barítono Francesco Cigada, (matriz no. 105196). En la mañana se hicieron la pruebas de las voces. La soprano grabó bien al igual que el barítono, la cual problema fue con la voz estentórea de Paoli, el cual al dar las notas altas hacía vibrar fuertemente los filtros de carbón del receptáculo grabador hasta romperlos. Empezaron pues a probar a que distancia podían colocarlo cosa que al grabar no rompiera los filtros. El ingeniero Gaisberg estableció que Paoli sólo podía grabar a veinte pies del receptáculo grabador. Al emitir agudos se voltearía de espaldas mirando contra la pared que estaba cubierta por una especie de colchón de algodón para absolver el sonido. Aún así, la voz de Paoli, tan fuerte y estruendosa, fue recogida en una serie de cincuenta y tres discos. Paoli, fue instruido para tratar de controlar la fuerza de su voz, así que esas grabaciones acústicas recogen algo de lo que en realidad era la potente voz de Paoli y aún así distorsiona el sonido de algunos discos como por ejemplo el dúo *Si, Pel Ciel* con el barítono Goetzen, al pronunciar las palabras *Sangue, Sangue,* estilló los filtros de carbón y se escucha claramente en el disco el cambio claro del sonido a uno más opaco.

Graba entonces el aria *Figli Miei* de la ópera *Sansón y Dalila* (matriz no. 10521b) con el coro del Teatro Alla Scala y miembros de la orquesta del prestigioso teatro. Luego graba *Re Del Cielo* de la ópera *El Profeta* (matriz 10522b) y de la ópera *El Trovador* graba *Deserto Sulla Terra* (matriz 10540b). Tras esas grabaciones preliminares comenzó la ardua tarea de grabar completa la ópera

I Pagliacci del Maestro Leoncavallo. Bajo la supervisión personal del Maestro y la dirección orquestal del prestigioso director Maestro Carlo Sabajno. Estas grabaciones se hicieron comenzando el 7 de junio de 1907 hasta mediados de julio. Al ingeniero Gaisberg solicitar de Leoncavallo los nombres de los artistas que él quería para esa primera grabación de su ópera *Los Payasos* y la primera que se haría de una ópera completa en la historia del fonógrafo, este sin pensarlo dos veces dijo: Paoli, Canio, Huguet, Nedda, Cigada, Tonio, y los demás los escogen ustedes.

En el libro Il Teatro D'ópera in Disco de Rodolfo Celletti-Rizzoli, Milán 1976 dice: "Es interesante la primera grabación de *Los Payasos* (gramophone y typewriter) por la presencia de dos cantantes muy populares a comienzo de nuestro siglo: el tenor Antonio Paoli y la soprano Josefina Huguet, a su lado está Francesco Cigada, un barítono de los más vigorosos de la época". La fecha de la grabación es 1907. En su libro A Guide to Opera Recordings, N. Y. 1987, Ethan Morden dice:

> "Que de los artistas célebres de la época ninguno aparecen en óperas completas, con algunas pocas excepciones Antonio Paoli, Canio. Emmy Destin en Carmen y Margarita y Agustarello Affre en Romeo".

El set de *Los Payasos* de 1907 es un documento que nos enseña sobre los cortes de tradiciones estando el compositor presente. Aparentemente a Leoncavallo le agradó mucho lo que se estaba haciendo y con una tecnología muy primitiva y frágil, pero aún así resultó una grabación muy superior a las demás grabaciones de la época. En realidad ésta fue la primera. Antonio Paoli muestra cuan fuerte Canio tiene que trabajar, cantando sin descanso el Ridi Pagliaccio.

Aparentemente la transposición de la repetición del *A Ventitre Ore* a una octava más alta, no se había puesto de moda aún. Al final hemos obtenido un cuadro claro de una ópera italiana cuando ésta ópera era contemporánea y el gusto de la tecnología primitiva haciendo la grabación en una enorme bocina acústica, que fallaba para captar el sonido de los timbales.

Tan pronto se editó la grabación, se publicó un gran anuncio en la revista The Sound Wave de Londres, de diciembre de 1907, con una magnífica fotografía del elenco completo, incluyendo al Maestro Leoncavallo. Se publicó además un pequeño panfleto que se distribuyó por todo el mundo en varios idiomas para propagar la venta de los discos. En su interior se habla de los artistas y dice así: Los artistas escogidos por el Sr. Leoncavallo para interpretar su gran obra, son artistas célebres y muy competentes. Para el desempeño del papel de Canio, se ofrece la selección de tenores, la voz más suave del Sr. Barbaini, contrastando con el espléndido ardor e intensidad del canto de Paoli.

Se ofrecía el set de veintiún discos, pero le ofrecían al comprador sustituir la grabación del *Vesti la Giubba* por el disco de Caruso o de Albani. Tanto fue así que cuando la Casa Gramophone cedió las grabaciones de esta ópera para la venta en América, bajo el sello Victor (Red Seal) eliminaron el *Vesti La Giubba* de Paoli y lo sustituyeron por el disco de Caruso, según aparece en libro catálogo The Victor Book of The Opera, Camden, New Jersey, 1912, lo cual causaría serios problemas más tarde entre las Casas Grabadoras y Paoli. El contrato ofrecido a Paoli, era muy ventajoso. Se le pagó una sustanciosa cantidad de dinero y se le daría regalías por la venta de cada disco que se vendiera por los próximos cincuenta años. Esto le beneficiaba enormemente para asegurar su futuro, pues los discos estaban adquiriendo gran importancia en el mundo. Tan pronto los discos salieron a la venta, se agotaban rápidamente y para fines de julio ya había hecho unos veintidós discos.

ANTONIO PAOLI

Al terminar las grabaciones se marchó a Porto Ceresio, pues el calor en Milán era sofocante. Antes de marcharse compró un apartamento estable en la Vía Corso Génova No. 1, para Amalita y su hermano Manuel. Allá en Porto Ceresio, el aire era más puro, hacia más fresco y podía además bañarse en el lago cuantas veces se le antojase. En las tardes se hechaba a remar su bote con Tonino hasta cruzar la frontera de Suiza para comprar caramelos para el niño. Los Guardas de de la frontera ya les conocían y les dejaban pasar sin problema alguno. Muchas veces cuando Paoli, no estaba en casa, entonces Giacinto, quien además de cochero era el botero de la casa, llevaba a Tonino a comprar sus caramelos a Suiza, cruzando ese bellísimo lago que separa los dos países. Al arribar al lado opuesto, los Guardas al divisarlos decían "Avanti, avanti, la, e il figlio del tenore, avanti, avanti". (Narrado por Aida Paoli, la viuda de Tonino). El niño pues iba a Suiza cuantas veces quería. Muchas veces le acompañaba su madre, solo por el gusto de darse el bello paseo. Ese mismo año Paoli, compró otra propiedad más en Lugano, pues sabía era una buena inversión para el futuro. Transcurría así la vida en Porto Ceresio, aunque muchas veces Paoli, prefería quedarse en Milán, pues el carácter de Josefina era muy fuerte. No quería tener relaciones de familia con Amalita y Manuel, quien para entonces decidió marcharse a vivir a Puerto Rico. Ella decía que ellos amamantaban mucho a Paoli, y lo consentían y trataban como si fuese un niño. Además ella era la que manejaba las finanzas de la casa, pues Paoli, le daba todo lo que ganaba.

Amalita había vivido en la calle San Pietro All Orto No. 9 con Manuel además de la Pension Bonini frente a la Piazza del Duomo No. 2. Era allí donde paraban casi todos los artistas líricos que venían a Milán, por sus precios módicos además de la magnífica comida incluída en el precio y su localización central con una magnífica vista de la imponente Catedral de Milán con sus innumerables torres góticas.

Así pues como vemos las relaciones de familia no estaban muy bien. Josefina, padecía además de una enfermedad crónica de los intestinos, la cual la ponía casi siempre de mal humor y mal genio. Al único que consentía y cuidaba con gran esmero era a Tonino. Josefina, era una magnífica madre y le crió con gran ternura y cariño, creando en él un alma noble y sensible. Ante esa situación Amalita decide hacer otra gira artística por América, donde presenta otro ciclo de recitales en La Habana, Santo Domingo y San Juan, logrando gran éxito con la obra Nuit D'Noel, en la cual fue muy aclamada. El éxito artístico fue a la par con el económico.

Estando Paoli descansando nuevamente en Porto Ceresio, recibe una invitación del Maestro Vincenzo Bellezza, para presentar un concierto de beneficencia en Nápoles. Acepta gustosamente la invitación y se traslada inmediatamente a Nápoles, donde le esperaban varios amigos y admiradores. De allí se traslada con el Maestro Belleza a Cassamiciola. Es así como el día 10 de agosto de 1907 se presentó en un recital que hizo historia, alcanzando un éxito extraordinario.

10 de agosto de 1907
Sala de los Baños Billiazzi
Cassamiciola, Nápoles

Concierto de Beneficencia
Comendador
Antonio Paoli
(tenor dramático)
Orquesta: Teatro S. Carlo
Director: Vincenzo Bellezza

EL LEON DE PONCE

Paoli, cantó arias de óperas, dúos y canciones españolas, entusiasmando al público hasta el delirio. El diario Don Marzio de Nápoles, dice:

"Verdadero acontecimiento de arte, despertó el esplendido concierto vocal e instrumental, dado bajo los auspicios del ilustre tenor Paoli, en la sala de los Baños Billiazzi en Cassamiciola el 10 de agosto. El público aplaudió hasta el delirio. Cantó varias canciones españolas fuera de programa y una canción napolitana, que tuvo que repetir".

La revista Cosmorama de Milán, dice:

CASSAMICIOLA - NAPOLI - 10 de agosto. "Se presentó allí un gran concierto de beneficencia en el cual tomo parte el célebre tenor Paoli, festejado grandemente. La ciudadanía le hizo demostraciones conmovedoras. Bisó todas las piezas. Cantó canciones españolas fuera de programa. Firma: Corresponsal de Nápoles.

Se hospedaba en el Hotel Central y le gustó tanto el lugar que decidió permanecer allí parte del verano. El 30 de agosto se despidió con un segundo concierto en la Gran Sala Del Hotel Central de Nápoles. Este también fue otro concierto de beneficencia para los niños huérfanos y Paoli para esto nunca se negaba, pues el también había quedado huérfano en su niñez.

30 de agosto de 1907
Gran Sala del Hotel Central
Cassamiciola
Nápoles, Italia
Concierto de Beneficencia
Antonio Paoli
tenor
Angela de Angelis
soprano
Vincenzo Bellezza
Piano

La Rassegna de Milán dice:

CASSAMICIOLA - SEGUNDO CONCIERTO - "Ayer tarde la Gran Sala del Hotel Central, fue lugar de un gran concierto de beneficencia, al cual prestó su nombre y participación el célebre tenor Paoli. Después de los anuncios dados por los diarios de Nápoles, llegaron aquí innumerables admiradores del gran artista. Es indescriptible el delirio suscitado por el ilustre tenor, en este acontecimiento que ha hecho surgir el alto significado del arte canoro. Paoli se conmovió por las ovaciones. Al finalizar el concierto se le hizo público reconocimiento con grandes demostraciones de gratitud. Además de bisar todas las arias, cantó canciones españolas nuevamente suscitando un entusiasmo indescriptible. Junto al sumo tenor fue aclamadísima también la eximia soprano Angela de Angelis, quien maravilló a todos con su voz en sus solos y dúos con Paoli. Posee ésta un tesoro por voz, exquisita intérprete. Fue saludada con aplausos sin fin y obligada a conceder el bis. Notable también estuvo el bajo Santaella, cantó con arte. Voz espléndida, robusta, aplaudidísimo. Repitió la romanza de Cámara, dándole vivo sentimiento, afirmándose como un consumado artista de rara conciencia. Les acompañó al piano el Maestro Bellezza, que se ha distinguido como director en la pasada temporada del San Carlo. Compartió los honores de la velada, junto a los excelsos ejecutores. Muy admirado fue el joven violinista Pinto, que se confirma con calidad de Concertista de primer orden". Firma: Epomeo.

ANTONIO PAOLI

Se marcha Paoli, a Milán, pero de paso se queda unos días en Roma, pues había sido invitado por el Embajador de España en Roma para presentarle un recital privado al Papa Pio X.

5 de septiembre de 1907
Capilla Sixtina del Vaticano
Roma, Italia

Antonio Paoli
tenor
Lorenzo Perosi
pianista

Ave María......Maestro Pastor
Panis Angelicus......Cesar Franck
Agnus Dei......Georges Bizet
Ah, Si Ben Mio......Il Trovadore - Verdi
Dio Mi Potevi......Otello - Verdi
O Muto Asil Del Pianto......Gugliermo Tell-Rossini
La Partida......Alvarez
Romanza......La Tempestad - Chapi
Jota......La Bruja - Chapi
Di Quella Pira......Il Trovadore - Verdi

El Papa quedó muy impresionado con su voz y le dio la Bendición Apostólica y le invitó a que regresara en alguna otra ocasión, a lo cual Paoli, contestó que así sería.
Presentes en ese recital, habían varios Cardenales y Sacerdotes que le aplaudieron y le felicitaron calurosamente. "L'Oservatore Romano" Roma. 8 Sept. de 1907.

Al otro día de este recital sale para Milán para hacer el equipaje para su viaje a Grecia, pues cuando estaba en Crimea con Battistini, unos meses antes, el Empresario del Teatro Municipal Ateniens, les hizo la invitación bajo condiciones excepcionales. Mientras en Argentina, el diario La Patria Degli Italiani del 9 de julio de 1907 publicó el siguiente artículo:

EL TEATRO COLON DE BUENOS AIRES - "Se anuncia que mañana 20 de julio, se firmara el contrato de arrendamiento del nuevo Teatro Colón entre el Municipio de Buenos Aires y el Empresario Giuseppe Beccario, y con el vivamente se felicita y se pone al conocimiento general el grandioso programa, que se asegura el Sr. Beccario habrá de presentar, se aseguran los tenores Caruso y Paoli, la Storchio, la Cucini, el barítono Titta Ruffo, el Maestro Director Mancinelli o Mugnone, una orquesta de 140 profesores, 120 coristas, 36 ballerinas del cuerpo de ballet, 2 primas ballerinas, el Director Sonnino, la nueva ópera *Mose* de Orefice y la otra nuevísima *Aurora* escrita expresamente por le Maestro Panizza, del libreto de Quesada e Illica. Promete un programa variado. ¡No sólo bello, sino bellísimo!..."

Parece pues que la expectativa en Buenos Aires, era extraordinaria. El día 20 de septiembre sale la pequeña Compañía Lírica Italiana rumbo a Grecia. Las óperas a presentarse eran *Otello* y *Trovador*.

EL LEON DE PONCE

30 de septiembre de 1907
Teatro Municipal Ateniens
Atenas, Grecia

OTELLO
Verdi

Desdémona......Angela de Angelis
Emilia......Lucilla Maldonado
Otello......Antonio Paoli
Yago......Mattia Battistini
Lodovico......Oreste Bimi
Montano......G. Moilas
Cassio......M. Tomakosi
Director: Maestro Samara

Esta ópera se cantó ocho veces. Un telegrama de Pocholo a Amalita dice:

"Debut grandioso, Antonio obtuvo éxito absoluto. Público entusiasmadísimo. Teatro lleno. Sigue carta." Atenas - Grecia - 1ro de octubre de 1907.

El día 3 de octubre se presentan el *El Trovador* como sigue:

3 de octubre de 1907
Teatro Municipal Ateniens
Atenas, Grecia

IL TROVATORE
Verdi

Leonora......Angela de Angelis
Inés......Lucilla Maldonado
Azucena......Giuseppina Triani
Manrico......Antonio Paoli
Conte di Luna......Mattia Battistini
Ferrando......Oreste Bimi
Ruiz......M. Tomakosi
Director: Spiro Samara

De esta ópera se cantaron seis funciones con el teatro completamente lleno y público delirante. El telegrama de Pocholo dice:

"Antonio, Manrico, extraordinario. La voz sonó como clarín de guerra. Arrebató con *La Pira*, la cual trisó. Su discipula Lucilla, cantó muy bien". Atenas, 5 de oct. de 1907.

Cerraron la corta temporada con un gran concierto. Al finalizar el público se quedó aplaudiendo en el teatro por espacio de veinte minutos. A fines de octubre se marcha la Compañía a Milán pero Antonio y Pocholo se quedan unos días más para emprender un viaje

273

a Tierra Santa. Paoli, decía que: "Estar tan cerca de Tierra Santa y no visitarla era un pecado. Llegan a Jerusalén a principios de noviembre, recorre con gran fervor los lugares santos, luego visita Belén y Nazaret y regresa a Jerusalén. El día 5 de noviembre canta una misa en la Iglesia del Santo Sepulcro que era custodiada para aquel entonces por los Padres Franciscanos españoles. El templo se encontraba completamente lleno de peregrinos de todas partes del mundo. Retumbó aquel sacro recinto cuando Paoli, soltó aquel torrente de voz de oro entonando piezas sacras de Bizet, Gounod, Pastor y Perosi. Este particular fue narrado por el Padre Iraola en la Iglesia Santa Teresita de la Calle Loiza en Santurce, quien a pesar de su avanzada edad recorría el mundo recabando fondos para mantener los lugares santos en la convulsionada Palestina. De allí marcha a Italia no sin antes comprar una cruz de madera de olivo y recubierta de nacar para Josefina. Esta había sido tocada en los lugares santos por Paoli, los padres Franciscanos le regalaron una estampita con la esfingié de San Antonio de Padua, adornada con flores secas de Tierra Santa. (Ambas piezas están en la Colección Privada del que escribe emocionado estas páginas).

Al llegar a Porto Ceresio descansa unos días y comienza a hacer los preparativos para su viaje a España. A mediados de noviembre se embarca en Génova rumbo a Barcelona. Al otro día de su llegada toma el tren para Navarra. Visita varios amigos en Pamplona. Va al Roncal a visitar como de costumbre la tumba del gran Julian Gayarre, donde juega a la pelota vasca en honor a Gayarre con sus amigos Luis Portocarrero y José Lezcano, que siempre le acompañaban cuando visitaba el Roncal.

Estando en medio del juego, suda copiosamente y sin darse cuenta del aire húmedo y la brisa fresca se quita la camisa a la interperie; ¡Cosa fatal!.. ésto le traería fatales consecuencias en Bilbao donde estaba contratado para cantar las óperas, *Lohengrin*, *Tanhauser*, *Hugonotes*, *Otello*, *Aïda* y *Lucia*. La expectación por oírle era extraordinaria, pues la fama de gran tenor era conocida y comentada por todos. Eran ya conocidos sus éxitos en América, y otros países, luego era Paoli, la máxima atracción de esa temporada invernal. Los boletos se escasearon rápidamente y los revendedores hacían su agosto precios exorbitantes por cada boleto.

Al comenzar los ensayos Paoli, se sentía afiebrado e incomodo pero aun así prosiguió con los ensayos. Le comenzó luego una fuerte carraspera en la garganta y comenzaron a venirle accesos de tos. La apertura de la temporada estaba programada para el día 2 de diciembre y se extendería hasta el seis de enero de 1908. El estreno fue con la ópera *Aïda* con el siguiente reparto:

2 de diciembre de 1907
Teatro Arriaga
Bilbao, España

AÏDA
Verdi

Aïda......Matilde le Lerma
Amneris......Nella Linari
Radamés......Antonio Paoli
Amonasro......Emilio Cabello
Ramfis......Medardo Medosi
Il Re......Franco Fabri
Director: Rafael Bracale

EL LEON DE PONCE

Esta fue la única función de *Aïda* que cantó Paoli, en Bilbao, he aquí el por qué.

El Diario de Bilbao - 3 de diciembre de 1907 -

AÏDA - "El debut de la De Lerma y Paoli atrajo anoche tanta concurrencia al Teatro Arriago que no había ni una sola localidad vacía. Las alturas rebosaban de gente. La sala estaba brillantísima. Paoli cantó muy bien *Celeste Aïda* y la terminó en una nota alta, sostenida, limpia y brillante conquistando una ovación ensordecedora. Pero *Aïda* no es la romanza inicial de la ópera verdiana solamente y en el transcurso de la ópera empezó a notarse que Paoli no pegaba con su voz poderosa. Se llegó al 3er. acto con vivas ansiedades.

La tiple había estado colosal. ¿Es que el tenor se reservaba? y salió el tenor con aquella valiente y apasionaba salutación a su amada, apenas empezado el dúo la garganta de Paoli se reveló; falló una nota y otra y otra y Radamés tuvo que renunciar a seguir cantando. Las frases de indignación *Io, Son Disonorato* que arranca al guerrero la complicidad del enamorado, eran gritos que no llegaban al público, pero que sonaban terriblemente en su alma, contra aquella garganta rebelde. Parte del público protestó y se oyeron hasta algunos silbidos. Un representante de la Empresa pidió, antes del cuarto acto, indulgencia para el tenor, que se hallaba afectado de una fuerte congestión en la laringe pero aun así, el público no perdonó y se formó un escándalo tremendo. Los demás artistas compañeros de Paoli, estaban consternados por el fracaso sufrido por él. Era este el primer fracaso de su gloriosa y ascendente carrera de triunfos. Paoli, se sentía acabado y destruido".

El médico le diagnosticó una severa afección en la laringe debido a un resfriado mal cuidado y una congestión bronquial. Le ordenó reposo absoluto, sin pronunciar ni media palabra. Lo que quisiera tenía que expresarlo por escrito. Tenía pues severamente afectadas las cuerdas vocales. La fiebre le abrasaba, pasó días muy tristes, pues estaba allí completamente solo ya que Pocholo su secretario había permanecido en Milán, haciendo los arreglos para la gira a Rusia. Paoli, le envió un telegrama, requiriendo su presencia, y este se marchó rápidamente a España.

Mientras, la temporada seguía su curso, pero sin mayor éxito. Tras diez días de reposo y descanso se anunció el regreso de Paoli a la escena en la ópera *Los Hugonotes*. ¿Había recuperado su voz, el célebre Divo?... Era esta la pregunta que todos se hacían...

Esta obra se presentaría solo con un ensayo a teatro cerrado. Y el 16 de diciembre se cantó con el siguiente elenco:

Teatro Arriaga
Bilbao - España

LOS HUGONOTES
Meyerbeer

Valentina......Teresina Chelotti
Regina......Gina Tandi
Paje......Elvira Leveroni
Nevers......Giuseppe Maggi
Raúl......Antonio Paoli
Marcello......Medardo Medosi
St. Bris......Franco Fabri
Director: Rafael Bracale

ANTONIO PAOLI

El diario La Gaceta Del Norte - Bilbao - 17 de diciembre 1907:

TEATRO ARRIAGA -HUGONOTES - "Esta difícil obra meyerberiana sirvió de vehículo para la reivindicación del tenor Paoli, fue una noche brillantísima llena de arte y entusiasmo. El tenor Paoli, quien había fracasado en *Aïda* por una afección bronquial, conquistó al público desde su salida en el primer acto. El público estaba predispuesto y fue allí preparado a hacer a Paoli una mala noche al primer amago de debilidad, o a la más mínima falla de su voz. *El Racconto* fue cantado como nunca antes lo habíamos escuchado por estos lares, al igual que la *Cavatina*. Los dúos con la reina y los tercetos fueron ejecutados magistralmente. *El Setimino*, fue algo único por su difícil ejecución y la buena disposición tan profesional y musical de los artistas. El Paoli fue aplaudido hasta el delirio confirmando así que la fama que se le atribuía estaba bien cimentada".

EL CASO DE PAOLI - "El cantante, a diferencia de los demás componentes humanos de la lírica, es el que posee el instrumento más delicado y sensible de todos los instrumentos. Este se puede afectar por cualquier insignificancia ya sea hasta una breve brisa. Esto es lo mismo con las sopranos como con los tenores, pues son las voces que más se afectan con las variantes del tiempo. Los barítonos y bajos son más resistentes pero también pueden fallar ante un desliz de la naturaleza, ya sea a causa de unas lloviznas, un leve resfrío, una ligera infección etc.... cosas de las cuales, nadie está exento. Debemos pues comprender que los Divos cantantes a quienes veneramos como deidades mitológicas no son dioses, ni magos, sino seres humanos como nosotros que sienten y padecen al igual que todos, aunque estén dotados con esos exquisitos dones que el mismo Dios les ha dado y disfruta también de ellos, ese es el don de la voz canora. Este es el caso de Paoli, en su debut, estaba enfermo muy enfermo, cantó lo mejor que pudo, porque no tenía sustituto y el público que hoy le aplaude y vitorea, no le perdonó que estuviera enfermo y le gritó y silvó como si fuese un verdadero fracasado. Anoche los aplausos, las ovaciones y los bravos llegaron al delirio, así es la vida y sin remedio, pues somos humanos y somos volátiles y cambiamos como el tiempo y es así y así será siempre. ¡Bravo Paoli! El editor.

Fue un triunfo rotundo pero aún Paoli, no se había recuperado de su afección y decidió cancelar su contrato y marcharse a Milán. La Gaceta del Norte del 20 de diciembre dice:

LA PARTIDA DE PAOLI - El tenor Paoli, se marchó de Bilbao, sin terminar el contrato que tenía estipulado cantar su célebre *Otello*, *Lohengrin*, *Tanhauser* y otras óperas. Según se dice se marchó muy enojado con el público bilbaíno y dijo que jamás volverá a cantar en Bilbao, el único lugar en el mundo por él recorrido en que ha sido silvado.

Paoli, estuvo mal en *Aïda* por una afección bronquial que le afectó severamente las cuerdas vocales. Se mejoró y cantó unos *Hugonotes*, como jamás se cantará de nuevo aquí en Bilbao. Ahora, que el público lo pide a gritos, se marcha dejándonos con las ganas de escucharle en otras óperas. Vaya venganza del Divo. Tal vez nos merezcamos el castigo pues fuimos severísimos con él y aunque en Hugonotes le aplaudimos y vitoreamos hasta rabiar ésto no quitó la mancha negra que se le tiró en *Aïda* ".

Según comentarios del Maestro Bracale, Paoli, le dijo: "Si quieren oírme cantar que vayan a Madrid, Roma, o Milán, pero aquí no vuelvo por todos los bilbaínos , "Culu mujau" se pueden ir al ¡carajo! ¡Que le vamos a hacer!... Paoli fue sustituido por el tenor Angelo Angioletti, un tenor español catalán nacido en Sabadell, cuyo verdadero nombre era Jaime Baché.

ANTONIO PAOLI

La temporada, se vino al piso y los bilbaínos jamás perdonaron a Paoli, como tampoco Paoli, los perdonó a ellos. De regreso a Milán, fue a ver al Dr. Ambrosiani, quien era el laringólogo del Teatro Alla Scala. Este le aconsejó que callara por algún tiempo pues tenía muy afectadas y lastimadas las cuerdas vocales por el inmenso esfuerzo que hizo cantando *Hugonotes* en Bilbao, sin haberse curado completamente de la infección bronquial que le afectaba.

Paoli tuvo que cancelar su participación en la importante temporada invernal del Teatro Costanzi de Roma en la que estaba ya programado para cantar las óperas *Otello*, *El Profeta* y *Los Maestros Cantores* de Wagner. Los demás artistas eran la gran soprano Carmen Melis, el gran Giuseppe de Luca y Nazareno de Angelis, el gran bajo que estaba haciendo una carrera extraordinaria. Su debut había sido programado para el 19 de enero de 1908 así pues recomendó a su amigo el tenor Angelo Angelotti. El mismo que lo había reemplazado en Bilbao. Canceló también dos conciertos que tenía pendientes y el contrato a Rusia para el mes de marzo y se marchó a Porto Ceresio permaneciendo allí durante cuatro largos meses de reclusión sin pronunciar palabra alguna respirando el aire fresco del lugar, remando en el lago, dando largas caminatas y alimentándose bien. Fue este el castigo por haberse quitado la camisa sudoroso y caliente como estaba sin pensar que el aire fresco del lugar le causaría tanto daño. Le dio mucha pena tener que cancelar la temporada del Contanzi, pues, esa era la temporada inicial de ese histórico coliseo con el nombre Costanzi.

SECCION DE FOTOGRAFIAS

SECCION DE FOTOGRAFIA

Paoli en su primera gira a Rusia en 1905, donde obtuvo grandes éxitos en las tres temporadas que allí realizó. (Cortesía de Adina B. Paoli).

Antonio Paoli con su perro Ursu, conocido como el perro más feo en toda Italia. La vista es desde la Villa de Paoli en Bruschino, Suiza. (Cortesía: Adina B. Paoli).

Teatro Nacional, Habana, Cuba. Este gran teatro fue también otro escenario de triunfos para Antonio Paoli, 1901 y 1923. (Cortesía: Don José Martínez)

Francesco Tamagno,
gran tenor dramático que fue
muy admirado por Paoli en varias
temporadas de ópera del Teatro Real
de Madrid. Años más tarde,
Paoli habría de ser comparado
con él por la potencia de su voz.
Verdi compuso para él la ópera Otello.
(Cortesía: Colección Jesús M. López).

Pocholo González Rodríguez,
secretario personal de Paoli,
a quien contrató en Puerto Rico en
1901 y le sirvió de amigo y confidente
por todo el tiempo que duró su carrera
lírica. Pocholo, además era actor y
actuó en varias películas en Italia.
(Cortesía Adina Paoli)

*La Condesa Euryanthe de Vyroukova.
Noble rusa que siguió a Paoli por toda
Europa y asistía a cuanta función cantaba.
(Cortesía: Adina Paoli)*

*Paoli en Rusia.
Fue condecorado por el Czar con la Cruz de San Mauricio
y honrado con el título de Cammer Sanger por el noble gobernante*

Paoli como Manrico, tal como debutó en el Teatro Alla Scala Fenice de Venecia, causando un tumulto del público que e aplaudía como enloquecido. Se vio obligado a repetir todos los dúos, tercetos y arias y tuvo que trisar la famosa Pira, in el menor mendicado de su voz heróica.

Interior del bellísimo Teatro Alla Fenice, donde Paoli debutó en la ópera Il Trovatore de Verdi en 1903. (Cortesía: Teatro Alla Fenice, Venecia).

Tita Ruffo, célebre barítono italiano considerado como el barítono más grande de todos los tiempos, cantó con Paoli las óperas El Trovador y Otello, en Argentina, Italia, Estados Unidos y Rusia. (Cortesía Francis Robinson).

Afiche del Teatro Alla Fenice, anunciando la ópera Il Trovatore en 1903. (Cortesía: Miriam Fuentes de Solaris Communications).

Paoli como Lohengrin - Austria 1903. Opera con la cual puso en pie a los austríacos.
(Cortesía Alfonso Cahan Brenner)

Antonio Paoli como Riccardo en la ópera *Ballo in Maschera* de Verdi que cantaría en La Scala en 1903, pero que no se logró por un desacuerdo con Toscanini. (Cortesía: Instituto de Cultura Puertorriqueña)

Otra foto de Paoli como Riccardo, Un Ballo in Maschera, Trieste 1903. (Sacada del periódico. Cortesía Don Patricio Rivera. Chile).

Antonio Paoli en ropa de calle hecha para promoción. (Cortesía: José Luis Paoli).

Paoli en 1905 a la entrada del escenario del Teatro Real en Madrid para asistir a un ensayo. Parecía más bien un noble español, un príncipe, un marqués o quizás un rey por su porte, elegancia y buen vestir. Esa temporada en Madrid fue desastroza, no por los artistas sino por una epidemia de gripe que había atacado a la ciudad; aún así, el teatro se llenaba todas la noches en las que cantaba Paoli, sin importarle al público la subida de precios de los boletos de entrada. Todos querían ver y aplaudir a Paoli.
(Cortesía: Adina Paoli)

Este es el anuncio oficial del Teatro Real de Madrid, anunciando su temporada de ópera. Nótese como se destaca la figura de Paoli y de Anselmi, máximas figuras del arte lírico de entonces.

Paoli y la Ruckowska en una escena del tercer acto de Otello. Caricatura de la Revista Teatro. (Cortesía: Hemeroteca Nacional de Madrid)

Hipólito Lázaro, célebre tenor español. Era un gran amigo y admirador de Paoli. Acostumbraba visitar frecuentemente la isla de Puerto Rico y siempre que lo hacía visitaba a Paoli. (Cortesía: Hipólito Lázaro)

PORTO CERESIO — Panorama

La flecha señala la Villa de Antonio Paoli en Porto Ceresio.

Los Reyes de España.
Cartulina postales cortesía de
Doña Adina Paoli).

Así anunció Padovani la temporada de ópera de 1906, considerada aún hoy día como una de las mejores temporadas líricas que se ha presentado en Chile.
(Foto cortesía Museo Teatro Municipal de Santiago de Chile)

Otro detalle del anuncio de la gran temporada de 1906 en el Teatro Municipal de Santiago de Chile.
Nótese lasa fotos y los nombres de grandes artistas como Nazareno Angelis y Amedeo Bassi.
(Cortesía: Museo Teatro Municipal)

Paoli en el barco que lo llevó a Chile en 1906. Acostumbraba cantar en la cubierta del barco, arias como Cielo e mar de la Gioconda y Oh Paradiso de La Africana, para alegrar los emigrantes italianos y españoles que venían a América en busca de trabajo y mejor estar.
(Cortesía Adina B. Paoli)

Paoli, Josefina y Tonino al llegar al Puerto de Valaparaíso, Chile.
Se le hizo un recibimiento de rey y de allí se marchó a Santiago.
(Cortesía:Don Alfonso Cahan Brenner / Museo Teatro Municipal)

Así hablaban las revistas y diarios sobre Paoli en Chile en 1906, destacando su actuación y voz sobre los demás artistas. Le vemos aquí en Lohengrin y Lucia di Lammermoor y caricatura del Trovatore. (Foto cortesía Teatro Municipal de Santiago)

Antonio Paoli como Lohengrin, Austria 1906.
(Colección de Jesús M. López)

Antonio Paoli como Edgardo en la ópera Lucia di Lammermoor, Chile, 1906.
(Colección de Jesús M. López).

*Caricatura de Paoli en El Trovador de Verdi.
(Cortesía: Museo Archivo Teatro Municipal)*

"Pur ti Riveggo Mia dolce Aïda"
Antonio Paoli y Amelia Agostinelli en la ópera Aïda en Chile en 1906,
pintado por mi hemano Luis en homenaje al Gran Paoli,
al escuchar de mis labios la lectura de las críticas de Aïda en ese bello país que es Chile.

Teatro Municipal de Santiago de Chile. Paoli cantó allí en el año 1906 donde obtuvo uno
de los triunfos más grandes de su carrera. (Cortesía: Don Alfonso Cahan Brenner).

Josefina Vetiska Paoli, foto tomada en Chile en 1906. (Cortesía: José Luis Paoli).

Tonino Paoli, foto tomada en Chile en 1906. (Cortesía: José Luis PaoliO

Foto cortesía Museo del Teatro Municipal de Chile

Paoli, Raul en
Los Hugonotes. Chile 1906.
(Cortesía: Adina B. Paoli)

NOTA DE LA SEMANA PASADA.—La compañía lírica en huelga.

ASI VEIA la revista "Zig-Zag, en 1906, uno de los escándalos operáticos de la temporada: músicos y cantantes negándose a trabajar. Nótese el cartel pidiendo "más subvenciones"

Paoli aparece rompiendo un farol con su voz en esta caricatura de 1906.
(Cortesía Museo Teatro Munipal)

Antonio Paoli en traje de calle, Roma, 1907. (Foto cortesía Srta. Selenia del Toro)

Teatro Kursaal de Ostende, Bélgica. Escenario de grandes éxitos de Paoli.
(Colección: Jesús M. López)

Julian Biel, famoso tenor español, oriundo de Aragón, se le consideraba junto a Paoli, como los más grandes intérpretes de Manrico en la ópera El Trovador de Verdi. Paoli la cantó 420 veces y Biel 350. Eran además grandes amigos y se admiraban mutuamente.(Cortesía: Hemeroteca Nacional, Madrid, España)

LEONCAVALLO

Ruggiero Leoncavallo, el gran compositor de la ópera Los Payasos (I Pagliacci) en una foto de 1912. A éste se le dio la oportunidad de escoger los artistas para la grabación de su ópera en 1907 y sin pensarlo dos veces escogió a Paoli para hacer el Canio.

Francesco Cigada, Giuseppina Huguet, Carlo Sabaino, Ruggiero Leoncavallo, Antonio Paoli, Gaetano Pini-Corsi, Ernesto Badini, fueron los artistas que participaron en la primera ópera que se grabó en discos en 1907. Esta foto se publicó luego en el Victor Book of Opera, en 1912. (Foto cortesía: John Gualiani)

*Josefina y Tonino, foto tomada en Milán en 1908
(Cortesía: José Luis Paoli)*

Teatro Real de Madrid después de reconstruido. (Cortesía José Subirá)

La primera página de la Revista Il Teatro Ilustrato de Milán de mayo de 1908, destacaba en su portada la figura del Divo. (Cortesía: Juan Dzasopulos Elqueta)

Página interior de la misma revista con parte del extenso artículo que publicaron de Paoli.
(Cortesía: Juan Dzasopulos Elqueta)

Antonio Paoli en el año 1908. (Colección Jesús M. López)

Antonio Paoli, invierno 1908, Milán. (Colección Jesús M. López)

Antonio Paoli, año 1908. Foto para promoción artística. (Colección Jesús M. López)

Caricatura 1908, Milán, Italia

El Teatro Colón de Buenos Aires, como se veía al ser inaugurado en 1908. (Cortesía: Adina B. Paoli)

Anuncio oficial de la apertura del Teatro Colón de Buenos Aires. Nótese como se destaca la foto de Paoli. (Cortesía: Teatro Colón, Buenos Aires)

Este dibujo fue un obsequio que me hizo el gran y excéntrico pintor Salvador Dalí, en Niza, en el año 1976, después de haberle comentado que Paoli fue el primer Canio con barba.

CAPITULO VII
1908 - 1910

Paoli sólo interrumpía su reposo en Porto Ceresio, donde se había recluido, para ir a Milán cada tres semanas a tratamiento con el Dr. Ambrosiani. Otras veces era el médico quien iba a Porto Ceresio. Nadie sabía donde estaba Paoli excepto sus amigos más cercanos y parientes. Estaba ya en franca recuperación.

A principios de abril, se traslada a su apartamento de Milán, donde comienza a vocalizar con Amalita. Estudia el libreto de la ópera Rhea de su amigo el compositor Spiro Samara, la cual estaba programada para estreno mundial en el Teatro Verdi de Florencia para octubre de 1908.

En todo Milán sólo se hablaba de la inauguración del Teatro Colón de Buenos Aires. Se hacían muchas conjeturas sobre los cantantes contratados. La Rivista Teatrale - Milán - 8 de marzo de 1908, dice:

> "Para el Teatro Colón de Buenos Aires se contrató a Paoli, para cantar 40 representaciones, con una paga de 250,000.00 (doscientas cincuenta mil liras), lo cual equivalía a unos cincuenta mil dólares. Esta se considera una paga grandísima para un sólo artista para la inauguración de un teatro nuevo".

El diario El Riachuelo de Buenos Aires, del 19 de abril dice:

> "El nuevo Empresario del Teatro Colón a inaugurarse próximamente, es el Sr. Cesar Ciacchi, no la empresa de Giuseppe Beccario, como se había anunciado".

Aparentemente, el Empresario Ciacchi ofreció a la Municipalidad de Buenos Aires más dinero por la concesión del Teatro Colón y, después que Beccario había hecho todos los arreglos, se le quedaron con todo, tal como él lo había preparado, pues confiaba que se la iban a conceder. La Rassegna Melodrammattica de 14 de marzo de 1908 dice así:

EL TEATRO COLON - "El deseo vivísimo por tanto tiempo acariaciado por los amantes de la música en Buenos Aires se cumple. El célebre tenor español Paoli, estará en aquella capital para la próxima temporada inaugural del Teatro Colón; famoso ya antes de su apertura por su grandiosidad y la riqueza del enorme capital que fue invertido en su construcción. La Empresa ha podido concluir finalmente el contrato después de largos tratos.

Antonio Paoli se ha comprometido para cantar cerca de 40 representaciones, que presentará en tres meses y medio, con una paga fenomenal. Paga que ningún otro tenor célebre acercándose a Buenos Aires por primera vez ha podido obtener. La cifra es enorme. Esta es la razón de la la enorme expectativa que existe en la gran ciudad argentina.

319

El renombrado tenor debutará con *Otello,* ópera de la cual es un intérprete absolutamente extraordinario. Partirá pronto para Buenos Aires. Este contrato importantísimo le costará a la Empresa unas 250,000 liras ($50,000) U.S. dólares".

La Revista Teatrale Melodrammattica. 31 de mayo de 1908 dice:

"Paoli estuvo de paso por Buenos Aires hace dos años, en 1906 al regresar de Chile - El Empresario Beccario, quien luchaba la concesión del nuevo teatro, le habló y le contrató e hizo hablar a todos los diarios de Buenos Aires del gran acontecimiento. Se habla de este artista como un Tamagno revivido". Firma: L. Restori.

En Milán la prestigiosa revista Il Teatro Ilustrato le dedica a Paoli su número de abril - mayo de 1908 - Anno IV - No. 9, con varias fotografías, entrevistas y caricaturas, considerándole como el primer tenor dramático del mundo.

Al llegar los artistas a Buenos Aires, el recibimiento fue apoteósico. Hubo lluvia de papelillos y confeti. Todos querían ver a Paoli, aunque fuese de lejos. En el viaje de Italia a la Argentina, Paoli, por descuido, atrapó un resfriado y se volvió a afectar de la cuerdas vocales. El Dr. Ambrosiani le había recomendado a un médico en Buenos Aires, por si le ocurría algún percance, asegurándole que era el mejor laringólogo que había en América. Su nombre, Dr. Giuseppe de Luca. Al llegar a Buenos Aires fue a verle y este le recomendó hablar bajo y no cantar nada, pues encontraba las cuerdas vocales muy irritadas.

Paoli no podía cantar para la noche inaugural en mayo, pues se estaba quedando afónico. El Dr. De Luca comenzó a darle un tratamiento intenso para relajar las cuerdas vocales. Este y el Director Mancinelli, tomaron la decisión de que no cantase ya que las cuerdas vocales estaban tan afectadas que podía perder la voz definitivamente. He aquí el testimonio del mismo Dr. de Luca, que he tomado de una página de su Diario:

"El Maestro Luigi Mancinelli, Director Musical de la Compañía había concertado durante el viaje, dos presetanciones: el *Otello* de Verdi, para la inauguración, y el *Amleto* de Thomas, para la segunda representación de abono.

En los últimos días de la travesía el tenor Antonio Paoli, protagonista del *Otello,* se enfermó de Laringitis Catarral Subaguda, la cùal podría curarse en quince días, tal como atestigüó el laringólogo del Teatro Colón, Prof. Giuseppe de Luca.

Contentísimo estaba Tita Ruffo por este hecho, porque como intérprete del *Amleto,* su caballo de batalla, lógicamente pensaba que la ópera de Thomas sería la que iniciaría la serie de representaciones, en lugar de *Otello.* El había visto la posibilidad de hacer un debut triunfal; más se llevó una gran desilusión, tal vez la más grande de su vida, como luego confesó.

El Maestro Mancinelli, no quería que el nuevo teatro, tan semejante a la Scala de Milán, se inaugurase con una ópera que no fuese italiana y en el espacio de pocos días se aprestó *Aïda* con Lucia Crestani, (Aïda), Amedeo Bassi (Radamés), Berardi (El Rey), María Verger (Amneris), Giuseppe Bellantoni (Amonasro), Vittorio Arimondi (Ramfis), Dir. Luigi Mancinelli".

Esta es una traducción de la página que nos envió autografiada el Dr. de Luca. Aquí sigue la original en italiano.

Il maestro Luigi Mancinelli, Direttore della Compagnia, aveva concertato, durante il viaggio, due opere, l'OTELLO di Verdi, per la serata inaugurale, e l'AMLETO di Thomas, per la seconda rappresentazione di abbonamento.
Negli ultimi giorni della traversata, xixmmmakd il tenore Antonio Paoli, protagonista dell'OTELLO, si ammalò di laringite catarrale subacuta, guaribile in quindici giorni, come attestò il laringologo del teatro COLON, Prof. Giuseppe de Luca.
Lietissimo era Titta Ruffo per questo fatto, perchè, come interprete dell'AMLETO, suo cavallo di battaglia, logicamente pensava che l'opera di Thomas avrebbe iniziato la serie delle rappresentazioni in luogo di OTELLO, e lui avrebbe avuto così la possibilità di fare un debutto trionfale, ma provò una grande delusione, anzi la più grande delusione della sua vita, come ebbe poi a confessare. Il maestro Mancinelli non volle che il nuovo teatro, tutto simile ALLA SCALA di Milano, dovuto a un Architetto torinese, che si presentava come un lembo di Italia, si inaugurasse con un'opera che non fosse italiana, e nello spazio di pochi giorni allestì l'AIDA, con Lucia Crestani, protagonista, Amedeo Bassi (Radamès), Berardo Berardi (Il Re), Maria Verger (Amneris), Giuseppe Bellantoni (Amorasno), Vittorio Arimondi (Ramfis).

Prof. Giuseppe De Luca -

EL Dr. de Luca extrajo un pólipo de la garganta que, aparentemente, era lo que le estaba causando la afección en las cuerdas vocales. Paoli, fue trasladado a la ciudad de Plata para un completo descanso y restablecimiento para ver si podía cantar el *Otello* a mediados de julio. El 18 de julio se presenta *Otello* con el teatro completamente lleno pues era mucha la expectativa que había por escucharle. El reparto fue el siguiente:

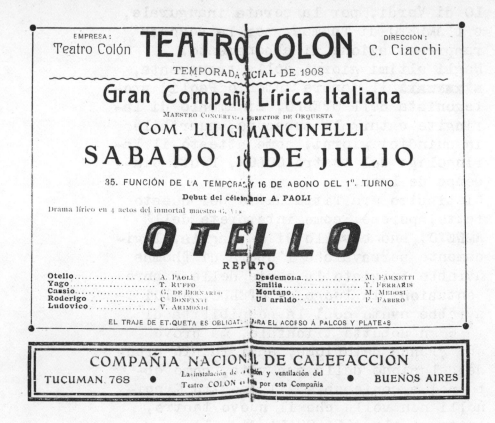

Esta ópera se volvió a cantar el 23 y 26 de julio y el 21 de agosto.

Al cerrarse definitivamente el antiguo Teatro Colón que estaba localizado en frente a la Plaza de Mayo, se presentó "*Otello*" con Francesco Tamagno. Se quería pues que el nuevo coliseo fuese inaugurado con la misma ópera y por un tenor que según la crítica era el émulo de Tamagno. La fama que había precedido a Paoli era extraordinaria luego todos le esperaban con ansias. Tuvo la mala suerte de enfermarse y en lugar del *Otello* se inauguró el teatro con *Aïda*. El público no perdonó esto, pues querían el Otello al igual que los diarios. Pero, *Otello* estaba enfermo y tuvo que ser sometido a una intervención quirúrgica en la cual el Dr. de Luca, le extirpó un pólipo. Es así como fue que no pudo cantar hasta el 18 de julio. La prensa Argentina, no fue muy tolerante con él. No le perdonaron el hecho de que se enfermase y no pudiera inaugurar el teatro con *Otello* como ellos querían. Fueron muy severos con él. La crítica dice:

"En realidad Paoli, estaba muy nervioso, pues no sabía como le iba a responder su garganta después de la operación y por la tremenda expectativa que había por escucharle lo que hechaba una gran responsabilidad sobre su hombros".

EL LEON DE PONCE

Un testigo ocular declaró lo siguiente:

"Comenzaron los acordes y el coro y llegó la entrada del Moro a escena, entona valiéntemente el *Esultate* y recibe una ovación tan estrepitosa que Mancinelli, tuvo que parar la orquesta por varios minutos. Paoli, se vio obligado a repetir la famosa *Arieta* y la ovación y los bravos fueron aún mayor que la primera, lo cual emocionó muchísimo a Paoli. La corta escena que sigue fue hecha con algún titubeo y esto puso a la prensa en vilo. El dúo fue cantado a media voz, dejando ver la exquisitez de su canto junto a la soprano María Farnetti, quien también poseía una gran voz. Al terminar el dúo ambos artistas recibieron muchos aplausos y bravos. El público en general estaba entusiasmadísimo con la voz y la actuación de Paoli, pero, había unos cuantos sabihondos y detractores del tenor que le estaban haciendo mala propaganda. Se pensaba que estos estaban pagados por Tita Ruffo, el barítono, quien sentía algún tipo de celo profesional de Paoli, pues, en realidad a Paoli, le aplaudían más que a él. Según nos enteramos Ruffo, había hecho arreglos, para cuando el saliera a recibir los aplausos al final de la ópera le llenaran el escenario con canastas llenas de flores, como si él hubiese sido el héroe de la jornada, pero, Paoli, se enteró, fue a su camerino y le dijo "Como te pongan flores en el escenario, te las voy a poner de sombrero allí mismo; así que ya lo sabes". Ruffo le contestó: "Es un error, te informaron mal, esas flores son para la Farnetti, no para mi". Así fue, al final de la función sólo apareció una canasta de bellísimas flores en el escenario para la soprano, más al ésta llegar al hotel, encontró su suite llena de canastas de flores. Ruffo, indiscutiblemente, fue un Yago de gran valía pues era dueño de una voz portentosa" (Manfredi Polverosi. Entrevista con V. Bosca, Roma, 1959).

"Yo había escuchado a Tamagno cantando *Otello*, cuando estudiaba en Nápoles... El tenor que más se pareció a Tamagno, fue indiscutiblemente Paoli... Este vino a verme acompañado por Mancinelli, tan pronto llegó a Buenos Aires. Yo no lo dejé cantar, porque estaba enfermo, en los últimos días de la Trayectoria Marítima atrapó un laringitis aguda, que le afectó las cuerdas vocales. Esto fue en el primer año del Colón. Le dije que si cantaba así podía perder la voz. Era un magnífico tenor dramático y me gustó mucho en *Otello*" . (Dr. de Luca y G. Bigourdan, Buenos Aires, entrevista radial 1971).

Los argentinos estaban entusiasmados con él.

Il Teatro Illustrato de Milán, agosto de 1908:

Telegrama: "Paoli, restablecido se presentó - teatro repleto - fue inmenso el éxito para el célebre tenor que efectos vocales extraordinarios. Fue un intérprete impresionante del personaje shakesperiano, por voz, figura y acción dramatica. Todo esto se juntó y entusiasmó al público imponentemente que le aclamó con entusiasmo indescriptible. El célebre tenor bisó las arias principales, siendo llamado a la ribalta infinidad de veces".

Il Teatro Illustrato, 20 de julio de 1908, dice:

1er. telegrama - "Paoli, - Otello - Teatro Colón - Buenos Aires. Desató gran admiración y entusiasmo - aplaudidísimo hasta el delirio".

2do. Telegrama - Teatro Illustrato. Paoli, debutó en el *Otello* superando grandemente la expectativa, a la cual estaba sometido, fue una viva demostración de aceptación al gran tenor. El éxito obtenido por si sólo fue colosal. El público le aplaudió con gran entusiasmo y le obligó a repetir las arias principales".

La Rivista Teatrale Melodrammattica - Milán - 31 de julio de 1908 dice:

"El tenor Paoli, completamente restablecido - Pudimos tener finalmente *Otello* en el cual logró un gran éxito". Paoli, se presentó en escena y cantó el *Esultate* con toda la potencia de su voz. El público le dio una estrepitosa ovación que sofocó la imponente masa coral y obligó al Maestro Macinelli a parar la orquesta. Paoli repitió con mayor fuerza la frase de salida, tras nuevos aplausos. Se comprende muy bien que un artista que ha hecho hablar de si por dos meses y por el cual se ha estado tan atento a su estado de salud con marcada ansiedad no podía menos que estar nervioso. Es por eso que la primera representación, el Paoli, no pudo dar toda la fuerza que quería. Será distinto ahora ya que no tiene la preocupación de su debut". Firma: Lorenzo Ristori

El público porteño fue el verdadero juez que juzgó y aprobó la actuación y la voz de Paoli, el teatro estuvo lleno en todas las funciones que cantó y le aclamó como "Tenor dramático único".
Al *Otello* le siguió *El Trovador* y para esta ópera verdiana ejecutada por el célebre tenor, los diarios bonarenses dan la más amplia descripción en la cuales su nombre resplandece por sí solo y es inútil todo comentario que podamos hacer, así que dejemos que los diarios argentinos hablen por sí solos. El seis de agosto se cantó lo siguiente:

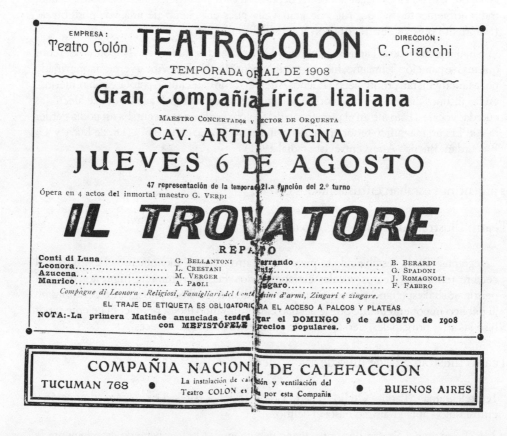

Esta ópera se cantó los días 6, 9, 14, 16, y 23 de agosto y el 6 de septiembre en un total de seis funciones. La última fue función de despedida al célebre Divo. La prensa se desborda en elogios y grandes expresiones de admiración para el valiente tenor.

EL LEON DE PONCE

La Revista Teatrale, dice así:

EL TENOR PAOLI EN EL OTELLO - TEATRO COLON- "Escribe un amigo desde Argentina, y dice que tras la tercera excitante representación de *Otello*. El éxito de Paoli, es siempre creciente y las aclamaciones por él son entusiastas, cierto es que él gusta siempre y además posee los medios para poder así conquistar un público rápidamente".

El Diario de Buenos Aires, 7 de agosto de 1908:

PAOLI EL HEROE - "La representación de la popular ópera de Verdi *Il Trovatore*, constituyó anoche un verdadero acontecimiento artístico. Hablemos del señor Paoli, el héroe de la noche. El tenor Paoli, demostró ayer lo que tantas veces hemos repetido, que es un verdadero artista, que siente y expresa como pocos tenores. El tenor Paoli cantó anoche *Il Trovatore*, no lo gritó. Prescindiendo de las dos hermosas notas con que terminó el *Adagio* del tercer acto y *Madre Infelice*, que provocaron una estruendosa manifestación de aplausos, en nuestro concepto donde más ha probado sus excepcionales condiciones de tenor dramático ha sido en todos los andantes y en los momentos en que la frase que tan claramente emite el señor Paoli, expresa con sentimiento. Pocas veces hemos oído cantar con más expresión, delicadeza y sentimiento el *Adagio* del tercer acto. Pocas veces hemos oído llorar el *Addio, Leonora* del *Miserere* como anoche en el Colón. Para los que somos partidarios de la manifestación del sentimiento y de la verdad dramática, con las tonalidades y matices de la voz, que reflejan la impresión psicológica del personaje dramático, ha sido la de anoche una inolvidable audición. Ha tenido nuestro insigne tenor momentos verdaderamente sublimes en que ha impresionado hondamente al público sin apelar a la nota fuerte ni hacer alardes de extensión de voz; en cambio ha hecho derroche de sentimiento y de buen gusto. El señor Paoli y todos los artistas fueron llamados infinidad de veces a escena, después de todos los actos".

El diario La Prensa, Buenos Aires, 7 de agosto de 1908:

COLON - TROVADOR - La popular ópera de Verdi, se dio anoche con el tenor Paoli, de protagonista. El público, lo acogió con una ruidosa manifestación después de su aria de entre telones *Deserto Sulla Terra* y fue creciendo de punto el entusiasmo en *La Pira*, después de la que tuvo que presentarse ocho veces al proscenio. Iguales demostraciones se le lucieron en el *Miserere* y en la frase del último acto: *Ah, Quest Infame L'amor Ha Venduto"*.

Paoli tenía allí varios amigos y admiradores que asistían a todas las funciones que cantaba. Entre ellos estaba el acaudalado hombre de negocios y gran protector de las artes, Giuseppe Pugliese, en cuya hacienda, en Salta, Paoli pasó varias semanas en descanso y recuperación.

El Diario Español del 10 de agosto de 1908 - Buenos Aires, dice:

PAOLI EN EL TROVADOR EN EL TEATRO COLON - "El tenor Antonio Paoli ganó una nueva batalla con la interpretación de Manrico en *El Trovador*, que ha cantado no habíamos oído hace mucho tiempo. En esta obra, como en *Otello*, demostró el señor Paoli, que pueden alcanzarse aplausos y subyugar al público sin apelar a los fuertes más que en los momentos en que la situación dramática lo exige. Con Paoli resurge la escuela del Bel Canto, en las óperas dramáticas, que desde hace mucho tiempo estaba desterrada de la escena lírica, procurando

325

casi todos los tenores dramáticos reservar todas su facultades para los momentos de efectos, sin cuidarse de matizar con la entonación de la voz, los pasajes de sentimiento. El alcanzar aplausos con la nota aguda es bien sencillo y depende únicamente de los medios vocales; es un don de la naturaleza, en la que el artista pone bien poco de su parte; pero para saber cantar, para detallar y afligranar los pianos, los adagios, los andantes, es preciso arte, arte y arte y sobre todo poseer y cultivar la media voz, de la que muy pocos cantantes dramáticos se preocupan.

El tenor Paoli posee una y otra condición. A una extensión de voz formidable, que le permite llegar hasta el Re, posee una admirable media voz que maneja magistralmente, así como frasea de un modo clarísimo y correcto y expresa con la voz con el ademán, las situaciones tiernas o intensas del poema dramático. Buena prueba la ha dado, no sólo en el *Otello* en cuya obra canta delicadicímamente su dúo de amor con Desdémona, y dice con brío impresionante la frase *Ora e Per Sempre Addio*, sino el *Il Trovatore*. En esta obra el Sr. Paoli, se ha mostrado un artista colosal. Especialmente ha cantado como no hemos oído muchas veces, el hermoso *Adagio* del tercer acto, con media voz en la que ni en el pase del Mi al La se advierte la menor diferencia, condición bien extraordinaria en un tenor dramático, siendo más de admirar que continúa todo el *Adagio* con la misma media voz, no dando en todo él, más que una nota fuerte que ataca con limpieza, es admirable la seguridad en la Fermata. La forma de como el egregio tenor cantó este *Adagio* produjo en el público una formidable manifestación de aplausos. Parece difícil, después de este número, que se pueda atacar *La Pira* con brío y sin embargo la ataca sin perder una nota ni detalle de expresión, hasta terminar con el célebre Do agudo, llamado de pecho, que sostiene afinado, durante 15 ó 20 segundos. Al terminar esta frase las manifestaciones de entusiasmo fueron verdaderamente extraordinarias. Todo el público era Clac: El público de la platea, los palcos, las localidades altas, hasta los profesores de la orquesta aplaudían pidiendo el bis, que el señor Paoli, cantó tan admirablemente como la primera vez. Pero donde el señor Paoli se mostró el artista dramático y de sentimiento fue en el cuarto acto, cantando el *Miserere* con voz y expresión que nos recordaba al gran Tamberlick, aquel tenor único, dando intensa expresión dramática al duetino con la madre en la prisión y cantando el terceto soberbiamente. La frase *Intendo, Intendo*, hace por sí sólo una reputación.

Así sentimos el arte; pensamos que nos basta, el reservarse, como hacen la mayoría de los tenores dramaticos para los dos o tres momentos en que pueden alcanzarse aplausos con la potencia de la voz, es preciso identificarse con el personaje creado por el autor, y hacer resaltar todos los detalles musicales de la partitura. Pocos, muy pocos tenores dejarán de hacerse aplaudir en la nota final del *Madre Infelice*, pero pocos, muy pocos, llegarán a ella cantando como lo hace el señor Paoli, que en justicia ocupa un primer lugar entre los tenores dramáticos de la época actual. Y no es que elogiemos al tenor Paoli porque sea español. Para nosotros el arte y el artista no tienen patria. Claro es que ha de regocijarnos el éxito de nuestros compatriotas, pero ajenos por completo a egoísmos censurables, aplaudimos y admiramos el genio allí donde lo encontramos y venga de donde venga. No hemos escatimado ciertamente nuestros elogios al egregio Tita Ruffo, verdadero genio del arte, ni desconocemos las notables cualidades artísticas de Chaliapin, Bassi y Bellantoni. Estando siempre dispuestos a rendir justo homenaje a todo hombre de talento, proceda del país de que proceda. Pero, ya que estamos dispuestos, por espíritu de rectitud de hacer justicia en el reconocimiento al valor y el mérito de los ajenos, natural es que reclamemos igual espíritu de justicia para lo nuestro". Firma: Javier Santero.

En Italia la revista Il Teatro Illustrato, 20 de agosto dice:

EL LEON DE PONCE

IL TROVATORE - Paoli - Fanatismo toda la ópera - Demostraciones inmensas, especialmente acto tercero - *La Pira*, fue bisada tras los gritos de entusiasmo" (Telegrama).

La Rassegna Melodrammattica - Milán - octubre 1906 :

BUENOS AIRES - TEATRO COLON -"Describimos el éxito del gran Manrico. Paoli en la ópera verdiana. El célebre tenor que siempre ve un público fanatizado que corre a sus representaciones encontró en Paoli, algo superior a lo que se escribe en las crónicas. El éxito fue magnífico. Fue apreciado por su técnica, por su voz y su primísimo arte. Paoli ha producido un gran efecto cantando con gran vigor más también con fineza exquisita tanto que hoy día no tiene un sólo rival. Es impresionante el Manrico que el hace, especialmente resalta en el Adagio *Ah, Si Ben Mio* y en el dúo con la gitana en el cuarto acto".

En Buenos Aires tuvo la oportunidad de conocer y admirar al gran bajo ruso Feodor Chaliapin, en la ópera *El Barbero de Sevilla* de Rossini. En una ocasión los reunió el Sr. Pugliesse en su casa y les hizo un banquete al que asistieron entre otros, el tenor Amedeo Bassi, las sopranos Crestani y Farnetti, el tenor Polverosi y los barítonos Ruffo y Bellantoni, ademas de Paoli y Chaliapin. La comida fue un magnífico asado de la pampa con riquísima ensalada de vegetales frescos acompañado de un exquisito vino criollo y aguardiente de caña de azúcar.

El día 20 de septiembre Paoli se marchó de Buenos Aires rumbo a Italia. Tan pronto llegó a Milán fue a visitar al Dr. Ambrosiani, para agradecerle su consejo de que en Argentina fuese a ver al Dr. de Luca. A los pocos días de estar en Milán se marcha a Florencia para la temporada otoñal donde estaba ya contratado para cantar en la premiere mundial de la ópera *Rhea* de su amigo el compositor griego Spiro Samara. El elenco del estreno fue así:

25 de octubre de 1908
Teatro Verdi
Firenze, Italia
Premiere Mondiale

RHEA
Samara

Rhea......Ada Giachetti
Lysia......Antonio Paoli
Spinola......Enrico Moreo
Guarca......Domenico Viglione
Director: Spiro Samara

Sólo se hicieron tres funciones de esta ópera, que no gustó mucho al público. Era de muy difícil ejecución. En el año 1910 se presentó en la Scala con la Giachetti, Viglione y el tenor Krismer, después de ser revisada y con algunos arreglos que le hizo el compositor pero no se volvió a cantar más. Al terminar su corta participación en Florencia se marcha a Roma.Estaba contratado para cantar allí el *Guillermo Ratcliff* de Mascagni, quien había organizado esa temporada de óperas en el Teatro Adriano. El reparto fue así:

1ro. de noviembre de 1908

327

ANTONIO PAOLI

Teatro Adriano
Roma, Italia

GUGLIELMO RATCLIFF
Mascagni

Guglielmo......Antonio Paoli
Lesley......Giuseppe Maggi
María......Emilia Raccanelli
Margarita......María Giglioli
Douglas......Giuseppe Ranchetti
Mc Gregor......I Berrettin
Director: P. Mascagni

Cantó esta ópera cinco veces. Al terminar la temporada de Mascagni, se estrenó la Compañía del Maestro Neri con el *Otello* en el mismo teatro. Esta corta temporada comenzó el 15 de noviembre como sigue:

15 de noviembre de 1908
Teatro Adriano
Roma, Italia

OTELLO
Verdi

Desdémona......T. Chelotti
Emilia......Racanelli
Yago......G. Maggi
Otello......A. Paoli
Lodovico......Ranchetti
Montano......Cellini
Cassio......R. Boscacci
Director: G. Neri

Tanto *Otello* como *El Trovador* se cantaron seis veces en Roma, con el mismo reparto. El reparto fue el mismo para la tournée.

17 de noviembre 1908
Teatro Adriano
Roma, Italia

IL TROVATORE
Verdi
Leonora......T. Chelotti
Azucena......Frabetti
Manrico......A. Paoli
Di Luna......G. Maggi (luego
Pasquale Amato - luego I. Berrettin)
Ferrando......Cellini
Ruiz......Boscacci
Director: G. Neri

La Compañía del Maestro Neri, se formó con los mismos artistas que cantaron con Mascagni

328

EL LEON DE PONCE

en Roma. A fines del mes de noviembre salen en gira por la romagna, visitarían las ciudades de Bagnacavallo, (Teatro Municipal), Bologna; (Teatro Corso), Ferrara (Teatro Tosi - Borghi), Bari (Teatro Petruzelli) y Mantua (Teatro Verdi). Los cantantes eran: las sopranos Teresina Chelotti, Emilia Raccanelli y María Giglioli. Las mezzos: Amalia Paoli y la Frabetti. Los barítonos: Giuseppe Maggi y I. Berrettin. Los bajos: Ranchetti, Cellini y Fiorini. Los tenores: Antonio Paoli, R. Boscacci y Manfredi Polverosi; luego se les unió Hipólito Lázaro en Mantua en enero de 1909 y otros artistas.

19 de noviembre de 1908
Teatro Adriano
Roma, Italia

I PAGLIACCI
Leoncavallo

En Gran Homenaje y bajo
la supervisión del Compositor

Canio......Antonio Paoli
Nedda......Teresita Chellotti
Tonio......Giuseppe Maggi
Beppe......R. Boscacci
Silvio......T. Cellini
Director: G. Neri

El Maestro Leoncavallo, bajo cuya supervisión se había grabado en discos esta ópera que tanto éxito había obtenido estaba presente. El maestro al igual que Giordano una vez se oponía a que Paoli, hiciera el Canio con barba, pues decía que nunca había visto un payaso barbudo. Esta función fue en homenaje al Maestro Leoncavallo. Cuando el tenor salió a escena se veía muy bien el arreglo que se hizo en la cara y Leoncavallo quedó muy complacido. Los aplausos fueron interminables y al finalizar la función el Maestro que estaba sentado en un palco del escenario, se puso de pie salió del palco y se dirigió al escenario. Al llegar frente a Paoli, lo abrazó y le dijo: *Antonio, con barba o senza barba tu sei il piu grande Canio dal mondo.* El aplauso fue unánime. Otra ópera que cantaron en esa tourné fue la siguiente:

21 de noviembre de 1908

LOHENGRIN
Wagner

Elsa......E. Raccanelli (sop.) - (luego T. Chelotti)
Ortrud......A. Paoli (mezzo)
Lohengrin......A. Paoli (tenor)
Enrico......A. Fiorini (Luego G. Maggi)
Telramund......I. Berrettin
Director: G. Neri
Se hicieron tres funciones de *Otello, Trovador* y *Lohengrin* en cada una de las ciudades

mencionadas. Luego se cantaron quince *Otellos*, diez y siete *Trovadores* y quince *Lohengrin*, en total, además de otras funciones de *Rigoletto*, *Puritani* y *Don Pasquale* cantadas por el resto del elenco, con Lázaro y Polverosi. El éxito fue extraordinario, fueron aclamadísimos todos los artistas. El público estaba deseoso de oir a Paoli, por esta razón fue que él accedió a los ruegos del Maestro Neri. De Roma se marchan a Bagnacavallo y canta allí *Lohengrin* con su hermana Amalia. El éxito fue rotundo. Después de cantar *Lohengrin*, con Amalita y *El Trovador* con el célebre barítono Pasquale Amato como el Conde de Luna (hicieron cinco funciones). La prensa le proclama como *Primo Tenore dal Mondo* De allí marchan a Ferrara, al Teatro Borghi- Tosi, donde presentan el *Otello* el 27 de noviembre: en las últimas dos funciones la Giglioli cantó la *Emilia*. El éxito fue rotundo. La prensa de Ferrara, celebra mucho a Paoli y demás cantantes. El dos de diciembre cantaron *El Trovador*.

27 de noviembre de 1908
Teatro Borghi - Tosi
Ferrara, Italia

OTELLO
Verdi

Desdémona......T. Chelotti
Emilia......Raccanelli (luego Giglioli)
Yago......G. Maggi
Lodovico......Ranchetti
Cassio......Boscacci
Director: G. Neri

De esta ópera se cantaron diez funciones a teatro lleno a pesar de que los precios se habían triplicado. Las críticas tanto en Ferrara como en el resto de Italia, fueron extraordinarias. He aquí algunas: L'Avvenire D'Italia - Ferrara, 28 de noviembre de 1908:

OTELLO - "La representación de *Otello* dada ayer en la noche en nuestro Teatro Borghi - Tosi, ha constituido un verdadero acontecimiento artístico para los ferrarences. El teatro refulgía lleno de espectadores que por cierto venían llenos de ilusiones y gran expectativa". El comendador Paoli, ha reportado un éxito completo, lleno de entusiasmo que alcanzó su culminación en el segundo y tercer actos. El público ha permanecido admirado la genialidad interpretativa y a las bellas y excepcionales dotes vocales, con las cuales el comendador Paoli, ha sabido lograr efectos maravillosamente sorprendentes. El comendador Paoli hace del difícil personaje una verdadera creación y no creemos exagerar, diciendo que es imposible encontrar en nuestros días un *Otello* mejor que el Paoli. Tal juicio se basa en el sufragio de admiración del determinante público que asistía al espectáculo. Llamó repetidas veces, tras aplausos aplastantes, interminables a la ribalta al Comendador Paoli".

La Rivista di Ferrara 28 de noviembre de 1908:

OTELLO - "Antonio Paoli tiene del trágico moro (*Otello*) todos los requisitos y ha demostrado que se ha compenetrado en ese personaje con mucho estudio y diligencia en el carácter salvajemente impetuoso, el cual ha ejecutado con un verismo sorprendente.
Si por alguna razón ofrece la crítica alguna nota sobre cierta emisión de la voz o por la dicción

de algún recitativo. Debemos por otra parte reconocer que de las voces de hoy día, es de las pocas que osan afrontar con fortuna la difícil tesitura de la parte y la única que hace recordar felizmente por la forma que la afronta con máximo vigor y por los agudos fenomenales que superan a aquel que fue su mejor intérprete; quiero decir Francesco Tamagno. Desde el *Esultate* dicho supervamente, hasta la muerte donde alcanza la más conmovedora tragedia, el célebre tenor no desmiente su propia fama.

Su mejor mérito es que se le ha aclamado al estilo americano en nuestra ciudad de Provincia, causa tal vez por la diligencia del Empresario, no fue que creara alrededor del artista una corriente preventiva exagerada de expectativa, diríamos casi febril que él ha superado. Y para afirmar los puntos donde Antonio Paoli, fue en verdad grande, diré que en el *Ora e Per Sempre*, el cual fue bisado, en *El Monólogo* del tercer acto y sobre todo en todo el cuarto acto; aparece por consenso unánime, como el protagonista ideal por medios vocales espléndidos en toda la gama, en toda la acción escénica medida pero sugestiva y eficacísima siempre".

La Gazzetta di Ferrara - 28 de noviembre de 1908:

OTELLO - IL TRIONFO DEL TENORE COMMENDATORE PAOLI NELL OTELLO - "La función de anoche tuvo el significado de un gran acontecimiento. Todos tenían un insólito carácter de excepcionalidad y solemnidad. Fue excepcional la ejecución y el público; pero no menos excepcionales fueron los boletos de entrada, a altos precios pero veníamos envueltos en un humo que brillaba por la suspirada ausencia. Veníamos al espectáculo de la excepcionalidad; y así fue. No exageramos diciendo que el tenor Paoli, ha asombrado. Su éxito se afirmó sucesivamente, levantando gran entusiasmo en el *Addio, Sancte Memorie*, que fue bisado tras un huracán de aplausos y fue colosal en el *Monólogo* del tercer acto dicho como no se podría decir mejor y la interpretación magistral del último acto, cantado y sollozado con arte inigualable, sin paralelo. El tenor Paoli, dispone de una voz magnífica, completa en todos los registros, squillante, poderosa, maravillosa, que se adapta trágica y formidablemente, en el adios, en el juramento, en la maldición como es al igual finamente agraciada y apasionada en el dúo del primer acto y en todo el cuarto acto. Más, no sólo el tenor Paoli, posee excepcionales medios vocales más puede dar soltura a su espléndida figura y a una potencialidad dramatica superior. Se trata en suma de una estupenda creación personal sin rival alguno hoy día y que por el consenso unánime de la crítica puede acurrucarse dignamente en las interpretaciones portentosas que la fantasía popular ha creado un personaje legendario como del gran Tamagno. Estamos pues agradecidos a la Empresa por el acontecimiento que nos ha brindado y señalamos como dato curioso de crónica la estrepitosa cifra en caja del teatro, la belleza en liras de cuatro mil cuatro cientos veinte liras por una sola noche".

Esta cantidad reportada en liras en la boletería del teatro por una sola noche se consideraba en aquel entonces como algo extraordinario. Especialmente para una ciudad como Ferrara que se consideraba como una ciudad provincial. El público allí se consideraba muy severo y altivo y sin embargo se había arrodillado a los pies de Paoli, también ese era el lugar donde nació Giulio Gatti-Cassazza y la ciudad estaba muy orgullosa de él.

Il Giornale de Ferrara - 28 de noviembre de 1908 dice:

PAOLI A FERRARA - "Los lectores conocen ya del éxito grande y auténtico que este célebre tenor ha obtenido en Ferrara en su extraordinaria representación de Otello, con una aclamación enorme debido en parte a la gran y enorme expectativa del público febril. Esto es peligrosísimo para cualquier artista pues a la mínima falla el público estalla. Pero sabemos que el gran tenor ha correspondido perfectamente a las exigencias del personaje lo cual parecía imposible de poder cubrir".

La Provincia di Ferrara (diario) 28 de noviembre de 1908.

OTELLO - "Un lleno indescriptible ayer en la noche no obstante el extraordinario aumento en los precios, el público ferrarés estaba ávido de escuchar a la anunciadísima celebridad, en la persona del tenor Paoli". La expectativa no fue defraudada, especialmente cuando en el tercero y cuarto acto, el Paoli, reveló dotes excepcionales de cantante por la potencia de sus medios vocales y gran dramatismo. El público lo aplaudió con entusiasmo, pidiendo y obteniendo el bis en el *Addio Sancte Memorie* y llamándolo infinidad de veces al proscenio al final de cada acto".

La Rivista di Ferrara, 1ro. de diciembre de 1908:

OTELLO - PAOLI - "Después de la segunda representación, es unánime y en coro las alabanzas por la interpretación dada por el célebre tenor en Otello, resultaría contraproducente añadir más palabras de admiración. Paoli ha demostrado haber estudiado profunda e inteligentemente este personaje trágico y su voz es una de las pocas que se atreven cantar bien esa difícil partitura verdiana. Sólo nos resta confirmar que el éxito encontrado y creciente del artista es mejor cada día del primero al último acto de la creación verdiana. ¡Viva Paoli! "

Il Teatro Illustrato, Milán, noviembre de 1908 :

OTELLO A FERRARA - "Llamado el Paoli, muchas veces al escenario, llevó al público al aplauso espontáneo y los rindió hasta el delirio, esto es insólito en un teatro de provincia. Esto sucedió en la representación de *Otello*. Paoli triunfó plenamente y sobrepasó con admiración de todos. Todas las especulaciones favorables que de él se hacían, superando la gran expectativa que había por escucharle".

La Gazzetta dei Teatri, Milán , 3 de diciembre de 1908:

FERRARA - OTELLO - TEATRO BORGHI - TOSI - "Acerca del tenor Paoli debemos declarar que conquistó poco a poco al público y el artista obtuvo un éxito extraordinario y entusiasta. Paoli, voz, figura, dicción, interpretación, juego escénico, todo ésto en suma lo hacen magnífico. Si después del primer acto el público no estaba muy de acuerdo con él, después del segundo acto estaba convencido y vencido. En los actos tercero y cuarto los aplausos fueron calurosos y unánimes. El público, le tributó ovaciones interminables llamándolo al escenario infinidad de veces. Ahora el Paoli, es vivamente esperado en *El Trovador*". Firma Ennebi.

La Rivista Teatrale Melodrammattica - Milán, 5 de diciembre 1908:
FERRARA - OTELLO - "El tenor Paoli, no ha defraudado la enorme expectativa. Paoli ha

EL LEON DE PONCE

demostrado que hoy día en el arte canoro no hay ningún artista que pueda competir con él en la terrible parte. El público fue conquistado por la voz, por el fraseo, y por la interpretación magistral, especialmente en el tercer y cuarto acto y saludó a Paoli, con aplausos entusiastas. El eximio artista cantará pronto *El Trovador*".

2 de diciembre de 1908
Teatro Borghi - Tosi
Ferrara, Italia

IL TROVATORE
Verdi

Leonora......T. Chellotti
Manrico......A. Paoli
Azucena......Frabetti
De Luna......I. Berrettin
Ferrando......Fiorini
Ruiz......Boscacci
Director: G. Neri

De esta ópera se cantaron ocho funciones a teatro lleno a pesar del aumento en precios.

La Rivista di Ferrara - 3 de diciembre de 1908:

IL TROVATORE - PAOLI - "En forma mayor particular fue festejado el tenor Paoli, que se presentaba por primera vez en *El Trovador* . Se notaba visiblemente que controlaba su voz en el primer acto, en el segundo la dejo salir un poco más, pero se impuso súbitamente en el tercer acto alcanzando un éxito con proporciones de un gran triunfo. En este acto al igual que en el cuarto, el valiente artista dio rienda a sus maravillosos medios vocales acompañados de gran arte y de un señorial portamento escénico. Después de la romanza del tercer acto *Ah, Si Ben Mio*, acentuada en forma verdaderamente exquisita y cubierta por grandes ovaciones, mandó al público a brincar de gozo con *La Pira*, cerrada con un fenomenal Do y repetida tras los aplausos insistentes del eufórico público. El eximio artista fue llamado repetidas veces al honor de la ribalta. Su triunfo fue completo".

La Rassegna Melodrammattica Milán - 7 de diciembre de 1908.

PAOLI - TROVATORE - FERRARA - "Paoli, quien había obtenido con *Otello* un éxito delirante, cantó ayer en la noche *El Trovador*, frente a un público que llenaba de lado a lado la vasta sala del enorme teatro. Cantó el *Ah, Si Ben Mio* con finura inaudita y después *La Pira* con la cual produjo efectos vocales formidables, electrizantes. Tuvo que conceder el bis tras ovaciones inmensas. Recibió llamadas infinitas que se repitieron al final de la ópera". Firma Gidi.

Como vemos el éxito fue rotundo a pesar de la alza de precios en los boletos que se vendían triplicado su valor, todas las noches que Paoli, cantaba el teatro se desbordaba de público deseoso de oírle una y otra vez. Canta en Bologna *El Trovador* tres veces y de allí se marchó a Bari, pero tuvo que esperar que llegase Josefina y Tonino, quienes venían a unírsele para acompañarlo en el resto de la tourné. Al llegar Josefina le informó a Paoli que había despedido a Pocholo por

ANTONIO PAOLI

diferencias personales lo que molestó mucho al tenor. En realidad había cierto celo y egoísmo de parte de Josefina, pues esta era muy impositiva y dominante. Paoli, no aceptó la medida y envió un telegrama a Milán, restituyendo a Pocholo en su puesto y dándole órdenes de que se quedase con Amalita en Milán, hasta su regreso. En enero de 1909 estaba en Bari, esta bella ciudad sería su campo de acción durante ese mes.

Teatro Petruzelli
Bari, Italia

IL TROVATORE
Verdi

Leonora......A. de Revers
Azucena......I. Monti - Brunner
De Luna......I. Berrettin
Ferrando......I. Picchi
Manrico......A. Paoli
Director: E. Perosio

De esta ópera se hicieron ocho funciones a teatro lleno de público delirante. La revista Cosmorama de Milán dice el 31 de enero de 1909:

IL TROVATORE A BARI - "El triunfador de la velada fue el célebre tenor Paoli, del cual nos place ocuparnos largamente por sus méritos excepcionales en otro artículo de este diario. Aquí decimos sólo que él (Paoli), fue verdaderamente portentoso. Virtiendo en la basta sala del Teatro Petruzzelli, el caudaloso río de su bella voz, cálida como el bronce. Paoli, es un intérprete excelente".

Il Corriere di Bari de 1909 dice:

IL TROVATORE: "Posee el Paoli una voz que es un verdadero tesoro, sonora, extensa, vibrante, que atrae y conmueve hondamente y cala muy adentro de los sentidos de los espectadores. El público aplaude con delirio, haciéndole salir a escena a repetir el *Deserto Sulla Terra* y *El Di Quella Pira*. Todos aplaudían incesantemente como raras veces ocurre en el gran teatro. El Sr. Alfredo Giovine (1903-1967) en su libro El Teatro Petruzelli di Bari, dice: 'El Paoli, reportó un verdadero triunfo. Confirmó plenamente la fama de la cual venía precedido'".

La Revista Rassegna Melodrammattica de Milán dice:

BARI - PETRUZELLI - TROVATORE - "Hemos escuchado con gran alegría *El Trovador*, ejecutado por un elenco óptimo, especialmente por un tenor como Paoli, que responde a toda la reclamé que fue precedido. Este posee una voz estupenda la cual acopla al canto fino y magistral, obteniendo efectos indescriptibles. Tuvo que repetir *La Serenata*, *Deserto Sulla Terra* y el *Ah, Si Ben Mio*, seguido con fineza, emitió *La Pira* con la cual hizo trastornar al público con la potencia de la voz y del acento, donde fue aclamadísimo logrando un triunfo absoluto. Lo mismo ocurrió en el cuarto acto". Firma: T. Corresponsal.

Il Corriere di Bari dice así:

EL LEON DE PONCE

"En el Gran Teatro Petruzelli, ha ocurrido algo que pocas veces ocurre allí. El público, ha aplaudido al tenor Paoli, incesantemente , haciéndole repetir el *Di Quella Pira*, lo cual ha cantado la segunda mejor que la primera".

Il Corriere Di Bari - Enero 1909 -

IL TROVATORE - "Esta ópera fue un triunfo completo cantado por Paoli. Posee este tenor una voz que es un verdadero tesoro, sonora, extensa, vibrante, agudísima que atrae y conmueve hondamente. El público, le aplaude con delirio, haciéndole salir a escena y repetir el *Deserto Sulla Terra*, el *Ah, Si Ben Mio* y trizar la *Di Quella Pira*".

De allí marchan a Modena y presentan *El Trovador*:

12 de febrero de 1909
Teatro Comunale
Modena, Italia

IL TROVATORE
Verdi

Leonora......A. de Revers (luego T. Chellotti)
Azucena......I. Monti - Brunner
Manrico......A. Paoli
De Luna......I. Berrettin
Ferrando......I. Picchi
Director: E. Perosio, (luego G. Neri)

Se hicieron allí cinco funciones de esta ópera a teatro lleno como de costumbre. La Rassegna Melodrammattica del 13 de febrero de 1909 publicó lo siguiente:

Telegrama - "Modena - Trovatore - delirante público con la squilante voz del tenor Paoli. Trizó la Pira, repitió todas las otras arias y dúos importantes. Exito absoluto". Firma: Corresponsal de Modena.

"El Paoli, se impone, por su arte, por su porte, por su voz heróica. Canta el Manrico, sin reparo, ni recelo dando toda la potencia de su voz en los momentos dramáticos y toda la suavidad de la seda en los momentos requeridos. Es el Manrico, por excelencia, sin igual ni rival hoy día en el mundo de la lírica".

Esto lo publica Il Corriere de Bari en la crítica de la tercera y última función del *El Trovador* en Bari. Tras el éxito en Modena se marcha a Mantova, y debuta allí con el siguiente programa:

16 de febrero de 1909
Teatro Sociale
Mantova, Italia

IL TROVATORE

335

ANTONIO PAOLI

Verdi

Leonora......L. Seibanech
Azucena......M. Verger
Manrico......A. Paoli
De Luna......G. Giardini
Ferrando......L. Baldelli
Ruiz......Trucchi - Dorini
Inés......G. Della Bruna
Director: G. Bavagnoli

Se hicieron cinco funciones con el mismo reparto a teatro lleno. La Gazzetta de Mantova 16 de febrero de 1909 dice así:

IL TROVATORE - "Mientras, esta viva la ansiedad por la espera de *Il Trovatore* esta andará en escena mañana en la noche. El ensayo general se llevó a cabo el lunes en la noche. El tenor Paoli, estuvo ausente y llegó en el tren de Modena a las 21 horas (9:00 P. M.). Se está alojando en el Hotel Aguila de Oro, con su esposa e hijo. Hoy asistirá a un ensayo y mañana debutará en la grandiosa ópera de Verdi. Supimos que del *Trovador* sólo se darán tres funciones. Como de costumbre Paoli, no tuvo la precaución de abrochar los botones de su sobretodo, pues había mucho calor en el tren y al llegar a Mantova, se bajo del tren así".

La Gazzetta di Mantova del 18 de febrero 1909 dice así:

EL TROVADOR - "El tenor Paoli se mostró como cantante de medios excepcionales y de agudos impresionantes. Desde el primer acto se reveló al público y en el aria famosa de *La Pira* obtuvo una imponente ovación. Tras estallantes de insistentes y delirantes aplausos tuvo que repetir el aria. Lo maravilloso, más que nada en Paoli, es la expansión de la nota aguda, que tiene una duración sorprendente". Firma: Animus.

El no haberse cerrado bien el abrigo le ocasionó un resfriado y para la segunda función ya se le había desarrollado una inflamación pulmonar que le causó una faringitis; pero tenía que cantar pues no tenía sustituto. Lázaro, el otro tenor de la Compañía aún no cantaba *El Trovador*. Sólo cantaría *Rigoletto*. Así que enfermo como estaba se presentó en escena. La crítica fue la siguiente. La Gazzetta di Mantova 20 de febrero de 1909:

SEGUNDA REPRESENTACION DE EL TROVADOR - "El Paoli, aunque estaba siendo tormentado por una inflamación pulmonar, cantó en la famosa aria de *La Pira* emitió con brío la apasionada nota impresionante Do. La ovación fue avasalladora. El público, quería a todo costo la repetición del aria, la cual Paoli, no pudo conceder por su estado de salud. Aun así el triunfo fue completo". Firma: Animus

Aunque no repitió las arias por estar tan enfermo, cantó la tercera función de *El Trovador*, asando en fiebre y muy débil. El público le aplaudió delirantemente pues le consideraban un verdadero héroe y no le pidieron bisar las arias, sabiendo su estado de salud. Al marcharse de Mantova, dejó un gran recuerdo y la admiración de todos. Paoli les prometió que volvería pues lo mantovanos le habían causado una gran impresión.

336

El crítico Animus dijo:

"Paoli, ha sido un verdadero Titán, pues hace poco, cantó aquí un renombrado tenor y por un rasguño que se hizo en el pulgar de la mano derecha canceló todas las óperas que debía cantar. Y el Paoli, tan enfermo como estaba, cantó, y lo hizo con dignidad y profundo arte para no defraudar a su público. Esperamos vuelva y nos cante su mejor rol.... el *Otello* de Verdi". Firma: Animus. La Gazzetta.

El libro "100 Anni All Teatro Sociale di Mantova", página 120, dice: "El tenor Paoli, notabilísimo cantante actor, cantó *El Trovador* con gran éxito".

Tan pronto llegó a Milán fue a ver al Dr. Ambrosiani. Este le mandó a descansar, reposo absoluto. Se marchó pues a Porto Ceresio para tratar de reponerse de la influenza pero antes fue a ver a Amalita y Pocholo al cual reintegró como su secretario y le dejó encargado de todos sus asuntos en Milán. Manuel Paoli, su hermano, se había marchado a Puerto Rico ya hacía algún tiempo pues no se llevaba tampoco con Josefina, quien se había convertido en una especie de dictadora y todos tenían que obedecerle ciegamente si no querían su enemistad. El aire fresco de Porto Ceresio y los cuidados que recibió de Marcella, la cocinera gorda y rechonchona pero con alma de ángel le ayudaron a recuperar rápidamente y los paseos en bote con Giacinto le reconfortaron sus pulmones.

A mediados de abril regresa a Milán para reconfirmar con su empresario y agente su contrato para cantar en Valencia, España a fines de mayo con motivo de la gran Feria Regional y la gran exposición valenciana. El día 12 de mayo llega a España, al puerto de Barcelona. Como de costumbre visita a sus amigos de la familia Colorado y a otros conocidos y luego toma el tren a Valencia, donde llega el día 15. El 22 de mayo toma parte en los actos de apertura de la exposición regional, cantando el Himno Real acompañado de la Orquesta del Teatro Principal y de la Banda de Granaderos de España. Presenta un gran concierto a campo abierto en los predios de la Feria. El Rey Don Alfonso XIII y la Reina quedaron muy complacidos. El día 25 de mayo abrió la temporada de ópera con motivo de la Feria. Se cantó la ópera *Otello*.

25 de mayo de 1909
Teatro Principal
Valencia, España

OTELLO
Verdi

Desdémona......Josefina Sins
Otello......Antonio Paoli
Yago......Ramón Blanchart
Emilia.......Amalia Piquer
Cassio......José Masiero
Lodovico......Andrés Perello
Montano......Luis Foruria
Director: Viñas

Esta ópera se cantó seis veces, logrando Paoli, otro éxito extraordinario.

Los invitados especiales fueron los Reyes de España. Al terminar la función Paoli, fue invitado al Palco Real donde el Rey le concedió la cruz de Alfonso XII, haciéndole un honor muy singular. También fue invitado a cenar con ellos la noche siguiente. El aceptó esa invitación muy gustoso. Recordaron en la cena anécdotas de la infancia del Rey, el episodio de los helados, el castigo y otras cosas que guardaban en sus corazones. A los pocos días canta en la Catedral de Valencia el *Ave María* de Schubert, en honor a la Virgen María con motivo al aniversario de los Reyes, los cuales asistieron a esa Misa. La Catedral estaba abarrotada de gente, se dice que asistieron hasta los gitanos. A mediados de junio, hace su acostumbrada visita al Roncal a visitar la tumba del gran Gayarre y luego se marcha a Italia. Estaba contratado para cantar *Aïda* en El Cairo y en Alejandría además de una función al aire libre en las Pirámides. El Empresario era el Maestro Braccale.

29 de junio de 1909
Teatro Khediviale
El Cairo, Egipto

AÏDA
Verdi

Aïda......Carreras
Amneris......Roncanelli
Radamés......Paoli
Amonasro......Berrettin
Director: Braccale (luego Baroni) en las Pirámides.

Esta ópera se cantó allí tres veces. Se prepara luego un enorme escenario a los pies de la Efigie y se canta esta ópera ante más de (treinta mil espectadores). El éxito fue grandioso según lo dice el propio Braccale en El Libro de sus Memorias, que aunque no menciona los nombres de los cantantes pone como fecha 1912.

Esta ópera además se cantó tres veces en el Teatro Zizinia de Alejandría con Amalia Paoli, como Amneris, y Mattia Battistini como Amonsaro. El director fue Pandolfini.

La Rivista Melodrammattica 1ro. de julio dice así: Telegrama:

AÏDA-EXTRAORDINARIA. "Paoli, Radamés único, aplaudido durante entera ejecución. *Celeste Aïda* fue meramente celestial. *Sacerdote Io Resto A Te* sonó como trompeta juicio final. Exito contínuo, en total se cantaron tres *Aïdas* en El Cairo, tres en Alejandría y una en las Pirámides. Amalia estuvo superva como Amneris".

Al terminar la temporada se marcha a Italia, a su villa en Porto Ceresio. Comienza entonces la construcción de una nueva Villa a orillas del Lago Lugano con grandes balcones de mármol. Da largos paseos en bote por el lago acompañado siempre de su inseparable Tonino. Muchas veces remaba de un extremo al otro del ancho lago para ejercitar sus brazos, sus bíceps y sus pulmones. Josefina y Amalita, seguían enojadas no había ningún tipo de comunicación entre ellas así que Josefina prefería quedarse en Porto Ceresio.

Se marcha a Milán para una serie de grabaciones que tenía programadas para ese verano Graba con la Gramophone los iguientes discos: *Si fu soldato* de Andrea Chernier (matriz 13199);

EL LEON DE PONCE

el *Inno del Cid* (matriz 1325b); *La Siciliana* de Roberto Il diavolo (matriz 13258b) y otros. Todos querían comprar sus discos, a pesar de los altos precios, ya que junto a los de Tamagno, eran los más caros.

Siempre que se quedaba en Milán con Amalita y Pocholo, traía a su perro Ursu para pasearlo con su larga cadena de plata. A veces el perro, se le escapaba del apartamento y buscaba a Paoli, en los lugares que acostumbraba a visitar. Al entrar en los sitios el perro, le decían "Ursu, tu amo no está aquí" y este se marchaba hasta que alguno de los cocheros, que ya lo conocían lo montaban en el coche y se lo llevaban al apartamento a Amalita y ella les pagaba por regresárselo.

La cantidad de dinero invertida en la nueva Villa fue algo exorbitante para aquella época, pues se invirtió unos cien mil dólares. La verdad es que se logró un verdadero palacio con chimeneas de mármol y bellos balcones y terrazas. Casi terminada la Villa, compró tres propiedades más con sus casas construidas, las cuales se rentaban a visitantes de Suiza, Austria y Alemania, que gustaban de pasar largas temporadas en el lago. Todo esto era administrado por Josefina y un apoderado que se llamaba Gennarinno de Angelis. Josefina además era la que seguía disponiendo del dinero que ganaba Paoli. Enviaba a su hermana en Viena cierta cantidad todos los meses para ser depositada allí en un banco austríaco, asegurándose para el futuro, pues si algún día sucedía algún percance en Italia, al menos tendría eso asegurado.

Paoli tenía planeado un gran recital en el Teatro Lírico de Barcelona. Se había hecho ya todos los arreglos. Toma el vapor en Génova rumbo a Barcelona al llegar allí se encuentra que había una revuelta anarquista. La cifra de muertos alcanzaba ya a sesenta así que se canceló el concierto por temor a que pusieran una bomba como había pasado años antes en el Gran Teatro del Liceo. Se marcha pues Paoli, a Bélgica a pasar el resto del verano en Ostende, hermoso balneario donde acudía a veranear lo mejor y más culto de toda Europa. Veraneaban allí, nobles de distintos reinos europeos. Los planes que tenía Paoli, eran desde allí llegar hasta los países bajos, esto no se logró pues surgió la epidemia del colera en aquellas tierras que trastornó los planes y tuvo que prescindir de su viaje a la legendaria Holanda y permanecer en Bélgica.

Quédose pues, en Ostende, donde la cartelera del Teatro Kursaal anunciaba a grandes titulares una serie de recitales por el gran tenor italiano, Enrico Caruso. El primer recital, de Caruso, fue magnífico, fue muy aplaudido y la prensa celebró mucho su éxito. A este primer recital acudieron unos 10,000 espectadores. El segundo recital, fue también muy bueno, aunque se notó un poco de desgano de parte del célebre Divo. A este recital acudieron unos 12,000 espectadores. Se le aplaudió con reservas, pero se le aplaudió. Al otro día se anunció que el Divo estaba indispuesto y pensaba posponer su tercer recital hasta nuevo aviso. La gerencia del teatro se enteró que Paoli, estaba allí veraneando y le invitaron a sustituir a Caruso. Le ofrecieron una paga considerable y él aceptó gustoso. Paoli, había asistido a los dos recitales de Caruso y su opinión a la prensa fue "Caruso, es un buen tenor".... Al preguntarle la Gerencia del Kursaal el programa que cantaría, este tomó en sus manos el programa del recital de Caruso y les dijo: "Cantaré todo esto que aparece aquí y al final cantaré arias dramáticas".

A los pocos días se anunció la sustitución de Caruso por Paoli y los boletos comenzaron a venderse en grandes cantidades pues todos querían comprobar la fama de la cual venía precedido.

ANTONIO PAOLI

Esto fue lo que cantó Caruso:

14 de agosto de 1909
Teatro Kursaal
Ostende, Bélgica

Commendatore Antonio Paoli
Programa Recital Lírico

Questa o Quella......Rigoletto - Verdi
Mi Par D'Udir......Pescatori Di Perle - Bizet
Cielo e Mar......Gioconda - Ponchielli
Donna e Mobile.........Rigoletto - Verdi
Il Sogno......Manon - Massenet
O Paradiso......Africana - Meyerbeer
O Sole Mio......Di Capua
Ideale......Tosti
Torna Sorrento......Curtis

Paoli cantó los dos programas completos.

Recital Dramático

Di Quella Pira......Trovador - Verdi
Esultate.,.....Otello - Verdi
Re Del Cielo......Profeta - Meyerbeer
Da Voi Lontan......Lohengrin - Wagner
Improviso......Andrea Chenier - Giordano
Le Fleur......Carmen - Bizet
La Partida......Alvarez
Vesti La Giubba......Payasos - Leoncavallo
Encore Plegaria Del Cid......Massenet
Director: maestro Rinskopf

El éxito fue extraordinario. Paoli cantó el doble de lo que cantó Caruso y las ovaciones fueron interminables. Había en el teatro unos 18,000 espectadores que aplaudían desaforadamente. Caruso, que estaba presente, dijo muy enojado que : "Aquella gente no conocía nada de verdadero bel canto ni de ópera". Canceló su contrato y se marchó a Inglaterra. Paoli tuvo que cantar el resto de los conciertos, los cuales fueron llenos totales y las localidades se pagaban a precios fabulosos. Como ya sabemos Paoli, era el artista que más dinero cobraba por cantar en esa época.La prensa le consideró Tenor Mundial. La prensa de Ostende clasificó a Caruso "La plus belle voix du monde" y a Paoli "La glorification du bel chant" ; así aparece en el diario Ostende Ilustre del día 18 de agosto de 1909.

Hubo recitales y conciertos todas las noches del verano y el público acudía en masa, pues era la única actividad cultural que se hacía aparte del Gran Casino, donde se jugaban grandes cantidades de dinero. Durante el día, todos se entretenían tomando baños de mar o de sol y admirando la belleza del Panorama Costero con aquellos bellos hoteles cuajados de balcones y terrazas y las preciosas villas costeras y palacios de veraneo que bordeaban la hermosa Costa de

Bélgica. La población de Ostende regularmente para esa época era de unos 38,000 habitantes. En verano aumentaba a 70,000 a 80,000 personas. Asistían allí nobles de todas las esferas, Reyes, Príncipes, Marqueses, Condes, Barones, Reinas, Sires y Duques. Además de familias inglesas, alemanas, austríacas, francesas, etc., pues era el lugar de moda preferido por todos.

Otros artistas famosos que se presentaban ese verano en el Teatro Kursaal fueron: Emma Druetti y Elsa Szamosi, de la Opera Real de Budapest. El célebre bajo Jan Noté de la Opera de París. La Diva Frieda Hempel, de la Opera Imperial de Berlín. La soprano Edith de Lys. El notable pianista A. Cortot. La violinista Inglesa Playfair. El gran celista español Pablo Casals, el barítono italiano Magini Coletti. El célebre pianista Arturo Rubinstein y el gran tenor belga Ernst Van Dyck. Entres otros artistas célebre que habían hecho temporada allí estaban: Los cantantes Tamagno, Swolfs, Affre, Zenatello, Bonci, Zerola. Los barítonos: Amato, Renaud, Galeffi. Las sopranos: Kursz, de Hidalgo, Bonaplata, Miranda, Calve, Cavalieri, Krusceniski Gay, Flahaut, Delma y el pianista Cesar Thompson. Las críticas del concierto dicen así:

El diario L'Echo D'Ostende - 15 de agosto de 1909:

PAOLI, FORCE UNIQUE AU MONDE - "Es él el tenor dramático, por excelencia. Entre los efectos producidos registramos aquel de las notas agudas sostenidas con una duración inverosímil, con una potencia de respiración que nos ha dejado atónitos y confusos, como cuando cantó *La Pira* del *Trovador*".

El diario Le Monde Thermal - Ostende, agosto 1909:

EL PAOLI - SORPRENDE - "El entusiasmo del público, en estos conciertos ha sobrepasado todas las medidas. El prodigioso tenor supera todo lo que es osado superar con su voz magnífica entusiasmando al culto público que llenaba de bote en bote la sala hasta el delirio. Se calculaban unas 18,000 personas".
ANTONIO PAOLI, EN EL KURSAAL DE OSTENDE - "Todos los periodistas y críticos belgas han escrito artículos fabulosos sobre la actuación de Paoli. Ha causado una profunda impresión por su voz potente y a la vez dulce. Canta con elegancia y seguridad. Esto ha hecho que la prensa le de tantos elogios. No se trata de entusiasmo, más bien es fanatismo, delirio para honrar al célebre tenor como verdadero triunfador. La retórica de los cronistas teatrales, nunca había sido como en esta ocasión. Un diario lo clasifica como "Tamagno, revivido". Pero no Tamagno viejo como le vimos aquí apenas diez meses antes de su muerte, si no un Tamagno, joven capaz de efectos dulcísimos. Un Tamagno apto para cantar la Fanfarria de la Victoria y doblar su voz como una discreta caricia de una tierna confesión. Se escuchaba a Paoli, con el corazón latiendo fuertemente, como en un éxtasis, reteniendo la respiración, mientras su voz incomparable cantaba suscitando en la asamblea un entusiasmo loco y desmedido. Lo maravilloso del Paoli, no es solamente, su voz sino la fuerza de sus pulmones, su respiración y la extraordinaria duración de sus agudos. También, la sonoridad de sus notas y la fuerza con que emite sonidos en los momentos de vigor. Posee una voz fenomenal y su loca temeridad es coronada con el éxito. Paoli da la idea de un Miguel Angel del canto cuya potencia canora formidable usa todos los acentos de los héroes de los dioses".

ANTONIO PAOLI

Queriéndolo confrontar con Caruso La Lanterna de Milán. agosto 1909 publicó:

"Que la diferencia existe como 'El talento de un clásico al genio de un Shakespeare'. Paoli, es sin duda "Le plus fort tenor du monde" y el artista más completo en toda la nobleza y significado de esta palabra ¿Se puede decir algo más?.... Parece que no.Los entusiastas, los apasionados, los delirantes admiradores encuentran alivio en su propio y confiado entusiasmo. Después de haber hablado de la potencia vocal que hace temblar los cristales y ventanas del Kursaal, hablamos del contraste de su colorido. De su delicadísima media voz, de la audacia técnica que solo un gran cantante se puede permitir con la certeza de un éxito. Estamos hablando de un trino perfectísimos, que el ha querido regalar al auditorio extasiado con su portentosa respiración".

La Rassegna Melodrammattica en su número del 30 de septiembre de 1909 dice:

PAOLI EN OSTENDE - "El triunfo que ha dado un nuevo brillo al nombre del célebre artista es aquel que le ha dado aquel público Cosmopolita en forma resonante como sonido de Victoria. Al final del primer concierto Paoli, era ya muy popular y su figura simpática, fuerte y distinta fue al día siguiente, retratada en mil formas. No podía dar un paseo sin que cientos de maquinas fotográficas le retratasen pues se había convertido en el personaje del día, el hombre a la moda; no podía ni tan siquiera estar solo en el hotel sin que su apartamento estuviese invadido de visitantes. Todos querían conocerle de cerca, hablarle, entretenerlo y compartir con él. Le hablaban de cosas de arte, le pedían consejos o pareceres o información de su vida y noticias de sus próximas actuaciones. Paoli, se había convertido excepcionalmente en una obsesión. Muchos célebres artistas habrán de pasar por el Kursaal de Ostende, en años venideros pero ninguno, tendrá un éxito más grande que él que ha dado Antonio Paoli. El tercer concierto incluyó dúos y tercetos con la célebre Diva alemana Frieda Hempel y el barítono italiano". Magini-Coletti.

Ostende Illustre - Número especial - agosto 1909:

TEATRO KURSAAL - CONCIERTO - "Fue la aparición del señor Paoli, la que marcó el triunfo de la velada, fue como el advenimiento del Ibis, ave canora que extasía las otras aves canoras que fueron la Frieda Hempel y Antonio Magini-Coletti. Fue una noche muy especial. La voz de Paoli, suena fuerte como una bocina y suave y dulce como las palabras de una dama, como el violoncelo de Jacob, suave y fuerte. ¿Cómo puede este artista emitir y sostener a toda fuerza y suavidad en el registro más agudo esas notas que salen como hilos que parecen que nunca van a terminar? Emite sus notas sin esfuerzo aparente dominando su voz a voluntad. Se asemeja con su canto esplendoroso a un Sigfrido a la marcha y a la conquista de Brunilda, que más se puede decir de este conquistador del mundo".

El diario Le Monde de Ostende agosto 1909 dice:

PAOLI, TAMAGNO REVIVIDO - "Se decía esto por toda la sala y no se puede negar el triunfo del cantante en Ostende el 15 de agosto de 1904". Paoli, es más bien un Tamagno joven capaz de producir efectos dulces al igual que un Tamagno para desplegar su voz de clarín y producir una impresión insólita. Esto lo ha confirmado y coronado con sus conciertos y el éxito obtenido. Se le puede comparar como el émulo más ilustre del gran comendador.
Es que no se puede imaginar el grado del entusiasmo del público cuando los tres artistas Hempel, Paoli y Magini, se unieron a cantar el trío final de Fausto. La sonoridad de esas voces no tiene comparación. Para el papel tan singular de Fausto la sonoridad perfecta y vocal de tenor encuentra en la persona del comendador Antonio Paoli un protagonista incomparable".

EL LEON DE PONCE

Il Teatro Illustrato Milán - agosto - 1909:

DESDE OSTENDE - BELGICA - "Después de una ausencia de doce años me encuentro en esta playa, tanto grandiosa como encantadora que merita con razón ser llamada La Reina de las Playas.He encontrado no solamente un gran cambio en el aspecto de este sitio, sino también en la vida artística de la meca de los bañistas de todo el mundo. Ahora la línea de artistas contratados para el Kursaal se reclamaba sólo hace poco exclusivamente a los franceses, ha contratado a italianos, no solamente primeras figuras sino que también en mayoría. Esto es pues una victoria innegable al arte italiano de la cual no sólo vuestros compatriotas pueden ser superbos., más también el gentío anualmente creciente de escuchas y admiradores del canto italiano pueden apreciar más. ¿Qué ha operado este milagro en un país, cuya cultura es eminentemente francesa? En primer lugar dos hombres valientísimos que dirigen actualmente el sorteo artístico de Ostende, el director del Kursaal señor Marquet y el director de orquesta Maestro Rinskopf. Uno tiene el mérito de haber reconocido la primacía del canto italiano y fiel a su principio de ofrecer siempre lo mejor que pueda a este público refinado y culta gente no inclinada a la mediocridad.

El Rinskopf ha probado con la selección de los artistas, su alta competencia y a esta preciosa cualidad se une otra no menos importante que es la de ser un director de orquesta de primer orden.También el compromiso que lleva a sus espaldas es en verdad técnicamente muy grande. Imaginaos desde el 1ro. de julio hasta el 15 de septiembre, día a día, ensayos en la mañana y en la noche la ejecución y casi siempre con artistas nuevos, con repertorio diverso y con programa siempre nuevo para la orquesta. ¿No os parece un trabajo que requiere los nervios y la laboriosidad de un gigante? Pues el Rinskopf lo es plenamente.

En cuanto a los artistas que se han presentado en las últimas dos semanas, he aquí el elenco: Emma Druetti y Elsa Szamosi, de la Opera Real de Budapest. Frieda Hempel, de la Opera Imperial de Berlín. Los tenores Caruso y Paoli. El barítono Jan Noté, de la Opera de París. El notable pianista Cortot y otros. El Caruso naturalmente ha sido muy festejado, tanto que parece que ha dado todo el esplendor y dulzura de su órgano vocal único. El vasto Kursaal, se encontraba lleno y en los recitales que cantaba el Divo, era obligado a conceder el bis. Apenas partió Caruso para Inglaterra el señor Paoli fue presentado por el Sr. Marquet ofreciendo a los abonados Un astro no menos luciente del cielo canoro italiano que Caruso.

Se presentó allí el tenor Paoli y conquistó de un golpe todos los corazones de los oyentes por sus ricas dotes vocales al servicio de un arte interpretativo magistral. Su simpática individualidad y sencillez le difieren agradablemente de aquella de su otro colega Caruso. El Paoli, es un verdadero milagro que reune en sí las cualidades principales de un Bonci y un Tamagno.Si se escuchan los finos dones de la balada de *Rigoletto* y la *Plegaria del Cid*, no se puede creer que la garganta capaz de esa exquisitez puede también adaptarse a entonar los acentos robustísimos de *La Pira*. El triunfo de Paoli, que ya ha estado reconfirmado en otros recitales aquí es muy significativo por haber sido reportado inmediatamente tras la partida de Caruso.

El último concierto dominical permanecerá por largo tiempo inscrito con letras de oro en los anales del Teatro Kursaal. La Hempel, el tenor Paoli, y el barítono Noté reunidos los tres en un recital estaban magníficamente dispuestos y arrastraron al público de más de 14,000 personas a aplausos colosales y frenéticos. El colmo del éxito fue cuando estas tres voces de oro se unieron en el trío de Fausto e hicieron una divina interpretación de aquel trozo divino". Firma: Sigismondo Rev. - nuestro corresponsal especial en Ostende.

ANTONIO PAOLI

Cuarto y Quinto Concierto
Teatro Kursaal
Ostenda, Bélgica

Friéda Hempel
soprano
Caro Nome......Rigoletto - Verdi
La Locura......Lucia di Lammermoor - Donizetti
Legere Hirondelle......Mireille -Gounod

Antonio Magini-Coletti
barítono
Barcarolla......Gioconda - Ponchielli
Serenade......Don Giovanni - Mozart
A Tanto Amor......La Favorita - Donizetti

Antonio Paoli
Tenor
Questa o Quella......Rigoletto - Verdi
La Plegaria......El Cid - Massenet
Ah, Si Ben Mio......Il Trovatore - Verdi
Lucia di Lammermoor - duetto - Paoli & Hempel
Terceto - Fausto - Paoli - Noté & Hempel
Encores - Vesti la Giubba - I Pagliacci - Leoncavallo
Di Quella Pira - Il Trovatore

En el quinto concierto cantó *In Fermen Land* de Lohengrin como encore. Ostende Illustree dice - agosto - 1909

"Ayer el programa nos trajo tres grandes artistas. Frieda Hempel, quien fue aplaudidísima por sus admiradores. Luego dos nuevos luceros el barítono Magini-Coletti y el tenor Antonio Paoli. Este un concierto puramente vocal. Paoli, fue la glorificación del canto en todas formas. La dulzura cristalina y la virtuosidad de la voz femenina fue representada por la Sra. Hempel en las arias de Gilda, Lucia y Mirella. Magini-Coletti, un barítono de gran nombre en los anales del teatro, nos mostró los recursos de un órgano generoso en la *Barcarola* de *La Gioconda* la deliciosa serenata de *Don Juan* y el aria de *La Favorita*. Al final la pujanza de la voz humana masculina encontró pleno esplendor de un órgano de tenor fuerte en la persona del Comendador Antonio Paoli, el cual es un protagonista incomparable y único'.

El público, pedía la ejecución de una ópera completa y Rinskopf se decidió por el *Fausto* de Gounod. Se presentó a mediado de septiembre para cerrar con broche de oro la gloriosa temporada de conciertos de ese verano.

15 de septiembre de 1909
Teatro Kursaal
Ostenda, Bélgica

FAUSTO
Gounod

EL LEON DE PONCE

Marguerita......Frieda Hempel
Valentin......Antonio Magini-Coletti
Fausto......Antonio Paoli
Mesfistofele......Jean Noté
Siebel......Elsa Szamsoi
Coro y Orquesta Teatro Kursaal
Director: Leon Rinskopf

A esta función asistieron unos 18,000 espectadores. La crítica dice así:

FAUSTO "Paoli, intérprete incomparable, único. El entusiasmo del público fue tremendo. Voz y personalidad subyugadoras". (Ostende Illustre, sept. 1909).

FAUSTO - "Paoli, Hempel, Magini y Noté, en la ejecución de esta genial obra del gran Gounod quedará escrito con letras de oro puro en la historia y los anales del Teatro Kursaal". (Rivista Artística Ostenda, sept. 1909).

FAUSTO -El glorioso tenor Paoli, ha emitido sonidos de victoria durante la ejecución de varios recitales extraordinarios en Ostende, en el teatro Kursaal pero más que nada en su ejecución de Fausto". (Rivista Melodrammattica - Milán sept. 1909).

Terminada la temporada se marcha a Italia, donde descansa unos días en Porto Ceresio y de allí se marcha nuevamente a Roma, pues tenía un compromiso ineludible: Cantar nuevamente ante su Santidad El Papa Pío X. Le acompañó al piano una vez más el Padre Lorenzo Perosi, esto fue el 20 de octubre de 1909 en un recital privado sin publicidad ni crítica. Canta ante el ilustre Pontífice arias de *Aïda*, *Otello* y *Trovador*, además de algunas canciones vascas y españolas. El Papa, quedó muy complacido, y le regaló un hermoso pergamino firmado por él dándole su bendición. Además de aplicarle personalmente en su garganta la bendición de San Blas.

A principios de noviembre emprende un viaje a Bulgaria, donde canta ocho funciones de *Otello* en Sofía con un gran elenco.

8 de noviembre 1909
Naroden Theater
Sofia, Bulgaria

OTELLO
Verdi

Otello......Paoli
Desdémona......Rusakowska
Yago......Staudigl
Cassio......Myszuga
Dir.: Maestro Stoyan

De allí se marcha a Génova para proseguir su viaje a España. Al llegar a Barcelona es recibido por algunos amigos y admiradores entre éstos se encontraba su secretario Pocholo quien acaba de regresar de Nueva York tras un viaje de negocios tratando de conseguir contrato allí para Antonio. Tras algunos días allí se marchan a Madrid para cantar Otello en el Teatro Real.

ANTONIO PAOLI

23 de diciembre de 1909
Teatro Real
Madrid, España

OTELLO
Verdi

Desdémona......Elena Ruszkowska
Otello......Antonio Paoli
Yago......Riccardo Stracciari
Director: G. Marinuzzi

Esta ópera se cantó diez veces en esa temporada y la prensa se volcó en elogios para el consagrado Divo, al igual que para la célebre soprano polaca Elena Ruszkowska, con la cual había cantado un mes antes en Bulgaria, y el gran barítono italiano Riccardo Stracciari, el conjunto vocal musical y artístico rayó en la perfección de la ejecución de la inmortal partitura verdiana. La crítica dice lo siguiente. El Imparcial Madrid-

ANTONIO PAOLI, EN OTELLO EN EL REAL - "Esta es pura, absoluta y veraz referencia. Estas representaciones del Otello de Verdi, a cargo de nuestro compatriota el tenor Paoli, han sido una grata sorpresa que la Empresa del Real ofreciera a sus abonados. Paoli, no figuraba en los carteles y en cambio, perduraba en el recuerdo de los aficionados a la ópera, que tanto le aplaudieron por su brío, por su pujanza de voz, por la expresión fiera y rugidora a semejanza de Tamagno, y cada uno en su sitio hace resaltar el carácter creado por Shakespeare en su drama inmortal y aún más los acentos musicales con que Verdi, el anciano glorioso, revivía en una puesta de sol refulgente y poderoso. Pero hubo alteración en los aranceles: un alza en los precios de los billetes puso, naturalmente malhumorados a los señores, este disgusto hizo que aparecieran descontentos y aun injustos en los primeros momentos. Otello dijo su frase de salida, fue un canto de victoria, grito de caudillo, con la vibración poderosa y aguda de un clarín guerrero. Se le aplaudió. Luego es el dúo con Desdémona, tan poético, tan tierno, tan íntimo, hubo una impresión de frialdad y silencio.

Pero en el acto segundo la fiera quedo rendida, vencida y convencida. Antes lo había sido por Stracciari, el gran barítono, insuperable Yago, capaz por su talento, por su esfuerzo, por su voz soberbia, por la sobriedad y realidad con que traduce e interpreta el siniestro personaje Shakespiriano, sin apelar a contorciones mefistofélicas y ridículas en sus difíciles escenas de actor y de cantante, de justificar el que este drama musical llevara por nombre Yago, como ansiaba el poeta Arrigo Boito. Stracciari, tuvo que repetir el famoso monólogo de *El Credo* y para no ocasionarle mayor fatiga no le obligó el público a que dijera dos veces el delicado Racconto con el que Yago lleva al alma del Moro al veneno de la sospecha y de los celos. Aquí Paoli, mostróse el sorprendente tenor que una noche se revelara con tal éxito en el Real, que fue proclamado como el sucesor de Tamagno. Y la representación de *Otello* siguió, coreada por el aplauso, hasta un término feliz y entusiástico. Las llamadas a escena al final de los actos fueron innumerables, con Otello, con Yago y con Desdémona".

El Heraldo de Madrid - diciembre 1909 - dice:

OTELLO EN EL REAL - "El bravo tenor Paoli, a quien amigos cariñosos (los bilbaínos), daban por muerto para el arte, demostró tener unas facultades asombrosas y unas condiciones

346

escénicas notabilísimas. Posee una voz ancha y robusta; igual en todos los registros y con un exceso de timbre que se destaca en los fortísimos de orquesta con una pujanza sorprendente. La sórtita la cantó con muchos brios, escuchando los primeros aplausos. Al final del primer acto tuvo momentos felicísimos de ternura y delicadeza hacia su Desdémona. En la escena con Yago estuvo incomparable de voz y de dicción. Puso calor y corazón en todas las frases, arrancando muchos Bravos.En el último acto se vio el actor de fiera que sugestiona al público con la ferocidad de su mirada y con lo impetuoso de sus ademanes. Los sollozos que le arranca su arrepentimiento fueron expresados con la naturalidad del que siente hondamente la situación. La escena de la muerte sobrecogió al público que le tributó una ovación formidable, obligándole a salir muchas veces a escena. ¡Bravísimo Paoli! "

El Diario de España - Madrid - enero 2, 1910:

OTELLO CON PAOLI EN EL REAL - "De las condiciones artísticas de Paoli, no he de hablar, porque no me parece oportuno descubrir a un tenor que esta harto de cantar en El Real y que ni ha variado de voz ni ha perdido un ápice de sus facultades. Aseguran que es *Otello* la ópera que interpreta con más acierto. Lo que puedo afirmar es que difícilmente se encontrará otro artistas que diga con más valentía las hermosas frases que Verdi, puso en boca del protagonista de esa obra, la mejor, a mi entender, de todas las de su vasto repertorio y la que marca el término de la grandiosa evolución realizada por el ingenio del Maestro".

La Correspondencia de España - enero 2, 1910:

OTELLO - MADRID - "Sin figurar en el programa de abono el celebrado tenor Paoli la Empresa, nos ha obsequiado con representaciones fuera de programa de este artista, para que interpretase la obra de Verdi y renovara los triunfos otras veces conquistados con la misma ópera y en el propio escenario. Sobradamente conocido de nuestro público, Paoli ha figurado varias veces en el cartel del teatro para cantar la misma ópera. Sus facultades son enormes, extraordinarias, quizás únicas, actualmente para óperas como el *Otello* de Verdi; su entusiasmo y su pasión, grandísimas todo lo cual reunido, hacen de él un artista maravilloso, lleno de vigor, que canta a plenos pulmones y que nos entusiasma y convence con los dones que la naturaleza tuvo a bien prodigar en él. Canta con toda su alma, con todo el fuego de su vehemencia. No se reserva, no apela a marxullerias de Divo experimentado, y se entrega, todos los aficionados saben que sus recitales son al comenzar un enigma que él mismo despeja en el transcurso de la representación, teniendo la seguridad de que, eso sí, cuando está afortunado no tiene rival, sobre todo en *Otello*. La expectación por oírle anoche era grandísima y el público que acude a las primeras representaciones de cada ópera se presentó como siempre mal humorado y deseoso de que los cantantes tropezaran. No fue así, y todos ellos y muy especialmente Paoli, el verdadero interés de la noche, salieron triunfantes.

El *Otello* que ayer presentó Paoli fue, después del inolvidable de Tamagno, el mejor que se ha hecho en los diez y ocho o diez y nueve años que de vida en Madrid lleva esta ópera de Verdi. Espléndido de voz, de acentos dramáticos, de fiereza, de pasión, de cólera y de odios, el potente personaje de Shakespeare obtuvo en él, una interpretación afortunadísima. Los aplausos y los bravos se sucedieron continuamente y las llamadas al final de los actos fueron numerosos. Vuelvo a mi frase; y con ella término lo que he de decir de Paoli: Despúes de Tamagno, él mejor Otello es Paoli, indiscutiblemente. El martes próximo habrá otra representación y es seguro, que lo mismo que anoche se lleno; el teatro volverá a estar completamente ocupado. *Otellos* como el de Paoli entran pocos en libras y el público madrileño debe no perder la ocasión".

ANTONIO PAOLI

En Milán se reciben varios telegramas que decían así:

OTELLO - MADRID - TEATRO REAL - COLOSAL TRIUNFO DEL TENOR PAOLI - "A pesar del aumento en los precios, el teatro estaba llenísimo. El éxito fue grande, aclamadísimo. Gran tenor entre las estrellas un verdadero triunfo". Firma: Crespo. Rassegna Melodrammattica.

OTELLO - PAOLI - ACLAMADISIMO EN MADRID - EXITO TOTAL". Firma: Corresponsal de Madrid. La Lanterna Milán.

MADRID - REAL - OTELLO - "El teatro repleto boletos vendidos totalmente dos días antes de la función. Gran expectativa, verdadero acontecimiento - Protagonista el Divo Paoli - Sin paralelo, se le compara con actores como *Talma* - gran actor trágico (1763 - 1826). Bisó el *Esultate* y dúo con Desdémona y otras arias principales de la ópera. Triunfo total y completo".

Desde Mahón, Baleares, el Barón Don Pedro Alcalá y Zamora, quien aún estaba en el destierro le escribe así a Amalita a Milán:

2 DE ENERO DE 1910 - "Me dicen que tu hermano se ha llevado el público a las calles en Madrid. El público disgustado con la Empresa, había acordado no aplaudir; pero Antonio les arrancó - 2do. acto - Otello - estrepitosa ovación. El Real ha aumentado los precios con motivo de los nuevos contratos.."

Luego en una carta le dice:

"El otro día oí en casa de un comerciante conocido mío un disco impreso por Antonio, *Mia Tu Sei* de Carmen, cantado con la Huguet, si no recuerdo mal. Fue una sorpresa tan inesperada como puedes imaginarte. Andaba yo mirando unos discos que estaban sobre el mostrador, cuando casualmente tropecé con ese".

La familia Real en pleno acudió al teatro dos veces para admirar de nuevo el arte de Paoli. Le hicieron una cena íntima en Palacio y le hicieron un sin fin de regalos. Le presentaron un pergamino haciéndole hijo predilecto de España. Este dato aparece en una carta del Barón Don Pedro Alcalá y Zamora fechada el 29 de enero de 1910. Fue muy agasajado también el día 6 de enero de 1910 en el Real Monasterio de El Escorial donde acudió ese Día de Reyes a cantar una Misa para los frailes y estudiantes de la Academia a instancias de la Infanta Doña Isabel de Borbón. Al terminar su participación en esta temporada Paoli, había decidido quedarse unos días en España para visitar el Roncal y varios amigos en Pamplona, San Sebastian e Irún pero, Pocholo, se había marchado a Milán y tan pronto llego allí se encontró que estaban buscando a Paoli, para el Teatro Alla Scala. Telegrafió inmediatamente a Madrid "Antonio, la Scala te necesita. Tu pones las condiciones. Regresa pronto". Pocholo. Milán. Como siempre ocurría cuando Paoli, cantaba en Madrid, le venían a saludar grandes amigos y admiradores. Una de esas noches de gloria llegóse hasta su camerino el gran compositor y músico salmantino Don Tomás Bretón, quien le admiraba mucho y a quien Paoli, le agradeció su deferencia.

348

CAPITULO VIII
1910 - 1911

En Milán se estaba preparando un Confrontamiento Lírico entre artistas franceses e italianos con la ópera *Sansón y Dalila*. Camille Saint-Saens el genial compositor francés se había trasladado a Milán a mediados de enero. Llegaron luego, en febrero, varios artistas de la Gran Opera de París entre los que estaban la Lapeyrette, quien cantaría la Dalila; el tenor Paul Franz quien cantaría el Sansón; el bajo Duclos quien sería el Sacerdote de Dagón; Vanni-Marcoux quien sería el viejo hebreo; y el director de orquesta Rabaud. Estos harían una función de la ópera cantada en francés a beneficio de los damnificados de la inundaciones en Francia. En realidad, no era que la Gerencia quisiera hacer un confrontamiento, pero para los Milaneses eso era lo que significaba.

Saint-Saens, quería permanecer en Milán hasta fines de febrero, pues no quería perder una sola función de las que cantase Paoli. Así, pues Paoli, se encontró con el Maestro, quien le esperaba impaciente. Se encontraron al día siguiente de su llegada y se citaron para cenar juntos. Recordaron tiempos pasados en Francia. Además se reunió con el tenor Franz, quien admiraba mucho la voz y técnica de Paoli, y a quien no veía hacia años. Dos días más tarde firmó con la Scala un contrato que le fue muy favorable, pues aceptaron todas sus exigencias y condiciones, además de la alta paga que Paoli reclamaba.

Comenzaron pues los ensayos de la magistral obra bajo la supervisión del Maestro. En esos ensayos éste comprobó y aceptó la supremacía de Paoli en el difícil papel de Sansón. Llegó pues la fecha de su debut, tan esperado por los Milaneses.

30 de enero de 1910
Teatro Alla Scala
Milano, Italia

SANSONE E DALILA
Saint-Saens

Dalila......Armida Parsi - Pettinella (luego Nini Frascani)
Sacerdote de Dagón......Enrico Moreo (luego Romano Rasponi)
Viejo Hebreo/Abimeleo......Alfredo Brondi
Sansón......Antonio Paoli
Bailarina Solista......Preobrajenski
Director: Edoardo Vitale

349

Esta ópera se cantó ocho veces en esa misma temporada. En representaciones subsiguientes la Dalila fue cantada por la mezzo Nini Frascani y el Sacerdote de Dagón por el bajo Romano Rasponi. El éxito logrado fue algo muy especial y extraordinario. El Maestro Sains-Saens lloraba de alegría y obsequió a Paoli con unos gemelos de oro de 22 kilates y brillantes. Paoli había triunfado plenamente en la Scala. Era esta su última y más importante conquista de los teatros y públicos más exigentes del mundo. Ahora se sentía completo y consumado en su arte inigualable. La crítica le confirma como "Primo Tenore" tras su enorme éxito en la Scala como Sansón. La severa crítica milanesa solo tuvo para él palabras de elogio. El éxito se confirma en estas páginas que a continuación se incluyen en esta biografía por la gran importancia que encierran:

Teatri milanesi

Alla Scala
Sansone e Dalila

Risparmiando a me ed ai miei lettori, se ce ne sono, i soliti quindici o venti righi di *pezzo forte* sulla musica, sulla tessitura, sulla orchestrazione, sulle precedenti rappresentazioni, ecc. vale a dire: sorvolando su tutto ciò che c'è di inutile, di cattedratico e di pseudo-erudito in qualunque resoconto di opera lirica, presento le fattezze del tenore Paoli al naturale: vale a dire senza parrucca e senza barbone, senza trucchi e senza *si naturali*. Oh! Dio: i *si naturali* egli li ha, ed abbondanti, e squillanti, ragion per cui è uno dei pochi tenori che possan affrontare oggi impunemente le conseguenze di un'opera come questa. Ed anche l'altra sera, al pubblico della Scala, egli ha prodotto una eccellente impressione specialmente alla «sortita» che ha detto con grande efficacia.

Mi è parso un ottimo «Sansone», del resto in tutta l'opera: certo non dirò che ha provocato entusiasmo. Il pubblico aspettava di sentire acuti ogni minuto, anche nei punti in cui Saint Saëns non li ha messi; e ciò ha raffredato un poco l'ambiente. Al secondo atto, ad un certo punto, un signore, al mio fianco, ha esclamato:

— Qui ci voleva un bel *la bemolle*... S'immagini che effetto...

Io l'ho guardato, senza rispondere. Ma il signore ha intuito dal mio sguardo tutto il disprezzo di cui, idealmente, lo ricoprivo.

La signora Parsi Pettinella mi sembra degna di un meritato riposo. Col suo nome e la splendida carriera fatta, ci si ritira nei propri appartamenti. Non si fa la «Dalila», perciò, che vuole essere, anzitutto, una seducente figura, non solo, ma una cantante con una gola resistente, nel registro acuto e nel basso, oltrechè nel centrale.

Moreo è stato un buon «Sommo Sacerdote»: gli altri tutti lodevolmente. Vitale, secondo il solito è stato accusato dal *Corriere* di allentare i tempi, dal *Secolo*, di stringerli troppo. Seguendo la via media, si può dire che egli ha diretto perfettamente bene.

Grandiosa la messa in scena: i costumi molto... dell'epoca! Accuratissime ricerche nella Storia Sacra, hanno permesso una fedelissima riproduzione. Ammiratissima la Preobrajewski in certe danze russo-bibliche riuscitissime. Carascio!

ramo.

La quindicina teatrale
a MILANO.
NEI TEATRI DI MUSICA

Alla Scala.

Sansone e Dalila, la grandiosa e squisita opera di C. Saint-Saëns ha ritrovato l'ammirazione più fervida e sincera, in un'esecuzione in massima parte lodevole.

Essa vi apparve la prima volta, con pienissimo successo, la sera del 17 gennaio 1895, ed ebbe ad esecutori la signora Renata Vilal e il tenore Lafargue, per i quali la critica d'allora notava un pregio raro : « quello di cantare con grazia ed effetto, senza cadere in modi ammanierati, i quali sono la negazione della buona scuola che distinse le grandi individualità canore dei tempi passati. » I due valenti artisti furono degnamente coadiuvati dal Lorrain, dal Rieri e dal Terzi, come i maestri Ferrari e Ventura.

« Uno dei più segnalati pregi del *Sansone e Dalila,* scriveva l'illustre maestro Amintore Galli, è la bella chiarezza e la viva espressione della melodia nuova e deliziosa. E' come dire che quest'opera si adorna del più bel dono che mai possa formare il vanto di una creazione musicale. E la melodia di Saint-Saëns è l'inspirazione spontanea del sentimento, è fulgida luce d'amore ».

Dopo quindici anni, il valore dell'opera non è scemato di una linea, e i frequentatori della Scala se la son goduta, come si son goduta la ripresa, dopo tanto tempo della *Sonnambula,* che ha continuato ad affollare il nostro massimo teatro.

E le lodi che la stampa quindici anni fa tributava agli artisti d'allora, vanno senz'altro agli esecutori d'oggi, cioè a dire alla Parsi-Pettinella, al tenore Paoli e al baritono Moreo, sotto la direzione del maestro Vitale.

Una nuova edizione del *Sansone e Dalila* avremo in questa seconda quindicina cogli esecutori dell'Opéra di Parigi in uno spettacolo solenne a beneficio degli inondati della Senna. Gli italiani — già soccorsi dai parigini nella rappresentazione fatta dagli artisti della Scala dopo il terremoto siculocalabrese, — sapranno degnamente rispondere al memorabile slancio fraterno.

E' imminente, frattanto. l'andata in iscena della *Dannazione di Fausts,* cui seguiranno la *Rhea* di Samara, l'*Africana* e finalmente la *Margherita,* l'opera nuovissima del Buggermann.

* * *

El periódico A B C, de Madrid, del 12 de febrero de 1910 dice así:

NOTAS TEATRALES - ARTISTAS CONOCIDOS - "En la Scala de Milán ha cantado *Sansón* y *Dalila* la Parsi y Paoli. Paoli fue aplaudidísimo. En verdad que tampoco se ha cansado de *Sansón* el público de la Scala por cuya octava audición van los mencionados artistas". (Pág. 12).

Il Loggione un diario milanés, dice:

PAOLI: SANSON, Y DALILA EN LA SCALA - "Sostiene con resistencia la dificultísima tesitura, haciéndose aclamar varias veces por sus agudos brillantes y la eficaz interpretación. Fue un Sansón excepcional".

Ars Et Labor - Ricordi - Milán, enero 1910:

SANSON Y DALILA - "Entre los ejecutores gustó mucho - sobre todo en el primer acto, el tenor Paoli (Sansón) quien fue aplaudidísimo."

La Rassegna Melodrammattica - 6 de febrero 1910:

"Paoli, excelente Sansón bajo todos los aspectos, fue aclamado en todas sus arias".

Cosmorama Milán, febrero 1910:

"Paoli, un Sansón de primer orden. Voz bellísima, brilló con gran vigor a su salida a escena y se adaptó tiernamente a los ritmos amorosos del dúo del segundo acto y a los acentos dolorosos de la escena de la Muela de Molino a la que estaba atado, para después vibrar de nuevo en la última escena con gran riqueza y sonoridad de voz".

ANTONIO PAOLI

La Perseveranza - Milán, 2 de enero de 1910:

"El tenor Paoli ha causado desde la primera escena una gran impresión por la potencia de su voz, la cual ha recordado a la voz inolvidable de Tamagno por su ímpetu y brillo fulgurante en los agudos. El Paoli es ciertamente de los poquísimos tenores que hoy pueden sostener esa parte poderosa para la cual se necesitan pulmones de bronce. Ha cantado con justa intuición, con heróica extensión y con pasión encontrando en el último acto acentos dolorosos y modulaciones delicadas de gran efecto".

La Lombardía - Milán, 31 de enero de 1910:

SANSON Y DALILA - "El tenor Paoli, era un desconocido para el público de la Scala y quizás también para Milán, aunque cantó hace años *El Trovador* en el Dal Verme. Ahora ha demostrado el haberse refinado. En el *Sansón y Dalila* la entrada del tenor es de sopetón, como en el *Otello*. La frase *Figli Miei V'Arrestate* vale como el *Esultate*. Un tenor puede batir o balbucear con su pico a la primer nota y entonces "Adios tenor" y tal vez "Adios ópera". El Paoli dice la frase peligrosa (divinizada por Tamagno) en forma superba, eficacisímamente y el auditorio, con un grande y sonado aplauso le da la bienvenida a La Scala. Su suerte estaba asegurada por toda la velada, y él demostró poseer una bella calidad de voz y gran resistencia".

Il Corriere Della Sera - Milán 31 de enero de 1910:

"El tenor Paoli, causó desde el primer momento una excelente impresión, cantando el recitativo *Dio D'Israel* con una voz sonora y squilante y con mucho calor expresivo. Su voz conservó hasta el final su fuerza y su intensidad".

Il Secolo - Milán, 31 de enero de 1910:

"El personaje de *Sansón* no es fácil, ya sea por el canto como por la acción. Ha estado representado por Paoli, en forma laudable. En el último acto mostró bella eficacia de acentos dramáticos".

Il Sole - Milán - 31 de enero de 1910:

"EL SANSON DE PAOLI - "El tenor Paoli logró una alabanza instantánea al presentarse en la evocación al pueblo. Se oía murmurar un nombre que era una terrible comparación: Tamagno. Y con justicia diré que desde el principio venía a propósito. El Paoli triunfó por su squillo clarísimo y convincente, especialmente en la triste escena, musicalmente superba del Molino. El Paoli, emitió acentos de rara pureza verdaderamente preciosos".

Il Tempo - Milán - 31 de enero de 1910:

"Sansón era el tenor Paoli. Comenzó maravillosamente con hechos muy eficaces en el arte de bravura. A su entrada en el primer acto todos los que los recordábamos en su interpretación magistral del *Trovador* en el Dal Verme, tuvimos la impresión de una revelación estupefaciente".

Il Messagero Melodrammattico - Milán - 3 de febrero de 1910:

PAOLI EN EL SANSON Y DALILA EN LA SCALA: "Se trata de un suceso bellísimo que en la segunda representación se ha vuelto magnífico, suceso sincero, legítimamente conquistado por el célebre tenor, quien no titubeó en presentarse en la Scala en una ópera como esta de Saint-Saens; ópera muy bella, pero a la vez austera en la concepción y en la conducción. Se dijo después de la primera representación que el gran efecto realizado por Antonio Paoli en el primer acto no se repetiría con tanto clamor en los actos y funciones que siguieran. A esto podemos responder que no es culpa del valientísimo tenor si en los actos segundo y tercero la parte no le ofrece al intérprete la posibilidad de efectos tan impresionantes. Más, para contestar a los más exigentes, diremos que en la segunda representación el Paoli, quien había entusiasmado a la entrada, arrancó el aplauso general con un poderoso Si Bemol"en la frase *Io T'amo* del segundo acto. Decimos ahora que en la escena del Molino de Trigo (el expresa con un acento tan tocante como raramente se puede oir en un escenario), nuevas aprobaciones retumbaron del compacto público y gritos de bravo se mezclaron con la frase de Sansón en el tercer acto, cuando el Paoli, en la invocación a Dios, con la cual termina la ópera, hizo oír otros dos Si Bemoles de una prepotencia rara.

Paoli usa su voz con gran seguridad demostrando una riqueza de medios digna de la fama que le ha hecho un tenor dramático entre los más reputados de la hora presente; voz potente y clara de los agudos refulgentes; voz extraordinaria que ha hecho recordar, hasta a los severos críticos milaneses la voz inolvidable de Francesco Tamagno. (Ver los diarios La Perseveranza e Il Sole). Podemos asegurar que es una voz llena y potente al unísono, con una dicción clara y correctísima; de una expresión fuerte y sentida y de un color vivaz y variado que no marca solamente el efecto de la robustez, de la sonoridad más que marca los tintes tenues y suaves como en el dúo de amor del segundo acto, en el cual el Paoli se muestra notabilísimo como cantante de sentimiento y como sabio pintor.

Este triunfo del célebre tenor en la Scala permanecerá confirmado siempre como la "Más espléndida de todas las representaciones". Paoli, quien esta buenísimo de voz, encuentra recursos siempre extraordinarios en aquella su laringe excepcional. Sujeto como está de lleno favor del público, él hará maravillas en todas las funciones del mundo y dejará un recuerdo de entusiasmo sincero. Damos ahora paso al juicio de los diarios milaneses que aparecieron después de la segunda representación".

La Perseveranza - Milán - febrero 1910 :

"El tenor Paoli recogió la mayor aprobación del público (aplausos) por la potencia, el squillo de su voz y el ímpetu y vehemencia dramática de su canto".

La Lombardía -Milán - febrero 1910 -

"Un buen lleno en el teatro para la segunda función de *Sansón* y *Dalila* la bella, completa e interesante ópera de Saint-Saens que el público gustó del primer al último acto. El Paoli aplaudidísimo, fue aprobado calurosamente en la entrada, en el dúo de amor y en el tercer acto".

Es así como todos los diarios de Milán y otras ciudades de Italia, le proclaman PRIMER TENOR DRAMATICO DEL MUNDO a grandes titulares en sus ediciones pues su triunfo en la Scala fue algo verdaderamente extraordinario.

Il Giornale, 31 de enero de 1910.

Anno LXXII — Milano, 17 Marzo 1910 — **N. 10.**

E senza dubbio opere come l'*Africana* dimostrano che i maestri di quel tempo, anche in quelle forme che oggi non piacciono più alle nuove generazioni, alla dignità ed alla nobiltà della musica sapevano unire una grandiosità di linee, di fronte a cui noi ci sentiamo piccoli e deboli. In realtà nella musica di opere come l'*Africana* o come il *Profeta* c'è tanta materia prima da bastare a comporre una mezza dozzina almeno di parecchie delle nostre opere contemporanee, piccole, modeste e male in gambe.

Ma, poichè mi accorgo di essermi imbarcato in una digressione che Dio sa dove andrebbe a finire, torno alla *Africana* della Scala e dico subito che l'opera ebbe un grande successo di esecuzione e di messa in scena.

L'Africana N. 2

La malaugurata indisposizione del celebre Bassi mise a gran repentaglio il regolare svolgimento della stagione, che filò finora in modo inappuntabile. Sarebbe stato un vero peccato che uno spettacolo di tale e tanta importanza avesse dovuto essere messo da parte dopo una sola rappresentazione, come accadde tre anni fa per la *Forza del destino*.

Fortunatamente si trovò il Paoli, il già applaudito *Sansone*, pronto a rappresentarsi come *Vasco di Gama*, e il pubblico gliene fu grato e lo dimostrò con applausi calorosi e sinceri.

ANTONIO PAOLI

El día 25 de febrero *Sansón y Dalila* fue cantada en francés por los artistas franceses. El público hizo la comparación y prefirieron la actuación de Paoli. El tenor Franz cantó y actuó bien, pero no tenía la arrogancia, la valentía, ni la voz impactante de Paoli. Esta fue la primera vez que se cantaba en La Scala una ópera en idioma extranjero y se hizo a beneficio de los damnificados de las inundaciones en Francia.

Paoli había sido llamado apresuradamente de Monte Carlo ya que el tenor Carlo Rousseliere, se enfermó gravemente durante la primera función de la ópera *Otello* así que Paoli lo sustituyó.

27 de febrero de 1910
Monte Carlo, Salle Garnier

OTELLO

Otello......Paoli
Yago......Ruffo
Desdémona......Luisa Edvina
Director: Padoureano

El éxito fue limitado, pues no tuvo mucha reclamé ya que allí los críticos querían altas cantidades de dinero por publicar críticas fuera de las noches de estreno y Paoli les mandó a freir buñuelos. No les quiso pagar nada. El telegrama de Pocholo dice:

"Antonio Puso en pie al teatro en pleno. Conquistó al público desde el *Esultate* hasta la *Muerte*. Exito completo". Monte Carlo 1910.

Al terminar su participación en cinco funciones de *Otello* se marchó a Milán para el estreno de la ópera *La Africana*. El 13 de marzo se anuncia en la cartelera del Teatro Alla Scala la ópera L'Africana de Meyerbeer, con el tenor Amedeo Bassi, como el Vasco da Gamma, y la gran Diva Ester Mazzoleni, como Sélika. Esa noche el teatro estuvo rebosante de público, pues hacía tiempo que esa ópera no se cantaba en Milán. Paoli, quien era gran amigo del tenor Amedeo Bassi, había asistido a varios ensayos de esa ópera en La Scala invitado por este último. Notaba Paoli el enorme esfuerzo vocal que hacía Bassi para emitir los agudos y se dio cuenta inmediatamente de que aquel papel no le cuadraba a éste. El estreno tuvo este reparto:

12 de marzo de 1910
Teatro Alla Scala
Milano, Italia

LA AFRICANA
Meyerbeer

Vasco da Gamma......Amedeo Bassi (luego Antonio Paoli)
Sélika......Ester Mazzoleni
Ines......Linda Cannetti
Nelusko......Domenico Viglione-Borghese
Don Pedro......Nazzareno de Angelis
Inquisitore......Alfredo Brondi
Director: Maestro E. Vitale

La Gazzetta Dei Teatri:

"Como bien específica el editorialista se necesitaba una voz con pulmones de acero para afrontar esa partitura, y Bassi no poseía esa voz".

A los pocos días la revista Ars Et Labor de Milán publicó esto:

TEATRO ALLA SCALA - LA AFRICANA - "Aunque gravemente indispuesto, el tenor Bassi sobresalió en muchos puntos para hacer valer su bella calidad de artista, enfermóse y no puede tomar parte en representaciones ulteriores. Ha sido sustituído por el señor Paoli, que esperamos reporte un buen suceso". Marzo, 1910.

La Gerencia de la Scala necesitaba a Paoli urgentemente para sustituir al célebre tenor, a lo cual Paoli se opuso y no fue sino hasta que el mismo Bassi le pidió que lo sustituyera, Paoli aceptó con condiciones extraordinarias cantar las ocho funciones restantes. Redebutó pues el día 23 de marzo de 1910. La crítica de la Gazzetta Dei Teatri Milán - 25 de marzo 1910, dice:

TEATRI DI MILANO ALLA SCALA - LA AFRICANA NO. 2- "La mal augurada indisposición del tenor Bassi, puso en gran aprieto el desarrollo regular de la estación, que terminó en forma impredecible. Hubiera sido un verdadero pecado que un espectáculo de tal y tanta importancia hubiese sido presentado una sola vez, como ocurrió hace tres años con *La Forza del Destino*. Afortunadamente, se encontró a Paoli, el ya aplaudido *Sansón*, pronto a representarse como *Vasco de Gama* y el público le acogió con agrado y lo demostró con aplausos calurosos y sinceros".

La Rassegna Melodrammattica, 28 de marzo de 1910, dice así:

"En la segunda representación de *La Africana* enfermó el tenor Bassi, y fue repuesta en escena el jueves 24 de marzo. La parte de Vasco da Gama fue cantada por el tenor Paoli, el aplaudidísimo *Sansón*. El excelente tenor fue muy aplaudido en especialmente en el aria *O, Paradiso* que sabe hacer con formidables notas agudas, fue requerida la repetición no obstante la prohibición del bis. Fue tal la insistencia que tuvo que bisarla. Trataré de volver a otra representación y hablare con más detalles del nuevo Vasco da Gama".

El seis de abril este mismo crítico, Olando Viviani considerado el más severo de los críticos de Milán, dijo en la Rivista Teatrale Melodrammattica:

"Tras asistir a varias representaciones de *La Africana* sólo resta decir que el tenor Paoli me causó una óptima impresión y que es un óptimo Vasco, merecedor de los más cálido aplausos. Estos le fueron prodigados por el numeroso y entusiasta público, porque canta con pasión y posee espléndidos medios vocales, especialmente en el registro agudo."

Cosmorama de Milán - marzo - 1910.

ALLA SCALA - AFRICANA - "Ha sido repuesta con el tenor Paoli, con un éxito satisfaciente. La voz bien timbrada y la dicción clara del vigoroso tenor han sido la razón de dar esta difícil parte a Paoli".

ALLA SCALA
Sansone e Dalila

L'ho detto, lo dico e lo dirò sempre: quando si ha assistito ad un grandioso spettacolo nel nostro massimo e glorioso teatro, non si può più contentarsi di altri spettacoli, che altri pubblici in altri teatri trovano ottimi, e magari maravigliosi. Da dieci anni a questa parte la Scala ha subito una evoluzione, che in passato sarebbe sembrata un sogno. Da due anni poi si è raggiunto il massimo limite, non soltanto per il lusso e la grandiosità degli allestimenti, ma anche, e più ancora, per la genialità delle interpretazioni sceniche, per le quali occorre tutto un complesso di minuti dettagli e tutta una coordinazione di svariati elementi, ai quali deve provvedere una sola mente ed una unica volontà. E questo risultato — è giustizia riconoscerlo e convenirne — lo si deve al direttore artistico, maestro Mingardi, che fu per tutti una rivelazione e che è il primo vero regisseur, che si sia avuto in Italia.

Ho assistito tre anni fa ad una rappresentazione del Sansone e Dalila all'Opera di Parigi e non mi perito di affermare che non esiste confronto fra quella e questa della Scala. E si che allora il Sansone e Dalila parigino mi parve una meraviglia. Le scene, le danze, i costumi, il giuoco delle luci, gli aggruppamenti delle masse, la disposizione dei quadri, tutto insomma è un'altra cosa, perchè tutto è qui disciplinato da un fine ed elevatissimo senso d'arte.

E un'altra cosa è pure tutto ciò che riguarda l'esecuzione musicale tanto in orchestra, quanto sul palcoscenico.

E per l'orchestra si capisce quando si pensi alla valentia superiore dei cento professori sceltissimi, che la compongono, ed all'autorità e alla competenza del maestro Vitale, che la dirige.

Ma trovare oggi artisti degni di un'opera così importante e imponente era un problema, la cui soluzione poteva sembrare eminentemente ardua, se non addirittura impossibile. E pure il problema fu sciolto, e noi ci troviamo dinanzi ad uno spettacolo di primissimo ordine, di cui rimarrà non delebile memoria.

I due protagonisti, Sansone e Dalila, Paoli e la Parsi-Pettinella, sono entrambi all'altezza dell'importanza massima delle loro scabrosissime parti.

Il Paoli mi ha ricordato il non mai abbastanza rimpianto Tamagno, e non potrei, io credo, fargli elogio maggiore di questo. Fin dalle prime frasi egli ha conquistato il pubblico — quel gran pubblico delle prime rappresentazioni, che non è davvero facilmente conquistabile, in ispecie quando si tratta di un artista a lui ignoto. Gli abbonati arcigni, severi, diffidenti siedono in quelle solenni occasioni, come giudici in tribunale, e per convincerli e per commuoverli ce ne vuole!... Ma la splendida voce del Paoli vinse di primo acchito le severità e le diffidenze e in tutto il corso dell'opera fu per lui un crescendo di approvazioni convinte e di applausi spontanei.

La Parsi-Pettinella era già battezzata su queste medesime scene quale Dalila di primissimo ordine. A lei e alla Guerrini il pubblico milanese aveva concesso in questa parte tutto il suo favore senza discussioni e senza restrizioni — e a lei questo favore ha confermato domenica sera. La sua voce potente, estesa, equilibrata, intonata, è sempre la stessa, come sempre la stessa è l'arte sua raffinata, l'accento incisivo e la dizione scultorea. In tutti i punti salienti del biblico dramma essa ottenne l'ambito premio del plauso ed io me ne congratulo vivamente con lei.

Due altre splendide voci quelle del baritono Moreo e del basso Brondi, i quali cooperarono da valorosi al conseguimento della vittoria ben meritando della fiducia che avevano saputo ispirare alla Direzione.

Benissimo pure tutti gli altri e straordinaria la massa corale, la quale, a tutta lode del maestro Venturi, è divenuta ormai parte integrante di ogni spettacolo e sovrana fattrice di trionfi.

Che dire delle danze del primo atto e specialmente di quelle del terzo?..... In queste prese parte quella suggestiva artista, che è la Preobrajenski, la Zucchi rediviva, la Duse coreografica. Essa nel baccanale del tempio è anima, è fuoco, è vita. Le sue pose, le sue movenze, il suo slancio infondono a quel quadro una vivacità ed un verismo tutto speciale. E il pubblico l'acclamò entusiasticamente, e fu giustizia.

Della messa in scena ho già detto in principio e non potrei che ripetermi. Aggiungerò solo che i nostri scenografi hanno dato una nuova splendidissima prova del loro alto valore, e che il maestro Mingardi — il quale, d'accordo col Coppini, fu anche coreografo abilissimo — superò sè stesso nel generale allestimento del grandioso spettacolo.

Il macchinista Ansaldo — che potrebbe far concorrenza all'occulto Dio dei terremoti — ha terrorizzato il pubblico col crollo del tempio di Dagone, come già nel ballo manzottiano con la famosa mina di Pietro Micca.

Benedetto Challis

Lunedì sera, in rappresentazione popolare, questo egregio artista assunse la parte di Wotan nella Walkiria. Egli certo non può gareggiare con la voce, piuttosto unica che rara, di De Angelis, ma è fuori di dubbio che col suo raro talento sa magistralmente interpretare il personaggio.

E di ciò gli va data lode, poichè veramente la merita, come lode ebbe a Genova quando rappresentò per 14 sere questa medesima parte.

AL LIRICO INTERNAZIONALE
Mignon

L'amico De Comis è veramente il maestro di tutti gli impresari. Infatti gli altri — quando riescono a imbroccare degli spettacoli eccellenti o almeno buonissimi — è bazza se arrivano a sbarcare tant bien que mal il loro lunario. Lui invece — con degli spettacoli non dico cattivi, Dio me ne guardi! ma certo non buonissimi, nè eccellenti — trova sempre la sua ciambella col relativo buco, e guadagna fior di quattrini. Questo suo carnevale, per esempio, al bel teatro di Via Larga rimarrà proverbiale. Un avvicendarsi non interrotto di opere stravecchie, un caleidoscopio di artisti in processione continua, una sequela di successi così così e non di rado più così che così... eppure il responso della cassetta, se non quello degli applausi, è ogni sera favorevole e il livello degli incassi sempre in aumento, come quello della Senna a Parigi.

Bisogna però convenire che questa Mignon è una delle opere meglio riuscite di tutta la stagione.

La Agozzino — Dio, che nome feroce per una gentile signorina, quale essa è! — fu una protagonista assai simpatica, e il pubblico glielo disse chiaro con frequenti approvazioni.

La Trezzi, Titania, e la Zaccaria, Federico, la secondarono con una camaraderie non facile a riscontrarsi sui palcoscenici, e completarono con molta grazia il quadro femminino dell'opera di Thomas.

EL LEON DE PONCE

La Rassegna Melodrammattica - Milán - 7 de abril de 1910.

MILANO LIRICA - LA AFRICANA CON TENORE PAOLI - SCALA - "Un ataque muy grave de reumatismo impidió al tenor Bassi proseguir las representaciones de *La Africana* comenzadas por él la noche del 13 del corriente mes. La dirección esperó algunos días y luego se vió obligada a tomar una decisión y, de acuerdo con el Sr. Bassi, contrató a otro tenor para la ópera de Meyerbeer, reconfirmando a Antonio Paoli, quien con el *Sansón y Dalila*, había sabido ya conquistar el mes pasado, la consideración y la simpatía del público de la Scala.

La otra noche 24 *La Africana* pudo tener en esta estación su segunda representación ante un público que acudió en masa a llenar la platea y las galerías para asistir al nuevo debut del tenor Paoli. Su figura masculina y bella aparece en el primer acto en el fondo del escenario grandioso y fue una aparición de lo más simpática. El fiero Vasco da Gama comenzó su exposición de protección y de esperanza para el gran concilio, emitiendo todas las palabras con pronunciación clarísima, desplegando la voz bien timbrada y bella, de peso y poderosa, llevando siempre en su intensidad una vibración de dulzura que es una de sus más notables características.

El acto primero se desenvolvió tras el vivo interés del público cuyas llamadas, al final, delinearon el óptimo éxito. El Paoli fue muy expresivo y eficaz en el segundo cuadro en la escena con Sélika y después de la frases llenas de alegrías expansiva: *Triunfo, Io Lo Dicea*, cantó *Sei, L'Angelo Diletto* con bella inflexión de ternura extraordinaria. El contribuyó notablemente al éxito del *Settimino* y después de la breve escena del duelo con Don Pedro, llegando al punto culminante de la noche en la romanza *O Paradiso*, que atacó pianísimo tras el religioso silencio de la sala entera. Toda la romanza fue seguida con ansioso placer y del ataque delicado. El ejecutor pasó al *Crescendo* más vivaz, llegando a la cadenza famosa: *Tu Appartieni A Me*, el vivismo acento conque mostraba toda la alegría de la suspirada conquista fue coronado con un Si Bemol y de un La Bemol portentosos de belleza, de sonoridad expansiva, sostenida y reforzada. A este punto el aplauso estalló frenético y larguísimo asumiendo toda la importancia de una ovación grandiosa. Tras los aplausos se oyeron los gritos del bis. El público le aclamaba entusiastamente y el bis que esta prohibido en la Scala fue concedido. También esta vez".

Entre los miembros del coro del Teatro Alla Scala se encontraba el Señor Enrico Meni, quien cantaba como tenor y quien además, en septiembre de 1972 nos narró lo siguiente, sesenta y dos años después de ocurrido.

"Cantaba yo en el coro de la Scala, cuando Paoli hizo su debut en 1910 en la ópera *Sansone y Dalila* de Saint-Saens. Aquello fue algo apoteósico. Su forma de emitir la voz, sus agudos claros, sonoros y vibrantes. Su figura alta, gallarda y elegante, hicieron que el público le aplaudiera hasta el delirio. Y eso es algo muy especial pues el público de la Scala, era muy aristócrata y escogido y trataba de controlar sus emociones como una estricta regla de etiqueta que con Paoli, se rompió pues él lo rindió a sus pies. Sabe usted que del 3er. acto en adelante cantaba con el torso descubierto mostrando su gran fisonomía muscular. Figura atlética. Tenía una grande y musculosa caja toráxica y unos biceps que le metían miedo a cualquier boxeador. Su éxito como *Sansón* fue extraordinario y definitivo y el teatro se venía abajo de bravos y ovaciones ensordecedoras. Se le comparaba con el gran tenor Francesco Tamagno, a quien escuché en *Otello* allí mismo, años antes, y me gustaba más la voz del Paoli, era menos dura y más musical y segura en los agudos. Cantó luego la más grande y extraordinaria *Africana* que he escuchado en mi vida. No he vuelto a ver ni escuchar nada parecido a aquello.

En todas sus partes el Paoli cantaba con gran fuerza, pues tenía una voz muy voluminosa y a la vez bella, bellísima. Al llegar al aria sublime *O Paradiso*, salió a escena absorto y perplejo de la belleza que le rodeaba en aquel lugar encantado que acababa de encontrar y conquistaría para su patria. Comenzó cantando el aria suave, piano, pianísimo, dulcemente. Era algo así como un éxtasis. El público pensaba que Paoli, con aquel vozarrón que tenía, no podría cantar esa aria así y estaban preparados para dañarle la velada si fallaba en esa parte. Nosotros, los del coro, estábamos todos acurrucados mirando desde los cortinajes laterales del escenario, esperando la catástrofe; pero cuando escuchamos aquella voz suave y angelical quedamos también extasiados... fue algo único... Cuando comenzó el recitativo *Mi batti Il Cor, Spetacol Divin*, pronunció la frase *Mi Batti Il Core* con voz fuerte y bella a todo volumen y gradualmente la fue cambiando. Piano, Pianísimo... bella... La última frase *Spetacol Divin* fue un murmullo que se escuchó por todo el teatro, pues se hacía un silencio sepulcral. Nadie respiraba estaban todos atentos al mínimo movimiento y palabras pronunciadas por el tenor. Luego comenzó *O Paradiso*, pianísimo como hilo de oro puro con aquella voz única y perfecta que poseía y con la cual podía emitir sonidos más fuertes que el trueno y la vez voz angelical, este era como él decía 'El mejor regalo que Dios me dio'.

El teatro, como le dije, estaba en completo silencio, el público estaba como hipnotizado con aquella voz extraordinaria; se aguantaba hasta la respiración para no interrumpir aquel éxtasis delicioso. Al finalizar el aria con aquel *A me* que nos llegó hasta el tuétano de los huesos, sonó la más estruendosa y extraordinaria ovación que he escuchado en mis cincuenta años que pasé en la Scala. Jamás ni nunca, he vuelto a escuchar una ovación similar en mi vida a artista alguno. Para mi Paoli, ha sido el tenor dramático más grande que he escuchado en mi vida".

El libro de C. Gatti Il Teatro Alla Scala, Casa Ricordi, 1964, dice en una nota: "Paoli, el vozarrón que hizo temblar la Scala."

Una tarde Paoli se dirigía al teatro y al entrar por la puerta del escenario un amigo le preguntó "Comendador, ¿qué es eso que trae en la mano? El contestó: Guido de Varona, tiene un gato por mascota, la soprano Mazzoleni, tiene un bello Perrito. ¿Acaso no están de moda las mascotas?... Pues esta es la mía y es más práctica pues esta se come y las otras no. Y siguió campante hacia su camerino con aquella enorme langosta de agua dulce como mascota, que terminaría en la olla al día siguiente. Años más tarde en 1975 cuando la gran Diva Ester Mazzoleni, contaba con noventa y tres años de edad fue entrevistada en Palermo por John Gualiani a quien narró lo siguiente:

"Paoli fue un gran tenor con quien canté *La Africana* en la Scala. Tenía gran portamento y gran estilo en su media voz en los dúos de amor, y usaba su poderosísima voz con toda su fuerza cuando la ocasión lo demandaba en la ópera. Recuerdo que cantó un grandioso *O Paradiso*. En 1918 cantó en Palermo seis funciones de *Otello* en El Teatro Massimo con grandísimo éxito. Paoli, era un magnífico y gran actor, cantante y colega. Y creo que poseía la voz más poderosa de todos los tenores con los cuales canté".

En esa temporada del Teatro Alla Scala, Paoli conoció a una preciosa joven oriunda de Rimini llamada Adelaide Bonini, quien cantaba en el coro del Teatro Alla Scala y bailaba también. Estaba emparentada con el célebre barítono Francesco María Bonini. Al correr de los años sería la compañera de por vida del célebre tenor.

Tras el retumbante éxito en la Scala, Paoli se convirtió en un ídolo. Cuando recorría las calles de Milán en su hermoso carruaje tirado por sus dos briosos corceles chilenos, los cuales les

EL LEON DE PONCE

habían sido regalados en Chile, todos se paraban para verle pasar, le aplaudían y le vitoreaban. Si entraba al Café Biffi, en la Gallería de Milán, la gente se ponía de pies y le aplaudían.

Regresa a Porto Ceresio para tomar posesión de la nueva villa que ya estaba terminada de construir y la cual estaba localizada a orillas del Lago de Lugano. Tenía veinte habitaciones de dormitorio, antesala, dos cómodas salas, comedor de etiqueta y comedor familiar para uso diario, además de un saloncito para desayunar y merendar, sala de música, varias terrazas y balcones y bellos jardines. La otra Villa en el Lago Ticinio en Brusino Arizio-Suiza era más pequeña y familiar. Ya instalados comenzaron a enviar las invitaciones para inaugurar el nuevo hogar en Lugano. Vinieron amigos de España, Francia, Inglaterra, Suiza, Austria, Bélgica e Italia. La fiesta duró tres días. Entre los invitados estaban Titta Ruffo, Humberto Giordano, Luigi Mancinelli, Guido de Varona, Reinaldo Hahn, Andrés Perelló, Ester Mazzoleni, Riccardo Stracciari, Giuseppe de Luca, El Maestro Vitale, El Maestro Mugone, Mario Ancona, María Farnetti, Amedeo Bassi, Nazzareno de Angelis, Angélica de Angelis, Viglione Borghese, Celestina Boninsegna, Maestro Braccale, Oreste Luppi, Pietro Mascagni, Piero Samara, Renato Broggi, el Dr. Amdrosiani y otros tantos. Esta fue una fiesta animadísima. Hubo paseos en bote por el lago, caminatas, carreras en bicicleta, comidas al estilo buffet, y en la noche, música bella y arias de óperas.

A principios de junio muere su perro Ursu, la mascota bull dog que había traído de Inglaterra en 1900. Lo mandó a embalsamar con un taxidermista en Viena y lo colocó en una esquina del Salón de Música, donde mismo acostumbraba a pararse el fiel can a escuchar a Paoli, cuando este repasaba o ensayaba alguna ópera. A mediados de junio recibe en su casa la visita del agente empresario Carlo Tagliafero. Este era un agente que se especializaba en contratar artistas para hacer tourneés por los países nórdicos de Europa, y países orientales. Vino a ver a Paoli, para invitarlo a cantar el *Otello* en el Teatro de la Monaie en Bruselas, fuera de la temporada oficial del teatro, como artista invitado con una paga excepcional para ocho funciones extraordinarias de *Otello*. Paoli aceptó gustoso y se presenta allí como sigue:

Compañía de Opera Italiana
5 de julio de 1910
Teatro de la Monaie
Bruselas, Bélgica

OTELLO
Verdi

Desdémona......Fernanda Chiesa
Otello......Antonio Paoli
Yago......Ernesto Badini
Roderigo......Romano Rasponi
Cassio......Luigi Ilcani
Director: Pandolfini

El telegrama dice:

"Clamoroso debut en Bruselas. El Paoli recibió las ovaciones más grandes de la noche. Bisó arias y dúos; público enloquecido". Firma: Lencontre, Bruselas 27 de julio de 1910.

361

ANTONIO PAOLI

A principios de ese mismo mes había grabado en Milán una serie de discos y tal como le había prometido al Maestro Saint-Saens, graba el aria *Vien's o Toi* de su ópera *Dejanire*. Graba también varias arias y dúos de *Otello*. Se organiza luego una corta tournée de verano por varias ciudades de Italia. La Compañía fue organizada por el Maestro Leopoldo Mugnone. Sería durante el mes de agosto y recorrería las ciudades de Rimini, Jesi, Prato, Savona, Verona y Bologna. Los artistas eran las sopranos Lucilla Maldonado, Claudia Muzio, al comienzo de su carrera, Angela de Angelis, Nini Frascani, Amalia Paoli, María Passari, Josefina Huguet, Fernanda Chiesa. Los barítonos: Giuseppe de Luca, Ernesto Badini, Los bajos Romano Rasponi, Andrés Perelló y el otro director Rafaelle Bracale. El éxito artístico fue grande pues los residentes de esas ciudades pudieron ver y escuchar las voces de esas grandes figuras de la lírica. La Muzio, apenas comenzaba su carrera artística.

20 de julio de 1910
Teatro Pergolesi
Iesi, Italia

IL TROVATORE
Verdi

Leonora......Angela de Angelis
Ines......Lucilla Maldonado
De Luna......Giuseppe de Luca
Manrico......Antonio Paoli
Azucena......Nina Frascani
Ferrando......Romano Rasponi
Ruiz......Luigi Ilcani
Director: Maestro Mugnone

Esa ópera se cantó tres veces con el mismo reparto. El telegrama de Pocholo a Josefina dice:

"Paoli, conquistó y dominó la escena. *El Esultate* fue trisado, todas las demás arias y dúos fueron bisadas. Triunfo total y completo". Pocholo. Iesi, 5 de agosto de 1910.

24 de julio de 1910
Teatro Vittorio Emanuelle
Rimini, Italia

OTELLO
Verdi

Desdémona......María Passari
Otello......Antonio Paoli
Emilia......Luisa Trochii
Cassio......Luigi Ilcani
Montano......Romano Rasponi
Yago......Ernesto Badini
Director: Bracale

EL LEON DE PONCE

Esta se cantó tres veces en Rimini, con gran éxito.

28 de julio de 1910
Teatro Vittorio Emmanuelle
Rimini, Italia

IL TROVATORE
Verdi

Leonora......Claudia Muzio (luego Josefina Huguet)
Manrico......Antonio Paoli
De Luna......Giuseppe de Luca
Azucena......Amalia Paoli
Ines......Lucilla Maldonado
Cassio......Luigi Ilcani
Ferrando......Romano Rasponi
Director: Mugnone

Telegrama a Josefina:

OTELLO - "Paoli, éxito rotundo, voz compacta causó gran admiración entre los espectadores. Trisó *Esultate*. Bisó resto". Pocholo, Rimini - 7 de agosto de 1910.

TROVATORE - "Paoli con Amalita, fabulosos, éxito total. Trisó Pira. Bisó dúo con Amalita último acto". Pocholo, Rimini, 7 de agosto de 1910.

2 de Agosto de 1910
Teatro Politeama
Bologna, Italia

LOHENGRIN
Wagner

Elsa......Fernanda Chiesa
Ortrud......Amalia Paoli
Lohengrin......Antonio Paoli
Telramund......Giuseppe de Luca
Enrique......Andrés Perelló
Director: R. Bracale

El diario Giornale di Bologna dice así:

"Rara obra lírica para el público bolognés, ha sido la función única de *Lohengrin* en nuevo ambiente. Esta es una ópera de rara belleza, que el público solo aprecia y aquilata dada su calidad extraordinaria de los intérpretes. Habíamos escuchados discos fonográficos de varias arias de esta ópera tal como *Cigno Gentil* y *A Voi Lontan* que el público reconoció de inmediato. Se premió la ejecución del tenor Paoli con gran entusiasmo. Es un Lohengrin altivo y noble de mirada dulce y tierna para su Elsa (Fernanda Chiesa), y dura penetrante para los enemigos de ella. La Ortrud, Amalia Paoli, cumplió muy bien su cometido del diabólico

363

ANTONIO PAOLI

personaje. La ejecución de esta obra resultó impactante. Las arias *Cigno Gentil* y *Da Voi Lontan* fueron bisadas; si se seguía complaciendo al público el espectáculo no hubiese terminado nunca, para este público que prefiere el repertorio italiano fue algo así como un cambio que a todos agradó. Mugnone muy bien en la dirección".

8 de agosto de 1910
Teatro Bistori
Verona, Italia

OTELLO
Verdi

Desdémona......Fernanda Chiesa
Otello......Antonio Paoli
Yago......Giuseppe de Luca
Cassio......Luigi Ilcani
Montano......Romano Rasponi
Emilia......Lucilla Maldonado
Director: Mugnone

Telegrama a Josefina:

OTELLO - Verona - "Paoli, sublime, trisó *Esultate*, bisó otras arias. Exito total y rotundo, teatro lleno". Pocholo, Verona, 13 de agosto de 1910.

11 de agosto de 1910
Teatro Bistori
Verona, Italia

IL TROVATORE
Verdi -

Leonora......Claudia Muzio
Ines......Lucilla Maldonado
Manrico......Antonio Paoli
De Luna......Ernesto Badini
Azucena......Amalia Paoli
Ferrando......Andrés Perelló
Director: R. Bracale

Telegrama a Josefina:

TROVATORE - "Bisó *Serenata* y *Adagio*. Trisó *Pira*. Público loco. Aclamado el mejor Manrico. Amalita, estupenda y única. Muzio muy bien para principiante. Público de pie aplaudió ardientemente a Paoli". Pocholo, Verona, 17 agosto de 1910.

364

EL LEON DE PONCE

16 de agosto de 1910
Teatro Metastasio
Prato, Italia

IL TROVATORE
Verdi

Manrico......Antonio Paoli
Leonora......Claudia Muzio (luego Angela de Angelis)
De Luna......Giuseppe de Luca
Azucena......Nini Frascani (luego Amalia Paoli)
Cassio......Luigi Ilcani
Ferrando......Romano Rasponi
Director: Mugnone

De esta se cantaron tres funciones. Il Giornale di Italia del 20 de agosto de 1910 dice así:

"Paoli, Manrico ideal, gallardo y tierno. Desató en los momentos dados un torrente de voz, bella y potente. Trisó todas las arias importantes. Muzio, tierna y delicada, voz sutil, suave y segura , muy joven aún para ese papel, pero con gran futuro. Genial de Luca como De Luna, voz bella y musical. La Paoli, dicho sea de paso, hermana del tenor Paoli, muy buena Azucena, voz fuerte y gran actriz".

Como podemos apreciar fue un gran éxito artístico y económico, pues rara vez se presentaban en esos teatros artistas de renombre como los que participaban en esa temporada. Lo único que molestaba a los artistas eran los contínuos viajes en tren y lo corto de las temporadas en cada una de esas ciudades. Pero, lo hacían por complacer al Maestro Mugnone, pues a esos sitios no se llevaba ópera con frecuencia.

20 de agosto de 1910
Teatro Chiabrera
Savona, Italia

IL TROVATORE
Verdi

Leonora......Angela de Angelis
Manrico......Antonio Paoli
Azucena......Nini Frascani
De Luna......Ernesto Badini
Ines......Lucilla Maldonado
Cassio......Luigi Ilcani
Ferrando......Romano Rasponi
Director: Mugnone

De esta se cantaron cuatro funciones con el mismo reparto. Telegrama a Josefina:

"TROVADOR - Savona - Paoli, aplaudidísimo. Trisó Pira. Repitió otras arias. Voz segura y estentorea a pesar de los viajes y el cansancio". Pocholo, Savona, 25, VIII, 1910.

365

ANTONIO PAOLI

26 de agosto de 1910
Teatro Chiabrera
Savona, Italia

ANDREA CHENIER
Giordano

Maddalena......María Passari
Andrea......Antonio Paoli
Contessa......Nini Frascani
Cieca......Nini Frascani
Gerard......Giuseppe Nistri
Director: Bracale

De ésta ópera sólo se cantó una función a beneficio y en presencia de su autor, Humberto Giordano, quien quedó muy complacido con su ejecución. La crítica dice así:

"Se presentó el gran tenor Paoli en esta ciudad tras el enorme éxito obtenido en la Scala en la pasada temporada lírica. Canto el Chenier, de Giordano, quien estaba presente en el teatro". Es Paoli, el primero y único que ha cantado el Chenier con barba con permiso expreso del autor. Fue magistral en todo el sentido de la palabra". Il Giornale, Savona, 28 de agosto de 1910.

28 de agosto de 1910
Teatro Chiabrera
Savona, Italia

OTELLO
Verdi

Desdémona......Angela de Angelis
Otello......Antonio Paoli
Yago......Giuseppe Nistri
Cassio......Luigi Ilcani
Montano......Romano Rasponi
Director: Mugnone

Esta ópera se presentó tres veces a teatro lleno como todas las demás funciones presentadas.

"*Otello* cantado con gran entusiasmo. Paoli sorprendió al público como protagonista. Desplegó una gran potencia de voz. Similar, según los mayores, a aquellas de Enrico Tamberlick y Tamagno. Bisó todas las arias. Aplaudido hasta el delirio. Es sin duda alguna el tenor dramático más grande que ha pisado nuestro escenario". Il Giornale Savona - 30 de agosto de 1910.

Terminada la tourné se marcha a Porto Ceresio y presenta en Brunate el siguiente concierto.

366

EL LEON DE PONCE

Renzo Sonsogno Presenta
4 de septiembre de 1910
Brunate, Lago Como, Italia

Gran Salón, Hotel Milano
Concierto de Beneficencia

ANTONIO PAOLI
Tenor Dramático
Piano
Guido Farinelli Spiero Samara y Maestro Somma

Parte I
Si, Io T'Amo......Madamemoiselle de Belle Isle - (Samara)
Al piano:Maestro Samara
Esultate......Otello - (Verdi) - (Bisado)
Al piano:Guido Farinelli
La Pira......Il Trovatore - (Verdi) - (Bisado)
Al piano: Maestro Somma

Parte II
Improvisso......Andrea Chenier - (Giordano)
Al piano: Guido Farinelli
Dio Mi Potevi......Otello - (Verdi)
Al Piano:Maestro Somma
Ora e Per Sempre......Otello - (Verdi)
Al Piano:Guido Farinelli

La crítica dice así:

"Gran concierto de beneficencia, en el Salón de Hotel Milano de Brunate, Lago Como - Organizado por Renzo Sonsogno.

He aquí finalmente al tenorísimo Paoli, último número del programa, por cierto. Yo no voy a decir nada del fanatismo que él ha suscitado cantando la bellísima romanza de la *Mademoiselle de Belle Isle,* del Maestro Samara, quien lo acompaño al Piano. Del Andrea Chenier,diré solo, y es esta la mejor prueba de su éxito... que Paoli, no ha podido eximirse de cantar otras piezas del *Otello* además del *Esultate*.... y *La Pira* del *Trovador*. Plantando uno de aquellos Dos sobreagudos que, como decía aquel dicho, dejaron las señas del Moro". Firma Mario Gargiulo, Il Teatro illustrato octubre. 1910.

La Rivista Cosmorama decía así:

BRUNATE, COMO, GRAN CONCIERTO DE BENEFICIENCIA- SALON DEL HOTEL MILANO- " Paoli cantó la romanza de la *Madamemoiselle de Belle Isle* acompañado al piano por su autor Spiro Samara. Cantó también el *Esultate* de la ópera *Otello* y *La Pira* del *Trovador*, las cuales fueron bisadas. Los otros maestros que le acompañaron al piano, además de Samara, fueron Guido Farinelli y el Maestro Somma. Cantó además el *Improvisso* de Andrea Chenier y otras arias del *Otello*".

ANTONIO PAOLI

El éxito fue extraordinario y para fines de septiembre se organizó otro concierto en Lissone, Italia como sigue:

23 de septiembre de 1910
Teatro Municipale
Lissone, Italia

Gran Concierto
Amalia Paoli - Celestina Boninsegna - Antonio Paoli
Spiro Samara
- Piano -

Parte I
Antonio Paoli
- tenor -
Romanza......Aura, (A. Zanella)
SI, Io T'Amo......Mme de Belle Isle, (S. Samara)
Esultate ......Otello, (Verdi)
O, Paradiso......L'Africana, (Meyerbeer)

Parte II
Amalia Paoli
- Mezzo soprano-
Non Conosci Il Bel Suol......Mignon, (Thomas)
O, Mio Fernando......La Favorita, (Donizetti)

Parte III
Celestina Boninsegna
- Soprano -
Voi Lo Sapete......Cavalleria Rusticana, (Mascagni)
Vissi D'Arte......Tosca, (Puccini)
¡Suicidio!......La Gioconda, (Ponchielli)

Este fue un gran acontecimiento en Lissone, ciudad que pertenece a la Provincia de Milán. Es contratado luego por el Maestro Virgilio Ricci, para cantar *El Trovador* en Ravenna y Bagnacavallo, pues allí se habían ya enterado de la gira de agosto y lo pedían.

15 de octubre de 1910
Bagnacavallo, Italia
Teatro Goldoni

IL TROVATORE
Verdi

Leonora......Angela de Angelis
Manrico......Antonio Paoli
Azucena......Amalia Paoli
Conte Di Luna......Giuseppe Nistri
Ferrando......Baldo Travaglini
Director: Virgilio Ricci

EL LEON DE PONCE

Esta ópera fue cantada cinco veces a teatro lleno y público entusiasmadísimo, a pesar de que la primera noche Paoli había atrapado un resfrío. La crítica dice así:

IL TROVATORE - BAGNACAVELLO - "Desgraciadamente el célebre tenor Paoli se encontraba afligido hace unos días con un fuerte resfriado, no pudo pues lucir toda la potencia de sus espléndidos dones vocales; aún así, enfermo, supo hacerse meritorio de gran festejo por parte del público". Firma: Romagnolo para La Rivista Melodrammattica.

Días después vuelve a cantar y obtiene la siguiente crítica:

BAGNACAVALLO - TROVATORE - "Completamente restablecido de la ligera indisposición, el célebre tenor Paoli, mostró todo el esplendor fenomenal de su voz y transportó al entusiasta público a un gran entusiasmo. Bisadas las arias principales". Firma: Romagnolo - La Rivista Teatrale Melodrammattica - 25 de octubre de 1910.

BAGNACAVALLO - TROVATORE - "Amalia valientísima Azucena, aclamada merecidamente, especialmente en la escena sola del segundo acto y en las escena junto al excepcional Manrico del tenor Paoli". Firma: Voz - Rivista Teatrale Melodrammattica. 31 de octubre de 1910.

Il Mondo Artístico, octubre de 1910 - Bagnacavallo -

EL TROVADOR - "Triunfo arrollador ante un público entusiasmadísimo. Los intérpretes principales fueron Angélica de Angelis, y el tenor Paoli, aclamadísimos. Otros, Amalia Paoli, hermana del tenor, el barítono Nistri y el bajo Travaglini, muy buenos". El director, Ricci".

31 de octubre de 1910
Teatro Comunale
Ravenna, Italia

IL TROVATORE
Verdi

Leonora......Angela de Angelis
Manrico......Antonio Paoli
Azucena......Amalia Paoli
De Luna......Giuseppe Nastri
Ferrando......Baldo Travaglini
Director: V. Ricci

Esta ópera se cantó ocho veces ante un público fanatizado. La crítica dice así:

IL TROVATORE A RAVENNA - "Triunfo Absoluto. El tenor Paoli es el Manrico ideal fiero y tierno a la vez dependiendo la situación dramática. El público le premió con creces su valiente participación. Azucena, Amalia Paoli, magnífica en su interpretación tanto vocal como musicalmente". Il Mondo Artístico, Milán oct. 1910.

369

ANTONIO PAOLI

Tras el éxito en Ravenna se marcha a Porto Ceresio a descansar. Está muy feliz con su nueva casa, aunque tiene problemas con su esposa Josefina, su carácter está muy agriado y amargado. Esto le causa mucho desasosiego. Josefina padecía de un mal intestinal y se agrava justo cuando Paoli tenía que salir de viaje para Viena, donde estaba contratado para cantar en el Teatro Imperial las óperas *Lohengrin*, *Otello* y *Los Payasos*. Tuvo que cancelar ese importante contrato pues Josefina tuvo una hemorragia intestinal en la que por poco se desangra completamente. Se consulta a los mejores médicos del Norte de Italia y Suiza, pero no se saca nada en claro. Le recomiendan a Antonio un médico de Nápoles y lo manda a buscar inmediatamente. Al llegar este le hace una serie de análisis y comprueba sus sospechas. Padecía Josefina de una rara enfermedad muy peligrosa e incurable llamada cáncer intestinal. "Solo se puede tratar de mejorar la aptitud y situación moral, espiritual y psíquica del paciente, pero sin esperanza de una recuperación física total. La vida íntima matrimonial queda interrumpida pues, dada su condición Josefina, no podía tener relaciones intimas, lo que le llevaría a acelerar su fin", dijo el médico a Paoli. Esta situación causa a Paoli, un profundo malestar de ánimo y una depresión tremenda. Decide quedarse al lado de Josefina, durante los meses de noviembre y diciembre. Si para enero de 1911 ella tenía alguna mejoría entonces iría a cantar a Budapest, donde le habían ofrecido un contrato fabuloso. El Dr. Santalva le informa que este sería un tratamiento costosísimo, había que tratarla con unas medicinas e inyecciones que había que traer de Alemania y serían aplicadas por el mismo médico una vez al mes. Esto le daría alivio y prolongaría la vida de la paciente.

Comienza pues un calvario para Paoli, y sabía que los gastos que esto le causaría serían tremendos. Aún así le dice al doctor que haga todo lo que esté a su alcance para aliviar su dolor y que no se preocupara por el dinero. Comprendía ahora mejor, por qué del mal genio de Josefina, quien, a pesar de estar enferma, siguió manejando el dinero que entraba, del cual le seguía enviando a su hermana, a Viena, para darle uso en el futuro. Este se depositaba en un banco allá. Paoli, aceptaba la buena administración de sus bienes, sin contar que por los próximos diez u once años el tratamiento médico que sería sometida, le costaría gran parte de la fortuna acumulada. Entre las propiedades, que constaban de cinco villas en Porto Ceresio, un apartamento en Madrid y otro en Milán y el dinero guardado, el capital ascendía tres millones de dólares americanos, todo hecho con la voz de Paoli y sus fabulosas pagas.

Siempre que cantaba Paoli en algún teatro, el precio de las localidades era aumentado, pues su paga era la más alta entre todos los artistas líricos de la época. Recibía también regalías por cada disco suyo que se vendiera. Así pues, la situación económica era bastante desahogada, sin estrechez de clase alguna. Vivía conforme a las exigencias económicas y sociales de su época.

Josefina mejoró un poco y a principios de enero de 1911, Paoli se marcha a Budapest, Hungría. Le acompaña su fiel Pocholo. Era un nuevo reto el probarse ante aquel exigente y severo público. Le habían contado algunos compañeros de arte sobre los percances que allí habían tenido, pero él pensaba que no correría igual suerte. Alguien le contó que años atrás apareció muerto en su hotel un tenor al otro día de la función de *El Trovador*, sencillamente porque se le rompió la nota aguda de *La Pira*. Paoli pensó que aquello eran exageraciones pues no podían ser tan crueles, los húngaros. Al llegar a Budapest habló con el director de escena Dezso Kiss, y este le calmó diciéndole que sí apareció asesinado un tenor en su cuarto de hotel hacia años pero no por tener un "gallo" en *La Pira* sino por razones pasionales. Le había matado un marido celoso por flirtear con su mujer. Paoli se calmó y entonces cantó, como detallamos.

Su debut fue el 10 de enero de 1911, en el Teatro Real de Budapest.

Magy. Kir. Operaház.

Kedden, 1911. január hó 10-én.

(évi bérlet 7. szám, felemelt helyárak)

PAOLI ANTONIO
vendégfellépésével

A TROUBADOUR

Dalmü 4 felvonásban. Szövegét irta Cammerano Salvator. Forditotta Nádaskay L. Zenéjét szerzette Verdi. Vezényli Lichtenberg Emil karmester, rendezi Kiss Dezső rendező.

Luna gróf — Rózsa S. Lajos	Ines, Leonora barátnője — Hardy Helén
Leonora — Sebeők Sára	Ruiz — Juhász Ferenc
Azucena, cigánynő — Fodor Aranka	Hirnök — Nápolyi Imre
Manrico — Paoli Antonio m. v.	Cigány — Budai Izsó
Fernando — Kárpát Rezső	

Leonora barátnői, a gróf kisérete, fegyveresek, apródok, cigányok, cigánynők. Történik részint Biszkajában, részint Aragoniában. Idő a XVI. század.

El crítico Húngaro Pesti Hirlap escribe lo siguiente el 11 de enero de 1911 - Aunque fue muy severo en juzgarlo.

ANTONIO PAOLI - TROVATORE - "Este es un renombrado tenor italiano de padres españoles. Es un hombre grande, de postura media, anchos hombros, y un enorme pecho, lo cual es la razón de su respiración y la sustención de notas extraordinarias. Su media voz es débil, pero con delicado colorido. Sus notas agudas son fuertes, pero empujadas y algo forzadas. En su actuación es como un rey de un esquemático estudio. Aún así fue aplaudidísimo y admiradísimo por el público".

El éxito de su debut fue extraordinario según escribe Pocholo a Amalita:

"Esto no se podía creer, público completamente enloquecido con la voz de Paoli. Al publicar la prensa la noticia de que Paoli cantaría aquí, los comerciantes ponían gramófonos con discos de él traídos de Italia en las aceras, frente a la entrada de sus negocios, y la gente se arremolinaba a montones para escuchar esos discos. Así que estos húngaros estaban ansiosos de escuchar el fenómeno vocal del siglo que es Antonio. Al comenzar la ópera y salir a escena el público rompió en una tremenda ovación sin haber echado aun una sola nota de su garganta de oro. Terminada *La Serenata*, el aplauso fue apoteósico y tuvo que repetirla tres veces pues el público no dejaba proseguir la orquesta. La escena del duelo fue extraordinaria, pues tanto la soprano Sebeok, como el barítono Rosza, son muy buenos, así que fueron tres ejemplares de verdadero arte canoro en escena. Al finalizar Antonio, se fue al Do sobreagudo con la soprano y eso fue el acabóse pues el público ya no aplaudía ni decía bravos sino que vociferaba y gritaba en forma alarmante e histérica, pues estaban como locos. El segundo acto estuvo superbo con Azucena, la Fodor, no tan buena ni musical como usted, pero sí es una magnífica contralto. El tercer acto fue una cosa seria pues cantó el *Ah, Si Ben Mio* sutilmente todo a media voz y emitió al final un agudo suave y bello como un tenor lírico. Tuvo que bisar esta aria. Luego el verdadero pandemonium fue *La Pira*. El primer intento lo hizo caminado de un lado al otro del escenario sosteniendo el agudo que sonaba como la trompeta del juicio final. La ovación si aquello se podía llamar así fue tremenda. La segunda, la cantó moviéndose del lado izquierdo al derecho con el agudo pinchado y seguro, la multitud se enloqueció. La tercera fue la mejor subida medio tono. Sostuvo ese agudo desde el fondo del escenario caminando hacia la ribalta y entonces si que fue una cosa seria, los aplausos, los bravos, los gritos no se acababan, hasta los músicos se pusieron de pie para aplaudirle. Para el 13 está programada *Aïda* y para el 16 *Otello* ya Antonio los tiene conquistados. Se harán siete Trovadores, ocho Aïdas y diez Otellos. Estoy seguro de que todo irá bien si Dios lo permite. Le aprecia, Pocholo".

El público húngaro estaba de plácemes, pues estaban felices de poder apreciar una voz como la de Paoli. Los artistas del teatro y la Empresa le hicieron un tremendo agasajo a Paoli, en el principal y más exclusivo centro social de Budapest: El Club Trouck. Había allí un gran desfile de hermosas mujeres húngaras, y el barítono italiano Otollini, quien había sido contratado por la Empresa para cantar el Telramund en la ópera *Lohengrin*, de Wagner, pensó que allí podría pasar un buen rato con alguna de aquellas hermosas hembras y solicitó uno de los cuartos privados que tenía el club. Al éste entrar en su cuarto bellamente decorado con hermosos cortinajes de damasco y figuras de bronce además de enormes floreros llenos de flores frescas, encontró allí a una dama que le preguntó algo en francés y que él no entendió pero repondió ¡Oui! (sí). Llegó pues a la habitación la hermosa mujer que había escogido, más tarde, cuando estaba en todo el apogeo de su aventura amorosa, entró a la habitación un enorme y fornido negro completamente desnudo que se colocó detrás de él, a lo cual el susodicho barítono dio un tremendo salto y cayó parado al lado de la cama. El negro corrió tras él y este comenzó a empujarle y a tirarle con cuanta figura, florero y mueble encontraba. Uno de los meseros corrió a avisar al gerente que estaba pasando algo raro en ese cuarto y uno de los cantantes húngaros alcanzó, a escuchar de lo que se trataba y se lo dijo a Antonio. Este corrió a ver que sucedía, no fuera que esta vez iban a matar a un barítono en vez de un tenor. Al llegar a la habitación, encontró la escena más jocosa de su vida: todos desnudos, muebles y figuras rotas a granel y el negro, la mujer y Otollini, a carcajada limpia. Lo que sucedió porque Otollini respondió "Sí" a la pregunta que aquella dama le hiciera, de que si quería tener relaciones extra con un hombre mientras estaba con la mujer; y él, como no entendía el francés respondió afirmativamente. Otollini no sabía en que forma hablarle al negro y hacerle comprender, hasta que descubrió que éste era de Alejandría y hablaba italiano. Así se explicó todo y quedó todo en paz sin antes Otollini tener que pagar por el servicio de la mujer, el negro, y todo lo que rompió. Paoli le comunicó que él siempre tenía la precaución de no contestar afirmativamente, ni en Hungría, ni Russia, ni en ninguna parte, por si acaso, hasta que no le explicasen bien claro de qué se trataba el asunto. Este episodio está escrito tal como lo contó el mismo Paoli al escritor y periodista puertorriqueño Don José A. Romeu, en 1940.

Paoli era admirado por todos. Al salir del hotel a su caminata diaria, era saludado con gran deferencia por la gente y le decían "Bravo, Divo", o "Viva Paoli". El se sentía anonadado pues no era amigo de que le llamasen así fuera del teatro. A veces era hasta aplaudido en medio de la calle, pues la gente le reconocía tan pronto le veía.

El día 13 de enero se presento *Aïda*. Este fue otro gran éxito según lo explica Pocholo en esta carta Amalita.

> "*Aïda* fue una cosa seria. Sabe usted que el aria de Radamés al comenzar la ópera es cosa cruel para todos los tenores pero para Antonio, con su sistema de murmullo labial, fue un verdadero triunfo. Hizo el murmullo mucho rato y al abrir con la frase *Se Quell Guerrier Io Fosi* aquello sonó como el ruido de mil cañones juntos, y la gente prorrumpió con un fuerte aplauso que aplacó la orquesta; comenzó de nuevo, dijo las frases del recitativo fuertemente pero luego susurró *Celeste Aïda* con una media voz que estoy seguro envidian los angeles del paraíso.
>
> Al finalizar con *Un Trono Vicino Al Sol* aquello fue apoteósico pues los aplausos fueron atronadores teniendo que repetir la romanza. La soprano es una mujer hermosísima, preciosa, se llama Anna Medek, tiene una preciosa voz y cantó muy bien. El Amonasro fue cantado por el barítono Varady, a quien ya habíamos escuchado en Viena, es muy bueno. El tercer acto estuvo muy bien, pues la escenografía usada fue la misma especificada por Verdi y pareciese estar uno a orillas del Nilo. ¿Se acuerda cuando estuvimos allí? El dúo con Aïda fue extraordinario pero el *Sacerdote, Io Resto a Te* sonó casi ensordecedor cruzando el escenario de un lado al otro sosteniendo el agudo hasta caer en los pies de Ramfis, espada en mano. Esto sublevó al público que aplaudió hasta el delirio. El último acto muy bello con Amneris haciendo su plegaria sobre la tumba de los amantes, me la imaginaba a usted que tan bien la canta, esta fue hecha por la Aranka Fodor muy buena pero nunca como usted. Antonio y la Medek cantaron *La Fatal Pietra* y el *O, Terra Addio* con gran ternura y musicalidad, el aplauso fue unánime. Le aprecia, Pocholo".

El 16 de enero se estrenó *Otello* causando furor. Los boletos se habían vendido una semana antes de la función a pesar del alto costo de cada uno. Los revendones hacían su agosto vendiéndolos a precios prohibitivos. Aun así el teatro se llenó totalmente cada noche al igual que para *Trovador* y *Aïda*.

373

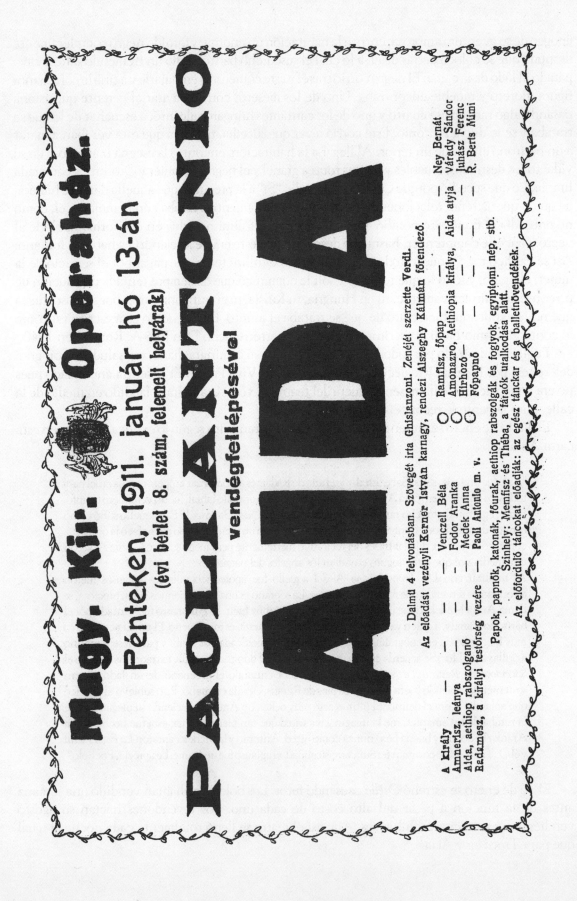

Magy. Kir. Operaház.

Hétfőn, 1911. január hó 16-án

(évi bérlet 10. szám, felemelt helyárak)

PAOLI ANTONIO

vendégfellépésével

OTELLO

Dalmű 4 felvonásban. Szövegét irta Boito Arrigo, forditotta Radó Antal. Zenéjét szerzette Verdi. Az előadást vezényli Körner István karnagy, rendezi Alszeghy Kálmán főrendező.

Otello, mór, Cyprus sziget kormányzója Paoli Antonio m. v.
Jago, zászlótartója — Takáts Mihály
Cassio, hadnagya — Pichler Elemér
Roderigo, velencei nemes — Kertész Ödön
Lodovico, a velencei köztársaság követe Szendrői ...ios

Montano, Cyprus kormányzója Otello előtt Kornai Richard
Egy hirnök — Juhász Ferenc
Desdemona, Otello neje — Vasquez Italia
Emilia, Jago neje — N. Válent Vilma

Velencei katonák és tengerészek. Nemes urak ...ölgyek. Cyprusi pórok és pórnők. Görög, dalmát és albán fegyveresek.
A történet helye Cyprus szigete. Idő: a XV. század vége.

ANTONIO PAOLI

Desde *El Esultate* hasta la muerte de *Otello*, los aplausos y los bravos fueron contínuos según lo describe Pocholo en su carta a Amalia.

"El *Otello* se estrenó ayer día 16. Desdémona, fue Italia Vázquez, a quien usted ya conoce muy bien. El Yago, fue Mihaly Takats, un barítono húngaro, a quien envidiaría Ruffo si lo oyese. *El Esultate* sonó como un cañonazo y lo tuvo que trisar pues el público no dejaba proseguir la orquesta. Los aplausos y bravos fueron contínuos pues la voz de Antonio se acopla muy bien con la del barítono y sonaron como dos verdaderos Titanes. En el dúo *Si Per Ciel* del segundo acto, este tuvo que ser repetido y la segunda vez lo cantaron mejor que la primera. Antonio, bisó también el *Ora e Per Sempre* y *El Monólogo*. La muerte de Otello parecía tan real que el público quedo atónito. El triunfo fue colosal. Cantó prácticamente casi todas las noches pues atrae mucho público. Ahora, la Empresa quiere que haga una función de gala de *Lohengrin* con Italia Vázquez, el barítono Tataks y el bajo Kertez. Veremos a ver que pasa". Saludos. Le aprecia, Pocholo".

Los periódicos se hacen eco del éxito de Paoli. Il Secolo de Milán dice así:

"Contratado para cantar representaciones extraordinarias de las óperas *Trovador*, *Aïda* y *Otello*, el célebre tenor ha sabido corresponder a la expectativa de la gran fama que le precedía y que revolucionó al mundo artístico e intelectual de la capital húngara. Su debut con el *Trovador* constituyó un éxito piramidal que se confirmó luego con *Aïda* y reafirmó gloriosamente cuando cantó el *Otello*, la ópera en la cual Antonio Paoli ha obtenido ya triunfos inolvidables en los primeros escenarios italianos. Pronto publicaremos los artículos y críticas que los periódicos húngaros se han dedicado y que constatan la espléndida acogida que el público de Budapest le ha dado al célebre tenor Huésped de Honor del Teatro Real".

A continuación publicamos una carta que el señor Oskar Porrain, empresario del Teatro Real de Budapest; además de crítico y escritor, escribió al señor Quevedo de Milán, quien sirvió de intermediario para conseguir que Paoli firmase el contrato. La carta dice así:

Budapest, Hungría
14 de enero de 1911

Apreciado Sr. Quevedo
Agencia Sonzogno
Milán, Italia

Muy señor mío:
Tengo a bien comunicarle, que el Sr. Paoli, ha logrado un éxito extraordinario en *El Trovador* y ayer en la noche con *Aïda*; se espera con impaciencia el *Otello*, que subirá a escena, el lunes. Los más grandes artistas italianos han cantado para nosotros aquí en Budapest, el último fue Caruso, pero el éxito reportado por Paoli no tiene antecedentes. El es actualmente L'Enfant Galli (El niño mimado) de nuestro público.
Le doy las gracias más sentidas, querido señor por tal adquisición y le agradezco con mis mejores saludos.

Atentamente,

Oskar Porrain.

EL LEON DE PONCE

Esta carta fue publicada por todos los diarios de Milán. Del *Lohengrin* que se supone cantaría en función de gala el 22 de enero no tenemos noticias de si lo cantó o no pues la condición de los diarios no permitían ni tan siquiera ver las letras borradas ya por el uso, el maltrato y el tiempo.

Terminada la gloriosa temporada en Hungría se marchó a Italia. Llegó a Milán el día 3 de febrero y enseguida emprendió viaje para Padova, donde estaba contratado para cantar *Sansón y Dalila*, en esa ocasión también le acompañó Pocholo. Entre otros artistas contratados para esta temporada estaba Hipólito Lázaro, el tenor catalán, quien había gustado tanto el año anterior que fue contratado nuevamente para cantar el Duque en la ópera *Rigoletto*. Paoli había ya hecho una gran amistad con Lázaro, en los ratos libres hacían caminatas juntos e intercambiaban ideas y nociones de sus técnicas y estilos de canto. Fue Paoli quien le enseñó a respirar con más seguridad además de controlar el uso del diafragma para impostar mejor la voz en forma impactante con gran brillo y squillo. Esto lo confirmó el mismo Lázaro en una entrevista en su casa en 1972 con el autor de estas líneas.

El reparto de *Sansón y Dalila* fue el siguiente:

12 de febrero de 1911
Teatro Verdi
Padova, Italia

SANSONE E DALILA
Saint-Saens

Sansone......Antonio Paoli
Dalila......María Currelich
Ebreo Viejo......Cesare Preve
Sacerdote......Giuseppe Giardini
Abimelleco......Otollini
Director: F. Deliliers

De esta ópera se cantaron cinco funciones a teatro completamente lleno. Amalita, recibe la siguiente carta de Pocholo:

"Antonio, obtuvo una vez más un éxito grandioso, pues, le aplaudieron hasta el delirio y eso que estaba resfriado, usted sabe bien lo descuidado que es. Este es un público muy conocedor y sabe aquilatar lo que vale un buen artista. Lázaro, cantó bien pero aun grita mucho no sabe modular, aunque la voz es buena. Antonio, le ha dado unas cuantas lecciones veremos si las aprovecha. Saludos, Pocholo".

La Rivista Teatrale Melodrammattica de Milán, dice así en un telegrama:

PADOVA - SANSONE E DALILA - "El Paoli, Sansón, ideal de figura y voz esplendida, eficasísimo en los agudos".

377

ANTONIO PAOLI

La Rassegna Melodrammattica de Milán del 27 de febrero de 1911, dice:

PADOVA - TEATRO VERDI - SANSONE E DALILA - "El éxito ha sido tan grandioso que se había de aumentar la cantidad de las representaciones, ya sea porque el público comprende y gusta siempre más la bellísima música de Saint-Saens o sea porque una leve indisposición que tenía desde el principio preocupado al artista Paoli en la primera función de *Sansón y Dalila* y no pudo dar el todo y así apreciarlo ya completamente restablecido que permita al Paoli, el desarrollo lleno de su voz esplendidísima.Así Paoli con toda la potencia de sus medios, se puede imaginar la inmensa impresión que ha sabido despertar y cuantos aplausos sonaron en su honor. A la frase del primer acto *Noi Rialzerem L'Altar* coronada de cinco si bemoles de rara belleza y potencia, en el himno y en el dúo del segundo acto en la frase *Io T'Amo* estupendamente sostenida y en el cuadro del Molino de Trigo, que el Paoli, sabe decir en forma insuperable con expresión que penetra y conmueve.

El célebre tenor oyó las ovaciones resonar altísimas y expresas, incondicionadas, era la admiración de todos. También al finalizar la ópera en la trágica invocación Antonio Paoli, fue grandioso y potente, de acuerdo a la situación dramática. Este fue digno de la asistencia del público padovano, quien de veras le admiras muchísimo dada su reputación y datos que le habían precedido como el más aclamado Sansón de la Scala. Seguido éste gran triunfo, la empresa decidió dar otras dos funciones de la ópera de Saint-Saens y el célebre tenor fue al momento reconfirmado.Esas dos representaciones ya están vendidas y aseguradas y así la Empresa terminará esta temporada llena de aclamaciones". Firma: Corresponsal de Padova. 27 de febrero de 1911.

De regreso a Milán a principios de marzo, recibe telegrama de Alemania del Empresario Fabish, quien era el concesionario del Teatro Imperial de Berlín, además de encargado especial del Teatro de Palacio del Kaiser Guillermo II. El telegrama decía así:

"Comendador Antonio Paoli: Agradeceré notifique si puede personarse en Berlín lo antes posible. Aceptadas de antemano todas las condiciones que usted imponga". Firma: Fabish, Berlín, Empresario Teatro Imperial.

Paoli, había decidido tomar dos o tres meses de vacaciones en Porto Ceresio, pero al recibir esta importante invitación, contestó el telegrama positivamente arregló su equipaje y se marchó con Pocholo a Berlín. Llegaron allí el día 10 de marzo e inmediatamente se marcharon a ver al Empresario Fabish, telegrama en mano. Este fue muy gentil con ellos, les recibió muy bien y les comunicó lo siguiente: "Aquí en Berlín, todos los teatros están cubiertos por las próximas cuatro o cinco temporadas, pues aquí contratamos a los artistas con mucha antelación. Pero.... ahora tenemos un serio problema... Este año el Emperador y su familia se van a pasar la primavera y el verano aquí en Berlín y no tenemos artistas para cubrir ese teatro que es para uso exclusivo del Kaiser, su familia y la corte. Hace algunos meses le regalaron a Kaiser un gramófono y varios discos, entre los cuales había algunos cantados por usted y quedó tan impresionado, que quiere oirle en persona. Me comuniqué con Sonzogno en Milán y me informó que usted tenía planeado descansar por unos meses y eso lo puede hacer aquí. Imponga usted la condiciones que quiera y será correspondido con creces". Paoli y Pocholo se dieron una mirada y Pocholo le preguntó a Fabish, que con que contaba aquel teatro privado para presentar allí ópera. El les respondió que tenía coro y orquesta con su director y que sólo necesitaban a los artistas, y que más que nada

EL LEON DE PONCE

quería que montasen *Otello* aunque fuese con vestuarios en forma de concierto, luego *Trovador* y *Lohengrin*. Le ofrecían además acomodo a todos los cantantes en una hermosa Mansión en las afueras de Berlín y transportación a la ciudad además de servicio de mucamas, cochero y cocinero para atender sus necesidades. Pocholo cablegrafió inmediatamente a Quevedo, su agente en Milán, y unos días después llegaron varios artistas, entre ellos, Angela de Angelis, Lucilla Maldonado, Anna Seleri, Gina Zacchetti, la mezzo Gina Clementi, el barítono Ottollini, el bajo Claussells y el tenor Izchierdo. Se comenzaron pues los arreglos para la temporada privada del Kaiser. La noche inaugural sería un gran concierto por todos los artistas invitados, para que el selecto público viese y aquilatase la calidad de los artistas contratados. El programa fue el siguiente:

21 de marzo de 1911
Teatro Imperial de Palacio
Berlín, Alemania

Concierto de Gala
Privado

Parte I
Preludio de Orquesta......La Traviata (Verdi)
O Don Fatale......Don Carlo (Verdi)
Gina Clementi (mezzosoprano)
Madamina......Don Giovanni (Mozart)
bajo Claussells

Parte II
Eri Tu......Un Ballo in Maschera (Verdi) barítono Ottollini
Recondita Armonía......Tosca (Puccini) tenor Izquierdo
Suicidio......La Gioconda (Ponchielli)
Anna Seleri (soprano)

Parte III
Esultate......Otello (Verdi)
SI Pel Ciel......Otello (Verdi)
Paoli & Ottollini
Di Quella Pira......Trovatore (Verdi)
Antonio Paoli

Parte IV
Presentación de todos los artistas de la Compañía formalmente.

El Kaiser quedó muy complacido por la calidad de los artistas. Dos días después comenzarían con *Il Trovatore* se cantarían dos óperas por semana y algún recital dominical ya fuese de canto u orquestal.

ANTONIO PAOLI

23 de marzo de 1911
Teatro Imperial de Palacio
Berlín, Alemania

Función Privada

IL TROVATORE
Verdi

Leonora......Angela de Angelis
Manrico......Antonio Paoli
Azucena......Gina Clementi
De Luna......Ottollini
Ferrando......Claussells
Director: Gustav Brecher

Esta se presentó dos veces. Paoli, como siempre hacía, le dió calor y se quitó la chaqueta atrapando un resfriado al instante. Paoli cantó *El Trovador* lo mejor que pudo, esto es muy dignamente. Los artistas alegaban que se los aplaudía pero que no veían a nadie ni en el Palco Real, ni en los Palcos Laterales, sólo los invitados especiales que ocupaban la pequeña platea.

Este era un pequeño teatro construído a mediados del siglo diez y nueve. Estaba bellísimamente decorado con hermosos frescos con escenas campestres en el techo y los lados. Del techo colgaba una enorme araña de cristal de roca austríaco y bronce. El Palco Real en el centro y dos palcos más pequeños a cada lado y cortinajes de terciopelo rojo. El palco central tenía unas preciosas columnas coronadas por dos enormes Angeles de bronce dorado al fuego, agarrando la Corona Imperial y en el respaldo del palco se distinguía una enorme figura de un águila con dos cabezas coronadas. El escenario, estaba precedido por cuatro enormes columnas góticas en bronce dorado y el escudo Real al mismo centro de lo alto del palco escénico. Al abrir las cortinas se apagaba la sala y se encendían las candilejas de gas del escenario. Los artistas sólo escuchaban los aplausos, no habían bravos ni vivas como en los teatros comunes, y tampoco se requería el bis. Se aplaudía sólo al finalizar la ópera.

25 de marzo de 1911
Teatro Imperial de Palacio
Berlín, Alemania
Función Privada

LOHENGRIN
Wagner

Elsa......Gina Zachetti
Lohengrin......Antonio Paoli
Ortrud......Gina Clementi
Telramund......Ottollini
Enrico......Claussells
Director: Brecher

380

EL LEON DE PONCE

Esta ópera se cantó en italiano y le hizo mucha gracia al Kaiser, quien siempre la había oído en alemán, según le comentó al Empresario. Sólo se presentó una vez y Paoli estuvo espléndido.

30 de marzo de 1911
Teatro Imperial de Palacio
Berlín, Alemania
Función Privada

OTELLO
Verdi

Desdémona......Ana Seleri
Otello......Antonio Paoli
Emilia......Lucilla Maldonado
Yago......Ottollini
Montano......Claussells
Cassio......Izchierdo
Director: Brecher

Se hicieron dos funciones de esta ópera. Esta fue la que más gustó pues Paoli, estaba completamente recuperado de su resfrio y cantó muy bien. Esta función resultó excitante desde *El Esultate* hasta el final, los aplausos fueron espontáneos y contínuos. Todas las arias y dúos fueron cantados con gran gusto por parte de los artistas y muy apreciados por la concurrencia. Terminada la función llegó al escenario un paje de la corte con el mensaje de que el Kaiser quería ver a Paoli en su Sala de Música. Paoli salió inmediatamente en su busca guiado por el paje por los pasillos del enorme Palacio. El Salón de Música estaba adornado con bellas figuras de mármol blanco entre ellas se distinguían dos bellísimas esculturas de las Musas de las Artes. Había también un busto de Bethoven, uno de Mozart, uno de Wagner y uno de Verdi. En una esquina había un hermoso piano de cola rodeado de candelabros y bellos cortinajes dorados. En la otra esquina un pequeño taburete con una cómoda poltrona a modo de trono, donde se encontraba sentado el Monarca.

Al ser anunciado Paoli, el Kaiser, se puso de pie, al igual que todas las personas que estaban presentes. Entre ellas se encontraba la célebre Diva Alemana Frieda Hempel, con quien Paoli había cantado con tanto éxito en Ostende. Paoli se encontraba un tanto turbado pues aún llevaba su cara tiznada por los afeites de *Otello* y el traje de éste.Se acercó tímidamente ante el Monarca y le hizo una inclinación a la cual el Kaiser replicó en perfecto francés: -"Comendador , aquí hoy los honores son para usted... Tuve curiosidad de escucharle en persona tras haber oído sus discos de *Otello*, que me fueron regalados en Navidad. La impresión que tengo de usted es extraordinaria... Su voz es en persona, mucho mejor que en discos y me ha complacido usted como nunca antes otro cantante lo había hecho. Gracias, Comendador ... mi secretario le hablará mañana para algo muy especial, relacionado con la Emperatriz Augusta Victoria". Terminadas de decir estas palabras, se retiró el poderoso Monarca y su Reina consorte y todos se inclinaron para despedirles. Paoli quedó atónito, pues no esperaba un homenaje así, fue uno de los más grandes honores que le hicieron en su vida. Al otro día el secretario personal del Kaiser se comunicó con Paoli y el Empresario Fabish, comunicándoles la petición de la Reina de que Paoli, terminada la corta temporada de Palacio se quedase en Berlín por algún tiempo para presentar un recital por

381

semana en Palacio. La paga sería lo que el quisiera y si aceptaba sería honrado con el título de "Kammer Sanger" del Imperio Alemán. Paoli, aceptó gustoso.

La estadía de Paoli en Alemania se prolongó por cinco largos meses. Los demás artistas partieron de regreso a Italia a mediados de abril. A fines de agosto de ese año Paoli, regresó a Milán con varias condecoraciones, el título en pergamino de cantante de cámara y las alforjas bien llenas de monedas de oro. Esto está todo detallado en una carta escrita por Pocholo a Josefina el día 1ro. de agosto 1911. Pocholo se había marchado a Inglaterra en julio para tratar un contrato para Antonio. Regresó a Italia coincidiendo con Paoli, en Milán. Llegó a Génova el día 26 de agosto y se fue con Paoli, a Porto Ceresio el día 30. Se llevaron a Josefina con ellos, que estaba muy mal. El Dr. Santalvan le había aplicado el tratamiento en esos días. Allá en Porto Ceresio al menos descansaba y tenía aire fresco mientras Paoli, Pocholo y Tonino se entretenían remando, caminando por los montes y corriendo en bicicleta.

Pocholo regresó a Milán a mediados de septiembre y Paoli, quedó en Porto Cerecio con su familia. Se entretenía decorando su Sala de Música con las condecoraciones obtenidas por los más importantes y poderosos Monarcas de Europa. Estaba pues resuelto a quedarse descansando en Porto Ceresio por el resto del otoño. Tenía ya confirmado contratos en Barcelona y Madrid para noviembre y diciembre de 1911 y enero de 1912. El contrato en Londres con el Covent Garden no progresó pues no podían pagar la gran suma de dinero que Paoli, cobraba por función. A fines de septiembre regresa Pocholo con una magnífica oferta. Reclamaban su presencia en Berno, y Praga, Checkoslovakia, y en Polonia en las ciudades de Krakow, y Varsovia para cantar *Otello*. La paga y las condiciones eran fabulosas y Paoli, estaba muy bien de voz. Así que aceptó inmediatamente. Salen para el norte de paso por Viena visita a su cuñada y luego prosigue viaje a Brno. Esto había sido organizado por Tagliafero.

1ro. de octubre de 1911
Stadtheater
Brno, Checoslovaquia

OTELLO
Verdi

Desdémona......Elsa Welter
Otello......Antonio Paoli
Yago......Bennet Challis
Cassio......Heinz Daum
Lodovico......Fritz Aigner
Director: Theodor Guschi Bauer

Esta ópera se cantó diez veces en Brno con el mismo reparto y luego en Praga el día 18 de octubre cuando se enfermó el director y fue sustituido en el Teatro Neues Deutsches Theater por Otto Klemperer quien era entonces director del prestigioso coliseo. En Praga se cantó ocho veces a teatro lleno, pasaron luego a Polonia donde cantaron cuatro funciones en el Teatro Municipal del Krakow 22 de octubre y luego a Varsovia donde cantaron el *Otello* en el Teatro Wielki seis veces, comenzando el día 27 de octubre. La temporada fue un éxito total tanto artístico como económico. Pues hasta allí habían llegado sus discos y todos querían escucharle en persona, además el resto del elenco que le acompañó era muy bueno. Se marcha a Milán para emprender viaje inmediatamente para Madrid donde estaba contratado para cantar el *Sansón y Dalila*. En este viaje de regreso, le acompañó una condesa rusa llamada Euryanthe Vyroukova, quien le había admirado mucho en Rusia y le seguiría a donde quiera que cantase por los próximos once años de su vida. Era un amor platónico sin nada físico de parte de ambos, sólo los unía el arte canoro. La condesa se estableció en Milán y luego se marchó a Iesi, Italia para el nuevo debut de Paoli en la ópera *Poliuto*, el 5 de noviembre de 1911 con Amalita. Luego se marcha a Madrid para cantar.

Saint-Saens había quedado tan impresionado con Paoli, que le pidió que cantase su ópera *Dejanire* en Monte Carlo en 1911. Pero Paoli, le hizo una jugareta y no se presentó a cantar en revancha por lo que Saint-Saens le había hecho a él en París años atrás. No fue la versión que se regó por toda Francia de que Paoli, había huido a Córcega con la soprano Krucheninsky. Decían que Saint-Saens había empleado una agencia de detectives para apresar a Paoli, pero aparentemente no fue cierto pues nunca le arrestaron. Sin embargo la función fue cantada por Felia Litvinne y el tenor francés Lucien Muratore. Era una versión revisada, y el próximo año la repitieron y entonces Paoli, cantó dos funciones sin cobrar ni un sólo centavo para quedar en paz con el Maestro además grabó el disco del aria *Viens o Toi, Tons Les Claires Vissages* cantada en francés y es la única aria de esta ópera grabada por tenor alguno. Grabación única.

He aquí el programa de IESI.

POLIUTO

DONIZETTI

POLIUTO _____	ANTONIO PAOLI - (Ten.)
PAOLINA _____	AMALIA PAOLI - Ten.)
SEVERO _____	ERMANO BENEDETTI - (Bar.)
NEARCO _____	GIUSEPPE SALA - (Ten.)
CALLISTENE _____	TAURINO PARVIS - (Baj.)
FELICE _____	GIUSEPPE GIRONI - (Baj.)

**CORO E ORCHESTRA TEATRO
DIRETTORE/CONDUTTORE**

MAESTRO MARINUZZI

CAPITULO IX
1911 - 1913

La temporada en Madrid, se mostraba prometedora pues habían sido contratados los mejores artistas líricos, entre ellos la célebre Rosina Storchio, Matilde de Lerma, Francisco Viñas, José Anselmi, Carlos Rousseliere, Virginia Guerrini, Enrico Nani y otros. La expectativa por volver a oír a Paoli era grande así que las localidades estaban vendidas totalmente a pesar del alza en los precios. Se agotaron siete días antes del debut.

Paoli llegó a Madrid el día antes de la función por una confusión de fechas especificada en el telegrama del Empresario. Sucediendo lo mismo que en la temporada de 1905. El tenía entendido que los ensayos comenzaban el día 25 de noviembre y cuando llegó se encontró que lo que comenzaba ese día era la temporada de ópera la cual el abriría de nuevo con *Los Hugonotes* se presentó pues con escena sin ensayo alguno, y el Director Marinuzzi, no le comunicó ni tan siquiera los cortes que había que hacer. La crítica trató de no ser muy desfavorable con él pues no era su culpa que el director no le informase sobre los cortes, en realidad, había cierta fricción entre el cantante y el director por algún problema que habían tenido en el pasado.

El 24 de noviembre El Imparcial de Madrid dice:

"Mañana debutarán las primeras partes: Cecilia Gagliardi, Dora Domar, Antonio Paoli y Carlos Walter, con la célebre ópera de Meyerbeer "Los Hugonotes".

Las Frusta Teatrale del 11 de abril de 1911 dice:

CONTRATADO ANTONIO PAOLI - "El célebre tenor que se ha llenado de fama en el mundo entero y que tanto admiramos el pasado invierno en nuestra Scala en *Sansón y Dalila* y en *La Africana*, después de los triunfos cosechados últimamente de Budapest y Padua y otras ciudades de Europa ha accedido a insistencia del Real de Madrid por una paga fabulosa. Aceptó para cantar allí diez funciones de las óperas *Robero Il Diavolo*, *Don Carlos* y *Sansón y Dalila*. Este es el gran acontecimiento que se preparan los madrileños del 28 de noviembre al 28 de diciembre próximo. El contrato de Madrid es la cuarta o quinta reconfirmada que el ilustre artista ha tenido en aquella ciudad. Nuestros mejores augurios".

ANTONIO PAOLI

25 de noviembre de 1911
Teatro Real
Madrid, España

LOS HUGONOTES
Meyerbeer

Valentina...... Cecilia Gagliardi
Margherita......Dora Domar
Regina......Virginia Guerrini
Nevers......Urbano Oreste Benedetti
Raul......Antonio Paoli
Marcello......Carlos Walters
St. Bris......Angelo Massini-Pieralli
Director: Marinuzzi

Fue la quinta temporada de Paoli en el Real y la ésta ópera se cantó cinco veces con el mismo elenco. A la función del día 8 de diciembre asistió el gran escritor y músico puertorriqueño Don Fernando Callejo y Ferrer, quien le aplaudió hasta rabiar y luego fue a saludarle al camerino. Paoli le invitó a comer el próximo día y charlaron mucho sobre temas de Puerto Rico. Los telegramas de Madrid recibidos en Milán decían:

MADRID - REAL - LOS HUGONNOTES - "Paoli, estupendo Raul, aclamado con gran simpatía. Aclamadísimo en la romanza, el *Settimino* y los dúos". Firma: Contreras, Cosmorama.

LOS HUGONOTES - MADRID - TEATRO REAL - "Bien por Paoli, en la segunda función gustó más que en la primera, de su debut. Su voz poderosa habrá brillado más y el éxito siempre, siempre será mayor especialmente cuando canta las óperas dramáticas de su repertorio, tales como *Sansón y Dalila* y *Otello*". Firma: de Castro para Gazzetta dei Teatri.

En noviembre de 1911, en el Teatro Real de Madrid, Paoli cantó *Los Hugonotes*, ópera que no agradaba al público madrileño pero siguió representado el Raul hasta obtener del público concurrente a la tercera representación que le aclamase delirantemente haciéndolo bisar *El Racconto*, del primer acto, según Conrado Asenjo testigo ocular de este hecho.

MADRID - REAL- "El regreso del comendador Paoli sobre la escena del primer teatro español, con *Los Hugonotes*, fue una verdadera fiesta para el público y para el célebre tenor, que en la interpretación de la poderosa ópera de Meyerbeer, le contó numerosas llamadas al palco escénico y lo hizo cantante elegido por el esplendor de la voz. Corresponsal de Madrid. Il Teatro Illustrato, nov. 1911.

EL LEON DE PONCE

LA ÓPERA

LAS NOCHES DEL REAL

«LOS HUGONOTES»

No sabemos si por haberlo solicitado una parte del abono, por tratarse de una obra que no figuraba en los carteles hace mucho tiempo ó por imposición de alguno de los cantantes que anoche debutaban, acordó la dirección artística del Real poner en escena *Los Hugonotes* para presentación de la señora Domar, señorita Gagliardi, el tenor Paoli y Carlos Walter.

La ópera, casi olvidada por no haberse representado desde que la cantó la Darclée, tiene, como es sabido, escenas que encierran verdadero peligro para un artista que no posea excepcionales facultades, y aun habiendo vencido la mayoría de los obstáculos, los tenores de gran reputación han fracasado en el gran dúo del acto final.

Si esto es así, y no cabe negarlo, porque podría demostrarse con varios ejemplos, ¿qué no había de ocurrir con Paoli, cuyo ruidoso fracaso en *Hugonotes* se recordaba aún ayer por varios aficionados?

Claro es que podía haber ganado en facultades; en los años transcurridos podía haber perfeccionado su escuela de canto; pero, ¿y si no era así?

Al levantarse el telón se barruntaba la tempestad; pero las opiniones se dividían, pues unos, los que todo lo ven negro, la creían inminente para el segundo acto lo más tarde, y otros, los optimistas, esperaban la descarga al terminar la representación.

Por fortuna, pues siempre resulta los agradable toda manifestación violenta de hostilidad, equivocáronse unos y otros, pues la ópera terminó sin protestas ruidosas. Claro es que esto no quiere decir que gustase la labor de Paoli, ni que pasaran inadvertidas sus desafinaciones, ni su defectuosa vocalización, ni el cansancio de que daba constantes muestras, ni otras muchas faltas que como actor y como cantante se pueden señalar; pero se impuso el criterio de los pacíficos y el fallo se tradujo en un silencio tan elocuente como pueda serlo el más ensordecedor griterío.

Silencio en el primero, en el segundo, en el tercero y en el último de los actos; silencio en las escenas más culminantes; silencio en el dúo con que la obra termina.

Decididamente no *le va* esta ópera á Paoli; pero como hay quien le gusta que le den con la badila en los nudillos...

La señora Domar, en su papel de Margarita de Valois, mantúvose discreta, sin que realmente pueda servir esto para formar juicio acerca de sus condiciones de cantante.

En cambio, la señorita Gagliardi interpretó el de Valentina de un modo magistral; demostró que posee facultades portentosas, y que es una actriz en toda la extensión de la palabra.

El público la aplaudió varias veces y la hizo una ovación en el dúo con Marcelo en el acto tercero.

Para la Gagliardi fueron en realidad los aplausos de la noche.

Walter canta bien, pero no consiguió dar relieve alguno á su papel; se le aplaudió por cortesía la canción del Pif-paf, y aún puede apuntarse un tanto de la ovación á Valentina; pero en el resto de la obra nada hizo que rompiera la glacial indiferencia que los espectadores demostraban hacia otros intérpretes de *Hugonotes*.

Massini Pieralli, bien, y con la misma nota la señorita Guerrini (quien consiguió un triunfo como mujer y como artista), Benedetti, Fúster, Oliver y Foruria.

Los coros, muy afinados, aunque no repitieron nada de lo que en otras ocasiones solía repetirse; los bailables, perfectamente ensayados, y la escena muy cuidada, hasta en los detalles más nimios.

Por esto merece un aplauso Luis París, y otro el maestro Marinuzzi, quien dirigió la orquesta muy á gusto del público.

El Imparcial - Madrid - 1911 - Nov.

TEATRO REAL

«Los hugonotes»

... Y hétenos aquí en plena resurrección, en plena reivindicación, de Meyerbeer, exigida por muchos señores del abono y por otros muchos señores abonados de las alturas. Se comienza con «Los hugonotes», la obra de más «trincheras» y, por consiguiente, de mayores peligros para los intérpretes y se comienza con poca fortuna. Ante todo, y sobre todo, la verdad. El público, así los reivindicadores como los indiferentes, como los hostiles á todo lo que signifique un salto atrás, quedó disgustado. El telón, tras el hermosísimo dúo del cuarto acto con el que aquí acaba la ópera, cayó con un silencio de muerte. Alguien decía que aquello equivalía á echarle las cinco llaves al sepulcro del que fué un tiempo el Cid del drama lírico... ¡No, amado Teótimo, no es para tanto! Lo que ocurre, lo que ocurrió anoche es que nos faltó el «Raúl» soñado y suspirado: el Stagno, el Massini, el Marconi; el caballero protestante, vencedor de los que suelen protestar á gritos, unas veces por convencimiento y otras por contrato. Antonio Paoli, tenor español; un formidable «Otello», un magnífico «Manrique» de «El Trovador», no es un «Raúl» perfecto, y yo creo que esta obra de Meyerbeer es su obsesión y su ansia, y yo creo también que esta es su obra de peligro y quizás su obra de fracaso irremediable. Meyerbeer trazó en su música páginas de vibración heroica, acentos de amor, de desfallecimiento, de ternura. Escribía el músico ecléctico como si esta ópera hubieran de cantarla dos ó tres tenores... Antaño, sí; hoy, no sé. Desde luego puedo afirmar que no he visto ni oído, de muchos años á esta parte, un tenor triunfante en «Hugonotes», aunque, como Paoli, ponga fuego y brío en ciertos pasajes á cambio de alterar los ritmos, de precipitar las frases, de perseguir con ansia el instante de la nota aguda, vibradora, que lleva la onda de emoción pasajera, pero emoción al fin, á los sentidos, no al alma de los oyentes. Quedamos, pues, en que Paoli, que tenía un éxito descontado en su «Otello» de Verdi, quiso seguir la pelea, y convengamos en que salió de esta nueva prueba con bastante más pena que gloria.

Era la «Valentina» de anoche Cecilia Gagliardi, á quien en estas mismas crónicas hemos hecho el debido y calurosísimo elogio. Su presencia en la escena fué saludada con un aplauso. La «Ioseo», la «Aída», la diva, en fin, del arte lírico obtenía en su reaparición el homenaje debido á sus méritos. Aquí el cronista tendría que reproducir las frases de incondicional admiración, de fervoroso entusiasmo, rendidas siempre, y en justicia estricta, cuando escribía encomiando la vehemencia, el fuego, la pasión, la asombrosa verdad con que traduce y avalora las bellezas musicales de esta y otras obras, que quizás ninguna otra artista pueda destacar hoy, con más poderoso aliento.

En «Los hugonotes» refulgen sus cualidades de cantatriz de brío, de sentimiento, de poesía. En el final del acto segundo sus notas calientes, soberanas, destacábanse poderosas sobre el conjunto; en el dúo con «Marcelo», que cantó sin suprimir la difícil «cavaletta», y en todo el cuarto acto, todas sus inspiraciones afortunadas, todos sus rasgos felicísimos de actriz y de cantante despertaron murmullos de entusiasmo y bravos delirantes. Fué un triunfo: uno más.

Y otro para la hermosísima Guerrini: un paje que recordaba á los viejos aficionados á la Schalchi-Lelli; una mujer adorable por su belleza, por su voz educada, dócil y firme, que le permitía sortear y vencer las dificultades diabólicas que puso Meyerbeer en esta parte, más propias de una tiple de «Dinorah», por el lujo de agilidades y cadencias, que de una contralto, y que vestía, como la Gagliardi, trajes lujosísimos y de época. Y otro para la soprano ligera señora Domar, un tanto emocionada, pero segura, ágil de voz, firme de afinación, aunque le sobrecogieran ruidos molestos que iban por otros cuadrantes; para el excelente, y aun excelentísimo, bajo señor Walter, un soberbio «Marcelo», de voz potente y que «suena» en los graves; y para Masini-Pieralli que, como Merotti, hizo la parte de «Saint Bris», probando una vez más que es artista de autoridad y de talento.

De lo demás habría mucho que hablar y que escribir. Los coros anduvieron desconcertados y así como si no supieran de verdad la ópera ó como si no la tuvieran total y debidamente ensayada. El de la disputa, que es muy difícil, fué bien; el de la conspiración, que es fácil y de grande y artificioso efecto, mejor. En lo otro, salvo en el «rataplán», que dijo muy requetebién el tenor Bonfanti, anduvimos en el entretenido juego de aquí te pillo y aquí te mato; pero sin muchas bajas que lamentar.

Eduardo Muñoz.

NOTAS DEL REAL

Henri de Curzon, el autorizado crítico francés, ha creído oportuno ante el general descrédito en que ha caído la música de Meyerbeer, erigirse en caballero andante de tan menesterosa dama.

Y en reciente libro de la colección *Les musiciens célebres*, de Laurens, estudia la vida y la obra del maestro berlinés, procurando convencernos de que si la primera, consagrada por entero al Arte y la Caridad, fué ejemplarísima, la segunda, no sólo no resultó estéril para la evolución del drama lírico, y aun aportó valiosos materiales al perfeccionamiento de la instrumentación, sino que lleva en sí méritos bastantes, y aun en algunas óperas sobrados, para hacerla acreedora al respeto de las gentes.

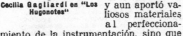
Cecilia Gagliardi en "Los Hugonotes"

Concedido que Meyerbeer pudo ser un modelo de músicos laboriosos y un filántropo admirable. Lo imposible de otorgar es que la segunda manera del compositor, esto es, la iniciada en 1831 con *Roberto el diablo* y concluida en 1865 con *La Africana* (la segunda desde *Alimelek* á *Il Crociato in Egitto*, vergonzosa imitación de Rossini, es sencillamente detestable), ejerciera influencia beneficiosa sobre la música dramática. Y en cuanto á sus hallazgos orquestales, no creo que el haber dado con algunas felices combinaciones de timbres, ni la utilización de determinados instrumentos, hasta entonces poco ó nada usados en la orquesta, sean títulos suficientes á erigir un altar á Meyerbeer en el santuario de nuestras admiraciones.

Meyerbeer fué nefasto para el Arte lírico dramático, porque lo desvió de los buenos derroteros que le señalara en Francia el genio de Gluck, porque escribiendo sólo para las muchedumbres, y enseñando, merced al éxito alcanzado por sus óperas de relumbrón, el camino de las grandes degradaciones artísticas, todavía hoy practicado por no pocos compositores mercaderes, vino á ser tremenda rémora opuesta á la marcha victoriosa de la cultura musical durante más de medio siglo.

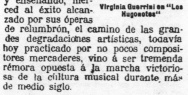
Virginia Guerrini en "Los Hugonotes"

MUNDO GRÁFICO

De nada sirven, ni nada indican las opiniones que inserta Curzon en su alegato á favor de la música meyerberiana. Ni el elogio efusivo de Wagner dirigido al victorioso autor de *Los Hugonotes* por el entonces menospreciado autor de *Tanhäusser*, ni los ditirambos de *Berlioz*, dos votos de calidad, indudablemente, en el proceso, eran ni podían ser sinceros. La gratitud hacia el Mecenas, hacia el compositor archimillonario é influyente pudo ser la inspiradora de tamañas lisonjas, jamás el convencimiento de méritos que no existían.

Inútil me parece, pues, el empeño del crítico francés. No hay modo de reivindicar un poco de gloria para Meyerbeer, ni sirve achacar, como lo hace Curzón, la decadencia de su teatro á la desaparición de la gloriosa escuela de artistas que coadyuvaron al entronizamiento del género meyerberiano. Creo sinceramente que aunque resucitasen Nourrit, Levasseur, la Schroeder-Devrient, Paulina Viardot y la Lucca, Faure y Tichatchek, no lograrían infundir un soplo de vida á lo que, además de muerto, está momificado. Se aplaudiría al cantante, pero se abominaría de la partitura.

El tenor Paoli en el Raul de "Los Hugonotes"

¿Cómo extrañar, pues, que los artistas de hoy, educados en ambientes musicales afortunadamente más puros, que no sienten ni pueden sentir la *inspiración* meyerberiana, que tienen casi proscriptas de su repertorio las seis grandes óperas del banquero israelita, no acierten, á pesar de toda su buena voluntad, á satisfacer los anhelos del público?

Esto ha acontecido con la exhumación de *Los Hugonotes* en el teatro Real. Fué una verdadera Saint-Barthelemy; pero no por culpa de la Gagliardi, de la Guerrini, de Paoli, de Masini Pieralli, de Benedetti, que cumplieron á conciencia sus deberes artísticos, y aun arrancaron aplausos para su labor personal; ello ocurrió por obra y gracia del mismo Meyerbeer, único causante de cuantos fracasos vaya recogiendo por el mundo. No es que su música haya fallecido por vieja, que más ancianas son el *Orfeo* y el *Don Juan*, y siempre tendrán lozanías moceriles. Es que pasó á otra vida por mediocre. Y esa clase de muertos no los levanta ni el más vivo.

A. BARRADO

Epigramas

—¿Qué hace allí, de rodillas Trimalción?
—Da á Nina, en homenaje, su razón.

*

—¿Cuántos años me dais?—dice Violante.
—Ninguno, porque tiene usted bastante.

EL LEON DE PONCE

13 de diciembre de 1911
Teatro Real
Madrid, España

OTELLO
Verdi
Desdémona......Cecilia Gagliardi (luego Giuseppina Baldasarre Tedeschi)
Otello......Antonio Paoli
Emilia......C. Wheeler
Yago......O. Benedetti
Lodovico......C. Walter
Director: G. Marinuzzi

Esta ópera se cantó diez veces en diciembre con lleno total el éxito fue delirante. Esa noche al terminar la función del Otello de Verdi, el público se quedó reunido en los alrededores del teatro y al salir Paoli por la puerta del escenario, le aclamaron, le montaron en su coche y desprendieron los caballos y le arrastran con todo y coche por varias calles de Madrid hasta llegar frente a su casa. Al único otro tenor que habían honrado los madrileños con este honor fue a Julián Gayarre a quien habían cargado en hombros desde el teatro hasta su casa tras una extraordinaria función de *La Favorita* de Donizetti, hacía ya muchos años.

El éxito de Paoli fue extraordinario según lo comprueban las siguientes críticas. Los telegramas de Madrid dicen así:

Cosmorama, Milán - diciembre 1911:

MADRID - TEATRO REAL - OTELLO - "Paoli cantó el *Otello*, su ópera favorita, la que en escena le ha procurado un éxito de gran entusiasmo, éxito que renovó en la temporada actual, maravillando a todos con su espléndida voz, con gran ímpetu de fraseo dramático, del *Esultate* a la escena trágica del último acto. El célebre artista renovó las maravillas de sus medios vocales con una interpretación dramático de primer orden", Firma: Corresponsal de Madrid. Diciembre 1911.

Il Teatro Illustrato - Milán, diciembre 1911:

MADRID - OTELLO 27 DE DICIEMBRE - "Paoli, estuvo extraordinario como protagonista, gustó inmensamente por la voz y por la acentuación dramática. Su triunfo fue grandioso y completo". 28 diciembre. Firma: Contreras.

El crítico Gasparini de la Rassegna Melodrammattica se encontraba en Madrid y el 28 de diciembre envió el siguiente telegrama a la revista:

"Ayer en la noche asistí al "Otello" en el Real. Paoli, estupendo de voz y gran protagonista; grande como cantante y como actor."

El 7 de enero Gasparini, envió este otro telegrama:

"Gran *Otello* en el Real - éxito colosal, todos satisfechos - entusiasmo unánime para el sumo intérprete (Paoli) en estupenda abundancia de voz. Gran resistencia, fraseo escultórico, ovaciones y llamadas entusiasmadísimas, insistentes, numerosísimas". Firma: Gasparini - 8 enero 1912. Rassegna Melodrammattica, Milán.

389

LA OPERA

LAS NOCHES
DEL REAL
‹OTELO›

Otelo, la gran ópera de Verdi, una de las últimas creaciones de aquel extraordinario músico, que, no obstante su avanzada edad y lo enorme de su producción, conservó hasta sus últimos años fresca y robusta la fuente de su inspiración inagotable, y que además poseyó la singularísima cualidad de saber evolucionar con su tiempo, es una obra que, á pesar de su mérito y de lo mucho que gusta al público, no se representa en los escenarios europeos con la misma frecuencia que otras, muy inferiores sin duda á ella, á causa de la dificultad que hoy existe para encontrar un tenor que la tenga en su repertorio.

Muy pocos son, en efecto, los tenores que en la actualidad cantan con buen éxito *Otelo*, y á muchos la peligrosa ópera de Verdi les ha costado serios disgustos.

Paoli es de los pocos artistas que cantan siempre con buen resultado el *Otelo*. Puede decirse hasta que es su ópera. En otras producciones podrá tener deficiencias y decaimientos; pero en *Otelo* el éxito de Paoli es seguro y definitivo.

Anoche, como en otras ocasiones, estuvo muy afortunado. Cantó y representó su difícil papel perfectamente, desde el primero al último acto, siendo muy aplaudido en la salida, dicha con gran valentía; en el *ora é per sempre addio*, en el monólogo y en la trágica escena de la muerte.

La señora Gagliardi también fué una notable Desdémona. Cantó muy bien los duos con Paoli, la canción del sauce y el Ave María. En estas dos piezas especialmente obtuvo muchos y justos aplausos.

La parte de Yago corría á cargo del barítono Benedetti, que estuvo discreto y también oyó aplausos.

LA OPERA

LAS NOCHES
DEL REAL
‹SANSON Y DALILA›

La falta de espacio nos impide, bien á pesar nuestro, ocuparnos con la extensión que deseáramos en la ópera de Saint-Saëns; pero ello no obstante, hemos de manifestar que en general agradó la primera representación de *Sanson y Dalila*, cosa que, por otro lado, se esperaba desde que los carteles anunciaron el reparto.

Claro es que á buena parte del público le pareció algo atrevido que se encargara del papel de Sumo Sacerdote el barítono señor Ordóñez, quien si agradó en la temporada anterior en *Lohengrin*, necesita sufrir otras pruebas que puedan garantizarle el triunfo en óperas cuyas dificultades lo exponen á un fracaso, sensible en todo momento, pero mucho más en los comienzos de una carrera artística que promete ser brillante; pero haciendo caso omiso de este reparo, que pudimos advertir en el acto primero, la representación se deslizó sin protestas; antes bien entre aplausos y otras demostraciones de aprobación y agrado.

Estas pruebas de satisfacción dirigíanse en primer término á la Sra Guerrini, espléndida y seductora *Dalila*, que supo desempeñar su papel con exquisito arte, poniendo en su voz toda la pasión que su ansia de venganza, perfectamente expresada, la obligaba á simular.

Tuvo momentos verdaderamente felices y cantó toda la obra con la justeza y facilidad de una gran artista.

El tenor Paoli consiguió anoche desquitarse de los tropiezos que tuvo en la primera representación de *Hugonotes* y lo consignamos con satisfacción, porque siempre es desagradable la tarea de señalar defectos.

En el papel de caudillo hebreo puede hacer alarde de sus poderosas facultades, razón por la cual triunfa siempre en *Sansón y Dalila*, como triunfa en *Otelo*, que es ópera adecuada á la potencia de su voz.

Fué aplaudido al final de todos los actos, pero especialmente en los dos últimos.

Bien Verdaguer, Del Pozo Oliver y Massía en los modestos papeles que desempeñaban, y muy bien el maestro Villa que dirigió la orquesta.

Los bailables, perfectamente ensayados y los coros, muy afinados.

El teatro, brillantísimo, á pesar de que la noche no invitaba a salir á la calle.

El triunfo de Paoli fue rotundo. Los Reyes y la Infanta Doña Isabel asistieron a las tres noches inaugurales y le festejaron en el Palacio Real. Allí, le dedicó un retrato a la Infanta que aún hoy día se conserva en la Escuela de Música de Madrid. Tras el delirante triunfo con *Otello* canta lo siguiente:

27 de diciembre de 1911
Teatro Real
Madrid, España

SANSON Y DALILA
Saint - Saens

Dalila......V. Guerrini
Sansone......A. Paoli
Abimeleco......Verdager
Sacerdote......O. Benedetti (luego Ordoñez)
Mensajero......Oliver
Filisteo......Massia
Director: Villa (luego Marinuzzi)

Esta ópera se cantó seis veces con el teatro lleno y gran entusiasmo de parte del público. La Rassegna Melodrammattica, Milán, dic. 1911:

"Paoli, después de cinco funciones de *Hugonotes*, en el cual su éxito personal fue creciendo interpretó Sansón supervamente con medios vocales y acento vigorísimo. Recibió grandes aplausos en todas las partes e impresionó especialmente en el himno y en la escena del Molino de Trigo, que el expresa con raro sentimiento". Firma: Contreras.

Paoli, solía dar paseos por la Gran Vía y al ser reconocido por la gente era aplaudido y vitoreado. El día 10 de enero se marcha a Barcelona donde canta *Aïda* con la soprano Gubern en el Gran Teatro del Liceo.

15 de enero de 1912
Gran Teatro Del Liceo
Barcelona, España

AÏDA
Verdi

Aïda......Gubern
Radamés......Paoli
Amneris......Lluro
Amonasro......Badini
Ramfis......Parvis
Re......Trevio
Director: Del Cupolo

De esta ópera se cantaron cuatro funciones con el mismo elenco. La crítica dice:

"Radamés, Paoli, momento brillantísimo de este tenor. Radamés completo, voz exquisita."
"Diario de Barcelona".

TEATRO REAL

"Sansón y Dalila"

Hace años, no muchos, Camilo Saint-Saëns asistía á una representación de su ópera desde uno de los palcos interiores del Real. El gran maestro oyó y ⋯ Virginia Guerrini en la escena de su ⋯ exclamó:—«¡Así! Virginia Guerrini can⋯ representó anoche á Dalila ideada por el músico-poeta, y el gran público dijo lo que antes había dicho el ⋯positor:—«¡Así!» La ilustre cantatriz es ⋯ esta obra, como en las que tiene de repertorio, igual á sí misma, o lo que es lo mismo, superior á las que no son como ella. Dalila tiene en los labios y en el corazón de la arrogante artista los acentos de seducción, de perfidia, de sensualidad y de amor que destreta el poema: Ni en ningún instante flaqueó su aliento vibrante ni su acentuación cálida y vigorosa, ó desmayada. «¡Así!»—dijo Saint-Saëns,—⋯ fué anoche, como tantas otras, la actriz, la cantora, la mujer bella; sugestiva de autoridad legítima, y de talento proclamado.»

Paoli estuvo muy bien. El excelente ⋯ es también un buen Sansón. La figura le ayuda; la voz no tiene que esforzarse ni ⋯quirir colores distintos en bruscos cambios que determinan entonaciones diversas, ⋯ en «Los Hugonotes», donde suenan dos ⋯ tres tenores. En el Sansón suena Paoli y ⋯pa bien. Más pasión, más calor, más abandono y desmayo en el dúo meyerberiano, y la página hubiera despertado entusiasmo ⋯

Los demás cantantes cumplieron discretamente, y mejor la orquesta, dirigida por el ⋯estro Villa.—R. M.

TEATRO REAL

"Otello"

Al fracaso de la «Resurrección», de Alfano, exteriorizado anteanoche en forma violenta y ruidosa—á ver si este segundo cañonazo daba en el blanco,—siguió anoche el éxito de «Otello», la ópera con que Verdi, el viejo cantor parmesano, refrescaba sus laureles, tras de diez y seis años de reposo, de una vida de trabajo, de lucha y de gloria.

Sí, señor; un éxito, salvo unos leves ⋯ccos, como se dice en la jerga teatral, del coro y de las trompetas lejanas, y otros no tan leves, pues eran desafinaciones y faltas de ajuste á cargo de ciertos personajes secundarios, y un triunfo unánime, estruendoso, definitivo para la insigne Cecilia Gagliardi, una de las dos ó tres «Desdémonas» que tengo en lo más hondo y más grato de mis recuerdos, y cuenta que una de ellas se llama Eva Tetrazzini.

La Gagliardi, cuya multiplicidad de talentos le permiten ofrecerse con igual esplendor en obras de distintos, y aun opuestos caracteres, es una «Desdémona» ideal. Su hermosa figura, realzada por tocados riquísimos y de rigurosa propiedad de época, atrae y subyuga, y su voz suspira ó gime por el amor y por el espanto, ó brota cristalina y transparente, como un hilillo de agua pura desviado de los fragores de un torrente, en la canción del Sauce, ó sale como una angustiosa súplica en el Ave María, con la suavidad, el perfume y la unción de los rezos infantiles... Fué una gran victoria, una más, ganada brillantemente por la diva.

Y un buen desquite para el tenor Paoli. El «Otello» es su obra, porque al aparecer en escena entre el fragor de la tempestad y lanzar vibrantes, poderosos los acentos que cantan la victoria, el aplauso lo saluda y le alienta. El aplauso le acompañó anoche en toda la jornada, en las grandes escenas de violencia y de feroz venganza, y más y mejor en el monólogo, una de las más bellas inspiraciones del glorioso Verdi.

El barítono Benedetti realizó con buena fortuna, y en ocasiones, como en la escena del sueño, con felicísimo acierto, una obra difícil y arriesgada, sobre todo ante este público, que ha oído á los más grandes barítonos del mundo. El joven artista, que tiene una voz poderosa y simpática y firme en los registros medio y agudo, como había acreditado en «Fausto» y en «Los Hugonotes», tiene además dominio escénico, si bien contenido por una modestia estimable.

En fin, que estos tres artistas ganaron, cada uno en su sitio, aplausos y ovaciones, y salieron muchas veces á escena en todos los actos con el maestro Marinuzzi, que dirigió la orquesta con grandísima atención y con el debido acatamiento á la obra de Verdi.

EDUARDO MUÑOZ.

ANTONIO PAOLI

El Programa de la Opera *Aïda*, Teatro Del Liceo, enero de 1968 dice:

"En 1911 la soprano Gubern tiene un Radamés ilustre: El eminente tenor puertorriqueño Antonio Paoli, llamado "El tenor de los Reyes y el Rey de los tenores".

Estas son notas del crítico y laringólogo del gran Teatro Del Liceo, Dr. José María Colomer Pujols, quien en su viaje a Puerto Rico en 1968 nos narra lo siguiente:

"Siendo yo un niño de ocho años, mi padre me llevó al Teatro Principal de Barcelona a ver la ópera *Aïda* por un tenor que yo consideré un genio vocal por su forma de cantar. Al año siguiente fui al Liceo a ver *Aïda* con Antonio Paoli, y entonces sí que comprendí lo que era ver un tenor de verdad en escena. Aquel *Celeste Aïda* aún resuena en mis oídos con una dulzura y una musicalidad indescriptibles. Hasta el momento presente no he vuelto a escuchar otra voz como la de Paoli, y mire que he oído a muchos otros tenores en mi vida. Paoli, era único, eso se lo aseguro yo".

Cumplido su compromiso en Barcelona, regresa a Madrid. La actuación de Paoli, en el Gran Teatro Del Liceo de Barcelona, no aparece registrada en el libro de la cronología del teatro que se publicó en Barcelona en 1950 (Talleres de Artes Gráficas). En Madrid reanuda las funciones restantes de Otello (cuatro más). La crítica dice así:

MADRID - OTELLO - 26 DE ENERO - "El tenor Paoli, puede considerarse como uno de los mejores Otellos. Optimo tenor dramático, despertó vivo entusiasmo. El cuarto acto fue impresionante. Es grande como cantante y como artista. El público lo llamó a la ribalta especialmente al final, con aplausos nutridísimos". Firma: Modesto C. Pola. Mundo Artístico, Madrid.

Cosmorama, Milán, 23 de febrero del 1912:

"Antonio Paoli, en el Otello al Real de Madrid, hizo una poderosa creación del protagonista de la difícil ópera verdiana. Fue tal la impresión producida por el célebre tenor que la Empresa Boceta y Calleja, se atrevió a reconfirmarlo para otras funciones en Madrid y le ha contratado para el San Carlo de Lisboa en marzo. La prensa madrileña esta verdaderamente entusiasmada con el gran tenor al cual dedica artículos esplendidísimos.

Il Teatro, Milán, 1911:

OTELLO - MADRID - "Paoli - éxito creciente, hizo imponente creación del Moro".

OTELLO - "Protagonista el tenor Paoli. Reconfirmado el *Otello* de hace dos años especialmente en el primer y segundo actos. Que le mereció grandes aclamaciones hechas por el público entusiasmado". Firma Modesto G. Pola. Mundo Artístico. Milán.

El 6 de febrero fue la despedida del tenor Paoli. Cantó *Otello* con la soprano Baldasarri - Tedeschi. Exito total. Público entusiasmadísimo. Le aplaudió hasta el delirio".

Se marcha a Monte Carlo, donde canta la ópera *Dejanire* de Saint - Saens a insistencias del compositor.

EL LEON DE PONCE

12 de febrero de 1912
Monte Carlo
Salle Garnier

DEJANIRE
Saint - Saens
Avec

Paoli......Hércules
Litvine......Dejanire
Delma......Iole
Orquestre: León Jehin

Terminada su participación en Monte Carlo se marcha a Italia. Da un viaje a Porto Ceresio a ver a Josefina y al niño y se marcha rápidamente a Génova. Llega allí el día 18 de febrero y se prepara para su debut con *Otello*.

27 de febrero de 1912
Teatro Carlo Felice
Génova, Italia

OTELLO
Verdi

Desdémona......María Llacer
Otello......Antonio Paoli
Yago......Francesco Cigada
Cassio......Angelo Algos
Lodovico......Lodovico Contini
Emilia......A. Gastaldi
Montano......Orlandi
Director: G. Marinuzzi

Esta ópera se cantó diez veces a teatro lleno de un público delirante de entusiasmo. La crítica le es muy favorable y le aclama como el más grande Otello viviente. El respetado, erudito y severo crítico Vallini, el más temido de Génova escribe lo siguiente para La Revista Teatrale Melodrammattica de Milán el 25 de febrero 1912:

"Ayer noche.... asistí al teatro, y no solamente quedé muy satisfecho, sino entusiasmado con el tenor Paoli. Es un *Otello* perfecto por todos motivos. Canta *El Esultate* y luego vierte a raudales la dulzura, el amor y la poesía en el dúo con Desdémona. Un tenor lírico no puede cantar con más finura que él. En el segundo acto su expresión dramática, su rostro, su actitud, forman un conjunto que produce un goce artístico verdadero, sintiendo vivos deseos de volver a oírlo. En el tercer acto interpreta de modo admirable los sentimientos del dolor y de la ira, y en el último acto llega a los límites de la grandeza. Su canto es eminentemente conmovedor y su gesto impresiona hasta el extremo de que su expresión se queda fija en la mente durante mucho tiempo. Con su *Otello* así se salvan los muchos escollos que se encuentran en esta obra y esto dice mucho en honor de nuestro gran tenor... Te saluda tu Vallini".

ANTONIO PAOLI

La Gazzetta dei Teatri, Milán - febrero 1912:

GENOVA - TEATRO CARLO FELICE - OTELLO - Optimo *Otello* ha hecho el Paoli. Gran cantante y artista".

La Rassegna Melodrammattica, Milán, febrero de 1912:

OTELLO - GENOVA - "Paoli ha obtenido un éxito personal que se delineó prontamente y anduvo siempre en forma creciente. En el *Addio, Sancte Memorie*, especialmente, logró una gran ovación y el éxito se mantiene y llega al triunfo con una ejecución magnífica, también en el monólogo y en el último acto, expresados con gran dramatismo y con acento inspirado".

La Rivista Teatrale Melodrammattica, Milán, 23 febrero 1912:

GENOVA - TEATRO CARLO FELICE - "Primer Otello, el protagonista fue el célebre Paoli, contratado para algunas funciones. Venció imponiéndose por potencia especialmente el *Esultate*. Esplendorosos agudos, arte de canto, grande en escena, obtuvo grandes aplausos y el *Ora e Per Sempre Addio*, tuvo que ser bisado, al igual que el dúo del juramento, y la escena de la muerte". Firma: Ferrari.

Il Teatro Illustrato - Marzo, 1912, Milán.

EL OTELLO EN EL CARLO FELICE DE GENOVA - "Arrastró a una multitud enorme y tuvo el más alegre éxito. El Comendador Antonio Paoli, se impuso ante el difícil auditorio desde la primera escena con su voz fenomenal y su gran ánimo. Fue vivamente aplaudido en el "Esultate", el *Ora e Per Sempre Addio* de los cuales el bis se requirió con grandes gritos. En todo el tercero y cuarto actos se mantuvo a la altura de la difícil parte y al prestigio de su nombre. La señora María Llacer fue una espléndida Desdémona, y el caballero Cigada un magnífico Yago. Este tuvo que bisar el *Credo* y en todas las escenas y los actos mereció aplausos y llamados. Estuvieron muy bien Algos, Contini y Orlandi".

El 24 de febrero fue la segunda función de *Otello*, la crítica dice así:
La Rassegna Melodrammattica - Milán, marzo 1912.

OTELLO - GENOVA - "El suceso ha sido aun mayor, y más brillante y clamoroso que el primero. El Paoli, suscitó grandes aplausos, desde *El Esultate* hasta el final de la ópera, especialmente en el *Addio, Sancte Memorie*, tuvo una ovación imponente". Firma: Corresponsal de Génova.

La Rassegna Melodrammattica - Milán, marzo 1912 - Génova.

OTELLO - CON PAOLI - "Fue un sensacional y extraordinario éxito, y recibió una gran ovación de un público amenazador por el gran recuerdo que de Tamagno conservase. Pero el Paoli supo conquistarlo con su potente voz, imponente personalidad e impecable actuación".

Tras el enorme éxito de las primeras funciones de Otello en Génova, recibe allí la visita del barítono Francesco María Bonini, quien venía acompañado de su parienta Adelaide Bonini, a

EL LEON DE PONCE

quien Paoli, conocía ya desde Milán años atrás. Venían a presenciar los últimos Otellos que Paoli cantaría allí. Van a comer juntos a un restaurante magnífico que había cerca del teatro y Paoli, le dice que su nombre es muy grande y largo para su figura tan menuda y graciosa. Le pregunta si le puede llamar Adina a lo que ella acepta gustosa. La noche de la última función de *Otello* fue una noche muy fría. Había nevado mucho y aun así el teatro estaba lleno de bote en bote. El triunfo como siempre fue extraordinario. Al salir del teatro, Paoli le pidió a Adina que lo acompañase a caminar hasta el hotel. Así que Paoli, le pidió a su secretario Pocholo y demás acompañantes que lo dejasen solo con Adina para hacer ejercicios caminando hasta el hotel que distaba unos cinco bloques del teatro. Ellos le comunicaron que había nevado mucho pero Paoli, insistió en caminar solo con Adina, así que todos se marcharon.

Al cabo de unos minutos salió Paoli, muy bien abrigado con Adina del brazo. Habían marchado ni diez pasos de la salida del teatro cuando Paoli resbaló en la nieve llevándose con él a Adina. Cayeron los dos sembrados en unos tres pies de nieve. Al tratar de levantarse, volvían a resbalar. Un señor que por allí pasaba se les acercó para ayudarles. Al verles reconoció inmediatamente a Paoli y trató de ayudarles, pero resbaló también sepultándose en la nieve hasta las narices. Comenzaron los tres a reír a carcajadas, pues no había forma de levantarse sin volver a resbalar pues la nieve de la acera se había convertido en hielo de tanto pisarla la gente al salir del teatro. Al escuchar las sonoras carcajadas el celador del teatro vino en su ayuda. Al tratar de levantar a Adina ella le pidió que ayudase a Paoli, primero a lo cual el celador ripostó con un sonoro ¡No!, ustedes primero, pues son pequeños y delgados y me pueden ayudar con Otello. Si trato de levantarlo a él primero, me caigo yo también y entonces nos sembramos todos irremediablemente en la nieve".

A estas palabras Paoli respondió con una estruendosa carcajada. Comenzaron todos a reírse de nuevo. Al tratar de levantar a Adina el celador resbaló y rodó cuesta abajo por la pequeña pendiente de la acera y entonces si que las carcajadas aumentaron en forma histérica. El primer hombre que llegó primero a ayudarles logró levantarse a duras penas y agarrándose de la pared prosiguió su camino diciendo "Están locos... locos... locos... yo me voy a mi casa, están locos..." No bien había caminado tres pasos volvió a resbalar y se fue de bruces al piso resbalando por la inclinada acera hasta caer sembrado al lado del celador del teatro. Ahí, Paoli, ya no pudo más y comenzó a pedir ayuda entre carcajada y carcajada. Llegó la policía y los ayudó a todos. Entonces Paoli les invitó a comer en el restaurante del hotel y así terminó la odisea del célebre resbalón de Paoli, en Génova. Cerca del puerto de Génova había una trattoria (fonda) de un corso, y siempre que Paoli viajaba pasaba a comer allí. Sabiendo este corso del gusto de Paoli, conseguía garbanzos y chorizos españoles y en varias ocasiones le preparaban ese plato exquisito de la cocina española. A Paoli le encantaba comer ese cocido madrileño. Así pues, el día antes de marcharse a Milán, llevó a Adina a comer allí y ella se maravilló de lo sabroso del cocido. Paoli le dijo: Algún día me he de casar contigo así que tienes que aprender a cocinar esto".

A mediados de marzo se marcha a Porto Ceresio a descansar. Antes pasa varios días en Milán con Amalia. Esta le comunica que Josefina está muy enferma, postrada en cama en la Villa y que no quería ver a nadie según le había contado el cochero quien había venido el día antes de llegar Paoli para recogerlo y llevarlo a la Villa. Paoli le presenta Adina a Amalia y comienza allí una gran amistad que duraría toda la vida. Adina era muy dulce y afable contrario a Josefina, que era ruda, egoísta y déspota. Tras varios días en Porto Ceresio se marcha a Livorno. Le habían contratado allí para cantar *Otello*.

397

ANTONIO PAOLI

Habían llegado hasta allí los rumores del gran éxito de Paoli en Génova y los diarios decían así:

"Paoli, triunfó en Génova con *Otello* y esto se puede considerar como uno de los éxitos más grandes alcanzados por tenor alguno en el histórico Teatro Carlo Fenice, cuyo público y críticos se consideran los más severos de Italia". La Tribuna, Livorno, 15 de abril de 1912.

Esperaban abrir la temporada con la ópera *Norma*, el 18 de abril, pero el tenor Castellani se enfermó y entonces estrenaron con *Otello* y el siguiente reparto:

18 de abril de 1912
Teatro Politeama Livornese
Livorno, Italia

OTELLO
Verdi

Desdémona......Sarame Raynolds - (luego Amalia Pollivan)
Otello......Antonio Paoli
Yago......Francesco Nicoletti
Cassio......Giuseppe Caruso
Lodovico......Baldo Travaglini
Director: Virgilio Ricci

Se cantaron diez *Otellos* con un éxito extraordinario a teatro lleno en su totalidad. La crítica dice así: Il Corriere de Livorno 19 abril 1912:

OTELLO EN EL POLITEAMA - "Paoli de protagonista alcanzó laureles designados sólo para los dioses. Rayó al grado de la perfección vocal y artística. Es un cantante consciente de la fuerza de su voz, la cual controla a su antojo. En *El Esultate* soltó a raudales las notas heróicas con una fuerza inaudita y en el dúo con Desdémona fue todo ternura, dulzura, y amor expresado en verdadero Bel canto. Cuantas veces hemos escuchado *Otello* por tenores de fama probada y nos dejan igual que nada, pues cantan toda la ópera a plena voz sin modular, sin decir, sin interpretar, es sólo voz y más voz. Con Paoli, es distinto, es el *Otello* ideal tanto cantado como actuado. Recibió aplausos, ovaciones y bravos durante toda la noche, toda esta expresión del público fue merecidísima. Pues lo ganó con su arte".

Il Nuovo Giornale - Livorno - 19 de abril de 1912.

PAOLI - OTELLO - POLITEAMA - "Pocas veces hemos escuchado en nuestro histórico y bien amado teatro ovaciones como las que se le concedieron al célebre tenor comendador Paoli, anoche en *Otello*. Tenores así no abundan, son raros, es perfección lo que sale de su garganta. Notas sonoras y claras con una dicción perfecta y gran musicalidad. Fue aplaudidísimo en todas las arias y se vio forzado a trisar *El Esultate* y bisar el *Ora e Per Sempre* y el *Monólogo*".

El tenor Castellani llegó a cantar dos funciones de la ópera *Norma* pero seguía indispuesto, así que Paoli le sustituyó en las tres funciones restantes. Esta ópera se cantó cuatro veces con el mismo elenco y con gran éxito.

POLITEAMA LIVORNESE

STAGIONE DI PRIMAVERA

Rappresentazioni straordinarie dal 18 Aprile al 12 Maggio 1912,

delle Opere:

NORMA e OTELLO
Musica del Maestro Bellini   Musica del Maestro G. Verdi

Protagonista di quest'ultima

Comm. ANTONIO PAOLI

ELENCO ARTISTICO

Signore: Palumbo Giacometti - Amalia Pollivan - Saramé Raynolds.

Signori: Cav. Francesco Niccoletti - Fausto Castellani - Travaglini Baldo.

Maestro Direttore e Concertatore d'orchestra Cav. VIRGILIO RICCI

M.º del Coro
C. MICHELETTI

M.º Sostitore
P. FRANCESCHI

Rappresentazioni nei giorni di Martedì, Giovedì, Sabato e Domenica. — Prima Rappresentazione: Giovedì 18 corrente, con l'opera NORMA.

ANTONIO PAOLI

27 de abril de 1912
Teatro Politeama Livornese
Livorno, Italia

NORMA
Bellini

Norma......Palumba Giacometti
Pollione......Antonio Paoli
Adalgisa......Amalia Pollivan
Oroveso......Baldo Travaglini
Flavio......Gino Barbieri
Director: V. Ricci

La crítica de La Spiaggia - Livorno - 28 abril 1912 dice:

NORMA AL POLITEAMA - "El tenor Paoli, es digno de la fama que lo ha precedido entre nosotros. Posee una bellísima voz, rica de tono y potentísima especialmente en los agudos y en las notas sostenidas. Son pruebas de su gran triunfo, su impecable actuación en *Otello* y su participación sobresaliente como Pollione en la inmortal partitura belliniana *Norma*. Esta es una ópera Bel-Cantista de gran envergadura y el Paoli, la cantó con gran gusto musical y artístico arrancando grandes ovaciones del público especialmente en su aria de salida *Meco All Altar di Venere*, la cual tuvo que repetir. Este fue otro triunfo más del excelente artista, comendador Antonio Paoli".

La Tribuna - Livorno - 28 de abril de 1912:

NORMA - POLITEAMA - El valientísimo y notable tenor, Comendador Antonio Paoli, suscitó un vivísimo entusiasmo general, interpretando Pollione con voz potente y suave y con arte vocal exquisito, alcanzando ovaciones interminables que fueron merecidísimas".

El público delira de entusiasmo y quiere oírle más y más así que para el día 7 de mayo se anuncia su despedida con la ópera *El Trovador*. Al hacerle la invitación para cantar el Manrico, Paoli accedió gustoso y enseguida mandó a Pocholo a Milán para que le buscase el baúl con los vestuarios de Manrico.

7 de mayo de 1912
Teatro Politeama Livornese
Livorno, Italia

IL TROVATORE
Verdi
Leonora......Chelotti
Manrico......Paoli
Azucena......Ronconi
Di Luna......Romboli
Ferrando......Travaglini
Ruiz......Barbieri
Zingaro......Farulli
Director: Virigilio Ricci

400

EL LEON DE PONCE

Esta ópera se cantó una sola vez y fue la función de Gala y despedida de Paoli. Le hicieron magníficos regalos y él cantó varias arias como forma de reciprocar y agradecer al público y a la Empresa la fina deferencia que tuvieron para con él. La crítica dice así:

Il Telégrafo, Livorno - 8 de mayo de 1912.

"Un suceso espléndido, verdaderamente entusiasta. Tuvo lugar ayer en la noche con la ejecución de *El Trovador*. La ópera fue interpretada con sinceridad por artistas verdaderamente valientes entre los cuales esta el célebre tenor Comendador Antonio Paoli, que deleitó al público con su bella y potente voz. El Paoli, es un artista veraz, que sabe interpretar el personaje en forma digna del más alto elogio. Sabe hacerse apreciar y aplaudir en toda su ardua participación. En el aria *Desero Sulla Terra*, que dice con mucha elegancia y claridad se procuró una llamada a la ribalta tras los aplausos clamorosos. En la famosa *Pira* fue aclamado calurosamente por todo el auditorio el cual, después de haberlo tenido saliendo a recibir aplausos varias veces, obtuvo el bis del artista quien cantó esa aria mejor que la primera vez".

Il Corriere di Livorno - 8 de mayo de 1912.

"El tenor Antonio Paoli, Manrico no pudo haber acariciado con mayor dulzura nuestros oídos y hacernos temblar en los momentos más dramáticos mayormente por su ímpetu pasional y por sus agudos maravillosos. La celebridad no se le ha ido a la cabeza porque está inspirada en un ideal querido y apreciado".

Il Giornale - Livorno - 8 mayo 1912:

"El valientísimo y notable tenor, comendador Paoli, es un superbo intérprete por su autoridad en escena y por su voz suave y potente que sabe aplicar a su papel de protagonista. Posee gracia y un refinamiento exquisito que entusiasmó al auditorio, el cual le llamó muchísimas veces a escena para rendirle los honores de proscenio.."

Los telegramas que llegan a Milán dicen así:

Rivista Teatrale Melodrammattica - Milán - mayo 1912.

LIVORNO - POLITEAMA LIVORNESE - TROVATORE - "Suceso triunfal protagonista el célebre tenor Antonio Paoli, festejadísimo. Sorprendió al auditorio con su espléndida dicción, riqueza de voz, poderosa interpretación. Bisó la Pira tras demostraciones indescriptibles llamado continuamente a la ribalta". Firma: Favius.

LIVORNO - TROVATORE - "Velada de Honor del tenor Paoli. El magnífico y aclamadísimo Manrico, fue una verdadera Fiesta del Arte tras demostraciones vivísimas. Se le regalaron objetos de gran valor y bellísimas coronas". Firma: Fermata.

Cosmorama - Milán - mayo 1912.

"El triunfal suceso del célebre tenor Antonio Paoli en *El Trovador*, en el Teatro Politeama de Livorno, ha sido narrado en los diarios de la ciudad con palabras de gran entusiasmo para el magnífico Manrico del cual elogiamos la riqueza extraordinaria de la voz potente, bella y extensísima y la estupenda interpretación escénica y vocal. Este es nuestro espléndido juicio".

401

Al terminar la temporada de ópera primaveral en Livorno Paoli, decide quedarse allí unos días más para respirar el yodo del mar y fortalecer sus pulmones. A principios de la temporada había alquilado una hermosa villa en las afueras de la ciudad y a orillas del Mar. Allí pincha un resfríado y se enferma de pulmonía. Le atiende un doctor de Livorno y le ordena reposo absoluto. Pocholo le cuida continuamente. De allí le envía Pocholo la siguiente tarjeta postal a Amalita.

EL LEON DE PONCE

A fines de mayo se trasladan a Milán y al cabo de tres días, salen para Porto Ceresio. El 8 de junio La Rivista Teatrale Melodrammattica de Milán publica la siguiente noticia:

ANTONIO PAOLI - "El célebre tenor excelentemente recompensado, se ha de presentar en funciones extraordinarias de las óperas *Africana*, *Sansón y Dalila*, *Trovador*, *Aïda*, *Otello* y *Los Hugonotes* en el Politeama de Argentina. Después del 15 de septiembre, Paoli marchará a Montevideo al Teatro Urquiza, y luego al Teatro Lírico de Río de Janeiro".

A fines de junio hace una serie de discos en Milán entre los que graba *Cielo e Mar* de La Gioconda de Ponchielli, siendo ésta la última grabación que hizo Paoli de los cincuenta y tres discos que grabó para la Gramófon de Londres. A principios de julio se marcha a Alassio, ésta era para aquel entonces una ciudad de gran importancia por sus baños de aguas termales. Amalia había estado allí el año anterior y se lo recomendó a Paoli, a ver si refortalecía sus bronquios, pues después de la pulmonía bronquial que atrapó en Livorno, no se sentía recuperado del todo. Se presentaba allí una corta temporada de verano y Paoli estaba contratado para cantar *Otello*.

12 de julio de 1912
Teatro Municipale
Alassio, Italia

OTELLO
Verdi

Desdémona......Claudia Muzio
Otello......Antonio Paoli
Emilia......Lucilla Maldonado
Yago......Giuseppe de Luca (luego R. Stracciari)
Lodovico......Augusto Guasqui (luego Oreste Luppi)
Director: Maestro Martini (luego Tulio Serafin)

Esta ópera se cantó cinco veces a teatro lleno y con éxito extraordinario. Fue la segunda vez que la Muzio cantó Desdémona, era muy joven aún, pero sus recuerdos sobre Paoli y esa función perduraron toda su vida, según ella misma les contó al tenor Francesco Merli, y luego, al tenor Nino Piccaluga, quienes, a su vez, se lo contaron al autor de estas líneas y dice así:

— Merli: "Claudia Muzio me contó que, a inicios de su carrera había cantado junto a Paoli *El Trovador* y *Otello*, cuidando Paoli de atenuar su voz para no opacar la de ella.
— Piccaluga: Claudia Muzio (fue la mejor soprano Spinto que escuché jamás) cantó con Paoli, y según sus propias palabras, nunca ha vuelto a oír una voz tan potente. Fue en *Otello*, junto a Stracciari, Orestes Luppi y Serafin en el podio. Mira, este es el programa que me regaló la mismísima Muzio. Jamás olvidó a Paoli, su voz ni su imponente figura".

Pocholo escribe a Amalia:

"*El Otello* resultó un éxito extraordinario. Antonio cantó muy bien desplegando su voz a todo pulmón en las arias pero controlándose en los dúos especialmente con la soprano quien resultó la misma joven con quien él cantó *El Trovador* hace algún tiempo, y quien se ha convertido en una mujer preciosa y de voz más firme. Antonio está loco o casi hechizado por

ANTONIO PAOLI

ella, y su voz. Dice que seguro va a ser la soprano del siglo. Está bien loco ¡Verdad! Volviendo a Antonio, tuvo que trisar *El Esultate* y bisó el *Ora e Per Sempre*. Estuvo fabuloso en *El Monólogo* y el último acto. El éxito ha sido completo. Para la próxima semana habrá cambios pues De Luca no se encuentra bien y será reemplazado por Stracciari quien esta veraneando aquí. El director será Serafin, a quien ya usted conoce. Lucila, su discípula lo ha hecho muy bien". Le aprecia, Pocholo.

La crítica dice: Cosmorama - Milán. Julio 1912.

ALASSIO - TEMPORADA DE ESTIO - OTELLO - Triunfo completo de Paoli, dueño y señor de la escena y voz segura y potente. Bisó *El Esultate* y el *Ora e Per Sempre*. Insuperable en el tercero y cuarto actos".

Terminada su participación, permaneció algunos días más en Alessio y luego se marchó a Milán. Se fue luego unos días a Porto Ceresio para estar con Tonino. Josefina estaba siempre de mal humor y quería dominar más aún a Paoli. Por esa razón él trataba de mantenerse alejado de la Villa. A veces en vez de irse a Milán se marchaba solo a la otra villa que tenía en Brusino - Arsizio, al lado de Ticino, Suiza. Tras unos días allí se marcha a Milán para prepararse para su viaje a Sudamérica. La Empresa de Giuseppe Beccario era muy importante y conocidísima en el cono sur por la gran calidad de los artistas que presentaba. El itinerario a recorrer sería Buenos Aires, Teatro Politeama; Montevideo, Teatro Urquiza, y Río de Janeiro, Teatro Lírico.

5 de septiembre de 1912
Teatro Politeama
Buenos Aires, Argentina

OTELLO
Verdi

Desdémona......Jole Massa
Otello......Antonio Paoli
Emilia......Fernanda Duval
Yago......Mario Ancona
Lodovico......Berardo Berardi
Cassio......Pietro Paggi
Rodrigo......Augusto Guasqui
Montano......Spelta
Director: Edoardo Mascheroni

Esta ópera se cantó seis veces con el mismo reparto. El éxito fue delirante. El público llenó el teatro y aplaudió entusiamadísimo.
El diario La Prensa de Buenos Aires - 6 de septiembre de 1912, dice:

TEATRO POLITEAMA - OTELLO - "El tenor Antonio Paoli resbaló y cayó pesadamente en el escenario al salir a escena y cantar *El Esultate*, pero aún así dio pruebas de su extraordinaria personalidad, profesionalismo y aplomo cantando con gran sentimiento. Triunfó plenamente ganándose una tremenda ovación del público".

404

ANTONIO PAOLI

La Rivista Teatrale Melodrammattica -Milán - 30 de septiembre de 1912.

OTELLO - BUENOS AIRES - POLITEAMA - "Se esperaba ansiosamente el famoso *Esultate* de *Otello*, pero el Paoli, al salir a escena puso un pie en falso y cayó pesadamente al suelo. La orquesta pausó de sonar. Fue un momento de gran ansia, más el Paoli, quien en la caída se había lastimado malamente la pierna y tobillo, se levantó ágilmente y avanzó adelante cojeando y cantó *El Esultate*, aunque no como pudo haberlo cantado en condiciones normales. Por deferencia al público y a la Empresa, Paoli, quiso seguir cantando y así lo hizo hasta el fin del espectáculo sufriendo dolores atroces dentro de sí". Firma: L. Restori.

Antonio Paoli durante el viaje de 1912 - Informaciones aparecidas en el diario La Prensa de Buenos Aires:

JUEVES 22 DE AGOSTO: Hay noticias de que se embarcaron ayer, en Génova, en el Re Vittorio, la Sra. Darcleé y el tenor Paoli.

JUEVES 5 DE SEPTIEMBRE: POLITEAMA. Esta noche reabre sus puertas este teatro. Con motivo de iniciar sus funciones, la Compañía Lírica que dirige el Maestro Mascheroni, dará una serie de representaciones. La primera, Otello, de Verdi, con el tenor Paoli, el barítono Ancona y la Srta. Massa, en los papeles principales.

VIERNES 6 DE SEPTIEMBRE: POLITEAMA. La benevolencia que ha de dispensarse a todo estreno, sobre todo cuando éste se verifica casi inmediatamente después de una larga travesía que ha tenido un Golfo de Santa Catalina con olas embravecidas, circunstancia atenuante para lo que se refiere a las condiciones vocales y al dominio de esas propias facultades, esta benevolencia, decimos, nos obliga a conceder un recurso de segunda instancia a muchos de los que anoche habían tomado sobre sí la tarea de interpretar los principales papeles del *Otello* de Verdi. Por de pronto, el Fiero Moro sufrió un serio percance a su llegada: Resbálose malhadadamente, y se fue al suelo, midiéndolo con todo el largo de su cuerpo y con todo el peso de su coraza e impedimenta guerrera. El Sr. Paoli quien protagonizaba al héroe verdiano, como consecuencia del referido percance, quedó maltrecho. Desde luego, cojeando y ayudándose como mejor podía, y en medio de ese rumor peculiar de las grandes aglomeraciones de gente, provocado por la inoportuna caída, se adelantó para lanzar su exclamación Esultate lórgoglio musulmán, la que, como bien puede suponerse, mucho se resintió de la emoción y del golpe. No se repuso del todo el Sr. Paoli y continuó así hasta el final de la ópera. Debemos suponer que la desgracia sufrida por su "superbo guerrier", ha de haber influido poderosamente en el ánimo de Desdémona, impidiéndole ajustar su canto a la exacta entonación requerida y por esto pasaremos por alto todo cuanto a la desventurada dama veneciana aconteció hasta llegar al *Ave María* del último acto, a la que, a fuerza de ser justiciero, ha de decirse que fue correctamente interpretada y que valió un buen aplauso a la Sta. Massa.

El barítono Ancona, antiguo conocido de este público y elemento de valor, se destacó sobre el conjunto, por su artística labor. Fue un Yago digno de todo encomio. Lo demás entra en aquello que dejamos en suspenso. El Maestro Mascheroni, a quien se le tributó un significativo saludo a su presentación, ha hecho mucho con poner en escena esta obra en tan contados días, y con dos ensayos solamente. Pero hubiese hecho mejor, tal vez, en no asentir a dirigirla en semejantes condiciones de experimento e inseguridad. Y, ¿en qué quedaron los mandolines del segundo acto? No los hemos oído. Para mañana irá Gioconda para estreno de la Sra. De Revers, de la Srta. Hotkowska y de los Sres. Maurini, tenor y Pignataro, barítono".

EL LEON DE PONCE

Se vuelve a cantar el día 8.

LUNES 9 DE SEPTIEMBRE: POLITEAMA: "El protagonista de *Otello* tuvo anoche la suerte de encontrarse bien de sus facultades vocales, por lo que logró dar brillo a la famosa frase *Esultate*, así como consiguió mantenerse a buena altura hasta el último momento, siendo objeto, por lo mismo, de halagadoras manifestaciones. Mejoró también la actuación de la Sta. Massa, quien cantó con más serenidad, y sin esforzar tanto la voz, como lo hiciera en la primera noche, resultando de esta manera, asimismo, bastante más afinada. Ancona continuó en el puesto culminante. La orquesta acreditó los loables esfuerzos del Maestro Mascheroni y los mandolines brillaron siempre, según la frase consagrada por su ausencia".

Las reseñas anteriores fueron cortesía del gran amigo argentino Sr. Don Tomás Granda.

La Rivista Teatrale Melodrammattica - Milán -11 septiembre 1912:

LA SEGUNDA DE OTELLO AL POLITEAMA DE BUENOS AIRES- "La reentrada de Antonio Paoli, suceso grandioso, acogido festivamente al salir a escena por la gran multitud de admiradores que llenaba el teatro. El célebre tenor entusiasmó con *El Esultate*, en el dúo con Desdémona, en la escena del Juramento *Si Pel Ciel* y en *El Monólogo*. En la escena de la muerte desplegó gran abundancia de espléndida voz. Es un cantante admirable y fue objeto de contínuas y frenéticas demostraciones de parte del público. Fue un nuevo triunfo muy celebrado por toda la prensa de Buenos Aires". Firma: L. Ristori.

Pocholo le escribe así a Amalia:

"Antonio, se lastimó malamente la pierna y el tobillo cuando al salir a escena a cantar *Esultate*, resbaló con un cabo de soga de la tramoya, que no tenía por qué estar allí, justo al paso de Antonio. Pensamos que alguien la puso allí a propósito. Pero, aún con la tremenda hinchazón del tobillo y el dolor que tenía, cantó muy bien *Esultate* aunque no como el sabe pitarlo. El público comprendió y le aplaudió con delirio lo cual le emocionó mucho. Si llega usted a ver las lágrimas que corrían por sus mejillas, llora también. ¡Gracias a Dios! que en la escena con Desdémona la soprano le sostuvo, pues la piernas le flaqueaban por el dolor. Pero, aún así, hizo el dúo con Desdémona con gran ternura y musicalidad. La soprano es Jole Massa a quien ya usted conoce. Luego en la escena con Yago tuvo la dicha de cantar con Ancona, a quien usted sabe él aprecia como a un hermano y también le ayudó a sostenerse en pie. La hinchazón del tobillo y el dolor eran tremendos. El público le aplaudió hasta el delirio y le premió el sobrehumano esfuerzo que estaba haciendo. La voz le sonó bien, más no con la fuerza usual pero si muy bien, a pesar del dolor. Otro hubiese renunciado a cantar pero usted sabe como es Antonio. Aquí le incluyo los artículos de periódicos con las críticas que, como verá, fueron bastante justas". Le aprecia, Pocholo.

407

ANTONIO PAOLI

12 de septiembre 1912
Teatro Politeama
Buenos Aires, Argentina

IL TROVATORE
Verdi

Leonora......Anna de Revers
Manrico......Antonio Paoli
Azucena......Ladislava Hotkowska
Di Luna......Mario Ancona
Ruiz......Pietro Paggi
Ferrando......Antonio Sabellico
Director: Edoardo Mascheroni

La Prensa de Buenos Aires - Cosmorama de Milán - 12 de septiembre de 1912:

EL TROVADOR AL POLITEAMA - "Opera de gran envergadura que necesita cantantes
de gran envergadura como ella. Esta es una obra de conjunto en la cual todos los cantantes
deben ser buenos para lograr una velada ideal y que raye en la perfección como la función
de anoche. El Paoli es un Manrico apuesto, elegante y caballeroso que hace llegar hasta el
paroxismo al público que ávidamente le escucha. Su voz fuerte y poderosa, se hace sentir en
lo más recóndito del ser. Se vio obligado a repetir la *Serenata* del primer acto y el *Ah, Si Ben
Mio* que cantó a media voz con una musicalidad extraordinaria para estallar en una Pira,
gloriosa que hizo poner de pie a los espectadores pidiendo el bis a grito vivo. El éxito es
completo. Paoli, ha conquistado de nuevo a Buenos Aires, como lo hizo en el Colón hace
cuatro años. Es un cantante excepcional". Firma: Corresponsal de Buenos Aires.

Tras este éxito clamoroso, Paoli canceló el resto de las funciones que tenía programadas ya
que la Empresa no cumplió con las cláusulas del contrato y le adeudaba ya al tenor unos diez mil
dólares por las funciones cantadas que aún no le habían pagado. Entre las óperas programadas
estaban *Aïda* y *Pagliacci*, que cantaría junto a la célebre Diva Haricleé Darclée, quien también
canceló y se marchó de Buenos Aires, porque tampoco le habían pagado.

Pocholo, le escribe a Amalita una tarjeta postal que dice así:

Estimada Amalita: Estamos aquí tres días más, esperando un asunto de Montevideo. Por los
periódicos que le he mandado, habrá visto como ha terminado esta desgraciada temporada
- tenemos muchos deseos de volver a esa. Ya le escribiré... Le saluda, Pocholo. 28 sept. 1912.

Parece que el "Asunto de Montevideo" que menciona Pocholo en la cartulina no se logró,
pues no tenemos referencias qué pasó después. Esta información fue obtenida por nuestro gran
amigo y diletante ingeniero Tomas Granda en Buenos Aires.

A fines de octubre se encuentra en Milán donde se hospeda en la pensión Bonini, frente a
la gran Plaza del Duomo, pues Josefina ocupaba el apartamento de esta ciudad y Amalia, tenía
de huéspedes en el suyo al genial músico Ponceño Domingo Cruz y a su esposa. Este era mejor
conocido con el mote de "Cocolia" y era timbardista, director de orquesta y compositor.

EL LEON DE PONCE

Las relaciones entre Antonio y Josefina se habían deteriorado mucho, pues él se vio obligado a vender su Villa en Ticino, Suiza, para comenzar a pagar los gastos del tratamiento médico de Josefina, mientras ella seguía enviando dinero a su hermana en Viena y se negaba a pagar un solo centavo del dinero que había en caja en la casa; del que Antonio traía grandes cantidades siempre que cantaba. Ella decía que el dinero que mandaba a Viena era para tener algo en el futuro y el que tenía en Milán para el futuro de Tonino. Ante esa situación Paoli prefería pagar un hotel y estar solo con Pocholo.

A principios de noviembre sale para Berlín, donde había sido contratado nuevamente por el empresario Fabish. Cantaría nuevamente ante el Kaiser y su corte en el Teatro de Palacio. Las óperas programadas eran *Los Hugonotes* , que se cantaría en francés, y *Lucia di Lammermoor*, en italiano.

20 de noviembre de 1912
Función Privada
Teatro de Palacio
Berlín, Alemania

LES HUGUENOTS
Meyerbeer

Raoul......Antonio Paoli
Marguerite......Frieda Hempel
Saint - Bris......Theodor Lattermann
Valentina......Selma Kursz
Nevers......Joseph Schwarts
Director: D. Reivers

Esta función se cantó dos veces en alemán para beneplácito del Kaiser y sus invitados exclusivamente. Se cantaron dos funciones en italiano.

24 de noviembre de 1912
Función Privada
Teatro de Palacio
Berlín, Alemania

LUCIA DI LAMMERMOOR
Donizetti

Lucia......Frieda Hempel
Edgardo......Antonio Paoli
Enrico......Joseph Schwarts
Arturo......Robert Philipp
Raimundo......Félix Vieville
Director: D. Reivers

Contratado para cantar en el Teatro Imperial de Berlín se encontraba allí el gran tenor romano Karl Burrian, quien logró ser invitado a la última función de Palacio de la *Lucia* que cantó allí Paoli, y terminada la función fue a felicitarle. Se consideraba a Karl Burrian, como un gran intérprete del repertorio Spinto - Dramático, un gran Manrico, según las críticas de la época. Estaba muy impresionado con la voz y personalidad de Paoli. Veamos esta carta de Pocholo:

"Antonio cantó el Raul en francés, y créame Amalita, le salió muy bien. La otra función fue en italiano y le salió todavía mejor. El Kaiser estaba muy impresionado con Antonio. Los demás artistas son muy buenos, muy profesionales. Actúan y cantan con muchas seriedad. La Hempel cantó como un Angel, y la Kurz es muy buena. Además de tener una magnífica figura, posee una voz fuerte, deleitante y musical.
La *Lucia* fue fabulosa, los aplausos fueron contínuos. El dúo de Antonio y Hempel en el primer acto quedo bellísimo. Antonio, sonó como un tenor lírico y al final del dúo se fue a un Re sobreagudo. Si lo oyeran esos mediocres de Italia, se morirían de envidia. Esa gente aristócrata que no aplaude, gritaban bravos como loco. Fabish, el empresario, quiere contratar a Antonio para la temporada invernal de 1915 y le ofrece un contrato muy ventajoso pues está muy impresionado con su voz. Tan pronto lleguemos a Milán, veremos a ver si podemos reconfirmar, pues todo depende de los contratos que Antonio tenga pendiente.

Conocimos al tenor Burrian; está impresionadísimo con la voz de Antonio. Es un tenor Spinto y tiene gran voz. Ya vienen las Fiestas de Pascuas. Las pasaremos solos aquí Antonio y yo. Está presentando un recital semanal en Palacio y le aplauden mucho. Canta hasta canciones alemanas".

Paoli permaneció en Alemania hasta fines de enero de 1913. El precioso Teatro de Palacio desapareció junto a sus Históricos Archivos durante la Primera Guerra Mundial. Lo aquí escrito ha sido reconstruido con mucho trabajo e investigación a través de entrevistas a varias personas que sobrevivieron las catástrofes bélicas en Europa y recordaban muchos de esos datos con lujo de detalles. Entre esas personas hay músicos, artistas líricos, directores, coristas. etc. Testimonio también de esas temporadas privadas en Berlín son las cartas, tarjetas postales, recortes de periódicos y los recuerdos de anécdotas contadas por Paoli a su viuda Doña Adina Bonini, quien nos lo contó tal como él le contó a ella.

En su Villa de Lugano la más pequeña y la primera que había comprado, permaneció por espacio de cuatro meses, Sin cantar nada, estaba en completo reposo solo con Pocholo, la cocinera Marcella y una mucama que venía a hacer la limpieza y arreglar las camas todos los días. Se entretenía allí remando por el lago, tomando baños de sol y dando largas caminatas. A principios de julio se marcha a Ostende, Bélgica, donde había sido contratado para cantar nuevamente en el Teatro Kursall. Presenta allí cinco recitales con éxito extraordinario, recibiendo por paga una cuantiosísima cantidad de dinero.

25 de julio de 1913
Teatro Kursall
Ostende, Bélgica
Primer Concierto

Commendatore
ANTONIO PAOLI
Tenor Dramático Absoluto

Parte I
Esultate......Otello (Verdi)
Come Un Bel Di......Andrea Chenier (Giordano)
Come Ruggiada......Ernani (Verdi)

Parte II
Parmi Veder......Rigoletto (Verdi)
Ah, Si Ben Mio......Trovatore (Verdi)
Quando Le Sere......Luisa Miller (Verdi)

Parte III
La Donna e Mobile......Rigoletto (Verdi)
Cielo e Mar......Gioconda (Ponchielli)
O Paradiso......Africana (Meyerbeer)

Parte IV
Dio Mi Potevi......Otello (Verdi)
Vesti La Giubba......Pagliacci (Leoncavallo)
Di Quella Pira......Trovatore (Verdi)

Extra
Bianca Al Par......Hugonotes (Meyerbeer)

Este recital fue presentado la primera noche y en él tuvo que cantar *La Pira* tres veces. El público aplaudía y gritaba como loco. Se presentaron dos recitales por semana durante el mes de agosto los días 3, 5, 10 y 13 de agosto. El día 27 de agosto de 1913 se le envió a Amalia, una tarjeta postal desde Ostende, que dejó en el hotel cuando se marchó el día 15 de agosto.

ANTONIO PAOLI

Paoli fue nuevamente la atracción mayor de esa temporada en el Teatro Kursall llenando el teatro cada noche sobre el máximo de localidades. El público le aplaudía con delirio. Sus recitales eran de puro arte lírico.

Tras el delirante éxito en Ostende, se marcha a Barcelona donde había sido contratado para cantar *Otello* y *Hugonotes* en el Teatro Tivoli, lo que constituyó el segundo gran fracaso de Paoli.

26 de agosto de 1913
Teatro del Tivoli
Barcelona, España

OTELLO
Verdi

Desdémona......Gaetana Lluró
Otello......Antonio Paoli
Yago......Gabriel Hernandez
Director: Francisco Camalo

Esta ópera se presentó además los días 28, 29 y 30 de agosto, y el 1ro. y 4 de septiembre. No tenemos los nombres de los demás artistas.

Paoli estaba emocionalmente afectado, pues recibió noticias de Milán de que Josefina empeoraba de salud y de carácter y había sacado a Amalia del apartamento que Antonio le tenía y se había tenido que ir a vivir a la pensión Bonini. Además le informaron que había mandado a su hermana a Viena, gran parte del dinero que Paoli le envió con Pocholo desde Ostende. Las críticas le fueron muy desfavorables, como podemos constatar a continuación:

Diario La Vanguardia - Barcelona, 27 de agosto de 1913:

OTELLO - "La hora avanzada en que terminó la función de anoche en el Tivoli y la impresión extraña, indefinible, que hizo en el público el tenor Paoli las dejamos para comentarlas en otra ocasión. No queremos adelantar un juicio, que por la premura del tiempo, habría de ser forzosamente aventurado. Paoli nos parece un cantante de voz ríspida, desigual y algo decadente, pero ésta es una impresión del momento. Se nos ha dicho que este famoso tenor alterna los fracasos con triunfos brillantísimos. (Esto es por lo de Bilbao). Queremos creerlo. Anoche pudimos apreciar en él un gran dominio del personaje que interpretaba, soltura de actor, cierto talento dramático y una manera de atropellar las notas que desconcertó al numeroso público que había en el teatro. En ciertos momentos gritó el *Otello* no.... cantó el *Otello*. aquí esas cosas gustan poco. Piden cantante de voz clara y timbre agradable; un efecto de voz ha de ser un efecto musical. Si hiere, si desafina, se protesta.... Pasemos porque el *Otello* de Paoli, esté bien hecho. ¡Esa interpretación de la ópera es tan pintoresca!... pero el tenor, el tenor que cobra miles de francos, no convenció al público, y el público le enseño las uñas al Divo, acaso demasiado pronto. Porque yo espero que Paoli entusiasmará mañana o pasado u otra noche cualquiera y serán laureles los que anoche fueron espinas. El público estaba furioso porque se había duplicado o triplicado el precio de las localidades y se metió con todos hasta con los comprimarios". Firma: Fausto.

El Diario de Barcelona - 27 de agosto de 1913:

EL LEON DE PONCE

OTELLO - "Anoche acudió una enorme concurrencia al Teatro del Tívoli, donde se anunciaba *Otello* el papel principal a cargo del tenor Paoli.

El reclamo de que venía precedido causó el consiguiente aumento en el precio de las localidades, influyó desfavorablemente en la acogida que tuvo el cantante.

El público no se sintió convencido de sus méritos y lo demostró ruidosamente de un modo especial al final de los actos primero y último. No son notas salientes del señor Paoli, ni el arte exquisito de la dicción, ni el talento consumado del acto. Su defensa principal está en la exhibición de grandes facultades vocales y, como estas no se hallan ya en la plenitud de la juventud, el resultado no pudo ser otro que el que anoche presenciamos".

Paoli ignoró las críticas desfavorables y prometió que los iba a hacer brincar de sus asientos.

El Diario de Barcelona:

SEGUNDA DE OTELLO - "Por segunda vez se ha presentado en escena en el Teatro del Tivoli, cantando la ópera el tenor Paoli, ante numerosísima concurrencia. En la escena de salida, en el primer acto, logró nutridos y generales aplausos. Emitió vigorosamente las notas altas y tuvo momentos que entusiasmaron grandemente al público. El éxito fue seguro".

Rivista Teatrale Melodrammattica - Milán - 3 septiembre de 1913:

BARCELONA - TIVOLI - OTELLO - "Recibimos noticias de Barcelona de que en la segunda representación del *Otello* Antonio Paoli, el célebre tenor ha sido objeto de entusiasmo y aclamaciones en *El Esultate*, en el dúo con Desdémona, en *El Monólogo*, en el *Ora e Per Sempre Addio*, en la escena de *El Juramento* y en *La Muerte*. Confirmando así la fama del más potente protagonista de la famosa partitura verdiana". Firma: Corresponsal de Barcelona.

9 de septiembre de 1913
Teatro Del Tivoli
Barcelona, España

LOS HUGONOTES
Meyerbeer

Valentina......María Dernis
Margarita......Gaetana Lluró
St. Bris......Gabriel Hernandez
Raul......Antonio Paoli
Director: Francisco Camalo

Esta fue la función de despedida de Paoli. No tenemos los nombres de los otros artistas .

El diario de Barcelona - 10 de septiembre 1913.

LOS HUGONOTES - "Esta fue la función de despedida del tenor Paoli en el Teatro del Tivoli y el público se mostró muy correcto ovacionando al artistas en los momentos felices. *Los Hugonotes* fue la obra puesta en escena. Paoli escuchó aplausos especialmente en el primer y cuarto actos. En la escena con Valentina consiguió que se le ovacionará al decir las frases de modo admirable".

413

ANTONIO PAOLI

El diario La Vanguardia - Barcelona - 9 de septiembre de 1913:

LOS HUGONOTES - Con esta ópera se despidió este artista y provocó un nuevo alboroto, sólo que esta vez fue de ovaciones. No faltaron, no obstante, las protestas y esto a causa del alza en los precios. Paoli cantó y provocó ovaciones especialmente en la escena del dúo con Valentina en el cuarto acto. Predominaron los aplausos durante toda la función y el telón se levantó diez o doce veces. Paoli tuvo que hablar porque nuestra cortesía exige que los artistas sean oradores. No sabemos lo que dijo Paoli, porque no se le oía, pues el público siguió gritando y aplaudiendo. Decididamente Paoli es el más a propósito para armar una revolución.... una revolución a tiros". Firma: Fausto - Corresponsal de Barcelona.

Terminada la ruidosa temporada de Barcelona, Paoli se marcha a Pamplona para su usual visita a la tumba de Gayarre, en el Roncal. Tras unos días de descanso en el Hostal de López se marcha rumbo a Italia. Se encuentra allí con Amalita y Pocholo en la Pensión Bonini, y va a ver a Josefina, quien no le quiere recibir. Le exige que despida a Pocholo y envíe a Amalia para España. Pocholo, para evitarle más problemas a Paoli, renuncia y se marcha a Nueva York. Amalia se va por unos meses a Madrid, y Josefina le impone a Paoli, un nuevo secretario, amigo de ella, llamado Gennarino D'Angelis a quien ella ya había nombrado administrador de sus bienes años atrás, más para espiar lo que hacia Paoli, que para ayudarle en su carrera. Este fue años más tarde empresario y director de la ópera de Trieste en Austria.

Paoli vende otra de las Villas de Porto Ceresio y se marcha a Viena. Aquí canta en el Teatro Imperial de Palacio en función ante el Emperador Francisco José:

15 de octubre de 1913
Teatro de Palacio
Palacio Imperial
Viena, Austria
(Función Privada)

LOHENGRIN
Wagner

Elsa......Hanna Granfelt
Lohengrin......Antonio Paoli
Ortrud......Frieda Langendorff
Enrico......Vittorio Arimondi
Telramundo......Armand Grabbé
Director: Pohlig

18 de octubre de 1913
Teatro de Palacio
Palacio Imperial
Viena, Austria
(Función Privada)

414

EL LEON DE PONCE

OTELLO
Verdi

Desdémona......María Renning
Otello......Antonio Paoli
Yago......Joseph Schwartz
Lodovico......Armand Grabbé
Director: Herr Pohlig

Esta otra también fue función única. Los invitados especiales que concurrieron al Teatro Imperial de Viena, en Palacio, disfrutan de puras noches de arte con *Lohengrin* y *Otello*. Estas son las óperas con que el tenor Paoli, les emociona. *Lohengrin* se escogió primero, pues es la preferida del Emperador. Esta obra posee el secreto de haber enloquecido al Príncipe Luis de Baviera. La sala de Palacio, estuvo completamente llena de oficiales con vistosos uniformes, bellas nobles austríaquitas, damas de encopetada nobleza. La entrada del tenor, en un bajel tirado por un cisne, conmueve a las Doncellas de la ilustre casa, y cuando el tenor caballero de luciente armadura, canta las variantes del aria *Merce, Merce, Cigno Gentil*, delira aquel selecto público y aplaude entusiasmado. Paoli finaliza el acto entre ovaciones y por primera vez en audición alguna, su Majestad Imperial, arrebatado por la emoción, se pone de pie instintivamente para aplaudir y rompe la regla de la etiqueta y protocolo real. Imitando a su Emperador, la corte entera se pone de pie, mientras el gran tenor se inclina emocionado reverenciando al poderoso monarca ante tan significativo homenaje.

Paoli permanece en Viena hasta fines de noviembre, pues visitaba con frecuencia a la familia Vetiska indagando sobre el dinero que se supone allí le tienen guardado. Ellos le niegan rotundamente la información alegando que ese dinero le fue regalado a la familia por Josefina y que él allí no tiene nada. Paoli les explica la situación de la salud de Josefina y el tremendo gasto que conllevaba, pero ellos no acceden. Al no tener éxito con los parientes de Josefina, se marcha a Milán.

La salud de Josefina empeora cada día. El tratamiento del Dr. Santalban le mejora pero no le cura. El calvario de Paoli se ha convertido en algo muy fuerte para llevar; pero aún le queda la fe en un Dios, justo y bueno y la esperanza de algo mejor. Al llegar a Milán, pone en venta otra de las Villas de Porto Ceresio.

415

SECCION DE FOTOGRAFIAS

Antonio Paoli en 1908 cuando se aprestaba a embarcarse para Buenos Aires. (Cortesía José Luis Paoli)

*Teatro de triunfos de Paoli en 1910.
(Cortesía: Museo Teatro Alla Scala)*

*Antonio Paoli como Sansón.
(Cortesía: Museo Teatro Alla Scala)*

Sansón (Paoli) derrumbando el templo de Dagón. (Cortesía: Museo Teatro Alla Scala).

Adelaida Bonini, bella joven que conoció Paoli en Milán. (Cortesía de Adina B. Paoli).

Esta caricatura fue hecha por el gran artista dibujante italiano Nino Vitaliani en 1910. Nunca fue publicada. Le fue regalada a Paoli por el mismo Vitaliani.

Enrico Caruso, el gran tenor napolitano, en su caracterización de Canio
de la ópera *Los Payasos* de Leoncavallo. Foto de 1910.
Es una foto muy rara del egregio tenor.
(Obsequio de Francis Robinson).

Estos son algunos teatros provinciales que Paoli recorrió con la
Compañía de Tulio Serafin, en 1911

También en estos teatros cantó Paoli en 1911.
Las cartulinas postales eran de la colección de Amalia Paoli

Cartulina de Pocholo a Amalita informándole sobre la salud de Josefina, la cual estaba empeorando. Como se puede comprobar, Pocholo siempre mantenía informada a Amalita de cuanto le acontecía a Antonio.

Foto de Paoli publicada en Génova para anunciar
su triunfo extraordinario en esa ciudad en 1912

Rarísima fotografía de Amalita y su novio,
Don Pedro Alacalá y Zamora.
Esta foto fue hecha en Madrid cuando
hacían los preparativos de su boda
y días antes de la muerte del Barón.
(Cortesía: Adina Paoli)

Esta es una cartulina postal enviada a Amalita por Pocholo
desde la villa de Paoli en Suiza, región de Brusino, en Los Alpes.
Ahí Paoli poseía otra villa.

Antonio Paoli en una aventura como
boxeador profesional en Inglaterra, año 1914.
Llegó a ganar cinco peleas, pero al terminar la última de éstas se
resbaló en el cuadrilátero y se fracturó la muñexa del brazo
derecho, lo cual terminó con su carrera de boxeador.
(Foto cortesía Adina B. Paoli)

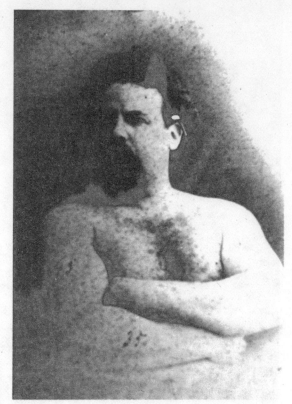

Adina Bonini en 1917. Foto dedicada a Paoli.
Por detrás se lee: "Al mio Antonio, Adina".
(Cortesía: Adina B. Paoli)

Foto de Pocholo en Milán,
con el barítono italiano
Mario Sammarco, en 1918.

.. Politeama Genovese

Martedì 29 Gennaio 1918 Ore 20.45

Prima Rappresentazione

IL TROVATORE

Melodramma in 4 Atti di **G. VERDI**

Protagonista il Comm.

ANTONIO PAOLI

Esecutori principali:

Maria Carena

Vida Ferluga

Antonio Paoli

Luigi Almodovar

Direttore Concertatore d'Orchestra

Franco Paolantonio

.. PREZZI ..

Ingresso alla Platea e Palchi L. 2 — Poltrone (oltre l'ingresso) L. 5 — Poltroncine (oltre l'ingresso) L. 3 — 2ª Galleria (oltre l'ingresso) L. 2 — Ingresso alla 2. Galleria (da Via Goito) L. 1 — Palchi di 1ª Fila L. 25 — Palchi di 2.a Fila L. 20

Militari in divisa e Ragazzi L. 1 per l'ingresso alla Platea

I militari muniti del biglietto alla Poltrona o Poltroncina avranno libero ingresso.

N. B. - Su tutti i prezzi escluso quello della 3.a galleria sarà applicato un aumento del 5% a favore dell'organizzazione Civile, notando che le frazioui saranno considerate còme lire intere.

.. Il Teatro è riscaldato ..

Sui prezzi di tutti i biglietti di ingresso alla Platea e alla 3.a Galleria viene applicato un ulteriore aumento del 5% per il riscaldamento.

Non sono valevoli le prenotazioni per telefono

Esta es una copia del cartel de la ópera de Rovigo anunciando la participación de Paoli en la ópera Aïda. Nótese como se destaca el nombre de Paoli. Mayo de 1919. (Cortesía: Doña Blanca Paoli Fernández).

Paoli en 1918, foto hecha para la familia. Una copia de esta foto se encuentra en los archivos del Teatro Colón de Bogotá. (Cortesía: José Luis Paoli).

Antonio Paoli en traje de calle, tomada en Milán en 1920.
(Cortesía Adina B. Paoli)

*Antonio Paoli, acuarela hecha
en Filipinas en 1916
(Cortesía: Carlos Paoli)*

*Paoli, foto de 1919 para promoción
artística en Portugal, Roma y Milán
(Cortesía: Blanquita Paoli)*

VICTOR BOOK OF THE OPERA—IL TROVATORE

This beautiful lyrical number is a delightful relief after so much that is forcible and dramatic.

MANRICO:
'Tis love, sublime emotion, at such a moment
Bids thy heart still be hopeful.
Ah! love; how blest our life will be
Our fond desires attaining,
My soul shall win fresh ardor,
My arm new courage gaining.
But, if, upon the fatal page
Of destiny impending,
I'm doom'd among the slain to fall,
'Gainst hostile arms contending,
In life's last hour, with fainting breath,
My thoughts will turn to thee.
Preceding thee to Heaven, will death
Alone appear to me!

Quietness soon departs, for the news comes that the attacking party have captured *Azucena*, and are piling up faggots around the stake at which she is to be burnt. Maddened at the approaching outrage upon one whom he believes to be his mother, *Manrico* prepares to rush to her assistance. The air with chorus which forms the climax to this scene is full of martial fire.

COPY'T MISHKIN
SLEZAK AS MANRICO

Di quella pira (Tremble Ye Tyrants)
By Francesco Tamagno, Tenor
 (*In Italian*) 95006 10-inch, $5.00
By Antonio Paoli, Tenor, and La Scala Chorus (*In Italian*) 92032 12-inch, 3.00
By Enrico Caruso, Tenor (*In Italian*) 87001 10-inch, 2.00
By Nicola Zerola, Tenor (*In Italian*) 64170 10-inch, 1.00
By Giovanni Valls, Tenor, and La Scala Chorus (*In Italian*) *16809 10-inch, .75

It is led up to by a very powerful introductory passage, and the high notes at the end, delivered in robust tones, never fail of their effect.

MANRICO:
Ah! sight of horror! See that pile blazing—
Demons of fury round it stand gazing!
Madness inspiring, Hate now is raging—
Tremble, for vengeance on you shall fall.

Oh! mother dearest, though love may claim me,
Danger, too, threaten, yet will I save thee;
From flames consuming thy form shall snatch'd be,
Or with thee, mother, I too will fall!

Caruso's singing of this number is absolutely electrifying in its effect on the listener, the two famous high C's being easily taken and with the full power of his great voice.

Tamagno's *Manrico* was a figure of noble proportions, and he endowed it with all his splendid vitality. Such a high C had never before been heard, and it electrified the audiences. The record of *Di quella pira* is a faithful reproduction of the great singer's rendition of the famous aria. Paoli, the famous Milan tenor, also gives a vigorous performance of this great air.

Other fine renditions, at a lower price, are given by Zerola and by Signor Valls, assisted by La Scala Chorus.

THE RAMPARTS OF ALIAFERIA—ACT IV

Double-Faced Record—For title of opposite side see DOUBLE-FACED IL TROVATORE RECORDS, *page 457.*

453

Esta es una página del libro Victor Book of the Opera, Edición Camdem, N.J., 1912. Nótese el precio del disco de La Pira del Trovador. Los de Tamagno y Paoli son más caros que los de Caruso y otros tenores. Nótese, además el marcado comentario sobre la voz de Paoli. (Colección del Autor)

Paoli en traje de calle con sombrero y bastón.
(Cortesía Adina Paoli)

Otra pose de Paoli en traje de calle
(Cortesía José Luis Paoli)

Paoli en foto de 1919 para lanzar
anuncios de sus contratos en Portugal, Roma,
Milán y otras ciudades
(Cortesía José Luis Paoli)

Fotos de estudio hechas en Milán en mayo de 1922.
Fotos fueron tomadas para hacer publicidad.
Nótese el autógrafo de Paoli.
(Cortesía: Adina B. Paoli)

Antonio Paoli, foto de 1921, para promoción artística.
(Colección: Jesús M. López)

Teatro Victoria Eugenia, San Sebastián, España.
Aquí presentó Paoli su último recital en ese país, antes de salir rumbo a América.
(Cortesía: Adina B. Paoli)

Josefina Vetiska Paoli, en la última foto que le fue tomada en 1918. Se notaba ya muy marcadamente el mal que le quejaba y le causaría tanto sufrimiento hasta su muerte. Esta foto está dedicada a su esposo. Tonino casi la obligó a vestirse y arreglarse para que se retratase. (Fotos cortesía de José Luis Paoli)

Josefina aparece aquí en la misma foto que se usó para la nota de recordatorio de la difunta.

Paoli rodeado por un grupo de personalidades al llegar a San Juan en 1922.
(Cortesía: Adina B. Paoli)

Amalita, Doña Trini Padilla Sans y Antonio, en Arecibo en 1922.
(Cortesía: Adina B. Paoli)

Antonio Paoli - Santurce, Puerto Rico, 1922
(Cortesía: Casa Paoli)

*Paoli reodeado de familiares en el patio trasero de la casa de
su hermano Manuel en Miramar*

Visita del tenor Antonio Paoli a Puerto Rico. Reunión de despedida en la residencia de su hermano Manuel situada junto a la Laguna del Condado. En el centro, los hermanos Paoil: Olivia, Antonio, Marina Braschi viuda Paoli, Elisa Abril y su esposo Manuel Paoli. De izquierda a derecha, detreas de pie Lillian, nieta de Olivia, Aida, Blanca y Rosario Paoli, sobrinas; Aida Braschi, hija; Amalia y Zenaida Paoli y detrás Carlos Paoli, sobrinos también deOlivia; al frente, sentados en la arena, Angel Braschi, hijo de Olivia y sus nietos, hijos de Aida Braschi, Aurelio Arturo y Ramón.
(Cortesía: Casa Paoli)

BRILLANTE FIESTA EN HONOR A PAOLI.--OTRAS NOTAS

*Adina Bonini, foto tomada al llegar
a New York en 1922 para casarse con Paoli.
(Cortesía: Adina Paoli)*

*Aquí vemos a Tonino Paoli, Pocholo Gonzalez y Paoli,
en New York en 1922.
(Cortesía: José Luis Paoli)*

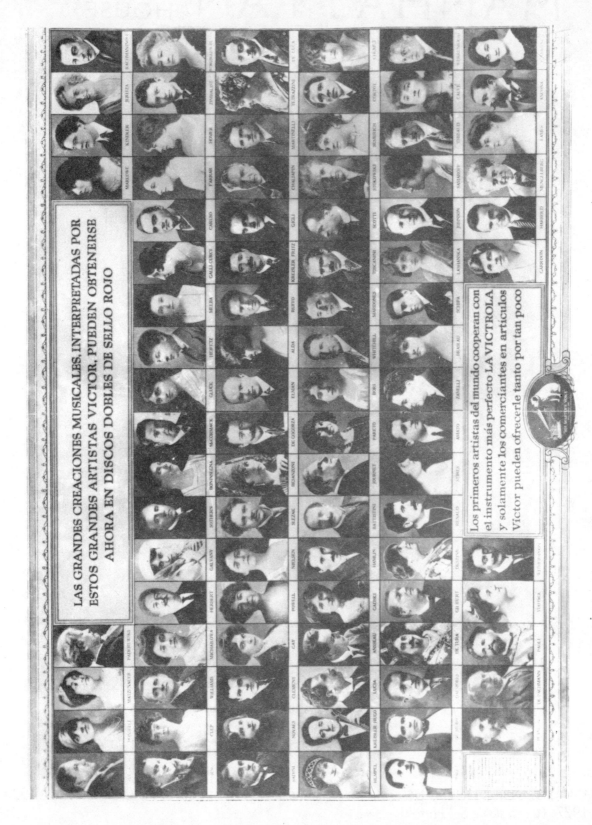

Anuncio de la Casa Victor (Cortesía: Lcdo. Don Agustín Rodríguez)

Portada programa de este gran teatro que fue escenario de grandes triunfos de Paoli, entre los años 1922 al 1927. (Cortesía de Sol Hurok).

*Poster de la Manhattan Opera, 1926, New York.
(Cortesía de Robert Paoli).*

Poster de la Brooklyn Academy of Music.
(Cortesía Srta. Selenia del Toro).

OTELLO

Antonio Paoli en su caracterización del *Otello* de Verdi, ópera que cantó unas quinientas setenticinco veces en un lapso de veinticinco años. Esta cantidad de representaciones no ha sido igualada por tenor alguno.

Paoli era considerado como el *Otello* por excelencia, por su potente voz dramática, su impecable actuación y su elegante figura. Cumplía con todas las condiciones que exigía Verdi para la ejecución de este personaje.

Las fotos que presentamos a continuación correspenden a una serie tomadas en Roma en el año 1920 en el estudio del fotógrafo Francesco Reale, el cual estaba ubicado en el Corso Vittorio Emmanuele 24.

(Fotos cortesía Adina B. Paoli)

*Esultate Antonio Paoli como Otello.
Foto hecha en 1919*

OTELLO PRIMER ACTO
Otello enamorado, sereno y tierno

OTELLO PRIMER ACTO
Otello justiciero y recto

OTELLO SEGUNDO ACTO
Otello dudoso por las intrigas de Yago

OTELLO TERCER ACTO
Otello, celoso, dispuesto a todo

OTELLO CUARTO ACTO
Otello vengativo, listo para matar

OTELLO CUARTO ACTO
Otello entrando sigilosamente a la habitación de Desdémona

OTELLO CUARTO ACTO
"Nium mi Tema" - Otello presto a morir

Antonio Paoli - Otello - Manahattan Opera House, New York, 1922

ANTONIO PAOLI
"EL LEON DE PONCE"

1692
PONCE

ARTWORK AND DESIGN Jesús M. López

CARICATURA DE OTELLO
Yago-Viglione Borghese, Desdémona-Carmen Toschi y Otello-Antonio Paoli
Teatro Massimo de Palermo, Sicilia, 1919
(Colección: Jesús M. López)

CAPITULO X
1914 - 1919

Al comenzar el nuevo año surgen nuevas esperanzas para Paoli. Tenía pendiente un nuevo contrato en Alemania para la primavera. Pocholo se había marchado a América. Buscaría trabajo en Nueva York y estudiaría la posibilidad de conseguir algún contrato para Antonio, pues Europa se estaba convulsionando con los amagos de una guerra.

A mediados de febrero, Paoli sale para Alemania. En Colonia presenta un recital patrocinado por el Empresario Fabish.

Opera de Colonia, Alemania
20 de febrero de 1914

OPERNHAUS
Colonia, Alemania

Concierto
ANTONIO PAOLI
Tenor Dramático
Paul Plashke
Barítono

Coro & Orquesta Opernhaus
Director: L. Reiner
Antonio Paoli

Programa
Parte I
Cielo e Mar......Gioconda (Ponchielli)
O Paradis......Africana (Meyerbeer)
Ah, Si Ben Mio......Trovatore (Verdi)

Parte II
Paul Plashke
Di Provenza......Traviata (Verdi)
Il Balen......Trovatore (Verdi)
Etoile Sublim......Tanhauser (Wagner)

Intermesso

465

Parte III
Overtura......Guillaume Tell (Rossini)
Pilgrims Chour......Tanhauser (Wagner)
Val Pensiero......Nabbuco (Verdi)

Parte IV
(Paoli & Plashke)
Si Pel Ciel......Otello (Verdi)
Enzo Grimaldo Principe......Gioconda (Ponchielli)
Duetto......Forza del Destino (Verdi)

Encores
Esultate......Otello (Verdi)
Donna e Mobile......Rigoletto (Verdi)
Di Quella Pira......Trovatore (Verdi)

Este gran concierto causó furor. El público aplaudió entusiasmadísimo y el teatro estaba lleno de público ávido por escuchar al Paoli de los discos que tanto se vendían en Alemania.

El día 22 de febrero, Paoli se marcha a Berlín. Allí canta el *Otello* exclusivamente para el Kaiser y sus invitados.

10 de marzo de 1914
(Función Privada)
Teatro de Palacio
Berlín, Alemania

EL LEON DE PONCE

OTELLO
Verdi

Desdémona......Gubern
Otello......Paoli
Yago......Plashke
Lodovico......Grenville
Cassio......Bendinelli
Director: L. Reiner

Esta ópera sólo se cantó una vez, pues Alemania estaba ya envuelta en el conflicto bélico y Paoli debía salir de allí lo antes posible. Al terminar la función, el Kaiser llama a Paoli y le explica la situación tan delicada por la cual está pasando su país. Las relaciones con Prusia han sido rotas y la guerra es inminente. Paoli recibe un último regalo del Kaiser; éste consistía en una pistola de oro macizo con sus balas también de oro. Le hizo ese regalo para su protección personal en su viaje de regreso a Milán. Le obsequió también una moneda de plata con la esfigie del Kaiser acabada de acuñar para circular en el año 1914, además de una paga extraordinaria por los recitales programados que no se llevaron a cabo. Paoli guardó esos obsequios toda su vida. La moneda de plata del Kaiser está en mi colección privada de memorabília de Paoli. La pistola de oro se la regaló Paoli a su amigo y médico Dr. Diego Biascochea en 1939 después que salvó su vida con una delicada operación prostática.

Justo cuando llegó Paoli a Milán, se declaró la guerra. Recogió a su familia allí y se marchó a España, país neutral. Alquiló una Villa en Barcelona, en las afueras de la ciudad, en la carretera a Sabadell, y se estableció en ella. Llevó consigo sus caballos chilenos con los cuales paseaba en coche por Barcelona, causando la admiración de todos los que le veían pasar.

La guerra estaba en todo su apogeo en Italia. Sólo se cantaba ópera esporádicamente, al igual que en los demás países envueltos en el conflicto. Le hablaron a Paoli de la importancia y auge que estaba tomando el boxeo en Inglaterra y decide que con su musculatura y un poco de ejercicio, podría hacerse boxeador profesional en poco tiempo; con lo aventurero que era, decide probar su suerte. Amalia, mientras tanto, seguía en Madrid y se estaba preparando para casarse con el Barón Don Pedro Alcalá y Zamora, a quien le habían levantado el destierro en la Isla de Mahón, a insistencias de Páoli, a través de la Infanta Doña Isabel de Borbón.

Todos los preparativos estaban hechos pero el día antes de la boda Don Pedro, se disponía a visitar a su novia para llevarla al ensayo en la Iglesia de San Sebastián. Estaba muy elegantemente vestido con su uniforme militar de gala. Antes de llegar a la Calle de Atocha el caballo resbaló en los adoquines frente al Teatro Calderón y Don Pedro fue a dar con su cabeza en el borde de la acera fracturándose el cráneo y muriendo instantáneamente. Esta desgracia fue de gran dolor para Amalia y Antonio, pues fueron muchos los años de amistad que les unía a Don Pedro, además de haber sido el único hombre en la vida de Amalia.

Se marcha de Madrid con Amalia para el país vasco. Su solo interés era dedicarse al boxeo y entretener a Amalia, para disipar en algo su terrible dolor. Josefina sintió alguna mejoría ese año que pasó en Barcelona, pero ya sentía deseos de regresar a Milán pues le preocupaban mucho las propiedades que tenían en Porto Ceresio y Milán, las cuales habían quedado al cuidado de varios amigos y sirvientes. Se había enterado por el nuevo secretario que ella le había impuesto a Paoli, Gennarino de Angelis, de que la Villa grande había sido saqueada y arrasada en su interior

467

por los invasores austríacos quienes se llevaron los muebles, la figura, los cuadros, el piano y también el tesoro más preciado de Antonio: su perro Urzu que estaba disecado.

Paoli, luego de algún tiempo de ejercicio y entrenamiento en Irún, se marchó a Inglaterra. Comenzó allí su nueva carrera como boxeador. Se hizo muy popular entre los aficionados al boxeo, pues su contextura física y su figura atlética le hacían el boxeador por excelencia. Ganó cinco peleas; se le consideraba campeón invicto. Su sueño primordial era boxear con el gran campeón inglés James Corbett, pero la suerte no le acompañó y en la sexta pelea resbaló en la lona del cuadrilátero y se fracturó la muñeca del brazo derecho, terminando así abruptamente su carrera de boxeador.

El ejercicio empleado para endurecer sus poderosos y fuertes bíceps y los músculos pectorales consistían en correr todos los días muy temprano en la mañana. Brincar a la cuica varias veces al día, golpear por horas la pera de lona inflada, alzar pesos para flojar y afianzar los músculos, etc... Todos estos ejercicios le endurecieron sus cuerdas vocales, así que su voz sonaba seca, ronca, sin energía, había perdido la voz totalmente.

De Inglaterra se marcha a España y permanece algún tiempo en Barcelona con la familia. La guerra había comenzado a principios de agosto de 1914 cuando el Archiduque Ferdinand de Austria y su esposa fueron asesinados en Sajarevo, Hungría, por un nacionalista serbio, en junio de 1914. Italia se unió al conflicto bélico el 23 de mayo de 1915. Ese mismo mes los austríacos, respaldados por los alemanes, invadieron el norte de Italia, saqueando pueblos y villas y ocasionando grandes pérdidas en propiedades y miles de vidas de inocentes. En agosto 28 de 1916, Italia declara formalmente la guerra a Alemania por su alianza con los austríacos y los húngaros.

Era muy peligroso viajar por mar, pues se torpedeaba a los barcos causando miles de muertes. Aún así, Paoli decidió hacer un largo viaje a las Islas Filipinas a visitar a su hermano Carlos y conocer a su familia. Pasa allí un mes descansando y disfrutando la belleza del lugar, cuyas flores y palmeras le hacían recordar a Puerto Rico. De allí va a Shangai, y luego visita la India. Se maravilla allí con el imponente Taj Majal, cruza El Indostán y visita Pakistán donde, cerca de la frontera, con la India, se halla el fastuoso y legendario Reino de Lahore, inmortalizado por Massenet, en la ópera del mismo nombre que con tanto éxito había cantado. De allí regresa nuevamente a España. Habían pasado casi dos años desde que se había marchado de Italia y decide volver sin importarle más los riesgos de la guerra.

Para ese tiempo llega a Barcelona la soprano puertorriqueña Margarita Callejo, de paso para Milán. Visita allí a Amalita y esta le recomienda a la mezzo soprano Adela Borghi como gran profesional y magnífica maestra de canto. Así que tan pronto Margarita llegó a Milán, se fue a buscar a esta profesora y estudió con ella por espacio de dos años. Corría para entonces el año 1916; Paoli se estableció en Milán donde compró un nuevo apartamento en Vía Vincenzo Monti No. 57. Este era muy cómodo, localizado en uno de los mejores sectores residenciales de la ciudad y quedaba frente a frente a la casa de la célebre Diva Amelita Galli-Curci, quien con frecuencia invitaba a los Paoli a cenar con ella.

Comienza a estudiar canto nuevamente con Amalia; pero sus cuerdas vocales estaban muy endurecidas aún por los ejercicios físicos. El Dr. Luigi Lo Moro, laringólogo, especializado en cantantes, le aplica un nuevo tratamiento para ver de que forma podía hacer que se normalizasen sus cuerdas vocales. Así que se le ordena tener la boca cerrada, no hablar nada en absoluto. Luego de un tiempo en silencio se le permite vocalizar con Amalia una vez al día.

EL LEON DE PONCE

Una noche asiste al Teatro Dal Verme con Amalia, Adina y varios amigos a ver a Caruso en la ópera I Pagliacci una de las pocas veces que el célebre Divo cantó en Milán. Su opinión sobre Caruso fue la misma que cuando le escuchó en Ostende, en 1910: "Voz bella, melodiosa y musical pero de poco volumen y corto de agudos". Josefina decidió marcharse a Porto Ceresio, para ir arreglando la Villa que tanto amaba. Antonio vende la Villa pequeña de Porto Ceresio. Durante el resto del año 1916 se pasa vocalizando con Amalia y en tratamiento con el Doctor Lo Moro. La gente pensaba que Paoli, ya estaba retirado y acabado de voz y que no cantarías más. Por dondequiera se contaban leyendas sobre él y sus excentricidades; se hacían hasta cuentos maliciosos.

A principios de diciembre se prueba la voz con Amalia y ésta le respondió. Tenía un canario enjaulado y se pasó frente a la jaula lleno de felicidad y le dijo, ya no cantarás más solo; ahora cantaremos los dos. Y así lo hacían, pues cada vez que Paoli vocalizaba, el canario se entusiasmaba y emitía una enorme cantidad de trinos armoniosos.

Envía a Nueva York por su secretario Pocholo, quien emprendió de inmediato su viaje de regreso a Milán. A principios de enero de 1917 se encontraba en Roma, donde haría su debut en el Teatro Costanzi, con la ópera Sansón y Dalila. Cantaba allí en esa temporada la célebre soprano coloratura Elvira de Hidalgo, quien nos relató lo siguiente:

— "Nadie podía pensar que Paoli volvería a la escena, pues todos sabían que había perdido la voz a causa de los ejercicios de boxeador allá en Inglaterra. Luego, cuando se anunció de su regreso a la ópera, la gente que es muy mala, fue preparada al teatro para hacerle pasar una mala noche. Llevaban hasta huevos podridos y tomates bien maduros, para lanzárselos al más leve indicio de flaqueza o falla. Pero cuando Paoli comenzó a cantar su aria de entrada a escena, aquel público estalló en una ovación tremenda, pues aquella voz sonó como una corneta de ésas que nombran para el juicio final. La voz sonó fuerte, fuertísima y muy musical. Cantó el Sansón magistralmente. Perfecto en entonación y la actuación fue impecable. Sus óperas preferidas eran Trovador y Otello. Siempre quise cantar con él pero no coincidimos con el repertorio; además, para cantar con Paoli se necesitaba una voz más fuerte que la mía.. Sabe, yo era soprano de coloratura para cantar papeles como Rosina en El Barbero, Gilda en Rigoletto y cosas así que Paoli, no cantaba más para esa época.

Pues, volviendo al debut de Paoli en Sansón y Dalila aquello fue apoteósico. Se vio obligado a repetir la romanza de entrada bajo gritos de bravo y aplausos ensordecedores, y así, al igual todas las arias fueron repetidas, y eran todas muy fuertes para cantar. El se había retirado de la escena por un largo lapso de tres años, pues tenía muchos problemas con su mujer Josefina, siempre enferma y egoísta como ella sola; además esa guerra que no terminaba, era todo un desastre, una verdadera calamidad. Sabe, yo iba al teatro todos las noches que Paoli cantaba, y le aseguro que cada día lo hacía mejor que la anterior. En realidad era algo único, su voz, su porte, su figura, eran imponentes, además de su convincente forma de actuar.

Ese invierno de 1917 es algo que no se puede olvidar fácilmente. Además, déjeme decirle que la voz de Paoli, sonaba con mucha más fuerza que antes. Muchos de los conocedores del canto de entonces decían que su voz era comparable solo a la de Tamagno. Sabe, éste había sido uno de esos tenores de leyenda y uno de los cantantes más grandes de la historia, y Paoli era su igual sin ningún lugar a dudas".

469

ANTONIO PAOLI

El re-debut de Paoli fue como sigue:

17 de enero de 1917
Teatro Costanzi
Roma, Italia

SANSONE E DALILA
Camille Saint-Saens

Dalila......Besanzoni
Sacerdote......Aiani
Abimeleco......Narcón
Sansone......Paoli (re-debut)
Vecchio Ebreo......Melocchi
Ballerina......Fornarolli
Coro y Orquesta Titular
Director: Edoardo Vitale

De esta ópera se hicieron ocho funciones los días 17, 20, 23 y 31 de enero y 7, 15, 19 y 25 de febrero a teatro lleno pagando precios fabulosos por los boletos de entrada. El día 14 de marzo cantó el *Sansone* el tenor Franz, pero no gustó tanto como Paoli. Las críticas fueron muy favorables y toda la prensa italiana se hizo eco del triunfo obtenido por Paoli, como constatamos a continuación:

El diario La Tribuna - Roma - 18 de enero de 1917:

SANSON Y DALILA EN ROMA - "Ayer en la noche se dio una función felicísima del *Sansón y Dalila*, la poderosa ópera de Saint-Saens, que va conquistando siempre más al público. La parte del Sansón fue ejecutada por el tenor Paoli, quien cosechó un éxito rotundo. Hizo uso de una voz voluminosa y segura; cantó con arte profundo y también como actor siempre eficazmente. El auditorio electo festejó al Paoli con grande y sincero fervor, sobretodo después del aria de salida".

El diario Il Messaggero de Roma, 18 de enero de 1917:

SANSONE E DALILA. "En el Costanzi se escuchó ayer en la noche con frecuentes y calurosos aplausos la ópera *Sansón y Dalila*. Como el desnudo Sansón se presentó el Antonio Paoli, un artista precedido de óptima fama, que corresponde completamente a la expectativa del público, ya sea por sus medios vocales como por sus dotes interpretativos. El no podía dar mayor relieve a su parte y fue muy festejado especialmente en el dúo del segundo acto".

El diario Il Corriere D'Italia - Roma - 8 de febrero 1917:

"Muchísimo público acudió anoche al Costanzi para la réplica de la ópera Sansone e Dalila, que ha tenido una felicísima acogida. Fue muy apreciado el tenor Paoli, quien en el dúo del segundo acto y al final del tercero se afirmó un intérprete excelente".

EL LEON DE PONCE

El diario Il Popolo Romano - Roma - 26 de febrero de 1917:

SANSONE E DALILA - Llenísimo anoche el Costanzi, para la última representación de *Sansone e Dalila*, la melodiosa ópera de Saint-Saens, que ha constituido uno de los más afortunados sucesos de la temporada. Gabriella Besanzoni, como siempre cantante exquisita y Dalila fascinante, ha sido entusiastamente festejada. El comendador Paoli, hace un héroe del infeliz hebreo con una interpretación maravillosa. El ilustre Maestro Vitale, alma del espectáculo por aquella sabía conciencia que pone en su dirección. Fueron llamados a proscenio infinidad de veces tras grandes aclamaciones".

Para la última función de Sansón, cantada por Paoli el 25 de febrero, se encontraba en Roma el Maestro Saint-Saens, quien felicitó a Paoli nuevamente y le dijo que le consideraba el mejor intérprete de su ópera junto a Franz, al cual iba a dirigir el día 14 de marzo, allí mismo, en una función benéfica, sucediendo lo mismo que en Milán años antes.

Par el 21 de marzo se anuncia *El Trovador* por lo cual había una gran expectativa pues los romanos estaban entusiasmadísimos con Paoli a quien se consideraba el héroe del momento.

21 de marzo de 1917
Teatro Costanzi
Roma, Italia

IL TROVATORE
Verdi

Leonora......Ester Mazzoleni
Manrico......Antonio Paoli
Azucena......Gabriella Besanzoni
Conte Di Luna......Enrico Molinari (luego Apollo Granforte)
Ferrando......Carlo Melocchi
Inés......Lucia Torelli
Ruiz......Tullio Boni
Director: Edoardo Vitale

De esta ópera se cantaron seis funciones los días 21, 25, 28 y 31 de marzo, y 2 y 4 de abril, a teatro lleno de un público delirante. Las últimas dos funciones fueron cantadas por el joven barítono Apollo Granforte, sustituyendo a Molinari, quien se había enfermado. La crítica dice así:

Il Giornale D'Italia - Roma - 22 de marzo de 1917.

IL TROVATORE - "Cada vez que *El Trovador* reaparece sobre las tablas de un escenario resurge el debate alrededor de la leyenda, cierta o presunta. No se ponen de acuerdo fácilmente los críticos de hoy para discutir de *El Trovador* como mañana discutiríamos fácilmente sobre *Ernani* o *Rigoletto*... pero,... verdaderamente... fue ayer en la noche cuando *El Trovador* tuvo la ventura de una ejecución excelente y en una interpretación llena de vida y de fuerza. El Verdi de los músculos de acero no consciente que se haga su cuento en la más blanda tendencia de ironía. Del Paoli todos saben que posee una voz estentórea, verdaderamente sansoniana. Tuvo momentos muy buenos, pero el mejor lo tuvo, ayer noche, en *La Pira*, que el gentío aplaudió con insistencia.

471

ANTONIO PAOLI

L'Idea Nazionale - Roma - 22 de marzo de 1917.

IL TROVATORE - "La reposición de *El Trovador* anoche, procuró grandes aplausos a la Mazzoleni, Besanzoni, al tenor Paoli y a Molinari. Al final de cada acto fueron llamados al escenario infinidad de veces y proclamados junto al Maestro Vitale".

La Rassegna Melodrammattica - Milán, 28 de marzo de 1917.

IL TROVATORE A ROMA - "El tenor Antonio Paoli, en Roma, en *El Trovador* ha representado un gran suceso, superior al que ya había obtenido en el Costanzi, el mes pasado, con la ópera *Sansón y Dalila*. Su voz ofreció maravillas y las demostraciones del público en su honor fueron interminables. Fue llamado a escena no menos de dieciseis veces después de la brillantísima *Pira*, pero no fue sólo este el momento de su triunfo ya que Antonio Paoli ha regresado a los días alegres de la completa eficacia de su voz magnífica. Aquí lo felicitamos, cordialísimamente". Firma: Corresponsal de Roma.

ANTONIO PAOLI

Con gusto hemos traducido y publicamos a continuación lo que dice la prensa romana de nuestro compatriota Antonio Paoli:

La Revista:

Después del espléndido triunfo durante varias noches en el gran teatro obtenido en la opera Sanson y Dalila por el célebre tenor Antonio Paoli, este artista se nos presentó en la difícil parte de "Manrico en el Trovador como un intérprete sorprendente bajo cualquier punto de vista. El lanzó con verdadero tesoro de voz fresquísima, potente, fácil en toda la grandeza que levantó la concurrencia del elegante público que le escuchaba su canto de gran maestro, desde la salida; la enorme concurrencia le tributó aplausos que subieron al delirio en la famosa Pira. El tenor Paoli fue objeto de ovaciones sin ejemplo, teniendo, al final de cada acto presentarse al público en medio de verdadero huracán de aplausos y especialmente en el acto tercero que fue hecho salir por diez veces, solo, a los honores que se le tributaron"

Il Popolo Romano:

El Comm. Antonio Paoli, tan aplaudido en el Sanson y Dalila, se presentó en el Manrico del Trovador, cuya parte justamente considerada como la prueba del fuego para un tenor, tuvo en él un intérprete feliz: los pasajes de fuerza fueron cantados por él con vigor y calor, especialmente la Pira que fue dicha con magnífica soltura que le valió entusiastas aclamaciones.

Paoli fue llamado mas y mas veces al palco escénico sin interrupción por la concurrencia que delirante lo apla dia.

L' IDEA NACIONAL

El tenor Paoli que fue admirado tantas noches en el Sanson, fue un protagonista extraordinario. Todos conocen las dificultades que el tenor tiene que hacer frente en la ópera de Verdi, el Trovador de modo que lo escuchamos en aquellos puntos peligrosos para juzgarlo. El juicio para este bravo artista de los admiradores, no lo dudábamos: en la famosa Pira parecía que el teatro se venía giu..... fue, pues, una demostración meritada, porque la voz de este cantor no agarra, sino que llega sonora y espléndida a la altura de un agudo do inmenso, sin peligro a nada.

IL MESSAGGERO

El Comm. Antonio Paoli, posee una voz abundante y vigorosa. El sin economías regó a la gran sala con su canto dulce, y grande y cuando llegó a la prueba del fuego del aria famosísima de la Pira, sus notas robustas, redondas, seguras le meritaron ovaciones inmensas, no bisando por la prohibición en los reglamentos del gran teatro

LA TRIBUNA

Un gran Manrico el tenor Comm. Antonio Paoli, memorable las ovaciones de anoche en el histórico teatro

IL CORRIERE D' ITALIA

El Manrico de anoche, por el soberano tenor Antonio Paoli, será memorable en la Roma artística. Grandeza en la voz del cantor; inmenso, sublime; vibrantes sus notas de agudos deliciosos limpios. La Pira se pedía el bis de cualquier modo siendo llamado diez veces, no complaciendo por la prohibición absoluta del Reglamento en el aristocrático teatro".

El 7 de abril de 1917 se marcha de regreso a Milán, pues había estado casi cuatro meses fuera de casa. El éxito ha sido rotundo, la acogida del público romano fue extraordinaria, comienza pues, triunfalmente, la segunda etapa de la carrera de Antonio Paoli. Tanto sus admiradores como sus detractores aceptan que su voz esta llena de vigor, musicalidad y fuerza mejor aún que antes de haberla perdido a causa del boxeo. Confirmó pues que le había resultado muy bien el severo tratamiento del Dr. Lo Moro y sus vocalizo diarios con Amalia, haciendo uso exclusivo de la vocal "U". Supo pues aprovechar los sabios consejos del Maestro que consistían en los siguientes puntos:

1.- Tratar de controlar su estado emotivo en escena, olvidándose de los problemas familiares, poniendo todos sus sentidos en el personaje que interpretaba.
2.- Pensar que no hay nadie presente en la sala y ponerse en su mente que está actuando solo, compenetrado en el papel que interpreta y no en la técnica vocal la cual le ha de responder natural y automáticamente según vaya cantando.
3.- Considerar a los compañeros de escena, pero no por eso dejar de actuar y cantar con el cauce natural de la voz.
4.- No descubrir su pecho, ni su garganta al abierto, ni tomar aire por la boca al respirar para cantar ya que eso causa sequedad en las cuerdas vocales, las cuales deben permanecer siempre húmedas.
5.- Respirar siempre por la nariz expandiendo la parte baja de la caja toráxica, haciendo uso del diafragma. Y erguir la cabeza al emitir sonidos para no ahogar las cuerdas vocales y dar el paso libre a la voz.
6.- Usar el diafragma como una catapulta para enviar una corriente de aire a la máscara, el cual ha tomado el sonido al pasar por las cuerdas vocales para emitir agudos, seguros y certeros.
7.- Hacer ejercicios de respiración todos los días al menos cuatro veces por día.
8-. Vocalizar diariamente con la vocal "U" cerrada, para poner la voz a flor de labios, ya que, en la

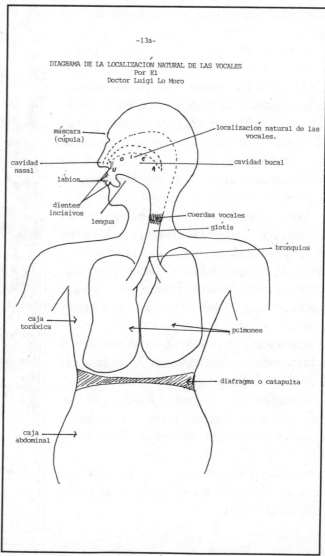

localización de las vocales que por naturaleza todo ser humano pronuncia la "U", es la que esta más al frente de la cavidad bucal.

9.- Pensar en la impostación de la voz como si fuese la cúpula de una iglesia o una catedral y allí, justo al centro de la parte más alta de esa cúpula, va a dar el torrente de voz para regresar con gran fuerza, brillo y color amplificados.

10.- Emitir el sonido de la voz por la boca en distintas posiciones murmurando primero, siempre con la vocal "U", y luego las demás vocales.

11.- Conocer y tener siempre en mente la posición natural de las vocales y, al cantar pronunciarlas correctamente.

El Maestro Lo Moro decía que para poder cantar correctamente, se necesitan varios elementos naturales y estos son: respiración correcta, voz, musicalidad (oído), inteligencia, energía, concentración mental y saber comunicar en el canto lo que se quiere expresar.

Al llegar a Milán reposa unos días y se marcha con Pocholo a Inglaterra, pues cuando este último viajó a los Estados Unidos descubrió que la casa Victor, con oficinas en Camden, New Jersey había publicado un libro llamado "The Victor Book of The Opera", Camden, N. J., 1912, en el cual incluían varias grabaciones de los discos Gramophone que Paoli había grabado en Milán, en 1907, incluyendo la ópera I Pagliacci sin el Vesti la Gubba. Estos discos eran vendidos a precios altísimos y Paoli no recibía un solo centavo de regalías como se estipulaba en el contrato con la Gramophone.

Esas compañías de discos habían hecho negocios por su cuenta sin contar con los artistas, así que usando ese libro como prueba, Paoli presentó una demanda a la Gramophone de Londres y ganó el pleito. Tuvieron que indemnizarlo con una cantidad cuantiosa de dinero y él ordenó que se retirasen sus discos del mercado americano con el sello de La Victor, lo que se hizo poco a poco. Aún en 1918 aparecía algún disco de Paoli en el catálogo de la Victor.

A mediados de mayo ya estaba de regreso en Milán y luego se marcha a Porto Ceresio donde la familia ya se había establecido. Permanece allí descansando sin fatiga y repasando de vez en cuando la partitura del *Otello*, que habría de cantar en Milán durante el mes de octubre en el Teatro Dal Verme.

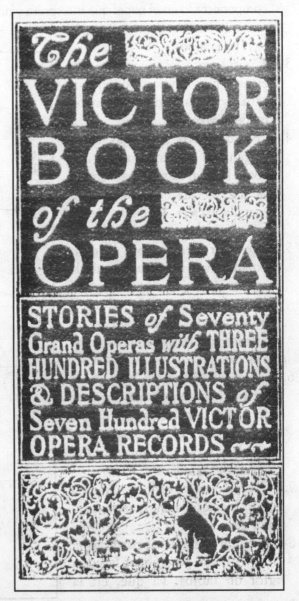

EL LEON DE PONCE

Josefina ocupa una parte de la Villa, sigue muy mal de salud. Su nuevo médico el Dr. De Angelis, la inyecta cada semana para apaciguar el dolor, pero aún así cada día se empeora su estado. Tonino está grande. Ha ido creciendo física e intelectualmente a pasos agigantados, es un chico muy inteligente y ya ha aprendido varias obras líricas de memoria. Su sueño es ser un gran director de orquesta.

Pasan el verano juntos padre e hijo remando en el lago y deciden marcharse con Pocholo a Ginebra y Zurich, donde permanecen por espacio de un mes. Paoli trata de explicarle a su hijo su relación con Adina y este comprende, pues, las condiciones de su madre no le permiten hacer las veces de esposa con todos sus deberes, físicos y naturales. Tras ese mes de preciosas vacaciones con Tonino, se marcha a Vadúz, principado de Liechtenstein, no sin antes prometerle que le mandaría a buscar para su debut en el Teatro Dal Verme de Milán. En Vadúz le habían contratado para cantar *Otello* y *El Trovador* con una paga extraordinaria. Su debut allí fue así:

Teatro del Principado
Vadúz
5 de septiembre de 1917

OTELLO
Verdi

Otello......A. Paoli
Desdémona......M. Carena
Yago......L. Almodovar
Cassio......L. Bonfanti
Lodovic......V. Cassia
Director: Paolantonio

Causó sensación con *Otello*, poniendo al público de pie en dos funciones.
Cantó luego como sigue:

Teatro del Principado
Vadúz
8 de septiembre de 1917

IL TROVATORE
Verdi

Manrico......A. Paoli
Leonora......M. Carena
De Luna......L. Almodovar
Ruiz......L. Bonfanti
Ferrando......V. Cassia
Azucena......V. Ferluga
Director: Paolantonio

Se hicieron dos funciones de esta ópera. El telegrama de Pocholo dice así:

"Paoli, triunfo, rotundo, *Otello* y *Trovatore*. Público delirante". Pocholo, Vadúz - 9 sept. 1917.

De allí regresa a Milán para los ensayos de *Otello*. La gente en Milán está ansiosa por ver la ópera y escuchar a Paoli; además, las noticias llegadas de Roma y Vadúz sobre su triunfo allí eran extraordinarias, y les ha despertado la curiosidad por escucharle. Así pues la expectativa era grande. El teatro estaba totalmente vendido diez días antes de la función, y eso que hubo gran alza en los precios. Por un boleto de platea se ofrecían grandes cantidades de dinero pero ni aun así se podía conseguir una localidad. Paoli mandó a buscar a Tonino como le había prometido, y lo sentó en el palco del escenario junto a Pocholo y Amalia.

2 de octubre de 1917
Teatro Dal Verme
Milán, Italia

OTELLO
Verdi

Desdémona......Lina Rossi-Lenzi
Emilia......Anna Rizzo
Otello......Antonio Paoli
Iago......Domenico Viglione-Borghese
Cassio......Giuseppe Nessi
Lodovico......Luigi Donaggio
Montano......V. Cassia
Roderigo......A. Pratti
Director: Leopoldo Mugnone
Coro y Orquesta Teatro Alla Scala

Esta ópera se cantó diez veces con el mismo elenco y un teatro rebosante de público que aplaudía hasta el delirio. La crítica se desborda en alabanzas y elogios para Paoli. La revista La Lanterna de Milán publicó a grandes titulares lo siguiente:

ANTONIO PAOLI Y SUS GRANDES EXITOS EN ROMA Y MILAN EN LAS OPERAS SANSONE Y DALILA, TROVADOR Y EL OTELLO - "Por algún tiempo las crónicas teatrales no habían registrado el eco de los tradicionales triunfos del tenor comendador Antonio Paoli; por la simple razón de que el célebre artista se había retirado a Milán sin querer aceptar y ni tan siquiera discutir sobre los más ventajosos contratos que se le ofrecían. Se sabía, sin embarg,o que su prolongado reposo era voluntario. Algunos curiosos insistentes dieron a conocer que el insigne tenor, además de reposar, estudiaba con tenaz persistencia y que seguía al pie de la letra los valiosísimos consejos del Maestro Luigi Lo Moro, amigo precioso a la vez que valiosísimo instructor, y que estaba adquiriendo mayor resistencia de sus maravillosos medios vocales y que muy pronto estaría listo para su puesto distinguido en los mayores escenarios del mundo. Se habla también de una audición privada, dada a un reducido grupo de amigos, quienes salieron entusiasmadísimos por el renovado ardor de una voz alabadísima que se siente ahora más apreciable por maleabilidad y uniformidad.

En el carnaval pasado se regó improvisadamente la noticia de que el comendador Paoli, cantaría al Constanzi de Roma las óperas *Sansón y Dalila* y *Trovador*; éstas óperas juntas con el *Otello* fueron las que marcaron el apogeo de sus triunfos pasados. Esos triunfos se renovaron de pronto, en el máximo escenario romano; allí Sansón tronó con potencia bíblica y venció la primera batalla clamorosamente. Manrico resonó en la cabaleta *La Pira* con profusión de maravillosos agudos, pero también supo encantar al público con exquisita delicadeza en el adagio *Ah, Si Ben Mio* y en el dúo de la cárcel. El gran tenor dramático posee también un derroche de virtuosidad no común en los cantantes habituales que cantan las partituras llamadas para Spintos y que, en su lugar, degeneran el canto en un grito... que llaman canoro.

La prensa romana fue unánime en la solemne afirmación de esos dos bellos y grandes sucesos y ahora nosotros confirmamos su supremacía en la escena lírica con los siguientes artículos de los diarios milaneses sobre el *Otello*".

Il Corriere dei Teatri - Milán -5 octubre 1917:

PAOLI - OTELLO AL DAL VERME - "Una noche y velada magnífica y un grandísimo suceso es el resumen de la primera representación de la ópera *Otello*. El protagonista fue el tenor Antonio Paoli, quien por muchos años callaba injustamente y su reposición no podía ser más clamorosa. Después de Tamagno, de Negri, de Oxília, de Cardinali y Grani, se creía que esta ópera no podía tener jamás un intérprete que se pudiese comparar a esos grandes nombres. Antonio Paoli ha desmentido esa leyenda presentado un Otello perfectísimo, tanto vocal como escénico, y me atrevería a decir que a excepción de Tamagno, ha superado a todos los otros.

Su voz, aunque siendo voluminosa, extensa y amplia sea en las notas bajas, medias o agudas, se adapta a ciertos efectos de media voz que muchos tenores líricos envidiarían. El público justísimo no le ha negado el aplauso, el cual se escuchó desde que apareció en escena con El Esultate, en el dúo del primer acto, en *El Monólogo* y en el dúo del segundo acto, en la escena con Yago, y luego en el tercer acto. Fue premiado con aplausos interruptos y calurosísimos al terminar cada acto y especialmente después de la muerte, donde obtuvo repetidísimas llamadas a la ribalta".

Il Secolo Milán, 3 de octubre de 1917:

OTELLO AL DAL VERME - "El tenor Antonio Paoli, quien se hizo apreciar hace unos años en la Scala, en La Africana y en Sansone, posee los registros mejores para sostener la parte poderosa del protagonista; en forma especial, por la voz potente, resistente e intensa en los agudos casi cortantes, incisivos, en el ímpetu de la vibración, sostenida largo rato, gracias a la excelente amplitud de la respiración. El ha cantado con justo sentido interpretativo del sentimiento que prevalece en el ánimo de *Otello*; cantó delicadamente el dúo con Desdémona en el primer acto. Estuvo lleno de ímpetu y de vehemencia en otras partes de la ópera. Estuvo eficaz, sin abusar de los arranques, de las explosiones frenéticas suyas, las cuales son muy usadas por sus colegas y, por decir la verdad, la loca y frenética sed de celos que ellos pretenden presentar y caen fácilmente en lo grotesco. El Paoli tuvo un verdadero y gran éxito personal".

La revista Capitán Fracassá - Milán, 5 de octubre de 1917:

"La Scala está cerrada a causa de la guerra, así que debemos tener en cuenta las circunstancias que han surgido en la temporada del Dal Verme y que incumbe al resto de todo el teatro lírico. Esta fue, pues, la temporada oficial de ópera en Milán. El *Otello* que ayer se presentó a un público insólitamente numeroso, se puede llamar un generoso esfuerzo con un óptimo resultado. La mayor dificultad de la penúltima y por eso más significativa ópera verdiana, ha sido siempre el protagonista. Son pocos, poquísimos los que han sabido corresponder completamente a las exigencias excepcionales, tanto vocal como artísticamente, del personaje shakesperiano a quien Verdi dio una muy particular individualidad musical.

El tenor Paoli se mostró al fin de *El Esultate*, uno de los mejores Otellos que hoy se pueden encontrar, si no el mejor, por el volumen de su voz, y no sólo por eso, sino por el arte que sabe usar con gran acentuación dramática e inteligencia escénica. El público le prodigó aplausos desde el momento mismo en que apareció en escena; luego, en el dúo del primer acto, en El Monólogo y en el dúo del segundo acto; en la dramática escena con Yago en el tercer acto el cual fue interrumpido por aplausos calurosísimos. Esto se repitió al fin de cada acto y especialmente después de la muerte de Otello. Tuvo repetidísimas llamadas a escena".

Il Popolo D'Italia - Milán, octubre 1917:

OTELLO - "Una magnífica ejecución y un cálido y vibrante suceso. Podría resumirse así el éxito de la primera representación extraordinaria de *Otello*, que se presentó ayer en la noche en el Dal Verme ante un público numerosísimo. Antonio Paoli sobrepasó a la expectación. Tras varios años de silencio, el valiente tenor tuvo ayer en la noche una bella reconsagración. Fue el protagonista excelente, lleno de ímpetu y de inteligencia y su órgano vocal, sano y resistente, le permite superar ágilmente las más arduas dificultades y afrontar con gran seguridad la texitura más aguda. El Paoli, fue aplaudidísimo".

Il Corriere Alla Sera - Milán, 3 de octubre de 1917:

OTELLO AL DAL VERME - "El tenor Paoli cantó con mucha voz y muchísimo ímpetu; es el *Otello*" de Otellos.

Avanti, Milán - 5 de octubre de 1917:

OTELLO AL DAL VERME - "Se reescuchó con placer y con una simpatía que se manifestaba con largas aclamaciones. El Paoli con su voz poderosa tronó en *El Esultate*, suscitando aclamaciones exorbitantes, que se renovaron en el dúo; en el *Addio Sante Memorie*, en la violenta escena con Yago y en *El Monólogo*".

La Rassegna Melodrammattica - Milán - noviembre - 1917:

PAOLI AL DAL VERME - "Comentaremos ahora sobre la superba interpretación dada por Paoli en el Dal Verme. Aun para nosotros fue sorpresa ver tanto público.... Aunque ese teatro en el otoño asume una importancia Scaligera ya que la Scala esta cerrada a causa de la guerra este año. El director Leopoldo Mugnone y el Paoli, señalaron el más grande ingreso y fueron objeto de las más clamorosas ovaciones por el grandioso *Otello*. La voz de Paoli sonó clarísima, dúctil, potente. Llega al registro agudo extremo con suma facilidad; se expande en las notas centrales donde está diseminada la parte de *Otello*; se mantiene fresca y homogénea por los cuatro fatigosísimos actos, sobresaliendo al final, tocante y tierna, en el Adiós a Desdémona; luego, el actor se parea al cantante, impetuoso y sentimental, feroz y enamorado, animador convincente de un personaje tan arduo por la trágica tradición.

El Esultate, el *Addio Sante Memorie*, *El Monólogo*, el lírico dúo del primer acto y la muerte, le procuraron al insigne cantante calidísimas ovaciones durante toda la velada Paoli fue llamado al proscenio para recibir entusiastas expresiones de agradecimiento de parte del público. Aseguramos que la brillantísima "Rentree" del célebre tenor será seguido de nuevos triunfos, primero en Torino, donde cantará en ocho funciones de *Otello* en El Chiarella; y en la segunda mitad del Carnaval en Génova, donde por seis noches pondrá en la gloria, las esquilantes notas del legendario Manrico".

EL LEON DE PONCE

La Lanterna Milán- 17 de octubre de 1917:

OTELLO AL DAL VERME COL TENORE PAOLI - "El tenor Antonio Paoli atrajo a un público numerosísimo, cosa que sería algo razonablemente concebido en un período normal pero no en este período agitadísimo de la vida nacional (la guerra), y conquistó un magnífico éxito. La voz es clara, esquillante, cortante. El ardor con que cantó las arias principales causó gran expectación. Mostró también gran delicadeza en algunos de sus acentos que le dieron a *Otello* no solamente el aspecto del enamorado terriblemente celoso; sino también su lado de hombre bueno y tal vez dulcemente apasionado. La tremenda resistencia que el artista hace, le da valor para sostener la pesadísima parte, la cual junto a la dignidad del personaje, lleva al artista a procurarse vivísimas aclamaciones. La Victoria comenzó con *El Esultate* para terminar con la última nota de la ópera. En el último acto la interpretación de Paoli, dio a la trágica escena tal sentido de realidad que conmovió al auditorio y lo hizo temblar de emoción. Es éste el por qué, después de cada acto, las llamadas al proscenio fueron numerosísimas y brillantísimas y al final del espectáculo se renovaron las llamadas, los bravos y los aplausos con tal insistencia y vivacidad de reafirmación, dándole decididamente el triunfo. *El Esultate*, El *Addio Sante Memorie*, El *Monólogo*, fueron las mejores partes del envidiable suceso. Ciertamente, por la calidad de su timbre, por la perfecta dicción y también por su bellísimo aspecto, el Paoli ha hecho recordar a Francesco Tamagno. En la segunda representación, el éxito del gran artista que había regresado a la escena de Milán triunfalmente, después de un breve silencio, fue también clamoroso".

En la tercera función el teatro estaba llenísimo como de costumbre. Como se puede apreciar por estas críticas, el regreso de Paoli a la escena lírica en Milán fue extraordinario. Una noche se le presentó al camerino un joven que dijo ser tenor. Su nombre era Nicola Fusacchia. Este le informó a Paoli que estaba estudiando la ópera *Otello* y que había ido al teatro para aprender sus movimientos y forma de actuar. Le dijo, además, que esperaba cantarla pronto. Paoli le recomendó que no lo hiciera aún pues era muy joven, y si no sabía usar ciertas defensas técnicas para cantar esa difícil partitura verdiana, arruinaría su voz prematuramente. Así que ese joven comenzó su carrera lírica y esperó diez años para cantar el *Otello* correctamente, y lo logró gracias a los consejos de Paoli. Su nombre de arte fue Nicola Fusati.

Paoli permaneció en Milán cantando *Otello* hasta mediados de noviembre luego se marchó a Porto Ceresio para descansar. Permanece allí hasta mediados de diciembre cuando se marcha a Torino donde estaba contratado para cantar *Otello* de nuevo. Se lleva a Tonino y Pocholo; luego se les unió Amalita el 24 de diciembre por la tarde para pasar juntos la navidad

28 de diciembre de 1917
Teatro Politeama Chiarella
Torino, Italia

OTELLO
Verdi

Desdémona......Luisa Villani
Otello......Antonio Paoli
Emilia......Ida Manarini
Yago......Enrico Molinari
Cassio......P. Dominichetti
Director: F. Del Cupolo

Esta ópera se cantó diez veces con el mismo reparto a teatro lleno de un público delirante, que aplaudía sin cesar, aclamando al Paoli en cada aria y dúo, haciéndole bisar éstas. He aquí las críticas:

Antonio Paoli

nell'"Otello,, al Chiarella di Torino

Il grande tenore ha elettrizzato il pubblico, lo ha sollevato a quegli entusiasmi che ben di rado si vedono nei teatri e ha giustificato infine, proprio nella città di Tamagno, la qualifica di successore di Tamagno.

Ecco che cosa ne dicono i giornali locali:

La Stampa. — Il Paoli, che sopratutto colla chiarezza della pronunzia, con la sicurezza dell'intonazione, con l'arte di filare le note, con l'azione intelligente, con gli acuti poderosi, con l'anima continua traboccante dal suo canto seppe mostrarsi degno della fama che lo precedette fra noi, sebbene da lui si possa dissentire nel distacco di qualche tempo e nell'uso i certi effetti, per quanto oramai consacrati dalla tradizione; attore effice e studioso e cantante ricco di risorse.

Gazzetta del Popolo. — La prima difficoltà da risolversi era quella del tenore. Da Tamagno e De Negri in poi quando mai si è trovato un tenore degno di affrontare la tessitura e l'infinita violenza della passione di Otello? Quanti Otelli a scartamento ridotto! Invece ieri sera, in Antonio De Paoli, abbiamo incontrato una voce ed un attore degni del Moro di Venezia. Una gran voce, veramente, che fin dall'Esultate conquista il suo uditorio strappandogli un'ovazione; che trova accenti, scatti, impeti e mirabile resistenza per tutti i quattro atti, facendosi applaudire in tutte le pagine principali. Può darsi che qualche maggior perfezione raggiungerà poi in fatto di interpretazione, sopra tutto nei momenti teneri, ma le grandi linee del personaggio sono segnate, e si nota una chiarezza di dizione veramente eccezionale. Detto questo è detto implicitamente che per il De Paoli è stato un trionfo.

Il Momento. — L'impresa ha risolto con questo spettacolo un problema che da molti ani in qua era apparso insolubile quasi come la quadratura del circolo: è riuscita, cioè, a trovare un protagonista per la terribile partitura verdiana; ed un protagonista che raccolse il plauso più vivo. Il comm. Paolo, infatti, si impose subito, sin da quell'Esultate che il musicista aver posto all'inizio dell'opera per saggiare la potenzialità vocale del tenore. Ed il successo, delineatosi da questo punto, si mantenne costante in tutto lo spartito, che il Paoli colorì con bella efficacia e non senza intensità e vigore, come nell'Addio, sante memorie, come ancora nel monologo del terzo atto ed all'epilogo, nelle quali pagine, come del resto in tutta l'opera, egli si affermò anche come figurazione scenica in maniera decisiva, riscuotendo applausi nutritissimi e meritati.

El 31 de enero Il Corriere di Milano publicó lo siguiente:

ANTONIO PAOLI - "Hemos visto al célebre tenor Antonio Paoli cuando regresó de Torino y mientras se preparaba para partir hacia Génova, donde esta contratado para representar *El Trovador*. En Turín su ejecución de *Otello* ha causado verdadero furor entre el público y furor también con la Empresa del Chiarella, que vio su teatro constantemente lleno. En algunas representaciones la muchedumbre fue tan grande que tuvieron que requerir la vigilancia de guardias, para velar por el orden público. Antonio Paoli estuvo todas las noches a la altura de su nombre y de las exigencias del público entusiasta. Fue y sea dicho sin hipérbole de suerte, el elemento del gran éxito financiero en la bella y animada temporada lírica. Es tan cierto lo que estamos diciendo, que la Empresa le presentó la última noche un magnífico regalo a su triunfante tenor, que no se puede confundir con una simple quincallería. Grandioso será también el éxito que ahora renovará en Génova en las representaciones del Trovador. De Génova, pasará a Palermo y Catania".

Al terminar su participación en la animada temporada de Torino, presentó un concierto como detallamos a continuación:

EL LEÓN DE PONCE

20 de enero de 1918
Teatro Politeama Chiarelli
Torino, Italia

CONCIERTO BENEFICO
DAMNIFICADOS GUERRA
Antonio Paoli
Tenor

Di Mia Patria......Roberto Il Diavolo (Meyerbeer)
O Paradiso......L'Africana (Meyerbeer)
Bianca Al Par......Gli Ugonotti (Meyerbeer)
Ah, Si Ben Mio......Il Trovatore (Verdi
Celeste Aïda.......Aïda (Verdi)
Dio Mi Poteri......Otello (Verdi)
Enrico Molinari......Antonio Paoli
Barítono......Tenor
Enzo Grimaldo......La Gioconda (Poncheilli)
Si Pel Ciel......Otello (Verdi)

Encores
La Pira......Il Trovatore (Verdi)
Esultate......Otello (Verdi)
Director: Maestro del Cupolo

El concierto fue un verdadero éxito artístico y financiero. Paoli y Molinari fueron aplaudidísimos junto al Maestro del Cupolo.

El día 21 de enero sale rumbo a Génova, haciendo una corta parada en Milán. El 29 de enero canta *El Trovador* como sigue:

29 de enero de 1918
Teatro Politeama Genovese
Génova, Italia

IL TROVATORE
Verdi

Leonora......María Carena
Manrico.......Antonio Paoli
Azucena......Vida Ferluga
Yago......Luigi Almodovar
Ferrando......Vincenzo Cassia
Director: Franco Paolantonio

De esta ópera se cantaron diez funciones a teatro lleno, a pesar del alza en los precios de los boletos. El éxito es rotundo y así lo demuestra las críticas.

481

ANTONIO PAOLI

Il Corriere di Milano 29 de enero de 1918:

IL TROVATORE A GENOVA - "Protagonista el Comendador Antonio Paoli, nombre celebradísimo en el arte lírico. Fue a la par junto a la larga fama que le precede, entusiasmando toda la sala por la belleza y la potencia de su voz, especialmente en La Pira, la cual tuvo que bisar por petición unánime. Este valientísimo tenor dramático dispone de medios vocales penetrantes y potentes y sabe cantar a media voz como poquísimos tenores pueden hacerlo, casi acercándose a los tenores líricos". Firma: Italo Alvigini. Génova.

Giornale Il Lavoro - Génova 30 de enero de 1918:

PAOLI - TROVATORE - "Paoli dejó algo frío al público en el primer acto, pero tuvo su revancha en el tercer acto en el cual tuvo que bisar *El Adagio* y trisar *La Pira* tras unos estruendosísimos aplausos. El éxito fue final. La diez funciones de *El Trovador* se hicieron a teatro lleno. El entusiasmo del público es extraordinario. La gente quería volver a oír cantar a Paoli, como si fuese la primera vez y así le aplaudían y vitoreaban. Están como embriagados, borrachos de arte lírico".

Antonio les tiene como hipnotizados. Estas frases las dice Pocholo en una carta a Josefina.

El día 20 de febrero salen en barco de Génova, rumbo a Palermo, donde estaba contratado para cantar en el Teatro Massimo de Palermo y el Bellini de Catania con una oferta y beneficios muy ventajosos.

27 de febrero de 1918
Teatro Massimo
Palermo, Sicilia

OTELLO
Verdi

Desdémona......Carmen Toschi-Carpi
Emilia......L. Ravelli
Otello......Antonio Paoli
Yago......Viglione-Borghese
Cassio......L. Bonfanti
Lodovico......Oreste Luppi
Montano......A. Baracchi
Roderigo......G. Uxa
Director: Gaetano Bavagnoli

Esta ópera se presentó diez veces en Palermo y seis veces en el Teatro Bellini, de Catania con el mismo reparto. Además del *Otello*, ese año se cantó también *Los Puritanos* con Borgioli.

Teatri, Palermo, Sicilia - 28 de febrero 1918:

L'OTELLO AL MASSIMO - "La primera función de *Otello*, llamó a reunida en la maravillosa sala del Massimo una muchedumbre que llenaba todos los asientos para escuchar religiosamente las modulaciones de los artistas y la vigorosa armonía que salía con ímpetu de la excelsa orquesta... Los artistas fueron escogidos entre los primeros de la escena lírica y supieron mantenerse en la esfera de la elevación en que esta puesto este Moro de Venecia, que surgió musicalmente del cerebro de Verdi y que no aparece jamás cansado a pesar de haber sido creado en la edad senil.

.. Politeama Genovese ..

Martedì 29 Gennaio 1918   Ore 20.45

Prima Rappresentazione

IL TROVATORE

Melodramma in 4 Atti di **G. VERDI**

Protagonista il Comm.

ANTONIO PAOLI

Esecutori principali:

Maria Carena

Vida Ferluga

Antonio Paoli

Luigi Almodovar

Direttore Concertatore d'Orchestra

Franco Paolantonio

.. PREZZI ..

Ingresso alla Platea e Palchi L. 2 — Poltrone (oltre l'ingresso) L. 5 — Poltroncine (oltre l'ingresso) L. 3 — 2ª Galleria (oltre l'ingresso) L. 2 — Ingresso alla 2. Galleria (da Via Goito) L. 1 — Palchi di 1ª Fila L. 25 — Palchi di 2.a Fila L. 20

Militari in divisa e Ragazzi L. 1 per l'ingresso alla Platea

I militari muniti del biglietto alla Poltrona o Poltroncina avranna libero ingresso.

N. B. - Su tutti i prezzi escluso quello della 3.a galleria sarà applicato un aumento del 5.% a favore dell'organizzazione Civile, notando che le frazioui saranno considerate come lire intere.

.. Il Teatro è riscaldato ..

Sui prezzi di tutti i biglietti di ingresso alla Platea e alla 3.a Galleria viene applicato un ulteriore aumento del 5 % per il riscaldamento.

Non sono valevoli le prenotazioni per telefono

I. G. A. P. (Soc. Anonima) GENOVA
già MONTORFANO e VALCARENGHI

Volante anunciando El Trovatore en Génova. Nótese como se destaca el nombre de Paoli sobre los demás artistas.

ANTONIO PAOLI

Es inusual que se pueda dar una representación de *Otello* con un trinomio como el actual, que comprende al tenor Paoli, la soprano lírica Carmen Toschi y el barítono Viglione Borghese. El tenor Paoli, cuya fama es verdaderamente conocida más allá de nuestros montes y ultramar, surgió con sobriedad más también con inmensa maestría de arte en el papel de Otello celoso, violento, pero no cruel, impulsivo, pero no bárbaro; lacerado en los tentáculos de un insano furor, pero no demoníaco ni obseso. La voz poderosa, la cual tiene los recursos de dulzura, varonil y precisa, da al Paoli la posibilidad de cantar como bien pocos saben. En El Esultate, parecía más expresamente el sonido de cien cañones que el de una garganta humana. Poco después es cálidamente aplaudido en el dúo de amor, donde Paoli sabe obtener vibraciones de notas frescas y suaves para hacer luego un titán dominante del drama y traspasado por una terrible angustia en el Ora e Per Sempre Addio, se encuentra allí presa de miles escalofríos de los celos. He aquí el león que se acurruca pero resurge para recaer en el abismo de su locura. Hélo aquí justiciero y amante apasionado en el cuarto acto, que es todo un tesoro de joyas musicales de incomparable valor. El Paoli ha obtenido un éxito excepcionalísimo, el cual se merecía ya que también sabe infundir vida no a un Otello de manierismo sino a la figura que Shakespeare ánimo del Fuego de Prometeo y que Verdi reforzó con sus números inmortales. El Paoli fue llamado varias veces a recibir los honores del escenario...."

La soprano Carmen Toschi-Carpi, era hija de un gran tenor de apellido Carpi y hermana del Tenor Fernando Carpi. Esta soprano era bastante fea de cara. No tenían soprano para hacer la Desdémona, pues la soprano contratada canceló por enfermedad. Le comunicaron a Paoli sobre la Toschi-Carpi y fue a visitarla con el Maestro Bavagnoli. Le gustó mucho su voz y la impuso en el teatro pues ella había cantado allí *Tosca* y *Aïda*, pero casi no cantaba. Siguió luego de este *Otello* cantando todos los años en el Teatro Massimo y otros teatros de Italia.

Il Corriere di Milano - 8 marzo 1918 - dice así:

PALERMO - OTELLO - "La ejecución fue admirable, el éxito grande. Antonio Paoli reportó una espléndida victoria. Fue frenéticamente aclamado en *El Esultate*, *Addio Sante Memorie*, Juramento y la trágica escena final. Su voz poderosa, aguda y resistente, impresionó vivamente, por lo cual se le adjudica el título de protagonista Excelentísimo". Firma: Pietro Caronna - Corresponsal de Sicilia.

A fines de marzo se marcha a Bérgamo donde estaba contratado para cantar *El Trovador*.

7 de abril de 1918
Teatro Donizetti
Bergamo, Italia

IL TROVATORE
Verdi

Leonora......Celestina Boninsegna
Manrico......Antonio Paoli
Azucena......A. Degli Abbatti
Di Luna......Matteo Dragoni
Ferrando......G. Azzimonti
Director: Edoardo Mascheroni

Esta ópera se cantó diez veces con el mismo reparto y con gran éxito.

EL LEON DE PONCE

DALLE 21 ALLE 24
La grande stagione lirica al Massimo
I « Puritani » e l' « Otello »

La grandiosa stagione lirica al nostro *Massimo* procede imperterrita nella via delle più grandi soddisfazioni fra il godimento di tutto un pubblico.

Nei giorni che volgono difficilmente poteva riunirsi un complesso artistico sì perfetto, come questo cui sono state affidate le esecuzioni annunciate.

E ciò devesi unicamente alla vera competenza artistica ed alla sapiente ed instancabilità dell'impresa Barone Ugo Fatta e cav. Vittorio Bonomo.

« I Puritani » il popolare e paradisiaco spartito del grande Vincenzo Bellini che è tutto un gioiello di divine armonie, di finez-
~~~ dolcezza, che non risente l'ingiuria
~~~mpi, i capolavori sono sempre capo-
h~ avuto accoglienze festosissime e
~~~ era squisita e per gli esecutori che
c~ ~an fatto rimpiangère punto i pre-
~~ti interpreti.

~~~turo fu Dino Borgioli, protagonista dei
~~~ani, senza rivali, per la voce meravi-
gliosa, per finezza, dolcezza, vigore ed uguaglianza in tutta l'estensione, per l'arte felicissima con cui seppe modularla, per nitidezza di dizione, efficacia d'accento: egli ha sorpreso ed entusiasmato sempre l'uditorio che lo ha acclamato con ardore.

Olga Simzis è stata una *Elvira* deliziosa, nella grazia ingenua e semplice, nella spontanea affettuosità di fanciulla mite ed innamorata.

Il suo canto delizioso a volte espansivo e pieno di gorgheggi, le procurò molte richiedi *bis* gentilmente concessi.

Il Baritono Luigi Aldomovar nei panni di *Riccardo* fu molto apprezzato per l'incarnazione delle più felici, per la sua ampia voce impostata e che tanto bene si adatta alla sua parte.

Il noto basso Oreste Luppi non poteva meglio disimpegnare la sua parte nel personaggio di *Sir Giorgio* mostrandosi vero padrone delle scene.

La sua bella voce pastosa gradevole e timbrata rilevò simpaticamente il vecchio artista.

La superba concertazione orchestrale, sotto la rigida bacchetta del tanto valoroso e distinto Maestro cav. Gaetano Bavagnoli, fu incondizionatamente insuperabile dando ad ogni melodia il suo proprio rilievo con coloriture e sfumature addirittura magistrali.

Molto egregiamente la signora Lea Rizzoli nella figura di *Enrichetta* di *Francia*.

Anche bravi il Baracchi e Usca.

L' « Otello » altro sommo lavoro di altro insigne Maestro, che sopravviverà al roteare di anni, sempre con uguale senso di adorazione e venerazione, ha avuto un saluto calorossissimo per l'eccellentissima ed impeccabile interpretazione, speciale cura dell'egregio ed illustre Maestro cav. Gaetano Bavagnoli, e per il fascino che sa esercitare su tutti i pubblici.

La cronaca è delle più liete, le note vengono alla rinfusa, così come nell'ammirazione si sono segnate.

Non è senza il più vivo compiacimento che il pubblico ha notato che l'insormontabile e pericoloso scoglio dei tenori drammatici

dal valoroso artista comm. Antonio Paoli.

La tormentata figura del geloso *Otello*, parte eminentemente drammatica, bene si addice ai poderosi ed inesauribili mezzi vocali del Paoli che, senza tema di errare, può ben dirsi essere uno dei pochi tenori che affronti l'arduo cimento.

La sua ampia e possente voce fu molto applaudita specie nell' « Esultate! » e dopo poi nell' « Ora e per sempre 'addio sante memorie... » ottenendo un successo per la efficacia ed il calore del suo canto e per la signorilità di scena.

L'intelligente artista signora Carmen Toschi alla candida ed innocente figura di *Desdemona*, non poteva dare una più accennata interpretazione facendo rivivere il personaggio.

Il suo canto appassionato e dolce, a volte dolorante, fece vibrare di un vago senso di poesia l'umana e casta figura di *Desdemona*.

La « Canzone dal salice » e l' « Ave Maria » dell'ultimo atto, che l'esimia soprano cantò squisitamente bene colorendole in modo meraviglioso le fruttò larga messe di applausi.

L'ingrata parte di *Jago*, rifulse mirabilmente nella sua sinistra e malvagia figura mercè l'insuperabile incarnazione data ad essa, e per nulla esagerata, dal noto baritono, Domenico Viglione Borghese.

La sua rara e robusta voce tanto bene impostata e dal timbro gradevolissimo, rivelò l'artista fino e valoroso.

Fu molto applaudito ed ancor più, al famoso « Credo » al finissimo « Sogno » ed al « Giuramento » riconfermando la fama che giustamente gode.

Egregiamente il basso Oreste Leuppi nella parte di Ludovico.

Lode ai bravi Ravelli e Benfante: la prima nei panni di *Emilia* ed il secondo in quelli di *Cassio*.

Bene i cori in entrambe le opere.

Splendidi e sfarzosi gli allestimenti scenici degni del nostro massimo teatro e della grandiosa stagione preparata.

⚹⚹

Con vivissima gioia apprendiamo che la esimia signorina Mimy Lozzi, una distinta artista, che varie imprese l'hanno invano disputata, esordierà al nostro *Massimo* con l'opera il « Rigoletto ».

Ella è preceduta da ottima fama ed i giornali fiorentini, in ispecie « Lo Staffile » se ne sono occupati diffusamente ed in modo molto lusinghieri rilevando in lei quelle eccellenti doti vocali e tutti quei voluti requisiti che si addicono ad una soprana per dischiuderle il più radioso avvenire.

La Lozzi proviene da ottime scuole di canto, quale quelle dei valorosi maestri Vincenzo Lombardi e Giuseppe Arrigoni di Bologna, e nell'autunno scorso, a Milano nell'adestrarsi negli spartiti del suo vasto repertorio, ebbe nel tanto caro ed insigne Maestro Gaetano Bavagnoli, chi la seppe rendere padrona di varie opere.

Siamo quindi sicuri che il suo esordio sarà coronato da un vero successo ~~~

ANTONIO PAOLI

El diario La Correspondenza da Bergamo, 10 de abril de 1918, dice así:

IL TROVATORE - ALL TEATRO DONIZETTI - "El protagonista fue Antonio Paoli, superba figura de Manrico de voz rica de fulgidos recursos y de canto inteligente que se suelta en delicadas modulaciones, esto es en el modo más legítimos y en especial en el andante Ah, Si Ben Mio, ejecutado con óptimo estilo y con delicadas inflecciones. En la cabaletta *Di Quella Pira*, que siguió, los agudos fueron sostenidos con una rara potencia de sonido y de respiración, electrizaron a todo el auditorio. El suceso fue imponente para el tenor Paoli y tuvo que repetir la cabaletta por voluntad unánime del público que le aclamaba, obteniendo del entusiasta auditorio una verdadera demostración de aprecio".

Terminada la temporada de carnaval y primavera a mediados de abril Paoli, se marcha a Milán y de allí se traslada a Roma donde estaba contratado para cantar el *Otello* en el Teatro Argentina. El reparto fue así:

25 de abril de 1918
Teatro Argentina
Roma, Italia

OTELLO
Verdi

Desdémona......María Carena
Otello......Antonio Paoli
Yago......Luigi Piazza
Director: Paolantonio

Se cantan allí ocho funciones de *Otello* con el mismo reparto y de allí se marcha a Lucerna, Suiza, para cantar ocho funciones más de de esta misma ópera con los siguientes artistas:

10 de mayo de 1918
Teatro Kursaal
Lucerna, Suiza

OTELLO
Verdi

Otello......Antonio Paoli
Desdémona......Celestina Boninsegna
Yago......Matteo Dragoni
Director: Paolantonio

De Lucerna va a Porto Ceresio, a pasar unos cuantos días de vacaciones y estudio, pues está repasando la partitura de la difícil ópera *Guglielmo Ratcliff*, de Mascagni, para ser revivida en el Teatro Lírico de Milán a mediados del mes de junio. Se traslada luego a Milán donde vocaliza con el Maestro Lo Moro y comienza los ensayos. Hacía ya quince años que esa ópera no se cantaba en Milán por falta de un tenor que se atreviese a arriesgar su voz con tan dificultoso y escabroso papel; así que la expectación era mucha. El teatro estaba completamente vendido y los boletos que se conseguían se pagaban a precios exorbitantes.

EL LEON DE PONCE

18 de junio de 1918
Teatro Lírico
Milán, Italia

Rehexumación
GUGLIELMO RATCLIFF
Mascagni

Marguerita......Elvira Casazza (Mezzo)
Guglielmo......Antonio Paoli (tenor)
María......Mita Vasari (soprano)
Douglas......Luis Almodovar (barítono)
Mc. Gregor......Amletto Galli (bajo)
Tom......C. Scattola (bajo)
Lesley......R. Longone (tenor)
Director: Pietro Mascagni

Esta ópera se cantó ocho veces con éxito delirante, con el teatro completamente lleno de un público entusiasmadísimo. Las llamadas a la ribalta se contaron por la veintena y Mascagni, ya cansado de salir tantas veces a recibir el aprecio del público, le decía, "Paoli, ve tú solo" a lo que Paoli le contestaba ¡No, mi querido Pietro, salimos juntos o no sale nadie; pues yo lo canté, pero fuiste tu quien lo compuso, así que afuera!..." (Esto nos lo contó Nana Paoli, quien estaba allí presente). La crítica les fue muy favorable como podemos ver:

Il Corriere de Milano - 20 de junio de 1918.

TEATRO LIRICO - GUGLIELMO RATCLIFF DI PIETRO MASCAGNI - "Tuvo gran fortuna el Mascagni, encontrando hoy día un protagonista para su Ratcliff, como Antonio Paoli. El celebrado tenor ha dado prueba maravillosa de la belleza de sus medios vocales y de su resistencia. Sostener la pesada fatiga de una parte, como la de *Guglielmo Ratcliff* es un empeño casi sobrehumano.... Para esto demostró que tiene pulmones adaptados, una laringe de bronce y mucho criterio. Decimos criterio en saber distribuir la fuerza vocal apropiada a fin de llegar al final de la función sin quedar exhausto; criterio, también, en saber diseñar sobre la escena el difícil personaje y presentarlo con simpática dignidad.

Antonio Paoli fue entusiasta y repetidamente aplaudido en la escena abierta, en su terrible Racconto en el segundo acto, en las grandes escenas del tercer acto, en el dúo del último acto: a fin de cuentas en toda su parte colosal, para la cual confrontó las fatiga necesaria para ejecutar el *Otello*, que parece poca cosa al lado del Ratcliff. No sólo emitió notas agudas portentosas en toda la gama de su voz; sino que además reveló facilidad, fulgor y limpieza. El Paoli puede considerarse hoy día como el gran artista que es y que en Ratcliff creó un... Pendant (sin igual). Por si los lectores no lo saben, Francesco Tamagno no se atrevió a aceptar la parte del Ratcliff cuando Mascagni se la ofreció, ya que temía consecuencias desastrosas para su voz por la difícil ejecución vocal del personaje". Firma: Ramperti, Milano.

La Gazzetta dei Teatri - Milán - 5 octubre 1918:

TEATRI DI MILANO

AL LIRICO INTERNAZIONALE

Guglielmo Ratcliff

Dal punto di vista artistico questa opera, che era, se non ul-
timata, già ideata e modellata prima della *Cavalleria rusticana*, è
forse la più pregevole di tutte le altre di Pietro Mascagni. Tale
fu giudicata quando venne rappresentata a Milano la prima volta,
tale fu nuovamente giudicata ora a ben lunga distanza dal publico
numerosissimo, che si recò ad assistere alla interessante esumazione.

Al felicissimo successo contribuì non poco l'esecuzione accu-
rata ed omogenea nel suo ottimo complesso.

Metto in prima linea la signora Casazza, la quale con la sua
bellissima voce, col suo canto espressivo e col suo talento scenico
diede all'artistico personaggio di *Margherita* il maggiore risalto e
fu unanimemente acclamata.

Eccellente protagonista il Paoli, che conserva intatti i suoi
magnifici mezzi vocali ed ottimo *Douglas* l'Almodovar.

Benissimi pure la Vasari, lo Scattola ed il Galli.

Il Corriere di Milano - 30 de julio de 1918:

RATCLIFF - Con la cuarta función de Ratcliff, gran fiesta al Maestro Mascagni, y al Paoli
que dio en abundancia su voz superba. Paoli probó una vez más su supremacía como tenor
dramático absoluto, con esa ejecución del Ratcliff que cantó ocho veces en aquella
inolvidable temporada sin mostrar ningún esfuerzo físico ni el menor menoscabo de voz. Esto
se lo aseguro yo, Amletto Galli, que canté allí con él". (Galli a John Gualiani en Milán).

Terminada esta temporada, Paoli se marcha a Porto Ceresio llevándose consigo a su amigo
y maestro, Dr. Luigi Lo Moro, para seguir sus estudios con él. Planea estudiar y descansar por el
mes de agosto. Amalia se marchó a veranear a Alassio, para tomar baños de aguas termales para
su artritis reumática. Josefina permaneció en Milán, pues estaba muy delicada para viajar, el
fuerte calor de ese verano la agravó y tuvo que ser internada en un hospital en las afueras de Milán.
Paoli interrumpe sus vacaciones y se marcha a Milán al enterarse del estado tan delicado de
Josefina. De Milán, Pocholo le envía a Amalia la siguiente tarjeta postal:

Adorable Amalia:
Ha tiempo recibí su postal viendo por ella su buena llegada a [illegible]. Casi todos los días voy con Antonio a ver a su Señora Josefina, la cual se encuentra en un hospital fuera de Milán, ésta como Vd. sabe, no está muy bien que digamos. El sábado llegó el primo de Antonio, quien fue con nosotros a ver a su Mama. Lo demás está todo como Vd. lo dejó. Buena "campaña" y buen divertimento. Recuerdos "Pocholo"

Signorina Amalia Paoli
Pensione Nettuno
Alassio
Italia

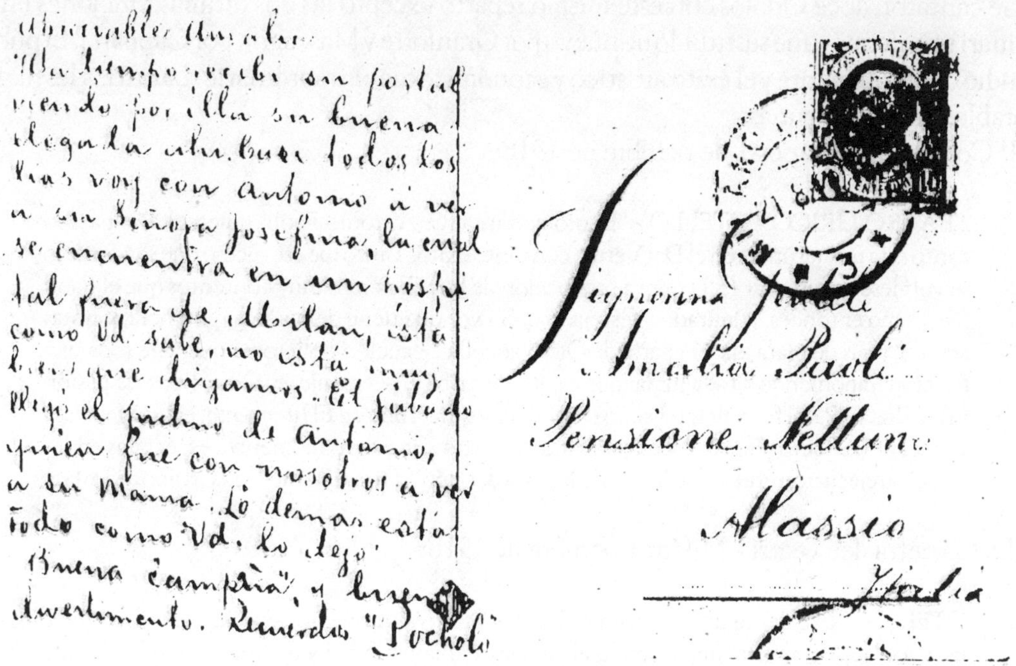

En esos días llega a Milán la noticia del asesinato del Zar de Rusia, Nicolás II y su familia, ejecutados por los seguidores de Lenín, quienes querían e impusieron las ideas marxistas en el inmenso país del Zar. Esto deprimió mucho a Paoli, pues eran muchos y grandes los gratos recuerdos que guardaba del Zar y su familia. La caída del zarismo afectó también a la Condesa Euryanthe, aquella que había seguido a Paoli a Milán y por muchos teatros del mundo, y a quien inmediatamente se le descontinuó su pensión. La condesa Euryanthe pasó muy tristes días en Milán, hasta que se retiró a vivir a París con una prima desde donde le escribía a Paoli frecuentemente.

Paoli va a ver a Josefina todos los días con Pocholo y a veces lleva a Tonino. El día 15 de septiembre comienzan los ensayos para el *Otello* en el Teatro Lírico de Milán y el día 30 se canta con el siguiente reparto:

30 de septiembre de 1918
Teatro Lírico
Milano, Italia

OTELLO
Verdi

Desdémona......Lina Rossi-Lenzi
Otello......Antonio Paoli
Emilia......Arduina Spangaro
Yago......Enrico Molinari (luego APollo Granforte)
Cassio......Giuseppe Nessi
Lodovico......Giovanni Azzimonti
Director: Pietro Mascagni (luego Franco Capuana)

Se cantaron doce Otellos con este mismo reparto excepto las dos últimas funciones en que Molinari se enfermó y fue sustituido de nuevo por Granforte y Mascagni, por Capuana. El público aplaudió delirantemente y el éxito artístico y económico fue extraordinario. La crítica les fue muy favorable. He aquí algunas:

Il Corriere di Milano -1 de octubre de 1918:

TEATRO LIRICO - OTELLO - "El protagonista fue Antonio Paoli, quien el año pasado cantó esta misma ópera en el Dal Verme con tanto éxito. Tanto fue ese suceso que se aconsejó se volviese a presentar en la nueva producción de hoy. Estamos muy contentos que el Paoli fue, como entonces, admirado y festejado.... Su voz que tiene delicadeza, potencia, y notas agudas, ricas de plata, da a la parte de *Otello* aquella ejecución policroma que vale toda una función imponiendo a toda luz la música que describe al personaje, su alma, llena de pasión y de celos. El Paoli fue aplaudidísimo en *El Esultate*, en el dúo en *El Juramento*, en *El Monólogo* y en el último acto. Fue un suceso contínuo aria tras aria y tuvo momentos especiales en los cuales su ejecución enseñaba de pronto la garra del león". Firma: Ramperti - Crítico de Milán.

La Gazzetta dei Teatri - Milán, 1 octubre de 1918:

OTELLO - "Excelente protagonista el Paoli. Conserva sus medios vocales, los cuales sabe usar con gran maestría, impartiendo al personaje una vitalidad y realidad verdaderamente maravillosa". Firma: D'Ormeville, Milán.

La Gazzetta dei Teatri - Milán, 5 octubre de 1918:

AL LIRICO INTERNAZIONALE

Otello

Quando il tenore Paoli lanciò l'annunzio della sconfitta navale turca, un formidabile applauso scoppiò da ogni parte del teatro, non soltanto per la voce e per l'accento dell'artista, ma anche per la gloriosa analogia fra l'antica vittoria di Otello e l'attuale trionfo di Hallenby. Sì, sì, *l'orgoglio musulmano sepolto in mare* dai valorosi guerrieri della Republica Veneta è ora *schiacciato in terra* dalle intrepide ed invincibili schiere delle Nazioni alleate.

E così sia fino alla vittoria finale completa e decisiva su tutte le fronti di battaglia da un capo all'altro del mondo!....

Al Paoli continuò a sorridere il successo in tutto il resto dell'opera ed io credo che ben pochi oggi possano affrontare come lui può e sa, una parte così ardua e così faticosa.

Accanto a lui si distinse il baritono Molinari, che nella parte di *Jago* si rivelò artista di ottime qualità vocali e drammatiche.

Anche la signorina Rossi fu una gentile e poetica *Desdemona* ed ebbe anche lei, specialmente all'ultimo atto, la sua quota di meritati applausi.

Ottimo *Cassio* il tenore Nesi e bene gli altri.

L'opera venne autorevolmente concertata e diretta da Pietro Mascagni.

A esas funciones asistían muchísimos artistas jóvenes entre los que se encontraban Gigli, Picaluga, Laffi, Granforte, Merli, Pertile, Scacciati, Pampanini y otros. En la primera fila se encontraba Mascagni y sucedió lo siguiente:

Un intermezzo pazzesco

Lo si ebbe, impreveduto ed imprevedibile, al duetto del giuramento fra *Jugo* e *Otello*. Le furie del Moro invasero un Tizio che, balzando improvvisamente dalla sua poltrona, si lanciò verso l'orchestra e prese ad inveire non so bene se contro Sakespeare, o contro Boito, o contro Verdi, o contro i cantanti, o contro l'Impresa, ma certo contro Mascagni, che aveva lì sotto mano e che tentò di afferrare.

Fortunatamente i Carabinieri afferrarono lui e lo condussero fuori del teatro.

Qualcuno malignò che si trattasse di un ostentato accesso di finta pazzia per non essere mandato al fronte. E chi sa?.... Fra tanti mezzi d'imboscamento escogitati dalla furberia umana vi potrebbe essere anche quello del Manicomio.

El éxito en Milán fue rotundo. El público le aplaudió hasta el delirio y llenó el teatro noche por noche, sin haber ni siquiera una sola localidad disponible; y si alguna se conseguía, se vendía a precios exorbitantes. De Milán se marchó a Florencia donde le esperaban ansiosos, pues hacía años que no cantaba allí y las noticias que habían recibido de sus éxitos en Roma, Génova, Sicilia y Milán eran extraordinarias. El Teatro de Pérgola estaba totalmente vendido diez días antes del estreno de la temporada otoñal, que comenzó el 25 de octubre con *Otello* y el siguiente reparto:

25 de octubre de 1918
Teatro Alla Pérgola
Florencia, Italia

OTELLO
Verdi

Desdémona......Giuseppina Baldassare-Tedeschi
Otello......Antonio Paoli
Yago......Eugenio Giraldoni
Roderigo......Gaetano Pini-Corsi
Cassio......Emilio Venturini
Ludovico......Bugamelli
Director: Giacomo Armani

Esta ópera se cantó doce veces a teatro lleno, y con gran éxito artístico y económico.

ANTONIO PAOLI

El día 14 de noviembre cantó la última de las doce funciones de *Otello* y, a pesar que la empresa le ofreció una cantidad exorbitante por cinco funciones más, no las pudo aceptar. Atrapó un resfriado, trataron de contratar a otro tenor de apellido Zenatello pero el público no respondió al retirarse el nombre de Paoli de la cartelera y ahí terminaron las funciones extraordinarias de *Otello*. La crítica le fue muy favorable. He aquí algunas de esas críticas.

Il Corriere di Milano dice así:

OTELLO - FIRENZE - TEATRO PERGOLA - "Hemos visto al Paoli de muy buena gana. Soportó con gran desenvoltura, más bien única que rara, el terrible peso de la parte del protagonista. Hízose aclamar delirantemente en *El Esultate*, en el *Sante Memorie* y en otros puntos sobresalientes de la ópera". Firma: Alfredo da Firenze 27 de octubre de 1918.

Il Corriere da Milano - 14 noviembre de 1918:

OTELLO - FIRENZE - Después que el tenor Paoli terminó de cantar la ópera *Otello*, cayó enfermo con gripe. La Empresa de la Pérgola, pensó en presentar la parte de *Otello* a otro tenor ya que quería hacer otras representaciones extraordinarias con Paoli, lo cual no fue posible". Firma: Alfredo de Firenze.

El 20 de noviembre, cuando ya estaba un poco mejor de la gripe, Paoli salió rumbo a Milán. Ve a Josefina y se marcha a Porto Ceresio por algunos días de reposo. El 19 de diciembre se marcha a Torino, donde se le había contratado para cantar el *Guillermo Tell* de Rossini. En ese viaje le acompaña Adina.

Paoli había cambiado de agente y ahora su nuevo agente era Giuseppe Lussardi, considerado entonces como el mejor empresario y agente de la lírica del mundo. Este, pues, representaba a Paoli, y trataba de conseguir los mejores contratos, pues sabía que el nombre de Paoli en la cartelera, era lleno seguro en el teatro.

5 de enero de 1919
Teatro Politeama Chiarella
Torino, Italia

GUGLIELMO TELL
Rossini

Matilda......Ida Quajatti (soprano)
Jemmy......Rita Monticone (mezzo)
Guglielmo......José Segura-Tallien (barítono)
Gualterio......Antonio Fossatti (bajo)
Arnoldo......Antonio Paoli (tenor)
Director: F. Del Cupolo

Esta ópera se cantó seis veces en esa temporada a teatro lleno de un público entusiasmadísimo. La crítica dice así:

EL LEON DE PONCE

Il Corriere di Milano - 10 de enero de 1919:

GUGLIELMO TELL AL POLITEAMA DI FIRENZE - "Después de una larguísima ausencia la ópera Guglielmo Tell ha regresado a nuestro público, que acudió en gran número al teatro, llenándolo completamente, ansioso de volver a escuchar al tenor Paoli, quien el año pasado cantó *Otello* para nosotros con tanto éxito. Ya se han presentado dos funciones. El tenor Paoli en la primera, y especialmente en la segunda función, prodigó en su papel de Arnoldo, medios vocales superbos, notas agudas brillantísimas, acentos tocantes que hicieron brillar de digna luz la inspiración rossiniana. En el terceto *Troncar Sul Di*, en la gran aria *O, Muto Asil Del Pianto*, en la cabaleta *Corriam, Corriam*, que sigue, el célebre tenor suscitó una sincera admiración y aplausos entusiastas. ¡Qué gran parte esta de Arnoldo! y la clase de cantante que ella requiere. Cuanto más se ve la dificultad del papel, más se admira al gran artista que la ejecuta". Firma: M. B. Corresponsal de Torino.

La Rassegna Melodrammattica - Milán, 11 de enero de 1919:

GUGLIELMO TELL A TORINO - "El Paoli superó la difícil prueba; espléndido en varios puntos por la potencia de emisión lo cual le dio una gran aprobación de parte del público. La cabaletta, *Corriam* valía toda una función emitiendo varios Dos sobreagudos y coronándola al final con un Re sobreagudo de rarísimo pero bellísimo color, potencia y brillo". Firma: Richard, Corresponsal de Torino.

Il Corriere di Milano - 5 de febrero de 1919:

"Antonio Paoli ha regresado a Milán desde Torino donde cantó en las representaciones del *Guglielmo Tell* de Rossini, quien con su participación logró un trato muy singular, atracción simpatiquísima y fue muy aclamado por aquel público. En todas las funciones fue aplaudido con entusiasmo. Su voz espléndida ha hecho maravillas en la gran parte de Arnoldo cuya dificultad es bien conocida y muy discutida y es la razón principal que constituye por que esa ópera no es fácilmente representada. En cada función el público torinés aplaudió con gran entusiasmo al Divo y célebre tenor, en el dúo Oh, Matilda en el gran y conmovedor terceto del segundo acto, pero más aún en la romanza y la cabaleta que le sigue en la cual la voz del eminente artista retumbaba y sonaba sonora como una campana de plata sólida. El Paoli había sido contratado para cuatro funciones extraordinarias de *Guglielmo Tell* y después fue confirmado para dos más fuera de programa".

Tras una breve visita a Milán, Paoli se marcha con Pocholo a Porto Ceresio, pero tiene que hacer frecuentes viajes a Milán, ya que, a causa de la guerra, las medicinas que se le aplicaban a Josefina y las cuales eran traídas de Alemania, habían aumentado de precio exorbitantemente y tenían que comprarlas a través de Francia o Suiza y a veces en el mercado negro. Esas medicinas era lo único que aliviaban los dolores a Josefina. Paoli tenía que estar haciendo contactos con distintas personas y amigos en varios países para conseguirlas. En marzo, regresa a Milán para tomar parte importantísima al revivir la ópera *Marion Delorme* de Ponchielli, la cual había estado olvidada por muchísimos años por la falta de intérpretes que se atreviesen a afrontarla. Un papel sumamente dificultoso era el de Didier, tenor dramático, y Antonio había aprovechado en Porto Ceresio, estudiando el papel y el personaje meticulosamente. Su sistema de aprender nuevos personajes era leer las novelas, obras de teatros, etc.... que se refiriesen a la obra, para compenetrarse bien en el papel que estaba aprendiendo.

493

ANTONIO PAOLI

Tanto en su apartamento de Milán, como en su Villa de Porto Ceresio, tenía magníficas bibliotecas llenas de obras dramáticas y novelas clásicas que casi siempre usan los compositores en sus óperas; además de una bastísima colección de libros de historia. Así pues, se empapaba bien del personaje, su historia, y todo lo que le rodeaba en el tiempo en que vivió.

Tonino, Pocholo y Amalia estaban aquella noche en el teatro, en la primera fila de platea, y Adina, tras bastidores, para ayudarle en lo que se le ofreciera. El teatro estaba rebosante de público deseoso de escuchar la difícil partitura y se ejecución por algunos de los más renombrados cantantes de la época. Y también el Sr. Wilhelm Wagner, quien quedó muy impresionado por la voz de Paoli, y le invitó a través del Empresario Lussardi para que visitara Bayreuth y cantar allí una ópera de Wagner, lo cual Paoli agradeció, pero no aceptó.

25 de marzo de 1919
Teatro Lírico
Milano, Italia

MARION DELORME
Ponchielli

(Riesumazione)
Marion......Eugenia Burzio
Didier......Antonio Paoli
Lelio......La Ponzano
Marchese......Giuseppe Bellantoni
Laffemas......Oreste Luppi
Director: G. Armani

Esta ópera se cantó ocho veces en esa temporada, con el mismo reparto. La crítica dice así:

Il Corriere della Sera - Milán, abril 1919:

MARION DELORME AL LIRICO - "El tenor Paoli desató magníficos agudos y se lució en su interpretación del personaje de Didier".

Il Popolo D'Italia -Milán, marzo 1919:
MARION DELORME. El Paoli, es un artista de un legado ya desaparecido, es un estilizador perfecto y posee una rara resistencia vocal. Fue llamado innumerables veces a la ribalta". Firma: Guido Podrecca.

L'Avanti - Milán, abril 1919:

DELORME AL LIRICO - El Paoli, al estilo de *Otello*, estuvo romántico y gentil hombre, ha sabido mantener con honor su parte vocalmente grave y dificultosa y escénicamente completa".

Il Corriere di Milano, 15 de abril 1919:

MILANO - LIRICO - MARION DELORME - "El tenor Paoli ha hecho valer sus sólidos y seguros medios vocales; su canto tiene ímpetu pasional y se dobla hasta la media voz y el piano con notable flexibilidad; así lo escuchamos en el terceto del primer acto y en el dúo con la soprano, en el tercer acto *Io Libo dei Cieli* y en el último acto, cuando Didier rompe en llanto y perdona, lo hizo con gran dramatismo y encontró sonoridad y acentos que causaron un brívido (grande) entusiasmo. Paoli es magnífico". Firma: Ramperti, Corresponsal.

Il Corriere Teatrale - Milán, abril de 1919:

LA ULTIMA MARION DELORME AL LIRICO - "Esta última función de las representaciones extraordinarias de Marion Delorme que se presentaron en el Lírico, fue a beneficio de La Casa de los Veteranos de Turate. Excediendo grandemente a los altos precios de los boletos el teatro estaba repleto de público. El éxito de esta revivida ópera de Ponchielli, está asegurado. Sobre todo en el cuarto acto, que causó una profunda impresión y excitó a los espectadores, no sé si por la intensidad dramática de la música, por la belleza melódica del canto de Marion o por la ejecución extraordinaria de todos los artistas, son su interpretación vocal y escénica. Aplaudidísimos el Paoli, Bellantoni y Luppi. ¡El éxito fue extraordinario!

A principios de mayo se marchó a Rovigo. En la estación del tren de esta ciudad le esperaron con una banda tocando La Marcha Real Española. Paoli había sido contratado para cantar en esa ciudad el *Otello*, pero el tenor Giuseppe Gavagnoni, contratado para cantar *Aïda*, se enfermó; entonces cantó *Aïda* en lugar de *Otello*, pues esa ópera había sido previamente ensayada por el resto de los artistas.

17 de mayo de 1919
Teatro Sociale
Rovigo, Italia

AÏDA
Verdi

Aïda......Irma Vigano
Amneris......Ida Bergamasco
Radamés......Antonio Paoli
Ramfis......Oreste Carozzi (luego Ezio Pinza)
Il Re......Carlo Scattola
Director: Baldi- Zenoni

Esta ópera se cantó cuatro veces con el mismo reparto.
Il Corriere di Milano - 31 mayo 1919, dice:

AIDA A ROVIGO - "El tenor Gavagnoni se enfermó y debió partir. La parte de Radamés fue asumida por el célebre tenor Comendador Paoli que había sido contratado para cantar *Otello* y se presentó sin ensayo alguno, obteniendo un éxito adecuado a su fama, y también, aunque la expectación del público no era poca porque solo conocían la fama de Paoli por los diarios. Para que aceptará la Empresa se puso de acuerdo con el artista y le ofreció una paga elevadísima. El Paoli tuvo momentos espléndidos que levantaron grandes aplausos entusiastas y le aseguraron un éxito decisivo que se repitió en las cuatro representaciones". Firma: Roderigo - Corresponsal de Rovigo.

De aquí se marcha a Milán a descansar.

CAPITULO XI
1919 - 1921

En Milán, Paoli pasa algunos días con Josefina, quien está muy decaída. El día 19 de mayo emprende un corto viaje a Gibraltar, donde había sido invitado para cantar *Otello* en el Teatro Municipal, los días 26 y 27 de mayo. De allí le envía esta postal a Amalita:

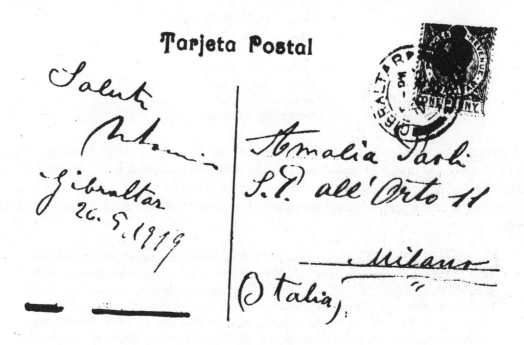

26 de mayo de 1919
Teatro Municipal
Gibraltar, Colonia Inglesa

OTELLO
Desdémona......Lucilla Maldonado
Otello......Antonio Paoli
Yago......Luigi Piazza
Montano......Oreste Carozzi
Ludovico......José Mardónes
Cassio......Luigi Cassia
Director: Baldi-Zenoni

ANTONIO PAOLI

Pocholo escribe así a Amalia:

"Exito, delirante desde *El Esultate* hasta el final de la ópera. Antonio está de voz como nunca, parece que el yodo de mar del Mediterráneo le hizo bien en las cuerdas vocales. Estuvimos en Granada, que está muy cerca y vimos a Mardones, aceptó cantar el Lodovico aquí y en el Senegal"... les aplaudieron mucho... y eso que dicen que los ingleses son fríos. Quizás sea que están en España y eso calienta la sangre".

De Gibraltar embarcaron luego al Senegal, en la costa oeste del Africa, y allí, en la ciudad de Dákar cantan *Otello* así:

1ro. de junio de 1919
Teatro Municipal
Senegal, Africa (Colonia Francesa)

OTELLO
Verdi

Desdémona......Lucilla Maldonado
Otello......Atonio Paoli
Yago......Luigi Piazza
Lodovico......José Mardones
Cassio......Luigi Cassia
Montano......Oreste Carozzi
Director: Baldi Zenoni

Esta ópera se cantó los días 1ro. y 3 de junio a teatro lleno. Los colonos franceses aprecian muy bien su voz y le rinden un gran homenaje. Le aplauden hasta el delirio y le pagan grandes cantidades de dinero, pues, estaban ansiosos de escuchar buena ópera. Además, Paoli tuvo la oportunidad de cantar junto al gran bajo español José Mardones. Veamos la carta de Pocholo a Amalia:

"En Dákar fue delirio lo que causó Antonio. Tuvo que trisar *El Esultate* y bisó todas las otras arias. El Mardones, a quien le conté vi en Nueva York en 1915 está increíble de voz, con un volumen fuerte como el de Antonio y unas resonancias de pecho que meten miedo. En el trayecto marítimo entre Gibraltar a Senegal, cantaron juntos varias piezas y dúos de barítono y tenor, pues el Mardones si quisiera podría cantar de barítono, pero dice que está más cómodo en la cuerda de bajo. Esta corta, pero agitada y entusiasta aventura, ha sido muy bella y excitante... Pronto llegaremos a Milán. Mardones sugirió a Paoli que fuese a los Estados Unidos, al Metropolitan para una función, pues hacía falta allí un verdadero tenor dramático como él".

Terminada la aventura, regresan a Milán muy satisfechos, pues en esos lugares nunca se presentaba ópera y ellos supieron aprovechar la invitación de Lord Carnevaum para complacer los deseos de las gentes de escuchar música lírica. Este Lord era un inglés muy rico que vivía en Senegal y tenía una propiedad en Granada, cerca de Gibraltar, y se empeñó en llevar ópera a esos lugares, sin importarle el costo. Así que las alforjas de los artistas estaban llenas de plata.

La salud de Josefina estaba cada vez peor. Le notificaron a Paoli de un magnífico médico en París, y allá la lleva en junio, pero sin éxito alguno. Ha perdido mucho peso y esta muy demacrada.

498

Postal enviada por Paoli a Amalia desde Senegal.

El Dr. Dubois le comunica que en los Estados Unidos se está probando un nuevo método de terapia con radiación para mejorar en algo la salud del paciente que padece de cáncer, pero que aún no hay nada seguro. Le comunican además que la condición de ella es incurable y que apenas podrá durar dos años más, pues el cáncer estaba haciendo estragos en ella. Paoli, desesperanzado, regresa con ella a Milán. Tonino, mientras, sigue muy bien en sus estudios; ya cuenta con diez y siete años de edad, es un chico muy listo y guapo, con bellísimos ojos grandes y expresivos, muy buen hijo, respetuoso y muy apegado a su padre. No era alto de estatura como su padre. Salió mas bien bajo, a línea con su abuela paterna. Por imposición de la madre no le aceptaba a Paoli sus relaciones con Adina abiertamente, pero comprendía que su madre hacia años no le podía corresponder a Paoli como esposa. Con toda esta situación, Paoli se prepara para su nuevo viaje a Suramérica. Estaba nuevamente contratado para cantar en Argentina, Uruguay y Brazil.

Llegan a Buenos Aires contratados para el Teatro Coliseo. Como siempre, la expectativa allí es grande pues se decía que había perdido su voz, que estaba arruinado, que ya no podía cantar... En verdad, Paoli no estaba como ellos decían, pero sí estaba afectado emocionalmente por la situación con Josefina, olvidándose de una de las reglas a seguir de las que le había dado el Dr. Lo Moro: No descubrir su torso al aire libre. Eso habría de redundar en otra nueva afección bronquial y emocional, y por consiguiente, en otro nuevo fracaso, el tercero.

Los otros artistas de la Compañía habían llegado a Buenos Aires el 15 de junio en el vapor Tomasso di Savoia. Paoli llegó casi dos semanas después, pues había tenido que atender ese asunto de Josefina.

ANTONIO PAOLI

4 de julio de 1919
Teatro Coliseo
Buenos Aires, Argentina

AÏDA
Verdi

Aïda......María Carena (luego Zoila Amaro)
Amneris......Giuseppina Betazollo
Radamés......Antonio Paoli (luego Giullo Crimi)
Amonsaro......Mariano Stabile (luego Victor Damiani)
Ramfis......Carlo Walter
Il Re......Teofilo Dentale
Messagero......Luigi Nardi
Director: G. Marinuzzi

Se hicieron dos Aïdas, el 4 y 6 de julio las cuales fueron cantadas por Paoli, y la reposición por Giulio Crimi pues Paoli no correspondió plenamente a las exigencias del personaje. Si, cantó bien, pero no con el ímpetu que siempre le caracterizaba. La crítica no le fue favorable. Paoli decía que siempre que cantaba en Argentina un hado malo se interponía y le hacía alguna treta, pues las tres giras que hizo a ese país estuvieron acompañadas de problemas, enfermedades y cancelaciones; además, la prensa estaba dividida en sus opiniones. El diario La Nación, controlado por italianos, tenía opiniones contrarias al Paoli, mientras que La Prensa que era de españoles, le defendían.

El tenor italiano Giulio Crimi era el segundo tenor de renombre e importancia en la Compañía. Un día le comunicó a Paoli que, a pesar de que estaba contratado en el Metropolitan Opera House, de Nueva York, era muy poco lo que cantaba y su situación económica era precaria, por esa razón, pues Caruso no quería que éste cantase mucho y como era la estrella de ese teatro la gerencia seguía sus imposiciones. Paoli le aconsejó que usase el método del siciliano y eso hizo Crimi. Al comenzar la temporada de ese año en el Metropolitan, Crimi le cortó el paso a Caruso en uno de los pasillos del teatro y le dijo: "Mira, apenas estoy cantando por tu culpa... ¿Ves esta daga?... Pues ya la usé en Sicilia con uno que se interpuso en mi camino y creo que la voy a usar contigo como sigas impidiendo que yo cante. Caruso, quien era medio cobardón, quedó lívido, y cura santa, desde aquel entonces Crimi cantó muchas funciones con gran éxito. Tiempo más tarde Caruso fue padrino de uno de su hijos.

Se cantó luego *El Trovador* con el siguiente reparto:

5 de agosto de 1919
Teatro Coliseo
Buenos Aires, Argentina

IL TROVATORE

Leonora......Maria Carena
Azucena......Anna Gramegna
Manrico......Antonio Paoli
De Luna......De Franceschi
Cassio......Luigi Nardi
Director: Falconi

EL LEON DE PONCE

Aquí tampoco dio Paoli todo su arte y no se cantó más esa ópera. Había algo en él que no le dejaba cantar bien; se sentía muy oprimido. Se cantó luego el *Otello* verdiano como sigue:

17 de agosto de 1919
Teatro Coliseo

OTELLO
Verdi

Desdémona......Gilda Dalla Rizaa
Otello......Antonio Paoli
Emilia......Bianca Masnata
Yago......Luigi Montesanto
Cassio......Luigi Nardi
Lodovico......Teofilo Dentale
Montano......Attilio Muzio
Director: Vincenzo Bellezza

Esta ópera se cantó sólo una vez en Buenos Aires durante esa temporada, y ahí estuvo mejor Paoli. La crítica dice así:

Il Corriere di Milano:

OTELLO A BUENOS AIRES - El protagonista, Antonio Paoli, quien fue muy festejado y en esta ocasión se llevó nuevas ovaciones, tuvo momentos espléndidos". Corresponsal de Buenos Aires.

Para este *Otello* no aparecía el candelabro que usaba *Otello* para entrar a la habitación de Desdémona en el cuarto acto y el tenor Bendinelli consiguió que le prestasen un candelabro en una iglesia vecina, y luego de usarlo Paoli, Bendinelli lo conservó. Hoy día forma parte de la colección personal de memorabília Paolina del autor de estas letras.

De Buenos Aires, parte de la Compañía de Walter Mochi, se marchó a Santa Fe de Rosario y allí cantaron *Otello* con el mismo reparto de Buenos Aires y además, *Moises* de Rossini y *Los Payasos*. Paoli estaba ya un poco más repuesto y cantó y actuó mejor.

20 de agosto de 1919
Teatro Colón
Rosario, Argentina

OTELLO
Verdi

Desdémona......Gilda Dalla Rizza
Otello......Antonio Paoli
Yago......Luigi Montesanto
Lodovico......Teofillo Dentale
Cassio......Luigi Nardi
Montano......Attilio Muzio
Director: Falconi

501

ANTONIO PAOLI

Aquí Paoli se enteró de que había una viuda con tres hijos sufriendo hambre y miseria y le envió su paga completa de esa noche con su secretario Pocholo.

22 de agosto de 1919
Teatro Colón
Rosario, Argentina

MOSE IN EGITTO
Rossini

Mose......Nazareno de Angelis
Elisero......Luigi Nardi
Faraone......Víctor Damiani
Amenofi......Antonio Paoli
Anaide......Maria Carena
Maria......Giuseppina Bertazollo
Sinaide......Angeles Otein
Director: G. Marinuzzi

25 de agosto de 1919
Teatro Colón
Rosario, Argentina

I PAGLIACCI
Leoncavallo

Nedda......Gilda Dalla Rizza
Tonio......Luigi Montesanto
Canio......Antonio Paoli
Beppe......Luigi Nardi
Director: G. Marinuzzi

En esta temporada actuaba de bailarina solista, la gran balerina rusa Anna Pavlova. De Argentina pasan a Montevideo, Uruguay, para presentarse en el Teatro Urquiza.

28 de agosto de 1919
Teatro Urquiza
Montevideo, Uruguay

OTELLO
Verdi

Desdémona......Gilda Dalla rizza
Otello......Antonio Paoli
Emilia......Blanca Masnata
Yago......Luigi Montesanto
Lodovico......Teofilo Dentale
Cassio......Luigi Nardi
Montano......Attilio Muzio
Director: Marinuzzi

502

EL LEON DE PONCE

30 de Agosto de 1919
Teatro Urquiza
Montevideo, Uruguay

MOISES EN EGIPTO
Rossini

Moisés......Nazareno de Angelis
Elisero......Luigi Nardi
Faraone......Victor Damiani
Amenofi......Antonio Paoli
Anaide......Maria Carena
Maria......Giuseppina Bertazollo
Sinaide......Angeles Otein
Director: Marinuzzi

Tras un delirante éxito ante un público entusiasta y generoso, se marcha a Brazil, a Río de Janeiro, donde se presentan en el Teatro Municipal. Debuta allí, la compañía con un éxito sin precedente y logrando un lleno total del teatro, a pesar del alza, en los precios de los boletos.

17 de septiembre de 1919
Teatro Municipal
Río de Janeiro, Brazil
OTELLO

Verdi

Desdémona......Gilda Dalla Rizza
Otello......Antonio Paoli
Emilia......Bianca Masnata
Yago......Luigi Montesanto
Lodovico......Teofilo Dentale
Director: V. Bellezza

Función única de esta ópera; teatro llenísimo y público delirante.

19 de septiembre de 1919
Teatro Municipal
Rio de Janeiro, Brasil

MOISES
Rossini

Moises......Nazareno de Angelis
Elisero......Luigi Nardi
Faraone......Victor Damiani
Amenofi......Antonio Paoli
Anaide......Maria Carena
Maria......Giuseppina Bertazollo
Sinaide......Angeles Otein
Director: G. Marinuzzi

503

ANTONIO PAOLI

Esta ópera se volvió a cantar los días 21 y 23 de septiembre. La gira fue extraordinaria y triunfal, pues al principio Paoli, no estuvo a la altura de su fama; luego se fue reponiendo y mejoró mucho su participación. Otros miembros de la Compañía que se unieron más tarde fueron Schipa, Taccani, Dentale, Carena, Dalla Rizza, Pertile, Crimi, Damiani, Montesanto, Stabile, de Angelis, Vallin, los directores Bellezza, Marinuzzi y Falconi.

De Río de Janeiro la Compañía se marcha a Sao Paulo y allí Paoli, toma un barco a Nueva York, siguiendo los consejos de su amigo José Mardones. Al llegar a Nueva York hace contacto con este, quien lo presenta en el Metropolitan Opera. Al decirle Gatti-Casazza que tiene que audicionar para ellos, toma su abrigo y se marcha del teatro, pues él dice que tiene su carrera hecha en Europa, y que no le da la gana de audicionar como un principiante. El Círculo Gallego le invita a presentar un recital en su amplio y cómodo local de la calle 14 y 8va. avenida, a lo cual acepta gustoso:

10 de noviembre de 1919
Centro Gallego Español
New York, New York
(Recital Privado)

Antonio Paoli
Tenor

Himno Real......Piano
"Serenata"......El Trovador (Verdi)
Ah, Si Ben Mio......El Trovador (Verdi)
"O, Tu Che In Seno"......La Forza Del Destino (Verdi)
Vesti La Giubba......Los Payasos (Leoncavallo)
La Donna e Mobile......Rigoletto (Verdi)
Romanza......La Tempestad-Chapi
La Partida......Alvarez
Adios Granada......Alvarez
Di Quella Pira......El Trovador (Verdi)
Esultate......Otello (Verdi)
Al Piano......Eladio Bastia

Notas Gallegas - diciembre de 1919:

> PAOLI EN NUESTRO CENTRO - "El afamado tenor Paoli, de paso por Nueva York, nos obsequió con un bellísimo recital privado para los socios de nuestro centro social y cultural. Fue una noche de verdadero arte canoro, y además de disfrutar de arias de ópera, nos obsequió con canciones de la Madre Patria que nos hicieron derramar lágrimas de nostalgia y alegría a la vez. Sonaron mejor que nunca en la garganta de nuestro compatriota ¡Dios lo bendiga!"

Entre los invitados a ese recital había un joven, alto, delgado bastante trigueño y muy simpático, quien se presentó ante Paoli al terminar el recital y le dijo ser estudiante de leyes y llamarse Pedro Albizu Campos y que era oriundo de Ponce, como él. A Paoli le cayó muy simpático el joven aquel y estuvieron conversando por largo rato, pues tras el recital hubo un ágape y allí comieron y compartieron como buenos ponceños.

504

Rua Paysandú — Rio de Janeiro

MUSEO NACIONAL, RIO.

ANTONIO PAOLI

Paoli visita a su amigo José Mardones. Le explica lo sucedido en el Metropolitan Opera, pues Giulio Gatti, le conocía bien y sabía lo mucho que él valía en Europa. Así pues tras algunos días más se marchó a Italia. El día antes de salir recibió una nota del violinista Otto Kahn, del Manhattan Opera, pero ya era demasiado tarde y tenía compromisos en Italia. Pocholo, decidió quedarse en Nueva York, pues pensaba independizarse y conseguir un buen trabajo. Así que Paoli se marchó solo a Italia. Pero dos semanas después Pocholo regresó a Milán pues no le gustaba el ambiente y ajoro conque se vivía en Nueva York. Llega a Milán a principios de diciembre; luego de visitar a Josefina se marcha a descansar en Porto Ceresio. Regresa luego a Milán a tomar parte en un gran concierto organizado y dirigido por el célebre Maestro Tulio Serafin, para celebrar el final de la fatídica guerra mundial, que comenzó en 1914 y dejó un saldo de ocho millones de muertos y cientos de miles de personas, mutiladas e incapacitadas para el resto de sus vidas.

La rendición de Austria fue el 5 de noviembre de 1918; parte de su territorio que da al Mar Adriático pasó a ser posesión de Italia, como el puerto de Trieste, lugar que a principios de siglo fue escenario de los primeros grandes éxitos de Paoli.

10 de diciembre de 1919
Concierto De Beneficencia
Pro Damnificados Guerra.
Teatro Dal Verme
Milán, Italia

-Sopranos-
Gemma Bosini-Gilda Dalla Rizza-Claudia Muzio
Toti Dal Monte-Amelita Galli-Curci-Celestina Boninsegna

-Barítonos-
Tita Ruffo-Francesco Cigada-Mariano Stabile
Luigi Montesanto-Antonio Pini-Corsi- Apollo Granforte

-Los Tenores-
Aureliano Pertile- Francesco Merli- Antonio Paoli
Giuseppe Tacani, Tito Schipa, Manfredi Polverosi
Isidro de Fagoaga

-Bajos-
Amletto Galli- Oreste Luppi- Nazzareno de Angelis
Maestro Concertador y Director
Tulio Serafin

Coros y Orquesta del Teatro Alla Scala y
Coros y Orquesta del Teatro Lírico
Coros y Orquesta del Teatro Dal Verme

El teatro estaba rebozante de público que pagó los boletos a precios estratosféricos. Los asistentes al espectáculo ofrecían pagar por oír sus arias y dúos preferidos. Alguien del público pidió El dúo del *Juramento*, de *Otello*, por Paoli y Ruffo y luego ofreció pagar el doble si Paoli cantaba el aria El Sueño de Manón de Massenet, con el cual había tenido problemas con Toscanini, en 1903, en La Scala. Paoli lo cantó gustoso y fue aplaudidísimo. Así nos lo fue narrado por Francesco Merli y Gemma Bosini-Stabile en Milán, hace unos años. Participó también en ese Concierto de Beneficencia un joven tenor español que luego se convertiría en un gran tenor wagneriano. Su nombre era Isidoro de Fagoaga.

De Fagoaga hizo gran amistad con Paoli que duraría muchos años. Era oriundo de Navarra, tierra conocida palmo a palmo por Paoli pues en su juventud pasaba allí largas temporadas. Los cantantes en más demanda en ese concierto fueron Paoli, Ruffo y Schipa, además de De Angelis y Galli-Curci. Después de este gran concierto pasa unos días en Milán y conoce allí a un joven y prometedor tenor italiano llamado Nino Piccaluga. Este le informa que necesitaba aprenderse el papel de Maurizio, de la ópera *Adriana Lecouvreur de Cilea,* pues sabía que Paoli contaba con una basta colección de partituras de ópera completas de la cuerda de tenor y él no había podido encontrar esa partitura en Milán. Paoli le invita a que le acompañe una semana a su Villa en Porto Ceresio donde le promete enseñarle el papel de Maurizio. Así pues se marcha Piccaluga con Paoli y Amalita a la Villa. Nos contó el mismo Piccaluga en Milán, el siguiente relato:

> "Aquella Villa era bellísima en su exterior tanto como en su interior. Tenía los pisos de mármol, una enorme sala de música donde había un precioso piano de cola, una enorme chimenea de mármol con dos enormes floreros antiguos italianos, y en la parte alta de la chimenea, un enorme retrato de Paoli, hecho para la época de su debut en París, en 1899. Las enormes puertas de caoba y cristales tenían unas preciosas cortinas de damasco rojo y en una pared había una gran cantidad de títulos honorarios de grandes gobernantes del mundo y varios reyes. Allí pasé una semana como en la gloria, pues el lugar era muy tranquilo y placentero y desde las varias terrazas de la Villa se divisaba una vista maravillosa del Lago Lugano y sus tranquilas y refrescantes aguas.
>
> Paoli y su hermana me enseñaron la partitura en forma tan simple que la aprendí en cinco días. Es digno de mencionarse que para enseñármela él cantaba las arias en forma tan bella que yo me quedaba absorto, como hipnotizado, especialmente el aria *La Dolcissima Effigie*, que cantaba en forma inigualable, y luego el corto dúo que viene con la soprano, que lo hacía con su hermana en forma única pues ella era una magnífica cantante también.
>
> Aprendí a hacer las inflecciones de la voz al estilo de Paoli y luego la canté en varios teatros del mundo obteniendo un gran éxito. Paoli me regaló la partitura, la cual he conservado toda mi vida y la tengo aquí, en Casa Verdi, guardada en el archivo privado de la institución. Está marcada por Paoli con todas sus instrucciones y comentarios. Esa fue una experiencia única en mi vida".

Después de esto Paoli regresó a Milán a buscar a Josefina para llevársela a Porto Ceresio, pero esta rehusa; ya no quiere volver más allí; su estado es deprimente cada día empeora más y es así como Paoli le da la alternativa de irse a vivir a Viena con ella para recuperar así el dinero que la familia de ella retenía o vender la Villa, o quedarse a vivir en Milán, así que decide quedarse mejor en Milán. Se instala, pues, con ella, en su cómodo apartamento de la Calle Vincenzo Monti y Amalia se va a vivir en el apartamento de San Piedro All Orto No. 11, a vivir sola pues a pesar de que ella y Josefina habían hecho las paces, no congeniaban y eran prácticamente enemigas acérrimas, esto aun más porque Amalia aceptaba las relaciones de Antonio con Adina. Vende, pues, la Villa de Porto Ceresio, con gran dolor, pues le agradaba mucho ir a descansar allí.

El día 15 de diciembre se marcha a Génova para cantar *Otello* en el Teatro Politeama Genovese. El público genovés quería volver a oírlo y apreciarlo después de tantos años de ausencia, así que la noche del estreno el teatro estaba completamente lleno.

ANTONIO PAOLI

20 de diciembre de 1919
Teatro Politeama Genovese
Génova, Italia

OTELLO
Verdi

Desdémona......Maria Bardelli (luego La Zuccani)
Otello......Antonio Paoli
Yago......Francesco Cigada
Emilia......A. Avezza
Lodovico......Amleto Galli
Director: G. Zuccani

Esta ópera se cantó diez veces y la crítica dice así:

La Rivista Musicale - Milán - 24 de diciembre de 1919:

OTELLO ALL POLITEAMA GENOVESE - "Triunfo absoluto del célebre tenor Paoli en el *Otello* en el Politeama. Voz potentísima y gran prestancia escénica; aplaudidísimo de principio a fin. Trisó el "Esultate" y bisó las demás arias principales".

Pocholo escribe a Amalia, la siguiente carta del 21 de diciembre:

"Antonio debutó anoche con *Otello* el éxito ha sido delirante, aplausos y bravos interminables. Está muy bien de voz y se acopló muy bien con la soprano, la cual es muy buena, se llama María Bardelli. Es muy guapa además. El Yago es Cigada a quien ya usted conoce bien; es un magnífico artista y se acopla muy bien con Antonio. Tuvo que trisar *Esultate* y repetir cada una de las arias y los dúos..."

A los pocos días, la soprano fue sustituida por otra y Pocholo escribe el 28 de diciembre la siguiente carta:

"La soprano fue sustituida por una diva local a quien llaman La Zuccani, esposa del director de orquesta. Esta, según tengo entendido, ha sido aplaudidísima en las óperas *Aïda*, *Trovatore* y *Butterfly*, aquí, localmente; así que la señora se cree Diva absoluta de Génova. Se atrevió a decir que con su potente voz taparía la voz del gritón ese que llaman Paoli. Al enterarse, pues, Antonio, se echó a reír y dijo: "Eso lo veremos". Ella le dijo a Antonio que ella era la gloria de la lírica a lo cual Paoli contestó: "La gloria llega a todos los lugares excepto a la tumba".
Le aseguro que la noche de la función no se escuchó ni por equivocación la voz de la Diva absoluta más que en el aria del *Salice* y el *Ave María*, pues Antonio soltó el vozarrón de tormenta sobre la Diva y al terminar la función dijo a la empresa: "O me cambian la Desdémona o no canto más", y volvió por las cinco funciones restantes la soprano Bardelli. Usted sabe bien como es Antonio, que a las buenas cualquiera hace de él lo que quiera pero a las malas no hay quien lo mueva."

Paoli permaneció en Génova hasta fines de enero de 1920 y de allí partió a Bologna, donde estaba contratado para cantar *Otello* en el Teatro Comunale.

8 de Febrero de 1920
Teatro Comunale
Bologna, Italia

OTELLO
Verdi

Desdémona......Gemma Bosini
Otello......Antonio Paoli
Yago......Giuseppe de Luca (luego Mariano Stabile)
Cassio......Luigi Nardi
Lodovico......Amletto Galli
Director: Maestro Baroni

Esta ópera se cantó además, los días 10, 12, 15, 16 18, 20, 22, 24, 28 de febrero, en un total de diez funciones. La Rivista Musicale di Milano, del 21 de febrero de 1920 dice así:

OTELLO AL COMUNALE DI BOLOGNA - Paoli es el conquistador de los turcos en escena y del apasionado y exigente público boloñés que aplaudió calurosamente a cada aria y dúo del celebrado tenor. Trisó *El Esultate*, bisó *El Monólogo* y todas las otras arias y dúos. Aplaudidísimo y admiradísimo durante toda la jornada y ha logrado llenar el teatro cada noche." Firma: Corresponsal de Bologna.

De allí pasaron a Torino donde estaban contratados para cantar *Otello* en el Chiarella.

5 de marzo de 1920
Teatro Chiarella
Torino, Italia

OTELLO
Verdi

Desdémona......Gemma Bosini
Otello......Antonio Paoli
Yago......Mariano Stabile
Cassio......Luigi Nardi
Lodovico......Amletto Galli
Director: Baroni

De esta ópera se hicieron ocho funciones. La Rivista Musicale di Milano - 8 de marzo de 1920:

OTELLO- TORINO - "Triunfo colosal del tenor Antonio Paoli. *Otello* excepcional".

El mes de abril lo pasa en milán, pues Josefina, ha estado grave y ha quedado en estado de coma, pero se ha vuelto a recuperar; su estado es muy delicado. Paoli está muy nervioso, pues el costo del tratamiento y cuidado de enfermeras para Josefina ha sido tanto que el dinero comenzaba a escasearse; aún el dinero de la venta de la Villa grande de Porto Ceresio se había gastado casi todo.

ANTONIO PAOLI

La hermana de Josefina viene a Milán a cuidarla. Paoli aprovecha para indagar sobre el dinero que supuestamente tiene seguro en Viena y ella le comunica y confirma, secamente, que ese dinero se lo enviaba Josefina para ayudarlos económicamente y que se usó todo y no hay nada guardado. Paoli encoleriza, pues ve claramente que el cuento del dinero en Viena para el futuro, era eso, sólo un cuento. Le pide y exige a Josefina que le rinda cuentas claras y ella escudándose en su enfermedad, se niega. Paoli, entonces, se marcha del apartamento y se queda nuevamente en la Pensión Bonini, frente a la Plaza del Duomo de Milán.

Tonino, a pesar del sufrimiento de ver la enfermedad de su madre y la inminente ruptura del matrimonio de sus padres, sigue estudiando con mucho afán y se gradúa con notas sobresalientes del bachillerato en Milán.

A fines de abril emprende Paoli un nuevo viaje en barco rumbo a Portugal donde ha sido contratado para cantar en la temporada inaugural del nuevo teatro de Lisboa, El Coliseo. Este teatro tenía capacidad para unos cuatro mil espectadores. El debut estaba programado para el día 3 de mayo. El teatro estaba completamente vendido una semana antes, pues el público lisboense conocía ya a Paoli, de sus triunfos en el San Carlos años, atrás y estaba deseoso de oírle nuevamente.

3 de mayo de 1920
Temporada Inaugural
Teatro Coliseo
Lisboa - Portugal
Primera noche

OTELLO
Verdi

Desdémona......Marina Polazzi
Otello......Antonio Paoli
Emilia......Carmen Callao
Yago......Giovanni Baratto
Cassio......A. Pratti
Lodovico......Guido Fernandez
Montano......Aristide Baracchi
Director: Giacomo Armani

Esta ópera se volvió a cantar con el mismo reparto los días 5, 8 y 21 de mayo a teatro lleno; más tarde se repitió cuatro veces más a teatro lleno.

El Notiziario de Lisboa del 5 de mayo dice:

"Desde Tamagno no recordamos haber oído un "Otello" tan grandioso."

Il Corriere di Milano - 31 de mayo 1920:

OTELLO EN LISBOA - "Hemos recibido noticias del grandísimo éxito obtenido por el tenor Antonio Paoli con el *Otello* en Lisboa. Se trata de la inauguración de la gran temporada de ópera en el nuevo Teatro Coliseo. El célebre intérprete de *Otello*, continuador de la tradición de los más grandes intérpretes de la ópera verdiana, ha entusiasmado y ha obtenido

EL LEON DE PONCE

ovaciones formidables de un público extraordinariamente numeroso entre el cual estaban los más notables y exigentes asistentes del Teatro San Carlos. Seguirá luego *Aïda* y *El Trovador* lo cual redundará en otro suceso personal de gran altura. ¡Viva Paoli!". Firma: Il Giugno, Corresponsal de Lisboa.

La Rassegna Melodrammattica - 31 de mayo de 1920:

ANTONIO PAOLI EN EL OTELLO - "Acabamos de recibir noticias aunque retrasadas, de nuestro corresponsal de Lisboa, sobre el gran triunfo obtenido por Antonio Paoli en el *Otello*. El Nuevo Teatro Coliseo estaba repleto; la amplia y vasta sala tenía el número de lleno a capacidad de cuatro mil espectadores. Antonio Paoli, quien es conocidísimo en Lisboa, fue escuchado con entusiasmo y tras El Esultate recibió una ovación grandísima que se repitió luego en el *Addio Sante Memorie*, en *El Monólogo* del tercer acto, y en la escena de la muerte, en la cual el célebre artista suscitó aplausos delirantes". Firma: Sacavem - Corresponsal de Lisboa.

Esta fue la noche de la inauguración del gigantesco teatro en Lisboa. El público aplaudía sin freno, pues supieron reconocer en el artista al tenor dramático más grande de su tiempo y que aún no ha tenido rival, así que, por ende, es el tenor dramático más grande de este tiempo también". Así lo dice el célebre tenor Hipólito Lazaro. Barcelona, España, 1974.

12 de mayo de 1920
Teatro Coliseo
Lisboa, Portugal

AÏDA
Verdi

Aïda......Maria Carena
Radamés......Antonio Paoli
Amneris......Carmen Callao
Amonsaro......Giovanni Baratto
Il Re......Guido Fernandez
Ramfis......Luciano Donaggio
Messagero......A. Pratti
Director: Giacomo Armani

Esta ópera se volvió a cantar con el mismo reparto los días, 16, 23 y 30 de mayo.

La Correspondenza de Lisboa - 13 de mayo de 1920:

AÏDA-COLISEO - "El Paoli tuvo que repetir el aria *Celeste Aïda* con su voz grandiosa y admirable ímpetu; Radamés inigualable".

Il Corriere di Milano - 15 de mayo de 1920:

PAOLI, RADAMES- AÏDA- LISBOA - "El Paoli único como Radamés, fue muy festejado toda la jornada. Su voz potente y varonil y a la vez tierna, musical y melodiosa, rindió el público a sus pies". Firma: Il Giugno.

511

ANTONIO PAOLI

19 de mayo de 1920
Teatro Coliseo
Lisboa, Portugal

IL TROVATORE
Verdi

Leonora......Maria Carena
Manrico......Antonio Paoli
Azucena......Carmen Callao
De Luna......Giovanni Baratto
Ferrando......Guido Fernandez
Ruiz......A. Pratti
Gitano......Aristide Baracchi
Director: Giacomo Armani

Esta ópera se volvió a cantar el día 28 de mayo y el 6 de junio con el mismo reparto. Luego se cantó tres veces más, pues el público lo pedía ávidamente.
La Rassegna Meladrammattica - 13 de junio de 1920:

IL TROVATORE A LISBOA: "El Trovador es una ópera que jamás envejece; y dio lugar a un éxito magnífico, al cual contribuyó Antonio Paoli, con su voz masiva, fuerte y poderosa, que conserva el timbre brillante y que impresiona sobremanera a nuestro público por la seguridad de su sonido, especialmente en el registro agudo. El Paoli tuvo que repetir *La Pira* y fue admiradísima en toda su parte." Firma: Sacavem- Corresponsal de Lisboa.

10 de junio de 1920
Teatro Coliseo
Lisboa - Portugal

I PAGLIACCI
Leoncavallo

Nedda......M. Polazzi
Canio......Antonio Paoli
Tonio......Benventuto Franci
Silvio......Aristide Baracchi
Beppe......A. Pratti
Director: G. Armani

Esta ópera se improvisó y se cantó sin ensayo alguno, lo que constituyó un éxito sin precedentes. Se hizo para conmemorar el primer aniversario de la muerte de Leoncavallo.

Il Corriere di Milano:

I PAGLIACI - ANTONIO PAOLI - "Canio colosal, que no tiene rival, se presentó Paoli, en la parte del Payaso- sin ensayo de piano ni orquesta y conquistó un éxito enorme. Entusiasmó al público sobremanera y recibió infinitos aplausos y llamadas contínuas al proscenio". Firma: Lauduino - Corresponsal de Portugal.

512

EL LEON DE PONCE

A mediados de junio, Paoli regresa a Milán para ver a Josefina. aunque no vivía con ella en el apartamento, la visitaba todos los días. Era casi un despojo humano lo que ya quedaba de ella; no tenía movimiento alguno, pero aún tenía esperanza de recuperación, pues su mente aún estaba clara. Permanece en Milán durante todo el mes de julio tratando de descansar y estudiando con el Maestro Lo Moro. A mediados de agosto se marcha a Roma, donde estaba contratado nuevamente por la Empresa del Teatro Costanzi, para cantar el *Otello*, inaugurando la temporada oficial para conmemorar el cincuentenario de la toma de Roma por Garibaldi.

En esta suntuosa y pomposa ocasión, estaba presente en el palco Real del Costanzi, el Rey de Italia Vittorio Emmanuelle III quien salió complacidísimo con la participación de Paoli, como *Otello* y al otro día le otorgó con un hermoso pergamino, el título de "Cavaliere de la Corona Italiana", y de "Commendatore del Popolo Romano. Estos dos nuevos títulos se unieron a los tantos que le habían otorgado otros Reyes de Europa. Estos pergaminos los conservó toda su vida. Cuando el saqueo de su Villa de Porto Ceresio por los austríacos, en 1915, Marcella, la cocinera, logró quitarlos de las paredes de la Sala de Música de Paoli, y los escondió en el sobrepiso en el invernadero de la Villa y así evitó que se los robaran o destruyeran. El reparto del Costanzi fue el siguiente:

Apertura Temporada Otoñal
16 de septiembre de 1920
Teatro Costanzi
Roma, Italia

OTELLO
Verdi

Desdémona......Giusepinna Baldassarre Tedeschi
(luego Ofelia Parisini)
Otello......Antonio Paoli
Emilia......Ines Maria Ferraris
Yago......Enrico Molinari
Cassio......Carlo Gatti
Lodovico......Felice Belli
Roderigo......Carlo Beccaria
Montano......Arturo Pellegrino
Director: Giuseppe Baroni

Esta ópera se presentó doce veces en esa temporada otoñal, algo insólito, pues los abonados y el público seguían pidiéndola. Esta funciones fueron los días 16, 20, 26, y 30 de septiembre y 3, 6, 10, 13, 16, 19 y 24 de octubre. En las últimas tres cantó como Desdémona, la soprano Ofelia Parisini en sustitución de la Baldassarre-Tedeschi. El éxito fue extraordinario y así lo comprueban las críticas.

El diario Il Messagero di Roma - 17 de septiembre de 1920 dice:

PAOLI -OTELLO AL CONSTANZI - "Su *Otello* es el más grande y mejor después de Tamagno. Ha superado al tenor Eugenio Durot; su actuación ha sido, grandiosa, sublime, estupenda".

Cronache teatrali
"Otello" al Costanzi

Questa sera, alle ore 21,30 legali, sarà inaugurata con l'*Otello* verdiano la grande stagione lirica autunnale al Costanzi, la quale fa parte delle manifestazioni celebrative del cinquantenario del XX Settembre 1870. Non poteva essere prescelta opera più grandiosa, più bella e più significativa dal punto di vista nazionale dell'*Otello*, che, come si sa, rappresenta una nuova forma di dramma lirico che, corrispondendo alle esigenze moderne, si libera dai vecchi convenzionalismi senza abdicare alla propria natura e senza perdere l'impronta specifica della tradizione natia. L'*Otello*, purtroppo, non gode di quella popolarità che merita, principalmente per le difficoltà d'interpretazione e di esecuzione. L'ombra di Francesco Tamagno, il creatore del moro geloso, di Vittorio Maurel, un « Jago » insuperabile, e di Romilda Pantaleoni, che nella memorabile sera del 5 febbraio 1887, dinanzi ai rappresentanti attoniti di tutto il mondo, condusse l'opera al trionfo, ed il genio verdiano alla consacrazione immortale; l'ombra di questa triplice magnifica pare che stia lì pronta a spaventare sempre coloro che si cimentano rispettivamente nella loro parte.

Un successore famoso di Tamagno è stato il tenore Antonio Paoli, quello stesso che questa sera torna sul palcoscenico del Costanzi e che offre agli spettatori la più larga garanzia di eccellenza. Il Paoli è il solo che oggi, per potenza di voce e di azione, è in grado di incarnare la figura passionale e tragica dell'eroe di Shakespeare, e il solo che senza rivali, mantiene alta la sua fama d'interprete verdiano. Da lui risentiremo il trionfale « Esultate », la maestosa aria verdiana: « Ora e per sempre addio », il monologo angoscioso: « Dio, mi potevi scagliar tutti i mali », ecc.; e per virtù sua questa sera riproveremo emozioni non mai dimenticate.

Accanto a lui una eletta artista affronta la parte della dolcissima « Desdemona », la signora Giuseppina Baldassarre-Tedeschi, che noi conoscemmo ed ammirammo nelle vesti della minuscola *Butterfly*. Ella s'accinge ad una prova, dopo della quale se riesce, come prevediamo, vittoriosa, la sua reputazione di artista si affermerà salda e definitiva. Dopo la squisita e profonda incarnazione di *Madama Pinkerton*, incancellabile nella memoria degli spettatori, passare nelle vesti e nell'anima di *Desdemona* è tale un saggio di versatilità spirituale e canora da costituire una data storica e incancellabile nella carriera di un'artista.

La parte difficoltosissima di « Jago », il genio del male, il *deus ex machina* della tragedia, è affidata al baritono Enrico Molinari, intelligente e bravo e che nelle trascorse stagioni al Costanzi ha dato non dubbie prove del suo valore.

I personaggi secondari sono interpretati da distinti artisti, e l'opera è stata concertata e sarà diretta dal maestro Giuseppe Baroni, che torna a Roma, dopo lunga assenza, e che, per la sua dottrina, il suo fervore artistico e la sua abilità, appare del tutto degno di guidare la stagione autunnale, che si volgerà ad integrazione ed a celebrazione del programma delle feste per il cinquantenario.

Domani sera prima rappresentazione della *Butterfly* con la celebrata artista giapponese Tamaki Miura; sabato sera, *Bohème*.

I QUIR

Giuseppina Baldassarre-Tedeschi (Desdemona)

Antonio Paoli (Otello)

Crítica del Osservatore Romano - Roma - 18 septiembre del 1920.

OSSERVATORE ROMANO — 18 Settembre — N. 224 (18,327)

Alla città-giardino Aniene

L'on. Corradini ,volendo rendersi conto dello stato dei lavori in corso, ieri mattina ha fatto una visita ai lavori della città-giardino Aniene.

Ha visitato prima i lavori di costruzioni di case cooperative di impiegati a via Donizetti e Monteverde ,a via Tevere, a via Nizza e a via Nibby, constatando il rapido e buon avviamento di tali edifici, che tra pochi mesi porteranno un utile contributo alla risoluzione del problema delle abitazioni in Roma.

Alla città-giardino il sottosegretario ha visitato i lavori del nuovo ponte sull'Aniene, in pieno sviluppo, quelli avviati di allacciamento ferroviario con la stazione di Portonaccio e di traccimento delle strade, e le opere di costruzione dei primi venti villinetti, ai quali se ne aggiungeranno in questi giorni un'altra ottantina.

TEATRI DI ROMA

L'inaugurazione della stagione lirica al Costanzi

Ieri sera, al nostro massimo teatro, fu inaugurata la grande stagione lirica di Autunno con l'*Otello*.

La poderosa opera, che il genio musicale di Giuseppe Verdi diede alla luce nel 1887, dopo un riposo di ben 16 anni, da quando cioè aveva composta l'*Aida*, e che fu rappresentata a Milano in quel medesimo anno, è tornata sulle scene del Costanzi, accolta da unanimi favori.

Diciamo tornata ,giacchè cinque anni or sono l'avevamo sentita sulle stesse scene in un'ottima edizione, protagonista il tenore Calleja; e l'edizione che quest'anno ce ne ha offerta la olerte Impresaria Signora Carelli; non ci ha fur nulla fatto rimpiangere quella.

E parliamo subito di Antonio Paoli che ier sera fu il protagonista dell'opera.

Come un tempo l'Italia poteva vantare per suo primo tenore drammatico Francesco Tamagno, così ora, e non a torto, può menare tale vanto la Spagna: giacchè Antonio Paoli è spagnuolo.

Egli accoppia ad una voce potente, che sa modulare con soavità di slancio e di espressione, un'arte vera, sentita: cose che fanno ugualmente in lui apprezzare il cantante e l'artista.

La sua fama fu iersera pienamente confermata: accolto fin dall'*Esultate* da ragorosi applausi, seguitò a raccogliere l'unanime consenso del pubblico in tutto l'opera, specduetto al I atto, nella maestosa aria *Ora el per sempre addio* e nella scena tragica dell morte.

Fu dunque un trionfo per l'insigne artista che più e più volte venne obbligato a presentarsi alla ribalta.

A lui fu degna compagna la Signora Giuseppina Baldassarre-Tedeschi che nella parte di *Desdemona* mantenne alta la sua rinomanza, cantando con sentimento e con grazia, e facendo così apprezzare ancor più le belle doti di canto, delle quali ella è fornita.

Specialmente nell'aria del *Salice* e nell'*Ave Maria* la Signora Baldassarre-Tedeschi fu felicissima, ed anche a lei non mancarono applausi ed encomii.

Enrico Molinari, baritono dalla voce potente e dal gesto signorile, fu un *Jago* apprezzatissimo. disse il *Credo* e il *Sogno* con grande espressione e sentimento, e condivise con il Paoli e la Baldassarre gli onori della serata.

Ottime le parti secondarie affidate alla Ferrero, al Gatti, al Belli e al Pellegrino; abbastanza affiatati i cori; magnifica la messa in iscena. Anche l'orchestra, egregiamente diretta dal Maestro Baroni, seppe farsi molto apprezzare.

Stasera, alle 21 legali, prima rappresentazione della *Butterfly* con la celebre artista giapponese Tamaki Miura. Le saranno compagni il tenore Vito ed il baritono Galeotti. Dirigerà il Maestro Martino.

Domani sera *Bohème* con Nera Marmora, Luigia Pieroni, il tenore Tuminello, il baritono Galeotti e il basso Belli.

Fort.

QUIRINO. — Stasera, alle 21,30, la Com

Crítica dll Messagero Meridiano - Roma- 14 de septiembre de 1920.

TEATRI, CONCERTI

LA STAGIONE LIRICA AL COSTANZI

Otello

Non di frequente appare sui nostri teatri l'*Otello* verdiano; la ragione principale è ben conosciuta: trattasi di uno di quei spartiti, composti tenendo presente un determinato artista, bene adatto, per sue qualità peculiari, a incarnare un tipo caratteristico; cosicchè, in mancanza di quell'artista, l'opera d'arte difficilmente ha la possibilità di essere interpretata in modo soddisfacente: è spartito possente, costretto a lunghi riposi, al pari di un *Guglielmo Tell*, di un *Ratcliff*.

Il ricordo di altra esecuzione, in cui doveva il tenore Antonio Paoli assumere la perigliosa eredità del Tamagno, nella quale mancò proprio l'atteso artista, perchè indisposto, aveva destato un senso di diffidenza, che però si è immediatamente dileguato iersera al primo squillare della frase trionfale: *Esultate!...* che il Paoli ha cantato con vigore e facilità ammirabili. E in tutto lo spartito egli si è mostrato pari all'ardua impresa, riuscendo un *Otello* eccezionalmente efficace come cantante ed anche come interprete: cosicchè le feste fattegli dal pubblico numeroso accorso al Costanzi sono state pienamente giustificate.

Desdemona di non comune valore la Baldassarre-Tedeschi, che i frequentatori del Costanzi già ben conoscevano; artista intelligente e coscienziosa, dalla voce limpida ed estesa, dalla bell'arte del canto, dall'accento giusto come l'azione. Enrico Molinari, *Jago,* è un baritono che possiede mezzi vocali invidiabili, che sa cantare come pochi, e sta bene in scena: quando avrà ancor più approfondito il personaggio, uno dei più difficili della scena tragica, non avrà da temere confronti.

A posto le parti secondarie, assunte da Ida Ferrero, Carlo Beccheria, Felice Belli, Arturo Pellegrino; mal sicuro il secondo tenore Carlo Gatti, *Cassio,* al quale principalmente si deve l'incerto e squilibrato andamento del terzetto del terzo atto.

Oltre le difficoltà che si presentano per ottenere singoli esecutori ugualmente efficaci, l'*Otello* ne presenta un'altra grandissima: l'esigenza di una esecuzione d'insieme organica, serrata, animata, colorita, in cui la fosca tragedia frema e viva nei suoi sprazzi sanguigni, nelle sue dolcezze luminose. Lo spartito ampio e denso ha ottenuto dal maestro Giuseppe Baroni una esecuzione sintetica rispondente bensì alle giuste esigenze di colore e di animazione, ma alquanto perficiale e affrettata: molte finezze d'ticolari della stupenda partitura sono rimaste nascoste; forse per mancanza di prove, forse anche per qualche disuguaglianza degli elementi costituenti l'orchestra, negli episodi più delicati e scoperti, non sempre la esecuzione è riuscita a rendere tutta la pura e sottile bellezza di pagine stupende: basti ricordare il celebre tratto dei contrabassi nel quarto atto, sinceramente non riuscito. Lodevoli i cori, assai decoroso l'allestimento scenico e il vestiario, bene inteso il movimento della massa corale.

Potrà la esecuzione di *Otello* raffinarsi nelle repliche?

La direzione del teatro annunzia per questa sera alle 21 la prima rappresentazione di *Madama Butterfly* con la finissima artista giapponese Tamaki-Miura, il tenore Teodoro Vito, la Ferrero, il Galeotti, il Belli, il Di Cola; per domani sera, sempre alle 21, la prima de *La Bohéme* del Puccini, con Nera Marmora, Luigia Pieroni, il Tuminello, il Galeotti, il Belli, il Di Cola.

Domenica 19 e lunedì 20, doppio spettacolo.

Vi sarà il tempo di perfezionare il povero *Otello* che ha ancora bisogno di cure?...

TEATRI E

L' "Otello" al Costanzi

Il Costanzi non ha troppa voglia di diventare un teatro officioso, ed ha ragione.

I pochi quattrini del Comune di Roma aggiunti ai numerosi consigli regalmente gratuiti che il nostro munifico Governo magari gli offre a traverso la provvidenziale Direzione delle Belle Arti, non faranno mai fare al Costanzi un passo più lungo della gamba.

Nei tempi che furono si costumava dare agli artisti organizzatori, mezzi illimitati e carta bianca, nella convinzione che il migliore partito fosse quello di lasciare agire liberamente chi aveva la responsabilità e la competenza senza impicciarsi d'altro che di pagare. Solamente a quel modo nascevano e crescevano le cose grandi e belle.

Conoscete la risposta di Jean Bart a Luigi XIV:

— Jean Bart, noi vi nomineremo grande ammiraglio.

— Sire, voi farete benissimo.

Così si faceva. Oggi, per pochi quattrini elargiti, le autorità rischiano a loro spese di fare la figura barbina di quei personaggi raggguardevoli che imbrogliano la scena nel primo atto della *Tempesta* di Shakespeare.

ALONZO

Quartiermastro, attento! Dov'è il capitano? Fate manovrare i vostri uomini!

QUARTIERMASTRO

Avreste fatto meglio a rimanere sotto coperta.

ANTONIO

Quartiermastro, dov'è il capitano?

QUARTIERMASTRO

Avete capito? Voi imbarazzate la manovra. Scendete nella vostra cabina, così non fate che aiutare la tempesta.

GONZALO

Rammenta chi hai a bordo.

QUARTIERMASTRO

A bordo non c'è nessuno che a me prema più di me stesso. Voi siete consigliere del re, non è vero? Se voi potete imporre ai venti di tacere e spianare il mare, noi non toccheremo più una gomena; vediamo, su, fate uso della vostra autorità. Se al contrario non potete far nulla, allora signore ringraziate Iddio di essere vivo ancora; andate nella vostra cabina e tenetevi pronto a qualunque evenienza. Coraggio, ragazzi miei. Fuor dei piedi, vi dico.

* * *

Ieri sera al Costanzi con l'*Otello* di Verdi s'aprì l'annunciata stagione lirica, patriottica e commemorativa. Il teatro era gremito, lo spettacolo ottenne il più caldo e vivace successo. Durante la recita innumerevoli furono le chiamate, gli applausi e le approvazioni, l'*Otello* ne uscì ringiovanito, l'Impresa esultante, gli artisti confusi e felici, il pubblico entusiasta. Insomma il dare e l'avere riuscirono pari, pari.

L'opera inscenata decorosamente e concertata, per l'occasione, in pochissimi giorni meritava, infatti, la migliore accoglienza; e se avvenne che apparissero qua e là, specialmente nei pezzi d'insieme, alcune incertezze leggere e delicate, la sensibilità e l'esperienza dei singoli artisti, la vigilanza e l'energia sollecita del direttore maestro Barone, sopraggiungendo, valsero a scacciare immediatamente l'errore, il male, il panico contagioso di là dove s'era posato e rintanato, e a ristabilire l'ordine, la sicurezza, la gerarchia e il benessere musicale.

L'*Otello* è fra tutte quelle di Verdi una delle opere più difficili da sostenere e da dirigere. Vuol essere ridotta a una flessibilità e a una violenza di ritmo irreparabile, vuol essere spezzata, capovolta da uno spirito clamoroso e sovvertitore, e ammansita dopo lunghe prove da una volontà adunca e spietata.

Quella stravaganza fulminea, positiva e tutta italiana, che illumina d'improvviso le scorciatoie più impensate e lascia al buio le strade maestre deve essere subito riconosciuta e praticata senza por tempo in mezzo quando si tratta di Verdi che per colmo di forza è quasi sempre fugace e irraggiungibile. Prima appagare l'istinto poi a parer nostro la legge del codice, è a parer nostro la regola da tenere in questi casi.

In questo senso la direzione del maestro Barone ci sembrò, ieri sera, soddisfacente ed efficace, visto, che per difetto di prove non era possibile spingere più direttamente non era possibile spingere direttamente il ritmo e la recitazione verso una forma più tumultuosa e cieca.

La Baldassarre Tedeschi, il soprano che tutto il pubblico di Roma conosce e predilige, fu anche ieri sera cantante di mezzi meravigliosi, d'intelligenza e di precisione impeccabile. La sensibilità e la squisitezza del suo orecchio sono proverbiali e la sua intonazione immacolata: essa può servire di *diapason* a tutti i suoi colleghi della scena.

Col il timbro chiaro e senz'ombra della sua voce fulgidissima e con il suo fare largo e semplice ella tocca quasi la perfezione. Dai progressi che fa continuamente si vede che la gentile cantatrice non cessa di studiare e di amare la sua Arte.

Il tenore Paoli che venne fra noi preceduto da una riputazione invidiabile è uno dei pochissimi che possono misurarsi con una parte così ardua e faticosa come è quella del protagonista nell'*Otello* di Verdi. La sua voce è piena di impeti selvaggi, la sua interpretazione ricca di movimento. La chiarezza tagliente della sua recitazione, la veemenza contenuta, la drammaticità del suo accento, l'orrore, l'affanno e la disperazione che egli esprime con disordinata passione sono le qualità eccellenti della sua personalità artistica.

Il baritono Enrico Molinari sostenne con molta finezza la parte di Jago.

Su questo personaggio Verdi aveva le sue idee; egli scriveva in proposito: «Se io fossi attore e avessi a rappresentare Jago, io vorrei avere una figura piuttosto magra e lunga, labbra sottili, fronte alta che scappa indietro, la testa sviluppata di dietro, il fare *nonchalant*, indifferente a tutto, incredulo frizzante, dicendo il bene e il male con leggerezza, come avendo l'aria di pensare a tutt'altro di quel che dice; così che, se qualcuno avesse a rimproverarlo: *Tu dici, tu proponi un'infamia*, egli potesse rispondere: *Davvero?... non credevo... non ne parliamo più* ».

Il baritono Molinari ha fatto il tutto ieri sera, per contentar Verdi e il pubblico, riuscendo ottimamente. Egli dimostrò di appartenere a quella esigua schiera di artisti che uniscono a una scuola eccellente un discernimento e una vitalità notevolissima. La sua voce non è delle migliori, ma egli ne sa trarre gli effetti più varii e convincenti, la sua frase è piena e giusta e la sua azione scenica misurata e signorile. Egli è dunque in tutto e per tutto un Jago bene informato e a posto. Tutte le altre parti contribuirono, chi più chi meno, al successo. I cori fecero con zelo e discretamente bene. Buona fu anche l'orchestra che però non ha ancora potuto raggiungere un equilibrio e un affiatamento compiuto.

Il maestro Barone che fu l'anima dello spettacolo venne evocato al proscenio e acclamato più volte insieme agli artisti suoi collaboratori.

B. B.

La Rassegna Melodrammattica de Milán - 14 de octubre de 1920:

"La temporada del Costanzi, sigue muy felizmente, *Otello* llena el teatro. Antonio Paoli, ha sido declarado "Protagonista Superbo"; muy aclamado en los puntos culminantes de la fatigosísima ópera". Firma: Gino Giovenco - Corresponsal de Roma.

La Rassegna Melodrammattica di Milano - 22 de septiembre de 1920

LA TEMPORADA DE OPERA EN EL COSTANZI DE ROMA - "Esta fue inaugurada con el *Otello*. Muy felizmente el tenor Paoli ha obtenido un grandísimo éxito. Cantó estupendamente, mostró medio vocales superbos y convenció como actor de grandes méritos. Fue aclamado con entusiasmo". Firma: Gino Giovenco, Corresponsal de Roma.

La Rassegna Melodrammattica di Milano - 30 de septiembre:

LAS OTRAS FUNCIONES DE OTELLO EN ROMA - "Las representaciones de *Otello* tienen por protagonista a Antonio Paoli, quien entusiasma en *El Esultate*, en *El Monólogo*, en el *Ora e Per Sempre Addio*, y en el último acto. Su fuerte acentuación y el vigor de la voz le hacen especialista para la parte de *Otello*, cuya responsabilidad es afrontada por muy pocos tenores". Firma: Gino Giovenco, Corresponsal.

La Casa Editora Riccordi, de Milán, publica en su periódico Música D'Oggi un suelto especial en el cual a grandes titulares se leía "ANTONIO PAOLI EN EL COSTANZI". Le comparaban con Tamagno, poniendo a Paoli muy por encima de este último.

A estas funciones de *Otello*, asistió el tenor Giacomo Lauri-Volpi, quien se encontraba allí para hacer su debut en la ópera *Manon*. Además, Lauri-Volpi estaba muy impresionado por la voz de Paoli, a quien había escuchado alli en *Sansón y Dalila* en 1917 y en el *Ratcliff* en Milán. El Yago, era Molinari, quien era gran amigo de Paoli y con quien había cantado ya innumerables veces tanto el Yago como el Conde de Luna.

Una noche, al caer Paoli al piso, al finalizar el tercer acto, Molinari pone su pie sobre el pecho de Paoli y dice: "Ecco il leone", pero que en esta ocasión apretó el tacón de su bota sobre el pecho de Paoli, y este le agarró fuertemente por el talón, no dejándolo moverse del escenario. Se abrieron las cortinas y se cerraron con Paoli en el piso y el talón de Molinari sobre él. Molinari le decía: "¡Paoli, suéltame ya! Mira hay que recibir los aplausos, el público se va a dar cuenta". Pero Paoli no lo soltaba. Volvieron a abrirse las cortinas y *Otello*, seguía en el piso agarrando el talón de Yago, el público aplaudía desaforadamente, se volvieron a cerrar las cortinas y entonces Paoli, soltó el talón de Molinari y le dijo: "Si algún día lo vuelves a hacer vas a caer de cabeza sobre la orquesta a comerte los aplausos. Ya lo sabes". Y entre carcajadas se confundieron en un caluroso y fraternal abrazo, El público les aplaudió hasta el delirio.

Para esa época se encontraba en Roma la célebre Diva española Elvira de Hidalgo. Una tarde Paoli la invitó a comer a un restaurante muy exclusivo de Vía Venetto. Paoli andaba con Adina, quien fue la que nos contó este incidente. Al terminar la opípara cena, Paoli le dijo a la de Hidalgo: "Elvira, te apuesto lo que quieras, que si yo me paro (pongo de pie) sobre esta silla, nadie, se atreve mandarme a bajar, porque yo soy "El tenor comendador del augusto pueblo romano, Antonio Paoli; pero como a tí casi no te conocen, si te paras en la silla o mejor sobre la mesa y te mandan a bajar, porque te van a mandar a bajar, te bajarás de inmediato". La de Hidalgo le contestó: "Ah, eso lo veríamos, pues si así fuera, no me bajaría, ni habría quien me hiciera bajar de sobre la mesa, porque si lo hiciese, sería sobre la mesa que me paraba no sobre la silla." "—¡A que no te atreves!..." — le dijo Paoli, y ella se levantó de su silla, la cual usó como escalón. Paoli removió el candelabro del centro de la mesa y allí se plantó la caprichosa Diva, justo en el centro de la mesa. Al verla el mesero (mozo) la mandó a bajar: "Señora, por favor ... bájese que eso no se hace"... ¡No!, respondió ella... y comenzaron a reunirse alrededor de la mesa varias personas de las que allí comían. Paoli reía a carcajadas y le dice: "Ahora verás cuando venga el gerente te hace bajar a la brava". Eso lo veremos, contestó ella Llegó el gerente: "Sra.... Diva... prego... bájese por favor" Está usted haciendo un escándalo en mi ristorante... eso es una afrenta... pararse en la mesa... eso no se hace... por favor bájese. "¡No!, que no me bajo, contestó ella". "Llamaré a los carabineros y ellos la harán bajar. "¡No!, ni con ellos me bajo de aquí", contestó ella. Entonces el gerente, dirigiéndose a Paoli le dice: "Señor Comendador, mire usted a ver si la puede hacer bajar" Paoli, riendo a mandíbula batiente al igual que todos los espectadores allí reunidos, se puso de pie, le dijo a la de Hidalgo: "Por favor, Elvira, bájate ya, pues probaste, lo que querías". ¡No, no me bajo!, contestó ella. Entonces Paoli, pidió al mesero la cuenta la cual pagó al instante y le dio una gran propina, y dijo en alta voz... "¡Elvira, bájate! "¡No!" ,contestó ella, entonces el le dijo al gerente, al Maitre, a los meseros y a todos los allí reunidos: "Bien, ¡Señores!, ella se puso encima de la mesa y prometió que nadie la haría bajar... pues no se quiere bajar de allí... bueno, pues déjenla que se convierta en una figura de sal y allí se quede". ¡Adiós, Elvira!, y siguió caminando con Adina del brazo hacia la puerta del restaurant. Elvira comenzó a gritarle, Paoli, bribón, no me dejes aquí sola, Paoli, Paoli... Y Paoli, se marchó riendo a carcajada limpia. Al otro día recibió una nota de la de Hidalgo: "Eres un mal compañero, mal amigo, mal hermano, pues somos españoles y me dejaste allí sola, bribón, sinvergüenza..." ¿Como se bajó de la mesa? No lo sabemos, pero así era Paoli, amigo de hacerle bromas a los más serios y respetables compañeros de escena por más serios que fueran.

En otra ocasión, cantando *Otello* le dio por pañuelo a la Desdémona (Alloro) un enorme sostén, el cual, al desplegarlo, quedó a la vista de todos en escena... "es que ella tenía sus senos muy desarrollados".

Una vez, cantando con el barítono español Luis Almodóvar, le pagó al guardarropas para que le pusiera una espada sin hoja solo el mango, y cuando la sacó en escena, al final del primer acto de *El Trovador*, causó risas interminables y una salva de aplausos pues lo hizo muy bien fingiendo que la espada estaba completa y se batió a duelo con Paoli, con una espada invisible, sin causar menoscabo a la música y a su actuación.

Se organiza en Roma un gran concierto a beneficio de los niños huérfanos de la guerra y Paoli ofrece su participación gratuita.

ANTONIO PAOLI

23 de octubre de 1920
Teatro Augusteo
Roma, Italia

Gran Concierto a beneficio de los niños huérfanos
Comendador Antonio Paoli
Tenor Dramático

Bianca al Par......Los Hugonotes (Meyerbeer)
Improvisso......Andrea Chenier (Giordano)
Esultate......Otello (Verdi)
Con la participación de
Rinalda Pavoni (Soprano) y Enrico Molinari (Barítono)
G. Baroni: Director
Coro y Orquesta : Teatro Costanzi

Paoli bisó *El Esultate* de *Otello* tras aclamaciones interminables.

La Rassegna Melodrammattica - Milán, 24 de octubre 1920 dice:

"Un gran concierto vocal e instrumental tuvo lugar ayer en la noche a beneficio del Orfanatorio de Niños. Este fue dirigido por el Maestro Baroni. Antonio Paoli tomó parte activa y desplegó su voz espléndida en el *Improviso* de Andrea Chenier, y luego declamó con inmenso ardor y con efecto *El Esultate* de Otello, al cual el público demandó repetición imperiosamente". Firma: Gino Giovenco, Corresponsal de Roma.

Il Corriere di Milano - 24 de octubre de 1920:

TEATRO AUGUSTEO - CONCERTO A ROMA - "Se celebró en ese teatro un gran concierto a beneficio del Hosario del Infante y del Asilo de Huérfanos. Se prodigaron largos aplausos a Paoli en el *Bianca Al Par* de *Los Hugonotes*; en *El Improviso* de Andrea Chenier, y en *El Esultate* de *Otello*, al cual Paoli tuvo que conceder el bis". Firma: Corresponsal de Roma.

Terminada la exitosa temporada otoñal en Roma, sigue viaje a Nápoles y se presenta allí en *Otello*.

7 de noviembre de 1920
Teatro Politeama Giacosa
Nápoles, Italia

OTELLO
Verdi

Desdémona......Stefania Dandolo
Otello......Antonio Paoli
Emilia......Nina Algozzino
Yago......Mariano Stabile
Lodovico......Gennaro Berenzoni
Montano......Giorgio Schottler
Cassio......Lanzini
Director: Edoardo Mascheroni

520

Esta ópera se cantó doce veces con el mismo reparto y el teatro rebozante de un público entusiasmadísimo que aplaudió hasta el delirio.

La Rassegna Melodrammattica - 8 de noviembre de 1920 dice:

NAPOLI- POLITEAMA GIACOSA- OTELLO - "Fue estrepitoso el triunfo de *Otello* en el Politeama. Paoli es un protagonista incomparable, que fue aclamadísimo hace algunos años en el San Carlo en la misma ópera. Conserva y dio pruebas de su potente y agradable voz, entusiasmando al público que en forma compacta lo festejó en *El Esultate*, en el *Sante Memorie*, en *El Monólogo*, en *El Juramento* y en el último y conmovedor cuarto acto". Firma: Corresponsal de Nápoles.

Il Corriere di Milano - 10 de noviembre de 1920:

L'OTELLO DI PAOLI ALL GIACOSA DI NAPOLI - "La anunciada reproducción del *Otello* de Verdi, protagonizada por el tenor Paoli, no podía suscitar más que un interés vivísimo entre los apasionados de la música y el público compacto que todas las noches llena en su totalidad el vasto teatro de la Cálle Monte di Dio. Tanto la primera representación del sábado como en la segunda de ayer en la noche, el teatro estuvo llenísimo, a pesar de la insólita elevación en los precios de los billetes de ingreso.

Antonio Paoli está en la plenitud de sus medios vocales, y tiene la figura y la prestancia escénica del personaje protagonista de la ópera; suscitó nutridos aplausos en El Esultate, cuya prolongada y resonante "cadenza" produce un efecto prodigioso. Al final del primer acto después del bellísimo dúo con Desdémona, el Paoli fue llamado a recibir los aplausos varias veces. El segundo acto, *Addio Sante Memorie*; el tercero, *El Monólogo* y la trágica muerte del cuarto acto, tuvieron magníficos resultados en la ejecución vocal y dramática del célebre tenor". Firma Corresponsal de Nápoles.

Paoli permaneció en Nápoles casi todo el mes de noviembre. Enviaba a Pocholo de vez en cuando a Milán, con dinero para pagar los gastos de Josefina y estar notificado del estado de ella. A fines de noviembre de 1920 la revista de Milán, Il Corriere di Milano publicó la siguiente noticia.

ANTONIO PAOLI - "Decididamente el célebre tenor Antonio Paoli, tenor dramático muy festejado, se encuentra en un período felicísimo de su gran carrera lírica. Las representaciones que Paoli hizo en el Costanzi de Roma en el *Otello* le valieron aplausos inmensos y grandes elogios, especialmente de toda la prensa romana y también el contrato para varias representaciones del *Otello* en Nápoles. El triunfo en esta última ciudad ha ocasionado y redundado en un magnífico contrato para el Teatro Sultaniale del Cairo, para donde salió ya, y mientras esto se imprime, está justamente bajo el cielo de oriente.
En estos días que le han dado tanta y justa satisfacción queremos recordar a su fiel amigo, el Maestro Luigi Lo Moro, cuyos consejos sobre el arte canoro fueron reconocidos por el mismo Paoli. Tales consejos lo acercaron al maestro con sentido de amistad y gratitud que ha durado desde el tiempo que se conocieron. Decimos esto sin excitación alguna, porque Antonio Paoli, aparte de la estimación del público, es un hombre que siempre rinde honor a quien lo merece y muchas veces ha honrado al Maestro Lo Moro con su palabra autoritaria y por escrito". Firma: Ramperti - Crítico de Milán.

Hotel Londres donde se hospedaba Paoli, en Nápoles.

De Nápoles se embarca rumbo al Cairo, Egipto. A los pocos días de llegar, le envía a Amalia la siguiente cartulina:

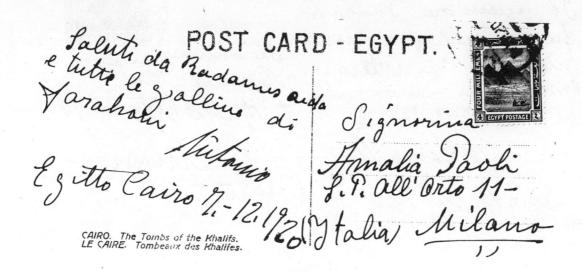

10 de diciembre de 1920
Teatro Sultaniale
El Cairo, Egipto

SANSONE E DALILA
Saint-Saens

Sansone......Antonio Paoli
Dalila......Bianca Serena
Sacerdote......Francesco Maria Bonini
Vecchio Ebreo......Luigi Manfrini
Abimeleo......Pasquale Marucci
Director: Giacomo Armani

De esta ópera se cantaron ocho funciones a teatro lleno, con éxito extraordinario. La Rassegna Melodrammattica - Milán, 31 de diciembre de 1920, dice:

SANSONE E DALILA AL CAIRO - "Fue un gran éxito para Paoli, protagonista de fortísimos medios vocales acompañados de acción incisiva de arte remarcable, aclamadísimo durante toda la función". (Firma: Nakum, Corresponsal de El Cairo).

El público supo aquilatar muy bien los medios vocales de Paoli y le corresponde con grandes ovaciones y bravos. Se le pide que cante *Otello* a lo que accede gustoso.

2 de enero de 1921
Teatro Sultaniale
Cairo, Egipto

OTELLO
Verdi

Desdémona......Gemma Bosini
Otello......Antonio Paoli
Emilia......Giuseppina Clampaglia
Yago......Adolfo Pacini (luego Mariano Stabile)
Cassio......Carlo Bonfanti
Lodovico......Vincenzo Cassia
Montano......Pasquale Marucci
Director: Giacomo Armani

De esta ópera se cantaron diez funciones. El teatro se llenó todas las noches. De la sexta función en adelante, el Yago fue cantado por Mariano Stabile, el marido de la soprano Gemma Bosini. Il Corriere di Milano, 10 de enero de 1921:

ANTONIO PAOLI EN EL CAIRO - OTELLO - "Después de un triunfo colosal en *Sansón y Dalila,* Antonio Paoli aceptó dejarnos escuchar el trueno de *Otello* contra los turcos y vaya que fue un trueno de verdad. Fue aplaudidísimo toda la noche; *El Esultate* fue trisado con gran fuerza y mayor energía cada vez. Aplaudidísimo en todas las arias principales y los dúos".
Firma: Nakum- Corresponsal de Egipto.

Paoli es, pues, el héroe de la temporada. Al salir a la calle es rodeado de admiradores que le piden su autógrafo. Es reconocido en todos los sitios que visita. Asiste, acompañado del barítono Mariano Stabile y del bajo Carlo Bonfanti, a un espectáculo en un club nocturno de El Cairo que se llamaba "La Maison du Plaisir". Al ser reconocidos, se les pidió que cantasen a lo cual accedieron. Tan pronto se regó la voz de su presencia allí se arremolinó el público en las puertas

EL LEON DE PONCE

del club. Cantaron el célebre terceto *Troncar Suoi Di* de la ópera *Guillermo Tell* de Rossini, acompañados al piano por el pianista del Teatro Sultaniale, que tocaba allí cuando estaba libre. Al terminar el terceto, fueron aplaudidísimo y se emocionó tanto el público que aquello se convirtió en un pandemonium, teniendo que intervenir la policía y sacar custodiados a los artistas por la puerta de la cocina. Paoli aprovechó también su tiempo libre, para volver a visitar Las Pirámides, el Templo de Luxor y dar un corto viaje por el Nilo. En una carta a Amalia le dice:

"Revivo constantemente en mi mente las escenas culminantes de *Aïda* y Radamés. Esto es paradísiaco, pues antes cuando vinimos aquí, no tuvimos la oportunidad de ver tanto como ahora, yo."

La Rassegna Melodrammattica - Milán, 13 de enero de 1921:

"Después del extraordinario éxito del célebre tenor en *Sansone y Dalila,* ha obtenido nuevos triunfos encarnando al Moro de Venecia con voz potente, agudos centelleantes, acción indescriptiblemente sugestiva, aplaudidísimo en *El Esultate,* en el dúo con Desdémona y el *Addio Sante Memorie*". Firma: Nakum, corresponsal del Cairo.

Tras el extraordinario éxito con *Sanson y Dalila* y *Otello,* se anuncia *Il Trovatore.* El teatro estaba casi vendido en su totalidad a los tres días de hacerse el anuncio. Así pues, se les auguraba un éxito extraordinario. El reparto fue el siguiente:

31 de enero de 1921
El Cairo, Egipto
Teatro Sultaniale

IL TROVATORE
Verdi

Leonora......Irma Vigano
Azucena......Bianca Serena
Manrico......Antonio Paoli
Ines......La Chiesura
Di Luna.,....Francesco Maria Bonini
Ferrando......Vincenzo Cassia
Ruiz......Confalone
Director: Giacomo Armani

De esta ópera se cantaron diez funciones con gran éxito como las anteriores; a teatro completamente lleno.

La crítica dice: La Rassegna Melodrammattica - Milano, 2 de febrero 2 de 1922:

IL TROVATORE ALL SULTANIALE - "Protagonista magnífico Antonio Paoli, aclamado a escena abierta, obligado a bisar *La Pira*". Firma: Nakum - Corresponsal del Cairo.

525

ANTONIO PAOLI

La Rassegna Melodrammattica - 23 de febrero de 1922:

IL TROVATORE - "Vendidas todas las funciones presentadas de *El Trovador*. Paoli, muy apreciado entre nosotros, ha triunfado como el protagonista por sus medios robustísimos y por la maestría del método exquisito. Se vio obligado a repetir la cabaletta *La Pira* en el tercer acto tras insistentes e innumerables llamadas al proscenio". Firma: Nakum, Corresponsal del Cairo.

Il Corriere di Milano - febrero de 1921:

IL TROVATORE DE PAOLI - "Ha tenido una entusiasta acogida el único y magnífico protagonista, Antonio Paoli, aclamado a escena abierta con aplausos contínuos que interrumpía la música. Trisó *La Pira*". Firma: Corresponsal del Cairo.

A fines de febrero sale la Compañia para Alexandria, donde cantaron en el Teatro Zizinia.

5 de marzo de 1921
Teatro Zizinia
Alexandría, Egipto

OTELLO

Desdémona......Irma Vigano
Emilia......Bianca Serena
Otello......Antonio Paoli
Yago......Francesco Maria Bonini
Cassio......Carlo Bonfanti
Lodovico......Vincenzo Cassia
Montano......Pasquale Marucci
Director: Giacomo Armani

Esta ópera se volvió a cantar con el mismo reparto el día 8 de marzo de 1921 y luego tres veces más. Il Corriere di Milano -10 de marzo, dice así:

ALEXANDRIA - OTELLO - "Se estrenó con *Otello* la compañía del Maestro Armani. Paoli, protagonista principal, logró un éxito ascendente y extraordinario. El amplio teatro estaba completamente lleno, y aplaudieron al *Otello* (Paoli) hasta el delirio". Firma: Samul - Corresponsal de Alexandria.

10 de marzo de 1921
Teatro Zizinia
Alexandria, Egipto

SANSONE E DALILA
Saint-Saens

Dalila......Bianca Serena
Sansone......Antonio Paoli
Abimeleo......Francesco M. Bonini
Vecchio Ebreo......Luigi Manfrini
Director: Giacomo Armani

EL LEON DE PONCE

Esta ópera se volvió a cantar con gran éxito el día 14 de marzo, a teatro lleno. Il Corriere di Milano, 12 de marzo, dice:

ALEXANDRIA - SANSONE E DALILA - "Exito clamoroso, triunfo total de *Sansón*, protagonizado por Antonio Paoli, único intérprete de Sansón, fiel al pentagrama tal como lo soñó el compositor Saint-Saens. Su entrada en escena *Figli Miei*, puso al público de pie a aplaudir desaforadamente acallando los acordes de la orquesta por espacio de diez minutos". Firma: Samul- Corresponsal de Alexandría.

El público pedía más y más al Paoli, así que decidieron montar *El Trovador*.

18 de marzo de 1921
Teatro Zizinia
Alejandria, Egipto

IL TROVATORE
Verdi

Leonora......Gemma Bosini
Azucena......Bianca Serena
Manrico......Antonio Paoli
Ines......Lina Chiesura
Di Luna......Mariano Stabile
Ferrando......Vincenzo Cassia
Ruiz......Confalone
Director: Giacomo Armani

Esta ópera se volvió a cantar tres veces más, con éxito extraordinario y el mismo elenco.

Il Corriere di Milano - 21 de marzo de 1921:

ALEXANDRIA - TROVATORE - "Il Paoli, protagonista excepcional, se vió obligado a repetir *La Serenata* y *La Pira*. El adagio fue cantado a media voz con gran maestría y arte. Paoli fue aplaudísimo toda la noche". Firma: Samul- Corresponsal de Alexandria."

El día 25 de marzo zarpan rumbo a Italia, apenas llega allí le estaban esperando para ofrecerle un contrato para cantar *El Trovador* en Venecia, pero no aceptó el contrato pues quería descansar un poco y estar con Josefina algún tiempo. Amalia cuidadaba de ella desde antes que Paoli marchara en su gira artística. Josefina estaba muy decaída, en uno de sus asfixies se le aplicó la extremaunción y un sacerdote venía a traerle el viático una vez a la semana. El Empresario Lisardi le ofrece a Paoli una oportunidad fabulosa en Florencia, para revivir la olvidada ópera verdiana I Due Foscari.

ANTONIO PAOLI

10 de abril de 1921
Teatro Malibrán
Florencia, Italia

Rehumación
I DUE FOSCARI
Verdi

Francesco Foscari......Enrico Molinari
Jacopo Foscari......Antonio Paoli (luego Salvador Paoli)
Lucrezia Contarini......Giuseppina Ciampaglia
Doge......OresteLuppi
Loredano......Amletto Galli
Directo: Giacomo Armani

Esta ópera se cantó cinco veces con Paoli; luego, el papel de Jácopo, fue asumido por el tenor Salvador Paoli, éste era un joven tenor italiano que comenzaba apenas su carrera lírica. Tenía el mismo apellido de nuestro autografiado, pero sin relación alguna con él. Cantó muy poco, pues era imitador de Paoli y eso lo llevó al fracaso. La crítica dice:

I DUE FOSCARI- FIRENZE - "Triunfo colosal de Paoli. Ha resultado un acontecimiento extraordinario la re-exhumación de la bella partitura verdiana *I Due Foscari*, nunca antes presentada en el Teatro Malibrán de Florencia y la cual estuvo muchos años empolvada sin cantarse en los escaparates del Teatro Alla Scala de Milán. Paoli, espléndido como Jácopo, su voz sonó segura, musical y compacta, tuvo momentos felicísimos, especialmente en el dúo con Lucrezia (la soprano Ciampaglia). Molinari, se lució también al igual que Luppi y Galli. Armani, dirigió como siempre muy bien". Firma: Spirto - Corresponsal de Florencia para La Rivista Musical di Milano, 12 de abril de 1921.

La soprano Ciampaglia era una mezzo que quiso cantar como soprano. Esta fue su primera prueba en esa cuerda después del cambio de tesitura. Cantó luego por varios años como soprano hasta que volvió a su antigua cuerda de mezzo cantando a fines de los años veinte una gran *Azucena* con Francesco Merli. La ópera *I Due Foscari* había sido muy poco presentada en Italia; hasta el mismo Verdi pensaba que era una obra mediocre, aun así se revivió con gran éxito artístico y contiene algunos pasajes musicales bellísimos y melodiosos. Esta no aparece registrada entre las grandes óperas en Italia aún hoy día.

A fines de abril regresa a Milán, el estado de Josefina es muy crítico. El médico le aconseja llevarla a un sitio tranquilo lejos del bullicio de la ciudad donde hubiese aire fresco para ver si así se podía prolongar su vida algo más. Así, que Paoli, renta la Villa grande de Porto Ceresio, a la persona que se la había vendido por tiempo indefinido y se marcha allí con ella y Amalia. Al terminar las clases en Milán se les une Tonino, así pues todos la cuidan con esmero. Le tienen una enfermera todo el tiempo. Paoli, a veces la colocaba en una poltrona y la ponía a coger sol en la terraza grande que daba para el Lago Lugano. Allí le improvisaba conciertos cantando a dúo con Amalia. A veces se acercaba por allí, Enrico Molinari y Pocholo o algún otro amigo para interesarse por el estado de Josefina. Pasan pues cinco largos meses y Antonio no quería aceptar contratos ni nada, solo quería estar al lado de Josefina.

El día 15 de mayo la revista Il Corriere di Milano publica un extenso artículo sobre Antonio Paoli.

ANTONIO PAOLI

I suoi trionfi al CAIRO

OTELLO
SANSONE
TROVATORE

Ricordi recentissimi di LISBONA, di ROMA, di NAPOLI

Un corso di rappresentazioni trionfali come quello verificatosi con Antonio Paoli al teatro Sultaniale di Cairo (Egitto) nell'inverno testè caduto, non può venir considerato un fatto comune di cronaca teatrale... E' giusto ch'esso apparisca con quel rilievo che si conviene ad avvenimento artistico che accese di nuova popolarità il nome d'un tenore drammatico di grande fama, di Colui che fu designato come il continuatore legittimo di Francesco Tamagno e come il più grande interprete dell'Otello verdiano. Badino i lettori che per simili affermazioni che gli ignari potrebbero considerare avventate, noi ci mettiamo in buona compagnia, riproducendo precisamente le parole che l'autorevole critico della Tribuna di Roma scrisse quando Antonio Paoli riottenne a Roma un successo indimenticabile. Ecco le parole di Alberto Gasco:

Il tenore Paoli è indubbiamente il più grande Otello vivente. E Il Giornale d'Italia aggiunse in quei giorni quanto segue: E' da riconoscere subito che come dopo Tamagno tenne fede alla tradizione il Durot, adesso Antonio Paoli è il solo privilegiato, il superstite capace di sostenere, con sicuro dominio di sè, la parte di Otello. — E l'Osservatore: Come un tempo l'Italia poteva vantare per suo primo tenore drammatico Francesco Tamagno, così ora e non a torto, si può vantare di Antonio Paoli maestrevolmente alleggerire la sua voce possente nel dolcissimo duetto d'amore; e alla fine dell'atto le acclamazioni scoppiarono insistenti e numerose. Frasi larghe. Note estesissime; e scatti prettamente otelliani che sono una tradizione di alcuni punti rilevanti dell'opera.

Ebbene: un trionfo identico fu quello di Antonio Paoli al teatro Massimo del Cairo. Paoli è fra le eccezioni — così fu scritto nel giornale Roma — tutto in lui risponde alla fama che lo ha preceduto. Possessore d'una voce purissima, squillante, ha dei fiati meravigliosi, ha note acute brillantissime, ha note centrali non meno belle e un fraseggio squisito e un'anima di vero artista.

Non vogliamo continuare a fare delle citazioni; diciamo soltanto che le rappresentazioni paoliane tutte ebbero l'èclat di genuino trionfo e fu questo tanto schietto e legittimo da indurre l'impresa a riconfermare l'insigne tenore per rappresentazioni in più di quelle segnate dal primo contratto. Infatti dopo il grande successo di Otello e Sansone e Dalila fu appositamente allestito Il Trovatore affinchè il magnifico artista potesse nuovamente brillare in una delle sue opere favorite.

ANTONIO PAOLI

Y el periódico Il Giornale D' Italia añade en esos días lo siguiente:

"Y hay que reconocer enseguida que, después de Tamagno y siendo fiel a la tradición, el Durot, ahora Antonio Paoli, es el solo privilegiado, el super artista capaz de sostener con seguro dominio de sí, la parte de Otello".

El Osservatore Romano:

"Como en un tiempo Italia podía vanagloriarse de su primer tenor dramático, Francesco Tamagno, así ahora puede vanagloriarse España de Antonio Paoli, el cual es español. Son frases éstas que por lo que dicen podrían llevar un volumen de libros. El celebradísimo artista había permanecido callado por algún tiempo dándose placer de una vida tranquila sin tener que pensar que tenía que presentarse en público, más el renacer o el despertar vino con una representación en El Costanzi de Roma en *Sansón* y *El Trovador* en 1917, y para ese despertar sonaron las trompetas altísimo, anunciando el regreso, exaltando el triunfo, dando al acontecimiento la importancia que le correspondía por ser el artista aclamado por su extraordinario valor intrínseco. Siguieron los éxitos estrepitosos de Antonio Paoli en Lisboa, Torino, Milano, y bien se puede decir sin peligro de rechazo alguno, que el cantó tres óperas que fueron un reto y las cuales mencionamos especialmente por la enorme responsabilidad que le toca al que tiene la parte del tenor. Esas óperas son *Guglielmo Tell, Marion Del Orme* y *Guglielmo Ratcliff*. El que sabe de música y de tesitura puede valorizar esta noticia en su justo peso, pero veamos ahora los últimos éxitos obtenidos por él, siguiendo la ópera *Sansone e Dalila* cantada por el ilustre artista en el Teatro Sultaniale del Cairo, luego *Otello* y después *El Trovador*. La temporada lírica cairiana, sucedió a la del Politeama Giacosa de Nápoles, donde el Comendador Antonio Paoli, supo renovar con estremecido entusiasmo los éxitos obtenidos en el San Carlo de Nápoles en otra ocasión, donde el público le rindió homenaje con un ímpetu que no se podía describir cuyo significado no podía ser mayor".

Dice en ese entonces Il Giornale Della Sera de Nápoles lo siguiente:

"Muy justamente. Paoli es considerado como el único y genuino continuador de una tradición que tuvo como primer exponente a Francesco Tamagno".

El diario Il Giorno de Nápoles, dice y se expresa así sobre aquella ocasión:

"Ver a Paoli, escucharlo es todo una cosa gigantesca, la voz como la figura apenas aparece y lanza su fenomenal Esultate, el público recibe como una descarga eléctrica. El cantante de voz fuerte, sabe magistralmente aligerar su voz potente en el dulcísimo dúo de amor y al finalizar el acto las aclamaciones sonaron insistentes y numerosas frases largas, extensas e ímpetu puramente Oteliano, que son una tradición en los momentos relevantes de la ópera, nadie todavía ha obtenido un triunfo idéntico al de Paoli".

Cuando cantó *El Trovador* en el máximo teatro de El Cairo, El Sultaniale, el Diario de El Cairo, dijo:

PAOLI ES LA EXCEPCION - Así fue escrito en el diario y algo más. Todo en él responde a la fama que le precedió... poseedor de una voz purísima y brillante, posee además un fiato maravilloso, tiene notas agudas brillantísimas, tiene notas centrales no menos bellas y un fraseo exquisito ligado todo a un alma de verdadero artista. No queremos continuar haciendo citaciones de otros diarios y decimos solamente que las representaciones paolianas tuvieron

EL LEON DE PONCE

aclamaciones de verdadero triunfo y fue eso tan puro, genuino y legítimo que indujo a los empresarios a reconfirmar al insigne tenor para más representaciones que las señaladas en el contrato original. De hecho es así que después del gran éxito de *Otello* y *Sansone e Dalila* , fue puesto en escena *El Trovador* a fin que el magnífico artista pudiese brillar nuevamente en una de sus óperas favoritas. Más para encender nuestro sentir en una llama de admiración por Antonio Paoli, no debemos dejarnos llevar de citas y juicios de los periódicos de lejos; ya que los que como nosotros han asistido a las funciones que en un período de tiempo el eminente artista ha presentado en Milán recordamos los bellos días de un Trovatore inolvidable, o los días del Sansón, del Otello, de L' Africana, el Dal Verme y el Lírico. Todos nos estremecíamos con las notas potentes de Antonio Paoli; es un gran cantante ciertamente porque sabe unir a la potencia de su sonido, la facultad extraordinaria de una media voz paradísiaca.

Terrible en el aullido de la desesperación, dulce y apasionado en la pureza de su amor y de su sentimiento. Así se ha escrito y así es. Aquel que ha sabido dejar esas impresiones imborrables, sabrá renovarlas para nosotros. Será siempre bien recibido; será siempre el máximo exponente de un valor tradicional que hace sobresalir los períodos más gloriosos del arte lírico italiano. Esto es notable en el Paoli... considerándolo en la intimidad... tiene un anhelo continúo de siempre dar lo máximo de sus facultades estupendas de artista e insiste en el estudio como ejemplo a los artistas jóvenes incitándolos a darse valor y dejarse llevar por los consejos de otros que sepan y discutir sobre otras opiniones, las cuales se aceptan cuando se ve el fruto de una aguda y no falaz observación."

En agosto le llega la noticia de la muerte de Enrico Caruso. Paoli se marchó a Nápoles para asistir a los funerales del egregio tenor fallecido prematuramente de una peritonitis aguda. Admiró allí la voz gloriosa aun de un venerado tenor llamado Fernando de Lucía, quien tenía ya 61 años de edad, y cantaba mejor que un joven de veinte años. Este cantó la Misa de funerales de su compueblano Caruso.

A fines de septiembre comienza a hacer viajes cortos a Milán para asistir a los ensayos de Otello en el Teatro Carcano, pero trataba de regresar pronto a Porto Ceresio. El 10 de octubre a eso de la diez de la mañana, Josefina, abrió los ojos, vio allí a Antonio, Tonino y Amalia. Con voz lenta y pesada dijo: — "Los quiero a todos", me siento mejor. Tonino, te quiero mucho, Totico te amo... Amalita... sabes que te quiero... ¡Perdóname Totico!... Estas fueron las últimas palabras que pronunció. A eso del mediodía, cayó en estado de coma. Amalia y Marcella la fiel cocinera que aún les servía, comenzaron a rezarle el Rosario y mandaron a buscar a un sacerdote para ayudarla espiritualmente en sus últimos momentos. Paoli, se tenía que marchar a Milán para cantar *Otello*, así que a eso de las dos de la tarde salió con su cochero, rumbo a Milán. El teatro estaba llenísimo pues al anunciarse que Paoli, cantaría *Otello* los boletos se vendieron rápidamente. Paoli, estaba muy preocupado pero allí estaba su amigo Gennarino Penco y el Dr. Ambrosiani además de su Maestro Lo Moro, para darle respaldo moral.

ANTONIO PAOLI

10 de octubre de 1921
Teatro Carcano
Milano, Italia

OTELLO
Verdi

Desdémona......Bianca Scacciati
Otello......Antonio Paoli
Emilia......Luisa Carabelli
Yago......Enrico Molinari
Lodovico......Fausto Corbetta
Cassio......E. Giletta
Montano......Carlo Cristali
Director: Maestro Benvenuti

En el teatro estaba presente, el joven tenor Andrea Toscani, para en caso de que Paoli, no pudiese cantar, debido a la situación que se encontraba. La función fue extraordinaria y excitante pues tenía por Desdémona, a una joven soprano, con una voz dramática de gran potencia y bellísimo color, quién luego haría una carrera monumental. Se llamaba Bianca Scacciati. Además, el Yago era su muy querido amigo Enrico Molinari, quien le dio ánimo durante toda la noche.

La crítica de Il Corriere di Milano - 12 de octubre de 1921, dice:

PAOLI- ALL CARCANO- "OTELLO - "A pesar de la situación tan penosa que tanto le afectaba, Paoli aceptó cantar el *Otello* en el Carcano para varias funciones extraordinarias de la ópera verdiana la cual ha cantado muchísimo aquí en Milán. El célebre artista se volvió a afirmar como intérprete de alto valor. La más grande satisfacción del tenor Paoli, la noche del 10 de octubre, fue aquella de ver el teatro llenísimo, ya que se vendió en su totalidad al anunciarse el nombre del festejado artista. La segunda gran satisfacción, es aquel de oírse entusiasmadamente aplaudido en todas las partes principales de su papel y al final de cada acto con llamadas brillantísimas y numerosas.

Antonio Paoli conserva la voz íntegra e intensa, apoyada en sus grandes pulmones que le permiten un fiato (respiración) verdaderamente extraordinario y esa es la razón de las notas sostenidas que producen efectos estrepitosos. Conoce además, toda la tradición del fraseo otteliano, y en verdad, tiene un modo de acentuar las frases, que más bien las esculpe por decirlo así al pronunciar los recitativos y en el amplio y sereno desenvolvimiento de las más célebres arias de su parte. Paoli nos hace recordar los acentos del inolvidable Francesco Tamagno. Para mejor resultado, el Paoli es siempre amo y señor de una media voz clara y dulce de la cual se sirve con previsión obteniendo óptimos resultados". Firma: Ramperti- Crítico de Milán.

Tan pronto terminó la función, Paoli se marchó a Porto Ceresio. Llegó allí a las dos de la madrugada, apenas a tiempo para ver expirar a Josefina. Todo fue tan rápido, ya estaba solo, aunque tenía a su hijo y a Amalia, se sentía muy solo. Esa misma noche se trasladó el cadáver a Milán. Allí fue expuesto para los amigos en el apartamento de la Calle Vincenzo Monti. El día 12 de octubre fue sepultada en el Cementerio Monumental de Milán. A su funeral asistieron mucho amigos, compositores y artistas como Giordano, Mascagni, Samara, Cilea, Stabile, Galli, Molinari, Paci, Piazza, Almodovar , Galli-Curci, Piccaluga, y otros tantos.

EL LEON DE PONCE

Un poco más repuesto de su pena, reanuda a los pocos días sus actuaciones de *Otello* en el Teatro Cárcano de Milán, donde canta nueve funciones más con el mismo reparto. Un dato curioso es que en Milán se estaba presentando en esos días el Otello de Shakespeare en el idioma italiano con la actuación del gran actor trágico italiano Tommasso Salvini. Muchos de los espectadores de la obra del Teatro de Prosa asistían al teatro a ver los primeros actos de la obra pero para el acto final se marchaban al Teatro Carcano a ver a Paoli en su magistral interpretación de la muerte de Otello. El actor Salvini, preguntó a la gerencia que era lo que ocurría que muchos abandonaban el teatro antes del último acto y le explicaron qué pasaba por lo que decidió asistir una noche al Teatro Cárcano, maravillándose por la actuación de Paoli. Al terminar la obra, Salvini fue a su camerino, le saludo y le felicitó.

Tras el delirante éxito de *Otello* en Milán, se marcha a Turín donde le ofrecieron un fabuloso contrato para cantar nuevamente Otello. El reparto fue así:

28 de octubre de 1921
Teatro Politeama Chiarella
Torino, Italia

OTELLO
Verdi

Desdémona......Linda Canetti
Otello......Antonio Paoli
Emilia......Olga de Franco
Yago......Enrico Molinari
Cassio......Luigi Cilla
Lodovico......Albino Morone
Roderigo......Natale Villa
Montano......Milanesi
Director: F. Del Cupolo

Este *Otello* se cantó diez veces y fue la última ópera que cantó Paoli en Italia. La última función se celebró el día 15 de noviembre de 1921. La crítica dice:

TORINO - POLITEAMA CHIARELLA - OTELLO - "Vendido completamente el teatro en la primera de Otello -célebre Paoli, protagonista extraordinario por la belleza de su voz, agudos brillantes de canto, dicción insuperable - Otello único". Firma: Corresponsal de Torino para La Rassegna Melodrammattica, 4 de noviembre de 1921.

Regresa a Milán donde se queda con Tonino y Amalia recibe allí una invitación de su amigo el Lcdo. Fiol Ramos a instancias de su nuevo amigo y ya nóvel abogado Pedro Albizu Campos para visitar Puerto Rico de donde ha estado ausente por veinte años. Así que se pone a pensar y estudiar la posibilidad de un nuevo viaje a América. He aquí copia de la carta del Lcdo. Fiol Ramos, que publicó en el periódico El Mundo:

SABADO 1 DE OCTUBRE DE 1921. | NUMERO 808.

El afamado tenor Paoli podría suceder al gran Caruso, ídolo de los americanos

23 de setiembre de 1921.

Sr. don Antonio Paoli,
    Teatro de la Opera,
        Milán, Italia.

Querido compatriota:

La ciudad de Nueva York, metrópoli de América, tiene una plaza vacante, que, a juicio mío, corresponde a usted. El mundo artístico está de luto por la pérdida del cantante genial que se llamó Enrico Caruso, y en particular el circulo musical neoyorquino está eclipsado, con la desaparición de aquel esplendoroso astro del arte.

¿Quién ha de ocupar el puesto de Caruso? Esta pregunta la hacen diariamente los artistas, la prensa y el pueblo. Muchas veces he sentido deseos de contestar: el cetro de Caruso corresponde ahora a un paisano mío; a un hijo privilegiado de Puerto Rico, la bella isla antillana, a un ruiseñor de aquellas selvas celestiales, que se llama Antonio Paoli.

Imposible sería describir el bien inmenso que usted haría a Puerto Rico si viene a estas regiones a demostrar con su genio artístico, que cupo a aquella naturaleza pródiga, a aquel pedacito de tierra amada, el privilegio de dar al mundo la sobresaliente figura del arte lírico, Antonio Paoli, para ser heredero legítimo del puesto brillante, que ocupó en la escena teatral de New York el gran tenor de voz divina, que se llamó Enrico Caruso. La residencia de usted en New York, sería, además de la nota artística, una nota social de grandísima influencia para nuestra colonia, y de gran ayuda a Puerto Rico en todas sus relaciones con esta Nación. Considero que usted tendría gran interés en servir a su patria con la influencia de su prestigio artístico y social, pues casi siempre los grandes hombres, cuanto más grande es su gloria, aman más el rincón de tierra donde tuvieron la fortuna de nacer.

En cuanto al resultado económico q. su labor podría reportarle en la ciudad de Nueva York, me anticipo a manifestarle que los grandes cantantes reciben en esta ciudad un sueldo mayor que en ninguna parte del mundo. Mi influencia y mis gestiones son muy modestas, pero con gran placer los ofrezco a usted para ayudarle a alcanzar en esta el puesto que le pertenece, logrando así que reciba usted un sueldo digno de sus geniales facultades, y que alcance Puerto Rico la gloria artística que le corresponde, por ser la patria de usted.

Espero sus gratas noticias, y deseando a usted buena salud, me suscribo su sincero compatriota y amigo, y. S. S.,

        E. V. FIOL RAMOS.

EL LEON DE PONCE

A fines de noviembre se marcha a España. Visita como siempre la tumba de Julian Gayarre, además de varios amigos en Irún y Pamplona, donde presenta un recital en el Teatro Julián Gayarre, compuesto de canciones regionales españolas, arias de óperas y zarzuelas y termina con el *Guernikako Arbola* cantado en Euskera. El éxito fue rotundo, la crítica dice:

> "La frescura de su voz, su arte y fraseo, han hecho de nuestro Paoli, el ídolo canoro de Europa. Cuando entonó los acordes de la romanza "Mujer Fatal", nos hizo elevar a lo más alto del infinito, con esa media voz de ángel, que envidian hasta los querubines". Firma: Gerardo, España para Musica D' Oggi. Riccordi, diciembre de 1921.

Presenta luego otro éxitoso recital en el Teatro Victoria Eugenia de San Sebastián y se marcha a Italia. donde llega a fines de enero de 1922. Había pasado navidad en El Escorial y la despedida del año en Barcelona, así pues aquella fue su despedida de España, donde ya no volvería más que de paso por el puerto de Cádiz en su viaje a América. Permaneció pues cinco meses más en Milán. No quiso aceptar contrato alguno en Europa. La Scala le había ofrecido cantar Otello en la temporada invernal 1922-23 pero él la rechazó pues ya tenía la mente puesta en su viaje y soñaba con un triunfo total en Nueva York.

Todos los días a eso de las dos de la tarde, caminaba, si no tomaba el tranvía desde la Calle Vincenzo Monti hasta la Galleria Vittorio Emmanuelle, allí, se paraba en el mismo centro sobre el escudo, localizándose sobre el ojo del buey hecho en mosaicos. Al rato estaba rodeado de amigos, admiradores y noveles artistas, que le hacían preguntas sobre sus triunfos y él les contaba de sus grandes éxitos. Entre esos artistas había muchos que luego hicieron carreras gloriosas, como Nino Piccaluga, Tino Folgar, Isiboro de Fagoaga, Apollo Granforte, Antonio Laffi, Leone Paci, y otros cuyos nombres se nos escapan de la memoria. Estos jóvenes cantantes llegaban a Milán, llenos de sueños de gloria, y apenas si tenían para comer así que al cabo de una hora de estar tertuliando, los invitaba a tomar café con emparedados en el Café Biffi, de la Galleria que aún existe en el mismo lugar de entonces, Paoli pagaba todos los gastos.

A veces invitaba a alguno de ellos a comer a su casa con Amalia y Tonino. Fue así como Nino Piccaluga, quien ya más o menos estaba bien parado en el mundo de la lírica, le invitó también un día a comer a su casa y Paoli asistió gustoso. Nos contó este célebre cantante que en una ocasión hacía un calor sofocante y estaban sentados unos cuantos artistas con Paoli, comiéndose unos sabrosísimos helados con mermelada, justo en la mesa frente a un enorme vitrina de cristal. Se acercó por el otro lado de la vitrina un niño limpiabotas y se puso a mirar cuando estos comían los helados. Al darse cuenta, Paoli le ordenó al mozo que preparase el más suculento de todos los helados que pudiese. Ya listo el helado, Paoli salió y se lo dio al chico, quien no podía creerlo, puso una cara de sorpresa, maravillado por aquello, pues nunca había podido comer uno de aquellos, por lo caro que eran. El chico se marchó de lo más feliz y Paoli regresó a la mesa con los ojos llenos de lágrimas. Era un hombre muy sensible y emotivo, era un niño grande. Lloraba de felicidad pues sabía que pagándole comida a aquellos noveles artistas, mitigaba un poco el hambre que pasaban. Entre los muchos asistentes a la Galería Vittorio Emmanuelle había un joven barítono llamado Antonio Laffi, quien confesó al autor de estas líneas que la única comida que hacía era la que Paoli, le pagaba, y lo contó con no pocas lágrimas en sus ojos, lágrimas por el recuerdo, por la emoción, por el gran agradecimiento que aún guardaba en su corazón.

Al enterarse Paoli que Antonio Laffi tenía voz y personalidad, lo llevó a su casa; con Amalia al piano, Laffi interpretó varias arias de ópera y quedó muy satisfecho y le dijo mañana, ponte la mejor ropa que tengas y ven aquí a las once de la mañana, y trae tus partituras. Así pues al otro día llegó Laffi a la casa de Paoli, y al rato salieron los dos juntos en el coche de corceles de Paoli, llegaron al Teatro La Scala pero allí les informaron que no necesitaban a nadie así pues lo llevó Paoli al Dal Verme, y allí sólo bastó que Paoli lo recomendara. Le ofrecieron papeles secundarios para empezar y llegó a la larga a hacer una gran carrera lírica y a sustituir varias veces a Tita Ruffo, cuando estaba indispuesto. Llegó también a grabar una serie de discos muy buscados hoy día por los coleccionistas, y después de retirado se dedicó a la enseñanza del canto en Milán, hasta su fallecimiento a la avanzada edad de 97 años.

Así como Paoli ayudó a Laffi, también lo hizo con muchos otros. A veces hasta materialmente con dinero, a otros con consejos sobre técnica canora. Era pues Paoli, el caballero elegantemente vestido siempre con su bastón de ébano con empuñadura de plata que parecía más bien por su porte elegante y distinguido un príncipe de esos de leyenda y no un cantante de ópera, hacía su entrada triunfal todas las tardes a la Galería de Milán, causando la admiración de unos y la adulación y envidia de otros. Así pasaron pues esos últimos meses en Milán. La relación de Paoli con Adina se había roto en 1919, pues, ella le exigía más tiempo para ella pero el se debía a su arte y a su familia primero. Así que tras tres años de separación, al ella enterarse de que él había enviudado se logró acercar poco a poco, hasta lograr su atención nuevamente. Entonces Paoli, era un hombre libre sin ataduras y le promete mandarla a buscar cuando estuviese en América. Le cede gratuitamente su apartamento de Vincenzo Monti No. 57 a Adina, quien enseguida se muda allí con su madre y su hermano. Paoli marchó rumbo a España para de allí salir en barco desde Barcelona el día 8 de junio de 1922. Amalia y Tonino se quedaron en Milán pero saldrían unas semanas más tarde con Adina.

A principios de marzo Amalia le escribe una carta a Pocholo y este la contesta enseguida el 22 de marzo de 1922. Pocholo, se había regresado a Nueva York a raíz del deceso de Josefina en 1921.

EL LEON DE PONCE

NUEVA YORK MARZO 20 de 1922

Estimada Amalita.

Acabo de recibir sú carta en la que me dá la buena noticia
de que para Septiembre vendrá Antonio a cantar en la Academia de
Musica. No me sabe Ud. el sálto tán gránde que dí' cuando lei su carta,
la lei trés veces pues me parecia imposible que fuese cierto,ahora
bien,Ud. no me dice en que Compañia és, o el nombre de la misma, no
obstante yó háre por enterarme aqui.

Le he dado la noticia a todo Dios que conozco, y pienso escribir algo en Ingles para los periodicos Teatrales de ésta.

Ya que piensan ir a Puerto Rico, no estaria demas que Uds.
dos den un Concierto en San Juan,pues les auguro un requetellenazo
brutal, y me apuesto cualquier cosa,que hasta los trabajadores del
muelle empeñaran ése dia hasta la camisa por ir al Teatro, entre
éllos, Changui,Aguacate y Cocó Seco,todos éllos amigos de Antonio,
(no deje de leerle ésto a Antonio).

Ud. crée que seria buena idea que Antonio se viese con Gatti
Casazza en Milan éste Verano,pues de seguro que él irá para allá
tan pronto se termine la presente Temporada, o mejor dicho, no An-
nio,sino el representante de él.

Tengame presente de todos los pasos que den Uds.asi como
tambien,escribame desde Puerto Rico una semana ántes anunciandome el
vapor donde llegaran a ésta,cosa de tener en el Muelle una Banda
con Confitis,pues yo se que a Antonio todas éstas cosas lo diverten.

Digale a Antonio que se recuerde cuando fuimos a Buenos Aires
las cosas que decian los que nos esperaban mientras el buque atracaba
habia que oirlos Amalita,éntre ótras cosas decian.(Pero me cago en
Dios,si está mas joven que la ultima véz que vino, y que grueso,asi
comerá,vaya que no se pone viejo etc. etc.

Si todas las funciones que él cánte serán en Brooklyn, es
mejor que vivan cerca del Teatro,pues cro que seria mucho trastorno
para Antonio vivir en Nueva York,dada la distancia algo larga por
cierto. En fin espero que me de mas noticias, y a la vuelta que el
Sol cambea. Saludos a todos, un abrazate para Antonio, y para Uds.
muchos saludos de su amigo

537

CAPITULO XII
1921 - 1922

El día 27 de junio de 1922, a eso de las ocho de la noche, atracó en el puerto de San Juan el vapor Montevideo procedente de Barcelona y Cadiz. Paoli fue recibido allí por un nutrido grupo de familiares, amigos y admiradores. A su paso por la aduana tuvo un tremendo altercado con un oficial de aduanas americano, llamado Joseph Smith quien le atendió. Al Paoli presentar su pasaporte español, el oficial le informó que de acuerdo a la ley de inmigración de los Estados Unidos de América y sus posesiones "No podría permanecer en Puerto Rico más de treinta días en su calidad de extranjero", a lo cual Paoli ripostó: "Yo soy nacido en la ciudad de Ponce, aquí en Puerto Rico, y como puertorriqueño que soy, me quedo aquí todo el tiempo que yo quiera y eso no me lo puede impedir nadie".

El aduanero Smith, entonces, le informó que daba su actitud le embargaría todo su equipaje y pertenencias lo cual constaba de unos treinta baúles en total. Estos serían retenidos hasta que se cumpliera el término de los treintas días de estadía, cuando les serían devueltos. Paoli al escuchar eso encolerizó, agarró por la correa de los pantalones al aduanero, lo levantó en vilo y le dijo en muy buen castellano "Mira, ¡coño!, ¡no me fastidies; aquí el único extranjero que hay eres tú, y si me sigues hostigando te voy a romper la cara y te voy a mandar al infierno de bofetón que te doy! Entonces le soltó y le dejo caer de bruces al piso. Luego dijo: "De Puerto Rico entro y salgo cuando me de la real gana". Agarró su pasaporte y sus papeles y prosiguió hacia la salida de la aduana con una procesión de cargadores llevando sus treinta baúles, los cuales tuvieron que ser montados en dos camionetas y fueron guardados en el garage de la casa de su hermano Manuel, en Miramar.

Esta conducta que provocó una situación muy delicada era muy extraña en Paoli, quien era un hombre tranquilo. Al otro día recibió una nota del Sr. James Pearson, un supervisor de la aduana federal, pidiéndole excusas por el incidente ocurrido. Esto pasó en el Muelle No. 1 del puerto de San Juan en la llamada Marina, localizada frente a la bella y amplia bahía que separa la ciudad capital del pintoresco pueblo de Cataño, para aquel entonces rodeado aún de bellísimas palmeras cargadas de cocos. Fue éste un recibimiento muy celebrado por la prensa, según lo comentan varios periódicos de la capital, que reproducimos a continuación, los cuales no mencionararon el incidente con el aduanero, que fue presenciado por su hermano Manuel y por el entonces joven periodista José A. Romeu, quien nos lo narró en todos sus detalles.

Días antes de llegar Paoli, algunos periódicos reproducían notas de diarios italianos par ir dando a conocer a sus lectores la personalidad y grandeza de ese puertorriqueño que venía a visitar la patria tras una ausencia de veinte años.

"OTELLO"

En el periódico ROMA, de Italia, leemos lo siguiente:

"Otello", fué el gran suceso en el teatro Constanzi, anoche, la confirmación solemne del tenor Paoli el cual nos ha hecho revivir pasados tiempos gloriosos. Muchos fueron los tenores que se hicieron cargo del coloso verdiano, pero pocos de estos tuvieron fama, poquísimos podrían hacerlo sin ser evidente ofensa al arte; Paoli es la excepción, todo en él responde a la idea inspiradora del gran compositor.

"Su voz es bella, extensísima, de agudos potentes y de dicción impecable. La figura de la persona, la magistral interpretación del artista, llena de todas las ingenuas dulzuras orientales y salvajes en la ira, es tal, que el "Otello" encuentra un extremo viviente de la idea del compositor y del poeta. Su salida ha dado clara y pronta la visión de que nos encontrábamos frente a un triunfador de la escena: la potencialidad en el "Esultate" hizo saltar al público en una ovación solemne: Un "Otello" magistral."

El tenor Paoli está contratado para cantar diez veces "Sanson y Dalila" y "Otello" en la Academia de Música de Brooklyn.

Paoli llegará a New York el día 20 de agosto.

Es ésta una buena oportunidad para oir aquí al tenor Paoli, y no dudamos que se harán gestiones para aprovecharla.

EL TENOR ANTONIO PAOLI PRONTO VISITARA A PUERTO RICO

El insigne tenor puertorriqueño Antonio Paoli, cuyos éxitos en **Otelo, Sansón y Dalila, Nerón, Polinto y la Africana** no ha superado nadie, pronto visitará a Puerto Rico, donde dará algunas audiciones vocales, después de terminar su contrata de diez funciones extraordinarias en la gran metrópoli americana.

A propósito de Paoli, traducimos de la revista teatral **Don Marzio**, que se publica en Roma, lo que sigue:

"Es necesario pensar que Verdi, no se hubiera tomado tanto interés del negro conductor, sin estar previsto de de algunas dificultades dentro de varios años, insuperables, presentando la elección de un tenor para su trabajo, ahora que Tamagno es muerto y su potente y timbrada, renante como el bronce y que nosotros podemos aun oirle en los acatarrados grafófonos, viendo escapar aquella vibración, por eso, hoy, nosotros tenemos un gran reconocimiento en Antonio Paoli que aun permite la representación de **Otello**, hoy que ninguno es de probar en una parte deliberadamente escrita para un fenómeno que desaparecido, hubiera consigo caido en el olvido la ópera de páginas más inmortales."

Que venga Antonio Paoli, en buen hora, que sus compatriotas sabremo demostrarle que no en vano nos sentimos orgullosos de sus triunfos artísticos y de su renombre universal.

EL TENOR PAOLI

A bordo del vapor "Montevideo" que se espera aquí de esta noche a mañana llegará a Puerto-Rico el insigne tenor Antonio Paoli, de renombre universal y después de una ausencia de veinte años.

El tenor Paoli es natural de Puerto Rico, y va ahora de paso para New York donde tiene una contrata de diez óperas.

El día 28 y 29 de junio recibió varias visitas de amigos y familias, y el día 30 visitó la redacción de varios periódicos capitalinos:

EL MUNDO.

EL INSIGNE TENOR DON ANTONIO PAOLI EN NUESTRA REDACCION

Honda y legítima satisfacción fué para nosotros estrechar ayer la mano de nuestro compatriota el insigne portorriqueño don Antonio Paoli, cuya justísima fama traspasó desde hace años la frontera de su patria al extremo de hacerse admirar y reconocer como el más notable tenor dramático contemporáneo, aplaudido y solicitado en los más importantes centros artísticos del mundo. Puerto Rico no podía ser el único país del mundo que no escuchara la voz de su insigne hijo y aprovechando su viaje a Estados Unidos, el señor Paoli quiso ver la islilla y detenerse aquí breves días, donde es muy probable que nos obsequie con un concierto para ofrecernos las primicias de su agradable voz.

El tenor Paoli permaneció breves momentos en nuestra Redacción, charlando afablemente con nosotros acerca de interesantes tópicos de arte, los cuales trata el eminente artista con amena y elocuente plática. El señor Paoli está adornado de cualidades morales que hacen de él un caballero perfecto, de suave trato y exquisito don de gentes.

El nombre de Antonio Paoli es el que ha hecho mover la pluma de los más sagaces críticos de arte de Europa. En Italia, donde ha permanecido más tiempo, su fama y su prestigio están a la altura de su voz. Para conocer todo lo bueno, todo lo mucho, todo lo justo, de su actuación en los mejores teatros de Italia, Francia, España, etc., tendríamos que llenar muchas columnas de este periódico y aún acaso no sería esto suficiente. Un concierto que se organice en San Juan en el cual tome parte el notable tenor, debe ser el mejor homenaje, el más profundo homenaje, que se tribute al insigne hijo de Puerto Rico y así reuniendo el programa los números más atrayentes de su repertorio, tendríamos quizás la única oportunidad de escuchar la maravillosa voz del notable tenor, ídolo de los públicos europeos.

EL MUNDO reitera al insigne compatriota que nos honró ayer con su visita, su saludo más cordial de bienvenida, deseándole grata permanencia en esta su tierra natal.

Fue además entrevistado por varios prestigiosos periodistas puertorriqueños como José Balseiro, Augusto Pietri, Arístides Chabier y otros. Estas revistas fueron editadas por el periódico El Mundo, el diario El Imparcial, de San Juan y El Día, de Ponce.

LA DEMOCRACIA. — San Juan, P. R., 30 de Junio de 192_

Antonio Paoli en la Redacción de "La Democracia"

Ayer recibimos la visita en esta redacción del entusiasta tenor puertorriqueño Antonio Paoli, quien vino acompañado de su hermano Manuel y de sus sobrinos Braschi.

Experimentamos gran satisfacción al estrechar las manos del gran intérprete de Meyerbeer, Verdi. Rosini, Wagner. Thomas, y otros genios de la música clásica.

Tuvo conceptos muy encomiásticos acerca del progreso de San Juan. "Es una ciudad cambiada, nos dijo, produce una impresión simpática, de urbe moderna.

La profusión de edificios nuevos, algunos de orden arquitectónico notable, contribuyen grandemente a la favorable impresión que San Juan produce."

Demostró mucho interés por conocer datos estadísticos sobre la enseñanza y la difusión del comercio.

Luego, pasando a los asuntos líricos, y a preguntas de un compañero nuestro, expresó que su viaje no tiene otro objeto,—para él muy atrayente,—que estrechar las manos de sus familiares, y de sus antiguos amigos, permanecerá una breve temporada, descansando, y después, ir a Nueva York donde como es sabido, ha recibido brillantes proposiciones para cantar diez óperas en el Metropolitan.

Añadió, que cree que la temporada resultará interesante y por lo que a él se refiere, sabe que hay expectación para oírle, teniendo en cuenta que apenas hay localidades para las funciones en que ha de tomar parte.

—No crean ustedes, dijo, que medité algo en ese viaje, porque pensaba me tendría algo disgustado el calor que se siente en Puerto Rico. Pero no es así. Observo una temperatura normal, agradable, y no es tan excesivo el calor como me habían dicho.

Nuestro querido compañero Mariano Abril, que recibió también a su antiguo amigo, comentó:

—Oh, San Juan es un horno. Vaya usted a Barranquitas, allí sí, que es el paraíso, se disfruta de una temperatura, como no la haya quizá en ningún otro país del mundo.

El gran tenor elogió un cuadro de Muñoz Rivera, que aparece en la sala de la redacción, y dijo: Este sí que era un cerebro. Lo recuerdo siempre con cariño...

Y así se deslizó la conversación, gratamente, hasta que se despidió de nosotros el insigne tenor.

LA DEMOCRACIA le reitera su afectuoso saludo, y le desea grandes triunfos en la urbe americana.

EL MUNDO CON ANTONIO PAOLI

"Hacía veinte años que Antonio Paoli se había ausentado de Puerto Rico. Sin embargo, estuvo siempre en Puerto Rico, porque sus compatriotas, orgullosos de sus triunfos, vanagloriados por sus éxitos universales, pensaban en él y le seguían a través de la distancia con la imaginación llena de optimismo porque Paoli, aunque ciudadano español, no ocultó nunca que había nacido en una de estas Antillas tan desgraciadas, y la gloria suya es nuestra gloria, y su voz privilegiada ha sido la manifestación más bella y elocuente de que Puerto Rico es parte del mundo civilizado.

Paoli en EL TIEMPO

En la tarde de anteayer recibimos la honrosísima visita del insigne tenor puertorriqueño Antonio Paoli, la más legítima celebridad puertorriqueña, quien vino a nuestra redacción acompañado por su hermano Sr. Manuel Paoli, y por sus sobrinos los jóvenes A. Braschi, Carlos Paoli y N. Llorens.

El glorioso artista nos manifiesta lo gratamente que le ha impresionado su regreso a Puerto Rico, cuyo progreso es un asombro después de sus veinte años de ausencia. El incansable trotero se siente bien aquí, en el reposo del chalet de Miramar donde reside.

Le preguntamos si cantará aquí, y hace un gesto de duda. La idea no le entusiasma, porque en los conciertos los cantantes no pueden dar la plenitud de su arte y de su alma. Sin embargo, no niega terminantemente...

Paoli no permanece en la redacción durante mucho tiempo. Otras visitas pendientes nos privan del placer de su compañía; pero no se va sin ofrecernos volver por acá para cambiar impresiones con más reposo.

Reiteramos al esclarecido conterráneo nuestra cordial bienvenida y deseamos que su estada en su tierra sea pródiga en impresiones lisonjeras.

Como infatigable peregrino del arte y con esa divina inquietud de los artistas, para quienes el mundo es una jaula demasiado estrecha, ha vivido, hoy en Barcelona; mañana en El Cairo, luego en Berlín, después en Buenos Aires, más tarde en Nápoles, experimentando todos los climas, oyendo todos los idiomas, catando todos los vinos; dejando tras sí la huella indeleble de su nombre, y llevándose consigo un maravilloso resplandor de gloria, mientras sus ojos atesoraban en su movible espejo todos los paisajes y todos los encantos de las tierras exóticas y lejanas y en su corazón florecía el melancólico rosal de los recuerdos.....

Nosotros pensábamos que algún día volvería a su patria, que la ausencia no sería eterna; y no fueron vanas nuestras esperanzas, ni indiscretas nuestra ilusiones. Ya Antonio Paoli está en Puerto Rico; ya se encuentra al lado de los suyos, y, aunque está en su propia casa, es nuestro huésped de honor...

El director de El MUNDO me reveló su deseo de que celebre una entrevista con el notable tenor, y yo, que sin conocer el deseo del director me disponía a hacerlo, me pongo en marcha hacia la casita donde reside temporalmente Don Antonio, que es la de su hermano Don Manuel. Cuando llego me encuentro con Augusto Pietri, invitándole para hacer una fotografía que ha de publicarse en "Puerto Rico Ilustrado", Paoli acepta. Se abotona la americana, se alborota la melena negra y queda inmóvil ante la cámara.

Luego, me presenta Pietri. Don Antonio me ofrece su mano con simpática franqueza. Le comunico mi anhelo de que se someta una vez más al fotógrafo, accede benevolentemente, y ahora voy a tener el honor de "posar" junto con el más grande intérprete de OTELLO que conoce el siglo XX..

— Don Antonio, ¿Me concedería usted unos minutos de conversación para los lectores de EL MUNDO, que desean escucharle?

— Con muchísimo gusto, amigo, con muchísimo gusto; ¿por qué no?....

Paoli habla el castellano con un poquito de dificultad, entremezclando palabras y giros italianos. Su voz es agradable y sus ojos azulosos miran sinceramente. Estamos en un balconcito que da al mar, y el artista le contempla como para adivinar, sobre sus olas, la ruta que conduce al viejo mundo...

— ¿Qué impresión le ha hecho Puerto Rico?

— Agradabilísima, inmensamente amable, colosal. San Juan es bonita, ¡que bonita! - Hace una pausa breve, luego continua. -Estoy muy contento de mis paisanos. A todas horas que pasan por aquí en frente, y señala la carretera que conduce de San Juan a Santurce—, miran para adentro haciendo exclamaciones tales como "aquel es Paoli", "ahí está Paoli...." Y de noche, cuando pasan los automóviles, oigo que gritan con frecuencia "Viva Paoli". Esto es muy agradable, muy dulce.... ¿Verdad que sí?...

ANTONIO PAOLI

— ¿Cuánto tiempo piensa estar entre nosotros?

— Quizás hasta septiembre. Deseo echar un buen descanso antes de la temporada en Estados Unidos; esto es delicioso.

— Desde luego que dará usted aunque sea un concierto....

— ¡Como voy a negarme! ¡Es natural que yo sea complaciente ya que todos mis amigos me manifiestan que desean oírme!

— ¡Bravo, Don Antonio! y, ¿cuándo será?

— ¡Ah! ya eso es otra cosa. Esperaré un poco, en lo que pasan los efectos del viaje que ha sido muy largo. Desde luego, que a mi me agradaría más que me oyesen en carácter, vistiendo de *Otello*, por ejemplo; pero ya que no puede ser y como lo principal es la voz, cantaré la frase, ¡que lástima!...

En ésta frase última ha puesto mucha de su alma como lamentando, con su sinceridad, que su país no pueda aplaudirlo tal y como lo han aplaudido otros pueblos.

— A propósito, Paoli ¿es Otello la obra que hace usted con más entusiasmo?

— Vera usted. Yo las hago todas con mucho gusto: *Aïda, Trovador, Africana*, pero como *Otello* es la que me ha dado más nombre, pues le guardo más amor. Además estoy muy bien en el tipo. Como tengo la mía barba no necesito de postizos, que son tan fastidiosos. Con sólo ponerme un poquito de pintura, ya estoy caracterizado. Yo siento mucho ese personaje; lo vivo con toda su fuerza de salvaje, con todos sus celos y pasiones y también con toda su ternura, porque en el amor de un salvaje puede haber tanta delicadeza como en el de una princesa.... por lo menos yo lo creo así. En esa obra me revelo mejor actor que en ninguna otra.

— ¿Cuál de los compositores modernos le agrada más?-

— Mascagni, porque es el más difícil de compreder. Hay en sus obras una fuerza y una pasión tan grandes, que lo elevan mucho sobre sus rivales. Como él mismo me decía, su mayor desgracia ha sido *Cavalleria Rusticana*, porque es la que más gusta y le ha cerrado las puertas a sus otras óperas, *Guillermo Ratcliff*, por ejemplo, es algo excepcional; es la obra más espantosa que la mente humana puede imaginar por sus dificultades, casi ningún tenor la quiere cantar. Yo la resucité en la ópera de París.

— ¿Cuándo? —

— Contaba yo veinticuatro años. Aprendí francés en seis meses y tuve un triunfo definitivo con ella. Le advierto a usted que Mascagni y yo somos muy amigos, pero para el arte yo soy absolutamente imparcial.

— De los directores de orquesta, ¿a cuál cree usted el más competente? —

— En Italia, a Giacomo Armani. Es el más grande que hay hoy. Un coloso que sigue las huellas de Mugnone y de Mancinelli. Algo sorprendente; póngalo así, con todas sus letras....

— ¿Y Toscanini?....

— ¡Toscanini?.... Se le da mucha fama, demasiado; pero está lejísimo de ser un Giacomo Armani. ¡Eso sí, vale! —

— ¿A quién considera usted el primer tenor lírico del mundo?

— Sin duda alguna lo es Alejandro Bonci. Este es uno de los cantantes verdad, de voz más bella y de mejor estilo.

— ¿Y de los barítonos? —

— Son tres: Batistini, De Luca y Stracciari.

— ¿Cree usted, señor Paoli, que el arte musical italiano está en decadencia?

— No, Italia se mantiene siempre, como el primer pueblo artístico del mundo. —

— ¿De cuántas obras consta su repertorio?

— Verá usted; el mío repertorio incluía muchas obras, muchas obras; más ahora hago totalmente seis que son: *Hugonotes, Sansón y Dalila, Africana, Aïda, Trovador y Otello*. ¿Sabe usted por qué?

— ¿Por la barba?...

— Exactamente; por nada me afeitaría la mía barba. —

— ¿Qué público le ha aplaudido más?

— Todos iguales desde Milán a Chile. Sin embargo la ovación más grande que he recibido fue en el Teatro San Carlos, de Nápoles, allá por 1906 al terminar la temporada con *Otello*. Dijeron los

544

EL LEON DE PONCE

periódicos que los dos triunfos más clamorosos que se habían alcanzado allí fueron el mío entonces y el de Gayarre, diez y nueve años antes en *La Africana*.

— ¿Y cuál cree usted que es el público más consciente?

— La Scala de Milán. El de La Scala es un público sabio para el canto, lo conoce todo. Sin embargo, los que más exigen son el del Liceo, de Barcelona, y el de Parma.

— ¿Es usted supersticioso?

— Mucho. No le tengo miedo a ningún hombre, mas, me inquieta mucho lo sobrenatural. Por fortuna, soy muy religioso y creo que Dios me ayuda siempre, en todos los momentos de mi vida.

- ¿Ha sufrido usted mucho en el teatro?

- Usted no puede imaginarse. Le digo a usted que la más degradante casa de citas, es más respetable que el ambiente teatral en Italia. ¡Qué de rivalidades! ¡Qué de maldades! Si dos hermanos trabajan juntos son los mayores enemigos y los triunfos de uno son como veneno para el otro. Así, la lucha es indecente entre padre e hijo, marido y esposa.... ¡Usted no se imagina! Sin embargo, yo puedo decir regocijado que la mía anima se ha elevado sobre todas esas maldades y siempre he triunfado.

— ¿Le gustan a usted otras manifestaciones artísticas fuera de la música?

— Si. La literatura es una de mis debilidades. Leo muchísimo y sin ser literario le conozco lo mejor de la literatura europea. Soy amigo personal de Gabriel D'Annunzio. La pintura también, me seduce. En Europa siempre que puedo voy a los museos. Me hace mucho bien al espíritu. Pero mire usted; no se ría de lo que le voy a decir ahora. Más que el canto y la literatura y los cuadros, me gustan los toros y los gallos. ¡Que le parece! Dicen que en cada artista hay algo de loco y esa es mi locura...

— No me extraña. Conozco un poeta sevillano que dice: "Y antes que un tal poeta, mi deseo primero hubiera sido ser un buen banderillero"...

— Pues ya usted ve, ése piensa como yo.

— Recuerda alguna anécdota....

— Una muy curiosa. En cierta ocasión me hallaba en Valencia y una noche fui atacado por unos enemigos de Blasco Ibañez que se creyeron que yo era el autor de La Barraca. Realmente existía, entonces, un parecido entre los dos. Gruesos, de la misma estatura, con barba.... En fin, si uno de ellos no se da cuenta a tiempo, me saco el premio gordo....

— ¿Es usted casado? —

— Soy viudo, tengo un hijo de diecinueve años-. Paoli abre su cartera y me enseña el retrato de su heredero. Luego prosigue: — ¡Pero! mire usted que "bruto" somos los hombres, me pienso casar otra vez! Ya no se vivir solo —. Y se echa a reír con una carcajada franca, alegre, optimista.

— ¿A qué teatro de los Estados Unidos va usted ahora?

— Al Academy de Brooklyn, después de veinte años que me han cerrado las puertas. Aquí puntos suspensivos... no entremos en detalle. Estoy contratado para doce funciones haciendo solamente cuatro óperas, *Otello*, obra que he cantado quinientas setenta y ocho veces, *La Africana*, *El Profeta* y *Hogonotes*. Y oiga usted, Balseiro, hace dos meses que están vendidas las localidades para esas funciones que serán en septiembre. Aquí sí se puede decir ¡olé! Pero.... eso del "olé" no lo ponga....

— No, tenga usted cuidado, Don Antonio.....

José A. Balseiro - Verano del 1922

Paoli fue muy homenajeado y agasajado en la ciudad de San Juan. El Casino de Puerto Rico le dedicó un Banquete en homenaje; el Ateneo Puertorriqueño organizó un recital para sus socios y allí Paoli, cantó *El Monólogo* de *Otello*, y *Si Fu Soldato*, de Andrea Chenier. Le acompañó al piano la joven pianista puertorriqueña Margarita Barraín.

Este fue el primer aviso oficial de que Paoli cantaría en San Juan.

La Voz del Obrero -San Juan, P. R., 9 de julio de 1922:

PAOLI CANTARA - "Antes de abandonar la isla, dejará oír su privilegiada voz en nuestro Coliseo Municipal, el aplaudido, ya glorioso divo Antonio Paoli, el primer tenor del mundo, en el presente. Puerto Rico ve en Paoli a uno de sus hijos más queridos que tanto contribuido a la simpatía que sienten por esta bella isla gente de distinta naciones y de diversas razas.

En el recinto sagrado del hogar familiar contemplando las bellezas ideales del canal que separa a San Juan de Santurce, en ese bellísimo lugar del Condado o Puente de San Antonio, está el gran puertorriqueño por nacionalidad, el predilecto del mundo por su arte, reposando para seguir su peregrinación luminosa camino de más glorias, y a cosechar flores al otro lado del mar.

Los hombres de LA VOZ DEL OBRERO reiteramos al gran tenor nuestros afectuosos saludos".

CONCIERTO PAOLI - "Es mucho el entusiasmo que hay para concurrir el próximo lunes al Teatro Municipal al objeto de oír nuevamente al gran tenor Don Antonio Paoli. Las personas que concurrieron al pasado concierto han hecho tal apología de la grandeza de Paoli, como artista, que ya a esta hora están vendidas el ochenta por ciento de las localidades en el Municipal, por lo que se espera un lleno completo".

A instancias de varios amigos y familiares, aceptó presentar dos recitales en San Juan. Así pues, se comenzaron a hacer los arreglos y anuncios.

EL LEON DE PONCE

El Templo, sábado 15 de julio de 1922:

NUESTRO GRAN PAOLI EN EL MUNICIPAL - "El país ha acogido con verdadero entusiasmo, con el entusiasmo que era de esperarse, el anuncio de que el insigne tenor Antonio Paoli cantará aquí. Durante la carrera artística del gran cantante, Puerto Rico ha seguido paso a paso los triunfos de su preclaro hijo y se ha exaltado de legítimo orgullo cuando los periódicos de Europa han traído hasta nosotros elogiosas crónicas que eran como las ondas hertzianas de la gloria, encargadas de conducir hacia la patria distante el eco de su fama.

Siempre se deseó aquí una oportunidad de oír, ya en plena madurez y sazón, la voz que la prensa europea alababa con tanto calor; la voz que hizo estremecer de emoción a tantos públicos, al expresar maravillosamente la indecible tragedia de *Otello*. A veces se habló de que Paoli vendría a Puerto Rico, pero durante más de veinte años, sus aficiones troteras lo mantuvieron rodando de corte en corte europea, sin que jamás viniera a la isla que, aunque no olvidada, estaba tan lejos del absorbente teatro de su vida.

Es ahora, al cabo de tanto tiempo, que el antiguo deseo se realiza, y , así, el interés del público adquiere proporciones que no tienen precedentes, y no sólo San Juan sino toda la isla, se disputan a diario las localidades para su próximo y único concierto".

Sábado 22 de julio 1922:

EL GRAN ACONTECIMIENTO ARTISTICO DE MAÑANA EN EL MUNICIPAL - "Mañana se llevará a efecto en el Teatro Municipal el único concierto del insigne tenor portorriqueño Don Antonio Paoli, cuya voz ha conquistado en toda Europa, así como en las repúblicas hispano-americanas, los triunfos artísticos más resonantes y más lisonjeros.

La magnitud de la voz de Paoli, elogiada por los grandes críticos del mundo y premiada con los más fervientes aplausos por los públicos cultos de Alemania, Francia, España e Italia se oirá para dicha de sus compatriotas, en nuestro Coliseo, en donde sin duda alguna, nuestro público le brindará al artista que enalteció el nombre de su patria en el extranjero, los laureles de su admiración más ferviente.

Con motivo del acontecimiento de mañana, en el que Paoli cantará su ópera favorita *Otello*, las localidades se están vendiendo rápidamente y aquellas personas que aún no las han comprado deben solicitarlas lo antes posible".

Sábado 22 de Julio de 1922.

EL CONCIERTO PAOLI

Espléndido acto lírico en el Teatro Municipal.

Como venimos anunciando, mañana se llevará a efecto en el Teatro Municipal el concierto del gran tenor Antonio Paoli que cantará casi completa su particella de Otello, caracterizado admirablemente.

El programa que ha circulado nos ofrece una bella noche de arte, y San Juan que está ganosa de oir al divo, acudirá mañana en la noche al teatro, a ofrecer al ilustre artista portorriqueño el homenaje que merece, ya que está paseando en triunfo por el mundo, el nombre de su tierra.

El de mañana será el único concierto que ha de dar en San Juan el gran tenor Paoli. Nuestro público no perderá ciertamente la oportunidad que se le brinda para admirar al glorioso intérprete de Otello.

ANTONIO PAOLI

OTELLO - "Mañana domingo sube a la escena en el Teatro Municipal *Otello*. No podrá representarse completa la grandiosa ópera de Verdi; pero disfrustaremos las escenas principales del tenor, cantadas en carácter por el gran artista puertorriqueño Antonio Paoli, y las del tenor y tiple entre Paoli y la Señorita Soria. Tendremos una ópera a trozos, pero estos serán los culminantes de la obra, suficientes a darnos a conocer la producción del famoso músico italiano y la voz sublime y el talento artístico del primer tenor dramático del mundo. El pueblo puertorriqueño conoce un gran número de óperas, pero *Otello* es alguien desconocido. Por eso creemos de gran utilidad para los que han de asistir a la interesante función del domingo, hacer una descripción de las escenas que han de representarse y de la relación que unas y otras tienen en la trama general de la obra. Los principales personajes son: *Otello*, tenor; Desdémona, soprano; Yago, barítono, y Casio, tenorino. Son personajes secundario la hija de un noble veneciano, la bella Desdémona, que le toma por esposo. Casio es el lugarteniente favorito del teniente; y Yago, un oficial que aspira al puesto de Casio.

La ópera empieza con la llegada de *Otello* a su palacio, desembarcando bajo una tempestad, y canta *El Esultate*. Es el grito del vencedor, orgulloso de su victoria. Acaba de derrotar a los musulmanes; regresa ergüido y altivo, como un león, y con gesto arrogante dice: NUESTRA Y DEL CIELO ES LA GLORIA. Esta famosa y valiente entrada del tenor ha provocado explosiones de aplausos en todas partes, al extremo de tener que repetir siempre. Entra entonces *Otello* en el interior de su palacio y va a reunirse con Desdémona.

Entre tanto, Yago empieza a poner en ejecución el plan infame que ha concebido de perder a Casio, aún a costa del honor de Desdémona, y provoca un desafío entre Casio y Roderigo, a cuyo escándalo sale *Otello* irritado porque él ha prohibido los duelos; y tras una información perversa de Yago, *Otello* destituye a Casio.

Después aparece en la escena *Otello* con Desdémona, y cantan un dúo, que es un idilio de amo, dulce, intenso; de una canción tranquila y cuyos motivos musicales han de repetirse al final de la obra. El dúo termina retirándose ambos de la escena, mientras el tenor sostiene un dulcísimo y prolongado La Bemol que expresa la continuación del idilio....

Después, segundo acto, canta el tenor el célebre *Ora e per sempre addio Sante Memorie*. Pero, ¿qué ha sucedido entre aquel idilio de felicidad y este estado desesperante de *Otello*? Pues, durante ese intervalo, la sierpe de Yago ha inoculado su veneno en el alma cándida de *Otello*. El infame calumniador se ha valido de mañas repugnantes y cobardes para hacer que *Otello* sospeche de la pureza de Desdémona y de la lealtad de Casio. Todo lo que hay de bravo y terrible en *Otello* estalla, chocando en el fondo de su corazón de niño con el amor que siente por su bella esposa; y en esta bárbara lucha de pasiones lo encuentra ella, que viene fatalmente a interceder en favor del desdichado Casio. Sorprendida al ver a *Otello* en tan intensa agitación, le interroga, y él se excusa pretextando dolores en la frente. Ella, entonces, saca un finísimo pañuelo, la preciada prenda que él le regaló en su boda, y lo ata a la frente del esposo, quien en un acceso frenético de celos lo arranca y arroja contra el suelo. Desdémona, ofendida y extrañada, se confunde, pero no comprende nada; y Yago, que ha estado en acecho, se apodera del pañuelo fatal que será el arma decisiva para producir la catástrofe. Abrumado Otello por su desgracia y acosado sin piedad por Yago, se vuelve contra éste pronto y tras una escena formidable en que Otello tiene alternativas de fiereza y abatimiento, canta el sublime, *Ora e per sempre addio Sante Memorie*. Este notable trozo de la ópera, en donde se vacía todo el amargo de una vida que se va, despidiéndose de las glorias mundanas, es de una belleza incomparable terminando con un formidable agudo seguido de un grave rotundo, que antes de terminar ha sido acogido por el público con estruendosas ovaciones.

En el tercer acto, la cólera de *Otello* es exasperada aun más por el odioso Yago, y éste le ha preparado ya la falsa escena en que Otelo cree ver la prueba terrible de Desdémona. El infeliz esposo presencia desde lejos, con el alma destrozada, la entrevista de Casio y Yago, en la cual

EL LEON DE PONCE

éste entrega con disimulo a Casio el pañuelo de Desdémona, y después que está en sus manos, le dice que es de otra mujer que con Casio sostiene relaciones íntimas. Casio se burla del pañuelo y de la dama, y Otelo queda convencido del horror de su desgracia y del bochorno de su deshonor.... En tan fatal momento llegan unos enviados de Venecia que vienen a comunicar a *Otello* un ascenso en su gloriosa carrera, y queriendo Desdémona aprovechar aquel instante que cree favorable para su intento generoso, se acerca imprudentemente, pero confiada en su inocencia para interceder por el desgraciado Casio. Esto enfurece de tal modo a *Otello* que la ultraja cruelmente en presencia de los mismos embajadores. El trance intensamente doloroso fatiga tan grandemente a Otelo que se desploma en una silla, y canta, entonces, el grandioso *Monólogo*, que es la más viva expresión de los encontrados sentimientos de aquel enloquecido espíritu. Ese monólogo, en el que el tenor pasa alternativamente de la amargura a la rabia desencadenada y que termina con un estallido de su cólera, es otro de los felices momentos en que el público en mil ocasiones ha atronado el espacio con sus aplausos y exclamaciones de entusiasmo.

En el último acto aparece en la escena la alcoba de Desdémona. Esta canta el *Ave María* y se acuesta. Al poco rato entra *Otello* en cuya actitud se refleja la siniestra decisión de su carácter terrible y de su amor ofendido. Avanza hasta el lecho de su esposa, la contempla, sufre la cruel tortura que desgarra sus entrañas, la besa y ella despierta. *Otello* le pregunta si ha rezado sus oraciones y le anuncia que va a matarla y el motivo de su espontánea decisión. Ella protesta su inocencia, pero en vano; *Otello* la oprime por el cuello. Entra entonces en la alcoba precipitadamente Emilia, la doncella de Desdémona, y al enterarse de lo ocurrido jura por la pureza de su ama, acusa a los malvados, llama, acuden todos, y se descubre la verdad. Con la revelación de la infamia de Yago descubre Otelo su horrible desgracia que acepta valeroso y tranquilo, y después de fijar en su alma la resolución última de su existencia, se acerca al lecho en que Desdémona agoniza y canta el aria final, recordando aquellos felices instantes de su idilio amoroso; y hundiendo en su pecho su propia arma, fallece entre un beso y otro beso que deposita con su vida en los labios de Desdémona. Ese es *OTELLO*.

¿Y quién será el intérprete del trágico personaje? Paoli, el gran Paoli, el que produjo esta bendita tierra y ha recibido sobre su frente tempestades de aplausos de los públicos más cultos del mundo; el actor dramático que hace la más feliz interpretación del *Otello*; el artista que pasa de la fiereza del león a la dulzura del amante enamorado a la candidez del niño; el tenor de voz insuperable que llena el espacio con sus agudas notas, o conmueve los ánimos con la dulce expresión de su media voz privilegiada; el que en todos los registros tiene un mismo timbre y una pureza inalterable; el que ha sido consagrado desde los más caracterizados periódicos, por los más afamados críticos, y ha hecho decir a Il Popolo D'Italia de Milán, que: "Es un cantante perfecto y de una rara resistencia vocal que armoniza su timbre delicadamente al "pianissimo" de la "mezza voce", en una penetración del personaje que no puede ser más perfecto. Artista sin rival, levantó la obra del grandioso Ponchielli". (Refiriéndose a la Opera "Marión Delorme").

Y dice La Revista Teatrale Melodramatica, de Milán.:

"Noches pasadas entrevistado el cronista de la Rivista con el redactor del Osservatore de Roma, acerca de la reaparición de la ópera *Marión Delorme* de Ponchielli, en la cual el célebre cantor Antonio Paoli, hizo maravillas con su poderosa gola, lanzando a la sala del teatro lírico un torrente armonioso de notas brillantísima, las que unidas a su media voz paradísiaca sobrepasó a todo lo más grande que encierra el arte lírico, nos recordaba las audiciones recientes de *Otello* y *Sansón y Dalila*, en el Teatro Constanzi, de Roma, en la cual era protagonista dicho famoso tenor".

Y escribe La Tribuna de Roma:

"Del tenor Paoli decimos todos afirmando que es, indudablemente, el más grande *Otello* viviente; cantante y actor seguro, juega con su parte con bella expresión y con fascinadora naturaleza; terrible en el grito de la desesperación; dulce y apasionado en la pureza de su amor y de sus sentimientos. Cuando él, en el grito de la muerte, agonizando en un extraño espanto de la gola encogida, contempla el rostro de Desdémona pálido, un estremecimiento se corre por la sala; él canta el último doliente homenaje a la belleza de su mujer con acento impresionante e insuperable."

Y añade el Giorno de Roma, que:

"Paoli, único *Otello* que hoy tenemos, cuesta no sabemos cuantos billetes de miles de liras; verlo y sentirlo es una misma cosa. Apenas lanza su prodigioso *Esultate* siente el público una conmoción eléctrica. El fuerte cantante supo magistralmente aligerar su voz apasionada en el dulcísimo dúo de amor y al final del acto las aclamaciones estallaron insistentes. Y con otros largos aplausos en la escena final cantada con la más apasionada tragedia fue coronado este suceso."

Eso dice la prensa más prestigiosa de Italia y lo mismo repite la de toda Europa. Ahí tenéis a *Otello* y a Paoli, que en una sola persona veremos el domingo por la noche en el Teatro Municipal, en un suceso artístico que será de eterna recordación en Puerto Rico".

El Imparcial, sábado 22 de julio de 1922:

EL CONCIERTO PAOLI - ESPLENDIDO ACTO LIRICO EN EL TEATRO MUNICIPAL - "Como venimos anunciando, mañana se llevará a efecto en el Teatro Municipal el concierto del gran tenor Antonio Paoli que cantará casi completa su partícella de *Otello*, caracterizado admirablemente.

El programa que ha circulado nos ofrece una bella noche de arte, y San Juan, que está tan ansioso de oír al divo, acudirá mañana en la noche al teatro, a ofrecer al ilustre artista portorriqueño el homenaje que merece, ya que está paseando en triunfo por el mundo el nombre de su tierra. El de mañana será el único concierto que ha de dar en San Juan el gran tenor Paoli. Nuestro público no perderá ciertamente la oportunidad que se le brinda para admirar al glorioso intérprete de *Otello*".

Este fue el anuncio que circuló por todo San Juan.

EL LEON DE PONCE

El Imparcial:

EL FAMOSO TENOR PAOLI EN EL MUNICIPAL - "Las crónicas publicadas en nuestra prensa local en elogio al insigne tenor dramático, Antonio Paoli, han reseñado con gran brillantez la delirante ovación tributada al famoso cantante, en El Municipal, la noche del domingo, por lo más culto y selecto de la sociedad puertorriqueña.

A ese homenaje, justamente merecido, a esa aclamación fervorosa, a que nosotros también llevamos nuestros aplausos más entusiastas, queremos adicionar hoy ésta nota de admiración al divo glorioso, que ha paseado por el mundo del arte lírico, su nombre y su fama, recogiendo lauros y preces de lo públicos más inteligentes que han llenado los primeros teatros de Europa y América.La distinguida sociedad ocupaba palcos y platea, galerías y pisos altos de nuestra antiguo Coliseo.

La orquesta dirigida por el Maestro Tizol y compuesta por más de treinta y cinco profesores, nos hizo oír una selección de la ópera Mignon, que fue muy aplaudida. Inmediatamente después, apareció en la escena el portentoso tenor, quien fue objeto de una ovación clamorosa y delirante, y de pie los espectadores, tributaron al tenor eminente uno de los más calurosos y prolongados aplausos que han resonado en la sala del Municipal.

Desde *El Esultate*, hasta la tragedia final con Desdémona de la gran ópera *Otello*, a que dio relieve la Sra. Soria, que cantó con delicadeza suma, el famoso tenor arrebató al público, porque su voz de oro está en el cenit de su sonoridad sorprendente, en el apogeo de sus afinaciones maravillosas y en toda la plenitud de su gran fuerza bravía, cuando el caso lo requiere, o dulce y madrigalesca en los pasajes de amor y de arrobo lírico, conque está matizada la emocionante partitura.

Fuera del teatro, una multitud extraordinaria se agolpaba a las puertas y ventanas laterales del edificio, para oír a Paoli, y cuando el aplauso tronaba en el interior de El Coliseo, la muchedumbre prorrumpía también en aplausos y aclamaciones, voceando ruidosamente en arrebatos de entusiasmo enloquecedor. Aquella manifestación popular y enaltecedora, dio margen a que el tenor hiciera abrir a todos las puertas del Coliseo, desbordándose por el teatro, los improvisados espectadores, en oleaje avasallador.

La sociedad de San Juan, y el pueblo puertorriqueño han tributado a su compatriota ilustre, el más alto homenaje de admiración y de amor que el gran tenor Antonio Paoli tiene ganado y justamente merece, y al felicitarle nosotros por ese nuevo triunfo en su tierra nativa, esperamos que, oportunamente volveremos a oír al compatriota insigne, que ha dado gloria al arte lírico puertorriqueño, consagrado por la fama y glorificado por todos los públicos en el mundo del arte.

Esta noche, el Casino de Puerto Rico celebrará una Recepción y Baile de Etiqueta, en honor del tenor radioso y nuestra sociedad elegante se congregará en nuestro alto centro a cumplimentar debidamente al preclaro hijo de esta tierra borinqueña, Antonio Paoli".

ANTONIO PAOLI

Estas son las críticas del tan esperado *Otello*:

La Democracia, Decano de la Prensa Puertorriqueña. San Juan, Puerto Rico, lunes 24 de julio de 1922:

EL INSIGNE TENOR PAOLI OBTUVO ANOCHE UN GRANDIOSO TRIUNFO QUE HABRA DE RECORDAR SIEMPRE - "Nuestro pueblo tributó al eminente compatriota el homenaje de la más alta admiración y del más ferviente afecto. Jamás, y en ningún tiempo, desde que se cantan óperas en el Teatro Municipal de San Juan, había existido una expectación tan grande, una curiosidad tan enorme, como la que se reveló anoche en el público, para conocer la labor del gran tenor Antonio Paoli, en su obra favorita, *Otello*.

Mucho antes de dar principio al espectáculo, el comentario acerca de los extraordinarios méritos de nuestro compatriota, por personas que le habían oído en extranjero, brotaba caluroso, apasionado, espontáneo, y todos era elogios para el insigne divo. Y, así fue pasando el tiempo, hasta que el maestro Tizol ocupó sus sitial, como director de orquesta, y empuño la batuta. Se hizo un silencio solemne en la sala, que dicho sea de paso, ofrecía el aspecto de las grandes solemnidades por la selecta concurrencia que ocupaba las localidades.

La orquesta, compuesta de treinta y cinco profesores, interpretó la selección de *Mignon* del maestro Thomas, con mucha precisión y justeza, sonando al final entusiásticos aplausos. Luego, se levantó la cortina y tras los primeros compases del primer acto de *Otello*, apareció en la escena el protagonista Paoli.

Antes de que su privilegiada garganta lanzara las notas de *El Esultate* estalló una ovación formidable. El público de pie, hizo una inmensa y emocionante demostración de simpatía al insigne artista. La ovación se prolongó minutos y minutos. Paoli sonriente, en carácter, convertido ya en el Otello que soñara Verdi, y que quizás vió también en su mente Shakespeare, al trazar la trágica historia del moro de Venecia canto *Esultate*, donde su privilegiada garganta lanzó su voz potente, robusta, de timbre cálido, de fraseo limpio, vibrante como un clarín y clara como una campana. Aquí, el público electrizado, volvió a expresar al gran artista, su entusiasmo, prodigándole tronante ovación. Las manos no se cansaban de batir palmas al victorioso *Otello*, de quien dice la crítica, la alta crítica de Italia, que superaba a Tamagno, a Maurel, a Slezak, a Zenatello, y a cuantos tenores hasta nuestros días han encarnado al sombrío amante, que loco de amor, cegado por los celos, mata a su Desdémona a quien el tanto amaba y luego, en holocausto a su pasión, entrega por ella su vida al pie de su lecho.

En el dúo con Desdémona, a cargo de la gentil Isabel Soria, discípula de Don Antonio Vidal, notabilísimo bajo de ópera, la señora Soria demostró que ha progresado enormemente; parece su voz de soprano otra muy distinta a la que oyéramos hace meses, con respecto a su color, calidad e impostación. Anoche tomó de manos de Paoli el doctorado. El Señor Vidal es un verdadero taumaturgo en eso de hacer artistas, que vibren dentro de las reglas del más depurado arte.

Donde Paoli alcanzó la cumbre de lo sublime, y brilló como lo que es, como un astro, fue en todo el segundo acto. ¡Qué admirable *Ore E Per Sempre Addio Santa Memorie* ¡Cuándo, ni en qué tiempo volveremos a oír una voz tan hermosa, tan sonora; de inflexiones tan dulces, de notas tan agudas como la portentosa de Antonio Paoli? Dígalo, si no, la colosal ovación que se repitió al final de dicho segundo acto.

El *Ave María*, del tercer acto, fue dicha por Isabel Soria con mucha limpieza, poniendo en su canto toda la emoción de que es capaz una artista poseída de verdadera inspiración y ungida por el sentimiento artístico. El dúo final del tercer acto y la muerte de *Otello* fueron también motivo para que el bravo tenor fuese objeto de constantes demostraciones de entusiasmo por la concurrencia que le escuchaba embelezada, y al caer la cortina, se repitió la ovación con caracteres de una apoteosis. El telón hubo de ser alzado ocho veces en homenaje al artista, que no cesaba de ser vitoreado.

Quedamos, pues, en que Paoli no tiene rival en esa ópera de Verdi; en que su voz es de un timbre vibrante, sonora, majestática, de gran extensión y que maneja con gran facilidad. Que es una voz igual en sus tres registros, y que como tenor dramático spinto es único en el mundo. Y, que el público, aclamó a Paoli de manera tal que no se recuerdan ovaciones iguales en nuestro Teatro Municipal.

Hubo dos notas simpáticas: La primera de orden lírico. La orquesta tocó en uno de los entreactos *La Borinqueña*, que el público aplaudió muy largamente y que hubo de ser repetida. La otra, de orden artístico, el estreno de un magnífico telón de boca, obra de nuestro compatriota Medina, que realza mucho la sala del teatro.

LA DEMOCRACIA se complace en adherirse al tan grande como merecido homenaje rendido anoche a nuestro compatriota Don Antonio Paoli, que tan alta bandera de prestigio es para la tierra que lo vió nacer".

La Democracia de Puerto Rico, lunes, 24 de julio de 1922:

EL RECITAL DE ANOCHE - "El Tenor Paoli recibe tremendas ovaciones del público en la interpretación de *Otello*. El más grande y formidable intérprete de *Otello* que conoce el siglo actual, el eminente tenor Don Antonio Paoli, deslumbró anoche en el Teatro Municipal con la arrogancia de su figura y el portento de su voz maravillosa.

Cuando el insigne tenor, que para gloria nuestra es portorriqueño, apareció en escena, el público lo aclamó delirantemente por espacio de un cuarto de hora y le lanzaron al escenario numerosos bouquets de flores. A estos homenajes el correspondía con una sonrisa de cordialidad e inclinaciones de la cabeza.

Desde el primer acto las tremendas ovaciones se repitieron durante toda la interpretación de *Otello*. El *Ora e Per Sempre addio Sante Memorie* emocionó al público de tal manera que todos los concurrentes se pusieron de pie, para aplaudir frenéticamente durante algunos minutos. Al final del acto el telón tuvo que ser levantado cuatro veces consecutivas.

El Esultate, que es el grito de vencedor de Otello cuando llega orgulloso de su victoria y va a entrar al Palacio, fue una cosa maravillosa; así mismo fue ovacionado Paoli en el tercer acto, en el dúo final con Desdémona.

Los aficionados al arte lírico en San Juan, muchos de ellos acostumbrados a viajar por Estados Unidos y Europa, y que han visto a los más insignes tenores, anoche, después de escuchar a Paoli, exclamaban: - "¡Ese es formidable! " En esa palabra resumían todo su juicio, y toda su admiración por el gran Paoli, puesto que ante él se desvanecen por completo las comparaciones y los juicios.

Las óperas en que más triunfos ha obtenido el tenor Paoli son *Otello, Sansón y Dalila* y *Guillermo Tell* y en su interpretación ningún otro tenor del mundo le ha superado o igualado siquiera. Es lástima que haya tan pocas óperas de esta fuerza.

Representó a Desdémona la conocida y aplaudida soprano Isabel Soria, la que realizó un esfuerzo digno de aplauso y tuvo momentos en que se ganó la aclamación del público.

Más de la mitad de los palcos y como la cuarta parte de las lunetas, segun pudimos advertir, estaban sin público, hecho que debe lamentarse en un país que se precia de culto como éste, y por donde el gran Paoli sólo pasa esta vez como un cometa, que tal vez no volvería más nunca a darnos esta oportunidad de verlo y oírlo.

Un detalle digno de ser reseñado en esta crónica fue el hecho de que en las afueras del Teatro se aglomeraba anoche un inmenso público, mucho más numeroso que el que estaba dentro. Personas que vieron este público de extra edificio nos dicen que entre ellos había algunos hombres adinerados. Frente al camerino del gran artista se aglomeraron muchos fanáticos y le tributaron una ovación. Paoli que hacía rato estaba viendo allí a aquellos admiradores, cuando estaba próximo a empezarse el tercer acto, dio permiso a los porteros para que dejaran entrar de gratis a todos ellos.

La función de anoche fue una cosa nunca vista en Puerto Rico y La correspondencia envía al insigne compatriota Don Antonio Paoli la más sincera y efusiva felicitación por su colosal triunfo artístico en su tierra natal".

El Tiempo, lunes 24 de julio de 1922:

EL BRILLANTE CONCIERTO DE ANOCHE - "Paoli demostró plenamente la justicia de su gran renombre. Todos los optimismos que la fama de Antonio Paoli autorizaba, todas las esperanzas, resultaron cortas ante la realidad deslumbradora de este cantante formidable, maestro estupendo, que anoche demostró a su pueblo cómo las crónicas más exageradas de la prensa extranjera eran únicamente reflejo desvalido de su arte glorioso.

Con más de medio teatro ocupado el gran tenor se presentó ante el público y su presencia suscitó una ovación unánime, creciente, interminable, que se intensificaba cada vez más; hasta culminar en un homenaje loco de todos los concurrentes, puestos de pie. Los tempestuosos aplausos duraron más de dos minutos, hasta que la ovación cesó por imposibilidad física de prolongarse.

Desde las primeras notas de *El Esultate*, de *Otello*, ese breve y vibrante grito de triunfo que Paoli sabe cantar con tanta bravura, el público tuvo la medida insigne de la grandeza del maravilloso tenor y, a partir de ahí, cada número fue un nuevo triunfo, una nueva confirmación de la seguridad de que nuestro divo esta aún en todo su apogeo. En el dúo del primer acto, que cantó con la soprano Isabel Soria, quien coadyuvó de manera plausible al éxito de su presentación, en ese dúo, repetimos, Paoli derrochó delicadezas magistrales de media voz, acertando a dar al acento los matices más afortunados de ternura y suavidad, cantado primores a flor de labio y justificando plenamente aquella calificación de 'paradísiaca' con que la crítica europea describió tantas veces su extraordinaria voz.

En los números de gran fuèrza dramática, la garganta del tenor tuvo rugidos de fiera y la misma voz que poco antes fluía sutil como una caricia de raso, fue entonces alarido de celos, grito salvaje de pasión, palpitante de tragedia. Y todo esto, sin variar para nada el color de la voz, que es del mismo cristal en todos los registros; en los graves como en los agudos, y en los 'pianissimos' tanto como en los 'fortissimos'. A sus excepcionales facultades vocales, Paoli une lo que aparejan tan pocos cantantes y es un arte dramático de indescriptible vigor de expresión y una felicidad de gestos que contribuye en gran parte a su éxito. En él, el actor se da la mano con el tenor y entre ambos comparten el triunfo. Por eso, su acción dramática levanta de sus asientos a los espectadores tantas veces.

Acaso nunca como anoche los aplausos hicieron trepidar tanto al Teatro Municipal y pocas veces se ha desbordado el entusiasmo colectivo con tanto fundamento. Durante el primer entreacto se registró un detalle simpático. El numeroso gentío que a pesar de la lluvia se agolpaba frente al costado oeste del Municipal vio entrar a Paoli en su camerino y prorrumpió en aplausos y aclamaciones. El divo, sonriente, daba las gracias tras la reja de la ventana y tuvo que permanecer allí varios minutos retenido por el tributo. En el otro entreacto se repitió el detalle y Paoli mandó a abrir al público las puertas del teatro que fue invadido hasta la sofocación.

El público, cuando terminó el concierto, salió haciendo los comentarios más fervorosos. La opinión general es que si Paoli diera un nuevo concierto, a precio más a tono con la terrible crisis que nos aflige, le atestarían el teatro incontables personas que anoche no pudieron oírlo por imposiblidad material. Nosotros compartimos tal creencia.

EL TIEMPO se felicita por gran triunfo del eminente cantante hijo de Puerto Rico y une su tributo al homenaje exaltado que anoche le fue rendido por sus coterráneos".

El Imparcial, lunes 24 de julio de 1922:

EL ACONTECIMIENTO ARTISTICO: EL GRAN TENOR PAOLI ACLAMADO CON FERVOROSA ADMIRACION - "Los palcos sin entradas costaban anoche cuarenta dólares, las butacas, diez; los balcones, cinco; la entrada general, cuatro y galería tres; y a pesar de estos fabulosos precios, el teatro estaba brillante. Tanto los palcos como el patio de butacas se veían animadísimos; las localidades altas, rebosantes. Apuntamos este dato porque ya que se habla tanto de crisis, nada puede dar una idea más expresiva del enorme éxito de Antonio Paoli, que el saber que a tales precios, el teatro hizo una buena entrada. Y hay que anotar también, que el Casino de Puerto Rico daba un baile anoche, en honor a los marinos del Tío Sam, y que por esta circunstancia, muchas personas que hubieran ido al teatro, tuvieron que asistir necesariamente al homenaje a los marinos, notándose su ausencia en El Municipal.

El maestro Tizol organizó una orquesta que desde que tocó a modo de obertura la selección de la ópera *Mignon*, oyó los primeros aplausos. Cuando salió a escena el eminente tenor, el público le tributó una ovación atronadora. Desde los palcos proscénicos, arrojaron muchas flores a la escena que quedó materialmente alfombrada; los espectadores, puestos de pie, aclamaban al gran artista; las damas tomaban también una gran parte en la ovación que duró algunos minutos, y que se hubiera prolongado mucho más, si el gran artista después de hacer expresivas demostraciones de gratitud, no hubiese hecho indicación de comenzar a la orquesta.

Paoli cantó *El Esultate* haciendo alarde de facultades brillantes y cantó a continuación el dúo con Desdémona (Señora Soria) el bello dúo de amor en que el inmenso artista supo mostrarse apasionado, y la señora Soria que dio al personaje de Desdémona, esa suprema delicadeza de rendimiento amoroso que llega al éxtasis, supo mostrarse luchando con los escollos de una casi improvisación puesto que Isabel Soria, ha aprendido su particella en ocho días - ingenua, apasionada, bella, exuberante de expresión dramática, dando la sensación en todo momento de que era la dulce, la frágil criatura que había esclavizado al león de Venecia en la cadena de amor de sus brazos...

En el dúo del tercer acto, la señora Soria expresó gradualmente la inquietud, el sobresalto, el espanto, respondiendo, merced a su temperamento excepcional, al avasallador magnetismo del egregio tenor que era sobre la escena una maravillosa voz portentosa, una insuperable encarnación del moro de Venecia, enloquecido por los celos. Dijo también con suprema unción, en un dulce arrobo místico, el *Ave María*, la Sra. Soria, poniendo en la plegaria una infinita dulzura, y en la escena de la muerte supo reflejar el espanto y el dolor con justos relieves. Isabel Soria ha demostrado anoche que es artista de temperamento y de una flexibilidad que le permite llegar a una rápida comprensión y a una magistral interpretación de la tragedia. Sus medios vocales son notables y posee una voz de grato timbre y de fácil modulación.

Pero el héroe de la noche fue el inmenso Paoli, que superó a cuanto nos había dicho la crítica de Italia, de España, de Francia, de los grandes pueblos que consagran artistas y labran las reputaciones definitivas. Paoli lo reúne todo; no es solo un cantante de asombrosos medios

ANTONIO PAOLI

vocales, de voz potente que llega en los agudos a las máximas sonoridades, y que sabe llegar en las modulaciones, de la "mezza voce" a la ternura madrigalesca de un trémulo de amor, sino que es un actor inmenso que se posesiona del momento dramático con tal poder de emoción y con tales aciertos de expresión que el público subyugado por el gran actor que hay en Paoli, se olvida de que asiste a una bella, a una emocionante ficción artística, para dejarse penetrar del drama tremendo que el glorioso artista portorriqueño vive y nos hace vivir con la tortura angustiosa de su arte realista. Antonio Paoli logró las mayores alturas de la grandeza escénica, en el dúo del tercer acto con Desdémona y en *El Monólogo*, en que puso una desgarradora tristeza y una fiera energía impresionante. El público le llamó a escena y se reprodujo la inmensa, la cálida, la interminable ovación de la salida. El telón se alzó muchas veces.

En la tercera parte cantó Paoli el dúo final, poniendo en sus acentos una amargura desgarradora y en la escena de la muerte, un verismo aterrador. La ovación se reprodujo atronadora al final.

Paoli está en pleno vigor; sus facultades son brillantísimas y su arte sencillamente estupendo. La ovación que se le tributó anoche fue tan merecida como extraordinaria. El gran tenor puede estar satisfecho de su inmenso, de su insuperable éxito; y Puerto Rico puede estar orgulloso de su insigne, de su magno artista. Lo que no estuvo bien fue que se dejara entrar a todo el mundo a presenciar la tercera parte del espectáculo. El público se amontonaba en las afueras del teatro formando una enorme muchedumbre. Desde fuera se oía la bella, la espléndida voz del tenor. Un grupo numeroso se situó frente a la ventana del camerino del ilustre artista y le aclamó largo rato. Y al momento se dio la orden de que las puertas se abriesen a todos. Como era de esperarse, como era de temerse, y de humentarse, se produjo una invasión enorme. Todo el mundo quiso entrar y entró en el teatro. Las localidades que estaban vacías y las que no lo estaban también fueron invadidas; en los pasillos de entrada el patio de butacas se formó una muralla infranqueable de improvisados espectadores que no permitían pasar a la sala a los espectadores que habían pagado diez dólares por una butaca. En dos balcones pasó lo mismo. Y en los palcos fue un borrar...

Nosotros no quisiéramos amargarle su triunfo al insigne tenor. Pero no podemos aplaudir ese gesto de anoche. El egregio tenor tiene el derecho de cantar gratis para su pueblo; pero no tiene el derecho de causar molestias a los que pagaron muy caras sus localidades para oírle y verle y admirarle, con el precario confort de que adolece de suyo, sin esas invasiones peligrosas, el Teatro Municipal". Domingo Orozco.

El Mundo - 25 de julio de 1922:

EL GRANDIOSO TRIUNFO DE PAOLI EN EL TEATRO MUNICIPAL - "El domingo, como estaba anunciado, se presentó ante el público capitalino en el Teatro Municipal, el célebre tenor portorriqueño Antonio Paoli. El teatro, aunque no estaba completamente lleno, presentaba una concurrencia; era selectísima. A las nueve y media, el público impaciente empezó a aplaudir para que se diera principio al espectáculo. Inmediatamente, por orden de la Empresa, la orquesta de treinticinco profesores dirigidos por el maestro Manolo Tizol, ejecutó la selección de la ópera *Guillermo Tell* la cual fue aplaudida por el público. Momentos después y en medio de la expectación general, el insigne tenor Antonio Paoli, el tantas veces aplaudido tenor dramático que ha cautivado la admiración de los públicos de Europa y América, adquiriendo un prestigio solido en el arte que hizo famoso a Tamagno, se presentó con paso firme en el escenario de nuestro Coliseo, bajo una estruendosa salva de aplausos y aclamaciones generales. El público se puso en pie, no cesando por espacio de cinco minutos de aplaudir, lleno de entusiasmo, al formidable tenor Paoli, gloria y prez de Puerto Rico. De varios palcos cercanos al escenarios, numerosas damas y admiradores del artista, desbordantes de entusiasmo, lanzáronle ramos de flores y muchos caballeros lo saludaban con los sombreros. Después que el público se serenó, dio comienzo el dúo entre la bella artista Isabel Soria, interpretando el papel de Desdémona y el tenor Paoli, en su carácter de *Otello*. Paoli cantó con admirable dulzura y vigorosa voz *El Esultate* el cual sedujo a la concurrencia, hasta el extremo de ponerla de pie, frenética de entusiasmo, al terminar el brillante y sonoro canto. Al desaparecer Paoli tras lo bastidores y en vista de que los aplausos continuaban, reapareció en escena para dar las gracias al público por su ferviente admiración. La soprano Isabel Soria, con dulce voz aunque pequeña en volumen, fue aplaudida.

Terminado que hubo el primer acto, el público salió a las galerías comentando favorablemente la labor del glorioso tenor Paoli, quien, además de poseer una intensísima voz clara y limpia, armoniosa y excelente, domina con su figura elegante y su porte bizantino, con su técnica original y su mímica sugestiva, el teatro dramático. El Moro de Venecia, el personaje Otello, en el que encarnó Shakespeare los celos del hombre, es interpretado por el tenor Paoli con una insuperable maestría. No solamente la voz de Paoli es asombrosa sino que hasta sus ojos, de un mirar penetrante, revelan al artista que en su género es hoy la primera figura en el mundo. La orquesta ejecutó *Pique Dama*, de Von-Suppe, dando comienzo a la segunda parte del programa.

En el segundo acto de la famosa ópera de Verdi, Paoli se presentó en la escena y cantó exaltado y en carácter la parte más difícil de la obra, *Ora e Per Sempre addio Sante Memorie*. Esta parte que le ha valido a Paoli tantos laureles, está impresionada en disco, pero aunque la reproducción de la voz de Paoli es notable, existe una gran diferencia de la original. Cuando Paoli concluía de emitir las notas más agudas del *Ora e Per Sempre addio Santa Memorie*, el público no esperó las notas quedas y empezó a aclamarlo delirantemente, durante los dos aplausos largo rato.

En el dúo del tercer acto con Desdémona, el Sr. Paoli nos dejó ver su media voz dulce y encantadora, habiendo sido por ello aplaudido atronadoramente. El público se deshizo en elogios por su media voz. La artista Isabel Soria recibió en esta escena una nutrida salva de aplausos. En el tercer acto y final de la obra, aparece Desdémona de rodillas sobre un reclinatorio y la alcoba donde Desdémona es asfixiada por Otello y este a su vez se degolla. Isabel Soria cantó con gran ternura el *Ave María*. Mientras Desdémona se retira a su dormitorio, Otello entra sigilosamente por la izquierda, y se inicia el dúo final. El tenor Paoli con voz llena de emoción cantó el arrepentimiento de *Otello*, de un *Otello* trágico. Al terminar el acto, el telón fue levantado muchas veces ante los incesantes aplausos del público.

Después de veinte años de haberse ausentado de Puerto Rico el insigne tenor Paoli, recibió anteanoche de su pueblo entre delirantes aclamaciones y entusiastas vivas, la admiración y la consagración de su patria".

Como se puede apreciar por estos recortes de periódicos, el éxito de Paoli fue extraordinario y se ganó al pueblo humilde, al mandar a abrir las puertas del Teatro Municipal para que todos participasen según la prensa que a pesar de la intensa lluvia la conglomeración de público era tal, que no podían pasar ni los automóviles. Dice el diario La Correspondencia, que esto fue algo nunca visto en Puerto Rico.

El pueblo puertorriqueño entero ardía en deseos de escuchar al hijo predilecto de esta tierra, que había puesto muy en alto el nombre de Puerto Rico en el mundo entero, ante los más exigentes públicos y los más poderosos reyes del orbe. Regresaba, triunfador y lleno de gloria a dar a conocer a los suyos lo que en el verdadero arte canoro, y lo que era en realidad un verdadero tenor dramático.

ANTONIO PAOLI

Pica - Pica, San Juan, P. R., 29 de julio de 1922:

NOTAS TEATRALES: "Il tenore Paoli é, indubbiamente, il piú grande Otello vivente"; este juicio definitivo del autorizadísimo crítico de la Tribuna de Roma quedó más que comprobado el último domingo, ante el público inmenso que asistiera al "successi grandissimi" del Municipal.

Antonio Paoli, nuestro admirable compatriota, tras largos años de ausencia ha vuelto a la plazuela de Colón. Cantó *Otello*, la complicada y sabia ópera de Verdi, y esto nos lleva a recordar lo que en ocasión como la presente escribió un periodista: 'Scoprire *Otello* é superfluo; come é superfluo scoprire il magnífico interprete che é Antonio Paoli. Questo superbo tenore si é specializzato, per dir cosí, nella difficile parte, tanto da essere considerato il genuino continuatore di una tradizione, que ebbe esponente Francesco Tamagno'.

La primera vez que se cantó *Otello* en San Juan fue por artistas contratados en Milán por aquel famoso y entusiasta empresario que se llamo en vida Américo Marín; buenos artistas seleccionados precisamente por Paoli. La última representación tuvo lugar el 14 de marzo de 1919 y en ella tomaron parte la Vergeri, el tenor Arensen y el barítono Viglione; pero en honor a la triunfal presentación de Antonio Paoli hay que decir que supo a estreno su grandioso *Otello*.

El clamoroso éxito de esa noche sin duda que recordaría al cantante de la voce superbamente fresca, "eccezionalmente bella, calda, possente e suggestiva" sus más célebres veladas del Constanzi de Roma, del Sultaniale de El Cairo y del San Carlo de Lisboa, pero ni que decir hay que los ¡viva Puerto Rico! y las estruéndosas ovaciones que escuchara Paoli de sus fanatizados compatriotas en El Municipal debieron llegarle al alma y jamás los olvidará".

Era tanto lo que se hablaba de Paoli todos los días en los diarios, que el entonces Gobernador de Puerto Rico, Sr. Emmet Montgomery Reilly asistió al Teatro Municipal para admirarle y aplaudirle. Junto a él asistió también un nutrido grupo de norteamericanos que querían disfrutar de esa noche de arte lírico, llenando el palco central del 2do. piso del teatro y los dos palcos contiguos. Según Don José Romeu, aquellos aplaudieron hasta rabiar pues en realidad estaban presenciando a un gran coloso de la lírica en su magistral interpretación el *Otello* de Verdi.

El éxito fue tan grande que las Empresas Crosas de San Juan organizaron un segundo concierto para el lunes 31 de julio en el Teatro Municipal. A este segundo concierto asistió el gran pintor puertorriqueño Don Moncho Frade acompañado de varios familiares, además de Doña Elisa Tavarez y otras grandes personalidades de la artes y la cultura de nuestro país.

EL IMPARCIAL - martes 1ro. de agosto de 1922:

EL SEGUNDO CONCIERTO DE ANTONIO PAOLI - "El Municipal, anoche, se vio mucho más concurrido que la noche del primer concierto; todas las butacas estaban llenas, todas las localidades altas y algunos palcos. Esto, a pesar de la rebaja de precio, teniendo en cuenta que el programa era casi el mismo, y que la rebaja de precio dejaba todavía la butaca a cinco dólares es un éxito definitivo.

El gran tenor fue acogido a su salida a escena con aplausos fervorosos de sus admiradores, y la ovación prolongó por algunos minutos. Paoli cantó El Andante del El Trovador y dijo la cabaletta con gran vigor, lo que le valió una apresurada ovación del nervioso auditorio que no dejó resolver al divo la valiente frase. Bisó el cantante y sucedió lo mismo. El público ganoso de mostrar su entusiasmo, quitó lucimiento al espléndido artista. Las ovaciones se sucedieron después en Otello, con la misma espontaneidad y la misma justicia que en el primer concierto.

La Sra. Isabel Soria que tan ovacionada fue anoche, ha sumado un nuevo laurel a los que tiene ganados en tan buena lid. Fue la Sra. Soria la dulce Desdémona que requería un Otello tan bravo y tan fogoso. Llamados insistentemente al palco escénico a la terminación de las bellas escenas de la famosa ópera, la distinguida soprano y el egregio tenor, fueron largamente aclamados.

Al dar comienzo la tercera parte del programa se reprodujo la escena lamentable y censurable de la primera noche. Pero la Empresa no tuvo la culpa, tampoco, el gran tenor. Fue un desmán de cierta gente que se propuso, por lo visto, provocar un motín. La avalancha penetró, invadió las localidades, molestó a los espectadores que habían pagado para oír al eminente tenor, y todo eso pudo hacerse impunemente. Lo peor no es lo que ha ocurrido, ya que esto podría tener la remota disculpa del entusiasmo de ciertas gentes insolventes por el más grande artista que ha producido el arte lírico el país. Pero es que se ha establecido un precedente brutal y sabe Dios adónde puede conducir en el terreno de los excesos colectivos ese síntoma que anoche se manifestó en toda su detonante ordinariez.

Definitivamente, el Teatro Municipal se ha clausurado anoche. Puesto que ni las Empresas, ni el público tienen garantías, ¿quién se atreverá a abrir las puertas del viejo teatro, en el que puede producirse cualquier noche de función una verdadera hecatombe, si, como es de esperar la impunidad con que anoche operó cierto público es un estímulo para nuevos atropellos inciviles? El síntoma que se reveló anoche, no puede ser más alarmante. Piensen en ello las autoridades. Mediten los que tienen la responsabilidad de estas indisciplinas. Y vean, vean si todavía, están a tiempo de atenuar la anarquía que en el hecho de anoche se advierte… No creemos que nuestras pretensiones de pueblo culto se avengan con la férrea medida de una reconcentración de fuerzas cada noche. La función para que la muchedumbre levantisca sepa guardar los respetos que nunca ha debido olvidar. El precedente malo se dio la primera noche en que cantó Paoli. Entonces, EL IMPARCIAL se quedó solo en la censura. Y quién sabe si hoy nos pasará lo mismo".

LA DEMOCRACIA,- San Juan, P. R. , 2 de agosto de 1922:

EL INSIGNE PAOLI OBTUVO ANTEANOCHE OTRO GRANDIOSO TRIUNFO - "Anteanoche el gran tenor Antonio Paoli reverdeció sus laureles de insigne cantante, en el Teatro Municipal de San Juan, ante un público selectísimo, numeroso, que parecía caldeado, electrizado por intenso entusiasmo. Se observó, y hay que anotarlo, cierta precipitación en el público, nacida de un intenso patriotismo, para demostrar sus simpatías al egregio compatriota precisamente en instantes en que este cantaba.

En la primera parte del programa, debido a las contínuas vibraciones, el célebre *Di Quella Pira*. Resultó una lástima en verdad que el bravo tenor no pudiese rematar como él tan magistralmente sabe hacerlo, la preciosa fermata. Pero acháquese esto, repetimos, al intenso entusiasmo que nuestro público experimenta por su insigne compatriota. La voz de Paoli vibró con la intensa emoción de siempre, y su sonoridad metálica, de garganta privilegiada, produjo grandes tempestades de aplausos, que se repitieron en la romanza *Ora e Per Sempre Addio Sante Memorie* del segundo acto de *Otello*, y luego, en todo el tercer acto, secundado gallardamente con la naturalidad y el sentimiento que imprime a su canto, por la soprano ligera Isabel Soria. *El Monólogo* fue dicho por Paoli con mucho sentimiento, imprimiendo a su voz la ternura del que se despide de la mujer idolatrada, de la que ha llevado toda una vida de amor. En el último acto, el teatro estaba imponente, pues el público congregado frente a la plazoleta, invadió el patio de butacas pasando por encima de acomodadores y la policía, que estaba a la puerta. El éxito fue enorme, definitivo, único. Reiteramos al gran cantante nuestros parabienes, y lo felicitamos por el enorme triunfo obtenido".

El Día, jueves, 3 de agosto de 1922:

ANTONIO PAOLI: IMPRESIONES Y RECUERDOS - "Cuando escribimos este nombre, lo primero que salta del viejo relicario de los recuerdos, es éste mote: Lalá. Lalá murió hace tiempo, y no ha podido ver, como hace veinte años, al Niño Toño. El lo habrá sentido mucho. Lalá, una viejecita afro borinqueña, fue la niñera de Mario Braschi, el glorioso periodista de pretéritos tiempos; Carlos, el bravo militar español que ha tendido la lona de sus tiendas, definitivamente, en el suelo del doctor Rizal, hasta Amalia, Manolo, Antonio, Sarito, Domingo y Francisco, estos tres últimos ya durmientes en la eternidad....

Cuando Amalia se decidió a llevar con ella a Madrid a sus hermanos Sarito y Antonio, destruyó cuanto se le había preparado para el viaje, y a poco más se queda en Puerto Rico, si no es por la intervención enérgica de Mario. Toño estaba por entonces en plena

EL LEON DE PONCE

adolescencia, y se hallaba encantado con las travesuras que perpetraba, gozando y riendo a mandíbula batiente cuando Juan Bocú se quebraba un ladrillo de Arabia sobre aquel cráneo, el de Bocú, que parecía de acero samurai. Y prefería ser la carta de un célebre tocador de bomba nombrado Serrallés, o irse a zabullir en el peligroso Zanjón, acompañado de Juan Jícara y del joven Antonsanti para después pisar el baño con sardinas de colen y otras frugalidades. A lo mejor, Toño "se agarraba" a las trompadas con cualquiera. Era temible como boxeador. Una vez, tendido el torrente llovedizo en la calle de la Salud, fue a cruzarlo andando de manos, y se fracturó un brazo. Corría a caballo como el mejor jockey. El mismo loco deña Máxima, en los calambreñales de orillas del Portugués, lo respetaba. A su amor y vocación por los ejercicios al aire libre, desde muy niño, persiguiendo canarios por "Piedras Blancas", trepando altos árboles, por Bucaná o San Antón, debió, sin duda, formarse fuerte como Hércules, con músculos de hierro, y sano y gentil.

¡Cuánto tiempo ha pasado! Hoy es Antonio una de las legítimas glorias del mundo lírico... Y cuando le sabemos de nuevo pisando la tierra que lo vió nacer, cargada su hermosa y noble frente con los más preciados laureles, la tristeza prende en nuestra alma gasas crepusculares, y los recuerdos proyectan en el corazón lancinantes melancolías. ¡Son añoranzas tan queridas y dolorosas!... Amalia, Julio, Mario, Domingo, Paco, Lalá, y sobre todo, nuestra Lalá de la que nadie puede acordarse con más amor y lágrimas que nosotros!... Tal vez no volvamos a ver Antonio, si la casualidad no le hace volver a contemplar en Ponce los sitios por donde su niñez fue acaso lo más bello de su vida. Es su pueblo el que debe moverse con todo entusiasmo, para oírle y envolvernos unos instantes en la inmarcesible gloria del insigne artista". Don Modesto.

El día 3 de agosto se le rindió un homenaje en el Teatro Strand, de San Juan. La nota titular del periódico El Mundo dice:

BRILLANTE FIESTA EN HONOR A PAOLI - "Valiosos elementos artísticos que tomaron parte en la brillantísima audición de canto que, en honor del eminente tenor Paoli, organizó en el Teatro Strand la noche del 3 del corriente la notabilísima Profesora Srta. Lina Reggiani, cuya meritoria labor es digna de los mayores elogios, con el concurso de algunos discípulos suyos. En el lucidísimo acto tomaron parte las señoritas Kary Figueroa, Carmen Guijarro, Pepita y Providencia Riancho y el joven Sr. Astol, acompañados al piano por la distinguida Sra. Sisilia A. de Astol".

Amalia llegó a San Juan el día 1ro. de agosto.

AMALIA PAOLI - "Mañana domingo, a las tres de la tarde, en el vapor Buenos Aires, llegará a Puerto Rico, después de muchos años de ausencia en Europa, la genial artista puertorriqueña Amalia Paoli, hermana del tenor Antonio Paoli, hoy gloria del arte lírico mundial. Celebramos la visita que nos hace la distinguida coterránea para quien La Correspondencia tiene un afectuoso saludo.

El Regionalista, jueves 10 de agosto de 1922:

AMALIA PAOLI - "Después de una larga ausencia en la Tierra del Arte, Italia, ha retornado a su país natal, la artista portorriqueña, hermana del eminente tenor Antonio Paoli, cuyo nombre sirve de epígrafe a estas líneas. La ameritada artista que nos ocupa, es huésped nuestra y también goza en el campo del arte, cantante, de reconocida fama, y en la tournée por la isla acompaña a su hermano en sus faenas artísticas. Reciba la distinguida dama nuestro más afectuoso saludo".

ANTONIO PAOLI

El Imparcial, 2 de agostode 1922:

AMALIA PAOLI - "En el Buenos Aires ha regresado a San Juan, después de una larga
temporada ausente del país, la distinguida mezzo soprano Amalia Paoli, que es tan estimada
entre nosotros. A recibir a la notable artista fueron al muelle numerosas amigas suyas y
admiradoras de su arte, que le dieron a la amable artista una cordial bienvenida. También le
fueron ofrendadas muchas flores que la distinguida artista agradeció muy gratamente
impresionada y conmovida. EL IMPARCIAL se asocia al sencillo y cordial homenaje
tributado a la dama y a la artista, a su regreso al país, y rinde a Amalia Paoli su saludo de
bienvenida".

Trina Padilla de Sans, su amiga de la niñez a quien tanto quería y respetaba, le organiza un
concierto en el Teatro Oliver, de Arecibo, que resultó un triunfo delirante.

El Regionalista, sábado 12 de agosto de 1922:

SALSA QUE PICA - "Arecibo está de plácemes. Vamos a tener por algunas horas como
huésped prominente, a una verdadera gloria portorriqueña: Don Antonio Paoli. El egregio
compatriota nos ofrece una nueva oportunidad para apreciar su magnitud artística y esto, en
realidad, constituye un verdadero acontecimiento.

Como vamos a recibir a Don Antonio, aquí esta la parte compleja del asunto. Paoli es orgullo
de esta isla. Dondequiera que el eminentísimo tenor se ha presentado, cosechó de sobra
aplausos, distinciones sociales y también dinero, que si no es premio para el espíritu, es
palanca potente y vigorosa para el sostenimiento de la vida.

Nuestros cultos centros sociales, no sabemos lo que hasta hoy hayan preparado en homenaje
a ese gran tenor. Algo habrán hecho los casinos de Arecibo y el Español, cuyos elementos
supieron moverse en ocasiones similares. De todos modos, hay que esperar los sucesos y los
factores representativos de nuestra cultura social, dejaban en esta oportunidad no una
decepción en el alma del sublime cantante, sino una impresión gratísima de su visita a la
ciudad norteña. Si así lo hacéis, Dios os lo premie; sino mereceremos cincuenta años más de
Moncho Reyes".

AL INSIGNE TENOR PUERTORRIQUEÑO SR. ANTONIO PAOLI - 13 DE AGOSTO
DE 1922 - Señor: ¡SALUD! Sed bienvenido a nuestra campiña. Os saludamos con regocijo
en nombre del pueblo de Arecibo, y representándolo, os hacemos presente el legítimo orgullo
que lo embarga. Porque sois la suprema representación del arte lírico mundial en los
momentos presentes. Y el nimbo que circunda a vuestro nombre, centellea también sobre la
Patria, enalteciéndola y elevándola a las cumbres del arte, que son, con el pináculo de la
ciencia, las únicas razones civilizadoras, porque están despojadas de los prejuicios que dividen
la humana sociedad. Reconocemos en vos al Patriota por excelencia, porque tenéis amor a
vuestra Patria, y lo manifestáis sin discursos, sin intervención en el reparto público de
prebendas políticas... Lo manifestáis ante los auditorios más conscientes de ambos hemisferios,
al emitir las notas musicales que los arrebata y enternece. Y pues ennoblecéis a vuestros
conciudadanos y alcanzasteis el don y la prerrogativa de que pueden sentirse orgullosos,
permítidnos, señor, que deshojemos a vuestros pies el bouquet de flores de nuestra gratitud.
¡SALUD, SEÑOR!
Por la Asociación Cívica "HOMBRES QUE PIENSAN"
Oscar Colón Delgado - Presidente.

Teatro Oller

DOMINGO 13 DE AGOSTO DE 1922

Gran acontecimiento artístico
A LAS 8½ P. M.

UNICO CONCIERTO POR EL EMINENTE TENOR
DRAMATICO PUERTORRIQUEÑO

Comm. Antonio Paoli

SANCIONADO POR LA CRÍTICA DE LA PREN-
SA DE EUROPA COMO EL MEJOR TENOR
DRAMATICO DEL MUNDO.

1—"O PARADISO" OPERA AFRICANA—M......
2—"MADIMOISELL BELLILLE".....Samarra...
3—"ROEANZA CELESTE AIDA"....Verdi

1—"RECCONTO DE LA OPERA UGONES...M...
2—"MONOLOGO" OPERA "OTELLO".........
3—"ORA E PER SEMPRE ADDIO SANTE ME-
RIE" OPERA "OTELLO" VERDI

——PRECIOS——
PALCOS CON ENTRADAS...$12.00
BUTACAS CON ENTRADAS...$ 2.00
ENTRADA GENERAL........$ 1.00
ENTRADA A PARAISO....$ 0.75

Oportunamente se dará a conocer el programa

*Al final de este recital, cantó como Encore, La Pira de El Trovador de Verdi, poniendo
al público de pie.*

El teatro estaba completamente lleno, no solamente de gente de Arecibo, sino de los pueblos
vecinos. Paoli quedó muy contento y agradecido de aquel público tan elocuente y cariñoso.

La Hija del Caribe

LA HIJA DEL CARIBE - "Con sumo gusto damos a conocer a nuestros lectores, la labor realizada por esta noble y culta dama, amante del arte, cuyo nombre literario encabeza estas líneas, quien reviviendo tiempos anteriores, y porque Arecibo pudiera gozar de la delicia de poder oír a una de las glorias mundiales, se tomó el interés de colocar las localidades, y hoy podemos asegurar que Paoli cantará en Arecibo, debido a las gestiones llevadas a cabo por doña Trini y la Sra. del Postmaster, desde luego, que al éxito de que Paoli cante en el Oliver mañana, ha contribuido eficazmente también la Compañia Teatral Arecibeña y con éstas el culto público arecibeño.

El eminente tenor es huésped de la distinguida dama, la cual se siente orgullosa en tener en el seno de su hogar a una figura de tan altos vuelos artísticos que es gloria y prez de nuestro país. Reciba la ilustre "Hija del Caribe" y todos los que la han ayudado en esa ímproba labor, nuestra más calurosa felicitación".

Paoli estaba contentísimo y feliz de estar en su tierra, pues las demostraciones de afecto y cariño le eran prodigadas por dondequiera que pasaba. Los dos conciertos en San Juan habían sido extraordinarios. Los homenajes de organizaciones sociales y culturales, se repetían con marcada frecuencia. El concierto de Arecibo había sido un gran acontecimiento artístico y cultural. El día que llegó a Arecibo, fue recibido en la plaza por una gran cantidad de público que le acompañó hasta la casa de la "Hija del Caribe", Trina Padilla de Sans, donde habría de hospedarse. Pensaba, pues, Paoli, que sería lo mismo en Ponce, su cuna natal. Imaginaba Paoli el gran recibimiento que allí le harían. El Teatro Broadway de la Calle Mayor colocó grandes carteles al frente anunciando el gran acontecimiento lírico. La venta de boletos estaba abierta al público. La verdad es que para la noche del día 16 de agosto fecha del primer recital, solamente se habían vendido unos cuarenta boletos. Al llegar Paoli, a Ponce, nadie se ocupó de recibirlo y se alojó en el Hotel Meliá. Al enterarse de la poca venta de boletos, mandó a rebajar los precios de las entradas para hacérselo más fácil al público.

EL LEON DE PONCE

16 de agosto de 1922
Teatro Broadway
Ponce, Puerto Rico
8:00 P. M.

Primer Gran Concierto del Eminente Tenor Dramático, Ponceño
Comendador Antonio Paoli

Programa
1- O Paradiso......La Africana
2- Si, Io L'Amo......Madammemoiselle de Belle Isle
3- Celeste Aïda......Aïda

1- Bianca al Par......Hugonotes
2- Monólogo......Otello
3- Ora e Per Sempre Addio......Otello

1- Ah, Si Ben Mio......El Trovador
2- Di Quella Pira......El Trovador
3- Esultate......Otello

A pesar del poco público, Paoli cantó con todo su corazón, aunque triste por aquel marcado desprecio de sus compueblanos. Esa noche, entre la escasa concurrencia al teatro, se encontraba el distinguido pintor puertorriqueño Don Miguel Pou y Sra., el músico Don Librado Net, el compositor ponceño Don Julio Alvarado, el Lcdo. Pedro Albizu Campos, el Alcade Parra Capo, el Sr. Guillermo Cintrón y Sra., y unos pocos más.

Al enterarse de que se habían vendido muy pocos boletos para el segundo concierto lo canceló y ordenó que se pusiera un gran cartel frente al Teatro Broadway que decía: "Concierto de esta noche cancelado por falta de interés del público".

Se fue al Hotel Meliá y le ordenó al mozo del restaurante un variado menú de platos. Invitó a sus amigos, el Lcdo. Pedro Albizu Campos y Arístides Chavier, a cenar con él. Se congregó frente al hotel una gran cantidad de público y entonces Paoli salió al balcón del hotel acompañado del Lcdo. Albizu Campos, quien habló en nombre del tenor y luego se retiraron para volver a salir a recibir las aclamaciones de aquel público sencillo de Ponce. Al rato llegó el Alcalde Parra Capó acompañado de los Sres. Juan Carlos Ramos, Eustaquio Pujols y Fausto Percy a invitarle a asistir a un homenaje sorpresa que se le había preparado en el club Morel Campos.

Salió del hotel acompañado por estos señores y su inseparable amigo Albizu Campos y se dirigió al Club Morel Campos acompañados también de una gran masa compacta de ponceños. Todos querían felicitar y abrazar al artista y le pedían perdón por lo sucedido a lo cual él respondía que no culpaba a nadie por lo sucedido.

Aquella manifestación del pueblo sencillo de Ponce fue lo más hermoso que ha presentado el noble pueblo ponceño. En el Club, había varios intelectuales que le esperaban entre los que estaban Don Eugenio Le Compte, Blas Oliveras, Panchito Parra, Ramón Marguerie, Don Federico Ramos, Guillermo V. Cintrón. Allí fue muy festejado y el pianista Don Federico Ramos interpretó varias danzas de Morel Campos, y varias piezas de su propia inspiración que fueron muy del agrado de Paoli. A eso de la una de la madrugada, cuando se disponía a abandonar el Club, encontró que allí estaba aquel su pueblo de gentes sencillas y humildes esperándole frente

ANTONIO PAOLI

al Club y le acompaña hasta el hotel con aclamaciones y vivas continuos como se les hace a los políticos. Al otro día, Paoli se marchó de Ponce para jamás volver. Aun así, Guillermo Vivas, siguió haciéndole mala propaganda a Paoli, hablando mal de él dondequiera que se paraba y escribiendo en la prensa artículos hirientes que fueron contestados por Manuel Paoli, el hermano del tenor. No se sabe a ciencia cierta por qué este señor atacaba a Paoli tan encarnizadamente, aunque la gente decía que alguien muy poderoso le pagaba para hacerlo así.

El Día - Ponce, viernes 18 de agosto de 1922:

ANTONIO PAOLI ANTE EL PUBLICO DE PONCE - IMPRESIONES Y COMENTARIOS - "Después de unos veinte años de ausencia retorna al lar nativo, nimbada su frente con los laureles del triunfo, Antonio Paoli, figura representativa del arte lírico mundial. Y al pisar las playas nativas, de paso para otras regiones, ha querido hacer participe al pueblo donde se deslizaron su primeros años de infancia, las magníficas dotes de su talento artístico, en plena florescencia y madurez.

Antonio Paoli debe ocupar un lugar predilecto en todos los corazones portorriqueños. Todos aquellos que sientan vibrar en su alma la fibra del arte y alberguen, por consiguiente, sentimientos de amor hacia las supremas idealidades del espíritu, no podrán menos que sentirse congratulados ante ese artista valioso, ya consagrado por la crítica docente mundial. Este reconocimiento nos releva de emitir juicio alguno, que resultaría acaso torpe y extemporáneo. Hemos, no obstante, de hacer resaltar nuestra admiración hacia la pose de su voz, que conceptuamos potencialmente intensa, voluminosa, vibrante, subyugadora. Trazamos estas líneas simplemente ante la recepción tributada al ilustre artista por una gran parte de nuestra sociedad.

En el recital efectuado antes de anoche en el Teatro Broadway de Ponce, Paoli ha sido delirantemente ovacionado; el público, con sus ruidosas y efusivas palmadas le reveló su admiración y cariño, demostrando al propio tiempo, que se reconocía estar en presencia de un artista superior. Pero, en honor a la verdad, precisa proclamar que gran parte de los elementos soidisant representativos de nuestra alta sociedad no acudieron a la cita ni otorgaron al cantante el homenaje de profundo amor y justa admiración a que era acreedor.

Anotamos con profundo disgusto que, en términos generales, la sociedad de Ponce no ha respondido con la debida gallardía al llamamiento del artista Paoli; del artista que, en su peregrinación triunfal por el mundo, ha alcanzado delirantes ovaciones, significados triunfos, enaltecedores para su hogar nativo. El elemento representativo de nuestra sociedad, repetimos, ha permanecido casi impasible ante la manifestación de arte elevado brindada por el tenor Paoli, y esto es realmente lamentable, porque pone de relieve el marasmo que la invade y la desorientación reinante en nuestro mundo moral.

No estimamos argumento de desagravio al artista la situación económica que se atraviesa en estos momentos; pues Paoli, conocedor de tal situación, no vaciló en rebajar sensiblemente los precios de las localidades, para dar así más fácil acceso a sus coterráneos anhelantes de oírle. No obstante esto, el glorioso artista se vió precisado a suspender su segunda audición, para no exponerse a un fracaso y material. Y cuando todos esperábamos que, aunque *In extremis*, el consagrado artista Paoli recibiría en su Pueblo natal los halagos de una brillante apoteosis, vemos que nuestra sociedad permanece insensible, poniendo en tela de juicio su decantado amor hacia las grandes manifestaciones del espíritu.

Antes de ahora, muchos artistas extranjeros de menos valía que Paoli, han visitado nuestra ciudad, recibiendo por su labor artística la más cálida acogida de los diversos centros sociales:

EL LEON DE PONCE

todos han sabido salir satisfechos de los homenajes que se les han rendido, llevando acaso en su alma un destello de simpatía hacia el público. ¿Tendrá el artista Paoli, al ausentarse de su lar nativo, motivos para anidar en su alma el mismo sentimiento? ¿Serán los aplausos tributados a Paoli suficientemente elocuentes para despertar en su corazón un profundo sentimiento de amor y gratitud hacia su hogar nativo? ¿Para acaso inadvertido para nuestra élite social que Antonio Paoli, aparte de su talla artística, es hermano nuestro, acreedor a la más elevada y delirante demostración de cariño y admiración, porque hace reflejar en la pequeña ínsula, como timbre de orgullo, sus valiosos triunfos en el exterior?

Como ya antes de ahora hemos expuesto, no es por sus políticos más o menos fracasados, ni por sus representativos en el campo de las demás actividades que Puerto Rico llegará a merecer la atención del mundo: es por sus artistas. Estos, en todas las sociedades civilizadas y progresistas, son los llamados a fomentar los lazos de amistad y amor entre los pueblos. Al arte exclusivamente esta encomendada esta finalidad de alto fuste moral.

Es innegable que la música, lenguaje misterioso y que pone en vibración los más grandes idealidades del espíritu, posee recursos insospechables, ilimitados, y siendo una actividad de nuestra vida, el aliciente más grande y noble de la existencia, constituye el principal lazo de unión y fraternidad entre todos los pueblos y todas las razas. El artista, pues, por la virtualidad de sus atributos, de su clarividencia, debe ocupar un lugar predilecto en toda sociedad progresista y bien constituida.

Y cuando ese artista, disfrutando de una consagración mundial, se dispone a hacernos partícipes de las bellezas y encantos del arte lírico; cuando ese artista generosamente nos invita al deleite promoviendo en nuestra alma el sentimiento de la emoción estética, que es la más alta finalidad de toda obra de arte genuino; cuando ese artista, en fin difunde gallardamente por el mundo los luminosos destellos de su talento y ofrenda al lar nativo el brillo de su fama, entonces, es necesario convenir que semejante artista debe ocupar gloriosamente la más elevada cumbre moral de nuestra respetuosa admiración y de nuestro entrañable afecto.

La ciudad de Ponce debería sentirse orgullosa al albergar en su recinto a Antonio Paoli, su huésped de honor. Pero la ciudad de Ponce, o mejor dicho la élite social de Ponce se ha abstenido de responder debidamente al llamamiento del eximio artista que en breves días se ausentará de nuestras playas, llevando acaso impreso en su alma el mayor desencanto recibido en su carrera artística. Esperamos, sin embargo, que tal sentimiento llegará a esfumarse más tarde, en presencia de los positivos triunfos que le aguardan en ambientes más propicios y ante públicos eficientemente preparados.

¡Salud al artista que se ausenta!....

Aristides Chavier.- 18 de agosto de 1922.

El Día - Ponce, viernes 18 de agosto de 1922:

DE PUNTA Y FILO - "Suspendida la función POR FALTA DE PUBLICO. El Tenor Comendador Antonio Paoli pide excusas, llevando de esta, su ciudad natal, gratos recuerdos QUE JAMAS OLVIDARA".

Con esas frases sencillas, pero crueles, lapidarias y estigmatizadoras, se despidió anoche del pueblo de su nacimiento, la única de nuestras glorias contemporáneas, el más grande de los cantantes del mundo, el insigne hijo de Ponce Don Antonio Paoli, aclamado por todos los públicos de Europa y América, ensalzado por nobles y plebeyos, y cuyas plantas han pisado las alfombras de los Palacios de Príncipes y Reyes.

Y este glorioso artista, este hijo de la Fama, este mimado de la Gloria, este privilegiado con el Don del genio, obtuvo en la noche de ayer, en su función de despedida del pueblo que tuvo el orgullo de ser su cuna, uno de los desaires más crueles por lo inesperados, no del pueblo de Ponce, sino de la Sociedad de Ponce, de esa misma sociedad que se pela por correr entusiasmada tras las glorias de oropel de otras tierras y otras patrias que no son la nuestra, a las que mima y agasaja con fruición.

Son dos; no es uno solo; son dos los desaires sufridos por dos hijos de esta patria; ayer, la señorita Amelia Agostini, quien también tuvo, con ojos llenos de lágrimas, el grandísimo pesar de ver vacía la sala del Broadway la noche de su funcón de beneficio, hace cosa de pocas semanas; y hoy, Antonio Paoli, la Gloria más grande de esta tierra, quien también acaba de pasar por el dolor de ver cerrar las puertas de un Teatro, la noche de su función de despedida, como él mismo dijo en la enorme pizarra, en su fondo negro, más negro que el alma de los ricos de Ponce, POR FALTA DE PUBLICO.

No hizo lo mismo el pueblo de Ponce; ese pueblo que sabe sentir con nuestras tristezas llorar con nuestras desventuras; ese pueblo que no tiene dinero, pero que tiene alma y sensibilidad, y corazón y vergüenza, para enrojecer de rubor y de dolor en momentos como el de anoche, cuando el Broadway cerró sus puertas, por orden del propio Paoli, POR FALTA DE PUBLICO.

Aquella masa humana, aquella ola de público de Ponce que esperaba ansiosa frente al coliseo de la calle Mayor que nuestro paisano lanzara de su privilegiada garganta trinos de ruiseñor para aplaudirle con entusiasmo, vio llena de terror la enorme pizarra negra, no tan negra como el alma de mampostería de nuestro ricos, repetimos, cuando apareció frente a él anunciando la suspensión del recital de Paoli, para bochorno y escarnio y vergüenza de nuestra flamante sociedad.

¿Qué ocurre en Ponce, se pregunta todo el mundo ante sucesos los, que ya no vibra el sentimiento patrio como en otros tiempos, en aquellos felices tiempos en que se decía que ésta era la ciudad cerebro de nuestro país?

¿Qué ocurre a nuestra sociedad ponceña, metalizada hasta el insidio retraída disimuladamente de estos actos culturales, hasta admitir que una Gloria mundial como Antonio Paoli tenga que pasar por el dolor, por el amargo dolor de verse privado de cantar ante su pueblo POR FALTA DE PUBLICO?

Hay que repetirlo muchas veces; hay que hacerlo resaltar cien mil veces, para que sirva de estigma a ésta sociedad, cuyos sentimientos mentidos y falsos resaltan a la vista de todos, alejándose justamente de los sitios donde deben hacer acto de presencia, y permaneciendo retraídos e indiferentes, escondidos en su hogar como el caracol en su cáscara, y como el topo en su inmunda cueva. Y no se diga ahora que el precio de la función era para alejar el público del Coliseo; y no se diga ahora que hay crisis monetarias, ni se venga a querer hacer acto de contrición ante el bochorno de anoche. No!

Ponce tiene DE SOBRA, elementos PUDIENTES para llenar el teatro tres veces mayor que el Broadway, y elementos que a diario los vemos en todas partes queriendo fungir de potentados, montando en costosos vehículos, y frecuentando sitios donde también se gasta, y donde también para entrar hay que hacerlo con las manos en el bolsillo.

Lo que hay es falta de patriotismo, falta de unión, falta de conciencia para no saber apreciar el verdadero valor de las cosas, y digámoslo sin rodeos, ya que el indigno acto de nuestra sociedad llevado a cabo anoche alejándose del sitio donde el pueblo y una de nuestras Glorias lo esperaban, falta de rubor, para permitir ese desaire inaudito, que constituye para nuestra sociedad un baldón, una mancha, que ha caído de modo sangriento sobre sus espaldas y sobre su nombre.

EL LEON DE PONCE

Pero no hay que esperar nada de una sociedad que, como la nuestra, vive una vida prosaica de alejamiento de todo acto cultural que dé prestigio, y lustre y honor, a sus miembros, y cuya pasividad se ha notado ya por todos, que censuran ese modo de ser, inexplicable hasta cierto punto, porque a decir verdad, Ponce hasta poco fue una ciudad entusiasta como pocas, sobre todo cuando se trataba de asuntos de nuestra región.

Y tratándose, como se trata, de UN HIJO DE PONCE, es más inexplicable todavía, y más censurable su conducta, la conducta de nuestros ricos, que al parecer, o tienen el alma de concreto armado para no sentir, o tienen el cerebro de hierro galvanizado para no pensar.

Yo le suplico, amigo, nos decía anoche el señor Paoli después de haber pasado por el dolor de la suspensión de su Recital, NO DECIR NADA de lo sucedido esta noche; yo me voy ahora a recorrer Estados Unidos, donde tengo contratas para 48 funciones en New York, Chicago, Filadelfia, y otras ciudades, y volveré a mi Ponce en abril o mayo del año entrante, para hacer ver a mi pueblo, que parece me desconoce, lo que soy y lo que valgo; y entonces volveré a cantarle con el mismo amor que le canté anoche, y con el mismo entusiasmo que pensaba cantarle esta noche.

Esas fueron las palabras del gran artista, pero a pesar de su súplica de que NO DIJERAMOS NADA, no podemos callar, y es imposible que pasemos en silencio el ignominioso acto de anoche, llevado a cabo por nuestra sociedad, ante la censura y ante el anatema de todo un pueblo, que supo aclamar al Glorioso hijo de la Fama con nutridas y cálidas palmadas, desde el teatro hasta el Hotel, y desde el Hotel hasta el Club Juan Morel Campos, donde pasamos horas agradabilísimas entre amigos sinceros, entre humildes hijos del pueblo que saben apreciar nuestras Glorias, y saben sentir nuestros dolores; allí estuvimos hasta la una de la madrugada, en un ambiente de cordialidad franca y sincera, como hemos visto pocas veces en nuestra vida.

Paoli salió esta madrugada para San Juan según nos informó. Vaya en paz el buen amigo, el glorioso hijo del Arte, y no se preocupe por el acto de anoche, que nosotros hemos sentido más que él propio, llorándolo con lágrimas del corazón, y este seguro que aquí quedamos nosotros para recordarle con cariño, y a la mira del suceso diario para ver, con nuestros propios ojos, como se portan los ponceños cuando, de paso, como ave que tiende el vuelo de tierra en tierra y de país en país, llegue a nuestras playas el primer consagrado de otra patria, y como le reciben con palmas y flores, flores y palmas que no han tenido para una de sus más altas Cumbres, y para la más gallarda y legítima de sus Glorias".

El Día - Ponce - viernes 18 de agosto de 1922:

ASI SE HACE PATRIA - "El Club Juan Morel Campos estuvo anoche a la mayor altura de dignidad y de vergüenza. Espontáneamente, los señores Juan Carlos Ramos, Eustaquio Pujals, Fausto Percy, y otros caballeros del indicado Club, se apersonaron al Hotel Meliá e invitaron al ilustre artista Antonio Paoli a visitar aquella decorosa institución. El gran tenor accedió, regocijadamente. Le vimos satisfecho, y en su sonrisa parecía flotar una piedad para cierta gentuza.

Del hotel salió enseguida el artista acompañado por Eustaquio, por Ramos y Percy, a quienes seguía el sencillo pueblo de nuestra ciudad victoreando al glorioso ponceño, en aclamaciones en las que el simple observador atisbaba sorda indignación contra la muralla dorada, esa moralla indigna de que aquí duerman el eterno sueño el doctor Martin Corchado, el doctor Rafael Pujals, el magno Baldorioty, el inmortal Manuel Gregorio Tavarez, etcétera.

EL DIA
DIARIO POLITICO Y DE INTERESES GENERALES

AÑO XIV. — Editor y Admor. Guillermo V. Cintrón.—Comercio 6.— Entered as second class matter May 26, 1911 at the P. O. at Ponce, P. R. under the Act of Congress of March 3, 1879. Ponce Viernes 18 de agosto de 1922. Precio de Suscripción 50 centavos mensuales. NUM. 4314.

ANTONIO PAOLI ANTE EL PUBLICO DE PONCE

IMPRESIONES Y COMENTARIOS

Después de unos veinte años de ausencia retorna al lar nativo, nimbada su frente con los laureles del triunfo, Antonio Paoli, figura representativa del arte lírico mundial. Y al pisar las playas nativas, de paso para otras regiones, ha querido hacer partícipe al pueblo donde se deslizaron sus primeros años de infancia, las magníficas dotes de su talento artístico, en plena florescencia y madurez.

Antonio Paoli debe ocupar un lugar predilecto en todos los corazones portorriqueños. Todos a una, debemos a Paoli suficientemente elocuentes razones para despertar en su corazón un profundo sentimiento de amor hacia las sublimidades del arte y albergar, por consiguiente, sentimientos de amor hacia las supremas idealidades del espíritu. Todos no podrán menos que sentirse congratulados ante ese artista valioso, ya consagrado por la crítica docente mundial. Este reconocimiento nos releva de emitir juicio alguno, que extemporáneo, resultaría, no obstante, de hacerse faltar nuestra admiración hacia la pose de su voz, que conserva toda su potencialidad intensa, voluminosa, vibrante, subyugadora.

Trazamos estas líneas simplemente como un desahogo de nuestro espíritu, que no puede permanecer indiferente ante la recepción tributada al ilustre artista por una gran parte de nuestra sociedad.

DE PUNTA Y FILO

ASI SE HACE PATRIA

"Suspendida la función POR FALTA DE PUBLICO. El Tenor Comendador Antonio Paoli pide excusas, llevando de esta, su ciudad natal, gratos recuerdos QUE JAMAS OLVIDARA".

Con esas frases sencillas, pero crueles, lapidarias y estigmatizadoras, se despidió anoche del pueblo de su nacimiento, la única de nuestras glorias contemporáneas, el más grande de los cantantes del mundo, el insigne hijo de Ponce, don Antonio Paoli, aclamado por todos los públicos de Europa y América, ensalzado por nobles y plebeyos, y cuyas plantas han pisado las alfombras de los Palacios de Príncipes y Reyes.

Y este glorioso artista, este hijo de la Fama, este mimado de la Gloria, este privilegiado con el dón del genio, obtuvo en la noche de ayer, en su función de despedida del pueblo que tuvo el orgullo de mecer su cuna, uno de los desaires más crueles por lo inesperados, no del pueblo de Ponce, sino de la Sociedad de Ponce, de esa misma sociedad que se pela por correr entusiasmada tras las glorias de oropel de otras tierras y otras patrias que no son la nuestra, a las que mima y agasaja con fruición.

Son dos; no es uno solo; son dos los desaires sufridos por dos hijos de esta patria; ayer, la señorita Amelia Agostini, quien tan bien tuvo, con ojos llenos de lágrimas, el grandísimo pesar de ver vacía la sala del Broadway la noche de su función de beneficio, hace cosa de pocas semanas; y hoy, antonio Paoli, la Gloria más grande de esta tierra, quien también acaba de pasar por el dolor de ver cerrar las puertas de un Teatro, la noche de su función de despedida, como él mismo dijo en la enorme pizarra, en su fondo negro, más negro que el alma de los ricos de Ponce, POR FALTA DE PUBLICO.

No hizo lo mismo el pueblo de Ponce; ese pueblo que sabe sentir con nuestras tristezas y llorar con nuestras desventuras; ese pueblo q. no tiene dinero, pero q. tiene alma y sensibilidad, y corazón y vergüenza, para enrojecer de rubor y de dolor en momentos como el de anoche, cuando el Broadwy cerró sus puertas, por orden del propio Paoli, POR FALTA DE PUBLICO.

Aquella masa humana, aquella ola del pueblo de Ponce que esperaba ansiosa frente al coliseo de Ifigenia, mayor que nuestro país darte otra cosa. No nos consta.

Y Antonio tuvo que salir al balcón del hotel, y saludar a su sencillo pueblo. Y el ilustrado y caballeroso Ldo. don Pedro Albizu Campos, emocionado, habló en nombre del artista, y dió gracias por aquella manifestación, repitiendo que Antonio Paoli no tenía rencores para nuestro acendrado, recordando sólo, que estaba muy agradecido de su pueblo....

Espontáneamente, los señores Juan Carlos Ramos, Eustaquio Pujals, Fausto Percy, y otros caballeros del indicado club, se personaron en el Hotel Meliá, e invitaron al ilustre artista Antonio Paoli, a visitar aquella decana institución. El gran tenor accedió, recordando que, al visitar aquella casa, se encontraba identificado con una piedad para cierta gentuza.

El hotel salió enseguida al artista, acompañado por Eustaquio, por Ramos y Percy, a quienes seguía el sencillo pueblo de Ponce, de nuestra ciudad victoreando al glorioso ponceño, en aclamaciones en las que el simple observador atisbaba sorda indignación contra la morralla dorada, esa morralla indigna de que aquí duerman el eterno sueño el doctor Martín Corchado, el doctor Rafael Pujals, el magno Baldorioty, el inmortal Manuel Gregorio Tavarez, etcétera.

En el trayecto del hotel Club Morel Campos, el pueblo quería abrazar al artista, quería que (éste perdonase el gratuito agravio de una parte de la ciudad en que nació, y el eximio paisano correspondía, siempre sonreído, con la franca sinceridad de su cariño: no, amigos, nó; yo no tengo rencores contra nadie. No, yo me voy muy agradecido de mi pueblo. Yo os prometo que volveré pronto.

En el Club Morel Campos, se agasajó espléndidamente al gran ponceño. Saludárosnele allí intelectuales del valer altísimo de Eugenio Le Compte y de Elías Oliveras. Panchito Parra estuvo junto a Antonio en todas las largas horas tan cortas, al fin, pasadas; y el gran pianista don Federico Ramos, se cubrió de laureles en las exquisitas selecciones por él ejecutadas, sobre todo una producción original del inspiradísima. Se le aplaudió con delirio. Eustaquio estuvo felicísimo en su homenaje a Antonio, y éste tuvo para el profesor Ramos así como para Eustaquio y especialmente para el Club Morel Campos, frases de cálido y sincero agradecimiento, encomiando los grandes méritos del maestro Ramos, de quien dijo que en Europa habría escalado las mejores alturas.

A la una de la mañana, acompañado del presidente del Club Juan Morel Campos, señor Percy, del alcalde Parra, Capó—íntimo de Antonio—y de nuestro director señor Cintrón, regresó al Hotel Meliá el gran artista. Aquella manifestación del pueblo

EL LEON DE PONCE

¿Qué ocurre á nuestra sociedad ponceña, metalizada hasta el último, retraída disimuladamente de éstos actos culturales, hasta el punto que una Gloria mundial como Antonio Paoli tenga que marcharse por falta de público, por el amargo dolor de verse privado de cantar ante su pueblo POR FALTA DE PUBLICO?

Hay que repetirlo muchas veces; hay que hacerlo resaltar cien mil veces, para que sirva de estigma á esta sociedad, cuyos sentimientos mentidos y falsos resaltan á la vista de todos, alejándose injustamente de los sitios donde deben hacer acto de presencia, y manteniéndose retraídos e indiferentes, escondidos en su hogar ó el caracol en su cáscara, y como el topo en su inmunda cueva, no se diga ahora que el precio de la función era para alejar el público del Coliseo; y no se diga ahora que hay crisis monetaria ni se venga á querer hacer acto de contrición ante el bochorno de anoche. No!

Ponce tiene DE SOBRA, elementos PUDIENTES para llenar cuatro tres veces mayor que el Broadway, y elementos que á los vemos en costosos vehículos, y frecuentando sitios donde también no se gasta, y donde también hay que hacerlo con manos en el bolsillo.

Lo que hay es falta de patriotismo, falta de unión, falta de conciencia para no saber apreciar el verdadero valor de las cosas, y digámoslo sin rodeos, ya que el indígno acto de nuestra sociedad llevado á cabo anoche alejándose del sitio donde el pueblo y una de nuestras Glorias lo esperaban, falta de rubor, para permitir ese desaire inaudito, que constituye para nuestra sociedad un baldón, una mancha, que ha caído de modo sangriento sobre sus espaldas y sobre su nombre.

Pero no hay que esperar nada de una sociedad que, como la nuestra, vive una vida prosáica de alejamiento de todo acto cultural que dé prestigio, y lustre, y honor, á sus miembros, y cuya pasividad se ha notado ya en este punto, que censuran ese modo de ser, inexplicable hasta cierto punto, porque á decir verdad, Ponce has hace poco fué una ciudad entusiasta como pocas, sobre todo cuando se trataba de asuntos de nuestra región.

Y tratándose, como se trata, de UN HIJO DE PONCE, es más inexplicable todavía, y más censurable su conducta, la conducta de nuestros ricos, que al parecer, ó tienen el alma de concreto armado para no sentir, ó tienen el cerebro de hierro galvanizado para no pensar.

Yo le suplico, amigo, nos decía anoche el señor Paoli después de haber pasado por el dolor de la suspensión de su Recital, NO DECIR NADA de lo sucedido esta noche; yo me voy ahora á recorrer Estados Unidos, donde tengo contratas para 48 funciones en New York, Chicago, Filadelfia, y otras ciudades, y volveré á mi pueblo, que parece me desconoce, lo que soy y lo que valgo; y entonces volveré á cantarle con el mismo amor que le canté anoche, con el mismo entusiasmo que pensaba cantarle esta noche.

Esas fueron las palabras del gran Artista, pero á pesar de la súplica de que NO DIJERAMOS NADA, no podemos callar, y es imposible que pasemos en silencio el ignominioso acto de anoche.

Arístides Chavier.

Agosto 18 de 1922.

EN LA HABANA

Para estanoche anuncian los programas del Cine Habana la segunda jornada de Th Minh, por René Cresté (Judex) y muchos artistas de los que trabajan en la serie Judex.

TEATRO DELICIAS

Para la función de hoy viernes el Teatro Delicias ha seleccionado la super producción de arte, en titulo Los Devaneos de María. Si quiere Vd. gozar de lo lindo, no falta la función del Delicias esta noche.

POR LOS CINES

En Cine Universal se estrena la grandiosa producción italiana por la genial Francesca Bertini, titulada La Liliana en 6 actos; emocionante y sugestivos. Apolo, La Tentación del Diablo, colosal drama de Patné, Borinquen, El Fantasma de la Buhardilla, emocionante drama que gustará mucho; Bélgica, De Hombre á Hombre por el popular Cayena; Mundial, Miel Salvaje por la bella Priscilla Dean.

A divertirse esta noche en los cines.

La mejor cerveza es la SCHLITZ.

En el trayecto del hotel al Club Morel Campos, el pueblo quería abrazar al artista, quería que éste perdonase el gratuito agravio de una parte de la ciudad en que nació, y el eximio paisano respondía, siempre sonreído, con la franca sinceridad de su carácter; "no, amigos, no; yo no tengo rencores contra nadie. No, yo me voy muy agradecido de mi pueblo. Yo os prometo que volveré pronto". Aquella manifestación del pueblo, fue lo más hermoso que ha presenciado el noble pueblo ponceño.

En el Club Morel Campos, se congregaron, en torno de nuestro insigne artista, todas las personas decentes de nuestra ciudad, acaudilladas por ese gran caballero que se llama Francisco Parra Capó. Y sucedió que, anunciado el segundo recital de Antonio para anoche, un cartel, frente al Teatro Broadway, decía suspender el acto por falta de público, pero que el tenor pedía excusas y se iba llevando de su pueblo gratos recuerdos. Las sencillas gentes del pueblo que vieron eso, estallaron en terribles interjecciones de indignación. Y vinieron a situarse frente al Hotel Meliá, de donde no había salido Antonio. Era el pueblo sencillo diciéndole al artista: - No, nosotros no somos culpables! Nosotros te queremos y te admiramos. Nuestro corazón es para tí. Eso te damos, porque no podemos ofrendarte otra cosa. No nos confundas…

Y Antonio tuvo que salir al balcón del hotel, y saludar a su sencillo pueblo. Y el ilustrado y caballeroso Lcdo. Don Pedro Albizu Campos, emocionado, habló en nombre del artista, y dio gracias por aquella manifestación, repitiendo que Antonio Paoli no tenía rencores para nadie, que estaba muy agradecido de su pueblo....

En el Club Morel Campos, se agasajó espléndidamente al gran ponceño. Saludáronle allí intelectuales del valer altísimo de Eugenio Le Compte y de Blas Oliveras. Panchito Parra estuvo junto a Antonio en todas las largas horas ¡ tan cortas ! en el Club pasabas; y el genial pianista Don Federico Ramos, se cubrió de laureles en las exquisitas selecciones por él ejecutadas, sobre todo una producción original del él inspiradísima. Se le aplaudió con delirio. Eustaquio estuvo felicísimo en su homenaje a Antonio, y éste tuvo para el profesor Ramos así como para Eustaquio y especialmente para el Club Morel Campos, frases de cálido y sincero agradecimiento, encomiando los grandes méritos del maestro Ramos, de quien dijo que en Europa habría escalado ias mejores alturas.

A la una de la mañana, acompañado del presidente del Club Juan Morel Campos, señor Percy, del alcalde Parra Capo - íntimo de Antonio - y de nuestro director señor Cintrón, regresó al Hotel Meliá el gran artista, siempre seguido también, por la muchedumbre popular que le aclamaba.

Por nuestro conducto, la directiva del Club quiere expresar al eximio artista toda su gratitud, por el honor que le dispensara al cultísimo centro que, por lo que tanto levanta y abrillanta el nombre de nuestra ciudad.

Y vamos a terminar esta somera reseña. ¡Qué ejemplo se ha dado, aquí, por cierta plebe, a la juventud! ¡Qué estímulo para que mañana vaya ella tras la gloria para la patria, para que, al cabo, vengan a chapotear de lodo esa gloria, gentes despreciables, dignas del Conde de Dimitrijevich y del manoseo de que se vanagloriaba alguien inferior a Paoli, cuando las del gallinero de "La Perla" les pedían su autógrafo en postales iluminadas!.

¡Ya tendremos que hablar! ¡Ya hablaremos! ¡Y aquí estamos en guardia para llamar canallas a los que no merecen otro calificativo piadoso!

EL LEON DE PONCE

El Aguila de Puerto Rico - viernes18 de agosto de 1922:

EL ILUSTRE TENOR PAOLI SUSPENDIO SU SEGUNDO CONCIERTO - "Homenajes Rendídosle por el pueblo y por el Club Morel Campos. Don Antonio se emocionó al observar las manifestaciones de simpatía de que era objeto. Anoche como a las siete y minutos, comenzó a reunirse frente al Teatro Broadway el pueblo ponceño, elementos populares - unos dispuestos a entrar al coliseo para oír al ilustre tenor Paoli, aprovechándose de que por la tarde había circulado un preventivo anunciando una reducción a dos dólares las butacas y a setenticinco centavos, para ver de cerca, cuando entrase en el Broadway, al eximio cantante. Como a las ocho y minutos se anunció que había sido suspendido el concierto, en un cartelón que decía textualmente así: SUSPENDIDO POR FALTA DE PUBLICO. TENOR PAOLI PIDE EXCUSAS, LLEVANDO DE SU PUEBLO GRATOS RECUERDOS QUE NO OLVIDARA".

La muchedumbre mostróse indignada al enterarse de que el insigne artista ponceño había adoptado esa actitud al informársele que hasta esa hora sólo se habían vendido en taquilla unas cuantas localidades; y entonces alguien sugirió la idea de que fuesen los allí reunidos hasta el Hotel Meliá, donde se hospedaba Don Antonio, para suplicarle que, si era posible, reconsíderase su propósito de suspender el concierto y lo diera entrando los que deseaban viva y cordialmente oírle, pagando su entrada cada cual. Así se hizo y una muchedumbre enorme se encamina al Meliá y ya frente a dicho establecimiento subió con la encomienda el Lcdo. Pedro Albizu Campos quien fue recibido por el célebre tenor Paoli. Al oír éste la suplica que por conducto del señor Albizu Campos le hacía el pueblo ponceño, visiblemente emocionado manifestó al Lcdo. Albizu que él lamentaba profundamente no poder acceder a la simpática y amable súplica, porque momentos antes, al enterarse de que por falta de público debía suspenderse el concierto, había comido; y después de ello no podía cantar por lo menos hasta dentro de seis horas.

Rogó Don Antonio al señor Albizu que comunicase en su nombre al pueblo reunido y que aplaudía frente al Hotel, la imposibilidad en que estaba de complacerle cantando, por la causa arriba expresada, así como le hiciera saber que él, Don Antonio, prometía volver a Ponce en otra ocasión para dejarse oír por el verdadero pueblo ponceño.

Al salir al balcón el notable cantante y el señor Albizu Campos, la muchedumbre prorrumpió en un cerrado y prolongado aplauso al terminar el cual, el señor Albizu Campos cumplió la encomienda del prominente artista, mientras este muy conmovido daba las gracias al pueblo por aquella espontánea demostración de fraternal afecto".

HOMENAJE RENDIDO AL SR. PAOLI POR EL CLUB MOREL CAMPOS - "Como a las diez de la noche, al llegar al Club de Artesanos Juan Morel Campos, la noticia de que se había suspendido la velada del ilustre artista ponceño Antonio Paoli, por razón de falta de público, tras un cambio de impresiones entre los directores y socios del Club, se acordó enviar una comisión de su seno compuesta por los señores Carlos Juan Ramos, Eustaquio Pujals y Fausto Percy, que invítase al distinguido artista lírico para una recepción que en su honor se improvisaría. El Sr. Paoli aceptó la galante deferencia de la institución artesana y como a las once llegó al domicilio del Club, acompañado de su hermano Don Manuel y su sobrino Don Carlos.

En el Club hacían acto de presencia los señores siguientes: Profesor Federico Ramos; Lcdo. Francisco Parra Capó, Comisionado de Servicio Público; Miguel Manescau, Presidente de la Asamblea Municipal; Eugenio Lecompte, Auditor Municipal; Blas Oliveras. Comisionado Municipal de Hacienda, José A. Torres. Comisionado de Instrucción Pública, Juan Carlos Ramos, Eustaquio Pujals, Carlos Q. Georgetti, Guadalupe Pérez, Asambleísta Municipal;

573

Antolin E. Murillo, Felipe R. Maldonado, Guillermo V. Cintron, director de El Día, Juan Braschi, Rafael Ramos Antonini, Profesor Abraham Sepúlveda, Juan Bajamonde y Sra.; Luis Miranda, Antonio A. Colón, Juan de Mata Joubert, Joaquín Mariota y muchos más.

Don Antonio y sus familiares, así como todos los concurrentes fueron espléndidamente obsequiados; y como el ilustre tenor Paoli manifestase al maestro Don Federico Ramos, sus deseos de oírle ejecutar en el piano algunas de las obras hijas de la inspiración del citado señor Ramos, éste ocupó el piano y ejecutó varias de sus producciones, que fueron acogidas con nutridas palmadas y una felicitación del receptor de aquel generoso pero justo homenaje, el señor Paoli.

Una orquesta organizada allí mismo por los siguientes artistas, que asistían al acto: Tito Rivera, Hipólito Usera, José Mendez Jr., Pedro Mendez, Esteban Colón, Manuel R. Martínez, Rafael Fernández, Luis Margueri y Carlos Q. Georgetti, también accediendo prontamente a los deseos del prominente cantante, ejecutó varias danzas de Morel Campos, que fueron oídas religiosamente por los concurrentes y recibieron calurosos aplausos cuando finalizó cada una de ellas.

Nuestro querido amigo Eustaquio Pujals, igualmente a petición del insigne Paoli, cantó con acompañamiento de guitarra varias canciones típicas, que fueron muy aplaudidas por la concurrencia; y que el obsequiado consideró muy agradables y sentidas, por cuanto así se lo hizo saber al señor Pujals, cuando éste finalizó.

Como a la una de la madrugada, sin que decayese un momento la alta nota de alegría fraternal que reinaba en el Club Juan Morel Campos, terminó aquella improvisada fiesta, retirándose el notable cantante Paoli junto con sus familiares para el Hotel Meliá, yendo acompañado de los señores Párra Capó, Cintrón y Percy. Ya en el Hotel Meliá, Don Antonio expresó a sus acompañantes la satisfacción que experimentaba por las felices horas de solas y fraternal simpatía que le había ofrecido y proporcionado el Club, único Centro -dijo- en que habré de cantar a mi regreso de New York.

Fue una nota muy expresiva la que dió una gran parte del pueblo de Ponce al invadir el Club y situarse un numeroso público frente al domicilio de dicha institución social, ávidos todos de demostrar su admiración y afecto al ilustre tenor portorriqueño señor Paoli, y él lleva la impresión de cuanto le quiere su pueblo y de cuanto se envanece esta comunidad al saber que tan prestigioso artista es compatriota nuestro y además ponceño de nacimiento y corazón.

LA TRISTEZA DE ESTA HORA - "Nuestro eximio compatriota el célebre tenor Antonio Paoli se hallará, en esta hora en que circula El Aguila, en nuestra ciudad capital. Y allá, en la quietud del hogar, en la intimidad de los suyos, en esos instantes en que, comulgando en el altar de la sinceridad y exhumando de las recónditeces de su corazón de artista las tribulaciones y las amarguras que han acibarado su existencia en el diario batallar de la vida; ¡cuantas y cuan dolorosas y pesimistas serán las confidencias del tenor Paoli al externar las impresiones de su visita a Ponce, la ciudad de su cuna, la ciudad madre a la que llegó temblando de emoción, porque en sus parajes, en sus calles, en sus plazas, en sus edificios, acaso florecieran detalles que el dulce sensación regresiva de todo aquello que se vuelve a ver después de las ausencias dilatadas, la ciudad, en fin, en que aguardaba encontrar manos fraternas que le acogiesen amorosamente y el calor de aplausos que confortasen su corazón de peregrino del arte!...

Desgraciadamente no fue así la intención de congregar a sus compatriotas ponceños para brindarles, en comunión, espiritual, las primicias de su arte y los laureles de sus triunfos, no tuvo en esta sociedad, en nuestra alta sociedad, la efusiva acogida que era de esperar, y de ahí la decepción, la honda, la imborrable, la inquietante decepción engendradora del reproche que acaso habrá externado en sus intimidades, el egregio tenor.

EL LEON DE PONCE

Nosotros, ¡como no!, estamos apesadumbrados. ¡Hemos visto aquí en Ponce, tantas y tantas veces el espectáculo de toda nuestra alta sociedad desvivirse y aún disputarse el honor de rivalizar en los agasajos y en los cumplidos en obsequio de aves de paso, con quienes no tenemos vínculos de clase alguna y quienes solo llegaron a nosotros atraídos por el vil acicate de apañar dinero! ¿El arte? ¿La fusión de sus almas con las nuestras? ¿La fraternal efusión y la sentida gratitud por cuanto se ha hecho por ellos?... ¡Bah! Acaso se van riendo de la candidez de esta sociedad y de sus infantiles explosiones de entusiasmo! ¡Acaso jamás tengan un pensamiento amable de quienes les acogieron, y si los vuelven a ver.... ni se acuerdan!

Este no es el caso de Antonio Paoli, y , sin embargo, a su llegada a esta ciudad, a su ciudad nativa, después de haber paseado gloriosamente su nombre por los grandes teatros de las principales ciudades europeas, se le hace el vacío en nuestros centros sociales, donde se congrega el elemento llamado dirigente, el elemento influyente por su posición social y económica. Y ni el Club Deportivo, ni el Club Rotario, ni el Casino de Ponce, ninguno de estos aristocráticos centros sociales, dan señales de vida. Ninguno tiene para Antonio Paoli un gesto amable, una acogida cariñosa, ni siquiera una cortés invitación. Así pasó el artista dos largos días en nuestra ciudad, sin que persona alguna de nuestro mundo social, sin que comisión alguna de los altos centros sociales, se acercase, en ademán gentil, a dar bienvenida al compatriota distinguido y al artista egregio. Esto sería doloroso, si no fuese altamente impropio e inexplicable en una sociedad que blasona de su cultura y se ufana y hasta se enorgullece de sus timbres, de sus pergaminos y de sus ejecutorias. Una de dos: o ha caído nuestra sociedad en un indiferentismo que la anula, haciéndola negativa, o no está en posesión de tal cultura, de tales timbres, ni de tales pergaminos.

Lo primero, acusa decadencia y por ahí se marcha a la completa anulación. Lo segundo, es algo que cae en el terreno de los humanos egoísmos, y con ese bagaje no se puede convivir en una comunidad civilizada y altruista. La culpa, pues, de esas amarguras que puede llevar el tenor Paoli de su visita a Ponce, cae toda sobre los elementos que por su posición social y económica, ya lo hemos dicho, estaban en el indeclinable deber de acoger al artista y de cumplimentar al compatriota. Hay, sin embargo, en todos estos desgraciados acontecimientos, algo que salva siquiera el buen nombre de la ciudad. Y este honor le cabe al buen pueblo de Ponce, al entusiasta y siempre efusivo pueblo de Ponce, representado en sus artesanos, en su clase media, en la pobretería, que llaman algunos.

Fue ese núcleo el que dió gallarda muestra de su admiración por el artista y de su hondo afecto hacia el compatriota. ¿Cómo? Llenando hasta el bote, en la noche de su concierto, el Paraíso del Broadway. Apostándose frente al teatro, en compacta muchedumbre, para aclamar al tenor a su llegada y a su salida del teatro. Yendo procesionalmente hasta el Hotel a expresarle el calor de su admiración, al notar que se suspendía el espectáculo por FALTA DE PUBLICO, del público que puede y debe pagar. Esto, en cuanto a la parte artística se refiere.

De cumplimentar al compatriota y de agasajarle cual se merece, encárgose el Club Juan Morel Campos, a donde fue llevado el artista para atenuar la desagradable impresión que causara en su alma la frialdad y la indiferencia con que acogieran su paso por esta ciudad, aquellos de quienes él esperaba, por el deber en que estaban, que le hiciesen placenteras y amables las horas que dedicó a su ciudad natal. Ello es, pues, un título que abona a este Centro, por cuanto cooperó a salvar del naufragio, el nombre de Ponce.

El tenor Paoli está ya en San Juan. Pronto abandonará estas playas, con rumbo a New York. Allá, quien sabe, tendrá la compensación de estas tristezas y de estas amarguras del presente momento. Allá, tal vez, hallará la acogida férvida y efusiva que restaure la herida y esfume los sinsabores que llevaran a su espíritu, la indiferencia y la apatía de esa parte de la sociedad que se ha mostrado esquiva y huraña ante los laureles que, inmarcesibles, ornan la frente del artista, de esos laureles que él quiso poner réndidamente, como ofrenda de amor, a los pies de su Ponce inolvidable".

ANTONIO PAOLI

El Día - Ponce, P. R., lunes 21 de agosto de 1922:

SINOPTICA SOCIAL - "Pues, señores míos, no se puede negar por lo que dice la prensa de esta ciudad con respecto a la incalificable actitud de nuestra alta y distinguida sociedad ponceña; para con nuestro eminente compueblano Comm. Antonio Paoli, de acusar una falta imperdonable de ética social y hasta de sentido común.

Muchos me dirían que, al mejor cazador se le va la liebre; pero esa excusa sería fuera de lugar, porque ya han sido muchas las liebres que se le han ido al Cazador, y de seguirse aceptando esta teoría, vendríamos a la conclusión que, el tal Sportman es un "chambón de siete zuelas", y nada parecido a cazador.

Lo dicho por El Aguila, este periódico El Día y sobre todo el bien sazonado artículo del científico profesor artístico señor Arístides Chavier, es más que suficiente para que nuestro refinado círculo social del sur se dispusiese a tomar dos caminos. O disolverse y que cada cual célebre sus expansiones en sus propias casas como se hacía antes, en las ciudades donde no se contaba con Centros Sociales, o bien cambiando el método establecido por otro más en armonía con los métodos sociológicos.

Toda sociedad cultural, en la parte que ella sea formada, se sabe ya, que es un conglomerado de personas que por el origen o rango que en sí representa en su parte individual, uno y todos tienen que ser afines en su estructura y pulimento. De ahí la selección que se hace de aquellas personas o clases que no se consideran acreedoras a convivir dentro del círculo que dedican a sus expansiones culturales, bien por su ascendencia de origen, o cualquier otro motivo que consideran no ser de su condición o rango; de ahí que toda sociedad debidamente constituida, tiene sus elementos representativos que en todos aquellos actos de orden cultural, son los encargados de poner de relieve esa misma cultura que ellos representan a nombre de los más agregados a su círculo, y por tanto los que asumen la responsabilidad de los atributos de que se encuentran revestidos.

Pero no sigamos en este orden de cosas de sí, sobradamente conocido. Y vayamos directo al punto esencial del asunto. La sociedad de Ponce, esto es el grupo que se hace llamar lo mejor de lo mejor en la esfera sociológica, desgraciadamente es una sociedad o conglomerado completamente heterogéneo; divididos en grupos con distintos gustos y tendencias armónicas y hasta estéticas. Esos grupos o fracciones siempre son dirigidos por dos o tres, y de ahí viene que si a esos dos o tres no les gusta una cosa, es lo suficiente para que a todo el grupo no le guste. Se ha dado un caso muy curioso en nuestro Casino de Ponce, ver en una gran fiesta desplegados en son de cordón sanitario estas fracciones que en apariencia unidas ante el aspecto social, completamente separadas en cuanto al intercambio de relaciones. De ahí, que el grupo (A) no disfruta de las expansiones íntimas del grupo (B) y el que forma el (C), se muestra igual con el A, y el B, y aunque se tirarían del cabello unos y otros, concluyen por sobrellevarse y hasta de aparecer unidos y "tutti contenti".

Ahora veamos lo más original de todo esto. Tenemos en nuestra alta sociedad, un sinnúmero de "Factotum" que sin la voluntad de ellos nada puede hacer. Pretenden ser los más y los privilegiados en todo y por todo. Con la misma facilidad (si ellos lo quieren) encumbran y ponen en el trono de sus distinciones a uno que no ha valido ni vale socialmente nada (pero tiene tres o cuatro pesetas) como le hacen el vacío a otros que valen muchísimos más que todos ellos en linaje y en todo; pero sus medios representativos no son muy sólidos, eso es suficiente para "no ser tenidos en cuenta dentro de la pantomina".

Por eso tenemos que infinidad de familias que son el verdadero oro puro de la cultura y sociabilidad y que cuando se necesitaba tener patente de verdadero valer que eran en los pasados tiempos que se conocía la verdadera sociedad, estas familias hoy se encuentran

EL LEON DE PONCE

completamente alejadas de esos círculos sociales, porque les produce asco tanta podredumbre como en ellos quieren brillar, siendo su luz la de las luciérnagas débil y desprovista de brillo.

Pero hay otra cosa más importante todavía, para todo aquello que quiera significar personalidad puertorriqueña; y es, que esta tendencia no existe. Veálo usted. Se anuncia la llegada en breves días del Almirante Lechuga de la escuadra norteamericana. Seguida verá usted en movimiento a los cactotum simpatizadores de aquella nación, exigiendo puntualidad para que el recibimiento que se ha proyectado para el Almirante Lechuga, sea de lo más grandioso que darse pueda para que él y su comitiva lleven de nuestra alta sociedad, las mejores y más hondas impresiones de este pueblo que es hermano de todos ellos por la ciudadanía que poseemos y por la unión con América predicada por Mr. Huyke. Desde aquel día cuente usted que no hay sosiego. Las pobres telefonistas tienen que pasarse a las modistas, peluqueros etc, etc. Termina aquel recibimiento donde todo se ha hecho en extremo exagerado. Mr. Lechuga y su séquito se van, y si te ví no te conocí. Ahora se anuncia el pronto arribo a nuestras playas del eminente dramaturgo y canzonetista hispano Ciriaco Clara Villa, el cual para que nuestra sociedad pueda darse cuenta de este hermano en la raza, se ha acordado darle un recital en nuestro Club Deportivo donde nos cantará unas cuantas peteneras de nuestra antigua madre patria. Cuente usted que el grupo simpatizador con nuestro hermano Clara Villa no descansa un momento ponderando las habilidades de nuestro visitador. No es posible que nadie quede sin irlo a saludar y a oír. Y, efectivamente nuestro ilustre cantante recibe un OVACIONAZO que jamás pudo soñar en toda su vida, y como recompensa su alforja bien repleta. Se marcha Clara Villa, y por detrás y para su capote lo menos que dice de nosotros es, que este no es un pueblo de hombres y sí que es un paraíso de angeles y serafines.

Pero todos estos exponentes como se puede apreciar, no son, ni han sido nunca ni serán, para lo que signifique puertorriqueñismo. Véanlo en el caso de Antonio Paoli que por su fama mundial y los laureles recogidos en toda Europa, sería lo suficiente para que en otra parte, en la misma Europa si él hubiese nacido por ejemplo en Londres, la alta y refinada sociedad londinense no hubiese encontrado que demostraciones más hacerle a su hijo egregio; y porque aquella aristocrática sociedad sabe tener en alto concepto sus deberes patrióticos y sociales. Nuestra alta sociedad ponceña no conoce eso para con esta patria porque entre los que la forman (con sus escasas y valiosas excepciones) no sienten el verdadero amor por lo que es netamente puertorriqueño; y si no, véase la cuerdita cuando se tira de ella; si es por parte del grupo (A), para preponderar las grandezas sajonas y sajonizarnos cuanto antes. Si es el grupo (B) para recordarnos las grandes epopeyas hispanas, y decimos que ante todo, el orgullo de nuestro origen y de nuestra sangre. ¿Y de Puerto Rico?... Toma; ¿pues no vives en él?

Cuando se palpan estas cosas es cuando más debemos darnos cuenta los que sentimos por las cosas nuestras y necesitamos de que nuestra personalidad, y todo lo nuestro, subsistan siempre por sobre todas las cosas; aunque estas pueden tener mejor apariencia que las nuestras; lo nuestro es nuestro orgullo si es noble y grande; si es malo, son nuestros defectos como los tienen todos los pueblos del mundo.

Cuando leímos la prensa del viernes 18 en curso y vimos que se decía que nuestro GRAN PAOLI había sido desairado por nuestra sociedad ponceña, dijimos para nosotros ¡No es verdad!. La sociedad ponceña compuesta de todo su conglomerado en sus distintos órdenes, le rindió el verdadero cariño de admiración y simpatía hasta el último momento que en su pueblo natal estuvo; y eso lo hizo la sociedad de Ponce, compuesta de pobres y ricos, negros, y blancos; y de eso puede sentirse orgulloso Antonio Paoli. Si algún desaire hubo y se puede considerar como desaire, fue de la "Alta Sociedad Ponceña" pero esta "Sociedad" ha demostrado que es una sociedad sin alma, y una "Sociedad" que sus mayores componentes no son puertorriqueños, ni lo han sido nunca". Firma: Calderón.

ANTONIO PAOLI

El Mundo - 22 de agosto de 1922:

EL CONCIERTO DE PAOLI EN ARECIBO Y OTRAS CONSIDERACIONES - "Con un lleno inmenso y un entusiasmo desbordante por parte del culto público que llenó el Teatro Oliver, —culto desde la sala de butacas al Paraíso-, y de todas las clases sociales de esta ciudad, se llevó a efecto el anunciado concierto de este artista coloso, el día prefijado domingo trece a las nueve de su noche.

De todos los pueblos comarcanos llegaron gentes en gran numero, ávidos de oír siquiera una vez al que es honra y prez de nuestro terruño, al que ha paseado sin ocaso la bandera de nuestro orgullo; al que al pie de las Pirámides estremeció, el histórico recinto con los ecos de su potente voz.

Antonio Paoli, esta en el cenit de su gloria; y, como la Naturaleza quiso hacer de él una obra maestra bajo todos los aspectos, le dió, además de su voz de oro, de su órgano vocal estupendo, su apostura, su figura artística acordada a la línea general del cuerpo, su cabeza apolínea y ese don que sólo concede Dios a sus elegidos, a los que ha dado su beso en la frente… Basta ver a Paoli para concebir, sin esfuerzo, que se está delante de un ser superhombre, exento de la masa anónima humana, al oír el milagro de su voz esta concepción queda convertida en la más hermosa realidad.

Una ovación delirante, formidable, que duró varios minutos y se repetía cada vez que el cantante salía a escena o terminaba un número del selecto programa, acogía al artista, que, sonreído, humilde, rendía su gratitud a su pueblo que lo aclamaba, con bravos, con aplausos cálidos y unánimes. Y cuenta que esa noche se encontraba sufriendo una congestión de sangre en su laringe, que no le permitía hacer el completo alarde de sus facultades, pero eso, en los artista, es un incidente… Sólo las máquinas de cantar y tocar, están siempre en el mismo TONO SUBORDINADO. Dejaría de ser artista el que no tuviera cambios geniales, y esas a la manera de irisaciones, son precisamente las características del genio.

Antonio Paoli, la legítima gloria de Puerto Rico, el que ha enaltecido su nombre consagrado por la fama en todos los públicos más cultos del mundo, ésta a la altura de su nombre. Es el artista de cuerpo entero, juzgado por la alta crítica europea, que ha sancionado su labor y lo ha hecho caballero dándole el espaldarazo del rito artístico. Es el trágico que encarna el personaje que interpreta magistralmente, es la dicción pura, no igualada por cantante alguno, es el fraseo, sus portamentos, en la subida a los agudos, y , ya en ellos, abre la nota como una rosa al beso del viento, sin esfuerzo, y es, por último, el FUEGO SACRO que enciende sus creaciones, que hace vibrar como clarines de gloria. Es grande entre los grandes, y, como tal es humilde, modesto, ingenuo. Paoli en su trato es un hombre encantador, no tiene POSE, para todo él posee una noble indulgencia, se revela en semblante la ternura de ese corazón que, como un niño dormido lleva al lado izquierdo del pecho… Es un artista inmenso, y, como los artistas, es en la edad madura cuando se convierten en grandes, es por eso que Paoli esta ahora en la plenitud de sus regias facultades artísticas, es por eso, que es rey absoluto del género dramático.

Por eso, mi asombro ha subido al espante, al saber por la prensa de Ponce, que Paoli ha sido desestimado allí, en su pueblo natal, que tuvo que suspender su segundo concierto por falta de público…. rico….¡Paoli desairado, y en Puerto Rico!… ¡Que mancha para el país… imborrable! El que está acostumbrado a que los públicos hagan cola en los teatros en que canta en Europa y América, desairado en Ponce, en el pueblo de su nacimiento, que ha debido recibirle con palmas… ¡Que estigma para el país, pues eso nos alcanza a todos desgraciadamente, pues que ha pasado en Puerto Rico, y allá cargaremos con el borrón! No hay que dudarlo, somos unos pobres arrojados hace tiempo del antiguo exilio de los griegos por el delito imperdonable del búho… los que vemos con claridad nuestros defectos, y los que

EL LEON DE PONCE

nos atrevemos a proclamarlos, pero es, que, tenemos el deber de decirlo, no puede silenciarse ese hecho de los que desprecian el arte, el arte augusto, lo único que vale la pena de vivir, junto al amor… y los que son incapaces de sentir ese deleite espiritual nos anonadan con su indiferencia… ¡pobre país mío!… lisiados del alma, analfabetas del espíritu, para ellos no se hicieron las cumbres…!

Paoli ha sido recibido en "Mi Arecibo" con todos los honores de su rango. Una comisión compuesta de elementos valiosos salió al camino a recibirlo llevándole flores; otras comisiones de la localidad vinieron a cumplimentarlo a mi hogar, pues tuve el altísimo honor de ser mi huésped, y, por fin, cuando mañana, allá en otros países continúe el coloso su obra de arte, cuando leamos la prensa de otros paises donde se le rendirá culto, el culto que él merece no tendremos los arecibeños que bajar la frente ruborosa ni nos habrá quedado enroscada al corazón la serpiente del remordimiento. ¡Triunfador, salud y laureles…!

La Hija del Caribe - Arecibo, verano de 1922.

Se da a conocer a la prensa y al público sobre un concierto y homenaje del despedida al Divo.

La Correspondencia de Puerto Rico - miércoles, 23 de agosto de 1922:

POR EL AMERICA ANOCHE - El gran tenor Paoli, se despidió del público de San Juan anoche en el Teatro América. El Coliseo de la Marina presentaba un bello espectáculo pues se había dado cita en él lo más granado de nuestro pueblo. Afuera, frente al América, y abarcando un gran espacio, se reunió una enorme multitud de público, ansiosa de escuchar por vez última al eximio cantante.

Aunque el tenor Paoli regresó anteanoche de Humacao a altas horas de la madrugada, acompañado de su hermana la Srta. Amalia Paoli; y a pesar de hallarse algo constipado y atacado de la garganta, apareció en el palco escénico, siendo aclamado por la entusiasta concurrencia que demostró anoche su admiración justa y sentida hacia el artista compatriota que ocupa un tan alto sitio en las cumbres del arte mundial.

La Srta. Amalia Paoli no pudo tomar parte en el concierto por haber cogido una afección gripal en su viaje de la ciudad de Oriente a la ciudad. El Gran Comendador Paoli cantó *El Airoso*, de Pagliacci, *Celeste Aïda*, de *Aïda*, y un número de Andrea Chenier, con el gusto y arte que lo hace siempre el egregio cantante. Numerosos bouquets, palomas y otros obsequios, fueron recibidos y volaron por el América, llevando al compatriota la expresión admirativa de su pueblo. En cada número, frenéticos, prolongados aplausos, lleváronle la adhesión público, a su delicado trabajo artístico.

Esta tarde, embarca para Estados Unidos el gran Paoli. Va a cumplir una contrata, y va a darse a conocer al enorme público de la enorme urbe de New York, donde le aguardan, indiscutiblemente, laureles que aliviarán los dolores que punzadoras espinas de ingratitud hubieron de causarle en determinados lugares de su idolatrada tierra. Lleve viaje feliz el Sr. Paoli, y que las brisas del éxito sigan, como hasta ahora, impulsando su barco de peregrino del arte, por las notas brillantes del triunfo que él viene recorriendo con paso de vencedor indiscutible".

Miércoles 23 de agosto de 1922:

LA DESPEDIDA DEL TENOR PAOLI - "Rebosante de público estaba anoche el Teatro América, que acudió a dar su adiós al eminente tenor Paoli, quien embarca esta tarde hacía los Estados Unidos.

El teatro vibró de entusiasmo, igual, exactamente igual, que la primera noche que hizo su presentación nuestro compatriota en el Teatro Municipal de San Juan. La señorita Amalia Paoli, que estaba anunciada en el programa, no pudo cumplir su cometido a causa de hallarse aquejada de ligera afonía. El gran tenor cantó como de costumbre, magistralmente, siendo objeto de cálidas ovaciones, en todos los números, y al final, la demostración calurosa tomó proporciones de apoteósis. El señor Paoli salió al palco escénico seis o siete veces aclamado insistentemente por el público".

El Tiempo - jueves 24 de agosto de 1922:

LA DESPEDIDA DE PAOLI - "Un lleno total tuvo el insigne artista Antonio Paoli en la noche de su despedida, en la cual recibió otro homenaje tan cálido y ferviente como todos los que San Juan le tributó.

El cantante, feliz de voz, infiltró estremecimientos de emoción en su auditorio cantando el dramático *Vesti la giuba* de Pagliacci y el fervoroso, y exaltado *Celeste Aïda*. No hay matiz de expresión con que no acierte la garganta única de este glorioso mago de la lírica. Así también, en *Andrea Chenier* alardeó de facultades, prodigando la maravilla de su delicadísima media voz. El entusiasmo de siempre ardió entre los espectadores y las ovaciones, por instantes, tuvieron trepidación de terremoto. La Srta. Amalia Paoli, quien estaba anunciada para cantar varios números de ópera, no pudo cumplir su cometido debido a un constipado, pero el tenor indemnizó al público cantando otros números extra-programa.

Ayer salió Paoli hacia New York, donde va a cantar en la Brooklyn Academy of Music en la presente temporada de ópera. Deseamos al gran tenor los éxitos a que tiene derecho en la metrópolis".

EL LEON DE PONCE

El Mundo - San Juan -24 de agosto de 1922:

LA DESPEDIDA DE PAOLI - "El martes por la noche se celebró en el América el último concierto del insigne tenor don Antonio Paoli, quien embarcó ayer para los Estados Unidos con el propósito de inaugurar la temporada de ópera en el Brooklyn Academy Hall. A las ocho y media, hora señalada para empezar el acto, todas las butacas y palcos estaban ocupados. El lleno era rebosante. El enjambre de mujeres bellas daban mayor elegancia y brillantez al artístico acto, en el cual la sociedad portorriqueña iba a oír por última vez al famoso tenor dramático.

Aunque en el programa estaba anunciado que la señorita Amalia Paoli cantaría *Donna Vorrei Morire*, de Tosti, y *Mignon*, de Thomas, la distinguida mezzo soprano no pudo complacer al selecto público, por encontrarse levemente indispuesta de la garganta y en su lugar, el tenor Paoli dio principio, al concierto cantando airoso, de la ópera *Pagliacci*. Cuando Paoli interpretaba el *Vesti la Giuba* el público, no pudiendo contener su admiración, estalló en atronadoras salvas. Paoli, estuvo en *Pagliacci* admirable y a la altura de su gran fama y popularidad.

Como segundo número del programa el tenor cantó *Celeste Aïda*, de Verdi, y *Andrea Chenier*, de Giordano. En estos números fue también delirantemente aplaudido por el público. Cuando Paoli terminó de cantar una de las partes de la ópera *Andrea Chenier*, varios caballeros y damas que ocupaban butacas en la parte superior del teatro, echaron a volar numerosas palomas que tenían sujetas a sus colas cintas de colores. Esta palomas fueron a pasarse a las plantas del tenor, quien estaba hondamente emocionado por tan sincero homenaje. A las diez y media se dió por terminado el brillante concierto, que ha de dejar en el espíritu de la sociedad portorriqueña un grato recuerdo de luz y de poesía".

Jueves 24 de agosto de 1922:

AVE MARIA - "Dulcísimamente resonó el sábado en la Capilla Franciscana el *Ave María* que entonó nuestro gran tenor Antonio Paoli, en homenaje a la Virgen de la Gruta. Antes de ese sublime canto del privilegiado, se oyó el *Ave María de Lourdes*, entonada por el coro celestial que lo compone y seguido por las voces que son siempre fieles a la banda azul de la gloriosa Virgen de Lourdes. La Capilla Franciscana presentaba un magnífico golpe de vista; el gentío era inmenso. El altar de la Virgen espléndido de luces y de flores. El coro de Nuestra Señora de Lourdes es un magnífico coro de Capilla; las Srtas. que lo componen tienen voces preciosas y bajo la dirección de la gentil Srta. Adela Carreras es digno de aplaudirse su progreso musical.

El Director de la Corte de Honor, Rvdo. P. Nueva Paz, tuvo una de sus más inspiradas pláticas y levantó el vuelo, desde el árbol donde ha visto albergarse las almas puras, hasta las regiones altísimas donde la fe, la esperanza y la caridad, no prestan sus claridades para luchar en la vida librándonos del caos del mundo.

Siempre tiene la Capilla Franciscana para nosotros, como un sagrado derecho sobre nuestros corazones y a ella llegamos con el mismo fervor, ora se presente radiosa como el sábado, ora la veamos en la penumbra de una noche sencilla sabatina también, en que se entona la salve a la Virgen de la Gruta, y en el silencio de la paz augusta sentimos a voz de alma el Ave que como movidas por un impulso misterioso, tenemos que musitar ante el divino altar. El tenor Paoli obtuvo uno de sus más hermosos triunfos al cantar para la Virgen de Lourdes".

ANTONIO PAOLI

La Democracia - San Juan, P. R., 24 de agosto de 1922:

EL TENOR PAOLI EMBARCO AYER PARA EL NORTE - "Ayer tarde embarcó hacia los Estados Unidos, acompañado de su sobrino, el joven Angel Braschi, nuestro compatriota, el eminente Antonio Paoli. En la visita de despedida que hizo a La Democracia, el ilustre artista, expresó que estaba muy orgulloso del recibimiento y de las múltiples atenciones que le han dispensado sus compatriotas, y que es muy probable regrese al país a la terminación de su contrato, por poco tiempo, para luego marchar a Italia, donde tiene intereses. Ahora se dirige a Nueva York, y el 11 de septiembre debutará en el Brooklyn Academy Hall, donde cantará diez óperas del repertorio clásico.

Paoli, al estrecharnos las manos, repitió que no dejáramos de consignar su saludo para todos los amigos y admiradores, de los cuales no ha podido despedirse personalmente, por ser ello imposible. La Democracia reitera al gran cantante la expresión de su más alta consideración; agradece las frases de congratulación que le ha dedicado, y le desea en la urbe neoyorquina los éxitos más resonantes que haya alcanzado artista alguno".

El Imparcial - 24 de agosto de 1922:

EL TENOR PAOLI EMBARCO AYER - "El eminente artista que la noche del martes logró tan resonante éxito en su función de despedida en el Teatro América, siendo delirante aclamado por el público que llenaba todas, absolutamente todas las localidades del amplio Teatro de la Marina, embarcó ayer en el Porto Rico para New York, donde debutará a mediados del próximo mes de septiembre. El gran tenor estuvo en la casa de EL IMPARICIAL a despedirse de nosotros y a expresarnos la grata impresión que lleva de San Juan. Cuando termine su actuación en New York y en otras grandes ciudades del continente, donde tiene compromisos contraídos vendrá a San Juan y aquí estará un breve período de descanso. Eso no podrá ser sino allá para el año próximo. EL IMPARCIAL que no ha hecho sino reflejar los grandes éxitos logrados aquí por el ilustre artista, se complace en reiterar sus aplausos al gran tenor, a quien desea un feliz viaje y el éxito a que es acreedor en los Estados Unidos".

La situación de Ponce causó una mala impresión en toda Isla de Puerto Rico. Los periódicos de los cuales hemos adjuntado aquí su sentir lo confirman. Para Paoli fue una tremenda afrenta y le juró a su hermano Manuel que jamás volvería a Ponce y así lo hizo, jamás regresó.

Para que se llevase una buena impresión y tratar de borrar la mancha del triste suceso de Ponce, se organizó un gran concierto de despedida para el día 22 de agosto, en el Teatro América. Este estaba localizado cerca del sector de la Marina de San Juan y era mucho más amplio que el Teatro Municipal. Para el día 20 el teatro estaba vendido en su totalidad, pues había rumores de que Paoli no regresaría jamás a Puerto Rico. Así que el Maestro Tizol volvió a empuñar la batuta para dirigir de nuevo en la gran despedida a Paoli. Para asistir a estos conciertos mucha gente se trasladó a la capital desde pueblos limítrofes y por bote, desde Cataño, como lo hizo varias veces el artesano Juan González, quien remaba en su bote desde Cataño para oír a Paoli, y logró oírlo en los tres grandes conciertos líricos que cantó en San Juan. Así, como este humilde artesano, verdadero enamorado de su profesión y de las artes en general, muchos otros acudieron a rendir homenaje a la gloria Bel Cantista que había dado no solo Puerto Rico, sino todas las Américas al arte lírico. El día 23 de agosto se marchó Paoli a la ciudad de Nueva York, en el vapor Puerto Rico. Allá le esperaban su fiel amigo Pocholo, y una serie de nuevos triunfos.

EL LEON DE PONCE

El Día - Ponce, martes 29 de agosto de 1922:

INTERESANTE CARTA DE D. MANUEL PAOLI

Señor Director de EL DIA. Ponce - Señor:: Permítame molestar su atención esperando se sirva publicar en su ilustre diario, las siguientes líneas referentes a un párrafo de "Dos Cartas", que aparece en la edición de "El Día", de fecha 24 de agosto corriente, firmado por el señor Guillermo Vivas, sobre la visita que hizo mi hermano Antonio a la culta ciudad de Ponce, cuyo debate continúa, lo que lamento profundamente, pero como el citado señor Vivas ataca en forma cruel a mi hermano Antonio ausente hoy, acusándolo de que se dice que dicen que "Negó la patria y que por esto muchos están disgustados".... Como tal acusación no debe quedar en pie es necesario que el suscribiente entre en las siguientes aclaraciones:

En 1885, época de la dominación española, embarcó para España mi hermana Amalia para seguir sus estudios de canto, siendo acompañada de sus hermanos Carlos, hoy coronel del ejército español, Rosario, fallecida, y Antonio, que en dicha fecha tenía 11 años, es decir, hace 37 años que se ausentó de su tierra. Una vez en Madrid, al siguiente año, Antonio tenía que ingresar en un colegio, habiendo conseguido Amalia que se Majestad la Reina Regente entonces, lo hiciera ingresar en el Real Colegio del Escorial, habiendo permanecido 6 ó 7 años en dicha institución, pasando después como estudiante a un colegio militar. Pasado algún tiempo empezaron a revelarse en sus cuerdas vocales grandes facultades para el canto. Con estos motivos, reveladores de las grandes facultades que, para el canto, aparecían en Antonio la Infanta Doña Isabel, quien demostró gran interés por la voz extraordinaria. Pocos meses después de esta audición, el suscribiente tuvo el honor de ser recibido en audiencia por su Majestad la Reina, de cuya entrevista se preparó una gran audición en los regios salones de conciertos del Real Palacio de Madrid y en aquella noche del mes de enero del año 1896, estando presente la Reina, Su Alteza la Infanta Doña Isabel, la señora Duquesa viuda de Bailen, la señora Marquesa de Najera e infinidades de Damas y Caballeros de la Corte Española se llevó a efecto la audición, siendo el maestro Serrano el acompañador del novel cantor y, de Amalia, que con frecuencia era invitada para cantar en Palacio. Algún tiempo después de lo ya relatado, con la buena impresión que hizo Antonio con su voz, fue pensionado, por dos años, por la Casa Real con 500 pesetas mensuales para seguir sus estudios en Italia. Como he dicho, la protección que mis hermanos ausentes han recibido de la Corte Española no es cosa posible de olvidar, cayendo en el concepto de ingratos, por lo que Antonio guarda como gratitud la nacionalidad española, lo que no es motivo para que el señor Vivas, ni nadie, en defensa de un asunto delicado y en campo tan espinoso, quiera acusar calumniosamente, de tal manera, a un hombre que toda su vida no ha hecho más que recordar con veneración y amor a su patria donde vio la luz primera.. Usted, señor Vivas, para su defensa mala, ha demostrado ser acaso un enemigo oculto de Antonio en un asunto tan malo para defender...". Santurce, 25 de agosto de 1922. Manuel Paoli..

En Milán Il Corriere di Milano del día 13 de septiembre de 1922, - tiró un suplemento especial con varias fotos de Paoli y lo titularon: PAOLI E IL SUO TRIONFO A PORTO RICO NELL OTELLO - El texto del artículo, es una reproducción de la crítica publicada en San Juan por el diario La Democracia del día 24 de julio de 1922, ocupándose solamente de las partes en que se menciona el nombre de Paoli. Se reporta pues en Europa la gran noticia del triunfo de Paoli, en San Juan y Arecibo, sin mencionar el bochornoso asunto de Ponce.

El Imparcial de Madrid dice: PAOLI - NUEVO TRIUNFO EN SU TIERRA NATAL EN OTELLO - Mientras, Paoli navegaba rumbo a la urbe neoyorquina en busca de nuevos laureles.

SECCION DE FOTOGRAFIAS

SECCION DE FOTOGRAFIAS

Foto cortesía de Adina B. Paoli

Fotos de estudio tomadas en San Juan, Puerto Rico en junio de 1924. Estas son pruebas, sólo una que aparece en la página anterior fue reproducida. (Cortesía de Adina B. Paoli)

Stars of First Magnitude to Share in Gallo's Havana Invasion

Artists Who Will Appear with San Carlo Opera Company in Its Havana Season: No. 1, Tito Schipa, tenor; No. 2, Stella De Mette, Mezzo-Soprano; No. 3, Titta Ruffo, Baritone; No. 4, Lucrezia Bori, Soprano; No. 5, Riccardo Bonelli, Baritone; No. 6 Sophie Charlebois, Soprano; No. 7, Giovanni Martinelli, Tenor; No. 8, Pietro De Biasi, Bass; No. 9, Anita Klinova, Mezzo-Soprano; No. 10, Marie Rappold, Soprano; No. 11, Fortune Gallo, Impresario; No. 12, Anna Fitziu, Soprano; No. 13, Josephine Lucchese, Soprano; No. 14, Mario Valle, Baritone; No. 15, Carlo Peroni, Conductor; No. 16, Pavel Ludokar; No. 17, Antonio Paoli

(Cortesía de la New York Historical Society)

Cortesía del Maestro Ramón Fonseca.

*La Habana, Cuba, 1923.
Festividad de la Virgen Parroquia de La Merced
que dirigían entonces los Padres Paules.
Paoli está sentado a la extrema izquierda y a su lado está el Maestro Pastor,
compositor español quien en el año 1890 había compuesto varias piezas para la voz de Paoli.*

*Cartulinas postales enviadas por Paoli.
(Foto cortesía Adina B. Paoli)*

Paoli en 1924 en Barrio Obrero, Santurce, Puerto Rico,
en casa de la familia Figueroa a quienes visitaba con frecuencia
para ir a las jugadas de gallos que allí se celebraban.

Paoli con la familia Figueroa, en Barrio Obrero, Puerto Rico, 1924.

*Antonio Paoli a principio de los años treinta.
Foto tomada en San Juan de Puerto Rico.*

Durante la inauguración de la estación radial W.K.A.Q. 1922. (Foto de archivo)

El poeta y escritor puertorriqueño Carlos N. Carreras
le hace una entrevista a Paoli en 1934,
la cual fue publicada por el Puerto Rico Ilustrado.
(Foto cortesía Adina B. Paoli)

Fotografía de Paoli cantando el Improvisso de la ópera
Andrea Chernier de Giordano, en la residencia del Dr. Diego Biascochea.
Le acompaña la pianista Margie Van Rhyn; la Srta. Asencio pasa las páginas de la partitura y sentada detrás de ésta, aparece Amalia Paoli. Año 1940
(Foto cortesía Dr. Diego Biascoechea)

Virgilio Rabén, tenor lírico ponceño, discípulo aventajado de Amalita y Antonio Paoli.
Rabén hizo una carrera muy digna, cantó en los Estados Unidos y Canadá
y muchos compositores escribieron canciones para su bella voz.
Hizo una serie de discos para las casas grabadoras Victor y Brunswick,
hoy día muy codiciados por coleccionistas de discos de todo el mundo.
(Foto cortesía Lolin Rivera vda. Rabainne).

Elenco del estreno de la opereta Boriquén en el año 1945. Aparecen aquí Paoli, Alicia Morales, don Jesús Figueroa (compositor), Adina B. Paoli y los discípulos de Paoli. (Foto cortesía de Adina B. Paoli).

*Paoli con Adina y Atilano Fernández en 1942.
Foto tomada en Santurce, Puerto Rico.
(Foto cortesía Adina B. Paoli)*

*En esta foto aparece Don Antonio rodeado por los artistas líricos de la temporada de ópera Pro Arte en 1940. El bajo Pompilio Malatesta aparece un poco agachado frente a Paoli.
(Foto cortesía Adina B. Paoli)*

*Paoli acompañado por la soprano mejicana Sra. Da. Clarita Cáceres.
Foto tomada en Santurce, Puerto Rico en el año 1943.
(Foto cortesía Adina B. Paoli)*

He aquí la nota social publicada por la Revista Puerto Rico Ilustrado:

En ocasión de la celebración de su septuagésimo aniversario el famoso tenor puertorriqueño Comm. Antonio Paoli ofreció un recital de canto en honor del prestigioso médico Dr. Diego Biascoechea y su distinguida familia, en cuyo acto participaron los discípulos del gran divo y los de su distinguida hermana, la soprano Amalita Paoli, y el propio tenor cantó con vigorosa y muy melodiosa voz una selección de Andrea Chenier. En las fotos aparece (arriba) el tenor Paoli—sentado en el centro—a su derecha su hermana, la señorita Amalita; a su izquierda, el Dr. Biascoechea, a quien fué dedicado el homenaje. En el grupo aparecen también sus discípulos Selenia del Toro, José Oliver, L. Esparolini, Srta. Martía T. Santana, A. Alvarez Torre, Sra. Josefina G. de Buscaglia; el Lcdo. Vicente Géigel Polanco, quien hizo la presentación del acto. En la foto inferior se muestra el instante en que Paoli cantaba, acompañado de la Srta M. Van Rhyn.

Ultima presentación de Paoli ante el público

Esta foto perpetúa la última presentación ante el público portorriqueño del fallecido tenor portorriqueño de fama internacional, don Antonio Paoli. Recoge el instante en que, en el escenario del Teatro de la Universidad de Puerto Rico, el tenor Paoli, acompañado de su señora esposa, recibía el homenaje de Pro Arte Musical de Puerto Rico, expresádole por el presidente de dicha entidad, don Waldemar Lee, (a la derecha), hace algunos años. (Fotografía de EL MUNDO)

Esta es la última fotografía tomada a Paoli, unos meses antes de su deceso. Santurce, Puerto Rico, 1946. (Foto cortesía Adina B. Paoli)

Adina B. Paoli en el año 1962. (Foto de archivo)

*Adina Paoli, soprano Clarita Sánchez de Cáceres y Amalita Paoli.
Foto tomada durante un recital de piano por la gran pianista puertorriqueña
Elisa Tavarez de Storer en Pro Arte.
(Foto cortesía Adina B. Paoli)*

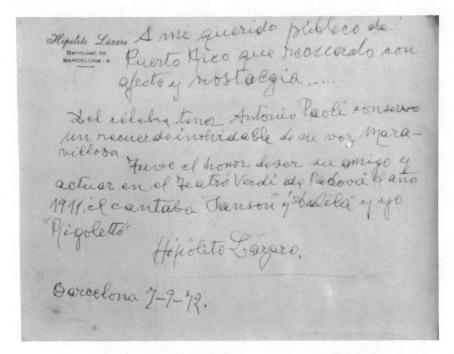

*Carta del gran tenor Hipólito Lazaro al pueblo de Puerto Rico.
(Colección del autor)*

*Así lucía mi estudio en Vega Alta, Puerto Rico,
el cual era un pequeño museo dedicado al glorioso tenor.*

*Figura de Paoli hecha por José Navedo.
Se encuentra hoy día a la entrada de la Escuela Paoli en Vega Alta, Puerto Rico.*

Ricardo Alegría, Adina Paoli, Jesús M. López y Josefina Guillermetty, recibiendo copia del disco de Paoli que editó el Instituto de Cultura en el año 1972.

Esta es la Segunda Placa que cubrió el Panteón de Paoli en el Cementerio Puerto Rico Memorial de Isla Verde.

Disco Autografiado por Paoli. (Colección de Jesús M. López)

Foto de Paoli sobrepuesta en el disco.

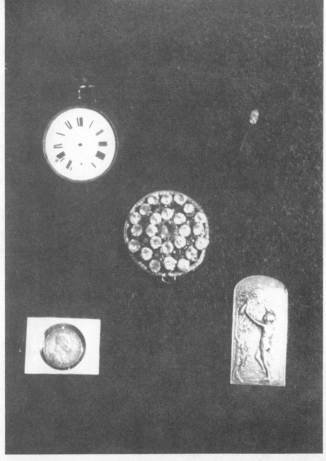

Algunas pertenencias de Paoli del museo del autor en Vega Alta donadas a Casa Paoli en 1990.

Museo Histórico de Puerto Rico
Avenida Hipódromo, Santurce, Puerto Rico

Trajes que usara Antonio Paoli
en la famosa ópera Otello en 1917 en Italia

1.- Vestuario del primer acto.
2.- Vestuario del segundo acto.
3.- Vestuario para para matar a Desdémona

Museo Histórico de Puerto Rico
Avenida Hipodromo, Santurce, Puerto Rico

Cartel de homenaje del concierto de que fuera objeto
Paoli a manos de un grupo de damas puertorriqueñas

La mayoría de las piezas que se ven en esta
foto, fueron usadas en la presentación de la
ópera El Trovador.

Piezas en su mayoría utilizadas cuando
Paoli interpretó la ópera Aïda.

Museo Histórico de Puerto Rico
Casa Paoli

Casco de La Africana

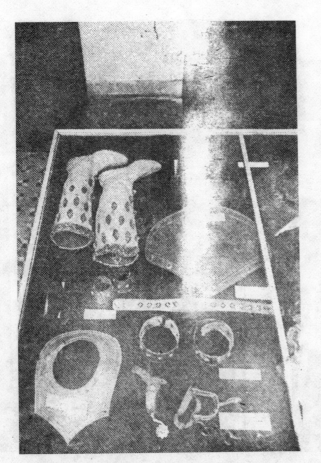

Excepto las botas, las demás piezas que aparecen en esta vidriera fueron usadas en la ópera Otello

Cartel donse se anunciaba la presentación de Antonio Paoli en Italia.

Cartel de Lorenzo Homar, realizado para el Centenario de Paoli en 1971.

Piezas usadas por Paoli en la ópera Aïda de Verdi,
la cual cantó en varios teatros del mundo.
(Foto cortesía Museo Histórico de Puerto Rico)

Modelo de arcilla del gran escultor puertorriqueño José Buscaglia Guillermety, realizado en 1971 para el planificado monumento a Paoli, y el cual nunca se construyó por apatía del gobierno, del Instituto de Cultura y otras entidades que no quisieron dar los fondos para su erección.
(Cortesía: José Buscaglia)

Antonio Paoli, tal como lo concibió el gran pintor grecoamericano Nanartonis, en 1971, y realizado originalmente para conmemorar el centenario del natalicio del egregio artista. Actualmente se exhibe en la Escuela Superior, de la calle Cristina, en Ponce, Puerto Rico.

Retrato de Gantes realizado para el Departamento de Instrucción Pública de Puerto Rico en 1971, año del centenario.

Espejo de Adelina Patti, que luego perteneció a Josefina Vetiska y Amalia Paoli. (Colección de Jesús M. López)

Dibujo de Paoli realizado por el pintor italiano Castagnieri. (Cortesía: Lucio Castagnieri)

Oleo de Paoli pintado por Lucio Castagnieri. Perteneció al pequeño museo que tenía en mi casa de Vega Alta y que doné a Casa Paoli, Ponce.

Homenaje a Don Antonio Paoli en el Cementerio Puerto Rico Memorial de Isla Verde, al cual asistieron distintas personalidades del gobierno y de otras entidades culturales.
(Foto cortesía Revista Opera y Algo Más)

Adina Bonini vda. de Paoli, su hijo Antonio Paoli (ausente) la familia Paoli, sus discípulos, el Dr. Diego Biascoechea su médico y amigo; tienen el honor de invitar a usted y familia a las Honras Fúnebres por el sufragio del alma del extinto Antonio Paoli que se llevarán a efecto el lunes 2 de septiembre de 1946 a las 9 de la mañana en la Parroquia del Sagrado Corazón en Santurce.

Su asistencia a este piadoso acto le será eternamente agradecida por los deudos de Antonio Paoli.

Nota luctuosa enviada a las amistades y admiradores del Divo.
Copia del Archivo del Ateneo Puertorriqueño.
(Cortesía: Isabelita Ortiz del Rivero)

Casa Paoli, Ponce, Puerto Rico. Apertura oficial de Casa Paoli, septiembre 1990, donde se me honró con una bellísima placa conmemorativa por mi labor Pro-Paoli.

Antiguo florero italiano que adornaba la chimenea del Salón de Música de Villa Grande en Porto Ceresio, Lugano, Italia.

Reloj antiguo que decoraba la chimenea del Salón de Música en Villa Josefina, Porto Ceresio, Lugano, Italia.
(Colección Jesús M. López)

*Otro detalle del monumento erigido a Paoli,
el 5 de junio de 1992, en Ponce.
(Cortesía: Sr. Félix Garmendia Santos -
Director del Mausoleo de Hombres Ilustres)*

Fonógrafo portátil de Paoli, el cual compró en Alemania en 1912. Arriba, cerrado para cargarlo; a la derecha, tocando un disco de Paoli

Colección fonógrafo y discos de Paoli de Jesús M. López

CAPITULO XIII
1922 - 1928

Paoli llegó a Nueva York procedente de San Juan, en el vapor Puerto Rico; en el muelle le esperaba Pocholo con una banda de músicos. Se encontraba también en el puerto un nutrido grupo de puertorriqueños y españoles, admiradores del egregio tenor y grandes amantes de la lírica. Hubo también lluvia de confetti a lo que rió a carcajadas. Fue un recibimiento de Rey. Entre los presentes se encontraba el empresario Alfredo Salmaggi, concesionario de los teatros Academy of Music de Brooklyn y del Manhattan Opera House, el mismo que le había hecho el contrato a Paoli en Italia seis meses antes. Se instaló en un magnífico y cómodo apartamento que le consiguió Pocholo en Brooklyn, muy cerca del teatro. Allí más tarde se le unieron Adina y Tonino. Se anunció su debut en *Otello* y las localidades se agotaron rápidamente. Dos semanas antes del debut no había un sólo boleto disponible. El debut fue así:

26 de septiembre de 1922.
Academy of Music.
Brooklyn, New York.

OTELLO.
Verdi
Desdémona......B. Freeman
Otello......A. Paoli (debut)
Cassio......G. Paltrinieri
Lodovico....... Picchi
Yago......A. Barbieri
Emilia......F. Ligotti
Roderigo......D. Agostino
Montano......E.-Manghi.
Dir....Antonio Dell Orefice

Esta ópera se repitió los días 28 y 30 de septiembre. La crítica fue muy buena y favorable.

623

ANTONIO PAOLI SINGS IN BROOKLYN "OTELLO"

Italian Tenor, with Powerful High Tones, Excites Audiences at Two Performances

Stentorian top notes from the throat of Antonio Paoli provoked tumultuous excitement at the Brooklyn Academy of Music on Tuesday and Saturday evenings last week, when performances of Verdi's "Otello" were given by the Brooklyn Opera Company, of which Alfredo Salmaggi stood sponsor. Signor Paoli, if memory serves, visited North America some years ago as a member of Pietro Mascagni's company, although his Brooklyn appearances were announced as his first in this country. In Europe he has been dubbed "the new Tamagno," and there were enough persons interested in his name to supply two audiences of encouraging size. Appearances in other operas were announced to follow those in "Otello." The tenor's voice proved one of much power and vitality, but apparently more at home in heroic proclamation than in lyric utterance. It was not free of a shake and it was obviously the product of main strength. His delineation of the rôle was a smooth and well-routined one. The remainder of the cast was negligible, although Amleto Barbieri disclosed a pleasant and tractable voice as *Iago*. Antonio Dell' Orefici conducted.   O. T.

* * *

"The Brooklyn Daily Times"
Septiembre 27, 1922.

Un suceso que ha ocurrido raras veces desde la muerte del gran Caruso ha tenido lugar en la Academia de Música, donde las localidades estaban vendidas desde el día antes, en la que la ópera "Otello" cantada, con el tenor Paoli, protagonista, anoche.

Paoli ha merecidamente logrado ser el sucesor del gran Tamagno y Caruso viniendo a los Estados Unidos con una reputación de grandes éxitos en el extranjero, tanto en Europa como en los trópicos. Paoli tiene el físico de un verdadero artista y un conocimiento de su profesión adquirida tras ardua labor.

Una gran demanda por parte del público por oir este cantante ha hecho influir a la directiva de la empresa para repetir la ópera en la Academia, la ópera "Otello", cantándola Paoli por segunda vez la noche del 30 de septiembre, sábado.

Debut de Paoli

(De "The Standard Union", Brooklyn, N. Y.)

"Durante veinte años, tanto en Europa como en los trópicos, Antonio Paoli ha gozado de una bien merecida reputación considerándosele generalmente como el sucesor del gran Tamagno. Su aparición aquí anoche se debió al espíritu de empresa del activo Sr. Salmaggi. Hablando estrictamente, esta no es la primera vez que el celebrado artista se presenta ante públicos americanos, pues hizo una "tournée" alrededor de ese país hace muchos años con el compositor Mascagni.

"Paoli es, ciertamente, un tenor de verdadera grandeza; uno de los pocos sobrevivientes que aún quedan como ejemplares de las grandes virtudes de la tradicional escuela italiana. Dramático tanto como lírico; de aspecto distinguido; hábil y sincero tanto como cantante que como actor; se apodera del ánimo del público y lo entusiasma ardientemente. Todos los presentes en la representación de "Otello" se dieron muy pronto cuenta de que tenían delante a un hombre de verdadera grandeza; revelándose hasta el fin la dignidad del propósito y la solemnidad de la acción en todo su resultado magistral."

EL IMPARCIAL — Jueves 12 de Octubre de 1922.

Desde Nueva York

Triunfo del famoso tenor Antonio Paoli

La noche del martes 26 de septiembre pasado, fué una noche de gloria para el eminente tenor portorriqueño Sr. Antonio Paoli, quien hizo esa noche su reaparición ante el público americano cantando de una manera colosal su ópera favorita "Otello", y recibiendo al finalizar la representación de su inimitable papel del célebre Moro de Venecia, una tremenda y espontánea ovación del inmenso público que aglomerado llenaba hasta el último rincón del espacioso teatro la Academia de Música.

Antonio Paoli es una de las estrellas más luminosas en el firmamento del Arte, y la merecida ovación que recibió del público la noche de su debut, se puede comparar solamente a las que recibiera en vida el gran Caruso, tributadas por este mismo público.

La noche del debut, como era de esperarse, el teatro estaba totalmente lleno de entusiastas espectadores ansiosos de oir al famoso cantante, el único tenor en la era presente que pueda ocupar el puesto de Enrico Caruso. Miles de personas quedáronse sin poder conseguir entradas al coliseo por lo que la empresa, obligada por la general demanda, decidió repetir la misma ópera el sábado 30 de septiembre, para así darle una oportunidad a las muchas personas que se vieron privadas de oir al maravilloso tenor gloria de nuestra Raza, y no decimos gloria de Puerto Rico, porque creemos que los grandes hombres como Paoli, Lázaro, de Diego, Muñoz Rivera, etc., no son ni han sido glorias exclusivas del país en que nacieron, sino de la hidalga Raza a que pertenecen o pertenecieron.

Paoli es un artista extraordinario que con su sola presencia sugestionaba al público de una manera increíble. Por eso se explica la tremenda ovación que expontáneamente le tributaron los miles de personas que presenciaron su debut, al aparecer en la escena y cantar con su potente voz el "Esultate" de "Otello". Pero eso no era más que el comienzo, y siguiendo el curso de la obra maestra del inmortal Verdi, y al cantar Paoli la bella aria "Ora e per sempre addio, sante memorie", el público embriagado de gozo por la manera maravillosa como la canta el distinguido artista, no espera que termine y lo interrumpe con ensordecedores aplausos que duran varios minutos y le obsequian con hermosos bouquets y canastillos de flores. Al finalizar la ópera, la cual termina con la emocionante aria "Nium mi temo", mejor conocida con el nombre de "Morte di Otello", el público volvióse loco de entusiasmo aplaudiendo y aclamando al artista, pues esta ha sido la primera vez que "Otello" ha sido fielmente interpretado en este país desde el año 1894, cuando fué cantado por el primer protagonista del celoso Moro de Venecia, el inmortal Frances-

(Continúa en la 4ta. página.)

DESDE NUEVA YORK

(Continuación de la segunda.)

co Tamagno, el más grande tenor que jamás haya existido. Al oir esa noche la potente y maravillosa voz que posee el señor Paoli, comprendemos por qué él es tan justamente llamado "Il piu grande Tenore viviente, succesore di Tamagno".

De los demás artistas que tomaron parte en la representación de la obra diremos que todos estuvieron a la altura de sus habilidades, sobresaliendo entre ellos el eminente barítono español Sr. Vicente Ballester, quien desempeñó el papel del intrigante y pérfido Yago. Bettina Freeman cantó la parte de Desdémona; Italo Picchi fué el Loduvico; Dina Marlo, la Emilia; Giusto Dulz, el Cassio; Dante Agostini, el Rodrigo, y Enrico Manghi, el Montano. El maestro Antonio Dell Orefice, dirigió una orquesta compuesta de treinta y cinco músicos, lo que desgraciadamente tocó demasiado fuerte, no dejando oir algunas de las partes más importantes.

Nosotros debemos sentirnos orgullosos de tener representantes famosos que nos honren y enaltezcan en este país, donde aún creen que la Raza Hispana es inferior a la de ellos, pero ya se van dando cuenta de su equivocación, y nos enorgullecemos de presenciar los triunfos de nuestros artistas, que están apareciendo y han aparecido ante este público, y entre los que se destacan Paoli, Lázaro, Constantino, Tamadas, Salazar, Baldrich, Ballester, Zanelli, Ordoñez, Díaz, Mardones, Lucrezia Bori, María Barrientos, Angeles Otein, Eleonora de Cisneros, María L. Escobar y otros muchos que en estos momentos no recordamos.

RASTIÑAC.

ANTONIO PAOLI

Su *Otello* gustó tanto que se representó varias veces más con el teatro rebozante de un público ávido de escuchar un verdadero tenor dramático. La prensa italiana publicó una interesante crítica escrita por el célebre barítono y cronista italiano Ferrucio Corradetti: La Rassegna Melodrammatica- Milano- 24 de octubre de 1922.

LA SEGUNDA FUNCION DE OTELLO - "El martes 26 de septiembre se presentó finalmente la tan esperada representación de Otello con Antonio Paoli como protagonista. Era tanta la expectativa que había por escuchar y juzgar al célebre tenor en la difícil parte del Moro, que varios centenares de personas tuvieron que regresarse a sus casas por haberse agotado los boletos de entrada. Dicho sea de paso, no es fácil llenar la vasta sala del bellísimo teatro de Brooklyn, la cual presentaba un aspecto verdaderamente imponente del lleno tan grande que hacía temblar el pulso hasta al más seguro de los cantantes.

Paoli triunfó desde el principio, aunque al comenzar sintió un poco de pánico al aparecer en escena. Al terminar el Esultate se sintió más franco y tranquilo al recibir una explosiva salva de aplausos entusiasmados y calurosos que coronaron su aria de entrada. Al terminar el primer acto fue llamado a recibir el aplauso del público infinidad de veces. Luego se reveló al público por el resto de la ópera con su valiente y formidable interpretación del *Otello*, que transportó de lleno al público al más sincero y frenético entusiasmo.

Fue tal el éxito logrado por Paoli, que de inmediato la empresa anunció la misma noche del martes una segunda representación de Otello, sustituyendo la anunciada Gioconda dirigida por Dell Orefice.

"Ayer en la tarde fue la segunda función de *Otello* y reconfirmó aún más el triundo total del tenor Paoli, el cual más tranquilo y más dueño y amo de sus medios vocales excelentes, pudo dar a su difícil parte todo el ímpetu, todo el matiz violento de que está llena ésta ópera. Tuvo momentos de gran eficacia que hizo saltar al público con aplausos y aclamaciones frenéticas".

Entre las personalidades que asistieron esa noche al teatro estaba el conocido empresario Fortunato Gallo, director y propietario de la San Carlo Opera Co.; el empresario ruso Sol Hurok; el famoso violinista Otto Kahn, el pianista Francis Moore, director de orquesta Giuseppe Bamboscheck, las célebres divas Claudia Muzio y Lucrezia Bori, quienes eran grandes amigas de Paoli. Todos aplaudieron estusiasmados al egregio cantor. A los pocos dias recibió en su apartamento la visita de sus amigas Claudia Muzio y Lucrezia Bori, cenaron juntos y compartieron recuerdos de tiempos pasados.

Tras el resonante éxito en Brooklyn, se presentó de nuevo en Manhattan los dias 3 y 6 de octubre como sigue:

3 de octubre de 1922.
Manhattan Opera House
New York City. Verdi.

OTELLO
Verdi
Desdémona......V. Garrone
Otello......Antonio Paoli

EL LEON DE PONCE

Cassio......G. Duiz
Lodovico......I. Picchi
Yago-V. Ballester
Emilia......D. Mario
Roderigo......D. Agostino
Montano......E. Manghi
Dir....A. Dell Orefice.

El triunfo fue tan extraordinario que esta ópera se cantó luego en varias ciudades de los Estados Unidos en un total de 30 funciones. El diario The Globe del 5 de octubre dice:

ANTONIO PAOLI, OTELLO DE OTELLOS- "La vastísima y cómoda sala del amplio Teatro Manhattan Opera House estaba repleta de público debido al debut del célebre tenor dramático Antonio Paoli. Este tenor cantó hace unos días en Brooklyn causando sensación por la potencia de sus medios vocales. Muchos fueron los diletantes que regresaron a casa sin escuchar *El Esultate* del célebre *Otello*, pero, si se disponen, pueden aún conseguir entradas para la función de mañana, pues aunque pocas, aún quedan algunas lunetas disponibles. El teatro estaba rebozante de un público en gran expectativa, y no es para menos, pues en Europa y Suramérica se considera a Paoli el único digno sucesor del inmortal Tamagno. Su voz es fuerte, robusta y dramática; su figura, alta, imponente, elegante; su actuación impecable. Hemos escuchado un *Otello* como hacía tiempo no se escuchaba en Nueva York. Enhorabuena Sr. Paoli". Firma: Fígaro.

El día 7 de octubre se presenta de nuevo en Brooklyn como sigue:

Brooklyn Accademy of Music.
IL TROVATORE
Verdi

Manrico......Antonio Paoli
Leonora......V. Garrone
De Luna......V. Ballester
Ruiz......G. Duiz
Ferrando......E. Manghi
Dir.:A. Dell Orefice.

"Este fue otro glamoroso triuno de Paoli. Fue aplaudido hasta el delirio. Se vio obligado a bisar La Pira debido a los incesantes aplausos". Firma: Le Fígaro.

Después de ese triunfo es contratado por el célebre violinista Otto Kahn para un recital que se celebraría en el Parque Central de Nueva York, pero la inclemencia del tiempo no lo permitió y se celebró en el De Witt Clinton Hall, en la calle 59 y 10ma. Avenida de Manhattan. Este era un teatro gigantesco que acomodaba varios miles de espectadores.

El New York Times y el diario The Mail publican este artículo y el programa a presentarse.

Our Family Music

CHARLES D. ISAACSON
Director
Reg. U. S. Pat. Office

Biggest Concert of Season Sunday Night at DeWitt Clinton

The biggest event of this whole Mail Free Concert season up to this time is scheduled for Sunday night at the Mail Music Club, De Witt Clinton Hall, Fifty-ninth street at Tenth avenue.

Otto H. Kahn, honorary president of the Mail Concert movement, foremost patron of art in America, will be guest of honor and orator of the evening.

Antonio Paoli, the greatest living interpreter of Othello; Renato Zanelli, the golden-voiced baritone of the Metropolitan Opera Company; Marion Telva, the young, beautiful and gifted contralto of the Metropolitan Opera Company; Giuseppe Bamboschek, conductor and musical assistant to Giulio Gatti Casazza, and Francis Moore, pianist.

Paoli and Zanelli will be heard in solo appearances and duets.

Naturally the appeal of this extraordinary combination of features will be tremendous, and notice is now given to readers of this department as follows:

There are no tickets; there are no reserved seats; all admission is free to the public; the programme appears only in the Saturday Mail, and it should be clipped and brought to the hall, as none other is printed. Doors open at 7.30, and not before, so that all have equal chances, and the very early birds have no advantage over the families who want to finish their Sunday supper.

Concert starts promptly at 8.15. The Hall of De Witt Clinton is the largest public building outside the Metropolitan, Manhattan Opera, Hippodrome and Lexington Opera House. There is room for a vast crowd, and it is the opinion of the editor that all who arrive up to 8.05 or even 8.10 will be able to get in.

AMERICA'S FIRST ART PATRON

It is something to have made himself one of the world's foremost bankers, but it is something greater to have made himself the first and foremost art patron of America, and it is in this latter capacity that Otto H. Kahn is most beloved. For years Mr. Kahn has been the chairman of the board of directors of the Metropolitan Opera Company, and his wealth and influence, his advice and time, have been liberally given to the institution through the days of its losses.

Will Appear at Big Mail Concert Sunday Evening

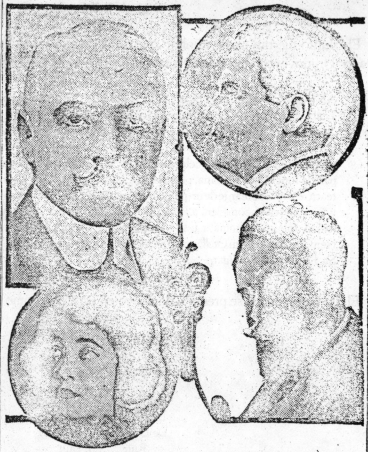

Upper left, Otto Kahn; lower left, Marion Teloa; upper right, Renato Zanelli; lower right, Antonio Paoli.

Today the Metropolitan has a vast reserve fund and, if any one may be permitted the observation, this is due, we think, to the astuteness of Mr. Kahn. This patron has been no mere figurehead, allowing his name to adorn the stationery. Mr. Kahn has been the real director of the directors and the inspiration of the staff. Outside the opera house there are an infinite number of services to art made by this man. The Century Theatre and the French Theatre were among his liberalities. He has aided so many causes which have never been published that it is impossible to attempt to list them. Mr. Kahn has been honored by Belgium, England, France, Spain and Italy. A charmingly democratic figure, Mr. Kahn is always an interesting speaker.

IMPORTANT GALA EVENT
Free to the Public
Tomorrow's Big Sunday Free Concert

Take this with you; none other printed.   No tickets needed.

The Evening Mail Music Club
Under Direction of CHARLES D. ISAACSON
DE WITT CLINTON HALL
59th Street and 10th Avenue, Manhattan
SUNDAY EVENING, Oct. 22, 1922, at 8.15 o'Clock
Doors Open at 7.30 P. M.

PART I.
1. Minutes....................Miss Adelaide L. Loewel, Secretary
2. "Face to Face with Hopkinson" (From "Face to Face with Great Musicians")
   CHARLES D. ISAACSON, Author
3. Aria from "Samson and Delilah"....................Saint-Saens
   MARION TELVA, Contralto
   Giuseppe Bamboschek at the Piano
4. a—Dances, G Major, C Major....................Beethoven
   b—Chromatique Fantasy and Fugue....................Bach
   FRANCIS MOORE, Pianist
5. Largo al factotum, from "Barber of Seville"....................Rossini
   RENATO ZANELLI, Baritone
   Maestro Dell 'Orefice at the Piano
6. Improvizo from "Andrea Chenier"....................Giordano
   ANTONIO PAOLI, Tenor
   Maestro Dell 'Orefice at the Piano
PART II.
1. Address by
   OTTO H. KAHN, Guest of Honor
   (Honorary President Mail Concerts)
2. a—Schmerzen ....Wagner
   b—Inter Nos ....McFadyen
   c—Eli, Eli ....Schindler
   MISS TELVA
3. a—Waltz in A flat....................Brahms
   b—Arabesque ....Debussy
   c—Barcarolle ....Chopin
   MR. MOORE
4. Duet, Si pel ciel, from "Otello"....................Verdi
   MESSRS. PAOLI AND ZANELLI

CHARLES D. ISAACSON, Chairman
ROSE RODEN, Assistant
STEINWAY PIANO USED

ANTONIO PAOLI
Antonio Paoli is declared by many conservative people who know, to be the foremost living dramatic tenor. He has been twenty-five years upon the operatic stage, singing a repertoire of forty-five operas. His greatest role is Othello, and he is declared to be the only living tenor equipped to do the role, created by the immortal Tamagno.

Antonio Paoli was born in Porto Rico, of Spanish descent, and has sung in all the leading opera houses of Europe, South America and even other continents. He is more famous in Italy, for instance, than any tenor excepting the late lamented Caruso.

About twenty-five years ago Paoli came to America with Pietro Mascagni, composer of "Cavalleria Rusticana," and was then one of the first Victor artists to be engaged. Since his present visit Paoli has been re-engaged by the Victory company for some new releases. In concert Paoli has always been a remarkable success and has appeared innumerable times with Tetrazzini and a long list of the world's celebrities. His present visit to America calls for some special operatic engagements and for a long concert tour of the States.

MARION TELVA
Marion Telva, American contralto of the Metropolitan casts, will be the lady of the evening. This native, born in St. Louis, has had opportunities in the Sunday night concerts and in the opera presentations here and in Atlanta. She has a voice which instantly wins her friends in the audiences, who recognize the superior quality. She has sung in "Faust," "Cavalleria," "Snegouratcha," "Die Tode Stadt," "Tristan and Isolde" and many other scores. Her training has been entirely in America under Mme. Mihr Hardy, but last summer she sang in Munich and is re-engaged next year. She has had many concert engagements and has appeared with the St. Louis Symphony and in joint recital with Martinelli.

The instrumentalist of the evening will be the celebrated pianist and composer, Francis Moore. For years his name has been associated with the greatest instrumental and vocal artists as accompanist. His many songs have been programmed in the finest recitals of these times. More recently he has been devoting himself exclusively to solo work, and both his recitals of last

La noche del concierto el teatro estaba completamente lleno y allí se dio a conocer la noticia de que Paoli había sido contratado por la San Carlo Opera Co. para cantar en Cuba el próximo año; Paoli también estaba haciendo nuevamente algún tipo de negociación con Giulio Gatti para cantar en el Metropolitan en la temporada de 1923; esto se hacía a iniciativa de Otto Kahn y de Giuseppe Banboscheck. No se llegó a ningún acuerdo pues lo que pagaba el Metropolitan a los artistas estaba muy por debajo de lo que Paoli cobraba por función.

Mientras, Paoli se presentaba en Filadelfia, en el Metropolitan Opera, cantando *Otello* con el mismo reparto que en Nueva York, excepto Yago, que fue hecho por Leopoldo Saltzman.

15 de noviembre 1922
Metropolitan Opera
Philadelphia, Pennsilvania

OTELLO
Verdi

Desdémona......L. Wider
Otello......A. Paoli
Yago......L. Saltzman
Cassio......G. Paltrinieri
Lodovico......I. Picchi
Dir.: A. del Orefice.

Esta ópera se cantó cinco veces con lleno total y el éxito fue extraordinario, según nos lo describió el gran escritor y crítico Max de Schawense, quien estaba presente en el teatro. "Paoli hizo una interpretación extraordinaria, tanto vocal como escénica. A pesar de estar ya sobre los cincuenta años de edad, su autoridad, su validísimo estilo heróico y los momentos intensos dramáticos aún permanecen inalterables en nuestra memoria".

La propaganda que se le hizo a la Troupe de Fortunato Gallo para su gira a La Habana fue extraordinaria. Se publicaron varios artículos con fotos en muchos diarios americanos y el Musical América le dedicó una página completa.

La Habana, Cuba, se preparaba para el magno acontecimiento. Los artistas contratados eran todos de primera categoría y entre ellos estaba Tito Schipa, Tita Ruffo, Giovani Martinelli, Lucrezia Bori, Antonio Paoli, Riccardo Bonelli, Marie Rappold, Anna Fitziu, Angelo Bada, Giacomo Spadoni y otros.

EL LEON DE PONCE

La revista Musical America publicó lo siguiente:

THE most ambitious venture of Fortune Gallo is the impresario's forthcoming introduction of the San Carlo Grand Opera Company to Havana, where his organization will give a season of three weeks, beginning April 24, in the palatial Teatro Nacional.

In this invasion of territory formerly ruled exclusively by Latin-American managers, Mr. Gallo has assembled as many stars as were available between seasons of the Metropolitan and Chicago Opera forces, including Titta Ruffo, Giovanni Martinelli, Tito Schipa, Lucrezia Bori, Anna Fitziu and Marie Rappold. To these reinforcements he has added from other sources Lodovico Tomarchio, Rogelio Baldrich, Francesco Curci, Antonio Paoli, Riccardo Bonelli and others to add to the familiar San Carlo list, which includes Josephine Lucchese, Sophie Charlebois, Stella De Mette, Anita Klinova, Mario Valle, Romeo Boscacci, Giuseppe Interante, Pietro De Biasi, Natale Cervi and others. The conductors will be Carlo Peroni of the San Carlo and Giacomo Spadoni of the Chicago Opera. The Pavley-Oukrainsky Ballet, formerly with the Chicago Opera, headed by Sergei Oukrainsky and Andreas Pavley, will be part of the company's personnel.

This unusual departure from the popular-price field forms a climax to the festival celebrating the twelfth year of the San Carlo Company's career. When this company, after several tours confined to "the provinces," first invaded New York it was considered an ambitious experiment, and such a large clientele was found for it in the metropolis that it has made the annual New York visit a feature ever since. In each succeeding engagement in Manhattan, Mr. Gallo has increased the importance of his presentations by adding more guest stars and by moving to theaters of larger capacity, such as the Manhattan and Century. The same policies have governed in Boston and Philadelphia, which were added to the San Carlo itinerary in the last two years. But in all of his former special events, Mr. Gallo has never attempted the array of stars now assembled for the Havana season, or the extreme prices of de luxe opera. There will be only four performances each week, on Tuesday, Thursday and Saturday nights and Sunday afternoon, making twelve performances in the three weeks. The répertoire is so selected as to present each star in his or her best rôles, the operas including "Hamlet," "Samson and Delilah," "Otello," "Lucia," "Aïda," "Tales of Hoffmann," "Tosca," "Barber of Seville," "Carmen," "Cavalleria," "Pagliacci," "Rigoletto," "Trovatore," "Traviata," "Jewels of the Madonna," "Gioconda," "Manon," "Bohème," "Faust," "Martha," "Butterfly" and "Salome."

The repeated New York, Boston and Philadelphia successes of the past few years have resulted in the development of longer runs in larger cities, until very few places are visited for less than a week. Consequently a large territory has not been touched recently by this company. To meet the demands of the many cities that have been without opera, another San Carlo Grand Opera Company is being organized for the season to begin next autumn. Mr. Gallo is emphatic in stating that this will not be a case of "number one and number two company," but that each will be a complete organization in itself, the only difference in them being that one will be equipped with a large répertoire as demanded in an engagement of two or three weeks in one city, while the others will carry productions for only one, two or three day stops. The latter company will be headed by such stars as Tamaki Miura and Anna Fitziu, and the operas will be "Butterfly," "Bohème," "Salome," "Cavalleria" and "Pagliacci."

The season now ending has been the most successful the San Carlo Company has ever had. It began at the Century Theater in New York last September, where the attendance for the four weeks was so great that the run at the same theater next autumn will be increased by two weeks. The engagements following, at the Boston Opera House and at the Metropolitan in Philadelphia, have established those cities in the annual tour indefinitely.

ANTONIO PAOLI

28 de abril-1923
Teatro Nacional
Habana, Cuba

The San Carlo Opera Co.
OTELLO
Verdi

Desdémona......Anna Fitziu
Otello......Antonio Paoli
Yago......Tita Ruffo
Emilia......Anita Klinova
Lodovico......Pietro di Biasi
Director: Carlo Peroni.

Esta fue la única función de *Otello* que se cantó en La Habana. Paoli cantó bien, pero no dio toda la fuerza de su voz, se vio obligado a bisar *El Esultate*, el *Ora e Per Sempre* y el dúo *Si Pel Ciel*, con Ruffo. Los aplausos, los bravos y los vivas fueron ensordecedores. El teatro estaba totalmente lleno y entre el público estaba la gran poetisa y patriota puertorriqueña Lola Rodríguez de Tio, acompañada por su hija Patria y su esposo Don Fernando Sánchez y Fuentes. Estaba también presente Don Francisco Solís del Toro, quien hizo un viaje desde Puerto Rico a Cuba solo para escuchar a Paoli.

La última función que se presentó en La Habana fue *Los Payasos* de Leoncavallo. Sería cantada por Lucrezia Bori, como Nedda, Martinelli, como Canio, Ruffo como Tonio, Angelo Bada como Arlequín etc.

El día antes de esa función se le hizo una gran comida a toda la compañía en un restaurante campestre, en las afueras de la ciudad. Estaban todos compartiendo allí en franca camaradería. En la opípara cena había camarones, langostas, cangrejos, embutidos de cerdo, salchichas asadas, carnes al carbón, longaniza frita y chorizos, además de gran variedad de panes, vinos, quesos y frutas.

Paoli, quien estaba acompañado de Adina y se sentaba en la misma mesa que Tito Schipa, Ana Fitziu, Tita Ruffo y Lucrezia Bori, se limitó a comer sólo carne al carbón con vegetales, queso y frutas y todos le imitaron, excepto Adina, que se antojó de comer camarones y langostas. Martinelli, Bada, La Rappold, Gallo, Bonelli y Tomarchio comieron también muchos camarones, langostas y cangrejos y al parecer estaban riquísimos; lo que no sabían era cuándo los habían cocinado y pasó que todos se envenenaron con los camarones al ajillo. Todos se enfermaron malamente del estómago.

Al día siguiente estaban todos demacrados, enjutos, con náuseas, vómitos y diarreas. Gallo no podía dejar el hotel, pues cada cinco minutos tenía que correr para el baño; no encontraba que hacerse, pues se había anunciado *Los Payasos* para esa noche y Martinelli estaba muy débil para cantar. Bada, quien era más débil de constitución, estaba postrado en cama.

La situación era delicada, pues era la última función y Gallo quería dejar una impresión favorable en el público habanero. A la hora del almuerzo, Paoli, Ruffo y Schipa almorzaban juntos en el Hotel El Telégrafo, donde se hospedaban y, al enterarse del problema de Gallo con la función de esa noche, terminaron el almuerzo, fueron a verle y le propusieron cantar esa noche en reemplazo de los artistas enfermos. Martinelli saldría a escena y haría mímica; Paoli cantaría

EL LEON DE PONCE

escondido entre los coristas. Bada no saldría a escena, sino que Schipa le reemplazaría todo el tiempo, pues con el disfraz de payaso no sería reconocido.

Así pues se presentó la ópera *Los Payasos* en esta forma:

Mayo de 1923
Teatro Nacional
Habana, Cuba

The San Carlo Opera Co
I PAGLIACCI
Leoncavallo

Nedda......Lucrezia Bori
Canio......Giovanni Martinelli (Antonio Paoli)
Tonio......Tita Ruffo
Silvio......Antonio Canova
Beppe......Angelo Bada (Tito Schipa)
Director: Carlo Peroni

La crítica al otro día se desbordó en elogios para con el tenor Martinelli y decían de su versatilidad, pues había cantado *La Boheme* la noche antes del envenenamiento y ahora hacía un papel dramático con gran maestría. Lo que no sabían es que quien cantaba era Paoli. Alababan también su bello timbre de voz. El éxito fue extraordinario y nunca nadie se enteró de ésto, hasta que el mismo Tito Schipa nos lo contó en una entrevista que le hicimos en Nueva York poco antes de su muerte. Luego nos lo confirmó el mismo Fortunato Gallo en otra entrevista que le hicimos en su apartamento de Nueva York.

Paoli decidió quedarse en Cuba, pues sus muchas amistades allí le auguraban un gran futuro para una academia de canto. Así que decidió quedarse a probar fortuna. Para el 30 de mayo, Fernando Sánchez de Fuentes, el esposo de Patria Tio, le invita a cantar en su cumpleaños, a lo cual Paoli accede gustoso. Cantó allí, en su casa de El Vedado, un sector residencial entonces muy exclusivo en La Habana. El recital constó de cuatro arias de óperas, acompañado al piano por el notable jóven pianista cubano José Echaniz, a quien había conocido días antes cuando el 23 de mayo tomó parte Paoli en un concierto benéfico, en honor a la declamadora Carmela Melchorre, en el Teatro Nacional de La Habana.

El empresario Rubido, quien había escuchado a Paoli en Italia, le invitó a hacer una serie de recitales por las distintas ciudades importantes de Cuba, en los cuales sería acompañado por el pianista Echaniz, lo cual Paoli aceptó gustoso.

Este fue el concierto de Cienfuegos, el cual se presentó los dias 17 y 22 de junio.

Teatro 'Terry'

Empresa: Rubido-May

COM. ANTONIO PAOLI
Tenor

JOSE ECHANIZ
Concertista

DOMINGO 17 DE JUNIO DE 1923
VIERNES 22
a las 9 P. M.
RECITAL DE CANTO Y PIANO

Presentación del más grande y famoso tenor de la época

Comendador ANTONIO PAOLI

Tantas veces ovacionado por el público europeo y que acaba de tener un ruidoso triunfo en el Gran Teatro Nacional de la Habana, en la reciente temporada de ópera

El Comendador PAOLI

Está considerado como el tenor dramático mundial. Posee los títulos y condecoraciones más altas otorgadas a cantante alguno.

Presentación del eminente pianista

JOSE ECHANIZ

que ha maravillado al mundo entero con su exquisito arte en la "tournee" efectuada por Europa y Estados Unidos

═ PROGRAMA ═

PRIMERA PARTE

1.—a. O Paradiso de «La Africana»......Mayerbeer
　　b. Mademoiselle de Bella Isla......Samara
　　c Raconto de "Los Hugonotes" Mayerbeer
　　Antonio Paoli y José Echániz
2—a. Scherzo......Chopín
　　b. Staccatto......Vogrich
　　c. Rapsodia Nº 12......Liszt
　　JOSE ECHANIZ

SEGUNDA PARTE

1— Improviso de "Andrea Chernier" Giordano
　　Antonio Paoli y José Echániz
2—a. Jota Navarra......Larregla-Echániz
　　b. Seguidillas......Albeniz
　　c. Danzas Cubanas......Cervantes
　　Rapsodia......José Echániz......Liszt
3—a. Monólogo de "Otello"......Verdi
　　b. Arioso de «Pagliacci»......Leoncavallo
　　Antonio Paoli y José Echániz

PRECIOS PARA LA FUNCION

Palcos con entradas......$20.00	Delantero de Paraiso con entrada......60
Luneta con entrada......$4.00	Entrada a Tertulia......50
Entrada a Butaca......$3.00	Entrada a Paraiso......40
Delantero de Tertulia con entrada......80	

Usando el mismo volante se presentaron en las siguientes ciudades:

Junio 17- 22:	Cienfuegos-Teatro Terry
Junio 25:	Matanzas-Teatro Municipal
Junio 29:	Cárdenas-Teatro Municipal;
Julio 3:	Sagua-Teatro Municipal;
Julio 8	Santa Clara-Teatro Municipal
Julio 12:	Camaguey-Teatro Camaguey
Julio 18:	Manzanillo-Teatro Manzanillo
Julio 22:	Santiago-Teatro Santiago
Julio 26:	Marianao-Teatro Municipal
Julio 29:	Pinar del Río-Teatro Municipal
Agosto 5:	Trinidad- Teatro Municipal
Agosto 15:	Habana- Teatro Pairet
Agosto 21	Camagüey- Teatro Camaguey

Volvió luego a Camaguey, donde descansó unos días en la casa de la familia Cortina de Varona y luego se presentó otro recital en el Teatro Camaguey el dia 21 de agosto, luego regresó a La Habana. Cenó varias veces en casa de Lola Rodríguez de Tio en la calle Aguiar No. 68 en La Habana; hacían allí además tertulias literarias y poéticas de las cuales él gustaba mucho y le hacía recordar sus tiempos de niño cuando en su casa allá en Ponce se reunían varias personalidades para ese mismo tipo de tertulias.

Se anunció en La Habana la visita de la gran actríz Eleonora Duse; Paoli fue el primero en reservar dos asientos en la platea frente al escenario. La Duse, estuvo sublime a pesar de su avanzada edad y fue aplaudidísima. Al terminar el recital, Paoli fue a saludarla e invitarla a comer; ella aceptó gustosa. Al otro día estaban almorzando en el magnífico restaurante del Hotel Telégrafo, recordando tiempos pasados. Pocos meses después la ilustre artista fallecía en Nueva York, en brazos del empresario Fortunato Gallo, quien fue que la llevó a La Habana.

El Dr. García Montes, atendió a Paoli, de una afección bronquial y le invitó a comer a su casa donde le mostró su magnífica colección de discos, libros y fotografías de otros grandes artistas que habían visitado a Cuba y Paoli, también le obsequió una foto autografiada.

En agosto visitó Cuba el empresario Silingardi, el cual buscaba contrato y apoyo financiero para llevar allí su nueva compañía, la Russian Opera Co. compuesta en su mayoría por artistas rusos. Silingardi le ofrece a Paoli, ser su socio para seguir visitando paíseis hispano-parlantes y luego los Estados Unidos, además de cantar *Otello* y *El Trovador* fuera de repertorio en cada ciudad y país que fuesen, él cantaría en italiano y los demás artistas en ruso.

Paoli estuvo tentado a unirse a la Troupe, pero en esos días recibió una invitación de Mary Garden, quien conocía a Paoli de Francia y era la Directora de la Chicago Liric Opera, le ofrecía diez recitales de *Otello* para el invierno de 1923-24. La paga sería de US$1,000.00 por función, pero Paoli la rechazó de plano, pues era muy poco; según carta de Adina Paoli a Amalia desde La Habana. Además le decía que antes tenía que audicionar para ella, lo que encolerizó a Paoli. Recibió además una invitación del Maestro Mascagni, para cantar su *Nerone* en Roma, no lo pudo aceptar pues no pensaba volver a Italia, así que el papel fue cantado por Aureliano Pertile.

En septiembre de ese año recibió una carta de Amalia, donde le comunicaba que la soprano mejicana ex-discípula suya Lucilla Maldonado se había casado en Italia con el notable bajo Luigi de Muro.

A fines de septiembre toma parte activa en la festividad de la Vírgen, Nuestra Señora de La Merced, en La Habana. Cantó allí acompañado de los violines y violoncellos de la orquesta del Teatro Nacional. Para una descripción más clara de este agran acontecimiento artístico y religioso es mejor leer la descripción que hace la revista La Milagrosa, publicada en La Habana, Cuba, en octubre de 1923, y dice así:

FIESTA A NUESTRA SEÑORA DE LA MERCED - " El día de la fiesta se cantó la misa, acompañada de una selecta orquesta. Una capilla digna de cualquier catedral en la que se interpretó *El Magnificat*, de Brunet Recaens.Divina! Sublime la parte musical Tal era la opinión del público y tal fue el sentir del laureado maestro Rafael Pastor, según nota que ha publicado y que dice así: "La parte artística en el templo de La Merced, con motivo de la gran fiesta de su excelsa Patrona, ha tenido en el presente año excepcional importancia, por la actuación del insigne cantante Antonio Paoli en el coro.

Hace 23 años, en fiestas análogas en el gran templo de los Paúles, una orquesta acompañada de las voces de cincuenta profesores, interpretó tres obras mías: *Salve, Letanía y Misa* en el Bemol, que en 1890 hube de dedicar al cabildo eclesiástico de Alicante, en ocasión de nombrarme maestro de capilla de aquella colegiata. El tenor Paoli que entonces cantaba a la manera de Schipa, es hoy el continuador de las glorias de Tamagno, y como tal interpretó mis dos modestas creaciones que figuraban en el programa de la fiesta. La estrofa de mi Himno a la Caridad, con letra distinta, que acompañé en el órgano, cantóla Paoli con sublime

arranque de gran artista, pero donde se mostró verdaderamente inspirado, causando impresión profunda a los fieles que en número de tres mil ocupaban las amplias naves del templo; fue en el Incarnatus mío que se intercaló para lucimiento del gran artista. Un acorde de sexta seguido de otro dominante con quinta aumentada, ejecutados por mí en el órgano, establecieron la tonalidad de la Bemol: suaves registros de Gamba en combinación con la orquesta formada de superiores elementos artísticos, sirvieron de base al famoso cantante para interpretar dicho Morceau como no lo oiré en mi vida. Paoli coronó su labor atacando un Do natural limpio y de una potencia avasalladora.

Eso ha sido lo que con respecto a mis obras tuvo efecto en el coro de La Merced, en ambas fiestas celebradas a la Vírgen y tambiénla actuación del P. Ignacio Maestrojuán, discípulo mío y del tenor Antonio Paoli". Revista "La Milagrosa, pag. 31, Habana. Cuba. 24 de septiembre de 1923. Maestro Rafael Pastor.

Como podemos ver, esa festividad religiosa fue muy celebrada.

De Italia recibe noticias del empresario Lussardi que quería llevar a Cuba una nueva compañía de ópera para luego recorrer toda América y se llamaría "Compañía de Opera, Italia". Entre los artistas contratados estaban las sopranos Elvira de Hidalgo, Toti dal Monte, Gabriela Besanzoni y la Zichetti. Los tenores Pertile y Schipa. Los barítonos Montesanto y Molinari. Los bajos Cirino y Azzolini. Los Maestros Mascagni y Vigano, además del tenor Borgioli y Paoli, si aceptaba asociarse con la inversión $100,000.00 (cien mil U. S. dólares). Los vestuarios y escenografía a usar serían del Teatro Alla Scala. Los países a visitarse después de Cuba serían: Santo Domingo, Puerto Rico, México, Costa Rica, Panamá, Guatemala, Venezuela y el resto de la América del Sur. Esto quedó todo en planes, pues Paoli no quería arriesgar al momento la cantidad de $100,000.00 (cien mil dólares), que se le exigía para ser socio, además era un riesgo muy grande meterse en la aventura de co-empresario sin tener la experiencia necesaria en ese campo. Esa era más o menos la cantidad de dinero que le quedaba de su cuantioso capital.

En noviembre se anuncia en los diarios de La Habana, que se le daría un homenaje a Paoli, en el Teatro Nacional, se presentaría la ópera *Aïda*, de Verdi, en forma de concierto. Este acontecimiento se anunció para principios de diciembre y el público correspondió en forma admirable agotándose rápidamente los boletos en el teatro.

Además de Paoli como Radamés, tomarían parte varias eminentes artistas líricos cubanos. He aquí los anuncios:

3 de diciembre de 1923
Teatro Nacional
Habana, Cuba.

AÏDA
Verdi

Aïda......Lolita Van Der Gucht / Edelmira Zayas de Vizars.
Amneris......Digna Flora Fernandez.
Amonasro......Jose Van der Gucht.
Radamés......Antonio Paoli.
Dir.: Maestro Bovi.
Orquesta y Coro Titular

La crítica fue muy favorable como aquí consta:

EL CONCIERTO DE PAOLI

El próximo día tres, como ya hemos anunciado en varias ocasioens, tendrá lugar el concierto del gran tenor A. Paoli.

La ópera "Aida", será puesta en escena, la cual será interpretada maravillosamente por los notables elmentos artísticos que presentará Paoli.

Nuestro querido amigo Pedrito Varela, el joven y distinguido Empresario, tiene la atención de enviarme el vrograma para dicha función que publicaré mañana.

"El Triunfo" 30.11.1933

HOY: HOMENAJE A PAOLI EN EL NACIONAL

A las 4.30 de hoy está anunciada en el Nacional la función homenaje al notable tenor dramático Com. Antonio Paoli.

El programa de esta función es el siguiente:

PRIMERA PARTE

"Celeste Aida". Com. Antonio Paoli.

"Ritorna Vincitore". Señorita Lolita Van der Gucht.

"Fu la sorte Dell'armi". Señora Edelmira Zayas de Vilar y señorita Digna Flora Fernández.

SEGUNDA PARTE

"O Cieli Azurri". Señora Edelmira Zayas de Vilar.

"Ciel mio padre". Señorita Lolita Van der Gucht y señor José Van der Gucht.

"Pur ti riveggo mía dolce Aida". Señora Edelmira Zayas de Vilar y Com. Antonio Paoli.

TERCERA PARTE

"Gia Sacerdoti Adunansi". Señorita Digna Flora Fernández y Com. Antonio Paoli.

"La Fatal Pietra". Señorita Lolita Van der Gucht y Com. Antonio Paoli.

Maestro acompañante: Arturo Bovi.

"AIDA" EN EL NACIONAL

Para el lunes 3 de diciembre por la tarde se anuncia en el Teatro Nacional una gran audición de la ópera maestra de Verdi, la famosa "Aida".

La parte del tenor estará a cargo del célebre Paoli cuya exquisita y potente voz cautivará al público, dejando un recuerdo imborrable.

PRIMERA PARTE

Celeste Aida, Com. Antonio Paoli.

Ritorna Vincitore. Señorita Lolita Van der Gucht.

Fu la sorte dell'armi. Señora Edelmira Zayas de Vilar y señorita Digna Flora Fernández.

SEGUNDA PARTE

O Cieli Azurri. Señora Edelmira Zayas de Vilar.

Ciel Mío Padre. Señorita Lolita Van der Gucht y señor José Van der Gucht.

Pur ti Riveggo mía dolce Aida. Señora Edelmira Zayas de Vilar y Com. Antonio Paoli.

TERCERA PARTE

Gia I'Sacerdoti Adunansi. Señorita Digna Flora Fernández y Com. Antonio Paoli.

La Fatal Pietra. Señorita Lolita Van der Gucht y Com. Antonio Paoli.

Maestro acompañante: Arturo Bovi.

DE MUSICA

(Por Gastón POITOU)

ANTONIO PAOLI

Este nombre que figura entre los más gloriosos de la falange lírica, pertenece a un tenor dramático que el mismo Verdi proclamará el sucesor del inolvidable Francesco Tamagno, y que encontrándose desde hace algún tiempo en la Habana, ha decidido a instancias de muchos admiradores que cuenta entre nosotros, presentarse al público habanero en un concierto que tendrá lugar en el teatro Nacional, en fecha próxima, y en el cual eximio artista, gloria perdurable del arte lírico italiano, cantará una serie de romanzas de las principales óperas del género dramático.

Este concierto que tendrá carácter de acontecimiento artístico, ha sido recibido, con verdadero entusiasmo por los amigos del "bel canto" que no quieren perder la oportunidad única se les presenta de volver a oir al que ha sido, es y seguirá siendo por largo tiempo aún por sus poderosas facultades vocales y su gran arte, el subyugador de públicos.

A su debido tiempo publicaremos el programa de esta interesante fiesta de arte.

CARTAS CATALOGO DE LAS OBRAS DE ECHEGARAY.

Querida Mariana: Por Correr en pos de un ideal que no he de conseguir he perdido para siempre el triste hogar en que vivía y algunas veces aquí, a solas con mi pensamientos. Ya largo que el célebre Heraldo el Normando, lucho conmigo mismo deseando llegue La última noche de mi existencia.

Cuántas veces, con la mano puesta En el puño de la espada y pensando al unirme contigo serían nuestras Bodas trágicas he querido Morir por no despertar, y así de una vez dar En el seno de la muerte; pero no lo he hecho atendiendo a Lo que ue de decirse porque entonces tendría que aplicarse Para tal culpa tal pena y El estigma marcaría nuestra frente.

No, de ninguna manera prefiero aunque digan que procedo De naturaza seguir viviendo con La realidad y el delirio (y aunque mis actos los califiquen de O locura o santidad) prefiero un conflicto Entre dos deberes, o buscar a El hijo de carne y el hijo de hierro, temiendo que resulte de todo esto El prólogo de un drama. Yo no quiero declararme vencido ante El poder de la impotencia.

Que Irene de Otranto y El conde Lotario, (Los dos curiosos impertinentes mas grandes que pueden existir) ayer tarde A la orilla del mar, habla sen incorrectamente de nosotros; llamándote a ti La rencorosa y a mí El bandido Lisandro, y que nuestro amor cual Manantial que no te agota, era un Amor salvaje, nos puede tener sin cuidado, pues ese es El Gran Galeoto, haciendo de las suyas, aun que no hay Comedia sin desenlace en que no figure Un crítico incipiente que esté siempre en ridículo.

En fin, vida mía: veremos Como empieza y como acaba esta semitragedia, si es Un sol que nace y un sol que muere, aunque también pudiera resultar, la Mancha que limpia el Cáncer social, y aunque me asalte La duda siempre diré como El loco Dios: "Yo soy quien soy".

Tuya hasta la próxima.

PAGINA CUATRO.   **EL PAIS.—Habana, Lunes 3 de Diciembre de 1923.**

–13c

TEATROS

El Concierto de Hoy Por la Tarde en el "Nacional"

Para mantener siempre vivo el fuego sagrado del "bel canto", que sostuvieron mientras actuaron, aquella falange de tenores que se llamaron Farinelli, Mario, Rubini, García Mirate, Duprez, Boucardé, Nourrit, Tamberlick, surgieron Gayarre, Stagno, Massini, Tamagno Marconi, Aramburo, Anrén, Orils, Cartier, Cardinali Paoli, quienes sfueron fieles continuadores de las tradiciones de sus antecesores.

Todos los nombres antes citados, ocupan una página en el libro de oro de la historia del arte lírico.

De toda la pléyade del segundo grupo, solo queda, como una estrella luminosa, la figura ilustre del Com. Antonio Paoli, digno sucesor del inolvidable Francisco Tamagno, el tenor de notas agudas más poderosas y vibrantes que se han conocido.

Paoli el cantante glorioso, el intérprete insigne, el de la voz de bronce, el representante de una escuela de canto, que desaparece con él, cuando EL PAIS salga a la dfalé, se encontrará cantando en un concierto organizado en su honor, en el que, secundado por un grupo de distinguidos elementos artísticos, que lo componen la señora Edelmira Zayas de Vilar, señoritas Lolita Vander Gucht, y Digna Flora Fernández, y el señor José Van der Gucht, cantarán los números principales, para tenor, soprano, mezzo-soprano y baritono de la ópera "Aida".

Este acto que constituye un acontecimiento artístico de primera magnitud era esperado con verdadera impaciencia por nuestros elementos sociales y artísticos, que se encontrarán reunidos en el Nacional para escuchar y aplaudir al gran cantante y sus distinguidos acompañantes.

AUTO PAOLI

Puedo ya anunciarlo.

La función de edspedida que la organizado el Com. Antonio Paoli, el tenor admirado por nuestro público, se celebrará en el Nacional la noche del 3 del próximo Diciembre.

El programa confeccionado para esa serenata de honor es de los más interesante.

Es el siguiente:

Segunda parte:

O Ciel! Azurri: señora Edelmira Zayas de Vilar.

Ciel Mío Padre: señorita Lolita Van der Gucht y señor José Van der Gucht.

Pur ti riveggo mia dolce Aida: señora Edelmira Zayas de Vilar y Com. Antonio Paoli.Z

AIDA: MAESTRO VERDI

Primera parte:

Celeste Aida: Com. Antonio Pollo.

Ritorna Vincitore: Sta. Lolita Van der Gucht.

Fu la Sorte dell'armi: Señora Edelmira Zayas de Vilar y señorita Digna Flora Fernández.

Tercera parte:

Gia i Sacerdoti adunansi: señorita Digna Flora Fernández y Com. Antonio Paoli.

La Fatal Pietra: señorita Lolita Van der Gucht y Com. Antonio Paoli.

Maestro acompañante: Arturo Bovi.

La crítica fué muy favorable como aquí consta:

PAGINA OCHO — DIARIO DE LA MARINA — Diciembre 4 de 1923

TEATROS Y ARTISTAS

ANTONIO PAOLI

LA FUNCION EN HONOR DEL GRAN CANTANTE

Se celebró ayer—por la tarde a las cuatro y media,—la función organizada en honor del célebre tenor Antonio Paoli, artista de méritos positivos que conquistó en Europa y en toda la América victorias de primer orden, con su gratísima voz y su arte exquisito.

El programa era atrayente.

Números de concierto tomados de la ópera Aida, una de las predilectas del famoso cantante, a quien se llama en Italia el sucesor de Tamagno, por las privilegiadas cualidades de su órgano y por su savoir faire de intérprete.

Paolí cantó con sumo acierto **Celeste Aida**, el duo **Purti rivoggo mía dolce Aida, Gia i sacerdoti, adunansi** y el bello duo final con la señora Edelmira Zayas de Vilar—que posee una excelente voz—y con las señoritas Dyna Flora Fernández y Lolita Van der Gucht respectivamente.

Estuvo afortunadísimo.

Tanto la señora Zayas como las señoritas Fernández y Van der Gucht, realizaron loable labor de interpretación en todos los números que cantaron.

El señor Van der Gucht se condujo plausiblemente en la parte de Amonasro que cantó.

Acompañó superbamente el maestro Bovi; que fué muy aplaudido.

Paoli, que es un artista de brillantísima historia merece el homenaje que ayer se le rindió.

El teatro se vió concurridísimo.

Pedrito Varela, el infatigable organizador de fiestas de arte, y las damas que le secundaron se hicieron dignos de loa por el brillante éxito de su labor.

Paoli debe estar satisfecho de su triunfo artístico.

TEATROS

EL HOMENAJE A PAOLI EN EL NACIONAL

Este ilustre artista gloria del arte lírico, es sin duda el más famoso tenor dramático de la época; su fresca y potente voz, así como la dicción fácil y su arte incomparable le hacen acreedor a los más elevados elogios que en toda Europa le tributa la prensa en general.

Cuando Paoli debutó en la "Scala", en aquellos tiempos en que Tamagno, el supremo tenor dramático de todas las épocas, entusiasmaba al público milanés con su voz poderosa, era difícil llegar a los primeros puestos.

Sin embargo, Antonio Paoli logró hacer en poco tiempo una carrera brillantísima, debido a su órgano vocal

(Sigue en la plana 12 columna 7.)

(Continuación de la página 5.)

y a su arte extraordinariamente ingenioso y rico.

Antonio Paoli ha escuchado tanto en la "Scala" como en los principales teatros del mundo, las más estruendosas ovaciones que el público delirante le tributaba.

Para el 3 de diciembre en el teatro Nacional un grupo de conocidas personas de nuestra sociedad ha organizado una función homenaje de despedida al ilustre tenor, con la inmortal obra del Maestro Verdi, "Aida", que tanto gusta a nuestro público y donde lucirá una vez más sus grandes facultades el insuperable tenor, gloria del arte lírico italiano.

ACTUALIDADES GRAFICAS DE "EL MUNDO".—Grupo de artistas y "amateurs" que tomaron parte en el concierto homenaje al tenor Paoli.

El éxito artístico fue extraordinario, pero según carta de Adina a Amalita, el empresario que organizó el concierto desapareció de La Habana, la misma noche y se llevó todo el dinero: $4,000.00 dólares. Paoli tuvo que pagar todos los gastos del teatro, orquesta, artistas, etc., para lo cual Amalia le tuvo que enviar dinero desde Puerto Rico, pues ella era la administradora de sus bienes.

A mediados de diciembre recibe una carta de su concuñado Carlo Frers desde Milán. Toscanini había regresado a dirigir La Scala y necesitaba cantantes para el teatro. Mandó pues a buscar a Frers, quien cantaba en el coro de La Scala al enterarse de que éste era cuñado de Paoli.

La carta fechada el 17 de diciembre dice así:

EL LEON DE PONCE

"Il Maestro Toscanini ha avuto una intervista coll mil fratello in riguardo di Antonio. Lui ha ricevuto al mio cognato gentilmente anche tratandosi di un corista. La conversazione si volse come mi dice Cencini, piú o meno cosi:

— Cencio Frerz-Maestro, io sono il cognato del tenore Paoli.

— Toscanini: Il tenore Paoli!... cosa fa adesso?

— Cencio: Lui ha cantato nell America del Nord e atualmente sta cantando concerti alla Habana.

— Toscanini: Ritornando al passato di Antonio, ha parole di grande elogio, de suoi grandi meritti e mezzi vocali. Passo poi al tempo che non canto... poi passo al tempo della ripressa fino al oggi.

— Dice Dopo... Le ultime notizie sul canto di Paoli, sono contraditorie e per questa raggione non puo prendere una risoluzione... causa la grande lontananza che separa... subito dice Toscanini... Niente affatto!. Io sempre l'ho considerato come merita... e credo lui a me... non posso altro che parlare con ammirazione di Paoli comme quando l'ebbi con me... sono pasatti venti anni... e questi passano per tutti... avrei bisogno di sentirlo... cui augurio di sentirlo come una volta che agiunse.

Le assicuro che una voce come la del Paoli, non si sente oggi e se combinazione si trovasse in Italia serei felicisimo receverlo e mi auguro poterlo scritturarlo senza sentirlo.

E venuto farsi sentire anche Zenatello, ma... sono stato molto dispiacente... non averlo potuto scritorarlo malgrado le buone qualite di una volta".

Terminó así la entrevista. Paoli agradeció mucho la gentileza de Toscanini, pero calló y no quiso regresar a Italia por el presente. Días más tarde llegó Ruffo a La Habana para cantar su ópera preferida, el "Amleto" de Thomas, la cual no gustó en La Habana. Ruffo, muy molesto, le comentó a Paoli que a los cubanos sólo les gustaban las óperas de repertorio ordinario y que no podían entender ni apreciar nada más. Le comentó también lo que en realidad le pasó a Zenatello con Toscanini en La Scala que luego que lo mandó a buscar a Nueva York, en lo que éste llegó a Milán ya había contratado a Aureliano Pertile, Francesco Merli y a Nino Piccaluga para los roles fuertes, dejando a Zenatello varado en Milán, sin darle explicación alguna. Al enterarse Paoli, quien ya comenzaba a considerar la idea de regresar a Italia, desistió de ésta completamente para que no le fuese a pasar con Toscanini lo mismo que a Zenatello.

La nochebuena del 24 de diciembre cantó en francés la canción de Noel de Adams, además del Ave María de Schubert en la Iglesia de La Merced de La Habana. El padre Ovanos, Sacerdote Paul (quien ya muy anciano residía en Santurce), se acababa de ordenar sacerdote en España y fue destinado a La Habana. Se ofició ese día la Misa en la iglesia cubana. Nos contó este sacerdote que la iglesia y sus alrededores estaban atestados de gente y que la voz de Paoli, sonó con tal fuerza, musicalidad y solemnidad que se escuchaba a varias cuadras de distancia del templo.

La Duse, quien aún estaba en La Habana, se encontraba allí al lado de Adina en el coro de la Iglesia, quedó impresionadísima. Le regaló a Paoli y Adina boletos para sus funciones de enero en el Teatro Nacional para las obras: *La Porta China*, de Maril Praga, *Los Espectadores* y *Cosi Sia* presentó luego *La Ciudad Muerta*, de Gabriel D'Anunzio. Paoli asistió todas las noches a admirar la egregia artista, quien a pesar de su avanzada edad era aún única en escena.

Llegó la Compañía de Bracale a La Habana. Entre los artistas estaban Schipa y Carmen Melis y Ruffo, quien ya había cantado el Amleto sin éxito alguno. Carmen Melis cantó *La Favorita* a

645

principios de enero y fue abucheada por el público que protestaba por los precios tan altos de $15.00 (quince dólares) la luneta. Ruffo y Paoli presentan varios conciertos en Camagüey, Oriente y Santiago, los cuales constaron de lo siguiente:

Gran Concierto Lírico
Antonio Paoli
Tenor Dramático
Tita Ruffo
Barítono

Dúos
La Gioconda......Ponchielli
Otello......Verdi
Los Pescadores......Bizet

Arias
Antonio Paoli
Esultate......Otello (Verdi)
Ora E Per Sempre......Otello (Verdi)

Tita Ruffo
Barcarola......Gioconda (Ponchielli.)
O Tosca......Tosca (Puccini)

Dúos
La Forza Del Destino......Verdi.

Al piano Jose Echaniz
pianista concertista.

Los conciertos fueron muy concurridos.

Llegó a La Habana en esos días otra compañía de ópera del empresario Rosa, pero se fueron al interior de la isla, ya que La Habana estaba totalmente acaparada por Bracale.

Schipa, Ruffo y Paoli siempre cenaban juntos, como de costumbre, en el Hotel El Telégrafo, y allí se enteraron de todos los asuntos, chismes y enredos de Bracale con sus artistas. Alguien les contó sobre una preciosa mulata cubana que se estaba presentando en una revista musical, en un Teatro de La Habana, así que decidieron ir a ver el show esa noche. Al llegar al teatro fueron reconocidos por el público allí reunido y se les aplaudió mucho. Al salir a bailar la mulata, una preciosa mujer de anchas caderas y senos palpitantes, los que dejaba entrever entre los pliegos del escotado vestido, invitó a uno de los tres artistas a bailar con ella. Schipa, el más jóven, dijo que no. Ruffo dijo que no sabía bailar, así que el que quedó fue Paoli, quien enseguida subió al escenario y bailó una rumba con la tremenda hembra. Al terminar fue aplaudidísimo y complació al público con la canción *Adiós Trigueña*, acompañado al piano por el pianista de la orquesta del Teatro Nacional.

Una tarde se les acercó Bracale y le dijo a Paoli que le había escuchado en *Aïda* en diciembre y que le ofrecía mil dólares por función para que se uniera a su compañía para cantar *Otello* y *El Trovador*. A esto Paoli le ripostó que lo haría con gusto por tres mil quinientos dólares por función, que era la misma paga que le daba Bracale a Lázaro, y ni un centavo menos.

EL LEON DE PONCE

Lázaro cantó *Los Puritanos* con gran éxito. Paoli y Adina estuvieron presentes y luego le fueron a saludar al camerino. Este les invitó a comer al día siguiente y Paoli aceptó gustoso. Allí hablaron de otras épocas de La Scala, Toscanini, España y otros cantantes. Luego Bracale invitó a Paoli a cantar *Chenier* como artista invitado y se hicieron preparativos apresurados. El 16 de febrero se presentó la ópera *Andrea Chenier*, de Giordano, con el siguiente reparto:

16 de febrero de 1924
Teatro Nacional
Habana, Cuba

ANDREA CHENIER
Giordano

Andrea......A. Paoli (luego A. Cortis)
Madalena......C. Melis
Gerard......T. Ruffo
Incredibile......A. Badia
Fouquet......Juan Carrara
Dir. Maestro Soriente.

Cuando se estaba ensayando esta ópera, el tenor Pintucci acudió a un ensayo y comentó: "Hace dos años que le escuché en Milán, en el Teatro Carcano y en el Dal Verme, y ahora canta mejor que entonces; y mire que entonces cantó muy bien".

Lola Rodríguez de Tio y su familia se marcharon a Europa, pues a pesar de su avanzada edad aún conservaba energías como para realizar un viaje tan largo. Antes de marcharse invitó a Paoli y a Adina a comer de nuevo en su casa con varios amigos y compartir un rato de poesía y arte. Paoli le obsequió con dos arias de ópera, acompañado al piano por Echaniz; esas arias fueron *Oh Paradiso* de *La Africana* y *Cielo e Mar* de *La Gioconda*. Días más tarde, Paoli comenzó a hacer los preparativos para dar una serie de recitales en Port Au Prince, Haití y Santo Domingo. Salió de Cuba el 28 de marzo de 1924.

Al llegar a la capital dominicana es recibido por José Ricart, quien era el Presidente del Club Unitario Puertorriqueño, con sede en la capital de la República, el cual invitó a Paoli a visitar dicho país. Tras algunos días de descanso en la residencia de la acaudalada familia Vidaurre, en el pueblo de La Romana, comienza a ensayar para los recitales programados. Debuta en el Teatro Nacional de Santo Domingo el día 28 de abril. La orquesta de 30 profesores era dirigida por el respetable músico dominicano Maestro Francisco García. El programa fue así:

Teatro Nacional
Santo Domingo, República Dominicana.
4 de abril de 1924
Gran Concierto de Gala por el Egregio Tenor Dramático Comm. Don Antonio Paoli.
Auspiciado por el Club Unitario Puertorriqueño.
Programa. 9:00 p. m.

Parte Primera.
1. Obertura - El Poeta y El Aldeano- Orquesta Maestro García.
2. Presentación del Eminente tenor don Antonio Paoli.

647

3. Oh Paradiso! - Aria de la ópera La Africana del Maestro Meyerbeer.
4. Monólogo - Aria de la ópera Otello del maestro Verdi
5. Improviso- Aria de la ópera Andrea Chenier de Giordano.

Intermedio

Parte segunda.
1. Obertura - Guillermo Tell- Orquesta Maestro García.
2. Adagio - Aria de la ópera Trovatore del maestro Verdi.
3. Arioso- Aria de la ópera Pagliacci de Leoncavallo.
4. La Pira- Aria de la ópera Trovatore de Verdi.

Precios
Palco: 4 butacas-$20.00 - Foyer-$5.00.
Luneta-$40.00 - Entrada General: $2.00

Este concierto fue extraordinario. El lleno fue total y el público aplaudió hasta el delirio. Para tratar de apaciguar a tan selecto público que no abandonaba el teatro, cantó *El Esultate* de *Otello*, causando un gran tumulto y se vio obligado a bisarlo.

De Santo Domingo se marcha a San Pedro de Macorís donde es huésped de la familia Lantigua. Pasa unos días de descanso en la hacienda de esa familia y luego presenta un recital en el Teatro Colón de San Pedro. El Maestro García se trasladó allí con la orquesta. Tras algunos ensayos en los amplios balcones de la vetusta, elegante y cómoda residencia veraniega de la familia Lantigua, debuta el día 11 de mayo de 1924.

De aquí pasan a Santiago de los Caballeros, donde presentan el 18 de mayo el mismo recital en el Teatro Municipal. El lleno fue total y el éxito, arrollador. Canta luego en el Teatro Muncipal de Puerto Plata, y desde aquí se traslada a Haití, donde el 10 de junio se presentan en el Teatro Municipal de Port Au Prince, donde fue aclamadísimo. Cantó allí la romanza *Viens o Toi* de la ópera *Dejanire*, del Maestro Saint-Saens. Cantó también en perfecto francés *Roi du Ciel*, de *El Profeta*, de Meyerbeer. Fue muy aplaudido por la concurrencia que llenaba el teatro a capacidad.

Regresa a Santo Domingo y de allí se marcha a Curazao, donde llega el día 8 de julio. Presenta un recital el día 11 de julio y se marcha luego a Cartagena, Colombia. Visita allí varios amigos y conocidos. Presenta un concierto el dia 30 de julio de 1924, en el Casino Español, acompañado al piano por el Maestro Valencia. Cantó canciones vascas, españolas y dos arias de ópera.

TEATRO COLON
SAN PEDRO DE MACORIS

DOMINGO, 11 DE MAYO DE 1924
GRAN NOCHE DE ARTE

Soberbio y Regio Recital

El único que nos ofrecerá el Famoso Tenor Dramático

Com. Don Antonio Paoli

BAJO LOS AUSPICIOS DEL
CLUB UNITARIO PUERTORRIQUEÑO
y dedicado a las Sociedades, Cámara de Comercio, Altos Funcionarios del Gobierno, Prensa y Público en general.

COMENDADOR DON ANTONIO PAOLI

LLEGADO a las hospitalarias playas quisqueyanas el eminente Tenor Comendador Don Antonio Paoli, quien ofreció un único recital a la culta sociedad capitaleña, el Club Unitario Puertorriqueño, deseoso de tener el honor de ver en esta ciudad y oir la portentosa voz de este eminente artista, de fama mundial, nacido en Borinquen, ha conseguido del glorioso compatriota, ofrecer a este culto público Macorisano, un recital en la noche del Domingo, 11 de Mayo.

Espera este Centro, que la Sociedad Macorisana toda, demostrando una vez más su alto grado de cultura y su gran amor por el arte, se dé cita en nuestro Teatro, dando de ese modo la más cariñosa bienvenida al ilustre viajero que recorre el mundo, cargado de inmarcesible gloria, que la hacemos nuestra.

Salud al eminente artista!

Orden del Programa
— A LAS 9 P. M. —

PRIMER ACTO

1° Obertura por la Orquesta dirijida por el Maestro Francisco García.
2° Presentación por la Comisión del Club Unitario Puertorriqueño, del eminente Tenor Don Antonio Paoli.
3° ARIA ¡OH PARADISO! de la Opera "Africana" de Mayerber.
4° MONÓLOGO de "OTELLO" del Maestro Verdi.
5° IMPROVISSO de "ANDREA CHENIER" del Maestro Giordano.

— INTERMEDIO —

SEGUNDO ACTO

1° Obertura por la Orquesta que dirije el Maestro García.
2° ADAGIO del TROVATORE del Maestro Verdi.
3° Arioso, PAGLIACCI de Leon Cavallo.
4° PIRA de la opera Trovador de Verdi.

PRECIOS

Palcos de 4 asientos	$12.00	Foyer	$3.00
Lunetas	2.50	Entrada General	1.00

DIARIO DE MACORIS

Defensor de los Intereses Generales de la Región del Este

| Año II | Director-Redactor: Horacio A.A. Febles | San Pedro de Macorís, República Dominicana, LUNES 12 de Mayo de 1924 |

El recital del gran tenor Paoli

Noche de gala, noche de arte, de arte intenso, de belleza, de armonía, fué la de anoche en el Colón, los palcos y foyers cuajados de mujeres hermosísimas y deslumbradoras y la platea cubierta por un público selecto que se había dado cita para oír y admirar al eminente cantante de fama mundial Com. Don Antonio Paoli, el famoso divo puertorriqueño y que es una justa gloria antillana y de la madre España, que tan famosos artistas ha dado a la humanidad.

Nadie como él ha conquistado tan resonantes triunfos y el Colón anoche se sintió orgulloso del gran tenor Paoli que con voz hermosamente timbrada y maravillosa cautivó la atención del auditorio en los selectos números de su concierto de su recital.

En «Otello» sensacionó al auditorio por sus frases y dramatización del canto, que culminó en asombro en el «Improvisso» de Andrea Chenier lo mismo que en «Oh Paradiso» de Africana en que produjo brillantísimos efectos su magnífica textura. Esta parte del recital fué sublime, exquisita, grandiosa.

En la segunda parte cantó con amore el «Adagio» del «Trovador» con dulzura trájica y dominio pleno «Vesti la juba» de Payaso que fué delirantemente oracionado, cuatro veces y en «Quella pira» de Trovador en que la nota il ta, estridente, trájica arrancó a destiempo un aplauso ensordecedor que prendió en el entusiasmo del eximio cantante, que sostuvo la nota aguda hasta acallar el aplauso prematuro que se convirtió en ovación nueramente al cesar el canto. Tres hermosísimos bouquet le fueron ofrecidos por la niña Elsa Ricart, los esposos Canino-Angelis y el Club Unitario. Las cintas de uno de los bouquet decían: «Otello», «Lohengrin» y «Guillermo Tell» nimban de gloria tu frente.

Se susurra de otro recital al retorno de Santiago del gran Paoli.

L. de PADILLA

EL LEON DE PONCE

Se marcha luego a Bogotá, donde se presenta en un recital en el Teatro Colón, a teatro lleno.

18 de agosto de 1924
Teatro Colón
Bogotá, Colombia
Gran Concierto de Gala del tenor Comendador Antonio Paoli

Programa
1. Esultate......Otello (Verdi)
2. Ora e Per Sempre......Otello (Verdi)
3. Cielo e Mar......Gioconda (Ronchielli)
4. Esprists Gardiens......Sigurd (Reger)

1. Sonata de Chopin......Piano
2. Adagio......Trovatore (Verdi)
3. Celeste Aïda......Aïda (Verdi)
4. Di Quella Pira......Trovatore (Verdi)
Maestro Valencia

Este programa fue copiado de un volante de la colección de la señora de Angel, en Bogotá, Colombia, 1973. En los archivos del Teatro Colón, se conserva aún un retrato de Paoli, según pudimos constatar en uno de nuestros viajes a ese hermoso país El concierto fue un éxito completo. Paoli se fue luego a Medellín, donde cantó un recital en el Teatro Municipal acompañado al piano por el Maestro Soriente. Permanece allí hasta fines de octubre, cuando se marcha a Quito, Ecuador. Canta allí un recital en el Teatro Municipal, acompañado al piano por el Mestro Vidal. Esto ocurrió el dia 15 de noviembre de 1924.

Mientras Paoli hacía ese recorrido, Adina había regresado a Puerto Rico, donde Amalita se estaba presentando en varios recitales en San Juan y Arecibo. Hasta aquí llegan los datos artísticos de Paoli en América del Sur, en 1924, pues se supone que cantó también en Guayaquil y Lima, pero no se han confirmado esos conciertos y fechas. Sí sabemos que estuvo por esas tierras y que el 18 de febrero de 1925 regresó a Puerto Rico, procedente de Venezuela, donde visitó nuevamente la Isla Margarita, cuna de su madre; pero no encontró allí ningún pariente suyo. Al regresar a San Juan, se organiza un gran concierto en el enorme salón de actos de la Escuela Superior Central de Santurce. Esto fue el día 5 de marzo de 1925 y cantó con su hermana Amalia arias y dúos de óperas acompañado al piano por la gentil pianista puertorriqueña Margarita Barraín. Fue tanto el éxito alcanzado que ese concierto se repitió el día 18 de marzo a teatro lleno.

Paoli decidió permanecer algún tiempo en Puerto Rico, pues Amalita había alquilado una casa en la calle Dos Hermanos, de Santurce, donde había establecido su Academia de Canto y tenía una gran pléyade de voces magníficas, algunas de las cuales harían carrera. El sport de las niñas ricas de la alta sociedad capitalina era estudiar canto con los Paoli. Había también un gran número de varones. Entre las discípulas del Conservatorio Paoli estaban las señoritas Mariana Tur, Elisa Tur, Josefina Guillermetti, Ester Comas, María Teresa Cabrera, Teresa Sánchez, Amelia Agostini, Isabel Rockwell, Ana Gómez Rieckejoff, Adela Astol, Cali Adorno, Carmen Marín, Josefina González, Adela Gómez, Belén Pompar, Matilde Vicente y Blanca Abril Paoli.

Entre los varones estaban Emilio Bouret, Virgilio Rabainne, Carlos Terán, Rafael Agudo, Atilano Fernández, Alfonso Alvárez Torres, Rafael Cestero, Eugenio Astol (hijo), Jaime Barceló, Noel LLorens, Humberto Llorens y Carlos Llorens.

651

ANTONIO PAOLI

Con este magnífico grupo de discípulos presentan un gran concierto.

1925
Teatro Olimpo
7 octubre de 1925
Santurce, Puerto Rico
Gran Concierto Lírico.

Primera Parte.
1. Overtura-por la Orquesta.
2. Hamlet - opera de Thomas -
Dúo primer acto por la Srta. Elisa Tur y el Sr. Enrique Preston.
3. Romanza - Sr. Virgilio Rabainne.
4. Pescadores de Perlas- Bizet-
Dúo por los señores Emilio Bouret y Carlos Terán.
5. Saludo al Cisne- Lohengrin - (Wagner); Raconto - Lohengrin (Wagner).
Monólogo - Otello- (Verdi) por el Sr. Antonio Paoli.
6. Vals- Extasi de Arditi por la Srta. Josefina Guillermety.
7. Selección de guitarras, laud, mandolinas y bandurria
por los Sres. José Sobrino, Jorge Rubiano, Elliot LLorens, Jorge Martínez,
Fidel A. Guillermety, Avelino Padín, José Olavarrieta y R. Robles

Segunda Parte
La Canción Del Soldado de José Serrano
Homenaje al Ejército Español
cantado por distinguidas señoritas y caballeros

Tercera Parte
1. Dúo de Aïda 4to acto (Verdi)
por la Srta. Elisa Tur y el Sr. Antonio Paoli.
2. Poesía por el Sr. Rafael Cestero.
3a. Elegía de Massenet b. Sueño de Manón por el Sr. E. Bouret.
4a. La Música de Baci de Gastaldon, dúo por la Srta. Mariana Tur y el Sr. V. Rabainne.
5. Los Puritanos- Bellini- dúo de barítono y bajo por los Sres. E. Preston y C. Terán.
6. Trovador (Verdi), Adagio y Pira por el Sr. Antonio Paoli

Cuarta Parte.
Nabucodonosor (VeRdi)
Himno a la patria
Coro de Esclavos Hebreos.
Cantado en carácter por distinguidas señoritas y caballeros.

La crítica dice así: Diario La Correspondencia, San Juan, octubre 1925.

"En el concierto de anoche gonzamos de las delicias del "bel canto", de las exquisiteces del sonido hecho hombre y de las armonías de la composición hecha mujer. Fue un programa selecto, dificilísimo, variado, como escogido por la mágica dirección de Amalita Paoli. Tuvo retenido muy cerca de cuatro horas, en la prosaica mansión de los dioses de Santurce, a un público en su gran mayoría compuesto de señoras que acudieron al señuelo del Divo puertorriqueño Antonio Paoli.

EL LEON DE PONCE

No desmereció el artista eminente a los anhelos de la concurrencia; a las formidables ovaciones con que fue recibido. Antonio Paoli correspondió como en sus mejores tiempos, entregándose con un sentimiento musical, lleno, hermoso y expresivo, a su patria.

Antonio Paoli no tiene edad para el canto. Su escuela es imperecedera; caerá su voz cuando expire su aliento. Está pleno de vigor dramático en la expresión, matiza los agudos con sin igual maestría y en extensión su voz hace trepidar a Júpiter Tonante. La Caja de Pandora es a su lado un sorbete ruso. Su presentación con *El Monólogo de Otello*, su ópera favorita, la que mejor encajaba en sus envidiables facultades, interrumpió por largo tiempo la audición, al tener que corresponder a las expresivas demostraciones de afecto con que el público le acogía. Dijo *El Monólogo* con verdadero "amore". El Dúo de *Aïda* con la Srta. Elisa Tur resultó una joya de delicadeza y emoción. La Srta. Tur le igualó, sin ceder un paso, en la empinada cuesta de los agudos del Divo". Firma: Antonio Moreno Calderón.

Segundo Concierto.

Primera Parte.
1. Otello (Verdi) Monólogo, Sr. Antonio Paoli.
2. Aïda (Verdi) Dúo 4to. acto, Srta. Elisa Tur y el Sr. Antonio Paoli.
3. Guillermo Tell (Rossini) Terceto- Sres. Agudo, Terán y Paoli.

Segunda Parte.
1. Rigoletto (Verdi) Dúo- barítono y soprano. Srta. Elisa Tur y Sr. Carlos Terán.
2. Rigoletto (Verdi) Dúo- soprano y tenor. Srta. Josefina Guillermety y Sr. Enrique Preston.
3. Pescadores de Perlas (Bizet) Dúo barítono y tenor Sres. Bouret Y Terán.

Tercera Parte
La Canción del Soldado de José Serrano,
interpretada por varias damas y caballeros.

Cuarta Parte
1. L'Amico Fritz (Mascagni) Romanza Srta. E. Tur.
2. Carmen (Bizet) Dúo de Micaela y José por la Srta. Elisa Tur y el Sr. Virgilio Rabainne.
3. Bohemia (Puccini) Vals de Musetta. La Pastorcilla- Morel Campos. Srta. Josefina Guillermety.
4. Barbero de Sevilla (Rossini) Cavatina por el Sr. V. Rabainne.
5. La Forza del Destino (Verdi) dúo tenor y barítono Sr. Rabainne y Terán.
6. Fausto (Guonod) Salve Dimora por el Sr. Rabainne.
7. Poesía Sr. Rafael Cestero.

Quinta Parte
Concierto de Piano
1. Gran concierto de Grieg a dos pianos por la Srta. Josefina González
y Sicardó y la Sra. Alicia Sicardó de Villar Condesa de la Viana

Este concierto fue extraordinario y el público se negaba a abandonar el teatro tras cuatro horas de gran fiesta lírica. Fue repetido en Mayagüez sin la participación de Paoli y acortado a dos horas de duración. Quisieron presentarlo también en Ponce, pero aparentemente la función no se llevó a cabo.

En febrero de 1926, Paoli se presentó en Arecibo y de allí fue a Utuado donde asistió a una velada lírico-literaria con diálogos, canciones, poesía y música. Esa actividad se celebró en el

653

ANTONIO PAOLI

Teatro Utuado (denominado entonces Teatro Herrera). La actividad estuvo a cargo de Doña Amalia Sandín de Jordán, profesora y poetisa utuadeña. Se dio entrada gratis a este acto a todos los estudiantes de las escuelas públicas de Utuado. El tenor Paoli cantó algunas arias de óperas acompañado al piano solamente. Para esa época este artista daba clases en San Juan. Estaba jóven, tenía el pelo y la barba negras. Esto es según carta del Dr. Pedro H. Hernández a Walter Murray Chiesa, fechada el 19 de febrero de 1974.

Alfredo Salmmaggi le invita a visitar Philadelphia y Nueva York, para cantar *Otello* y *Aïda* en el Manhattan Opera House. Así que allí se marcha Paoli. El público estaba entusiasmadísimo y muy pronto se agotaron las localidades. Las filas eran inmensas. El programa fue así:

10 de febrero de 1926
Academy of Music
Filadelfia, Pensilvania.
Salmmaggi Opera Co.

OTELLO
Verdi

Desdémona......Fidela Campiña
Otello......Antonio Paoli
Yago......Ciro de Ritis
Lodovico......Santacana
Director: Simeoni

Repitieron esta ópera cinco veces y luego se marcharon a Nueva York, donde debutaron el 5 de abril de 1926. La crítica dice:

"The Globe- Paoli, *Otello*, aplaudidísimo por el resonante éxito, cantó con brío y gran seguridad vocal un papel que resultaría sumamente difícil para cualquier tenor que no esté preparado técnica y vocalmente. Paoli cantó y lo hizo con gran maestría. Esa es la razón por la cual fue tan aplaudido. Es un verdadero actor-cantante como hace tiempo no oíamos aquí".
Fígaro.

La soprano Campiña dijo lo siguiente en una entrevista: "Fui Desdémona del gran tenor Antonio Paoli, con quien canté en los Estados Unidos en el Teatro Manhattan Opera House de Nueva York. Era único y espléndido, a pesar de que era viejo ya. Tenía una gran figura y una cara magnífica. Era extraordinario como *Otello*, su *Esultate*, era algo insólito".

Repitieron esta ópera cinco veces. He aquí algunas de las críticas:

EL LEON DE PONCE

[Gra]nte Triunfo del Tenor [Puer]torriqueño Antonio Paoli en el Manhattan Opera House.

Nuestro querido y prestigioso compatriota, Don Antonio Paoli, notable tenor dramático y el más formidable intérprete de OTELLO desde los tiempos del gran Tamagno, acaba de obtener un triunfo resonante en la Manhattan Opera House, de New York.

Por la prensa neoyorkina nos enteramos del enorme éxito alcanzado por el eximio cantante puertorriqueño en la interpretación del protagonista de la tragedia de Shakespeare, único y sin rival desde el insigne Tamagno, como antes dijimos.

El grandioso coliseo, rival del Metropolitan, tuvo un lleno desbordante, concurriendo al acontecimiento artístico centenares de latinos. En el célebre final del segundo acto, cuando canta "Ora e per sempre addio, Sante Memorie", una de las grandes creaciones de Paoli, recibió las más grandes ovaciones que se pueden tributar a un gran cantante. Paoli había triunfado en Europa y en la América Latina. Haber triunfado finalmente en la enorme ciudad Babilónica, donde hay tantas rivalidades entre los cantantes significa el reconocimiento definitivo de las sobresalientes prendas de nuestro compatriota, hoy en día consagrado como el mejor tenor dramático mundial.

Paoli conserva la tez como si no hubiese pasado de los 35 o 40 años; su órgano vocal está inalterable; su porte incólume, sin variación ni doblez; esbelto y ágil como un atleta; buena vista; memoria feliz, diafanidad mental y tímpano claro y flamante.

La próxima función será Aída, asumiendo Paoli la caracterización de Radamés. Este es también uno de los "roles" inimitables del gran cantante puertorriqueño.

El cronista tiene doble motivo de alegría al consignar aquí el brillante triunfo artístico de Paoli, primero porque es puertorriqueño y segundo porque es familiar nuestro por línea materno.

Nuestra más calurosa y vibrante felicitación al eximio compatriota.

Otro Gran Triunfo del Tenor Paoli:—

Una noche de arte magnífico, sublime, esplendoroso, fué la del lunes 5 del corriente mes de abril en el grandioso coliseo del Manhattan Opera House, con la representación de la ópera "Otello", la obra maestra del inmortal Verdi, en cuya representación fué el protagonista nuestro eminente compatriota el famoso tenor don Antonio Paoli.

El inmenso coliseo neoyorquino estaba atestado de "dilettanti" entre los que se encontraban innumerables portorriqueños que fueron allí a admirar la portentosa voz de nuestro "tenore" y a tributarle los merecidos aplausos y las repetidas ovaciones de que fué objeto en curso de la función.

Y lo cierto es que Paoli, a pesar de sus años, sigue siendo el único y sin rival Otello desde los tiempos del sin igual Tamagno. Su inmensa voz electrizó al público y su maravillosa actuación de la inmortal tragedia de amor y celos shakespeariana entusiasmó de tal modo a todos los presentes, que las ovaciones se sucedieron unas a otras.

Aún nos parece estar viendo al numeroso público puesto de pies, y aún suenan en nuestros oídos los estruendosos aplausos que aquel le tributó in reservas al cantar el majestuoso "Ora e per Sempre Addio, Sante Memorie", al final del segundo acto, siendo requerido por el público a salir repetidas veces ante el telón.

Otro tanto sucedió en el dúo de barítono y tenor, "Si per Ciel" y en el monólogo "Dio, mi potevi scagliare", del cual Paoli imprime un emocionante acento trágico al quejarse de la supuesta infidelidad de la esposa amada.

Pero cuando la ovación llegó al grado del delirio fué cuando a final del cuarto acto, en el bello aria "Nium mi tema" y en a "Morte de Otello", cuándo ciego de celos da muerte a la inocente víctima y más tarde se entera de la perfidia de su ayudante Iago, dándose muerte con su propia tizona en medio del mayor remordimiento.

Sin duda el gran Paoli ha recibido muchas ovaciones durante su larga carrera artística donde quiera que se ha presentado pues no puede ser de otro modo para un artista de su talla, pero la noche del 5 de abril en el Manhattan Opera House no podrá olvidarla fácilmente, pues fueron muchísimos compatriotas suyos los que participaron en el tributo de ovaciones como él se merece.

Pero veamos lo que dicen los críticos de la prensa neoyorquina:

"La representación extraordinaria de "Otello" dada por Antonio Paoli en el Manhattan Opera House, —empresa Salmaggi, transcurrió en medio de un aplauso contínuo,"—dice el "Corriere D'America".

"Paoli fué requerido a salir a escena repetidas veces por la exigencias de los admiradores de la "sua voce e della sua arte".

"Il Progresso Italo-Americano" dice lo siguiente: "Un numeroso público se dió cita la noche del lunes en el Manhattan Opera House para asistir a la representación del "Otello" verdiano, que la empresa Salmaggi había preparado con mucho esmero".

"El tenor Antonio Paoli, que era el protagonista, sostiene la difícil parte con eficacia canora y escénica.

En la escena de los celos llegos dió un acento trágico y emocionante, que le valió merecidos y prolongados aplausos, especialmente en el "Addio, sante memorie", y en el magnífico final del segundo acto.

Los otros papeles principales estuvieron a cargo de los artistas siguientes: El pérfido e intrigante "Iago" estuvo a cargo del excelente barítono Alfredo Zagaroli, quien hizo gala de su robusta voz y de su incomparable talento dramático. La maravillosa soprano española Fidela Campiña desempeñó el papel de la tenor Cavadore fué un inmejorable "Cassio".

El coro estuvo muy ajustado y la orquesta muy buena bajo la mágica batuta del maestro Siméoni.

Dentro de unos cuantos días será anunciada la representación de la ópera "Aída" en la que desempeñará el papel de "Radamés" nuestro compatriota Paoli y no hay que dudar que volverá a conquistar otro gran triunfo, y que la colonia portorriqueña se aprestará a ovacionarlo nuevamente.

"La Correspondencia de Puerto Rico" se complace en felicitar al tenor Paoli por su nuevo triunfo conquistado en la metrópolis del dollar.

Corresponsal.

Nueva York, Abril, 1926.

ANTONIO PAOLI

PAOLI OBTUVO UN NUEVO TRIUNFO EN LA CIUDAD DEL HUDSON

Fué delirantemente ovacionado por el público neoyorquino, puesto de pié y solicitando que saliera a escena repetidas veces

1926

El eminente tenor puertorriqueño Paoli salió hace poco hacia Nueva York, contratado por la acreditada empresa Salmaggi para que contara tres funciones en el "Manhattan Opera House" de aquella metrópoli.

El tenor Paoli llegó al puerto de Nueva York el lunes cinco de abril a las doce del día y debutó por la noche, cosa que raramente hacen los cantantes debido a que es muy peligroso para su voz, después del estropeo del viaje, cantar así enseguida. No obstante, Paoli, a pesar de tan expuesta aventura, obtuvo uno de sus más resonantes triunfos en el Manhattan, conquistando de la manera más soberbia al inmenso público que asistió, entre el cual habían infinidad de puertorriqueños.

Cantó Otello, y con aquella maestría y escuela inimitables supo dar el trágico tono de insuperable belleza que siempre le ha caracterizado. El hermoso coliseo se venía abajo, aplaudiéndolo sobretodo cuando cantó "Ora e per Sempre Addio Sante Memorie". Fué en realidad una delirante ovación poniéndose el público de pié y haciéndole salir diez veces a la escena.

Excusado es decir que el prestigio artístico del veterano del "bel canto" ha relucido con extraordinaria brillantez, dejando sentado una vez más que a pesar de sus años, aún conserva como precioso tesoro su portentosa voz. Es realmente glorioso para Paoli haber tenido un triunfo tan espléndido en un país que en un principio se había demostrado un poco reacio a su arte.

Pero no había que dudar, solo el hecho de presentarse a escena en una obra como "Otello" del inmortal Verdi y que Paoli ha sabido hacer de ella un primoroso poema trágico-lírico, no podía resistirse el público ante la magnificencia canora y escénica.

Porque Paoli además de poseer la delicadeza de su voz, presta a todos los tonos, por difíciles que sean, lo acompaña su talento artístico natural, para ser un verdadero Príncipe de la Escena. Su figura, aplomo y serenidad, sugestionan al público que desde el primer momento queda atento a las sugestivas elegancias de sus maneras y pose teatral. Este es un detalle, que rara vez se ha comentado, pero que en sí encierra una gran parte de la personalidad artística tan necesaria como las otras cualidades que prestigian al genial cantante.

No todos los tenores, poseen esa majestad imperiosa e impresionante que posee Paoli. Se agranda en la escena, el gesto es la misma armonía cristalizada en su ambiente. Da además a su gloriosa voz, ese matiz tan necesario para la más expresiva manifestación de los varios sentimientos emotivos, que la música y el canto ofrecen en sus hechiceras notas.

Sin duda alguna que el público neoyórquino habrá sabido apreciar todos esos detalles y no ha vacilado en rendirle el más caluroso y expontáneo homenaje ofreciéndole su admiración más sincera.

Toda la prensa de la ciudad del Hudson ha manifestado de una manera clara la impresión gratísima impresión que ha causado el arte de Paoli. Los encomios se suceden a diario, habiéndose despertado una fiebre inusitada de entusiasta admiración que la época está haciendo verdadera historia en los anales artísticos de la gran ciudad.

La crítica más severa de los diarios más importantes de la esplendorosa urbe ha tenido que rendirse y con su autorizado prestigio ha expresado su pleitesía al egregio artista puertorriqueño.

No habrá que dudar que cuando Paoli regrese otra vez a Puerto Rico, vendrá altamente satisfecho de su pequeña tournée, escapatoria artística, hacia el norte, como aviso de que aún está aquí el portentoso genio de la voz.

En breve cantará Aida de cuyo resultado informaremos a nuestros lectores.

EL LEON DE PONCE

Manhattan Opera House
5 de mayo de 1926
Alfredo Salmmaggi presenta

OTELLO
Verdi

Otello......Antonio Paoli
Desdémona......Fidela Campiña
Yago......Vicente Ballester (luego Ciro de Ritis)
Lodevico......Luigi de Cesari (luego Andrea Mincelli)
Director: A. del Orefice (luego Simeoni).

Esta ópera se repitió cuatro veces más.

Félix Oppenheimer dice así en su libro Contornos: "El día que cantó Otello lo hizo de manera colosal, los espectadores llegaron al paroxismo del entusiasmo en el último acto, siendo llamado diez veces a escena". Cantó luego Aïda con el siguiente reparto:

15 de mayo de 1926.

AÏDA
Verdi
Aïda......Elizabeth Hoeppel (luego Constance Wardle)
Radamés......Antonio Paoli
Amonasro......Eduardo Albano (luego Ciro de Ritis)
Ameris......Costanza Warddle (luego Rita Visca).
Dir. Simeoni.

El teatro estaba lleno al igual que en Otello y el público aplaudió estusiasmadísimo. Se repitió el dia 18 de julio. Oppenheimer dice: "Cantó allí también Aïda y se comentó que la romanza Celeste Aïda fue cantada con dulzura inimitable. El público estaba ansioso de oír a Paoli interpretarla, pues se deseaba hacer un parangón entre Caruso y el más famoso tenor dramático de la época". Paoli fue contratado luego por Fortunato Gallo para cantar el Otello nuevamente.

22 de septiembre de 1926
San Carlo Opera Co.
Manhattan Opera House
New York City

OTELLO
Verdi

Desdémona......Bianca Saroya
Otello......Antonio Paoli
Yago......Vicente Ballester
Lodovico......Andrea Mongelli
Emilia......Bernice Shalker
Cassio......Ismaele Voltolini
Director Carlo Peroni.

657

Esta se volvió a cantar el día sábado 9 de octubre. El éxito fue arrollador. Fue aplaudidísimo y aclamadísimo al finalizar cada acto. Al final tuvo que salir a recibir los aplausos unas doce veces. Recorrió con esta Compañía varias ciudades y cantó *Otello* con el mismo reparto unas diez veces.

El éxito fue tan grande que se presentó en un concierto el 22 de octubre a las 8:30 p. m., en el que cantó arias y escenas de Otello y otras óperas junto a otros artistas; entre éstos estaba Fidela Campiña, Bianca Saroya, Vicente Ballester, Eduardo Aldano, Giuseppe la Puma, Luigi de Cesari y otros. El piano fue tocado por el Maestro Simeoni, quien también dirigió la orquesta. Este gran concierto lírico se presentó en el gran salón del New Harlem Casino y el lleno fue colosal. Paoli cantó arias de *Aïda, Trovador, Guillermo Tell, Andrea Chenier* y *Otello*, además de varios dúos acompañado por la talentosa soprano Fidela Campiña y el barítono Ballester. Fue éste el último concierto que cantó Paoli en Nueva York del que se tenga noticias. He aquí el volante donde se anunció ese concierto.

EL LEON DE PONCE

En este viaje Paoli había llevado consigo a su sobrina Aida Josefina Paoli, hija de Domingo Paoli, quien presenció el triunfo de su ilustre tío y lo aplaudió hasta rabiar. Conoció allí a su primo Tonino Arnaldo Paoli, el hijo de Paoli, y quedó prendada de él. Fue como amor a primera vista, pues Tonino se impresionó también con la belleza y dulzura natural de Aida y decidieron casarse. Paoli se opuso tenazmente, pues eran primos hermanos y podían tener hijos anormales, según era creencia en esa época. Tonino, a pesar la oposición de su padre, pensó que hacía bien y se casó con Aida, con la cual procreó cuatro hijos todos varones. Sus nombres son Arnaldo, José Luis y los gemelos Roberto y Alberto, los cuales crecieron sanos y fuertes, y residen en los Estados Unidos.

Se presenta nuevamente en *Otello* junto a Tita Ruffo en una función de gala con el siguiente reparto:

12 de febrero de 1927
Salmmaggi Opera Co.
Función de Gala
Manhattan Opera House New York

OTELLO
(Verdi)

Desdémona......Fidela Campiña
Otello......Antonio Paoli
Yago......Tita Ruffo
Cassio......Angelo Bada
Lodovico......Luigi de Cesari
Montano......Andrea Mincelli.
Dir. Dell Oreficce

El lleno fue total, así como también el resto artístico y financiero. Fue ésta la última vez que el *Otello* fue cantado por Paoli en los Estados Unidos y también junto a Tita Ruffo. La crítica dice así:

"OTELLO- El Paoli, a pesar de los años, sigue siendo el máximo intérprete de la difícil partitura verdiana. Su interpretación es convincente, por su figura, su voz y su desenvolvimiento en escena. Hay algún trémolo que comienza a notarse en su voz central, pero la voz natural y sus agudos permanecen incólumes, especialmente los agudos certeros, musicales y seguros, no gritados como lo hace la mayoría de tenores dramáticos.

Su media voz aún suena bella y clara, como hace cinco años cuando le escuchamos en éste mismo teatro en la misma ópera. Sus dúos con Desdémona (la Campiña) fueron bellísimos. Todos los críticos de Italia siempre se preguntaron cómo una voz tan potente como la de Paoli podía recogerse hasta volverse a murmullo lleno de ternura y musicalidad, como al final del primer acto y convertirse luego en un trueno inmenso en el dúo *Dio Ti Giocondi*. Es su técnica vocal, de la cual hoy muchos cantantes carecen. Paoli es el prototipo del tenor dramático y a mi entender el único que queda de su clase en el mundo". Firma: Ferrucio Corradetti, Rivista Melodrammattica. Milán 27, feb. 1927.

Durante el año 1927 Paoli permaneció en Brooklyn donde tenía algunos discípulos. Para él audicionó un jóven tenor mejicano que para esa fecha se encontraba en Nueva York estudiando y quien más tarde se convertiría en una primerísima figura de la lírica y el cine, su nombre era José Mojica. En su apartamento de Brooklyn recibía contínuamente amigos llegados de España, Italia y Francia. Casi todos los artistas líricos que venían a cantar a los Estados Unidos le visitaban. Para ese entonces el capital de Paoli había mermado considerablemente, pues tenía que pagar mucha renta y gastos tremendos de calefacción y electricidad, así que a fines de 1927 decide regresar a Puerto Rico. Estaba, además, muy enfermo y el calor de Puerto Rico le vendría muy bien. Se marcha pues rumbo a la Isla del Encanto y se establece en San Juan con Adina y Amalita. Trajo consigo un tremendo dolor, pues su hijo Tonino, quien ya se había casado con su prima Aida, no le visitaba; estaba muy alejado de él y ni tan siquiera fue a despedirse de su padre. Jamás se volvieron a ver desde entonces.

Comienza pues a dar clases de canto con su hermana Amalita y a luchar por que se hiciera un Conservatorio de Música en San Juan. Luego de algún tiempo va a Gurabo, donde le celebran su cumpleaños con gran pompa. Era el 14 de abril y Antonio Paoli, al igual que su discípulo Virgilio Rabainne cumplían años. Así que fueron invitados a Gurabo a una gran hacienda localizada en la carretera a Juncos. El dueño de la enorme finca era un rico hacendado a quien llamaban Don Moncho González, quien también había nacido un 14 de abril. Hubo allí lechón asado, arroz con gandules, arroz con longaniza frita, tostones, asopao de pollo y un enorme bizcocho. La fiesta estuvo animadísima y, luego, en la tarde, fueron a montar a caballo para después asistir a una jugada de gallos, a las cuales Paoli era un verdadero aficionado. En esa jugada de gallos ganó el mejor gallo de Don Moncho González y éste le regaló ese gallo a Paoli, para que lo jugase en San Juan. Paoli díjole al Sr. González que su mujer, Adina, se encargaría de alimentarlo bien para así echarlo a pelear en Barrio Obrero de Santurce, en casa de sus amigos los Figueroa. Así pues, Paoli fue cargando con su preciada ave a ver si tenía suerte en la capital y lo echaba a pelear para ganar seguro. Lo que Paoli no sabía era que Adina, quien no sabía nada de crianza de animales, comenzó a alimentarlo con arroz cocido y pan, creando una bola de grasa; así que cuando Paoli lo llevó a pelear a Barrio Obrero, cayó muerto del primer picotazo que le tiró el gallo contrincante. Terminó sus días el así pobre gallo inglés que sólo sirvió para un tremendo asopao de pollo, que se comieron allí en Barrio Obrero, en casa de Don Leopoldo Figueroa acompañados por una enorme cantidad de tostones de plátano verde mojados en ajo. Así ocurrió y así nos lo contó Virgilio Rabainne hace ya algunos años.

El 5 de mayo se presenta en un concierto en el Teatro Municipal de San Juan, donde canta varias arias de óperas. El 20 de mayo presenta otro concierto en el Teatro Strand de San Juan. Ambos conciertos fueron muy concurridos y celebrados. El programa fue así:

Parte Primera
1. Esultate......Otello de Verdi.
2. Ora e Per Sempre.......Otello de Verdi.
Parte Segunda.
1. O Muto Asil......Guillermo Tell de Rossini.
2. Un Grande Spetacolo......Los Payasos de Leoncavallo.
Parte Tercera.
1. Ah, Si Ben Mio......El Trovador de Verdi
2. Di Quella Pira- El Trovador- de Verdi
Parte Cuarta
1. Celeste Aïda......Aïda de Verdi.
2. Vesti la Giubba......Los Payasos de Leoncavallo

La crítica dice así:

"El Mundo 1927. El gran tenor Paoli revivió anoche sus tiempos más gloriosos, con su voz robusta y vibrante. *Otello* reencarnado en el insigne Divo, estremece al público, resonando con su eco por todo el Mar Caribe, acariciando el oído de las aguas y las sirenas. Nadie podría desvanecerse tanto como el tenor Paoli, vencedor en los teatros más famosos del mundo, si no fuera el más legítimo representante de la modestia suma. Nosotros que acabamos de oír el bravísimo tenor, podemos jurar que tiene como nunca el dominio pleno de sus asombrosas facultades vocales. Este gran espectáculo que nos ofreció el insigne compatriota, que es hoy sin disputa el primer tenor dramático del mundo, confirmó al célebre Divo".

Amalia se presenta de nuevo como primera actriz en Los Galeotes, obra de teatro, junto a Emilio S. Belaval. Esto fue en mayo de 1926. El éxito fue rotundo.

En esos días Paoli recibe una invitación de un antiguo compañero de estudios de los tiempos de El Escorial, quien lo invitó a pasar unos días en su casa de Orocovis, donde se había establecido hacía años. Su nombre era Juan Carro. Paoli acepta gustoso la invitación de su amigo y se marcha con Adina a pasar unos días a Orocovis. Al llegar es recibido allí por el Alcalde, Don Bautista de La Torre y Burgos y un nutrido grupo de ciudadanos todos diletantes.

Se presenta en un recital en el Casino de Orocovis, que estaba localizado frente a la plaza, al lado de la Iglesia Católica. Le acompañó al piano la jóven pianista Margarita Barrain y todos quedaron muy complacidos. Pasó allí una semana de solaz tranquilidad y era muy admirado por todos. Regresa a San Juan, no sin antes pasarse unos días en Barranquitas, en casa de la familia Diez, quienes también eran españoles y le conocían desde Madrid.

A finales de mayo de 1928 llega a San Juan la compañía de Opera de Alfredo Salmmaggi, cuyo nuevo nombre era Manhattan Opera Stars Co. Al llegar a Puerto Rico, lo primero que hizo Salmmaggi fue visitar a Paoli en su casa de Santurce, pues le admiraba mucho.

La propuso a Paoli que se presentase con su compañía en sus óperas favoritas *Il Trovatore* y *Otello*, junto a varios de los artistas que habían cantado con él en los Estados Unidos. Paoli le contestó que no, debido a su estado de salud, pero Salmmaggi insistió tanto y comenzó a visitarle todos los días hasta que lo convenció.

La compañía de Salmmaggi había comenzado su temporada en el Teatro Stadium de San Juan con las óperas: *Aïda*, *Gioconda*, *Carmen*, *Rigoletto*, *Payasos* y *Cavalleria Rusticana*; luego se trasladó al Teatro Municipal de San Juan y allí presentó las óperas *Aïda*, *Lucia*, *Bohemia*, *Tosca*, *Barbero de Sevilla* y *Traviata*. Entre los artistas de la compañía se encontraba el gran tenor dramático italiano Bernardo de Muro, quien cantó la ópera *Aïda*, a la cual asistió Paoli. Como un acontecimiento especial se anunció *El Trovador*, con Antonio Paoli, para el 18 de julio, como sigue:

Teatro Municipal
San Juan de Puerto Rico
Alfredo Salmmaggi Empresario y
la Manhattan Opera Stars Co. presentan

SE REANUDA LA TEMPORADA DE OPERA EN SAN JUAN

Esta noche, con la gloriosa "Aïda", se reanuda la temporada de ópera en el Teatro Municipal de San Juan. La obra será presentada a todo lujo, con nuevo decorado, banda de trompetas, orquesta reforzada, cuerpo de baile y un atinadísimo reparto. Luis de Ibarguen, el aplaudido tenor, hará el "Radamés".

Mañana miércoles, gran acontecimiento artístico Antonio Paoli, el famoso divo portorriqueño, se presentará en "Trovador". No dudamos que el teatro rebosará de público ávido de escuchar al gran cantante, gloria de nuestra tierra

ANTONIO PAOLI

IL TROVATORE
Verdi

Leonora......Emilia Vergeri
Manrico......Antonio Paoli
De Luna......Ciro de Ritis
Azucena-Elizabeth Hoeppel
Ferrando......Santacana
Director: Gabriel Simeoni

La temporada...

(Viene de la primera)

Antonio Paoli, que se encuentra en la plenitud de sus facultades vocales como lo demostró anoche, en la célebre "CAVALETTA", "DI QUELLA PIRA", revelando sus notas agudas maravillosas de una vibración como el "ori calchi" levantando el entusiasmo público en un verdadero delirio, parecía que en el teatro, como un huracán, sucedía algo extraordinario, tal era el ruido con las llamadas al escenario del gran tenor, estando el público puesto de pié pidiendo la repetición de la célebre "pira" que lanzó, el artista al público inmenso que ocupaba la vasta sala con mucha tranquilidad, sin esfuerzo, con toda la finura del arte canoro. En el aria "Ah! si ben mío" del acto tercero la cantó con elegancia, con extraordinaria dulzura; en el dúo con "Azucena" cuarto acto, sostuvo gran presición, llevando la parte del Manrico, el célebre tenor, a la suprema victoria de los grandes acontecimientos del arte lírico, "haciendo vivir" la vieja ópera, como así lo vimos, por los

estruendosos aplausos que el público respetable, le tributó, llegando al máximo con insistente clamor, pues er la primera vez que Paoli cantaba una ópera en San Juan.

La gran concurrencia que asistió anoche al Municipal, tuvo ocasión de apreciar el mérito del conjunto de los artistas: la señora Emilia Vergeri en su parte de "Doña Leonor de Guzmán", parte convencional y desabrese, que necesita un órgano vocal de gran extensión, y temple dramático, te encontramos en la artista en grado eminente en la frase larga de la "cavatina" y romanze y desplegando todo el tesoro de su dulce voz "sei tu dal ciel disceso" así como en el "miserere".

La "Azucena" que la señora Elizabeth Hoeppel desempeñó tuvo la obligación de transformarse a la edad del personaje y siempre en posesión de su voz redonda, con sus bajos sonoros, su acentuación firme, sacó la "Azucena" con buena interpretación.

El barítono señor Ciro de Ritis, "Conde de Luna" cantó la "romanza" con fuego, fué una parte importante del éxito, recibiendo grandes aplausos.

El bajo, señor Santacana, "Ferrando" gustó sinceramente poniendo justo acento en el "racconto" procurando de no marcar, en el "allegro" el tiempo de la mazurca.

Los coros frescos de muy buenos elementos, fueron todos guiados a la victoria por la hábil batuta orquestal del maestro Simeoni, cuya orquesta dió justo colorido a la obra verdiana mereciendo los aplausos que el público le obsequió, llamándolo al palco escénico, en unión de todos los artistas intérpretes.

He aquí la crítica:

J'ACCUSE

De Teatro

TROVATORE

Hagamos ahora justicia a Doña Emilia Vergeri que hizo una Leonora de **primo cartel**. A de Ritis en el Conde Luna admirable y a la Hoppel que hizo una Azucena **bien cantada y mejor caracterizada**. La romanza del bajo del primer acto, fué un triunfo para Santacana.

J'ACCUSE, que es el único vocero que llama las cosas por su nombre, tiene para el divo Paoli un tributo de admiración, felicita a la empresa, y para el público indiferente tenemos un gesto de compasión por su mezquindad de alma.

Angelito de Ritis.

"Il Trovatore" el miércoles con Don Antonio Paoli en Manrico ha sido, hasta ahora, el triunfo mayor de ambas temporadas.

La primera oportunidad que se presentó a nuestro público para aclamar a uno de los más grandes tenores dramáticos que ha tenido la historia del arte musical, y para nuestro orgullo, nuestro compatriota. La pobreza de ambiente artístico, siempre creciente en nuestro país, no nos había permitido esa suerte; pero el miércoles nuestros deseos quedaron debidamente cumplidos.

Don Antonio es el verdadero tenor clásico; de voz limpia y robusta, de **buen decir** y de una delicadeza en la escena que deleita el alma. **La Pira** del tercer acto fué un triunfo definitivo. Nunca se había cantado esa romanza en nuestro viejo coliseo como la cantó Don Antonio; pero tampoco nadie había recibido ovación más entusiasta.

En el cuarto acto fué que el tenor demostró lo que es cantar con amor, sintiendo hondo y con la dulzura de un trovador de las épocas románticas.

Tras el colosal triunfo de Paoli en *El Trovador*, se anunció que cantaría *Otello*; así que el 28 de julio de 1928 marcó la fecha en que Paoli cantaría esa ópera completa por última vez. El reparto fue así:

Teatro Municipal
San Juan de Puerto Rico
Alfredo Salmmaggi Empresario y la Manhattan Opera Stars Co.
presentan al
Gran Tenor Dramático Comm. Antonio Paoli en:

OTELLO
Verdi

Otello......Antonio Paoli
Desdémona......Emilia Vergeri
Yago......Eduardo Albano
Lodovico......Luigi de Cesari
Emilia......Rita Villa
Director: G. Simeoni

El éxito fue apoteósico. Todos los artistas de la compañía estaban en el teatro, entre ellos Ibarguén, de Muro, Santacana, de Ritis, Abate, Sara Jay, Costance Wardle, Hoeppel y otros.

"Paoli tuvo que repetir *El Esultate* tras ensordecedores aplausos. Se mostró señor absoluto y amo de la escena tanto vocal como artísticamente. Figura imponente, voz heróica, mirada fiera, actuación convincente. Todo esto se une en Paoli para presentarnos el *Otello* único que estremeció a los monarcas y públicos más poderosos y exigentes del mundo. Paoli, a pesar de sus cincuenta y siete años, edad en la cual casi todos los tenores están retirados, mostró que aún posee los medios vocales intactos y le auguramos que estará cantando por muchos años más y que sigue siendo "el *Otello* más grande del mundo". "J' acusse". Firma: Angelo de Ritis.

Terminada la función, el camerino de Paoli fue invadido por una considerable cantidad de admiradores. El primero en llegar fue el tenor De Muro, quien abrazó a Paoli y le felicitó. Paoli le comunicó que le había impresionado mucho su voz en el Radamés de *Aïda*. Al rato llegaron a felicitarlo el Dr. Diego Biascochea, el pianista Jesús María Sanroma, el pintor Don Miguel Pou, el periodista José A. Romeu, el tenor Virgilio Rabainne, Trini Padilla de Sans y su esposo; Don Modesto Gotay, Ernesto Ramos Antonini y otras personalidades. Todos estaban muy entusiasmados con su voz y su arte.

Al otro día recibió en su casa la visita de Salmaggi, Simeoni y De muro, quienes querían que Paoli siguiera con la compañía, la cual se marchaba de San Juan a Venezuela, Colombia y el resto de América del Sur.

Paoli no aceptó, pues no estaba muy bien de salud y los bretes de un viaje tan largo ya no eran para él. Siguió pues dando clases de canto junto a Amalita y al poco tiempo montaron con gran éxito la ópera *Cavalleria Rusticana* con los discípulos de Amalita.

La Nochebuena del año 1928 fue invitado a cantar en la Misa del Gallo, en la Catedral de San Juan, lo que hizo con gran gusto. Cantó allí el *Ave María* de Schubert y el *Cantique du Noel*, de Adams, siendo muy felicitado por el Sr. Obispo de San Juan.

Para esos días asistió con Virgilio Rabainne, Carlos Terán y Emilio Bouret a la casa de sus amigos de Gurabo, la familia González, pues éstos querían bautizar a todos sus hijos en masa. Así que la Misa que precedió al bautismo fue cantada por los artistas mencionados, causando gran admiración en todos los concurrentes y, en especial, en las mentes de los bautizados, quienes aún viven y recuerdan este acontecimiento como algo único. Terminados los servicios religiosos en la Iglesia Católica de Gurabo, se celebró una tremenda fiesta en la casa solariega de la hacienda de la familia, con muchísimos invitados y comidas de todas clases a la cual también asistió el Cura.

En 1929 Amalita presenta un precioso festival artístico con gran éxito. He aquí la portada del programa.

Gran Festival Artístico Organizado por la Artista Puertorriqueña

Srta. Amalia Paoli
CON LA COOPERACION DE SUS DISCIPULOS DE CANTO Y DEL ELEMENTO ARTISTICO LIRICO DRAMATICO DE ESTA CAPITAL

Teatro Municipal
San Juan, P. R.
DOMINGO 6 DE OCTUBRE DE 1929
A las 8 y media P. M.

Entrevista de Don José A. Romeu para la Revista Puerto Rico Ilustrado.

UNA VISITA A LOS ARTISTAS AMALIA Y ANTONIO PAOLI

Del interior de una casona silenciosa y patriarcal, en cuyo patio crecen unos árboles añosos, copudos, paternales, nos llega una voz fresca y primaveral de mujer, que canta acompañada por la música de un piano.

—Aquí viven, no hay duda — me dice Escalona.

Estamos en Santurce. Hemos recorrido una calle estrecha, llena de paz y de silencio, en busca de la casa donde residen los famosos artistas que tanto han prestigiado a Puerto Rico. Al fin, hemos encontrado su apacible y modesto retiro.

Subimos auna escalera sumida en suave penumbra. Atravezamos luego un largo pasillo silencioso. Al fin nos hallamos frente a la puerta cerrada. En tanto continúan oyéndose el canto y la música. Tocamos a la puerta en los momentos en que ésta se abre para dar paso a una linda jóven que sale. Es una discípula de doña Amalia que ha terminado su clase.

Doña Amalia me recibe sonriente y afectuosa. Me hace sentar en un sillón. Luego abandona la estancia.

— Voy a avisarle a mi hermano que está usted aquí.

Estamos en un saloncito modesto por cuyas ventanas penetra la luz radiante y gozosa del cielo luminosamente azul. Se destaca, en primer término, un piano antíguo, uno de esos pianos que parecen hablarnos en su lenguaje mudo y elocuente de pasadas grandezas. Se hacinan en un estante papeles de música, libretos, partituras. Sobre una mesa se muestran en desorden más papeles de música y algunos libros. Todo nos dice que aquí viven dos almas consagradas a la divina religión del arte. Aparece, tras unos momentos, don Antonio. Hay en su figura distinguida mucho de nobleza y de hidalguía. Posee la gentileza de un caballero antiguo. Aún conserva la prestancia de sus mejores años. La faz se muestra sonriente y animosa. La mirada revela el fuego interior de su espíritu de artista. En sus ademanes se advierte al hombre que durante la mayor parte de su vida ha vivido en la escena frente a los públicos más diversos.

Bromeando hemos empezado nuestra conversación. Doña Amalia se ha sentado junto al piano. Don Antonio en un sillón.

— No le permito que esté aquí hasta más de la una de la tarde, pues a esa hora voy a jugar mi gallo.

Sonreímos.

— No sabe usted cuánto me gustan los gallos. Son mi debilidad y el gallito que voy a jugar es magnífico. Se llama Sancú. Ese nombre se lo puso mi mujer.

Ahora sonreímos a carcajadas.

No podré negar nunca que soy puertorriqueño y que nací en Ponce y que pasé mi niñez en Las Cuarenta Cuerdas, campo situado cerca de El Vigía. ¡Qué bien lo recuerdo todo! Todavía están vivas en mi memoria todas aquellas escenas de mi niñez. Yo puedo hablar de la guasimilla, la calambreña, la jácana, el cupey, el guamá...

Y todavía dicen —continúa Don Antonio—que yo he negado ser puertorriqueño. Nada más erróneo. Pero, ¡usted cree que eso pueda ser posible? Lo que me ocurre a mí es que no quiero ser yanqui. Eso es todo. Desciendo de españoles. Me siento orgulloso de pertenecer a la raza latina, cuya superioridad sobre la raza sajona creo innegable.

Don Antonio habla con entusiasmo. Luego continúa:

EL LEON DE PONCE

—Esto no quiere decir que yo niegue el progreso de los Estados Unidos. Ellos poseen el dinero, la fuerza, la iniciativa, el espíritu mercantil y emprendedor. Representan la parte material del progreso humano. Pero progreso material no es sinónimo de cultura y de civilización. Es muy distinto poseer grandes organizaciones, edificios que llegan a las nubes, fábricas enormes, millones de dólares, que llevar la supremacía en todo aquello que signifique progreso espiritual, arte, letras. ¿Qué grandes aportaciones han hecho al arte y a las letras?. El pueblo norteamericano es un pueblo niño. Está todavía en la infancia de su evolución. De ahí que no vea con aprobación que nosotros adoptemos aquí sus usos y costumbres, poseyendo, como poseemos, una civilización y una historia heredada de nuestros antepasados. Puerto Rico, a mi juicio, debe reafirmar los valores de su raza y no desvirtuarlos.

Luego es doña Amalia la que me habla de los años de su niñez y juventud. Siendo muy niños murieron sus padres. Amalia quedó sola con sus hermanos a los catorce años, teniendo que afrontar a esa temprana edad las responsabilidades de una madre para con sus hermanos. A los diez y nueve años hizo ella una excursión por la isla con sus hermanos, dando conciertos. Con el producto de sus conciertos reunió los fondos necesarios para trasladarse a España. Las quince mil pesetas que obtuvo entonces, las dejó impuestas en una casa de ahorros de nuestro país. La primera noticia que recibió al llegar a la Península fue la de haber quebrado la casa donde impuso aquel dinero...Fue entonces pensionada por su país durante dos años. Luego fue al Conservatorio de Madrid, donde sorprendió a los maestros de aquel centro artístico. Después estudió bajo la dirección del gran maestro Verger. Por último marchó a Italia, donde hizo su debut en el teatro Académico con la ópera Poliuto el dia 20 de septiembre de 1888.

Después de su brillante actuación en Italia regresó a España. Tuvo la Reina María Cristina noticia de sus méritos artísticos y de su virtud y mostró deseos de oírla. De aquí resultó que Amalia fue acogida bajo el amparo real, a la par que sus hermanos. Pudo entonces la jóven artista dedicarse de lleno al arte. Triunfó luego en el teatro Real de Madrid y más tarde recorrió triunfalmente los principales teatros de Europa y América.

En tanto, su hermano Antonio hacía sus estudios en Madrid. Desde muy temprano se revelaron en él aptitudes excepcionales para el canto. No visitó nunca ningún conservatorio ni tuvo maestros, tales eran las extraordinarias facultades con que había sido dotado.

—¿En qué teatro debutó usted don Antonio?.

En la Gran Opera de París, con la ópera *Guillermo Tell*— me contesta.

Luego recorrió los más importantes teatros de Europa. Obtuvo grandes triunfos en Italia, donde ha residido gran parte de su vida. Allí ha cantado en la famosa Scala de Milán, en el San Carlos, en el Real y en un sinnúmero de teatros de primera categoría. Los más exigentes críticos europeos lo consagraron pronto. Don Antonio Paoli ha sido considerado como el primer tenor dramático de Europa. Ha hecho el mejor *Otello* del mundo, obra que ofrece muchas dificultades.

— Otello— me dice, —es una obra muy difícil. Requiere un tenor de condiciones excepcionales y de grandes méritos como actor dramático.

Además de *Otello*, Don Antonio ha obtenido grandes triunfos en *Trovatore*, *Aïda*, *Guillermo Tell* y otras óperas donde ha lucido sus magníficas cualidades de tenor.

—Yo nunca he cantado en Puerto Rico—me dice. Las veces que he aparecido ante el público de mi país lo he hecho en circunstancias desfavorables. La última vez que canté en El Municipal de San Juan me hallaba enfermo. El público, tal vez, no apreció este hecho. Yo estuve atacado entonces de una afección pulmonar. Esta enfermedad me ha obligado a permanecer en Puerto Rico. Aquí he logrado recuperar la salud, gracias al clima benigno de Puerto Rico y al doctor Torregrosa. Ya me siento casi bien. Me he sometido a un régimen estrictamente vegetariano y he llevado una existencia apacible y dulce, lejos del ruido mundanal.

— Me parece que los climas cálidos no son favorables a los cantantes.

— El clima frío es el que mejor le presta a los cantantes, sí. El de Puerto Rico no es muy beneficioso que digamos. La última vez que vino aquí Tita Ruffo me decía él: "éste clima, amigo Paoli, es desastrozo".

—¿Es cierto que ustedes se van a La Habana?

Ambos responden a la vez:

— Sí, nos marchamos.

Doña Amalia me dice: Figúrese usted, aquí las clases de canto no son muchas. En La Habana el ambiente artístico es muy distinto.

—¿Y qué les parece a ustedes la idea de La Hija del Caribe en cuanto a fundar aquí un conservatorio?.

—Pero si aquí no es posible eso del conservatorio de que habla nuestra amiga La Hija del Caribe, a quien conozco desde los tiempos de Mari-Castaña-. Yo nunca he pensado tal cosa — me replica don Antonio.

De pronto suena una hora. Don Antonio me pide permiso para retirarse.

—Usted me perdonará. Estoy todavía bajo el tratamiento médico...

Doña Amalia permanece en el salón. Me muestra, a solicitud mía, sus álbumes de recortes.

Nuestros ojos recorren las páginas amarillentas donde ha ido pegando con su cuidadosa mano de mujer, cientos de recortes de los principales periódicos de España, de Italia, de América, de Puerto Rico. Hay allí crónicas, críticas, entrevistas teatrales, artículos firmados por escritores del pasado, muchos de los cuales han muerto. Casi todos han sido publicados a fines del siglo pasado. Allí vimos, entre otras muchas las firmas de Luis Muñoz Rivera y Salvador Brau.

Después me muestra otro valioso álbum donde aparecen composiciones y versos de nuestros más prestigiosos escritores del pasado y nuestros más inspirados poetas. Figuran en él composiciones de José Gualberto Padilla, Manuel Fernández Juncos, José de Diego, Manuel Zeno Gandía, Rafael del Valle, Ramón Marín y otros no menos eminentes.

Vuelve otra vez a la habitación Don Antonio. Se reanuda la conversación. Hablamos de arte y de literatura. Don Antonio no es solamente un gran cantante; es, además, persona de una extensa cultura, así como su hermana doña Amalia.

Pasan los minutos agradablemente. De pronto llaman a la puerta. Aparece un muchacho y le dice:

— Don Antonio, ya es hora de irnos a jugar al gallo...

Me pongo de pie. Me dispongo a marcharme. Don Antonio lo advierte.

— Pero, ¿se marcha usted?.

Ya es tiempo, Don Antonio.

— Ya sé lo que pasa. Lo del gallo no?

—Pues...

—Pero hombre. No faltaba más que por un gallo que se llama Sancú fuéramos a suspender nuestra gratísima conversación.

Y dirigiéndose al muchacho:

EL LEON DE PONCE

Tienes que esperar. Ahora no puedo ir. Estoy muy ocupado, sumamente ocupado.

Luego, sonriente, me dice:

Dirá usted que soy un poco loco ¿verdad? Los artistas somos todos unos locos, unos desequilibrados.

De pronto entra por la ventana una ráfaga de viento. Los papeles de música colocados sobre uno de los estantes se desparraman por el suelo. Me dispongo a recogerlos.

— Déjelos usted... Déjeles usted.

El muchacho vuelve a aparecer:

— Es tarde don Antonio.

Antes que me detenga el gran tenor, me he puesto de pie, dispuesto a marcharme. Me despido de Doña Amalia, quien con una sonrisa primaveral y luminosa, a pesar de que ya empieza a nevar sobre sus cabellos, me expresa complacencia por mi visita.

Salimos don Antonio y yo juntos. Al separarnos en la escalera me dice:

— ¿Se acordará usted de todo?

— Creo que de lo mucho que hemos hablado algo recordaré.

— Vuelva a visitarme. Tenemos que hablar acerca de muchas cosas.

Y el insigne tenor que tantos triunfos ha conquistado me da un apretón de manos franco, efusivo, cordial.

José A. Romeu

CAPITULO XIV
1929 - 1946

La salud de Paoli empeora cada día. Su vientre se expande demasiado y le arrecian los dolores. El Dr. Torregrosa lo somete a un tratamiento intensivo y logra ponerlo nuevamente en pie.

EL día 29 de junio de 1929 se canta *Otello* en El Municipal con el tenor costarricense Manuel Salazar. Allí asiste Paoli a escucharle acompañado de Adina. Al otro día un periodista entrevista al tenor Salazar y éste le comunica lo siguiente: "He sido honrado por grandes masas de gente, he sido aplaudido por los públicos más exigentes, pero el honor más grande de mi vida lo recibí anoche, cuando el gran Paoli, asistió a mi función de *Otello* y la escuchó completa y me aplaudió. Ese ha sido el más grande de todos los honores, haber sido admirado por el tenor Paoli, el más grande *Otello* del mundo".

A los pocos días, Paoli volvió a recaer y se le diagnosticó una hemiplejía que lo condenó a un sillón de ruedas. Su médico, el Dr. Torregrosa, le atendía con gran esmero y cariño. Paoli pasó casi dos penosos años en ese estado, sin salir para ningún sitio, sólo al cuidado de Amalita y Adina.

En 1930 llegó a Puerto Rico el gran tenor español Miguel Fleta y lo primero que hizo al llegar fue buscar dónde vivía Paoli; así que le fue a visitar, y pasó con él varias horas y le cantó varias arias y canciones españolas acompañado al piano por Amalita. Paoli, estaba contentísimo de tan agradable visita. Fleta cantó en el Teatro Municipal de San Juan las óperas *Tosca* y *Carmen* y debutó allí el 12 de mayo de 1930 con un éxito extraordinario.

Antes de enfermar en abril de 1930 el periodista José A. Romeu le hizo una entrevista para la Revista Puerto Rico Ilustrado en la cual Paoli hizo unas declaraciones que aquí detallamos:

- "No sabe usted cuanto me gustan los gallos. Son mi debilidad.... el gallito que voy a jugar es magnífico. Se llama Sancu; ese nombre se lo puso mi mujer. No podré negar nunca que soy portorriqueño y que nací en Ponce y que pasé mi niñez en Las Cuarenta Cuerdas, campo situado cerca de El Vigía. ¡Qué bien lo recuerdo todo! Todavía están vivas en mi memoria todas aquellas escenas de mi niñez. Yo puedo hablar de la guasinilla, la calambreña, la jacana, la guayaba, el almácigo, el caimito, el mamey, el jagüey, el cupey, el guama... Y todavía dicen que yo he negado ser portorriqueño. Nada más erróneo.

Pero ¡usted cree que eso pueda ser posible? Lo que me ocurre a mí es que no quiero ser yanqui. Eso es todo. Desciendo de españoles. Me siento orgulloso de pertenecer a la raza latina, cuya superioridad sobre la raza sajona creo innegable. Esto no quiere decir que yo niegue el progreso de los Estados Unidos. Ellos poseen el dinero, la fuerza, la iniciativa, el espíritu mercantil y emprendedor. Representan la parte material del progreso humano. Pero el progreso material no es sinónimo de cultura y de civilización. Es muy distinto poseer grandes organizaciones, edificios que llegan a las nubes, fabricas enormes, millones de dólares, que llevar la supremacía en todo aquello que signifique progreso espiritual, arte, letras. ¿Qué grandes aportaciones han hecho al arte y a las letras? El pueblo norteamericano es un pueblo niño, todavía en la infancia de su evolución. De ahí que no vea con aprobación que nosotros adoptemos aquí sus usos y costumbres, poseyendo, como poseemos una civilización y una historia heredada de nuestros antepasados. Puerto Rico, a mi juicio, debe reafirmar los valores de su raza, y no desvirtuarlos".

Más adelante dice: -"He estado afectado de una afección pulmonar. Esta enfermedad me ha obligado a permanecer en Puerto Rico. Aquí he logrado recuperar la salud gracias al clima benigno de Puerto Rico y al Dr. Torregrosa. Ya me siento casi bien. Me he sometido a un régimen estrictamente vegetariano y he llevado una existencia apacible y dulce, lejos del ruido mundanal.

Me parece que los climas cálidos no son favorables a los cantantes. El clima frío es el que mejor le presta a un cantante, ¡Sí!, el de Puerto Rico no es muy beneficioso que digamos. La última vez que vino aquí Tita Ruffo, me decía: "Este clima, amigo Paoli, es desastroso", y así es.

Esa era forma de pensar de Paoli, acerca de los norteamericanos y sus costumbres. Una vez en una conversación con el gran actor y periodista puertorriqueño Rafael Benliza le dijo: -"No renuncio por nada a la ciudadanía española, porque no existe la ciudadanía puertorriqueña, que es la única que hubiera preferido". (Suplemento sabatino de El Imparcial, 25 de julio de 1959).

Para esos días se le rinde un homenaje por la estación radial W. K. A. Q. y Paoli fue invitado a cantar. Lo hace acompañado al piano por su hermana Amalita. En esa ocasión hubo que ponerlo muy distante del micrófono para evitar que las fuertes vibraciones de su voz distorsionaran el sonido de la onda radial. Cantó la canción *Trigueña Mía* magistralmente.

Para aquel tiempo las jugadas de gallos estaban prohibidas por el gobierno; pese a ello, siempre se hacían las jugadas clandestinamente. En Barrio Obrero una gran pelea de gallos en la cual se confrontarían los mejores gallos del área y las apuestas de dinero eran fabulosas. Paoli llevó allí a su gallo Zancu III, el Zancu II había perecido en un confrontamiento con los gatos de un vecino en la calle Dos Hermanos de Santurce. Paoli tenía confianza en que este otro gallo ganaría la pelea. Comenzó pues la contienda y a su vez las apuestas pero al cabo de un rato cuando estaban todos embebidos en la pelea llegó súbitamente la policía y arrestó a todos, menos al que tenía el dinero de las apuestas, quien salió disparado y se perdió entre los patios y cercas de las casas vecinas. Todos los arrestados fueron llevados al cuartel de la policía de Barrio Obrero. Allí les encerraron en un cuarto con rejas y quedaron todos pillados uno con otros sin tener espacios para moverse. Eran en total unas veinticinco personas. Al notar la presencia de Paoli entre los arrestados, el Sargento Pérez se lo comunicó al Juez Lcdo. Ignacio Carballeira quien era un gran diletante y admirador suyo. Dijo que ese era el gran tenor y no se le podía arrestar. El juez le ofreció que se marchase en el acto y así no se presentarían cargos contra él, a lo cual contestó: "Si no sueltan a todos, no me voy". El juez no encontraba qué hacer. En eso llegó el Dr. Diego Biascochea a pagar cualquier fianza que se le impusiera a Paoli. Se reunió con el juez y Paoli y tuvieron una larga conversación. El juez les dijo que a él también le gustaban la jugadas de gallos pero que la ley es la ley y había que respetarla. La pena a pagarse era una multa de cien dólares y/o treinta días de cárcel. Ante la negativa de Paoli, el juez Carballeira, le impuso a cada uno una multa de

EL LEON DE PONCE

un dólar por persona que fue pagado en el acto por el Dr. Biascochea y así se marcharon todos felices a sus casas. El juez Carballeira llevó a Paoli a su casa en su propio automóvil. Terminó pues felizmente la odisea de Paoli y las jugadas de gallos que tiempo más tarde se legalizarían.

Enfermóse nuevamente y esta vez la postración de Paoli en un sillón de ruedas se prolongó por varios años más, lo que mermó completamente su capital y sólo se sostenían de lo que cobraba Amalita por las clases de canto. Se mejoró y salió del sillón de ruedas pero quedó mal físicamente.

La generosidad de Paoli era extrema y se pasaba ayudando económicamente a todos los que acudían a él. Daba dinero a estudiantes que se marchaban a estudiar a España, sabiendo que nunca le sería devuelto. En una ocasión, cuando aún caminaba, sólo le quedaba un billete de cien dólares; Amalia se lo entregó. Paoli acostumbraba a caminar todos los días en la mañana para ejercitarse por prescripción médica. El siempre había sido muy aficionado al deporte y a los ejercicios físicos. Todos los días desde joven hacía todo tipo de ejercicio de calistenia, así que estaba acostumbrado a ellos; pero el estar tanto tiempo enfermo le había debilitado los músculos. Ese día se hechó al bolsillo el billete de cien dólares que le quedaba para cambiarlo en billetes de veinte dólares. Salió de su casa, que estaba localizada en la Avenida Fernández Juncos casi a esquina a Calle Hipódromo en la parada 23, recorrió, la Avenida Fernández Juncos hasta la Calle Europa, al llegar a la esquina de la Avenida Ponce De León en la parada 22, se encontró con un pordiosero, que estaba sin piernas pidiendo limosnas en le escalón de entrada de la Ferretería Europa. Sin pensarlo ni tan siquiera una vez con esa impulsividad que le caracterizaba, se puso la mano en el bolsillo, sacó el billete de cien y se lo entregó al pordiosero y siguió caminando muy feliz y contento. El pordiosero le llamó, ¡Señor, señor, creo que usted se equivoco! y Paoli, sencillamente le contestó "Cójelo, tu lo necesitas más que yo...." (Esto fue presenciado por el periodista Don José A. Romeu quien nos lo contó).

Al llegar a la casa, Amalita le preguntó sobre el cambio del billete contestándole Paoli que se lo había regalado a un pobre hombre. Amalita y Adina le increparon. El les dijo: "Ese dinero me lo gané yo... lo hice yo.... y con él hago lo que me dé la gana". Luego le ripostó a Amalita: - "No te preocupes, que el señor proveerá". "Pero Antonio", le dijo ella... "No te preocupes, te digo que el señor proveerá" y todo se calmó.

Amalita acostumbraba ir todas las noches a rezar el Santo Rosario a la Iglesia del Sagrado Corazón de Santurce. Así, pues, esa noche se preparó y se marchó a la iglesia. Al ir llegando a la esquina de la Avenida Ponce De León y Calle Hipódromo, en la acera frente a la Mansión Georgetti -bellísima estructura que allí se encontraba y que fue demolida por la marcada apatía del Gobierno Estatal de conservar las cosas bellas-, se tropezó con una bolsa, cayó al piso y se raspó el brazo derecho y el codo. Se levantó a duras penas y cogió la bolsa de papel para que nadie más se fuera a caer. Al levantar la bolsa, notó que ésta pesaba mucho, y al mirar en su interior encontró que había allí varios billetes de a cien dólares enrollados y gran cantidad de monedas de plata. Miró a todos lados, llegó hasta la Avenida Ponce De León, buscando al dueño de la bolsa, pero no encontró a nadie. Tocó la puerta de la Mansión Georgetti pero nadie salió, así que regresó a la casa cargando la pesada bolsa. Al llegar no dijo nada momentáneamente. Después que fue curada, entonces les contó lo que había sucedido. Al enseñar la bolsa, no lo podían creer. Era una cantidad considerable de dinero. Al otro día por la mañana, Paoli fue a ver al Padre Ignacio de Dios de la Parroquia Sagrado Corazón y le contó lo sucedido; le pidió opinión de qué hacer con el dinero. El Padre le dijo: "Mira, Amalita se lo encontró, nadie por estos alrededores ha reportado dinero robado, ni perdido, así que quédenselo que bastante lo necesitan". Paoli le respondió:

"Padre, sabía que el Señor nos proveería". Llegó a la casa a toda prisa y les contó lo que el Padre le dijo, así que aquello fue una fiesta. Se resolvió momentáneamente la situación económica y Paoli cogió nuevos bríos. Comenzó, junto a Amalita y a Trini Padilla de Sans, la lucha renovada de establecer un Conservatorio patrocinado por el Gobierno de Puerto Rico.

Tenían en la Academia de Canto, una cantidad bastante grande de discípulos con los cuales presentaron varios recitales en el Salón de Actos de la Escuela Superior Central de Santurce y en el Teatrito del Ateneo Puertorriqueño. Entre esos discípulos estaban las siguientes sopranos, mezzosopranos y contraltos: las señoritas Mercedes del Pozo, Blanquita Cordero, Iris Hernández, Alicia y Luisa Thorni, Ruth Diaz, Ester Comas, Hilda Loperena, Genoveva Diaz, Elia Sulsona, Laura Arellano, Selenia del Toro, Angeles Pastor, Rosa Torres, Paquita Bithorn, María Teresa Santana, Olga Iglesias, Lolita de Cámara, Loila Fernández, Hazel Woodbury, Nilita Vientos, y Eugenia Josefina Santiago. Entre los hombres, tenores, barítonos y bajos, estaban los siguientes señores: Ramón Fonseca, Celestino López, Alberto Guerrero, Etelvino Domenech, Fernando y José Oliver, Rubén de la Rosa, Raúl Díaz de Palma, José Navedo, Pedro Bigay Jr., Frank Casanova, Federico Vázquez, Luis A. Ramírez, Juan La Bault, Johnny Cabrera, Manuel Muñoz, Rafael Benliza y Luis Esparolini.

En 1934, ya retirado de la escena y dedicado de lleno a la enseñanza del arte canoro, la legislatura insular le asignó una modesta pensión en reconocimientos de sus méritos. Esta pensión fue conseguida, gracias, a la ardua labor y lucha que Doña Trini Padilla venía luchando en la legislatura desde 1930. Sólo le aprobaron cien dólares mensuales.

En 1935 Carlos N. Carreras le hace una preciosa e interesante entrevista para El Puerto Rico Ilustrado la cual intercalamos en esta biografía por lo interesante de su contenido.

Ese mismo año Paoli presentó su último gran concierto en el amplio escenario de la Escuela Superior Central de Santurce acompañado al piano por la gran pianista Alicia Morales. El público que acudió fue muy escaso pero Paoli, cantó muy bien y fue aplaudidísimo.

# Paoli, Tenor de los Re[yes]

Por C[...]

S. M. María Cristina, Reina de España, protectora de Paoli, que sufragó sus estudios de segunda enseñanza en el Real Monasterio del Escorial, y luego a instancias de la Infanta Isabel le envió a estudiar canto a Italia...

La gran guerra que levantó su sangriento escenario en Europa, hace veinte años, cambió también de *escenario* a uno de los artistas más grandes de la época, que para aquel entonces mantenía entre las candilejas de la Fama, el título de "primer tenor del mundo" con el que proclamábanle la Prensa de Roma y Bolonia, seis años antes del horripilante suceso, reteniéndole con mimo todo un año en sus principales teatros, y rindiéndole fervorosos homenajes...

Era la época de tres grandes tenores: Caruso, Constantino y Paoli... A Puerto Rico cupo la gloria de ver nacer en sus frondas tropicales, al príncipe de los cantantes: Paoli, —que gorrión ensayando sus gorjeos en Ponce, había de levantar su vuelo para años más tarde, luego de una educación de príncipe, pensionado por la Reina María Cristina, en el Real Monasterio del Escorial, trinar como el ruiseñor de los balcones de Verona; conmover con su canto a toda Italia y alcanzar la admiración de la Europa entera...

Alguien le profetiza su destino: su estrella augura fulgores de gloria; el niño trae buen hado; cuando se halle en plena madurez su astro estará en el cenit; habrá llegado al apogeo de sus triunfos en la ruta de su Arte... ¿Y luego?... Como es natural el sol declina... Volverá, definitivamente, entre una baraúnda de baúles que ostenten las etiquetas de su trashumancia, a la tierra que le vió nacer, y entre los *propios* será un *extraño*... Pobre y olvidado entre los suyos; enfundado en el olvido; de espalda al porvenir, para como Cyrano mirar al pasado, consolando sus angustias ante el libro de sus recuerdos; indiferente e indiferenciado ante el prese[nte]

* * *

La profecía se cumple. Y he aquí que tal como se pred[ijo su] destino, hoy lo presento a mis lectores...

Hace unos siete años retornó, y hace apenas unos cua[ntos] le veía algo asiduo, por las tardes, entrar al café e ingenua[mente] darse a la garrulería pintoresca de un simpático grupo [de ca]maradas: empresarios, cómicos y periodistas.

El cantante se hallaba *forzosamente* veraneando. Su pasión eran los gallos, y las combinaciones de las carreras de caballos... y siempre hablaba de su *pendiente contrato* para Buenos Aires. Estaba en espera de noticias. Allí había inaugurado el teatro Colón, para lo cual fué contratado expresamente, y durante su actuación, cautivó permanentemente al público argentino con las óperas "Otello" y "Sansón y Dalila" que se fijaron en la temporada. Estaba lejos de pensar, entonces, que, la realidad habría de apaciguarle aquellas inquietudes por el contrato que tardaba, sin llegar

"Arbitro de la elegancia", el gran tenor Paoli lucía los mejores trajes en sus óperas, como se muestra aquí en "El Trovador", en los esplendorosos días de su época.

Guillermo II, Emperador de Alem[ania] que impresionado por el disco de "O[tello"] le llamó por telégrafo y le retuvo d[urante] ocho días, honrándole con el títul[o de] "Camer singer".

...y Rey de los Tenores...
N. Carreras

a borrarle de su imaginación esta idea todavía.

Después, le dejamos de ver, durante ese espacio de tiempo... Y un día... de éstos de noviembre, bajo una ligera lluvia, nos dimos a buscarlo. Ya no vivía en la casita pintada de verde con tupida bugambiglia que sombreaba el balcón; y ni los vecinos supieron darnos las señas de a dónde se había mudado. De un lado a otro, por Santurce, al fin nos orientamos, y poco rato después, nos hallamos en su nueva residencia...

* * *

De momento no me reconoce. ¡hacía tánto tiempo que no nos veíamos!, y como de primera impresión le comunicara que a parte de mi interés particular de amigo, al visiarle, estaba el interés del periódico por el público, para el cual escribo, rechazó la publicidad con aparente displicencia.

—¿Para qué? De mí se ha dicho ya todo... y es igual. Acaso valga decir que no he muerto, y que si vivo, a pesar de la gravedad en que estuve, será porque Dios dispone que hago falta en la tierra...

Me brinda asiento junto al balcón, en un ángulo amparado por la sombra de unas ramas, y frente a mí se sienta y conversamos largo rato. Ya no es aquel Paoli de magnífica figura; tipo por excelencia de los tenores; ojos brillantes, cabellera espesa y ensortijada; barba mefistofélica, esmeradamente recortada; frente de estatua; facciones excesivamente arrogante, opulento y armonioso que tantas veces ciñera [...] reluciente y, príncipe de un cuento wagneriano, apa[...] la escena, en un bajel tirado por un cisne blanco...

[...] es otro. El dolor le envejece más. Superviviente de una [...] que quiso arrebatar su preciosa vida, va mejorando [...]mente.

Y como le insinuara con timidez:
—¿Y la voz?

Me responde disimulando sus angustias bajo la apariencia de estas frases dolorosamente optimistas:

—Bueno, mi caso no es para desesperarse. El médico que me asiste todavía, —el Dr. Juliá— me dice que han habido en el mundo dos casos análogos al mío, en que los tenores recobraron su voz... Y yo voy mejorando...

—Posiblemente...

—Sí, me siento más contrariado que viejo... A mi edad no se agota ningún cantante de mis condiciones y facultades...

—Chaliapin...

—Chaliapin, el incomparable bajo ruso, es un ejemplo, aunque excepcional... Massenet estaba cerca de los setenta años cuando puso música al "Don Quijote", de Jacques

(Sigue a la vuelta)

El instante gráfico en que el divo retirado "posa" en compañía de nuestro compañero Carlos N. Carreras, para este reportaje...

El Emperador de Austria, Francisco José, en la época en que condecoró al gran tenor Paoli, y se puso de pie para aplaudirle, una noche en el teatro Imperial de Viena, designándole después "Cantante de Cámara".

[...]II, Zar de todas las Rusias, en sus [...] días de esplendor, cuando concu[...]teatro Imperial de Petrogrado para [...]oli, y le condecoraba con la "Cruz de San Mauricio"...

677

Lorrein; ópera de gran prueba para el bajo, porque es casi toda un monólogo, y cuando la componía, pensaba en Chaliapin para su interpretación; y Chaliapin la representa todavía, siendo mucho más aventajado en años que yo... Nací en 1873...

—¿Y si recupera usted su voz... volvería a salir de Puerto Rico?

—Con frecuencia recibo cartas de Milano y de Buenos Aires... Yo preferiría dar todo lo que poseo a mi patria... Desearía que se dieran cuenta del gran caudal artístico que aquí se pierde por falta de maestro; de las bonitas voces que podrían lograrse, si en Puerto Rico se estableciera una academia de canto...

—¿Ha intentado usted eso?

—Hombre, parece que el país, o los que gobiernan el país, no quieren darse cuenta, o por lo menos aparentan esa indiferencia por la cultura artística... Ya ve usted; recomendé a una señorita de aquí que posee una voz que es un primor, para una beca del gobierno... y ni se tomó a ella en consideración, ni a mi recomendación tampoco...

—¿Y la Universidad?

—Ya una dama bondadosa e influyente, doña Yuya Balseiro de Giorgetti, tocó a esa puerta... y se considera de mejor utilidad el establecimiento de un taller de costura...

—Es lástima —continúa— que se pierdan tan buenas voces... Tiene usted, por ejemplo, a Ketty Figueras, ¡qué condiciones tan

La infanta doña Isabel de Borbón, que se interesó calurosamente por Paoli. El retrato íntimo, conlleva de su puño y letra afectuosa dedicatoria: "deseándole siempre grandes triunfos, cariñosamente".

El divo en Rusia, cuando visitaba al Zar y a la Zarina, a instancias de la Emperatriz...

preciosas de *coloratura*! A María Luisa Saldaña de Juliá; a María Luisa Alvarez Torres y a Luz Selenia del Toro... Y luego, entre los hombres, a Emilio Bouret y a Atilano Fernández; a Carlos Terán y a José Oliver... ¡Es lástima! ¡Es lástima!—repite

Y luego de un corto silencio prosigue:

—Por eso le dije, de primer momento que de mí no se ocupara; mi empeño, mis deseos, mi ambición, serían que se hiciera algo por las chicas de Puerto Rico, en ese sentido... Puedo asegurarle, que raras veces puede encontrarse en conservatorio alguno del mundo, un conjunto de material tan precioso y abundante, como el que yo he hallado en mi país... Voces de volumen; de una lírica escolástica tan pura que confirman la tenacidad y la fuerza de la raza.

Y respondo yo interiormente, mientras observo al maestro con profunda admiración:

—¡Qué poco pide y qué difícil de conseguirlo! ¿A dónde radica la autoridad en mi país, para que justicieramente se nivele nuestro ambiente social y los valores se restablezcan con el merecido respeto?... Cualquier otro pedacito de tierra de nuestra América, que hubiera dado a estas horas un Antonio Paoli, se sentiría orgulloso de ser su cuna y retenerlo como gloria del terruño...

Tiene este hombre en su país el de- *(Pasa a la página 54)*

Paoli, tenor de los...

(CONTINUACION)

recho a la admiración, al respeto y al cariño de sus compatriotas... y tiene derecho a más; a la compensación, al premio por haber honrado la tierra que le vió nacer, ya que cuando alumbraban las antorchas de su gloria y el mundo pronunciaba su nombre y le señalaba con el índice, aureolaba con su fama a la tierra que le produjo: ¡Puerto Rico!

La vida del tenor Antonio Paoli, en el Arte, es de lo más sugestivo y fascinante que puede darse, y si se llevara al libro, como biografía o novela, hallaríamos risueños capítulos no igualados por Brumel, ni superados por Benvenuto Cellini, ni el caballero Casanova...

Las Hadas parecen darse cita alrededor de su cuna, aportándole cada una sus mejores virtudes: talento, distinción, arrogancia, figura, y como una le designara el precioso tesoro de la voz, con frase sentenciosa de que habría de trocarse en *amor y fortuna;* otra, iracunda en celos, —la última— le trae el nefando regalo de su malévolo instinto, profetizándole, también: ¡olvido y miseria!

Busquémoslo en años atrás de su vida, en 1899, y el pensionado de la Reina María Cristina, que antes había dejado la carrera de las armas por incompatibilidad con la disciplina militar; que había estudiado el inglés en Londres y el francés en París, es ahora el tenor debutante en la *ville-lumiere,* para quien el teatro de la *Gran Opera* se abre anunciando en su cartelera el "Guillermo Tell". La ópera de Rossini, condenada por la incomprensión de los "inteligentes" y por los frecuentes fracasos de los tenores en su representación, como "detestable", desde la época de su estreno, y como "la más rica perla del joyero del compositor" desde que Duprez, años después cantó el *Arnaldo* dando el famoso "do de pecho", surge ahora con Paoli cautivando la admiración del púlico parisién que le consagra desde la noche de su debut como un tenor excepcional de primera línea. Antonio Paoli desde ese momento comienza a preocupar los grandes centros artísticos de Europa. *Paris est la capital du monde entier!* Y se mira a París con amor, y se le concede autoridad para juzgar en cuestiones de Arte. La delirante manifestación del público y la reseña de los periódicos en que críticos y revisteros comentaban con desbordante entusiasmo la labor rendida por el tenor en *Guillermo Tell* rayaba en paroxismo: "Gracias a Dios que *Guillermo Tell* tiene su tenor!" —exclamaba en gruesos caracteres uno de los diarios de la mañana que reseñaba con hinchados ditirambos la función inaugural del tenor. ¿Cuántas cosas se dijeron de Paoli! Era el hombre privilegiado con el divino don de su garganta. "Grandioso". "Su voz tiene todas las facetas de un enorme brillante". Era corriente oír en labios de las damas distinguidas esta comparación: *C'est un rossignol!...* Se le comparaba con una flauta. Era la sensación del día. Mas, luego de tantas comparaciones y gastado y repintado el abjetivo, se resumía el elogio en una frase: "No admite comparación". "Es incomparable"! Las antorchas de su fama están encendidas. Es el *petit ami* de Anatole France...

La temporada de invierno de *Convent Garden* se aproxima y Londres se apresura a oírlo para esa fecha. Estamos en 1900. Paoli sale para la gran urbe del Támesis. Acaso de cuantos homenajes se le hizo objeto, el que más conmoviera al joven cantante fué el de la víspera de su viaje, en que esa tarde, bajo el cielo risueño de París, fuera huésped de otro compatriota suyo que ya se *tuteaba* con la Gloria y alternaba con las grandes figuras de las letras francesas: Luis Bonafoux —que hizo el prólogo de aquellas sutiles páginas orientales de Judith Gauthier, hija del *impecable* maestro del poeta Baudelaire, y que armó caballero de las letras a Enrique Gómez Carrillo, al prologar también, su libro *Entre encajes,* —recibíale en su casa del *Boulevard des Capucines.* De sobremesa, en la comida, los dos compatriotas recordaban su tierra lejana. ¡Se nostalgiaba a Puerto Rico! Paoli, en cumplimiento a la

---

INFANCIA ALEGRE y SANA

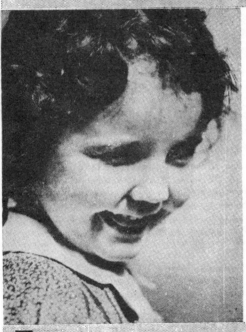

No envidie a los niños ajenos Dé Scott a los suyos

● No experimente con la salud de sus hijos, dándoles tónicos dudosos, cuando cinco generaciones han comprobado que para los niños nada se compara a la legítima Emulsión de Scott. Encamine bien a los suyos desde pequeños. Acostúmbrelos a tomar Scott metódicamente. Les dará vivacidad, vitalidad, buen color. Ellos se lo agradecerán cuando lleguen a grandes sin contratiempos y sepan lo que significa ser robustos y saludables. Recuerde que Scott es de agradable sabor y de fácil digestión.

Por qué la Emulsión de Scott Es Superior e Insustituible.

● Scott es la única Emulsión cuyo aceite es preparado *fresco* en Refinerías propias, en las mismas pesquerías de Noruega. Sólo así puede tenerse absoluta seguridad de conservarle su potencia vitamínica. El aceite empleado en Scott es *puro* de hígado de bacalao, sin mezcla —y es emulsificado por proceso exclusivo, perfeccionado en 60 años.

Rechace imitaciones. Exija siempre la marca del pescador con el bacalao.

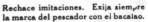

EMULSION DE SCOTT

familia del ilustre borincano, cantó entonces la romanza de O Paradiso!, de La Africana, que por sí expresa exuberante júbilo al encontrarse la tierra soñada, y cuando terminó, húmedas las mejillas de Bonafoux y estrechando éste entre sus brazos al cantante, se oyó un estrepitoso ruido que venía de la calle; Bonafoux se asomó al balcón y acto seguido retrocedió volviendo al instante con Paoli de mano... ¿Qué sucede? El pueblo humilde se había conglomerado frente a la casa y cuando terminó el tenor la romanza, ovacionó frenéticamente, exclamando: Bravo!... Somptueux, magnifique!

La temporada en Convent Garden fué para el tenor otro evento sensacional. Los flemáticos ingleses le acogieron con calor y la Prensa londinense le tributó merecidos elogios. Y retorna a su patria, luego de esta temporada, a la que brinda las primicias de su consagración, y parte para Caracas, La Habana y Nueva York que le oyen con admiración, siguiendo ese mismo año hacia Italia, para retornar dentro de poco tiempo a la ciudad del Hudson, en compañía del maestro Mascagni, haciendo el Gughelmo Rackly, de éste, que era su ópera favorita.

Era de esperarse el éxito favorable obtenido por Paoli en esta gira por Nueva York, Boston y Filadelfia.

Tres años más tarde, el teatro Fenice de Venecia, anunciaba el evento del año; ¡la actuación de Antonio Paoli y Tita Rufo, el barítono incomparable! Dos óperas de Verdi, el compositor de más voga en Italia, —su cuna— cubrían la temporada; Trovador y Otello. ¡Qué hermosas representaciones habría de contemplar el público de Venecia durante la actuación inolvidable de tan egregios cantantes!...

Se hacía indispensable al público que asistía al Fenice la explosión continua de delirantes ovaciones para premiar la labor del tenor, que al llegar al tercer acto del Trovador arrebataba en el sublime momento de cantar Di quella pira l' orrendo fuocco o bien venciendo magistralmente las difíciles pruebas que encierra la ópera Otello en su majestuosa partitura, de espíritu vigoroso y angustioso y de continua novedad en la técnica, de cuya interpretación Paoli hacía una creación imposible de ser igualada por ningún otro tenor. ¿Es que existe el sucesor de Tamagno? —se preguntaba el público cuando alboraba la fama del cantante. Porque el tenor había subido alle stella como decían por allá...

De Venecia sigue la gira a Florencia, en el teatro Pergola; y de Florencia a Turín, donde termina el año en el Reggio.

con Otello, siempre precedido del eco del elogio y escoltado por las más calurosas ovaciones...

Moscú, Varsovia y San Petersburgo han de ser ahora sus próximos escenarios... Rusia le dispensa mayores honores, y obtiene allí el delirante éxito que halla en todas partes. Los Hugonotes, Otello, Sansón y Dalila y La Africana son las óperas que canta...

Y es en San Petersburgo, en el teatro Imperial, que el Czar de Rusia, y la Czarina, le aplauden y le invitan a su palco. Nicolás II le condecora con la Cruz de San Mauricio...

* *

Los contratos le salen al paso de todas partes. Se mueve precipitadamente de un punto para otro. Se le ve en Nápoles por el 1905, actuando en el San Carlos y en el mismo año hace su aparición en el Real de Madrid. España le considera como suyo. Tiene nexos aquí de sus tiempos mozos de estudiante; magníficas relaciones con la nobleza. Doña Isabel de Borbón, —la infanta a quien el pueblo había popularizado con el cariñoso mote de la Chata— reanuda con su protegido sus viejos afectos. Son las noches de Otello, Trovador, y Sansón y Dalila con las que hace las delicias el divo...

Pero... ¿quién ha hecho y ha cantado el Otello como él?... Se sigue comentando su Otello. Como actor, la caracterización del general moro es insuperable. Cantándolo no tiene rival; su voz deleita desde que comienza la obra y conmueve profundamente en su trágica agonía, hasta que cae el telón...

Al siguiente año aparece en Santiago de Chile, y al retornar a Milán, parte inmediatamente para Odessa. Odessa sabía por la Prensa de San Petersburgo de las distinciones que le dispensaron los Czares... De Odessa vuelve a Nápoles.

Su Majestad, Carlos de Braganza, que le oye cantar, le condecora, haciéndolo Comendatori del Cristo de Portugal.

* *

Buenos Aires le llama, mediante contrato, para la inauguración del teatro Colón. Actúa en Roma y Bolonia durante todo el año 1908... En Bolonia canta en el Politeama haciendo el Trovador con el gran barítono Amato, y la Prensa le proclama como el primer tenor del mundo. En esta temporada interpreta la ópera Lohengrin de Wagner, y actúa también, en el mismo teatro con su hermana Amalia —soprano notabilísima, para esta época— que había influído grandemente en la carrera del tenor.

* *

En el teatro Kursall de Ostende. —ciu-
(Continúa en la página 58)

Paoli, tenor de los...

(Continuación de la página 55)

dad pintoresca en que se da cita la más rancia nobleza de Europa, en los meses del verano —celébranse grandes conciertos todos los años...

Para el 1909, el *Kursall* anunciaba a su regio auditorio de príncipes y majestades, la temporada del gran tenor Paoli, y el selecto público de Ostende, acaparaba a precios fabulosos las localidades para esas funciones, y también le consagraba como tenor mundial...

La Scala de Milán le abre ahora sus puertas. Año 1910. Fecha memorable para el cantante y que había de serla también para *La Scala*. El tenor hace su *debut* con la ópera bíblica de Saint-Saens, *Sansón y Dalila* y su siguiente función con *La Africana* de Meyerbeer. Ambas óperas son de gran lucimiento para un buen tenor. Caruso cantó por primera vez la ópera *Sansón y Dalila*, cinco años después de haber debutado con ella Paoli, en *La Scala*, como por rara coincidencia, por primera vez cantara *La Africana* en el Metropolitano en la misma fecha en que Paoli inauguraba con ella el Colón de Buenos Aires.

La crítica milanesa que había de tratarlo con severidad le tributa calurosos elogios. El gran teatro de *La Scala de Milán* le confirma *primo tenore*.

Como era en París, años atrás, el amigo predilecto de Anatole France, aquí ahora es el preferido del hoy tan popularizado novelista Guido de Verona.

Los periódicos hacen comentarios de su rareza. Esmaltan su vida con anécdotas y se comenta que como elogiara las trenzas de oro de una inquietante admiradora que le enviaba flores y le pedía su autógrafo, la milanesita se cortó la cabellera y le hizo al siguiente día el envío por correo...

Una noche se le sorprende a la entrada de la función en la *Scala*, en extravagante *pose* llevando por bastón una langosta de enormes proporciones...

—¿Qué, Paoli, no te das cuenta? —le advierte un amigo.

—Sí, —responde— la soprano lleva un loro; el bajo tiene un mono, y Guido de Verona un *falderillo*... ¿No están de moda las *mascotas*?...

* *

Las noches de Viena son deliciosas. Y más habían de serlas por el año 1912... Por esta época, tanto la bella ciudad que dió albergue al organista de Bonn, como Budapest, poseen al divo. Los concurrentes al teatro *Imperial* que tienen debilidad por la buena música, disfrutan de puras noches de arte. *Otello, Lohengrin,* y *Aida*, son las óperas con que el tenor los enternece.

Para la función de gala en honor del Emperador, la cartelera del *Imperial* anuncia *Lohengrin*, con Paoli de intérprete. *Lohengrin* ha sido seleccionado con habilidad. Es obra que ha de fascinar a Su Majestad, porque posee el secreto de haber enloquecido al príncipe Luis II de Baviera. El teatro estaba atiborrado de gente que vestía vistosos uniformes y de lindas austriaquitas. La entrada del tenor en el bajel conducido por un cisne, conmueve a las doncellas de la ilustre Casa; y cuando el tenor —caballero de luciente armadura— canta las variantes armonías de *Mercé, mercé, cigno gentil,* delira el público entusiasmado, mientras surge de la orquesta el tema del sueño de *Elsa*. Paoli finaliza el número entre las ovaciones. Y por primera vez, en audición alguna, Su Majestad Imperial, sin darse cuenta, arrebatado por la emoción, se pone instintivamente de pie para aplaudir, y rompe la etiqueta.. A imitación del Emperador está de pie toda la Corte, y el gran tenor se inclina emocionado ante tan significado homenaje...

A la mañana siguiente el Emperador, Francisco José, le envía el título designándolo *Camer singer* (Cantante de Cámara), y con el título coincide una multitud de billetes perfumados... También durante esta temporada, se frustra un duelo con cierto marido que se considera agraviado...

A fines de ese año hace temporada de *reprise* en el *Real* de Madrid, y mientras actúa en este gran teatro, le sorprende la llegada de un telegrama *im-*

Los niños prefieren LAXOL
MEJOR QUE ACEITE DE RICINO
SABROSO COMO LA MIEL
EL PURGANTE DE CONFIANZA

CANAS
Haga Ud. la Mejor Tintura

No pague dinero por agua. Por pocos centavos compre en la botica una caja de **Compuesto de Barbo**, añádale el agua y glicerina según las instrucciones, y obtendrá la mejor tintura para el cabello. Para los bigotes es también magnífica: inofensiva, eficaz y fácil de aplicar. Sus años de uso son su mejor garantía.

PARA LAS CANAS, BARBO

Los atletas se alimentan cuidadosamente—¿hace Ud. lo mismo?

LOS hombres de negocios, especialmente los que toman parte en deportes por ejercicio y placer, necesitan un alimento como Maizena Duryea. Suple energía, dá resistencia y contiene esos elementos importantes que ayudan a vigorizar los huesos y músculos. Es un alimento delicioso en cualquiera de los centenares de platos que es posible servirse. La Maizena Duryea le ayudará a conservarse en condición, alerta o dispuesto a tomar parte en los deportes más rigurosos. Llene el cupón y sorprenda a su esposa con un libro gratis de recetas de cocina para la preparación de numerosas y variadas golosinas.

MAIZENA DURYEA

L. MARTINEZ OCHOA. 74
Apartado 768, San Juan, P. R.
Envíeme un ejemplar GRATIS de su ilustrado e interesante libro de recetas de cocina para preparar la Maizena Duryea.

Nombre......
Calle......
Ciudad y País...... S-3428

perial; el Kaiser de Alemania, Guillermo II, que había oído un disco de *Otello* impresionado por Paoli, le llama para que diera ocho audiciones en el teatro *Imperial* de Berlín....

Guillermo II, luego de deleitarse con el excepcional intérprete de *Otello*, muestra su satisfacción, concediéndole el mismo título que con anterioridad le había concedido el Emperador Francisco José; ¡Camer singer!

Ya era el tenor de los Reyes... y por consiguiente, el Rey de los tenores... Alboreaba la Gran Guerra... ¡Año 1914!

* *

Todos los planes del gran tenor Paoli, desde esa fecha acá, tuvieron las reveses de la suerte y la justificación de la época...

Hubiera sido posible que fuera el ídolo del público neoyorquino, pero Caruso, accionista del *Metropolitan*, no iba a permitirlo... Las veces que hizo temporada en diversos teatros por los Estados Unidos, con el barítono Amato, se pagaron fabulosos precios por oírlo, y la crítica y el público confirmaban la fama que envolvía su nombre... Además, a él nunca le interesó eso, como así me lo demostró la tarde que le entrevistaba:

—¿Hubo alguna rivalidad entre usted y Caruso que le impidiera actuar en el *Metropolitan*?

—De Caruso yo no puedo decir otra cosa que era un buen tenor...

—¿Y del *Metropolitan*?

—Me daba la idea de un *hospital*...

* *

Un balance de su fortuna lograda en aquellos años de gloria y esplendor, le arrojaba la encantadora suma de *once millones de liras*... Aproximadamente; ¡dos millones de dólares!

—¿Qué se hizo su capital?

—Vivía conforme exigía mi vida en aquellos años... Tal vez tuve mala suerte al hacer mis inversiones...

Carlos N. CARRERAS.

Buen humor español

De una obrita recién estrenada dice un colega que puede resumirse un criterio en las siguientes líneas:
UN PERSONAJE.—¡Visca Catalunya!
OTRO.—¡Viva la libertad!
OTRO.—¡Viva la República!
LA CLAQUE.—¡Viva! ¡Vivaaaaaaa!
EL PUBLICO.—¡Miau! (*Risas.*)......
LOS AUTORES.—¡No hay patriotismo!
¡Es indecente!

* *

La otra noche se celebró un banquete en honor de un ciudadano. A la hora del champán se levantó a hablar, entre otros, un conocido barcelonés, que no tiene fama precisamente de hombre pulido y cuidadoso en su conversación, y comenzó su brindis con estas palabras:

"El señor que está a mi derecha acaba de advertirme cuando me iba a levantar: "Cuidado que hay señoras". Pues bien, que no se asusten las señoras porque tengo toda la noche comprometida..."

Tiene por costumbre don Raimundo de Abadal, desde hace muchos años, darle cada mañana una peseta a un lisiado que implora la caridad pública en la Diagonal.

El otro día, al ir a entregar su óbolo cotidiano, se encontró el señor Abadal con que no llevaba moneda alguna de peseta, por lo cual sacó del bolsillo cuanta calderilla llevaba —cuarenta céntimos— y se la puso en la mano al lisiado.

Pero éste, al que la bondad del donante permitía cierta familiaridad, exclamó, en un tono que quería ser bromista y sólo era despechado.

—¿Y qué quiere usted que haga, señor Abadal, con cuarenta céntimos?

Don Raimundo, que por su edad y por su ciencia jurídica es hombre filósofo, al que nada asombra en esta época de ordinariez y mala educación, donde los pobres son ricos y los ricos pobres, a pesar de todas las soflamas de igualdad fraternal, le contestó socarrón:

—Los podría usted dar a un pobre.

BARRENTINA.

EL LEON DE PONCE

Los días 12, 17 y 23 de diciembre de 1935, los Paoli vuelven a presentar a sus discípulos. Esta vez en *Cavalleria Rusticana*. Los cantantes fueron Lolita de Cámara, Loila Fernández, Hazel Woodbury, Emilio Bouret y Carlos Terán. Esto era el fruto del Conservatorio de Antonio y Amalia, el cual contaba con buenos maestros como Doña Genoveva de Arteaga, Rafael Oller, Don Jesús Figueroa, Margie Van Rhyn y otros.

En el año 1938, la Asamblea Municipal de San Juan designa el Teatro Municipal con el nombre de Antonio Paoli, pero algún tiempo después, por razones polémicas, otra asamblea sustituye el nombre del teatro por el de Alejandro Tapia, en virtud de haberse estrenado en éste el primer drama de dicho autor, gran dramaturgo y escritor puertorriqueño.

Fue ésta la primera de una serie de injusticias y bofetadas en pleno rostro que el pueblo de Puerto Rico, a través de sus ineptos gobernantes, le dio en vida a Paoli y sigue dándole aún después de muerto, en pago por haber puesto su nombre en el mapa de la lírica mundial con gran prestigio y honor. Así es la vida: Te dí gloria, honor y prestigio y me pagas con miseria, olvido e injusticia, y eso se llama ingratitud.

El olvido y desprecio de sus paisanos le causaron gran pena y comenzó una nueva enfermedad. Se le cayó el pelo, adelgazó mucho; le era muy dificultoso caminar. El Dr. Juliá que lo atendía entonces, y quien lo había oído cantar en Nueva York años antes, refirió el caso al Dr. Diego Biascochea, antiguo admirador y amigo de Paoli. El Dr. Biascochea era especialista en medicina interna además de experto cirujano. Siempre estaba buscando adelantos en la medicina y había practicado y operado varios casos difíciles con gran éxito y era también quien practicaba autopsias en Puerto Rico y así estudiaba a fondo el cuerpo humano y sus misterios. También era el médico encargado de emergencias y casos complicados del presidio de Río Piedras.

Había en el presidio un señor de unos setenta años de edad quien había estado preso muchos años y cumplía una sentencia de cadena perpetua. El trabajo que este desdichado hacía allí era de barrer los pasillos y pasar mapo y cepillo. Según cuentan, esos pisos brillaban, el único problema era que los demás presos abusaban de él: le quitaban el dinero y los cigarrillos, le daban bofetadas y el pobre infeliz aguantaba todo aquello con humildad y paciencia sin poder defenderse. Al enterarse el Dr. Biascochea de esta situación, mandó llamar al preso a su consultorio del presidio y le propuso lo siguiente: "Cumples cadena perpetua, sabes que nunca saldrás de aquí. Sé todo acerca del abuso que otros presos tienen contigo y quiero proponerte algo.... que te sometas a una operación experimental de trasplante de testículos de un hombre joven a tí". El hombre que no tenía nada que perder aceptó a ver qué pasaba. Habría que esperar a la primera oportunidad de que muriese algún hombre joven de unos veinte años para tener testículos saludables.

Poco tiempo más tarde se mató en la carretera de Caguas un joven de 19 años en un accidente de motocicleta. Su cuerpo fue llevado a la morgue del presidio para allí practicarle la autopsia. El accidente ocurrió a eso de la una de la madrugada; a autopsia se practicó a las seis, y la operación de trasplante se efectuó alrededor de las diez de la mañana. El anciano estuvo un mes completo en la clínica del doctor, en Santurce, y fue recuperándose poco a poco. De allí fue trasladado a la casa del Dr. Biascochea en la Avenida Ponce de León, donde permaneció por espacio de cinco meses. Allí el Dr. le hacía hacer ejercicios de calistenia a diario. Le permitió visitar a sus familiares varias veces y a los seis meses lo reintegró al presidio. Al llegar allí, era un hombre nuevo. Tenía su cabello negro, bíceps desarrollados, la voz era fuerte, su salud envidiable. Se reintegró a sus labores de limpiar los pasillos y tan pronto sus compañeros se dieron cuenta de quien era, trataron

683

de volver a las andanzas del pasado, pero al primer intento el hombre le dio un bofetón a uno que lo dejo sin sentido. Se terminaron pues los abusos.

Hemos narrado toda esa historia para mostrar la clase de labor científica que realizaba el Dr. Diego Biascochea. Esta y otras operaciones de trasplantes menores están registradas en los archivos de la Asociación Médica Americana, según nos relato el mismo. Dr. Biascochea todos los pormenores del caso en el año 1970 en la oficina que entonces ocupaba en la Alcaldía de San Juan la Sra. Eugenia Josefina Santiago.

Así pues, el Dr. Biascochea al estudiar el caso de Paoli le propuso a este una operación parecida con algunos cambios. Para esos días visitó Puerto Rico, el gran tenor español Hipólito Lázaro y al enterarse de la enfermedad de Paoli, fue a visitarle. Compartió con él, recuerdos de otras épocas gloriosas y le cantó algunas arias lo cual Paoli celebró mucho. He aquí el recorte de periódico al respecto:

LAZARO VISITO AYER A ANTONIO PAOLI

Cantó trozós de ópera en obsequio a su amigo

El gran tenor español Hipólito Lázaro visitó ayer en su residencia de Santurce a nuestro divo Antonio Paoli, cantando, en obsequio a nuestro compatriota la romanza "O Paradiso", de la ópera "La Africana", así como también otras romanzas de óperas predilectas de Paoli.

Paoli agradeció sinceramente la gentileza del tenor español, ya que no había podido ir al Teatro Tapia a escucharle, y es la opinión del glorioso cantante portorriqueño, después de escucharle en su propia residencia, que Lázaro se encuentra muy bien de voz, la cual conserva tan fresca y tan potente como en sus primeros tiempos.

Ambos cantantes estuvieron charlando por largo rato rodeados de familiares y amigos, recordando épocas pasadas que tan bien fueron de gloria y fortuna para Antonio Paoli.

A los dos días de esta visita, Paoli recayó en su enfermedad y fue hospitalizado en la Clínica Biascochea. Su estado de salud era precario. El Dr. Biascochea tenía en sus manos un caso difícil; así que comenzó a hacer los arreglos para la difícil y delicada operación testicular. Paoli había casi perdido el habla, estaba casi sin pelo en la cabeza, el vientre lo tenía muy pronunciado hacia fuera, estaba completamente impotente. Le era muy difícil caminar, en fin el deterioro de su organismo era muy marcado. Fue hospitalizado en la Clínica Biascochea. Se consiguieron testículos de un joven que murió en un accidente y también testículos de un toro joven que fue castrado. Durante la operación el Dr. Biascochea le implantó en el lado derecho uno de los testículo del joven y en el izquierdo se le introdujo un pedazo del testículo del toro. La operación duró unas seis horas y Paoli quedó en estado crítico. El Dr. estaba todo el tiempo a su lado por si se agravaba o si por casualidad tenía que extirpar todo los testículos en caso de infección. A los dos días Paoli salió del estado crítico. Sólo se quejaba de dolor agudo en la parte intervenida pero no hubo rechazo de parte del cuerpo. Al cuarto día estaba sentado en la cama pidiendo frutas frescas, las cuales comió a su antojo. Comenzó pues una recuperación total.

Una tarde, como de costumbre, fue a visitarle el Dr. Diego Biascochea y le llevó un hermoso mazo de quenepas ponceñas que le había traído un paciente de Ponce. Paoli se dio gusto saboreando las jugosas y dulces frutillas y luego le preguntó al Dr. Biascochea si sabía porque esa fruta se conoce como "quenepas" solo en Puerto Rico y en otros países se le conoce como frutilla o mamoncillo. Al contestarle el Dr. en forma negativa, Paoli le narró lo siguiente:

EL LEON DE PONCE

"Cuando yo era niño era muy dado a comer quenepas y mi padre una vez nos contó a mí y a mis hermanos que cuando él emigró de Córcega vino con el un corso francés llamado Pierre Beaurreau, que también emigró a Puerto Rico en el mes de abril del año 1854. A fines de julio de ese año vio a unos chicos que comían esa frutilla en la Plaza de Las Delicias, compró algunas y al no saberlas comer quitó la cáscara con los dientes como hacían los chicos que vio y se mandó la fruta con semilla y todo. Esta se le atrancó en el esófago, pues al parecer tenía la tráquea muy estrecha y comenzó a sofocarse al interrumpirse la respiración. En su desesperación gritaba a duras penas la frase "que ne pas" queriendo decir "que no pasa". El pobre hombre murió asfixiado y al morir un doctor que llegó muy tarde para salvarlo le sacó la semilla de quenepa de la garganta. Desde ese entonces se le conoce al mamoncillo en Puerto Rico con el nombre de quenepas. Así me lo contó mi padre y así se lo comunico yo a usted".

No hay datos históricos que confirmen este hecho, pero tal vez tenga alguna veracidad.

Después de un mes en el hospital, Paoli regresó a la casa. Se sentía saludable y fuerte. El Dr. Biascochea le visitaba todos los días y le examinaba. A los dos meses de la operación le había salido cabello completamente negro y lacio; había recuperado su voz con un fuerte acento baritonal al hablar. Su vientre estaba normal, su vista clara y tenía gran fuerza física en sus piernas, brazos y manos. La impotencia desapareció totalmente y Paoli recuperó su voz de tenor dramático.

Comenzó de nuevo a dar clases de canto. Presentó a sus discípulos y a los de Amalita en un concierto en el Salón de Actos de la Escuela Superior Central de Santurce, y un año después presentó a sus discípulos en un concierto privado en la casa del Dr. Biascochea y cantó allí el *Improviso* de Chenier. El Dr. Biascochea no quiso cobrarle ni un solo centavo por la operación y hospitalización, así que Paoli le regaló un revólver de oro con sus balas de oro también, que le había sido obsequiado por el Kaiser de Alemania en 1914. Este tesoro era muy apreciado por el Dr. Biascochea quien lo conservó toda su vida. También le ofreció un recital privado en su casa.

Se encontraba allí la soprano mexicana Consuelo Escobar, quien había cantado con Caruso en México. Esta escuchaba atentamente a Paoli y cuando este terminó de cantar, se puso de pie muy emocionada y corrió a abrazarle diciendo "¡Que Caruso y que ocho cuartos, si éste, Paoli, es el tenor más grande del mundo"; lo que hizo que se le aplaudiera más.

Mucha gente que al pasar por la acera enfrente a la elegante mansión del Dr. Biascoechea, se detenían al escuchar la potente voz de Paoli y comenzaron a arremolinarse frente a los portones y jardines. Tan pronto terminó de cantar, el aplauso fue unánime dentro y fuera de la casa. El Dr. ordenó que se abriesen todas las puertas del frente de la casa y Paoli cantó allí la famosa aria del *Trovador*, Ah, *Si Ben Mio* y luego *El Esultate de Otello*. Dicen algunos testigos presenciales que se escuchaba su voz en la Avenida Ponce De León, con una fuerza de trueno por su potente voz dramática.

Santurce, P. R.

A. Paoli

Recital de Canto

Dedicado al

Dr. Diego Liascoechea

y a su distinguida familia

por

Antonio Paoli

14 de abril de 1940

EL LEON DE PONCE

DEDICATORIA

Profesor Biascoechea.

Con tu ciencia maravillosa me has devuelto la salud, me has dado vida. Cuando ya casi me hallaba al borde de la tumba, perdida para mí, y los míos toda esperanza de que mi vida se prolongara, plugo a Dios ponerte en mi camino, para que iluminado quizás por Aquél de Nazaret, trajeras la curación a mi cuerpo, y la alegría a mi espíritu; pues que no sólo ofreciste curarme, sino devolverme el don más preciado para mí en la existencia: la VOZ..

No importa que se ponga de relieve una vez más la pequeñez del alma humana, al querer algunos obscurecer tu obra. Sigue adelante, con el ejercicio de tu virtud y de tu ciencia, y recuerda a Virgilio en "La Divina Comedia" cuando al preguntarle Dante "¿Qué dicen esos condenados?" Y el Maestro le responde: "Non raggionar di lor ma guarda e passa". Yo, a mi vez, digo como Amleto: "Palabras, palabras, palabras..."

Acepta pues el pequeño obsequio que en esta noche te ofrezco en prueba de gratitud, oyendo a los discípulos de mi hermana Amalia y míos. Fui artista de corazón, y hoy sigo siéndolo, gracias a tu obra santa por la que te estaré agradecido eternamente.

Antonio Paoli.

ANTONIO PAOLI

Programa

Primera Parte

1— Presentación del acto   Sr. V. Géigel Polanco

2— L'Africana, Meyerbeer
(O paradiso)   Sr. José Oliver, Tenor

3— Variaciones, Proch   Srta. Selenia del Toro,
Soprano Ligero

4 La Bohéme, Puccini
(Vecchia Zimarra)   Sr. L. Esparolini, Bajo

5— Il Bacio, Arditi   Srta. María T. Santana, Soprano

6 La Favorita, Donizetti
(Dúo)   Srta. Amalia PAOLI,
Mezzo Soprano
Sr. A. Alvarez Torre, Barítono.

_____

Segunda Parte

7 Solo de piano   Srta. M. Van Rhyn

8— La Traviata, Verdi
(Aria)   Sra. J. Guillermety de Buscaglia,
Soprano Ligero

9— La Traviata, Verdi
(Dúo) Un di felice,   Srta. Selenia del Toro,
Soprano Ligero

10— Aida, Verdi
(Dúo) Morir! si pura e bella   Srta. María T. Santana, Soprano
Sr. José Oliver, Tenor

11— Otello, Verdi
(Credo)   Sr. José Oliver, Tenor
Sr. A. Alvarez Torre, Barítono

12 Andrea Chenier, Giordano
(Improviso)   Comm. Antonio PAOLI.

Para esos días recibió Paoli en su casa la visita de un excéntrico italiano quien era empresario, escultor, pintor, poeta, actor y cantante. Su nombre era Giuseppe Albrizio y había sido contratado para decorar el pórtico frontal de la entonces recién construida Iglesia de San Jorge en Santurce. El diseño que hizo para las esculturas llevaba cuatro figuras representando a los evangelistas. Así que este fue a pedirle a Paoli que posara para diseñar los rostros de esas figuras, a lo cual Paoli accedió gustoso. , en el pórtico de dicha iglesia.se encuentra el rostro del Paoli ya anciano

El escultor ganó muchísimo dinero y se marchó a Italia donde formó una compañía de ópera. Recorrió con ella varias ciudades y provincias y cuando se le acabó el dinero, regresó a Puerto Rico para hacer algunas obras de pintura o arquitectura para ganar mucho dinero y gastarlo en Italia en locas temporadas de ópera. Este señor era un gran admirador de Paoli, a quien había escuchado cantar en Italia muchas veces. El tenor Albrizio vivió una larga vida y después de anciano logró hacer su soñado debut en el teatro Town Hall de Nueva York a los setenta y cinco años de edad.

Una tarde el Dr. Biascochea fue a visitar a Paoli. Ese día en específico le propuso comprar un billete de la lotería de Puerto Rico y así lo hicieron. Compraron un billete entero y para gran sorpresa de todos el billete salió premiado con el llamado "premio mayor" que consistía en aquel entonces de sesenta mil dólares. Se repartieron el premio en cantidades iguales y al otro día temprano Paoli se fue con una gran cantidad de dinero al sector pobre de Santurce que llamaban Tras Talleres y El Fanguito. Distribuyó allí parte del dinero entre los más necesitados del lugar pues algunos vivían en la miseria y una pobreza vergonzosas. Estando allí visitó a varios de sus amigos aficionados a los gallos y comió con ellos. En la tarde se encontró con un antiguo compañero de estudios de El Escorial, España, quien luego se hizo sacerdote de la congregación de los Padres Agustinos. El Padre Castellanos había sido trasladado a Puerto Rico y estaba de coadjutor en la Iglesia de la Monserrate de Santurce. Para Paoli fue una alegría inmensa encontrarse con su antiguo compañero de correrías en los años juveniles y lo celebraron muy festivamente con una comida en el ya desaparecido restaurante El Nilo que era entonces dirigido por Doña Fela Galiñanes, gran admiradora de Paoli, y quien les preparó una cena opípara a la cual asistieron, entre otros, el Padre Castellanos, el Dr. Biascochea y Sra., Amalita Paoli y Margie Van Rhyn, Don Vicente Geigel Polanco, Paoli y su esposa Adina, y el Juez Carballeira y Sra. Paoli, se sentía bien y asistía a cuanto acto social se le invitaba.

Para esos días presentó un gran recital de piano en San Juan la gran pianista puertorriqueña Elisa Tavarez viuda de Storer, el cual fue patrocinado por Pro-Arte Musical. Adina y Amalita asistieron a ese recital acompañadas de la soprano mexicana Clarita Sánchez de Cáceres. Paoli no pudo asistir pero le envió a la genial pianista un hermosísimo ramo de rosas rojas y blancas, el cual ella agradeció mucho.

Pro-Arte Musical presentó ese año una gran temporada de ópera en el Teatro de la Universidad de Puerto Rico. Paoli fue invitado personalmente por el presidente de Pro-Arte, Sr. Waldemar Lee. Quedó muy impresionado por la gran voz de un joven barítono americano llamado Leonard Warren, quien llegó hacer uno de los mejores barítonos de nuestro tiempo. Al terminar la función en que intervenía el barítono, Paoli subió al escenario donde fue retratado junto a los cantantes. Le comentó: "Su voz me ha impresionado mucho pues me hizo recordar los buenos tiempos de Ruffo y Stracciari". Warren muy conmovido abrazó al egregio anciano y fue muy aplaudido por todos los allí presentes. Terminada la velada fueron todos invitados a la casa del Sr. Waldemar Lee.

ANTONIO PAOLI

Paoli asistió todas las noches a las funciones y hasta algunos ensayo, pues en realidad estaba muy entusiasmado por la voz de Leonard Warren, y de tenor Nino Martini. Una tarde el tenor Tokatyan, el tenor Jan Kiepura, el bajo Pompilio Malatesta y Leonard Warren honraron a Paoli con una visita a su casa, donde cantaron algunas arias de óperas acompañados al piano por la pianista Margie Van Rhyn. Fue una verdadera y bella tarde llena de música. Paoli, se entusiasmó y cantó también la romanza *Ah, Si Ben Mio* , causando una gran impresión a los allí presentes, pues, a pesar de su edad, su voz sonaba fuerte, musical y segura. Fue aplaudido tambien por algunas personas que se habían arremolinado frente a la casa que estaba localizada el la Avenida Fernández Juncos de Santurce casi esquina de la Calle Hipódromo.

Paoli siguió luego su labor docente junto a su hermana Amalia y a la pianista Doña Alicia Morales. A principios del año 1942 Amalita comienza a sentirse mal de salud; le atiende el Dr. Pavias tratan de salvarla de una eminente pulmonía del la cual se recupera a duras penas. A principios de agosto vuelve a recaer, esta vez para no levantarse más. Falleció Amalita el domingo 30 de agosto de 1942, en brazos de sus hermanos Antonio y Manuel. El Padre Castellanos le aplicó la extremaunción el sábado 29 a la dos de la tarde y falleció exactamente 24 horas después de recibir los auxilios espirituales de la Santa Madre Iglesia Católica. Murió virgen, ya que su sueño de desposarse con el único hombre que amó en la vida, nunca se realizó, al morir éste accidentalmente en Madrid muchos años atrás.

Su sepelio su efectuó el lunes 31 de agosto a las dos de la tarde. Hubo una misa de cuerpo presente en la Iglesia del Sagrado Corazón de Jesús, en Santurce, y de allí se pasó al Cementerio Fournier - hoy Puerto Rico Memorial - de Isla Verde, donde fue sepultada a las 3:30 de la tarde.

La prensa local española le dedicó varios reportajes. Entre esos reportajes está "Una heroína en la vida", de Don Antonio Otero y Arce; "Oro nativo - Amalia Paoli", por el escritor E. N. Arroyo, publicado en El Imparcial; "Amalia Paoli" por Don Roberto H. Todd, publicado por el periódico El Mundo; "La ilustre artista Amalia Paoli", por Don José P. Alcalá, publicada en El Día, en Ponce, Puerto Rico; "Amalia Paoli, Diva Española falleció" en el diario El Imparcial de Madrid.

Falleció la ilustre artista Srta. Amalia Paoli.

En su residencia de la Avenida Fernández Juncos, Santurce, rindió ayer la jornada de la vida la ilustre artista ponceña, Srta. Amalia Paoli Marcano, cuya vida llena toda una historia de servicio por el progreso artístico y cultural de nuestro pueblo. Su sepelio se verificó en la mañana de hoy, en el Cementerio Fournier, asistiendo al mismo una nutrida concurrencia, incluyendo intelectuales y artistas de la capital.

Amalita Paoli será recordada siempre por cuantos supimos apreciar su arte y la calidad de su labor. La historia de Ponce no se podrá escribir sin que en sus páginas más brillantes figure el nombre de la admirada compatriota que nos abandona. Nuestra ciudad supo quererla y aplaudirla en aquella época de oro que ha pasado al abismo inevitable del tiempo, cuando el espiritualismo se imponía sobre las cosas materiales y se sabían reconocer los méritos de las personas que en realidad constituían prez y orgullo para la comunidad. Ahí está el Teatro La Perla como un monumento a la memoria de la exquisita cantante cuya dulce voz llenaba siempre de alegría y romanticismo a la Perla del Sur.

Al lamentar sinceramente la muerte de Amalita, con cuya prestigiosa amistad nos honramos durante muchos años, extendemos nuestra expresión de condolencia a sus notables hermanos don Antonio y don Manuel, a sus hermanas políticas Adina de Paoli y Elisa Abril de Paoli, sobrinos y demás familiares. Descanse en paz la inolvidable amiga y compueblana.

José P. Alcalá.

ORO NATIVO

(Un recuerdo a la memoria de la eminente artista Puertorriqueña doña Amalia Paoli)

Se efectuó en Santurce el lunes 21 de Agosto, pasado el sepelio del cadáver de la Srta. Amalia Paoli, distinguida y prestigiosa dama puertorriqueña cuyo nombre alcanzó tanto éxito, fama y esplendor en las principales capitales Europeas donde ella como cantante pudo hacer ostentación de sus mas excelsas habilidades en lo mas refinado y bello del Arte Musical ante un culto y escogido público donde no podía faltar lo mejor y mas selecto de la Nobleza de aquella época.

El nombre de Amalia Paoli es joya valiosa que nos pertenece y que podemos llamar reliquia nuestra y de conocimiento general en todo Puerto Rico así como en el extranjero, pues, ella recorrió los principales teatros de España, Italia, Francia, Centro y Sur América.

Cupo en honra a la indita ciudad de Ponce haber sido la cuna de esta gloria nativa al igual que la de su hermano el notable divo de fama mundial don Antonio Paoli, a quien tan acertadamente el amigo Carreras desde las columnas de "Puerto Rico Ilustrado" llamara "el tenor de los Reyes y el rey de los tenores", con motivo de una interesantísima crónica publicada hace algún tiempo. Pero, además de valores artísticos hubo algo de extraordinario mérito que como ningún tesoro estuvo siempre íntimamente vinculado en la vida de nuestra buena Amalia. Era su exquisita bondad y la nobleza de sus mas altruistas sentimientos que ella no pudo nunca dejar de exteriorizar, siempre que fuere del caso, pues no había nada que le proporcionare tanta satisfacción y placer como la práctica de la caridad remediando a los necesitados. Si de mucho precio fué la diadema que ganara aquí en la tierra por el triunfo de sus méritos artísticos, de mayor valor ha tenido que ser la corona de gloria alcanzada en el cielo como recompensa a todo el bien que practicara siempre y en silencio.

Después de la interesante reseña histórica de su vida de Arte que publicara recientemente "El Mundo", no hay que añadir nada mas pues allí quedó compendiado en términos elocuentísimos el mejor y más verídico bosquejo que haya podido escribirse acerca de lo que fué aquel brillante de múltiples facetas que se llamó Amalia Paoli. Ave delicadísima que tendió sus blancas alas hacia las alturas celestiales para unirse con aquella pléyade de escogidos que a su paso por este valle de dolores gozaron del privilegio de no dejar sombra alguna de culpa ni mancha de pecado.

Podría decirse muy bien que al eco del llanto y la tristeza, el duelo y el pesar producidos acá abajo por su muerte, allá en lo alto y como si sucediera todo lo contrario, una alegría inmensa circulaba entre cánticos de júbilo y dulzura acentuada en aquellas gloriosas regiones de un angel mas.

Ante la desaparición de esta querida amiga nuestra y como testimonio del afecto que siempre le profesamos no podemos menos que deshojar aquí las siemprevivas del recuerdo y de la amistad, a modo de la mas ferviente plegaria por el eterno descanso de su alma.

Nuestro mas sentido mensaje de condolencia para todos sus familiares.

E. N. ARROYO

Para esos días Paoli recibió una carta de un escritor llamado Antonio Mirabal. He aquí la contestación a esa carta:

Ave. Fernández Juncos # 155,
Santurce, P. R.,
a 2 de julio de 1943.

r. Dn. Antonio Mirabal,
a/c Biblioteca Municipal de Ponce,
Ponce, P. R.

Distinguido Sr. Mirabal:

Recibí su atenta e interesante carta del 29 de junio, y créame mi distinguido Sr. que me encuentro dispuesto a suministrarle todos los datos que Ud. me pide para el libro "Reseña Histórica de Ponce" cuya redacción le ha sido encomendada.

Con mucho gusto contestaría una por una las preguntas de su cuestionario, pero tendría tanto y tanto que contarle, y le aseguro, datos de verdadero interés para los fines que se propone Ud., que vería con agrado y creo que sería muy conveniente el que Ud. se sirviese honrarme con su visita y así sostener una entrevista de dos o tres horas o de todo el tiempo que Ud. pueda disponer, y ya llevará Ud. suficiente y exacta información para su obra; datos históricos que pueden aclarar detalles en mi vida por los cuales he tenido agresiones injustas por parte de mis paisanos: no de todos los puertorriqueños, sino de Ponce solamente. Yo me hubiera marchado del planeta tranquilamente, como un hombre de honor, no me importa los dimes y diretes, las calumnias y las inexactitudes, pero ya veo que el hombre propone y Dios dispone si trata Ud. de obtener informes biográficos sobre mi vida para orientar a las futuras generaciones. Depende de Ud. que se presente bien este asunto.

No tengo más que decirle; sólo espero sus noticias, y créame su seguro servidor y amigo sincero,

Antonio Paoli

ANTONIO PAOLI

Paoli quedó completamente deshecho. Amalita había sido para él más que hermana, una madre, ella había asumido tomó la tarea de criarlo y educarlo desde que sus padres fallecieron a destiempo. No tenía consuelo alguno. Se mantuvo varios días encerrado en su habitación sin querer hablar con nadie, hasta que vino a verle el Padre Castellanos, quien le habló y le infundió confianza, valor y coraje.

Transcurrido un año de la desaparición de Amalita, se le hizo una Misa de Difuntos en la Iglesia del Sagrado Corazón y Paoli fue allí a cantar el *Ave María* de Shubert y *El Padre Nuestro* del Maestro Pastor. Para esa misa se invitó a algunas personas, pero al enterarse la gente de que Paoli cantaría la Iglesia se llenó de bote en bote; no cabía ni un alma más. Paoli entonó allí *El Padre Nuestro*, en el ofertorio y cantó el *Ave María* para meditación, después de la Comunión. Cuentan los que allí estaban, entre los cuales podemos señalar al Dr. Diego Biascochea, el Lcdo. Vicente Geiger Polanco y Sra., Don Emilio Passarell, Don Jesús María Sanroma, que la voz de Paoli sonaba con tal fuerza que tal parecía que aquel templo se iba a desplomar con las vibraciones de su potente voz. También dijeron que sonaba con un sonido de belleza indescriptible y dulce. Esto fue reconfirmado más tarde en conversaciones del autor de estas líneas con el Padre Castellanos y con Doña Adina Paoli. A fines de ese año canta en la Misa del Gallo en la Iglesia de la Monserrate en la Avenida Fernández Juncos, de Santurce, acompañado de violines y órgano dirigidos por el violinista Padró. En esa ocasión interpretó el *Ave María* de Shubert y el *Panis Angelicus* de César Frank.

En mayo de 1944 presenta un Concierto de Gala, con sus discípulos en el Teatro del Colegio de Las Madres del Sagrado Corazón en Santurce. Se le pidió que cantase algo y allí mismo cantó *El Improvisso*, de la ópera Andrea Chenier de Giordano. Esto lo describió así Don Emilio Passarell: "A Paoli, retirado ya del teatro, le oímos cantar nuevamente con el vigor y seguridad vocal de sus años maduros. Cantó el aria de Andrea Chenier en el Teatro del Colegio de Las Madres del Sagrado Corazón y las vibraciones de su voz eran tan fuertes que parecía que aquel edificio se habría de desplomar".

El día 14 de abril de 1945, se le rindió otro homenaje de admiración en la estación Radial W. K. A. Q., en el cual se tocaron varios de sus discos y se hizo una grabación de Paoli hablando sobre la necesidad de un Conservatorio de Música, para beneficio de la juventud puertorriqueña. Este mensaje fue grabado con Paoli hablando por teléfono desde el Departamento de Instrucción Pública de Puerto Rico. El entrevistador fue Rafael Benliza, actor, declamador y discípulo de Paoli. En esa audición radial se habló sobre la gran carrera de cantante de Paoli y entre las selecciones tocadas estaba *El Esultate* de Otello y *El Monólogo*. Se tocó también el adagio *Ah, Si Ben Mio* y *La Pira* de *El Trovador*, siguiendo luego con el *Celeste Aïda* y *La Donna e Mobile*. Fueron numerosísimas las llamadas telefónicas recibidas en el estudio para felicitar a Paoli en su onomástico. Día más tarde recibe Paoli la visita de Don Jesús Figueroa, quien venía a invitarle para tomar parte como director artístico en el estreno de su opereta *Boriquén* que habría de estrenarse el próximo año en el Teatro del Ateneo Puertorriqueño. Paoli aceptó gustoso el puesto de director artístico. Comenzaron a prepararse sus discípulos y los ensayos una vez por semana; la pianista concertadora era Doña Alicia Morales.

Boriquén era una opereta con música original de Don Jesús Figueroa y libreto de Julio Marrero y ella ponía en relieve la más recóndita palpitación del pueblo puertorriqueño. Subió a escena el 10 de mayo de 1945. El éxito fue rotundo. Se presentó varias veces más y subió a escena por última vez el sábado 18 de mayo de 1946. La crítica fue muy favorable y tomaron parte activa varios discípulos de Paoli, entre estos Mercedes Del Pozo, Ruth Díaz, José Oliver, Juan Rubén de la Rosa y Fernando Oliver. Además de otros tantos que cantaron en los coros y extras.

Cortesía del Sr. Rubén de la Rosa

BORIQUEN

Libreto y Dirección de JULIO MARRERO, [Partitura del Maestro JESUS FIGUEROA

"Boriquén" es un drama lírico, una opereta donde el compositor y el librctista, convertidos en unidad actuante, ponen de relieve, amén de sus particularísimas habilidades, la más recóndita palpitación del pueblo puertorriqueño.

Aunque sin apartarse de la escuela clásica—respetando en lo posible el rezago artístico — "Boriquén" es obra nueva. Sin embargo, recoge, reviviéndolos magistralmente, antiguos aires del terruño. La plenitud de la canción vieja, con la resonancia del "folklore" nativo, no pierde su acento en ésta obra. Pero tampoco surge desvaída como un mero recuerdo descolorido. Por el contrario, renovada, en una modernísima or questación— se presenta como signo evolucionado, libre de inconvenientes lastres, a tono con el tiempo en marcha.

La fina sensibilidad del autor del libreto, Julio Marrero Núñez, tuvo el acierto de escoger un colaborador de prestigio musical muy alto: el Profesor Don Jesús Figueroa, además de conocer la música del país y de interpretarla como corresponde, vivió los esplendores de la Danza. Hoy, reconociendo las limitaciones de ésta(le imparte un tono fresco, le comunica un sentido que sin desnaturalizarla le añade vigorosas influxiones. En "Boriquén" permítasenos tomar prestada una frase —hay "viejos vinos en odres nuevos". Y eso es bastante decir.

El montaje de "Boriquén" cuenta con el concurso de un valor internacional, hijo del terruño: don Antonio Paoli, el tenor de reyes y rey de los tenores, que se preocupa por animar el teatro puertorriqueño con sus valiosos consejos. Al calor de Don Antonio Paoli se han ido redondeando las voces que intervendrán en la escenificación de "Boriquén"; Mercedes del Pozo, Ruth Díaz, José y Fernando Oliver. Estos artistas ensallan bajo la dirección de Don Antonio Paoli y de Don Jesús Figueroa y con el acompañamiento de la distinguida pianista Alicia Morales.

"Boriquén" es obra primeriza hecha con amor, devotamente. Abrirá profundo surco en la conciencia insular. Y las autoridades del país, que suelen mostrarse remisas a la hora de otorgar espaldarazo a proyectos de alcances artísticos, advertirán en "Boriquén" una obra seria e inspirada: índice de la capacidad creadora del medio puertorriqueño que demanda, clamorosamente, un estímulo efectivo y perdurable.

WILFREDO BRASCHI

Un Músico Ilustre

El Maestro Jesús Figueroa

Julio Marrero Núñez

El ejemplo del Maestro Figueroa nos ha probado, una vez más, que en las horas de crisis un solo hombre que sabe luchar sin violencias y sin exterminar al adversario, salva siempre la fe tan necesaria para la vida de la creación. Al oir la música de "Boriquén" el lector apreciará y comprobará el formidable esfuerzo de superación de que ha sido capaz su autor. Porque persibir en música exactamente lo que ocurre en torno nuestro es poder personal muy raro. Por ser "Boriquén" obra de arte, inevitablemente suscitará problemas estéticos y dividirá al público en amigos y enemigos. Tal vez este atributo, como ha dicho un crítico, sea uno de los encantos del arte.

La obra del maestro Figueroa para incorporar la música folklórica a la literatura musical, es labor que debemos agradecer y premiar, no dejándola perdida en el olvido y la indiferencia. Elevar el teatro puertorriqueño a un nivel de dignidad y de buen gusto y finalidad cultural es tarea ardua y penosa. Por esta condición en que se encuentran las artes en Puerto Rico hacen falta hombres del calibre de Don Jesús Figueroa, porque el arte no es solamente un gran espectáculo sino también una ideología que requiere artistas libres de carácter firme.

El ambiente social y económico que padecemos es una prueba terrible para nuestros artistas. Unicamente aquellos animados de una fe podrán sobrevivir con un nombre digno de ellos. El momento actual impone una gran misión a los hombres intelectuales. No puede concebirse un hombre que viva ignorando completamente la lucha que libra la humanidad por una existencia decente.

Convencidos de que el teatro y la música tienen una contribución positiva que hacer al pensamiento puertorriqueño, queremos, mediante la presentación de "Boriquén" llevar nuestra aportación a la cultura de Puerto Rico. Tenemos la plena certidumbre de que una amplia y comprensiva difusión de nuestros rítmos y melodías aplicados a los diversos y múltiples aspectos de nuestra vida enriquecerán, con valores permanentes, el acervo cultural de nuestro medio. Hacer esta contribución es, pues, nuestra preocupación.

CORTESIA DE

A F E

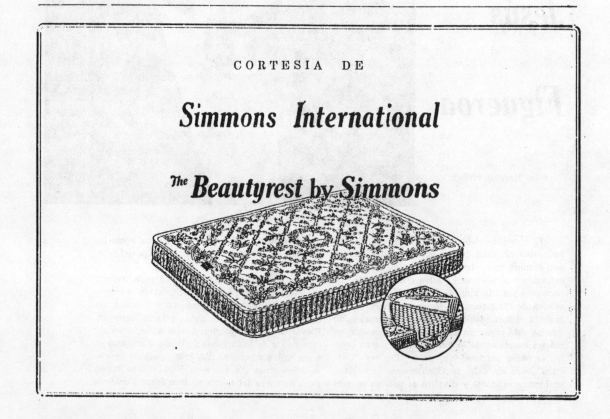

CORTESIA DE

Simmons International

The Beautyrest by Simmons

EL LEON DE PONCE

Teatro de Arte Puertorriqueñ

Presenta

BORIQUEN

Comedia Lírica

Libreto - Julio Marrero

Partitura - Jesús Figueroa

—Dirección de la Producción:

JULIO MARRERO NUÑEZ

—Dirección Musical:

JESUS FIGUEROA

—Dirección de Coros:

ALICIA MORALES

—Vestuario:

JULIO MARRERO

MARIA C. DE IZQUIERDO

—Decorados:

JULIO MARRERO

Construído por: RICHARD STUDIO

COREOGRAFIA: Nellie García (Escuela Ballet Ruso)

COLABORACION: Estudio Agulló, Srta. Ana María Valdés

Estudio Gilda Casals

REPARTO

Violeta ------------------------------------ MERCEDES DEL POZO

Generosa ----------------------------------- RUTH DIAZ

Ricardo ------------------------------------ JOSE OLIVER

Fernando ----------------------------------- JUAN RUBEN DE LA ROSA

Don Ramón ---------------------------------- FERNANDO OLIVER

Rosario ------------------------------------ IRIS HERNANDEZ

Coplas ------------------------------------- PEDRO BIGAY JR

FRANK CASANOVA

PEDRO ZORIRLLA

Cooperación de la Srta. DELIA ALVAREZ

COROS:—

Srtas.

Milagros Torres
Francisca Garcia
Zoraida Ortiz
Blanca Toyos
Julia A. Toyos
Esther Aguirre
Carmen Serralta
Josefa Román
Rosa Colón
Lucila Mason
Luz M. Collazo
Juana Diaz
Teresa Román
Conchita Delgado
Ramona Ortiz
Gloria Esther Martinez
Laura Arellano
Hilda Luperena
Raquel Velez
Raquel Sierra
Alicia Thurni
Luisa Thurni
Genoveva Diaz

Sras.

Luz Ivonne de Figueroa
Dolores Rios de Oliver

Señores

Pedro Bigay Jr.
Pedro Zorrilla
Frank Casanova
Gabriel Gandia
Carlos Arroyo
Johnny Cabrera
Federico Vazquez
Luis Carlos Arroyo
Angel M. Lopez
Luis A. Ramirez
Filiberto Almodovar
Edwin Feliu
David Vidal
Eligio Farrai
Manuel Perez
Johnny Sanabia

Nombres de las niñas que tomarán parte en el Ballet.

1.—Peggy Walker
1.—Elisa Malavé
3.—Silvia Negrón
4.—Asunción Millón
5.—Lolita San Miguel
6.—Hilda Ayala
7.—Ivette Bravo
8.—Ivette Látimer
9.—Gladys Abolafia
10.—Galdys Aguayo
11.—Zelda Asoeo

ORQUESTA

Dirección

Don Jesús Figueroa

Violines 1ros
Jaime Padró
Rufo Obén
Armando Cadilla
Ricardo Morlá
Luis Morales

Violines 2dos
Aníbal Acevedo
Angel Sánchez
Víctor Rodríguez Jr.
Raúl Justiniano

Violas
Carlos R Gadea
Angel Cruz

Violoncelos
Eduardo Franklin
Srta. Raquel Perdomo

Contrabajo
José Marquez

Piano
Alicia Morales
Héctor Rodríguez

Flauta
Rafael Montañez

Oboe
Jesús Ma. Escobar

Clarinetes
Rafael Duchesne
Roger Martínez

Cornetines
Juan Mellado
Richard D. Harl

Trombón
Rafael Alers
Víctor Rodríguez

Batería
Guillermo Pomares

Maestras de Coro
Alicia Morales
Marina Morales de Fernández

PRIMER ACTO

La sala de la casa de Doña Generosa en una noche. Acaban de llegar de un baile, Violeta y Doña Generosa. Violeta recostada en un sofá sueña y en sus sueños de amor augura malos presagios.

SEGUNDO ACTO

La misma sala. Es de tarde. La tía Generosa empieza a interesarse por el amor, cosa que había olvidado. La desilusión del amor de Violeta le da fuerzas. Hay amenazas de tragedia.

TERCER ACTO

El jardín de la casa de Doña Generosa. Es de noche. Se celebra la Fiesta de Mayo, tradicional de la casa. Todos llegan engalanados con la flor de fuego, eco y emblema de la esperanza del amor. Se canta y se baila. Las amenazas de tragedia se convierten en la dulce realización del amor de Violeta.

Ruth Diaz
Doña Generosa

Iris Hernandez
Rosario

Mercedes del Pozo
Violeta

Alicia Morales
Pianista, Maestra y directora de los coros

Juan Ruben de la Rosa
Fernando

Fernando Oliver
Don Ramón

José Oliver
Ricardo

Julio Marrero Núñez, Alicia Morales, Don Jesús Figueroa, Doña Adina de Paoli, Don Antonio Paoli, Mercedes del Pozo, Blanca Cordero, Iris Hernández, José Oliver, Alicia Thurni, Ruth Díaz, Luisa Thurni, Fernando Oliver, Johnny Cabrera, Ruben de la Rosa Juan Labault, Luis A. Ramírez, Gabriel Gan lía, Federico Vásquez.

A pesar de su participación activa en la producción de la opereta, Paoli se estaba sintiendo mal de la próstata. Al procurar al Dr. Biascochea, en el mes de junio, se enteró de que estaba en Europa y se fue a ver a otro médico, quien le recomendó unas pastillas que no le hicieron nada. Al regresar de su viaje, el Dr. Biascoechea fue a ver a Paoli, le examinó y lo hospitalizó enseguida. Hizo todo lo que pudo, pero ya era muy tarde. El cáncer, el cruel y fatídico cáncer, le había invadido la próstata y estaba muy avanzado. No había nada que hacer. Paoli llamó al Dr. Biascoechea a su cuarto y le preguntó lo siguiente: — "Diego, dime la verdad... lo que tengo... ¿Es incurable? Quiero la verdad..." y el Dr. le tuvo que decir que tenía cáncer prostático y que sólo lo podía salvar un milagro. Paoli, entonces, pidió que viniera el Padre Castellanos, se confesó, recibió la comunión y se desposó con Adina Bonini, ya que se habían casado en Nueva York por lo civil en 1923 pero sin la bendición de la Iglesia.

El Padre Castellanos le llevaba la comunión a diario; conversaban un rato y trataba de darle ánimo recordando los tiempos juveniles allá en El Escorial en España. Y como él decía, "Tiempos pasados que no volverán".

El sábado 24 de agosto de 1946, Paoli cayó en estado de coma, estaba rodeado de algunos discípulos, Doña Adina y el Padre Castellanos, quien al igual que el Dr. Biascoechea no se despegaba de su lado. A eso de las doce meridiano el Padre Castellanos le aplicó la bendición apostólica y a eso de las doce y veinticinco a pesar de los cuidados de la ciencia médica por prolongar algún tiempo más su vida, expiró. Entregó su alma de hombre y de artista al buen Dios por la eternidad. Contaba exactamente con setenta y cinco años cuatro meses y diez días de edad. El peso normal de Paoli dada su contextura física era de 230 libras y al morir sólo pesaba 150 libras.

Entre los discípulos más allegados que estuvieron siempre a su lado durante su enfermedad estaban Ramón Fonseca, Demetrio Navedo, Celestino López, y Rafael Correa. Las estaciones radiales comenzaron a comunicar la triste nueva. A eso de las cinco de la tarde de ese mismo día, su cádaver fue puesto en capilla ardiente, en la sala de su casa, en la Avenida Fernández Juncos No. 1409. Las paredes de esa sala estaban cubiertas de cuadros con inscripciones, títulos y medallas otorgados por los monarcas más poderosos del mundo.

Comenzó a desfilar el público que admiraba y respetaba mucho al gran divo; pero, por desgracia, esos visitantes se fueron llevando todo lo que había en las paredes, tal vez para tener un último recuerdo del artista. Al cabo de la medianoche las paredes estaban completamente desnudas. Doña Adina estaba inconsolable, encerrada en su cuarto y no quería ver a nadie. Los discípulos estaban turbados y desparramados y no sabían qué hacer sin su director y guía. Rafael Correa hizo los arreglos para los funerales y el domingo 25 se efectúo su sepelio en el cementerio Fournier de Isla Verde, hoy día Puerto Rico Memorial.

La comitiva fúnebre partió de la casa de Paoli a las diez de la mañana. Paoli había sido terciario agustino desde muy joven, y se le hizo la misa fúnebre en la Iglesia de la Monserrate de Santurce. Terminada la misa y los responsos, fue trasladado al cementerio donde recibió cristiana sepultura a eso de las dos de la tarde.

Al funeral de Paoli, asistieron unas veinte personas, que le admiraban y le querían de veras, en su mayoría discípulos. Despidieron el duelo el Dr. Manuel Quevedo Baez, a nombre de la familia Paoli, y Doña Clarita Sánchez de Cáceres, soprano mejicana radicada en Puerto Rico. A nombre de todos los artistas líricos del mundo estos pronunciaron sentidas y emocionadas oraciones fúnebres. El Dr. Quevedo Baez excusó la ausencia de representantes de instituciones artísticas y cívicas lamentándose de que la concurrencia no hubiera sido más numerosa.

EL LEON DE PONCE

Como dijo el Dr. Quevedo Baez:

"*Otello* ha cerrado sus ojos; se va a la eternidad en busca de su Desdémona. Manrico se ha marchado en busca de su Leonora. Lohengrin ha tomado ruta en el blanco cisne de la leyenda, para buscar a su Elsa. Arnaldo, el defensor de Guillermo Tell, ha salido a toda prisa a encontrarse con su Matilda. Sansón ha derrumbado el templo y se ha marchado a perdonar a Dalila. Paoli el gran intérprete se ha marchado a la eternidad para allí con todas sus damas compañeras de escena, cantar sin parar como solo él sabía hacerlo. Esta vez Paoli ha sido contratado para cantar a su Creador y ese contrato es eterno.

No veremos más pasar su legendaria, respetable, admirada y venerable figura en su paseo matutino por las calles de Santurce; pero sí queda en nuestras mentes y corazones para siempre porque nuestra admiración es sincera.

Paoli movió multitudes; puso en pie a los públicos más exigentes del mundo; hizo estremecer a reyes y emperadores y hoy es sepultado aquí prácticamente solo y olvidado hasta por sus coterráneos. Ignorado por ignorancia. Ya que nosotros mismos no conocemos, ni una cuarta parte de su gloriosa y ascendente trayectoria artística. Los que le hemos conocido personalmente sabemos que era un hombre grande con alma de niño. Prodigaba amor, arte, cultura y daba consejos y sabios conocimientos a todos, sin ningún interés pecuniario. Era un hombre sencillo y humilde, cantor por excelencia y artista universal. Descanse en paz" .

"El hombre, el artista, el cantor por excelencia, el escogido de los dioses del Olimpo, muere hoy olvidado, pobre y solo. Se cumplió en él al pie de la letra una profecía que una vez le hizo una anciana gitana en Viena, "Morirás, pobre, solo y olvidado por todos". Mañana, tal vez nos lamentemos de esto que hoy estamos viviendo pues todo país se hace más grande cuando honra a sus hijos ilustres; pero en Paoli y Puerto Rico esto no se logró, pues Puerto Rico le ignoró y le despreció, le castigó con el más fuerte de los castigos y solo porque siendo puertorriqueño era ciudadano español.

México, mi tierra, fue honrada con su presencia y su voz a principios de siglo cuando fue invitado por la familia Igaravides a visitar y cantar allí, donde fue honradísimo y muy admirado y dejó atrás varios corazones rotos.

El globo terráqueo entero se estremeció con su voz sonora y potente de tenor dramático absoluto, en sus magistrales e inigualables interpretaciones de Otello, Manrico, Canio, Sansón, Lohengrin, Chenier, Roberto, Guillermo y otros tantos grandes personajes líricos que vivieron sus mejores momentos en la voz única del Divo.

Creo que hasta los ángeles se han alegrado en la gloria, pues han ganado un solista de voz de oro maravillosa para el coro de los escogidos donde alabará a Dios eternamente, mientras nosotros aquí en la tierra lloramos su desaparición física.

Allí se encontrará Paoli, con otros tantos artistas líricos que le están esperando alegres y contentos pues saben que se les ha unido la mejor voz del universo. Descansa en paz, pues, Verdadero Divo, y goza de la gloria eterna".

Estas fueron las sentidas palabras de la soprano mejicana Doña Clarita Sánchez de Cáceres despidiendo el duelo en el funeral de Paoli.

ANTONIO PAOLI

Durante la Misa el Padre Castellanos, habló de su niñez junto a Paoli, allá en España en el Colegio del Escorial y de su voz maravillosa la cual estaba ya formada desde niño:

"Cuando llegaba alguien importante de la Realeza, hacíamos veladas nocturnas para entretenerles y Paoli, era siempre el centro de atracción, pues sabía muchas canciones que le había enseñado su hermana y era muy admirado y aplaudido por todos.

En una ocasión y esto lo recuerdo muy bien, Antonio quiso hacer algo diferente. El había sido criado por esclavos africanos y conocía canciones que estos le habían enseñado, así que esa vez se tiznó su cara con carbón se enganchó un sombrero que ocultó sus rubios cabellos y salió a escena hecho un verdadero negro con ojos azules. Tal vez se preparaba entonces para el *Otello* sin saberlo.

Entonó valientemente el cántico de bienvenida de los Watusi en Africa, era algo que sonaba así como "Yucalen Di Moyo" su solo acompañamiento fue el sonido de tambores tocado a mano y se le aplaudió hasta rabiar, prueba esto que desde niño, nació marcado con talento canoro pues nunca desafinaba y tenía un oído regio y se aprendía las melodías de solo escucharlas una vez.

Las muchachas de la vecindad le admiraban mucho, pues tenía una figura atlética y bello rostro, que el muy pícaro sabía aprovechar muy bien y fueron muchas las escapadillas que se daba del Colegio tras alguna aventurilla amorosa, dado su afinado gusto por las bellas figuras del sexo opuesto.

Logró en sus estudios el grado de Cadete Real y sirvió con honor a los deberes de militar que se le asignaron, pero su talento canoro se impuso y logró ser enviado a estudiar canto fuera de España. Fue escuchado y admirado por el gran Maestro Verdi, y apreciado por otros grandes maestros del arte lírico como fueron Mascagni, Leoncavallo, Giordano, Cilea, Serrano, Luna y Vives. Cantó en los centros de ópera más grandes del mundo, y estrenó obras que sólo él cantó y nadie más. Puso en pie a reyes, emperadores y gobernantes, y a los públicos más exigentes del mundo.

Impuso su arte y su egregia figura de gran artista, en una época en que los cantantes buenos abundaban, pero su talento era tal que era el preferido por todos.

Al retirarse de las tablas y la escena lírica lo hizo aquí, en Puerto Rico, la tierra bella que tanto amaba y que cuando se refería a ella, allá en España, le llamaba "mi islita" con gran cariño y amor.

Tuvo ofertas de España, Italia, México, Cuba, Inglaterra, Argentina y los Estados Unidos, para establecer su escuela de canto, pero prefirió permanecer aquí, al calor de los suyos, comunicar a la juventud de Puerto Rico sus secretos profesionales y su técnica única.

Esperamos que de esas semillas preparadas por él y que ya germinan, salgan muchos buenos cantantes que den honor y gloria al lar nativo....

¡Antonio! , nunca te olvidaremos. Estarás siempre en nuestras mentes y corazones y esperamos un día oírte en la Gloria Eterna, Amén".

El Glorioso Tenor Antonio Paoli, Ha Muerto.

El día 24 de agosto, falleció confortado con los Santos Sacramentos y la Bendición Apostólica, el glorioso tenor puertorriqueño Don Antonio Paoli y Marcano, figura excelsa del teatro lírico contemporáneo, cuya voz llenó los amplios teatros de ópera más conocidos del mundo. Fué el tenor de los Reyes y el Rey de los tenores dramáticos. Muchas y distinguidas fueron las condecoraciones otorgadas al eximio artista por Emperadores, Reyes y Jefes de Estado europeos y americanos, pero la principal, la que con más orgulló ostentó, fué su catolicidad práctica, representada por su categoría de Terciario de la Orden de San Agustín.

Conoció Paoli la grandeza del espíritu agustiniano en las centenarias aulas del imperial Monasterio de El Escorial, en España, donde cursó sus estudios y cultivó su cultura, bajo la sabia dirección de los Padres Agustinos españoles. Allí le oyó la Infanta Isabel de Borbón, cantar, y de allí salió para Italia donde se hizo gran cantante. A la regia protección de la Reina Doña María Cristina, madre del último Rey Católico de España, Don Alfonso XIII, de feliz memoria, debía Paoli su carrera y la de su hermana, también conocida cantante, Doña Amalia, fallecida hace varios años en San Juan.

Por eso, en prueba fehaciente de su agradecimiento a España y a su Reina Paoli, que nació en Ponce, el 14 de Abril de 1871, conservó su nacionalidad española hasta su muerte, de la cual se enorgullecía frecuentemente. Para suavizar el mal efecto que a algún compatriota del eminente tenor puertorriqueño pueda haberle causado el saber que Paoli era ciudadano español, hay que decir que jamás negó su Patria borincana, siempre la amó entrañablemente. y creyó firmemente, — que siendo español conservaba con mayor pureza su puertorriqueñismo. ¿Qué menos puede hacer un hombre agradecido, que venerar la memoria de aquella persona o Nación que lo hizo grande? Eso hizo Paoli, agradecer a España y a su Reina los favores recibidos, dándole brillo a su nacionalidad española.

El Arte lírico ha perdido una de sus más destacadas figuras, España y Puerto Rico, un preclarísimo hijo, y la Orden de San Agustín un devotísimo terciario.

A su entierro concurrieron pocas personalidades, casi ninguna, pues le acompañaron a su última morada escasamente una veintena de amigos y discípulos. Así pasa siempre con las grandes figuras patricias, con raras excepciones, mueren pobres y casi solos, con la gracia de Dios en sus últimos momentos. Apenas se han escrito artículos en su memoria, la prensa reseñó ligeramente su brillante carrera y con frases vanas terminaron sus escritos. ¡Sic transit gloria mundi!

El Ilmo. Sr. Cónsul General de España en Puerto Rico, amigo y sincero admirador del glorioso tenor, hizo celebrar en la centenaria Iglesia de San José una solemne Misa de Requiem en memoria de tan buen amigo, buen español y eximio artista, asistiendo un selecto grupo, no tan numeroso como debía haber sido, de amigos y admiradores de Paoli.

Un severo túmulo adornado con una hermosa corona luciendo los colores de la bandera rojo y gualda de España, se levantaba en el centro del crucero, rodeado de blandones y negros paños. Celebró la Misa el Rev. P. Madrazo, Pároco de San José, acompañado de dos sacerdotes, y en el Coro, los Padres Paúles del Seminario y de San José, los RR. PP. Castellanos, (Agustino) y Antioquino Arroyo, de la Iglesia del Sagrado Corazón, con varios caballeros españoles, y el Maestro Morlá al órgano, interpretaron la Misa Quinta, de Requiem, de Haller con Responso Solemne del mismo autor.

Terminada la Misa y después de los saludos de rúbrica a la Sra. Viuda de Paoli, por todos los asistentes al piadoso acto se envió al Cementerio — Fournier, donde reposan los restos mortales del gran Paoli, la corona que con los colores de la bandera de España lució en el catafalco, llevada personalmente por el Sr. Amóedo, Cónsul General de España.

Descanse en la paz del Señor el alma de Don Antonio Paoli, y la luz perpetua le ilumine.

NOTAS EDITORIALES

Antonio Paoli

La máxima contribución del Nuevo Mundo al "bel canto" fué aportada por Puerto Rico. Ningún otro cantante de ópera latinoamericano o de la América Sajona ha cosechado los lauros que le tocó cosechar a nuestro paisano el Comenador Antonio Paoli. Ninguno ha impresionado tan profundamente al público y a los críticos más exigentes. Ninguno ha vivido una carrera artística tan bellamente espectacular como la que vivió en las grandes metrópolis de Europa y la América del Sur el insigne tenor puertorriqueño.

Antonio Paoli, cargado de años y de hermosos recuerdos, vacía su escarcela pero aún vibrante su espíritu, murió el pasado sábado en su modesta residencia de Santurce.

Al desaparecer el glorioso divo deja un vacío imposible de llenar en la vida artística de Puerto Rico. Porque no fué Paoli uno de esos artistas envanecidos y engreídos que al retirarse se aislan para vivir con sus recuerdos de gloria y miran con gesto displicente de superioridad al artista que se levanta y se complacen en restar mérito a los nuevos valores del Arte empeñándose en comparaciones siempre a favor de los que fueron sus contemporáneos. Paoli, por el contrario, habiendo hecho del Arte la religión de su vida, jamás lo profanó con las pequeñeces de las humanas pasiones, y por ello, con ejemplar elevación espiritual, brindó su consejo lleno de autoridad y su voz de aliento respaldada por el prestigio de su gloria a todo aquél que a él se acercara en busca de orientación y apoyo para recorrer la senda hacia el Triunfo. Por eso, por espacio de veinte años fué su hogar uno de los centros de actividad artística más importantes de Puerto Rico. De la Academia de Canto que fundara en compañía de su hermana Amalia, también gloriosa artista fenecida ha pocos años, surgió una legión de cantantes de mérito que él formara y que prestigiaron nuestras salas de concierto y nuestros teatros, muchos de los cuales refrendaron sus éxitos ante los críticos y auditorios más exigentes del extranjero, corroborando así la excelencia de su preparación y elevando el prestigio cultural de la patria. Y nunca fué el lucro su objetivo. Generoso y desprendido cual correspondía al gran señor del Arte que fuera, en numerosas ocasiones dió enseñanza gratuita a artistas jóvenes cuya escasez de medios económicos le impedía costear sus estudios de canto con tan gran maestro cuando estaba convencido de que tenía ante sí un valor auténtico, una voz de porvenir que no podían perder Puerto Rico ni el Arte. Paoli era tan gran puertorriqueño como gran artista.

Era uno de nosotros, pero Pto. Rico nunca oyó su voz de divo triunfador. Cuando ya en el crepúsculo de su carrera artística vino a cantar en nuestro Teatro Municipal la recepción no fué entusiasta. Perteneció a públicos más afortunados el privilegio de emocionarse ante el esplendoroso tesoro de su canto. El Paoli que los puertorriqueños conocieron es éste que acaba de morir, ignorada su existencia por los supervivientes de las multitudes europeas que le aclamaron y dedicado a enseñar a otros a cantar.

Un pedazo de tierra borinqueña guarda ahora para siempre los despojos mortales del excelso cantante para el cual fueron cosa familiar las frenéticas tormentas de aplausos, la amistad aduladora de la aristocracia de la sangre y del dinero y los homenajes de reyes y emperadores.

Puerto Rico posee y abraza por fin al más glorioso artista que produjera.

OPERA news

VOLUME XI
NUMBER 6
15 CENTS

NOVEMBER 25, 1946

PUBLISHED BY THE METROPOLITAN OPERA GUILD, INC.

MARIA BARRIENTOS, Barcelona, Spain, March 10, 1885 — Paris, August, 1946.

The Metropolitan's first Queen of Shemakhà, when *Le Coq D'Or* was given its American première on March 6, 1918, was one of the most noted coloraturas of her time. She appeared at La Scala, Milan, in all the capitals of Europe, and in South America, where she was particularly successful. Mme. Barrientos finally came to the Metropolitan, making her debut in *Lucia* on January 30, 1916. *La Sonnambula* was revived for her on March 3. She was much associated with Caruso in *Rigoletto*, *Marta* and *L'Elisir d'Amore*, and was judged one of the most authentic Rosinas of the house.

Revived for her especial gifts were *Lakmé* on March 24, 1917; *I Puritani* on February 18, 1918 (the first time at the Metropolitan since 1884), and the first Metropolitan *Mireille*.

Mme. Barrientos ran into stiff competition (during 1918, 1919), of Mme. Galli-Curci, singing her first New York performances at the Lexington Theater with the visiting Chicago Opera Company. Her voice was fragile, but her ability to swell and diminish tones at dizzy altitudes and her refined style won Maria Barrientos a place among the foremost coloraturas of her era.

ANTONIO PAOLI, San Juan, Puerto Rico, 1870 — San Juan, September, 1946.

Possessor of a heroic tenor voice Señor Paoli left his native Puerto Rico, went to Spain and thence to Paris, where he was discovered by Gailhard, director of the Opéra, where he made a triumphant debut in Rossini's *William Tell* circa 1895.

Paoli was very popular at La Scala, Milan, and in Spain where he sang the heavy roles of Meyerbeer and Verdi. He was particularly famous for his *Otello* and was known by some of his most fervent admirers as "the second Tamagno." He was a large, bearded man, whose singing, while not subtle, had moments of splendid primitive intensity and fire. He appeared in *Otello* in the United States, as late as 1920.

Paoli made numerous records for Victor and was the Canio of the *Pagliacci* set, recorded in Milan in 1906 under Leoncavallo.

ROSINA STORCHIO, Mantua, Italy, May 19, 1876 — Naples, Italy, July, 1945.

Through the clearing fogs of Europe comes word of the death of the original Cio-Cio-San in the ill-fated première of Puccini's *Madama Butterfly* at La Scala, Milan, February 17, 1904. Considered for many years Italy's first lyric primadonna, Mme. Storchio was the idol of La Scala and the creatrix of many roles — the heroines of Leoncavallo's *Bohème* and *Zazà*; Giordano's *Siberia*; Mascagni's *Lodoletta*, to name a few. She was considered one of the great Violettas.

She appeared in New York as Cio-Cio-San with the Chicago Opera Company at the Manhattan Opera House on February 7, 1921. She was then past her prime, but the historic aura of her name aroused interest.

SUSAN STRONG, Brooklyn, N. Y., August 3, 1870 — England, March 11, 1946.

Going to England in 1892, Susan Strong made her debut the following year with the Hadmondt English Opera Company in London, singing Sieglinde in *Walküre*. Appearances as Elsa and Sieglinde at Covent Garden followed in 1895. She was engaged for Bayreuth during the summer of 1896, and returned to her native America in October of that year to sing in *Faust* and *Lohengrin* with Colonel Mapleson's Imperial Opera Co. at the Academy of Music, New York. She here shared the spotlight with such artists as Heraclea Darclée, Giuseppe Huguet, Sophia Scalchi and Emilio De Marchi. Mme. Strong appeared at the Metropolitan on January 3, 1900, substituting for Emma Eames as Sieglinde in *Walküre*. In later years, after her retirement, she is said to have opened a laundry in London.

MAX de SCHAUENSEE.

EL LEON DE PONCE

Todos los periódicos le dedicaron extensos artículos ensalzando su gran importancia en el mundo de la ópera y el gran renombre que dio a Puerto Rico internacionalmente. Había desaparecido físicamente el primer artista lírico de fama internacional nacido en América. El más grande intérprete del *Otello* y *Manrico* de Verdi de los primeros cinco lustros del presente siglo, y cuidado si hasta el momento presente.

Se fue con Paoli la verdadera voz de tenor dramático heróico sin rival ni sustituto hasta el momento, considerado por los grandes críticos del mundo como el fenómeno vocal del siglo comparable solo con Enrico Tamberlick y Francesco Tamagno, sus predecesores, quienes poseyeron voces potentes como la suya.

A los pocos días del funeral de Paoli circuló la siguiente nota póstuma enviada por Doña Adina a sus amistades y a las instituciones culturales del país.

Adina Bonini vda. de Paoli, su hijo Antonio Paoli (ausente) la familia Paoli, sus discípulos, el Dr. Diego Biascocchea su médico y amigo; tienen el honor de invitar a usted y familia a las Honras Fúnebres por el sufragio del alma del extinto Antonio Paoli que se llevarán a efecto el lunes 2 de septiembre de 1946 a las 9 de la mañana en la Parroquia del Sagrado Corazón en Santurce.

Su asistencia a este piadoso acto le será eternamente agradecida por los deudos de Antonio Paoli.

Esta misa fue muy concurrida y a ella asistieron varios oficiales del Gobierno de Puerto Rico y otras entidades.

La Iglesia de San José de San Juan fue escenario de una misa de requiem por el sufragio del alma de Paoli, auspiciada por el Cónsul General de España y su cuerpo diplomático. A ella asistieron Doña Trina Padilla Vda. De Sanz, el Lcdo. Vicente Geigel Polanco y Sra., el Dr. Diego Biascoechea y Sra., el Dr. Antonio Quevedo Baez, Doña Elisa Tavarez de Storer, Doña Clarita Sánchez de Cáceres, el Lcdo. Ernesto Ramos Antonini, Doña Aurelia (Yeye) Bou de Piñero, en representación del Gobernador Piñero, Don Antonio Fernós Isern y Sra., Don Augusto Rodríguez, Elsa Rivera Salgado, Felisa Rincón de Gautier, entre otras personalidades. Sobre el catafalco descansaba un enorme corona con los colores de la bandera Española, que terminada la misa fue trasladada por el Sr. Cónsul en persona hasta el Cementerio Fournier y allí colocada sobre la tumba de Paoli.

Varios de sus discípulos se marcharon a Nueva York y otros se fueron a España e Italia donde hicieron carrera.

Antonio fue el último de sus ilustres hermanos en fallecer. Carlos falleció en las Filipinas en 1936. Olivia, falleció en febrero de 1942, Amalita en agosto de 1942 y Manuel en enero 1946, unos meses antes que Antonio. Los otros habían fallecido años antes. Su hijo Tonino falleció en N. Y. el 30 de septiembre de 1962. Adina, su viuda, fue cuidada y respetada por todos los amigos y discípulos del maestro hasta su muerte el 3 de mayo de 1978, tras sobrevivir a su amado esposo por espacio de treinta y dos años.

Llegó así a su final la vida de este egregio artista que vivió sólo por y para el arte canoro. Cerró sus ojos aquí en la tierra y, como un ligero pestañar los abrió al otro lado, en el hermoso jardín de la eternidad del cielo, donde de solo mirar el resplandeciente rostro de Dios, se es eternamente feliz.

La ciudad de Ponce se fundó el día 17 de septiembre de 1692. Se designó con ese nombre para honrar la memoria del gran explorador español y primer gobernador de Puerto Rico, Don Juan Ponce De León.

El símbolo de la ciudad es el león bravío y es ese precisamente el símbolo de la inmortal partitura lírica del gran compositor italiano Giuseppe Verdi, conocida con el nombre de OTELLO, ópera que Paoli interpretó magistralmente unas quinientas setenta y cinco veces alrededor del globo terráqueo.

Esta es la razón por la cual éste libro se llama EL LEON DE PONCE.

EPILOGO

La vida de Antonio Paoli, fue una vida muy agitada llena de viajes, sueños , quimeras y esperanzas; llena también de glorias, triunfos, éxitos, riquezas; pero también fue una vida acompañada de amarguras, derrotas, dolores, tristezas y sufrimientos.

Paoli triunfó en el difícil mundo de la lírica en una época en que se movían triunfalmente por el mundo figuras como Constantino, Tamagno, Escalais, Caruso, Zenatello, Martinelli, Cortis, Vignas, De Lucia, Bonci, Anselmi, Bassi, Grassi, Garbin, Affre, Maestri, Di Giovanni, Ferrari Fontana, Stagno, Marconi, Borgati, Mac Cormack, Muratore, Schipa, Slezak, Pertile, Lazaro y otros tantos tenores que se distinguieron entre una pléyade de más de trescientos tenores de primer orden en Italia, doscientos en Francia y alrededor de ciento cincuenta en España y Portugal; unos doscientos entre Alemania, Austria y Suiza, sin contar sabe Dios cuántos había en Rusia, América del Norte y Centro y Sur América.

Quiere esto decir, que de entre más de mil tenores, se distinguieron más esos que aquí hemos mencionado y entre ellos hubo algunos que alcanzaron renombre internacional y fueron aclamados aún más que los demás. Entre éstos estaba, Tamagno, Paoli, Caruso, Bassi, Bonci y Schipa. Estos se impusieron en el mundo por sus particulares y extraordinarias cualidades vocales, por su forma tan convincente de actuar en escena y por sus personalidades magnéticas, lo que hoy día llaman carisma.

Estos tenores eran los mejores pagados del mundo y en especial Antonio Paoli, pues cada vez que su nombre se anunciaba en algún teatro, también se anunciaba un alza en los precios de los boletos de entrada, ya que se le consideraba como el tenor mejor pagado de su época, en Europa y Sur América. A pesar de las alzas, el teatro se llenaba.

Paoli se especializó en las óperas el*Trovador* y el *Otello* de Verdi. Esta última la cantó unas 578 veces y la interpretó por primera vez el día 26 de diciembre de 1903 en el Teatro Alla Pergola de Florencia, Italia, y por última vez el 28 de julio de 1928, en el antiguo Teatro Municipal de San Juan de Perto Rico.

Cuando Paoli comenzó el *Otello* ya Tamagno, su creador, estaba casi retirado de la escena. Cardinalli y de Negri, estaban en las postrimerías de sus carreras. Así que Paoli vió el campo abierto sin contrincantes que se atreviesen a arriesgar sus voces y carreras en la difícil ejecución del papel del Moro de Venecia. Caruso, lo intentó y no lo logró. Así que Paoli estaba solo en el difícil papel del Moro y todos querían escucharle. Sus honorarios por función eran altísimos.

Paoli logró hacer una fortuna de tres millones y medio de dólares. Construyó una hermosa Villa a su gusto en Porto Ceresio y compró otras más a orillas del Lago Lugano al Norte de la bella

715

Italia y otra en Suiza, en Ticino, donde se retiraba a estudiar y descansar sin que nadie interrumpiese su retiro. Tenía además un piso en Madrid y otro en Milán. Vivió con todas las condiciones y exigencias sociales y económicas de su época. Se codeó y fue honrado por grandes gobernantes, reyes, emperadores, poetas, compositores, escritores, artistas, pintores, escultores, críticos, ricos y pobres.

Entre esos ilustres personajes está el Presidente Don Porfirio Díaz, de México; los Reyes de España, Don Alfonso XIII y su madre Doña María Cristina de Hasburgo; el Príncipe Don Carlos de Braganza, de Portugal; el Emperador Francisco José, de Austria; el Czar Nicolás, de Rusia; el Rey Humberto, de Italia; el rico empresario inglés Lord Carnevaum; el industrial Giussepe Pugliese; el erudito Reinaldo Hahn; los grandes escritores Anatole France, Don José Subira, el dramaturgo Gabrielle D'Anunzio y Don Jacinto Benavente. También los grandes músicos compositores Don Amadeo Vives, Don Pablo Luna, Don José Serrano, Don Enrique Granados, Don Manuel de Falla, además de Jules Masennet, Camille Saint-Saens, Ernest Reyer, Pietro Mascagni, Ruggiero Leoncavallo, Francesco Cilea, Renato Broggi, Fortunato Cantoni, Humberto Giordano, Spiro Zamara, el Papa Pío X, el Padre Lorenzo Perosi y directores de orquesta como Leopoldo Mugnone, Tulio Serafín, Arturo Toscanini, Vicenzo Belleza, Luigi Mancinelli y otros tantos. Se codeó también con gentes menos afortunadas y humildes a quienes quería extrañablemente; negros esclavos y sus descendientes, indios en Chile y Colombia; gauchos, en Argentina.

Paoli fue un hombre excepcional y esto lo atestiguan sus compañeros de arte que cantaron con él, que le admiraban y respetaban por lo mucho que valía, por su don de gente, por su gentileza y educación, por su cordura y su cultura. Era además un hombre muy bromista con sus compañeros de escena con quienes tenía confianza y camaradería. Así que se hacían jugarretas y bromas mutuamente.

En una ocasión le envió una caja de cigarros perfumados a una conocida soprano que había cantado con él, con una nota que decía así: "es preferible que tu boca huela a tabaco perfumado que a cloaca abierta, así que por favor fumátelos todos antes de volver a cantar conmigo", Paoli.

A un joven barítono que era muy flaco, enamoradizo y medio enfermizo y que se llamaba Apollo Granforte, le ocurrió que se emocionó en escena y tuvo una erección y Paoli se dió cuenta. Al otro día le envió una cinta de cuero negro con una nota que decía: "Para que la próxima vez, te lo amarres fuertemente de la cintura y no pases momentos embarazosos, ni te rompas los pantalones, pedazo de bellaco".

Al tenor Tito Schipa quien estaba cantando el Werther y sonó medio débil, sin agilidad vocal debido al cansancio le envió una docena de huevos frescos con una nota que decía: "Tito, cómetelos todos, a ver si logras adquirir energías y cantar como un hombre, pues coño, anoche sonaste como una soprano puta, bellaca y muerta de hambre".

En varias ocasiones cantó con el gran bajo italiano Nazareno de Angelis, quien era muy amigo de hacer bromas pesadas. Una noche De Angelis estaba afónico y no cantó muy bien. Paoli le escribió una nota y se la pegó en la puerta de su camerino, decía: "Eres el mejor bajo del mundo, tienes muy buena figura y quieres ser el mejor Moisés por excelencia; pues coño, no seas pendejo y canta como Moisés, pues si este resucita y ve lo mal que lo interpretas, se te caga en tu madre, te agarra por los cojones y te manda a joder al Edén". De Angelis, se vengó escribiendo sobre una enorme cartulina lo siguiente: "La egregia Diva de Divas, la soprano dramática Antonio Paoli, comunica que no puede cantar hoy por su período acumulativo." Y lo pegó enl a pizarra de anotaciones a la entrada de los artistas al teatro donde todos lo veían.

EL LEON DE PONCE

En una ocasión un crítico, escribió algo sobre la voz de Paoli y decía: "Voz potente y musical pero le falta fuerza". Paoli le escribió una nota al diario que decía: "Potente y fuerte, quiere decir lo mismo, ¡coño! chico, aprende el significado de las palabras antes de escribirlas".

Había una hermosa dama que venía al teatro siempre que cantaba Paoli, esta era viuda muy rica y estaba locamente enamorada del tenor. Esta señora tenía contratado el palco izquierdo del escenario. Una noche lucía un descote más bajo de lo normal y casi se le salían los pechos. Cuando Paoli en escena se acercaba a ese lado del escenario, la dama se bajaba más y más para que este notara la belleza de sus senos. Al terminar el primer acto de el *Trovador* y salir a escena a recibir los aplausos, Paoli se le acercó y le dijo: "Si me las sigue enseñando en escena, por mi madre que se las muerdo para que no me fastidie más". Los músicos del foso de la orquesta oyeron el comentario de Paoli y rompieron a reir a carcajadas. La señora se levantó de su cómoda poltrona y se marchó del teatro. Paoli, entonces comentó "Gracias a Dios que se fue pues ya me tenía nervioso; que pena que me las enseñara en el teatro y no en el hotel".

Había una Diva famosísima que era bastante gruesa y no muy amiga del aseo personal. En una ocasión le tocó cantar con Paoli, la Desdémona, este no resistía el mal olor que despedía la soprano así que tan pronto terminó de cantar el primer acto, llamó a uno de los chicos que trabajaba en el teatro para hacer mandados, le dió dinero y le dijo: "Te vas y me compras el mejor perfume que encuentres".

Esa era una función de matinée, pero era domingo en la tarde y todas las perfumerías estaban cerradas asi que el chico, se fue a su casa y le pidió a su mamá un frasco de perfume barato y viejísimo que ella tenía guardado, se guardó la plata para él y le llevó el esperado perfume a Páoli, quien al destaparlo por poco se marea del fuerte olor, pero pensó que era mejor que el mal olor que despedía la Diva. Salió al pasillo y veló que esta pasara, hizo que tropezó con ella y le derramó el frasco completo encima. Se excusó muchísimo y se marchó al escenario. Cuando le tocó su parte con la Diva en la ecena de celos, entonces deseó la muerte, pues se mezcló el mal olor de ella con el del perfume barato y daba hasta naúseas. Tuvo que cantar así todo el resto de la ópera. Luego se enteró de quela susodicha Diva carecía de olfato debido a un accidente y no se daba cuenta de que los olores que despedía su enorme y corpulenta masa de grasa eran ofensivas a los demás.

Paoli era un tenor versátil, en sus conciertos y recitales incluía canciones regionales del país en que se encontraba, en su idioma, y eso hacía que el público le aplaudiera y le apreciase con verdadero reconocimiento a sus méritos.

Cuando se encontraba en París estudiando el idioma francés, antes de su debut allí, su amigo Reinaldo Hahn le consiguió la oportunidad de cantar en la sinagoga a la cual pertenecía y de la que era cantor en las fiestas y celebraciones especiales de los judíos; allí Paoli cantó en hebreo y fue muy apreciado y bien remunerado pues era una sinagoga a la cual asistían judíos riquísimos que se dedicaban al negocio de joyas. Eso le ayudaba a pagar sus gastos en París además del dinero que se le enviaba de España.

La personalidad de Paoli era arrolladora e importante. Era un hombre alto, elegante, cuidadoso de su aseo y su persona, siempre bien vestido y con su barba muy bien cuidada. Poseía unos ojos azules de mirada penetrante que resaltaba sobre la tez blanca rosada de su piel. Llevaba siempre bastón, que entonces era como una prenda de vestir bien; tenía una docena de bastones con empuñadoras de oro, plata, bronce y ébano.

Su cabellera era frondosa y risada; era un hombre muy guapo y admirado igualmente por hombres y por mujeres. Era además muy compasivo y humanitario. Ayudaba a todos sin importarle su credo, raza y color. Fueron varios los jóvenes puertorriqueños que fueron a estudiar a España ayudados por él. Hoy día son sus más encarnizados detractarios, así agradecen el bien que les hizo.

Paoli pudo pasar los últimos años de su vida en países como España, Inglaterra, Estados Unidos y Argentina, pues recibía contínuamente propuestas a marcharse a vivir a uno de esos países y montar su escuela de canto y con muy buenas condiciones financieras, pero él las rechazaba, pues quería mejor permanecer en Puerto Rico su tierra querida, al calor de los suyos, aunque sufriendo privacidades.

En una ocasión un discípulo le preguntó "Don Antonio, ¿por qué no acepta usted la oferta que le hace Toscanini, en esa carta de ir a enseñar canto a New York? Paoli le contestó: ¡Ah! hijo es que allí no se juegan gallos y yo no puedo vivir sin mis gallos".

Grandes figuras líricas que pasaban por San Juan, iban a visitarle, entre ellas el gran barítono Tito Ruffo y el egregio Riccardo Stracciari, el tenor Tito Schipa, el tenor Nino Martini, el tenor Jan Kiepura, el tenor Alfonso Ortiz Tirado, el barítono americano Leonard Warren, el tenor Miguel Fleta y su amigo Hipólito Lazaro entre otros.

A Paoli le encantaba el cine y en especial las películas de Tarzán, y las de Nelson Eddy y Janette Mac Donald. La Primera noche que se estrenó la película El Gran Vals con Miliza Korjus, fue un acontecimiento social y artístico en el Teatro Metro, de Santurce, Paoli asistió acompañado de Adina y del Dr. Diego Biascochea y señora. Le gustaban mucho también las películas de Carlos Gardel, a quien consideraba un gran barítono.

Al fallecer Paoli en 1946, le dejó algún dinero a Adina de un premio de la lotería que había ganado junto al Dr. Biascoechea. A su funeral asistieron muy pocas personas, casi todos discípulos suyos, pues falleció sábado al mediodía y fue sepultado el día domingo. La noticia oficial de su deceso salió publicada el lunes en todos los periódicos de Puerto Rico. A pesar en la noche del sábado la noticia fue difundida por radio por el gran locutor Don Rafael Quiñones Vidal y por Rafael Benliza, en sus respectivos programas radiales, casi nadie se enteró.

Se celebraron varios homenajes póstumos por distintas entidades cívicas y sociales del país y tambien varias misas en sufragio de su alma durante el mes de septiembre en 1946.

Al año de fallecido se le rindió un profundo tributo de admiración a su memoria en el Cementerio Fournier al cual asistieron varias personalidades del gobierno, el Cónsul de España varias entidades culturales y cívicas. Se develó allí un busto hecho por su discípulo Demetrio Navedo (este busto se encuentra en la actualidad a la entrada de la escuela dedicada a su nombre en la urbanización Santa Rita de Vega Alta). En la noche las estaciones de radio presentaron recitales de los discípulos de Paoli y se escucharon varios discos del desaparecido Divo.

He aquí un recorte de periódico donde se detalla esta actividad.

EL MUNDO, SAN JUAN, P. R. — VIERNES 22 DE AGOSTO DE 1947

El domingo rinden tributo al extinto tenor Antonio Paoli

Motiva homenaje el primer aniversario de la muerte del famoso cantante. — Sus alumnos y las entidades artísticas participarán en actos

El próximo domingo tendrá efecto un homenaje a la memoria del tenor puertorriqueño Antonio Paoli con motivo de cumplirse el primer aniversario de su muerte. Al efecto, a las diez de la mañana del mencionado día se celebrará una misa a su memoria en la Parroquia del Sagrado Corazón de Jesús en Santurce, en la cual tomarán parte los discípulos de la Academia Paoli, interpretando varias selecciones religiosas.

Por la tarde, a las cuatro, será visitada la tumba del artista fenecido, por representantes de las siguientes instituciones artísticas y culturales: Comité Ejecutivo Permanente de la Semana de la Música, que preside el licenciado Ramos Antonini; Federación de Músicos de Puerto Rico (local número 1 de San Juan); Sociedad Puertorriqueña de Periodistas; Universidad de Puerto Rico; Ateneo Puertorriqueño; Las Escuelas Libres de Música; Pro Arte Musical de Puerto Rico (San Juan); Pro Arte Musical de Ponce; Pro Arte Musical de Mayagüez; Federación de Músicos de Mayagüez (local número 2); Academia Paoli; Academia del tenor Alfredo Medina; y Programa Tribuna del Arte, del señor Rafael Quiñones Vidal.

Todas estas instituciones depositarán coronas en la tumba del tenor Paoli. También harán ofrendas florales las siguientes personas: Doña Adelaida B. Viuda de Paoli; esposos Mercado-Acevedo; Familia Fernández Paoli; Noemí Torres Braschi; María Teresa Santana; Familia Orjales, y Elsa Rivera Salgado.

Después de las ofrendas florales tendrá lugar el siguiente programa: El Padre Castellanos, de la Orden de los Agustinos, y los discípulos de la Academia Paoli tendrán a su cargo el responso en el cementerio Fournier. El Coro de la Universidad de Puerto Rico, bajo la dirección del profesor Augusto Rodríguez, interpretará varios números religiosos. El doctor M. Quevedo Báez pronunciará breves palabras sobre la vida del eminente artista fallecido. El carillón del cementerio Fournier ejecutará varias selecciones de música sacra. Se develará una obra de arte realizada

ANTONIO PAOLI

a la memoria del tenor Paoli por el escultor, señor Demetrio Navedo, quien fuera discípulo del artista extinto.

A las seis y media de la tarde, habrá un programa de radio (WIAC) a cargo de la Academia del tenor Medina. Y por la noche a las ocho se trasmitirá una concierto radial, (estaciones WAPA, WIAC, WKAQ) en el cual participarán los siguientes artistas: Alicia Morales, Alfonso Alvarez Torre, Elia Sulsona de Cadilla, Celestino López, Ruth Díaz, José Oliver del Pozo, Mercedes del Pozo, Zoila Luz Furniz, Emilio Bouret, Atilano Fernández y María Teresa Santana. Se trasmitirán además, dos selecciones grabadas del tenor Antonio Paoli. Actuarán de maestros de ceremonia los señores Félix Santiago y Rafael Benliza. La radioemisora WNEL retrasmitirá este programa a las diez de la noche.

ANTONIO PAOLI

Sobrevivieron a Paoli, su esposa Doña Adia Bonini viuda de Paoli, quien falleció en 1978. Su hijo Tonino Arnaldo Paoli Vetiska, quien falleció en 1966 además de su sobrina y yerna Doña Aida Josefina Paoli y los cuatro hijos habidos en el matrimonio nietos de Paoli, Arnaldo, José Luis y los gemelos Roberto y Alberto. Todos residentes en los Estado Unidos.

Pasó pues así la vida del glorioso tenor puertorriqueño Don Antonio Paoli, digno hijo de Borinquen, que hoy descansa en el seno de la cálida tierra que le vió nacer, a la cual ofreció humildemente toda la gamma de guirnaldas de oro, de glorias y laureles que ganó alrededor del mundo.

Comenzó y terminó esta historia en la bella y señorial ciudad de Ponce, la Perla del Sur. Comenzó allí en el año 1871 cuando nació Antonio Paoli y terminó allí el 5 de junio de 1992; ciento veintiún años después de natalicio de Paoli y cuarenta y seis años después de su muerte. En una emotiva ceremonia, el Goberndador de Puerto Rico y el Alcalde de Ponce develaron una bellísima estatua en el Panteón Nacional de Hombres Ilustres de Ponce en presencia de un nieto y una biznieta de Paoli, además de varios sobrinos, el autor de estas líneas y otras personalidades.

"Sic transit Glories Mundi"

APENDICE I
EL REPERTORIO DEL TENOR ANTONIO PAOLI

El repertorio del tenor Antonio Paoli constaba de cincuenta y seis (56) óperas. Según la relación investigada, cantó treinta y siete (37) de esas óperas y las diez y nueve (19) restantes fueron estudiadas, pero nunca interpretadas en escenario alguno, aunque frecuentemente incluía en sus conciertos y recitales muchas arias y dúos de esas óperas. Claro está, Paoli cantó las que más estaban en demanda al momento.

Hay aún algunas lagunas en la carrera de Paoli que no han podido ser investigadas, ya que cuando se anunciaba que estaba descansando en su Villa al norte de Italia, en realidad estaba cantando en otra parte del mundo. Es esa la razón del por qué no ha sido reconstruida su vida en su totalidad.

REPERTORIO OPERISTICO DEL TENOR ANTONIO PAOLI

OPERA	COMPOSITOR	PERSONAJE/CIUDAD	AÑO/ DEBUT
1.-Aïda	Verdi	(Radamés) Parma, Italia	1900
2.-Africana , La	Meyerbeer	(Vasco) París, Francia	1899
3.-Andrea Chenier	Giordano	(Protagonista) Bastia, Córcega	1900
4.-Ballo in Maschera, Un	Verdi	(Riccardo) Bologna, Italia	1903
5.-Carmen	Bizet	(Don José) Lyon, Francia	1899
6.-Cavallería Rusticana	Mascagni	(Turridu) New York, U.S.A.	1902
7.-Cid, Le	Massenet	(Rodrigo) Lyon, Francia	1899
8.-Dejanire	Saint-Saens	(Hércules) Montecarlo	1912
9.-Due Foscari, I	Verdi	(Jacopo) Florencia, Italia	1921
10.-Ernani	Verdi	(Protagonista) Kiev, Rusia	1906
11.-Fausto	Gounod	(Protagonista)Ostende, Bélgica	1909
12.-Fedora	Giordano	(Loris) Iquique, Chile	1906
13.-Gioconda, La	Ponchielli	(Enzo) Kharkov, Rusia	1906
14.-Gugllelmo Ratcliff	Mascagni	(Protagonista) Roma, Italia	1908
15.-Guglielmo Tell	Rossini	(Arnold) París, Francia	1899
16.-Hugonotes, Los	Meyerbeer	(Raul) París, Francia	1899
17.-Iris	Mascagni	(Osaka) Filadelfia, Pennsilvania	1902
18.-Lucia di Lammermoor	Donizetti	(Edgardo)Valencia, España	1897
19.-Lohengrin	Wagner	(Protagonista) Trieste, Austria	1904
20.-Madamemoiselle de Belle Isle	Samara	(?)Génova, Italia	1905

OPERA	COMPOSITOR	PERSONAJE/CIUDAD	AÑO/ DEBUT
21.-Marion Delorme	Ponchielli	(Didier) Milán, Italia	1919
22.-Mose in Egitto	Rossini	(Amenolfi) Rosario, Argentina	1919
23.-Norma	Bellini	(Pollione) Livorno, Italia	1912
24.-Notte di Natale, La	Cantoni	(Michele) Trieste, Austria	1905
25.-Oblio	Broggi	(?) Florencia, Italia	1904
26.-Otello	Verdi	(Protagonista)Florencia, Italia	1903
27.-Plagiacci, I	Leoncavallo	(Canio) San Petersburgo, Rusia	1906
28.-Poliuto	Bellini	(Protagonista) Iesi, Italia	1911
29.-Profeta, Il	Meyerbeer	(Jean) Bordeaux, Francia	1899
30.-Re Di Lahore, Il	Massenet	(Alim) Torino, Italia	1904
31.-Rhea	Samara	(Lysia) Florencia, Italia	1908
32.-Rigoletto	Verdi	(Duque) Novara, Italia	1898
33.-Roberto Il Diavolo	Meyerbeer	(Protagonista) Tolouse, Francia	1899
34.-Sansone è Dalila	Saint-Saens	(Sansone) Nápoles, Italia	1907
35.-Sigurd	Reyer	(Protagonista) París, Francia	1900
36.-Stabat Mater	Rossini	(Tenor) Pessaro, Italia	1904
37.-Trovatore, Il	Verdi	(Manrico) Parma, Italia	1900
38.-Zanetto	Mascagni	(Protagonista) Cincinatti, Ohio	1902
39.-Ruiz Blas De Santillana	Marchetti	Protgonista, Bagnacavallo, Italia	1911
40.-La Bruja	Chapi	El Escorial, España	1895
41.-La Tempestad	Chapi	El Escorial, España	1896
42.-La Dolores	Bretón	El Escorial, España	1896

OPERAS QUE ESTUDIO Y NO CANTO

OPERA	COMPOSITOR	PERSONAJE
1.- Alessandro Stradella	Von Flotow	Protagonista
2.- Attila	Verdi	Foresto
3.- Forza del Destino, La	Verdi	Alvaro
4.- Fra Diavolo	Auber	Protagonista
5.- Herodiades	Massenet	Jean
6.- Juive, La	Halevy	Eleazar
7.- Nerone	Boito	Protagonista
8.- Oberon	Von Weber	Protagonista
9.- Pársifal	Wagner	Protagonista
10.- Regina di Saba, La	Goldmark	Assad
11.- Roberto Devereux	Meyerbeer	Protagonista
12.- Sigfrido	Wagner	Protagonista
13.- Tanhauser	Wagner	Protagonista
14.- Tristano e Issota	Wagner	Tristán
15.- Thais	Massenet	Nícias
16.- Walkirias, Las	Wagner	Segismundo
17.- Maestri Cantori, I	Wagner	Walter
18.- Vespri Siciliani, I	Verdi	Enrico
19.- Lombardi, I	Verdi	Oronte

APENDICE II

CRONOLOGIA DETALLADA DE LA CARRERA GLORIOSA DEL COMENDADOR DON ANTONIO PAOLI

CONTIENE:

- Ciudades • Países • Dramas
- Orfeones, • Operas,
- Misas • Zarzuelas • Veladas
- Personajes • Fechas • Teatros y artistas
- Además, el total de funciones realizadas por Paoli.

Fecha	Ciudad, País, Teatro	Opera-Concierto Recital-Autor	Conciertos o funciones	Otros Artistas
1888, 1889 Verano	Bilbao, Irún, San Sebastián, Málaga, Cádiz, Granada, Sevilla Vizcaya, Avila Santander, Canarias Barcelona, Baleares España	Orfeón Voces de España Música Regional Conciertos	35	Luis Portocarrero, Carlos Guevara, Higinio Bascarán, Manuel Iruleghi, Vicente Martín, Felipe Cortis, Pedro de la Mata, Dir. Pastor
1889 Jul. 5	Academia Militar, Toledo, España	El Alcalde Zalamea de Calderón de la Barca	2	Amalia Paoli, Carlos Fontevilla, Luis Carreras, Emilio Calvo
Agos. 30	Academia Militar Toledo, España	Don Juan Tenorio de José Zorrilla	2	Sofía Portocarrero, Luis Alvarez
1890 May. 10	Academia Militar Toledo, España	La vida es sueño de Calderón de la Barca	2	Sofía Portocarrero, Luis Guevara, José Cortis

Fecha	Ciudad, País, Teatro	Opera-Concierto Recital-Autor	Conciertos o funciones	Otros Artistas
May. 20	Teatro Español Madrid, España	La vida es sueño de Calderón de la Barca	2	Sofía Portocarrero, Luis Guevara, José Cortis, José Bascarán
Julio	Iglesia de los Padres Paules, Alicante, España	Misas cantadas solista-	8	Maestro Pastor -organo-
1891 Verano	Pamplona, Zaragoza Andorra, Valencia Salamanca, Toledo Oviedo	Orfeón Donostierra, Música Regional Vazca Conciertos	30	?
1892-1893	Catedral Toledo, Toledo, España	Misas cantadas -solista	8	Maestro Pastor (órgano)
1894 Verano	Barcelona, Irún, Sabadell, Madrid, Valencia	Orfeón Catalá Conciertos, Música Catalana	20	?
1895 Verano	Academia Militar Toledo España	La Bruja(zarzuela) Chapi	3	Antonina Pietri, Carlos Cabaza, Maestro Tolosa
1896 Verano	Valencia, Salamanca Oviedo, San Sebastían Irún, Andorra, Barcelona, España	Orfeón Catalá Conciertos, Música Catalana	20	?
1897 Agos. 12	Palacio de Miramar, San Sebastían, España	Recital al Rey Don Alfonso XIII y Dña. María Cristina de Hasburgo	1	José Serrano -piano-
Agos. 30	El Gran Casino, San Sebastián , España	Conciertos	2	José Serrano (piano) A. Paoli (soprano)
Verano y otoño	Irún, Pamplona, Bilbao, Oviedo, Gijón, San Sebastián, España	Conciertos	10	Baldelli, Paoli & José Serrano
Nov. 23	Teatro Principal Valencia, España	Lucía di Lammermoor (Donizetti) Debut	4	Bianca Saroya, Franceso Bravi, Manuel Montilla, Arístides Masiero, Dir. Ricardo Vila

Fecha	Ciudad, País, Teatro	Opera-Concierto Recital-Autor	Conciertos o funciones	Otros Artistas
Dic. 18	Teatro Principal, Valencia, España	Recital de canto	1	Amalia Paoli Maestro Vila
Dic. 23	Santa Cruz, Islas Canarias	Recital de canto	2	Amalia Paoli, Maestro Vila

1898

Fecha	Ciudad, País, Teatro	Opera-Concierto Recital-Autor	Conciertos o funciones	Otros Artistas
Feb. 9	Conservatorio de Milán Milán, Italia	Concierto a Verdi (1 aria)	1	?
Marz. 9	Aire Libre frente al Hotel Milano, Milán Italia	Homenaje a Verdi (2 arias)	1	Orquesta Director Arturo Toscanini
Abr. 11	El Gran Teatro Brescia, Italia	Rigoletto-Verdi (Duque)	2	I.Portocarrero & Güevara (A.Paoli) Maria Gallo (M. Galvani) E. Grizzi (E. Geraldini) Andrés Pérez (Andrés Perelló) Carlos Segura (Segura Tallien), Dir. Veneziani
Abr.-jun. 2	Novara, Rho, Arsizio, Como, Bergamo, Po, Caravago, Vari, Verceli Monza, Cremona, Vicenza Placebza, Asti	Rigoletto-Verdi (Duque)	14	I.Portocarrero & Guevara (A. Paoli) Maria Gallo (M. Galvani) E. Grizzi (E. Geraldini) Andrés Pérez (Andrés Perelló) Carlos Segura (Segura Tallien), Dir.Veneziani.
Jul. 18	El Gran Teatro, Córdova, España	Rigoletto-Verdi	3	Iruleghi Bascarán (A. Paoli) Maria Barrientos, Emilio Cabello, Dir. Maestro Viñas
Agos. 5	Palacio Real, Madrid, España	Recital de Canto a la Reina Ma. Cristina	1	José Serrano (piano)

Fecha	Ciudad, País, Teatro	Opera-Concierto Recital-Autor	Conciertos o funciones	Otros Artistas
1899				
Abr. 26	Palais Garnier, L'Opera París, Francia	Guillaume Tell (Rossini) Arnold (debut ofic.)	6	Noté, Laffite, Bosman, Agussol, Dir. Paul Vidal
Jun. 28	Opera de Lyon, Lyon , Francia	Le Cid (Massenet) Rodrigo	2	Adini, Marcy, Lambert, Noté, Dir. Vidal.
Jul. 1	Opera de Lyon, Lyon, Francia	Carmen (Bizet) Don José	2	Delna, Renaud Dir. Mangin
Jul. 8	Teatro Municipal, Marsella, Francia	Carmen (Bizet) Don José	2	Delna, Renaud, Dir. Mangin
Jul. 12	Teatro Municipal, Orleans, Francia	Le Cid (Massenet) Rodrigo	2	Adini, Marcy Lamberi, Noté, Dir. P. Vidal
Sept. 15	Theatre Municipal, Strasburgo, Francia	Le Trouvere (Verdi) Manrico	4	Ganteri, Belhomme Lapeyrehe, Dir. Galdieux
Oct. 12	Teatre Gaite Lyrique, Paris, Francia	Les Huguenots (Meyerbeer) Raoul	2	Marcy, Litvine, Nivette, Chambon, Alberti, Dir. Lamoreaux
Oct. 17	Theatre Gaite Lyrique, París, Francia	L'Africaine (Meyerbeer) Vasco	2	Litvine, Marcy, Note, Chambón, Alberti, Dir. Lamoreaux
Oct. 20	Theatre Greslin , Nantes, Francia	Les Huguenots (Meyerbeer) Raoul	1	Litvine, Marcy, Note, Chambón, Alberti, Nivette Dir. Lamoreaux
Oct. 22	Theatre Greslin Nantes, Francia	L' Africaine (Meyerbeer) Vasco	1	Litvine, Marcy, Noté, Baer, Chambón, Alberti, Dir. Lamoreaux

Fecha	Ciudad, País, Teatro	Opera-Concierto Recital-Autor	Conciertos o funciones	Otros Artistas
Oct. 26	Le Gran Theatre, Bordeaux, Francia	Le Prophete (Meyerbeer) Jean	2	Soyer, Delmougeot, Chambón, Delpouget, Dir.Lamoreaux
Nov. 2	Theatre de Capitole Tolouse, Francia	Le Africaine (Meyerbeer) Raoul	1	Litvine, Marcy, Noté, Chambón, Dir. Lamoreaux
Nov. 4	Theatre de Capitole Tolouse, Francia	Les Huguenots (Meyerbeer), Raoul	1	Marcy, Litvine, Nivette, Chambón, Alberti, Dir. Lamoreaux
Nov. 6	Theatre de Capitole Tolouse, Francia	Robert le Diable (Myerbeer) Robert	1	Marcy, Mathiew Delpouget, Chambón, Dir. Lamoreaux
Nov. 14	Theatre Municipale Bourgogne, Francia	Les Huguenots (Meyerbeer) Raoul	1	Marcy, Litvine, Nivette,Chambón, Alberti, Dir. Lamoreaux
Nov. 16	Theatre Municipale Bourgogne, Francia	Robert le Diable (Meyerbeer) Raoul,	1	Marcy, Mathiew Delpouget, Chambón, Dir. Lamoreaux
Nov. 18	Theatre Municipale Orleans, Francia	Les Huguenots (Meyerbeer) Raoul	1	Marcy, Litvine, Nivette, Chambón Dir. Lamoreaux
Nov. 21	Theatre Municipale Orleans, Francia	Robert Le Diable (Meyerbeer)Jean	1	Marcy, Mathiew Delpouget, Chambon Dir. Lamoreaux
Nov. 24	Opera de Lyon, Lyon, Francia	L' Africaine (Meyerbeer) Vasco	1	Litvine, Marcy, Noté, Chambón, Dir. Lamoreaux

Fecha	Ciudad, País, Teatro	Opera-Concierto Recital-Autor	Conciertos o funciones	Otros Artistas
Nov. 26	Opera de Lyon, Lyon, Francia	Le Prophete (Meyerbeer), Jean	1	Soyer, Chambon Delmougeot Delpouget Dir. Lamoreaux
Dic. 10	Theatre National de L'Opera de París, Paris, Francia	Guillaume Tell, (Rossini) Arnorld	6	Renaud, Laffitte Bosmann, Agussoll Dir. Vidal
Dic. 29	Theatre Les Champs Elisée, París, Francia	Guillaume Tell (Rossini) Arnold (Función a su beneficio)	1	Reanud, Bosmann Chambón Dir. Lamoreaux

1900

Fecha	Ciudad, País, Teatro	Opera-Concierto Recital-Autor	Conciertos o funciones	Otros Artistas
Ene. 15	Theatre Gaite Lyrique, Paris, Francia	Le Cid (Massenet) Rodrigo	2	Adini, Marcy, Lamberti, Noté, Dir. Lamoreaux
Ene. 25	Teatro Reggio, Parma, Italia	Il Trovatore (Verdi) Manrico	8	I. Paoli, Ruffo, Del Prato, Dir. Franzoni
Ene. 30	Teatro Reggio, Parma, Italia	Aïda (Verdi) Radamés	8	Antinoras, Benedetti, Del Prato Dir. Franzoni
Marz. 15	Theatre Gaite Lyrique, París, Francia	Sigurd (Reyer), Sigurd	5	Hatto, Bosmann Renaud, Nivette, Dir.Vidal
Abr. 18	Teatro Ducal, Ducado de Luxemburgo	Sigurd (Reyer) Sigurd	5	Mestri, Bosman, Domenech,Reneaud Nivette, Dir. Vidal
Agos. 15	Covent Garden, Londres, Inglaterra,	The Huguenots (Meyerbeer) Raoul	1	E. Tetrazzini, Antinoras, D'Andrade, Scalchi, Benedetti Dir. Franzoni
Agos. 20	Her Majestis Theater Londres, Inglaterra	Il Trovatore (Verdi) Manrico	4	Antinoras Benedetti, Scalchi, D'Andrade Dir. Franzoni

Fecha	Ciudad, País, Teatro	Opera-Concierto Recital-Autor	Conciertos o funciones	Otros Artistas
Agos. 22	Her Majestis Theater, Londres, Inglaterra	Aïda(Verdi) Radamés	2	Antinoras, Benedetti, Scalchi, Ravelli, D' Andrade, Dir. Franzoni
Agos. 25	Her Majestis Theater, Londres, Inglaterra	The Huguenots (Meyerbeer) Raoul	1	Tetrazzini, Antinoras D' Andrade, Benedetti, Dir. Franzoni
Sept. 1	Theater Royal Glascow, Escocia, Inglaterra	The Huguenots , (Meyerbeer) Raoul	1	Theodorini, Antinoras, D' Andrade, Benedetti, Dir. Franzoni
Sept. 5	Theater Royal Glascow Escocia, Inglaterra	Il Trovatore (Verdi) Manrico	2	Antinoras, Benedetti, Scalchi, D' Andrade, Dir. Franzoni
Sept. 6	Theater Royal Glascow, Escocia, Inglaterra	Aïda (Verdi) Radamés	1	Antinoras, Benedetti Scalchi, D' Andrade, Dir. Franzoni
Sept. 9	The Royal Lyceum, Edimburgo, Escocia, Inglaterra	The Huguenots (Meyerbeer) Raoul	1	Theodorini, Antinoras, D' Andrade, Benedetti, Dir. Franzoni
Sept.11	The Royal Lyceum, Edimburgo, Escocia Inglaterra	Il Trovatore (Verdi) Manrico	2	Antinoras, Benedetti, Scalchi D'Andrade, Dir. Franzoni
Sept.13	The Royal Lyceum, Edimburgo, Escocia, Inglaterra	Aïda(Verdi) Radamés	2	Antinoras, Scalchi, Benedetti, D'Andrade Dir. Franzoni
Sept 20	Theatre Royal Brighton, Inglaterra	The Huguenots (Meyerbeer) Raoul	1	Theodorini, Benedetti, Antinoras D' Andrade, Dir. Franzoni

Fecha	Ciudad, País, Teatro	Opera-Concierto Recital-Autor	Conciertos o funciones	Otros Artistas
Sept. 22	Theatre Royal Brighton, Inglaterra	Il Trovatore (Verdi) Manrico	1	Theodorini, Benedetti, Scalchi D' Andrade, Dir. Gandi
Sept. 25	Lyceum Theater, Londres, Inglaterra	The Huguenots (Meyerbeer)Raoul	1	Theodorini, Benedetti, Antinoras, D' Andrade, Dir. Gandi
Sept. 27	Lyceum Theater, Londres, Inglaterra	Il Trovatore (Verdi) Manrico	4	Theodorini, Benedetti, Scalchi D' Andrade, Dir. Franzoni
Nov. 15	Teatro Municipale, Bastia, Córcega	Andrea Chenier (Giordano) Protagonista	2	Baldasarre-Tedeschi Viglione, Borghese, Polverosi , Micucci, Amalia Paoli, Dir. Armani
Nov. 20	Teatro Municipale, Bastia, Córcega	Andrea Chenier (Giordano) Protagonista	2	Baldasarre-Tedeschi Viglione, Borghese, Polvorosi, Micucci, Amalia Paoli Dir. Armani
Nov. 30	Politeama Margherita Cagliari, Cerdeña	Il Trovatore (Verdi) Manrico	4	Micucci, Viglione, Borghese, Amalia Paoli, Polverosi, Pace, Dir. Armani
Dic. 15	Teatro Municipale, Constantinopla, Turquía	Andrea Chenier (Giordano) Protagonista	5	Ferni, Bonini, Polverosi, Micucci, Amalia Paoli, Dir. Armani

1901

Fecha	Ciudad, País, Teatro	Opera-Concierto Recital-Autor	Conciertos o funciones	Otros Artistas
Feb. 10	Teatro Tacón, Habana, Cuba	Recital de Canto, Arias de Operas	2	?
Mar. 1	Teatro Municipal Port Au Prince, Haití	Recital de Canto, Arias de Operas Francesas	1	?

730

Fecha	Ciudad, País, Teatro	Opera-Concierto Recital-Autor	Conciertos o funciones	Otros Artistas
Mar. 12	Teatro Nacional de Santo Domingo, Rep. Dominicana	Recital de Canto Opera y Zarzuela	2	?
May. 30	Iglesia de la Guadalupe, Ponce, Puerto Rico	Misa cantada de mañana	1	?
May. 30	Teatro La Perla, Ponce, Puerto Rico	Recital de canto, Arias de óperas (noche)	3	Arturo Passarell piano
Jun. 24	Catedral de San Juan San Juan, Puerto Rico	Misa cantada en honor a San Juan Bautista	1	Felipe Gutiérrez y Espinosa al órgano
Jul. 5	Teatro Municipal, San Juan, Puerto Rico	Recital de canto Arias de óperas	3	Arturo Passarell pianista
Jul. 12	Teatro Olivier, Arecibo, Puerto Rico	Recital de canto Arias de óperas	2	Trini Padilla de Sanz, pianista
Jul. 20	Teatro Municipal, Mayagüez, Puerto Rico	Recital de canto, Arias de óperas	1	Arturo Passarell pianista
Jul. 30	Iglesia de San José, San Juan Puerto Rico	Misa cantada en Acción de Gracias	1	Felipe Gutierrez y Espinosa-organista
Agos. 20	Teatro Municipal, Caracas, Venezuela	Recital de canto, Arias de óperas	3	Teresa Carreño, pianista
Agos.28	Teatro Colón , Bogotá, Colombia	Recital de canto, Arias de óperas	2	?
Sept. 10	Teatro San José, San José, Costa Rica	Recital de canto, Arias de óperas	2	?
Sept. 20	Guanajuato, México	Recital de canto, Arias de óperas y conciertos	1	?
Sept. 22	Guadalajara, México	Recital de canto, Arias de óperas	1	?
Sept. 25	Res. Luis Ives Limentour, México, México	Recital de canto , Arias de óperas y conciertos	1	Paz Labastide y Madanaga, pianista

Fecha	Ciudad, País, Teatro	Opera-Concierto Recital-Autor	Conciertos o funciones	Otros Artistas
Oct. 5	Teatro Arbeu, México, México	Recital de canto , Arias de óperas y conciertos	1	Paz Labastide y Madanaga,pianista
Oct. 8	Res. FamiliaIgaravides México, México	Recital de canto , Arias de óperas y conciertos	1	Paz Labastide y Madanaga,pianista
Oct. 20	Teatro Tacón, Habana, Cuba	Recital de canto , Arias de ópera	2	Luis Arraiza pianista
Nov. 25	El Gran Teatro, Córdova, España	Recital de canto, Arias de ópera	1	Luis Tolosa pianista
Nov. 29	Teatro Cervantes, Málaga, España	Recital de canto , arias de ópera	1	Luis Tolosa pianista
Dic. 20	Palacio Real, Madrid, España	Recital de Canto (privado)	1	José Serrano, pianista
Dic. 26	Teatro Campoamor, Oviedo, España	Recital de Canto, arias de ópera	1	Pablo Luna, pianista

1902

Fecha	Ciudad, País, Teatro	Opera-Concierto Recital-Autor	Conciertos o funciones	Otros Artistas
Feb. 15	Theatre Municipale, Niza, Francia	Il Trovatore (Verdi) Manrico	10	L. Tetrazzini, Bonini, Scalchi, D' Andrade, Dir. Villa
Mar 20	Theatre Municipale, Viareggio, Italia	Il Trovatore (Verdi) Manrico	10	L. Tetrazzini, Bonini, Scalchi, D' Andrade, Dir. Villa
Abr.l 8	Teatro Duse, Bologna, Italia	Il Trovatore (Verdi) Manrico	8	A. Karola, Marcomini, Dinh, Gresse, Dir. Vidal
May. 5	Teatro Argentina Roma, Italia	Il Trovatore (Verdi) (Verdi) Manrico	8	Carreras, Giraldoni Manfredi, Dir. Pietri
Oct. 7	Metropolitan Opera House, New York, USA	Concierto (1 aria)	1	Dir. Mascagni
Oct. 9	Metropolitan Opera House, New York, USA	Concierto (arias y 2 dúos)	1	Mascagni, Amelia Pinto, Bianchini, Paoli, Schiavazzi

Fecha	Ciudad, País, Teatro	Opera-Concierto Recital-Autor	Conciertos o funciones	Otros Artistas
Oct. 11	Metropolitan Opera House, New York, USA	Concierto	1	Bianchini, Capelli Pasini, Paoli, Dir. Mascagni
Oct. 12	Metropolitan Opera House, New York, USA	Gran Concierto de Gala	1	A. Pinto, F. Passini F. Campagna, Paoli, F. Navarrini, Dir. Mascagni
Oct. 13	Academy of Music, Filadelfia, Penn., USA	Cavallería Rusticana (Mascagni) Turridu	1	E. Bianchini, Paoli, Bellatti, Pasini, Dir. Mascagni
Oct. 14	Academy of Music, Filadelfia, Penn., USA	Iris (Mascagni) Osaka, Premiere	1	M. Farnetti, Navarrini, Dir. De Curtis
Oct. 15	Academy of Music, Filadelfia, Penn., USA	Cavalleria Rusticana (Mascagni) Turridu	1	Bianchini, Mantelli Paoli, Dir. Belleza
Oct. 16	Academy of Music, Filadelfia, Penn., USA	Gran Concierto de Gala	1	Farnetti, Navarrini Mantelli, Caffetto, Campagna, Bianchini, Dir. Bozzi- Pescia & Mascagni
Oct. 17	Meropolitan Opera House, New York, USA	Cavallería Rusticana (Mascagni) Turridu	1	Pinto, Campagna, Mantelli, Paoli, Dir. Mascagni
Oct. 19	Academy of Music, Brooklyn, N,Y., USA	Concierto Música (Mascagni) Arias de óperas Overturas	1	Bianchini,Navarrini Navarrini,Bellatti Dir. A. Yacchia
Oct. 20	Musica Hall, Baltimore, Maryland,	Cavalleria y concierto (arias de óperas)	1	Bianchini, Farnetti Pasini, Schiavazzi, Paoli, Navarrini, Dir. Mascagni
Oct. 21	National Theater Washington, D.C.,	Cavalleria y concierto (arias de ópera)Matinée	1	Pinto, Pasini, Bellatti, Navarrini, Frascona, Dir. Buzzi-Pescia

Fecha	Ciudad, País, Teatro	Opera-Concierto Recital-Autor	Conciertos o funciones	Otros Artistas
Oct. 22	Duquene Gardens, Pittsburg, Penn., USA	Cavallería y concierto (Mascagni) Turridu	1	Pinto, Pasini, Bellatti, Campagna Dir. Yacchia
Oct. 25	Gray's Armory, Cleveland, Ohio, USA	Cavalleria y Zanetto (Mascagni) Turridu	1	Pinto, Campagna, Mantelli, Paoli, Dir. Buzzi Pescia
Oct. 26	State Armory, Albany, New York USA	Concierto (arias de ópera)	1	Farnetti , Pinto, Paoli, Bellatti, Bianchini, Dir. Mascagni
Oct. 27	Convention Hall Buffalo, New York,	Cavalleria Rusticana (Mascagni) Turridu	1	Pinto, Campagna, Pasini, Paoli, Dir. Yacchia
Oct. 28	Convention Hall Buffalo, New York, USA	Concierto (arias de ópera)	1	Farnetti, Pinto, Schiavazzi, Bellatti, Bianchini, Dir. Mascagni
Oct. 30	Massey Hall Toronto, Canada	Cavalleria y concierto (aria de ópera y dúos)	1	Pinto, Paoli, Bellati, Dir. Mascagni
Oct. 31	Arena-Montreal, Canada	Cavalleria y concierto (aria de óperas y dúos)	1	Farnetti, Bellatti, Paoli, Pasini, Navarini, Dir. Yacchia
Nov.3	Music Hall, Boston, Mass., USA	Cavalleria y concierto (arias de óperas y dúos)	3	Farnetti, Bellatti, Campagna, Paoli Dir. Buzzi-Pescia
Nov. 15	Boston Opera House Boston, Mass., USA	Concierto (arias de óperass y dúos)	2	Pinto, Farnetti Bellatti, Navarrini, Paoli, Dir. Mascagni
Nov. 16-30	Problemas legales con Mascagni			
Dic. 1	State Theater, Providence, R. I., USA	Concierto (arias de óperas)	1	Pinto, Bellatti, Navarrini, Dir. Mascagni

Fecha	Ciudad, País, Teatro	Opera-Concierto Recital-Autor	Conciertos o funciones	Otros Artistas
Dic. 6	Municipal Theater, New London, Ct. USA	Concierto (arias de óperas)	1	Pinto, Bellatti, Navarrini, Dir. Mascagni
Dic. 7	Herald Square, New York, N.Y., USA	Concierto	1	Pinto, Paoli, Bellatti, Farnetti, Dir. Mascagni
Dic. 8	Municipal Theater Scrantan, PA, USA	Concierto	1	Paoli,Bellatti, Pinto, Farnetti, Dir. Mascagni
Dic. 9	Municipal Theater Syracuse, N.Y., USA	Concierto	1	Paoli,Bellatti, Pinto, Farnetti, Dir. Mascagni
Dic.11	Municipal Theater Detroit, Michigan, USA	Concierto	1	Paoli,Bellatti, Pinto, Farnetti, Dir. Mascagni
Dic. 12	Municipal Theater Grand Rapids, Michigan, USA	Concierto	1	Paoli,Bellatti, Pinto, Farnetti, Dir. Mascagni
Dic. 14	Municipal Theater Detroit, Michigan, USA	Concierto	1	Paoli,Bellatti, Pinto, Farnetti, Dir. Mascagni
Dic. 17	Municipal Theater, Indianapolis, Indiana, USA	Concierto	1	Paoli,Bellatti, Pinto, Farnetti, Dir. Mascagni
Dic.1 8	Gray's Armory Cleveland, Ohio, USA	Cavalleria y concierto	1	Pinto , Campagna, Bellatti, Paoli, Navarrini Dir. Mascagni
Dic. 20	Auditoirum Theater Chicago, Illinois, USA	Cavalleria y c oncierto (arias de óperas)	1	Pinto, Campagna, Bellatti, Paoli, Dir. Mascagni
Dic. 21	Auditoirum Theater Chicago, Illinois, USA	Concierto	1	Pinto, Campagna, Bellatti, Paoli, Dir. Mascagni

Fecha	Ciudad, País, Teatro	Opera-Concierto Recital-Autor	Conciertos o funciones	Otros Artistas
Dic. 23	Auditoirum Theater Chicago, Illinois, USA	Concierto	1	Pinto, Campagna, Bellatti, Paoli, Dir. Mascagni
1903 Ene. 3	Teatro Alhambra , San Francisco, California, USA	Concierto (overturas, arias, dúos)	2	Pinto, Passini, Paoli, Navarrini, Bellatti Dir. Mascagni
Feb. 10	Teatro Municipale, Niza, Francia	Le Cid (Massenet) Rodrigo	4	Karola, Renaud, Chambón, Massenet Delpouget, Dir.Vidal
Feb. 16	Opera de Lyon, Lyon, Francia	Le Cid- (Massenet) Rodrigo	4	Karola, Renaud, Chambón, Delpouget, Dir. Vidal
Mar. 11	Teatro Alla Scala, Milán, Italia	Un Ballo in Maschera (Verdi) Riccardo, (cancelado la noche de estreno)	0	Micucci, Betti, Parsi, Silvestri, Coletti, Luppi, Dir. Toscanini
Abr. 17	Teatro Alla Fenice Fenice, Italia	Il Trovatore (Verdi) Manrico	10	Caligaris, Ruffo, Julía, Montico, Dir. Ferrari
May. 26	Teatro Dal Verme, Milán, Italia	Il Trovatore (Verdi)Manrico	5	Boninsegna, Arditi, Julia, Conti, Dir. Moranzoni
Jul. 28	Teatro Malibrán, Venecia, Italia	Il Trovatore (Verdi) Manrico	10	G. De Luca, D' Albore, Forlano, Mansueto, Dir. Acerbi
Agos. 16	Teatro Politeama, D'Azeglio, Bologna Italia	Il Trovatore (Verdi) Manrico	10	Bosetti, Anceschi, Degli Abbatti, Belluci, Montana, Dir. Tanara
Sept. 3	Teatro Politeama, D'Azeglio, Bologna Italia	Un Ballo in Maschera (Verdi) Riccardo	5	Bosetti, Anceschi, Ponzano, Carozzi, Cremona-Campagnola, Becucci, Lunardi Dir. Tanara

Fecha	Ciudad, País, Teatro	Opera-Concierto Recital-Autor	Conciertos o funciones	Otros Artistas
Sept. 12	Teatro Politeama Rossetti-Trieste, Austria	Il Trovatore (Verdi) Manrico	12	Micucci-Betti, Rebonato, Ortali, Marcomini, Muzzi, Gravina, Montanari, Dir. F. Deliliers
Oct. 14	Teatro Politeama Rossetti, Trieste Austria	Aïda (Verdi) Radamés	10	Micucci-Betti, luego Maglivolo, Baldi, Marcomini, Rebonato, (Dadone), Gravina,Montarani, Dir. Deliliers
Nov. 4	Teatro Politeama Rossetti, Trieste, Austria	Aïda (Verdi) Función de Gala - Radamés (arias Trovatore y Huguenots)	1	Prossnitz, Marcomini Marcomini, Dadone Gravina, Baldi. Dir. Cantoni
Nov. 10	Theatre National Bucarest, Rumanía	Il Trovatore (Verdi) Manrico	8	Clasenti, Dinh, Di Angelo, Dir. Spetrino
Dic. 19	Teatro Verdi, Florencia, Italia	Il Trovatore (Verdi) Manrico	10	Labia, Ruffo, Marcomini, Penso, Dir. Brogi
Dic. 26	Teatro Alla Pergola, Florencia, Italia	Otello (Verdi) protagonista -su primer Otello-	15	Labia, Bergamasco, Hediger, Penso, Bachi, Dir. Gialdini
1904				
Ene. 16	Teatro Alla Pérgola Florencia, Italia	Il Trovatore (Verdi) Manrico	8	Labia, Hediger, Lukacewska, Banti, Dir. Gialdini
Feb. 4	Teatro Alla Pergola Florencia, Italia	Oblio (Brogi)	6	Labia, Hediger, Lukacewska, Banti, Dir. Gialdini
Feb. 25	Iglesia Católica Pesaro, Italia	Recital de canto y órgano (beneficio Iglesia)	1	Padre Vincenzo Quadri
Feb. 29	Teatro Rossini , Pesaro, Italia	Conmemoración 112 Aniv. del natalicio de Rosini Concierto arias óperas	1	Coro y Orquesta, Titular, Dir. A. Sostina

Fecha	Ciudad, País, Teatro	Opera-Concierto Recital-Autor	Conciertos o funciones	Otros Artistas
Marz. 1	Teatro Rossini, Pesaro, Italia	Stabat Master-Rossini	1	Solistas orquesta-Coro-Teatro Rossini, Dir. A. Sostina
Marz. 8	Teatro Ciscutti, Pula, Yugoslavia	Il Trovatore (Verdi) Manrico	8	Bosetti, Julía, Hediger, Dir. Gialdini
Abril 1	Teatro Alla Pergola Florencia, Italia	Otello(Verdi) (protagonista)	12	Baldasarre-Tedeschi Catania, Giraldoni, Pini- Corsi, Dir. Armani
Abril 19	Teatro Verdi, Florencia, Italia	Il Trovatore (Verdi) Manrico	8	Baldasarre-Tedeschi Marcomini, Amato Giraldoni,Dir. Brogi
Abril 20	Teatro Verdi, Florencia, Italia	Aïda (Verdi) Radamés	8	Labia, Marcomini, Giraldoni, Montarani, Dir. Brogi
Mayo 5	Teatro Politeama Rossetti-Trieste, Austria	Lohengrin (Wagner) (protagonista)	10	Alloro, Grasse, Arcangeli, Walter, Dir. Armani
Mayo 13	Teatro Politeama Rossetti-Trieste, Austria	Il Trovatore(Verdi) Manrico	6	Boninsegna, (Alloro), Grase, (Garibaldi), Barettin, Franchi, Dir. Cantoni
May. 20	Teatro Politeama Rossetti-Trieste	Il Profeta (Meyerbeer) Jean	1	Benger, Gresser, Arcangeli, Walter, Franchi,Dir. Armani
Jun. 1	Stadtheater, Graz, Austria	Il Trovatore(Verdi) Manrico	10	Bonini, Alloro, Guerrini, Koss, Hillmann, Abalbert, Kracher, Smidt, Dir. Cimini

Fecha	Ciudad, País, Teatro	Opera-Concierto Recital-Autor	Conciertos o funciones	Otros Artistas
Jun. 3	Stadtheater , Graz, Austria	Aïda (Verdi) Radamés	5	Guerrini, Alloro, Gillmann, Koss, Bonini, Kracher, Dir. Cimini
Jun. 7	Stadtheater , Graz, Austria	Un Ballo in Maschera (Verdi) Riccardo	7	Bonini, Alloro, Ullmann, Westen, Landauer, Guillman, Kracher, Spondem, Smidt, Dir. Cimini
Jun. 12	Stadtheater, Graz, Austria	Il Trovatore (Verdi) Manrico Función de Gala	1	Schwarz, Benger, Koss, Ullmann, Dir. Ottenheimer
Jun. 16	Stadtheater, Graz	Otello (Verdi) protagonista	10	Bonini, Brandes, Koss, Gillmann, Kracher, Aigner, Winternitz, (Alloro) Ullman, Dir. Cimini
Jun. 30	Stadtheater, Graz, Austria	Concierto (Despedida de Paoli)	1	Orquesta- Dir. Ottenheimer
Jul. 8	Theatre Nationale Sofía, Bulgaria	Il Trovatore (Verdi) (protagonista)	8	Leonardi, Montana, Palombini, Dir. Capelli
Agos. 2	Teatro Comunale, Modena, Italia	Otello (Verdi) (protagonista)	6	Leonardi, Bonini, Polverosi, Montanari, Dir. Armani
Agos. 5	Teatro Comunale Modena, Italia	Un Ballo in Maschera (Verdi) Riccardo	5	Alloro, Bonini, Cremona, Leonardi Dir. Armani
Sept. 4	Teatro Vittorio Emmanuelle, Torino Italia	Il Trovatore (Verdi) Manrico	7	Alloro, Bonini, I Polverosi, Pevello, (Franchi) Dir. Serafín
Sept. 9	Teatro Vittorio Emmanuelle, Torini, Italia	Gli Ugonotti (Meyerbeer) Raul	3	Alloro, Guerrini, Bonini, Bevarri, Dir. Serafín

Fecha	Ciudad, País, Teatro	Opera-Concierto Recital-Autor	Conciertos o funciones	Otros Artistas
Oct. 15	El Gran Teatro Cádiz, España	Otello (Verdi) (protagonista)	4	Clausens, Plinio Bellagamba, Montana, Dir. Villa
Oct. 18	El Gran Teatro Cádiz, España	Los Hugonotes (Meyerbeer) Raul	3	Clausens, Torreta Vidal, Verdaguer Dir. Villa
Oct. 30	Palacio de Oriente, Madrid, España	Recital Privado (arias de óperas y romanzas de zarzuelas)	1	P. Luna, piano
Nov. 15	Teatro Grande, Brescia, Italia	Otello (Verdi) (protagonista)	5	Adami, Corradetti Sala, Lasarre, Dir. Petri
Dic. 4	TeatroPrincipal Valencia, España	Otello (Verdi) (protagonista)	6	Santaoliva, Saludas, Bellagamba, Bordasio, Dir. Petri
Dic. 5	Teatro Principal Valencia, España	Aïda (Verdi) Radamés	2	Santaoliva (Villani) Bellagamba, García-Rubio, Dir. Petri
Dic. 8	Teatro Principal Valencia, España	Los Hugonotes (Meyerbeer)-Raul	3	Santaoliva, García-Rubio, Vidal, Orsi, Dir. Petri
Dic. 11	Teatro Principal Valencia, España	Lohengrin (Wagner) (protagonista)	1	Alabán, Nabón Bellagamba, Vidal, Dir. Petri
Dic. 18	Real Teatro de San Carlos, Lisboa, Portugal	Otello (Verdi) (protagonista)	8	Alloro, Manfredi, Kaschmann, (Ancona), Zucchi, De Falco, Medosi, Marbieri, Dir. Lombardi
Dic. 28	Real Teatro de San Carlos, Lisboa, Portugak	Aïda (Verdi) Radamés	4	Alloro, Leonardi, Spoto, D' Albore, Medosi, Zucchi, (Galliaris) Dir. Lombardi

Fecha	Ciudad, País, Teatro	Opera-Concierto Recital-Autor	Conciertos o funciones	Otros Artistas
1905				
Ene. 5	Real Teatro de San Carlos, Lisboa, Portugal	Il Re Di Lahore (Massenet) Alim	3	Pucci, Leonardi, Kaschmann, (Ancona), De Grazzia, Del Falco, Dir. Lombardi (Acerbi)
Ene. 11	Real Teatro de San Carlos, Lisboa, Portugal	Guglielmo Tell (Rossini)	4	Palermi-Lery, Almansi, Manfredi, Bouvet, Mariani, Zucchi, Mentasti, Stagni, Barbieri, Dir. Acerbi
Ene. 23	Real Teatro de San Carlos, Lisboa, Portugal	Lohengrin (Wagner) (Función Privada) Protagonista	1	Galligaris- Marti, De Cisneros, Ancona, Bouvet, Spoto, Barbieri, Dir. Acerbi
Feb. 5	Teatro Real Madrid, España	Otello (Verdi) (protagonista)	6	D' Arneiro, Lucci, Blanchart, Vidal, Maseiro, Dir. Mascheroni
Marz. 1	Teatro Real Madrid, España	Il Trovatore(Verdi) Manrico	1	De Lerma, Cuccini, Pacini, Verdaguer, Masiero, Dir. Villa
Marz. 6	Theatre Municipale de Odessa, Rusia	Il Trovatore(Verdi) Manrico	8	Chelotti, De Cisneros, Sabellico, Dir. Esposito
Marz. 18	Grand Theatre du Conservatoire, San Petesburgo, Rusia	Il Trovatore (Verdi) Manrico	10	Chelotti, De Cisneros, Ruffo, Ferraioli, Dir. Esposito
Marz. 20	Palacio Imperial San Petesburgo, Rusial	Recital de Canto Privado	1	Maestro Esposito-piano

Fecha	Ciudad, País, Teatro	Opera-Concierto Recital-Autor	Conciertos o funciones	Otros Artistas
Marz. 23	Grand Theatre du Conservatoire, San Petesburgo, Rusia	Les Huguenots (Meyerbeer) Raoul	4	Chelotti, Der Prandt, De Cisneros, Saballico, Sibiriakoff, Dir. Esposito
Marz. 29	Grand Theatre du Conservatoire, San Petesburgo, Rusia	Aïda (Verdi) Radamés	6	Chelotti, Der Prandt, Cisneros, Ruffo, Sabellico, Ferraioli, Masiero, Dir. Esposito
Abr. 1	Grand Theatre du Conservatoire, San Petesburgo, Rusia	Lucia di Lammermoor (Donizetti) Edgardo	6	Tromben, Polese, Sabellico, Masiero, Dir. Esposito
Abril 11	Grand Theatre du Conservatoire, San Petesburgo, Rusia	Otello (Verdi) (protagonista)	8	Chelotti, Polese, (Ruffo), Sargevic, Sabellico, Masiero, Dir. Esposito
Mayo 5	Teatro S. Fernando, Sevilla, España	Otello (Verdi) (protagonista)	6	De Vita, Blanchart, Rossatto, Masiero, García-Rubio, Bensaude, Dir. Tolosa
May. 7	Teatro San Fernando, Sevilla, España	Los Huguenots (Meyerbeer) Raul	3	Alloro, De Vila, Blanchart (Bensaude), Rossato, Dahlander, Vidal, Dir. Tolosa
May. 9	Teatro San Fernando, Sevilla, España	Il Trovatore (Verdi) Manrico	4	Alloro, Blanchart, García-Rubio, Masiero, Rossato, Dir. Tolosa.
May. 21	Teatro Cervantes , Málaga, España	Otello (Verdi) protagonista	3	Alloro, Blanchart, Rossato, Masiero, García-Rubio, Dir. Tolosa

Fecha	Ciudad, País, Teatro	Opera-Concierto Recital-Autor	Conciertos o funciones	Otros Artistas
May. 23	Teatro Cervantes, Málaga, España	Il Trovatore (Verdi) Manrico	3	Huguet, Blanchart, Rossato, Masiero, Duchene, Dir. Tolosa
May. 28	Teatro del Gran Capitán Córdova, España	Il Trovatore (Verdi) Manrico	3	Huguet, Blanchart, Duchene, Rossato, Dir. Tolosa
Jun. 16	Teatro Politeama, Florentino,	Il Trovatore (Verdi) Manrico	10	Giudice, Bruno, Amato, Lucenti, Polverosi, Dir. Deliliers.
Sept. 3	Catedral (Duomo) Milán, Italia	Misa de Difuntos a Tamagno	1	Ruffo, Bonci, Mancinelli, coro y orq. Teatro Alla Scala
Sept. 8	Teatro Vittorio Emmanuelle, Torino, Italia	Il Trovatore (Verdi) Manrico	10	Farnetti, Perello, Villani, Sala, (Polverosi) Dir. Mancinelli.
Oct. 5	Palacio Imperial, Viena, Austria	Lohengrin (Wagner) protagonista Función privada	1	Carré, Campagna, Cigada, Goetzen, Dir. Mancinelli
Oct. 8	Palacio Imperial, Viena, Austria	Otello (Verdi) protagonista - Función privada	1	Carelli, Goetzen, Campagna, Smidt, Dir. Mancinelli
Nov. 6	Teatro Alla Fenice, Venecia, Italia	Grande Concerto Congresso Commerciale Europeo	1	Dir. Acerbi, Orq. Teatro Alla Fenice
Nov. 11	Teatro Carlo Felice, Génova, Italia	Madamemoiselle de Belle Isle (Samara) Premiere mundial	3	Bassi (Paoli) Pinto, Bari, Biassi, Dir. Samara
Dic. 6	Filarmonico Hall, Triestre, Austria	La Notte di Natale (Cantoni) Michele Premiere mundial	2	Randengger, Goetzen, Dir. Cantoni

Fecha	Ciudad, País, Teatro	Opera-Concierto Recital-Autor	Conciertos o funciones	Otros Artistas
Dic. 30	Teatro Real Madrid, España	Los Hugonotes (Meyerbeer) Raul	3	García-Rubio, D' Arneiro, Torretta, Blanchart Mansueto, Rossato, (Verdaguer) Tanci, Dir. Villa
1906 Ene. 6,	Teatro Real Madrid, España	Il Trovatore(Verdi)	6	Boninsegna, Pacini, (Blanchart) Dahlander, Verdaguer, Dir. Villa
Ene. 18	Teatro Real Madrid, España	Aïda (Verdi) Manrico	2	Boninsegna, Dahlander, Pacini, Tanci, Mansueto, Verdaguer, Dir. Vitale
Ene. 30	Teatro Real, Madrid, España	Otello (Verdi) (protagonista)	1	Alabán, Tabuyo, Tanci, Masiero, Dir. Urrutia
Feb. 14	Teatro San Carlo, Nápoles, Italia	Otello (Verdi) (protagonista)	12	Farnetti (Orbellini Longari), Ancona (Sammarco), Sacandiani, Bada, Niola, Tisci-Rubini Dir. Panizza
Mar. 25	Teatro Nuovo Conservatorio, San Petersburgo, Rusia	Otello (Verdi) (protagonista)	8	Carelli, Ruffo, Polverosi, Giveov, Seghievic, Dir. Golsciani
Mar. 28	Teatro Nuovo Conservatorio, San Petersburgo, Rusia	I Pagliacci (Leoncavallo)	3	Galvany, Ruffo, Polverosi, Dir. Golsciani
Abr. 5	Theatre Municipale, Kharkov, Rusia	La Gioconda (Ponchielli) Enzo	3	Carelli, Fabbri, Ruffo, Seghievic, Dobronskaia, Dir. Bernardi
Abril 8	Theatre Municipale, Kharkov, Rusia	Il Trovatore(Verdi) Manrico	4	Korolewics, Polverosi, Ruffo,

Fecha	Ciudad, País, Teatro	Opera-Concierto Recital-Autor	Conciertos o funciones	Otros Artistas
				Seghievic, Dobronskaia, Dir. Bernardi
Abr. 24	Theatre Municipale, Kharkov, Rusia	Rigoletto (Verdi) Duque	1	Ruffo, Gasparini, Seghievic, Dir. Bernardi
Abr. 26	Teatro Solovsov, Kiev, Rusia	Il Trovatore (Verdi) Manrico	4	Korolewics, Alessandrini, Ruffo, Seghievic, Dobronskaia, Dir. Margulin
May.16	Teatro Solovsov, Kiev, Rusia	Ernani (Verdi) protagonista	3	Galvany,Coppola, Seghievic, Ruffo Dir. Margulin
May. 25	Teatro Municipale, Odessa, Rusia	Il Trovatore (Verdi) Manrico	4	Galvany, Ruffo, Alessandrini, Kovielskova, Hejdiekov, Dir. Pribick
Jul. 7	Teatro Municipale, Santiago de Chile, Chile	Otello (Verdi) (protagonista)	4	Pinto, Mazzi, Nani, Rossini, Galbiero, De Angelis, Tortorici, Pellegrini, Dir. Armani
Jul. 14	Teatro Municipale, Santiago de Chile,	Il Trovatore (Verdi) Manrico	7	Pinto, Nani, Rossini, De Angelis, Clausens, Dir. Padovani (Armani)
Jul. 28	Teatro de La Victoria, Valparaíso, Chile	Il Trovatore (Verdi) Manrico	l	Pinto, Nani, Rossini, De Angelis, Clausens, Dir. Armani
Agos. 7	Teatro Municipal, Santiago de Chile, Chile	Aïda(Verdi) Radamés	8	Agostinelli, Nani, Clausens, Korman, Santaella (Del Ry) Dir. Armani

Fecha	Ciudad, País, Teatro	Opera-Concierto Recital-Autor	Conciertos o funciones	Otros Artistas
Agosto 31	Teatro Municipal, Santiago de Chile, Chile	Aïda(II Acto) (Verdi) (beneficio dannificados terremoto)	8	Agostinelli Clausens, Badini, Viola, Korman, Dir. Armani
Sept. 6	Teatro Municipal, Santiago de Chile, Chile	Lohengrin (Wagner) (protagonista)	4	Agostinelli, Clausens, Badini, De Angelis, Torturici (Santaella) Dir. Armani
Sept. 13	Teatro Municiapa,l Santiago de Chile,	Lucia de Lammermoor (Donizetti) Edgardo	5	Alessandrovich, Nani, De Argelis Rossini,Dir. Armani
Oct. 6	Teatro Municipal, Santiago de Chile,	Los Hugonotes (Meyerbeer) Raul	5	Alessandrovich, De Angelis, Pinto Korman, Clausens, Badini, Dir. Padovani
Oct. 28	Teatro Municipa,l Santiago de Chile, Chile	Lucia de Lammermoor (Donizetti) Edgardo (beneficio damnificados terremoto)	1	Alessandrovich, De Angelis, Dir. Armani
Oct. 31	Teatro Santiago, Santiago de Chile, Chile	Concierto beneficio Sociedad Unión Teatral-(piano) (Arias de óperas)	1	Maestro Armani-
Nov. 17	Teatro Concepción, Concepción, Chile	Il Trovatore (Verdi) Manrico	1	Capella, Milli, Bari, Mazzi, De Watt, Dir. Padovani
Nov. 21	Teatro Concepción, Concepción, Chile	Aïda (Verdi) Radamés	1	Capella, Mazzi, Milli, De Watt, Dir. Padovani.
Nov. 28	Teatro Concepción, Concepción, Chile	Otello (Verdi) (protagonista)	1	Capella, Milli, De Watt, Rossini, Dir. Padovani

Fecha	Ciudad, País, Teatro	Opera-Concierto Recital-Autor	Conciertos o funciones	Otros Artistas
Dic. 6	Teatro Municipal Iquique, Chile	Il Trovatore (Verdi) Manrico	1	Capella, Polimeni, Mazzi, De Watt, Rossini, Dir. Padovani
Dic. 10	Teatro Municipal Iquique, Chile	Otello (Verdi) (protagonista)	1	Capella, Polimeni, De Watt, Rossini, Dir. Padovani
Dic. 15	Teatro Municipal Iquique, Chile	Aïda (Verdi) Radamés	1	Capella, Mazzi, Milli, De Watt, Dir. Padovani
Dic. 21	Teatro Municipal Iquique, Chile	Fedora (Giordano) Loris	1	Corsini, Milli, De Angelis, Dir.Padovani
Dic. 24	Teatro Nacional Antofagasta, Chile	Il Trovatore(Verdi) Manrico	1	Capella, De Watt Polimeni, Mazzi, Dir. Padovani.
Dic. 27	Teatro Nacional Antofagasta, Chile	Aïda(Verdi) Radamés	1	Capella, Milli, Mazzi, De Watt, Dir. Padovani
Dic. 30	Teatro Nacional Antofagasta, Chile	Otello(Verdi) (protagonista)	1	Capella,Polimeni De Watt,Rossini, Dir. Padovani
1907 Ene. 5	Teatro Nacional, Antofagasta, Chile	Fedora (Giordano) Loris	1	Bice-Corsini, Milli, De Angelis, Dir. Padovani
Ene.13-15	Teatro Concepción, Concepción, Chile	Concierto beneficio huérfanos - Arias de óperas	2	Corina Vinet-sop, Padovani-orq.
Ene.17	Teatro Municipal, Paico, Chile	Concierto Pro-reconstrucción Iglesia de Paico Arias de ópera y canciones	1	Padovani-orq.
Marz. 5	Teatro San Carlo , Nápoles, Italia	Il Trovatore (Verdi) Manrico	8	De Lerma, Lavin De Casas, (De Angelis), Rapisardi, Tisci-Rubini, Dir. Mugnone, (Marín)

747

Fecha	Ciudad, País, Teatro	Opera-Concierto Recital-Autor	Conciertos o funciones	Otros Artistas
Marz. 10	Teatro San Carlo, Nápoles, Italia	Aïda(Verdi) Radamés	12	Hoffman,(De Lema, Karola), Lavin de Casas (Di Angelo), De Luca, (Rapisardi, Moreo) Di Grazia (Walter) Tisci-Rubini, Wulmann, Dir. Mugnone (Marin)
Marz. 15	Teatro San Carlo, Nápoles, Italia	Otello (Verdi) protagonista	8	De Lerma, Di Grazia De Luca, Wulmann, Dir. Mugnone
Abr. 1	Teatro San Carlo, Nápoles, Italia	Sansón e Dalila (Saint -Saens)Sansón	8	Lavoin de Casas, Moreo, Berenzoni, Tisci-Rubini, Dir. Mignone
Abr. 22	Teatro Imperial, Moscú, Rusia	Otello (Verdi) protagonista	10	Boronat, Tansini, Hotkouska, Colombini, Bossé, Dir. Plotniikov
Abr. 28	Teatro Imperial, Moscú, Rusia	Il Trovatore (Verdi) protagonista	6	Darclee, Pagnoni, Bastia, Battistini, (Ruffo), Colombini Dir. Plotnikov
May. 7	Teatro Imperial, Moscú, Rusia	Rigoletto (Verdi) Duque	1	Alessandrovich, Hotkouska, Ruffo, Bosse, Dir. Plotnikov
May. 12	Teatro Imperial Moscú, Rusia	Aïda(Verdi) Radamés	3	Boronat, Bastistini Pagnoni, Colombini, Tansini, Bosse, Dir. Plotnikov
May. 18	Teatro Imperial, Moscú, Rusia	Andrea Chenier (Giordano) Protagonista Función única fuera de serie	1	Darclee, Hotkouska, Basttistini, Colombini, Pagnoni, Dir. Privick
May. 27	Teatro Solovsov. Kiev, Ucrania, Rusia	Concierto arias y dúos de óperas	2	Battistini-barítono Dir. Pribick con orquesta

Fecha	Ciudad, País, Teatro	Opera-Concierto Recital-Autor	Conciertos o funciones	Otros Artistas
Mayo 30	Theatre Municipale Yalta, Crimea	Concierto de Gala Arias y dúos de óperas	1	Battistini-barítono, Dir. Pribick con orq.
Jun., jul., agos.-	Estudios Gramophone Milán, Italia	I Pagliacci (Leoncavallo) Canio Grabación y otros discos	1	Huguet, Cigada Pini-Corsi, Sala, Dir. Sabaino, Ing. F. Gaisberg. Leoncavallo
Agos.10	Sala de los Baños Billiazzi,Cassamiciola Nápoles, Italia	Concierto de Beneficencia -Arias óperas	1	Belleza, Orq. Teatro San Carlo de Nápoles
Agos. 30	Gran Sala del Hotel Central, Cassamiciola, Nápoles, Italia	2do. Concierto de Beneficencia -Arias y dúos de óperas	1	Belleza -piano De Angelis-sop.
Sept. 5	Capilla Sixtina. El Vaticano, Roma Italia	Recital Privado al Papa Pío X - Arias de óperas y canciones	1	Lorenzo Perosi-piano
Sept. 30	Teatro Municipal, Ateniens-Atenas, Grecia	Otello (Verdi) protagonista	8	De Angelis, Maldonado, Bimi, Battistini, Moilas, Tomakosi, Dir. Samara
Oct. 3	Teatro Municipal, Ateniens, Atenas	Il Trovatore (Verdi) Manrico	6	De Angelis, Triani, Maldonado, Bimi, Battistini, Tomakosi, Dir. Samara
Nov. 15	Basílica del Santo Sepulcro Jerusalem, Tierra Santa	Misa Cantada Organo	1	Padre Castaño, OFM. (órgano)
Dic. 2	Teatro Arriag,a Bilbao, España	Aïda (Verdi) Radamés	1	De Lerma, Linari, Cabello, Modosi, Cabri, Dir. Bracale.
Dic. 16	Teatro Arriaga, Bilbao, España	Los Hugonotes (Meyerbeer) Raul	1	Chelotti, Tamdi, Leveroni, Maggi, Medosi, Fabri, Dir. Bracale

Fecha	Ciudad, País, Teatro	Opera-Concierto Recital-Autor	Conciertos o funciones	Otros Artistas
1908				
Jul. 18	Teatro Colón, Buenos Aires, Argentina	Otello (Verdi) (protagonista)Temporada inaugural	4	Ruffo, De Bernardi, Bonfanti, Arimondi (Berardi), Farnetti, Ferraris, Medosi, Fabero, Dir. Mancinelli
Agos. 6	Teatro Colón, Buenos Aires, Argentina	Il Trovatore (Verdi) Manrico- Temporada Inaugural	6	Bellantoni, Crestani, Verger, Berardi, Spadoni, Dir. Vigna
Oct. 25	Teatro Verdi, Florencia, Italia	Rhea (Samara) Lysia Premiere mundial	3	Giachetti, Moreo, Viglioni, Dir. Samara
Nov. 1	Teatro Adriano, Roma, Italia	Guglielmo Ratcliff (Mascagni) Guglielmo	6	Maggi, Raccanelli, Giglioli, Ranchetti, Berrettin, Dir. Mascagni
Nov. 8	Teatro Adriano, Roma, Italia	Otello (Verdi) protagonsita	6	Chelotti, Racanelli, Maggi, Cellini, Ranchetti, Boscacci, Dir. Neri
Nov. 10	Teatro Adriano, Roma, Italia	Il Trovatore (Verdi) Manrico	6	Chelotti, Frabetti, Maggi, (Amato, Berrettin), Cellini, Boscacci, Dir. Neri
Nov. 15	Teatro Adriano, Roma, Italia	I Pagliacci (Leoncavallo) Canio A beneficio de Leoncavallo	1	Chelotti, Maggi, Boscacci, Cellini, Dir. Neri
Nov. 18	Teatro Adriano, Roma, Italia	Lohengrin (Wagner) protagonista	2	Raccanelli (Chelotti) Fiorini, (Maggi),Paoli Amalia, Berrettin, Dir. Neri
Nov. 20	Teatro Municipale Bagnacavallo, Italia	Lohengrin (Wagner) (protagonista)	2	Chelotti, A. Paoli, Maggi, Berrettin, Dir. Neri

Fecha	Ciudad, País, Teatro	Opera-Concierto Recital-Autor	Conciertos o funciones	Otros Artistas
Nov. 24	Teatro Municipale, Bagnacavallo, Italia	Il Trovatore (Verdi) Manrico	3	Chelotti, Paoli Amalia, Berretin, Boscacci, Dir. Neri.
Nov. 27	Teatro Borghi-Tosi, Ferrara, Italia	Otello (Verdi) protagonista	10	Chelotti,Racarelli (Giglioli), Maggi, Ranchetti, Boscacci, Dir. Neri
Dic. 2	Teatro Borghi-Tosi Ferrara, Italia	Il Trovatore(Verdi) Manrico	8	Chelotti, Frabetti, Berrettin, Fiorini, Boscacci, Dir. Neri
Dic. 23	Teatro Corso Bologna, Italia	Il Trovatore (Verdi) Manrico	3	Chelotti, Paoli, Amato, Boscacci, Dir. Neri
1909				
Ene. 5,	Teatro Petruzelli, Bari, Italia	Il Trovatore (Verdi) Manrico	8	De Revers, Monti Brunner, Berretin, Picchi, Dir. Perosio
Feb. 12	Teatro Comunale Modena, Italia	Il Trovatore (Verdi) Manrico	5	De Revers, Berretin, (Chelotti) Monti- Brunner, Picchi, Dir. Perosi (Neri)
Feb. 16	Teatro Sociale Mantova, Italia	Il Trovatore (Verdi) Manrico	5	Seibanech, Vergers, Giardini, Baldelli, Trucchi-Dorin, Della Brunam, Dir. Bavagnolli
May. 6-15	Estudios Gramophone	Grabación de Discos, Milán, Italia		
May. 22	Exposición Regional Valencia, España	Apertura Exposición Himno Real 10:00 am.	1	Orquesta Teatro Principal y Banda Granaderos de España , Dir. Viñas
May. 22	Exposición Regional Valencia, España	Concierto al Aire Libre-Arias de óperas	1	Maestro Viñas- Orquesta del Teatro Principal

Fecha	Ciudad, País, Teatro	Opera-Concierto Recital-Autor	Conciertos o funciones	Otros Artistas
May. 25	Teatro Principal Valencia, España	Otello(Verdi) (protagonista)	6	Sins, Blanchart, Piguer, Masiero, Perello, Foruria, Dr. Viñas
May. 30	Catedral de Valencia Valencia, España	Misa cantada enhonor a la Virgen- Ave María de Schubert	1	Maestro Viñas
Jun. 29	Teatro Khediviale, El Cairo, Egipto	Aïda(Verdi) Radamés	3	Carreras, Roncanelli Berretin, Dir. Bracale
Jul. 10	Las Pirámides, La Efigie, Egipto	Aïda (Verdi) (30,000 espectadores)	1	Carreras,Roncanelli, Berretin, Dir. Bracale
Jul. 15	Teatro Zizinia, Alejandría, Egipto	Aïda(Verdi) Radamés	3	Carreras, Paoli, Battistini, Dir. Pandolfini
Agos.14	Teatro Kursaal, Ostende, Bélgica	Concierto Arias de óperas	8	León Rinskoff- orquesta titular
Sept. 15	Teatro Kursaal Ostende, Bélgica	Fausto (Gounod) (protagonista)	1	Hempel, Magini- Coletti, Noté, Szamosi, Dir. Rinskoff
Oct. 20	Capilla Sixtina, El Vaticano, Roma,	Recital Privado a Pío X - Arias de óperas y canciones	1	Lorenzo Perosi piano
Nov. 12	Theatre National, Sofia, Bulgaria	Otello(Verdi) (protagonista)	8	Pareto, Badini, Marti, Ricceri, Dir. Polacco.
Dic. 23	Teatro Real, Madrid, España	Otello (Verdi) (protagonista)	10	Ruszkowska, Stracciari, Dir. Marinozzi

1910

Fecha	Ciudad, País, Teatro	Opera-Concierto Recital-Autor	Conciertos o funciones	Otros Artistas
Ene. 30,	Teatro Alla Scala, Milán, Italia	Sansone e Dalila (Saint-Saens) Sansón	8	Parsi-Pettinella (Frascani), Moreo, (Rasponi), Brondi, Preobrajenski, Dir. Vitalé

Fecha	Ciudad, País, Teatro	Opera-Concierto Recital-Autor	Conciertos o funciones	Otros Artistas
Feb. 25	Salle Garnier, Monte Carlo, Mónaco	Otello (Verdi) protagonista	6	Rousseliere, Ruffo (Paoli), Edvina, Dir. Padoureano
Mar. 13	Teatro Alla Scala, Milán, Italia	La Africana (Meyerbeer) Vasco	8	Mazolenni, Cannetti, De Angelis, Viglione-Borghese, Brondi, Dir. Vitale
Jul. 5	Teatro de La Monnaie Bruselas, Bélgica	Otello(Verdi) protagonista	8	Chiesa, Badini, Rasponi, Ilcani, Dir. Pandolfini
Jul. 20	Teatro Pergolesi Iesi, Italia	Il Trovatore (Verdi) Manrico	3	De Angelis, Maldonado, De Luca, Frascani, Rasponi, Ilcani, Dir. Mugnone
Jul. 24	Teatro Vittorio Emmanuelle, Rimini, Italia	Otello (Verdi) (protagonista)	4	Passari, Truchii, Ilcani, Rasponi, Badini, Dir. Bracale
Jul. 28	Teatro Vittorio Emmanuelle Rimini, Italia	Il Trovatore (Verdi) Manrico	2	Muzio, (Huguet), De Luca, Maldonado, Ilcani, Rasponi, Dir. Mugnone
Agos. 2	Teatro Politeama Bologna, Italia	Lohengrim(Wagner) (protagonista)	1	Chiesa, Paoli, De Luca, Perelló, Dir. Bracale.
Agos.8	Teatro Bistori, Verona, Italia	Otello(Verdi) (protagonista)	3	Chiesa, De Luca, Ilcani, Rasponi, Maldonado, Dir. Mugnone
Agos. 11	Teatro Bistori, Verona, Italia	Il Trovatore (Verdi) Manrico	3	Muzio, Maldonado, Badini, Paoli, Perelló, Dir. Bracale

Fecha	Ciudad, País, Teatro	Opera-Concierto Recital-Autor	Conciertos o funciones	Otros Artistas
Agos. 16	Teatro Metastazio, Prato, Italia	Il Trovatore (Verdi) Manrico	3	Muzio,(De Angelis) De Luca, Ilcani, Frascani, (Paoli), Rasponi, Dir. Mugnone
Agos. 20	Teatro Chiabrera, Savona, Italia	Il Trovatore(Verdi) Manrico	4	De Angelis, Responi, Frascani, Badini, Ilcani, Maldonado, Dir. Mugnone
Agos. 26	Teatro Chiabrera Savona, Italia	Andrea Chernier (Giordano) protagonista A beneficio de Giordano	1	Passari, Frascani, Nistri,Dir. Bracale
Agos. 28	Teatro Chiabrera Savona, Italia	Otello (Verdi) protagonista	3	De Angelis, Nistri, Ilcani, Rasponi Dir. Mugnone
Sept. 4	Gran Salón Hotel Milano, Brunate Lago Como, Italia	Concierto de Beneficencia presentado por Renzo Sonsogno Arias de óperas		Farinelli, Samara Somma al piano
Sept. 23	Teatro Municipale Lissone, Italia	Gran Concierto arias y dúos de óperas	1	Amalia Paoli, Boninsegna, Samara al piano
Oct. 15	Teatro Goldoni, Bagnacavallo, Italia	Il Trovatore (Verdi) protagonista	5	De Angelis, Amalia Paoli, Nistri, Travaglini, Dir, Ricci
Oct. 31	Teatro Comunale Ravenna, Italia	Il Trovatore (Verdi) Manrico	5	De Angelis,Amalia Paoli,Travaglini, Nistri, Dir. Ricci
1911 Ene. 10	Teatro Real Budapest, Hungría	Il Trovatore (Verdi) Manrico	8	Rozsa, Sebeok, Fodor, Karpat, Juhasz, Dir. D'zsokiss
Ene. 13	Teatro Real Budapest, Hungría	Aïda (Verdi) Radamés	8	Fodor, Medek, Ney, Varady, Juhasz, Dir.Alszeghy

Fecha	Ciudad, País, Teatro	Opera-Concierto Recital-Autor	Conciertos o funciones	Otros Artistas
Ene. 16	Teatro Real Budapest, Hungría	Otello (Verdi) Protagonista	10	Takats, Pichier, Kertsz, Szendroi. Kornai, Vasquez, Valent, Dir. Alszeghy
Feb. 12	Teatro Verdi Padova, Italia	Sansone e Dalila (Saint-Saenz) Sansón	5	Currelich, Prevé, Giardini, Otollini, Dir. Deliliers
Marz. 21	Palacio Imperial Berlín, Alemania	Concierto Privado Al Kaiser y su familia Arias de óperas y dúos	1	Izchierdo, Ottolini, Clementi, Dir. Brecher
Marz.23	Palacio Imperial Berlín, Alemania	Il Trovatore (Verdi) Manrico -Función Privada	2	De Angelis, Ottolini, Clementi, Claussells, Dir. Brecher
Marz.25	Palacio Imperial Berlín, Alemania	Lonhegrin (Wagner) protagonista-Función Privada	1	Zachetti, Clementi Ottolini, Claussells Dir. Brecher
Marz.30	Palacio Imperial Berlín, Alemania	Otello (Verdi) protagonista-	2	Seleri, Maldonado, Ottolini, Claussells, Izchierdo, Dir. Brecher
Jun.-jul.-agos.	Estudios Gramaphone, grabación de discos, Milán, Italia			
Oct. 18	Teatro Neves Deutsches Praga, Checoslovaquia	Otello (Verdi) Protagonista	8	Welter, Challis, Daum, Aligner Dir. Klemperer
Oct. 27	Theatre Municipale, Krakow, Polonia	Otello (Verdi) Protagonista	4	Vazquez, Goetzen, Daum, Aligner, Dir. Guschibauer
Nov. 6	Teatro Pergolesi Iesi, Italia	Rui Blass (Marcheti) Protagonista	2	Amalia Paoli, Benedetti, Dir. Marinuzzi
Nov. 9	Teatro Pergolesi Iesi, Italia	Poliuto (Bellini) Protagonista	5	Amalia Paoli, Benedetti, Dir. Marinuzzi

Fecha	Ciudad, País, Teatro	Opera-Concierto Recital-Autor	Conciertos o funciones	Otros Artistas
Nov. 25	Teatro Real, Madrid, España	Los Hugonotes (Meyerbeer) Raul	5	Gagliardi, Domar, Guerrini, Walters, Oreste-Beneditti, Masini-Pierali, Dir. Marinuzzi
Dic. 13	Teatro Real, Madrid, España	Otello (Verdi) Portagonista	10	Gagliardi, Walter, (Ealdassarre-Tedeschi) Wheeler, Benedetti, Dir. Marinuzzi
Dic. 27	Teatro Real, Madrid, España	Sansón y Dalila (Saint-Saens) Sansón	6	Guerrini, Benedetti, Massià, Verdaguer (Ordoñez), Oliver, Dir. Villa, (Marinuzzi)
1912				
Ene. 10,	Gran Teatro del Liceo Barcelona, España	Aïda(Verdi) Radamés (Paoli, artista invitado)	4	Gubern, Lluró Badini, Parvis, Treviso, Dir. Del Cupolo
Feb. 12	Sala Garnier Monte Carlo, Mónaco	Dejanire (Saint-Saens) Hércules	2	Litvine, Dir. Jehin
Feb. 22	Teatro Carlo Felice, Génova, Italia	Otello (Verdi) Protagonista	10	Llacer, Cigada, Algos, Contini, Gastaldi, Orlandi, Dir. Marinuzzi
Abr. 18	Teatro Politeama, Livornese, Livorno Italia	Otello (Verdi) Protagonista	10	Raynolds,(Pollivan), Nicoletti, Caruso, Travaglini, Dir.Ricci
Abr. 27	Teatro Politeama Livornese, Livorno Italia	Norma (Bellini) Pollione	4	Giacometti, Castellani, Pollivan, Travaglini, Barbieri, Dir. Ricci
May. 7	Teatro Politema, Livornese, Livorno	Il Trovatore (Verdi) Manrico	2	Chelotti, Ronconi, Romboli, Travaglini Barbieri, Farulli, Dir. Ricci

Fecha	Ciudad, País, Teatro	Opera-Concierto Recital-Autor	Conciertos o funciones	Otros Artistas
Julio 12	Teatro Municipale, Alassio, Italia	Otello (Verdi) protagonista	5	Muzio, Maldonado, De Luca,(Stracciari) Guasqui, (Luppi), Dir. Martini (Serafin)
Sept. 5	Teatro Politeama, Buenos Aires,	Otello (Verdi) Protagonista	6	Massa, Duval, Ancona, Berardi, Paggi, Guasqui, Spelta, Dir. Mascheroni
Sept. 12	Teatro Politeama, Buenos Aires	Il Trovatore (Verdi) Manrico	1	De Revers, Hotckowska, Ancona, Paggi, Sabellico, Dir. Mascherini.
Nov. 20	Palacio Imperial, Berlín, Alemania	Los Hugonotes (Meeyerbeer) Raul Función privada	2	Hempel, Kursz Lattermann, Schwarts, Dir. Reivers
Nov. 24	Palacio Imperial Berlín, Alemania	Lucia di Lammemoor (Donizetti) Edgardo Función privada	2	Hempel, Lattermann, Phippp,
Dic. 15	Stadtheater, Zurich, Suiza	Otello (Verdi) Protagonista	4	Benger,Plashke Dir. Oppenheimer

1913

Fecha	Ciudad, País, Teatro	Opera-Concierto Recital-Autor	Conciertos o funciones	Otros Artistas
Jul.25	Teatro Kursaal, Ostende, Bélgica	Concierto Arias de óperas	6	Dir. Reinskoff, orquesta titular, Pablo Casals (Bianca al Par)
Agos. 26	Teatro del Tivoli, Barcelona, España	Otello(Verdi) Protagonista	6	Lluró, Hernández, Dir. Camalo
Sept. 9	Teatro Tivoli Barcelona, España	Los Huguenotes (Meyerbeer) Raul	1	Dernis, Lluró, Hernández, Dir. Camalo

Fecha	Ciudad, País, Teatro	Opera-Concierto Recital-Autor	Conciertos o funciones	Otros Artistas
Oct. 15	Teatro de Palacio, Viena, Austria	Lohengrin (Wagner) Protagonista - Función privada	1	Granfelt, Grabbe Langemdorff, Arimondi, Dir. Pohlig
Oct. 18	Teatro de Palacio Viena, Austria	Otello (Verdi) Protagonista	1	Renning, Schwarts, Grabbe, Dir. Pohlig
1914 Feb.20,	Opernhaus, Colonia Alemania	Concierto, arias y dúos de óperas	1	Plashke, orquesta titular, Dir. Reiner.
Mar. 10	Palacio Imperial, Berlín, Alemania	Otello (Verdi) Protagonista-Función privada	1	Gubern, Plashke, Grenville, Bendinelli, Dir. Reiner

SEGUNDA ETAPA EN LA CARRERA DE PAOLI

Fecha	Ciudad, País, Teatro	Opera-Concierto Recital-Autor	Conciertos o funciones	Otros Artistas
1917 Ene. 17	Teatro Constanzi, Roma, Italia	Sansone e Dalila (Saint-Saens)Sansón (re-debut de Paoli)	8	Besanzoni, Aiani, Narcon, Melocchi Fornarolli, Dir. Vitale
Mar. 17	Teatro Constanzi Roma, Italia	Il Trovatore (Verdi) Manrico	6	Mazzoleni, Besanzoni,Molinari (Granforte), Melocchi, Torelli, Boni, Dir. Vitale
Sept. 5	Teatro Principado , Vaduz, Principado de Liechtenstein	Otello (Verdi) Protagonista	2	Carena, Almódovar Bonfati, Cassia, Dir. Paolantonio
Sept. 8	Teatro Principado Vaduz, Principado de Liechtenstein	Il Trovatore (Verdi) Manrico	2	Carena,Almódovar Bonfanti, Cassia, Ferluga, Dir. Paolantonio
Oct. 2	Teatro Dal Verma, Milán, Italia	Otello(Verdi) Protagonista	10	Rossi-Lenzi, Rizzio, Viglione-Borghese, Nessi, Donagglio, Cassia, Pratti, Dir. Mugnone coro y orq. Teatro Alla Scala

Fecha	Ciudad, País, Teatro	Opera-Concierto Recital-Autor	Concierto o funciones	Otros Artistas
Dic. 28	Teatro Politeama Chiarella, Torino Italia	Otello(Verdi) Protagonista	10	Villani, Manarini, Molinari, Dominichetti, Dir. Del Cupolo
1918				
Ene. 20	Teatro Politeama Chiarella, Torino Italia	Concierto benéfico Damnificados guerra Arias de óperas	1	Del Cupolo, Dir. orquesta titular del Teatro Chiarella
Ene.29	Teatro Politeama Genovese, Génova, Italia	Il Trovatore (Verdi) Manrico	10	Carena, Ferluga, Almodovar, Cassia, Dir. Paolantonio
Feb. 27	Teatro Massimo, Palermo, Sicilia Italia	Otello (Verdi) Protagonista	10	Toschi-Carpi, Ravelli, Viglione-Borghese, Bonfati, Luppi, Bracchi VxA Dir. Bavagnoli
Mar. 21	Teatro Bellini, Catania, Sicilia	Otello(Verdi) Protagonista	6	Toschi, Carpi, Viglione-Borghese Bonfati, Luppi, Dir. Bavagnoli
Abr.l 7	Teatro Donizetti, Bergamo, Italia	Il Trovatore(Verdi) Manrico	10	Boninsegna, Degli Abbatti, Dragoni, Azzimonti, Dir. Mascheroni
Abr. 25	Teatro Argentina, Roma, Italia	Otello(Verdi) Protagonista	8	Carena, Piazza, Dir. Paolantonio
May. 10	Teatro Kursaal, Lucerna, Suiza	Otello (Verdi) Protagonista	8	Boninsegna, Dragoni, Dir. Paolantonio
Jun. 18	Teatro Lírico Milán, Italia	Guglielmo Ratclif (Mascagni) (Rehexumación) Protagonista	8	Casazza, Vasari, Almodovar, Galli, Scattola,Lohgone, Dir. Mascagni

Fecha	Ciudad, País, Teatro	Opera-Concierto Recital-Autor	Concierto o funciones	Otros Artistas
Sept. 30	Teatro Lírico Milán, Italia	Otello (Verdi) Protagonista	12	Rossi-Lenzi, Spangaro,Molinari (Granforte), Nessi, Azzimonti, Dir. Mascagni (Capuana)
Oct. 25	Teatro Alla Pergola, Florencia, Italia	Otello (Verdi) Protagonista	12	Baldasarre-Tedeschi Giraldoni, Pini-Corsi, Venturini, Bugamelli, Dir. Armani

1919

Fecha	Ciudad, País, Teatro	Opera-Concierto Recital-Autor	Concierto o funciones	Otros Artistas
Ene. 5.	Teatro Politeama, Chiarella, Torino,	Guglielmo Tell (Rossini) Arnold	6	Quajatti,Monticone Segura-Tallien, Fossatti, Dir. Del Cupolo
Mar. 25	Teatro Lírico, Milán, Italia	Marión Delorme (Ponchielli) Re-exhumación	8	Burzio, Ponzano, Bellantoni, Luppi, (Didier)Dir. Armani
May. 17	Teatro Sociale, Rovigo, Italia	Aïda(Verdi) Radamés	4	Vigano, Bergamasco, Carozzi, (Pinza), Scattola, Dir. Baldi-Zenoni
May. 26	Teatro Municipale, Gibraltar, Colonia Inglesa	Otello (Verdi) Protagonista	2	Maldonado, Piazza, Carozzi, Cassia, Mardones, Dir. Baldi-Zenoni
Jun. 1	Teatro Municipal , Senegal, Africa	Otello(Verdi) Protagonista	2	Maldonado,Piazza, Mardones, Cassia, Carozzi, Dir. Baldi-Zeroni
Jul. 4	Teatro Coliseo, Buenos Aires, Argentina	Aïda(Verdi) Radamés	2	Carena, (Amaro), Bertazollo, Stabile (Damiani), Walter, Dentale Nardi, Dir. Marinuzzi

Fecha	Ciudad, País, Teatro	Opera-Concierto Recital-Autor	Conciertos o funciones	Otros Artistas
Agos. 5	Teatro Coliseo, Buenos Aires, Argentina	Il Trovatore (Verdi) Manrico	1	Carena, Cramegna, Franceschi, Nardi, Dir. Falconi
Agos.17	Teatro Coliseo, Buenos Aires	Otello(Verdi) Protagonista	1	Dalla Rizza, Masnata, Montesanto, Nardi, Dentale, Muzio, Dir. Bellezza
Agos. 20	Teatro Colón, Santa Fe de Rosario, Argentina	Otello (Verdi) Protagonista	2	Dalla Rizza, Montesanto, Dentale, Nardi, Muzio, Dir. Falconi
Agos.22	Teatro Colón, Santa Fe de Rosario, Argentina	Mosé in Egitto (Rossini) Amenofi	2	De Angelis, Nardi, Damiani, Carena, Bertazolo, Otein, Dir. Marinuzzi
Agos. 25	Teatro Colón, Santa Fe de Rosario Argentina	I Pagliacci (Leoncavallo)Canio	1	Dalla Rizza, Montesanto, Nardi, Muzio Dir. Marinuzzi
Agos. 28	Teatro Urquiza, Montevideo, Uruguay	Otello (Verdi) Protagonista	5	Dalla Rizza, Muzio Montesanto, Nardi, Dentale Dir. Marinuzzi
Agos. 30	Teatro Urquiza, Montenvideo, Uruguay	Mosé in Egitto (Rossini)Ameniffi	2	De Angelis, Nardi, Damiani, Carena, Bertazollo, Otein, Dir. Marinuzzi.
Sept. 17	Teatro Municipal, Río de Janeiro, Brasil	Otello (Verdi) Protagonista	1	Dalla Rizza, Masnata, Montesanto, Dentale, Dir. Bellezza.
Sept. 19	Teatro Municipal, Río de Janeiro, Brasil	Mosé in Egipto (Rossini) Amenofi	3	De Angelis, nardi, Damiani, Carena, Bertazollo, Otein, Dir. Marinuzzi

Fecha	Ciudad, País, Teatro	Opera-Concierto Recital-Autor	Conciertos o funciones	Otros Artistas
Nov. 10	Centro Casino. Español New York, USA	Recital para miembros Arias de óperas y canciones española	1	E. Bastia, pianista
Dic. 10	Teatro Dal Verme, Milán, Italia	Gran concierto de beneficencia pro-damnificados guerra Arias y dúos de óperas	1	Bosini, Dalla Rizza, Muzio, Dal Monte, Galli-Curci, Boninsegna, Ruffo, Cigada, Stabile, Montesanto, Pini-Corsi, Granforte Pertile, Merli, Taccani, Schipa, Polverosi, Galli, De Fagoaga, Luppi, De Angelis, Pinza, Dir. Serafín, Coros y orq.Teatro Alla Scala,Teatro Lírico y Teatro Dal Verme
Dic. 20	Teatro Politeama Genovese, Génova, Italia	Otello (Verdi) Protagonista	10	Bardelli,(Zuccani) Cigada, Avezza Galli, Dir. Zucanni

1920

Fecha	Ciudad, País, Teatro	Opera-Concierto Recital-Autor	Conciertos o funciones	Otros Artistas
Feb. 8 .	Teatro Comunale,a Bologna, Italia	Otello (Verdi) Protagonista	10	Bosini, Stabile, Nardi, Galli, De Luca,Dir. Baroni
Mar. 5	Teatro Chiarella, Bologna, Italia	Otello (Verdi) Protagonista	8	Bosini, Stabile, Nardi, Galli, Dir. Baroni.
May. 3	Teatro Coliseo, Lisboa, Portugal	Otello (Verdi) Inauguración Teatro Coliseo, Protagonsita	8	Polazzi, Callao, Baratto, Pratti, Fernández,Baracchi, Dir. Armani
May. 12	Teatro Coliseo Lisboa, Portugal	Aïda (Verdi) Radamés	4	Carena, Callao, Baratto, Fernández, Donaggio, Pratti, Dir. Armani

Fecha	Ciudad, País, Teatro	Opera-Concierto Recital-Autor	Conciertos o funciones	Otros Artistas
May. 19	Teatro Coliseo Lisboa, Portugal	Il Trovatore (Verdi) Manrico	6	Carena, Callao, Baratto, Fernández, Pratti, Barachi, Dir. Armani
Jun. 10	Teatro Coliseo Lisboa, Portugal	I Plagiacci (Leoncavallo) Canio	1	Polazzi, Franci, Baracchi, , Pratti, Dir. Armani
Sept. 16	Teatro Costanzi, Roma, Italia	Otello (Verdi) Protagonista	12	Baldasarre-Tedeschi (Parisini), Ferrari, Molinari, Gatti, Belli, Beccaria, Pellegrino, Dir. Baroni
Oct. 23	Teatro Augusteo , Roma, Italia	Gran Concierto a beneficio de los niños huérfanos de la guerra	1	Pavoni, Molinari, Dir. Baroni, Coro y Orq. Teatro Constanzi
Nov. 7	Teatro Politeama Giacosa, Nápoles, Italia	Otello (Verdi) Protagonista	12	Dandolo, Berenzone, Algozzino, Stabile, Schttler, Lanzini, Dir. Mascheroni
Dic. 10	Teatro Sultaniale, El Cairo, Egipto	Sansone e Dalila (Saint-Saenz) Sansón	8	Serena, Bonini, Manfrini, Marucci Dir. Armani
1921	Teatro Sultaniale El Cairo, Egipto	Otello (Verdi) Protagonista	10	Bosini, Ciampaglia Pacini, (Stabile), Bonfati, Cassia, Marucci, Dir. Armani
Ene. 2	Teatro Sultaniale El Cairo, Egipto	Il Trovatore (Verdi) Manrico	10	Vigano, Serena, Chiesura, Bonini, Cassia, Confalone, Dir. Armani
Marz. 5	Teatro Zizinia, Alejandría, Egipto	Otello (Verdi) Protagonista	5	Vigano, Serena, Marucci, Bonini, Cassia, Dir.Armani

Fecha	Ciudad, País, Teatro	Opera-Concierto Recital-Autor	Conciertos o funciones	Otros Artistas
Marz.10	Teatro Zizinia, Alejandría, Egipto	Sansone e Dalila (Saint- Saenz) Sansone	2	Serena, Bonini, Marucci, Manfrini, Dir. Armani
Marz. 18	Teatro Zizinia, Alejandría, Egipto	Il Trovatore (Verdi) Manrico	4	Bosini, Serena, Chiesura, Stabile, Cassia, Confalone, Dir. Armani
Abr. 10	Teatro Malibrán, Florencia, Italia	I Due Foscari (Verdi) Jacopo	5	Molinari, Luppi, Ciampaglia, Galli Dir. Armani
Oct. 5	Teatro Carcano Milán, Italia	Otello(Verdi) Protagonista	10	Scacciati, Carabelli Molinari, Corbetta, Giletta, Cristali, Dir. Benvenuti
Oct. 28	Teatro Politeama Chiarella, Torino	Otello (Verdi) Protagonista (Ultima ópera que Paoli cantó en Italia)	10	Canetti, Di Franco, Molinari, Corbetta, Giletta, Cristali, Dir. Benvenuti.
Nov. 28	Teatro Julian Gayarre, Pamplona, España	Recital de Canto Arias de óperas y canciones	1	José Serrano-piano
Nov. 30	Teatro Victoria Eugenia, San Sebastián, España	Recital de Canto - Arias de óperas y canciones (ultima vez que Paoli cantó en España	1	José Serrano,piano

1922

Fecha	Ciudad, País, Teatro	Opera-Concierto Recital-Autor	Conciertos o funciones	Otros Artistas
Jul.23	Teatro Municipal , San Juan, Puerto Rico	Otello (Verdi) Protagonista	1	Isabel Soria, Maestro Tizol, orq. regular del Teatro Municipal
Jul. 31	Teatro Municipal , San Juan , Puerto Rico	Otello y Trovador (Verdi) partes culminantes Protagonista	1	Isabel Soria, Maestro Tizol, Orquesta regular del Teatro
Agos. 13	Teatro Oliver, Arecibo, Puerto Rico	Concierto arias de óperas	1	Maestro Tizol, orquesta regular del teatro

Fecha	Ciudad, País, Teatro	Opera-Concierto Recital-Autor	Conciertos o funciones	Otros Artistas
Agos. 16	Teatro Broadway, Ponce, Puerto Rico	Gran concierto arias de óperas	1	?
Agos. 22	Teatro América, San Juan, Puerto Rico	Concierto arias de óperas	1	Orquesta del Teatro Maestro Tizol
Sept. 26	Academy of Music Brooklyn, New York, USA	Otello (Verdi) Protagonista Salmaggi Opera Co.	4	Freeman, Paltrinieri, Picchi, Barbieri, Ligotti, Agostino, Manchi, Dir. Dell Orefice
Oct. 3	Manhattan Opera House, Manhattan New York, USA	Otello (Verdi) Salmaggi Opera Co. Protagonista	4	Garrone, Duiz Picchi, Ballester, Mario, Agostino, Manghi, Dir. Dell Orefice

Se cantó en varias ciudades más haciendo un total de 30 funciones

Fecha	Ciudad, País, Teatro	Opera-Concierto Recital-Autor	Conciertos o funciones	Otros Artistas
Oct. 22	De Witt Clinton Hall, Manhattan, New York, USA	Big Sunday Concert Arias de dúos de óperas	1	Issaacson, Telva, Moore, Zanelli, Bamboscher, Dell Orefice y Otto Kahn
Nov. 16	Metropolitan Opera Philadelphia, Penn. USA	Otello(Verdi) Protagonista	5	Wider, Saltzman, Paltrinieri, Picchi, Dir. Dell Orefice
Dic. 10	Music Hall Pittsburg, Philadelphia, Penn. USA	Otello (Verdi) Protagonista	5	Wider,Paltrinieri Saltzman, Duiz, Picchi, Dir. Dell Orefice

1923

Fecha	Ciudad, País, Teatro	Opera-Concierto Recital-Autor	Conciertos o funciones	Otros Artistas
Abr. 28	Teatro Nacional Habana, Cuba	Otello, (Verdi) Protagonista	1	Fitziu, Ruffo, Klinova, Di Biasi, Dir. Peroni
May. 8	Teatro Nacional, Habana, Cuba	I Pagliacci (Leoncavallo) Canio	1	Bori, Martinelli (Paoli), Ruffo, Bada, Canova, (Schipa), Dir. Peroni

Fecha	Ciudad, País, Teatro	Opera-Concierto Recital-Autor	Conciertos o funciones	Otros Artistas
Jun. 17-22	Teatro Terry, Cienfuegos, Cuba	Recital de canto y piano - Recital de óperas	2	José Echaniz, pianista
Jun. 25	Teatro Municipal de Matanzas, Cuba	Recital de canto y piano - Recital de óperas	1	José Echaniz, pianista
Jun. 29	Teatro Municipal Cárdenas, Cuba	Recital de canto y piano - Recital de óperas	1	José Echaniz, pianista
Jul. 3	Teatro Municipal, Sagua, Cuba	Recital de canto y piano - Recital de óperas	1	José Echaniz, pianista
Jul.12	Teatro Municipal, Santa Clara, Cuba	Recital de canto y piano - Recital de óperas	1	José Echaniz, pianista
Jul. 18	Teatro Municipal, Manzanillo, Cuba	Recital de canto y piano - Recital de óperas	1	José Echaniz, pianista
Jul.22	Teatro Santiago, Santiago, Cuba	Recital de canto y piano - Recital de óperas	1	José Echaniz, pianista
Jul. 26	Teatro Municipal Marianao, Cuba	Recital de canto y piano - Recital de óperas	1	José Echaniz, pianista
Agos. 5	Casino Social Trinidad, Cuba	Recital de canto y piano - Recital de óperas	1	José Echaniz, pianista
Agos. 21	Teatro Camagüey, Camagüey, Cuba	Recital de canto y piano - Recital de óperas	1	José Echaniz, pianista
Sept.	Iglesia de los Padres Paules, Habana, Cuba	Misa cantada a la Virgen	1	Organo y violines, Maestro Pastor
Dic. 3	Teatro Nacional, Habana, Cuba	Aïda (Verdi) Radamés	1	Van Der Gucht Zayas del Vilar, Fernández, Dir. Bovi
Dic. 24	Iglesia de la Merced, Habana, Cuba	Misa de media noche solista	1	Organo y violines, Maestro Pastor

1924

Ene. 15	Teatro Camagüey, Camagüey, Cuba	Gran concierto lírico, arias y dúos de óperas	1	Ruffo, Echaniz
Ene.20	TeatroMunicipal, Oriente, Cuba	Gran concierto lírico, arias y dúos de óperas	1	Ruffo, Echaniz

Fecha	Ciudad, País, Teatro	Opera-Concierto Recital-Autor	Conciertos o funciones	Otros Artistas
Ene. 25	Teatro Santiago, Santiago de Cuba	Gran concierto lírico, arias y dúos de óperas	1	Ruffo, Echaniz
Feb. 16	Teatro Nacional, Habana, Cuba	Andrea Chenier (Giordano) protagonista	1	(Cortis), Melis, Ruffo, Badia, Carrara, Dir.Soriente
Feb. 28	Res. Lola Rodríguez de Tió, Habana, Cuba	Recital privado, arias de ópera	1	J. Echaniz, piano
Abr. 24	Teatro Nacional, Santo Domingo, Rep. Dom.	Gran concierto de gala - arias de óperas	2	Orq. Teatro Nac. Dir. García
May. 11	Teatro Colón, S. Pedro de Macorís, Rep. Dom.	Gran concierto de gala - arias de óperas	2	Orq. Teatro Nac. Dir. García
May. 18	Teatro Municipal, Santiago de los Caballeros, Rep. Dom.	Gran concierto de gala - arias de óperas	1	Orq. Teatro Nac. Dir. García
Jun. 10	Teatre Municipale Port au Prince, Haití	Recital de arias de óperas francesas	2	Francisco García
Jul. 11	Theatre Municipal Willemstad, Curacao	Recital de canto, arias de óperas	1	?
Jul. 30	Casino Español, Cartagena, Colombia	Recital de canto, arias de óperas y canciones	1	Maestro Valencia- piano
Agos. 18	Teatro Colón, Bogotá, Colombia	Recital de canto, arias de óperas y canciones Comm. Antonio Paoli	2	Maestro Valencia- piano
Oct. 5	Teatro Municipal, Medellín, Colombia	Recital de canto-arias	1	Maestro Soriente- piano
Nov. 15	Teatro Municipal Quito, Ecuador	Magno concierto de Arte Lírico, arias de óperas	1	Maestro Vidal, piano

1925

Fecha	Ciudad, País, Teatro	Opera-Concierto Recital-Autor	Conciertos o funciones	Otros Artistas
Mar. 25,	Central High School Salón de Actos, Santurce, Puerto Rico	Gran concierto homenaje a Antonio Paoli		Amalia Paoli y discípulos , Barrain-piano

Fecha	Ciudad, País, Teatro	Opera-Concierto Recital-Autor	Conciertos o funciones	Otros Artistas
Oct. 7	Teatro Olimpo , Santurce, Puerto Rico	Gran concierto lírico	2	A. Paoli, Alicia Sicardo De Vilar, piano y discípulos
1926				
Feb. 15,	Teatro Herrera, Utuado, Puerto Rico	Recital de canto y poesía	1	A. Paoli y Amalia Sandin de Jordán
May.5	Teatro Municipal, San Juan, Puerto Rico	Concierto de canto	1	Maestro Tizol, orq. Teatro Munic.
May. 20	Teatro Strand, Santurce, Puerto Rico	Concierto de canto	1	Tizol, piano
Jun. 5	Casino Social, Orocovis, Puerto Rico	Recital de Canto	1	Barrain-piano
Jun. 30	Academy of Music Filadelfia, Penn., USA	Otello (Verdi) protagonista Salmaggi Opera Co.	5	Campiña, De Ritis, Santacana, Dir. Simeoni
Jul.10	Manhattan Opera House, Manhattan New York, USA	Otello (Verdi) protagonista Salmaggi Opera Co.	5	Campiña,(Ballester) (De Ritis), De Cesari (Mincelli), Dir. Orefice, (Simeoni)
Jul. 15	Manhattan Opera House, Manhattan New York, USA	Aïda (Verdi) Radamés Salmaggi Opera Co. New York, USA	2	Hoepel (Wardie), (De Ritis),Wardie, (Vizca),Dir. Simeoni
Sept. 22	Manhattan Opera House, Manhattan, New York, USA	Otello (Verdi) protagonista- San Carlo Opera Co.	2 y 10 veces más en otras ciudades	Ballester, Moncelli, Shalker, Voltolini, Dir. Peroni
Oct. 22	New Harlem Casino, Manhattan, New York USA	Concierto de Gala partes del Otello (Verdi)	1	Campiña , Saroya, Ballester, Aldano, La Puma, De Cesari, Dir.Simeoni
1927				
Feb. 12	Manhattan Opera House, Manhattan New York, USA	Otello (Verdi) protagonista - Salmaggi Opera Co. (última presentación de Paoli en los E.U.)	5	Campiña, Ruffo, Bada, De Cesari, Dir. Simeoni

Fecha	Ciudad, País, Teatro	Opera-Concierto Recital-Autor	Conciertos o funciones	Otros Artistas
1928 Jul.18, 1	Teatro Municipal , San Juan, Puerto Rico	Il Trovatore (Verdi) Manrico - Manhattan Opera Manhattan Opera Co.	1	Vergeri, Albano De Cesari, Villa, Dir. Simeoni
Jul.28	Teatro Municipal San Juan, Puerto Rico	Otello (Verdi) protagonista Manhattan Opera Co. (última ópera que cantó Paoli)	1	Vergeri, De Ritis, Hoeppel, Santacana, Dir. Simeoni
Agos. 15	Iglesia Católica Gurabo, Puerto Rico	Misa cantada, bautismo, hijos de Don RamónGonzález	1	V. Rabainne, C. Terán, E. Bouret, órg. Margarita Barrain
1930 Abr. 13	Ateneo Puertorriqueño, San Juan, Puerto Rico	Recital de canto	1	Piano Margie Van Rhyn
1936 Agos. 20,	Central High School Salón de Actos,	Gran Recital de Gala, arias de óperas	1	Alicia Morales, pianista
1940 Abr. 14,	Residencia Dr. Diego Biascoechea, Santurce, Puerto Rico	Recital de canto a Paoli y sus discípulos	1	Oliver, Del Toro, Esparolini,Torres Santana, Alvarez Guillermetti, Buscaglia, piano Van Rhy
1943 Agos. 30,	Iglesia Sagrado Corazón Santurce, Puerto Rico	Misa cantada en memoria de Amalita Paoli	1	Van Rhyn-órgano
Dic. 24	Iglesia de la Monserrate, Santurce, Puerto Rico	Misa del Gallo	1	Van Rhyn-órgano
1944 May. 15,	Las Madres de Sagrado Corazón de Jesús	Concierto Paoli y sus discípulos	1	Van Rhyn-órgano y piano
1945 May. 10,	Ateneo Puertorriqueño, San Juan, Puerto Rico	Borinquén (Figueroa) Opereta - Paolis y sus discípulos	10	Del Pozo, Díaz, Oliver, De la Rosa, Paoli, Dir. Artístico, Hernández, Dir. J. Figueroa.

Total de funciones cantadas por Paoli a lo largo de su carrera, incluyendo Teatro de Prosa, recitales, conciertos y óperas completas 1, 781 detalladas a continuación

Conciertos............. 93
Misas.................. 27
Operas............. 1,458
Orfeones............ 105
Recitales............ 79
Teatro de Prosa...... 16
Zarzuelas.............. 3

Este total comprende su carrera desde el año 1888 hasta el año 1946. En una entrevista en el año 1935 dijo haber cantado el *Otello* unas 575 veces, con mis totales alcance un total de 575 funciones. Del Trovador se le acreditaban unas 375 funciones y alcancé encontrar un total de 420 representaciones.

Puede que se ma hayan escapado alguna que otra función, pues aún quedan algunas lagunas por cubrir. Si un día algún estudioso encontrase esas funciones le agradeceremos nos lo notifique.

El Autor

OPERAS QUE MAS CANTO PAOLI

Otello.................. 575 veces
Trovador...............420 "
Aïda.................. 110 "
Sansón y Dalila...... 45 "
Hugonotes, Los.........45 "
Guillermo Tell......... 23 "
Lohengrín...............24 "
Rigoletto.............. 21 "
Africana, La............ 21 "

No creemos que la cantidad de Otellos cantados por Paoli, haya sido aun igualado ni sobrepasado por tenor alguno. El que más se le acercó fue Zenatello con un total de 500 funciones a lo largo de su carrera. Así mismo El Trovador con un total de 420 funciones el más que se le acercó fue Julián Biel con un total de 350 funciones.

APENDICE III
LUGARES EN LOS QUE RESIDIO PAOLI

1871-1883	Calle Mayor No.14, Ponce, Puerto Rico. y la Hacienda La Fé, Ponce, Puerto Rico
1883-1885	Plaza Bilbao No.1-3ro, Madrid, España
1885-1890	Colegio de Los Padres Agustinos, El Escorial, España
1890-1895	Academia Militar Toledo, España
1896-(princ. de año)	Calle de Serrano No. 7 Int. bajos Bo. Salamanca, Madrid, España.
1896-(fin de año)	Costanilla de Los Angeles No. 8 Int. Izq., Madrid, España.
1897-1898	Pensión Bonini, Plaza del Duomo No. 2, Milán, Italia.
1899-1900	Rue Lafayette No. 54, París, Francia
1900-1901	Rue Scribe No. 3, París, Francia
1901-	San Bernardo No. 83, 2do piso, Madrid, España
1902-1907	Villa Josefina, Porto Ceresio, Lago Lugano, Italia.
1907-1908	Vía San Pietro All Orto No.11, Milán, Italia.
1908-1909	Villa Paoli, Porto Ceresio, Lago Lugano, Italia.
1909-1918	Corso Génova No.1 Milán, Italia
1918-1919	Pensión Bonini, Plaza del Duomo No.2, Milán, Italia; Lago Bruscino, Ticino, Suiza.
1919-1921	Vía Vincenzo Monti No. 57, Milán, Italia
1922-1923	58 Atlantic Ave. Brooklyn, New York, U.S.A.
1923-1924	Hotel Telégrafo, Parque Central, Habana, Cuba.
1924-1929	Calle Dos Hermanos No. 14, Santurce, Puerto Rico.
1930-1946	Avenida Fernández Juncos No. 53, Santurce, Puerto Rico

APENDICE IV
CONDECORACIONES Y TITULOS OTORGADOS A ANTONIO PAOLI

1896
LA CRUZ DE LA VICTORIA
El Ejército Español
1904
LA GRAN CRUZ DE ISABEL LA CATOLICA
CANTANTE DE CAMARA DE LA CORTE (Pergamino)
Doña María Cristina de Hasburgo, Reina de España
CABALLERO COMENDADOR DEL CRISTO DE PORTUGAL
CANTANTE DE CAMARA (Pergamino)
Don Carlos de Braganza, Príncipe de Portugal
1905
LA CRUZ DE SAN MAURICIO
CANTANTE DE CAMARA (Pergamino)
Nicolás II, Czar de Rusia
1906
CAMMER SANGER (Pergamino)
Francisco José, Emperador de Austria
1909
LA CRUZ DE ALFONSO XII
Don Alfonso XIII, Rey de España
BENDICION APOSTOLICA (Pergamino)
CANTANTE DE HONOR DEL VATICANO (Pergamino)
El Papa Pío X, Vaticano, Roma
1910
HIJO PREDILECTO DE ESPAÑA (Pergamino)
Don Alfonso XIII, Rey de España
1911
KAMMER SANGER DEL IMPERIO (Pergamino)
Guillermo II, Kaiser de Alemania
1920
CAVALIERE DE LA CORONA ITALIANA (Pergamino)
COMMENDATORE DELL POPOLO ROMANO (Pergamino)
Vittorio Emmanuelle III, Rey de Italia

Condecoración del Comendador del Cristo de Portugal, conferida a Paoli por el Príncipe Don Carlos de Braganza.

Condecoración Medalla del Rey Don Alfonso XII, conferida a Paoli en 1907 por el Rey de España, Don Alfonso XIII

APENDICE V
ULTIMO PASAPORTE DE ANTONIO PAOLI

APENDICE VI
LAS GRABACIONES DE ANTONIO PAOLI

Las grabaciones de Paoli constan de unos cincuenta y tres discos grabados en un sola cara. El Ingeniero de grabación fue Fred Gaisberg. La casa grabadora fue The Gramophone Co., Milán. Para la marca "Voce del Parone" (His Master's Voice y otras), junio de 1907 fue la fecha en la cual se hizo la grabación completa de la ópera *I Plagliacci* (Los Payasos) de Leoncavallo. Se hizo una foto de los artistas que fue publicada en la revista The Sound Wave de Londres, en 1907, junto con el primer anuncio de venta de la ópera grabada. El director de la orquesta fue el gran director y pianista italiano Maestro Carlo Sabajno, bajo la supervisión del compositor Riggiero Leoncavallo.

Para el año 1907 comenzaba a tomar gran auge el invento del fonógrafo y se estaba planificando hacer una grabación completa de una ópera en discos. Ya se había tratado de hacer con *Il Trovatore*, de Verdi, pero sólo se logró grabarla en fragmentos con varios tenores, sopranos y barítonos. Fue un fracaso y no se logró grabarla completa.

Surge entonces la idea de llevar adelante el plan, con una ópera más corta, y surge así *Los Payasos*. Es entonces que Fred Gaisbergel el ingeniero de la Gramophone cita al compositor Leoncavallo, quien quedó encantado con la idea considerada entonces como una difícil hazaña.

Le piden al compositor que escoja a los cantantes que considere mejores. El primer nombre que viene a su mente como un Canio inigualable es Antonio Paoli. Como Nedda escogió a la gran soprano española Giuseppina Huguet y como Tonio al notable barítono italiano Francesco Cigada. Eran éstos los tres cantantes considerados de más fama y renombre en Italia y el resto de Europa en una época en que se movían figuras extraordinarias como Caruso, De Lucia, Ruffo y otros.

Leoncavallo mismo fue a visitar a Paoli a su casa en compañía del Maestro Sabajno. Paoli se mostró un poco excéptico con la idea y rechazó de plano la oferta. A los pocos días fue nuevamente visitado por Leoncavallo acompañado esta vez por el Ingeniero Gaisberg, quien le hace una oferta extraordinaria de que aparte de la enorme cantidad de dinero que se le pagaría, recibiría de por vida regalías por la venta de cada disco que se vendiera en el mundo. Ante esta propisición, Paoli aceptó gustoso y se comenzaron a hacer los arreglos para grabar el primer disco el día 5 de junio de 1907. Ese primer disco fue el terceto de la ópera *Il Trovatore* del final del primer acto. Le acompañaron la soprano Clara Johanna y el barítono Francesco Cigada.

Para lograr esa grabación se tuvo que ir probando poco a poco a qué distancia podía grabar Paoli pues su voz distorsionaba el sonido y rompía los filtros de carbón localizados al extremo cerrado de la bocina grabadora que se encontraba empotrada en la pared acolchonada de la sala de grabaciones. Fue así como se logró llegar a la distancia de veinte pies del receptáculo grabador. El orden de los artistas fue así: frente a la bocina se colocó a la soprano; junto a ella se colocó al barítono, detrás de éste se localizó el reducido grupo de músicos de la orquesta y coro quienes eran todos los miembros del Teatro Alla Scala. Detrás de todos ellos se colocó Paoli. Se le ató a la cintura una larga correa de cuero con el propósito de que al llegar las notas agudas el Ingeniero Gaisberg iba halando la correa hasta voltear a Paoli de espaldas a la bocina; es esta la razón de que los agudos y la voz de Paoli se escucha a la distancia, mientras que la soprano y el barítono suenan más cerca. Aún así se puede apreciar en algo la potencia de la voz de Paoli al igual que el brillo y el color de su voz, pero no es la cosa real de como sonaba en escena. Según Doña Adina Paoli, la voz del disco es solo una sombra de como sonaba en escena. Doña Adina o Nana, como la llamábamos todos con gran cariño, venía todos los días a mi casa de Vega Alta a escuchar los discos de Don Antonio Paoli y a contarnos innumerables anécdotas que aparecen registradas en este libro. En sus visitas cotidianas revivía junto a mí, esposa y mi familia, aquellos recuerdos de glorias de antaño reacionados con la carrera de su inolvidable Antonio.

Decía Doña Adina que hoy día con el sistema de grabar discos, se hacen voces y se sacan agudos de donde no hay nada. Eso es muy cierto, pues tenemos hoy día un ejemplo claro de esto con la grabación de la ópera *Guillermo Tell* de Rossini con el tenor Nicolai Gedda hecha ya en plena decadencia y sin agudos. Todos los agudos que suenan en esos discos son emitidos por sonidos electrónicos; no los del tenor, quien para esa época escuchamos en el Metropolitan Opera de Nueva York dando marcadas muestras de carencia de agudos . Si se compara esta grabación con la del tenor Mario Filipeschi realizada muchos años atrás, se notan sus agudos certeros y seguros, naturales y musicales. Filipeschi poseía la voz y musicalidad que demanda el personaje, sin embargo no se le da el mérito que merece.

Decía en una ocasión el declamador y actor español Enrique Segundo, "Que el micrófono es un 'microbio' que hace cantantes y actores de gentes que ni voz tienen, por el sistema de reproducción que amplía o reduce el sonido vocal como le de la real gana al ingeniero de grabación; tomando el pelo a los ingenuos diletantes que compran el disco que anuncia la voz de un gran tenor. Esto lo hacen los compradores con la mejor buena fe, más cuando escuchan a ese artista en escena salen desfraudados del teatro y es que el ingeniero de sonido había hecho un dios canoro de un soberbio patán".

No sucede lo mismo con las grabaciones acústicas de principios de siglo hasta que comenzaron las grabaciones eléctricas a mediado de los años veinte y con ellas el fraude canoro.

La grabación acústica grababa rudamente la voz del artista sin añadir los artificios para mejorar esas voces. Voces tan potentes como las de Tamagno, Paoli, Slezak, Zenatello y Lázaro, eran colocadas a una distancia considerable del receptáculo (bocina o trompa) para captar apenas en el carbón una muestra tan pequeña como un hilo de la verdadera voz del cantante. Esos cantantes si viviesen hoy día no podrían grabar tampoco sus voces reales tal como sonaban en escena pues las reducirían electrónicamente para no distorsionar el sonido del disco que escucha solo el diletante de estereofonía que nunca acude el teatro a escuchar la voz real del artista. Este prefiere quedarse en el comfort de su casa a deleitarse con sonidos falsos e irreales todos creados en un estudio de grabaciones. Asi es la vida.

Entre los primeros discos que grabó Paoli se encuentra el *Figli Miei*, de la ópera *Sansón y Dalila*; le sigue *Re del cielo* de *El Profeta* y el *Desserto Sulla Terra* de *El Trovador*; luego comenzó con el soñado proyecto de grabar *Los Payasos*. Lo primero en grabarse fue *Versa il Filtro* con Paoli,

Huguet, Pini-Corsi y Cigada. Así sucesivamente se fueron grabando distintas partes de la ópera hasta lograr la versión completa. El director de la orquesta, como ya dijimos, fue Sabajno, bajo la constante supervisión del Maestro Leoncavallo.

Esta ópera se vendió por toda Europa en discos sueltos con el sello Gramophone Co. El éxito de ventas fue extraordinario. Todos querían adquirir esa ópera. Las regalías por la venta de cada disco que recibió Paoli durante los primeros cinco años fueron. En 1912, por medio del libro "The Victor Book of the Opera", 1era. edición publicada por la Casa Víctor en Camdem, New Jersey, se entera que sus discos se estaban vendiendo en América a precios más alto que los de Caruso y otros tenores; y sin embargo, él no estaba recibiendo por esas ventas las regalías y el beneficio debido. Puso una demanda en Londres contra la Casa Gramophone por incumplimiento de contrato, engaño y fraude, ganando el pleito legal en el año 1914. Hace retirar sus discos de la producción rutinaria del mercado, convirtiéndolos en raros ejemplares de colección en todo el mundo, hoy día cotizados a precios muy altos y codiciados por los grandes coleccionistas del orbe. Un disco original autobiografiado por Paoli, puede costar hasta US$ 1,000.00.

Su último disco fue *Cielo e mar* de la ópera *La Gioconda* de Ponchielli, y lo grabó en 1911.

Es una de mis entrevistas al célebre e inolvidable tenor Hipólito Lazaro, me contó con lujo de detalles como era que se hacían esas grabaciones acústicas y confirmó el hecho de que al llegar a los agudos, el tenor era volteado de espaldas al receptáculo grabador para no distorsionar el sonido grabado. Decía, además, que no se imaginaba como Paoli y Tamagno pudieron grabar discos con las voces tan fuertes que poseían.

Si se escucha atentamente la grabación con orquesta del aria *Tu Indietro Fuggi / Ora e Per Sempre*, Matriz 1843-C disco No. 052272 de la ópera *Otello* se notará que con la fuerza de su voz hace que salte el puntero del receptáculo grabador y distorsiona el sonido y en la frase *Sublimi Incanti del Pensier* marcándose más la vibración en la palabra *pensier*. Como este disco prácticamente se dañó al grabarlo, hicieron otra grabación de la misma aria, Matriz No. 1302 ab. disco 2-52811, la cual se vendió con el mismo éxito que la primera ya que el público la compraba a pesar del marcado defecto. Esas personas que adquirían ese disco habían escuchado a Paoli en escena y comprendían el ¿por qué? de esa distorsión.

Esto mismo sucedió con la grabación del dúo *Ah Mile Vite / Si pel Ciel*, de *Otello*, Matriz No. 370 ai. disco 054337 con el barítono Goetzen; la cual se grabó completo y Gaisberg no se dió cuenta de que los filtros de carbón de la bocina grabadora estaban rotos. Por esa razón se nota como que la voz de Paoli y la voz de Goetzen perdieran el brillo y el color después de la frase *Sangue, Sangue* que Paoli exprime con gran fuerza.

Lo importante de estas reflexiones es que con todo y sus defectos, tenemos una serie de 53 discos, en total, grabados entre los años de 1907 al 1911, durante los cálidos meses de verano en Milán. Estos discos nos dan al menos una idea de lo que fue la voz de Paoli y así la disfrutamos hoy día sus admiradores.

A continuación, una discografía detallada de los discos grabados por Paoli con información sobre las grabaciones que se han hecho en discos de 78 revoluciones; en discos de larga duración (L.P.) y grabaciones especiales, y en los modernos compact lasser discs, (C.D.'s).

Más adelante hay una serie de comentarios escrito por mi gran amigo y colaborador Luis Alvarado, quien falleció prematuramente, y es de gratísima memoria.

DISCOGRAFIA DEL COMENDADOR ANTONIO PAOLI

Por James Dennis,
Inglaterra, 1971
Revisada por : Jesús M. López
Waterbury, CT 1990 & 1992

1907
Voce Del Patrone. His masters Voice-Italia. junio-1907, Gramophone.

25 cm.

1-10519b- *Il Trovatore:* Di Geloso Amor (Verdi) con Clara Johanna-soprano & Francesco Cigada barítono. 54340, Victor 91082.

2- 10521b- *Sansone e Dalila:* Figli Miei (Saint-Saens) con coro. 2-52597, DA 409, AGSA 22, Victor 91078- junio 1907.

3-10522b- *Il Profeta:* Re del Cielo (Meyerbeer) con coro. 2-52598-junio 1907.

4-10540b- *Il Trovadore:* Deserto Sulla Terra 2-52596- Junio 1907

5- 10609b- *I Pagliacci:* Versa Il Filtro (Leoncavallo) con Giussepina Huguet-soprano, Gaetano Pini-Corsi- tenor y Francesco Cigada barítono. 54339 DA 415, Victor 91073.

6-10650b.- *Madamemoiselle de Belle Isle:* Si Io L' Amo (Samara) 2-52595, DA 415, Victor 91081-junio 1907.

30cm.

7-1178c- *Il Trovatore:* Misere (Verdi) con Clara Johanna-soprano y coro-054159, Victor 92049.

8-1179c- *Sansone e Dalila:* Spezza i Ceppi (Saint-Saens) 052169.

9- 1182c- *Il Trovatore:* Di Quella Pira (Verdi) con coro 052170, Victor 92032.

10.- 1184c- *L' Africana:* O Paradiso (Meyerbeer) 052171, Victor 92030.

11-1186c- *Guglielmo Tell:* Che Finger Tento (Rossini) con Francesco Cigada-barítono y Aristodemo Sillich-bajo, Victor 92051, 89149, 8051.

12.-1187c *Gugliemo Tell:* Tróncar suoi di (Rossini) con Francesco Cigada, barítono y Aristodemo Sillich, bajo, Victor 92051, 89149.

13-1204 $^{1/2}$c- *Carmen:* Mia Tu Sei (Bizet) Con Giussepina Huguet-soprano Inez Salvador-Soprano. 054162, DB 471, Victor 92035, 89138.

14-1210c- *I Pagliacci:* Vesti La Giubba (Leoncavallo) 052167, DB 469, HRS.

15-1211$^{1/2}$c- *I Pagliacci:* No, Pagliaccio Non Son! (Leoncavallo) 052167, DB 469, Victor 92012.

16-1215 $^{1/2}$c- *I Pagliacci:* Un grande Spettacolo (Leoncavallo) con Giacomo Pini-Corsi-tenor, Francesco Cigada-barítono, y Giulio Rossi-bajo y coro 054156, Victor 92009, 89136, 8050.

17-1216c- *I Pagliacci:* Un tal Gioco Credetemi (Leoncavallo) con coro. 052168, Victor 92010.

18-123 $^{1/2}$c- *I Pagliacci:* Aitalo Signore (Leoncavallo) con Giussepina Huguet-soprano, Gaetano Pini-Corsi-tenor y Francesco Cigada-barítono 054157, Victor 92011.

19-1231c- *I Pagliacci:* Finale (Leoncavallo) con Giussepina Huguet-soprano, Gaetano Pini-Corsi-tenor, Francesco Cigada y Ernesto Badini-baritonos. 054158, Victor 92013, 89137, 8050.

20-1257c- *Carmen:* Io T' Amo Ancor, Duetto Finale (Bizet) con María Passari-soprano. 054174, Victor 92050, 89138 DB 471.

21-1259c- *Otello:* a Esultate, b Ora e Per Sempre (Verdi) con Piano Carlo Sabaino 052172.

22-1260c- *Otello:* Dio Mi Potevi (Verdi) Piano con Carlo Sabaino. 052173, Victor 88240, HRS 1009.

1909 - Mayo 6-15
(25 cm)

23-13199b- *Andrea Chenier :* Si, Fui Soldato (Giordano) 2-52783-Piano.

24-13215b- *Il Cid:* Inno (Massenet) 2-52710.

25-13232b- *Rigoletto:* Questa o Quella (Verdi) 2-52711

26-13237b- *Roberto Il Diavolo:* Siciliana (Meyerbeer) 2-52721

27-13255b- *Poliuto:* Al Soun Dell' Arpe (Donizetti) Con Honoria Popovici-soprano, 54407.

28-13258b- *Roberto Il Diavolo:* Di Mia patria (Meyerbeer) 2-52712.

(30 cm)

29-1841 $^{1/2}$c-*Il Cid:* Preghiera (Massenet) 052297

30-1842c- *Andrea Chenier:* Un Di All' Azurro Spazio (Giordano) 052271.

31-1843c- *Otello:* Tu Indietro fuggi (Verdi) 052272.

32-1844 $^{1/2}$c *Aïda:* Nume Custode (Verdi) con Andrea Perelló de Segurola- bajo, 054262, Victor 88268, 89120, 8037.

1911 - Junio y agosto
(25 cm)

33-1180 ah- *Dejanire:* Viens o Toi (Saint-Saens) 2-52808-Da 413-AGSA 22

34-1181 ah- *Rigoletto:* La Donna e Mobile (Verdi) 2-52809-DA 413.

35-1290 ah- *Otello:* Questa e Una Ragna (Verdi) con Salvati y Goetzen 54458 (grabado pero no publicado).

36-1291 ah- *Otello:* Questa e Una Ragna (Verdi) con Salvatore Salvati y Vittorio de Goetzen. 54451- DA 412.

37-1292 ah- *Otello:* Gia Nella Notte Densa (Verdi) con Fernanda Chiesa 54452.

38-1302 ah- *Otello:* Ora e Per Sempre (Verdi) 2-52811, Da 412.

39-1305 ah- *Iris:* Apri laTua Finestra (Mascagni) 2-52813, Da 414.

40-1306 ah- *Andrea Chenier:* Si, Fu Soldato (Giordano) 2-52814, DA 411.

41-1307 ah- *Andrea Chenier:* Come Un Bel Di (Giordano) 2-52815, DA 411

42-1309 ah- *Canzone Guerresca:* (Giordano) 2-52817, DA 414.

(30 cm)

43-313ai- *Otello:* Nium Mi Tema (Verdi) 052328, DB 468.

44-317ai- *Il Trovatore:* Ah, Si Ben Mio (Verdi) 052329, DB 466

45-325ai- *Aïda:* Celeste Aïda (Verdi) 052330, DB 466

46-29ai- *Gli-Ugonotti:* Bianca al par (Meyerbeer) 0522332, DB 470

47-356ai- *Otello:* Vieni, L'Aula e Deserta (Verdi) con Vittorio de Goetzen-barítono y Salvador Salvatti-tenor 054330, DB 470.

48-358ai- *Otello:* Venga la Morte (Verdi) con Fernanda Chiesa-Soprano 054399.

49-360ai-   *Otello*: Una Vela...Esultate (Verdi) con Vittorio de Goetzen-baritono y Giussepe Sala-
                 tenor 054331.

50-370ai-   *Otello*: Ah! Mille Vite...Si Pel Ciel (Verdi) con Vittorio de Goetzen-barítono 054337,
                 DB 467

51-381ai-   *Il Cid*: Preghiera (Massenet) 052335.

52-382ai-   *Otello*: Dio Mi Potevi(Verdi) con orquesta 052336, DB 468.

53-383ai-   *La Gioconda*: Cielo e mar (Ponchielli) 052337.

Estos discos fueron editados con los siguientes sellos rojos y a precios altísimos:
1.- Voce Del Padrone, Italia
2.-His Master's Voice, Inglaterra
3.- Gramophone Monarch Records, Inglaterra y Alemania
4-Victrola Records, U.S.A.
5.- Victor Records, U.S.A.
6.-Victor for the Historic Record Society, U.S.A.

Reediciones transferidas al Microsurco (L.P.)
Aparecen por orden númerico

45 R.P.M. extented play.
    Belcanto Disc. Inglaterra 1955 EB 69 No. 3; EB 75 No. 23

33 R.P.M. (L.P.) discos de larga duración.
    Eterna Records- U.S.A.
Spanish Tenors- 1953-65
    714(744) No. 23,42 & 3
Top Artist Platers-U.S.A.
    T. 316-No. 3; T. 328 No. 27; T. 333 No. 9
Club 99-U.S.A.
    Cl 99-1(special order) 1960 & 1970
    Nos. 24, 29, 30, 41, 49, 38, 22, 43, 46/14, 9, 27, 8, 2, 3, 39, 11 & 12.
OASI-Aniversary Albums (limited edition) U. S. A. 1970
    OASI-520 Vol. I Nos. 1, 16, 17, 18, 5, 15, 19, 34, 6, 33, 40, 41, 4, 1 & 42.
    OASI-521 Vo. II Nos. 21, 50, 52, 47, 36, 43, 53, 44, 7, 45 & 48.
    OASI-547 Vo. III Nos. 28, 13 & 20 (lado 2 solamente)
    OASI-659-Tenor Potpourri-Nos. 25 & 26.
Instituto de Cultura Puertorriqueña-1971
    I.C.P.R.-AC-1- El Arte de Antonio Paoli Nos. 34, 3, 9, 2, 11, 10, 24, 21, 52, 38, 26 & 28 más
    mensaje hablado de Paoli a la juventud puertorriqueña en pro de un Conservatorio de Música.
Opal Records-Pavilion-Pearl Records. Inglaterra- 1984
    Opal 826-7
    Leoncavallo's *I Pagliaccci* (1era. grabación completa). 1907 en disco de larga duración (LP).
    Opal 826- lado 1-Nos. 16 & 17
                    lado 2-Nos. 18 & 14

Opal 827- lado 3-Nos. 5, 15 & 19
lado 4-Recital de Paoli Nos. 11, 12, 4, 1, 9, 7 & 13
Court Opera Classics-Preiser Records-Viena, Austria,
1986 CO 431. Nos. 46, 28, 25, 34, 45, 32, 24, 29, 21, 48, 31, 52, 43, 30, 23 & 41.

Re-ediciones a Discos Compactos (Lasserdiscs)

Bongiovanni Records, Italia -1991-1992
GB-1051-2 Di Quella Pira No. 9
GB- 1071-2 Vesti la Giubba No. 14.
GB 1117-2-Arias-Octubre 1997, Italia.
Nos. 4-1, 44, 9, 7, 21, 22, 47, 36, 43, 14, 27, 13, 19, 26, 33, 53, 39, 11, 12, 23, 42.
Italia 1996 GB 1120-2- *I Pagliacci* (Completa) 1907
Nos. 16, 17, 18-14-5-15-19
Memories Records, Italia-1991.
Un Secolo di Voci al Teatro Carlo Felice di Génova, Vol. I No. 21
Preiserecords-Viena, Austria 1991
Legendige Vergangenheit (Historical Recordings)
Mono. 89998-Antonio Paoli- 1871-1946
-Nos . 3, 46, 28, 25, 34, 44, 45, 32, 49, 48, 31, 52, 43, 24, 29, 2, 8, 15, 30, 40, 41,
6 y un mensaje de Paoli sobre un Conservatorio para la Juventud Puertorriqueña.

Nota de Interés: Dos de estas grabaciones contienen un mensaje de Don Antonio Paoli, relacionado con un Conservatorio para Puerto Rico. Este mensaje fue grabado por el destacado actor puertorriqueño el Sr. Don Rafael Benliza, quien además fue discípulo de Don Antonio Paoli. Ese mensaje está contenido en los siguientes discos:
1.- Instituto de Cultura- 1971- I.C.P.R. AC-1 El Arte de Antonio Paoli.
2.-Legendige Vergangenheit-(Historical Recordines) Preiserecords-Viena-Austria 1991.(C.D.) Mono- 89998- Antonio Paoli- 1871-1946.

Videos sobre la vida de Antonio Paoli

1.- Antonio Paoli: Semblanza - Producido en 1989 por Roberto Martínez de la Torre- para la estación educativa del gobierno de Puerto Rico, W.I.P.R en Hato Rey Consultor Jesús M. López.

2.- Antonio Paoli: Rey de Tenores- Producido en 1991 por Solaris Productions para Casa Paoli en Ponce, Puerto Rico- Consultor- Jesús M. López.

3. Antonio Paoli: Grabado en junio de 1995 por C.N.N. Internacional (español) en mi casa de Waterbury, Ct., basado en toda la Memorabilia que aún conservo de Paoli. Este programa, a mí entender aun no ha sido editado, se hizo a instancias del Sr. Christopher Crommett

3.- Antonio Paoli: Historia de una voz- (En preparación) producido y dirigido por Jesús M. López, Waterbury, CT.

DIAGRAMA HECHO POR EL ING. GAISBERG
PARA LA GRABACIÓN DEL "NUME CUSTO DE" AIDA
EN MILÁN, EN 1908

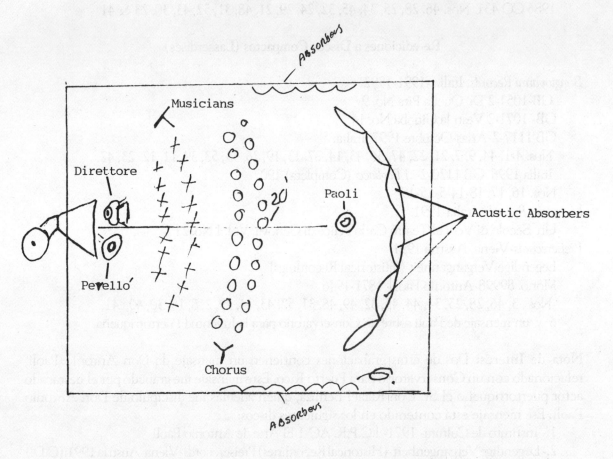

En mi incesante búsqueda encontré en Milán, Italia una lista de discos que Paoli habría de grabar para la Casa Gramaphone de Londres. He aquí una relación detallada:

Grabaciones anotadas por Maestro Carlo Sabaino y el Ingeniero Fred Gaisberg para ser realizados por Antonio Paoli, entre los años 1912 al 1914 en Milán. Ese proyecto no se llevó a cabo privándonos hoy día del placer de escuchar la excitante voz de Paoli en esas arias y dúos de óperas con los cuales causó furor e hizo historia ante los públicos más exigentes del orbe.

1.- Corriam, corriam- Guillermo Tell-Rossi-con coro y orquesta.
2.- O Muto Asil- Guillermo Tell- con orquesta
3.- Siciliana-Cavallería Rusticana-con orquesta.
4.- Brindis-Cavallería Rusticana-con coro y orquesta.
5.- Addio Alla Madre-Cavallería Rusticana-con orquesta.
6.- Sopra Berta-El Profeta -Meyerbeer-con orquesta.
7.- Mai Piu Zaza- Leoncavallo-con piano (por Leoncavallo).
8.- Adieu Donc-Herodiade-Massenet con orquesta
9.- O Sommo Carlo- Ermani-Verdi -con orquesta y Pascuale Amato

10.-Comme Ruggiada-Ernani-Verdi-con orquesta.
11.-O tu che L' arma-Ernani-Verdi-con coro y orquesta
12.-To son Amato-Andrea Chenier-Giordani con orquesta.
13.-Ora Soave-Andrea Chenier-Giordano con orquesta y María Passari
14.-Vicino A Te -Andrea Chenier-Giordano con orquesta y Celestina Boninsegna
15.-Gia Ti Vego-Gioconda-Ponchielli-Con Badini, Perelló y Huguet
16.-Mal Reggendo-Trovatore-Verdi-con Eleonora de Cisneros.
17.-Ai Nostri Monti-Trovatore-Verdi-con Eleonora de Cisneros.
18.-Por Ti Rivego- Aïda-Verdi con Giussepina Huguet
19.-La Fatal Pietra-Aïda-Verdi con Fernanda Chiesa
20.-O terra Addio-Aïda-Verdi- con Fernanda Chiesa
21.-Il Fior-Carmen-Bizet-con orquesta.
22-Io Lo Perduta-Don Carlo-Verdi- con orquesta.
23.-Da voi Lontan-Lohengrin-Wagner-con orquesta
24.-Merce, Merce, Cigno Gentil-Lohengrin, Wagner con orquesta
25.-La Rivedro Nell Estasi-Ballo in Maschera con orquesta.
26.-Dillo Ancor-Gli Hugonotti-Meyerbeer con Fernanda Chiesa
27.-Chi Mi Svela-L' Ebrea-Halevy con Maria Passari
28.-La vita e un Inferno- La Forza Del Destino-Verdi con orquesta
29.-Amor Ti Vieta- Fedora-Giordano-piano con Giordano
30.- Quando le sere al placido - Luisa Miller - Verdi con orquesta
30.-Tu Che A Dio-Lucia Di Lammermoor-Donizetti con orquesta.

Estas grabaciones habrían de ser acompañadas por el coro y la orquesta del Teatro Alla Scala y dirigidas por el Maestro Carlo Sabaino tal como ocurrió en los cincuenta y tres discos que Paoli grabó para la Casa Gramaphone en Milán entre 1907 al 1911.

GRABACIONES RARAS DE PAOLI

1.-La Hebrea -Havely- Gran Dios! Dame Fé, grabada en vivo en cilindro -1907-8-Berlín o Viena. Berliner.
2.- Ruiz Blas de Santillana -Marchetti-Duo de Amor-Antonio y Amalia Paoli-cilindro-1911- Milán o Roma.
3.-Esultate-con coro-teatro lírico de Milán o Roma- 1917 Discosin marca.

Nota: Estas grabaciones se lograron pasar a Tape- en Graz y Viena en 1973.. De la colección privada del Barón Otto Horgenfloren.

4.-Adios Trigueña-Vigil y Robles-1936- Grabada en alambre. Atribuida a Antonio Paoli, aunque hay dudas de su autenticidad. enviada por Gilbert Mamery.

Nota: Estas grabaciones fueron transmitidas por primera vez por Radio el día 30 de abril de 1996- en los 125 años del natalicio de Paoli, Mariano Artáu y Jesús M. López en Radio Luz de Bayamón.

APENDICE VII

EL CENTENARIO DEL NATALICIO DEL GRAN TENOR DON ANTONIO PAOLI
14 DE ABRIL DE 1871 - 14 DE ABRIL DE 1971

A principios de abril de 1971 se hizo la apertura oficial de la celebración del Centenario del Natalicio de Don Antonio Paoli. Las Cámaras Legislativas del Gobierno de Puerto Rico aprobaron la resolución para celebrar digna y oficialmente ese centenario.

El entonces gobernador de Puerto Rico, Don Luis A. Ferré y el Director del Departamento de Instrucción Dr. Ramón Mellado, proclamaron el mes de mayo de 1971 como el mes de las Bellas Artes y lo dedicaron a la memoria de Don Antonio Paoli.

El Conservatorio de Música de Puerto Rico presentó un gran concierto paa conmemorar ese acontecimiento con la participación de la notable soprano puertorriqueña Raquel Montalvo y la pianista Luz Negrón de Hutchinson. El Departamento de Instrucción develó un óleo pintado por el Sr. Gantes y le dedicó un programa con la participación de varios artistas líricos puertorriqueños acompañados al piano por la distinguida pianista puertorriqueña Elsa Rivera Salgado.

El Ateneo Puertorriqueño develó un óleo de Paoli en su Galería de Puertorriqueños Ilustres pintado por el Sr. Nanartonis.

El Instituto de Cultura Puertorriqueña le dedicó varios conciertos por artistas puertorriqueños y una serie de conferencias que fueron dictadas por el autor de estas líneas, en Casa Blanca, en San Juan, en el Teatro La Perla de Ponce, la Biblioteca Pública de Ponce y el Teatro Tapia de San Juan. Editó el Instituto un cartel creado por el gran Lorenzo Homar. Se editó también, un disco de larga duración con algunas de las mejores grabaciones de Paoli.

Los clubes Leones, Exchange y Rotarios presentaron varias conferencias a sus miembros en varios hoteles de San Juan, dictadas por este servidor.

El Muncipio de San Juan le rindió un homenaje con un precioso recital en la Casa Alcaldía de San Juan al cual asistió como invitada de honor la viuda de Paoli acompañada de la ex-alcaldesa de San Juan, Doña Felita Rincón de Gautier.

El día 14 a las 10:00 a.m., se celebró una misa cantada en la Catedral de San Juan, oficiada por Monseñor Juan de Dios López de Victoria, a la cual asistió la viuda de Paoli y personalidades del gobierno, las artes y la cultura. La noche de ese mismo día, a las 8:00 p.m., se celebró un concierto en la Catedral auspiciado por el Festival Casals de Puerto Rico y dedicado a la memoria del egregio tenor en su centenario.

Terminado el concierto, el célebre violencelista Don Pablo Casals, evocó sus memorias de cuando conoció a Paoli cuando eran muy jóvenes allá en España. Dijo Casals: "Paoli es indudablemente una de las más grandes figuras de la lírica mundial y gloria no solo de Puerto Rico sino también de España y América".

La Academia de Artes y Ciencias de Puerto Rico le dedicó un concierto cantado por el tenor puertorriqueño Emilio Belaval, acompañado al piano por el célebre pianista Don Jesús María Sanroma. Además se le hizo socio de honor (*in memoriam*) y se le entregó a Doña Adina Vda. Paoli el pergamino de socio de honor y la cinta de miembro académico con su medallón.

El escultor José Buscaglia Guillermety creó una figura de Paoli en su caracterización de Otello, la cual exhibió en varios lugares de Puerto Rico durante el año 1971.

En fin, todo Puerto Rico participó en la conmemoración de ese Centenario que se celebró con gran dignidad. Fue algo muy bello y se logró gracias a los agotadores esfuerzos del sucribiente que movió "cielo y tiera" para que ese acontecimiento no pasase desapercibido.

Después de celebrado el Centenario se ha logrado lo siguiente:

1.-El hermoso cartel de Lorenzo Homar.

2.-El disco del Instituto de Cultura.

3.-La Escuela Elemental Don Antonio Paoli, en Santa Rita, Vega Alta, P.R.

4.-La Escuela Libre de Música de Caguas, Puerto Rico, fue honrada con el nombre de egregio tenor.

5.-Una corta calle en la Urb. Villa Grillasca de Ponce.

6.- Una corta callecita en hato Rey, Puerto Rico.

7.-Un óleo de Paoli, en la escuela Ponce High School de Ponce, Puerto Rico, donado por la clase graduanda de 1925 y pintado por Nanartonis.

8.-Un óleo de Paoli en la Galería de Puertorriqueños Ilustres del Ateneo Puertorriqueño en San Juan de Puerto Rico.

9.-Un enorme óleo de Paoli en el Departamento de Instrucción de Hato Rey, pintado por Gantes.

10.-La Sala de Entractos del Teatro Municipal Tapia de San Juan.

11.- La Sala de Festivales del Centro de Bellas Artes de Santurce, Puerto Rico.

Todas esta cosas no son aún suficientes para honrar como se merece la gigantesca figura del más grande artista lírico nacido en Puerto Rico: Don Antonio Paoli.

El día 14 de abril de 1972 se efectuó el acto de clausura del Centenario y se le entregó a la viudad de Paoli una placa conmemorativa.

A continuación presentamos algunos de los programas presentados durante la celebración del Centenario.

ESTADO LIBRE ASOCIADO DE PUERTO RICO
SENADO
CAPITOLIO
SAN JUAN, PUERTO RICO - 00904

5 de febrero de 1971

Sr. Jesús M. López
P.O. Box 341
Vega Alta, Puerto Rico 00762

Apreciado señor López:

Leí el contenido de su interesante carta relacionada con el centenario del eximio puertorriqueño don Antonio Paoli quien ocupó sitial de prestigio en el mundo del arte donde se destacó como tenor dramático por la excelencia de su voz y dominio del arte teatral.

Estoy refiriendo su carta a la Hon. Senadora María Arroyo de Colón, quien preside la Comisión de Educación y Cultura del Senado de Puerto Rico, para que tome conocimiento de la misma, y tome la acción que crea pertinente en cuanto a la redacción de una Resolución que sería radicada en el Senado conmemorando el centenario del natalicio del insigne tenor puertorriqueño.

Cordialmente,

RAFAEL HERNANDEZ COLON
Presidente

ESTADO LIBRE ASOCIADO DE PUERTO RICO
SENADO
CAPITOLIO
SAN JUAN, PUERTO RICO - 00904

María Arroyo de Colón
SENADORA

2 de marzo de 1971

Sr. Jesús M. López
P. O. Box 341
Vega Alta, Puerto Rico

Estimado señor López:

  Por instrucciones de la Senadora
Arroyo de Colón, me place incluirle copia
de la Resolución Conjunta del Senado 1722,
para conmemorar el 14 de abril del año 1971
como el día del centenario de Don Antonio
Paoli.

        Atentamente,

        C. Arroyo
        Secretaria

caa

Anexo

ESTADO LIBRE ASOCIADO DE PUERTO RICO
DEPARTAMENTO DE INSTRUCCION PUBLICA
HATO REY, PUERTO RICO

OFICINA DEL
SECRETARIO DE INSTRUCCION PUBLICA

1 de marzo de 1971

Sr. Jesús M. López
P. O. Box 341
Vega Alta, Puerto Rico 00762

Estimado señor López:

He leido su muy interesante carta del 18 de febrero de 1971 y desearía hablar con usted a la mayor brevedad posible. Creo que el Departamento puede celebrar el centenario del natalicio de Antonio Paoli durante el mes de abril que precisamente va a ser declarado como el Mes de las Bellas Artes en todo Puerto Rico.

Puedo recibirlo en mi oficina el día 3 de marzo a las 10:00 de la mañana para hablar con detalles sobre este asunto.

Cordialmente,

Ramón Mellado
Secretario de Instrucción

ESTADO LIBRE ASOCIADO DE PUERTO RICO

6ª ASAMBLEA
LEGISLATIVA

3ª SESIÓN
ORDINARIA

SENADO DE PUERTO RICO

R. C. del S. 1722

22 DE FEBRERO DE 1971

Presentada por la señora ARROYO DE COLÓN

Referida a las Comisiones de Gobierno e Instrucción y Cultura

RESOLUCION CONJUNTA

Para conmemorar el 14 de abril del año 1971 como día del centenario del insigne tenor dramático puertorriqueño Don Antonio Paoli.

EXPOSICIÓN DE MOTIVOS

Don Antonio Paoli nació en Ponce el 14 de abril de 1871.

En 1885 se trasladó a España ingresando, como pensionado de S.M. la Reina María Cristina, en el Real Monasterio del Escorial, donde cursó la segunda enseñanza.

En 1895 fue pensionado nuevamente por la Reina para estudiar canto en Italia.

En 1899 debutó en la Gran Opera de París con "Guillermo Tell" con éxito tan notable que fue calificado por la crítica como tenor de primera línea.

En 1900 fue contratado por el Convent Garden de Londres para la temporada de invierno.

Desde esa fecha hasta 1918 tuvo resonantes y reiterados éxitos a través de América y Europa. En Petrogrado fue felicitado y condecorado con la Cruz de San Mauricio por el Zar de Rusia. En España cantó en el Teatro Real de la Corte Española.

Fue también condecorado por S.M. Carlos de Braganza con la Orden Conmentatori del Cristo de Portugal.

En Buenos Aires fue contratado para inaugurar el teatro Colón cantando "Otello" y "Sansón y Dalila".

794

ESTADO LIBRE ASOCIADO DE PUERTO RICO
DEPARTAMENTO DE INSTRUCCION PUBLICA
HATO REY, PUERTO RICO

OFICINA DEL
SECRETARIO DE INSTRUCCION PUBLICA

9 de marzo de 1971

Sr. Jesús M. López
Box 431
Vega Alta, Puerto Rico

Estimado señor López:

El martes 16 de marzo de 1971, a las 10:00 de la mañana, el Gobernador de Puerto Rico, Don Luis A. Ferré, firmará la proclama declarando el mes de abril como el MES DE LAS BELLAS ARTES, en el salón de Recursos Educativos, noveno piso, en la oficina central del Departamento de Instrucción Pública.

El Departamento de Instrucción Pública celebrará durante ese mes el Festival de las Bellas Artes que será una de las más significativas actividades del año. Se llevarán a cabo diversos actos que estarán inspirados en los objetivos y metas de la educación artística en la escuela pública puertorriqueña.

Se celebrará, además, la Conmemoración del Centenario del nacimiento del insigne tenor puertorriqueño Don Antonio Paoli, que dio fama y prestigio al país en los más selectos salones de conciertos europeos durante el siglo pasado.

A propósito, hemos invitado a todas las personas relacionadas con el quehacer artístico en Puerto Rico, tanto de los Programas Educativos como de las instituciones particulares, para que se unan a nosotros y aporten su valiosa participación en los campos de la música, la pintura, el teatro y la literatura.

Durante la firma de la proclama, tendré la oportunidad de cambiar impresiones con las personas presentes sobre la colaboración que cada uno puede ofrecer en las distintas actividades

- 2 -

que se llevarán a cabo para la celebración del Festival de las
Artes y la Conmemoración del Centenario de Don Antonio Paoli,
durante el mes de abril - Mes de las Bellas Artes.

    Nos sentiremos sumamente complacidos con su asistencia
el día 16 de marzo.

                           Cordialmente,

                           Ramón Mellado
                      Secretario de Instrucción

DEPARTAMENTO DE INSTRUCCION PUBLICA • ESTADO LIBRE ASOCIADO DE PUERTO RICO
SERVICIO DE RADIO Y TELEVISION
APARTADO 909 HATO REY, PUERTO RICO 00919 CABLE WIPR-TV

WIPR - AM - FM
940 KC 91.3 MC
APARTADO 909
HATO REY, P. R.
TELEFONO 766-5701

WIPR - TV
CANAL 6
APARTADO 909
HATO REY, P. R.
TELEFONO 766-5701

WIPM - TV
CANAL 3
APARTADO 449
MAYAGUEZ, P.R.
TELEFONO 832-0164

10 de marzo de 1971

Sr. Jesús M. López
P.O. Box 341
Vega Alta, Puerto Rico 00962

Estimado señor López:

Acusamos recibo de su muy atenta carta del 18 de febrero ppdo. relacionada con el 1er. Centenario del natalicio de Antonio Paoli.

A tales efectos, me place informarle que WIPR-TV ha iniciado los preparativos para brindar a la comunidad puertorriqueña un programa en torno a la vida de tan ilustre puertorriqueño.

Agradecemos a usted el gran interés demostrado por estos valores positivos de nuestra cultura.

Quedo de usted

Atentamente,

Elsie Calero de Martínez
Administradora General

HVS/lms

ESTADO LIBRE ASOCIADO DE PUERTO RICO

OFICINA DEL GOBERNADOR
LA FORTALEZA, SAN JUAN

24 de marzo de 1971

Sr. Jesús M. López
P. O. Box 341
Vega Alta, Puerto Rico

Estimado Sr. López:

A nombre de nuestro Honorable Gobernador Luis A. Ferré, me es grato corresponder a su carta del día 16 de marzo del corriente, en la cual solicita cambiar el nombre de la escuela Santa Rita de Vega Alta, por el del ilustre tenor puertorriqueño, Antonio Paoli.

Estoy refiriendo su petición a la atención personal del Hon. Secretario de Instrucción, Dr. Ramón Mellado, con la encomienda de que estudie la misma y tome la acción que corresponda. Oportunamente, el Dr. Mellado, ó el funcionario que él designe, se comunicará con usted directamente.

Con los saludos personales del Gobernador y los míos propios, quedo

Cordialmente,

Lic. Mario F. Gaztambide Añeses
Ayudante Especial del Gobernador

MGA/lcg
cc: Hon. Ramón Mellado

ESTADO LIBRE ASOCIADO DE PUERTO RICO

Gobierno Municipal de Ponce

SECRETARIA - DIRECTORA ESCOLAR

PONCE, PUERTO RICO

—

31 de marzo de 1970

Sr. Jesús M. López
G.P.O. Box 3441
San Juan, Puerto Rico 00736

Estimado señor López:

He recibido de parte del Hon. Alcalde de Ponce, don Juan
H. Cintrón García, la agradable encomienda de contestar a su
atenta carta del 5 de marzo de 1970, referente a la posible
celebración del natalicio del ilustre tenor ponceño, don
Antonio Paoli.

Nada nos agrada más, que recibir ideas de provecho y que
nos ayuden a reconocer aquellos valores auténticos de nuestra
comunidad.

Así, pues, hemos tomado nota de su indicación y de la
fecha 14 de abril de 1971, y con tiempo suficiente hemos de
iniciar los preparativos para la celebración del centenario
de don Antonio Paoli.

Es muy probable que más adelante nos comuniquemos con usted
de nuevo sobre este asunto.

Agradecemos sinceramente su interés en ayudar con sus ideas
constructivas esta administración y esperamos saludarle por ésta
su casa, si visita a Ponce en alguna ocasión.

Cordialmente,

HAYDEE PIRIS DE MALDONADO
Secretaria Municipal
y Directora Escolar

HPM/ov

cc: Hon. Juan H. Cintrón García - Alcalde

800

El Ateneo Puertorriqueño
se complace en invitarle al acto que en honor del insigne tenor
ANTONIO PAOLI
celebrará esta Casa al cumplirse
el primer centenario de su natalicio.
En este acto se develará un retrato al óleo del homenajeado,
obra del pintor Frank Nanartonis,
que será incorporado a la
Galería de Puertorriqueños Ilustres del Ateneo.
La actuación musical estará a cargo de
la soprano Luisita Rodríguez y
del tenor Edgardo Gierbolini.

Lunes 12 de abril de 1971,
8:30 de la noche
Salón de Actos del Ateneo

El Secretario de Instrucción Pública
Ramón Mellado
tiene el honor de invitarle al acto de
conmemoración del Centenario del
Natalicio del insigne tenor puertorriqueño
Antonio Paoli
a celebrarse el día 14 de abril de 1971,
a las 10 de la mañana

Sala de Recursos Educativos
Noveno Piso - Oficina Central
Departamento de Instrucción

Arzobispado de San Juan

Apartado 1967

San Juan, Puerto Rico 00903

23 de febrero de 1971

Sr. Jesús M. López
Apartado 341
Vega Alta, Puerto Rico

Muy estimado y querido amigo:

Recibí su amable y atenta invitación para oficiar la Santa Misa que se celebrará en conmemoración del primer centenario del Natalicio del ilustre tenor puertorriqueño Antonio Paoli.

Personalmente soy un gran admirador de este gran tenor y me satisface mucho oír alguna de sus grabaciones y encontrar en su magnífica voz el poder y magnificencia de Dios quien le dotó de tan gran don. Por ello me encantaría poder oficiar esta Misa, pero muy lamentablemente tengo ya otros compromisos para ese día. No obstante, nuestro Obispo Auxiliar, Mons. Juan De D. López la celebraría con sumo placer.

A pesar de que me he comunicado personalmente con el Padre José María Castaño, Párroco de la Catedral, le ruego que a la vez se comunique usted con él para los arreglos pertinentes.

Felicitándole por su noble empeño y con mis saludos personales más cordiales, me es grato quedar

Afectísimo en Cristo,

Luis Aponte Martínez
Arzobispo de San Juan

ESTADO LIBRE ASOCIADO DE PUERTO RICO
DEPARTAMENTO DE INSTRUCCION PUBLICA
HATO REY, PUERTO RICO

OFICINA DEL
SECRETARIO DE INSTRUCCION PUBLICA

3 de mayo de 1971

Sr. Jesús M. López
P. O. Box 341
Vega Alta, Puerto Rico 00762

Estimado amigo:

Te agradezco mucho tu carta del 29 de abril. Lo único que
ha hecho el Departamento de Instrucción es hacer justicia a uno de
sus más grandes figuras históricas, como lo fue el tenor don Antonio
Paoli, de fama internacional.

Tus gestiones y tu colaboración fueron decisivas en el éxito
que pudo haber tenido el homenaje que celebramos. Espero poder
contar con tu colaboración para futuras actividades artísticas en el
Departamento.

Cordialmente,

Ramón Mellado
Secretario de Instrucción

ATENEO PUERTORRIQUEÑO

APARTADO 1180, SAN JUAN, PUERTO RICO 00902

22 de diciembre de 1971

JUNTA DE GOBIERNO
Presidente
Eladio Rodríguez Otero

Vicepresidente
Rodolfo Cruz Contreras

Secretario
Juan Martínez Capó

Subsecretaria
Aida Negrón de Montilla

Tesorero
Roberto Beascoechea Lota

Subtesorero
Luis Manuel Rodríguez Morales

Vocales
Carmelo Delgado Cintrón
José Ferrer Canales
Alfonso L. García Martínez
José Emilio González
Luis Hernández Cruz
Elías López Sobá
Luis Nieves Falcón

PRESIDENTES DE SECCIONES Y COMISIONES

Artes Plásticas
Myrna Báez

Ciencias Físicas Naturales y Matemáticas
Héctor M. Dávila Alonso

Ciencias Morales y Políticas
Manuel Maldonado Denis

Historia
Isabel Gutiérrez del Arroyo

Literatura
José Ramón de la Torre

Música
Luis Antonio Ramírez

Teatro
Myrna Casas

Publicaciones
Nilita Vientós Gastón

Secretaria Ejecutiva
Elena Ayala Vda. de García

Directora de la Biblioteca
Clara S. de Lergier

Sr. don Jesús López
Calle 5 H-2
Urb. Santa Rita
Vega Alta, Puerto Rico 00762

Distinguido amigo:

Próximo a finalizar el año del centenario del natalicio de don Antonio Paoli me place dirigirle estas líneas para felicitarle de todo corazón por sus brillantes y patrióticas iniciativas para lograr que nuestro pueblo reconociera la obra de aquel excepcional tenor.

A su persistencia y estímulo se debe principalmente el que las diversas instituciones representativas de nuestra cultura por fin le hayan rendido tributo a este insigne puertorriqueño. Ha prestado usted un gran servicio a la cultura patria.

Le saluda con el mayor aprecio y consideración,

Eladio Rodríguez Otero
Presidente

ERO:crll

ESTADO LIBRE ASOCIADO DE PUERTO RICO
DEPARTAMENTO DE INSTRUCCIÓN PÚBLICA
PROGRAMA DE BELLAS ARTES
HATO REY, PUERTO RICO

HOMENAJE A
DON ANTONIO PAOLI

Antonio Paoli

SALA DE RECURSOS EDUCATIVOS
14 DE ABRIL DE 1971
10:00 A. M.

El Secretario de

Instrucción Pública de Puerto Rico

Doctor Ramón Mellado

tiene el honor de invitarle a conmemorar

el Centenario del natalicio

del insigne tenor puertorriqueño

ANTONIO PAOLI

a efectuarse el día 14 de abril de 1971

a las 10:00 de la mañana

en la

Sala de Recursos Educativos del

Departamento de Instrucción

en Hato Rey

MENSAJE

La música, como todo arte, es vínculo que enlaza las generaciones. El Puerto Rico de hoy se enriquece con el pasado del gran cantante Don Antonio Paoli.

Para honrar su memoria, y a nombre del Estado Libre Asociado de Puerto Rico, el Departamento de Instrucción Pública celebra este acto. Juntos hacemos público reconocimiento hoy: al hombre que por sus ejecutorias artísticas se destacó en el mundo internacional de la ópera y al maestro que supo cultivar en sus alumnos el aprecio por los más altos valores de la música vocal.

Ramón Mellado

RAMÓN MELLADO
Secretario de Instrucción Pública

PROGRAMA

1. Mensaje

   Dr. Ramón Mellado

2. Develación del retrato al óleo de Don Antonio Paoli, obra del pintor Antonio Gantes.

3. Recital de Canto por discípulos del Sr. Ramón Fonseca, quien fue a su vez, discípulo de Paoli.

Camelia Ortiz del Rivero	— Soprano
Eusebio González	— Tenor
Efrain León	— Tenor
Héctor López	— Barítono
Elio Rubio	— Tenor
Annie Figueroa	— Soprano

   Pianista — *Elsa Rivera Salgado*

4. Exhibición de algunas piezas de utilería que usó Don Antonio Paoli al interpretar personajes principales de su carrera artística. (Cortesía del Museo Histórico de Puerto Rico, dirigido por la Sra. Rosa González de Coll Vidal.)

HOMENAJE A DON ANTONIO PAOLI

RECITAL DE CANTO

PROGRAMA

1. Ah, Non mi ridestar (Werther) - Massenet

   Eusebio González, Tenor

2. Dúo, Lucía di Lammermoor - Donizetti

   Annie Figueroa, Soprano
   Eusebio González, Tenor

3. Di Provenza (La Traviata) - Verdi

4. Pieta, rispeto honore (Macbeth) - Verdi

   Héctor López, Barítono

5. Dúo, Doña Francisquita - A. Vives

   Annie Figueroa, Soprano
   Elio Rubio, Tenor

6. Aria del Ruiseñor (Doña Francisquita) - A. Vives

   Annie Figueroa, Soprano

7. Addio (Mignon) - Thomas

   Raúl

8. Dúo de la Opera Carmen - Bizet

   Carmelia Ortiz de Roig, Soprano
   Elio Rubio, Tenor

9. Aria de la Flor (Carmen) - Bizet

   Elio Rubio, Tenor

10. Aria de Micaela (Carmen) - Bizet

    Carmelia Ortiz de Roig, Soprano

   Elsa Rivera Salgado, Pianista

ATENEO PUERTORRIQUEÑO

PROGRAMA MUSICAL

1. La Calumnia (El Barbero de Sevilla) -Rossini
   Ramón Rodríguez

2. Voi che Sapete (Las Bodas de Figaro) -Mozart
   Berta Ramos

3. Prólogo (Pagliacci) -Leoncavallo
   Manolo González

4. Balatella (Pagliacci) -Leoncavallo *Dakysab El Isolas*

5. Infelice E tu Crederi Ernani -Verdi
   Pedro Morell

6. Che Gelida Mannina (Boheme) -Puccini
   Juan Soto

7. Cuarteto de Rigoletto   Verdi
   María Esther Robles
   Berta Ramos
   Manolo González
   Juan Soto
   Al piano Elsa Rivera Salgado

CENTENARIO DEL NATALICIO
DEL TENOR ANTONIO PAOLI

Homenaje y develación del óleo que será incorporado a la Galería de Puertorriqueños Ilustres
del Ateneo.

Salón de Actos   Jueves, 27 de marzo de 1971
                        8:30 de la noche

UNIVERSIDAD DE PUERTO RICO
DEPARTAMENTO DE ACTIVIDADES CULTURALES

CONCIERTO HOMENAJE

A

ANTONIO PAOLI
Tenor Puertorriqueño

EN EL PRIMER CENTENARIO DE
SU NACIMIENTO

RAQUEL MONTALVO
Soprano lírica

LUZ N. HUTCHINSON

pianista

Conservatorio de Música de Puerto Rico
Martes 13 de abril de 1971
8:30 P. M.

NOTAS AL PROGRAMA

DON GIOVANNI, (Estrenada en Praga el 29 de octubre de 1787)

Batti, Batti, o bel Masetto

Zerlina, prometida de Masetto, le pide que la perdone por su "aparente" infidelidad con Don Giovanni. Acto I.

FAUSTO, (Estrenada en París el 19 de marzo de 1859)

Il etait un roi ed Thule

Marguerite canta esta balada mientras hila en la rueca. Interrumpe su canción para recordar el hermoso extraño que le habló en la plaza, cuando ella iba camino de la iglesia. Acto II.

Ah, je ris de me voir si belle (aria de las joyas)

Marguerite, de repente, encuentra un cofre de joyas y, no pudiendo resistir la tentación, se engalana mientras expresa su emoción de encontrarse tan bella. Acto II.

CARMEN, (Estrenada en París el 3 de marzo de 1875)

Je dis que rien ne m'epouvante (aria de Micaela)

Micaela, prometida de Don José, acude aterrada a la guarida de los contrabandistas en busca de éste para notificarle que su madre está a punto de morir. Acto III.

MANON, (Estrenada en París el 19 de enero de 1884)

Adieu, notre petite table

Manon sabe que pronto Des Grieux y ella se separarán, y aprovechando la salida de éste, se despide emocionada de la mesa en que tantas veces han cenado juntos. La mesa es un símbolo de su unión. Acto II.

DON PASQUALE, (Estrenada en París el 3 de enero de 1843)

So anchio la virtu mágica

Norina, prometida de Ernesto, está en el jardín leyendo y riéndose de una novela romántica. Dejando el libro a un lado se detiene a reflexionar en lo bien que ella conoce el arte de la coquetería. Acto I.

LA BOHEME, (Estrenada en Turín el 1 de febrero de 1896)

Donde lieta usci

Mimí escucha una conversación donde Rodolfo le confiesa a Marcello a pesar de que él la ama, va a abandonar a Mimí porque está muy enferma y morirá pronto. Ella, al ser descubierta, se acerca y se despide de él, sin rencores. Acto III.

P R O G R A M A

I

Sebben, crudele ------------- Antonio Caldara
(1670-1736)

Non posso disperar ------------------ S. de Luca

O del mio dolce ardor ---------- Christoph W. Von Gluck
(1714-1787)

Care selve ------------------ George F. Haendel
de la Opera "Atalanta" (1685-1759)

Batti, batti o bel Masetto ------- W. A. Mozart
de la Opera "Don Giovanni" (1756-1791)

II

Il etait un roi de Thule ------
de la Opera "Fausto"

Ah, je ris de me voir si belle ------ } Charles Gounod
(aria de las joyas) (1818-1893)
de la Opera "Fausto"

Je dis que rien ne m'epouvante ------- Georges Bizet
(aria de Micaela) (1838-1875)
de la Opera "Carmen"

Adieu notre petite table ----------- Jules Massenet
de la Opera "Manon" (1842-1912)

INTERMEDIO

III

So anchio la virtu mágica --------- Gaetano Donizetti
de la Opera "Don Pasquale" (1797-1848)

Donde lieta usci -----------
de la Opera "La Boheme"

Mi chiamano Mimí -------------- } Giacomo Puccini
de la Opera "La Boheme" (1858-1024)

Quando m'en vo -----------
(Vals de Musetta)
de la Opera "La Boheme"

O mio babbino caro ------------- Giacomo Puccini
de la Opera "Gianni Schicchi" (1858-1924)

Un bel di ----------------- Giacomo Puccini
de la Opera "Madame Butterfly" 1858-1924)

O luce di quest'ánima ----------- Gaetano Donizetti
de la Opera "Linda de Chamounix" (1797-1848)

CENTENARIO DEL NA
187
Programa de los actos de i

Cementerio Puerto Rico Memorial, Isla Verde
10:30 de la mañana

OFRENDA FLORAL

1- Bienvenida y presentación por don Héctor Campos Parsi, Director del Programa de Música del Instituto de Cultura Puertorriqueña.

2- Palabras por don Ricardo Alegría, Director Ejecutivo del Instituto de Cultura Puertorriqueña.

3- Selección musical: Ave Verum, de W. A. Mozart, por el Conjunto Coral de la Escuela Libre de Música de San Juan.

4- Ofrenda floral:

Maestro Jesús María Sanromá representando al Honorable Gobernador de Puerto Rico.

Doña María Arroyo de Colón, Presidente de la Comisión de Instrucción y Cultura del Senado de Puerto Rico.

Licenciado Pedro Torres Díaz, Cámara de Representantes de Puerto Rico.

Doctora Angeles Pastor, Sub-secretaria de Instrucción.

Don José F. Nazario, Municipio de San Juan.

Maestro Víctor Tevah, Decano del Conservatorio de Música de Puerto Rico.

Doña Vilma G. de Echenique, Escuela Libre de Música de San Juan.

Profesor Francis Schwartz, Universidad de Puerto Rico.

Profesor Luis Antonio Ramírez, Ateneo Puertorriqueño.

Doctor Washington Llorens, Academia de Artes y Ciencias de Puerto Rico.

INSTITUTO DE CL

DE ANTONIO PAOLI

46

n, el 11 de abril de 1971

Don William Valentín, Asociación Puertorriqueña de Artistas
y Técnicos del Espectáculo.

Don Abrahán Peña, Federación de Músicos de Puerto Rico.

Don Ernesto Vigoreaux, Sociedad Puertorriqueña de Autores,
Compositores y Editores de Música.

Doña Camelia Ortiz de Roig, Opera '68.

Don Néstor Murray, Consejo de Estudiantes de la Universidad
Católica de Puerto Rico.

Don Ricardo Alegría, Instituto de Cultura Puertorriqueña.

5- Selección musical: Adoramus Te Christe, de G. Palestrina
Conjunto Coral de la Escuela Libre de Música de San Juan.

Casa Blanca, San Juan
8:00 de la noche

CONCIERTO — CONFERENCIA

1- Presentación por don Héctor Campos Parsi.

2- Semblanza de Antonio Paoli por don Jesús López.

3- Develación del proyecto de la estatua de Paoli ejecutada por el
escultor José A. Buscaglia.

4- Audición de una selección de grabaciones fonográficas de Paoli.

PUERTORRIQUEÑA

ANTONIO PAOLI

Antonio Paoli nació en Ponce, Puerto Rico, el 14 de abril de 1871. En 1885 se trasladó a España, ingresando, como pensionado de la Reina María Cristina, en el Real Monasterio del Escorial, donde cursó la segunda enseñanza. En 1895 fue pensionado nuevamente por la Reina para estudiar en Italia.

Inició sus actuaciones en la Opera de París con "Guillermo Tell". En 1900 fue contratado por el Covent Garden de Londres para la temporada de invierno. Desde esa fecha obtuvo resonantes y reiterados triunfos en América y Europa. En San Petersburgo recibió la Cruz de San Mauricio de manos del Zar, fue condecorado por Carlos de Braganza con la Orden Conmentatori, en Bologna se le proclamó 'primer tenor del mundo' al igual que en Ostende y en la Scala de Milán.

Inauguró el Teatro Colón de Buenos Aires, interpretando el "Otelo" y el "Sansón y Dalila". En 1912 el Kaiser Guillermo de Alemania le nombró Cantante de Cámara.

Murió en San Juan de Puerto Rico el 24 de agosto de 1946.

DEPARTAMENTO DE INSTRUCCION PUBLICA

DISTRITO ESCOLAR DE VEGA ALTA

PROGRAMA DENOMINACIÓN ESCUELA ELEMENTAL

SANTA RITA DE VEGA ALTA CON EL NOMBRE DE

DON ANTONIO PAOLI

VIERNES, 24 DE SEPTIEMBRE DE 1971

A LA 1:30 P. M.

Estado Libre Asociado de Puerto Rico
DEPARTAMENTO DE INSTRUCCION PUBLICA
Hato Rey, Puerto Rico

Oficina del
Secretario de Instrucción
Pública

29 de abril de 1971

MEMORANDO

A : Directores Regionales, Superintendentes de
Escuelas, Directores de Escuelas y Maestros

ASUNTO: Denominación de la Escuela Elemental de la
Urbanización Santa Rita en Vega Alta y de la
Escuela Libre de Música de Caguas con el
nombre de Don Antonio Paoli

Me es grato anunciarles que la Comisión Denomi-
nadora de Estructuras y Vías Públicas del Instituto
de Cultura Puertorriqueña acordó denominar a la
Escuela Elemental de la Urbanización Santa Rita en
Vega Alta y también a la Escuela Libre de Música de
Caguas con el nombre de Don Antonio Paoli.

Es conveniente que este anuncio se trasmita
localmente a los estudiantes y la comunidad en
general.

RAMON MELLADO (FDO.)
Secretario de Instrucción Pública

AUTÓGRAFOS

P R O G R A M A

1. Himnos Nacionales
2. Invocación - Por Ministro Evangélico
3. Saludos
   a. Sr. Alberto F. López - Supte. de Escuelas
   b. Sr. Carmelo Mercado - Alcalde-Director Escolar
4. Develación
5. Semblanza - Sr. Jesús López
6. Acepación del Acto
7. Bendición - Por Sacerdote Católico
8. Mensaje - Hon. Ramón Mellado- Secretario de Instrucción Pública
9. Recital de Discos Interpretados por Paoli - Explicación por el Sr. Jesús López
10. Cierre del Acto - Sra. Laura Badillo de Seijo- Directora Región Educativa de Arecibo

819

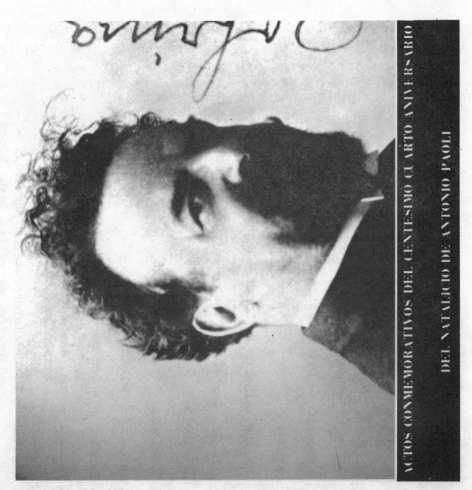

CONMEMORACION DEL CENTESIMO CUARTO ANIVERSARIO DEL NATALICIO DE

ANTONIO PAOLI

Auspiciado por el Instituto de Cultura Puertorriqueña, la Administración Municipal,
el Centro Cultural y el Museo de Arte de Ponce

CALENDARIO GENERAL
Abril de 1975

miércoles 9 al martes 15 de 10:00 de la mañana a 4:00 de la tarde

EXPOSICION DE RECUERDOS DE ANTONIO PAOLI
Colección de Don Jesús M. López
Museo de Arte de Ponce

lunes 14 a las 8:00 de la noche

"ANTONIO PAOLI: TENOR DE REYES"
Conferencia por Don Jesús M. López
Biblioteca - Teatro La Perla
Auspiciado por el Centro de Servicios Educativos

viernes 25 a las 8:00 de la noche

QUINTETO HERMANOS FIGUEROA
Concierto Conmemorativo del Aniversario de Antonio Paoli
Museo de Arte de Ponce

EL INSTITUTO DE CULTURA PUERTORRIQUEÑA,
LA ADMINISTRACION MUNICIPAL,
EL CENTRO CULTURAL
Y EL MUSEO DE ARTE DE PONCE

se honran en invitar a usted y a su distinguida familia a los
actos que con motivo de la celebración del CENTESIMO CUARTO
ANIVERSARIO DEL NATALICIO DE ANTONIO PAOLI se llevarán
a cabo en la Biblioteca del Teatro La Perla y en el Museo de Arte
de Ponce durante el mes de abril en las fechas y horas que aparecen
más adelante.

Estos actos están abiertos al público en general y se ofrecen
gratuitamente.

821

TEATRO TAPIA

RECITAL ANTONIO PAOLI

POR:

JESUS M. LOPEZ

23 DE AGOSTO DE 1977

8:00 P.M.

"Rigoletto"

Giuseppe Verdi — La Donna e Mobile
con crquesta
(grabado en 1911)

Disco-1181ah/2-52809

"El Trovador"

Giuseppe Verdi — Di Quella Pira
con coro y orquesta
(grabado en 1907)

Disco-1182c/052170

"Otello"

Giuseppe Verdi — Esultate /ora E Per Sempre
con piano
(grabado en 1907)

Disco-1259c/052172

Dio Mi Poteni Scagliar
con piano
(grabado en 1907)

Disco-1260c/052173

Morte D'Otello
(grabado en 1012)

Disco 313 ai / 052328

Grabaciones marca
Voce Del Padrone
Grabados en Milán por la casa
Gramofón de Lumbrea
Coro y Orquesta del Teatro alla Scala
Dirigida por Carlo Sabajno
Luigi Mancinelli
Pietro Mascagni
y
Ruggiero Leoncavallo

P R O G R A M A

"El Cid"

Jules Massenet — Himno del Cid con orquesta
(grabado en 1908)

Disco-13215-b/2-52710

"El Profeta"

Giacomo Meyerbeen — Re del Cielo
con coro y orquesta
(grabado en 1907)

Disco-10522b/2-5598 — Siciliana
con orquesta
(grabado en 1908)

"Dejanire"

Camille Saint-Saens — Viens Otoi tons le clains Vissages
con orquesta
(grabado en 1911)

Disco-1180AH/2-52808

Los Payasos

Ruggiero Leoncavallo — Vesti La Giubba
con orquesta
(grabado en 1907)

Disco-1210-C/052166

"Iris"

Pietro Masgagni — Apri La Tua Finestra
con arpa
(grabado en 1912)

Disco-1305ah/2-52813

"Sansón y Dalila"

Camille Saint Saens — Fiozi Miei
con orquesta
(grabado en *907)

Disco-10521b/2-52597

Anagrama para el Centenario de Paoli hecho por el Lcdo. Roberto Beascoechea Lota.

Nombre= Antonio Emilio Paoli Marcano

Anagrama= Cantor Olímpico

San Juan de Puerto Rico   marzo de 1971

ESTADO LIBRE ASOCIADO DE PUERTO RICO
SENADO
CAPITOLIO
SAN JUAN, PUERTO RICO 00904

Luis A. Ferré
Senador

4 de febrero de 1981

Sr. Jesús O López
Calle 5 B-2 Santa Rita
Vega Alta, PR 00762

Estimado señor López:

El Honorable Luis A. Ferré recibió su carta del 3 de febrero, en la que le plantea la celebración de la Conmemoración del 110 Aniversario del Natalicio de Don Antonio Paoli.

Por encomienda del señor Ferré estoy refiriendo su carta a la Dra. Leticia del Rosario, Directora del Instituto de Cultura Puertorriqueña, para que tenga en consideración su planteamiento.

Reciba un cordial saludo del señor Ferré.

Cordialmente,

Carmen Santiago de Rivera
Secretaria Ejecutiva

cc. Dra. Leticia del Rosario

ANTONIO PAOLI
1871   1971
1er CENTENARIO

PANADERIA Y REPOSTERIA SANTA RITA

CENTRO COMERCIAL SANTA RITA

VEGA ALTA, PUERTO RICO

DE

JESUS M. LOPEZ Y MINERVA CORREA

PAN FRESCO, BIZCOCHOS Y DULCES

ELABORADOS CON HARINA ENRIQUECIDA

Esta es la tapa de las cajas de dulces que se vendían en mi repostería en Vega Alta, la cual me dió dinero para hacer investigaciones de Paoli en distintas partes del mundo. El emblema de distinción es la efígie de Paoli, la cual los clientes decían que era el sello de buena calidad de los dulces y el pan que allí se producía.

POEMA A DON ANTONIO PAOLI
EN SU CENTENARIO.

A PAOLI

Paoli, grande fuiste, grande has sido.
Mas yo no te conocí, pues aún no había nacido.
Ya me han contado de ti, cosas que jamás olvido.
Cantaste ya en tiempos idos, fuiste cantor de cantores.
Ganaste grandes honores. Que hoy no son reconocidos.
Mi pueblo te hecho al olvido, pero alguien busco tu historia
Y hoy escribe tus memorias. Para que seas conocido.
Hasta el rincón escondido, pronto llegará tu nombre
Haciéndole honor al hombre, mi Puerto Rico querido.
Aparecerán mil hombres para hacerte un monumento
Porque tuviste talento que, se bien nació contigo.
Es por ese gran motivo. Que yo te escribo este verso
Porque sepa el universo. Que tu no has muerto, ¡estás vivo!

ELI TORRES TORRES
VEGA ALTA. PUERTO RICO

HIMNO ESCOLAR

ESCUELA ELEMENTAL ANTONIO PAOLI
VEGA ALTA, PUERTO RICO

Letra: Eliezer Vázquez León
Música: Annie De León Parés

Amanece y muy temprano
vamos todos a estudiar
laborando mano a mano
el estímulo escolar.

Pasa el tiempo y nuestra escuela
un futuro nos va a dar
continuando en la secuela
del oficio de estudiar.

Saludamos a Paoli   (CORO)
Don Antonio el gran Tenor
admiramos su gran obra
de la música, el candor.

Crece en mi alma el buen deseo
de dar honra a nuestra escuela
sea la musa, sea el solfeo
el orgullo de esta tierra.

Adelante compañeros
estudiantes vegalteños
preparemos el sendero
realizando nuestros sueños.

Saludamos a Paoli   (CORO)
Don Antonio el gran Tenor
admiramos su gran obra
de la ÓPERA, el CANTOR

APENDICE VIII

TESTIMONIOS SOBRE PAOLI DE OTROS ARTISTAS Y
GRANDES PERSONALIDADES DEL MUNDO

Salvatore Baccaloni -bajo cantante (1900-1969, San Juan de Puerto Rico-junio de 1955)
"Hablar de Antonio Paoli es hablar de una leyenda. Le escuché hace ya muchos años en el Constanzi de Roma. Era muy amigo de mi maestro, el barítono Kaschmann, con quien había cantado varias veces y este me llevó a verle. Era un hombre de un porte señorial y extraordinario, muy alto y elegante, además de dueño de una voz potentísima. ¡Qué agudos!, ¡Que artista! Era único. Sabe, yo lo escuché en las óperas *Sanson y Dalila*, *Otello* y *Trovador*. Las hacía todas tan bien, que no podría decirte en cual cantaba mejor. Todo el mundo le llamaba Commendatore Paoli; la crítica le comparaba con Tamagno. Las ovaciones que se le tributaban eran tremendas; el público temblaba, gritaba, se llenaba como de euforia, pues Paoli lo electrizaba al tramsmitir a través de su canto, una emoción que penetraba en lo más profundo del alma. Para nosotros los entonces estudiantes, escucharle equivalía a toda una catedra de canto por su linea vocal escolástica, su técnica y su dicción. En verdad era perfección lo que salía de su garganta. Era además un magnífico y convincente actor, cosa no fácil en los tenores, pues muchas veces son magníficos cantantes y pésimos actores, otros en cambio son muy buenos actores y pésimos cantantes, los cuales deberían más bien dedicarse al teatro de prosa y no al canto. Paoli lo tenía todo, le admiré mucho y le aseguro que si fue grande como cantante fue mejor aún como persona, pues era un hombre sencillo, afable y amigable y muy simpático aunque su figura y su rostro infundían respeto. Paoli fue algo único y se le puede considerar como uno de los cantantes líricos más grandes de este siglo".

Lucrecia Bori - soprano 1887-1960) (New York, 1957)
"Escuché a Paoli por primera vez en Valencia en la ópera *Otello* de Verdi. Para ese entonces era yo muy joven pero lo puedo recordar muy bien. Poseía una figura imponente y un rostro muy interesante que sabía usar muy bien, pues con sus gestos medidos y estudiados hacia más real y patética su impecable actuación. Su voz era fuertísima y de agudos penetrantes y sonoros. Creo no haber escuchado otra voz dramática semejante a la suya, salvo el tenor austríaco Slezak, pero claro, Paoli tenía más squillo, brillo y belleza de voz. Paoli era un tenor muy completo y además por añadidura era español, como yo."

Gemma Bosini Stabile- soprano lírica (Milán, Italia, junio 1978)
"Paoli era un tenor magnífico y un gigante en escena, tenía una voz poderosísima y era un actor excelente.

Canté junto a él en el Cairo y Alejandría en Egipto además de varios teatros aquí en Italia. Esto fue en la ópera *Otello* y mi marido Mariano Stabile, hacía el Yago.

Paoli sabía moverse muy bien en escena y podía controlar su fuerte voz a voluntad suya. Cantar con él fue una experiencia inolvidable y considero que fue uno de los mejores cantantes con quien canté en mi larga carrera. Decían que era muy enamoradizo, pero a mi siempre me respetó pues era muy amigo de Mariano y además no era uno de esos dandys frescos que se propasan con cuanta mujer conocen. Aunque se sabía que muchas sopranos estaban muy enamoradas de él pues en realidad era un "bel uomo", guapísimo y elegante. Era un hombre muy aseado, siempre estaba bien vestido y al caminar por la calle lo hacía con un gesto pausado y elegante, bien erguido y aristócrata, que le daba aire de respeto y gran señor que en realidad era. Paoli era además muy rico y poseía varias villas al norte de Italia en la región de los lagos, donde hacía unas fiestas fabulosas a las cuales nos invitó varias veces. Una vez le escuché en un concierto cantando con Ruffo y aquello fue como un duelo a muerte pues quería sobresalir uno sobre el otro. Paoli era un tenor de cuentos de hadas.

Ferrucio Calusio - Director de orquesta (Buenos Aires-junio 1981)

Paoli era un gran tenor dramático, le recuerdo muy bien, cantaba estupendamente bien con una voz potentísima y medida. Actuaba muy natural. Se le consideraba como uno de los más grandes tenores dramáticos de su época. Era una voz de otro mundo por su potencia. Poseía una personalidad extrordinariamente atrayente. Era muy admirado por todos, hasta por los músicos".

Doña Marta Camaléz de Coll -Diletante (San Juan de Puerto Rico, 1970)

Esta distinguidísima dama chilena, era una gran diletante y escuchó a Paoli en su debut en París en 1899; luego en Madrid en 1905; en Chile en 1906; en Buenos Aires en 1908 y en San Juan de Puerto Rico en 1922 y 1928. Así que vivió varias etapas de la carrera de Paoli desde su debut hasta su retiro de la escena lírica. Nos contó lo siguiente: Antonio Paoli era el tenor dramático por excelencia, por su voz maravillosa, su figura imponente y su actuación inigualable. Jamás he vuelto a escuchar una voz similar a la suya tan fuerte y heróica. En París era la pasión de las mujeres y el terror de los maridos pues era un hombre guapísimo. Su *Otello* era algo único, pues se adaptaba al personaje tanto vocal como musical y artísticamente. Una quería volver al teatro a verlo y escucharle siempre que cantaba pues siempre se superaba a cada función. Su voz era agudísima y penetrante y se escuchaba dentro y fuera del teatro con una fuerza tremenda. Se podría decir, sin temor a equivocación alguna, que es el tenor más grande nacido en el hemisferio americano.

Fidela Campiña - soprano dramática (Buenos Aires, Argentina, programa radial del Dr. Gustavo Bigourdan en 1980).

Antonio Paoli, gran tenor dramático, fue uno delos más grandes Otellos con quien canté. Poseía una voz poderosísima y una personalidad subyugadora. Canté el *Otello* junto a él y a Tita Ruffo en la Manhattan Opera House de New York en los años veinte, con un enorme éxito artístico y financiero. Paoli era un verdadero tenor dramático-heróico y de fuerza y actuaba tan bien como cantaba. Poseía un rostro interesantísimo. Guardo un gratísimo recuerdo de él como hombre y artista.

José María Colomer Pujols, Dr. -Laringólogo y crítico (San Juan, Puerto Rico, 1975, y Barcelona, España 1979).

Escuché a Paoli cantando el Radamés en el teatro del Liceo cuando yo era apenas un niño y jamás lo pude olvidar. Creo esto fue en 1911. A través de los años he visto y escuchado a muchos grandes tenores pero aún después de tantos años no he visto ni escuchado a ninguno que se le iguale. Paoli era único. Cantó esa vez *Aïda* aquí en Barcelona con la gran soprano Gubern y después volvió a cantar en otro teatro. Esos son recuerdos imborrables en mi memoria.

Pablo Casals, cellista español (San Juan de Puerto Rico) (14 de abril de 1971- celebración del Centenario del nacimiento de Paoli).

"Antonio Paoli fue un gran tenor admirado y respetado por todos los públicos. Fue una gloria auténtica de Puerto Rico y de la Lírica Mundial, e hizo una honrosa carrera lírica. No fue solo gloria de Puerto Rico, sino de toda América y España.

Gilda Dalla Rizza - soprano lírica - (Milán, Italia-marzo de 1975).

Canté con Paoli, hace más de cuarenta años en Sur América; como canté muy pocas veces la Desdémona, recuerdo muy bien su *Otello*. Siempre le admiré mucho como hombre, artista y cantante. Hoy día no hay grandes artistas líricos como Paoli, pues era un tenor dramático completo, con una voz potentísima que lastimaba al oído. En una de las ocasiones que canté *Otello* con Paoli, parecía haber enloquecido en verdad y al llegar el cuarto acto... luego de que me lanzó sobre el lecho, se me tiró encima, clavó sus ojos tan azules llenos de fuego en los míos y comenzó a estrangularme... me asusté muchísimo, pues apretó mi cuello un poco más de lo acostumbrado y al punto le dije 'Paoli, recuerda que estamos actuando'.... El sonrió un poco, me guiñó un ojo y prosiguió su ardiente actuación; eso me calmó pues mis temores tenían su fundamento pues se comentaba que en Londres un reconocido actor de teatro se enloqueció y asesinó de verdad a la actriz que interpretaba Desdémona. Paoli era además un hombre caricativo y extraordinario, ayudaba a todos; allá en Rosario, Argentina, su paga de una noche se la envió a una pobre viuda que vivía una situación económica desesperada. Eso no lo hace nadie. Paoli era un hombre excepcional".

Giuseppe de Luca - barítono italiano (le comunicó a Leonard Warren en New York en 1940).

"Paoli fue el tenor dramático más grande con quien yo canté, su voz era un verdadero portento de fuerza, musicalidad y belleza canora y su personalidad era impotente".

José Ferrer - actor (Laureado actor puertorriqueño de fama internacional, Stamford, Ct., 27 de mayo de 1987).

"Antonio Paoli fue la figura lírica más extraordinaria que ha nacido en el hemisferio americano. Fue un tenor dramático de gran voz y figura, lo cual le colocaba en el plano de gran señor de la escena en óperas como *Africana*, *Sansón*, *Trovador* y en especial el *Otello* verdiano que Paoli, hizo suyo con magistrales interpretaciones Los tenores que más se le acercaron el *Otello* son Ramón Vinay el chileno y Mario del Mónaco. Sabe, hoy día está cantando *Otello* o mejor dicho recitando *Otello* el tenor español Plácido Domingo, pero honestamente le digo que este es solo un niño de pecho si se le compara con los grandes Otellos que fueron Tamagno, Paoli, Vinay y Del Mónaco.

831

Mario Filippeschi- tenor lírico spinto (Florencia, Italia, junio de 1978).

"Antonio Paoli fue un *Otello* y *Manrico* excepcional, oi hablar mucho de él en la Galería Vittorio Emmanuelle de Milán, donde muchos recordaban sus legendarias actuaciones. Decían que poseía una gran contextura física y una voz de trueno. Amletto Galli, el gran bajo Italiano, cantó muchas veces con él y me comentó que la potencia de su voz era tan fuerte que afectaba a los oídos de quienes le rodeaban en escena. Esa fue una época gloriosa que ya no vuelve más, pues un tenor como Paoli, hoy día sería el terror de tantos que se llaman tenores y no son más que una partida de descarados, cantando las grandes obras líricas bajo tono. Bajan muchas veces medio tono y hasta en tono completo sin saber siquiera inerpretar bien el papel que hacen. Artistas como Paoli son eternos, nunca mueren".

Tino Folgar - tenor lírico ligero (Buenos Aires, agosto de 1973)

"Antonio Paoli, fue uno de esos que llaman fenómeno vocal, por su potente voz de tenor dramático. Era un enorme torrente de voz heróica y bella lo que salía de su garganta privilegiada; ea además un actor muy capaz y hombre muy seguro de si mismo. Poseía además una media voz que le envidiaban los tenores líricos. Este era un escogido entre muchos pues pudo sobresalir triunfante en un mundo lleno de intrigas y recelos de envidiosos; pero supo imponerse por su voz y su arte sin hacer daño a nadie e ignorando a los que trataban de hacerle daño al él. Era además muy amigo de ayudar a sus compañeros y en especial le tendía la mano generosa a los artistas jóvenes que llegaban a Milán, llenos de sueños y esperanzas. Paoli era un verdadero tenor dramático y hoy día no hay ninguno similar a él.

Amletto Galli- bajo cantante (a John Gualini-Milán, Italia 1950).

"Tuve el inmenso honor de cantar junto al gran tenor Antonio Poaoli, en varias ocasiones y le considero con el tenor dramático de más impacto con él cual canté en mi vida. Era un artista de gran estilo poseedor de una voz fuertísima con unas vibraciones extraordinarias, jamás he vuelto a escuchar otro igual. Muchos comparan a Paoli con De Muro, pero éste último no tiene el squillo ni los agudos de Paoli, ni la prestancia escénica de Paoli, pues Paoli era altísimo y elegante y De Muro es muy bajo de estatura. Paoli era el *Otello* por excelencia, así como fue también un Manrico extraordinario y un Sansón excepcional".

Fortunato Gallo - Empresario de la San Carlo Opera Co. (New York, N.Y. julio de 1965.)

"Antonio Paoli, era un gran tenor dramático cuya gran fama era solo comparable a la de Caruso. Tuve la inmensa dicha de conocerle y de ser su empresario y cantó envarias temporadas en mi empresa, la San Carlo Opera. Le escuché por primera vez en Milán cantando *Otello* en 1920 y me causó una impresión tremenda, primero por su privilegiada voz y luego por su gran figura y sus movimientos en el escenario; su forma tan fogosa de actuar sin ridiculizar el personaje. Poseía una impotente personalidad que electrizaba al público y arrastraba multitudes; pues siempre que Paoli cantaba, el teatro se llenaba y eso que a pesar de estar en edad avanzada y con un poco de trémulo en la voz no había ningún otro tenor que se le pudiese igualar como *Otello*. En Cuba, en 1923, causó furor junto a Ruffo y fueron muy aplaudidos y aclamados y eso que Paoli estaba enfermo. En alguna ocasión nos salvó la situación ante problemas de enfermedades de otros artistas, siempre estaba disponible para ayudar en todo. Para mi Paoli fue un gran hombre y un gran artista; uno de los mejores tenores dramáticos que escuché en mi vida.

Eugenio Gara - escritor-investigador-crítico (Milán, Italia-1972)

"Paoli fue sin lugar a dudas un fenómeno canoro, de esos casos raros de la naturaleza, equipado con una voz de un volumen extraordinario y excepcional extensión y belleza, además de una personalidad magnética. Fue grande como *Otello, Sansón y Trovatore*."

Mary Garden - soprano lírica (Aberdeen, Escocia, mayo 1965)

"Escuché a Paoli en mis tiempos de estudiante en París en 1899, cuando hizo su debut en la Gran Opera con la ópera Guillermo Tell de Rossini. Me llevó al teatro mi maestro Lucien Fugere, aquello fue algo apoteósico. El público se enloqueció con él, con su voz y su actuación.
El Paoli era un hombre muy guapo y apuesto. Después de su debut cantó en Nueva York en los años veinte en la ópera Otello. Fui a escucharle y noté que a pesar de tantos años de carrera aún poseía la potencia plena de su voz. Diría yo que su voz sonaba aún más fuerte que antes y su forma de actuar el papel era muy convincente y segura. Paoli fue un cantante y actor excepcional"

Beniamino Gigli - tenor lírico spinto (New York-abril 1955).

"Al mencionarme el nombre del tenor Antonio Paoli, pausé y mi mente se tramontó a muchos años atrás, a tiempos ya olvidados, pero que siempre están latentes en lo más profundo del alma. Actualmente casi nadie habla de Paoli, antes todos mencionaban su nombre contínuamente y se contaban maravillas de su carrera, de su voz, de su persona y de sus excentricidades. Le escuché por primera vez en Roma y luego en Milán en las óperas *Sansón y Dalila, Trovador y Otello* y algún tiempo más tarde las óperas *Marión Delorme* y el *Ratcliff*; cantaba un gran repertorio dramático de muy difícil ejecución. Yo trataba de ir a escucharle siempre que podía pues hacía cada función diferente aunque se tratase de la misma ópera. Siempre me he preguntado como Paoli podía emitir esa voz de trueno, tan fuerte y sonora sin esfuerzo físico alguno, creáme jamás he vuelto a escuchar nada similar. Otra cosa admirable es como aquella voz tan poderosa, podía emitir aquella media voz y pianos suaves y enternecedores. Aquel *Esultate* sonaba con una potencia atronadora y el público aplaudía eufórico y el lo repetía hasta tres veces sin aparente esfuerzo. Muchas veces yo no tenía dinero ni para comer, pues eran tiempos de estudios y mi situación era precaria pero las pocas liras que conseguía eran para comprar un boleto para la galería y poder escuchar a Paoli.
Paoli era un hombre alto, fornido, elegante y barbudo. Era muy simpático. Por la calle al pasar saludaba a todos y todos le saludaban. Muchas veces al pasar le aplaudían y le decían "Bravo Commendatore" y el se inclinaba elegantemente agradeciendo las frases de elogio.
Actuaba tal y como cantaba, con naturalidad, sin hacer esos movimientos bruscos ni exageraciones; lo que no lograba con su forma de actuar lo lograba con su voz heróica.
Esa era una época de verdadero arte canoro que hoy día va desapareciendo lentamente. Fueron tiempos de gloria para el arte lírico. Antonio Paoli fue el cantante más completo que he visto en escena y la voz dramática más potente que jamás escuché.

Tito Gobbi - barítono (Chicago-noviembre de 1976).

"De Antonio Paoli solo puedo decir lo que mi maestro Giulio Crimi, me contó pues le conocía bien y eran grandes amigos. Crimi fue también un gran tenor y admiraba mucho a Paoli como hombre y gran artista. Decía que Paoli era dueño de la voz más potente que escuchó en su vida. Era un tenor dramático completo y actor excelente además de muy elegante y simpático. Tenía sobre el piano una foto suya y de Paoli tomada en Buenos Aires y ese era su más preciado tesoro. A veces escuchabamos discos y tocaba algunos de Paoli, en el *Otello* decía el maestro que la voz de Paoli en disco no era ni una sombra de lo que en realidad era su voz en escena pero a pesar de eso para mí sonaba como una voz impresionante y brillante con gran intensidad dramática. Paoli fue un gran cantante de leyenda y mito pues en la galería de Milán se contaban muchas anécdotas de sus aventuras y actuaciones. Todos decían que fue un verdadero portento canoro".

Apollo Granforte - barítono (Milán, Italia noviembre de 1972).

Antonio Paoli fue el arquetipo del tenor dramático. Canté con Paoli en 1917; aquello fue apoteósico pues poseía un timbre de voz bellísimo, musical y fuerte a la vez. La Pira que cantaba en *El Trovador* sonaba clara y fuerte como un clarín y la tenía que cantar tres veces dada la insistencia del público que no dejaba proseguir la orquesta. Su voz aunaba bellísimos matices en las medias tintas y una fuerza atronadora en los agudos. Cantar con el fue una experiencia gloriosa e inolvidable. Era un tenor dramático único, además de muy afable y simpático."

Carlos Guichandut - tenor dramático (Buenos Aires, Argentina. A Horacio Velazquez, diciembre de 1989).

"Paoli era el verdadero tenor dramático con una voz que sobrepasaba los metales de la orquesta. Poseía ademeas una gran figura, era un gran actor y hacía unos pianos increibles y admirables que solo se podían comparar al sonido del violencillo tocado por Pablo Casals. No era una voz opaca ni dura, sino una voz libre y potente."

Elvira de Hidalgo - soprano de colocatura (Milán, Italia, 1972).

"Antonio Paoli fue un gran tenor dramático, tenía una espesa barba y cantaba mucho el *Otello*. Era un estupendo actor y siempre estaba de buen humor, era muy acogedor y simpático. En escena, como actor y cantante, al igual que en la calle, siempre tenía una sonrisa en los labios. Su *Otello* era extrordinario y lo cantó hasta con la célebre soprano Hariclee Darclee. Lo escuché mucho aquí en Italia y en España. Mi especialización era en el *Barbero de Sevilla*, y Paoli, era Otello su especialidad, pues lo hacía perfecto como actor y como cantante. No recuerdo haber oído un *Otello* igual en que el personaje satisfasciera tanto como en Paoli. Cuando actuaba Paoli estaba siempre en su personaje y cuando no cantaba pero en escena estaba activo en su actuación. Paoli cantó por toda Italia y otras partes del mundo con gran éxito. Yo nunca pude cantar con él pero le admiraba mucho. Eramos muy buenos amigos. Cuando yo empezaba mi carrera ya él era famoso y a mi me gustaba mucho el *Otello* y en especial si era Paoli el intérprete. Acostumbrada a ir a escucharle, y cada noche lo hacía mejor que la noche anterior, siempre superándose. Era fascinante. Paoli cantaba también *Hugonotes* y *Trovador* pero *Otello* era su fuerte.Era un hombre muy guapo y encantador, en fin un artista inolvidable".

Frederick Jagel -tenor spinto (New York, noviembre de 1971).

"Antonio Paoli era una leyenda viviente, allá en Milán, siempre se comentaba sobre sus actuaciones fantásticas y de ensueño. Poseía un magnífica figura; cuando le escuché en New York en 1927 en *Otello* y a pesar de su edad conservaba una voz de extrordinaria potencia y brillo con agudos sonoros, aunque en el centro del registro había algún tremor pero aún así era amo y señor de la escena. Aquel *Otello* fue una experiencia única pues su prestancia escénica infundía respeto y a la vez admiración. En el último acto al cantar *Nium Mi Tema* preanunciaba la muerte del moro en forma escalofriante, viviendo intensamente el personaje con todo su dolor y patetismo. Se decía que muchas sopranos temían cantar con él, pues se posesionaba tanto del personaje que parecía querer matarlas en realidad. Paoli fue el tenor dramático más grande que escuche en mi vida."

María Jeritza - Soprano dramática (New York, noviembre de 1979)

"Escuché a Paoli, aquí en Nueva York, cuando cantó Otello en 1927 con la Manhattan Opera House. Todos le mencionaban mucho y se decía que era uno de los más grandes intérpretes de esa joya verdiana. A mí me encantaba el personaje de la tierna Desdémona y trataba de ver esa ópera siempre que tenía oportunidad; además se la había visto muchas veces con mi inolvidable amigo Leo Slezak, quería pues verificar si en realidad Paoli, era tan bueno como decían. Le aseguro que quedé muy satisfecha con su magnífica ejecución del personaje e impresionadísima por la potencia de su voz y sus agudos tan claros y sonoros. Paoli era un tenor dramático completo, había ya en un poco de temblor en su voz claro, la edad, pues había una larga carrera, pero era *Otello* en todo el sentido de la palabra; me impresionó mucho también su forma de actuar tan natural sin manerismos escénicos.
Paoli lo tenía todo, no había comparación con Slezak pues Paoli poseía un temperamento latino, fogozo, y Slezak era algo frío en escena, aunque hacía también un magnífico *Otello*. Creo que los dos fueron grandes en sus carreras líricas y sus voces heróicas se asemejaban mucho."

Charles Kullman - tenor lírico spinto (New York, diciembre 1975)

"Paoli, el gran Paoli, la verdad que le puedo decir es que su nombre solo es de gratísima memoria de mis tiempos de estudiante. Yo le conocía por el libro "Victor Book of the Opera", que hacía varios comentarios de los discos que se anunciaban y daba algunos detalles como la fogocidad del canto de Paoli, etc. Aquellos que jamás le escucharon personalmente, difícilmente puedan apreciar la verdadera calidad de su voz a través de sus discos, ni su elegante portamento escénico, su actuación, ni su extrordinaria personalidad como hombre y como artista. Pienso que el gran Verdi tenía en mente un tenor de las cualidades de Paoli cuando compuso sus óperas *Otello* y *Trovatore*... Paoli poseía una voz de trueno, poderosa pero a la vez musical y capaz de producir un sonido expresivo lleno de sentimiento con aquella media voz paradisíaca. Cuando la acción y la partitura lo demandaban era capaz de producir un torrente tormentoso y dramático como jamás he vuelto a escuchar a nadie. Paoli fue el prototipo del verdadero tenor dramático heróico. Yo lo escuché ya en las postrimerías de su gran carrera lírica, pues la última vez que cantó en Nueva York, en 1927, estaba ya cerca de los sesenta años según decían los que le conocían".

Antonio Laffi - barítono (Milán, Italia-marzo de 1975)

"Antonio Paoli, fue un tenor dramático maravilloso. Le escuché por primera vez cantando *Otello* en el Teatro Costanzi de Roma. Hacía una interpretación del personaje que se prodría catalogar como única, convincente, incomparable, era el Moro real, loco de celos, más, sin exagerar; a la vez era *Otello* gentil, valiente y elegante. Poseía una voz dramática fuertísima con agudos brillantes y sonantes. Le escuché luego aquí en Milán en varias óperas incluyendo el *Guglielmo Ratcliff* de Mascagni con éste al podio. Esto fue en el Teatro Lírico; el público estaba como enloquecido y Paoli y Mascagni se vieron obligados a salir al escenario a recibir el aprecio del público más de veinte veces. Paoli fue realmente grande como cantante y actor y poseía la voz más poderosa que escuché en mi vida. No fue solo un gran artista, sino también un hombre afable, simpático, sencillo y humanitario; ayudaba a todos y muchas veces yo mismo sacié mi hambre cuando el pagaba emparedados y café a todos los que se le acercaban en la galeria de Milán, pues él sabía que algunos de los aspirantes artistas líricos estábamos necesitados. Mis ojos se llenan de lágrimas; éstas son por el gran recuerdo y el agradecidimiento que aún guardo en mi corazón. Sabe, la mayoría de los artistas líricos famosos de aquel entonces eran altivos, altaneros y orgullosos, no querían que nadie se les acercase ni compartían con ninguno de nosotros los jóvenes, se creían dioses a los cuales había que rendir pleitesía. Paoli en cambio, a pesar de su gran fama, y renombre se allegaba a todos por igual y atendía a todos, nos ayudaba hasta financieramente sin importarle si le devolvían o no el dinero que prestaba; era asi caritativo y desprendido. Era un hombre extraordinario."

Giacomo Lauri-Volpi - tenor spinto (Burjasot, Valencia- octubre de 1975).
"Antonio Paoli fue uno de los más grandes tenores dramáticos que he visto y escuchado en mi vida. Lo ví por primera vez en el Teatro Costanzi de Roma en el año 1920, cantando *Sansón y Dalila*. Estaba Paoli tan ensimismado en el papel que le aseguro allí no estaba Paoli, sino el mismísimo Sansón actuando y cantando con una naturalidad pasmosa. Paoli era un excelente actor y gran cantante, de los mejores, sin lugar a dudas. Le aseguro que verle y escucharle me ayudó mucho en mi carrera ya que siempre me sirvió de modelo. Traté de imitarle en la forma tan segura que actuaba, confiado en sí mismo sin arranques bruscos, sino natural, pausado y elegante. En mi libro "Voces Paralelas" escribí sobre él, con sincera admiración y respeto. En la parte de Paoli escribí algo escrito por Héctor Berlioz, que se adapta perfectamente al caso de Paoli y leo: "La naturaleza no ha creado otro cantante capaz de comprender las nobles pasiones del hombre y expresarlas en forma adecuada"; y yo añado, como lo hizo el tenor puertorriqueño Antonio Paoli, hace cuarenta años. En esa época se encontraba en auge tenores como Grassi, Bassi, Zenatello, Garbin, Maestri, Martinelli, Di Giovanni, Ferrari-Fontana, Constantino, además de Caruso y Bonci. Pude haber mencionado muchos más pero en realidad estos eran de mucho cartel) y añado "ninguno de éstos, aunque hubiese poseído el estilo vocal apropiado, habría podido cantar el Sansón con la inteligencia expresiva y la fugosidad vocal de que dió prueba Antonio Paoli. Y prosigo, "de noble y agradable aspecto, se presentaba en escena visiblemente compenetrado en la majestad del personaje bíblico que debería interpretar" ¡ve! y prosigo más aún, "En el bellísimo dúo con Dalila, al momento decisivo de la frase *Dalila, Io T' Amo* emitía un si natural agudo de incomparable belleza, tensión y brillo que hacía estremecer a los espectadores". Más adelante después de hablar sobre Bernardo de Muro, que fue otro fenómeno vocal, le doy a Paoli, el más grande elogio que un cantante puede darle a otro diciendo "Paoli y De Muro, juntos con Tamagno, constituyen el trinomio de las voces-fenómenos por potencia de vibraciones que han aparecido en los últimos cincuenta años." ¡Ve! Escuché luego a Paoli, cantando el Otello, y decidí desde entonces no arriesgar mi voz en ese personaje y lo vine a cantar casi en las postrimerías de mi carrera líricas. Paoli, era único y no creo que aún tenga rival."

Hipólito Lazaro - tenor lírico spinto (Barcelona, España, septiembre de 1972).

"Antonio Paoli fue uno de los más grandes tenores dramáticos del mundo en su tiempo y en este tiempo también, no tenía igual cantando *Otello, Sansón* y *Trovador*.

En Padua, él cantaba el Sansón y yo Rigoletto con gran éxito. ¡Si! Paoli fue realmente grande. Era muy amigo mío y yo le admiraba y respetaba mucho; me dió sabios consejos que le agradecí y seguí al pie de la letra y dieron muy buen resultado alcanzando gran éxito en Italia. Paoli era un hombre muy alto, barbudo y muy guapo. Tenía ojos muy azules. Tenía la figura perfecta para *Otello*; no era solamente buen cantante sino también un excelente músico y actor. Estaba siempre limpio y bien vestido y caminaba pausadamente con pasos medidos y estudiados; hablaba con gran autoridad y parecía más bien un príncipe que cantante; claro había tenido una educación muy esmerada en España. Cuando ya estaba muy enfermo y retirado en Puerto Rico, fui a visitarle y pasamos un rato inolvidable cantando y charlando sobre tiempos pasados. Puerto Rico, tiene que estar orgulloso de esa gran gloria lírica".

Oreste Luppi - bajo cantante (a John Gualiani-Milán, Italia, 1950).

"Paoli fue uno de los grandes cantantes del siglo; era un tenor dramático de pies a cabeza. Poseedor de la voz estentórea más grande que escuché en mi vida; ¡Si! un gran tenor dramático. Era un excelente intérprete de óperas dramáticas como *Trovador, Otello, Sansón, Delorme* y *Ractcliff*. Era tan grande actor como cantante y de una personalidad única y extraordinaria".

Giuseppe Manni- tenor particino (del coro del Teatro Alla Scala Milán, Italia 1972.)

Paoli! ...Ah! El gran Paoli... Le recuerdo muy bien; era muy alto, barbudo, con ojos profundamente azules, siempre estaba bien vestido y caminaba muy erecto, bastón en mano. Cantaba yo en el coro de La Scala cuando él hizo allí su debut en 1910. Esto fue con *Sansón y Dalila*, luego, en 1911 cantó *La Africana*, jamás en mi vida volví a escuchar nada similar; su voz, su interpretación, sus movimientos escénicos eran todos medidos y estudiados, pero actuando con tal naturalidad que hacía ver como real al personaje que interpretaba.

Cantaba bellamente con aquella voz de trueno electrizante que poseía y hacía estremecer a los espectadores y temblar las paredes del teatro. Era una voz estentórea, fuerte la cual podía disminuir su fuerza a su antojo. Cuando fue a cantar el aria *Oh, paradiso* salió a escena como perplejo admirando la belleza del lugar encantado en que se encontraba; era algo así como un éxtasis. Claro que los decorados eran bellísimos, muy bien trabajados y en especial, el acto final, parecía una selva tropical con plantas y flores reales; era precioso.

La gente del público pensaba que él no podría cantar el aria como está escrita con pianísimo al principio del recitativo y estaban preparados tras bastidores y nerviosísimos más bien agitadísimos pues conocíamos bien al exigente público de La Scala; más cuando le vimos y escuchamos aquellas notas tan dulces, como un angel... nos sentimos no sé ni como... era algo único e increíble lo que escuchabamos, pues no nos explicábamos como aquella voz tan potente podía salir tan dulcemente admirable. Comenzó el recitativo *Mi Batti il Cor, Spetacol Divin,* y pronunció *Mi Batti* con un gran torrente de voz que gradualmente fue cambiando al piano, pianísimo... bello, bellísimo; la frase final del recitativo *Spettacol Divin* era casi un murmullo audible por todo el teatro. Comenzó luego a entonar *O Paradiso* pianísimo como un filo d'oro con aquella voz perfecta, pura y única con que Dios le dotó. Había completo silencio en el teatro, el público estaba como hipnotizado con su voz y al terminar el aria sonó la ovación más estupenda que he escuchado en mis cincuenta años en La Scala.

Se convirtió así Paoli en un ídolo de multitudes, la gente estaba loca por escucharle. Todas las funciones que cantó de *Sansón y Africana*, fueron llenos totales. Luego él se negó a firmar un contrato de muchos años con La Scala y comenzó a cantar en el Teatro Lírico donde obtuvo grandes éxitos y luego en los teatros Dal Verme y Carcano, además de infinidad de teatros por toda Italia y el mundo.

Paoli era verdaderamente grande y para mí el más grande tenor dramático que escuché en mi larga carrera lírica. Era además muy sencillo y campechano y hacía amistad con todos, hasta los tramoyistas le estimaban pues saludaba a todos siempre que llegaba y cuando se marchaba se despedía siempre con gran educación, tratándonos a todos como seres humanos".

Giovanni Martinelli - tenor spinto dramático (New York, N. Y., 15 de junio de 1965).
"Al hablar de Antonio Paoli es imposible separar al artista del hombre y al hombre de la leyenda, del mito. Todo artista vive rodeado de una aurola misteriosa; la gente se teje una seria de cuentos y enredos que no siempre tienen fundamento. En ocasiones ellos favorecen al artista y la leyenda van intrínsecamente unidos. Se decían muchas cosas de él, algunas favorables y otras inventos de algunos detractarios suyos para hacerle daño. Eso es algo inevitable pues el mundo está lleno de envidia, odio y rencor. Bastantes problemas he tenido yo con este tipo de cosas y al igual que Paoli me han importado un pito.

De Totico Paoli, como le llamábamos todos sus amigos, guardo gratísimos recuerdos, pues estuvimos juntos en Europa y América. Era un hombre gentil, de figura gallarda e imponente; un verdadero caballero, además, de generoso y educado. Hablaba varios idiomas muy bien y cantaba en varios idiomas también. Para esa época estaba también en todo su apogeo el gran barítono Tita Ruffo, quien cantó muchísimo con Paoli, y sabe, a pesar de dos cuerdas distintas había una gran rivalidad entre ellos, pues a Ruffo le molestaba que a Paoli le aplaudiesen más que a él. Claro está, cada cual era excelente en su cuerda y se les aplaudía delirantemente por sus grandes y privilegiados dotes vocales y la fogocidad de su canto y actuación; pues Ruffo al igual que a Paoli, era un gran actor; pero Paoli ganaba el aplauso por su actuación espontánea y natural, libre de ademanes y gestos amanerados y sabía sacar partido a esto y a su seguridad vocal y musical. Era un artista completo. Lo recuerdo muy bien allá en La Habana, Cuba en 1922, o tal vez 1923; integrábamos el elenco de la San Carlo Opera Co. del empresario Fortunato Gallo. Esa fue una gran gira artística triunfal en todo concepto. Paoli y Ruffo cantaron el *Otello*... hacía años que no cantaban juntos y la rivalidad se había acentuado. La noche del *Otello* aquello estaba que echaba chispas y eso que Paoli, estaba constipado con un tremendo resfriado pero aún así cantaron en forma inigualable, inolvidable... todos los miembros de la compañía estabamos en el teatro pues no queríamos perder un solo detalle del célebre encuentro.

Paoli y Ruffo cantaron con todo lo que tenían y fueron aplaudidísimos pero Paoli, superó a Ruffo por la potencia de su voz heroica pese a los cincuenta y tres años de edad con que contaba entonces aun conservaba la voz fresca y lozana. El problema de Ruffo era que también poseía un inmenso caudal vocal pero no siempre podía controlarlo... le aseguro que aquel *Otello* fue maravilloso.

Yo escuché a Paoli por primera vez cuando debutó en La Scala cantando el *Sansón* y luego lo ví en *Africana*… eso quedó perennemente grabado cuando yo estaba estudiando canto en Milán y mi maestro me mandó a que fuera aver a Paoli, quien decía que era un verdadero tenor dramático. Esto fue algo único para mi. Después hice una carrera bastante aceptable y canté *Otello* muchas veces en forma aceptable y con gran reclamé; pero nada igual a lo de Paoli. Sabe, un dato curioso es que Caruso quería cantar el *Otello* a como diera lugar pero nunca pudo con el. Esto que le voy a contar es muy importante. Sabe, yo siempre estaba en el teatro en los ensayos de todas las óperas que allí se cantaban fueran o no de mi cuerda, pues uno siempre aprende algo de los demás compañeros. Ir a los ensayos era como asistir a una escuela. Una tarde Caruso se presentó al teatro con una enorme partitura bajo el brazo, al llegar la colocó sobre el atril de Toscanini. Nosotros sabíamos de antemano que se había mandado a confeccionar un costosísimo vestuario para un nuevo personaje, así que estabamos todos a la espectativa. Toscanini miró la partitura por largo rato sin pronunciar palabra alguna, luego, miró a Rico y dijo: "Bueno, bueno, veamos *El Esultate*". Se sentó el maestro al piano y comenzó a tocar los acordes electrizantes que anuncian la entrada del Moro. Caruso la entonó valientemente, pero al llegar al Si agudo en la frase *Uragano*, el maestro cortó abruptamente y dijo "No, no!... comencemos de nuevo, hay que darle más vida, más fuerza, más carácter… cante a toda voz". Y volvió a entonarla, la cara de Caruso se tornó muy roja, las venas del cuello parecían que iban a estallar. Al arribar al Si agudo la nota se quebró ocasionándole una fuerte tos. Toscanini se levantó del piano serenamente, lo cerró con toda calma, cerró la partitura y dijo: "Dejemos esto para los Tamagnos y los Paolis"…hasta allí llegó el sueño dorado de Caruso de cantar *Otello*, sin embargo, Paoli lo cantó sobre quinientas veces."

Galiano Masini -Tenor spinto (Livorno, Italia, marzo de 1976).
"Escuché al Paoli en Milán en 1920, cuando cantaba *Otello* en el Teatro Lírico. Era un tenor excitante, poseía una voz estruendosa pero educada y su actuación era impecable. Su dicción y gesticulación eran únicas y para ser tan fuerte tenía una musicalidad perfecta. Sus movimientos en escena eran cuidadosos y medidos y su actuación muy convincente. Era un *Otello* fuera de lo común".

Ester Mazzoleni - Soprano dramática (A John Gualini, Palermo, Sicilia, 30 de abril de 1975)
"Paoli fue un gran tenor dramático con quien canté en *La Africana*. Era un cantante de gran estilo y poseía una magnífica media voz, muy en especial en los dúos de amor que recogía increíblemente su voz poderosa. A la vez que podía dejar salir un torrente de voz ensordecedora y fuerte cuando lo ameritaba la ocasión en la ópera. Cantaba el *O, Paradiso* en forma extraordinaria. Canté también *Otello* con él en 1918. En ésta ópera además de gran cantante se desenvolvía como un actor de altos relieves logrando un *Otello* único. Era además un magnífico colega y era muy honesto. Estoy en la certeza de que era el dueño de la voz más fuerte y poderosa con la cual yo he cantado."

John Mc. Cormack- tenor lírico (Biografía, Londres 1940)
"Asistía con frecuencia al Teatro Alla Scala a escuchar al tenor Paoli, una voz gigantesca pero tormentosa que hacía temblar la scala."

Lauritz Melchior - tenor dramático (Wagneriano -New York-1968)

"Paoli es un tenor de otra época gloriosa que ya no vuelve más. Era muy buen cantante y gran actor dramático, así lo decía Toscanini, hace ya muchos años; pues cuando yo quise cantar *Otello*, consulté al maestro y este me dijo que ambos fueron grandes cantantes pero que la voz del Paoli era más squilante y de más vida que la de Tamagno, la que resultaba algo opaca. Recuerdo muy bien sus discos de *Otello*. Toscanini me recomendó que escuchase los discos de esos cantantes en ésta ópera. El solo poseía el *Nium Mi Tema* (Morte d'Otello) por ambos tenores y allí los escuchamos ...fue más bien un estudio comparativo. Decidí que ellos serían mi modelo. Comencecé a buscar sus discos y no fue fácil. El amigo Frances Robinson me prestó todo lo que tenía por estos tenores incluyendo el dúo *Si Pel Ciel* llamado el juramento con Ruffo y Caruso. Traté de imitarlos pero dada mi técnica nórdica, muy diferente de la italiana, no pude amoldar el tono de mi voz, así que usé mi propia técnica y personalidad y canté *Otello* a mi modo y tuve éxito pero jamás olvidé el sonido de aquellas voces extraordinarias, pues me impresionaron sobremanera, en especial Paoli, con esa voz tan clara, segura e incisiva que se capta a pesar de la mala calidad de los discos acústicos de la época en que se grabaron. Muestran una voz sonora, de potentes agudos y gran seguridad vocal y musical y esto es solo juzgando por esos discos con todas las imperfecciones .¡Uf!... Si grabase hoy día no habría tenores! Con esa dicción tan clara y perfecta".

Francesco Merli - tenor dramático (Milán, Italia, octubre de 1972)

"Antonio Paoli, sabe, hace ya muchos años cuando comencé mi carrera lírica todos me decían al terminar alguna función: "Lo hiciste bien, pero; si se lo oyes a Paoli, lo harías distinto… ese sí que lo hacía bien…" Esa cosa me enervaba pues siempre me ponían a Paoli de ejemplo. Luego, en 1917, fui al Teatro dal Verme a escucharle en *Otello*, aquello fue algo insólito. Aquello voz heróica potentísima salía a raudales sin aparente esfuerzo del artista. Tenía una figura gallarda, imponente, elegante a la vez que enérgica y fiera; era el *Otello* perfecto. Escucharle fue una lección de canto y actuación. Yo...sentí celos de tan gran artista y no me avergüenzo decirlo, pues es la realidad. Según los conocedores de entonces, Paoli poseía la voz más fuerte que se asemejó a Tamagno.

Siempre que lo veía en la galería de Milán, estaba bien vestido, su andar era pausado, elegante y medido como todo un gran señor, parecía estar siempre sobre el escenario. Llevaba en su mano un bellísimo bastón de plata con empuñadura de oro macizo, que se decía le había regalado el Czar de Rusia. Las óperas *Ratcliff* y *Del Orme* eran muy difíciles y ningún tenor se quería arriesgar a cantarlas; cuando se las ofrecieron a Paoli, éste aceptó cantarlas y lo hizo con una fuerza extraordinaria y repetía las arias principales, las cuales eran de difícil ejecución dada la insistencia del público sin la más sencilla inclinación de cansancio o fatiga vocal, estaba siempre lleno de energía. Aparte de su voz potentísima, tenía una media voz increíble, lo cual sorprendía pues no teníamos idea de como podía dominar así aquella voz de trueno. El maestro Serafín organizó un Gran Concierto para la Cruz Roja italiana a raíz de terminada la guerra. Allí estaban Paoli, Ruffo, Stabile, Galeffi, De Luca, Schipa, yo, y muchos otros. Paoli y Ruffo hicieron el dúo *Si Pel Ciel* en forma apoteósica. Luego cantó Paoli el *Monólogo* de *Otello* causando delirio. Al terminar alguien del público ofreció una donación extra si Paoli cantaba un aria lírica de Donizetti (no recuerdo cual). El aceptó el desafío y cantó a media voz, suave muy suave... con voz natural y no falsete) inundando el silencioso Teatro

Dal Verme y su auditorio con aquella voz melodiosa y bella... era algo como celestial... nadie podía ceer lo que escuchaba. Al terminar de cantar el auditorio quedó en silencio por unos segundos hasta que Schipa se puso de pie y corrió a abrazar a Paoli, siendo iimitado por Ruffo y Stabile y el público rompió en una estruendosa ovación. Paoli se puede catalogar como un caso en verdad insólito y único en la gloriosa historia de la lírica."

Mario Del Mónaco - tenor spinto dramático (Milán, junio de 1978)
"Cuando yo me preparaba para cantar el *Otello* por primera vez, compré grabaciones de todos los tenores que habían tenido esta ópera como "Caballito de Batalla", pues escuchándolos se podía aprender lo mejor de cada uno de ellos. Entre esos discos encontré algunos del tenor Antonio Paoli, (su biografiado). Ya nadie habla de Paoli, una pena pues fue uno de los grandes. Yo tuve amistad con varios cantantes como Pertile, Piccaluga, Laffi y otros que le conocieron bien y hablaban maravillas de él. Decían estos que a Paoli se le consideraba como el más grande *Otello* de su tiempo y a juzgar por los discos, así fue. Según contaba, Paoli poseía una voz tan potente como la de Tamagno, con agudos formidables; decían también que los discos son solo una sombra de lo que fue en realidad, pero a mí me parecen, aún asi, impresionantes. Fue un cantante que movía multitudes y su nombre solo llenaba los teatros. Almodovar, un gran baritono español que cantó varias veces con él, me contó que Paoli tenía tal potencia en la voz que hería los timpanos de quienes estaban a su alrededor y no podían escuchar la orquesta. Paoli fue indiscutiblemente uno de los grandes de la lírica a quien admiro profundamente".

Toti Del Monte - Soprano lírica (Roma, 1971)
"Paoli, el tenor barbudo... Ah! pero aquello no era un hombre, en realidad era un monstruo gigantesco de la escena lírica. Era enorme... y muy elegante. De buen porte y parecía un Príncipe... tenía una voz de trueno...era colosal, estupendo, único. Le escuché varias veces en *Otello*, *Trovador* y *Sansón* y poseía una voz con una extensión increíble y muy potente que se adapta plenamente a esas óperas. Sus agudos eran cortantes, fuertes, muy fuertes. El Maestro Pini-Corsi decía que cantar con Paoli era difícil, pues nadie en el escenario oía la orquesta cuando el abría la boca y esa era la pura verdad, pues éste cantó con él en varias ocasiones. Hubo muchos grandes cantantes, pero ninguno poseía la figura ni la voz de Paoli. Cosa curiosa es que siempre quise ser su Desdémona, pero no lo logré. Paoli, fue un *Otello* único".

Alicia Morales - Pianista- maestra de canto (Vega Alta, Puerto Rico, junio de 1963; visita de la célebre pianista a mi casa).
"Antonio Paoli fue indiscutiblemente el tenor dramático más extraordinario que ha nacido en el hemisferio americano. Fue un cantante de leyenda y el más grande que yo acompañé al piano, y mire, que fueron muchos los tenores que con quienes yo recorrí varios pueblos de la isla; entre los que recuerdo a Fleta, Lazaro, Cortis, Palet y otros tantos, pero ninguno de estos tenía la prestancia escénica, la seguridad vocal y la elegancia de Paoli al cantar. Lo que hacía con estilo, la cabeza alta y emitía aquellas notas agudas que me llegaban a lo más profundo de mi alma y me hacía estremecer toda. Hoy día ya no hay tenores como Paoli, que yo sepa no ha tenido sustituto, ni lo tendrá nunca.

A Paoli se le comparaba con Tamagno, pero una amiga mía llamada Marta Camalez, quien escuchó a los dos, a Tamagno y a Paoli, me decía que Paoli tenía más seguridad vocal y más musicalidad y belleza en su timbre de tenor, mientras que Tamagno desplegada su voz y no le era fácil controlarla pues la seguridad vocal de Paoli era superior.

Leone Paci - barítono (Milán, Italia, marzo de 1976)

"Antonio Paoli fue un gran tenor dramático, dueño de la voz más potente que yo haya escuchado en su cuerda; era además una voz bien educada e impostada a la usanza antigua de canto italiano. Recuerdo a Paoli muy particularmente en el *Otello*, lo cantó aquí en el Carcano y muchísimos teatros más y creáme no he vuelto a escuchar nada parecido, sus movimientos escénicos eran muy espontáneos y naturales y su atlética e imponente figura era la del *Otello* por excelencia; era alto, gallardo, orgulloso, altivo, tierno y fiero. A esa función y a muchísimas más fui acompañado por Gigli y otros jóvenes artistas más. Estábamos todos absortos ante la actuación y voz de Paoli. *El Esultate* fue repetido tres veces y las otras arias todas fueron bisadas. En el tercer acto y en el cuarto se arrebataba por los celos y se transformaba de tal modo que ponía a los espectadores de pie; su mirada fija se clavaba en los ojos del público como un cuchillo y después con su voz heróica penetraba a los más profundo de nuestro ser... era algo único. Muchas sopranos que cantaban con él por primera vez se asustaban pues creían que había enloquecido en escena.

Muchas veces Gigli y yo, nos preguntabamos cómo Paoli podía emitir su voz en forma tan ensordedora, con tan fuerte volumen y recogerla o disminuirla hasta formar como un murmullo. Su figura elegante, era muy admirada cuando todos los días verano o invierno no importaba si hacía frio o calor, hacía su entrada triunfal a la Galería de Milán, a eso de las dos de la tarde. Todos nos acercabamos a él, le dispensábamos gran respeto, pues sabíamos que su vida y su carrera eran una leyenda.

Paoli ayudaba mucho a los artistas jóvenes. Los empresarios le trataban con respeto y con guantes de plata, cuando él llegaba a presentarles a algún artista joven. Recuerdo que en otra ocasión le escuché también cantando la difícil *Delorme* de Ponchielli y luego el *Guillermo Ractclif*, dirigida por su autor, el gran Mascagni. Aquello fue apoteósico y debió salir a saludar al escenario veintidós veces... el público deliraba. Esas óperas no las he vuelto a escuchar ni en discos, son de las llamadas rompegargantas. Caruso tenía una voz lírica, sofisticada; era como una voz de terciopelo. Paoli era una voz dramática, fuerte, llena de fuego, no hay comparación posible entre esas dos voces, pues cada cual fue grande y único en su género."

Rosetta Pampagnini - soprano (Milán, Italia, nov. de 1969)

"Paoli es, sin lugar a dudas, una figura legendaria que dejó un gran recuerdo entre los que noche tras noche acudíamos al Teatro Lírico, a admirar a aquel *Otello* sin rival que interpretaba con aquella figura majestuosa y aquella voz extraordinaria.

Paoli era el actor por excelencia y un cantante excepcional. Poseía una voz con una potencia ensordecedora que sabía controlar y modular hasta convertirla en un suave y dulce murmullo a la vez que sonoro y musical. Era algo indescriptible como ese gran artista se desenvolvía en escena. No creo haber escuchado ningún otro tenor dramático comparable a Paoli, y a mi juicio el más que se le ha acercado ha sido el Mario del Mónaco, quien como usted sabe, es un magnífico tenor que hasta ahora ha mantenido una gran carrera lírica".

Nino Piccaluga - Tenor spinto (Milán, Italia- Septiembre de 1972)

"Escuché a Antonio Paoli, aquí en Milán, allá para el 1918 ó 1919, cuando se revivieron las olvidadas óperas *Marion Delorme* de Ponchielli y *Guglielmo Ratcliff* de Mascagni, lo que constituyó un triunfo apoteósico para Paoli, con las ovaciones más grandes que oí en mi vida. Le volví a escuchar luego en el Teatro Carcano protagonizando el *Otello*; sabe, yo canté esa ópera muchas veces pero nunca como Paoli; pero sí me sirvió como modelo interpretativo. Paoli tenía una voz muy potente a la que aunaba una gran actuación. Luego le conocí personalmente e hicimos gran amistad y muchas veces nos reuníamos a comer en su casa o en la mía. en esas ocasiones gustaba compartir conmigo secretos de la profesión y brindaba consejos que yo le agradecí siempre. Para mi Paoli fue uno delos mejores cantantes - actores que escuché en mi vida y cuidado si el mejor. Era un hombre muy guapo, alto, elegante de barba muy bien cuidada y penetrantes ojos azules, dones a los que unía una inteligencia y cultura extraordinarias.

Hablaba correctamente varios idiomas incluyendo el vasco y el catalán. Al salir a escena se transformaba y adquiría la personalidad integra del personaje que interpretaba.

Aquí en Casa Verdi, se encuentran asilados varios cantantes que en sus comienzos fueron aconsejados y hasta alimentados por Paoli. Me parece verlo aún en el Caffe Biffi Alla Scala, rodeado de amigos y admiradores que se aprovechaban muchos de ellos de su generosidad. Una tarde candente de verano estaba yo con Paoli y varios amigos más saboreando unos deliciosos helados de vainilla, cubiertos con fresas frescas y galletitas vienesas, cuando un niño vendedor callejero de diarios apoyó su maliciento y demacrado rostro contra el cristal que separaba nuestra mesa de la Galería. El chico estaba extasiado ante la visión de los sabrosos helados que tal vez nunca en su vida había probado, al verlo, Paoli llamó inmediatamente al mesero y le ordenó prepararan un helado doble. Listo el pedido, Paoli salió hasta la calle y se lo entregó al niño, quien no lo podía creer y no salía de su asombro. En cuanto reaccionó besó la mano de Paoli y se marchó devorando el helado. Al Paoli regresar a la mesa tenía los ojos llenos de lágrimas, solo dijo: "Esto vale más que todos los aplausos y las glorias del mundo". Así era ese gran hombre un gigante en escena y un ser sencillo, humilde y sensible en la vida cotidiana. En otra ocasión alguien le preguntó por qué no se compraba un coche con motor en vez de seguir usando su caleza de caballos. Paoli sencillamente le contestó: "Los coches de motor necesitan mucho petróleo para caminar, cuando se les acaba el petróleo se paran en medio del camino y no hay quien los haga arrancar. Cuando estaba en América, los usé y a pesar de que van más rápido son menos seguros que los coches tirados por caballos, a los cuales no hay que darles petróleo para que caminen. Pregunée a mi cochero Giacinto, cuantas veces hos hemos tenido que detener por esos caminos a socorrer a gente con esos coches que se quedan parados. No! Yo sigo prefiriendo mis caballos chilenos..

Muchos cantantes le debieron a él sus carreras, Carmen Toschi, Viglione Borghese, Luigi Almodovar, Antonio Laffi, por solo citar a algunos de los que concurrían a su residencia en la Calle Vincenzo Monti, aquí en Milán frente al Domicilio de la gran Amelita Galli-Curci. Allí recibían consejos, comida, ropa y hasta alojamiento. Este era un comodísimo apartamento ricamente decorado.

Una vez la gran Diva Claudia Muzio me contó que cantó con Paoli a principios de su carrera y según sus propias palabras: "Jamás había escuchado otra voz tan potente como la de Paoli.

En esa ocasión cantó *Otello* junto a Stracciari, Luppi y Serafin en el podio, según ella decía, fue una experiencia única, pues Paoli trataba de controlar el volumen de su voz para no deslucirla a ella. Si! amigo López, Paoli, fue un artista excepcional".

Ezio Pinza - bajo cantante (Stamford, Conn. U.S.A., julio de 1953).
"Antonio Paoli, vaya nombre que trae usted a mi memoria. Ya casi nadie lo menciona y es una gran injusticia pues fue uno de los grandes tenores dramáticos del mundo.
Yo canté con él a principios de mi carrera, recuerdo muy bien su voz heróica, dramática y segura, además de su porte extrordinario. Poseía una voz potentísima de agudos muy bien sonados y una media voz maravillosa; jamás me olvidé de él. En el 1924 ya él se había marchado de Italia y se comentaba que había sido contratado por Toscanini para cantar el "Nerone" de Boito en la Scala; yo canté en esa producción pero Paoli no vino pues estaba haciendo carrera en América y ya no quería volver a Italia en su lugar lo cantó Pertile. Para el año 1926 ó 1927 se anunció que cantaría Otello en Nueva York en el Manhattan Opera House yo me encontraba allí entonces y fui a verle pues no podía creer que después de tantos años de carrera aun estuviese cantando y le aseguro que a pesar de sus años lo hacía perfecto. Paoli fue en realidad uno de los grandes Otellos del siglo."

Manfredi Polverosi - tenor lírico (al padre Vittorio Bosca Pbro. Roma, Italia, octubre de 1955)
"Canté con Paoli varias veces, era un grande y magnífico cantante con una voz impresionante; sus notas agudas sonaban como el tañido de una enorme campana de bronce; era tan fuerte su voz que para cantar con él había que conocer bien la partitura musical ya que cuando este abría la boca a cantar no se podía escuchar la orquesta en el escenario. Tuve el privilegio de cantar junto a él El Arlequín, Cassio, Ruiz y otros papeles para tenor lírico y juntos visitamos varios países. Para esa época yo era un tenor lírico en gran demanda pues tenía un extenso y variado repertorio y mi voz gustaba mucho, además cuando era necesario hacia papeles secundarios y en especial si era Paoli, el protagonista o tenor principal, pues además de admirarle mucho, siempre aprendía algo de él. Paoli era un hombre muy sencillo y honesto además de campechano, bromista y simpático; un verdadero caballero español y muy discreto en su trato con las féminas... Claro!, había tenido una educación muy esmerada, como la de un príncipe. Para mí, Paoli, fue un amigo sincero e inolvidable, me ayudó mucho en mi carrera al igual que a muchos otros, siempre tendrá un lugar predilecto en mi memoria y mi corazón. Paoli, fue un verdadero tenor dramático".

Rosa Ponselle - soprano lírica (Villa Pace, Baltimore, julio de 1980)
"Paoli era un tenor de leyenda, algo así como una figura mitológica. Yo lo escuché solamente una vez en la Academia de Música de Brooklyn en 1922 cantando *Otello*. Se anunció aquí en los estados Unidos como "El único Otello viviente digno sucesor de Tamagno" y créame aquello fue algo único; pues en verdad era dueño de la voz de tenor dramático más potente que he escuchado en mi vida. Era también un magnífico actor y tenía personalidad muy interesante, alto y elegante con amplio pecho y excelente técnica canora. Paoli había hecho una gran carrera en Europa y se había trasladado a América para continuar su carrera lírica. Ya, luego no le ví más pues yo seguí mi carrera aceleradamente, y era rara la vez que asistía al teatro a ver a otros artistas, lo de Paoli, fue una excepción pues quería satisfacer mi curiosidad y le aseguro que dejó un recuerdo imborrable en mi memoria."

Giuseppe Pugliese - hacendado, hombre de negocios y diletante (San Juan de Puerto Rico, junio de 1965).

"Yo, soy un hombre muy mayor, pues cumplí ya los noventa años, pero mi mente esta alerta aun y ya ve, he hecho este viaje desde Roma para escuchar a Pau Casals y de aquí me marcho a Buenos Aires a ver como andan mis negocios allá. Tuve la inmensa dicha de conocer y admirar al gran tenor dramático Antonio Paoli. Le escuché infinidad de veces, en Roma, en Madrid, en Buenos Aires, Santiago, New York y no se donde más. Trataba de asistir al teatro siempre que cantaba Paoli, pues cada función que hacía no importaba que papel interpretaba era ideal y perfecta, escénica y vocalmente. Su *Otello* y su Manrico no tienen ni tendrán rival nunca pues no todos los días nace un ser que sepa actuar y cantar a la vez con sabiduría, naturalidad y técnica, la palabra técnica, sería un ser dotado con todos esos dones. Aún no he vuelto a escuchar otro tenor como el y mire que les he escuchado a todos y lo que son es una partida de payasos que no entienden nada de los que cantan y actual. Paoli, no tiene rival, ni lo tendrá nunca."

Hilde Reggiani - soprano de colocatura (Buenos Aires, julio de 1981).

"Antonio Paoli fue indiscutiblemente un tenor de gran fama en toda Europa y América. Se contaban muchas cosas sobre sus actuaciones en Milán y muchos de los cantantes que habían cantando con él, contaban maravillas de su voz, su personalidad y su manera de actuar. Fue un *Otello* de excelente presencia y gran dominio de su papel. Yo lo escuché muy niña en Milán; le recuerdo bien pues fue una experienciade esas que jamás se pueden olvidar; para ese entonces yo tendría unos doce años y le llevaron al teatro a ver una función de *Otello* de matinée. Era una figura imponente y una voz fuerte e incisiva, que penetraba en lo más recóndito del alma de los que le escuchabamos y nos hacía estremecer de emoción y admiración. Como ve; una voz así es muy difícil de olvidar, jamás volví a escuchar nada parecido en mi vida. Una cosa que me llamó mucho la atención fue sus penetrantes ojos azules que resaltaban mucho sobre los afeites del oscuro rostro de *Otello*. Luego le volví a ver en Puerto Rico en una tournée que hice allí enlos años treinta. Para ese entoces el ya estaba retirado y enfermo. Recuerdo que asistió al teatro todas las noches que duró la temporada y aplaudía mucho mis actuaciones. Una noche subió al camerino a felicitarme por mi actuación; para mi aquello fue una gran emoción. Paoli era algo así como un fenómeno de la naturaleza de esos que no se repiten fácilmente".

Graciela Rivera - soprano de coloratura (carta del 26 de marzo de 1989)

"Nunca tuve el privilegio de escuchar a Paoli en persona, pero lo que he leído sobre él y por haber escuchado ciertas grabaciones de arias, cantadas por él, tengo que añadir mi voz a los que han tributado elogios hacia su arte musical. Además, le diré que me siento muy orgullosa de saber que Puerto Rico tuvo el privilegio de poder ostentar a Paoli, como uno de los más grandes tenores en la historia de la lírica de todos los tiempos".

Tita Ruffo -baritono dramático- (A Tito Schipa, La Habana, Cuba, 1923).

Paoli es indiscutiblemente el mejor tenor dramático de este siglo."

Alfredo Salmaggi - empresario de ópera (Salmaggi Opera Co. y la Manhattan Opera Co. New York, noviembre de 1962)

"Antonio Paoli fue uno de esos grandes artistas que dejaron una pauta marcada en la historia de la lírica como gran cantante y a la vez como actor trágico de lo mejor de todas las épocas. Poseía una voz gigantesca que podía controlar a su antojo. Le escuché por primera vez en Italia en 1917, esto fue en Roma cuando hizo su ingreso a la escena lírica en la ópera Sansón de Saint-Saens. Lo que escuché allí fue algo increíble. Aquella voz clara y sonora, sonaba con una fuerza extrordinaria a la vez que bella y musical. Era una voz heróica, dramática, la verdadera voz de tenor dramático absoluto. Su figura era imponente; poseía un don de gente noble y sencillo y sabía llegar y ganarse fácilmente al público. Complacía al público repitiendo las arias cuantas veces le pedían y se quedaban fresco como una flor; hoy día ya no se da más el bís pues los mediocres cantantes de ahora se revientan de solo cantar el aria una sola vez y por lo genral a bajo tono. Los tiempos cambian y aquellos de antes eran verdaderos cantantes, los de hoy son solo crooners comparándolos con aquellos.

Varias veces quise traerlo a los Estados Unidos y lo logré en 1922; las óperas anunciadas fueron *Otello*, *Trovador* y *Gioconda*, pero el público insistía en Otello y había que darle al público lo que pedía pues venían al teatro una y otra vez a escucharle en esa ópera, la cual el hacía como nadie y le aplaudían cada día mías.

La Academia de Música de Brooklyn se llenaba de tal forma que no quedaba ni una sola luneta disponible y pagadas a sobreprecio. Una noche vino a escucharle el gran violinista Otto Kahn, quien le admiraba mucho, éste le quería conseguir un contrato con el Metropolitan Opera, pero Paoli no aceptó las condiciones del contrato. Además de Kahn, venían a escucharle cantar *Otello* renombrados artistas cmo Schipa, Martinelli, Bori y otros.

Aquella temporada de Paoli en Nueva York fue extraordinaria y fue tanta la acogida del público que pasamos a la Manhattan Opera House. Allí se logró presentar el *Otello* con un reparto de primera con Paoli, Ruffo, Bada y Campiña, esta última era una soprano dramática española, que cantaba muy bien. Luego Ruffo fue sustituido en el Yago, por un conocido barítono español muy bueno de apellido Ballester, así que teníamos tres españoles en el elenco y el éxito fue extraordinario. Luego recorrimos varias ciudades cercanas al estado de Nueva York y se hicieron unas treinta funciones de *Otello* con llenos absolutos.

Paoli en particular era el artista que atraía más al público, sin embargo, no era un hombre interesado en el dinero, ni la fama la cual ya tenía cimentada. Decía que su gloria estaba hecha en el palco escénico a sangre y fuego por espacio de treinta años y no quería pagar ni un solo centavo a los críticos americanos, los cuales si no eran remunerados no hacían crítica favorable a los artistas y si la hacían ignoraban los nombres de los cantantes que no pagaban o hablaban mal de él. Creo que aún es así, pues la mayoría de esos críticos son una partida de bribones. Paoli era un gentil hombre y un caballero en todo el sentido de la palabra y era además muy considerado con sus compañeros artistas. Paoli valía mucho."

Margarita Salvi - soprano de colocatura (Santiago de Chile, 1981)

"Paoli era un gran tenor dramático de gran fama, que cantó triunfalmente la ópera *Otello* de Verdi por los mejores teatros del mundo."

Jesús Maria Sanroma - pianista concertista (San Juan, agosto 1970)

"Es con admiración sincera que guardo muy gratos recuerdos de Paoli de su imponente personalidad, su voz espléndida e inigualable y su trascendente trayectoria artística. Paoli triunfó en una época que podríamos llamar de titanes, pues, eran muchísimos los grandes tenores que cantaban por toda Europa y América y el se logró por si mismo un sitial respetable en todo el mundo. Cuando escuché a Paoli por primera vez me causó una impresión impactante pues le conocía en disco pero en persona era otra cosa y le aseguro que para ese entonces Paoli pasaba ya de los cincuenta años pero cantaba con una fuerza extrordinaria, con gran seguridad vocal muy musical y seguro; no se equivocaba ni en una sola nota. Su manera de actuar era muy convincente y natural. Al escucharle en persona se comprendía muy bien el porque conquistó los grandes escenarios líricos del mundo. Siempre que podía asistí a sus recitales a admirarle y aplaudirle pues cantaba arias de óperas, romanzas de zarzuelas y hasta canciones como nadie; a pesar de sus años y su quebrantada salud Paoli no poseía solo una voz potente con sonados agudos sino tabién una media voz exquisita que sabía usar muy bien para matizar algunas piezas que cantaba con mucha ternura, como muchos jóvenes tenores de hoy día quisieran hacerlo. Paoli ha sido el cantante de ópera más grande nacido en Puerto Rico, tenor dramático genuino, considerado uno de los mejores del mundo y un *Otello* inimitable que fue envidiado por muchos. Con su desaparición Puerto Rico, perdió su más grande gloria y el arte canoro su más preciada joya. Le admiré mucho y aún le venero y le llevo muy adentro de mi corazón. Paoli es una gloria legítima borinqueña."

Bidu Sayao - soprano de colocatura (Washington, D.C., mayo de 1977)

"Escuché al Paoli en Milán hace ya muchos años, cuando yo estudiaba allí. La Theodorini, que era mi maestra, me llevó al teatro a escucharle. Ella había cantado con él en Inglaterra a principios de siglo y era una gran admiradora de Paoli. Recuerdo muy bien sus palabras: "Te llevo al teatro par que veas lo que es un verdadero tenor dramático." Esto fue en el Teatro Dal Verme y la ópera fue Otello de la cual Paoli, hacía un intérprete excepcional. Le aseguro que jamás en mi vida artística he vuelto a ver y escuchar un tenor dramático tan completo y voz tan poderosa como la suya y los he escuchado a todos. Otra cosa era su forma de actuar, tan natual y espontánea, sus movimientos escénicos; Paoli era un artista completo. Lauri-Volpi, quien le admiraba muchísimo una vez me dijo que: "Una voz como la de Paoli era una rareza de la naturaleza, que aparecía si acaso cada cien años. Actualmente nadie canta así".

Max de Schawensee - escritor, crítico, historiador, musicólogo y diletante (New York, feb.1972.)

"Antonio Paoli dejó en mí una impresión imborrable en lo más recóndito de mi ser, nunca he vuelto a escuchar otro tenor dramático que le iguale, ni siquiera se le asemeje, pues se imponía por su voz heróica, su arrojo y su aplomo dramático, muy difícil de igualar y eso que ya su voz comenzaba a causarle algún problema, pero aún asi era único como *Otello*".

Tito Schipa - Tenor lírico (Nueva York, diciembre de 1963)

"Antonio Paoli, claro que le recuerdo muy bien pues allá en Italia, cantamos juntos en varias temporadas de ópera pues estabamos en la misma compañía y teníamos el mismo empresario Lussardi. El cantaba los roles dramáticos y yo los líricos. Recuerdo que él siempre cantaba el *Otello* de Verdi, el que se conocía como "El *Otello* de Paoli", pues hacía una interpretación, única y magistral.... Bien cantada ..bien actuada...le diría que lo hacía como pocos tenores lo han logrado en este siglo. tenía una voz dramática muy potente y un registro agudo certero y musical, muy seguro de si mismo. Poseía además una personalidad arrolladora... era muy alto y barbudo con una frondosa cabellera... era lo que en Italia llamamos "Un Bel Uomo"...vaya recuerdo. Paoli no era solamente una voz potente sino hermosa, era además un gran músico y hombre muy educado e inteligente, además de elegante y altivo. En el escenario se convertía en una artista mostruoso, gigantesco, cantando y actuando heróicamente. Paoli dominaba profundamente las partes que cantaba y conocía perfectamente los otros papeles y hasta la instrumentación de la orquesta. Hubo un barítono que cantó con él, especialmente en Chile, quien no tenía en repertorio la parte de Yago y Paoli se la enseño durante la travesía marítima, con óptimos resultados. Ese barítono se llamaba Enrico Nani.

Paoli era un hombre muy altivo; andaba siempre vestido, parecía más bien un príncipe que un cantante. Paoli y Ruffo, cantaron muchas veces juntos, Ruffo, poseía también una voz fuertísima, era el compañero ideal de Paoli, especialmente en *Otello*; les escuché varias veces juntos y jamás volví a escuchar nada igual; lo hacían a la perfección, sobresaliendo ambos extraordinariamente; era algo así como un duelo a muerte entre los dos artistas, que generalmente tenía como vencedor al tenor de Puerto Rico quien ante el delirio del público llegaba a trisar las arias principales y el dúo del Juramento con Ruffo... este último habitualmente bisaba el Credo. Es una gran pena que no se hayan podido registrar aquellos momentos de gloria como se hace actualmente gracias a la cinta magnetofónica.

Recuerdo muy bien cuando Paoli salía a escena y proyectaba su voz en *El Esultate* en forma escalofriante... los espectadores quedaban en vilo, rompiendo en una ovación tan estruendosa que el director debía frenar la orquesta y coro, teniendo que repetir el aria.

Ese era el verdadero arte canoro que hoy día ya no se escucha pues era admirable de ver y escuchar aquella voz fuerte, clara, espontánea, justa y musical, era capaz también de producir una media voz digna de ser arrullo de los dioses. Se decía que la voz dramática quemás se acercó a tamagno fue la de Paoli. La voz de Tamagno, era dura y ruda poco pulida pero fuertísima. La voz de Paoli, era más elaborada, educada, segura y musical. A Tamagno los agudos se le iban a la naríz con el consiguiente resultado sonoro... esto no le pasaba a Paoli, pues sus agudos eran seguros y certeros empujados por el uso del diafragma. Estos dos cantantes se parecían mucho hasta en sus cuerpos: altos, fuertes, barbudos, elegantes, muy masculinos. Su carácter era también fuerte y no permitían que se les tomara de zoquetes; pero a la vez eran verdaderos artistas que amaban a su público y este les pagaba en forma reciproca".

Tulio Serafin - Director de orquesta (Roma, Italia, junio de 1962 al Padre Vittorio Bosca, Pbro.) "Antonio Paoli era el tenor de la voz de acero, recubierta de oro puro; era una voz tan potente que ensordecía a todos, pero a pesar de su potencia podía hacer con ella lo que le viniera en gana y la recogía hasta convertirla casi en un suave murmullo... Cómo lo hacía?... eso no lo sé, pero lo hacía. Era una voz musical y heróica con agudos y sonoros y sabía hacerlo muy bien como actor en escena. Paoli era muy bromista, pero en escena era muy serio, se respetaba mucho a sí mismo y a los demás... era muy exigente con su persona... debido tal vez a la educación tan esmerada que tuvo en España donde le educaron unos monjes agustinos. Tenía un vasto repertorio pero se especializó en *Otello* y *Trovador*, óperas que cantaba como nadie. Una cosa sorprendente es que los tenores cuando dan una nota aguda se paran en seco en medio del escenario y Paoli podía caminar pausadamente de un lado al otro del escenario sosteniendo el agudo como en *La Pira* de el *Trovador*, sin el menor menoscabo de su voz y luego la trisaba subida de tono ante el furor del público que se enloquecía.

Tuve la inmensa dicha de ser su amigo y compartir muchas veces con él, además le dirigí unas cuantas veces en *Otello* y *Trovador* y en varios conciertos en los cuales cantó gratuitamente a beneficio de los huérfanos de la guerra, aquí en Italia. Poseía una personalidad magnética y sabía llegar muy bien al público... era simpatiquísimo y campechano y hacía amistad con todos... luego... se hacía apreciar por cuantos le conocían; en el teatro le apreciaban hasta los tramoyistas a quienes gustaba de obsequiar con cigarros finísimos que le eran traídos de Cuba. Paoli fue para mi uno de los más grandes tenores dramáticos que dirigí en mi vida."

Walter Slezak - Actor dramático (New York, agosto 1975)
"Paoli es de esos grandes cantantes de leyenda cuya vida está escrita como un cuento de hadas. Mi padre le admiraba mucho como hombre y artista, pues era muy amigos.
Yo le ví en varias ocasiones cantando *Otello* y le aseguro que lo hacía casi tan perfecto como mi padre. Paoli fue un cantante excepcional."

Bianca Stagno Bellincioni - soprano lírica (Casa Verdi-Milán, Italia, marzo de 1976.)
"Antonio Paoli el gran tenor era un gigante barbudo como mi padre Roberto Stagno, de figura imponente y voz de plata. Grande como Otello y Sansón"

Don José Subira - escritor, investigador, crítico (Madrid, España, junio de 1978)
"Las noches que Paoli cantó en el Real, fuero noches de gloria para el arte lírico y España; pues el era verdad el mejor tenor dramático de su época. Paoli lo tenía todo; personalidad, musicalidad y lo más importante de toda voz y más voz; era uno de esos que les llaman escogidos y lo supo hacer a plenitud."

Arturo Toscanini -director de Orquesta (A Carlo Frerz, Milán, Italia, agosto de 1923)
"Pienso que Paoli tiene para mí las mismas palabras de admiración que yo tengo para él. Auguro que una voz dramática como la suya no se escucha más hoy día. Si por casualidad viene por Milán estaré felicísimo de recibirle pues creo que podré contratarle para la Scala, aún sin oírlo, pues él es un cantante excepcional".

Leonard Warren - barítono dramático (San Juan de Puerto Rico, junio de 1957)
"Conocí al gran Antonio Paoli cuando ya estaba muy mayor, pues contaba entonces con sesenta años de edad. Esto ocurrió aquí en San Juan, en el año 1940. Paoli asistía todas las noches al teatro; yo canté varias funciones y la primera vez que canté fui muy aplaudido. Al terminar la función vi llegar al escenario a aquel anciano caminando pausadamente pero elegantemente, acompañado del Sr. Waldermar Lee, quien era el Director de Pro Arte Musical, entidad que patrocinaba la ópera en Puerto Rico en aquel entonces. Al verle llegar, el bajo Pomplinio Malatesta le hizo una profunda reverencia y dijo "Que gran honor... Commendador". Yo pensé que aquel era algún gobernante o un rey en el exilio, pues todos le rendían gran respeto y pleitesía. Al cabo de un rato se me acercó y le fui presentado por el Sr. Lee, entonces me dijo: "Eres muy joven aún pero tienes un veradero tesoro en tu

849

garganta... me has hecho recordar los mejores tiempos de Ruffo y Stracciari. ¡Te felicito!...
Le di las gracias medio anonadado pues, en realidad aún no sabía de quien se trataba. Llamé
aparte a Malatesta y este me explicó, quién era aquel venerable anciano, yo me sentí
emocionado. Después se hicieron varias fotografías y fuímos todos invitados al salón del
Hotel Condado donde se había preparado una recepción. El Sr. Lee me invitó a ir en su coche
en el cual estaba también el tenor Paoli y su esposa. Yo estaba entusiasmadísimo con él, pues
por el camino se habló todo el tiempo sobre las grandes figuras de la lírica y de los grandes
escenarios del mundo que aún yo no conocía.
El tenor Paoli era un hombre sencillo y amigable, muy familiar, hablaba muy bien el francés
y el italiano y en este último nos entendimos pues, era más fácil para él y para mí.
Según me contó, acababa de sufrir una seria intervención quirúrgica que le salvó la vida
milagrosamente y fue hecha por un cirujano amigo suyo.
Paoli era un hombre alto, elegante, delgado, comedido, de andar pausado y elegante y muy
bien vestido con su frac de etiqueta. Al llegar a la recepción no me separé de su lado en toda
la noche. A los dos o tres días de esto el tenor Nino Martini y el tenor Tokatyan me invitaron
a visitar a Paoli en su casa, a lo cual accedí gustoso. El Sr. Lee nos llevó en su coche hasta la
casa de Paoli. Martini tenía varias dudas que quería aclarar y Paoli le ayudó muchísimo; yo
aprendí algo también. Cantamos luego varias arias y dúos de óperas, acompañados al piano
por una preciosa pianista llamada Alicia. Paoli quedó muy complacido al igual que su
hermana que estaba ya muy anciana. Al cabo de un rato llegó a la casa el doctor de Paoli quien
lo hizo cantar para gran sorpresa de nosotros, la romanza *Improviso* de la ópera Chenier de
Giordano. Si cerrabas los ojos parecía estar escuchando a un joven tenor interpretando
aquello con gran elegancia y una media voz de sueño. Era algo increíble que aquel venerable
anciano pudiese cantar así de bello. Comprendí entonces lo que Malatesta me había contado
acerca de Paoli, quien tuvo que ser algo extraordinario en su gloriosa carrera lírica y nos daba
allí una prueba de su voz heróica ya en la postrimería de su vida. Nunca he vuelto a escuchar
esa romanza del Chenier como Paoli la cantó aquella tarde, fue algo único que guardo siempre
en mi corazón.
Paoli falleció apenas unos años después de esto pero yo jamás lo he olvidado, pues yo he
cantado con grandes voces dramáticas en la cuerda de tenor como del Monaco, Vinay y otros
tantos, pero ninguno tenía la fuerza dramática y el ímpetu que Paoli desplegaba con su voz
y aquellos agudos sonoros que jamás he vuelto a escuchar. Era increíble como esa voz se
mantenía gloriosa aún en la senectud."

Doña Trini Padilla de Sanz - "La Hija del Caribe" - Poetisa, pianista, maestra, escritora, diletante
(San Juan, 1946. a Feliz Franco Oppenheimer.

"Antonio Paoli tenía todo como cantante: figura herculana, alto, elegante, orgulloso, altivo
de rostro noble y bello y unos ojos azueles que penetraban en lo más recóndito del alma del
que los miraba. Su voz era hermosa, pastosa vibrante, tierna y clara y en los agudos atacaba
las notas sin vacilación. Su vocalización era perfecta. Su dicción inigualable.... Su musicalidad
única; su media voz, era como un legado a él por la naturaleza que lo premió con tantos dones.
No ha habido en el mundo quien lo iguale".

OTROS TESTIMONIOS:

Isabelita Ortiz del Rivero (San Juan, abril 1971)
"EL tenor más extraordinario que jamás escuché en mi vida."

Rafael Benziza - actor (San Juan, agosto de 1946)
"Paoli el tenor de voz única e inconfundible, un verdadero escogido por el arte lírico, gloria auténtica de Puerto Rico".

Camilo Fraticelli - actor dramático (San Juan, abril 1968)
"Paoli el más grande de todos los artistas líricos y dramáticos que ha dado Puerto Rico."

Francis Robinson - Director asistente del Metropolitan Opera House de New York, N. Y. (mayo de 1972)
"Antonio Paoli fue el tenor dramático más grande de este siglo. Comparable solo a Tamagno y Tamberlick, grandes tenores del siglo pasado. Le admiro mucho a través de sus discos".

Margie Van Rhyn (pianista acompañante - Maestra de piano (San Juan, Puerto Rico, abril de 1971)
Paoli podría ser considerado como un fenómeno vocal de esos que la naturaleza depara cada cien o doscientos años. Poseía una voz extensísima de rara belleza con unos agudos fuertes y certeros y una media voz que yo creo que se la envidiaban hasta los angeles del paraíso. Tuve el inmenso honor y satisfacción de acompañarle en varios recitales aquí en San Juan y le aseguro que era un verdadero deleite el escucharle cantar con tanta elegancia y seguridad musical y vocal. Conocíase las partituras de memoria al revés y al derecho. Sabía con toda exactitud cuando tenía que emitir una nota alta y podía disminuirla a casi un murmullo para luego darle fuerza y redondearla hasta un sonido tan fuerte que hacía retumbar toda la sala del teatro. Fíjese que para cuando yo le acompañé, ya era un hombre metido en años y sin embargo aquella voz no daba muestras de cansancio ni ahogo alguno, como a otros cantantes de gran renombre que acompañé también en recitales en San Juan. Paoli es un caso único e incomparable"

Aida Favia Artsay (Carta al amigo Angel Aramada, 23 de mayo de 1994)
"Escuché a Paoli en 1924 en el Brooklyn Academy of Music, cantando *Otello* y *Sansón* . Era magnífico en ambos papeles tanto vocal como dramático. Después de sesenta años lo recuerdo como si hubiese sido ayer."

Jesús M. López
"Yo el autor de esta biografía no tengo nada más que añadir pues todo esta dicho con estos testimonios y opiniones de grandes personalidades el mundo.
Paoli fue y sigue siendo el tenor dramático absoluto más grande del mundo sin sustituto aún en nuestros días".

APENDICE IX

CENTRO DE BELLAS ARTES

Vega Alta, P.R.
15 de Enero de 1977.

SR. PRESIDENTE
Comision Denominadora de
Estructuras y Vias Públicas
San Juan De Puerto Rico

Estimado Sr. Presidente:

Puerto Rico, Isla pequeña pero fecunda, ha dado varios
hombres ilustres, que pusieron muy en alto su nombre, alrededor
del mundo entero. Entre estos hombres descolla la figura imponente de Don ANTONIO PAOLI, EL INSIGNE TENOR DE P.R. Dio este
ilustre tenor gran honor y gloria a nuestra islita a fines del
siglo pasado y durante las primeras tres decadas del presente
siglo, en los centros musicales más prestigiosos del mundo y en
las cortes reales de los más poderosos Reyes y Gobernantes del
Orbe.

Nosotros los abajo firmantes, proponemos respetuosamente,
que dado el prestigio de este ilustre puertorriqueño, El Centro
de Bellas Artes, Actualmente en Construcción en Santurce sea
honrado con el nombre de este distinguido Hijo De Puerto Rico.

Por lo tanto, Sugerimos el Siguiente Nombre
"CENTRO DE BELLAS ARTES ANTONIO PAOLI"

Dadas las facilidades de este nuevo centro sugerimos tambien que se haga alli un museo donde se recojan todas las cosas
de Paoli actualmente en el museo Historico de P.R. y colecciones
privadas. Debe ser dedicada una sala a la memoria del gran compositor de opera y musica sacra de nuestra Isla DON FELIPE
GUTIERREZ Y ESPINOSA.

Muy agradecidos, honrados y esperanzados tenemos el placer de firmar a continuación esta petición que esperamos se convierta en realidad y saquemos del anonimato a estas dos figuras que tan olvidadas y resagadas se han tenido en nuestra isla.

Dios le de salud, tanto a usted como a los demas miembros de esta comision.

ATENTAMENTE

Jesus M. Lopez

JESUS M. LOPEZ
PRESIDENTE

COMITE DENOMINACION CENTRO DE BELLAS ARTES ANTONIO PAOLI
APARTADO 302
VEGA ALTA, P.R. 00-762

CC; HONORABLE Don CARLOS ROMERO BARCELO_ Gobernador de P.R.

HONORABLE " Luis M. Rodriguez Morales- Director Instituto de Cultura

HONORABLE " Luis A Ferré
Presidente Senado de P.R.

ESTA PETICIÓN SE ENVIÓ CON 2,000 (MIL) FIRMAS:

FIRMAS

Blanca Paoli de Fernández

Jose A. Fernandez Castrillo

Blanca Fernández Paoli de Dexter

R E Spinoza

J García

Robert Dexter

Bibe Vazquez
COND. AMERICA
AMERICO SALAS
APT 501 - SANT.

A. Fernandez Paoli

Marina M. de Fernández

José R. Fernandez

Marina Fernández

Noemí Torres Braschi
Georgetti 1402 apt 2B Santurce

Armando Roura
JOSE MARTI 800
MIRAMAR, SANT

Colin de Roura

Dr. J Sandza y Sra
PASOIL 192
MILAVILLE

ESTADO LIBRE ASOCIADO DE PUERTO RICO

MUNICIPIO DE LA CIUDAD CAPITAL

SAN JUAN BAUTISTA

PROYECTO DE
RESOLUCION NO.   SERIE 1976-77

PARA DAR EL NOMBRE DE ANTONIO
PAOLI AL CENTRO DE BELLAS ARTES
ACTUALMENTE EN CONSTRUCCION EN
LA AREA DE SANTURCE.

EXPOSICION DE MOTIVOS

POR CUANTO: Ha sido el único puertorriqueño en pasear
su arte alrededor del mundo extendiendo su fama hasta
el lejano oriente, y ningún otro puertorriqueño ha
alcanzado aún la altura artística de este.

POR CUANTO: Fué el primer artista puertorriqueño y americano para el cual se compusieron operas que solo
cantó él; luego fueron archivadas sin poder ser cantadas por nadie mas.

POR CUANTO: Fué el mas grande interprete de Otello de
Verdi despúes del tenor Tamagno (quien la estrenó),
la cual Paoli cantó 585 veces. Y también la opera
El Trovador de Verdi que cantó 385 veces.

POR CUANTO: Fué el primer cantante que hizo la primera
grabación de una opera completa, siendo esta la opera
I Pagliacci dirigida por su propio compositor Ruggiero
Leoncavallo.

POR CUANTO: Fué el primer puertorriqueño en estrenar y
reabrir teatros de opera en el mundo como el Teatro
Colón de Buenos Aires, el Filarmónico de Trieste, el
Bourgoise de Bruselas.

POR CUANTO: Fué el primer cantante puertorriqueño en
cantar 18 recitales consecutivos en el Teatro Kursal
de Ostende en Bélgica ante diez y siete mil espectadores por noche, diciendo la crítica "su actuación
quedará escrita con letras de oro en los anales del
Teatro Kursal".

POR CUANTO: Puso muy en alto el nombre de América, pues
fué, el primer cantante y artista nacido en el hemisferio americano en obtener fama internacional.

POR CUANTO: Teniendo buenas ofertas en otras partes del
mundo quiso regresar a su lar nativo a pasar los ulti-
mos años de su vida donde estableció una escuela de
canto junto a su hermana Amalia, preparando así, una
gran pleyade de artistas puertorriqueños.

POR TANTO, ORDENESE POR LA ASAMBLEA MUNICIPAL DE SAN
JUAN, PUERTO RICO:

Sección 1ra.: Dar el nombre de Antonio Paoli al
Centro de Bellas Artes actualmente en construcción en el
en la area de Santurce.

Por: Alfredo Paredes

INSTITUTO DE CULTURA PUERTORRIQUEÑA

LUIS M. RODRIGUEZ MORALES
Director Ejecutivo

APARTADO 4184
SAN JUAN DE PUERTO RICO 00905

18 de julio de 1979

Sr. Jesús M. López
Calle 5 H2 - Santa Rita
Vega Alta, Puerto Rico   00762

Estimado amigo:

Contestando su comunicación deseo indicarle que la Junta de Directores del Instituto de Cultura Puertorriqueña ratificó en su última reunión su acuerdo anterior de que el Centro de Bellas Artes se conozca con ese nombre -Centro de Bellas Artes-. Ratificó igualmente, que dentro de ese complejo el teatro de presentaciones musicales, ópera, teatro lírico y festivales lleve el nombre de Don Antonio Paoli y que el teatro experimental lleve el nombre de Carlos Marichal. Acordó la Junta, igualmente, que el teatro de drama que originalmente llevaría el nombre de Emilio S. Belaval y en consideración a que yá el renovado teatro de la Universidad del Sagrado Corazón lleva ese nombre, que se denomine en memoria del dramaturgo René Marqués.

Sobre la producción del disco a que hace referencia deseo indicarle que he referido el caso al Director del Programa de Música de este Instituto con mi pedido de que se comunique con usted lo antes posible.

Con saludos cordiales quedo

Atentamente,

LUIS M. RODRIGUEZ MORALES
Director Ejecutivo

cc: Sr. Héctor Campos Parsi

Aquí está Paoli en un óleo pintado en París cuando debutó en la dificílisima ópera Guglielmo Tell, compuesta por el gran Gioachino Rossini, quien con la composición de esa ópera se adelantó muy por encima de sus contemporáneos, pues está escrita al estilo realista y verista. Paoli obtuvo entonces un éxito sin precedentes, pues tras ese glorioso debut comenzó a ser contratado para los teatros más famosos del mundo y asediado por muchos codiciosos empresarios. Este óleo acaba de ser donado al Centro de Bellas Artes de San Juan para la Sala de Festivales Antonio Paoli.

OFICINA DEL GOBERNADOR
LA FORTALEZA
SAN JUAN, PUERTO RICO 00901

10 de febrero de 1981

Sr. Jesús M. López
Calle 5 H 2 Santa Rita
Vega Alta, P. R.   00762

Estimado señor López:

Acuso recibo de su carta del 3 de febrero de 1981 dirigida al Hon. Carlos Romero Barceló, Gobernador de Puerto Rico, relacionada con la designación oficial del Centro de Bellas Artes y la fecha de inauguración del mismo.

Deseo informarle que se han impartido instrucciones en el sentido de que se transmita esta comunicación a las agencias gubernamentales pertinentes para la acción correspondiente. Espero le sea de utilidad esta información.

Reciba un caluroso saludo del Gobernador, al que me place unir el mío propio.

Cordialmente,

Luis Guillermo Rodríguez
Ayudante del Gobernador

LGR/hra

cc: Sr. Jaime González Oliver, Presidente
    Junta de Directores
    Administración para el Fomento de las
    Artes y la Cultura

    Dra. Leticia del Rosario
    Directora Ejecutiva
    Instituto de Cultura Puertorriqueña

APENDICE X

LOS MAS GRANDES INTERPRETES
DEL OTELLO DE VERDI EN EL MUNDO

1.- Francesco Tamagno - 1850-1905
2.- Giovanni de Negri - 1850-1923
3.- Franco Cardinalli - 1853-1915
4.-Giuseppe Oxilia - 1865-1935
5.- Antonio Paoli - 1871-1946
6.- Leo Slezak - 1873-1946
7.-Giovanni Zanatello - 1876-1949
8.-Icilio Calleja - 1882-1941
9.-Nicola Fusati - 1885-1970
10.-Giovanni Martinelli - 1887-1969
11.-Francesco Merli - 1887-1976
12.-Renato Zanelli - 1892-1935
13.-Nino Piccaluga - 1893-1973
14.- Ramón Vinay - 1914-1996
15.-Mario Del Monaco - 1915-1982
16.-Carlo Guichandut - 1919-1991
17.- Jon Vickers -1926
18.-Carlo Cossuta -1932
19.-Plácido Domingo -1941
20.-Ermano Mauro -1943

APENDICE NO. XI

CANTANTES LIRICOS PUERTORRIQUEÑOS QUE SE HAN DISTINGUIDO DESDE EL TIEMPO DE LOS HERMANOS PAOLI HASTA NUESTROS DIAS

Acosta, Flavia: contralto, cantó con gran éxito en Europa durante los años cincuenta. Magnífica actriz y cantante. La crítica le fue siempre muy favorable.

Asencio-Scalvini, Carmen: Soprano, nació en Cataño , Puerto Rico. Fue descubierta en Nueva York por la gran Diva María Barrientos. Estudió en Milán. Cantó por toda Europa y la América del Sur durante los años 20 y 30 hasta que se casó en Milán con el empresario Scalvini y se retiró de la escena lírica.

Barasorda, Antonio: Tenor lírico spinto. Estudió en España y ha cantado con gran éxito en países como Francia, España, Italia, Venezuela, Puerto Rico, Estados Unidos y Canadá.

Batiz, Migdalia: Soprano lírica, ganadora del premio Antonio Paoli en 1978. Ha cantado con éxito dentro y fuera de Puerto Rico tanto en ópera como zarzuela y opereta. Posee una voz de agradable sonido y musicalidad.

Belaval, Emilio: Tenor lírico spinto. Estudió en Puerto Rico con la soprano portuguesa María Justina de Aldrey y luego en Nueva York. Ha cantado en los Estados Unidos, Puerto Rico y España donde reside actualmente.

Bithorn, Paquita: Soprano. Estudió en España, donde cantó luego con gran éxito durante varias temporadas de óperas. Cantó también en Puerto Rico en los años 20 donde presentó varios conciertos por distintos pueblos de la isla.

Caballero, Félix: Tenor lírico, natural de Caguas, Puerto Rico. Poseedor de una voz bellísima voz de tenor lírico, estudió con la soprano Rina de Toledo, con quien cantó en varias representaciones de ópera por televisión. Luego cantó alrededor del mundo con el conjunto musical de los Chavales de España.

Cabrera, María Teresa: Soprano dramática. Estudió con Don Antonio Paoli y al éste fallecer se marchó a Italia donde cantó con gran éxito el papel protagonístico en la ópera *Tosca* de Puccini. En una ocasión usó el vestuario de la legendaria Diva Claudia Muzio.

Calderín, Delia: Soprano lírica. Se presentó en varios exitosos conciertos en varios pueblos de Puerto Rico durante los años cincuenta y sesenta. Poseedora de una bella voz, con agudos fuertes y brillantes.

Callejo, Margarita: Soprano lírica dramática, hermosísima mujer de magnífica voz y bella figura. Estudió en Italia con Adela Borghi. Cantó allí con marcado éxito al igual que en España. Puerto Rico y los Estados Unidos.

Camuñas, Roberto: Tenor spinto, magnífico intérprete y recitalista. Estudió con el profesor Ramón Fonseca en Nueva York donde cantó en varias óperas y recitales. Cantó también en Florida y Puerto Rico.

Castro-Alberti, Margarita: Soprano lírico-spinto. Ha cantado con gran éxito en los Estados Unidos, América del Sur, Europa y Puerto Rico. Tomó parte destacada en la inauguración de la Sala Paoli del Centro de Bellas Artes de San Juan, Puerto Rico.

Colón, Evangelina: Soprano lírica. Ha cantado con mucho éxito en Chicago, San Francisco, Nueva York, Puerto Rico, y Europa, donde se encuentra actualmente haciendo una gran carrera.

Comas, Ester: Soprano lírica. Discípula de Don Antonio Paoli, cantó en España, Estados Unidos, Cuba, Santo Domingo, Puerto Rico, Venezuela y Colombia. Grabó varios discos de canciones; los cuales se vendieron con mucho éxito.

Cruz, Angelo: Barítono, oriundo de Bayamón. Estudió canto con Don Miguel Mullert y en el Conservatorio de Música de Puerto Rico. Ha cantado en forma destacada en recitales de canciones de arte, ópera y zarzuela en los Estados Unidos y Puerto Rico.

Cuevas, Eduardo: Tenor lírico. Hizo una gran carrera en España y Centro y Sur América como tenor de zarzuela a principios de siglo y se estableció luego en Costa Rica donde fue director de la Academia de Música. Fue un gran músico, cantante y actor inigualable en su género.

Díaz, Justino: Célebre bajo puertorriqueño de fama internacional. Inauguró el Metropolitan Opera en el Lincoln Center de Nueva York, el Kennedy Center de Washington, D. C., y el Centro de Bellas Artes de San Juan. Se le puede considerar como el artista lírico puertorriqueño más destacado de los últimos treinta años.

Diaz, Ruth: Soprano lírica. Estudió con Don Antonio Paoli, y luego en Italia, donde hizo carrera. Se casó con el barítono Riboldi. Tomó parte en varios conciertos en Puerto Rico y en la premiere de la opereta *Borinquen* de Don Jesús Figueroa, en 1946.

Elvira, Pablo: Famosísimo barítono puertorriqueño. Ha cantado con gran éxito alrededor del mundo. Estudió con el Profesor Alfredo Medina y fue ganador de las audiciones del Metropolitan Opera, donde actualmente esta cantando con gran aceptación. Posee una voz de timbre agradable y cálido.

Escribano, Tamara: Soprano spinto-dramática. Estudió en el Conservatorio de Música de Puerto Rico y luego en Francia. Ha cantado en óperas, zarzuelas y recitales. Tomó parte también en la inauguración del centro de Bellas Artes de San Juan.

Felici, Alicia: Soprano de colocatura. Estudió en Francia donde cantó ópera y en España donde cantó en zarzuelas. En 1911 se presentó en Puerto Rico en varios recitales. Su debut en París fue en el Teatro Comique Opera, en 1910.

Felici, Palmira: Contralto. Hermana de la anterior Alicia Felici. Poseía una gran e imponente figura y era además una gran actriz. Estudió en España donde cantó la *Azucena* y *Ulrica*, junto al gran tenor español, Julián Biel.

Gierbolini, Edgardo: Tenor lírico. Estudió en España con la soprano Lola Rodríguez de Aragón. Cantó en España, Cuba, Estados Unidos y Puerto Rico, donde se presentó en muchísimos recitales junto a la soprano Luisita Rodríguez.

Goicochea, Francisco: Tenor lírico. Cantó mucho en España, especialmente zarzuela. Cantó también en México, Cuba, Santo Domingo, Costa Rica, Panamá, Colombia, Venezuela y Puerto Rico. Poseía una magnífica figura y una voz lírica de bellísimo acento. Se desempeñó muy bien en roles difíciles.

Gómez Pedro: Barítono. Este gran barítono aunque nacido en Cuba es puertorriqueño por adopción. Ha cantado con gran éxito desde la ópera hasta la zarzuela. Su campo de acción ha sido mayormente en España, Cuba, Venezuela, Santo Domingo y los Estados Unidos. Ha grabado infinidad de discos y cassettes.

González, Eusebio: Tenor lírico ligero. Estudió con el Profesor Fonseca en Puerto Rico donde ha cantado en varios recitales y en un sin número de óperas y zarzuelas. Fue muy aplaudido en su recital en el Town Hall de Nueva York en 1978.

Grifo-Monserrate, Luisa: Soprano dramática, oriunda de Guayama, P.R. Hubiese sido la compañera ideal del gran tenor Antonio Paoli, si sus padres no hubiesen malogrado su carrera lírica (según Callejo). Los que la escucharon la clasificaron como voz dramática absoluta de magnífica figura y disposición escénica.

Guillermetti, Josefina: Soprano lírica, estudió con Don Antonio Paoli. Soprano de voz exquisita y de porte dulce y agradable. Cantó en varios recitales y conciertos en Puerto Rico y grabó varios discos acompañada al piano por Amalita Paoli.

Hernández, César: Este joven tenor posee una de las voces más bella de la actualidad. Ha cantado con mucho éxito en los principales teatros del mundo y en 1990 cantó un recital en el Teatro La Perla de Ponce para celebrar la apertura oficial de la casa en la que nació Paoli en Ponce.

Iglesias, Olga: Soprano lírica de fácil colocatura. Posee un bella voz y una magnífica figura. Estudió con Don Antonio Paoli y con Angeles Otein. Fue escogida por Don Pablo Casals para cantar su obra *El Pesebre* en varias partes del mundo.

Isales, Darisabel: Medio soprano. Estudió con María Ester Robles en Puerto Rico y luego en los Estados Unidos. Ha cantado mucho en óperas, zarzuelas y conciertos en Puerto Rico

Lebrón, Rafael: Barítono. Posee una gran voz de verdadero timbre baritonal, ha cantado con gran éxito en Puerto Rico, New York y San Francisco. Es tan buen cantante en zarzuela como en ópera. Tiene gran naturalidad y soltura escénica.

Ledesma, Ricardo: Nombre artístico de Jesús Quiñones Ledesma. Es este nuestro tenor dramático de actualidad. Ha interpretado las óperas *Otello*, *Trovador* y *Payasos*. Estudió en Italia con el famoso barítono Apollo Granforte. Ha cantado con gran éxito en Italia, Puerto Rico, Venezuela y los Estados Unidos.

Lind-Oquendo, Abraham: Barítono Tomó parte destacada en la premiere de la ópera *Macias* de Gutierrez y Espinosa. Ha cantado con éxito dentro y fuera de Puerto Rico. Estudió canto en Nueva York.

López, Héctor: Barítono poseedor de una voz de mucho peso y color. Estudió con Ramón Fonseca en Puerto Rico. Ha cantado en las óperas *Otello*, *Trovador*, *Payasos* y *Cavallería*, además de varias zarzuelas y recitales incluyendo uno muy bueno recientemente en el Carnegie Hall de Nueva York.

Marquez, Marta: Soprano. Estudió con su madre la soprano María Ester Robles y luego en Alemania, donde ha cantado con mucho éxito. Ha cantado también en otros países europeos, en los Estados Unidos y Puerto Rico.

Martínez, Ilia: Soprano lírica. Poseedora esta de una bellísima voz y magnífica figura. Ha cantado destacadamente en ópera, zarzuela y recitales. Estudió en la Academia de Santa Cecilia en Roma. Actúa con mucha naturalidad y sabe moverse muy bien en escena.

Medina, Alfredo: Tenor lírico. Cantó en Centro y Sur América y los Estados Unidos, tanto en zarzuelas como en recitales líricos. Ya retirado de la escena se dedicó a la enseñanza del Bel Canto en Puerto Rico.

Medolago, Olga: Condesa de Albani. Soprano, natural de Ponce. Estudió en Nueva York donde se casó con el Conde Albani, nombre que uso para cantar en numerosas revistas y obras musicales en Brodway con gran éxito, incluyendo la obra Showboat que grabó en disco junto al notable bajo Paul Robinson. Fue la primera soprano en tomar parte en una transmisión radial de continente a continente. Grabó muchos discos.

Melendez, Ramona: Soprano lírica de fácil colocatura. Estudió con la Profesora Alicia Morales, en Puerto Rico y luego en Roma. Cantó en Italia, España, Puerto Rico y Estados Unidos. Voz muy musical y bella, además de una agraciada figura de porte muy elegante.

Menchago, Alicia: Soprano dramática, natural de Ponce. Estudió canto en España. Cantó en Centro y Sur América con varias compañías de ópera y zarzuela. En 1911 cantó varios recitales en San Juan, Ponce y Mayagüez.

Montilla, Antonia: Soprano lírica. Cantó la Loarina en la ópera *Guarionex* del Maestro Gutierrez. Voz importante, afinadísima, elástica, dulce y bien timbrada. Fue una artista consumada tanto en el canto como en escena, de gran delicadeza y gusto.

Morales-Munera, Alvaro: Tenor lírico. Estudió con el Profesor Hiestand en San Juan. Cantó con gran éxito en Estados Unidos y Puerto Rico. Cantó además ópera y zarzuela.

Moreno-Calderón, Teresina: Contralto. Cantó en recitales y ópera en Puerto Rico, los Estados Unidos y España. Estudió en España con el Maestro Blanco y fue profesora de canto del Conservatorio de Música en Madrid.

Nadal-Santa-Coloma, Juan: Bajo, cantante y actor. Cantó ópera y zarzuela, donde se distinguió más como un excelente intérprete del llamado género chico. Obtuvo fama internacional. Era natural de Mayagüez. Cantó mucho en España y Centro y Sur América.

Ocasio, Benjamín: Tenor lírico de sonantes y brillantes agudos. Estudió con Alfredo Medina en Puerto Rico donde cantó con gran éxito en innumerables recitales y televisión. Ha cantado mucho en Nueva York donde se mantuvo en cartel por el espacio de viente años.

Oller, Frasquito: Bajo/Barítono cantante, este ilustre puertorriqueño además de ser un gran pintor; fue también cantante. Cantó en la premiere de la ópera *Guarionex* del Maestro Gutierrez. Cantaba también las misas de ese egregio compositor en la catedral de San Juan y otros recitales en el Ateneo.

Oller de Paniagua, Isabel: Soprano ligera, cantó varias veces junto a la célebre Diva Adelina Patti. Fue la Adina en la ópera *Guarionex* de Gutierrez. Voz de fáciles agudos, figura bella y esbelta. Hermana de Frasquito Oller. Ambos era naturales de Bayamón, P. R.

Ortiz de Roig, Camelia: Soprano; renombrada cantante puertorriqueña. Ha cantado con mucho éxito en muchisímas óperas y recitales. A su esfuerzo se debe la premiere de la ópera *Macias* del Maestro Gutierrez un siglo después de compuesta. Se educó en Europa y los Estados Unidos.

Pacheco, Maria del Coral: Soprano lírica. Estudió en Italia donde cantó en los teatros Del Verme y El Lírico. También cantó en España. En 1908 cantó en Puerto Rico La Cavallería Rusticana en español. Recorrió Centro y Sur América durante los años 1912 y 1915.

Palma, Raul De: Nombre de artista de Raul Diaz. Tenor lírico ligero. Estudió con Don Antonio Paoli. Cantó mucho en los Estados Unidos y Puerto Rico, además de muchas audiciones radiales. Fue pionero de la televisión en Puerto Rico a mediados de los años cincuenta.

Peña Montilla, Angeles: Soprano lírica. Estudió en Madrid. Cautivó a los públicos de Sevilla, Granada, Valencia y Madrid; cantó mucho en zarzuela. Fue también muy aplaudida en Centro y Sur América.

Pérez-Frangie, Teresa: Soprano dramática. Oriunda de Santo Domingo más puertorriqueña por adopción. Se ha destacado en innumerables funciones de ópera en Santo Domingo, Puerto Rico, Venezuela y los Estados Unidos.

Poventud, Irem: Soprano lírica, natural de Ponce. Poseedora de una bellísima voz. Ha cantando con gran éxito en Norte y Sur América, al igual que en Puerto Rico en óperas y conciertos. Sus discos de danzas puertorriqueñas han sido un gran éxito de ventas pues las canta con el corazón.

Raben, Virgilio: Nombre de arte de Virgilio Rabainne. Tenor lírico, estudió con Don Antonio y Amalita Paoli. Cantó con gran éxito en Puerto Rico y los Estados Unidos. Sus discos son muy bien cotizados y buscados por los grandes coleccionistas. Poseía una bellísima voz, además de una altiva y magnífica figura.

Ramírez, Noel: Bajo-barítono. Estudió en Puerto Rico. Ha hecho carrera en grandes escenarios de Nueva York, Chicago, San Francisco y Puerto Rico. Ha cantado junto a grandes figuras como Pavarotti, Domingo, Kraus y Carreras.

Rivera, Graciela: Soprano de coloratura. Estudió con el Profesor Hiestand en Puerto Rico. Después de los Paoli, es la artista puertorriqueña que más fama hizo en el mundo lírico. Cantó en los más importantes centros líricos del orbe con gran éxito incluyendo el Metropolitan Opera. Sus discos de danzas, arias y canciones son muy buscadas por los coleccionistas.

Robledo, Aura Norma: Soprano, dramática, ponceña. Estudió con Alfredo Medina. Ha cantado con mucho éxito en ópera, zarzuela y recitales. Voz de gran fuerza y alcance. Se le llegó a comparar con la célebre diva, Zinka Milanov. Actualmente reside en Nueva York.

Robles, Maria Ester: Soprano. Cantó con el pseudónimo Maria D'Atili. Estudió en Puerto Rico con Bartolomé Bover. Cantó con gran éxito en Europa, Estados Unidos y Puerto Rico. Fue directora del Departamento de canto del Conservatorio de Música de Puerto Rico.

Rocher, Mario: Tenor spinto-dramático, además de ingeniero, arquitecto y abogado. Estudió canto con Ramón Fonseca. Debutó en la Liric Opera de Chicago en el papel de Mario, en la ópera *Tosca* de Puccini. Hizo allí también otras representaciones importantes.

Rodríguez, Luisita: Soprano, recitalista por excelencia. Presentóse en muchísimos recitales dentro y fuera de Puerto Rico. Cultivó mucho la canción de arte alemana. Fue directora del Departamento de Música de la estación radial W.I.P.R..

Rubio, Elio: Tenor lírico, poseedor de una de las más bellas voces de tenor que ha dado Puerto Rico. Cantó en ópera, zarzuela y conciertos dentro y fuera de Puerto Rico. Actualmente enseña canto en San Juan con la técnica canora de García y Paoli, que aprendió de su maestro Ramón Fonseca.

Serrano, Carlos: Barítono, bajo. Posee una gran voz y distinguida personalidad. Estudió canto en los Estados Unidos, y en donde se ha presentado en innumerables producciones de óperas y recitales.

Toledo, Rina de: Soprano lírica, estudió canto en los Estados Unidos con el célebre tenor Giovanni Zenatello. Cantó mucho en los Estados Unidos y Puerto Rico. Fue fundadora de El Círculo Operático de Puerto Rico y presentó ópera por televisión.

Toro, Puli: Medio-soprano, Estudió canto en Nueva York y permaneció allí cantando por muchos años con la New York City Opera, en Lincoln Center. Recorrió todos los Estados de la Unión en las giras anuales de esa compañía. Actualmente enseña canto en Nueva York.

Torrens, Rafael: Barítono, además es ingeniero. Posee una magnífica y robusta voz. Ha cantado con gran éxito en Puerto Rico y los Estado Unidos en óperas, zarzuela y recitales. Es experto en la opereta vienesa. Canta con mucho estilo y elegancia.

Tur, Elisa: soprano dramática. Estudió canto con Amalita Paoli y llegó a cantar junto a Paoli obteniendo gran éxito. Cantó también en los Estado Unidos. Poseía una voz fuerte de timbre bello y agradable.

Vazquez, Alex: Barítono-tenor. Estudió canto con María Ester Robles. Se marchó luego a Alemania donde hizo una gran carrera como barítono. Cantó en Austria, donde se convirtió en tenor, en los Estados Unidos y Puerto Rico. Su prematuro deceso le vino cuando era director musical del Instituto de Cultura Puertorriqueña.

Vazquez, Maria Cristina: Soprano. Estudió canto en Barcelona con la Profesora Colomer. Cantó con gran éxito en el Teatro Liceo de esa ciudad, además de los Estados Unidos, Puerto Rico y Argentina.

Verdejo, Awilda: Soprano lírico-spinto, natural de Barrio Obrero. Estudió en los Estados Unidos donde debutó en Nueva York con la City Opera de Lincoln Center como Mimi, en la ópera La Bohème. Hizo con esa compañía varias temporadas. Presentóse en varios recitales en Puerto Rico y actualmente está haciendo carrera en Europa. Posee una voz bellísima y una agraciada figura.

APENDICE XII

ALGUNAS CARTAS DE REPRESENTACION QUE ME AYUDARON EN MI INVESTIGACION

Estado Libre Asociado de Puerto Rico
Departamento de Estado
San Juan, Puerto Rico

A TODOS LOS QUE LA PRESENTE VIEREN: SALUD

Por la presente certifico que el portador lo es el Sr. Jesús M. López, distinguido ciudadano americano nacido en Puerto Rico.

El señor López, quien es un destacado hombre de negocios y reputado investigador musical, goza del respeto y del aprecio de buen padre y ciudadano ejemplar.

El portador se ha destacado notablemente en la Isla como investigador y recopilador de información sobre la vida del famoso tenor operático puertorriqueño, ya desaparecido, Don Antonio Paoli.

El señor López viajará a Colombia, Perú, Argentina, Chile, Bolivia, Uruguay, Brasil y Venezuela en viaje de placer y buena voluntad. Aprovechará su estada en dichos países para obtener información adicional sobre la vida del tenor Paoli, para completar los datos necesarios para el libro que está escribiendo sobre la biografía de dicho tenor. La intención del señor López es recopilar la información que haya disponible en archivos de periódicos y en archivos de teatros de ópera sobre las actuaciones del gran tenor.

El Gobierno del Estado Libre Asociado de Puerto Rico, agradecerá de las autoridades de Colombia, Perú, Argentina, Chile, Bolivia, Uruguay, Brasil y Venezuela aquellas cortesías y facilidades que se extiendan al señor López durante su estadía en dichos países.

Dado en San Juan, Puerto Rico, este decimoséptimo día del mes de abril de 1973.

Noel Estrada
Oficial del Ceremonial
y Protocolo

Estado Libre Asociado de Puerto Rico
Departamento de Estado
San Juan, Puerto Rico

A TODOS LOS QUE LA PRESENTE VIEREN: SALUD

Por la presente certifico que el portador lo es el Sr. Jesús M. López, distinguido ciudadano americano nacido en Puerto Rico.

El señor López, quien es un destacado hombre de negocios y reputado investigador musical, goza del respeto y del aprecio de la comunidad del pueblo de Vega Alta, Puerto Rico, donde es un buen padre y ciudadano ejemplar.

El portador se ha destacado notablemente en la isla como investigador y recopilador de información sobre la vida del famoso tenor operático puertorriqueño, ya desaparecido, Don Antonio Paoli.

El señor López viajará a España y a Italia, en viaje de placer y buena voluntad. Aprovechará su estada en Italia y España para obtener información adicional sobre la vida del tenor Paoli durante sus actuaciones en Milán, Roma, Nápoles, Venecia, Florencia y Génova, así como en Madrid, en Barcelona y en Valencia para completar los datos necesarios para el libro que está escribiendo sobre la biografía de dicho tenor.

El gobierno del Estado Libre Asociado de Puerto Rico agradecerá de las autoridades de Italia y de España, aquellas cortesías y facilidades que se extiendan al señor López durante su estadía en ambos países.

Dado en San Juan, de Puerto Rico, hoy día 26 de julio de 1972.

Noel Estrada
Oficial del Ceremonial
y Protocolo

VICE CONSOLATO D'ITALIA
SAN JUAN - PORTORICO

Visto la presente Certificazione e la firma di Noel Estrada,

Direttore del Cerimoniale della Segreteria dello Stato Libero

Associato di Portorico.- - - - - - - - - - - - - - - - - -

San Juan di Portorico, lì   4 AGO 1972

Reg. Perc. No **37/IV/72**
Art. T.C. **81**
Lire **3000 = $5.16**

IL V. Console
(Cav. Riccardo Bordi)

VISTO BUENO EN
ESTE CONSULADO GENERAL
DE ESPAÑA EN PUERTO RICO
SAN JUAN **4** DE *agosto* 19**72**
EL CONSUL *General*

Joan Castrillo

GRATIS
Disposición Sr. del Arancel

INSTITUTO DE CULTURA PUERTORRIQUEÑA

RICARDO E. ALEGRIA
Director Ejecutivo

Apartado 4184
SAN JUAN DE PUERTO RICO 00905

A QUIEN PUEDA INTERESAR

El portador de la presente, don Jesús M. López, escritor y conferenciante, ha venido realizando desde hace años investigaciones sobre la vida y obra del tenor puertorriqueño Antonio Paoli. Para ampliar estas investigaciones se ha trasladado a Europa donde espera obtener nuevos datos en los diferentes archivos y bibliotecas.

El Instituto de Cultura Puertorriqueña, entidad oficial del Estado Libre Asociado de Puerto Rico, agradecerá profundamente toda la cooperación y ayuda que pueda brindarse al señor López, en el propósito que lo lleva a Europa.

RICARDO E. ALEGRIA
Director Ejecutivo

INSTITUTO DE CULTURA PUERTORRIQUEÑA

RICARDO E. ALEGRIA
Director Ejecutivo

Apartado 4184
SAN JUAN DE PUERTO RICO 00905

A QUIEN PUEDA INTERESAR

El portador de la presente, señor Jesús M. López, es Investigador Musical y está haciendo estudios sobre la carrera artística del afamado tenor puertorriqueño Antonio Paoli, para un libro que está en preparación.

Les agradeceremos a las autoridades pertinentes de los países que él visite, que le presten toda la cooperación y ayuda necesaria para la recopilación de ese material.

Los países comprendidos son: Colombia, Perú, Chile, Argentina, Uruguay, Brasil y Venezuela.

Anticípoles las gracias por toda la cooperación que brinden al señor López.

RICARDO E. ALEGRIA
Director Ejecutivo

Estado Libre Asociado de Puerto Rico

Oficina de Asuntos Culturales

Ricardo E. Alegría
Director

La Fortaleza

A QUIEN PUEDA INTERESAR

El portador de la presente, don Jesús M. López, es un con-
secuente estudioso puertorriqueño, que ha dedicado largos años
de su vida a la investigación de la vida y la obra del célebre
tenor Antonio Paoli y de otras grandes figuras del arte musical de Puerto Rico. Con tal motivo ha realizado numerosos viajes a archivos de Europa y América.

El señor López proyecta ahora realizar labores investigati-
vas en los archivos musicales de Portugal, en los que espera
hallar nuevos datos que agregar a la copiosa documentación que
sobre las indicadas materias ha logrado reunir.

La Oficina de Asuntos Culturales, organismo adscrito a la
Oficina del Gobernador de Puerto Rico, y que tengo el honor de
dirigir, agradecerá profundamente toda la orientación y ayuda
que para el logro de sus propósitos puedan proporcionar al señor
López los organismos oficiales y privados que en esa hermana nación tienen a su cargo la conservación y promoción de la cultura
musical.

Ricardo E. Alegría
Director

Oficina Anexo Casa Blanca / Calle de San Sebastian, San Juan Antiguo / Apartado S-4467, San Juan de Puerto Rico, 00905

CEA BERMÚDEZ, 24
TEL. 254 29 03
MADRID-3

Sra. Manolita de Huarte
Pamplona

Mi buena amiga: Tengo el gusto de presentarle a mi buen amigo Jesús Manuel López, de Puerto Rico, que está reuniendo datos sobre el tenor de principios de siglo Antonio Paoli.

Si en el archivo de su padre (q.e.p.d.) hay algo nuevo le agradeceré que se lo facilite.

A Manolita de Huarte
Mayor 54
Pamplona

Mil gracias y dispongo como
siempre de mi muy amigo

J. Hernández Gribel

A Manolita de Huarte
Mayor 54
Pamplona

EXLIBRIS
F. HERNANDEZ GIRBAL

CEA BERMÚDEZ, 24
TEL. 254 29 03
MADRID-3

Sr. D. Hipólito Lázaro

Mi querido y siempre admirado amigo:

Tengo el gusto de presentarle a mi amigo Jesús Manuel López, de Puerto Rico que está reuniendo datos sobre el tenor Antonio Paoli. Si puede ayudarle, se lo agradeceré.

Cariñosos saludos a su esposa de parte de los dos, Para usted la amistad sincera de su amigo.

F. Hernández Girbal

Sr. D.
Hipólito Lázaro
Ganduxer, 115
Barcelona

EXLIBRIS
F. HERNANDEZ GIRBAL

CEA BERMÚDEZ, 24
TEL. 254 29 03
MADRID-3

Sr. D. Juan Antonio Pamias
Barcelona

Mi querido amigo: Tengo el
gusto de presentarle a Jesús Morales
López, buen amigo mío, de Puerto
Rico que está en España reuniendo
material sobre el tenor Paoli
de principios de siglo.

Si en el archivo del Liceo hay
algo agradeceré se lo facilite.

Con la amistad de siempre
le abraza
F. Hernández Girbal

Sr. D.
Juan Antonio Pamias
Teatro del Liceo
Barcelona

CEA BERMÚDEZ, 24
TEL. 254 29 03
MADRID-3

Sr. D. Fernando Herrero
Gayarre,

Mi querido amigo: Tengo el gusto de presentarle a mi excelente amigo, Luis Manuel López, de Puerto Rico, investigador musical, gayarrista de corazón, el cual desea visitar la casa de Gayarre.

Si puede Vd. complacerle se lo agradecerá muchísimo su amigo que le abraza

F. Hernández Girbal

Sr. D.
Fernando Herrero
López de Hoyos, 5
Tel. 2611722

EX LIBRIS

F. HERNANDEZ GIRBAL

CEA BERMÚDEZ, 24
TEL. 254 29 03
MADRID-3

Sr. D. Eugenio Gara
Milano
carísimo amigo:
Le presento al mío amigo Jesús
Manuel López, de Puerto Rico que esta
reuniendo documentación sobre el
tenor de principios de siglo Antonio Paoli.
Si puede ayudarle en algo
se lo agradecerá su buen amigo
F. Hernandez Girbal

Sr. D.
Eugenio Gara
Ferdinando di Savoia, 5
Milano

Barcelona 29 de-11- del 72

Sr. Don Jesús M. Lopez
San Juan - Puerto Rico

Querido amigo:

Recibimos su carta de regreso
a esa dandonos noticias de sus gestiones que
fueron un éxito pudiendo hacerlo personalmente con tantos y tan buenos cantantes, que
conocieron al gran tenor Don Antonio Paoli
y que con orgullo puede decir que fue
uno de los mejores tenores dramaticos de
su época y de esta tambien

Tiene un gran
material para su libro y que Vd. aún desea
enriquecer más, en su segundo viaje a Europa.

Muy contentos de saber que su señora
y sus chicos ya nos quieren. Dios nos de
salud para tener el placer de conocerlas,
en uno de sus viajes.

De todos los discos
que me nombra ya los tengo todos.

II

Espero su próximo viaje a New York
- sea estupendo y pueda solucionar
sus deseos.

Muy agradecido por sus
audiciones en la Radio, me recordará,
ya le dije cuanto quiero y distingo
a ese querido público portoriqueño.

Felices fiestas en unión de su
distinguida familia. Con un abra-
-zo muy fuerte para todos de -sus
amigos de siempre.

Hipólito Lázaro.   Juanito

MUNICIPIO DE SAN JUAN

SAN JUAN, PUERTO RICO

29 de septiembre de 1977

Sr. Jesús M. López
Calle 5 H-2 Santa Rita
Vega Alta, P. R. 00762

Estimado señor López:

Sirva la presente para felicitarle muy calurosamente por la magnífica conferencia conque nos obsequió el 23 de agosto de los corrientes en el Teatro Tapia en ocasión de conmemorarse el trigésimoprimer aniversario de la muerte del ilustre puertorriqueño señor Antonio Paoli.

La audiencia vivió momentos de recordación, rindiendo así merecido homenaje a una de las glorias de nuestra tierra que ha dejado un perenne recuerdo entre nosotros.

Agradecemos en lo que vale su fina gentileza y le reiteramos nuestras más expresivas gracias.

Cordialmente,

Sandra Calderón
Directora
Actividades Culturales

APENDICE XIII

CASA PAOLI INC.
Y MONUMENTO A PAOLI

La Casa Paoli, lugar donde nació nuestro ilustre biografiado, fue inaugurada con gran pompa el día 12 de septiembre de 1990. Se encuentra localizada en la Calle Mayor No. 14 en la bellísima ciudad de Ponce, Puerto Rico.

La casa onserva aún varios cuartos y balcón frontal de la casa original que allí había y fue remodelada a principios de siglo usando gran parte de la casa original. Se descubrió también allí, el pozo de ladrillos con una profundidad de unos 18 pies donde se recogía el agua de lluvia para uso doméstico.

La noche de la inauguración fue algo único para mí, ya que se me honró con el *Primer Premio Paoli*, un hemoso pergamino con letras de oro y preciosamente enmarcado. Me fue otorgado en reconocimiento a mis treinta y cinco años de investigación sobre la vida y la carrera de Paoli, todo lo cual ha quedado plasmado en este libro que hoy lees y que espero sea de tu agrado.

La noche de la inauguración oficial de Casa Paoli, asistieron varios amigos y familiares que me aprecian de verdad, entre ellos, mi dulce esposa Minnie, quien siempre me ha estimulado en mis labores pro-Paoli; estaba también allí mi querida cuñada Elga Maíz con mi sobrina Rosidel López, su hermano José Edgar Maíz y esposa, el amigo Carlos Conesa y su esposa Miriam; Matilde Durán Vda. de Bastida, las Hermanas de la Caridad, Sor Crucita y la Hermana Arroyo; el ilustre y admirado escritor, Don Enrique Laguerre, el Lcdo. Juan Manuel Cassé Balesteros y su tía, con el Lcdo. Félix Torres; el Dr. y querido amigo, Abner J. Fornaris, quien leyó una semblanza sobre mi vida; el gran amigo Oscar (Cacho) Castro Barnés; el profesor Elio Rubio y su esposa; Tesoro Paoli, parienta de Don Antonio y también Don José (Pepe) Fernández, acompañado de su hija Blanquita, su hijo José y la esposa de éste. Estaban también las hermanas Ruiz de la Calle Concordia, y el amigo, Dr Luis G. Rodríguez Wells.

De los discípulos de Paoli, estaban Rubén de la Rosa y Ruth Diaz de Riboldi, acompañada de su hijo, el gran flautista, Genesio Riboldi.

Entre otros amigos, estaban el gayerrista no.1 del mundo, Efraín de León Carbó y su esposa Paz; el joven de San Juan, Carlos A. Tirado y su preciosa novia.

Es imposible enumerar todas las personas que allí se encontraban, pero a todos, que se contaban en unos 1,300 asistentes al acto de apertura y a más de 3,500 personas que asistieron al hermoso concierto efectuado a la memoria de Don Antonio, les doy las gracias más expresivas.

Como muy bien dijo la gran pianista ponceña Rosarito Quiñones "La memoria de Paoli fue reivindicada esa inolvidable noche en Ponce".

He aquí varios folletos y el programa del gran concierto allí presentado.

Sr. Jesús Manuel López y Familia

Apertura Oficial
de la Casa Paoli
del Centro de Investigaciones
Folclóricas de Puerto Rico, Inc.

Apertura Oficial
de la Casa Paoli
del Centro de Investigaciones
Folklóricas de Puerto Rico, Inc.

Boleto de Entrada a la Recepción
10:00 de la noche
miércoles, 12 de septiembre de 1990
Casa Paoli
Calle Mayor núm. 14
Ponce, Puerto Rico

R.S.V.P. 840-4115

PROGRAMA GENERAL DE ACTIVIDADES

Miércoles, 12 de septiembre de 1990
Apertura oficial
6:30 de la tarde,
frente a la Casa Paoli
calle Mayor número 14

Mensajes
Entrega del Premio Casa Paoli
Corte de Cinta
Intermedios musicales por el Coro de Cámara
del Conservatorio de Música de Puerto Rico

8:30 de la noche, Teatro La Perla
Concierto de la Orquesta Sinfónica de Puerto Rico,
dirigida por Odón Alonso, Director Titular, y en el
que intervendrá César Hernández, Tenor

Auspiciadores:
La Administración Municipal de Ponce, la Comisión Puertorriqueña para la Celebración del Quinto Centenario del Descubrimiento de América y Puerto Rico, la Corporación de las Artes Musicales, la Corporación de la Orquesta Sinfónica de Puerto Rico, el Fondo Nacional para el Financiamiento del Quehacer Cultural, la Honorable Asamblea Legislativa de Puerto Rico, el Instituto de Cultura Puertorriqueña y la Oficina del Gobernador.

Domingo, 16 de septiembre de 1990
4:00 de la tarde
Museo de Arte de Ponce
Concierto a cargo de
Ivonne Figueroa, pianista
Rafael Figueroa, cellista

Auspiciadores:
Caribbean School, Instituto de Cultura Puertorriqueña
y Museo de Arte de Ponce.

Nuestro agradecimiento a la Compañía de Turismo
Gracias al Centro de Estudios Avanzados de Puerto Rico y del Caribe, a la Fundación Puertorriqueña de la Humanidades
y al Museo de Arte de Ponce
Nestor Murray Irizarry, Presidente-Fundador de Casa Paoli

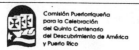
Comisión Puertorriqueña
para la Celebración
del Quinto Centenario
del Descubrimiento de América
y Puerto Rico

Antonio E. Paoli y Marcano (1871-1946)

Su familia, su época
Exhibición de sus objetos personales y fotos
de la colección de Jesús M. López, de la
Corporación de las Artes Musicales
y de Osvaldo García.

Sintetizó textos:
Dra. María del C. Monserrat Gámiz

Apertura oficial de la Casa Paoli, del Centro de Investigaciones Folklóricas de Puerto Rico, Inc.

Premio Casa Paoli

que será

otorgado a

Jesús Manuel López

por sus treinta y cinco años

de dedicación y estudio

a la obra de

Don Antonio E. Paoli y Marcano

en el momento de la

Apertura Oficial

Vestíbulo de la entrada principal a Casa Paoli. (Fotografía de Marta Cooper - cortesía Casa Paoli).

MONUMENTO A LA MEMORIA DE
DON ANTONIO PAOLI

El día 5 de junio de 1992 se develó en el Panteón Nacional de Puerto Rico, en la ciudad de Ponce, un monumento que consta de un busto de grandes proporciones del rostro de Don Antonio Paoli.

Esta fue una sencilla y emotiva ceremonia a la cual atendieron varias personalidades y algunos discípulos de Paoli. Se encontraba como invitado especial el Sr. Robert Paoli y su hija Robin, y varios parientes del tenor.

Cerca de las siete de la noche, el Sr. Gobernador de Puerto Rico, Don Rafael Hernández y el Alcalde de Ponce, Sr. Rafael Correna, junto al nieto del divo, dejaron caer el velo que cubría la escultura. Más tarde, a las ocho de la noche, se celebró un concierto en el Teatro La Perla por el pianista ruso Nicolai Petrov, patrocinado por el Festival Casals de Puerto Rico. Luego, a eso de las diez, hubo un gran cena banquete en lso jardines del Palacio Serrallés, a la cual asistieron algunos invitados especiales.

A continuación varios programas y volantes de esa actividad.

TENOR DE LOS REYES Y REY DE LOS TENORES

Antonio Paoli

Peristilo Circular del Panteón Nacional
Román Baldorioty de Castro
Ponce, Puerto Rico. 5 de junio de 1992

Moderadora, Prof. Carmen Inés Rivera
Directora Sede Regional del Sur, Instituto de Cultura Puertorriqueña

5:00 a 6:00 p.m.
Proyección video sobre la vida de Paoli
Produce Casa Paoli

6:00 p.m.
Palabras del Director Corporación Cementerios de Ponce
Lcdo. José Guillermo Vivas

6:10 p.m.
Acto Ecuménico
Padre Antonio Vázquez, Albergue Jesús Mediador
Rvdo. René Pereira, Iglesia Bautista de Glenview

6:20 p.m.
Palabras Fundador-Presidente Casa Paoli
Prof. Néstor Murray-Irizarry

6:30 p.m.
Semblanza sobre Antonio Paoli
Director Corporación de las Artes Musicales
Sr. Exor M. Rodríguez Santana

6:40 p.m.
Presentación nieto y biznieta del tenor Antonio Paoli
(Robert y Robin Paoli)

6:55 pm.
Palabras del Sr. Robert Paoli
En representación de los cuatro nietos del Tenor

7:00 p.m.
Palabras señor Gobernador
Hon. Rafael Hernández Colón

7:10 p.m.
Develación busto Paoli

7:30 p.m.
Paréntesis Musical, Quinteto Metalíssimo

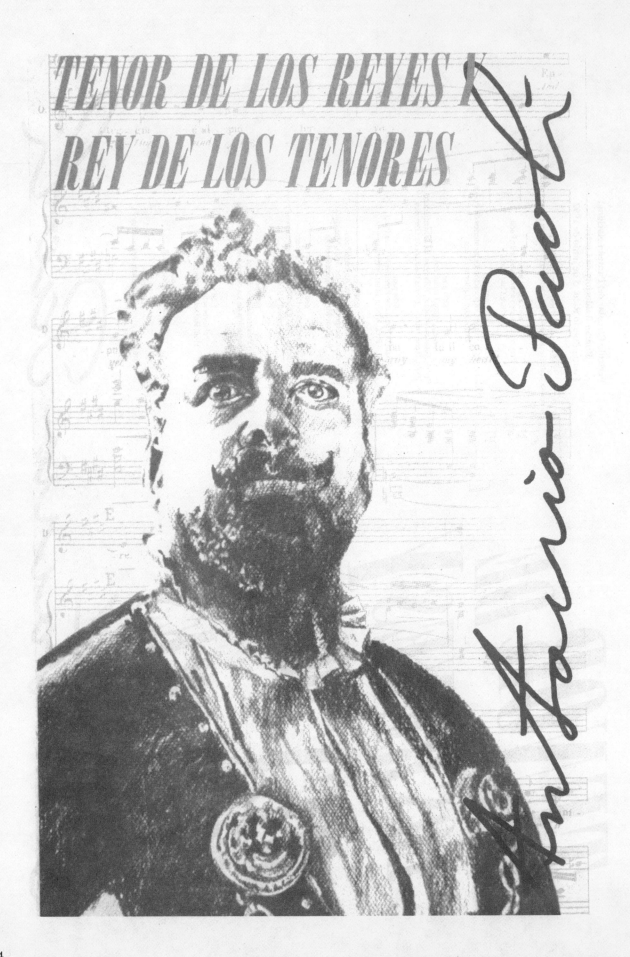

TENOR DE LOS REYES Y REY DE LOS TENORES

TENOR DE LOS REYES Y REY DE LOS TENORES

HOMENAJE ANTONIO PAOLI

"Paoli, Otello Glorioso" lo llaman en Italia; "L'Enfant Galli de la Voix d'Or", en Hungría. "Tenor de los Reyes y Rey de los Tenores", "cantor olímpico", como le llamó el licenciado Roberto Biascochea Lota. Artista de "voz clara, compacta en todos los registros, de agudos sonoros, fuertes y seguros", dice la crítica y añade que posee una "voz poderosísima, de excepcional extensión, belleza y frescura maravillosa, agudos vigorosos y esquilantes y perfecta pronunciación". Estos y muchos nombres o títulos le fueron otorgados al tenor Antonio Paoli y Marcano.

Nacido el 14 de abril de 1871, en Ponce. Gran parte de su niñez la pasa disfrutando del campo puertorriqueño. Cursa estudios en la Escuela de Párvulos. La música captura su atención cuando, acompañado de su hermana Amalia, escucha cantar al tenor Pietro Bacci, Il Trovatore, de Verdi en el teatro La Perla de Ponce. Al fallecer su madre, se traslada con sus hermanos a Madrid. Amalia consigue cartas de recomendación de Trina Padilla, asegurando así la educación de sus hermanos y logra la protección de la familia real española. Antonio estudia, por medio de una beca, en el Colegio de los Agustinos de El Escorial. Luego prosigue la carrera militar, sin descartar la posibilidad de algún día desarrollarse más en el canto.

En 1896 logra otra beca para estudiar canto en Italia. En 1897 regresa a España y debuta en Valencia con Lucia di Lammermoor, de Donizetti. Hace varias presentaciones por las cuales se da a conocer ante la Corte Española. Durante este tiempo, en un homenaje a Giuseppe Verdi, canta "Ah si ben mio" de Il Trovatore, impresionando a su compositor. Más tarde debuta en la Opera de París, en el difícil papel de Arnold, de Guillermo Tell, de Rossini. Desde este entonces comienza su carrera de triunfos en Europa, África, Asia y América. Durante este tiempo, (1900-1914), presenta obras y canta bajo la batuta de Meyerbeer, Massenet, Verdi, Rossini y muchos otros. Es aplaudido en Roma, Viena, Moscú, San Juan y muchas otras ciudades importantes del mundo.

Se presenta en teatros conocidos como: la Scala de Milán, el Convent Garden, la Opera de París, el Metropolitan Opera House, la Corte de los Zares de Rusia, etc. Canta junto a Titta Ruffo, Eva Tetrazzini, Mattia Battistini, Ricardo Stracciari y muchos otros de fama internacional. Es condecorado por el Emperador Francisco José, el Kaiser Guillermo II, el príncipe de Braganza de Portugal, María Cristina de Habsburgo, reina de España, el Zar Nicolás II de Rusia, se le concede el título de "Kammersanger" o "Cantor de Cámara". Canta obras como Otello (repitiéndola 575 veces), Il Trovatore, Rigoletto y Aida de Verdi; Cavalleria Rusticana de Mascagni, Guillermo Tell de Rossini; Le Cid de Massenet, Lohengrin de Wagner; Andrea Chénier de Giordano; Notte de Natale (compuesta por Cantoni para él); Pagliacci de Leoncavallo, La Africana de Meyerbeer y muchas otras. Para el año 1910 es el tenor dramático de más demanda en Europa y el cantante que cobra más dinero por presentación.

En Viena en 1900 contrae nupcias con Josefina Vetiska, una austríaca que había conocido en París. Nace en Milán su hijo Antonio Arnaldo. Vive una situación económica desahogada y compra tierras y casa en el norte de Italia. En 1920 después de una noche de triunfo fallece su esposa Josefina. Al año siguiente contrae nupcias con Adelaida Bonini, de Rímini, a quien Paoli llamaba Adina. Ella será su compañera en Puerto Rico hasta su muerte. Poco antes de la Primera Guerra Mundial, Paoli decide cambiar de carrera. Se traslada a Irán con su familia para entrenarse como boxeador. Es una nueva aventura en la que pierde su voz. Pelea en Inglaterra y gana cuatro desafíos. En el quinto se fractura la muñeca derecha y tiene que ceder a la situación. De retorno a Milán se pone en manos de un laringólogo y logra recuperar su voz. Dos años más tarde reaparece en Roma. Ahí comienza una segunda etapa de éxitos por Europa que dura hasta 1922, año de su regreso a América y Puerto Rico.

En la Isla recoge muchos aplausos, se le dedican homenajes. Se marcha a Estados Unidos y ofrece funciones en diferentes ciudades y otras partes del Caribe y América. Alterna sus presentaciones con temporadas en San Juan donde ayuda a su hermana Amalia. En 1928 sube a escena en San Juan por última vez. Sufre una operación en 1930 y en 1934 una hemiplejía. Ello no le impide que promueva denodadamente la creación de un Conservatorio de Música en San Juan, y ayuda a su hermana en la tarea de formar musicalmente a los puertorriqueños.

El 24 de agosto de 1946 muere en San Juan este gran tenor puertorriqueño.

Editado del escrito de Jesús M. López.

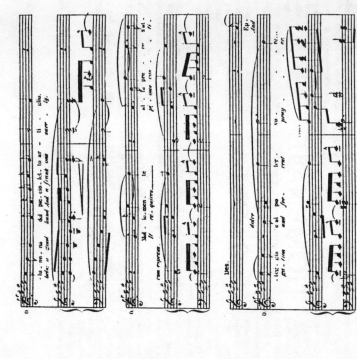

H O M E N A J E — Música de la ópera Otello de Verdi, caracterizada por A. Paoli 575 veces.

TENOR DE LOS REYES Y REY DE LOS TENORES

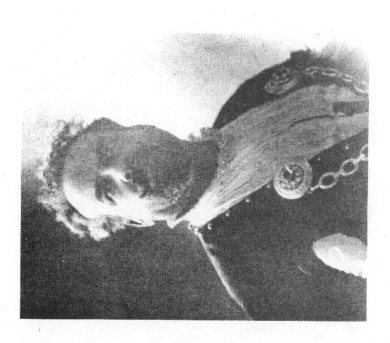

A UN GRAN TENOR PUERTORRIQUEÑO

BIBLIOGRAFIA PAOLINA:
LIBROS, PERIODICOS Y REVISTAS CONSULTADOS

LISTA DE LIBROS CONSULTADOS

1.-*Arte Lírico en el Teatro Colón El*, Ernesto de la Guardia y Roberto Herrera. Editora Zea y Tejero, Buenos Aires, Argentina, 1933.

2.-*Biograf ías Puertorriqueñas*: Cesáreo Rosa-Nieves y Esther M. Melón, Truman Press, Sharon, Connecticut.

3.-*Boletín Histórico de Puerto Rico*: Cayetano Coll y Toste Rectificaciones Hist óricas, San Juan, Puierto Rico, 1910.

4.-*Cien Biografías de Puertorriqueños Ilustres*: Federico Rives Tovar-Plus Ultra Educational Publishers, New York, U.S.A. 1973

5.-*50 Años de Gloria - El Teatro Colón*: J. Héctor Matera. Buenos Aires, Argentina 1958.

6.-*100 Años All Teatro Sociale di Mantova*: Mantova, Italia 1970.

7.-*Clásicos de Puerto Rico-Enciclopedia*: (6 Vols). Ediciones Latinoamericas, S.A. Barcelona, España 1972.

8.-*Concise Biographical Dictionary of Singers*, A: Harry Earl Jones, Chilton Book Co. Philadelphia, P.A. 1969.

9.-*Contornos-Ensayos*: Félix Franco Oppenheimer, Editorial Yaurel, San Juan, Puerto Rico 1960.

10.-*Cronache del Teatro di San Carlo-1737-1960*: (2 Vols.) F. de Filippis y R. Arnesse, Edizioni Política Popolare, Napoli, Italia, 1963.

11.-*Dal Costanzi All'Opera-Storia Cronológica* (4 Vols.) Vittorio Frajese- Edizioni Capitolium - Roma, Italia, 1978.

12.-*Enciclopedia Dello Spettacolo*- Francesco Savio (10 Vols) Istituto per la Collaborazione Culturale-Roma, Italia 1960.

13.-*Enciclopedia Puertorriqueña*. Federico Rives Tovar, Editorial Staff, Madrid, España,1970.

14.-*Guide to Opera Recordings*, A: Ethan Noren, Oxford Publishers, New York, 1987.

15.-*Gloria en LLamas*: Novela Histórico Biográfica. Manuel Muñoz. Biblioteca de Autores Puertorriqueños, San Juan, Puerto Rico, 1964.

16.-*Grandi Voci, Le*: Dizionario dei Cantanti con Discografia-Rodolfo Celletti-Istituto per la Colaborazioe Culturale-Roma, Italia.1964.

17.-*Grand Tradition, The*: John B. Steane, Charles Scribner's Sons, New York, U. S. A. 1974.

18.-*Historia y Anecdotario del Teatro Real*: Subirá-Plus Ultra, Madrid, España 1949. Inédita.

19.-*Historia Cronológica de Puerto Rico*: Federico Rives Tobar - Plus Ultra Educational Publishers, New York, U. S. A.,1973.

20.-*Historia de los Teatros Líricos del Mundo*. Juana G. de Rodríguez y Néstor Echevarría. Editorial Plus Ultra, Buenos Aires, Argentina, 1969.

21.-*Historia del Teatro Colón, La*: (3 Vols) Editorial Cinetea, Buenos Aires, Argentina, 1969.

22.-*Hombre y Mujeres de Puerto Rico*. Modesto Gotay, Ediciones Rumbos, Barcelona, España 1966.

23.-Hombres y Mujeres de Puerto Rico-Carlos N. Carreras, Editorial Orión, México, D.F. 1963.

24.-*International Cyclopedia of Music & Musicians*: Oscar Thompson - Dodd Mead. New York, 1967.

25.-*Last Primadonas, The*: Lanfranco Rasponi, Alfred A. Knopf. New York, 1967.

26.-*Lucky Rooster*. Autobiography. Fortunato T. Gallo, Exposition Press, New York, N. Y. 1967.

27.-*Metropolitan Opera Enciclopedia*. David Hamilton, Simon and Schuster. New York, N. Y. 1987.

28.-*Mia Parabola, La*. Autobiografía: Tita Ruffo. Fratelli Treves Editori, Milano, Italia 1937.

29.-*Mia Parabola, La Memorie*: Con Cronología, Tita Ruffo (hijo), Staderini Editore, Roma, Italia 1977.

30.-*Mi Método de Canto*: Hipólito Lázaro, Agustín Núñez Editor, Barcelona, España 1947.

31.-*Música en Puerto Rico, La* : María Luisa Muñoz, Panorama Histórico Cultural, Troutman Press, Sharon, Conn., 1966.

32.-*Música y Músicos Puertorriqueños*: Fernando Callejo Ferrer. Editores, Cantero Fernández, San Juan, Puerto Rico, 1915.

33.-*Música y Músicos Puertorriqueños*: Fernando Callejo Ferrer. Reedición, Editorial Coqui. Ediciones Borinquen, San Juan, Puerto Rico, 1971.

34.-*Olivia (Vida de Olivia Paoli de Braschi)*: Lillian Torres Braschi, Imprenta Manuel Pareja, Barcelona, España 1979.

35.-*Opera en Chile, La* : Mario Canepa Guzmán, Editorial del Pacífico, S. A. Santiago de Chile, 1976.

36.-*Opera on Record - Vol. I*: Alan Blyth Hutchinson & Co. London, England, 1979.

37.-*L'Opera Au Palais Garnier*: Stephane Wolff L'Entracte. París, France, 1962. Exemplare No. 86.

38.-*Opera On Record-Vol II*: Alan Blyth Beaufort Books, Inc. New York, 1983.

39.-*Orígenes y Desarrollo de la Afición Teatral en Puerto Rico*: Emilio J. Pasarell. Editorial Universitaria, Universidad de Puerto Rico, Río Piedras, Puerto Rico 1951. Primera parte.

40.-*Orígenes y Desarrollo de la Afición Teatral en Puerto Rico*: Emilio J. Pasarell. Editorial Universitaria, Universidad de Puerto Rico, Río Piedras, Puerto Rico 1967. (Segunda parte) Siglo XX.

41.-*Orígenes y Desarrollo de la Afición Teatral en Puerto Rico*: Emilio J. Pasarell. Editorial del Departamento de Instrucción Pública, Santurce, Puerto Rico, 1970, Incluye las dos partes en un solo volumen reedición aumentada y mejorada.

42.-*Pequeña Biografía de un Gran Teatro*: Alfonso Cahan Brenner, Arancibia Hnos, Santiago de Chile, 1967.

43.-*Primeros Teatros en Valparaíso y el Desarrollo General de Nuestros Espectáculos Públicos, Los*: Roberto Hernández, Imprenta San Rafael, Valparaíso, Chile, 1928.

44.-*Quién es quién en Puerto Rico*: Diccionario Biográfico. Conrado Asenjo, Real Hermanos, San Juan, Puerto Rico, 1936.

45.-*Record of Singing, The*: Michael Scott Duckworth, London, N. W. J. England, 1977.

46.-*Retablo Vasco*: Isidoro de Fagoaga, Colección Auñamendi Editorial Icharopena, Zaraúz, España 1959.

47.-*San Carlo Opera Co. of America*: (2 Vols) Cardell Bishop, Santa Mónica, California, 1980.

48.-*Sessenta Años de Historia do Teatro Municipal*: Edgard de Brito Chaves Jr. Memorias e Glorias de um Teatro. Compañía Editora Americana. C. E. A. Río de Janeiro, Brasil, 1971.

49.-*Teatro Real, Empresario Arana*: José Bilbao, Editorial Norma, Madrid, España, 1936, Ejemplar No. 78.

50.-*Teatri di Milano, I*: Manzella, Pozzi M. , Milano, Italia, 1971.

51.-*Teatro Petruzelli di Bari, Il*: Alfredo Giovine, Bari, 1903-1967, Editado en Italia, 1968.

52.-*Teatro en Puerto Rico, El*: Antonio Saez, Colección Uprex, Editorial Universitaria, Río Piedras, Puerto Rico,1972.

53.-*Teatro Alla Scala, Il*: G. Gatti (2 Vols) (Cronología) Ricordi Editori, Milano, Italia, 1964.

54.-*Teatro D'Opera in Disco, Il*: Rodolfo Celletti, Rizzoli, Editori, Milano, Italia, 1976.

55.-*Teatros de Valencia, Los*: Valencia Editores, Valencia, España, 1925, pags-231-289.

56.-*Titta Ruffo, El Titán de los Barítonos*: Eduardo Arnosi, Ediciones Ayer y Hoy de la Opera, Buenos Aires, 1978.

57.-*Toscanini e la Scala*: La Scala di Milano, Eedzioni della Scala, Milano, Italia, 1972.

58.-*Unvergangliche Stimmen*: K. J. Kutsch y Leo Riemens-Francke Verlag Bern, Munchen, Germany, 1962.

59.-*Victor Book of the Opera, The*: 1st. Edition, Victor Talking Machine, Co. Camdem, New Jersey, U. S. A. 1912.

60.-*Victor Book of the Opera, The*: 2nd. Edition, Victor Talking Machine, Co. Camdem, New Jersey, U. S. A. 1913.

61.-*Victor Book of the Opera, The*: 3rd. Edition, Victor Talking Machine, Co. Camdem, New Jersey, U. S. A. 19135

62.-*Victor Book of the Opera, The*: 4th. Edition, Samuel Holland Rous-Victor Talking Machine, Co. Camdem, New Jersey, 1917.

63.-*Victor Book of the Opera:, The*: 5th. Edition, Samuel H. Rous-Victor Talking Machine, Co. Camdem, New Jersey, 1919.

64.-*Victor Book of the Opera, The*: 6th Edition, Samuel H. Rous-Victor Talking Machine, Co. Camdem, New Jersey, 1921.

65.-Victor Records Catalogues: 1912, 1913, 1914,1915, 1916,1917, 1918, 1919, 1920, 1921, 1922, 1923, Camdem, N. J. with Biographical Sketches-Victor Talking Machine, Co.

66.-*Vida de John Mc Cormarck*: Editor, Dublin, Irlanda, 1936.

67.-*Voci Parallele*: Giacomo Lauri, Volpi, Garganti Editori, Italia, 1960.

68.-*Voces Paralelas*: Giacomo Lauri, Volpi, Traductor, Manuel Torregrosa Valero, Ediciones Guadarrama, S. S. Madrid, España, 1974.

69.-*Voices os the past*: Vocal Recordings, 1898, 1925, John R. Bebett, Italian Catalogue. The Oakwood Press, Lingfield, England, 1957, Vol. 2. The Gramaphone Company, Ltd. (H. M. V.)

70.-*Voz Cantada, La*: G. Canuyt, Profesor, Laringólogo, Librería Hachette, S. A. Buenos Aires, Argentina 1958.

71.-*Perfiles Puertorriqueños*: Wilfredo Braschi, Biblioteca de Autores Puertorriqueños, San Juan, Puerto Rico, 1978.

72.-*Julián Gayarre*: Estudio crítico biográfico: Máximo de Arredondo, Madrid, España, 1890.

73.-*Memorias de Julián Gayarre*: Julio Encisco, Madrid, España. 1891.

74.-*Indice Bibliográfico Arte*: Elvira Colón, San Juan, Puerto Rico, 1983: Centro de Estudios Avanzados.

75.-*Bibliografía Anotada sobre la Música en Puerto Rico*: (Incompleta) Annie Figueroa de Thompson. Instituto de Cultura, San Juan , Puerto Rico, 1977.

76.-*Sesquicentenario de la Opera en Caracas 1808-1958*: Carlos Salas y Eduardo Feo Calcaño., Tipoografía Vargas, S. A. Caracas, 1960.

77.-*His Masters Voice/ La Voce del Padrone*: The Italian Catalogue by Alan Kelly, Greenwood Press, Inc. Westport, Conn. 1888.

78.-The New Grove Dictionary of Opera: By Stanley Sadie-Groves, New York, Nov. 1992, (4 Vols).

79.-Mascagni - Portrait of Greatness: By Mario Pasi with Mascagni in North America by John W. Freeman-Treves Publishers Co. New York, 1989.

80.-Verdi and His Major Contemporaries: A selected Cronology of performances with Casts, by Thomas G. Kaufman, Garland Publishing, Inc., New York & London,1990.

81.-*Collectors Guide to American Recordings-1895-1925*, Julián Morton Moses-Dover Publications, Inc. New York, 1977.

PARTE II
PERIODICOS Y REVISTAS CONSULTADOS, 1897-1990

1.-American Art Journal (Revista) - New York, U.S.A.

2.-L'Avant Scene,(Revista)-París, Francia

3.-Ayer y Hoy de la Opera (Revista), Buenos Aires, Argentina

4.-El A.B.C. (Diario), Madrid, España.

5.-A.B.C. (Revista), Madrid, España.

6.-L'Avenire D' Italia (Diario), Ferrara, Italia.

7.-Ars et Labor (Magazine), Milán, Italia.

8.-Arte Melodrammattico di Milano, (Revista) Milano, Italia.

9.-Avanti (Revista), Milano, Italia.

10.-L'Adriatico (Diario)Venecia, Italia.

11.-EL Aguila de Puerto Rico (Diario), Ponce, Puerto Rico.

12.-Almanaque Puertorriqueño, Asenjo (Revista), San Juan, Puerto Rico.

13.-Alma Latina (Revista), San Juan, Puerto Rico.

14:.-El Arte Melodrammattico (Revista) Roma, Italia.

15.-Alerta, Vega Alta, Puerto Rico, año III, No. IV abril 1971.

16.-Blanco y Negro (revista) Buenos Aires, Argentina.

17.-Buenos Días (Diario)-Madrid, España

18.-Bohemia (Revistas) San Juan, Puerto Rico.

19.-Boricua (Revista), San Juan, Puerto Rico.

20.-The Brooklyn Daily Times (Diario), Brooklyn, New York.

21.-Cahiers du Opera, Paris, Francia 1899

22.-La Correspondenza (Diario), Graz, Austria.

23.-El Coquimbo (Diario), La Serena, Chile.

24.-El Chileno (Diario) Santiago de Chile, Chile.

25.-La Correspondencia de Aragón (Diario), Aragón, España.

26.-El Correo Catalán (Diario), Madrid, España.

27.- El Correo Español (Diario), Madrid, España.

28.-La Correspondencia de España, (Diario), Madrid, España.

29.-La Correspondencia Militar, (Periódico) Madrid, España.

30.-El Correo Militar (Diario), Madrid, España.

31.-Correo Musical Argentino (Periódico)-Mensual, Buenos Aires, Argentina.

32.-The Chicago Tribune (Diario), Chicago, Illinois, U. S. A.

33.-Il Corriere (Diario) Bari, Italia.

34.-La Correspondenza (Diario) Bergamo, Italia.

35.-Caffatto (Rivista) Génova, Italia.

36.-Il Corriere (Diario), Livorno, Italia.

37.-Il Corriere Della Sera (Diario) Milano, Italia.

38.-Il Corriere di Milano (Diario), Milano, Italia.

39.-Cosmorama (Revista), Milano, Italia.

40.-Il Corriere dei Teatri (Revista), Milano, Italia.

41.-Capitan Fra-Cassa (Rivista), Milano, Italia.

42 .-Il Corriere D'Italia, Diario, Roma, Italia.

43.-La Correspondencia de Puerto Rico (Diario), San Juan, Puerto Rico.

44.-Claridad (Periódico Semanal), Río Piedras, Puerto Rico

45.-El Diario Español, Buenos Aires, Argentina

46.-El Diario L'Enfaint, Bastia, Córcega

47.-El Diario de la Marina, Habana, Cuba.

48.-El Debate (Periódico), Barcelona, España.

49.-El Día Gráfico, Diario, Barcelona, España.

50.-El Diario de Barcelona, Barcelona, España.

51.-El Diario de Bilbao, Bilbao, España.

52.-El Diario del Comercio, Gijón, España.

53.-El Diario de España, Madrid, España.

54.-El Diario Mercantil, Madrid, España.

55.-El Diario Universal, Madrid, España.

56.-Dígame, Rotativo-Gráfico, Madrid, España.

57.-El Diario del Pueblo, Valencia, España.

58.-El Diario De New York, New York, U.S.A.

59.-Il Diario Roma, Nápoles, Italia.

60.-El Día (Diario), Ponce Puerto Rico.

61.-La Democracia (Periódico), San Juan, Puerto Rico.

62.-El Diario de Macorís, San Pedro de Macorís, República Dominicana.

63.-El Diario Ilustrado, Santiago de Chile, Chile.

64.-Don Marzio (Rivista), Nápoles, Italia.

65.-Ejército y Armada (Periódico), Madrid, España.

66.-L'Echo D'Ostende (Diario), Ostende, Bélgica.

67.-Elkass, Diario, Constantinopla, Turquía.

68.-El Ferrocarril (Diario), Santiago de Chile, Chile.

69.-Le Figaro (Diario), París, Francia.

70.-Fra Le Quinte (Revista), Milano, Italia.

71.-La Frusta Teatrale (Revista), Milano, italia.

72.-Grazer Tagepost (Diario), Graz, Austria.

73.-Il Grazettino (Diario), Trieste, Austria

74.-La Gaceta del Norte (Diario), Bilbao,España

75.-El Globo (Diario), Madrid, España

76.-The Globe (Diario), New York, U.S.A.

77.-La Gazzetta di Ferrara, Diario, Ferrara, Italia

78.-Il Gazettino, (Diario).

79.-La Gazzetta (Diario), Mantua, Italia.

80.-La Gazzetta Musicale (Periódico), Milán, Italia.

81.-La Gazzetta dei Teatri (Periódico), Milán, Italia.

82.-La Gazzetta Teatrale (Periódico), Milán, Italia.

83.-La Gazzetta del Popolo (Diario), Torino, Italia.

84.-La Gazzetta (Diario), Venecia, Italia.

85.-Il Gazzettino (Diario), Venecia, Italia.

86.-Il Giornale di Milano (Diario), Milano, Italia.

87.-Il Giorno (Diario), Milán, Italia

88.-Il Giorno (Diario), Roma, Italia

89.-Il Giornale D'Italia (Diario), Roma, Italia

90.-Il Giornale (Diario), Savona, Italia

91.-Il Giornale (Diario), Venecia, Italia

92.-Gedeón (Revista), San Juan, Puerto Rico.

93.-El Heraldo (Diario), Madrid, España.

94.-El Heraldo (Diario), Santiago de Chile, Chile

95.-L'Independiente (Diario), Trieste, Austria.

96.-El Imparcial (Diario), Santiago de Chile, Chile.

97.-El Imparcial (Diario), Madrid, España

98.-El Imparcial (Diario), San Juan, Puerto Rico.

99.-L'Idea Nazionale (Diario), Lisboa, Portugal

100.L'Intranjent (Diario), Lisboa, Portugal.

101-La Gazzetta Musicale (Periódico) Milán, Italia

102-L'Illustration (Revista), Mónaco.

103-Kavkaliv (Diario), Moscú, Rusia.

104-Kavkas (Diario), Kiev, Rusia.
105-La Leí (Diario), Santiago de Chile, Chile.
106-El Liberal (Diario), Madrid, España.
107-Il Lavoro (Diario), Génova, Italia.
108-La Lantera (Revista), Milano, Italia.
109-La Lombardia (Revista), Milano, Italia.
110-Il Loggione (Periódico), Milano, Italia.
111-Morgenpost (Diario), Graz, Austria.
112-Morgenpost (Diario), Viena, Austria.
113-Magazine Lyrique (Revista), Ostende, Bélgica.
114-Le Monde (Diario), Ostende, Bélgica.
115-El Mercurio (Diario), Antofagasta, Chile.
116.-El Mercurio (Diario), Valparaíso, Chile.
117-El Mercurio (Diario), Santiago de Chile, Chile.
118-El Mercantil (Diario), Habana, Cuba.
119-El Mundo Gr áfico (Periódico), Madrid, España.
120-El Mercantil (Diario), Valencia, España.
121-The Musical America (Magazine), New York, U.S.A.
122-The Musical Courrier (Magazine), New York, U.S.A.
123-Il Messagero Melodrammattico (Revista), Milano, Italia.
124-Il Mondo Artístico (Revista), Milano, Italia.
125-Musica D'Oggi, Riccordi (Revista), Milano, Italia.
126-Musica e Dischi (Revista), Milano, Italia.
127-Il Mattino (Diario), Nápoles, Italia.
128-Il Messagero di Roma (Diario), Roma, Italia.
129-Il Messagero Meridiano Diario, Roma, Italia.
130-Il Momento (Diario), Torino, Italia.
131-La Milagrosa (Revista), San Juan, Puerto Rico.
132-La Milagrosa (Revista), Habana, Cuba.
133-El Mundo (Diario), San Juan, Puerto Rico.
134-The Mail (Diario), New York, N. Y. U.S.A.
135-Mundo Mercantil (Periódico), San Juan, Puerto Rico.
136-El Nacional (Diario), Madrid, España.
137-El Noticiero Sevillano, Periódico, Sevilla, España.
138-The New York Herald Tribune (Diario), New York, U.S.A.
139-The New York Times (Diario), New York, U.S.A.
140-La Nación (Diario), Buenos Aires, Argentina
141-Notas Gallegas (Periódico mensual), New York, U.S.A.
142-La Nazione (Diario), Florencia, Italia
143-Il Nuovo Giornale (Diario), Livorno, Italia
144-Notiziario de Lisboa (Diario), Lisboa, Portugal
145-La Nao, Periódico mensual, Univ. Católica de Ponce, Puerto Rico
146-El Nuevo Día (Diario), San Juan, Puerto Rico
147-Nosotros (Revista), San Juan, Puerto Rico
148-La Nación (Diario), Montevideo, Uruguay
149-Opera Popular (Magazine), Miami, Florida, U.S.A.
150-Ostende Illustre (Periódico), Ostende, Bélgica.
151-Opera Nook (Revista), París, Francia.

904

152-Opera News (Revista), New York, N. Y. U.S.A.

153-L'Osservatore Romano (Diario), Roma, Italia.

154-Opera y Algo Más (Revista), Río Piedras, Puerto Rico.

155-La Perla del Sur (Periódico), Ponce, Puerto Rico.

156-La Prensa (Diario), Buenos Aires, Argentina.

157-La Patria de Gli Italiani (Diario), Buenos Aires, Argentina.

158-La Patria (Diario), Iquique, Chile

159-El Popular (Diario), Santiago de Chile, Chile

160-La Página Española (Periódico), Santiago de Chile, Chile

161-El Porvenir (Periódico), Santiago de Chile, Chile

162-El País, (Periódico), Madrid, España

163-La Publicidad, (Periódico), Madrid, España

164-El País (Periódico), Madrid, España.

165-Las Provincias (Diario), Valencia, España.

166-La Provincia di Ferrara (Diario), Ferrara, Italia.

167-Il Palcoscenico (Periódico), Milán, Italia.

168-La Perseveranza (Periódico), Milán, Italia.

169-Il Popolo D'Italia (Periódico), Milán, Italia.

170-Il Pungolo (Diario), Milán, Italia.

171-Il Popolo Romano (Periódico), Roma, Italia.

172-Il Piccolo (Periódico), Trieste, Austria.

173-El Playero (Revista), Playa de Ponce, Puerto Rico.

174-Puerto Rico Ilustrado (Revista), San Juan, Puerto Rico.

175-El Vocero (Periódico), San Juan, Puerto Rico.

176-El Progreso Español, Periódico, Montevideo, Uruguay.

177-El Riachuelo (Periódico), Buenos Aires, Argentina.

178-La Revista Zig Zag, Santiago de Chile, Chile.

179-Revista La Familia, Bogotá, Colombia

180-Revista La Milagrosa, Habana, Cuba

181-La Revista Musical Catalana, Barcelona, Española

182-Revue Musical (Revista), París, Francia

183-The Record Collector (Revista), Ipswich-Suffolk, Inglaterra.

184-La Rivista, Ferrara, Italia.

185-La Rassegna Melodrammattica (Periódico), Milán, Italia.

186-La Rivista Teatrale Melodrammattica, Milán, Italia

187-La Rivista Dell 'Opera, Milán, Italia.

188-Revista Fragmento-Hato Rey, Puerto Rico.

189-La Rivista teatrale di Milano, Milano, Italia.

190-La Rivista Musicale, Milano, Italia.

191-Radio-Cine (Revista Semanal), San Juan, Puerto Rico.

192-Revista Boricua, San Juan, Puerto Rico.

193-Revista del Café, San Juan, Puerto Rico.

194-Revista Escuela, San Juan, Puerto Rico.

195-Revista Semana, San Juan, Puerto Rico.

196-Revista de Puerto Rico, San Juan, Puerto Rico

197-Revista Sábado, San Juan, Puerto Rico.

198-Revista TV, San Juan, Puerto Rico.

199-El Regionalista (Periódico), San Juan, Puerto Rico.

200-La Razón (Periódico), Montevideo, Uruguay
201-La Semana Teatral (Periódico), Madrid, España
202-La Semana Gráfica (Periódico), Valencia, España
203-El Sur (Periódico), Concepción, Chile.
204-The Standard Unión (Periódico), Brooklyn, New York, U.S.A.
205-The Sound Wave (Revista), Londres, Inglaterra
206-La Stampa (Diario), Génova, Italia
207-Il Sole (Diario) Génova, Italia
208-Il Secolo (Periódico), Génova, Italia
209-La Scala (Revista), Milán, Italia
210-La Spiaggia (Revista), Livorno, Italia
211-La Stampa (Diario), Torino, Italia
212-The San Juan Review (Revista) San Juan, Puerto Rico.
213-The San Juan Star (Periódico), San Juan, Puerto Rico.
214-Sunday (Revista Semanal), San Juan, Puerto Rico.
215-El Triunfo, Periódico, Habana, Cuba.
216-La Tribuna (Periódico), Barcelona, España.
217-El Teatro (Revista), Madrid, España.
218-Les Temps (Periódico), París, Francia.
219-Theatre Lyrique (Magazine), Par ís, Francia.
220-The Telegraph (Periódico), Londres, Inglaterra.
221-Il Tempo (Diario), Génova, Italia.
222-Il Telegrafo (Diario), Livorno, Italia.
223-La Tribuna (Periódico), Livorno, Italia.
224-Il Teatro, Revista, Milán, Italia.
225-Il Teatro Illustrato (Revista), Milán, Italia.
226-Il Trovatore (Revista), Milán, Italia.
227-Il Tempo (Diario), Roma, Italia.
228-La Tribuna (Diario), Roma, Italia.
229-Il Trionfo (Periódico), Roma, Italia.
230-Telerevista (Semanal), San Juan, Puerto Rico.
231-Te-Ve Guía (Revista Semanal), San Juan, Puerto Rico.
232-El Tiempo (Periódico), San Juan, Puerto Rico.
233-La Unión (Periódico), Santiago de Chile, Chile.
234-La Vanguardia, Periódico, Barcelona, España.
235-La Veu De Catalunya (Periódico), Barcelona, España.
236-El Valenciano (Diario) Valencia, España.
237-Le Voice, Revista, París, Francia.
238-La Voz del Obrero (Periódico), San Juan, Puerto Rico.
239-La Voix (Revista), San Petersburgo, Rusia.
240-Zeifsung (Diario), Graz, Austria.

PARTE III
ANOTARIO DEL TENOR ANTONIO PAOLI

1.-*Gloria en LLamas*: Novela biográfica basada en la vida del tenor Paoli. Escrita por Manuel Múñoz. Biblioteca de Autores Puertorriqueños. San Juan, Puerto Rico,1964.

2.-*Una Voz en el Recuerdo*: Obra de Teatro Prosa, basada en la vida de Antonio Paoli. Escrita por Germán Laureano y Jaime Rosario. Presentada en el Centro Cultural de Manatí, Puerto Rico en 1966. (Inédita).

3.-*Paoli, Tenor de los Reyes y Rey de los Tenores*: (Entrevista). Realizada por Carlos N. Carreras, Puerto Rico Ilustrado (Revista) San Juan, Puerto Rico, 1935.

4.-*Una Gloria del Arte, Muere el Gran Tenor Antonio Paoli*: Artículo periodístico - La Hija del Caribe, El Imparcial, San Juan, Puerto Rico. 1ro de septiembre de 1946.

5.-*Los Herederos de Antonio Paoli*: Reportaje, por Dari Morán, Periódico EL Nuevo Día, San Juan, Puerto Rico, 1ro. de mayo de 1977.

6.-*Antonio Paoli*: Reportaje, Editorial Il Teatro Illustrato, Milán, Italia, mayo de 1908.

7.-*The Lion from Ponce*: Reportaje por Max de Schauvensee. Opera News, abril 8, 1972. New York, N. Y.

8.-*Antonio Paoli, 1871-1946-*: Reportaje por Jesús M. López, Periódico Escuela. Oct.-Nov., 1972. Departamento de Instrucción, San Juan, Puerto Rico.

9.-*Antonio Paoli: Rey de los Tenores*: Reportaje por Jesús M. López. Revista Opera y Algo Más. Sept., oct. y nov., 1977. Fomento de la Opera, San Juan, Puerto Rico.

10.-*Paoli, The Great*: Reportaje gráfico, por Eduardo Crespo, Suplemento Sunday del San Juan Star, San Juan, Puerto Rico, junio 30, 1974.

11.-*Cincuentenario de la Exposición Regional de Valencia. El Gran Tenor Antonio Paoli*: por José Rico de Estasen. Dígame, Rotativo Gráfico semanal, Madrid, España, junio de 1959.

12.-*Sigue la tradición de Paoli*: Artículo periodístico por Edgardo R. Velez, Telerevista, El Mundo, San Juan, Puerto Rico, Agosto de 1974.

13.-*Antonio Paoli -Tenor de Reyes*: Reportaje Gráfico por Jules Fred. Suplemento Tú. Periódico El Vocero, San Juan, Puerto Rico,12 de abril de 1975.

14.-Antonio Paoli, Rey de Tenores: Artículo periodístico-por José P. Alcalá-El Día, Enero de 1967.

15.-*Nuestro Tenor Don Antonio Paoli*: Artículo periodístico por Pedro Manzano Avino. Periódico EL Día, Ponce, Puerto Rico, 1946.

16.-*Paoli Antonio*: Artículo Biográfico. Enciclopedia Dello Spetacolo, Milán, Italia, 1965.

17.-*Muere Antonio Paoli: Tenor Puertorriqueño de Fama Mundial*: Artículo periodístico por Erasmo Vando. Periódico El Imparcial, San Juan, Puerto Rico, agosto de 1946.

18.-Antonio Paoli -Tenor dramático, Artículo notas biográficas y discografía, Le Grandi Voci, libro, Rodolfo Celletti, Istituto per la Collaborazione Culturale, Roma, Italia, 1964.

19.-Antonio Paoli-Rey de Tenores: Reportaje Gráfico por Manuel Muñoz Rivera, Periódico Semana del Departamento de Instrucción Pública, 11 de abril de 1956.

20.-*Paoli- Es Calumniosa la Especie de que el negara que fuera Puertorriqueño*: Reportaje gráfico por Asterio Hernández. Revista Bohemia Libre, San Juan, Puerto Rico, enero 1963.

21.-*Antonio Paoli, Gloria del Bel Canto*: Reportaje gr áfico por Rafael Benliza. Periódico El Imparcial, San Juan, Puerto Rico, 25 de Julio de 1959.

22.-*Antonio Paoli, Tenor de Reyes*: Artículo periodístico por Jesús M. López-La Nao, Universidad Católica, mayo de 1960.

23.-*Puerto Rico's Tenor*: Artículo periodístico por Helen V. Tooker, The San Juan Review, abril 1966, San Juan, Puerto Rico.

24.-*Aún recuerdan el Otello de Paoli*: Reportaje gráfico por Juan Martínez Chapel. Suplemento sabatino, Periódico El Mundo, San Juan, Puerto Rico, junio 1957.

25.-*Antonio Paoli, Gran Tenor Puertorriqueño*: Artículo periodístico periódico semanl-21 Oct. del 1964-Depto. de Instrucción, San Juan, Puerto Rico, José A. Romeu.

26.-*Tenor Antonio Paoli*: Biografía, Divulgación Escolar, Periódico El Imparcial, 24 de marzo de 1965, San Juan, Puerto Rico.

27.-*Anecdotario de un Gran Artista: Paoli, Artista y Hombre Inolvidable*: Artículo periodístico por Elia Sulsona, Periódico El Imparcial, San Juan, Puerto Rico (sin fecha).

28.-*Antonio Paoli, El Tenor Universal*: Reportaje por el Dr. Bartolomé Bover. Revista Semanal El Imparcial, San Juan, Puerto Rico, oct. de 1965.

29.-*Antonio Paoli: El tenor de la voz incomparable*: Artículo biográfico por Félix Franco Oppenheimer. Alma Latina, oct. de 1953.

30.-*Signore Paoli*: Entrevista por Augusto Pietri. Alma Latina, julio de 1922, San juan, Puerto Rico.

31.-*Paoli, Antonio: Notas biográficas*. Libro "Quién es quién en Puerto Rico. Conrado Asenjo, San Juan, Puerto Rico, 1936.

32.-*Antonio Paoli: Reportaje gráfico* por Manuel Muñoz. El Diario de New York, 26 de agosto de 1951.

33.-*Antonio Paoli*: Modesto Gotay. Revista Gedeón, San Juan, Puerto Rico, 1946.

34.-*Antonio Paoli*: Libro Notas biográficas por Modesto Gotay. Hombres Ilustres de Puerto Rico. Ediciones Rumbos. Barcelona, España, 1966.

35.-*Antonio Paoli*: Reportaje por Carlos N. Carreras. Revista del Café, San Juan, Puerto Rico, abril, 1966.

36.-*Antonio Paoli*: Artículo period ístico por Luis de Zulueta. Periódico El Mundo, sept. de 1946, San Juan, Puerto Rico.

37.-*Antonio Paoli*, Como lo recuerda su viuda, reportaje gráfico, por Ramón Soltero Cruz, Puerto Rico Ilustrado, San Juan, 1968.

38.-*Primera Plana*: Periódico El Día, Ponce, Puerto Rico, Artículo de Arístides Chavier, editorial 18 de agosto de 1922.

39.-*Una Visita a los Artistas Amalia y Antonio Paoli*: entrevista por José A. Romeu. Puerto Rico Ilustrado 1929.

40.-*Antonio Paoli, El Hombre y El Artista*: Conferencia, presentada por Jesús M. López en el Teatro Tapia de San Juan , en Agosto de 1977. (Inédita).

41.-Antonil Paoli, tenor dramático, notas biográficas, Libro Biografías, de Callejo y Ferrer, SAn Juan, Puerto Rico, 1915.

42.-*Antonio Paoli*: Short Biography by Jesús M. López with Discography by Mr. J. Dennis & Jesús López "The Record Collector" Vol XXII- Nos. 1 & 2, may, 1974-Ipswich, Suffolk, England.

43.-*Puerto Rico-Antonio Paoli*, por Alberto Fajardo, artículo Opera Popular, Miami, Florida, U.S.A. Sept. de 1980.

44.-*Antonio Paoli, The Voice and the Recordings*; Artículo por Luis ALvarado. The Record Collector, Ipswich, Suffolk, England Vol. XXII, may 1974, Comentarios sobre los discos de Paoli.

45.-*Antonio Paoli*: Adonis Dormido: Artículo inédito de la Hija del Caribe, agosto de 1946.

46.-*Antonio Paoli*: Hispanoamericano Ilustre, Caracas, Venezuela, 1969.

47.-*Antonio Paoli*: Datos Biográficos, Revista Nosotros, abril - mayo de 1966 pag. 11.

48.-*Paoli: 1873-1946*: Artículo sobre la voz de Paoli. Revista Estria, Colegio Regional de Humacao, año II No. 1 por Emilio S. Belaval, hijo.

49.-*Antonio Paoli*: Notas biográficas por Jesús M. López. Disco Preiser, Austria, Viena. Traducido al Alemán.

50.-*Amalia Paoli, Una Perla Ponceña*: por Jesús M. López. Revista Opera y Algo Más, 1977. Fomento de la Opera, San Juan de Puerto Rico.

51.-*Antonio Paoli*: Notas, por Jesús M. López y el Dr. Modesto Fontanez, para compact disc, Mono No. 89998 de Preiser Records, Austria, Viena, 1991. En Inglés.

52.-*Antonio Paoli*: Por Wilfredo Braschi periódico Escuela, Edición Festival de las Bellas Artes, Departamento de Intrucción Pública. Hato Rey. P.R. 1971.

MATERIAL AUDIO (DISCOS)

1.-Jesús M. López - Notas Biográficas sobre Antonio Paoli. Preiser Records, Viena, Austria. Disco LP Coirt Classic No. C.O. 431, 1985.

2.-Jesús M. López - Notas Biográficas. Instituto de Cultura Puertorriqueña. "El Arte de Antonio Paoli"". ICPR AC-1.1971, San Juan, Puerto Rico.

3.-Jesús M. López - Antonio Paoli. Priser Records. Viena, Austria. Disco Compacto - No. 89998, 1991.

4.-Jesús M. López - Antonio Paoli - Tenore Drammattico. Discos Bongiovanni, Bologna, Italia. (En preparación).

INDICE
DE NOMBRES

Abad, Maestro
Abbatti, Amanda Degli
Acerbi, Domenico
Acosta, Flavia
Acosta, José Julián
Adalbert, Benja
Adini, Ada
Adorno, Cali
Adorno, Carmelita
Affre, Agustarello
Agostinelli, Amalia
Agostini, Amelia
Agostino, D.
Agudo, Rafael
Agussol, Charlotte Marie
Aiani, Raul
Aigner, Fritz
Alabán, Amparo,
Alba, Duquesa De
Albani, Carlo
Albano, Edoardo
Albenitz, Issac
Alberti, Mario
Albizu Campos, Pedro
Albore, Emilio D'
Albrizio, (Escultor) José
Alcalá, José P.
Alcalá y Zamora, Barón Pedro
Alegria, Ricardo E.
Alessandrini,
Alessandrovich, María
Alfonso, XII, Rey Don
Alfonso, XIII, Rey Don
Algos, Angelo
Algozzino, Nina

Alloro, Aida
Almodovar, Luis (Luigi)
Alvarado, Julio
Alvarez Torres, Alfonso
Alvigini, Italo
Amaro, Zoila
Amato, Pasquale
Ambrosiani, Dr.
Amicis, Edmundo De
Anceschi, Aristide,
Ancona, Mario
Andino, José
Andrade, Francisco D'
Angel De Ramírez, Beatriz
Angelis, Angela De
Angelis, Gennarino De
Angelis, Nazzareno De
Angelis, Doctor De
Angelo, Tina
Angelotti, Angelo
Anselmi, Giusseppe
Antinoras,
Anunzio, Gabrielle D'
Aramburu, Francisco De
Arana, Don José
Aranzamendi, Genaro De
Arcangeli, Alessandro
Arditi, Vincenzo
Arellano, Laura
Arimondi, Vittorio
Armanda, Angel Miguel
Armani, Giacomo
Arneîro, Mara D.
Arrieta, Emilio
Arroyo, E.N.

Artau Roses, Dr. José.
Artega, Genoveve De
Asencio Scalvini, Carmen
Astol, Adela
Astol, Ana Aida
Astol, Eugenio
AStol, Sisilia A. de
Augusta Victoria, Emperatriz
Avezza, A.
Azzimonti, Giovanni
Azzolini, Gaetano

Baccaloni, Salvatore
Baccei, Pietro
Baci, Ottavio
Bada, Angelo
Badia, A.
Badini, Ernesto
Baer, Fernand
Bailén, Duquesa De
Balbino, Padre José
Baldasarre-Tedeschi,
Giusseppina
Baldelli, Antonio
Baldelli, L.
Baldi, Carlo
Baldi-Zenoni, Maestro
Baldrich, Rogelio
Baldrini, Luigi
Baldorioty de Castro, Román
Ballester, Vicente
Balserio, José
Bamboschek, Giusseppe
Banti, O.
Baracchi, Aristide

911

Barasorda, Antonio
Baratto, Giovani
Barbaini, Augusto
Barbieri, Guzmán
Barceló, Jaime
Bardelli, maría
Baretti, I.
Bari, Nunzio
Baroni, Giuseppe
Barrado, A.
Barraín, Margarita
Barretini, Empresario
Barrientos, María
Bascarán, Higinio
Basi, Specta
Bassi, Amedeo
Bastia, Eladio
Bastia-Pagnoli, María
Batiz, Migdalia
Battenberg, Princesa Ena De
Battistini, Mattia
Bault, Juan La
Bavagnoli, Gaetano
Baviera, Luis De (Rey)
Beascoechea Lota, Roberto
Beaurreau, Pierre
Beccaria, carlo
Becarrio, Giuseppe
Becucci, S.
Belaval, Emilio Jr.
Belaval, Emilio S.
Bellagamba, Lorenzo
Bellantoni, Giuseppe
Bellatti, Virgilio
Belleza, Vincenzo
Belli, Felice
Belluci,
Bevente, Jacinto
Bendinelli, Angelo
Benedetti,
Benger, Mathilde
Benliza, Rafael
Benlliure, Mariano
Benzaude, Maurizio
Benvenutti, (Maestro)
Beraldi
Berardi, Berardo
Berbiere, A.

Berenzoni, Gennaro
Bergamasco, Ida
Berlingieri, Miguelón
Bernardi, (Maestro)
Bertazollo, Giussepina
Besanzoni, Gabriella
Bevarri, Mateo
Bianchini-Capelli, Elena
Biascochea, Dr. Diego
Biasi, Conde Luigi Di
Biel, Julián
Bieletto, Vincenzo
Bigay Jr. Pedro
Bigoudán, Dr. Gustavo
Bilbao, Don José
Bimi, Oreste
Bithorn, Paquita
Blanch, Maestro
Blanchard, Ramón
Blassi, A.
Bocú, Juan
Boito, Arrigo
Bonafouz, Luis De
Bonaplata, Carmela
Bonci, Alessandro
Bonelli, Riccardo
Bonfati, Carlo
Bonfati, L.
Boni, Tulio
Bonini, Adelaide (Adina)
Bonini, Francesco María,
Boninsegna, Celestina
Borbón, Princesa Doña
   Isabel De
Bordasio,
Borgati, Giuseppe
Borghi, Adela
Borgioli, Dino
Bori, Lucrezia
Boronat, Olimpia
Bosca, Padre Vittorio
Boscacci, Romeo
Bosetti, Irma
Bosini-Stabile, Gemma
Bosman, Rosa
Bossé, Giuseppe
Bou de Piñeiro, Aurelia
   (Yeye)

Bouet, Emilio
Bouvet, Max
Bovi, Arturo
Bracale, Adolfo
Bracale, Rafaele
Braganza, Príncipe Carlos De
Brandes, Otto
Brandt, Van Der
Braschi, Wilfredo
Bravi, Francesco
Brecher, Gustav
Bretón, Tomás
Brito Chavez, Edgardo De
Broggi, Renato
Brondi, Alfredo
Bruna, G. Della
Brunet, Recaens
Bruno, Elisa
Budal, Izso
Bugamelli
Bulterini, Carlo
Burrian, Karl
Burzio, Eugenio
Buscaglia, José
Buzzi-Pescia,

Caballero, Felix
Cabello, Emilio
Cabieses Courretier, Benjamín
Cabillot,
Cabrera, Johnny
Cabrera, María Teresa
Cafetto, Carlo
Cahan-Breber, Alfonso
Calderín, Delia
Caligaris, Rosa
Callao, Carmen
Calleja, Icilio
Callejo y Ferrer, Fernando
Callejo, Margarita
Calusio, Ferrucio
Calve, Emma
Camalez de Coll, Marta
Camalo, Francisco
Camara, Lolita De
Campagna, F.
Campagna, María
Campiña, Fidela

Campos, Parsi, Hector
Camuñas, Roberto
Canales, Elisa
Canceller
Cannetti, Linda
Canova, Antonio
Cantoni, Fortunato
Capella, Giovanina (Juanita)
Capelli, (Maestro)
Capo, Eduardo
Capuana, Franco
Carabelli, Luisa
Carballeira, Lcdo. Ignacio
Cardinalli, Franco
Carelli, Emma
Carena, María
Carnevaum, Lord
Carnoa, Pietro
Carozzi, Oteste
Carrara, Juan
Carré, Margherite
Carreño, Teresa
Carrera, Adela
Carreras, Avelina
Carreras, carlos N.
Carro, Juan
Caruso, Enrico
Caruso, Giuseppe
Casals Defilló, Pablo (Pau)
Casanova, Frank
Casazza, Elvira
Cassia, Luigi
Cassia, Vincenzo
Castellani, Franco
Castellanos, Padre
Castro-Alberti, Margarita
Catania, María
Cavalleri, Lina
Cellini, T.
Ceretelli, Principe Aleksej
Cervi, Natale
Cesari, Luigi De
Cestero, Rafel
Chaliapin, Feodor
Challis, Bennet
Chambón, Marius
Charlebois, Sophie
Chavier, Aristides

Chelotti, Teresina
Chiesa, Fernanda
Chiesura, Lina
Ciacchi, César
Ciampaglia, Guseppina
Cigada, Francesco
Cilea, Francesco
Cilla, Luigi
Cimini, Gaetano
Cintrón, Guillermo V.
Cintron, Juan H.
Cirino, Giulio
Cisneros, Eleonora De
Clasenti, E.
Claussells,
Claussens, Maria
Clementi, Clementiev
Clementi, Gina
Colazza,
Coll-Cuchi, Dr. José
Coll y Vidal, Rosita
Colombini, Umberto
Colombo-Stagni, Tersi
Colomer-Pujols, Dr. José María
Colón-Clavel, Ariel
Colón-Delgado, Oscar
Colón, Evangelina
Colorado, Familia
Comas, Ester
Confalone,
Constantino, Florencio
Conti, B.
Contini, Lodovico
Contreras,
Coppola, V.
Corbetta, fausto
Corbett, James
Corchado, Manuel
Cordero, Blanquita
Corelli, Franco
Coronado, Cecilia
Corradetti, Ferrucio
Correa, Rafael
Corsi, Mario
Corsini, Bice
Cortina de Varona, Fa.
Cortinez-Intriago, José
Cortis, Antonio

Cortis, felipe
Cortot, Alfred
Cossutta, Carlo
Cotogni, Antonio
Cortis, Alfred
Cossutta, Carlo
Cotogni, Antonio
Crabbe, Armand
Cramegna, Anna
Cremona-Campagnoli, Amelia
Cremona, Anna
Crestani, Lucia
Crimi, Giuglio
Cristali, carlo
Cruz, Angelo
Cruz, Domingo(Cocolia)
Cucini, Alicia
Cuevas, Eduardo
Cupolo, Federico Del
Curci, Francesco
Curelich, Eusebio
Currelich, María

Dabán, (Maestro)
Dadone, Dominico
Dahlander, Concepción
Damiani, Victor
Dandolo, Stefania
Darclee, Hariclee
Darmel, francois
Daum, Heinz
Deffrere, Desiré
Degetau, Federico
De la Torre y Burgos, Juan
Bautista
Delilliers, Filippo
Delmougeot, Marcelle
Delna, mary
Delpouget, Emile
Delpouget, Mario
Del Ry,
Dentale, Teofilo
Dernis, Maria
Destin, Emmy
Diaz, Genoveva
Diaz, Justino
Diaz, Porfirio
Diaz, Raul(De Parma)

Diaz, Ruth
Diez, Familia
Di Biazzi, Luigi
Diego, José de
Dinh, C.
Dios, Padre Ignacio de
Dobronskaia
Domar, Dora
Domenech, Etelvino
Dominichetti, D.
Domingo, Plácido
Donaggio, Luciano
D'Ormeville, C.
Dovaillier,
Dragoni, Matteo
Druetti, Emma
Dubois, Dr.
Duc, Valentin
Duchene, Maria
Duclos, Marcelin
Duiz, G.
Durot, Eugenio
Duse, Eleonora
Duval, Fernanda
Dzasopoulos Elgueta, Juan

Echaniz, José
Eduina, Luisa
Egipciaco, Antonio
Elvira, Pablo
Elzaburú, Manuel
Enciso, Julio
Erschov, Ivan
Escalais, León
Escobar, Consuelo
Escribano, Tamara
Esparolini, Luis
Esposito, Maestro
Estrada, Noel

Fabbri, Guerrina
Fabish, Empresario
Fabregas, Josefina
Fabregas, Maria L.
Fabri, Franco
Fabri, Giuseppe
Fagoaga, Isinoro De
Falco, Rodolfo De

Falcomenco, Riccardo
Calconi, Giuseppe
Falla, Manuel De
Farinelli, Guido
Farnetti, Maria
Farulli
Favius, (Crítico)
Felici, Alicia
Felici, Palmira
Feo Casas, Eduardo
Ferdinand De Austria,
    Archiduque
Ferluga, Vida
Fermata, V.
Fernández, Giudo
Fernández, Digna Flora
Fernández Junco, Manuel
Fernández, Loila
Fernández, Lolita
Ferni, Virginia
Fernos Isern, Antonio
Ferraioli, Luigi
Ferrán, Rafael
Ferrari, Rodolfo
Ferraris, Ines Maria
Ferré, Luis A.
Figueroa, Annie
Figueroa, Jesús
Figueroa, Kay
Fugueroa, Leopoldo
Filiasi, Lorenzo
Filipeschi, Mario
Fiol Ramos, Lcdo.
Fiorini, Giuseppe
Firenze Alfredo Da
Fitziu, Anna
Flahaut, Marianne
Fleta, Miguel
Fodor, Aranka
Folgar, Tino
Fonseca, Ramón
Font, Juan
Forlano, Luisa
Fornaris, Dr. Abner, J.
Fornarolli, Cia
Foruria, Luis
Fossati, Antonio
Frabetti, Amelia

Frade, Ramón (Monche)
France, Anatole
Franceschi, De
Franceschini, Arturo
Franchi, Nazzareno
Franci, Benvenuto
Francisco José, Emperador
Franco, Olga Di
Franz, Paul
Franzoni, (Maestro)
Frascani, Nini.
Fraticelli, Camilo
Freeman, B.
Frerz, Carlo
Fugere, Lucien
Fusati, Nicola

Gagliardi, Cecilia
Gailhard, Pedro
Gaisberg, Fred
Galbiero, G.
Galeffi, Carlo.
Galiñanes, Fela
Galli, Amletto
Galli, Eugenio
Galli-Curci, AMelita
Galli, Gigliola
Galligaris-Marta, Rosa
Gallo, Fortunato
Galvany, María
Gandia, mario de
Gara, Eugenio
Garbin, Edoardo
García, Francisco
García, Manuel
García, Montes, Dr.
García, Rubio
Garden, Mary
Gargiulo, Mario
Garibaldi, Luisa
Garrone, Vera
Gasco, Alberto
Gasparini, C.
Gastaldi, A.
Gatti, Carlo
Gatti-Casazza, Giulio
Gautier Benitez, José
Gay, María

Gayarrie, Julián
Gavagnon-Giuseppe
Geigel-Polanco, Lcdo. Vicente
Giachetti, Ada
Giacometti, Palumbo
Gialdini, Gialdino
Giardini, Giuseppe
Gierbolini, Edgardo
Ggli, Bienamino
Gglioli, María
Giletta, E.
Giordano, Umberto
Giovenco, Gino
Giraldoni, Eugenio
Giudice, Maria
Giveou,
Gobbi, Tito
Goicochea, Francisco
Goicoechea, Padre
Goicoechea, Rómulo
Giovine, Alfredo
Goetzen, Vittorio Di
Golisciani, Enrico
Gómez, Adela
Gómez, Manuel
Gómez, De Riekehoff, Ana
Gómez Tejera, Enrique
Gonzalez, Eusebio
Gonzalez, Ramón
Gonzalez, Juan
GOnzalez, Pocholo
Gonzalez y Sicardo, Josefina
Gorky, Maxim
Gotay, Modesto
Graham, Lizzie
Granados , Enrique
Granda, Tomás
Granfelt, Hanna
Granforte, Apollo
Grassé, Maria
Grau, Maurice
Grazia, Giovanni Di
Dravinak, Giovanni
Grenville,
Gresse, Andreé
Gresser, Marguerita
Grifo-Monserrate, Luisa
Gualerzi, Giorgio

Gualiani, John
Guasqui, Augusto
Gübern, Maria
Guerrero, Alberto
Guerrini, Virginia
Guevara, Carlos
Guichandut, Carlo
Guijarro, carmen
Guillermetti, Fidel A.
Guillermetti, Josefina
Guillermo II, Kaiser
Guiraudon, Julie
Guischibauer, Theodor

Hahn, Reinaldo
Halasz, Laslo
Hardy, Helen
Hasburgo, María Cristina De
   (Reina)
Hatto, Jeanne
Hediger, Mario
Hempel, Frieda
Hernández, Gabriel
Hernández-Girbal, Florentino
Hernández, Iris
Hidalgo, Elvira De
Hillman, Max
Hird, Frank
Hirlap, Elizabeth
Hoffmann, Emma
Hofmansthal, Hugo
Horgenfloren, Baron Gustav
   Otto
Hotkouska, Ladislava
Huarte, (Familia)
Huguet, Giusseppina
Hurok, Sol
Hutchinson, Luz N.

Ibarguén,
Igaravides, (Familia)
Iglesias, Olga
Ilcani, Luigi
Interante, Giuseppe
Intriago, Ana Isabel
Intriago, Teresa
Oraola, Padre José
Iruleghi, Manuel

Isaccson, Charles D.
-Isales, Darisabel
Iturmendi, Teresa
Izchierdo, Emanuelle

Jackson, Stanley
Jagel, Frederick
Jay, Sara
Jeritza, María
Johanna, Clara
Juhasz, Frenc
Julia, Dr.
Julia, Margarita

Kahn, Otto
Harola, Amelia
Karpat, Rezso
Kaschman, Thomas
Kertesz, Odon
Key, Pierre V. R.
KIepura, Jan
Kiss, Dezso
Klemperer, Otto
Klinova, Anita
Kolodin, Irving
Kormann, Nicoletti
Kornai, Richard
Korolewics,
Koss, Karl
Kovielskova,
Kracher, Friedrick
Krismer,
Krusceniski, Salomea
Kursz, Selma

Labastide y Madanaga, Paz
Labia, Fausta
Laffi, Antonio
Laffitte, Jan
Lalá, (Niñera)
Lambert, Ralph
Lamoreaux, Charles
Lamperti, (Maestro)
Landaver, Gustav
Langendorff, Frieda
Lantigua, (Familia)
Lanuza, Isabel
Lanzini,

Lapeyrette,
Lattermann, Theodor
Lauduino,
Lauri-Volpi, Giacomo
Lavin de Casas, Blanca
Lazaro , Hipolito
Lazaro, Juanita
Lebrón, Rafael
Lecompte, Eugenio
Ledesma, Lcdo. José de Jesús.
Ledesma, Ricardo
Lee, Waldemar
Leiser, Clara
Lenin, Vladimir Ilyich
Leonardi, Emilia
Leonardi, Emma
Leoncavallo, Ruggiero
Lerma, Matilde De
Leveroni, Elvira
Lezcano, José
Ligotti, F.
Limentour, Luis Ives
Linari, Nella
Lind, Oquendo, Abraham
Litvine, Fanny
Litvine, Felia
Lombardi, Vincenzo
Longari, Gilda
Longobardi, Luigi
Longone, R.
Loperena, Hilda,
López Dr. Celestino
López, Hector
López-Pintado, Felix
Luca, Eleonora
Luca, Dr. Giuseppe De
Luca, Guseppe
Lucacewska, Gianina
Lucci, Elena
Lucchese, Josephine
Lucenti, Luigi.
Luchetti, Fernando
Lucia, Fernando de
Luna, Pablo
Lunardi, Giovanni
Luppi, Oreste
Lussardi, Giuseppe
Lys, Edith de

Llacer, Maria
Llorens, Carlos
Llorens, Elliot
Llorens, Humberto
Llorens, Noel
Lluro, Gaetana

Maggi, Giuseppe
Magini-coletti, Antonio
Magliulo, Elvira
Malatesta, Pompilio
Maldonado, José
Maldonado, Lucila
Maldonado-santaella, Amalia
Malibrán, Maria
Manarini, Ida
Mancinelli, Luigi
Manfredi, Marguerita
Manfrini, Luigi
Manghi, F.
Mangin,
Manni, Giuseppe
Mansueto, Giuseppe
Mantelli, Eugenia
Mantilla, Manuel
Manzano Aviño, Pedro
Marcano-Intriago, Amalia
Marcano E Iturregui, José
Marchand Paz, Julia Carmen
Marconi, Francesco
Marcy, Jeanne
Mardones, José
Margulian, a.
Mariacher, Michele
Mariani, Alfonso
Marichi, José
Maricomini, Emma
Mariek, Vladislav
Marín, Aurora
Marín, Carmen
Marín, G.
Marín, Ramón
Marinozzi, G.
Mario, D.
Marguerie, Ramón
Marquet, (Empresario)
Marquez, Marta
Marrero-Muñoz, Julio

Martín, Carmen
Martín, Vicente
Martinelli, Giovanni
Martinez, Ilia
Martinez, Jorge
Martini, Alfredo
Martini, Nino
Marucci, Pasquale
Mascagni, Pietro
Mascheroni, Edoardo
Masiero, Aristide
Masiero, José
Masini, Galiano
Masnata, Bianca
Massa, Jole
Massenet, Jules
Massia,
Mata, Pedro De La
Mathiew, Guvendoline
Mattei, José Luis
Maturana, Alberto
Maurini, Attilio
Mazzi, Emma
Mazzoleni, Ester
Mc Cormack, John
Medek, Anna
Medina, Alfredo
Medini, Luigi
Medolago, Olga
   (Condesa de Albani)
Medosi, Medardo
Melchorre, Carmela
Melendez, Ramonita
Melis, Carmen
Mellado, Ramón
Melocchi, Carlo
Menchaga, Alicia
Menchago, Carmen
Menni Enrico
Mentasti, Virgilio
Merli, Francesco
Mestri, Giulién
Mette, Stella de
Meyners, José Arnaldo
Micucci, Betti
Micucci, Luisa
Milanesi, Tilde
Milli, G.

Mincelli, Andrea
Mirall, Juana
Miranda,
Miura, Tamaki
Mochi, Walter
Moilas, G.
Mojica, José
Molinari, Enrico
Monaco, Mario Del
Mongelli, Andrea
Monsanto, Anita
Montalvo, Raquel
Montana, Vittoril
Montanari, Carlo
Montanari, Vicenzo
Montanaro, (Maestro)
Monte, Toti Dal
Montesanto, Luigi
Montgomery-Reilly, Emmet
Monti-Brunner, I.
Montico, ¿.
Monticone, Rita
Montilla, Antonio
Morales, Alicia
Morales-Munera, Alvaro
Morazzoni, R.
Morel Campos, Juan
Moreno Calderón, Antonio
Moreno Calderón, Teresina
Moreo, Enrico
Moro, Dr. Luigi Lo
Moore, Francis
Morone, Albino
Mugnone, Leopoldo
Muñoz, Eduardo
Muñoz-Peber, (Fa.)
Muñoz, Manuel
Muñoz-Marin, Luis
Muñoz-Rivera, Luis
Muratore, Lucien
Muro, Bernardo De
Muro, Luigi De
Murray-Chiesa, Walter
Murray-Irizarry, Nestor
Muzio, Attilio
Muzio, Claudia
Muzzi, Rosina
Nabón,

Nadal-Santa Coloma, Juan
Najera, Duquesa De
Nakum, (Crítico)
Nani, Enrico
Napolyi, Imre
Narcon, Armand
Nardi. Luigi
Navarrini, Francesco
Navedo, Demetrio
Navedo José
Navia, Pietro
Negri, Giovanni Batista De
Nejdiekov,
Neri, Gino
Nessi, Giuseppe
Net, Librado
Ney, Bernat
Nicolas II, Czar
Nicoletti, Francesco
Niola, Nicola
Nistri, Giuseppe
Nivette, Juste
Notén, Jan
N. Valent, Vilma
Novelli,
Novotna, Jarmila
Nueva Paz, Padre

Ocasio, Benjamín
Olavarrieta, José
Oliver, Oliver, Fernando
Oliver, José (Pepín)
Oliveras, Blas
Oller, Frasquito
Oller de Paniagua, Isabel
Oller, Rafael
Orbellini, Isabela
Ordoñez,
Orefice,
Orefice, antonio Del
Oreste-Benedetti, Urbano
Orlandi, E.
Orsi,
Ortali, clemente
Ortiz de Roig, Camelia
Ortiz del Rivero, Isabelita
Otein, Angeles
Otero y Arce, Antonio

Ottenheimer, Paul
Ottolini, Porto
Oukransky, Sergei
Ovanos, Padre
Oxilia, Giuseppe (José)

Pace, Luigi
Pacheco, Maria del Corral
Paci, Leone
Pacini, Adolfo
Pacini, Giuseppe
Padilla, José Gualberto (El Caribe)
Padilla, C. de
Padilla Se Sanz, Trina
Padin, Avelino
Padoureano,
Padoureano,
padovani, Adelina
Padovani, Alfredo
Padovani, Arturo
Paggi, Pietro
Pagnoni, Carmen
Palermi-Lery, Adriana
Palet, José
Palombini,
Paltrinieri, G.
Pámias, Juan A.
Pampanini, Rosetta
Pandolfini, Rosetta
Pandolfini, (Maestro)
Panizza, Ettore
Paolantonio, Franco
Paoili, Aida Josefina
Paoli, amalia de la Concepción (Amalita)
Paoli, Carlos Antonio
Paoli de Fernandez, Blanca
Paoli, Francisco
Paoli, Isabel
Paoli, Manuel Nicolás
Paoli-Marcano, Antonio Emilio
Paoli-Marcano, Domingo
Paoli-Marcano, Josefa de la Trinidad
Paoli-Marcano, Maria Hortencia

Paoli-Marcano, Olivia
Paoli-Paoli, Alberto
Paoli-Paoli, Arnaldo
Paoli-Paoli, José Luis (Joseph)
Paoli-Paoli, Ruberto
Paoli, Pasquele
Paoli-Marcantetti y Romulino,
Domenico (Domingo)
Paoli, Rosarito
Paoli, Salvador
Paoli-Vetiska, Antonio
Arnaldo (Tonino)
Parisini, Ofelia
Parra-Capó, (Alcalde)
Parra, Panchito
Parsi-Pettinella, Armida
Paoli-Paoli, Arnaldo
Paoli-Paoli, José Luis (Joseph)
Paoli-Paoli, Ruberto
Paoli, Pasquele
Paoli-Marcantetti y Romulino,
Domenico (Domingo)
Paoli, Rosarito
Paoli, Salvador
Paoli-Vetiska, Antonio
Arnaldo (Tonino)
Parisini, Ofelia
Parra-Capó, (alcalde)
Parra, Panchito
Parsi-Pettinella, Armida
Parvis, Taurino
Passarell, Arturo
Passarell, Emilio
Passareel, Julia
Passini, Fede
Pastor, Angeles
Pastor, Rafael
Pavarrotti, Luciano
Pavley, Andreas
Pavlova, Anna
Pavias-Fernández, Dr.
Pavoni, Rinalda
Pearsi, godfrey
Pearson, James
Pedrós, Padre Juan
Pellegrini, Arturo
Penco, Gennarino
Penso-Baldini, Luigi

Peña-Montilla, Angeles
Percy, Fausto
Perea, Emilio
Perea-Rosello, Lcdo. Pedro
Perelló de Segurosa, Andrés
Pérez-Frangie, Teresa
Pérez, José
Peroni, Carlos
Perosi, Padre Lorenzo
Perosio, Maestro E.
Pertile, Aureliano
Petri, (Maestro)
Philipp, Rubert
Piazza, Luigi
Piccaluga, Nino
Picchi, Italo
Pichier, Elemen
Pignataro, Enrico
Pietri, Maestro Antonio
Pietri, Augusto
Pini-Corsi, Antonio
Pini-Corsi, Gaetano
Pinto, Amelia
Pintucci,
Pinza, Ezio
Pío X, Su Santidad el Papa
Piquer, Amalia
Placa, Rosario
Plashke, Paul
Playfair, (Pianista)
Plinio, Virgilio
Plotnikou, (Maestro)
Pohlig, (Maestro)
Pla, Modesto G.
Polazzi, Marina
Polese, Giovanni
Polimeni, Franco
Pollivan, Amalia
Polverosi, Mandredi
Pompar, Belén
Ponselle, Rosa
Ponzano, Nella
Porrain, Oskar
Portocarrero, Luis
Portocarrero, Sofía
Pou, Miguel
Poventud, José
Poventud, Irem

Pozo, Mercedes del
Praga, Mario
Pratti, A.
Pratto, Del
Preobrajenski
Preston, Emma
Preston, Enrique
Preve, Cesare
Pribick, V.
Prossnitz, Elizza
Pucci, Esmeralda
Puccini, Giacomo
Pugliese, Ferdinando
Pugliese, Giuseppe
Pujols, Eustaquio

Quadri, Padre Vincenzo
Quajatti, Ida
Queralt-Negré, Montserrat
Quevedo, Empresario
Quevedo Báez, Dr. Manuel
Quiñonez-Vidal, Rafael

Rabaud, Henri
Rabbaine (Rabén), Virgilio
Raccanelli, Emilia
Rambelli
Ramírez, Luis A.
Ramírez, Noel
Ramos-Antonini, Ernesto
Ramos, Juan Carlos
Ramperti, (Crítico)
Ranchetti, Giuseppe
Randenger, Burce
Rapisardi, Mario
Rapisardi, Nunzio
Rappold, Marie
Rasponi, Romano
Ravelli, L.
Raynolds, Saramé
R. Verts, Minni
Rebonato, Gaetano
Reggiani, Lina
Reggiani, Hilde
Reiner, Maestro L.
Reivers, Maestro D.
Renaud, Maurice
Renning, María

Reske, Jan De
Restori, L.
Reu, Sigismondo
Revers, Anna De
Reyer, ERnest
Riancho, Pepita
Riancho, Providencia
Ricart, José
Ricci, Virgilio
Riccordi, Giulio
Rincón de Gautler, Felisa
Rinskov, León
Ristori, Adelaide
Ristori, Lorenzo
Ritis, Angelo De
Ritis, Ciro De
Rivera, Graciela
Rivera, Pedro José
Rivera Salgado, Elsa
Rizza, Dalla Gilda
Rizzo, Anna
Robinson, Francis
Robledo, Aura Norma
Robles, María Ester
Robles, R.
Rocher, Mario
Rockwell, Isabel
Rodin, Augusto
Rodríguez, Augusto
Rodríguez, De Tio Lola
Rodríguez, Luisita
Rodríguez-Morales, Luis
Rodríguez-Otero, Eladio
Romagnolli, S.
Romboli
Romeu, José A.
Roncanelli
Ronconi
Rosa, (Empresario)
Rosa, Rubén de la
Rosenthal, Harold
Rossato, Luigi
Rossini, Carlo
Rossi-Lenz, Lina
Rozza, Lajos S.
Roussellere, Charles
Rubiano, Jorge
Rubido-May, Empresarios

Rubinstein, Arturo
Rubio, Elio
Ruffo, Tita
Ruszkowska, Elena

Sabaino, Carlo
Sabellico, Antonio
Sacavem
Saint-Saens, Camille
Sala, Giuseppe
Salazar, Manuel
Saldaña de Julia, María Luisa
Salmaggi, Alfredo
Saltzman, Leopoldo
Saludas
Salvi, Margarita
Salvini, Tomasso
Samara, Spiro
Sammarco, Mario
Samul, (Crítico)
Sánchez-Becerra, María Teresa
Sánchez de Cáceres, Clarita
Sánchez de Fuentes, Fernando
Sánchez, Teresa
Sandin de Jordán, Amalia
Sanroma, Jesús María
Sanz y Almoroz, Angel
Sanz, José Augusto
Santaella
Santacana
Santalvan, Dr.
Santero, Javier
Santiago, Eugenia Josefina
Santaoliva, María
Sardgevi, B.
Saroya, Blanca
Sarriera, Ramón
Sayao, Bidú
Scacciati, Bianca
Scalchi, Bianca
Scandiani, Angelo
Scattola, Carlo
Schawensee, Max de
Schiavazzi, Pietro
Schipa, Tito
Schottler, Giorgio
Schwartz, Josef
Sebeok, Sara

Seghievic
Segura-Tallien, José
Seibanech, L.
Seleri, Anna
Serafin, Tulio
Serena, Bianca
Serrano, Carlos
Shalker, Bernice
Sibiriakoff
Sicardo de Villar, Alicia
Signorini
Silingardi, (Empresario)
Silvestri, Bice
Simeoni, Gabrielle
Sins, Josefina
Slezak, Leo
Slezak, Walter
Smidt, Josef
Smith, Joseph
Sobrino, José
Somma, Antonio
Sonzogno, Renzo
Soria, Isabel
Soriente, Maestro
Soyer, Berte
Spadoni, Giacomo
Spangaro, Arduina
Spelta
Spetrino, Maestro
Sponder, marcel
Spoto, Mario
Stabile, Mariano
Stagni-Tirzi, Colombo
Stagno-Bellincioni, Bianca
Stagno, Roberto
Storchio, Rosina
Stracciari, Riccardo
Subirá, Carmen
Subirá, Mercedes
Subirá, José
Sulsona, Elia
Swolfs
Szamosi, Elsa
Szendroi, Lajos

Tabuyo, Ignacio
Taccani, Giuseppe
Tagliafero, Carlo

Takats, Mihaly
Talma, Francois Joseph
Tamagno, Francesco
Tamberlik, Enrico
Tanci, Giuseppe
Tanndi, Gina
Tannara, F.
Tansini, Giuseppe
Tapia y Rivera, Alejandro
Tavarez, Manuel Gregorio
Tavarez de Storer, Elisa
Telva, Marión
Terán, Carlos
Tetrazzini, Luisa
Theodorini, Elena
Thompson, César
Thorni, Alicia
Thorni, Luisa
Tió de Sánchez, Patria
Tisci-Rubini, Giuseppe
Tizol, Maestro
Todo, Roberto H.
Tokatyan, Armand
Toledo, Rina de
Tolosa, José
Tomakosis, M.
Tomarchio, Ludovico
Torelli, Lucia
Toro, Puli
Toro, Selenia del
Toro y Solis, Francisco del
Torregrosa, Rafael
Torres-Grau, Libertad
Torres, martin
Torres, Rosa
Torretta, Anna
Tortorici, P.
Toscanini, Arturo
Toschi-Carpi, Carmen
Travaglini, Baldo
Treviso
Triani, Giuseppina
Trocchii, Luisa
Trombón, Elisa
Trucci, Dorini
Tur, Elisa
Tur, Mariana

Ugarte, Rogelio
Ullmann, Leopoldina
Umberto, Rey de Italia
Unceta y López, Marcellino
Urrutia, Maestro
Urzua-Urrutia, Amelia
Uxa, Guido

Valdivieso, Vicente
Valencia, Maestro
Valle, Mario
Vallin
Vallini, Crítico
Van der Gucht, Lolita
Van der Gutch, José
Van Dyck, Ernst
Van Rhyn, Margie
Vanni-Marcoux
Varady, Sandor
Varela, Guido
Vasari, Mita
Vazquez, Alex
Vazquez, Federico
Vazquez, Italia
Vazquez, María Cristina
Velazquez, Horacio D.
Venczell, Bela
Beneziani, Maestro
Venturini, Emilio
Vera, María
Verdagoer, Luis
Verdi, Giuseppe
Verger, Napoleón
Vergeri, Emilia
Vergeri, María
Vergnes, Pepita
Vetiska, Josefina
Viardot, Pauline
Vicente, Matilde
Vico, Antonio
Vickers, Jon
Vidal, Antonio
Vidal-Armstrong, Mariano
Vidal, Maestro
Vidal, Paul
Vidaurre, Familia
Vientos-Gastón, Nilita
Vieville, Félix

Vigano, Irma
Vigano, Maestro
Viglione-Borghese, Domenico
Vila, Ricardo
Vila, Rosa de
Villa, Luis
Villa, Natale
Villa, Rita
Villanni, Luisa
Villani, Oreste
Vinay, Ramón
Vinet, Corina
Viñas, Francisco
Viñas, Maestro
Visca, Rita
Vitale, Edoardo
Vitalini, Nino
Vittorio Emmanuelle III, Re
    D'Italia
Vivas, Guillermo
Vives, Amadeo
Viviani, Olando
Voltolini, Ismaelle
Vyroukova, Condesa
Euryanthe de

Wagner, Wilhem
Walter, Carlo
Walter, (Pianista)
Wardle, Constance
Warren, Leonard
Watt, V. de
Welter, Elsa
Wenger, Mathilde
Westen, Lotti
Wheeler, C.
Wider, L.
Winternitzs, Martha
Woodbury, Hazel
Wulmann, Paolo

Yacchia, A.

Zaccani, (Actor)
Zacchetti, Gina
Zamora de Salvarey, Baronesa
    Sofía
Zanelli, Renato

Zanini, Conde
Zayas de Vilars, Edelmira
Zenatello, Giovanni
Zeno-Gandía, Dr. Manuel
Zerola, Nicola
Zichetti
Zirato, Bruno
Zorrilla, Pedro
Zuccani, Maestro
Zucchi, Dante

EJEMPLAR NO.

618

sept-02

Este libro se terminó de imprimir en
el mes de abril del 1997
en los Talleres Gráficos de
Editora Corripio, C. por A.
Calle A esq. Central
Zona Industrial de Herrera
Santo Domingo, Rep. Dominicana